Couvertures supérieure et inférieure
manquantes

MANUEL

DU

BIBLIOGRAPHE NORMAND.

MANUEL
DU
BIBLIOGRAPHE NORMAND
OU
Dictionnaire historique et bibliographique

CONTENANT :

1° L'indication des Ouvrages relatifs à la Normandie, depuis l'origine de l'Imprimerie jusqu'à nos jours;

2° Des notes biographiques, critiques et littéraires sur les hommes qui appartiennent à la Normandie par leur naissance, leurs actes et leurs écrits;

3° Des recherches sur l'histoire de l'Imprimerie en Normandie;

PAR ÉDOUARD FRÈRE,

Membre de l'Académie des Sciences, Belles-Lettres et Arts de Rouen, des Sociétés des Antiquaires de Normandie et de Londres.

« La connaissance des livres abrège de moitié le chemin de la science, et c'est déjà être très avancé en érudition que de connaître exactement les ouvrages qui la donnent. »

Tome 1er. — Livraison 1re. — A-B.

ROUEN,

CHEZ A. LE BRUMENT, LIBRAIRE-ÉDITEUR,

Quai Napoléon, 55.

Décembre 1857.

MANUEL

DU

BIBLIOGRAPHE NORMAND

TOME PREMIER.

A—F.

ROUEN. — IMPRIMERIE DE LECOINTE FRÈRES, RUE CAUCHOISE, 6.

BREVIERE Sc.

ROUEN,

A. LE BRUMENT, ÉDITEUR.

1858.

MANUEL
DU
BIBLIOGRAPHE NORMAND
OU
Dictionnaire bibliographique et historique

CONTENANT :

1° L'indication des Ouvrages relatifs à la Normandie, depuis l'origine de l'Imprimerie jusqu'à nos jours;

2° Des notes biographiques, critiques et littéraires sur les écrivains normands, sur les auteurs de publications se rattachant à la Normandie, et sur diverses notabilités de cette province;

3° Des recherches sur l'histoire de l'Imprimerie en Normandie;

PAR ÉDOUARD FRÈRE,

Membre de l'Académie des Sciences, Belles-Lettres et Arts de Rouen, des Sociétés des Antiquaires de Normandie et de Londres, etc.

« *Notitia librorum est dimidium studiorum, et maxima eruditionis pars exactam librorum habere cognitionem.* »
Gaspar THURMANN.

La connaissance des livres abrège de moitié le chemin de la science, et c'est déjà être très avancé en érudition que de connaître exactement les ouvrages qui la donnent.

TOME PREMIER.

ROUEN,
A. LE BRUMENT, LIBRAIRE DE LA BIBLIOTHÈQUE PUBLIQUE,
Quai Napoléon, 55.

1858.

INTRODUCTION.

Plusieurs siècles avant le temps où la Normandie prit une part active aux bienfaits répandus par l'Imprimerie, cette partie de la France avait déjà apporté à la masse des connaissances acquises un tribut considérable. Dès le VIIe siècle, la Neustrie voyait s'établir sur son sol fertile d'importants monastères, et l'influence du clergé s'étendait sur ses habitants d'une manière puissante et féconde : les monastères, les écoles publiques, les bibliothèques furent les agents principaux du mouvement intellectuel qui alors se faisait sentir. Nous croyons qu'il ne sera pas sans intérêt, avant de commencer l'inventaire général de toutes les productions des auteurs normands, de suivre la marche de ces agents sur les divers points de la Normandie, durant les siècles qui ont précédé la découverte de l'Imprimerie.

Ce fut S. Benoît qui, en opérant ses réformes monastiques, augmenta le nombre des heures de travail intellectuel dans les journées des moines de son ordre que le travail de l'agriculture et la prière avaient principalement occupées jusque-là. Ces heures devaient être employées à écrire des livres nouveaux, à multiplier des copies des livres anciens, et non-seulement à méditer l'Ecriture sainte, les Vies des Saints, les poètes chrétiens et les historiens ecclésiastiques, mais encore à étudier profondément les langues grecque, arabe et hébraïque, connaissance très-rare jusque-là, qui leur permettait de lire certains PP. de l'Eglise, dont les œuvres n'avaient point encore été traduites. Les bibliothèques monastiques naquirent bientôt de cette nouvelle organisation. Ce furent de vastes dépôts où se trouvaient conservés les livres de plusieurs siècles, et où se renouvelaient soigneusement les mss. perdus ou hors de service. Un moine attaché à la surveillance de ces précieuses richesses remplissait les fonctions de bibliothécaire et distribuait aux religieux, au commencement du carême, les livres nécessaires aux études, avec la naïve recommandation de les lire promptement.

Sous la règle de St-Benoît, trois abbayes importantes s'élevèrent au VIIe sc., en Neustrie, non loin de la ville de Rouen, métropole de la seconde lyonnaise : St-Taurin, Fontenelle et Jumiéges. L'abbaye de St-Taurin, aux portes de la cité des Aulerques Eburoviques ; l'abbaye de Fontenelle, au fond d'une vallée boisée et solitaire, qui prit depuis le nom de St-Wandrille, son fondateur ; et l'abbaye de Jumiéges, dans une péninsule fertile, formée par l'un des anneaux de la Seine. Les savants bénédictins, dans leur grand travail sur l'histoire littéraire de la France, donnent peu de renseignements sur la première de ces abbayes. Nous y voyons cependant que l'école qui y fut attachée eut la gloire de compter au nombre de ses disciples le savant S. Leufroy, qui y fit ses premières études avant d'aller à Chartres terminer ses cours de philosophie religieuse. Au Xe sc., ce monastère fut l'un des premiers que rétablit la piété de nos ducs. Soumis en 1035 à l'abbaye de Fécamp, en échange de Montivilliers, par le duc Robert Ier, petit-fils de Richard Ier, il ne recouvra son indépendance que dans le cours du XIIIe sc. (1).

L'école de Fontenelle est l'une de celles sur lesquelles ces mêmes bénédictins fournissent le plus de documents. Etablie peu de temps après la fondation de l'abbaye, elle devint bientôt l'une des plus célèbres du royaume de Neustrie. Trois cents étudiants, dont quelques-uns étaient venus de la Frise, y recevaient les lumières de l'Evangile, en même temps que les éléments des lettres. Une bibliothèque, composée d'un assez grand nombre de mss., y fut attachée dès les premiers temps de la fondation du monastère. S. Wandrille, abbé de la maison, fit venir un grand nombre de mss. de Rome, où il avait envoyé en mission S. Gon, son neveu, pour les recevoir des mains du pape Vitalien (2).

De cette école de Fontenelle sortirent en ce siècle plusieurs personnages éminents : S. Lambert, qui parvint au siége épiscopal de Lyon en 678, et S. Ansbert, qui occupa celui de Rouen en 684; S. Hermeland, qui avait été grand échanson du roi Clotaire III; S. Erembert, évêque de Toulouse; S. Gon, fondateur et premier abbé d'Oye (Champagne); Aigrade, écrivain auquel on doit les Vies de S. Lambert et de S. Ansbert. Plusieurs missionnaires sortis de l'abbaye de Fontenelle escortèrent S. Wulfran, évêque de Sens, lorsqu'il alla faire entendre la parole de Dieu aux habitants idolâtres de la Frise.

L'école de Fontenelle, momentanément dégénérée durant la période où dominèrent les maires du Palais, recouvra sa célébrité sous l'abbatiat de l'illustre Gervold, qui avait quitté l'évêché d'Evreux en 787, pour revêtir le simple vêtement de bure. Gervold, très-fin diplomate, qui fut employé utilement à diverses ambassades dont il fut chargé près d'Offa, roi de la Grande-Bretagne, se distingua en même temps par de grandes connaissances dans le chant ecclésiastique; il l'enseigna aux religieux de Fontenelle, nouvellement placés sous ses ordres.

(1) Le Prevost, *Notice sur la châsse de S. Taurin*, in-8, p. 28.

(2) *Hist. littér. de la France*, t. III. — Petit-Radel, *Recherches sur les biblioth. anciennes et modernes*, p. 50.

Durant son abbatiat, un moine nommé Hardouin, savant mathématicien et versé aussi dans l'étude des lettres, laissa à la bibliothèque de Fontenelle, déjà considérable alors, un grand nombre d'ouvrages écrits de sa main. Cette bibliothèque reçut encore d'importants accroissements : Ovon, habile calligraphe, mort en 749, lui laissa une quantité de livres copiés par lui; l'abbé Anségise (ou Angésilde), successeur de Gervold, y ajouta aussi de nombreux mss., entre autres l'*Hist. des Juifs de Josephe*, et fit bâtir, vers 833, une tour spécialement destinée à la conservation des livres du monastère (1). Au nombre de ceux que Wandon, abbé, prédécesseur de Gervold, avait donnés à l'abbaye, on remarque une traduction latine d'*Apollonius de Tyr*, et une autre de l'*Histoire des Goths par Jornandès*. Cette circonstance a fait attribuer à Wandon l'introduction en France des œuvres de Jornandès, évêque de Ravenne, vers 552.

Sous la direction de ces hommes pleins de savoir et de foi, les études scientifiques et littéraires devinrent de plus en plus profondes. L'influence puissante du réformateur des lettres, Charlemagne, le zèle éclairé du savant Alcuin, amenèrent, dans le travail si important des transcriptions, les plus heureux résultats. Les textes de l'Ecriture sainte, ceux des PP. de l'Eglise, et les ouvrages de l'antiquité profane, furent purement reproduits ; l'orthographe fut rectifiée; chaque évêque et chaque comte dut avoir un notaire ou secrétaire pour que les actes émanés de son autorité fussent écrits correctement. Les transcriptions des *Evangiles*, des *Psautiers* et des *Missels* ne furent plus confiées qu'à des scribes soigneux et expérimentés.

La réforme calligraphique suivit de près la réforme orthographique. Au lieu des caractères mérovingiens, qui étaient presque barbares, on employa le petit caractère romain, qui avait été aban-

(1) C'est au savant Anségise que nous devons le premier recueil qui ait été fait des Capitulaires de Charlemagne.

donné pendant plusieurs siècles. L'abbaye de Fontenelle peut être considérée comme la première qui ait adopté cette réforme dans les caractères de l'écriture. Vers la même époque, la Chronique dite de Fontenelle (*Chronicon Fontanellense*) fut rédigée en forme d'éphémérides. Ces précieuses annales sont les seules qui nous donnent le récit des faits antérieurs à l'établissement des hommes du Nord dans notre province (1).

Au xe siècle, dans presque tous les monastères qui avaient adopté la règle de St-Benoît, notamment à Jumiéges et à Fontenelle, la transcription des mss. devenait de plus en plus générale. L'instruction se répandait avec fruit lorsque les irruptions des Scandinaves vinrent troubler la tranquillité des cloîtres et interrompre la culture des lettres. Ce temps de calamité dura jusqu'au moment où Rollon, devenu législateur et chrétien, rétablit l'ordre et la discipline dans les Etats qui lui avaient été concédés par Charles le Chauve. Malgré l'œuvre réparatrice de Rollon, l'abbaye de Fontenelle, alors appelée St-Wandrille (2), se ressentait encore des déprédations des hommes du Nord, lorsque le bienheureux Richard, le célèbre abbé de Vannes, y arriva, au xie sc. Il rétablit l'administration de l'abbaye et la régularité des études. Gérard, qui avait été disciple de Fulbert à l'école de Chartres, et qui fut abbé de St-Wandrille de 1008 à 1031, contribua également à cette restauration par l'élévation de ses doctrines et par l'intégrité de ses mœurs. Sous les successeurs de cet abbé, la maison de St-Wandrille acquit un nouveau lustre : Gilbert (ou Girbert), qui égalait en science et en mérite les plus habiles professeurs de l'époque; Ingulf, secrétaire de Guill. le Conquérant, prieur de St-Wandrille, puis ensuite abbé de Croyland, et l'un des historiens anglais les plus estimés, sont particulièrement à citer parmi ceux dont le renom s'étend sur le monastère qui les eut pour élèves (1).

Dans le temps qui suivit cette époque prospère, il se présente peu de faits intéressants. Sous les abbés qui gouvernèrent le monastère aux xie et xiie sc., les études littéraires ne prirent point de développement; l'accroissement des constructions de l'abbaye et la reconstruction de l'église principale, détruite au commencement du xiiie sc., occupèrent les abbés Pierre Mauvielle et Geoffroy de Nointot. Dans le xive sc., Guillaume de la Douille chercha à remettre en vigueur la discipline monastique, que de nouveaux abus ébranlèrent encore au xve sc. Les lettres cependant, malgré l'insouciance des moines, n'étaient point complétement négligées à St-Wandrille : on continuait à y entretenir des professeurs de grammaire, de logique et de philosophie; l'ensemble de cet état du monastère de St-Wandrille devient le même dans les divers monastères de la Normandie.

L'abbaye de Jumiéges, voisine de l'abbaye de St-Wandrille, était florissante en même temps que cette dernière. Sous la direction de S. Philibert, premier abbé, les lettres y furent particulièrement cultivées, et de nombreux missionnaires sortirent de l'école attachée au monastère pour porter la parole de Dieu *aux gens du Pays* et aux habitants des provinces voisines. Sous S. Aicadre, successeur de S. Philibert, on comptait 900 moines.

La transcription des mss. fut, comme dans tous les monastères où l'on suivait la règle de St-Benoît, l'une des principales occupations des moines. L'existence d'un grand nombre de mss. sur des matières diverses constate des études sérieuses dans les xe et xie sc. Ces mss. formaient une collection curieuse dont l'inventaire a été donné en 1739 par Montfaucon dans sa bibliothèque des mss. (2),

(1) Cette chronique, dont la biblioth. du Havre possède 2 mss. provenant de St-Wandrille, a été publiée pour la prem. fois en 1723, par d'Achery, dans son *Spicilegium*, t. II. — M. Ravaisson, dans son *Rapport sur les biblioth. des dépts. de l'Ouest*, reproduit la table des pièces que renferme le plus curieux de ces mss.

(2) Sous l'abbatiat de St-Gradulphe, 1033.

(1) *Hist. littér. de la France*, t. VII.

(2) *Bibliotheca bibliothecarum mss. nova*; Paris., 1739, in-f. Cet ouv. renferme le Catalogue des mss. qui se trouvaient à cette époque dans les bibliothèques de Fontenelle (ou St-Wandrille), p. 1195-96; de Jumiéges, p. 1204-17 (371 n^{os}); de St-Ouen de Rouen, p. 1237-40; de Fécamp, p. 1241-42 (85 n^{os}); de St-Martin de Sées, p. 1248-49 (56 n^{os}); du Bec, p. 1250-56 (221 n^{os}); de Lyre, p. 1256-61; de St-Pierre de la Couture, p. 1261-62; de St-Evroul, p. 1267-73 (147 n^{os});

et dont la plus grande partie est venue enrichir la biblioth. publique de Rouen. Au nombre de ces mss., le *Missel anglo-saxon*, exécuté vers la fin du xe sc., dans la célèbre école de calligraphes et de miniaturistes du Nouveau monastère de Winchester, est particulièrement à citer. Il fut apporté à Jumiéges par Robert le Normand, évêque de Londres, et depuis archevêque de Cantorbéry, qui avait été abbé de Jumiéges, et qui venait mourir dans ce monastère, en 1052, fuyant les intrigues de la cour d'Edouard le Confesseur. Robert avait apporté en même temps en Normandie un *Bénédictionnaire* anglo-saxon, sorti de la même école calligraphique, et dont il fit présent à la cathédrale de Rouen (1).

L'école calligraphique de Jumiéges forma de nombreux élèves : quelques-uns passèrent à l'abbaye de St-Evroul et y établirent le même art. L'un d'eux, le bienheureux Tietri de Matouville, après avoir exercé l'emploi d'écolâtre et rempli la dignité de prieur à Jumiéges, fut élu abbé de St-Evroul. Un autre, Rainald, nommé abbé du monastère d'Abbandon (Abingdon, près d'Oxford), fit présent à son ancienne maison d'un *Evangéliaire* enrichi d'or et d'argent et de pierres précieuses, qu'on y conservait encore intact et pur en 1746 (2), mais qui, depuis, a été dépouillé de ces riches ornements. On ne s'appliquait pas seulement, à Jumiéges, à copier les ouvrages anciens, quelques moines en composaient de nouveaux; ce fut là que, au xie sc., Guillaume, dit de Jumiéges, composa son Hist. des Normands (*Historiæ Normannorum*, lib. VIII), chronique qu'il dédia à Guillaume le Conquérant.

La bibliothèque de ce monastère passait encore, au xive sc., pour l'une des plus importantes du royaume. L'abbé Simon du Bosc, élu prieur en 1391, l'enrichit de plusieurs mss. précieux, et écrivit plusieurs ouvrages sur le schisme qui s'éleva, au commencement du xve sc., au sujet de la nomination du pape Alexandre V. Nicolas le Roux, son successeur et son parent, fut l'un des juges iniques de Jeanne d'Arc. Vers ce temps, les horreurs de la guerre avec l'Angleterre ont une influence funeste sur tous les monastères : les religieux de Jumiéges fuient l'abbaye, et viennent, emportant leurs reliques, se réfugier à Rouen, dans un hôtel de la rue de la Poterne (1).

Au xie sc., depuis le Tréport jusqu'au mont St-Michel sur le littoral, et sur plusieurs points de la Normandie dans l'intérieur des terres, d'importantes écoles étaient établies, de nouvelles écoles se formèrent encore. Les ducs de Norm. n'étaient pas restés étrangers à ce mouvement intellectuel; le duc Richard II, entre autres, attirait à lui, par une généreuse protection, les hommes éminents de son duché, auxquels vinrent se joindre même, disent les chroniques du temps, des Arméniens et des Grecs dont le savoir illustra la Normandie. L'église de Rouen, successivement gouvernée par quatre archevêques fort instruits des lois ecclésiastiques : Mauger, Maurille, Jean de Bayeux et Guill. Bonne-Ame, vit sortir de son sein un grand nombre d'ecclésiastiques lettrés dont l'histoire nous a conservé les noms. Thibauld de Vernon et Richard, poëtes, Fulbert, archidiacre, et plus tard moine de St-Ouen, se sont particulièrement illustrés vers ce temps.

L'origine de la bibliothèque de l'église métropolitaine est obscure. A la fin du xiie sc., où, pour la première fois, on trouve des catalogues qui signalent son existence, elle comptait 160 volumes qui furent, en partie, détruits dans l'incendie de 1200. Dans le xive et le xve sc., de nom-

---

du mont St-Michel, p. 1356-61 (237 n^{os}); de la cathédrale de Bayeux (130 n^{os} en 1841, suiv. M. Ravaisson), d'Evreux, de Lisieux et de St-Martin d'Aumale. La plupart des mss. provenant de St-Wandrille, de Jumiéges, de St-Ouen, de Fécamp et de la cathédrale de Rouen (ces derniers au nombre de 125), ont été déposés à la biblioth. publique de Rouen. Ceux de St-Wandrille y figurent en petit nombre, la bibliothèque de ce monastère ayant été dépouillée, en 1571, de ses plus anciens et de ses plus précieux mss., par une bande criminelle, à la tête de laquelle se trouvait Gruchy, le sacristain de l'abbaye.—V. E.-H. Langlois, *Essai sur l'abbaye de St-Wandrille*, p. 85.

(1) V. dans notre Manuel la description de ces deux manuscrits.

(2) *Hist. littér. de la France*, t. VII. Cet *Evangéliaire*, magnifique in-f., enrichi de 12 lettres initiales dessinées au trait, au vermillon, et historiées de figures et d'animaux fantastiques, se trouve actuellement à la biblioth. de Rouen.

(1) Deshayes, *Hist. de l'abbaye de Jumiéges*, p. 87-92.

breux legs de livres la reconstituèrent de nouveau, mais son existence fut de peu de durée (1).

L'école capitulaire de la cathédrale, à laquelle les conciles provinciaux ordonnaient que les enfants des paroisses fussent envoyés, et l'école monacale de St-Ouen, eurent dans la ville de Rouen une importance considérable. L'école de la cathédrale, fondée vers 700, se perpétua durant plusieurs siècles; celle de St-Ouen, dont les bâtiments pouvaient contenir 500 écoliers, compta au nombre de ses élèves le prince Nicolas, fils de Richard III, duc de Norm., et, sous l'habile gouvernement de ce même Nicolas, devenu abbé, elle forma des hommes éminents. Ce fut de cette école que sortit, en 1030, le célèbre Isembert, un des hommes les plus illustres de ce temps, et qui fut le premier abbé du monastère de la Trinité.

Située sur le sommet de la colline qui domine la ville de Rouen, à l'est, ce monastère, plus connu sous le nom de Ste-Catherine, vit son école plus florissante encore que celle du monastère de St-Ouen. Le savant Isembert, considéré comme « l'oracle du pays, l'honneur du clergé, « le miroir par excellence des moines, et « l'homme le plus consommé dans les « lettres et dans les sciences (2) », attira dans cette école un grand nombre d'hommes d'une naissance élevée, et dont l'aptitude aux travaux de l'esprit se montra remarquable. Parmi ces hommes, on a particulièrement conservé les noms suiv.: Hugues, fils de Goscelin, vicomte d'Arques et fondateur, en 1030, du monastère, où plus tard il se fit moine, ainsi que son père.—Durand, depuis abbé de Troarn, l'un des théologiens qui combattirent victorieusement les doctrines de Bérenger. — Guitmond, qui était à la fois savant grammairien et habile musicien, et qui alla finir ses jours à l'abbaye de St-Evroul. — Ainard, originaire d'Allemagne, qui devint premier abbé de St-Pierre-sur-Dives, en 1046.—Osberne, qui fut abbé de St-Evroul, et mérita le surnom du *plus saint des abbés*. — Enfin, Rainier, doyen de la cathédrale, qui, ayant embrassé la vie monastique, succéda à Isembert dans la dignité d'abbé, en 1051. Du monastère Ste-Catherine, les lettres passèrent à l'abbaye de Cormeilles, fondée vers 1055, au diocèse de Lisieux, où les portèrent Osberne et Robert, avant de devenir abbés de St-Evroul (1).

Dans ce même siècle, en 1001, l'abbaye de Fécamp, qui avait été fondée par Richard Ier, fut rétablie par les soins du bienheureux Guill. de Dijon. Sous l'habile direction de ce réformateur, l'école de Fécamp reçut une organisation différente, en plusieurs points, de celles des écoles qui l'avaient précédée, et passa bientôt pour le type de toutes les écoles qu'on voulut établir. Elle était divisée en deux parties distinctes : l'une, comprise dans l'intérieur du monastère, recevait les hommes qui renonçaient au monde pour se consacrer à la pénitence ; l'autre, placée en dehors des murs, ouvrait ses portes, sans distinction, au pauvre et au riche, au serf et au libre. La prospérité du monastère et l'éclat des études suivies dans l'école de Fécamp, grandirent sous le gouvernement de Joannelin et de Guill. de Ros, hommes d'un profond savoir, qui succédèrent au bienheureux réformateur.

L'archevêque de Rouen Maurille, et Remi, évêque de Lincoln, très-savant littérateur (copiosè literatus), sortirent des rangs des moines de cette célèbre abbaye, qui prépara aussi, par ses enseignements profonds, Herbert et Turold au rang élevé auquel ils atteignirent. Turold, nommé abbé de Malmesbury par Guill. le Conquérant, fut placé à la tête du monastère du mont St-Michel. Herbert, d'a-

---

(1) Les calvinistes la pillèrent en 1562. Une nouvelle bibliothèque, formée en 1632, sous Mgr. de Harlay, fut fermée en 1790, et dispersée quelque temps après.—V. l'abbé Saas et D. Tassin, *Notice des mss. de la biblioth. de l'église métrop. de Rouen*, et l'abbé Langlois, *Recherches sur les biblioth. des archevêques et du chapitre de Rouen*.—V. aussi, sur la bibliothèque de Rotrou, archev. de Rouen, mort en 1183, et sur celle du monastère de St-Ouen, au XIVe sc., L. Delisle, *Documents sur les livres et les bibliothèques au moyen âge;* Biblioth. de l'Ecole des chartes, 3e série, t. I.

(2) *Hist. littér. de la France*, t. VII.

(1) Pommeraye, *Hist. de l'abbaye de la très Ste-Trinité, dite depuis de Ste-Catherine du Mont de Rouen*.—*Hist. littér. de la France*, t. VII. — Chéruel, *de l'Instruction publ. à Rouen, pendant le moyen âge ;* Acad. de Rouen, 1848. — Ord. Vital, *édit. Le Prevost*, t. II. Le monastère de Ste-Catherine, ruiné pendant les guerres de la Ligue, fut supprimé en 1597 et réuni à la Chartreuse de Gaillon.

bord évêque de Ramsey en 1087, puis, quatre ans après, évêque de Titford, transféra le siége de cet évêché à Norwich. Ce fut ce prélat qui, durant le cours d'une mission dont il avait été chargé par Guill. le Conquérant, auprès du roi de Danemark, ayant échappé aux fureurs d'une tempête, fonda en 1070 (n'étant encore que simple moine), la fête de la Conception N.-Dame, autrement appelée la *Fête aux Normands* (1).

Une riche bibliothèque était attachée à l'abbaye de Fécamp : 95 des mss. qu'elle contenait sont parvenus jusqu'à nous, et sont aujourd'hui déposés dans la biblioth. de Rouen; quelques-uns remontent au IXe et au Xe sc.; le plus grand nombre appartient aux XIe, XIIe et XIIIe sc. (2).

Les grands faits de notre histoire normande au XIe sc. occupent dans l'histoire générale des nations une place importante, et ont été l'objet des études et des recherches les plus approfondies. La gloire politique du peuple normand se reflète sur sa gloire littéraire : les lettres sont cultivées en ce moment en Normandie avec un brillant succès.

L'école du Bec, établie au sein du monastère que le bienheureux Hellouin fonda en 1039, est, durant ce siècle, non-seulement la plus célèbre des écoles de la Normandie par la grandeur et l'éclat de son enseignement religieux et philosophique, mais encore l'une des écoles les plus célèbres de la France. Lanfranc en fut le glorieux fondateur. Six ans après la fondation du monastère, il était venu s'y consacrer à Dieu, après avoir professé le droit à Pavie et à Bologne, et avoir profondément étudié en Italie les lettres divines et humaines. Il obtint de son prieur l'autorisation de professer, au monastère du Bec, des cours publics de dialectique et de théologie. La profondeur de son savoir et l'éclat de sa parole se répandirent dans toute la chrétienté; des maîtres d'écoles célèbres vinrent écouter ses leçons; de nombreux écoliers, partis des points les plus éloignés, s'attachèrent à lui. Ce fut vers ce temps que s'établit à l'abbaye du Bec, entre Lanfranc et l'hérésiarque Bérenger, la controverse restée célèbre sur la transsubstantiation et le dogme de l'Eucharistie. La renommée de Lanfranc grandit encore dans cette lutte théologique.

S. Anselme, qui d'abord son disciple, était devenu son ami, et s'était fait bénédictin dans l'abbaye en 1060, partagea ses travaux; et l'école du Bec, dirigée par ces brillantes lumières de l'Eglise, exerça une influence puissante et salutaire sur l'enseignement général des sciences et des lettres. Lanfranc fut nommé au siége de Cantorbéry en 1070, et S. Anselme fut appelé au même siége en 1093. Mais, après un long séjour en Angleterre, il revint vivre dans l'abbaye, à la gloire de laquelle il avait concouru, et dont les enseignements, restés savants et célèbres, formèrent une suite de personnages illustres dans l'Eglise et dans les lettres.

Nous croyons fournir un renseignement intéressant en reproduisant ici la liste qu'en ont donnée les savants bénédictins, dans leur *Hist. littér. de la France*, t. VIIe :

Le pape Alexandre II, alors connu sous le nom d'Anselme, fils d'Anselme, évêque de Luques;

Guitmond, depuis évêque d'Averse, théologien qui, après Lanfranc, a le plus habilement réfuté dans ses écrits les erreurs de Bérenger;

Guillaume, surnommé Bonne-Ame, qui devint archevêque de Rouen;

Foulques, évêque de Beauvais;

Ives, évêque de Chartres;

Gondulfe, Arnuste et Ernulphe, tous trois évêques de Rochester;

Thibaut et Richard, archevêques de Cantorbéry;

Jean, qui, étant passé en Italie, devint évêque de Tusculum, et l'un des légats du pape Pascal II;

Gilbert Crispin, abbé de Westminster, qui a écrit la vie du bienh. Hellouin et quelques autres opuscules;

Milon Crispin, biographe du bienh. Lanfranc et de plusieurs abbés du Bec;

Roger de Lessai;

(1) V. sur cette fête le poëme de Wace et la notice de E.-H. Langlois. Wace appelle l'abbé de Ramsey, Helsins.

(2) Le Roux de Lincy, *Essai sur l'abbaye de Fécamp*, p. 56, note de M. André Pottier.

Guillaume de Cormeilles, ami de Lanfranc;

Henri, d'abord prieur de Cantorbéry, puis abbé de la Bataille (Angleterre);

Richard, issu du sang royal, abbé d'Ely, qui, à sa mort, fut érigé en évêché;

Lanfranc, neveu de l'archevêque du même nom, abbé de St-Wandrille;

Paul, célébré dans les écrits de S. Anselme, et qui devient abbé de St-Alban;

Willeram, d'abord écolâtre de l'église de Bamberg, puis moine de Fulde, et ensuite abbé de St-Pierre de Mersbourg, en Saxe, qui a fait un commentaire sur le *Cantique des Cantiques;*

Guibert, depuis abbé de Nogent, l'un des plus judicieux écrivains du commencement du XIIe sc.;

Robert de Torigny, qui composa au Bec un appendice à l'Hist. de Normandie par Guill. de Jumiéges, et qui, après y avoir rempli la place de prieur claustral, devint abbé du mont St-Michel;

Roger de Caen, poète, mort en 1095, et auteur d'un écrit sur le *Mépris du Monde;*

Osberne, homme de piété et d'érudition;

Gui, compagnon de Lanfranc le jeune, qui devint écolâtre au Bec;

Boson, que S. Anselme appela en Angleterre, et qu'il envoya de sa part au fameux concile de Clermont;

Le moine Maurice, à la prière duquel le même prélat écrivit son *Monologue;*

Enfin, Eadmer, historien et confident de S. Anselme, que ce prélat avait choisi pour son principal conseiller, et qui refusa l'évêché de St-André.

La bibliothèque qui, dès la fondation de l'abbaye, avait été attachée à l'école du Bec, contenait un grand nombre de livres de théologie, et réunissait aussi des livres de littérature et de science. Les moines chargés du soin de cette bibliothèque tenaient tellement à la perfection des textes des mss. qui y étaient renfermés, qu'à plusieurs reprises ils firent venir de villes éloignées et même de l'étranger certains mss. réputés corrects, pour les collationner avec ceux de leur maison, et éviter dans de nouvelles transcriptions les fautes que ce soin minutieux pouvait leur faire découvrir. A ce sujet, il n'est peut-être pas hors de propos de faire remarquer que si le mot *collation* a le sens de *léger repas*, cela vient, comme on sait, de ce que, dans les couvents, un certain temps de la journée pendant lequel étaient interrompus les travaux d'écriture, s'employait à la fois à un très-fugal repas et au collationnement des mss. Dans le XIIe sc., la bibliothèque du Bec, composée de près de 200 mss., fut très-augmentée par l'adjonction de 113 vol. que lui légua Philippe d'Harcourt, évêque de Bayeux, mort en 1163 (1).

Mais, au XIIIe sc., le zèle des moines conservateurs de ces richesses littéraires diminua d'une manière sensible, et le *Journal d'Eude Rigaud* (1260-63) témoigne du désordre dans lequel se trouva la bibliothèque au moment où l'archev. de Rouen inspecta le monastère tombé lui-même dans un regrettable relâchement (2).

Lorsque le moine Osberne, d'abord chanoine de Lisieux, puis moine de Ste-Catherine, et ensuite abbé de Cormeilles, fut nommé, comme on l'a vu, prieur de St-Evroul, ce monastère était déjà florissant. Situé au milieu d'une forêt, dans le diocèse de Lisieux, il avait été fondé en 567, sous le nom d'Ouche, par S. Evroul, et reconstitué dans le Xe sc., sous le nom de son fondateur. L'importance de son école s'était étendue promptement sans atteindre cependant l'éclat des enseignements de l'école du Bec. L'art calligraphique que le pieux Thierry, élu abbé en 1050, y avait apporté de Jumiéges, et auquel il consacrait lui-même une partie de son temps, fut particulièrement pratiqué dans l'abbaye de St-Evroul. Bérenger, depuis évêque de Venouse; Goscelin, Raoul, Bernard, Robert, surnommé André, Torquetil et Richard, furent les plus célèbres parmi les calligraphes que comptait cette école. La quantité des livres qui y furent écrits est considérable, dans les XIe et XIIe sc. Tous les livres de l'Ecriture

(1) Ravaisson, *Rapports sur les biblioth. des dépts. de l'Ouest*, renfermant, p. 375-395, le Catalogue des livres de l'abbaye du Bec au XIIe sc., y compris ceux donnés par Philippe d'Harcourt.

(2) Le Prevost, *Notes pour servir à la topog. et à l'hist. des communes du dép. de l'Eure*, 1re liv., p. III.

sainte, presque tous les ouvrages des écrivains ecclésiastiques, et un grand nombre d'écrits des auteurs profanes, y furent soigneusement copiés. Souvent les calligraphes ajoutaient à ces transcriptions des vers composés par eux.

De ce monastère sortit, au XIe sc., une foule de moines qui propagèrent en divers lieux les usages de St-Evroul et la culture des lettres, ou, comme on le disait en ce temps, de la *Grammaire* (1), qu'ils avaient étudiées à cette école : Roger de Montgommery, vicomte d'Hyemes, et depuis comte d'Arundell et de Shrewsbury, fonda l'abbaye de St-Martin de Sées, et y établit une colonie de moines de St-Evroul. Une autre colonie de ces mêmes moines fut envoyée à St-Pierre sur Dives. Goisfroi, appelé aussi Joffride, le plus célèbre de ces abbés propagateurs des études et des usages de l'abbaye de St-Evroul, était venu d'Orléans, pour embrasser, dans cette abbaye, la vie monastique. Dans la suite, envoyé en Angleterre par ordre de Henri Ier, qui le fit abbé de Croyland en 1109, il avait, avant d'être parvenu à cette dignité, ouvert à Cotenham, près de Cambridge, une école publique. Cette école, dans laquelle quatre de ses collègues : Gilbert, Terric, Odon et Guillaume, qu'il avait emmenés avec lui, enseignèrent toutes les sciences, excepté la théologie, prit bientôt une grande importance, et donna naissance à la célèbre Université de Cambridge (2).

Indépendamment des noms précités qui illustrèrent l'abbaye de St-Evroul, dans le XIe sc. et au commencement du XIIe, nous mentionnerons celui de Raoul-Mal-Couronne, habile dans l'art de la médecine et les arts libéraux, qui passa quelque temps dans cette maison, sous l'abbatiat de Robert de Grentemesnil, son neveu; — Serlon qui, après avoir rempli, pendant quelques années, les fonctions d'abbé, fut élevé à la dignité de l'épiscopat de Sées en 1091; — Guimond (ou Witmond), qui cultivait avec un égal succès la théologie, la littérature et la musique; — Goisbert de Chartres, qui était versé dans les sciences médicales; — Jean de Reims, qui occupa dans l'abbaye la place de sous-prieur, et qui, le plus illustre des élèves d'Ord. Vital, composa plusieurs ouvrages en prose et en vers dont fait mention le catalogue des mss. de St-Evroul; — enfin, Orderic Vital lui-même, l'un des historiens les plus remarquables du XIIe sc. Amené d'Angleterre en 1085, à l'âge de dix ans, il fit ses études à St-Evroul et y écrivit, d'après les conseils du savant abbé Roger du Sap, son Hist. ecclésiastique (*Historiæ ecclesiasticæ*, lib. XIII). Ce fut là que ce jeune cénobite, fils d'Odelerius, et nommé Orderic, du nom du prêtre qui l'avait baptisé, reçut le nom de Vital, en souvenir d'un des compagnons de St-Maurice dont l'église honorait la mémoire, le jour où Orderic fut tonsuré (1).

Bayeux, Caen et Lisieux, cités voisines, eurent, en ces temps de ferveur et d'étude, leur part de célébrité; d'intéressantes bibliothèques y furent créées. Robert de Tombelaine, abbé du monastère de St-Vigor, à Bayeux, est connu, dans le XIe sc., par son amour pour les lettres; Eude (ou Odon), évêque de ce siége, prélat ambitieux, contre lequel Guill. le Conquérant, son frère utérin, fut obligé de sévir, mais qui avait d'éminentes qualités, voulut que les membres de son clergé eussent une instruction réelle; il envoya à ses frais ceux dont l'aptitude au travail intellectuel lui paraissait remarquable, étudier aux écoles les plus renommées. Ce fut ainsi qu'il prépara l'élévation de Thomas de Douvre, archevêque d'York, en 1070, et de Samson de Douvre, son frère, évêque de Worcester, en 1096; de Guill. de Ros, abbé de Fécamp, et de Turstin, abbé de Glastonbury, tous hommes pleins de savoir. Quoique l'opinion générale attribue à la reine Mathilde, femme du Conqué-

(1) *Hist. littér. de la France*, t. VII, p. 83.

(2) Les fondements de l'Université d'Oxford furent jetés, vers 888, par Alfred le Grand, secondé par deux moines : Grimbald, prévôt de St-Omer, et Jean de la Vieille-Saxe, moine de Corbie, et abbé d'Ethelingey.

(1) Le ms. d'Ord. Vital, considéré sinon original, du moins contemporain du chroniqueur, se trouve à la biblioth. d'Alençon Le complément de ce même ms. appartient à la Biblioth Imp. La biblioth. d'Alençon renferme environ 120 mss. provenant des abbayes de St-Evroul, de St-Martin de Sées et de la Trappe, près Mortagne.

rant, l'immense et curieux travail artistique connu sous le nom de tapisserie de Bayeux, les Bénédictins pensent que l'honneur pourrait en être rapporté à ce même évêque Eude. Cette supposition est devenue de plus en plus douteuse, depuis que de savantes et récentes dissertations ont été faites en France et en Angleterre sur cet antique monument de notre histoire normande.

Caen, la ville la plus considérable du diocèse de Bayeux, a toujours renfermé dans son sein des hommes de lettres et des hommes de science. Nous avons vu que, dans le XIe sc., quelques-uns de ses enfants allèrent étudier au Bec sous Lanfranc. Dans ce nombre, le poète Roger est notamment à compter. Ce maître célèbre ayant été élu premier abbé de St-Etienne, aussitôt après la fondation du monastère, en 1063, y cultiva les lettres avec un zèle extraordinaire : on dit qu'il refusa l'archevêché de Rouen, à la mort de S. Maurille, pour ne pas interrompre ses travaux littéraires. S'il ne se mit pas à la tête d'une des écoles publiques qui existaient alors à Caen, il est au moins constant qu'il attira dans cette ville plusieurs hommes distingués par leur savoir. Outre l'école de St-Etienne, Caen possédait une autre école dirigée vers la fin du même siècle par Arnould, *homme instruit dans tous les arts libéraux*, et qui, plus tard, devint patriarche de Jérusalem. Raoul de Caen, historien de Tancrède, qu'il avait suivi en Palestine, et, tout porte à le croire, maître Wace, le poète historien le plus fécond du XIIe sc., et l'un des écrivains les plus remarquables de notre vieille littérature normande, sortirent de l'école dirigée par Arnould.

Les écoles établies près des églises cathédrales ou des abbayes ont été, sans nul doute, les premiers germes de celles qui ont pris le nom d'Universités. Il est donc à croire que l'Université de Caen, dont la fondation, en 1437, est due à Henri VI d'Angleterre, ne fut instituée qu'en vue de remplacer les écoles publiques formées dans cette ville depuis longtemps.

Il est à remarquer, dans le XIe sc., que partout où se trouvaient des siéges épiscopaux, les lettres devenaient florissantes. L'église de Lisieux vit à sa tête, pendant plus de soixante années, deux évêques que nous ne pouvons manquer de citer dans cette nomenclature un peu uniforme (nous le regrettons, sans pouvoir l'éviter), des célébrités monacales et ecclésiastiques, entre les mains desquelles les moyens d'études étaient presque exclusivement placés. Le premier de ces prélats, Hugues, joignait à une haute naissance toutes les qualités qui font les grands évêques ; éloquent lui-même, et plein de savoir, il attira, dans le diocèse qu'il gouverna pendant quarante ans, des ecclésiastiques savants, et fit élever sous ses yeux l'un des historiens de la conquête de l'Angleterre, Guillaume, qui devint archidiacre de Lisieux, et qui, connu sous le nom de Guillaume de Poitiers, dut cette désignation au temps qu'il passa à Poitiers pour y terminer ses études. Passionné pour les livres, Hugues réunit à l'évêché de Lisieux une remarquable collection de mss.

Gilbert Maminot, successeur de Hugues, et nommé évêque de Lisieux en 1077, éloquent et savant en belles-lettres, comme son prédécesseur, fut à la fois médecin et chapelain de Guill. le Conquérant. On citait particulièrement son savoir en astronomie et en mathématiques.

Parmi les hommes qui contribuèrent à l'illustration de l'église de Lisieux, Nicolas Oresme tient le premier rang. Il occupa le siége de cette ville de 1377 à 1382, et, étant chapelain de Charles V, il traduisit et composa de nombreux ouvrages sur l'astrologie, les sciences physiques et naturelles (1).

Peu de renseignements se sont conservés sur l'école d'Avranches. On sait cependant qu'elle participa au mouvement intellectuel du XIe sc. Lanfranc, qui s'y arrêta vers l'an 1040, avec une suite d'étudiants, y enseigna pendant quelque temps. Dix-huit années après, Anselme

(1) La bibliothèque de Rouen possède de Nic. Oresme, doyen de l'église de Rouen, puis évêque de Lisieux, un magnifique ms. de sa traduct. des *Œuvres morales et politiques d'Aristote*. Dès le IXe sc., l'église de Lisieux a présenté dans Fréculphe un grand évêque et un savant chroniqueur. — V. Petit-Radel, *Recherches sur les bibliothèques*, p. 73-80.

s'y arrêta également, lorsque après avoir parcouru la Bourgogne et la France, il se rendait au Bec pour y devenir le disciple de Lanfranc. Dans la seconde moitié du XIe sc., deux évêques d'Avranches, Jean de Bayeux et Michel, originaire d'Italie, se distinguèrent par la protection qu'ils accordèrent aux lettres. Jean de Bayeux a laissé, sous le titre de : *Liber de officiis ecclesiasticis,* de précieux écrits sur la liturgie de l'église de Rouen, siége dont il devint le chef en 1069.

La présence d'hommes célèbres dans l'abbaye du mont St-Michel, au XIe sc., donne à penser que les lettres étaient en honneur dans ce monastère. Le célèbre S. Anastase, noble vénitien, très-versé dans la langue grecque et dans la langue latine, y embrassa la vie monastique. Robert de Tombeleine y composa, sur la demande de S. Anastase, ses commentaires sur le *Cantique des Cantiques.* Dans le XIIe sc., Robert de Torigny, élu abbé du mont St-Michel en 1154, et qui avait puisé à l'abbaye du Bec un vif amour pour les lettres, les cultiva avec succès pendant les trente années que dura son administration, et les encouragea parmi les religieux. Il a composé plusieurs écrits qui ont été publiés par d'Achery, en 1650, et parmi lesquels on trouve une chronique de Normandie. Zélé pour la recherche des livres et pour les soins à donner à leur conservation, Robert de Torigny, appelé aussi Robert du Mont, ne tarda pas à rendre la bibliothèque du mont St-Michel l'une des meilleures et des plus complètes de l'époque. Comme un simple moine, il s'appliquait à copier lui-même les mss., et, remplissant parfois le rôle de critique, il les corrigeait et les commentait (1).

Les artistes normands, calligraphes et miniaturistes, étaient renommés. Durant le XIIe et le XIIIe sc., les bibliothèques se multiplièrent en Normandie : chaque abbaye eut la sienne; une ardeur générale fit répéter en grand nombre les copies des ouvrages des anciens et celles des œuvres contemporaines le plus en réputation. Dans les monastères de filles, plusieurs religieuses étaient employées à transcrire la Bible et les écrits des SS. Pères. Le goût des livres s'étendit graduellement au delà des cloîtres : les riches particuliers voulurent avoir des mss. en leur possession, et bientôt on vit s'installer à la porte des églises des boutiques de libraires. Le prix des livres, toujours très-élevé d'ailleurs, dépendait de la richesse des miniatures, de la perfection de la calligraphie et de la beauté du vélin. On estime qu'un volume in-folio d'alors, sans aucun ornement exceptionnel, revenait à une somme qui représenterait aujourd'hui 400 à 500 fr., sinon davantage. Les Heures offertes par Charles VI à la duchesse de Bourgogne, exécutées à Bayeux en 1412, coûtèrent 600 écus d'or (environ 5,000 fr. de notre monnaie) que le vicomte de Bayeux fut chargé de payer en partie sur les recettes des domaines de sa vicomté. Dans quelques-unes des bibliothèques que nous avons citées, on comptait plusieurs centaines de volumes (1).

Peu de temps après la création de ces bibliothèques, on sentit le besoin de faire des règlements pour la conservation, l'entretien et l'accroissement de ces établissements qui sont restés si célèbres.

Le lieu où les cénobites se livraient à la transcription des livres était appelé *scriptorium.* Tracer ou peindre les figures marginales : arabesques, feuillages, vignettes, initiales ornées de longs traits ou girandoles, s'appelait *babuinare.* Le conservateur des bibliothèques ecclésiastiques et monacales était ordinairement désigné sous le nom d'*armarius.* On exigeait de ces bibliothécaires le serment de ne vendre, ni engager, ni prêter aucun volume. Les précautions qu'on prenait pour éviter la soustraction des livres et leur déplacement étaient grandes; on les attachait parfois à la muraille, ou à un pupitre, avec des chaînes de fer,

(1) La plupart des mss. de la bibliothèque du mont St-Michel ont passé dans la bibliothèque de la ville d'Avranches. On en trouve l'inventaire dans Montfaucon, *Biblioth. des mss.*, et dans le Rapport de M. Ravaisson, sur les Biblioth. des dépts. de l'Ouest. Ce dernier énumère 43 numéros.

(1) *Hist. littér. de la France*, t. XVI, p. 39. — De La Rue, *Mém. sur la valeur et le prix des livres dans la Basse-Norm., depuis le* XIe *sc. jusqu'au* XVe; Soc. des Antiq. de Norm., t. XII (1841).

usage qui subsiste encore aujourd'hui dans la bibliothèque Laurentienne, à Florence. Lors de sa visite à l'abbaye de Cherbourg, en 1266, l'archevêque Rigaud note dans son procès-verbal qu'il a trouvé des mss. infiniment précieux, et qu'il a prescrit plusieurs dispositions pour leur conservation.

Les mss. du XIIIe sc. offrent peu d'uniformité; l'écriture, abandonnant les formes pures des siècles antérieurs, s'altère, et l'écriture dite gothique devient dominante et générale. Le caractère des initiales présente encore cependant une gracieuse simplicité. A cette époque, les copistes étaient plus nombreux que jamais; on en comptait en France environ 40,000, dont la plupart habitaient les monastères (1). Jusqu'à la fin de ce siècle, on écrivit sur parchemin ou sur vélin; le papier de chiffe (ou chiffon) n'apparaît qu'après l'an 1300 (2).

Au XIIIe sc., au moment où la Normandie redevient française, la littérature, recevant moins directement l'influence monacale, prend une face nouvelle, plus démocratique et plus mondaine. Les compositions dramatiques, qu'on appelait à cette époque miracles ou mystères, apparaissent au milieu des villes, en certains jours de fête, avec leur grand spectacle et leurs nombreux acteurs; les romans en vers et en prose, les chroniques et les légendes, avec leurs récits demi-fabuleux; les fabliaux, les poésies historiques et les chansons des trouvères se répandent à la cour et dans les châteaux. L'étude du droit est particulièrement introduite, et le *Coutumier de Normandie*, depuis lors si souvent copié, commenté et réimprimé, est constitué de 1270 à 1280. Les bibliothèques reçoivent un grand accroissement de livres composés en langue romane. Ce genre de composition exerce une influence particulière sur la formation de la langue française. Vers ce temps, le journal d'Eude Rigaud signale le relâchement disciplinaire qui s'était introduit dans l'intérieur des monastères de la Normandie. Ce journal, sous le titre de *Visites pastorales* (1250, 1256, 1266), et le Pouillé que nous a laissé le rigide prélat, sont des monuments historiques très-curieux; ils témoignent de la vigilance d'Eude Rigaud et des efforts qu'il fit pour introduire dans les monastères placés sous son administration, les statuts réformateurs de Grégoire IX.

Durant le cours du XIVe sc., les monastères souffrirent particulièrement du trouble que jeta dans toute la Normandie les guerres civiles, et que vint arrêter momentanément le succès de la bataille de Cocherel, en 1364. L'état déplorable des monastères s'aggrava dans le XVe sc., par suite de l'invasion anglaise en 1417. Non-seulement les études littéraires s'affaiblirent en Normandie, mais encore dans toute la France : le mouvement intellectuel [illegible] porté en Italie.

Da[illegible] résumé succinct, nous avons cherch[illegible]xposer le zèle non interrompu avec le[illegible] les lettres et les sciences furent cultivées en Normandie, bien longtemps avant l'introduction de l'imprimerie; nous avons voulu montrer le succès qui, souvent, récompensa ce zèle, le nombre considérable de bibliothèques et d'écoles qui ouvrirent leurs portes à tous ceux que le savoir attirait, et la multitude d'hommes remarquables qui sortirent de ces écoles pour porter leur sainte et savante doctrine dans les principales contrées de l'Occident.

Le cadre que nous nous sommes tracé pour cette Introduction nous forçait de nous renfermer dans des époques lointaines et de nous arrêter au XVe sc. Si nous nous étions proposé de résumer aussi le temps qui a suivi l'invention de l'Imprimerie, nous aurions été fier de montrer l'intervention de la Normandie dans le travail des XVIe, XVIIe et XVIIIe sc., mémorables époques de création littéraire et artistique. Nous aurions eu soin également, en arrivant jusqu'à l'époque actuelle, d'indiquer l'ardeur remarquable, l'activité semblable à une sorte

(1) *Hist. littér. de la France*, t. XVI, p 37, 38.

(2) Dans le XVe sc., on fabriquait de très-beau vélin en Normandie. Vers la fin de ce même sc., on y établit des moulins à papier, et leurs propriétaires furent agrégés à l'Université de Caen. Parmi ceux-ci, nous citerons, en 1490, Théobald Allot, à Fervaques; en 1498, Nicolas Col, à Pont-Audemer et au Pont-Authou; en 1502, François de Petiteville, à Maromme, près de Rouen. En 1497, il y avait également des moulins à papier à Valognes et à Orbec.

de *Renaissance*, qui président en Normandie, surtout depuis une trentaine d'années, aux recherches sur les richesses historiques et littéraires que notre belle contrée possède. Cette dernière période, celle de la critique historique et littéraire, a un caractère tout à fait distinct; nous n'aurions été que juste en signalant la part honorable que les académies, les sociétés littéraires et savantes de la Normandie, n'ont cessé de prendre à ce mouvement intellectuel; mais l'ouvrage même ne pourra manquer de suggérer ces réflexions au lecteur.

Il nous a semblé que le travail qui précède pouvait former, avec à propos, une introduction au *Manuel du Bibliographe normand*. Maintenant, un dernier mot sur les éléments et les divisions de ce Manuel. Il est classé dans un ordre alphabétique, et se compose de quatre parties distinctes: 1° articles d'auteurs ayant écrit sur l'Hist. de la Normandie; 2° articles d'auteurs nés en Normandie, mais dont les ouvrages sont étrangers à l'histoire de cette province; 3° articles de personnages ayant joué un rôle en Normandie; 4° livres anonymes ou pseudonymes dont le titre se rattache à la même contrée. Le caractère petit-romain indique les livres essentiellement normands; le petit-texte indique ceux qui ont un rapport moins direct avec l'Hist. de Normandie, ou qui lui sont étrangers. On pourra regretter peut-être de ne pas trouver dans notre Manuel un catalogue méthodique, dans le genre de celui qui suit le *Manuel du Libraire* de M. Ch. Brunet, notre savant et vénéré maître; ce long travail est seulement ajourné. Lorsque nous l'entreprendrons, nous donnerons, parmi les divers modes de classification, la préférence à la classification géographique, tout en adoptant dans ces indications d'ouvrages concernant telle ville, tel bourg, tel village, des subdivisions méthodiques destinées à faciliter les recherches. En attendant cette table projetée, nous avons, dès à présent, groupé certaines matières de quelque étendue: les Almanachs et les Annuaires, les Arrêts et les Remontrances du Parlement, les Bréviaires, les Cartulaires, les Catalogues de bibliothèques, les Chambres de Commerce, les Chemins de fer, les Chroniques, les Coutumiers, les Edits, les Entrées triomphales des rois, les Factums, les Journaux, les Livres d'heures, les Missels, les Pièces palinodiques, les Plans de villes, les Sociétés savantes, les Statuts des corporations d'arts et métiers, les Vies des Saints.

A ce travail bibliographique, que nos efforts et nos recherches ont voulu rendre aussi complet que possible, nous avons adjoint des notes biographiques sur les hommes dont nous enregistrons les œuvres; nous espérons que cette alliance de la bibliographie et de la biographie, pour la première fois introduite dans un ouvrage de la nature de notre Manuel, paraîtra utile et recevra un bienveillant accueil.

Nous avons donné, autant qu'il nous a été possible, des détails spéciaux sur l'imprimerie normande aux XVe, XVIe et XVIIe sc., regrettant toutefois de ne pouvoir placer dans notre Manuel tous les renseignements que comporterait une étude aussi vaste. Le tableau que nous donnons ci-après contient le nom des villes principales de la Normandie où l'imprimerie a été primitivement exercée. Ce document vient s'ajouter à l'ensemble que nous avons voulu présenter des moyens qui ont fait progresser en Normandie l'étude et le savoir pendant plusieurs siècles successifs.

Alençon	Simon Du Bois.	1530
Andely.	Thubœuf et Saillot (J.-Pre-Per).	1791
Avranches . . .	Jean Le Cartel	1590
Bayeux	Pierre Le Roux.	1628
Caen	Jacq. Durandas et Pierre Quijoue .	1480 -
Coutances. . . .	Jean Le Cartel. . . . . (le même qui imprimait à Avranches).	1597
Dieppe.	Estienne Martin, lib.	1565
	Nicolas Acher, imp.	1639
Evreux	Nic. Hamillon (et Ant. Le Marié).	1601
Gisors.	Thubœuf.	1795
Gournay-en-Bray .	Dieudonné de Ballieu.	1790
Havre (le). . .	Jacq. Gruchet.	1670
Honfleur. . . .	Jean Petit	1606
Lisieux	Jean Clémence.	1608
Neufchâtel . . .	Pierre Feray	1794
Pont-Audemer. .	Guill. Duval, lib.	1533
Pontorson . . .	Jean Le Fèvre.	1600
Rouen	Guill. Le Talleur (et N. de Harsy).	1487
St-Lo.	Jean Pien	1656
Vire	Jean De Cesne.	1660

M. Rouland, Ministre de l'Instruction

publique, dans le rapport qu'il a adressé en avril 1860 à l'Empereur, sur le besoin d'un inventaire général des collections de la Biblioth. Imp., rappelait avec la justesse et l'esprit sagace qui le caractérise, ces paroles de Napoléon III, extraites de ses *Etudes sur le passé et l'avenir de l'artillerie* : « Je terminerai en exprimant le regret que l'idée émise un jour par l'Empereur n'ait pas été exécutée ; mon ouvrage en eût tiré un immense bénéfice. Cet homme, qui a pensé à tout, voulait que les savants créassent des catalogues raisonnés par ordre de matières, où tous les auteurs qui ont écrit sur une branche quelconque du savoir humain, fussent classés par siècle et jugés d'après le mérite de leurs œuvres. De cette manière, ceux qui désireraient écrire l'histoire d'un art ou d'une science, ou faire un voyage lointain, trouveraient facilement les sources authentiques où il faudrait aller puiser leurs renseignements.. Aujourd'hui, au contraire, l'homme studieux qui veut s'instruire ressemble à un voyageur qui pénètre dans un pays dont il n'a pas la carte topographique, et qui est obligé de demander son chemin à tous ceux qu'il rencontre sur sa route. » Trouvera-t-on que nous avons, sinon montré le chemin à ceux qui veulent étudier l'Histoire de la Normandie, au moins aplani et abrégé pour eux la route? Nous voudrions pouvoir l'espérer.

Nous prions ici les savants qui ont bien voulu nous prêter le concours de leur érudition de recevoir l'expression de notre gratitude. Les communications de MM. Ch. de Beaurepaire, conservateur des Archives de la Seine-Inf., Blondeau, ancien principal du collége de Commercy, E. de Blosseville, membre du Corps législatif, A. Canel, bibliophile normand, A. Floquet, membre de l'Institut, Th. Lebreton, auteur d'une *Biog. normande*, l'abbé Mallais, curé de St-Martin-Eglise (arrond. de Dieppe), et André Pottier, conservateur de la Biblioth. publ. de Rouen, nous ont été d'un puissant secours. Nous aimons à reconnaître aussi le zèle éclairé de M. A. Le Brument, notre éditeur, qui a donné à la publication de notre Manuel les soins les plus désintéressés et les plus intelligents.

MANUEL

DU

BIBLIOGRAPHE NORMAND.

MANUEL
DU BIBLIOGRAPHE NORMAND.

A.

ABBON, Abbonis monachi S.-Germani Parisiensis de bellis parisiacæ urbis et Odonis comitis post regis, adversus Northmannos urbem ipsam obsidentes, sub Carolo Crasso imperatore ac rege Francorum.

Poème, en vers latins, divisé en 3 livres.

Ce siége de Paris par les Normands dura depuis le mois d'octobre 886 jusqu'au mois de février 887. Abbon composa son poëme en 896 et le dédia à Gozlin, diacre de Paris.

Publié pour la première fois en 1588, par le savant Pithou, dans son recueil de divers annalistes ou historiens de France, d'après un ms. du xe sc. qui lui appartenait et qui se trouve maintenant à la Bibl. Imp., nº 1633, auparavant 535, in-4, il a été réimprimé à Francfort, en 1594, dans un recueil portant le même titre.

Dom du Breul, en 1603, a inséré ce poëme parmi d'autres anciens documents relatifs à la ville de Paris : *Aimoinii monachi libri V de gesti francorum.... Abbonis, libri II. de obsessa Nortmannis Lutecia. Chronicon Casinense de L. Marsicani, etc. Omnia studio et opera Jac. du Breul; Parisiis*, 1603, in-f.

Du Chesne l'a compris, en 1619, dans ses *Historiens Normands*, p. 35-48; et, en 1636, dans ses *Historiens de France*, t. II, p. 524-530.

Jean du Bouchet l'a reproduit en 1646, à la suite de son traité de *la véritable origine de la seconde et troisième lignées de la maison de France*, etc.

Une édition plus complète est due à dom Bouquet; elle fait partie du t. VIII (1752), p. 1-26 de ses *Historiens des Gaules et de la France.*

L'année suivante, il en parut une plus exacte encore, comme pièce justificative des *Nouvelles Annales de Paris, jusqu'au règne de Hugues Capet, par dom Toussaint duPlessis;* Paris, v^e Lottin et J. H. Butard, 1753, in-4. V. *Journ. des Savants*, déc. 1753, et *Mém. de Trévoux*, août 1753.

G.H. Pertz a inséré, en 1829, le poëme d'Abbon dans le 2e vol. de ses *Monumenta Germaniæ historica*, p. 776-805, avec presque toute la glose et même le 3e liv. que les éditeurs précédents avaient écarté comme tout-à-fait distinct des deux autres.

Ce poëme, si souvent réimprimé, a été traduit seulement dans le XIXe sc. Voici l'indication des traductions :

— Siége de Paris par les Normands (885 à 887), poëme d'Abbon. In-8 de 66 p. pour le poëme, plus 15 p. pour la notice sur Abbon. *Mém. relat. à l'Hist. de France, collect. Guizot*, t. VI; *Paris, Brière*, 1824.

Il devait en être fait un tirage à part de 100 exemp., mais il n'a pas eu lieu.

Le même, t. VI, contient les chroniques de Frodoard (877 à 978), qui peuvent être consultées avec fruit sur cette époque de l'hist. de Norm.

— Le Siége de Paris par les Normands, en 885 et 886; poëme d'Abbon avec la traduction en regard, accompagné de notes explicatives et historiques, par N. R. Taranne, prof. de rhétorique au collége Stanislas. *Paris*, Imp. Roy. (lib. *Hachette*), 1834, in-8, de XXVIII et 336 p., plus 2 p., table et errata.

Cette publication se recommande par la correction du texte, par l'exactitude de la traduction, par les notes historiques et philologiques qui l'accompagnent. Au jugement de M. Daunou, très compétent sans doute, (*Journ. des Savants*, 1835, p. 411-418), cette édition d'Abbon serait la plus correcte et la plus complète.

ABBON, né dans cette partie de la Neustrie qui fut appelée Normandie, vers la fin du IXe sc., mourut à l'abbaye de S.-Germain-des-Prés, vers l'an 925. Il vivait encore en 922, puisqu'il composa alors des sermons à la prière de Fulrad, évêque de Paris. Cinq de ces sermons ont été publiés par d'Achery, spicil. IX, 79-110. Son poème contient 1278 vers hexamètres. Il affirme dans le 1er liv. qu'il a été présent à ce siége, et ce témoignage ne peut manquer de donner une grande autorité à son récit, puisqu'il raconte non-seulement ce qu'il a entendu dire, mais aussi ce qu'il a vu. Le P. Dubois, prêtre de l'Oratoire, a abrégé d'une manière élégante, dans son histoire de l'Eglise de Paris, les deux premiers livres d'Abbon.

V. sur ce religieux et sur ce siége : Le Gendre, *Hist. de France*, t. II, p. 1. — L'abbé Lebeuf, *Recueil d'écrits pour l'Hist. de France*, t. I, p. 109. — *Recueil des Hist. de France*, t. VIII, préf., p. 1. — Dom Rivet, *Notice sur la vie et l'ouv. d'Abbon* — *Hist. littér. de la France*, t. VI. (1742), p. 191 et suiv. — Note à ce sujet, *Hist. littér. de la France*, t. X, (1756), p. 55. — Babinet (Jérémie), *Siége de Paris*, etc., — Duval (Amaury), le *Siége de Paris*, etc., roman hist. du IXe sc.

ABBOT (*Jacob*). History of William the Conqueror; *London, Th. Allman*, (vers 1850), in-24 de 224 p., avec un portr.

ABERNON (*Pierre* d'), et non Pierre de Vernon comme il est parfois appelé, naquit dans la commune d'Abenon, autrefois Abernon, canton d'Orbec (Calvados). Ce poète du XIIe sc. est auteur : 1° du *Secret des Secrets, ou les enseignements d'Aristote*, (mss. Bibl. Imp.), trad. en vers, d'un ouvrage latin faussement attribué à ce philosophe ; 2° de la Lumière des Laïques (*la Lumière as Lais*), sorte de Traité de Théologie, trad. en vers, d'un ouv. latin composé par maître Pierre de Fécamp.

V. De la Rue, *Essais sur les Bardes*, etc., t. II, p. 357-365. — *Hist. litt. de la France*, t. XIII, p. 115-119.

ABOVILLE (*Julien* d'), lieut. général, né à Gonneville, près de Cherbourg, le 11 avril 1687, est mort à la Fère, le 23 mai 1773. Son fils et son petit-fils servirent avec distion dans l'arme de l'artillerie.

ABRÉGÉ curievx des antiquitez de la ville de Rouen; in-4 de 4 ff. à 2 col.

ABRÉGÉ de Cosmographie et Almanach pour l'année; in-24. V. Saas.

ABRÉGÉ de la vie de S. Ouen, archevêque de Rouen, patron de la paroisse de Boursies, diocèse de Cambrai; *Cambrai, Lesne-Daloin*, 1837, in-12 de 18 p.

ABRÉGÉ de la vie de S. Thomas de Cantorbéry, patron de Pourville; *Dieppe*, imp. *Delevoye-Barrier*, 1837, in-18 de 14 p.

ABRÉGÉ de la vie et des miracles de S. Laurent, archevêque de Dublin et patron d'Eu, avec un office et des prières en son honneur, par un chanoine régulier de l'abbaye; *Eu, Mathorel*, 1832, in-12; — *Rouen, Lecrêne-Labbey*, 1835, in-12 de 70 p.

ABRÉGÉ de la vie et des vertus de notre très honorée mère Marie-Victoire Le Masson, décédée supérieure en ce second monastère de la Visitation Sainte-Marie de Rouen, le 4 juin 1765; *Rouen, Machuel*, 1766, in-4 de 15 p.

ABRÉGÉ de la vie et miracles de S. Gavde, evesque d'Evrevx, décédé dans le diocèse de Coustances en Normandie. Avec le sommaire de ce qui s'est passé à la translation de son corps miraculeux, et de quelques miracles arrivez depuis son invention, 2e édit. ; *Covstances, Nicolas Le Long*, 1664, pet. in-12. — *Covstances, Guill. Le Cesne*, 1664, pet. in-8.

La 1re édit. a paru à Coutances, s. d., in-12 de 128 p., chez Robert de Coquerel, à la Pyramide. — V. Rouault, pour une autre vie de S. Gaud.

ABRÉGÉ de l'Histoire de Normandie; 1665, in-12. V. Anneville (*Eust.* d').

ABRÉGÉ de l'Histoire ecclésiastique, civile et politique de la ville de Rouen, etc. V. Le Cocq de Villeray.

ABRÉGÉ de l'origine et établissement de la charité et confrairie de Notre-Dame-de-Recouvrance, établie au couvent des RR. PP. Carmes de cette ville de Rouen, avec les Statuts d'icelle; *Rouen, Robert Des Rocques*, 1695, pet. in-8.

ABRÉGÉ des antiquitez de la ville de Pontoise et personnes illustres de ladite ville, divisé en deux parties, (par Duval); *Rouen, Ph. Pierre Cabut*, 1720, in-8, de 126 p.

Avant la Révolution, tout le Vexin, tant le Vexin normand que le Vexin français, dépendait du diocèse de Rouen ; c'est à ce titre que nous comprenons Pontoise dans notre Manuel bibliog.

ABRÉGÉ des vertus et qualités des eaux de Baignolle ; *Caen, Poisson*, in-12.

ABRÉGÉ du sermon de controverse presché le dimanche 9 juillet, en l'église S. Pierre; *Caen*, 1684, in-4.

ABRÉGÉ historique de l'église Notre-

Dame-de-Pontoise, appelée la Santé-des-Malades; *Troyes, Michelin*, 1702, in-8; — *Rouen, P. Ph. Cabut*, 1718, in-8, de 63 p.; — *Paris*, 1727, in-8; et 6e édit., suivie d'une notice inédite sur l'église de N.-D. et sur la confrérie aux clers, par Pihan-Delaforest; *Paris, imp. de Pihan-Delaforest*, 1838, in-8 de 152 p. avec une lith.

ABRÉGÉ histor. du Parlement de Rouen. Ms. in-f. V. Pavyot du Bouillon.

ABULPHARAGIUS (*Grégoire*). De rebus gestis Richardi angliæ regis in Palestina (1191 et 1192), excerptum ex Gregorii Abulpharagii chronico Syriaco. Edidit, vertit, illustravit Paul. Jac. Bruns; *Oxonii, Fletcher*, 1780, in-4 de 16 ff.

Le texte syriaque forme 6 ff. et se trouve à la fin du vol.

ACADÉMIE de Caen. V. *Mém. de l'Académie des sc., arts et belles-lett. de Caen.*

ACADÉMIE de Cherbourg. V. *Mém. de la Soc. académique de Cherbourg.*

ACADÉMIE de l'Immaculée Conception de la Vierge, à Caen. V. *Recueil des poésies qui ont été couronnées sur le Puy de l'Immaculée Conception, etc.*

ACADÉMIE de l'Immaculée Conception de la Vierge, à Rouen. V. *Pièces de poésies couronnées par l'Acad.*

ACADÉMIE de Rouen. V. *Précis analytique des travaux de l'Acad. des sc., belles-lett. et arts de Rouen.*

ACADÉMIE ébroïcienne. V. *Bulletin de l'anc. Société d'agricult., sc., arts et belles-lett. du départ. de l'Eure*, et *Bulletin de l'Acad. ébroïcienne, etc.*

ACARIE (*Pierre*), bibliothécaire du chapitre de la cath. de Rouen, restaurateur de cette bibliothèque, etc., mourut à Rouen, âgé de 51 ans, le 2 mars 1637.

V. l'abbé Langlois, Mém. sur les biblioth. des archev. de Rouen, *Acad. de Rouen*, 1852, p. 504 et 523.

ACARIN (*Guill.*), né à Grainville-sur-Odon (Calvados), vers la fin du XIIe sc. Au retour d'un voyage qu'il fit à la Terre-Sainte, il fonda à Caen, en 1219, l'église collégiale du S.-Sépulcre et en fut le premier doyen. S'inspirant de l'église qui porte ce nom à Jérusalem, il donna à l'édifice de Caen la même forme. Acarin est mort dans cette ville, en 1246.

ACCOUNT (*Some*) of the alien priories and of such lands as they are known to have possessed in England and Wales; *London, Payne*, 1779, 2 vol. in-12, fig.

Cet ouv., attribué par les uns à Gough, et par le plus grand nombre, à Ducarel, est rare en France. Il contient une carte de Norm. et des vues de la Cathédrale de Rouen, de l'abbaye du Bec, des églises de Lisieux, de S.-Etienne et de la Ste-Trinité de Caen, du Mont-S.-Michel, des cathédrales d'Evreux et de Bayeux. L'ouv. de Bourget : *Hist. of the royal abbey of Bec, Normandy*, formerait le 3e vol. de ce recueil.

ACHAINTRE (*Nic.-Louis*). Description de la Gaule, pour servir d'introduction à l'histoire des comtés d'Evreux, du Perche, du duché d'Alençon et du Maine, formant l'ancienne confédération des Aulercas. *Bullet. de l'Acad. ébroïcienne*, 1833-36, six art.

Philologue et critique, né en 1771, à Paris, Achaintre vivait dans la retraite à Evreux, où il mourut en 1836.

ACHARD, surnommé de St-Victor, naquit à Domfront (Orne), vers le commencement du XIIe sc. — Nommé, en 1161, évêque d'Avranches, par Henri II, qui lui donna des marques particulières d'estime, il mourut le 29 mars 1171. Son corps fut inhumé dans l'église de la Trinité, de l'abbaye de la Luzerne, au diocèse d'Avranches, abbaye dont il avait été le bienfaiteur.

On possède de ce prélat plusieurs traités : *De divisione animæ et spiritus*; — *De sancta Trinitate*; — *De tentatione domini in deserto*, et le *Traité sur l'abnégation de soi-même*. Ces traités sont restés mss. V. Dictionn. hist. par Chaufepié, au mot Achard.

ACHARD (*L.-R.-C.*), de Bonvouloir, né au Passais, près Domfront, le 19 mars 1744, fut député de la noblesse du bailliage de Coutances, aux États-Généraux de 1789.

ACHÈVEMENT du pont du Petit-Vey, 1824, in-8.

ACOPARD ou ACOPHARD, mathématicien, né à Trun, près d'Argentan, s'occupa d'astronomie, et publia à Rouen, en 1552, un recueil de pronostications.

ACQUIN (*Louis* d'). Portrait de Dom Armand-Jean Bouthillier de Rancé, en latin et en français; 1701, in-4.

ACQUIN, évêque de Sées, est mort en 1710.

ACTA archiepiscoporum Rothomagensium; Mabillon, *vetera analecta*; 1723, p. 222-226.

ACTA Rothomangensis ecclesiæ, pars prima; *Parisiis, apud Antonivm Stephanvm*, 1629, in-8 de 55 p.

ACTE de notoriété donné par douze gentilshommes de la province de Normandie, à MM. Lemarchant de Caligny, le 3 juin 1767; *Paris, Herissant père*, 1768, in-8.

Utile à réunir aux livres qui traitent de la noblesse et de l'art héraldique. On y voit les alliances des Lemarchant de Caligny avec les maisons de Vauquelin, de Durfort, de Montgommeri, dont on déduit les généalogies.

ACTE de protestation de plusieurs membres du bailliage de Caen, contre l'édit de suppression du parlement de Rouen, (7 oct.) s. l. n. d. (1771), in-12.

ACTES de la conférence entre le R. P. Véron de la comp. de Jésvs et le sievr de la Balle, ministre de Luneré (Luneray) et Lindebeuf, tenve av chasteav de Linnebeuf (Lindebeuf), en présence de plusieurs seigneurs catholiques et de la religion prétendue réformée; en laquelle le sieur de la Balle a esté contrainct de faire profession du *sainct sacrifice de la messe;* et se retirer manquant en la preuue de sa cene; par A. L. C. P., *Roven*, chez *Nic. Le Prevost*, 1618, pet. in-8 de 72 p., plus 4 p. et 8 ff. prélim.

L'auteur ou plutôt l'éditeur de ce livre est probablement A. Leclerc, prédicateur à Dieppe, signataire de la dédicace à l'archevêque de Rouen.

ACTES de la conférence sur tous les articles débattus en la religion, spécialement sur le S. Sacrement de l'Eucharistie, par l'écriture sainte et les falsifications des Bibles de Genève, tenue à Caen, neuf jours durant, entre M. Franç. Véron, prédicateur du Roy et M. Isaac Leconte, etc., d'une part, et MM. Samuel Bochart et Jean Baillehache, ministre de l'autre; *Caen, Jacq. Brenouzet* et *Michel Yvon*, 1629, 2 part. in-8. — *Saumur*, 1630, in-8.

Il faut joindre à cet ouvrage: *Réponse au livre intitulé: Actes de la conférence tenue à Caen, par F. Veron; Caen*, 1631, in-8.

ACTES du Concile métropolitain de Rouen, tenu en cette ville le 5 oct. 1800 et jours suivants; *Rouen, Fouquet*, 1800, in-8 de 80 p.

Ce concile eut lieu sous la présidence de Jean-Claude Leblanc-Beaulieu, évêque métropolitain de Rouen.

ACTES du Synode du diocèse d'Evreux, tenu en l'église cathédrale, le 24 sept. 1800; *Evreux, J. J L. Ancelle.*

ACTES du Synode du diocèse de Rouen, tenu en l'église cathédrale, les 27 et 28 mai de l'an de N.-S. J.-C. 1800, 7 et 8 prairial an VIII; *Rouen, Fouquet*, 1800, in-8 de 52 p.

Synode tenu conformément aux dispositions de la lettre pastorale de Leblanc-Beaulieu, évêque métropolitain de Rouen, en date du 25 avril 1800.

ACTIONS de grâces rendues par l'Université de Caen, sur la santé du roi; 1744, in-4.

ADALHÈME, évêque de Sées. V. Adelhelme.

ADAMI (M.) historia ecclesiastica, continens religionis propagatæ gesta, quæ à temporibus Karoli Magni, vsque ad Henricvm IIII acciderunt, in ecclesia non tam Hambvrgensi quàm Bremensi, vicinisque locis septentrionalibus. Ad ms. exemplar multis in locis aucta. Eivsdem avctoris libellvs de Sitv Daniæ, & reliquarum quæ trans Daniam sunt regionum natura: deque gentium istarum istis temporibus, moribus religionibusque; nunc primùm in lucem editus; *Lvgd. Batav.*, *ex officina Plantiniana, apud Franc. Raphelengium*, cIↄ. Iↄ. xcv. in-4.

Au verso du titre, on remarque le portrait de Henry Ranzovius, roi de Danemark. Ce vol. devenu rare, est divisé en plusieurs parties ayant chacune leur pagination spéciale, savoir: Titre et dédicace à H. Ranzovius, 4 ff.; Dédicace à Liemarus, archevêque d'Hambourg, puis Adami historia ecclesiastica, 156 p.; Scholia antiqva in Adamvm; Variantes lectiones in Adamvm; Index rervm memorabilivm, 16 ff. Historia archiepiscoporvm Bremensivm, a tempore Karoli Magni vsque ad Karolvm IIII. Id est à Wilehado omnium archiepiscoporum Bremensium primo, vsque ad Gothafredum XXXII. Ab incerto auctore deducta, et nunc primum in lucem edita. Ex biblioth. H. Ranzovii, studio et operâ Erpoldi Lindenbrvch, 135 p., plus la table. Historia compendiosa ac svccincta serenissimorvm Daniæ regvm: ab incerto auctore conscripta; nunc vero

usque ad Christianvm IIII deducta, primumque in lucem edita, opera et studio Erpoldi Lindenbrvch, 64 p. et 2 ff. table.

Nouv. édit. avec les notes de J. Mader; *Helemstadt*, 1670.

— Adam's Geschichte der Ausbreitung... (Histoire de la propagation du Christianisme à Hambourg, à Brême et dans les pays du Nord), trad. du latin et annoté par V. C. Miesegaes; *Brême*, 1825, in-8.

Adam était chanoine et recteur de l'école de Brême en 1067. Outre l'hist. ecclésiastique, dans le nord de l'Europe, qui précède, Adam est auteur de deux autres ouv. *Chronographia Scandinaviæ; Stockholm*, 1615, traité de géographie qu'il avait écrit durant un voyage qu'il fit en Danemark. L'ouv. *De situ Daniæ* a été réimp. à Leyde, en 1629.

ADAM, drame anglo-normand du XIIe sc., publié pour la première fois d'après un ms. de la biblioth. de Tours, par Victor Luzarche; *Tours, Bouserez*, 1854, in-8 de LXXIV et 101 p.

Tiré à 200 exemp. sur pap. vergé, 10 sur pap. de couleur et 1 sur vél. Aucun indice ne peut fournir l'indication du nom de l'auteur de ce drame, ni celui du lieu où il fut d'abord représenté; M. Luzarche pense cependant à en placer la première représentation, soit à Caen, soit à Londres ou à Dunstaple, en Angleterre, sous le règne de Henri Ier. Le ms. où se trouve le drame d'Adam renferme en outre: *Vie de S.-Georges*, (en vers de 8 syll.), attribué à Wace. — *Vie de la Vierge Marie* (idem), composé par ce poète. — *Vie de Ste-Marguerite* (fragment de la), attribué également à Wace.

ADAM DE ROS, moine et trouvère qui tire son nom de la terre de Ros, près Caen; il vivait sous Henri II d'Angleterre, et a composé une histoire en vers, de la *Descente de S. Paul aux Enfers*. Mss. *Bibl. Imp.*, n° 2560, et *British. Mus.* Bibl. Cott. Vespas. A. VII.

V. De la Rue, *Essais sur les Bardes*, t. III, p. 139-145.

ADAM (*Th.*), ecclésiastique, né vers la fin du XVIIe sc. dans le diocèse d'Évreux, est auteur d'une lettre publiée dans le *Mercure de France* (fév. 1735), sur un droit honorifique singulier du fief du Petit-Essay (Eure), fief portant obligation pour le curé de la chatellenie d'Ezy, de dire la messe au grand autel de la cathédrale d'Evreux, lorsqu'il en recevrait l'invitation du possesseur dudit fief. De son côté, le curé d'Ezy avait le droit de chasser sur toute l'étendue de ce fief et de dire la messe botté et éperonné, le tambour battant au champ.

Cet ecclésiastique, curé de S.-Thomas d'Évreux, préparait, en 1733, une *hist. complète de l'église d'Evreux*, c'est-à-dire une hist. ecclésiastique de la ville épiscopale et de tout le diocèse. A cette époque, il faisait un appel à tous ceux qui possédaient des documents sur ce diocèse. Cet ouv. n'a pas été publié.

ADAM (*Jean*), D^r en théol., prof. à l'Univ. de Caen, né à Pierrefite (Orne), en 1726, mort à Londres, en 1795, s'est livré à l'étude de l'agricult. et surtout à celle de la physique. Il est auteur de: *Réflexions d'un logicien à son professeur*, 1766; — *Philosophia ad usum scolarum accommodata; Caen*, 1784, 5. v. in-12.

ADAM (*Edouard-Jean*), chimiste et physicien, surnommé le Bienfaiteur du midi de la France, né à Rouen, le 11 oct. 1768, mort dans les environs de Nismes, le 11 nov. 1807, est inventeur d'une méthode distillatoire propre à retirer immédiatement des vins toutes les parties spiritueuses. Cette méthode a ouvert, en 1800, une source inépuisable de richesses pour le midi de la France.

En 1855, le Conseil général de l'Hérault, s'associant au vœu du Conseil d'arr. de Montpellier, a décidé qu'un monument serait élevé sur une des places publiques de Montpellier à la mémoire d'Adam.

V. sur cet homme de génie, la notice de M. Girardin, 2e édit.; *Rouen*, 1856, gr. in-8, fig., et celle d'Alb. Maurin, *Port. et Hist. des Hommes utiles*, années 1839-40, p. 105-112, avec un port.

ADAM (le baron). Notice biographique sur M. Boullenger, président du Tribunal de prem. instance de l'arr. de Rouen; *Rouen, P. Periaux*, 1823, in-8.

Ext. des Mém. de l'acad. de Rouen, 1822, p. 107-117.

— Discours prononcé à l'ouverture de la séance publique de l'Acad. des Sc., B.-Lett. et Arts de Rouen, le 10 Août 1824; *Rouen, Periaux père*, 1824, in-8.

Adam (*André-Nic.-Franç.*), président du Tribunal de prem. instance de Rouen, naquit en cette ville, le 19 fév. 1768. Il y est mort le 13 août 1840.

V. sur sa vie la notice de M. de Stabenrath, Mém. de l'acad. de Rouen, 1840.

ADAM (*Victor*). Le Roi d'Yvetot, opéra-com. en 3 act., musique d'Adam; *Paris*, 1844.

ADAM (*Paul-Louis*), naquit à Carentan, le 16 juillet 1816; procureur de la République à Lodève, il y mourut assassiné dans la nuit du 19 mai 1849, cherchant à réprimer une sédition.

V. sa biog. par M. Travers, *Ann. de la Manche*, 1850.

ADDITION aux remontrances du Parlement de Normandie, où l'on verra quels ont été les priviléges, franchises et libertés de la province de Normandie sous le Gouvernement de ses anciens ducs; la confirmation de ces priviléges, lors de sa réduction à la couronne sous Philippe-Auguste; *En France,* 1756, in-12 de 70 p.

Cet écrit anonyme contient beaucoup de recherches; il est daté de Rouen, 7 juillet 1756. — Le titre de départ, p. 1, porte: Lettre à M. ***, conseiller du Parlement de Rouen, à M. ***, président du Parlement de Paris, *Droits de la province de Normandie* (7 juillet).

ADÈLE ou Alix, fille de Guill. le Conquérant et de Mathilde, morte vers 1137, épousa Etienne, comte de Chartres et de Blois.

ADELHELME ou Adalhème, promu évêque de Sées vers 876, est mort vers 910. Il a écrit en latin une *vie de Ste Opportune* et un rec. *des Bénédictions des Evêques.*

V. *Hist. litt. de la France,* t. VI (1742), p. 130-134.

ADJUTOR ou ADJUTEUR, né à Vernon dans le XIe sc. V. St. ADJUTEUR.

ADMINISTRATION de la justice criminelle dans les 5 dép. de l'ancienne Normandie, pour l'année 1832. *Ann. norm.*, 1836, p. 166-174.

ADRESSE à la Convention nationale, par les citoyens du dép. de la S.-Inf., contre le décret du 4 janv. 1793, qui prive les personnes mariées du bénéfice des exceptions portées par ceux des 15 mars 1790 et 8 avril 1791, etc.; *Rouen, imp. de la rue du Loup,* s. d. (1795), in-4. — *Paris, imp. de ve A. J. Gorsas*, s. d., in-8.

ADRESSE à l'Assemblée électorale; *Rouen, ve Machuel,* 1790, in-8 de 11 p.

Pour demander que le chef-lieu du district de Cany soit établi à Fécamp, et non à Cany.

ADRESSE à l'Assemblée nationale; *Bayeux, ve Nicolle,* 1791, in-4.

Exposé d'un projet destiné à rendre impossible la falsification des assignats, Signé: *Marie,* maître de postes à Isigny.

ADRESSE à l'Assemblée nationale, contre la municipalité et les électeurs de Rouen, (par Le Boucher Desfontaines, 24 nov.); *Paris, Imp. Nat.*, s. d. (1789), in-8.

ADRESSE à l'assemblée nationale, par les administrateurs du Directoire du dép. de la S.-Inf., le Directoire du district de Rouen, le Conseil général de la commune et la Chambre du commerce de la même ville; sur cette question: Convient-il, pour acquitter la dette exigible de l'Etat, de faire l'émission immédiate de deux milliards d'assignats, etc., (3 sept.); *Rouen, ve L. Dumesnil,* 1790, in-8.

ADRESSE à l'Assemblée nationale, par les représentants de la commune de Rouen, relative au soulagement des pauvres. 1790, in-8.

ADRESSE à l'Assemblée nationale, par les représentants de la commune de Rouen, 24 déc. 1789; *Rouen, P. Seyer et Behourt,* in-8 de 16 p.

Sur le projet d'abolition de la traite des Noirs et de l'affranchissement des Esclaves.

ADRESSE à MM. de la municipalité de la ville de Rouen, présentée par MM. Duval et Demonfreulle, commissaires nommés par l'Assemblée, le 10 sept. 1790, pour que MM. de la municipalité répondent la présente auxdits sieurs commissaires, sous 3 jours de la date ci-dessus; *Rouen, Jacq. Ferrand,* 1790, in-8 de 15 p.

Relative aux comptes de l'ancienne municipalité, à l'inspection des magasins de blé, au prix du pain et de la viande.

ADRESSE au premier Consul au nom des époux catholiques mariés pendant la Révolution dans le diocèse de Rouen; in-4.

ADRESSE au Roi, des administrateurs composant le Directoire du départ. de l'Eure, du 24 juin 1792, l'an IVe de la Liberté; *Paris, Imp. Roy.*, 1792, in-4.

Sur les événements du 20 juin.

ADRESSE au Roi, des administrateurs composant le Directoire du départ. de la S.-Inf.; *Paris, Imp. Roy.*, 1792, in-4.

Sur les événements du 20 juin.

ADRESSE au Roi, et pièces produites à l'appui, (12 janv.); *Paris, P. D. Pierres*, 1792, in-4.

Le titre de départ, p. 3, porte: *Adresse au Roi, par les citoyens administrateurs des biens et revenus de la fabrique de l'église paroissiale et épiscopale* de la ville de Rouen.

ADRESSE aux habitants de la ville de Rouen, contre la Municipalité; (1790), in-8.

ADRESSE aux Normands, par un Normand; s. l. n. d. (1790), in-8.

ADRESSE de cent cinquante communes de Normandie à la Convention nationale, sur le jugement de Louis XVI, Roi de France, nouv. édit.; *Rouen, et se trouve à Paris, chez les défenseurs de S. M.*, 1793, in-8.

ADRESSE de la commune d'Aumale à MM. les électeurs du département de la Seine-Inf.; 1790, in-4 de 12 p.

Pièce signée Bourgois, maire; — Larcher-Mameline, officier municipal; — Lecointe, procureur de la commune.

ADRESSE de la commune du Havre-de-Grace à l'Assemblée nationale; *Havre, P. J. D. G. Faure*, s. d. (1790), in-4 de 12 p.

ADRESSE de la commune du Havre à l'Assemblée nationale; *Paris, Demonville*, 1790, in-4 de 8 p.

Demande tendant à ce que le chef-lieu du district, dans la nouv. division du département, soit fixé au Havre et non à Montivilliers. Le département de la S.-Inf., par décret de 1790, avait été divisé en sept districts ayant pour chefs-lieux : Rouen, Caudebec, Montivilliers, Cany, Dieppe, Neufchâtel et Gournay.

ADRESSE de la commune et de la Soc. populaire de Lisieux, à la Convention nationale; *Lisieux, Delaunay*, sept. 1794, in-8 de 14 p.

Le but de cette adresse était d'applaudir aux travaux de l'Assemblée à laquelle on devait la cessation de la terreur.

ADRESSE de l'Assemblée électorale du départ. de l'Eure à l'Assemblée nationale; *Evreux, J.-J.-L. Ancelle*, 1790, in-8 de 4 p.

ADRESSE de la garde nationale et citoyenne de Rouen à l'Assemblée nationale; *Rouen*, dame *Besongne*, in-8 de 7 p.

ADRESSE de la Soc. des Amis de la Constitution de Lisieux à tous les citoyens du district; *Lisieux, J. Delaunay*, mars 1791, in-8 de 30 p.

Ayant pour objet de leur faire apprécier les avantages de la révolution.

ADRESSE de la Soc. des Amis de la Constitution, séante à Rouen, aux mécontents; (1790), in-8.

ADRESSE de la Soc. des Amis de la Constitution, à Rouen, à tous les citoyens du département, sur le serment que doivent prêter les ecclésiastiques, fonctionnaires publics; *Rouen*, 1791, in-8.

ADRESSE de la Soc. populaire et des citoyens réunis aux trois sections de Lisieux pour engager les habitants à assister aux Assemblées, afin de ne pas y laisser le champ libre aux terroristes et aux anarchistes; *Lisieux, Mistral*, 3 mars 1795, in-8 de 4 p.

ADRESSE de la ville de Falaise, à nos Seigneurs de l'Assemblée nationale; s. l. n. d. (1789), in-8.

Demande d'une indemnité pour grains pillés ou retenus à Caen, le 28 oct.

ADRESSE de plusieurs députés du dép. de la Manche, ci-devant Cotentin, à leurs commettants, (12 janv. 1791); s. l. n. d. *Imp. de J. J. Rainville*, in-8.

ADRESSE de remercîment, présentée au Roi par les officiers municipaux de la ville de Rouen, en assemblée générale, 1789; *Rouen, P. Seyer*, s. d. (1789), in-8 de 15 p.

Cette adresse, signée de 31 officiers munic., a été rédigée par Thouret.

ADRESSE de remercîment, présentée au Roi par les officiers municipaux en exercice, les anciens et les notables de la ville de Dieppe, en assemblée générale. Janv. 1789; *Dieppe, J. B. J. Dubuc*, 1789, in-8.

ADRESSE de remercîment, présentée au Roi par les officiers municipaux et membres composant l'assemblée générale du Havre-de-Grâce. Janv. 1789; in-8 de 9 p.

Pièce signée : P. Duval, Delahaye l'aîné, F. Eustache, Costé, Oursel, etc.

ADRESSE des amis de la Constitution de la ville de Lisieux à l'Assemblée nationale, sur l'égalité des partages entre les frères et les sœurs; *Lisieux, J. Delaunay*, s. d. (vers 1790), in-4.

ADRESSE des administrateurs du Conseil général du dép. du Calvados à la Convention nationale, datée du 2 janv., commençant par ces mots : Représentants du peuple français, la République et les lois, telle est notre devise : Guerre aux rois, aux factieux et aux agitateurs; *Caen*, *J. Leroy*, 1793, in-4.

ADRESSE des citoyennes de la ci-devant province de Normandie, dép. du Calvados, sur la loi du 17 nivôse, à la Convention nationale; *Paris, Guérin*, s. d., in-8.

ADRESSE des députés extraordinaires de Lisieux; *Paris* (1790), in-8 de 8 p.

A pour but de demander le placement à Lisieux, du Tribunal du district qui devait siéger à Orbec.

ADRESSE des habitants de la commune d'Eu, à MM. les électeurs du dép. de la S.-Inf., pour servir de supplément à leur adresse à nos Seigneurs de l'Assemblée nationale; *Abbeville, L. A. Devérité*, imp. du Roi, 1790, in-8 de 18 p.

ADRESSE des représentants de la ville de Paris aux habitants de la ville de Vernon. (21 janv. 1790); s. l. n. d., in-4.

ADRESSE du Comité municipal de Bayeux à ses concitoyens; 1789, in-8 de 45 p.

ADRESSE du Conseil général de la commune et de la Chambre du commerce de Rouen, à l'Assemblée nationale, pour solliciter la conservation de l'Hôtel des Monnaies de Rouen; *Rouen*, *v^e^ L. Dumesnil*, 1790, in-8 de 8 p.

ADRESSE du Directoire du dép. de la Manche aux habitants de son ressort. Adresse du dép. de la Manche à l'Assemblée nationale, du 23 juin 1791; *Coutances, G. Joubert*, 1791, in-f.

Au sujet de la fuite du Roi.

ADRESSE individuelle de 20,000 citoyens actifs de Rouen, au Roi; *Paris*, *Pain*, s. d. (1789), in-f. plano.

Pour l'engager à maintenir le veto.

ADRESSE individuelle des citoyens actifs de Rouen, à l'Assemblée nationale, sur les crimes commis à Paris, dans la journée du 20 juin 1792; *Paris, Dupont*, s. d., in-8.

ADVERTISSEMENT de Monseigneur l'archevesque de Roven, etc.; *Roven*, 1616. V. HARLAY.

ADVOCACIE Notre-Dame (l') ou la vierge Marie, etc.; V. CHASSANT.

AFFAIRES de Rouen. Cour d'assises du Calvados. Audience du 15 nov. 1848. Déposition de M. le g^al^ de division Gérard; *Caen*, *Delos*, 1848, in-8 de 16 p.

Evénements de Rouen, du 27 avril 1848.

AFFICHE au sujet du ban et arrière-ban de la province de Normandie, datée du 21 août 1674, commençant par ces mots : De par le Roi et nous duc de Roquelaure, chevalier du Roi, commandant en chef dans la province de Normandie, on fait savoir à tous nobles, etc.

AGENDA STATISTIQUE des dép. du Calvados, de l'Orne et de la Manche. Définition du temps, etc., ann. 1846-1856; *Caen*, *imp. de De Laporte* (et à *St.-Lô*, chez *Rousseau)*, gr. in-8 obl.

Sorte d'almanach mis en ordre par l'imprimeur lui-même.

AGNÈS (*Noël*). V. NOEL-AGNÈS.

AGRANDISSEMENT du port de Honfleur et perfectionnement de la navigation de la Seine; *Caen, Hardel*, 1836, in-4 de 24 p. avec 2 plans.

Mém. adressé par le Trib. de Comm. et le Conseil munic. de Honfleur, aux Ministres du Comm. et des Trav. publics.

AGRICULTURE : Grains vendus, prix des grains, état des récoltes, concours de charrues, indication des agronomes les plus distingués des dép. du Calvados, de l'Eure, de la Manche et de l'Orne; *Ann. norm.*, 1836, p. 272-338.

AIDE (*Nicolas* de l'), théologien et cardinal en titre de S. Laurent de Damas, né à Nonancourt (Eure), et mort en Italie en 1299.

AIGNEAUX ou AGNEAUX (*Robert* et *Antoine* Le Chevalier, sieurs d'), poètes et traducteurs en vers français de Virgile et d'Horace, nés à Vire, dans la 2e moitié du XVIe sc. Robert, l'aîné des deux, mourut à Vire, à 49 ans, et son frère 2 ou 3 ans après lui, c'est-à-dire vers 1590. — Les trad. de Virgile et d'Horace sont les 2 ouv. qui ont le plus contribué à leur réputation; ils y tra-

vaillèrent ensemble. Ces deux littérateurs étaient parents du savant Le Chevalier (*Ant.-Rodolphe*), né à Montchamp.

— OEuvres de Virgile Maron, trad. de latin en vers françois, par Rob. et Anth. le Cheualier d'Agneaux frères, de Vire en Normandie; *Paris, Guill. Auuray*, 1582, in-4. *Paris, Th. Périer*, 1582, in-4, et *Paris*, 1583, in-8.

— Les OEvvres de P. Virgile Maron, prince des poëtes latins, traduites de latin en vers françois par Rob. et Ant. Le Cheualier d'Agneaux frères, de Vire en Norm., auec un treizième liure latin adiousté à l'Enéide par Mapheus, tourné par P. D. Movchavlt; ensemble les épigrammes et opuscules; *Paris, David Leclerc*, 1607, in-8.

— Les OEuvres de Q. Horace Flacce, latin et franç., de la trad. de Rob. et Ant. Le Chevalier d'Agneaux frères, de Vire en Norm.; *Paris, Guill. Auvray*, 1588, in-8.

Cette trad. est moins estimée que celle que les frères d'Aigneaux ont donnée de Virgile.

A la suite des trad. faites par les frères d'Aigneaux, nous citerons le rec. suiv., qui contient plusieurs pièces composées par eux:

— Le Tombeav de Rob. et Ant. Le Cheualier frères, sieurs d'Aigneaux, doctes et excellens poëtes françois, de Vire en Normandie. Ledit tombeav recueilli de plusieurs doctes poëtes par P. L. S. (probablement Pierre Lucas Sallière). Avec qvelqves beavx poëmes trovvez en levr estvde, le tout mis par orde comme on peut veoir en la page suyuante; *Caen, P. Le Chandelier*, 1591, in-8 de 111 p.

Ce vol. est dédié, par André Le Chevalier, fils de Rob., à Mgr de Bordeaux, baron de Coullonces, sieur d'Estouvé, capitaine de la ville et chasteau de Vire.

AIGNEL (*J.-B.-Jacq.* l'). V. Laignel.

AIGRADE, moine de Fontenelle, vers 702. V. *Hist. litt. de la France*, t. IV (1738), p. 33-35.

AIKIN (*John*). Memoirs of the life of Peter Daniel Huet, bishop of Avranches, written by himself, and translated from the original latin, with copious notes, biographical and critical; *London*, 1810, 2 vol. in-8.

Les notes du Dr Aikin renferment des particularités sur l'Hist. litt. contemporaine de Huet.

AILLAUD (*A.*). Notice biog. sur l'abbé Prevost (Leprevost), chanoine titul. de l'église métrop. de Rouen, ancien curé de la paroisse S.-Nicaise; *Rouen, Renaux*, 1854, in-18 de 36 p.

— Quelques lignes à la mémoire du tambour-major Berthelot, décédé le 9 août 1854; *Rouen, Brière*, 1854, in-8.

Opuscule dédié à la garde nat. de Rouen et ext. du *Journ. de Rouen*, 15 août 1854.

— Le Cicérone Rouennais, promenade artistique dans la ville de Rouen, suivi du répertoire alphabét. des rues, places, quais, etc. de Rouen; *Rouen, A. Aillaud*, 1855, in-16 de 46 p.

La partie descriptive comprend 23 p., et est signée: *Un Flaneur*. Le tout est extrait de l'*Alm. popul. de la ville de Rouen*, 1855, p. 246-292.

M. Aillaud a publié un *Almanach de la ville de Rouen et de la S.-Inf.*, années 1854-1857; *Rouen, H. Renaux et S.-Evron*, in-16. V. *Almanach populaire*, etc.

AILRED. Ailredus, abbas Rievallensis, de vita et miraculis Edwardi Confessoris; apud Rog. Twysden, *Hist. anglic. script*. x, 1652, in-f.

Ailred ou Ealred, religieux du XIIe sc., né en Angleterre.

AIMÉ (le moine). L'Ystoire de li Normant, et la Chronique de Robert Viscart, par Aimé, moine du Mont-Cassin; publiées pour la prem. fois, d'après un ms. françois inédit du XIIIe sc., appartenant à la Biblioth. Roy., pour la Soc. de l'Hist. de France, par Champollion-Figeac; *Paris, J. Renouard*, 1835, in-8 de cvij et 370 p.

Le premier des deux documents dont se compose ce vol. est une trad. franç. de l'Hist. des établissements normands en Italie et en Sicile, rédigée en latin, de 1078 à 1086, par Aimé ou Amat, originaire de Salerne et moine du Mont-Cassin. Quant à l'hist. de Robert Guiscard, qui avait été déjà deux fois imprimée en latin, mais avec un faux titre et sans nom d'auteur, M. Champollion, en publiant pour la prem. fois la traduction française de ce document, lui a rendu son titre véritable, et a démontré que le texte latin de cette chronique était du moine Aimé, aussi bien que l'hist. des conquêtes normandes. La trad. de ces deux ouv. a été faite par un Italien anonyme, dans la seconde moitié du XIIIe sc.

V. au sujet de cette publication: *Notice sur le ms. de la Chronique de Normandie et sur l'édit. de M. Champollion*, par Paulin Paris; *Paris, Techener*, 1835, in-8 de 16 p., et un art. de M. Raynouard, *Journ. des Savants*, 1836, p. 22-28.

AIMON. V. Haymon.

AINARD ou Einard, abbé de S.-Pierre-sur-Dives, auteur d'ouv. latins en prose et en vers, est recommandable aussi par son savoir et sa science musicale. Il est mort le 14 janv. 1078.

V. Du Bois, *Hist. de Lisieux*, t. II, p. 223.

AIRS de l'invention de G. D. C., sieur de la Tour, de Caen, etc. V. Tour (*G.-C.* de la).

AIRS nouveaux accompagnés des plus belles chansons à dancer qui ayent esté par cy devant mises en lumière, mesurées sur toutes choses de cadences, de branles, voltes, courantes, ballets et autres dances, et qui n'ont encor esté imprimées. Ausquelles chansons l'on a mis la musique de leur chant, afin que chacun les puisse chanter et dancer de mesure en compagnie; *Caen, Jacq. Mangeant*, 1608, pet. in-12.

Ce vol., par sa nature, se rattache à la classe des vaux de Vire. Il se compose de 3 liv. ayant chacun 52 ff. chiffrés séparément, avec un titre particulier, sous la date de 1608. Sept ans plus tard, le même libraire a publié un second rec. du même genre, et composé également de 3 part. séparées, sous le titre de : *Rec. des plus beaux airs...* (V. ce titre).

L'auteur de ces 2 recueils est, nous le pensons, Guill. Chastillon de la Tour, musicien, qui demeurait à Caen, et qui, en 1593, avait déjà publié, chez le même impr., des *Airs de son invention*. V. Tour (*G.-C.* de la).

AIRY (*G.-Biddell*). On the place of Julius Cæsar's departure from Gaul for the invasion of Britain, and the place of his landing in Britain; with an appendix on the battle of Hastings; *Archaeologia*, t. XXXIV (1852), p. 231-250, avec une carte.

L'appendix concern. la bataille d'Hastings occupe les p. 246-248.

ALBIGNAC (*Jean-Philippe-Aymar*, baron d'), né à Bayeux, en 1782, fit les campagnes de Russie, d'Allemagne et de France, comme colonel. Durant la campagne de 1823, en Espagne, il commanda une brigade sous les ordres du duc d'Angoulême. Il mourut à Madrid, le 29 oct. de la même année, peu de temps après avoir été promu à la dignité de grand officier de la Légion-d'Honneur.

ALBITTE (*Ant.-Louis*), membre de l'Assembl. législat. et de la Convention nat., naquit à Dieppe, en 1761. Il devint maire de Dieppe, sous le Directoire, et, plus tard, il fut nommé sous-inspecteur aux revues, fonction qu'il remplit jusqu'à sa mort, arrivée le 25 déc. 1812.

ALBON (*Claude* d'), prince d'Yvetot. V. *Factum pour les échevins, bourgeois, propriétaires et habitants de la principauté d'Yvetot.*

Camille-Franç. D'ALBON, parent du précédent, mort à Paris en 1789, était seigneur d'Yvetot, où il fit construire des halles, avec cette inscription : *Gentium commodo Camillus III.*

ALBUM littéraire; *Rouen*, imp. de *A. Péron*, 1854-56, in-8 de 104 p. (en 4 liv.)

Recueil de pièces en vers écrites par des Rouennais : MM. Avenel, S. et Ch. Besson, A. Dannel, E. Debons, Delarue, E. Gaillard, Th. Lebreton, A. Osmont, etc.

ALBUM maritime du Havre et des ports environnants, contenant 12 vues dessinées et lithogr. par Drouin, peintre de marine; avec des notices hist. et explicatives; *Havre, Hue*, 1852, in-8 obl. de 32 p.

ALENÇON, 28 germinal, v^e année républicaine. Les citoyens, etc., aux citoyens composant le directoire exécutif; *Alençon, Malassis le jeune*, an V, in-8.

Au sujet des élections.

ALEXANDRE, évêque de Lincoln, au XIIe sc., neveu de Roger, évêque de Salisbury, était né en Norm. Il fut élevé au siége épiscopal en 1123, et mourut dans son pays natal vers 1147. Ce prélat fit bâtir la cathédrale de Lincoln, l'un des édifices les plus remarquables de l'Angleterre.

ALEXANDRE de Bernay, surnommé de Paris, né à Bernay (Eure), vers le milieu du XIIe sc. Poète, auteur de 2 romans en vers, l'un intitulé : *Hélène*, et l'autre *Atys et Porphilias*.

Il continua le roman d'*Alexandre*, commencé par Lambert-le-Court et dont il a été fait 2 édit. en Allemagne.

— Li romans d'Alixandre, par Lambert li Tors et Alexandre de Bernay, publié par Henri Michelant; *Stuttgard*, 1846, gr. in-8 de XXIV et 500 p.

Imp. seulement pour les membres de la Soc. des Bibliophiles de Stuttgard.

— Le roman d'Alexandre, publié par le Dr Heinrich Weismann; *Francfort*, 1850, 2 vol. in-8.

Ce roman est écrit en vers de douze pieds, vers qui ont été appelés *alexandrins*, du nom du héros macédonien et non de celui du poète qui fut le continuateur de ce travail.

V. les Notices de MM. Ginguené, Guilmeth et De la Rue; cette dern. dans *Essais sur les Bardes*, etc., t. II, p. 348-352.

ALEXANDRE de Jumiéges. Alexander Gemmeticensis abbas, etc., t. CCV. *Patrologiæ cursus completus; Paris, Migne*, 1855, in-8.

ALEXANDRE, abbé de Jumiéges, mourut en 1213. V. un art. de M. Daunou, *Hist. littér. de la France*, t. XVII (1832), in-4, p. 149.

ALEXANDRE de St-Sauveur-Celesine. Rogerii, Siciliæ ducis, rerum gestarum, quibus Siciliæ regnum in Campania, Calabris, Brutiis et Apulia usque ad ecclesiasticæ ditionis fines constituit, libri quatuor, auctore Alexandro, cœnobii sancti Salvatoris Celesinæ abbatis, qui è exhortatione Mathildis, ejusdem Rogerii sororis, historiam scripsit.

Cette hist., ainsi que celle de Malaterra dont elle forme la suite, est imprimée dans les recueils d'Espagne. Alexandre, abbé de St-Sauveur dans le royaume de Naples, écrivit son hist. aussitôt après la mort de Roger, arrivée en 1101. Selon Vossius (chap. LIII du liv. II de ses *Historiens latins*), il est peu exact dans les dates des faits qu'il rapporte et dont il trouble l'ordre ; il est en cela d'autant moins excusable, que ces faits étaient presque de son temps et que lui-même y avait pris part quelquefois.

La même histoire se trouve au t. V du recueil des *Historiens d'Italie*, par Muratori ; au t. X du *Thesaurus Italiæ* de Grævius, et dans le recueil des *Historiens de Sicile* de Carusius.

ALEXANDRE DE VILLEDIEU, grammairien et poète, né très-probablement à Villedieu-les-Poêles (Manche), est mort vers 1240. Le *Doctrinal*, composé par ce religieux en vers léonins, et imprimé dès 1470, a été suivi dans les écoles jusqu'au milieu du XVIe sc. De ce livre, nous citerons seulement 2 édit. rouennaises. V. *Hist. littér. de la France*, t. XVIII (1835), p. 202-209, art. de M. Amaury Duval.—Notice bibliog. publiée à Avranches, en 1843 ; imp. de *Tostain*, in-8 de 4 p. et Brunet, *Man. du Lib.*, t. I, p. 62.

—Glosa Focaudi monieri sup doctrinale Alexādri de Villa dei cū additionib9 magistri Johānis bernier recent adiectis cū quotationib9 ī margīe apposit ut etiā legētib9 primis ituētib9 cōtēta pateāt. Impssū Rothomagi ī officina Richardi Goupil. Impensis honesti viri Guillermi Benard in eadem urbi ; ante atrium Librariorum commorantis. (Marque de Guill. Benard). Ilz sont à vendre chez Guillaume Benard demourant deuant le portail aux Libraires ; pet. in-4 goth., s. d., de 102 ff. non chiffrés.

Souscription : *Doctrinale Alexandri una cum glosa Focaudi monieri atqz nonnullis pluribus in locis super additionibus per magistrum Johānem bernier appositis. Impressum Rothomagi in officina Richardi Goupil. Impēsis honesti viri Guillermi Benard, in eadē urbe iuxta ecclesiā cathedralem cōmoran.* (Bibl. de Rouen.)

—Doctrinale Alexandri de Villadei cum glossa Focaudi monieri et additionibus mag[i]. Johannis bernieri recenter adjectis, etc. Impressum Rothomagi in officina mag[i]. Petri violette, impensis honesti viri Petri regnault, bibliopole universitatis cadomensis doctrinale, etc. *Impressum Rothomagi, in officina mag[i]. Petri regnault, bibliopole universitatis cadomensis* ; s. d. (Bibl. de Caen.)

ALEXANDRE (*Noël*), savant dominicain, professeur de théologie et D[r], en Sorbonne, né à Rouen, rue Ste-Croix-S.-Ouen, le 19 janv. 1639, mort à Paris le 21 août 1724, ayant été privé de la vue sur la fin de sa vie. Il a écrit un assez grand nombre d'ouv. Les principaux sont : *Historia ecclesiastica veteris et novi Testamenti ; Paris, Cramoisy*, 1699, 7 t. en 8 vol. in-f., ou *Venise*, 1749, 8 t. en 9 v. in-f. — *Theologia dogmatica et moralis secundum ordinem Catechismi concilii Tridentini in quinque libros tributa ; Parisiis, Ant. Dezallier*, 1693, 10 vol. in-8, ou *L. Leconte*, 1714, 2 vol. in-f. Cet ouv. fut présenté à Louis XIV, qui adressa à l'auteur ses félicitations.

V. *Lettre d'un religieux de l'ordre de St-Dominique à un de ses amis, sur la mort du Père Noël Alexandre ; Lyon*, 1724, in-12. On promettait dans ce petit ouv. la vie du P. Alexandre en 4 vol. in-8, qui n'a pas été publiée. — *Niceron, Mém.*, t. III (1727), p. 339-355, et t. X, part. Ire, p. 122.—*Hommes illust.*, par le P. Ant. Tournon ; t. V, p. 804-840. — *Biblioth. des Dominicains*, par le P. Echard. — Le portrait du P. Alexandre a été gravé par Pierre Van Schuppen, en 1701.

ALEXANDRE (*Louis*) greffier du trib. civil de Neufchâtel (S.-Inf.), est auteur de : *Manuel de Statist. judiciaire en matière civ., etc.* ; *Rouen, Péron*, 1851, in-4. — *Petit manuel pratique de statist. judiciaire en mat. correct. et crimin. ; Paris, P. Dupont*, 1856, in-8.

ALEXIS (*Guill.*), surnommé le *bon Moine*, poète du XVe sc., fut d'abord religieux bénédictin de l'abbaye de Lyre, dans le diocèse d'Evreux, sa patrie, ensuite prieur de Bussy ou Buzy, dans le Perche. On ignore les dates de sa naissance et de sa mort, mais on est certain qu'il vivait encore en 1505. Il a composé plusieurs ouv. en vers et en prose, souvent réimprimés à Paris, à Lyon et à Rouen. Notre cadre nous oblige à ne citer que ces dernières.

— Le grand blason des faulses amours. (A la fin :) *Pour Richard Mace, demourant aux cinq Chappeletz, devant Nostre-Dame. (Rouen.)*, s. d., pet. in-8 goth. à 2 col. de 16 ff. (en vers).

—Sensuyt le blason des faulses amours fait et composé par frere Guillaume Alexis, religieux de Lire et prieur de Busy, en parlant a ung gentilhomme de congnoissance avec lequel chevauchoit entre Rouen et Verneul en Perche, nouvellement imprimé à Rouen pour Jehan Burges, et commence le gentilhomme en disant... (A la fin :) *Cy fine le blason des faulses amours, imprimé à Rouen par W. Hamel pour Jehan Burges.* in-8 goth. de 16 ff.

—Maistre Pierre Pathelin de nouveau reveu et mis en son naturel avec le blason et loyer des fauces et folles Amours (par Guill. Alexis); *Rouen, Bonaventure Belis*, 1573, pet. in-8.

—Le dialogue du Crucifix et du Peleri, cõposé en Hierusalẽ, lan 1486, par frere Guill. Alexis, prieur de Buzy, la requeste daucũs bons pelerins de Rouen, etant avec lui au saint voyage (en prose et en vers); *Rouen. Michel Angier*, s.d., in-4 goth.

On attribue à Guill. Alexis :

—Le Martilloge des faulces langues; *Rouen, imp. par Jacq. Le Forestier*, in-4, s. d.

V. Duverdier, bibl. franç., et Brunet, *Man. du lib.*, t. I et III.

ALEXIS (le R. P.), capucin, né à St-Lô et mort à Rouen en 1658, a écrit: *Relation du Voyage du Cap-Verd; Paris, F. Targa*, 1637, in-8. Il eut pour collaborateur Bernardin de Renouard.

ALIX (*François*), graveur, né à Honfleur, mort à Paris en 1794, étudia le dessin à Rouen, sous Descamps, et remporta plusieurs prix à l'école de dessin de cette ville, en 1770 et 1771. Il a gravé les planches de l'ouv. de Le Vacher de Charnois, *sur les costumes et les théâtres de toutes les nations;* Paris, 1790, 2 vol. in 4.

ALLARD, fondateur de l'usine de Conches, XVIIe sc.

ALLEAUME (*Louis*), poète, né à Verneuil, mort en 1594.

ALLEAUME. Notice biographique et littéraire sur les deux Porée; *Caen, Hardel*, 1854, in-8 de 90 p.

Ouv. couronné par l'Acad. des Sc., Arts et B.-Lett. de Caen, le 24 nov. 1853, et extrait des *Mém. de l'Acad.* de cette ville, vol. de 1855. Ce vol. (p. 48-72) renferme le rapport de M. Hippeau sur le concours acad. M. Alleaume, élève de l'école des Chartes, est avocat à Paris.

ALLEURS (*Pierre Puchot* des), diplomate, né à Rouen en 1635, et mort à Paris en 1725, fut ambassadeur extraord. auprès de la Sublime-Porte, pendant plusieurs années. Il est question de son ambassade dans l'ouv. suiv. :

Relation de ce qui s'est passé à Constantinople, au sujet de la mort de très haut et très puissant prince Louis XIV, roi de France et de Navarre, tirée de la lettre d'un François, négociant, écrite de Constantinople du 18 nov. 1716, où il décrit l'audience de M. le comte des Alleurs, ambassadeur de France à la Porte, et les services qui se sont faits durant six jours dans l'église de S.-Louis à Pera des RR. PP. capucins, missionnaires de la province de Paris; *Meaux, imp. de F. Alart*, 1717, in-4.

ALLEURS (*Charles* des). Discours prononcé à la Soc. de charité maternelle de Rouen, le 2 janv. 1824; *Rouen, E. Periaux.*

Ce discours traite principalement des avantages de la vaccine.

—Proposition faite à l'Acad. de Rouen, dans la séance du 7 mars 1828; *Rouen, N. Periaux*, 1828, in-8, avec une planche représentant l'assassinat de J. César, d'après un tableau de Court.

Ext. des *Mém. de l'Acad. de Rouen*, 1828. Le but de cette proposition était que l'Acad., pour encourager M. Court, jeune alors, lui commandât un tableau destiné à orner la salle de ses séances. A l'appui de sa proposition, M. des Alleurs cite et décrit les divers travaux du peintre rouennais.

—Distribution des récompenses aux vaccinateurs du dép. de la S.-Inf., 1826 et 1827; *Rouen, E. Periaux*, 1829, in-8.

—Rapport du secrétaire au Comité central de vaccine de la S.-Inf., et procès-verbal de la séance publique tenue à l'Hôtel-de-Ville, le 8 oct. 1831, pour la distribution des récompenses; *Rouen, E. Periaux*, 1831, in-8.

—Rapport général fait au Comité central de vaccine, dans sa séance du 20 oct. 1831; *Rouen, E. Periaux*, 1831, in-8 de 64 p.

—Notice sur M. Vitalis; *Mém. de l'Acad. de Rouen*, 1832, p. 50-53.

—Quelques mots prononcés sur la tombe de Th. Licquet, secrét. perp. de l'Acad. de Rouen, le 3 nov. 1832; *Mém. de l'Acad. de Rouen*, 1832, p. 327-332.

—Boissy d'Anglas, président de la Convention nationale, saluant la tête de Féraud, assassiné par les révoltés, le 1er prairial an III. Tableau de M. Court, exposé à Rouen en 1835; *Rouen, E. Periaux*, 1835, in-8 de 72 p., avec une grav. au trait du tableau.

—Observations médicales, lues à l'Acad.

de Rouen en 1835; *Rouen, N. Periaux*, 1835, in-8 de 40 p.

Extrait des *Mém.* de cette acad., 1835.

—Manuel de vaccine pour le dép. de la S.-Inf., publié par ordre du préfet du dép.; *Rouen, E. Periaux*, 1836, in-8 de 120 p.

Vol. fait en collaboration avec le Dr Desbois. On trouve à la suite : *Compte-rendu de la distribution solennelle de récompenses, faite pour les vaccinations de* 1833 *et de* 1834, *à l'Hôtel-de-Ville de Rouen, le* 23 *oct.* 1835, in-8 de 25 p.

—Discours prononcé sur la tombe de M. Levieux, comm. du roi près la Monnaie de Rouen, membre de l'Acad.; *Mém. de l'Acad. de Rouen*, 1836, p. 212-214.

—Compte-rendu de la distribution solennelle des récompenses accordées pour les vaccinations de 1835 et de 1836, à l'Hôtel-de-Ville, le 16 juin 1838; *Rouen, E. Periaux*, 1838, in-8.

—Notice sur M. Ambr.-Aug. Le Pasquier, ancien préfet du Finistère et du Jura; *Mém. de l'Acad. de Rouen*, 1839, p. 32-36.

—Discours prononcé sur la tombe de M. le docteur Vigné, doyen de l'Acad. de Rouen, etc., 10 oct. 1842. *Réceptions faites à l'Acad. de Rouen*, 1841-42, p. 233-239.

—Réceptions faites à l'Acad. des Sc., B.-Lett. et Arts de Rouen, pendant l'exercice 1841-1842, sous la présid. de M. C. des Alleurs; *Rouen, N. Periaux*, 1842, in-8 de IX et 254 p.

En tête du vol. se trouve le discours d'ouverture de la séance publique du 9 août 1842, discours dans lequel M. des Alleurs a retracé l'historique de l'Acad. Les récipiendaires furent : MM. Le Roy, Du Breuil fils, Giffard, Thinon, Gaultier, Richard, Deschamps, Chassan, l'abbé Picard et l'abbé Cochet. Ce vol. n'a pas été mis dans le commerce; il a donné naissance au pamphlet suivant : *Quelques mots sur l'ouvrage intitulé : Réceptions faites à l'Acad. des Sc., B.-Lett. et Arts de Rouen, pendant l'exercice* 1841 *à* 1842 *sous la présidence de M.****, (par M. Gambier); *Rouen, Lefèvre*, 1842, in-8 de 20 p.

—Histoire de la Soc. de charité maternelle de Rouen, précédée d'une Notice nécrologique sur M. Ch. des Alleurs, par A.-G. Ballin; *Rouen, A Péron*, 1854, in-8 de VIII et 150 p.

Ouv. publié par les soins de M. Ballin.

Ch.-Alph.-Aug. Hardy des Alleurs, professeur de clinique à l'Ecole de médecine de Rouen, chef du service médical à l'Hôtel-Dieu, etc., est mort en cette ville le 4 avril 1854, à l'âge de 58 ans. Il naquit à Avranches, le 23 août 1796. Médecin distingué, M. des Alleurs fut sec. perp. de l'Acad. de Rouen, pour la classe des sciences, de 1831-39.

V. sur sa vie, la notice insérée dans l'*Encyclop. du* XIXe *sc.*, 8e catégorie, médecins célèbres; *Paris*, 1843, gr. in-8 de 20 p. avec un portr. — Notice nécrolog., par M. Ballin, en tête de l'Hist. de la Soc. de charité maternelle de Rouen. — Discours prononcés sur la tombe de M. le Dr des Alleurs; *Rouen, Rivoire*, 1854, in-8 de 20 p.

Parmi les ouv. médicaux dont M. des Alleurs est auteur, et qui sont étrangers à l'Hist. de Norm., nous citerons seulement les plus importants :

— Apnéologie méthodique, ou Essai sur la classification et le traitement des apnées en général; *Montpellier, Tournel*, 1820, in-8 de 520 p. Il en a été tiré 70 exempl. in-4.

— Du Génie d'Hippocrate et de son influence sur l'art de guérir, ouv. auquel la Soc. roy. acad. des sc. de Paris a décerné une médaille d'encouragement; *Paris, Bechet jeune*, 1824, in-8 de XVI et 236 p.

ALLIANCE (l') mystérieuse de la maison de Rohan avec J.-C., etc. V. Pallière (de la).

ALLIX (*Pierre*), né à Alençon, exerça dans cette ville, avec distinction, le ministère évangélique. Il composa, pour l'instruction de son troupeau, un catéchisme qui est intitulé : *Catéchisme auquel les fondements de la religion et de nos principales controverses sont établies et défendues contre les impies et les adversaires*; *Paris*, 1658, in-8.

ALLIX (*Pierre*), célèbre controversiste, fils du précédent, né à Alençon en 1641, mort à Londres, le 3 mars 1717, fut pasteur à Rouen, puis à Charenton, où il succéda à Jean Dallié, mort le 15 avril 1670, et où il travailla avec le fameux Claude à une nouvelle version de la Bible. Cet homme éminent avait une connaissance si profonde de toutes les sciences et de toutes les langues, qu'on disait de lui qu'il était une bibliothèque vivante. Allix est auteur d'un grand nombre d'ouvrages théologiques; ceux qu'il composa durant le long séjour qu'il fit en Angleterre ont été écrits par lui en anglais. Les Universités d'Oxford et de Cambridge conférèrent à Allix le grade de docteur en théologie.

V. Niceron, *Mém.*, t. XXXIV, p. 23-30.—*Nouv. littér.*, t. V, p. 286.— Odolant-Desnos, *Mém. sur Alençon*, t. II, p. 514.— *France protest.*, t. I (1853), p. 61-66.

ALLIX (*Jacq.-Alex.-Franç.*), **lieutenant-général, né à Percy, au château de Basarmes, comm. de l'arr. de S.-Lô, le 21 sept. 1776, mort à Courcelles (Nièvre), le 26 janv. 1836. Il est auteur de brochures politiques, d'ouvrages sur l'artillerie et sur les sciences, au nombre desquels se trouve : Théorie de l'univers, ou de la Cause primitive du mouvement et de ses principaux effets. 2 édit.; *Paris, vᵉ Courcier*, 1818, in-8, ouv. qu'Allix a publié durant son exil.**

V. sur cet officier supérieur la notice de M. Vérusmor, *Ann. de la Manche*, 1837, et Quérard, littérat. franç., contemp., t. I (1842), p. 24.

ALLOU (*Ch.-Nic.*), Etudes sur les casques du moyen-âge. *Mém. de la Soc. des Antiq.* de France, t. x (1834), p. 320-332, avec une planche.

La 2ᵉ part. de ces études comprend l'*Epoque normande*, c'est-à-dire depuis 1066, année de la conquête de l'Angleterre par les Normands jusqu'en 1190, date de la croisade de Richard Cœur-de-Lion et de Philippe-Auguste.

ALMANACHS (classés suiv. l'ordre alph. des noms de lieu):

ALENÇON. Alm. du Cultivateur pour la vᵉ année républicaine, an 1797 (v. s.), contenant le nouveau et l'ancien calendrier; tout ce qui a rapport à la culture des terres, et les foires et marchés qui se tiennent dans l'étendue du dép. de l'Orne, etc.; *Alençon, Malassis le jeune*, in-24.

— Alm. d'Alençon, chef-lieu du dép. de l'Orne, an VII et an VIII; *Alençon, Malassis le jeune*, in-24.

— Alm. (nouvel) judiciaire, administratif et commercial pour le départ. de l'Orne, 1838; *Alençon, Ralu-Matrot*, in-8 de 40 p., avec une carte du dép. gravée par Godard.

BAYEUX. Calendrier ou Alm. nouveau, exécuté pour le méridien de Bayeux, etc., par l'abbé Outhier, 1751-1755, pet. in-12. V. OUTHIER.

BERNAY. Alm. de Bernay, au profit des pauvres de la Soc. de S.-Vincent de Paul. Conférence de Bernay, ann. 1855-57; *Lille, imp. de Lefort*, in-16.

CAEN. Alm. journalier pour l'année bissextile 1712, dans lequel se voit *(sic)* les souhaits du bonhomme Blaise, par maître Rousselard, astrologue; *Caen, P. Dumesnil*, in-12.

—Alm. curieux pour l'an de grâce 1713, dans lequel se voit la relation véritable de tout ce qui s'est passé en Flandres entre l'armée de France, commandée par M. le maréchal de Villars, et celle des ennemis pendant cette campagne, par le sieur Deloges, courrier; *Caen, P. Dumesnil*, in-12.

—Alm. nouveau et journalier pour l'année 1743, supputé par le sieur J.-F. de B*** des B***; *Caen, Chalopin*, in-12.

— Alm. de Caen pour l'année 1747, utile pour la généralité, présenté à Mgr l'évesque de Bayeux; *Caen, P. Chalopin*, in-24 de 44 ff. sans pagin.

Il est probable que cet alm. a paru sans interruption jusqu'à la fin du dern. sc., c'est du moins l'opinion de M. Travers (*Ann. norm.*, 1844, p. 530). Toutefois, ni lui, ni nous n'avons vu de collect. complète de cet alm. On remarque parmi ces petits vol. deux modifications de titre : la 1ʳᵉ en 1773 (Alm. de la ville et généralité de Caen); la 2ᵉ en 1792 (Alm. de Caen et du dép. du Calvados). Cet alm. a été repris en 1807, sous le titre de : *Almanach de la ville de Caen*, faisant suite à l'anc. alm. de cette ville, fondu dans une forme nouvelle, et considérablement augmenté d'observations, faits historiques et antiquités qui ont rapport à cette cité, etc. Par M. C. C. S. (Charles Coursellles), années 1807 et 1808; *Caen, P. Chalopin*, in-18 de 144 p.

— Calendrier du Calvados, 1800-46, in-32 et in-18.—V. ce titre.

— Alm. judiciaire de la cour de Caen, 1806-41. V. PROVOST.

— Alm. des trois départements du Calvados, de l'Orne et de la Manche, publié sous les auspices de la Soc. d'agricult. et de commerce de Caen, par MM. G. M. et S. T. (G. Mancel et S. Trébutien); *Caen, Lesaulnier*, 1842, in-18 de 165 p.

Cet alm., destiné à répandre des connaissances utiles parmi les habitants des campagnes surtout, n'a pas été continué sous le même titre.

— Alm. ou Guide des étrangers. Alm. des adresses de Caen, etc., 1844-1845. V. PIGAULT.

— Alm. historique de l'insurrection de 1848, contenant le calendrier et ses compléments, le tableau des marées et la nomenclature des foires et marchés dans la Norm.; *Caen, F. Poisson et fils*, 1849, in-18.

— Alm. du commerce de Caen, etc. V. CHANSON.

— Les Alm. d'autrefois et les Alm. d'aujourd'hui; *Valognes*, 1850. V. TRAVERS.

— Alm. hist. de la République française, publié par un ami de l'ordre; *Caen*, 1851. V. TRAVERS.

—L'anti-Rouge, alm. anti-socialiste, etc.; *Caen*, 1851 et 1852. V. TRAVERS.

CHERBOURG. Alm. du dép. de la Manche, pour l'an X et l'an XI de la Républ. franç. 1re et 2e ann.; *Cherbourg, Boulanger*, in-12.

Rédigé par Alex.-Louis Baudin, contrôleur de la poste aux lettres à Cherbourg.

— Ann. du dép. de la Manche pour l'an XI (1803-1804); *Cherbourg, Boulanger*, in-12 de 324 p.

Cet ann., rédigé par M. Clément, anc. maire de Saint-Lo, fait suite aux deux 1res années de l'alm., et porte sur le titre: 3e année. Il n'a pas été continué.

— Alm. de la ville et de l'arrondiss. de Cherbourg; *Cherbourg, Boulanger*, 1815, in-18 de 48 p.

— Alm. horticole de l'arrondiss. de Cherbourg, publié par les soins de la Soc. d'horticulture de Cherbourg, 1855. Ann. de culture potagère; *Cherbourg, Feuardent*, 1855, in-18.

— Alm. administratif et commercial de la ville de Cherbourg, pour 1857, rédigé par M. Bazan; *Cherbourg, Bedelfontaine*, 1856, in-12 de 160 p.

COUTANCES. Alm. historique, ecclésiastique et politique du diocèse de Coutances, années 1770-77; *Coutances, chez Joubert* et *chez Le Roy*, in-24.

Louis-Ch. Bisson, depuis évêque de Bayeux, eut pour collaborateur dans la rédaction de cet alm., M. de Chantereyne, négociant à Cherbourg. Ces alm., remplis de notices utiles à consulter pour l'hist. de la Manche, sont, aujourd'hui, devenus très-rares. Suivant M. Quérard, (*France littér.*), cet alm. aurait été continué jusqu'en 1781.

—Alm. de la Manche, astronomique, prophétique, historique, anecdotique, etc., 1853-57; *Coutances, imp. de Mlle Tanquerey*, et *de Salettes*, 1853-57 (5 ann.), in-18.

DARNÉTAL. Astrologue de Darnétal. (V. *Astrologue etc.*

DIEPPE. Alm. indicateur de Dieppe. V. BURGADE.

—Alm. de Dieppe et de l'arrondissement, années 1845-1854; *Dieppe, E. Delevoye*, in-16.

Les ann. 1850-52 n'ont pas été publiées.
L'ann. 1849 renferme un article de M. l'abbé Malais, sous le titre de : *Ephémérides dieppoises*.

EVREUX. Calendrier hist. et astronom. pour les années 1749 et 1750; *Evreux*, in-24 et in-12. V. DURAND.

—Alm. de la ville d'Evreux et du dép. de l'Eure, ann. 1834-1836; *Evreux, Verney-Despierres*, in-18.

— Alm. de l'Eure, 1843-1857; quinze années; *Evreux, imp. de J. Ancelle, Tavernier et Hérissey*, in-16.

A partir de 1851, cet alm. est publié sous le titre de : *Almanach-Annuaire de l'Eure*.

— Alm.-Annuaire de l'Eure, 1851-57; *Evreux, Cornemillot et Régimbart*, in-16.

FÉCAMP. Alm. Cauchois pour 1843, publié par Paul Vasselin; *Fécamp, imp. de L. Couillard*, in-16.

Renferme quelq. art. de M. Marchand, pharm.-chim.

— Le Pilote Cauchois, alm. commercial et maritime (1845); *Fécamp, imp. de L. Couillard*, in-16.

HAVRE. Alm. du Havre et de son arrondissement, ann. 1811-1857; *Havre, imp. de Stan. Faure, de Brindeau et Ce*, in-24, in-18, in-16 et in-8.

Cet alm., augmenté successivement, est arrivé à former un vol. in-8. Le titre en a été modifié à plusieurs reprises.

—Alm. du commerce du Havre (statistiq. annuelle de l'industrie), usages de la place, comptes faits des principales places, police du port, etc.; *Havre, Lemâle*, 1833-1857, in-8 (33 années).

Les dern. ann. forment 1 vol. de près de 400 p.

HONFLEUR. Alm. de Honfleur et de l'arrondissement de Pont-l'Evêque, contenant les noms des fonctionnaires publics, etc.; *Honfleur, E. Dupray*, 1839-42, in-16.

— Alm. Honfleurais pour l'arrondissement de Pont-l'Evêque, avec les adresses de Honfleur, Pont-l'Evêque, Trouville, etc.; ann. 1848 et 1849; *Honfleur, Baudre*, in-16.

INGOUVILLE. Alm. d'Ingouville et de l'arrondissement du Havre, années 1841-44; *Ingouville, Lepetit*, in-12 avec une carte (imp. de Gaffeney).

LISIEUX. Alm. de Lisieux, pour les années 1764, 1773, 1774, 1777, 1787; *Lisieux, imp. de J.-A. de Roncery, de F.-B. Mistral, etc.*, in-32 et in-24.

Renferme des documents sur diverses parties du diocèse de Lisieux. On cite un almanach de Lisieux de 1743, mais nous n'avons pas eu occasion de le rencontrer, et M. Du Bois n'en parle pas. L'année 1774 contient le dernier pouillé du diocèse de Lisieux.

Ces alm. furent rédigés par l'abbé Rambaud, archidiacre de Pont-Audemer. L'imprimeur Mistral rédigea l'année 1787.

— Alm. de la ville et district de Lisieux, présenté aux Corps administratifs par la Soc. des Amis de la constitution, pour l'année 1791; *Lisieux, Delaunay*, 1791, pet. in-12 de 123 p.

— Alm. de la ville et de l'arrondissem. de Lisieux, années 1838, 1841 et 1846; *Lisieux, v^e Tissot*, in-18.

Almanach publié par M. Amédée Tissot, avec la collaboration de MM. Louis Du Bois, de Formeville, etc.

— Alm.-Ann. de Lisieux, etc. V. *Annuaire*.

MANCHE. Alm. du dép. de la Manche. V. *Cherbourg*, *Coutances et S.-Lô*.

MAROMME. Alm. de la Soc. de secours mutuels de Maromme, dite d'Emulation chrét., 1856; *Rouen, Péron*, in-18.

MORTAGNE. Comice agricole de l'arrondissement de Mortagne, Alm-Ann., 1855-57; *Laigle, imp. de Ginoux, et Mortagne, imp. Loncin et Daupeley*, in-16.

NEUFCHATEL. Calendrier (Essai de), pour servir à l'Hist. ecclésiastiq.., etc. V. MALAIS (l'abbé).

NORMANDIE. Alm. de Normandie, années 1738-1788; *Rouen, Nic. Besongne, Besongne fils, et v^e Besongne*, in-24.— Id., années 1789-1791; *Rouen, v^e Besongne*, in-18.

— Alm. de la ci-devant Normandie, et principalement des villes de Rouen, Caen et Evreux, an XI (1803); *Rouen, Ang. Lefebvre*, in-24.

— Astrologue normand (l'), ou le gros Mathieu Laensberg, 1822-1857 (37 années); *Rouen, Lecrêne-Labbey, Mégard*, in-32.

Arrangé par les impr.-édit.

—Astrologue de Normandie (l'), ou le savant Mathieu Laensberg, année 1834; par D.; *Rouen, Maillard*, 1833, in-32.

— Bon Normand (le). Almanach des Connaissances utiles, 1833, 1re année; *Rouen, au bureau de la Gazette de Normandie*, in-32. (*Imp. de Mégard.*)

La saisie de presque tous les exempl. de ce petit vol. au moment de sa publication, et l'arrêt de la Cour d'assises de la S.-Inf., qui en a ordonné la suppression, l'ont rendu excessivement rare.

—Nouvel astrologue (le) de la Normandie, année 1844; *Rouen, Maillard et Verger (et Paris, Pagnerre)*, in-32.

— Bas Normand (le), alm. curieux, instructif et amusant, années 1845-1847; *Caen, C. Woinez*, in-18.

— Alm. de la Normandie, publié sous le patronage de la Soc. d'horticulture de Caen, années 1846-1852; *Caen, Poisson*, in-16.

M. Trebutien en est l'un des principaux rédacteurs.

— Alm. des bonnes gens de la Normandie et autres lieux, années 1850-1852, au profit des pauvres de la Soc. de St-Vincent de Paul, conférences de Rouen; *Rouen, Fleury*, in-18 de 144 p.

Le titre a été modifié à partir de 1851.

— Mémorial normand, almanach intéressant, utile et agréable de tout le monde, années 1856-58; *Rouen, imp. de Lecointe frères*, in-32.

La 2e année a pour titre : *Mémorial normand*, ou *Alm. rouennais*, et la 3e année, *Mémorial neustrien*, alm. intéressant, etc.

—Alm. industriel (1857); *Rouen, Lecointe frères*, in-32.

La 2e année (1858) porte : *Alm. industriel et agricole*.

—Astrologue de Normandie, ou Alm. du cultivateur pour 1858; *Rouen, Lecointe frères*, in-32.

Ces alm. sont mis en ordre par les imp.-édit.

ORNE. Alm. de l'Orne, années 1852-1857; *Paris, imp. de Bailly; Caen, imp. de vᵉ Pagny; Alençon, imp. de Poulet-Malassis*, in-16, avec une carte du département.

Pays de Bray. Alm. du Pays de Bray, années 1852-57; *Neufchâtel, Ern. Duval*; in-16 de 4 à 5 fᶦˡᵉˢ d'impr.

Rédigé par M. l'abbé Decorde.

Perche. Almanach (nouvel) du Perche, pour 1834, dédié à M. Em. de Girardin; *Mortagne, Glaçon*, in-12.

Rédigé par M. A. Desrez.

— Le Diseur de vérités, alm. spécial du Perche et des départ. de l'Orne, d'Eure-et-Loir, Eure, Sarthe, Calvados, etc., par un Ermite voisin de la forêt du Perche, ami de son pays; 1838-45; *Paris, Vray et Surcy*, in-32.

A partir de 1843, date de la mort de l'abbé Fret, rédacteur des prem. années, le sous-titre devient : *Alm. du Perche, de la Normandie, de la Beauce et de toute la province de France.*

— Le Père Thomas, ami du diseur de vérités, Alm. percheron et des dép. de l'anc. Norm., du Pays chatrain, de la Sarthe, du Loiret, de Loir-et-Cher, etc.; par A. F. D., années 1847 et 1848; *Rouen, Mégard*, in-16.

Le titre de la 2ᵉ année porte : Par A. F. Duparc.

Pont-Audemer. Alm. des villes de Pont-Audemer, Pont-l'Evêque et Honfleur, contenant leurs corps administratifs, judiciaires, militaires et autres, pour l'année 1792; *Honfleur, Vasse*, in-32 de 96 p.

Rouen. Calendrier historial, où l'on peut congnoistre, etc., 1611; *Quevilly, D. Geuffroy*, in-18. V. ce titre.

— Alm. journalier pour l'an 1694. Dans le quel se void l'origine et les antiquitez de la ville de Roüen, les noms des archevêques dont la sainteté a éclaté et mérité de les faire mettre au catalogue des saints, le nombre des eglises, fonteines, rivieres et portes, et la description de plusieurs edifices rares par leur antiquité, avec les ceremonies qui s'observent en certains temps de l'année, toutes les fondations, et autres choses curieuses. Recueilly par le sʳ *****; *Roven, J.-B. Besongne* (1694), in-4° de 12 p.

— Flambeau astronomique, 1712-45. V. *Flambeau.*

— Alm. spirituel, nouvellement imprimé pour la ville et fauxbourgs de Rouen, où sont marquées les fêtes, confréries, indulgences plénières, etc.; *Rouen, Le Prevost*, 1740, in-12 de 74 p.

— Alm. pour la ville de Rouen, années 1751-91; *Rouen, Et. V. Machuel et vᵉ Machuel*, in-24.

Cet almanach a été repris par P. Periaux, en l'an V, et continué jusqu'à ce jour par MM. N. Periaux et A. Péron.

— Abrégé de Cosmographie, etc., 1753-64, in-24. V. Saas.

— Tableau de Rouen, contenant, etc. 1774-80. V. *Tableau, etc.*

— Alm. spirituel et perpétuel de la ville et fauxbourgs de Rouen, où sont contenues toutes les fêtes où il y a exposition du S. Sacrement et autres cérémonies de l'Eglise; *Rouen, P. Seyer*, 1789, in-12.

— Alm. du dép. de la S.-Inf., ci-devant Normandie, année 1792; *Rouen, vᵉ Besongne*, in-24.

— Alm de la ville et dép. de la S.-Inf., séant à Rouen, 1793; *Rouen, Gallier*, in-18.

Cet alm. fait suite au tableau de Rouen, publié par Machuel, in-24.

— Alm. historique de la ville de Rouen, années 1797 et 1798; *Rouen, Montier-Dumesnil* et *Montier*, in-18.

L'année 1797 contient l'origine de Rouen, ses divers accroissements, son commerce et les événements remarquables arrivés dans cette ville jusq. 2 niv. an VI. L'année 1798 renferme la relation du siége de Château-Gaillard en 1203, l'origine du prieuré des Deux-Amants, etc.

— Alm. des gens de goût, 1793-1801. V. Guilbert.

— Alm. des scienc., des arts et du commerce du dép. de la S.-Inf., ans X-XII. V. Guilbert.

— Alm. de Rouen et des dép. de la S.-Inf. et de l'Eure, années 1796-1857, in-24 et in-18. V. P. Periaux.

— Calendrier ecclésiastique du diocèse de Rouen, pour l'an XI, etc. V. ce titre.

— Annuaire de Rouen, etc., 1832-52. V. *Annuaire.*

— Astrologue (l') rouennais, 1833-1857

(25 ann.); *Rouen, imp. de Mégard*, in-32.

— Alm. rouennais, contenant un plan de Rouen, le tableau complet de toutes les rues de Rouen, etc., 1853; *Rouen, Ch. Haulard*, in-4.

— Alm. populaire de la ville de Rouen et de la S.-Inf., histoire, littérature, arts, industrie, commerce, annonces, avec un tableau alphabétique des rues de Rouen, par tenants et aboutissants, ann. 1854-57; *Rouen, imp. de H. Renaux, E. Cagniard et St-Evron*, in-16.

Alm. rédigé par M. Aillaud, attaché à la rédaction du *Journal de Rouen*, et renfermant des éphémérides rouennaises.

La 1re année porte le titre de : *Almanach de la ville de Rouen, etc.*

— Alm. de l'émulation chrétienne de Rouen, 1855; *Rouen, P. Roussel*, 1855, in-18 de 196 p.

— Alm. rouennais, ou pet. Annuaire pour 1858; *Rouen, Lecointe frères*, in-32.

St-Lo. Alm. du dép. de la Manche, années 1817, 1818, 1819, 1820 et 1822; *St-Lo, J. Elie*, in-12.

Ces alm. renferment des détails intéressants sur l'histoire et la statistique du dép. La 1re année a pour titre : *Alm. de la Manche, ou l'émulation des muses et des arts.* Interrompu pendant plusieurs années, il a été repris en 1829 pendant l'administration de M. le comte d'Estourmel, sous le titre d'*Annuaire du département de la Manche.*

Séez. Alm. historique et géographique du diocèse de Séez, contenant la description et les particularités les plus intéressantes de toutes les villes de ce diocèse, avec une idée particulière de la province de Normandie, le détail de son parlement, les époques et tarifs des vingtièmes; diverses autres tables curieuses et utiles; un précis d'événements et choses remarquables; plusieurs secrets et remèdes, etc., année 1766; présenté à Mgr Louis-Franç. Néel de Christot, évêque de Séez; *Falaise, Pitel-Préfontaine*, in-24 de 68 ff.

Petit alm. rare et curieux dont Odolant Desnos a fourni les matériaux.

— Alm. civil et ecclésiastique du diocèse de Séez, contenant la description des principaux lieux de ce diocèse, avec les noms des personnes qui y composent l'état ecclésiastique, civil et militaire, pour l'année 1789; *Falaise, Bouquet*, in-24 de 140 p.

On trouve dans ce petit volume une description de Falaise et de St-Pierre-sur-Dives.

Seine-Inf. (dép. de la) V. *Rouen*.

Indépendamment de ces almanachs, on en imprime beaucoup d'autres chaque année en Normandie. A Rouen, ce sont des Matthieu Lænsberg, sous le titre de : *Le Nouveau Matthieu de Normandie,—Le Grand Astrologue neustrien,—Le Nouv. Alm. de la Normandie,—Le Véritable Matthieu Lænsberg,— Le Grand Astrologue national.— L'Astrologue constitutionnel, — L'Alm. des bons catholiques,— L'Alm. des laboureurs, etc., etc.* — A Falaise, ce sont des *Etrennes mignonnes*, imp. tant sous cette dénomination que sous celle d'*Etrennes universelles* et de *Cadeau des Muses*, in-32. Ces livrets populaires, dont l'origine remonte à l'existence d'un chanoine de St-Barthélemy de Liége, vers 1600, se débitent encore par milliers, les uns parmi les habitants de la campagne, les autres parmi les marins.

ALRED. Aluredi Beverlacensis annales, sive historia de gestis rerum Britanniæ, etc. Edente Hearne; *Oxon.*, 1716, in-8.

Né à Beverley, dans le comté d'York, Anglet., Alred est mort en 1130. Dans ses Annales, il donne l'histoire des anciens Bretons, des Saxons et des Normands, jusqu'à l'année 1129, la 29e du règne de Henri Ier.

AMAND (*Masson* de St-). V. St-Amand.

AMANT (de St-). V. St-Amant.

AMANTON (*Cl.-Nic.*). Notice sur M. de Boisville, évêque de Dijon; *Dijon, Odobé*, 1829, in-8 de 8 p.

Extr. du *Journal de la Côte-d'Or*, et tiré à 60 exempl., dont 10 sur pap. violet.

AMBOISE (*Georges* d'), 1er du nom, archevêque de Rouen, légat du S.-Siége et ministre de Louis XII, naquit au château de Chaumont-sur-Loire en 1460. Archevêque de Rouen en 1493, il mourut à Lyon le 25 mai 1510, et son corps fut transporté à Rouen, où un magnifique tombeau, surmonté de sa statue, lui fut érigé dans la cathédrale.

V. sur cet homme d'Etat : De dolendo semperque deplorando reuerendissimi Patris ac Dñi Georgii Ambasiani cardinalis, Galliarum legati, Archiepiscopique Rotomagensis obitu lamentabilis elegia. Epitaphium ejusdem. *Impressum Rothomagi, pro Ludovico Bouvet*, cum privilegio ne quis alius imprimere audeat sine judicis auctoritate (1510), pet. in-4 de 6 ff. Cette pièce, en vers, doit être de l'année 1510.

Lettres du roy Louis XII et du cardinal Georges d'Amboise, avec plusieurs autres lettres, mémoires et instructions, depuis 1504 jusques en 1514; *Bruxelles, Fr. Foppens*, 1712, 4 vol. in-12, portr. Précieux recueil pour l'hist. secrète et diplom. du règne de Louis XI, publié par Jean Godefroy, procureur du roi au bureau des finances de Lille, et mort le 23 fév. 1732.

Le poëme d'Andrelin. — La Pompe funérale, etc. — La reception faicte, etc. — Les ouv. de Desmontagnes, de Boudier, Legendre, et en outre : d'Auvigny, *Vies des Hommes illustres de France*, t. II, p. 198. — Chaufepié, *Dictionn. hist.*, inf. — Talbert (l'abbé), et de Sacy, *Eloges du cardinal*; Paris, 1776, in-8, sujet de prix proposé par l'Acad. de l'Immaculée conception de la sainte Vierge, fondée à Rouen.

A propos du cardinal d'Amboise, 1er du nom, nous indiquerons :

1° Un portrait du cardinal, gravé par Briot, et un autre portrait s. d. et sans nom d'auteur, représentant le prélat, assis, au milieu d'un encadrement dans lequel sont retracés les principaux événements de sa vie. Le catal. de la *Biblioth. Lyonnaise* de M. Coste, 1853, nos 13083-13112, contient la nomenclature des portr. de ce prélat-ministre ;

2° Une médaille de grand module, frappée en 1503. Le revers représente un autel surmonté de la tiarre, qui est accompagnée de deux clefs; la devise *Tulit alter honores* forme l'exergue.

La riche bibliothèque de Georges d'Amboise, à Gaillon, se composait de deux parties distinctes : 1° Bibliothèque particulière du prélat, d'environ 80 vol.; 2° Collection d'à peu près 140 vol. achetés du roi de Naples Frédéric, qu'il avait contraint de passer en France et à qui il donnait une pension de 30,000 écus, avec la Touraine pour résidence (1501). On en trouve le catalogue à la suite du Mém. de M. l'abbé Langlois sur les biblioth. des archev. et du chapitre de Rouen; *Acad. de Rouen*, 1852, p. 538-552, et dans l'ouv. de M. Deville sur le château de Gaillon.

AMBOISE (*Georges d'*), 2e du nom, neveu du précédent, cardinal et archevêque de Rouen, de 1510-1550, fut enterré dans son église métropolitaine, à côté de son oncle. Sous son épiscopat fut érigée, de 1542-1544, sur les dessins de Robert Becquet, la pyramide de la cathédrale, qui avait été incendiée le 4 oct. 1514.

AMBRAY (*Ch.-Henri d'*), chancelier de France et président de la chambre des pairs, sous la Restauration, né à Rouen en 1760, est mort à sa terre de Montigny, le 13 déc. 1829. V. son éloge prononcé à la chambre des pairs par M. de Sémonville, — le supplém. à la *Biogr. univ., etc.*

AMBROISE (le P.), dit de Lisieux, du lieu de sa naissance, était procureur général des pénitents du tiers-ordre. Interprète de l'Ecriture sainte, il composa plusieurs écrits théologiques, et mourut à Rouen le 23 nov. 1630.

AMEDÉE (le P.), capucin, né à Bayeux dans le XVIIe sc., a écrit en latin 2 ouv., l'un sur l'*Éloquence chrétienne*, *Paris*, 1672, in-4, l'autre sur la *Légitimité du droit* d'admettre les fidèles jusqu'au 3e ordre ecclésiastique. Ce religieux mourut en 1676.

AMELINE (l'abbé). Vie de M. De la Lande, curé de Grigny, dans le diocèse de Paris, et ancien professeur de philosophie dans l'université de Caen, mort en odeur de sainteté le 25 janv. 1772; *Paris, Valeyre le jeune; Caen* et *Coutances*, chez *Le Roy*, et *Bayeux*, chez la *ve Briard*, 1773, in-12.

AMELINE (*Jean-Franç.*), professeur d'anatomie à Caen, où il naquit le 28 août 1763; il mourut dans la même ville, le 3 déc. 1835. V. notice de M. Eudes-Deslonchamps, *Mém. de l'académ. de Caen*, 1836.

AMÉLIORATION (de l') de la race bovine, et particulièrement en Normandie; *Argentan, Barbier*, 1850, in-12 de 24 p.

AMIEL (*Marin*). Oraison funèbre de Mgr Franç. de Franquetot, duc de Coigny, gouverneur et grand bailli des ville et château de Caen, etc., prononcée dans l'église de S.-Pierre, le 16 fév. 1760; *Caen, imp. de J.-Cl. Pyron*, 1760, in-4.

Marin Amiel était alors prieur de l'hôtel-Dieu de Caen.

AMIEL (*L*). Un iconoclaste révolutionnaire; *Revue de Rouen*, 1838, 2e sem., p. 5-22.

A trait à l'hist. de Bayeux.

AMI (l') de la joie, recueil de chansons grivoises et bachiques, tant anciennes que nouvelles, la plupart inédites ou réimprimées avec des changements et additions, dédié à ceux qui aiment à rire; s. l.; (*Rouen, J. Duval*), 1806, in-12.

Ce vol. a été imprimé à petit nombre et seulement pour les amis de l'éditeur, auteur, dit-on, de cet opuscule.

AMIS (les) de la constitution du Havre à leurs concitoyens; *Havre, Payen*, s. d., (vers 1790), in-8.

AMIS (les) de la paix et de la constitution, à la garde nationale et citoyenne de la ville de Rouen; *Rouen, P. Seyer et Behourt*, s. d. (1790), in-8.

AMOUR (*J. de St-*). V. ST-AMOUR.

AMYOT (*Thom.*). Observations on an historical fact supposed to be established by the Bayeux Tapestry, 1818; *Archaeologia*, t. XIX (1821), p. 88-95.

— A defence of the early antiquity of the Bayeux Tapestry, 1819; *Archaeologia*, t. XIX (1821), p. 192-208.

Dans ces dissertations, l'auteur cherche à réfuter les arguments de l'abbé De la Rue, sur l'âge de ce monument.

A NOS SEIGNEURS de l'assemblée nationale, 11 janv.; *Paris, Momoro*, s. d. (1790), in-8.

Adresse du comité électif de Bernay, au sujet du rachat des droits féodaux et censuels non supprimés, sans indemnité.

A NOS SEIGNEVRS les commissaires députez par le roy, pour la recherche des vsurpateurs du titre de noble en la province de Normandie; in-4 de 8 p.

Imprimé vers 1657, cet écrit concerne principalement les sieurs Maheult et Mallet, professeurs en la faculté de médecine de l'université de Caen, et traite en même temps de ladite université.

ANALYSE des motifs du projet de la dérivation de la Seine, etc. V. PATTU et POUETRE.

ANCELIN (*Dom. Denis*), prieur de Bonne-Nouvelle, etc. V. *Factum pour Dom Denis Ancelin, etc.*

ANCELOT. Discours d'inauguration pour le théâtre du Havre, le 9 octobre 1844 (en vers); *Havre, J. Morlent*, 1844, grand in-8 de 13 p., orné d'une vue du théâtre; *impr. de Carpentier et Ce*.

—1823-1844. Deux discours d'inauguration du théâtre du Havre, par Ancelot et Casimir Delavigne; *Havre, Morlent*, 1844, in-8 de 16 p. avec 2 lithog.; *imp. de Lenormand de l'Osier*.

— Bernardin de St-Pierre et Casimir Delavigne, poëme dithyrambique lu au Havre, le jour de l'inauguration de leurs statues, le 9 août 1852; *Rev. de Rouen*, 1852, p. 478-487.

ANCELOT (*Jacq.-Arsène-Polycarpe-Franç.*), membre de l'acad. franç., né au Havre le 9 janv. 1794, rue des Drapiers, 25, est mort à Paris, le 7 septembre 1854.

OEuvres complètes, précédées d'une notice sur sa vie et ses ouvrages, par X.-B. Saintine (Xav.-Boniface); *Paris, Delloye, Lecou*, 1837, grand in-8.

Poésies, nouv. édit., revue, corrigée et augmentée d'un grand nombre de pièces inédites; *Paris, Charpentier*, 1853, 1 vol. grand in-18.

Les œuvres de cet écrivain laborieux et fécond se composent d'un grand nombre d'écrits en prose et en vers : de plusieurs tragédies en 5 actes : — Louis IX, 1819; — Le Maire du palais, 1823; — Fiesque, 1824; — Olga, ou l'orpheline moscovite, 1828; —Elisabeth d'Angleterre, 1829; — Le Roi fainéant, 1830; — Maria Padilla, 1838;

De plusieurs opéras et opéras-comiques; de drames en vers et en prose; de comédies en vers et en prose; de poëmes et de poésies diverses; de romans et de nouvelles.

Depuis 1830, Ancelot a donné à différents théâtres plus de 60 vaudevilles, parmi lesquels nous citerons seulement, ayant un titre normand :

La Champmeslé, com. anecdotique en 2 act., et mêlée de chants; en société avec Paul Duport; *Paris, Marchant*, 1837, gr. in-8 de 20 p.

V. la *Littérature franç. contemp.*, t. 1er, 1842, p. 37-42. — Funérailles de M. Ancelot. Discours de M. Patin, membre de l'acad. franç., prononcé le 9 sept. 1854; *Paris, imp. de F. Didot*, 1854, in-4 de 8 p.—Discours prononcé à l'acad. franç. par Ern. Legouvé, le 28 fév. 1856, *Moniteur univ.* du 6 mars 1856.

Mme Ancelot est auteur elle-même de plusieurs comédies et de quelques romans estimés.

ANCIEN (l') Comité de Salut public, ou observations sur le rapport des 32 proscrits, par une société de Girondins (Caen, 13 juillet 1793); *imp. de la Vérité, rue du Puits-qui-parle*, s. d.

ANCIENNE et singulière dévotion de la ville d'Evreux (appelée cérémonie de S. Vital); *Variétés hist.*, t. III, p. 360, et *Journ. ecclésiast.*, 1762, juill., p. 79-84.

ANCIENS concordats, arrest et reglemens faits entre les administrateurs et les prieur, religieux et religieuses de l'Hôtel-Dieu de la Madeleine de Roüen; *Rouen, Eust. Viret* (1672), in-4 de 50 p.

ANCIENS quadrains normands proposés aux lecteurs de la province de Normandie. Lettre écrite de Paris aux auteurs du Mercure; *Mercure*, 1746, juin, p. 79-83.

ANDELY (*Henri* d'), trouvère du XIIIe sc. V. Henri d'ANDELY.

ANDELYS (les). Nicolas Poussin et de Châteaubriant; 1829, in-8.

ANDRÉ de Coutances, trouvère norm. de la fin du XIIe sc., est auteur du *Roman de la Resurrection de J.-C.*, trad. du latin de Nicodemus, et d'une satire en vers de huit syllabes et en quatrins monorimes, sous le titre de : *Li Romanz des Franceis*, composé avant 1204. Ce poème a été publié d'après un ms. du Musée britann. par M. Jubinal, *Nouv. Rec.*, t. II, p. 1-17. V. *Hist. litt. de la France*, t. XXIII (1856), p. 410-412. — De la Rue, *Essais sur les bardes, etc.*, t. II (1834), p. 306-308.

ANDRÉ (*Yves-Marie*), littérateur et idéologue, né à Châteaulin (Finistère), le 22 mai 1675, mort le 26 fév. 1764, à Caen, où il professa les mathématiques et où il passa les 38 dern. années de sa vie. Ce fut dans cette ville qu'il composa son *Essai sur le Beau*. La biblioth. de Caen possède la majeure partie de ses mss. V. sur le P. André : Le Père André et Ch. de Quens, notices biog., par Charma ; *Paris*, 1857, in-8], et Le Père André, jésuite, documents inédits pour servir à l'hist. philosophique, religieuse et litt. du XVIIIe sc., publiés par MM. Charma et Mancel ; *Caen*, 1844 et 1857, 2 vol. in-8.

ANDRÉ des Vosges (*J.-Fr.*). Le roy d'Yvetot et la reine de Hongrie ; *Paris, Prudhomme*, 1789, in-8.

Publié sous le pseudonyme de Publius.

ANDRÉE (*Eug.* d'). Observations sur le caractère des ouvrages du Poussin, communiquées à l'Institut, in-8.

ANDRELIN (*Fauste*). P. Faustus Andrelinus de gestis legati ; in-4 de 8 ff.

Ce petit poëme en vers élégiaques en l'honneur du cardinal Georges d'Amboise, a été imp. (dit Brunet, t. I, p. 103) avec les caractères de Josse Badius, vers 1508.

—Les faictz et gestes de tres reverend pere en Dieu M. le legat, translatez de latin en francoys par maistre Jehan Divry, bachelier en medecine, selon le texte de Fauste Andrelin (en vers) ; *Paris, Jehan Barbier* (pour Guill. Eustache), 1508, le XXe iour de may, in-4 goth. de 28 ff. avec fig. en bois.

Cet ouv. est ordinairement réuni à un autre ouv. intitulé : *Les Triumphes de France, translatés de latin en francoys par Me Jehan Divry, selon le texte de Charles Curre Mamertin* ; *Paris, Guill. Eustache*, 1509, in-4 de 54 ff.

Dans ces deux pièces, le texte latin est en marge. La Biblioth. Imp. les possède imp. sur vélin.

—Ditto, s. l. n. d., pet. in-8 goth. de 12 ff.

Edition non moins rare que ne l'est l'in-4' le texte latin ne s'y trouve pas.

Le légat dont il est ici question est le cardinal Georges d'Amboise Ier. — Fauste Andrelin (ou Andrelini), qui a chanté les victoires des Français en Italie, sous Charles VIII et Louis XII, était chanoine de Bayeux, comme nous le voyons par le titre de quelq.-uns de ses ouv. Il a composé un grand nombre d'opuscules en vers sur des sujets moraux, hist. et légers. Ce poëte, né à Forli (Italie) vers le milieu du XVe sc., est mort à Paris en 1518.

P. Fausti Andrelini foroliviensis hecato distichon, Joanne Vatello, castigatore et paraphraste. *Veneunt redonis in edibus Johannis et Juliani Maces et Rollandus Lefranc, ad intersignium divi Johannis evangelistæ* ; in-4, s. n. d'imp. et s. d., mais par l'épître dédicatoire de Jean Roger, professeur au collége du Bois, on voit que l'ouv. a dû être imprimé à Caen en 1523. (Bibl. de l'abbé De la Rue).

— *Rotomagi, Th. Mallard*, 1587, in-8.

Nous citons ces 2 éditions norm. des 100 distiques d'Andrelin, parce qu'elles sont omises dans le *Manuel du Libraire*.

ANDREU, poëte du XIIe sc, né à Coutances.

ANDRIEU (*Charles*). Coutume de Normandie, avec des extraits des édits, déclarations, etc. Nouv. édit., d'après les notes d'Andrieu ; *Rouen, Richard Lallemant*, 1762, in-18.

Né dans le pays de Caux, au commencement du XVIIIe sc., Andrieu était syndic et doyen des procureurs au parlement de Rouen.

Les édit. antérieures de la coutume annotée par ce jurisconsulte datent de 1746, 53, 54, 57, 60.

ANEAU (*Barthél.*). V. *Lyon marchant*, etc.

ANECDOTES ecclésiastiques du diocèse de Bayeux, tirées des registres de l'officialité et d'autres documents authentiques ; *Caen, imp. de T. Chalopin*, 1831, in-8 de 69 p.

Tiré à 25 exempl. seulement. L'éditeur et compilateur de cet ouvrage, M. Fréd. Pluquet, aurait mieux fait, ce nous semble, de laisser dans l'oubli des faits honteux qu'il est dangereux de faire connaître. Ces faits dépassent de beaucoup en scandale quelques-uns ceux dévoilés par l'archevêque Eudes Rigaud.

ANECDOTES ecclésiastiques et curieuses : la morale des jésuites est dénoncée à l'église par les curés de Rouen ; (s. l.), 1764, in-12.

ANECDOTES ecclésiastiques, jésuitiques du diocèse de Rouen, etc., 1760-62. V. Sonnes.

ANFRAY (l'abbé). Galerie Havraise ;

Winchester, *Jacq. Robbins*, 1764-1802, in-4.

L'abbé Guill. Anfray, né au Havre, le 25 août 1731, termina sa carrière dans sa ville natale, le 16 sept. 1807. Ce fut pendant son exil en Angleterre qu'il composa la *Galerie Havraise*, série de biographies sans pagination suivie. V. LEVÉE, *Biog. havraise*.

ANGE (*Michel*), capucin et controversiste, né à Rouen, est mort vers 1670. Il est auteur de plusieurs ouv. dont *Vérité de la foi catholique*; Rouen, 1659, in-8.

ANGER (*Michel*), imp.-lib. V. ANGIER.

ANGERVILLE (*Mathias*). Discours prononcé le 3 nov. 1808, à l'ouverture de la séance de la Soc. libre d'émulation de Rouen; *Rouen*, *P. Periaux*, 1808, in-8.

ANGERVILLE, conseiller de préfecture de la S.-Inf. durant longues années, ami des sciences et des arts, naquit à Vimoutiers (Orne) et mourut à Rouen le 13 mars 1817, dans un âge assez avancé.

ANGIER ou ANGER (*Michel*), imp.-lib. à Rouen et à Caen, de 1502-1545. Associé de Richart Rogerie, rue du Grand-Maulévrier, à Rouen, Angier fut ensuite, en 1508, libraire-juré et relieur de l'université de Caen, où il demeurait, paroisse St-Pierre, près le pont St-Pierre. Nous trouvons également son adresse à Caen, devant les grandes écoles, et dans le voisinage des Frères Franciscains, et aussi près des Cordeliers, à l'enseigne du Mont-St-Michel, *Ad intersignium montis Sancti-Michælis Archangeli juxta Cordigeros*. On voit encore à Caen, à l'angle de la rue aux Namps, nommée aussi de la Peufferie, et de celle des Cordeliers, la maison qu'habita pendant près de 25 ans Michel Angier. Cet artiste naquit à Devèze, dans le diocèse d'Angers, et vint à Caen en 1499 faire son apprentissage chez Robert Macé, imprimeur distingué, dont il fut l'un des élèves les plus habiles. Il est difficile d'assigner l'époque précise où le jeune Angevin commença soit à exercer l'imprimerie, soit à publier des livres pour son propre compte; nous ne pouvons remonter au delà de 1502. De 1508 à 1520, il demeura sur la paroisse St-Pierre, près le pont de ce nom. Ce fut à partir de cette époque jusqu'en 1545 qu'il habita au haut de la rue aux Namps.

Il eut plus tard pour associés, dans quelques publications, Girard Angier, son fils, Jacques Berthelot et Denis Bouvet à Caen, Richard Macé à Rouen, Jean Macé à Rennes, Charles de Bogne et Clément Alexandre à Angers. Cet éditeur, l'un des plus féconds durant la première moitié du XVIe sc., épousa Marie d'Auge dont il n'eut qu'un seul enfant du nom de Girard, dont nous venons de parler.

Michel Angier, en 1531, fonda le vin de Pâques à St-Sauveur, et les paroissiens, en raison de son prénom, donnèrent le nom de St-Michel à l'une des chapelles des bas côtés du chœur de cette église qu'on bâtissait alors. Après avoir rempli les fonctions d'échevin de la ville, en 1564, il mourut vers 1566, et fut enterré dans ladite chapelle, ainsi que sa femme.

La devise de la société Richart Rogerie et Michel Angier, était : *Spes nostra in Domino*. La marque de ces libraires reproduit cette devise; elle donne les initiales des deux prénoms *M. R.*, sur un écusson que porte dans ses serres un aigle, aux ailes à demi-déployées. Dessous, trois personnages, assez grossièrement dessinés, représentent un seigneur revêtu d'hermine, au milieu de deux paysans : l'un lui offre une pièce de monnaie, et l'autre, à genoux, une pétition. Les noms de Michel Anger et Richart Rogerie sont placés dans le bas du cadre. La marque de Michel Angier, seul, représente, par allusion à son prénom, S. Michel terrassant le diable; deux anges tiennent un écusson, lequel porte une croix et les initiales *M. A.* Sa devise est : *Bonū ē sperare in dnō*.

On rencontre cette marque avec de légères variantes; ainsi l'archange tient son épée presque droite, les contours de l'écusson forment 8 pans, la figure du démon, quoique tirant la langue, est moins horrible. La devise *Bonū est sperare in Domino* sur un listel, et en caractères plus gros que ne le sont ceux de la marque décrite ci-dessus, occupe la partie supérieure du dessin, en passant derrière la tête de S. Michel. Cette seconde marque est plus petite que la première.

GIRARD ANGIER, son fils (peut-être son petit-fils, si l'on en croit la désignation de *nepos*, qu'on lit dans les anc. registres de l'univ. de Caen), libraire à Caen, de 1520-1539, demeurait en cette ville, près le collège Du Bois. En 1527 et années suiv., nous le trouvons associé de Michel Angier et de Jacques Berthelot, résidant à Caen, à l'enseigne du Mont-St-Michel, près les Cordeliers, et à Rouen, rue Grand-Pont, devant l'église St-Martin.

Cette famille prit le nom d'*Angier*, de son origine Angevine. (V. PANZER, t. VI, p. 314, et De la Rue, *Essais sur la ville de Caen*, 1820, t. Ier, p. 199 et suiv.)

ANGIER (*Paul*), né à Carentan, dans le XVIe sc., a publié un poëme intitulé : *L'experience de M. Paul Angier, carentennois, contenant vne brefue defence en la personne de l'honneste amant pour l'amye de covrt contre la contr'amye*. Ce poëme occupe les p. 201-236 du recueil intitulé : *Opvscules d'amovr*, par Heroet, La Borderie, et avtres divins poëtes; *Lyon, Jean de Tovrnes*, 1547, in-8., et les ff. 140-155 de celui intitulé : *Le mespris de la covrt, avec la vie rvstique, etc.*, nouvellem. trad. d'Espiagnol en Francoys, etc.; *Paris, Jehan Ruelle le jeune*, 1568, in-16 (Bibl. Imp.). La 1re édit. de ce recueil date de 1544. Ce poëte mourut vers 1560.

ANGILBERT, poëte latin, moine et abbé de St-Riquier, mort le 18 fév. 814. Mabillon a inséré dans les *Annales bénédictines* l'histoire de ce monastère qu'Angilbert avait écrite pendant sa gestion, en qualité d'abbé. V. LUTHEREAU, *Tablettes norm.*, à la suite de J. Joret.

ANGLARS (*Victor* d'), professeur de belles-lettres à Rouen durant plusieurs années, a composé plusieurs ouv. de morale religieuse, de 1836-38.

ANGLEMONT (*Édouard-Hubert-Scipion* d'), poëte et littérateur, né à Pont-Audemer, le 28 déc. 1798, a publié quelq. compositions dramatiq., plusieurs recueils en vers sous le titre de : *Légendes, Pélerinages, etc.* Nous citerons comme se rattachant à notre sujet :

Bonnebosc, près Pont-Audemer, (en vers) ; *Revue hist. des cinq dép. de l'anc. prov. de Norm.*, 1836, p. 480-483. Cette pièce fait partie des *Pélerinages*.

Le Château-Gaillard (en vers). *Mém. de l'Acad. de Rouen*, 1837, p. 238-240.

ANGLO-NORMAN, poem on the conquest of Ireland, etc. V. F. MICHEL.

ANGO (*Jean*), armateur célèbre, reçut François Ier dans son manoir de Varengeville, traita comme un prince avec le roi de Portugal et des Indes, couvrit la mer de ses flottes et porta au plus haut degré la gloire de la marine et du commerce dieppois. Il naquit à Dieppe vers 1480, et, triste exemple des vicissitudes humaines, il mourut en 1551 dans l'isolement et la tristesse. Son corps repose dans l'église St-Jacques, dont il fut l'un des bienfaiteurs. V. sur ce personnage la notice de M. L. Vitet, dans la *Galerie dieppoise*, et à son occasion : Récit de la cérémonie qui a eu lieu à Dieppe, dans l'église St-Jacques, pour l'inauguration d'une inscription tumulaire destinée à rappeler le souvenir de Jean Ango. *Revue de Rouen*, 1850, p. 107-110.

ANGOT (*Robert*), sieur de l'Esperonnière, poëte, né à Caen en 1581, est auteur de : *Prélude poétique*, recueil dédié au prince de Condé; *Paris, Gilles Robinot*, 1603, in-12; —*Les nouveaux satires et excersices* (sic) *gaillards de ce temps*, divisés en neuf satyres, ausquels est ajouté l'Uranie ou muse céleste (4e édit.); *Rouen, Guill. Delahaye*, 1626 et 1628 pet. in-8; — Dito. Edit. dédiée à M. Des Hameaux, conseiller du Roy, prem. président en sa cour des aydes de Norm.; *Rouen, Michel Lallemant*, 1637, pet. in-8 de 258 p.; —Les Exercices de ce temps, contenant plvsievrs satyres contre les mauuaises mœurs; *Roven, Jean Delamare*, 1645, et *David Ferrand*, 1657, in-8, et *Ant. Ferrand*, s. d., pet. in-12.

Ces satyres ont été parfois attribuées à Courval-Sonnet, son contemporain, probablement parce qu'on les trouve à la suite des satyres de ce poëte, édit. de Rouen, Guill. Delahaye, 1627.

V. sur R. Angot *Mém. de l'acad. de Rouen*, 1827; Pluquet, *Curiosités litt.*, p. 5; Nodier, *Bulletin du bibliophile*, juin 1834.

On ignore la date de la mort de cet auteur.

ANGOT (*J.-J.*). Topographie sommaire de la ville de St-Valery-en-Caux, S.-Inf. Thèse; *Paris, Didot jeune*, 1820, in-4 de 29 p.

ANGOVILLE (*Omer*). Julie, ou les caprices de l'amour, poème élégiaque en 3 chants; *Caen, Poisson*, 1819, in-8 de 48 p.

L'auteur est né à St-Lo.

ANGUIER (*François*), sculpteur très habile, né à Eu (S.-Inf.), en 1604, mort à Paris le 8 août 1669, était fils d'un menuisier.

ANGUIER (*Michel*), sculpteur ordinaire du roi, frère du précédent, naquit à Eu le 28 sept. 1614. Il exécuta, en 1674, les sculptures de la porte St-Denis, et fut chargé de nombreux travaux pour le Val-de-Grâce, la Sorbonne, le Louvre, etc. Etant recteur de l'Acad. de peinture et de sculpture (1671), il prononça, dans les conférences de cette académie, une série de 14 discours sur des sujets relatifs aux beaux-arts. Il mourut à Paris, le 11 juill. 1686, et fut inhumé dans l'église de St-Roch, auprès de Fr. Anguier, son frère aîné et son collaborateur dans plusieurs travaux de sculpture.

De Caylus indique sa naissance en 1612.

V. sur cet artiste, aussi habile que fécond : MICHEL ANGUIER, par Guillet de St-Georges, Mémoire hist. des ouvrages de sculpture de M. Anguier, recteur de l'acad. royale de peinture et de sculpture, lu à l'acad. le 6 mai 1690.

Mém. inédits sur la vie et les œuvres des membres de l'acad. royale de peinture et de sculpture, publiés d'après les mss conservés à l'Ecole imp. des beaux-arts; *Paris, Dumoulin*, 1854, in-8, t. I, p. 435-450.

MICHEL ANGUIER et THOMAS REGNAUDIN, par le comte de Caylus. Vies de Michel Anguier, rect. de l'acad., et de Th. Regnaudin, adjoint à recteur, sculpteurs, lues à l'acad. le 3 mai 1749.

Ce document se trouve dans le même ouv. que celui indiqué ci-dessus, t. Ier, p. 451-478.

Le portrait de Michel Anguier, peint par Gab. Revel, a été gravé par Laurent Cars, pour sa réception à l'acad. des beaux-arts, en 1733.

Quelques œuvres des 2 frères Anguier se trouvent au musée imp. du Louvre, salle des sculptures modernes. V. Hy Barbet de Jouy, description de ces sculptures; *Paris*, 1856, in-8, p. 86 89.

ANGUIER (*Guillaume*), le troisième frère de ce nom, peintre, très-recherché dans son temps pour les tableaux d'architecture et pour les ornements.

ANISSON (*Etienne*). De la Centralisation administrative et de ses dangers dans un Etat démocratique; *Rouen, Le Brument*, 1849, in-8 de 90 p. L'auteur a été sous-préfet.

ANNE (*Théod.*). Journal de S.-Cloud à Cherbourg, ou Récit de ce qui s'est passé à la suite du roi Charles X, du 26 juillet au 16 août 1830; *Paris, Urb. Canel*, 1830, in-8 de 108 p.

—Relation fidèle du voyage du roi Charles X, depuis son départ de S.-Cloud jusqu'à son embarquement; *Paris, Dentu*, 1830, in-8 de 56 p. et 2e édit. 1838, in-8 de 44 p.

ANNEBAUT (*Richard* d'), poète appartenant à la famille des seigneurs d'Annebaut, dans l'arr. de Pont-l'Evêque, vivait sous S. Louis. Ses principales études furent celles du droit civil, dont le goût s'était répandu en Norm. pendant le XIIIe sc. En 1280, il entreprit une traduction en vers français des *Institutes de Justinien*, pour en faciliter l'étude dans les écoles où on les enseignait en latin. Cette traduction a été imprimée vers la fin du XVe sc. C'est par erreur que quelques biographes ont attribué à Richard d'Annebaut la traduction en vers français de la *Coutume de Norm.*, qui appartient à Richard Dourbault et à Guill. Cauph. V. De la Rue, *Essais sur les bardes, etc.*, t. III, p. 180-187.

ANNEBAUT (*Claude* d'), maréchal et amiral de France, et ministre sous François Ier. Issu d'une ancienne famille de Normandie, il possédait de temps immémorial la seigneurie qui porte son nom et qui est probablement le lieu de sa naissance. Cet illustre guerrier mourut à la Fère, le 2 nov. 1552. Il joignait à ces divers titres celui de bailli d'Evreux et de lieutenant gén. de la Norm. Son frère, le cardinal d'Annebaut, évêque de Lisieux, mourut en 1558. Avec eux s'éteignit le nom de cette famille.

ANNEVILLE (*Eustache* d'). Inventaire de l'Hist. de Normandie; *Roven, Jean Osmont*, 1645, pet. in-4 de 206 p., plus 1 ft d'*errata* et 4 ff. prélim.

On trouve également ce livre anonyme avec l'adresse de Jean Osmont, 1646, et avec celle de Charles Osmont, 1645-1646-1647. Il a été réimprimé sous le titre de : *Abrégé de l'Hist. de Normandie*; *Roven, Jacques et Jean Lvcas*, 1665, in-12 de 377 p., avec une petite carte de Norm. gravée sur bois. On rencontre parfois des exempl. de cette réimpression avec la date de 1668. Dans cette édit., on a retranché du sommaire la relation d'un fait qui pouvait déplaire au Parlement.

Jacques Eustache, sieur d'Anneville, né à Anneville-sur-Crique, dans le diocèse de Coutances, au XVIIe sc., était avocat au Parlement de Rouen. L'abbé Saas dit qu'il mourut vers 1650.

ANNEVILLE (*Le Torpt* ou *Le Tort* d'). Eloge hist. du Parlement de Normandie, depuis Louis XII jusqu'à nos jours; *Londres (Paris)*, 1777, in-8 de 81 p., y compris les notes hist.

Discours qui a remporté le prix de l'Acad. des Sc., B.-Lett. et Arts de Rouen, en 1776.

—Lettre du Parlement de Rouen au Roi, au sujet de l'arrêt du Conseil du 30 août 1784, concernant le commerce étranger dans les isles françoises de l'Amérique; *Paris*, 1785, in-8 de 54 p.

—Remontrances du Parlement de Normandie, au Roi, au sujet de l'édit d'octobre dernier (1787) concernant les vingtièmes; *Rouen*, 1788, in-8 de 30 p.

—Itératives remontrances du Parlement de Normandie, au Roi, au sujet de l'édit d'oct. dern. concernant les vingtièmes; 1788, in-8 de 10 p.

—Lettre du Parlement de Normandie, au Roi; 3 mai 1788, 15 p., in-8.

—Lettre du Parlement de Normandie au Roi, pour demander les anciens états de la province; nov. 1788, 12 p., in-8.

—Lettre du Parlement de Normandie au Roi en faveur des pauvres ouvriers; *Rouen*, 1788, in-8.

Le Torpt d'Anneville (Thomas-François), conseiller au Parlem. de Norm., outre les ouv. que nous venons de citer, est auteur de l'*Eloge du Chancelier de l'Hôpital* et de poésies latines et franç.

Né à Anneville-en-Saires (Manche), le 12 avril 1742, il mourut à Valognes le 1er avril 1828.

En 1821, M. d'Anneville, résidant à Valognes, envoie à l'Acad. de Rouen, dont il avait été président avant la révolution, 3 inscriptions en vers latins avec des imitations françaises, destinées à des monuments que la piété et la douleur nationale érigèrent à Caen et à Cherbourg (*Mém. de l'Acad. de Rouen*), 1821, p. 115. En 1822, il envoie, à la même compagnie, un poème intitulé *le Val de Saires*.

ANNUAIRE d'Avranches. V. GIRARD.

ANNUAIRE du Calvados. Ann. du département du Calvados, an XII à l'an XIV, et 1808; *Caen, G. Le Roy*, 3 vol. in-18.—Ditto, années 1829-1856; *Caen, Poisson, Le Roy et Pagny*, 28 vol. in-12, in-8 et gr. in-8.

L'annuaire de l'an XII (1803-1804) a été rédigé par Ch. Bisson; 1805-1808, par J.-B.-T.-G. Hébert, conserv. de la biblioth. de la ville; les années 1829-1852, par Fr. Boisard, conseiller de préfecture à Caen, et les années 1853-1856, par M. H. Cusson, chef de division à la préfecture du Calvados et aujourd'hui secrét.-général de la mairie de Rouen.

Ces ann. peuvent être consultés avec fruit, en ce qui concerne les divers points du dép., tels que Caen, Bayeux, Falaise, Pont-l'Evêque, Vire, etc.

ANNUAIRE de Cherbourg. Ann. statistique, historique et administratif de l'arrondissement de Cherbourg; années 1835-39 (par de Berruyer et autres), et 1840-43 (par J.-Fr. Fleury); *Cherbourg, imp. de Savary, de Beaufort, de Lecouflet et de Thomine*, in-18 et in-12.

Les années 1840 et 1841 ne forment qu'un vol.; à partir de l'année 1842, cet ann. comprend les arrondissements de Cherbourg et de Valognes et a pour titre : *Annuaire des arrondissements de Cherbourg et de Valognes*. Le titre de la 1re année (1835) était : *Annuaire de Cherbourg et de l'arrondissement.*

—Ann. agricole de l'arrondissement de Cherbourg, années 1848-56, (9 années); *Cherbourg, imp. de Mouchel, etc.*, in-8.

Recueil publié par la Soc. d'agriculture de l'arrondissement de Cherbourg.

ANNUAIRE de Coutances. V. PITTON-DESPREZ.

ANNUAIRE d'Elbeuf. Ann. d'Elbeuf et du canton, contenant les adresses des habitants, année 1847; *Elbeuf, Levasseur et Barbé*, in-16.

—Ann. général d'Elbeuf, de Caudebec et des communes du canton, année 1857. Publié par Levasseur et Guibert jeune; *Elbeuf, Levasseur*, in-16 de 104 p.

ANNUAIRE de l'Eure. Ann. d'Evreux et du dép. de l'Eure, an XI (1802 à 1803); *Evreux, J.-J.-L. Ancelle; J.-A. Despierres*, dit *Lalonde*, an XI, in-18.

— Ditto, an XII (1803 à 1804); *Evreux, J.-J.-L. Ancelle*; *Despierres*, dit *Lalonde*, an XII, in-18.

— Ann. statistique du département de l'Eure, an XIII (1804 à 1805); *Evreux, J.-J.-L. Ancelle*; *J.-A. Despierres*, dit *Lalonde*, in-18 de 268 p.

Renferme des documents sur la div. polit. ancienne et mod. du dép. de l'Eure, sur son sol, sur la ville d'Evreux, le port de Quillebeuf, etc.

— Ann. du dép. de l'Eure, année 1807; *Evreux J.-J.-L. Ancelle; J.-A. Despierres*, dit *Lalonde aîné*, in-18 de 252 p.

—Ditto. Ann. biss. 1808; *Evreux, J.-J.-L. Ancelle; J.-A. Despierres*, dit *Lalonde aîné*, 1808, in-18 de 328 p., avec une carte du dép., gravée sur bois par Jainin.

—Ditto. Année 1810, avec la carte du dép., des vues de la cathédrale d'Evreux et de la pyramide d'Ivry; *Evreux, J.-J.-L. Ancelle*, 1810, in-12.

Renferme le tableau chronologique des évêques qui ont occupé le siége d'Evreux.

—Ditto. Ann. 1811; *Evreux, J.-J.-L. Ancelle*, 1811, in-12.

Contient des vues de la cathédrale d'Evreux et de la pyramide d'Ivry.

— Ditto. Année 1813, avec la carte du dép., des vues de la cathédrale et de la salle de spectacle d'Evreux et le plan de la ville; *Evreux, J.-J.-L. Ancelle*, 1813, in-12.

— Ditto. Année 1819; *Evreux, Ancelle*, 1819, in-12.

— Ditto. Année 1822; *Evreux, Ancelle fils*, 1822, in-12.

— Ditto. Année 1829; *Evreux, Ancelle fils*, in-12.

— Ditto. Année 1832; *Evreux, Ancelle fils*, 1832, in-12 de 284 p., plus XXIV p. table des communes du dép. et 8 p. corrections, table des matières.

Cet ann. renferme 2 *Mém.* importants :
1° Notice archéologique sur le dép. de l'Eure : 1re part., Époques gauloise et romaine, par M. A. Le Prevost;
2° Notice géologique sur le dép. de l'Eure, par M. Ant. Passy.

— Ditto. Année 1835; *Evreux, Ancelle fils*, 1835, in-12.

—Ditto. Année 1836; *Evreux, Ancelle fils*, 1836, in-12 de 324 p.

— Ditto. Année 1837; *Evreux, Ancelle,* 1837, in-12 en deux parties.

Contient le dictionnaire des communes et hameaux du dép., par M. A. Le Prevost.

— Ditto. Année 1839; *Evreux, Ancelle fils;* 1839, in-12.

— Ditto. Année 1842; par M. Lorin; *Evreux, Canu,* in-12 de 488 p.

Cet ann. contient l'hist. des établissements civils, religieux, militaires, et celle des différents services publics du département.

— Ditto. Année 1847; *Evreux, Canu,* 1847, in-12 de 474 p.

— Ditto. Année 1851; *Evreux, Canu,* in-12.

— Ann. administratif et statistique du dép. de l'Eure, année 1854; *Evreux, Canu,* 1854, in-12.

ANNUAIRE d'Evreux. Ann. du cultivateur, pour la 3e année de la République, présenté le 30 pluv. an II, à la Convention nationale, qui en a décrété l'impression et l'envoi, pour servir aux écoles de la République française, par G. Romme; *Evreux, J.-J.-L. Ancelle,* an III, in-8.

ANNUAIRE de Falaise. Ann. de l'arrondissement de Falaise, publié par l'Association pour le progrès de l'agriculture, de l'industrie et de l'instruction dans cet arrondiss., et par la Soc. académique, agricole, industrielle et d'instruction de ce même arrondiss.; *Falaise,* imp. de *Brée l'aîné* et de *Levavasseur,* années 1836-1847, in-18 et in-8, fig.

Ces ann., rédigés principalement par MM. F. Galeron, de Brébisson, Racine, Morel, Renault et J. Travers, traitent surtout d'agriculture et d'industrie.

ANNUAIRE de Granville. Ann. du commerce et de l'industrie de Granville. Alm. maritime pour toutes les parties du globe, 1835-1843; *Granville,* imp. de *Got,* in-18, excepté l'année 1839, qui est in-12.

Le titre des 1res années est : *Statistique annuelle de l'industrie, etc.*

ANNUAIRE du Havre. Ann. maritime et commercial du Havre, 1835; *Havre, Cercelet,* in-16.

ANNUAIRE de Lisieux. Ann. de Lisieux et de son arrondiss.: alm. pour les années 1839-53; *Lisieux,* imp. de *Durand* et de *Letemplier,* in-18 de 5 à 6 feuilles d'imp.

La publication de cet Alm.-Ann. est attribuée à M. Frédéric Nasse.

En 1840, l'Ann. n'a pas paru.

ANNUAIRE de la Manche. Ann. du dép. de la Manche, années 1829-1838; *St-Lô, J. Elie et Elie fils,* 9 vol. in-12 avec planches.

Les années 1830-31 (réunies en un même vol.), contiennent, p. 22-28, une bibliographie du dép. de la Manche, par Fréd. Pluquet.

—Ditto, 2e série, ann. 1839-1857; *St-Lô, imp. d'Elie fils,* 19 vol. in-8.

M. Julien Travers a pris la plus grande part à la rédaction de ces ann. (1re et 2e séries). M. Couppey a été l'un de ses principaux collaborateurs.

Indépendamment d'indications exactes sur le personnel des administrations, on trouve dans ces ann. beaucoup de documents sur l'histoire, l'industrie et le commerce du dép. de la Manche.

Pour l'ann. de l'an XII, v. Almanach du dép. de la Manche. Depuis l'année 1839, ces ann. contiennent les procès-verbaux du Conseil général du départ.

ANNUAIRE de Normandie. Ann. des cinq dép. de l'ancienne Normandie, publié par l'Association normande, années 1835-1857; *Caen, A. Le Roy, H. Le Roy, Delos et Hardel,* 1834-1857, 23 vol. in-8.

Collection intéressante et utile au progrès des études agricoles, historiques et archéologiques. Les dern. vol. renferment de nombreuses grav. sur bois.

M. de Caumont est le directeur de l'Assoc. norm., et M. Morière secrét.-gén. de cette société.

Sur l'Ann. normand de 1852, v. un article de M. de Duranville, *Revue de Rouen,* 1852, p. 372-377. — V. aussi *Association norm.*

ANNUAIRE de l'Orne. Ann. statistique, historique et administratif du dép. de l'Orne; *Alençon, Bonvoust, Leperney,* années 1808, 1809, 1810, 1811, 1812, in-12 avec carte et planches sur bois, grav. par Godard.

Ces ann., imp. par Malassis le jeune, à Alençon, ont été rédigés par M. L. Du Bois, alors secrét. particulier du préfet de l'Orne.

—Ditto, années 1817 et 1818; *Alençon, imp. de Malassis le jeune,* in-12, avec une carte du dép.

—Ditto, année 1819; *Mortagne, imp. de Glaçon,* in-12.

—Ditto, années 1820, 21, 22, 23, 24, 25, 31; *Alençon, imp. de Poulet-Malassis*, in-12, avec une carte du départ.

L'ann. ne parut pas de 1826-30.

— Ditto, années 1841, 42, 43, 44, 45, 50; *Alençon, imp. de Poulet-Malassis et de Bonnet*, in-8 avec carte.

A partir de 1841, cette publication prend le titre de : *Annuaire de l'Orne*, et l'ouv. se divise en 2 parties distinctes, la 1re comprenant le procès-verbal du conseil général et le rapport du préfet.

MM. Pillot, archiv. du dép.; Lasneret, secrét. partic. du préfet; Blavier, ingén. en chef des mines; Poulet-Malassis et L. de la Sicotière, ont concouru à la rédaction de ces annuaires.

V., sur les Ann. du dép. de l'Orne, la Notice de M. de la Sicotière, *Ann. norm.*, 1844, et *Catal. de la Biblioth. Imp.*, t. IV, p. 654.

ANNUAIRE de Pont-Audemer. Ann. de la ville et de l'arrondiss. de Pont-Audemer, 1839, 1re année, par M. A. Canel; *Rouen, F. Baudry*, 1839, in-18 de 72 p.

Cet ann. n'a pas été continué.

ANNUAIRE de Rouen. Ann. de Rouen et des dép. de la S.-Inf. et de l'Eure. — Alm. des 10,000 adresses, années 1832-1852; *Rouen, D. Brière*, in-18 avec une carte.

ANNUAIRE de la S.-Inf. Ann. statistique du dép. de la S.-Inf., an XII de l'ère franç., par J. B. Vitalis, professeur au lycée de Rouen, etc.; *Rouen, P. Periaux*, an XII (1804), in-18.

—Ditto, an XIII de l'ère franç., publié par ordre de M. le préfet (par M. Vitalis); *Rouen, P. Periaux*, an XIII (1805), in-18.

—Ditto, an XIV (1806), publié par ordre de M. le Préfet; *Rouen, P. Periaux*, an XIV (1806), in-8 de XLVIII et 424 p.

—Ditto pour 1807; *P. Periaux*, in-8 de XLVIII et 483 p., avec une carte du dép. exécutée en typographie.

—Ditto pour 1809; *P. Periaux*, in-8 de XLVIII et 344 p.

L'ann. n'a pas été imprimé pour 1808, à cause du petit nombre de changements survenus dans la statist.; cependant, les observations météorologiques et autres qui demandent à être suivies, et qui auraient figuré dans l'ann. de 1808, ont été ajoutées à l'année 1809. Ce vol. a été publié par les soins de M. Savoye-Rollin, préfet du dép.

—Ditto pour 1810; *P. Periaux*, in-8 de XL et 366 p.

—Ditto pour 1811; *P. Periaux*, in-8 de XXXIX et 343 p.

—Ditto pour 1812; *P. Periaux*, in-12 de XXXV et 308 p.

—Ditto pour l'année 1823, publié par ordre de M. le préfet (M. de Vanssay), d'après le vœu exprimé par le Conseil général du dép.; *Rouen, Periaux père*, 1823, 2 vol. in-8, fig.

L'ann. du dép. n'avait pas été réimprimé depuis 1812. En tête de celui-ci, on a mis un abrégé chronologique de l'hist. de Normandie, depuis l'invasion des Normands en 841, jusqu'à la réunion de cette province à la couronne de France en 1204; cet abrégé est suivi de tablettes chronologiques des événements remarquables qui concernent la Normandie, et plus particulièrement le dép. de la S.-Inf. (de 1204-1815). Il est accompagné de 3 planches : 1° le pont de pierre, alors en construction; 2° l'établissement des bains de mer de Dieppe; 3° la carte du dép. Il en a été tiré 25 sur papier-vélin. Th. Licquet est l'auteur de l'abrégé chronologique de l'hist. de Normandie; le reste du 1er vol. et le second vol. entier sont l'œuvre de MM. Lepasquier et Ballin.

On ne sera pas peu surpris de voir que *l'Ann. statist.* d'un dép. aussi riche, aussi populeux, aussi intéressant sous tous les rapports que celui de la S.-Inf. n'ait pas été réimprimé depuis cette époque. Il serait à désirer que l'attention du conseil général fût appelée sur l'importance de ce travail dont il trouverait les éléments dans le concours, non-seulement de l'administration, mais aussi dans celui de toutes les soc. savantes du dép.

—Extrait de l'Ann. statist. du dép. de la S.-Inf. pour l'année 1823 (antiquités); *Rouen, Periaux père*, in-8 de 24 p.

Cette Notice sur les travaux de la commission d'antiquités du dép. de la S.-Inf. a été rédigée par MM. Le Prevost, Rever et Rondeaux.

ANNUAIRE agricole du dép. de la S.-Inf., 1822. V. QUESNERIE (*Guérard* de la).

ANNUAIRE de Valognes. V. *Ann. de Cherbourg*.

ANNUAIRE de la Soc. de médecine du dép. de l'Eure, ou Bulletin des sciences médicales, par les membres du Comité central de cette soc.; *Evreux, imp. de Ancelle*, 1806-1823 inclusivement, 18 vol. in-8.

Ces 18 vol. forment en quelque sorte la tête du Recueil des travaux de la Soc. d'Agric., Sc. et Arts du dép. de l'Eure.

Il faut ajouter à ce recueil : Supplément nécessaire au n° 58 du Bulletin des sciences médicales, rédigé par MM. les membres du Comité central de la Soc. de médecine du dép. de l'Eure, publié par M. D. G. Vernhes; *Evreux, Ancelle*, 1820, in-8.

ANNUAIRE de l'Institut des provinces. V. CAUMONT (de).

ANONYMI tractatus de Vita Guilielmi conquestoris; *apud Camden, anglica, normanica, etc.*, 1606, in-f.

ANQUETIN (*Charles*), curé de Lyons-la-Forêt en 1699, né à Rouen, mourut dans cette ville en 1716. Il a composé des dissertations sur l'Ecriture sainte, qui ont été impr. à Rouen en 1699 par Antoine Maurry.

ANSBERT, évêque de Rouen. V. S. ANSBERT.

ANSÉGISE, abbé de Fontenelle. V. S. ANSÉGISE.

ANSELME, archevêque de Cantorbéry. V. S. ANSELME.

ANSELME (le P.), capucin et prédicateur renommé, naquit à Lisieux. Il a publié un recueil de sermons sous le titre de : *Les Combats de la victoire et triomphes obtenus par Jésus-Christ, sur le ciel, la terre et les enfers; Paris*, 1687, in-4.

ANSFRED ou ANSFROI, abbé de Préaux, auteur d'ouv. ascétiques en latin, mort le 17 mars 1078.

ANTIDOTE du poison aristocratique; *Honfleur*, imp. de *L.-A. Vasse*, s. d. (1790), in-8.

Le titre de départ, p. 1, porte en plus : Par M...... probablement M. Roussel, juge à Pont-l'Évêque.

ANTIENNES, Répons, Hymnes et Pseaumes qui se chantent aux processions de St-Marc, des Rogations, de la réduction de la Normandie, de l'Assomption et du Jubilé; *Rouen*, imp. de *P. Seyer*, 1779, in-12 de 70 p., noté en plain-chant.

ANTIPHONARIUM Ebroicense, Illust. et Rever. in Christo Patris D. D. Petri-Julii-Cæsaris de Rochechouart, ebroicensis episcopi, etc., auctoritate; ac venerabilis ejusdem ecclesiæ Capituli concensu editum; *Parisiis*, sumptibus suis ediderunt bibliopolæ usuum Ebroicensium, 1737, 3 vol. in-fol.

Ces imprim.-lib. étaient J.-B. Coignard, J.-B. Herissant, P. Simon et J. Desaint.

L'église de Vernon possède un exemp. de ce livre, sur vélin.

ANTIPHONAIRE et Graduel, à l'usage du diocèse d'Evreux, réimprimés et augmentés par l'ordre de Mgr Ch.-Louis de Salmon du Chatellier, évêque d'Evreux, etc.; *Dijon, Douillier*, imp.-lib., 1828, in-f.

ANTIPHONARIUS totius anni ad usum insignis ecclesie cathedralis Rothomageñ.; gr. in-f. goth. sur vélin, orné d'un grand nombre de lettres grises, avec rubrique en vermillon, et musique notée en plain-chant.

Ce vol., avec chiffres et signatures, remonte à la 1re moitié du XVIe sc. L'exemp. de notre biblioth. publiq., renfermant 336 ff., est incomplet du titre et de la fin, de sorte que nous ne pouvons constater ni la date ni le nom de l'imp.

ANTIPHONALE ecclesiæ Rothomagensis; *Rotomagi*, 1628, in-f.

ANTIPHONALE ecclesiæ Rothomagensis, auctoritate Ludovici de Lavergne de Tressan, etc.; *Rotomagi*, apud *Jore patrem et filium*, 1728, in-f.

Adrien Pasquier indique un *Antiphonaire de Rouen*, composé en grande partie par Geffray, curé de Hautot-le-Vatois, et imprimé en 1727.— Cet ecclésiastique fut longtemps attaché à la maîtrise de Fécamp.

ANTIPHONALE ecclesiæ Rothomagensis; *Rothomagi*, apud *Jac. Le Boullenger*, 1755, in-f.

ANTIPHONALE ecclesiæ Rothomagensis, ad us. Parochiæ à Fraxinis; *Rothomagi*, 1768, 2 vol. in-f.

ANTIQUITÉS de la ville d'Alençon, etc. V. CHANFAILLY.

ANTIQUITEZ (les) et recherches des villes et citez plus célèbres qui respondent au parlement de Rouen; pet. in-8.

APERÇU hist. sur l'ancienne abbaye de St-Sauveur-le-Vicomte, par le Dr B.; *Valognes, Carette-Bondessein*, 1850, in-8 de 24 p.

APOLLINAIRE DE VALOGNES, pénitent de la province de St-Yves, et historien, né à Valognes, mort dans le XVIIe sc.

APOLOGIE de M. le baron de Montenay, conseiller du Roi au parlement de Normandie, contre les calomnies de ses ennemis, publiées tant à Rouen qu'à Paris, s. l. n. d., 9 p.—Jouxte la copie imp. à Rouen, 1650. (Mazarinade.)

Destitué de ses fonctions de 1er capitaine de Rouen, à l'occasion de l'emprisonnement des princes, l'auteur proteste de sa fidélité au service du Roi.

APOLOGIE des Normans au Roi pour la justification de leurs armes; *Paris, Cardin Besongne*, 1649, in-4 de 12 p. — Roven, Jouxte la copie à *Paris*, chez *Cardin Besongne*, 1649, in-4 de 12 p. (Mazarinade.)

Datée de Caen, le 23 fév. 1649, cette pièce contient des détails fort curieux sur la misère qui régnait alors en Normandie. V. la *Pièce d'Etat ou sentiments des sages.*

APOLOGIE particulière pour M. le duc de Longueville, etc., 1650, in-4. V. LONGUEVILLE.

APOLOGIE pour les Pères Jésuites contre les libelles diffamatoires qu'on distribue dans le diocèse de Bayeux; 1726, in-4 de 31 p.

APPARATVS ad provinciale concilivm, a francisco Rothomagensivm primate, etc. V. HARLAY (Franç. de).

APPEL. Liberté, égalité, mort aux tyrans. Appel aux républicains du département de l'Eure, pour la souscription d'un vaisseau destiné à l'anéantissement des féroces anglais. Les administrateurs du département de l'Eure à leurs concitoyens (29 thermidor); *Evreux, J.-J.-L. Ancelle*, s. d. (1794), in-4.

APPENDICE hist. sur l'association des capitaines de navires, pilotes et contre-maîtres, érigée sous le nom de Confrérie du S.-Sacrement, en l'église Notre-Dame du Havre-de-Grace, le 26 avril 1662. — Extr. de la requeste présentée à Mgr l'archevesque de Rouen par les capitaines des navires du Havre-de-Grâce.

Cette pièce a été réimprimée au Havre en 1745 par les soins de Jean Plainpel et de J.-B. Morchoisne.

APPROBACIŌ et Cōfirmaciō apostolique de la cōfrarie associaciō et statutz de la noble et deuote confraternite de la cōceptiō Nostredame instituee apresēt en leglise de Nostre dame du carme a Rouen auec ottroy de grans pardons indulgences concessions et priuileges donnez et concedez respectiufement a perpetuite et irreuocablement par nostre saint pere le pape moderne aux princes maistres confreres et associez et autres bienfaicteurs, zelateurs, augmētateurs du bien et hoñeur delad. confraternite. Ensemble la teneur desditz statutz et ordonnances dicelle confraternite, s. l. n. d. (probablement 1521), pet. in-8 goth. de 26 ff.

Ce rarissime vol. contient une bulle de 1520 du pape Léon X, qui accorde à l'Acad. de la Conception la prééminence sur toutes les autres associations, non-seulement de la ville de Rouen, mais encore de toute la province de Norm. Au verso du 1er ft. se trouve une grav. sur bois au bas de laquelle on lit : *La Cōception nostre dame*, gravure qui a été reproduite au verso du dern ft. Les titres de la confrérie ayant été perdus à la suite des guerres civiles du XVIe sc., on ne put retrouver de ce petit livre, lors de la réorganisation de ladite confrérie, qu'un seul exempl. provenant de la biblioth. de Pierre Monfault, président à la cour du parlement et l'un des princes des Palinods. Le Parlement de Norm., par arrêt du 18 janv. 1597, reconnut l'authenticité de cet exempl., qui était revêtu de plusieurs signatures de personnages importants, et en autorisa la réimpression. Malgré la déclaration faite dès la fin du XVIe sc., nous avons pu constater depuis quelq. années l'existence de 3 exempl. de cette édition princeps des statuts de la Soc. des Palinods, à savoir : dans la biblioth. de l'Acad. de Rouen, dans celle de M. Potier, lib. à Paris, et dans la nôtre.

V. Ballin, Notice hist., etc.; Palinodz, Pièces de poésies couronnées, etc.; Puy de la Conception de N.-D.; Sagon, etc.

APRÈS de Mannevillette (*J.-B.-Nic.-Denis* d'), corresp. de l'Acad. des Sc., lieutenant des vaisseaux de la Comp. des Indes, naquit au Havre, le 11 fév. 1707. Ses talents l'ont placé au nombre des navigateurs les plus distingués et des plus habiles hydrographes. Nous citerons comme son principal ouvrage :

Le Neptune oriental, ou Routier général des côtes des Indes orientales et de la Chine, enrichi de cartes hydrographiques, tant générales que particulières, pour servir d'instruction à la navigation de ces différentes mers; 77 cartes; *Paris*, 1745, in-f.

—2e édition; *Paris (Dezauche), et Brest*, 1775, et supplément, 1781, 2 vol. in-f. renfermant 80 cartes et un texte. Le supplément donné par d'Après de Blangy contient 18 cartes, une vie de l'auteur et 2 mém. Toutes ces cartes ont été reproduites en Angleterre, en 1802, avec corrections et additions.

Le texte, publié d'abord sous le titre de : *Mémoire sur la navigation de France aux Indes; Paris, imp. roy.*, 1769, in-4 de 66 p., a été réimprimé sous celui de : *Instructions sur la navigation des Indes orientales et de la Chine; Paris*, 1775, in-4, et 1811 et 1819, in-8.

Ce savant hydrogr. mourut le 1er mars 1780. V. Levée, *Biogr. havraise*, et V. Toussaint, *Notice; Havre*, 1851, in-8.

APRÈS (*Louis* d'). Histoire de l'Aigle, des seigneurs de ce lieu et de tous les événements auxquels ils ont eu part; ms. in-4, XVIIIe sc.

Ce ms. était (dit le P. Lelong, n° 35,313), entre les mains de M. d'Après, neveu et digne successeur de l'auteur, qui avait été curé de St-Martin-de-l'Aigle. Mme du Bois de la Pierre contribua par ses recherches à ce travail de L. d'Après, avec lequel elle était fort liée; cette circonstance a fait attribuer à Mme du Bois un ouv. dont le titre est à peu près semblable. V. *Moreri*, édit. de 1759.

AQUIN (d'), dit de Château-Lyon. Lettre sur M. Fontenelle; *Paris*, *Brunet*, 1751, in-12.

ARAGO (*Franç.*). Notice biographique sur A.-J. Fresnel, membre de l'Acad. des Sc., ingénieur des ponts et chaussées, physicien, géomètre, etc., né à Broglie (Eure). — Œuvres de Fr. Arago, *Notices biog.*, t. Ier (1854), p. 107-185.

ARAIGNÉE (l'), la Puce, éloge des Normands, étrennes aux dames; *Paris*, 1748, 3 part., en 1 vol. in-24.

• ARCHAEOLOGIA : or miscellaneous tracts relating to antiquity. Published by the Society of antiquaries of London; *London*, sold at the house of the *Society*, etc., 1770-1857, 37 vol. in-4, avec fig., et avec 1 vol. de tables pour les 15 prem. vol.

Le 1er vol. a été réimprimé en 1779.

Cet important recueil, publié avec un soin particulier, renferme plusieurs Mém. relatifs à l'hist. de Normandie, ou s'y rattachant en quelques points. V. notamment les t. I-VII, XII, XIII, XVII, XVIII, XIX, XXI, XXII, etc. Ces Mém. sont disséminés ici, suivant l'ordre alphabétique des auteurs.

Le siége de cette Société, fondée en 1707, est à Londres, Somerset-House.

ARCHANGE (le P.), gardien des pénitents de Rouen, naquit en cette ville et mourut vers 1700. Il est auteur de plusieurs écrits sur des matières ecclésiastiques.

ARCHANGE (*N....*), capucin et théologien controversiste, né à Valognes, est mort en 1651.

ARCHER (*Adolphe*). Le privilége de S.-Romain, chronique du XVIIe sc.; *Rouen, Fleury fils aîné*, 1847, in-12 de VIII et 415 p.

Roman historique dont la scène se passe à Mont-Carville, commune située en face la côte des Deux-Amants (Eure).

— La *Maison des petites sœurs; Rouen, Mégard*, in-18 de 36 p.

ARCHIER (*M.-A.*), né le 22 déc. 1815, est auteur de : *Charité mène à Dieu; Histoire contemporaine*, 3e édit.; *Rouen, Fleury fils aîné*, 1853, in-12, et de plusieurs autres ouv. estimés.

ARCHITRENIUS, etc. V. HANTIVILLE.

ARCHIVES annuelles de la Normandie. V. DU BOIS.

ARCHIVES du Havre. Recueil commercial, scientifique et littéraire; par une réunion d'hommes de lettres (mai 1837, — mars 1839); *Havre*, imp. de *S. Faure*, 5 t. en 2 vol. in-8.

Recueil mensuel. A partir de mai 1838, le sous-titre devient : *Revue générale du commerce, des sciences, de l'industrie et de la littérature*, publiée sous la direction de Ch. Massas.

ARCHIVES du Havre et de la Normandie, recueil littéraire, scientifique et commercial, paraissant tous les mois. (Janv.-déc. 1840); *Havre, Jehenne*, in-4.

Suite du n° précédent.

ARCLAIS (*Didier-François d'*), seigneur de Montamy (Calvados), naquit en ce lieu, en 1703. Profond dans les sciences physiques et mathématiques, il publia un *Traité de la peinture sur émail et sur porcelaine.* D'Arclais mourut à Paris le 8 fév. 1765.

ARCONVILLE (Mme *Thiroux d'*). Vie du cardinal d'Ossat; *Paris, Hérissant*, 1771, 2 vol. in-8, port.

ARDENT (le P. FEU-). V. FEUARDENT.

ARDUSSET (*J.-F.*). Poésies lyriques; *St-Lo, Delamare*, 1856, pet. in-8.

ARDUIN, chef normand, qui s'établit en Italie en 1041.

ARGENCES (*d'*). Harangue faite en la présence du roi de la Grande-Bretagne, lors de l'arrivée de Sa Majesté Britannique en la ville de Pont-Audemer, où ce prince y fit la revue générale de ses troupes, le samedi, une heure après midi, vingt et un juin mil six cent-quatre-vingt-douze, par M. d'Argences (s. l. n. d.), in-f.—Ditto, *Rouen*, imp. de *N. Le Tourneur*, in-4.

D'Argences était conseiller du roi et lieutenant au bailliage de Pont-Audemer, dans le XVIIe sc.

ARGENTAN (le P. *Louis-François d'*). V. FRANÇOIS.

ARGENTELLE (*Louis-Marc-Ant.-Robillard d'*), né à Pont-l'Evêque le 29 avril 1777, mourut à Paris le 12 sept. 1828. Pendant son séjour à l'Ile de France en 1825, il reproduisit avec succès, au moyen d'une composition inaltérable, les plantes et les fruits les plus rares de ces contrées.

ARGONNE (*Dom Noël-Bonav. d'*), de l'ordre des Chartreux, né à Paris en 1634, mourut à la chartreuse de Gaillon (Eure), le 28 janv. 1704. Il publia, sous le pseudonyme de Vigneul-Marville, des *Mélanges d'histoire et de littérature*; *Rouen*, 1699-1701, 3 vol. in-12.
— Avec les notes de l'abbé Banier; *Paris*, 1725, 3 vol. in-12.

Traité de la lecture des Pères de l'Eglise, ou méthode pour les lire utilement; *Paris*, 1688, in-12. (Anonyme.)

Id. avec additions par Pierre Pelhestre, de Rouen; *Paris*, 1697 et 1702, in-12.

Le P. Mabillon, qui fait un grand éloge de cet ouv. dans son *Traité des études monastiques*, dit que l'auteur était vicaire de la chartreuse de St-Julien de Rouen, lorsqu'il le publia.
— *L'Education*, maxime et réflexions de M. de Moncade; avec un discours du sel dans les ouv. d'esprit; *Rouen*, 1691, in-12. Moncade est un pseudonyme.

V. *Mém. de Niceron*, t. XL, p. 252-255, et le *Dictionnaire hist.* de Chaufepié.

ARGUMENTUM anti-normannicum : Or an argument proving, from ancient histories and Records, that William, duke of Normandy, made no absolute conquest of England by the Sword; in the sense of our modern writers. Being an answer to these four questions :

1° Whether William the first made an absolute conquest of this nation at his first entrance?

2° Whether he cancelled and abolished all the Confessor's laws?

3° Whether he divided all our estates and fortunes between himself and his Nobles?

4° Whether it be not a grand error to affirm, that there were no english-men in the common council of the whole kingdom?

London, John Darby, 1682, pet. in-8 de de 164 p. (y compris un appendix de 8 p.) et de 5 ff. prélim.

En regard du titre est une grav. sur laquelle on voit Guill. recevant des mains de la Grande-Bretagne le sceptre et les lois d'Edouard le Confesseur ; un évêque se dispose à le couronner, tandis qu'un autre évêque lui présente la formule du serment à prêter avant le couronnement.

ARITHMÉTIQUE normande (l'); *Cherbourg, Boulanger*, 1815.

ARLETTE, mère de Guill. le Conquérant. V. HARLETTE.

ARMENONVILLE (le sieur d'), poète, né à Gisors en 1731.

ARMORIAL de familles nobles d'Angleterre et de Normandie, depuis Guill. le Conquérant jusques et y compris Elisabeth ; ms., 3 vol. in-f.—Bibl. du roi, entre les mss. Bigot, n° 222.

Cité par le P. Lelong, n° 40,121.

ARMORIAL de Normandie, par bailliages et vicomtés, précédé d'un Armorial général ou Traité de blason, et orné d'un nombre infini d'armoiries coloriées ; ms. in-f. de 180 ff., XVIIe sc. (Bibl. de Rouen.)

ARNAUDTIZON (*Marc*). Exploration commerciale, etc. V *Chambre de Commerce de Rouen*.

ARNAULD (*Antoine*). Les Gardes-Nobles de Normandie ; plaidoyer pour M. le duc de Guise, où est prouvée la justice de l'arrêt du 2 sept. 1577, qui a décidé que le droit de garde doit être préféré au droit de viduité; *Paris*, 1612, in-4.

Il s'agit, dans ce plaidoyer, des usages locaux du comté d'Eu, sur quoi il faut consulter les *Mém. de Froland*, concernant ce comté, ou uniquement le 5e chap. de son Recueil d'arrêts, où il donne l'analyse du plaidoyer de l'avocat Ant. Arnaud, de celui de la Marrillière, son adversaire, et de celui de M. l'avocat général Servin. (Note de l'abbé Saas.)

ARNAULDET (*Thom.*) et Duplessis (*Georges*). Michel Lasne, de Caen, graveur en taille-douce; *Caen, Mancel*, 1856, in-8 de 16 p. (imp. de Buhour.)

Notice tirée à 100 exempl.

ARNOIS (*Robert*), jurisconsulte, né à Normanville (S.-Inf.), mort vers 1580.

ARNOULD, surnommé *Malcouronne* (mauvaise tonsure), chapelain du duc de Norm., Robert Courteheuze, fut à Caen le chef d'une école qui rivalisa avec celle de Lanfranc. Il suivit le duc de Norm. à la première croisade, en 1096, et mourut en 1118, patriarche latin de Jérusalem, après la prise de cette ville par les Croisés. De l'école d'Arnould, sortit Raoul de Caen, l'historien de Tancrède.

ARNOUL. Epistolæ Arnvlphi episcopi Lexoviensis, nvnqvam antehac in lucem editæ, ex bibliotheca Odonis Tvrnebi Hadriani; *Parisiis, apud Joan. Richerium*, 1585, in-8.

Ces lettres ont été réimprimées à Paris, en 1611, in-4, et dans dom Luc d'Achery, t. II de son *Spicilége*, p. 482.

—Arnulphi Lexov. episcopi epistolæ ad Henricum II regem Angliæ, Sanct. Thomam, archiep. Cant. et alios. E cod. manuscr. qui in colleg. S. Johannis Bapt. Oxon. servat., editæ *J.A. Giles*, eccles. Angl. presbyt. *Oxonii, Parker*, 1844, gr. in-8.

Cette correspondance d'Arnoul avec Henri II, roi d'Angleterre, et S. Thomas de Cantorbery, fait partie de la collection des Ecrivains ecclésiastiques, publiée par le Dr Giles: S. Aldhelm, Bede-le-Vénérable, S. Boniface, Lanfranc, etc., collect. dont il a paru 18 vol.

—Arnulfus Lexov. episc., etc., t. CCI. *Patrologiæ cursus completus; Petit-Montrouge, Migne*, 1855, in-8.

ARNOUL, Arnoulf ou Arnulphe, évêque de Lisieux en 1141, né en Normandie, mort à Paris à l'abbaye de St-Victor, le 31 août 1184, a laissé une correspondance qui a été publiée pour la prem. fois, en 1585, par Odon, fils d'Adrien Turnèbe.

Sur ce prélat, poète et théologien à la fois, V. D. Brial, *Hist. litt. de la France*, t. XIV (1817), p. 304-334. — Dom Remi Caillier, *Hist. des auteurs ecclésiastiques*, t. XXIII, p. 311. — Du Bois, *Hist. de Lisieux*, t. I, p. 383-391 et t. II, p. 232-237.

AROUX (*Eugène*), avocat et ancien député de la S.-Inf., né à Rouen le 21 oct. 1793, est auteur des traductions suiv.:

— Les *Amours des anges*, poème de Thom. Moore, trad. en vers franç.; *Paris, Alex. Mesnier*, 1830, in-18 et in-8 de XVI et 162 p. (Imp. de *D. Brière*, à *Rouen*.)

—Le *Paradis perdu*, poème en six chants, trad. en vers franç., études sur Milton; *Paris, Alex. Mesnier*, 1830, in-18 et in-8 de XXVIII et 247 p. (Imp. de *D. Brière*, à *Rouen*.)

—*Hist. univ.*, par César Cantu; 2e édit. franç.; *Paris, F. Didot*, 1854-55, 19 vol. in-8°. Trad. avec le concours de Piersilvestro Leopardi. L'ouv. original, publié à Milan, a eu 7 édit.

La comédie du Dante (Enfer, Purgatoire et Paradis), trad. en vers, suivi de Dante hérétique, révolutionnaire et socialiste, révélations sur le moyen âge, clef de la comédie anti-catholique de Dante Alighieri, etc.; *Paris, J. Renouard*, 1856, 3 vol. in-8.

ARREST contradictoire du Conseil d'Estat privé du Roy, entre le sénéchal royal juge de police de Valognes, et le lieut[t] gén. au bailliage de ladite ville, qui maintient le sénéchal dans la connoissance du fait de police particulière en ladite ville de Valognes, villes, bourgs et villages du ressort de la vicomté dudit Valognes, concernant le taux des vivres, poids, mesures, etc., privativement audit lieut[t] gén. du bailliage et à tous autres juges, avec défenses de troubler ledit sénéchal juge de police dans les fonctions de sa charge, etc., Et condamne ledit lieut[t] gén. aux dépens; 20 avril 1655.

—Observations sur l'arrest du Conseil du 20 avril 1655, rendu en faveur du sénéchal royal, juge de police de Valognes (vers 1723), in-4 ensemble de 15 p.

ARREST contradictoire du Grand-Conseil, qui décharge le sieur Lermette de Croixmare, conseiller au Parlement de Norm., et trésorier de France honor. au Bureau des Finances d'Alençon, de la fonction de marguillier comptable de la paroisse de St-Godard, de Rouen, etc., 18 juin 1736; *Rouen, J.-B. Besongne*, 1736, in-4 de 4 p.

ARREST (l') d'amour donné sur le reglement requis par les femmes à l'encontre de leurs maris, par devant le pere des cornards de la ville de Rouen; *Paris, chez Denis Binet, près la porte St-Marcel*, s. d.

ARREST de la Chambre de l'edict de Roven, portant defenses à ceux de la religion pretendue reformée de faire aucune pompe, ny cérémonie funèbre à leurs enterrements; 22 fév. 1664; *Paris, Vitré*, 1664, in-8.

ARREST de la Chambre des vacations, confirmatif de l'arrest rendu le 26 juin 1654, en faveur des curez contre les religieux, au sujet des inhumations; 14 oct. 1684; *Rouen, Eust. Viret,* s. d. (vers 1684), in-4 de 3 p.

ARREST de la Chambre du domaine, portant confiscation des biens du sieur Duc d'Elbeuf, et réunion dudit duché au domaine de S. M.; 1631, in-8.

ARRÊT de la Cour d'Appolon, qui déclare le P. François-Xavier Mamachi, préfet des classes au collège de Rouen, atteint et convaincu du crime de plagiat; et comme tel, le suspend à perpétuité de l'exercice et pouvoir d'enseigner la jeunesse dans toutes les acad. du ressort. Extrait des registres du Parnasse du 7 avril 1759; in-12 de 24 p.

ARREST de la Cour de Parlement de Paris contre le libelle intitulé : « *Très humbles remontrances du Parlement de Normandie, au semestre de septembre, au roi et à la reine régente,* » imprimé et publié au préjudice du traité de paix (24 et 27 sept.); avec la lettre du Parlement de Normandie, sur ce sujet, au Parlement de Paris; *Paris, Hulpeau,* 1649, in-4.

ARREST de la Cour de Parlement de Rouen, au sujet d'un procés entre les religieux, prieur, et couvent de l'abbaye de St-Pierre-sur-Dives, ord. St-Benoist, appelans, comme d'abus, de sentences rendues par le sieur evesque de Séez. La première, du 5 janv. 1680 par laquelle il auroit ordonné, que pour la nécessité et utilité des habitans du hameau de Berville, l'église dudit lieu demeureroit à l'avenir séparée de l'église paroiss. de St-Pierre-sur-Dyves, etc.; 1681, in-4 de 8 p.

ARRÊT de la Cour du Parlement de Rouen, contenant un nouveau tarif des prix à percevoir dans les bateaux de Bouille, pour le transport des personnes et des marchandises; 13 déc. 1787; *Rouen, v^e L. Dumesnil,* 1787, in-4 de 24 p.

Sur la requeste présentée par Louis, marquis d'Estampes, seigneur, baron, haut-justicier de Mauny, etc.

ARREST de la Cour de Parlement donné à Rouen, contre ceux qui ont par cy deuant assermenté viure et maintenir la religiō catholique apostolique et romaine, avec ordonnance et mandement à tous gentilshommes de se trouuer és trouppes de l'armée de l'Vnion catholique, la part où elle sera (23 sept.); *Paris, J. Parant,* jouxte la coppie imp. à Rouen, 1589, pet. in-8 de 4 ff.

ARREST de la Covr de Parlement de Roüen, contre les gentilz-hommes, et autres qui persistent à la suytte de Henri de Bourbon, soy disant roy de Nauarre (10 avril 1590); *Lyon, Loys Tantillon,* 1590, pet. in-8 de 4 ff.

Arrêts de la Cour du Parlement de Rouen, contre les Jésuites.

ARREST de la Cour de Parlement de Rouen, qui déclare la matière de vers, dictée par le frère *Mamachi,* aux écoliers de troisième du collége des Jésuites de cette ville, le samedi 3 mars dern., contenue en un cahier déposé par un des témoins, lors de l'information, contenant ces mots : *Heroas faciunt quandoque crimina fortunata; fœlix crimen desinit esse crimen, etc........* pernicieuse, séditieuse, détestable, capable d'induire aux plus grands attentats; et comme telle, condamnée à être lacérée et brulée, par l'exécuteur de la haute justice, au pied du grand escalier du Palais, etc., 2 avril 1759; *Rouen, Rich. Lallemant,* 1759, in-4 de 6 p.

ARREST du Parlement de Rouen, rendu toutes les chambres assemblées, 12 fév. 1762. Lequel ordonne la suppression des livres et manuels imprimés de l'aveu et approbation des supérieurs des Jésuites, etc., entre autres :

Abrégé du Manuel de Navarre, composé par le vénérable Père de la Société de Jesus, Pierre Giuvara, trad. par Ségar; *Rouen,* 1609.

Aphorismi confessariorum Emmanuele Sa, doctore theologo Soc. Jesu permissu superiorum; *Rothomagi,* 1618.

Commentariorum ac Disputationum in universam Doctrinam D. Thomæ de sacramentis et censuris, authore Ægidio de Conink, Soc. Jesu, postrema editio; *Rothomagi,* 1630.

Horatii Tursellini è Soc. Jesu Epitome : accessit ejus Epitomes cum continuatione ad

annum 1658, perducta opera Philippi Briccii, Abbavillæi; *Rothomagi, Rich. Lallemant*, 1668.
Horatii Tursellini è Soc. Jesu Epitome; *Cadomi*, 1678. Thèse soutenue à Caen, au collége de la Société des prêtres et écoliers, se disant de la Soc. de Jesus, le 30 janv. 1693.
Catechisme théologique, contenant les plus belles et les plus nécessaires difficultés des mystères de notre foi et de la théologie morale, etc.; par D. Pomey, de la Compagnie de Jesus; *Rouen*, 1700.
Historiæ sacræ et profanæ Epitome, ab Horatio Tursellino contexta; *Rothomagi*, 1714.
Ballet moral, intitulé: *Le Plaisir sage et règlé*, des 10 et 12 aout 1750, représenté en la même année sur le théâtre des soi-disants Jèsuites de Rouen.
Prières et offices des congrégations; *Rouen, chez Le Boullenger*, s. d.
Seront lacérés et brulés en la Cour du Palais, au pied du grand escalier, seront et demeureront supprimés comme contraires aux véritables principes de la religion; *Rouen, Jacq.-Jos. Le Boullenger*, 1762, in-4 de 16 p.

ARREST de la Cour de Parlement séant à Rouen, qui décrète de prise de corps Me Le Roux, ci devant de la Soc. des soi-disans Jésuites, et professeur de théologie au collége de la Société à Caen, pour avoir dicté en 1760 à ses écoliers des propositions contraires à la loi du silence et à la déclaration du clergé de France de 1682, etc., 6 mars 1762; in-4 de 3 p.

ARREST de la Cour du Parlement de Rouen, du 27 mars 1762, rendu toutes les chambres assemblées (qui refuse l'enregistrement de l'édit du Roi de de 1762, pour le rétablissement des Jésuites); *Rouen, Jacq.-Jos. Le Boullenger*, 1762, in-4 de 7 p.

ARREST de la Cour du Parlement de Rouen, rendu toutes les chambres assemblées, qui ordonne au doyen de la faculté de théologie de Caen, de se rendre à la suite de la cour, pour y rendre compte de sa conduite; & aux membres de la même faculté de se trouver en nombre suffisant aux assemblées de l'université, 31 mars 1762; in-4 de 3 p.

ARREST de la Cour du Parlement de Rouen, rendu toutes les chambres assemblées, qui ordonne qu'il sera informé contre les auteurs & distributeurs de prétendues lettres de jussion, adressées au même Parlement, 31 mars 1762; in-4 de 3 p.

ARREST de la Cour du Parlement de Rouen, rendu toutes les Chambres assemblées, 6 mai 1762 (qui ordonne aux supérieurs des maisons des Jésuites de remettre les titres de leurs établissements et de leurs biens); *Rouen, Jacq.-Jos. Le Boullenger*, 1762, in-4 de 10 p.—Ditto, chez le même imp., in-12 de 21 p.

ARREST de la Cour du Parlement de Rouen, toutes les Chambres assemblées, du 28 mai 1762 (qui ordonne l'envoi aux Evêques du diocèse des Extraits des assertions soutenuës et enseignées par les soi-disans Jésuites); *Rouen, Jacq.-Jos. Le Boullenger*, 1762, in-4 de 3 p.

ARREST de la Cour du Parlement de Rouen, des 15 et 18 juin 1762, rendu, toutes les chambres assemblées, sur le remplacement des ci-devant soi-disants Jésuites, dans le collége de Rouen; *Rouen, Jacq.-Jos. Le Boullenger*, 1762, in-4 de 7 p.

ARREST de la Cour du Parlement de Rouen, toutes les chambres assemblées, du 21 juin 1762 (qui ordonne de procéder à la vente des effets mobiliers des Jésuites et à la confection des états de leurs biens, pour leur accorder tels secours qu'il appartiendra); *Rouen, Jacq.-Jos. Le Boullenger*, 1762, in-4 de 12 p.

ARREST de la Cour du Parlement de Rouen, toutes les chambres assemblées, du 26 Juin 1762 (qui établit gardiens, sequestres et économes pour la régie des biens des ci-devant Jésuites); *Rouen, Jacq.-Jos. Le Boullenger*, 1762, in-4 de 11 p.

ARREST de la Cour du Parlement de Rouen, du 26 juin 1762, rendu toutes les chambres assemblées (qui ordonne par provision les unions de bénéfices faites aux colleges de cette ville et à ceux de Caën et d'Alençon, occupés par les ci-devant soi-disants Jésuites, ensemble l'union auxdits collèges des maisons, annexes et dépendances d'iceux, ainsi que de leurs revenus et bénéfices y attachés); *Rouen, Jacq.-Jos. Le Boullenger,* 1762, in-4 de 4 p.

ARREST de la Cour du Parlement de Rouen, toutes les chambres assemblées, qui ordonne que les écoles du collége de cette ville seront ouvertes jeudi prochain 1er juillet, au quel jour il est enjoint aux Pères, Mères.... d'envoyer exactement sous les peines aux cas appartenans, ledit jour 1er juillet prochain, leurs enfans, ou autres confiés à leurs soins, aux écoles publiques du collège de cette ville, 28 juin 1762; *Rouen, Jacq.-Jos. Le Boullenger,* 1762, in-4 de 4 p.

ARREST de la Cour du Parlement de Rouen, qui ordonne que la brochure ayant pour titre : *La Religion à l'assemblée du clergé de France,* poëme de 354 vers, imprimés en 1762, s. n. d'auteur ni d'imprimeur, sera lacérée et brulée au pied du grand escalier du Palais par l'exécuteur de la haute justice, comme séditieuse et injurieuse à l'épiscopat, etc., 2 juillet 1762; *Rouen, Jacq.-Jos. Le Boullenger,* 1762, in-4 de 4 p.

ARREST de la Cour de Parlement séant à Rouen, qui ordonne que le libelle intitulé : *Lettre écrite au Roi par M. l'Evêque D. P. sur l'affaire des Jésuites en 1762*, sans approbation et nom d'imprimeur, sera lacéré et brulé par l'exécuteur de la haute justice, etc., 2 juillet 1762; *Rouen, Jacq.-Jos. Le Boullenger,* 1762, in-4 de 10 p.

ARREST de la Cour du Parlement de Rouen, toutes les chambres assemblées, sur le remplacement des ci-devant soi-disants Jésuites dans le collége de Caen, du 8 juillet 1762; *Rouen, Jacq.-Jos. Le Boullenger,* 1762, in-4 de 6 p.

ARREST de la Cour du Parlement de Rouen, rendu le 10 juillet 1762, toutes les chambres assemblées (qui ordonne que l'argent destiné à des œuvres pieuses qui se trouvait dans les congrégations des maisons des ci-devant soi-disant Jésuites, serait incessamment employé en aumônes, etc.); *Rouen, Jacq.-Jos. Le Boullenger,* 1762, in-4 de 3 p.

ARREST de la Cour du Parlement de Rouen, rendu toutes les chambres assemblées, 20 juillet 1762 (à l'occasion d'une lettre et déclaration souscrite par Pierre-Joseph Plesse, supérieur du collége, ci-devant occupé dans la ville de Caen, par les Jésuites); *Rouen, Jacq.-Jos. Le Boullenger,* 1762, in-4 de 6 p.

ARREST de la Cour du Parlement de Rouen, rendu le 20 juillet 1762, toutes les chambres assemblées (qui ordonne aux Jésuites de signer leur soumission de n'entretenir aucune correspondance avec le Général de la Société); *Rouen, Jacq.-Jos. Le Boullenger,* 1762, in-4 de 6 p.

ARREST de la Cour du Parlement de Rouen, rendu toutes les chambres assemblées, du 20 juillet 1762 (qui justifie le thême dicté par le professeur de troisième du collége royal de cette ville, de l'imputation de matérialisme); *Rouen, Jacq.-Jos. Le Boullenger,* 1762, in-4 de 6 p.

ARREST de la Cour du Parlement de Rouen, rendu le 18 août 1762 (qui ordonne de procéder à l'élection d'un principal et de professeurs pour le collége du Mont, dans la ville de Caen); *Rouen, Jacq.-Jos. Le Boullenger,* 1762, in-4 de 6 p.

ARREST de la Cour du Parlement de Rouen, rendu le 27e jour d'aout 1762, toutes les chambres assemblées, concernant l'acquit des fondations des ci-devant soi-disants Jésuites; *Rouen, Jacq.-Jos. Le Boullenger,* 1762, in-4 de 11 p.

ARREST de la Cour du Parlement de Rouen, rendu le 27 aout 1762, toutes les chambres assemblées, portant réglement d'Etudes dans le collége royal de Rouen; *Rouen, Jacq.-Jos. Le Boullenger,* 1762, in-4 de 16 p.

ARRET et arrêtés de la Cour du Parlement séant à Rouen, des 2 et 3 mars 1763, concernant la ci-devant Société des soi-disans Jésuites. Ext. des registres du Parlement. Du mercredi 2 mars 1763; (1763), in-4 de 20 p. s. n. d'imp.

On y signale à la juste sévérité de la Compagnie, 2 libelles intitulés : *Mémoires présentés au Roi par M. d'Eguille, président à Mortier, et par M. de Montvallon, conseiller-clerc du parlement d'Aix*, — traduits plus tard en espagnol avec des notes qui ajoutent au texte, etc. Défense est faite à tous imp. lib. colporteurs et autres de les imprimer, vendre ou distribuer, sous telles peines qu'il appartiendra, etc. Démarches seront faites auprès du roi d'Espagne pour arrêter dans ses états l'impression et la publication de pareils libelles.

ARREST de la Cour du Parlement de Rouen, qui ordonne que tous les prêtres et écoliers de la ci-devant Société qui se disoit de Jésus, tant ceux sortis des maisons du Ressort que ceux qui seroient venus d'ailleurs, seront tenus dans quinzaine..... de faire en personne, toute équivoque et subterfuge cessant..... le serment ordonné par ladite cour, d'être inviolablement fidèle au Roi, etc..... ordonne que les 2 libelles intitulés : *Mémoires présentés au Roi par deux magistrats du Parlement d'Aix, contre des arrêts et arrêtés de leur Compagnie*, in-12 de 24 p. Et lesdits Mémoires traduits en espagnol : *Memoriales a S. M. Christianissima impressos, con licencia, etc.*; *Bayonna, Bouvet*, 1762, 28 p., seront lacérés au pied du grand escalier du Palais, par l'exécuteur de la Haute-Justice, comme séditieux, etc., 3 mars 1763; *Rouen, Rich. Lallemant*, 1763, in-4 de 7 p.

ARREST de la Cour du Parlement de Rouen, qui ordonne que le collége du Mont sera et demeurera restitué et réuni au corps de l'université de Caen, comme collége en dépendant; 5 mars 1763; *Rouen, Rich. Lallemant*, 1763, in-4 de 6 p.

ARREST de la Cour du Parlement de Rouen, qui accorde à M. J.-B. Lannoy, prêtre, ci-devant jésuite et préfet des classes au collége royal de Bourbon à Caen, 400 liv. de pension alimentaire, à la charge par ledit J.-B. Lannoy, prêtre, de déposer au greffe de la cour un acte en forme de la prestation de serment ordonné par l'arrêt du 3 de ce mois; 14 mars 1763; *Rouen, Rich. Lallemant*, 1763, in-4 de 4 p.

ARREST de la Cour du Parlement de Rouen, qui ordonne que dans un mois, à compter du jour de la publication du présent arrêt, tous les prêtres et écoliers de la ci-devant Soc., qui se disait de Jésus, seront tenus de sortir du royaume, s'ils ne justifient avoir quitté la ci devant Soc. avant le 12 fév. 1762; du 22 mars 1764; *Rouen, Jacq.-Jos. Le Boullenger*, 1764, in-4 de 4 p.

ARREST de la Cour de Parlement de Rouen, rendu les chambres assemblées, qui ordonne qu'il sera informé à la diligence du procureur gén. du roi et de celles de ses substituts dans les bailliages et siéges du ressort, du nom, de l'origine et de la résidence des ci devant de la Soc. de Jésus; ensemble, etc... 19 mai 1767; *Rouen, R. Lallemant*, 1767, in-4 de 23 p.

ARREST dv Parlement de Roven, donné en conséquence de l'arrest du Conseil privé du roy, portant defenses aux maistres de l'estat de mercier grossier de recevoir aucune personne de la religion pretendue reformée, jusques à ce que le nombre en soit reduit à la quinziesme partie de ceux qui composent ledit nombre; *Paris*, 1664, pet. in-8.

ARREST du Parlement de Rouen, en faveur de l'évêque de Bayeux, contre le sieur de Chaulieu, qui condamne les mémoires de ce dernier à être brûlés; 1767.

ARREST de la Cour de Parlement de Roüen, donné en la Chambre de l'édict, sur le faict de l'heure des enterrements de ceulx de la religion pretenduë refformée; *Roven, Mart. Le Mesgissier*, 1631, in-8 de 7 p.

ARREST de la Covr de Parlement de Roven, donné en la Chambre de l'édict, contenant l'ordre que ceulx de la religion pretenduë réformée doibuent obseruer aux inhumations & conuoy de leurs corps morts; *Roven, Mart. Le Mesgissier,* 1632, in-8 de 8 p.

ARREST dv Parlement de Roven donné en la Chambre des vaccations le septiesme jour d'oct. mil six cens trentedeux, par lequel est ordonné que le liure intitulé *Hermani Loemelii Spongia*, sera lacéré et bruslé dans la cour du Palais; *Rouen, Mart. Le Mesgissier* (1632), in-4 de 8 p.; — *Paris, J. Martin,* 1632, pet. in-8.

Le Parlement fit défense « à tous imprimeurs et libraires d'imp. et faire imp. ni exposer en vente, *à peine de la vie*, et à toutes autres personnes d'en avoir et retenir à peine de punition exemplaire : *Hermani Loemelii Spongia nec non eclesiæ anglicanæ querimonia apologetica de censura aliquot librorum galliæ,* 1631, comme livre contraire à la doctrine de l'église, aux lois du royaume et maximes de l'État. » 150 exempl. avaient été adressés de St-Omer, par Jean Woolson et André Boscart, à un nommé Etienne Duffé, président du noviciat et communauté des prêtres Irlandais, à Rouen, chez lequel ils furent saisis.

ARREST de la Covrt de Parlement de Roven, donné les chambres assemblées, sur la moderatiõ des taxes des Juges, Greffiers, Enquesteurs, Tabellions, Sergẽs, et autres ministres de la justice de Normãdie, et autres poincts et articles, 5 fév. 1580; *Roven, Mart. Le Mesgissier,* 1605, in-8 de 24 ff.

ARREST de la Covrt de Parlement de Roüen du 7 janu. 1592, contre Henry de Bourbon, pretendu Roy de Nauarre, ses fauteurs et adherans; *Lyon, Louys Tantillon*, 1592, pet. in-8 de 8 p., prins sur la coppie imp. a Rouen.

ARREST de la Covr de Parlement de Roven. En forme de Reglement pour le sallaire des huissiers, sergeants, et commis, sur la collection des amendes et exploicts de la dicte Cour; *Roven, David dv Petit-Val* et *Jean Viret,* 1641, in-8 de 4 ff.

ARREST de la Covr de Parlement de Roven, en forme de reglement, pour l'exercice et charges des Juges et Officiers de la prouince de Normandie; *Roven, Mart. Le Mesgissier,* 1630, pet. in-8 de 8 p.

ARREST de la Covr de Parlement de Roven, en forme de Reglement, sur l'interpretation des articles de l'Edict de Nantes; *Roven, Mart. Le Mesgissier,* 1631, in-8 de 15 p.

ARREST de la Covr de Parlement de Roüen : Par lequel est enjoint à tous curez et autres possédans Bénéfices à charge d'ames, de résider en leurs dits Bénéfices, sur les peines portées par ledit arrest; *Roven, David dv Petit-Val* et *Jean Viret*, 1647, in-8 de 4 ff.

ARREST de la Cour de Parlement de Rouen, portant que le cardinal Mazarin, qui séjourne dans les places de ladite province, lève les garnisons et les change, ait à s'en retirer promptement, ses parents et domestiques étrangers; autrement permis, aux communes et autres, de courir sus; 15 fév. 1651; *Paris, Alex. Lesselin,* 1651, 4 p. in-4.

ARREST de la Cour du Parlement de Rouen, portant reglement entre les curez et religieux de la province de Normandie pour la conduite des défunts qui auront élu leurs sépultures dans les monastères; 26 juin 1654; *Rouen, Eust. Viret,* s. d. (vers 1654), in-4 de 8 p.

ARREST de la Cour de Parlement (de Normandie) portant réglement pour faire une cotisation dans toutes les paroisses de la province, pour la subsistance des pauvres; 10 janv. 1741; *Rouen, J.-B. Besongne,* 1741, in-4 de 8 p.

ARREST de la Cour de Parlement de Rouen, portant réglement pour les comptes des Trésors; 8 mars 1736; *Rouen, Jacq.-Jos. Le Boullenger*, s. d. (1736), in-4 de 6 p.

ARREST de la Covr de Parlement de Roven, portant reglement pour les Greffiers, Tabellions et Controlleurs des Tiltres, donné le 18 aoust 1653. Ensemble l'arrest de ladite Cour de Parlement donné, les chambres assemblées, pour la modération des taxes des Juges, Greffiers, Enquesteurs, Tabellions, Sergeans & autres ministres de justice de la prouince de Normandie; 4 juin 1612; *Roven, David dv Petit-Val* et *J. Virel*, 1653, in-8 de 13 ff.

ARREST de la Covr de Parlement de Roven, portant reglement pour les taxes des Juges, tant des Justices royales que Hautes-Justices, Sénéchaussées, Greffiers, Procureurs, Huissiers et Sergens, Tabellions, Controleurs des titres, etc.; 9 juin 1671; *Rouen, J. Virel*, 1671, in-4 de 16 p.

ARREST de la Covr de Parlement de Roven, pour la confrairie de la Passion de notre Sauveur et redempteur Jesus Christ instituée en l'église de St-Patrice de Rouen; 6 juill. 1651, in-4 de 8 p.

ARREST de la cour de Parlement, pour la subvention et nourriture des pauvres de la province de Normandie; *Rouen, Mart. Le Mesgissier*, 1618, pet. in-4.

ARREST de la cour de Parlement de Rouen pour l'hopital et maison-Dieu de Bayeux, donné entre le Prieur de ladite maison et les bourgeois et habitants dudit Bayeux, le 11 avril 1631; *Bayeux, P. Le Roux*, in-4 de 26 p.

A la suite se trouve un extrait des *grands jours* tenus à Bayeux en 1540. Cet imprimé, fort important pour l'histoire de Bayeux, est excessivement rare; on ne connaît que l'exempl. qui était dans la biblioth. de M. Fr. Pluquet.

Pierre Le Roux passe pour avoir établi à Bayeux la prem. imprimerie, vers 1628.

ARREST de la Cour de Parlement pour l'Interdiction des fonctions de Trésoriers des paroisses aux personnes y mentionnées; 8 mars 1736; *Rouen, J.-B. Besongne*, 1736, in-4 de 8 p.

ARREST de la cour de Parlement, pour l'omologation du mandement de M. l'archevêque du 28 de ce mois, portant reglement pour la sépulture des corps des fidèles; 29 may 1721; *Rouen, Jacq. Besongne* et *J.-B. Besongne le fils*, 1721, in-4 de 8 p.

ARREST de la Cour du Parlement de Rouen, qui casse et annulle l'enregistrement fait au bailliage de Coutances, de la déclaration du Roi du 10 oct. dern. envoyée par le Grand Conseil; 8 mars 1756; *Rouen, Jacq.-Jos. Le Boullenger*, 1756, in-4 de 4 p.

ARREST de la Cour du Parlement de Rouen, qui casse et annulle une sentence du vicomte de Trun, renduë au préjudice de la compétence des Prieur & Juges-Consuls de Roüen: Fait défenses audit vicomte et à tous autres juges d'en rendre de pareilles à l'avenir; et ordonne que les édits, déclarations, ordonnances & arrêts au sujet de la juridiction consulaire, seront exécutez; 26 aout 1745; *Rouen, v^e de P. Machuel* (1745), in-4 de 8 p.

ARREST de la Cour du Parlement de Rouen, qui condamne au bannissement le frère *Maxuel*, professeur de Théologie au collége des Jésuites de Rouen, & ordonne à tous supérieurs des maisons régulières, où il y a école de Théologie, de tenir la main à l'exécution de l'Edit du Roi du mois de mars 1682, etc.; 23 aout 1756; *Rouen, Jacq.-Jos. Le Boullenger* (1756), in-4 de 7 p.

ARREST de la Cour de Parlement de Rouen, qui confirme la Confrairie ambulante du St-Sacrement dans ses anciens usages et possessions; *Rouen, Machuel*, 1766, in-4 de 9 p.

ARREST de la Cour de Parlement de Rouen, qui déclare le sieur François-Barthelemi Gallois seul héritier aux propres normands de M. Gallois de Maquerville, vivant avocat gén. en la cour des comptes, aides et finances de Normandie; condamne Gilles-Guill. Gallois et Charles Robine père, à faire amende honorable, nus pieds, en chemise, la corde au col, tenant en leurs mains une torche de cire ardente, du poids de deux livres, et ayant écriteau devant et derrière, portant, en gros caractères: *faussaires*, la grande audience de la Cour séante, et devant le principal portail de l'église cathédrale de Rouen, etc.; *Rouen, v^e Laurent Dumesnil*, 1785, in-4 de 138 p.

ARREST de la Cour de Parlement de Rouen, qui déclare les actes de l'assemblée gén. du clergé de France de 1760, 1762 et 1765 nuls et de nul effet, comme contraires au silence imposé par la déclaration du Roi du 14 nov. 1754, et à l'arrêt d'enregist. d'icelle du 23 janv. 1755, etc.; 23 nov. 1765; *Rouen, Rich. Lallemant*, 1765, in-12 de 4 p.

ARREST de la Cour du Parlement de Rouen, qui déclare M. Jean-Louis Le Caval, prêtre, professeur Royal de Théologie en l'Université de Caën, atteint et convaincu d'avoir dicté à ses écoliers des propositions séditieuses, & contraires aux édits & déclarations du Roi; lesdites propositions contenuës dans les deux, trois, quatre et cinquièmes Corollaires du cahier relié, intitulé : *Tractatus Theologicus, de dogmaticis Ecclesiæ judiciis adversus recentiores Hæreticos*; ordonne que ledit cahier sera brulé par l'exécuteur de la Haute-Justice, au pied du grand escalier du Palais, etc.; 29 juill. 1754; *Rouen, J.-J. Le Boullenger*, 1754, in-4 de 8 p.

ARRÊT de la Cour de Parlement de Rouen, qui fait défenses à toutes personnes d'insérer dans les cidres aucuns ingrédiens ou corps étrangers, de quelque nature et qualité qu'ils soient, sous peine d'être poursuivies extraordin., et punies de peines pécuniaires ou corporelles, même de mort, suivant l'exigence des cas; 7 juillet 1775; *Rouen, Rich. Lallemant*, 1775, in-4 de 6 p.

ARREST de la Cour de Parlement qui fait défense au sieur Gedeon de Gosselin, seigneur de Heuqueville, de prendre la qualité de Conseiller né en la Cour de Parlement de Rouen; 21 janv. 1721; in-4 de 3 p.

ARREST de la Cour de Parlement, qui fait défense d'élire MM. du Parlement, pour marguilliers comptables; 8 mars 1736; *Rouen, J.-B. Besongne*, 1736, in-4 de 4 p.

ARRET de la Cour de Parlement de Normandie, qui homologue le réglement des Prieur et Juges-Consuls de Rouen, concernant les heures et police de la place de Bourse de la dite ville de Rouen; 18 janvier 1788; *Rouen, L. Oursel*, 1788, in-4 de 12 p.

ARREST de la Cour du Parlement de Rouen, qui ordonne que la brochure intitulée : *Apologie des anecdotes Ecclésiastiques Jésuitiques*, sera lacérée et brulée par l'exécuteur des jugemens criminels, au bas du grand escalier du Palais, comme libelle diffamatoire : Enjoint à tous ceux qui en ont des exempl. de les rapporter au Greffe de la Cour. Fait défense à tous libraires & colporteurs, d'en garder et vendre, sous peine de 500 livres d'amende; 13 mars 1762; *Rouen, Jacq.-Jos. Le Boullenger*, 1762, in-4 de 3 p.

L'arrêt a reçu son exécution le surlendemain.

ARREST de la Cour de Parlement qui ordonne que le libelle qui a pour titre, *Denonciation du Presbyteranisme Gallican, à Nosseigneurs les cardinaux, archevêques et evêques de France*, sera laceré et brulé en la cour du Palais, par l'exécuteur des sentences criminelles; 18 janv. 1718; *Rouen, Jacq. Besongne* et *J.-B. Besongne le fils*, 1718, in-4 de 7 p.

ARREST de la Cour du Parlement de Rouen (5 juin 1737), qui permet d'élire dans les paroisses de la ville de Rouen, des marguilliers d'honneur; *Rouen, Jacq.-Jos. Le Boullenger*, 1737, in-4 de 3 p.

ARREST du Parlement, rendu en faveur des Curés, & au profit des Pauvres, contre les prétentions des gros Décimateurs; 13 août 1765; (1765), in-4 de 15 p.

Les bénédictins de Séez ayant été condamnés par cet arrêt, publièrent le Mém. suiv.: Mémoire pour les sieurs Prieur et religieux de l'abbaye de St-Martin de Séez, demandeurs en requête d'opposition contre l'arret de la cour du 13 aout 1765; — contre Me René-Nicolas Desfriches Desgenettes, prêtre, curé de la paroisse de St-Germain de la ville de Séez; *Rouen, vᵉ Besongne*, 1766, in-4 de 37 p.

ARREST notable de la Cour de Parlement de Rouen, qui décharge les religieux Bénédictins de Séez des condamnations contr'eux prononcées par l'arrêt du 13 aout 1765 ; 10 juill. 1766 ; *Rouen, Machuel,* 1766, in-4 de 26 p.

ARREST du Parlement de Normandie, rendu en faveur des Juges-Consuls de Vire ; 16 mars 1758 ; *Rouen, Jacq. Dumesnil,* 1758, in-4 de 5 p.

A l'occasion d'un procès entre Henri Lechevalier, armateur à St-Nicolas-de-Granville, et Jacq. Lepelletier, capitaine de navire.

ARREST du Parlement de Rouen, rendu entre M. le Procureur-Syndic de la Jurisdiction Consulaire de Rouen, Jacques Payenneville, ci devant courtier de change et de marchandises, & la dame veuve Thibault ; qui ordonne entr'autres choses que l'ordonnance du Commerce de 1673, & celle de la Juridiction Consulaire du 14 janvier 1732 seront exécutées ; condamne le dit Payenneville à rapporter au greffe de la dite Jurisdiction sa commission de Courtier, lui fait défenses d'en exercer à l'avenir aucunes fonctions ; ordonne en outre que le mémoire imprimé du dit Payenneville, intitulé *Griefs et moyens d'appel,* contraire au respect dû aux Juges de la dite Jurisdiction Consulaire & à l'honneur de toute la place, sera lacéré par l'huissier de service, etc., 7 aout 1769 ; *Rouen, Laur. Dumesnil,* 1769, in-4 de 43 p.

ARRÊT de la Cour de Parlement de Rouen, rendu les chambres assemblées, qui fait inhibitions et défenses de mettre à exécution, dans l'étendue de son ressort, aucuns actes émanés des juges établis par les lettres patentes du 23 janv. et édits de fév. dernier (22 mars 1771).

ARRÊT de la Cour de Parlement de Rouen, rendu les chambres assemblées, qui déclare intrus, parjures et violateurs de leur serment, ceux qui, ayant juré d'observer les lois du royaume, se sont ingérés ou s'ingéreraient aux fonctions des magistrats dispersés du parlement de Paris, et nuls tous actes émanés ou qui émaneraient des prétendus parlements de Paris et conseils supérieurs (15 avril 1771).

ARREST de la Covrt de Parlement de Roven, tovchant les femmes & filles qui celent leur grossesse et enfantement ; *Roven, Mart. Le Mesgissier,* 1602, in-8 de 8 p.

ARREST de la Cour de Parlement, toutes les chambres assemblées, portant que le roi et la reine regente seront très humblement suppliés, de la part de ladite cour, d'envoyer, au plutôt, lettre de cachet pour mettre en liberté MM. les princes et duc de Longueville et éloigner de la personne de S. M. le cardinal Mazarin ; 4 fév. 1651 ; *Rouen, Et. Vereul, jouxte la copie imp. à Paris,* 1651, 4 p. (Mazarinade.)

ARREST donné en la Cour de Parlement, en execution des antiennes Ordonnances & Reglements concernans les priuileges des Bourgeois de ceste ville de Rouen, contre les Estrangers ; *Roven, Mart. Le Mesgissier,* 1631, in-8 de 60 p.

ARREST et reglement de la Cour du Parlement sur les disciplines libérales de l'université de Caen ; *Caen, B. Macé,* 1587, in-12.

ARREST notable du Parlement de Normandie ; *Mercure,* 1726, mars, p. 620-627.

A l'occasion d'un procès, suscité par un testament de M. Haillet, lieutenant général criminel au Bailliage et siége présidial de Rouen.

ARREST notable du Parlement de Rouen qui fait défence itérative à toutes personnes de traiter les exécuteurs de la haute justice, leurs familles, ni ceux employés à leurs services, de bourreau, sous peine de 100 liv. d'amende. Fait pareillement défenses, sous les mêmes peines, à toutes personnes d'intercepter la liberté des dits exécuteurs dans les lieux publics, tels que les églises, les promenades, *les spectacles et autres endroits publics ; Rouen, P. Ferrand,* 1781, in-4 de 7 p.

ARREST de la Covr des aydes de Normandie. Portant que les contracts faits entre le Roy et le clergé de France, touchant les immunitez et priuileges des Ecclesiastiques, seront registrez és registres d'icelle, pour en jouyr conformément ausdits contracts & lettres patentes adressez à la dite cour à cette fin; *Roven, imp de l'archevesché, par L. Mavrry*, 1652, in-4 de 14 p.

ARREST de la Cour des Comptes, aides et Finances de Normandie, portant condamnation d'amende, banissement & aumône, contre les nommez Guill. Germain, ci-devant archer de la maréchaussée; Jacques Ganfroy notaire à Bourneville, & encore contre le nommé Acard, pour excès, violences & vexations par eux commises chez les collecteurs des Tailles de la dite paroisse de Bourneville, élection de Pontaudemer. Du 30 mai 1727; *Rouen, J.-B. Besongne le fils*, 1727, in-4 de 7 p.

ARREST de la Cour des Comptes, Aydes et Finances de Normandie, qui ordonne que l'ordonnance des Moulins, l'édit de mil cinq cent quatre, vingt dix sept, et la déclaration du trente-un juillet 1648, seront exécutés selon leur forme et teneur; en conséquence a fait défenses à toutes personnes, à peine de la vie, d'exiger aucuns impôts; 15 juillet 1760; *Rouen, Jacq.-Jos. Le Boullenger*, in-4 de 11 p.

ARREST de la Cour des Comptes, Aydes et Finances de Normandie, qui ordonne que les lettres patentes du mois de juin 1695 et l'arret du 18 mars dern. seront exécutés selon leur forme & teneur; en conséquence, a fait et fait très expresses inhibitions et défenses, sous les peines au cas appartenant, aux Maire et Echevins de Roüen & à tous autres, de souffrir qu'il soit fait aucunes entreprises sur la juridiction de la dite cour, etc.; 19 juin 1760; *Rouen, J.-J. Le Boullenger*, 1760, in-4 de 4 p.

ARREST de la Cour des Comptes, aydes et finances de Normandie, qui ordonne que l'arrest de la Cour du 12 fevrier 1700, sera exécuté dans toutes ses dispositions et que les marchands forains pourront transporter et vendre pendant le tems de foires, les boissons en exemption de droits de gros, dans toutes les places et lieux y mentionnés, à l'exception seulement de la place du Marché-Neuf, à laquelle celle de la Basse vieille Tour ne sera substituée que pour le temps où celle dudit Marché-Neuf se trouvera embarrassée de matériaux pour la bâtisse de la Tournelle & de la Fontaine, etc.; 15 juill. 1760; *Rouen, J.-J. Le Boullenger*, 1760, in-4 de 4 p.

ARREST de Nosseignevrs dv grand conseil dv Roy, povr la déclaration de l'innocence de trois ieunes hommes condamnez & executez à mort par les Juges d'Andely; *Paris, J. Bessin*, 1628, in-8 de 8 ff.;— *Roven, Jean de la Mare*, 1628, in-8 de 16 ff.

ARREST de Réglement rendu les chambres assemblées, concernant les procédures et taxes des juges et des officiers ministériels de la province de Normandie; *Rouen, Rich. Lallemant*, 1765, in-24; —*chez les Imp. du Roi*, 1768, in-24 de 288 p., plus la table.

ARREST donné av Conseil, avec les lettres patentes du Roy, pour les priuileges des foyres octroyez aux Conseillers et Escheuins de la ville de Rouen. Verifiez à Rouen en Parlement & à la Court des aydes en Normandie, le 8 avril et 12 may 1617; *Roven, Mart. Le Mesgissier*, 1617, in-8 de 12 ff.

ARREST donné av Conseil dv Roy, en forme de reglement, pour le priuilege des marchands bourgeois de la ville de Rouen, sur le faict du commerce. Auec l'arrest de la Court de Parlement de Rouen du 24 may 1624; *Roven, Mart. Le Mesgissier*, 1624, in-8 de 16 p.

ARREST du Conseil concernant les droits d'anciens et nouveaux cinq sols, subvention, jauge et courtage dans la généralité d'Alencon; ensemble l'état des lieux sujets auxdits droits; *Paris, Prault*, 1733, in-4.

ARREST du Conseil d'Estat, avec commission, portant que les commissaires députez par S. M. pour tenir son parlement de Rouen, s'assembleront au palais du dit Parlement es chambres et lieux accoutumez, avec injonction aux greffiers, advocats et procureurs d'y continuer leurs fonctions; *Paris, Es-*

tienne et Rocolet, 1640, in-12 de 6 ff.

ARREST dv Conseil d'Estat contre cevx de la religion pretendue reformée, pour la démolition d'vn temple en Normandie où ils faisoient leurs exercices; *Paris, J. Charmoz*, 1665, in-4 de 8 p.

Ce temple, dit la tour de Lindebeuf, construit de 1620-1627, était situé dans la commune de Lindebeuf, arr. d'Yvetot.

ARREST du conseil d'Etat du roi concernant la distribution de l'aumône qui se fait à l'abbaye du Bec, un jour de chaque semaine, depuis la fête de la Chandeleur jusqu'à celle de St Jean Baptiste de chaque année; 17 fév. 1770; *Paris, Imp. roy.*, 1770, in-4 de 3 p.

Arrest ayant pour but de réprimer quelques abus.

ARREST du Conseil d'Estat du Roi concernant les droits de Prud'homme et vendeurs de Cuirs de la ville & vicomté de Ponteau-de-Mer & lieux en dépendans; *Paris, Pierre Prault*, 1742, in-4 de 8 p.

ARREST du Conseil d'Etat du Roy, confirmatif de l'hypothéque sur les meubles en Normandie, conformément à la coûtume de la province; 29 juill. 1747; *Rouen, vᵉ P. Machuel*, 1747, in-4 de 7 p.

ARREST dv Conseil d'Estat dv Roy, donné contradictoirement en faveur des Religieux, Prieur et conuent de l'abbaye royale de Jumiéges, ordre St-Benoist, pour l'exemption de tous droicts d'entrée, pour les passages des vins et autres prouisions de la dite abbaye, passant sur la riuiere de Seine, tant ès villes du Pont-de-l'arche, Roüen et autres lieux, en conséquence de l'eschange fait de la dite ville et domaine du Pont-de-l'arche appartenant à la dite abbaye, auec le Roy Philippe-Auguste et S. Louys roys de France; contre les Fermiers des entrées & tous autres, leur faisant defenses de les y troubler, ny prendre aucun droict pour raison de ce, à peine de cinq cens liures d'amende; 17 mai 1656; in-4 de 4 p., s. d. et s. n. d'imp.

ARREST dv conseil d'estat dv roy donné en forme de réglement; Entre les officiers de la covr des aydes de Normandie; le lieutenant général de la ville de Rouen, les officiers de l'Eslection de la dite ville & les conseillers Escheuins d'icelle (Paris, 1ᵉʳ juin 1647, s. d. et s. n. d'imp.), in-4 de 8 p.

ARREST dv conseil d'estat dv Roy, donné svr les remonstrances du procureur syndic des Estats du Pays et Duché de Normandie, en faueur de la Noblesse et des officiers du Parlement de ladite Prouince; *Roven, David dv Petit-Val & J. Viret*, 1641, in-4 de 8 p.

ARREST du Conseil d'Etat du Roi du 30 sept. 1767, exemptant les négocians de ...., du Havre et de Honfleur du droit de 10 livres par tête des noirs qu'ils porteront aux isles et colonies françoises; *Imp. roy.*, 1767, in-4 de 4 p.

ARREST du Conseil d'Etat du Roy, en forme de réglement, concernant le service des compagnies de la Cinquantaine et Arquebusiers de la ville de Rouen; 6 mars 1739; *Rouen, J.-B. Besongne*, 1739, in-4 de 4 p.

ARREST du Conseil d'Etat du Roy et lettres patentes, qui assujettissent au droit de consommation, les aloses et autres poissons de mer, qui abordent à Rouen, quoique pêchez dans la rivière de Seine; et fixe le dit droit sur les dites aloses, etc.; 12 avril 1740; *Rouen, J.-B. Besongne*, 1740, in-4 de 11 p.

Ce droit fut fixé à 13 sols 5 deniers par panier composé de 4 aloses.

ARRÊT du Conseil d'état du Roi et lettres patentes sur icelui, portant interprétation & extension de quelques dispositions d'autres Lettres-patentes concernant la perception du droit de feux pour l'entretien des phares établis sur la côte de Norm.; 8 déc. 1782; *Rouen, L. Oursel*, 1783, in-4 de 10 p.

ARRÊT du Conseil d'Etat du Roi, et lettres patentes sur icelui, portant diminution du droit de Feux pour l'entretien des Phares établis sur les côtes de Norm.; 10 nov. 1786; *Rouen, L. Oursel*, 1787, in-4 de 16 p.

ARREST du Conseil d'état, lettres patentes du Roy, et arrest de la cour de Parlement de Rouen, qui fait défenses à tous *faillis* et *Banqueroutiers*, de se trouver sur les places de la Bourse de Rouen, aux heures où les négociants s'y assemblent, à peine de 3000 liv. d'amende, qui sera encouruë par le seul fait, aplicable moitié au Roi, et moitié aux hopitaux de cette ville, & fait pareilles défenses à tous gens sans aveu, de s'y trouver aux mêmes heures, sous les mêmes peines; *Rouen, vᵉ P. Machuel*, 1744, in-4 de 15 p.

ARREST du Conseil d'Estat du Roy, par lequel la métropole de Rouen est maintenue dans son ancienne possession d'être soumise immédiatement au Sᵗ Siège; 12 mai 1702, in-4 de 26 p.

On trouve à la suite de cette pièce : Sommaire de la cause entre M. l'archevêque de Rouen et M. l'archevêque de Lyon; 44 p.

— Au Roy : Sire, le désir qu'a l'archevêque de Rouen de voir finir une contestation qui dure depuis 6 ann., etc.; 16 p.; *Rouen, vᵉ et Eust. Viret*, 1702, in-4.

ARREST du Conseil d'état du Roy, portant réglement pour l'établissement de la chambre particulière de commerce dans la ville de Rouen, avec le tarif et lettres patentes en conséquence; 19 juin 1703; *Rouen, Maurry*, 1703, in-4 de 24 p.

Il existe 2 autres édit. de cet arrêt en caractères plus fins, *Rouen, Maurry*, 1703, in-4 de 15 p., et *Paris, Fréd. Léonard*, 1703, in-4 de 16 p.

ARREST dv Conseil d'Estat dv Roi, portant renvoy en la Grand'Chambre du Parlement de Roüen, pour y donner réglement sur le nombre des Médecins de la religion Prétendue Reformée, qui peuvent estre agregez au college de la dite ville. Ensemble l'arrest de réglement donné en la dite Grand'-Chambre, par lequel il est dit que le nombre des médecins de ladite Religion Prétendue Réformée qui pourront estre cy aprez agregez au dit College, sera réduit à deux; Et enjoint aux Médecins de la dite Religion P. R. estant agregez, de suivre & obseruer ponctuellement ce qui leur est ordonné par le Statut dudit College, touchant les advis qu'ils doivent donner aux Malades catholiques, pour l'assurance de leurs consciences; *Roven, J. Viret*, 1663, in-4 de 6 p.

ARRÊT du Conseil d'Etat du Roi, portant suppression d'un arrêté pris par les officiers du Parlem. de Norm., 25 juin 1788 (9 juillet).

ARRÊT du Conseil d'Etat du Roi, portant suppression d'un imprimé intitulé : *Arrêtés de la Cour du Parlement de Rouen, au sujet de l'édit du mois d'avril 1763 et de la déclaration du 24 dudit mois* (27 août).

ARRÊT du Conseil d'Etat (1763) portant suppression des imprimés intitulés, l'un : « *Remontrances du Parlement séant à Rouen, au roi, au sujet de l'édit et de la déclaration du mois d'avril dernier* »; et l'autre : « *Lettre de M. le Chancelier au Parlement de Rouen, ou réponse aux remontrances de ce Parlement* » (27 août).

ARRÊT du Conseil d'Etat du Roi qui casse et annulle les arrêtés, arrêt et procès-verbal du Parlement de Rouen, des 18 et 19 aout présent mois, ensemble tout ce qui s'en est ensuivi, ordonne la radiation d'iceux sur les registres dudit Parlement et mention du présent arrêt en marge d'iceux (24 août) 1763.

ARREST du Conseil d'Estat du Roi, qui casse et annulle les deux arrêts rendus par la Cour des Comptes, aydes et finances de Norm., les 18 et 24 juillet dern., comme étant une suite & une exécution de celui du 15 du même mois, qui a été cassé par l'arrêt que S. M. a rendu en son conseil, le 19 suiv.; 4 sept. 1760; *Rouen, J.-J. Le Boullenger*, 1760, in-4 de 3 p.

ARREST du Conseil d'Estat du Roy, qui évoque au Conseil l'instance pendante aux requestes du Palais. Entre le sieur du Vaucel de Vaucardet ecuyer, l'un des mousquetaires de la prem. compagnie des Gardes du Roy, et le sieur Moreau, président en l'élection d'Evreux; et ordonne que ledit sieur de Vaucardet aura, en cette qualité, la préséance dans les processions, offrandes, distributions de Pain-Béni, et autres honneurs de l'église de la paroisse de St-Gilles de la ville d'Evreux, & en toutes assemblées et cérémonies publiques, avant les officiers de l'Election de la même ville; fait Sa Majesté défenses audit sieur Moreau de l'y troubler; 5 aoust 1724; *Paris, v^e Saugrain & Pierre Prault*, 1724, in-4 de 7 p.

ARREST du Conseil d'Etat du Roi, qui fixe le temps et la durée des foires de la ville de Rouen pour les boissons seulement; 13 mai 1760; *Rouen, Viret fils* (1760), in-4 de 11 p.

ARRÊT du Conseil d'Etat du Roi, qui maintient l'Hôtel de Ville de Rouen dans la propriété & possession de la Halle au bled, & dans le droit d'en distribuer gratuitement les places; 18 janv. 1785; *Rouen, P. Seyer*, in-4 de 18 p.

ARREST du Conseil d'Etat du Roi, qui maintient les Prieur, Juges-Consuls & Syndic des marchands en corps de la ville de Rouen, dans la possession des offices des courtiers de change, laine, marchandises et autres, créés pour la dite ville, comme à eux propriétairement appartenants, les autorise de disposer comme par le passé des places de Courtiers, en tel nombre qu'ils jugeront nécessaire; fait défenses à toutes personnes de s'immiscer dans lesdites fonctions de courtiers, s'ils ne sont porteurs de commission desdits Prieur, Juges-Consuls & syndic des marchands, à peine de 1500 livres d'amende, etc.; 6 janv. 1768; *Rouen, L. Dumesnil*, 1768, in-4 de 22 p.

ARREST du Conseil d'Estat du Roy, qui ordonne par provision l'establissement de la Taille proportionnelle dans la ville de Lizieux, à commencer en l'ann. 1718; 27 déc. 1717; *Paris, Imp. roy.*, 1717, in-4 de 12 p.

ARREST du Conseil d'Estat du Roy, qui ordonne que le lieutenant général & le procureur du Roy pour la police, en la ville, bailliage & vicomté de Vire, connoîtront, à l'exclusion de tous autres Juges, de la réception & établissement des Majeurs, Gardes & Jurez des corps & communautez des marchands et artisans de la dite ville & fauxbourgs de Vire, des brevets d'apprentissage, de l'exécution des statuts desdits Corps & communautez, circonstances & dépendances; 14 may 1701; in-4 de 4 p.

ARREST du Conseil d'estat du Roy, qui ordonne que le sieur de Sainte-Marie, maire de la ville de Vallognes, sera tenu de faire les billets de logemens de gens de guerre dans la chambre du Conseil de la jurisdiction de ladite ville de Vallognes, pour y estre paraphez par le lieutenant général de Police, auquel s^r sera tenu de donner dans tous les actes, la qualité de lieutenant général de Police, à peine de tous dépens, dommages & intérêts; 9 aoust 1701; in-4 de 4 p.

ARREST du Conseil d'Estat du Roy, qui ordonne que les Pourvus des Offices de Jurez arpenteurs créez par Edit du mois de may 1702, en la province de Norm., ou les préposez à l'exercice desdits offices en attendant la vente, y feront toutes fonctions de Notaires Royaux, concurremment avec ceux cidevant établis, encore qu'il n'y ait point dans lesdits lieux de siége de Justice royal; 2 oct. 1703; *Paris, Fréd. Léonard*, 1703, in-4 de 4 p.

ARREST du Conseil d'Estat du Roy, qui ordonne que par devant Mgr. l'Intendant, il sera procédé à l'adjudication, au rabais, des ouvrages à faire au chemin du hallage, le long de la rivière de Seine, depuis Rouen jusqu'à Paris; 21 fev. 1747; *Rouen, Jacq.-Jos. Le Boullenger*, 1747, in-4 de 8 p.

ARREST du Conseil d'Etat du Roy, qui ordonne qu'il sera incessamment procédé à la démolition du vieux batiment de la Romaine et à la construction d'un nouveau bureau sur le Port de la ville de Rouen, lequel sera destiné à la perception des droits des fermes de S. M., au siége de la jurisdiction des ports, au logement du directeur et autres principaux commis & employez; 13 oct. 1722; *Rouen, Jacq. Besongne* et *J.-B. Besongne le fils*, 1722, in-4 de 8 p.

ARREST du Conseil d'Etat du Roy, qui ordonne la reconstruction des portes de la Vicomté et de la Haranguerie de Rouen, démolies pour le bâtiment de la Romaine, 27 sept. 1723; *Rouen, Jacq. Besongne* et *J.-B. Besongne le fils*, 1723, in-4 de 4 p.

ARREST du Conseil d'Etat du Roy, portant qu'il sera fait un nouveau fonds, pour achever la construction des nouv. bâtiments de la Romaine de Roüen; 16 janv. 1725; *Rouen, Jacq.* et *J.-B. Besongne le fils*, in-4 de 4 p.

ARREST du Conseil d'Etat du Roy et lettres patentes, qui ordonnent un nouv. fonds pour païer ce qui reste dû pour la perfection des nouv. bâtiments de la Romaine de la ville de Roüen; 17 et 24 déc. 1726; *Rouen, J.-B. Besongne le fils* (1727), in-4 de 4 p.

ARREST du Conseil d'Etat, ordonnant aux capitaines, lieutenants et centeniers de Rouen, de rechercher le nom des personnes qui se sont absentées de cette ville depuis les mouvements séditieux, commençant par ces mots : *Extrait des registres du Conseil d'Etat, le roi étant en son conseil, bien informé que depuis les émotions arrivées en sa ville de Rouen*... (5 janv. 1640).

ARREST du Conseil d'Etat, ordonnant le rétablissement des bureaux des droits dans la ville de Rouen, commençant par ces mots : *Extrait des registres du Conseil d'Etat, Le roi voulant que tous les bureaux des droits*... (3 janv. 1640.)

ARREST du Conseil d'Estat portant défenses sur peine de la vie, à tous les habitants de la ville de Rouen, d'user et proférer les mots de Monopoliers, Gabeleurs, Maltotiers et autres excitans à sédition. Publié en ladite ville à son de trompe, le 7 janv. 1640; *Paris, Estienne et Rocolet*, 1640, in-12 de 5 p.

ARREST du Conseil d'Estat, portant réglement des droits des Notaires Gardenotes de Norm. Registré en Parlement, le 25 fév. 1681; *Roven, Eust. Viret*, 1683, in-4 de 8 p.

ARREST du Conseil d'Etat (10 janv. 1640), qui nomme les sieurs Pouchet, Liesse, Bouclot, etc., au lieu et place des officiers de la maison de ville de Rouen, interdits par une déclaration précédente, commençant par ces mots : *Le roi, ayant par ses lettres patentes en forme de déclaration du 17e jour de déc. dernier*.....

ARREST du Conseil d'Etat, du 5 janv. (1640), qui ordonne aux conseillers du parlement de Rouen et à ceux des requêtes du Palais, de remettre au greffe dudit parlement tous les sacs, productions, enquêtes, informations et autres actes qu'ils ont entre les mains, commençant par ces mots : *Ext. des registres du Conseil d'Etat. Le roi ayant par ses lettres patentes du dix-septième jour de déc. dernier*....

ARREST du Conseil d'Etat, du 14 janv. 1640, qui ordonne aux fermiers, commis, et autres préposés des bureaux des fermes, de faire connaître, dans les trois jours, les pertes qu'ils ont éprouvées pendant la sédition de Rouen, commençant par ces mots : *Ext. des registres du Conseil d'Etat. Le roy, ayant par arrêt de son conseil du troisième du présent mois*....

ARRÊT du Conseil d'Etat du Roi, qui permet aux Prieur, Juges-Consuls & directeurs de l'octroi des marchands à Rouen d'emprunter, pour subvenir aux dépenses qui restent à faire pour les phares établis sur les côtes maritimes de Norm., jusqu'à concurrence de la somme de 200,000 liv., etc.; 5 juill. 1779; *Rouen, L. Oursel*, 1779, in-4 de 4 p.

ARRET du conseil d'Etat du roi, qui règle les contestations élevées entre les officiers municipaux et les officiers de police de la ville de Verneuil au Perche, au sujet des foires qui se tiennent annuellement dans ladite ville, et prescrit ce que chacun desdits officiers doivent faire, à raison de la tenue et police desdites foires. Ext. du registre du conseil d'Etat; 28 mars 1775; *Paris, Ballard*, in-4 de 8 p.

ARREST du Conseil d'Etat du Roy, rendu contre M. le duc de Bourbon, comme ayant pris le fait et cause de son fermier de la vicomté de l'eau de Rouen.

En faveur de Me Jacq.-Sébastien Larcher, clerc-siégé pour le Roy en la dite vicomté, etc.; 10 juill. 1736; *Rouen, Laur. Dumesnil*, 1749, in-4 de 7 p.

ARREST du Conseil d'Etat du Roi, rendu en faveur des marchands faisant le commerce des pêches à Dieppe; 21 janv. 1759; *Rouen, Rich. Lallemant*, 1767, in-4 de 15 p.

ARREST du Conseil d'Etat, suivi de lettres patentes du roi (7 janv. 1640), ordonnant que la justice sera rendue à Rouen par les commissaires députés à cet effet, et commençant par ces mots : *Ext. des registres du Conseil d'Etat. Le roi s'étant fait représenter en son conseil l'arrêt du quatrième du présent mois...*

ARREST du Conseil, en forme de réglement : touchant le partage des biens des abbayes, & les charges claustrales d'icelles, rendu au raport de M. Chopin d'Herouville, entre M. de St-Simon, abbé de Jumiéges, et les religieux de cette abbaye; 13 avril 1726; (1726), in-4 de 16 p., s. n. d'impr.

ARRÊT du Conseil, Lettres patentes du Roi, portant autorisation de construire une salle de spectacle près la porte Grand-Pont. — Fief de la ville, notes, etc.; *Rouen, N. Periaux*, 1829, in-4 de 28 p.

ARREST du Conseil privé du Roy, avec commission, sur les évocations des procez, demandées avant l'interdiction du Parlement de Rouen; *Paris, Estienne et Rocolet*, 1640, in-12, 4 ff.

ARREST dv Conseil privé dv Roy, portant que les Prieur & Consuls des marchands de Roüen, sont maintenus de connoistre, ou par leur Greffier, les escritures privées de toutes cédules, causées pour fait de marchandises, billets de Change, Comptes, Chartes-Parties, traitez et comptes de société, & de tous autres actes concernans le Commerce et fait de marchandise; 15 octobre 1663; *Roven, J. Viret*, 1663, in-4 de 7 p.

ARREST dv Conseil privé dv roy, portant règlement pour les ministres de la religion pretendue reformée (de Quillebœuf, Ponteaudemer et Bosroger); *Paris*, 1634, pet. in-8.

ARREST et procedvres d'entre Me Nicolas Piedevant prestre natif d'Acquigny, et curé de Forest en Vexin; et l'abbaye de Saint-Wandrille, sur le débat d'une pension congruë. Le tout reueu, corrigé & augmenté par ledit curé, et dédié à Nosseig. du Parlement de Norm. (en vers); *Roven*, *Lavrens Mavrry*, 1633, in-8 en 3 part. de 36, 8, 16 p.

ARRETS de la Cour de Parlement et ordonnances faictes sur la Police en ceste ville de Rouen; *Roven*, *Mart. Le Messissier*, 1587, in-8.

Ce vol. renferme les actes suiv. :

De 1578, sur le pain;
1574, sur le vin, sidre et poirey;
1578, sur le vin, beurre, suif, foing et bois;
1578, sur la chair;
1575, sur la chandelle;
1578, sur le bois, le charriage et port dudict bois;
1576, sur les deffences de brusler feuvres, de jeter eauës par les fenestres et de nourrir pourceaux et commandé de faire cloaques aux maisons et arrester les deniers des louages d'icelles;
1573, sur le vin, sidre, poirey et conihoux, et reglement pour les serviteurs et servantes;
1575, sur le faict du salaire des charretiers pour le port du bois et deffences aux hostelliers, de recevoir aucunes personnes forains, sans en avertir les conseillers et eschevins de ceste dicte ville de Rouen;
1574, sur le faict des bâtimens des maisons et commandé de faire les devantures des dicts bâtimens, de pierre de taille, brique ou maçonnerie;
1580, sur le plastre;
1572, sur le faict de la thuille, et deffences à tous les couvreurs et plastriers de faire aucun regrat de la dite thuille, etc.;
1582, sur le faict de la thuille;
1576, sur le faict du sablon.

ARRESTS du Conseil d'estat du Roy et lettres-patentes, portant confirmation des privilèges du seigneur et des habitans de la seigneurie d'Yvetot, etc.; *Paris, ve Saugrain & P. Prault*, 1723, in-4 de 16 p.

ARRESTS dv conseil d'Estat, en conséquence de l'interdiction de la cour de Parlement de Rouen, pour l'establissement de la justice au lieu et place de ladite cour : avec restablissement de tous les bureaux des droits et affaires de S. M. en ladite ville, et reglement pour la recherche de ceux qui se sont absentez depuis les émotions; *Paris*, *Estienne* et *Rocolet*, 1640, pet. in-8 de 8 ff.

ARRESTS du conseil d'Estat, et de la cour de Parlement de Rouen, portant les noms de ceux qui par contumace sont condamnez à la mort, etc.; *Paris, Estienne* et *Rocolet*, 1640, in-12 de 8 ff.

ARRESTS du Parlement de Rouen, rendus en faveur des huissiers, Priseurs, vendeurs en la Cour des Comptes, aydes et finances de Roüen, contre les huissiers et sergents du Bailliage et vicomté de Rouen, qui maintiennent et gardent lesdits huissiers de la Cour des Comptes, Aydes et Finances dans le droit et possession de faire tous exploits tant dans les Jurisdictions consulaires, Bailliages, etc.; 2 avril et 31 may 1748; 1748, in-4 de 11 p.

ARRÊTS et arrêtés du Parlement de Normandie, depuis les ordres & lettres patentes du Roi présentés le 22 mai 1756, par Mgr le duc de Luxembourg, gouv. de la Province, jusques & compris les remontrances envoyées en conséquence le 4 juillet suivant; 1756, in-12 de 34 p.

ARRÊTS et arrêtés du parlement séant à Rouen, au sujet des transcriptions faites sur ses registres, des radiations, des arrets et arretés des 18 et 19 aout dern. et de l'oppression actuelle des parlements séants à Toulouse & à Grenoble (14-19 nov.), s. l. n. d. (1763), in-12.

ARRÊTÉ concernant la Navigation établie sur la Seine, entre Rouen et Paris; *Rouen*, *Brière*, 1831, in-18.

ARRÊTÉ de la Commission intermédiaire de l'assemblée Provinciale de la Haute-Normandie; *Rouen*, *P. Seyer* & *Behourt*, in-8 de 7 p.

ARRÊTÉ du bureau de charité établi en la maison commune de la ville de Rouen, 5 août 1791.

ARRÊTÉ du Conseil d'Etat du Roi, qui casse et annule l'arrêté de la Chambre des vacations du Parlement de Rouen, du 6 de ce mois. (9 nov. 1789).

ARRÊTÉ du Conseil Général du dép. de la S.-Inf. du vendredi 14 juin 1793, l'an II de la Rép. franç. (Signé Defontenay président et Niel secrét. gén.); *Rouen, J.-J. Le Boullenger*, 1793, in-4 de 36 p.

Relatif aux faits des 31 mai et 2 juin précéd.

ARRÊTÉ du Conseil Général du district de Rouen, portant fixation du *maximum*, pour le prix des toiles, siamoises, mouchoirs et généralement de toutes les marchandises des diverses fabriques y désignées, en resultance de l'art. 1er du décret de la convention nat. du 29 sept. 1793; 7 oct. 1793; *Rouen, L. Oursel*, an II, in-4 de 14 p., —*Rouen, Gallier*, in-12 de 8 p.

ARRÊTÉ du Conseil général du district de Rouen, portant fixation du prix des matières premières qui servent aux fabriques, en résultance du décret de la convention nat. du 29 sept. 1793; 12 oct. 1793; *Rouen, L. Oursel*, in-4 de 12 p.

ARRÊTÉ du Directoire régénéré du dép. de la S.-Inf., sur les moyens à prendre pour améliorer les troupeaux, et perfectionner les laines....; *Rouen*, an II (1793), in-4 de 90 p.

ARRÊTÉ du Parlement de Rouen; 22 août 1787, s. l. n. d., in-8.

ARRÊTÉ du parlement de Rouen. Du 23 août 1787. Ce jour, à onze heures, toutes les chambres assemblées par ordre de M. le premier président, un de MM. a proposé de délibérer sur l'état actuel du parlement de Paris..., s. l. n. d., in-8.

Même ouv. que le précédent, malgré la différence de date.

ARRÊTÉ du parlement de Normandie sur l'édit des vingtièmes (20 déc.), s. l. n. d. (1787), in-8.

ARRÊTÉ du Parlement séant à Rouen, portant fixation d'objets de remontrances au roi, au sujet des édits du mois d'avril 1763 et déclarations du 24 du même mois, portant continuation d'aucuns impôts creés pendant la guerre et établissement de nouveaux; 16 juill. 1763; s. l. n. d., in-12.

ARRÊTÉ du Parlement séant à Rouen, sur l'état actuel du Parlement séant à Paris; 5 fev. 1771; s. l. n. d., in-12 de 11 p.

ARRÊTÉ du parlement séant à Rouen, sur les droits essentiels du parlement et de ses membres, et pour le maintien des droits et prérogatives de la pairie; 10 août 1764; s. l. n. d., in-8.

ARRÊTÉ du Parlement séant à Rouen, sur l'état actuel des classes du Parlement séantes à Rennes et à Pau; 22 août 1765, in-12 de 9 p.

ARRÊTÉ du préfet du département de la Seine-Inf. concernant la construction d'un vaisseau de 74 canons, à offrir au Gouvernement; 18 prairial an XI; *Rouen, P. Periaux*, an XI, in-8 de 10 p.

Ce vaisseau devait être construit aux frais du dép.

ARRÊTÉ pour la police du port de Quillebeuf; *Evreux, Canu*, 1848, in-4 de 11 p.

ARRÊTÉS de la cour du parlement de Rouen, au sujet de l'édit du mois d'avril 1763, et de la déclaration du 24 dudit mois (15 et 18 août); s. l. n. d., in-8.

Cet écrit a été supprimé par arrêt du Conseil d'Etat du 27 août 1763.

ARRÊTÉS du Parlement de Normandie; 9-28 fev.; s. l. n. d. (1757), in-8.

ARRÊTÉS et objets des remontrances du Parlement séant à Rouen; 9-28 fev.; s. l. n. d. (1757), in-12.

Même ouv. que le précédent. V. *Remontrances*.

ARRÊTÉS et lettres au Roi, des classes du Parlement séantes à Dijon, Aix, Toulouse et Rouen, en faveur de celles séantes à Rennes et à Pau; 1765, in-12 de 37 p.

Ce recueil comprend les arrêtés et les lettres publiés depuis le 4 mai 1765 jusqu'au 22 août suivant.

ARRÊTÉS pris et discours prononcés au Bailliage de Cany, au sujet de la révolution éprouvée par la magistrature, depuis le mois de mai 1788, jusques et compris le mois d'oct. suiv. Ext. des registres dudit siége; 8 mai (1788), s. l. n. d, in-8 de 61 p.

Les limites de cet ouv. ne nous permettant pas de donner une énumération complète de tous les arrêts et arrêtés qui concernent la Normandie, nous nous sommes borné à mentionner les principaux, et nous nous faisons un devoir d'avertir nos lecteurs de cette restriction.

ARRIVÉE de la reine d'Angleterre au château d'Eu. Détails sur tout ce qui s'est passé entre le roi des Français et sa famille et la reine d'Angleterre (2 sept.); *Paris, Dupont*, s.d. (1843), in-4.

ARRIVÉE des cendres de Napoléon sur la rade de Cherbourg, le 30 nov. 1840; *Cherbourg, Beaufort et Lecauf*, s. d. (1840), in-8.

ARTHUR, fils de Geoffroy, duc de Bretagne, et de Constance, né à Nantes en 1187, duc de Bretagne en 1196, déclaré duc de Norm. et roi d'Angleterre en 1199, assassiné à Rouen par les ordres de Jean-sans-Terre, son oncle (ou par son oncle lui-même, dit-on), dans une nuit du mois d'avril 1203. Il avait été fiancé avec Marie, fille de Philippe-Auguste, roi de France. V. sur la mort de ce prince: *Les Historiens de France*, t. XVII; Depping, *Hist. de Norm.*, t. II, liv. 7, chap. 1; un poëme de M. A. Fossé, etc.

ARTHUR (*J.-Fr.*), professeur de mathématiques et de navigation, membre de la Soc. d'Encouragement, etc., né à Bernières-sur-Mer (Calvados), le 11 avril 1795, est auteur de: *Description, théorie et usage du cercle de réflexion de Borda; Paris, Carilian-Gœury*, 1824, in-8, avec 5 pl.

ARTICLES accordez par la clémence du Roy. A monsieur Prudent, lieutenant du chasteau de Caen. Et ceux qui luy ont esté refusez pour le regard de monsieur le cheualier de Vandosme. Ensemble le pourparler qui a esté entre M. de Cailleteau, envoyé de la part de Majesté, et ledit sieur lieutenant, sur la déliurance de la place. Et le tumulte arriué entre les soldats dudit chasteau, les noms de ceux qui ont esté blessez et tuez. Le tout recueilli par le sieur Des-Marest, député pour les fortifications de l'armée du Roy, présent en la dicte affaire (18 juill.); *Paris, Mesnier*, 1620, in-8 de 16 p.

Cette plaquette a été réimprimée à la suite de la relation du *Siége du château de Caen, par Louis XIII, etc.*, par M. L. Puiseux; *Caen, Le Gost-Clérisse*, 1856, in-8, p. 103-111.

ARTICLES accordez povr la trefve generalle; *Roven, Raph. du Petit-Val*, 1593, pet. in-8 de 24 p. (la dern. est blanche).

Lu et publié à Rouen le 7 août 1593 à son de trompe.

ARTICLES de la Réformation faicte au monastère des religieuses de l'Abbaye Saincte-Marie de Montivilliers, de l'ordre de St. Benoist, diocèse de Rouen, avec la confirmation du St-Siège Apostolique; *Paris, Cl. Morel*, 1605, pet. in-24.

ARTICLES (les) de remontrances, etc. V. *Remontrances.*

ARTICLES particuliers accordés à ceux de la religion prétendue réformée, sur l'édit de pacification donné à Nantes, vérifiés en la Cour de Parlement de Rouen; *Rouen, Mart. Le Mesgissier*, 1610, in-8.

ARTOIS (*Jacq.* d'). Jacobi Artisiani Roiani, Alenconicæ Scholæ pedagogi, de latinæ syntaxeos ratione, libri undecim, ad cives Alenconicos; *Cadomi, ex officina Philipporum*, 1557, in-12 de 281 p.

Syntaxe latine composée par Jacques Artésian (ou d'Artois), natif de Roye en Picardie, et dédiée aux habitans d'Alençon.

ARVERS. Mém. sur les manufactures d'acides (dans la S.-Inf. et particulièrement à Rouen); *Soc. lib. d'Emulat. de Rouen*, 1817, p. 43-63.

De société avec M. Gervais, M. Arvers a composé un mém. intitulé : Recherches sur l'origine et les progrès de la fabrication des toiles imprimées à Rouen, dites indiennes; *Soc. d'Emulat.*, 1816, p. 64-79.

ASSAUT (l') et prinse d'une ville en Brabant, avec la défaite des gens de l'Empereur, faite par le duc de Clèves; et la prinse de la ville de Vienne, faite par le grand Turc; avec la prinse des anglois faite sur la mer par les Dieppoys; *Rouen, Jean l'Homme*, 1543, in-8.

ASSELIN (*Gilles-Thom.*), doct. en Sorbonne, né à Vire en 1682. Poète, il se montra le digne élève de Th. Corneille, en composant une touchante élégie sur la mort de l'auteur d'Ariane. Il mourut à Issy, près Paris, le 11 oct. 1767. Asselin est auteur de plusieurs ouv. ascétiques, parmi lesquels nous citerons : *La Religion, poème, avec un Discours* (en prose), *et quelques autres ouvrages de poésie; Paris, l'Hermite*, 1725, in-8.

ASSELIN (*Michel*). Examen analytique de la topographie et de la constitution médicale de l'arrondiss. de Vire (Calvados); *Caen, F. Poisson;* et *Vire, Adam*, 1819, in-8 de 347 p.

M. Michel Asselin était D^r en méd.

ASSELIN (*Nicolas*), bénédictin, né à Fécamp dans le XVIIe sc., mort à l'abbaye de St-Denis, le 14 fév. 1724, est auteur de quelques ouv. ascétiques.

ASSELIN (*Augustin*). Discours préliminaires sur la vie et les ouvrages d'Olivier Basselin; *Vire (Avranches)*, 1811, gr. in-8 de 36 p.

Ext. de l'édit. des Vaudevires, publiée par cet auteur en 1811.

— Détails hist. sur l'ancien port de Cherbourg, pour servir de réponse à un mém. de M. de Gerville, ayant pour titre : Recherches sur l'état des ports de Cherbourg et de Barfleur pendant le moyen âge; *Cherbourg, Boulanger fils*, 1826, in-8 de 69 p.

Ce mém. a été réimprimé dans le 1er vol. des *Archives norm.*

— Note sur un dépôt considérable de médailles romaines trouvé dans la paroisse de Sottevât, arrondiss. de Valognes, le 19 mars 1819; *Soc. des Antiq. de Norm.*, 1829 et 1830, p. 326-330.

— Notice sur la découverte des restes d'une habitation romaine dans la mielle de Cherbourg, et sur d'autres antiquités trouvées de nos jours, dans les arrondiss. de Valognes et de Cherbourg, avec un supplém. à cette notice; *Cherbourg, Boulanger*, 1830-32, in-8 de 33 et 26 p. avec 1 pl.

Ce travail a été réimp. dans les *Mém. de la Soc. acad. de Cherbourg*, 1838, p. 157-199.

— Notice sur Louis Vastel, avocat au Parlement de Norm., etc.; *Ann. norm.*, 1830-31, p. 281-287.

— Biographie de l'abbé de Tourlaville; *St-Lô, Elie*, 1831, in-8 de 16 p.

Ext. de l'*Ann. de la Manche*, 1832, p. 231-240. Tourlaville dépend de l'arrondiss. de Cherbourg.

— Mémoire sur un temple gaulois à Kerkeville, arrondiss. de Cherbourg; *Cherbourg*, 1833, in-8 de 28 p., avec fig.

Ext. des *Mém. de la Soc. acad. de Cherbourg*, 1833.

—Mém. sur la grande cheminée de Quinéville; *Cherbourg*, 1835, in-8 de 16 p.
Ext. des *Mém. de la Soc. acad. de Cherbourg*. 1835.
L'opinion de M. Asselin est que cette construction fut un phare dont l'érection remonte au 1er sc. de l'ère chrét. V. *Ann. de la Manche*. Quinéville est situé sur la côte de la Manche, à 12 kil. de Valognes.

— Biographie de M. Victor Avoine-de-Chantereine, conseiller à la Cour de Cassation; *Soc. acad. de Cherbourg*, 1835.
Il a été fait un tirage à part de cette notice, qui a été reproduite dans l'*Ann. de la Manche*, 1836, p. 125-132.
JEAN-AUGUSTIN ASSELIN, maire de Cherbourg, puis sous-préfet de Vire et de Cherbourg, est né dans cette dern. ville le 1er janv. 1756. Il y est mort le 9 nov. 1845, léguant sa riche bibliothèque à la ville de Cherbourg. Indépendamment des ouv. cités ci-dessus, nous rappellerons les suiv. :
Les Distiques de Muret, trad. en vers français par Aug. A......; *Vire, Adam*, 1809, in-8. Une 2e édit., destinée aux élèves du collége de Cherbourg, a paru en 1832, in-8.
—*Comes Juventutis*, recueil de pensées morales, en vers et en prose, destinées à la jeunesse; *Vire, Adam*, 1807.
V., sur cet archéologue-administrateur, la Notice de M. Ballin, *Ann. norm.*, 1847, celle de M. De la Chapelle, *Ann. de la Manche*, 1847, et *Soc. acad. de Cherbourg*, même année.

ASSELIN (*Jean-Louis*), dit Cherville, vice-consul de France, premier drogman de la Cour d'Alexandrie, né à Cherbourg, le 10 juillet 1732, et mort au Caire le 25 juin 1822. Sa bibliothèque, composée de 1,460 vol. mss., a été acquise par le gouvernement et déposée à la Biblioth. Imp. La plupart de ces mss. traitent des langues, de la littérature et de l'histoire de l'Orient. V., sur cet orientaliste, une notice de M. V. Le Sens, *Ann. de la Manche*, 1845.

ASSELINE (*David*). Histoire de la ville de Dieppe, depuis sa naissance, l'an 1080, qu'elle a commencé à se former, jusqu'à présent, 1682; ms. in-f., dont l'original était dans la biblioth. de M. Foucault.
« Cette histoire n'est pas sans mérite (dit le P. « LeLong, no 35,239), l'auteur y parle de l'an« tiquité de la ville et de tous les établisse« ments qui s'y sont faits, de l'Hôtel de ville « et de ses officiers, du commerce. Feu « M. Simon voulait la réduire à 1 vol. in-12, « en y retranchant ce qui n'était pas inté« ressant, et en y ajoutant les vies des hom« mes illustres de cette ville, ce qu'il n'a « pas exécuté. » Asseline, né à Dieppe, prêtre habitué de l'église St-Jacques de cette ville, est mort à Longueil en 1703.

ASSEMBLÉE centrale de résistance.—Départements réunis. Assemblée centrale de résistance à l'oppression; *Caen, G. Leroy*, 1793, in-4.
Le titre de départ, p. 3, porte en plus : Déclaration que fait à la France entière l'assemblée centrale des dép. du nord-ouest, des motifs et de l'objet de sa formation. Signé L. J. Roujoux, président, et Louis Caille, secrétaire.

ASSEMBLÉE (l') des notables de France, faite par le Roy en sa ville de Rouen, auec les noms des dicts Esleus & notables; *Rouen, Mart. Le Mesgissier* (1617), pet. in-8 de 8 p. jouxte la copie imp. à *Paris* par *Abr. Sangrin*.
Cette dernière forme 15 p.
Suivant le P. Le Long, no 27,561, Hugues Picardet, procureur gén. du Parlement de Dijon, mort en 1641, serait l'auteur de cet écrit.
Il ne faut pas confondre l'assemblée des notables tenue à Rouen le 4 déc. 1617 avec celle qui fut tenue en cette ville par Henri IV dans la grande salle de l'abbaye de St-Ouen le 4 nov. 1596. Cette dernière a fourni le sujet des deux tableaux qu'on voit au musée de Versailles : l'un, peint par Rouget, salle no 7; l'autre, peint par Jean Alleaux, salle des Etats-Généraux, no 139. V., sur ces deux événements, Godefroy, *Cérémonial françois*, t. II, p. 382-402.

ASSEMBLÉES provinciales de Normandie, Rouen, Caen et Alençon, 1787-1790, 6 vol. in-4. V. *Procès-verbal des séances*, *etc*.

ASSERIUS-MENEVENSIS. Asserii Menevensis annales rerum gestarum Ælfredi Magni, recens. Fr. Wise; *Oxonii*, 1722, in-8, avec 1 portr. et 1 specimen du texte de l'ouv. en caract. saxons.
Renferme un fragment *De Normannorum incursionibus*, ann. 886 et 887.

ASSIE (le Sr d'), hydrographe au Havre, a publié : 1o Le Pilote expert, en 2 part.; *Havre-de-Grace, Jacq. Hubault* (vers 1694), in-4. 2o Le Nouveau Monde; *Havre-de-Grace, Jacq. Hubault* (vers 1694), in-12.

ASSOCIATION (l') de la confrérie de Notre-Dame de Bonsecours, érigée en la paroisse de Blosseville-lès-Rouen, vers 1300, confirmée par les statuts ordonnés par le Révér. Père en J.-C., Georges d'Amboise, cardinal, archevêque de Rouen, 1546; *Rouen, Lecrêne-Labbey* et *Mégard & Cie*, s. d., in-8 de 24 p.

Publié d'après un imprimé de 1775.

ASSOCIATION normande. Société fondée en 1832, par M. de Caumont, pour l'encouragement de l'agriculture, de l'industrie, et en vue d'obtenir une statistique complète de la Norm. Chaque année, cette société publie un annuaire in-8 et tient une assemblée générale dans l'une des principales villes de la province. 23 années ont paru, de 1835-1857. V. Notice sur l'origine de l'Association norm.; *Ann. norm.*, 1838, p. 1-XVI.

Indication des villes dans lesquelles se sont tenus les Congrès agricoles et industriels de l'Association norm. depuis l'année 1833 *jusqu'à l'année* 1856.

1833, Caen;	1844, Coutances;
1834, Id.;	1845, Neufchâtel;
1835, Evreux;	1846, Argentan;
1836, Alençon;	1847, Carentan;
1837, St-Lô;	1848, Bernay;
1838, Pont-Audemer;	1849, Pont-l'Évèque;
1839, Avranches;	1850, Fécamp;
1840, Dieppe;	1851, Lisieux;
1841, Cherbourg;	1852, Domfront;
1842, Rouen;	1853, Andelys;
1843, Mortagne;	

1854, Avranches et Granville;
1855, Caen et Neubourg;
1856, Gournay et Forges.

Indépendamment de ces congrès, l'association a tenu des séances générales à Argences, Aulnay, Bayeux, Bretteville-sur-Laize, Condé-sur-Noireau, Dozulé, Falaise, Flers, Harcourt, Lisieux, Mortain, St-Lô, St-Pierre-sur-Dives, Troarn, Trouville, Vassy, Verneuil et Vire, localités où elle a fait des enquêtes sur l'état de l'agricult. et de l'industrie.

—Association norm.; *Caen, A. Le Roy*, 1833, in-8 de XIV et 27 p. Renferme le plan d'une statistique générale des cinq départements de l'anc. Norm.

—Réunion générale, 19 et 20 juillet 1833; *Caen, A. Le Roy*, 1833, in-8 de 30 p.

—Séances générales, 18 et 19 avril 1834; *Caen, A. Le Roy*, 1834, in-8 de 24 p.

—Session de 1835, à Evreux; *Evreux, Ancelle fils*, 1835, in-8.

Ext. des Mém. de la Soc. libre d'Agricult., Sc., Arts et B.-Lett. de l'Eure.

—Notice sur l'arrondiss. de St-Lô (Procès-verbal des séances, etc.); *Ann. norm.* (1838), p. 281-334.

—Notice sur l'arrondiss. de Lisieux (Procès-verbal des séances, etc.); *Ann. norm.* (1838), p. 85-130.

—Session générale annuelle tenue dans la ville d'Avranches en 1839, etc.; *Ann. norm.*, 1840, p. 1-110. Ce mém. concerne non-seulement la ville d'Avranches, mais la statistique de tout l'arrondiss. de ce nom.

—Séance générale tenue à Mortain; *Ann. norm.*, 1840, p. 254-300. Présente la statistique de l'arrondiss. de Mortain.

—Session annuelle, 1840 (tenue à Dieppe), art. signé X.; *Revue de Rouen*, 1840, 2e sem., p. 25-32.

—Session générale tenue dans la ville de Cherbourg en 1841; *Ann. norm.*, 1842, p. 143-317, avec 1 pl. Comprend: Enquête agricole (sur les progrès de l'agricult. dans l'arrondiss. de Cherbourg), p. 144-178; — Enquête industrielle (mouvem. commercial de Cherbourg en 1839), p. 178-197; — Boulangerie et taxe du pain, à Cherbourg, p. 198-215; — Compte rendu de l'excursion à Martinvast et Notice sur l'exploitation rurale de Martinvast, par M. le comte du Moncel, p. 215-245, avec 1 plan; — Compte rendu de la visite faite à la digue de Cherbourg, par l'Association norm., le 17 juill. 1841, par M. Castel, agent-voyer chef, à Bayeux, p. 245-271; — Enquête morale et administrative: Statistique morale et intellectuelle de la ville de Cherbourg, par M. Noel-Agnès, p. 271-316. Cette enquête est suivie d'un mém. de M. Marie sur les perfectionnements à introduire dans l'enseignement prim.

—Session générale annuelle tenue dans la ville de Rouen, en 1842, (et Visite à Elbeuf); *Ann. norm.*, 1843, p. 207-704.

Le compte rendu de cette session comprend: 1re sect., l'Agriculture et l'Industrie agricole; — 2e sect., l'Industrie, le Commerce et la Navigation, — Visite faite à Elbeuf; — 3e sect., les Sciences physiques, naturelles, médicales, morales, l'Instruction, l'Economie sociale; — 4e sect., la Littérature, les Beaux-Arts, l'Archéologie. Ce compte rendu a paru également dans la *Revue de Rouen*, juill. 1842. Il en a été tiré quelques exempl. séparément; *Rouen, N. Periaux*, in-8 de 28 p.

—Session générale annuelle tenue dans la ville de Mortagne, en 1843; *Ann. norm.*, 1844, p. 179-344. Elle comprend: Enquête agricole, p. 188-245. — Visite faite au monastère de la Trappe, p. 246-254, le 17 juill. 1843. — Instruction. — Etablissement de Charité et Hospice de Mortagne, état moral de l'arrondiss., p. 256-306. — Mém. sur l'Hist. de Mortagne, par M. Patu de St-Vincent, p. 306-333.

—Séances générales tenues à Laigle; *Ann. norm.*, 1844, p. 345-362.

—Extrait des Bulletins du Congrès agricole de la Norm., XIIe session, tenue à Coutances; *Ann. de la Manche*, 1845, p. 495-521.

—Session générale annuelle tenue dans la ville de Coutances en 1844 (enquête agricole, industrielle et morale); *Ann. norm.*, 1845, p. 185-320. Signé Girardin, président;

Renault, secrét. gén.; de Caumont, directeur. On doit à M. Renault, alors juge d'instruction à Coutances, la rédaction de ce compte rendu..

—XIIIe Congrès agricole de la Norm. Session générale annuelle tenue dans la ville de Neufchâtel en Bray, S.-Inf., en 1845; *Ann. norm.*, 1846, p. 273-679.

Ce travail forme en quelque sorte une statistique de l'arrondiss. de Neufchâtel; il comprend, entre autres, deux mémoires du Dr Cisseville, l'un sur les eaux minérales de Forges, l'autre sur la recherche de la houille dans la S.-Inf.

—Séance tenue le 6 oct. 1845, à St-Pierre-sur-Dives; *Ann. norm.*, 1846, p. 680-716.

Traite principalement de la culture des arbres à fruits à cidre dans la contrée, des procédés employés pour la fabrication des cidres et poirés et de la distillation des eaux-de-vie.

—XIVe session du Congrès agricole et industriel de Norm., à Argentan, en 1846; *Ann. norm.*, 1847, p. 179-431, avec 1 carte.

—Séance générale tenue à Falaise, le 30 janv. 1847; *Ann. norm.*, 1848, p. 1-37.

—Session générale annuelle tenue dans la ville de Carentan, en 1847; *Ann. norm.*, 1848, p. 102-316.

—Session générale annuelle tenue dans la ville de Bernay, en juill. 1848; *Ann. norm.*, 1849, p. 187-302.

— Session générale annuelle tenue dans la ville de Pont-l'Evêque, suivie d'une Excursion à Honfleur et à la Tonnellerie mécanique de Troussebourg; *Ann. norm.*, 1850, p. 140-350.

— Enquête agricole à Goderville, les 20 et 21 juill. 1850; *Ann. norm.*, 1851, p. 323-382.

— Séance tenue à Lillebonne, juill. 1850; *Ann. norm.*, 1851, p. 389-402.

— Congrès agricole et industriel de l'Association norm. Séances tenues à Fécamp; *Ann. norm.*, 1851, p. 218-260.

Indépendamment de l'Enquête morale, commerciale et maritime, ce compte rendu renferme des notes de M. Liépard sur les établissements publics de la ville de Fécamp; de M. E. Marchand, sur la constitution hygiénique et sanitaire de la ville de Fécamp, considérée par rapport aux épidémies cholériques de 1832 et 1849; de M. L. Couillard, sur la bibliothèque publique de cette ville, biblioth. qui se composait alors de 8,500 vol.

— Enquête agricole à Vassy (Calvados), le 26 avril 1851; *Ann. norm.*, 1852, p. 175-203.

— Séances tenues à St-Lô, avril 1851; *Ann. norm.*, 1852, p. 100-130.

—Séance générale tenue à Condé-sur-Noireau, le 21 avril 1851; *Ann. norm.*, 1852, p. 131-174.

— Congrès agricole et industriel. Session générale de 1851, à Lisieux, juill. 1851; *Ann. norm.*, 1852, p. 204-340.

Dans ce compte rendu est compris le récit d'une excursion à Orbec, p. 244-261.

— Séances tenues à Gisors, les 4 et 5 oct. 1851, avec le concours du Comice agricole de Gisors et de la Soc. franç. pour la conservation des monuments hist.; *Ann. norm.*, 1852, p. 502-538.

— Session générale à Flers. Enquête industrielle; *Ann. norm.*, 1853, p. 128-207.

— Session générale à Domfront. Enquête agricole; *Ann. norm.*, 1853, p. 208-335 et 545-556.

— Séance générale tenue à Caen, le 19 déc. 1852. Séances tenues à Caen à l'occasion du concours régional, 10 et 11 mai 1853; *Ann. norm.* 1854, p. 130-180.

— Session de 1853, tenue aux Andelys (Eure); *Ann. norm* 1854, p. 181-276.

— Séances tenues à Vimoutiers, 30 et 31 oct. 1853; *Ann. norm.* 1854.

— Session départementale de l'Assoc. norm. dans la ville de Verneuil-sur-Avre, les 16, 17 et 18 sept. 1854; *Ann. norm.* 1855, p. 337-406.

— XXIIe congrès. Session de 1854, tenue à Avranches et à Granville; *Ann. norm.* 1855, p. 120-324.

—XXIIIe congrès. Session de 1855, tenue à Caen et à Bayeux.; *Ann. norm.* 1856, p. 83-318.

— Séances générales tenues au Neubourg, 31 sept. et 1er oct. 1855; *Ann. norm.* 1856, p. 319-375.

—XXIVe congrès pour les progrès de l'agriculture et de l'industrie. Session de 1856, tenue à Gournay (S.-Inf.); *Ann. norm.* 1857, p. 114-148, 177-251.

— Excursion à Forges-les-Eaux; *Ann. norm.* 1857, p. 149-176.

Ces divers documents, fournis par des hommes spéciaux de chaque localité, sont précieux et doivent être consultés avec fruit par ceux qui désirent connaître ces localités.

ASSOCIATION pour le progrès de l'agriculture, de l'industrie et de l'instruction dans l'arrondiss. de Falaise; *Falaise*, imp. de *Brée l'aîné*, 1835-1837, 10 cahiers formant 2 vol. in-8, fig.

M. Galeron s'est montré l'un des membres les plus zélés de cette société à laquelle on doit les 2 prem. années de l'Annuaire de l'arr. de Falaise : 1836 et 1837.

Créée le 7 décembre 1834, l'Assoc. pour le progrès de l'agric. s'est réunie le 1er janv. 1838 à la Société académique des sciences, arts et belles-lettres de Falaise, ainsi qu'à la Société d'agriculture de l'arrondissem. Ces 3 Soc. réunies prirent alors le titre de *Société académique, agricole, industrielle et d'instruction de l'arrondiss. de Falaise.*

ASSOCIATION pour les progrès de l'agriculture à Cherbourg; 1835, in-8.

ASSOCIATION sous le titre de la Ste-Agonie de N. S. J.-C. mourant au Calvaire et de la Ste Vierge N. D. de douleurs, instituée pour obtenir une bonne mort, et érigée en l'église des Pères de la congrégation de Jésus, à Rouen; *Rouen, J.-J. Le Boullenger*, 1745, in-32 de 126 p.

ASSOCIATION sous le titre de la Ste-Agonie de N. S. J.-C. et de l'Invocation de la Ste Vierge pour obtenir une bonne mort, érigée en la paroisse de N. D. de Bon-Secours-lès-Rouen; *Rouen, Et.-Vinc. Machuel*, 1775, in-18 de 64 p., et *Rouen, Mégard*, 1820, in-18 de 72 p.

ASTROLOGUE (l') de Darnétal, ou le prophète qui ne ment point; *Rouen*, imp. d'*Ang. Lefebre* (an XI), in-8 de 12 p.

ASTUCIEUSE (l') Pythonisse, ou la fourbe magicienne, etc. V. DUTRÉSOR.

ATLAS de l'Orne. 1re flle. Carte topographique des cantons Est et Ouest d'Alençon; *Paris, Kœppelin*, 1842.

AUBE (*René-Franç.-Richer* d'), jurisconsulte. V. RICHER.

AUBÉ (*Ph.-A.*). La sapience normande, par l'auteur de : Le Brahmane, ou l'école de la raison. Lettre à M. le recteur de l'académie de Rouen. La Religion et l'homme, p. 275, 322; *Elbeuf, Barbé*, 1851, in-8 de 48 p. Cet écrit, signé : *Le Brahmane, Ph.-A. Aubé*, fait partie d'un ouv. à idées bizarres, commencé en 1841 et continué sous des titres variés. En 1856, il a publié : *Le Serpent d'airain, anneau sacré des chiffres de la pensée, etc.*; *Elbeuf, Barbé*, in-8 de 36 p.

AUBÉPIN (*H.*). Georges Delisle, sa vie et ses ouvrages; *Paris, Durand*, 1856, in-8 de 12 p.

Ext. de la *Revue bibliog. et critique de droit français et étranger*, déc. 1855 et avril 1856.
V. DELISLE, jurisconsulte, né à Caen.
M. Aubépin, Dr en droit, est substitut à Nevers.

AUBER (*G.-J.-Vincent*). Supplément au mém. de la Soc. d'Emulation de Rouen, sur la nécessité de conserver et d'agrandir le Jardin botanique de la S.-Inf.; *Soc. d'Emulat. de Rouen*, an VI, in-4 de 8 p.

— Mém. sur les motifs qui devroient déterminer le corps législatif à établir un lycée et une soc. nat. dans la commune de Rouen; *Soc. d'Emul. de Rouen*, an VII, in-4 de 12 p.

— Rapport sur les moyens à prendre pour améliorer les troupeaux et perfectionner les laines dans le dép. de la S.-Inf. et dans la république; *Rouen*, 1795, in-4.

— Rapport sur les prix nationaux d'agriculture dans le dép. de la S.-Inf.; *Rouen*, 1795, in-4.

— Mémoire sur le gisement des côtes du dép. de la S.-Inf.; sur l'état actuel de ses ports, tant sur la Manche que sur la Seine, sur les moyens de les perfectionner, et sur les canaux qu'il seroit utile d'y établir pour faciliter la navigation intérieure. Par l'admin. du dép. de la S.-Inf., conformément au décret du 24 vendém.; *Rouen, imp. du Journal et du dép. de la S.-Inf.*, an III (1795), in-4 de 34 p.

Auber était alors secrét. de correspondance de la Soc. d'Emulat. de Rouen.

— Mémoire sur la nécessité qu'il y a de conserver, de multiplier, de réunir dans les départements les chefs-d'œuvre de l'art, et en particulier ceux de la commune de Rouen; suivi d'observ. sur le même sujet, par B. Vauquelin; *Rouen*, 1797, in-4.

GUILL.-JACQ.-VINCENT AUBER, professeur de belles-lettres à l'Ecole centr. de Rouen, né en cette ville le 22 janv. 1745, y est mort le 15 mai 1803.—V., sur ce professeur, la notice de Le Carpentier; *Rouen, Guilbert*, an XII, in-8.

AUBER. Industriel distingué, qui a fait faire des progrès à la fabrique de Rouen, en y introduisant les métiers à la Jacquard. La ville a donné son nom à l'une de ses nouv. rues.

AUBER (*Louis*). Observations sur la situation industrielle, adressées au ministre de l'agric. et du commerce; *Rouen, Lecointe frères*, 1848, gr. in-8 de 15 p.

M. L. Auber, fabricant de tissus-nouveautés à Rouen, est fils du précédent.

AUBER (*Edouard*). Notice sur Trouville-les-Bains; *Paris, Vor. Masson*, 1851, in-8 de 48 p.

AUBERT (*Louis-Urbain*), marquis de Tourny, administrateur, né aux Andelys en 1697 et mort en 1758. De l'intendance de Limoges, il passa à celle de Bordeaux, où il fit exécuter d'importants travaux, tant pour l'embellissement de cette ville que pour l'amélioration de son port. Les Bordelais ont donné le nom de Tourny à l'une de leurs promenades publiques. V. Eloge de M. de Tourny, couronné en 1808 par la Soc. des Sc. et Arts de Bordeaux; *Périgueux*, 1809, in-8 de 83 p. avec 1 portr. — La Rochefoucauld, *Hist. des Andelys*, p. 197.

Dans l'éloge couronné par la Soc. des Sc. et Arts de Bordeaux, M. de Tourny est appelé *Louis-François Aubert*, seigneur de Tourny.

AUBERT (d'), poète du XVIIIe sc., né à Caen, est auteur de plusieurs pièces couronnées par l'Acad. des Palinods de Rouen, en 1774. V. ce recueil, année 1774.

AUBERY (*Louis*). L'Histoire du Cardinal duc de Joyeuse, à la fin de laquelle sont plusieurs mémoires, lettres, dépêches, instructions, ambassades, relations et autres pièces non encore imprimées; *Paris*, *R. Denain*, 1654, in-4, avec portr.

Aubery était avocat au Parlement et aux Conseils du Roi.

AUBIGNÉ (d'). Monseigneur d'Aubigné, pair de France, archev. de Rouen, Primat de Normandie, a érigé la chapelle de Notre-Dame de Bonport, située au marais de la paroisse d'Anneville, et les fondations faites par M. le Président Dupont, en titre de Bénéfice ecclésiastique presbyteral, avec résidence actuelle, suivant et pour les causes contenues aux actes ci-après; s. d., pet. in-12 de 24 p.

AUBIGNY (*Marc-Ant.*, comte d'), lieutenant général, né à Falaise au commencement du XVIIIe sc., et célèbre par la victoire de St-Cast remportée sur les Anglais en 1758. Il mourut en 1777, âgé de 76 ans.

AUBIN (*C.-P.-M.*). Mémoire présenté à Buonaparte, lors de son passage à Caen, le 23 mai 1811, sur la nécessité d'ouvrir une nouvelle embouchure à la rivière d'Orne, entre Colleville et Oystreham, et de la rendre navigable dans son cours supérieur; *Caen*, *Le Roux*, in-8 de 11 ff.

AUBRY (l'abbé), né à St-Jouin, près le Havre, est auteur d'un poème latin sur l'Université d'Oxford. V. *Acad. de Rouen*, 1808, p. 226-229.

AUDE (*J.*). Corneille au Capitole, scènes héroïques (en vers), à l'occasion du rétablissement de S. M. Marie-Louise, impératrice et reine, après la naissance du roi de Rome, représentées le 21 avril 1811, sur le théâtre de l'Odéon; *Paris*, *Mme Masson*, 1811, in-8.

AUDET (*Gab.-Ant.-Nic.*). Poésies latines et françaises qui ont obtenu des prix ou des mentions honorables au nouveau concours du Palinod de Caen, le 13e messidor, 2e année de la république; *Caen*, *G. Le Roy*, 2e année républ.

V. *Pièces de Poésies couronnées, etc.*

AUDIGANNE. Les populations ouvrières et les industries de la France dans le mouvement social du XIXe sc.; *Paris*, *Capelle*, 1854, 2 vol. in-12.

Le chap. 2 traite des *Ouvriers de la Normandie*, et occupe les p. 61-110 du t. II.

AUDOUIN et Milne Edwards. Extrait du rapport fait à l'Acad. des Sc. par Cuvier et Duméril, et Résumé des recherches sur les animaux sans vertèbres, faites aux îles Chaussey, en 1828; *Paris*, *Crochard*, 1828, in-8 de 15 p.

Ext. des *Annales des Sc. naturelles*.

AUFFAY (*Alfred* d'). Chantereine, le riant verger des folâtres amours des ducs de Normandie; *Revue de Rouen*, 1835, 2e *semestre*, p. 145-157.

— Le château de Navarre (Eure); *Revue de Rouen*, 1838, p. 213-228.

Le comte Alfred d'Auffay, né à Rouen le 26 déc. 1809, bibliophile distingué, possède l'une des plus rares et des plus curieuses collections normandes. Il a publié dans la *Gazette de Norm.* des notices sur les châteaux de Bizy et de Malassis (Eure) et sur la vallée de la Durdent (S.-Inf.), notices dont il a été fait des tirages à part, à un très petit nombre d'exempl.

AUGE (l'abbé *Alain* d'), habitué de la paroisse St-Jean de Caen, précepteur de Huet, évêque d'Avranches, naquit à Caen, où il mourut le 15 août 1683, à l'âge de 75 ans. Il est auteur de poésies et d'ouv. de controverse.

AUGER (l'abbé), membre de l'Acad. de Rouen, 1770-1777, anc. professeur d'éloquence dans la même ville, né à Paris en 1734, mourut en 1792. Il est auteur de trad. de Démosthènes, d'Eschine, d'Isocrate, de Lysias, de Discours sur l'éducation prononcés au collège de Rouen, et Réflexions sur l'amitié (*Rouen*, *Le Boucher fils*, 1775, in-12), et d'un volumineux ouv. intitulé :

Constitution des Romains sous les rois et du temps de la république.

AUGER (*L.-S.*). Eloge de P. Corneille; Discours qui a obtenu l'accessit, au jugement de la classe de la langue et de la littérature franç.; *Paris, Xhrouet*, 1808, in-8 de 56 p.

Louis-Simon Auger, biographe et critique, devint membre de l'Acad. franç.

AUGER (*J.-B.-Amand*), chef d'institution, proviseur du collége de Versailles, curé de St-Antoine de Compiègne, puis chanoine honor. de Rouen et de Beauvais, né à St-Valery-en-Caux le 26 oct. 1784, mourut à Paris le 3 déc. 1854. Après avoir rempli des fonctions universitaires et pastorales, l'abbé Auger revint à Paris pour se livrer à la prédication et à des études littéraires et historiques. Il est auteur des ouv. suivants :

L'Echelle catholique ;

La Question liturgique réduite à sa plus simple expression ; *Paris, v^e Thieriot*, 1854, in-12 ;

Etudes sur les idées et les ouvrages de Descartes, publiées dans le *Journal de l'Institut hist.*

V., sur cet ecclésiastique, les notices de M. l'abbé de Lestang, *Gazette de France*, déc. 1854 ; — de M. Th. Lebreton, *Biog. norm.*, — et de M. L. de Pontaumont, *Mém. de la Soc. acad. de Cherbourg*, 1856.

AUGUSTE (le P.), capucin missionnaire, né à St-Lô, est auteur de : *Examen et réfutation des réflexions sur le prêt de commerce ; Vire, Chalmé*, et *Paris, Moutard*, 1775, in-8.

AULNOY (*Marie-Cath. Jumelle de Bénerville*, comtesse d'), née à Bénerville, canton de Pont-l'Evèque, vers le milieu du XVIIe sc. (1650, suivant Mme Briquet, *Dict. Hist.*), est surtout connue par ses contes de fées destinés à l'enfance, et dont la prem. édit. date de 1698; *Paris, Barbin*, 4 vol. in-12. Elle est, de plus, auteur d'un grand nombre d'ouvrages : romans, histoire, voyages, etc., dont quelques-uns ont eu plusieurs éditions. La plupart de ces ouv. sont anonymes. Mme d'Aulnoy est morte à Paris en janv. 1705.

AUMONT (*G.-M.*). Adresse faite à la Convention, le 11 janv. 1793, pour la défense de Louis XVI, par Georges-Michel Aumont, avocat au Parlement, procureur du Roi de la Monnaie de Rouen, condamné à mort pour cette adresse le 5 sept. de la même année, par jugement du Tribunal révolutionnaire; *Rouen*, imp. de *F. Mari*, 1815, in-8 de 15 p.

Cette adresse fut, dit-on, signée à Rouen par plus de trente mille royalistes, sur la place de la Rougemare, où demeurait Aumont. V. FLOQUET, *Hist. du Parlem.*, t. VII, p. 705

AUNILLON (*Pierre-Ch. Fabiot*), romancier, chanoine d'Evreux, mort en 1766.

AUREVILLY (*Léon-Louis-Fréd. Barbey d'*), littérateur, ancien rédacteur du *Momus normand*, né à St-Sauveur-le-Vicomte (Manche), le 28 sept. 1809, est auteur de *Amour et Haine*, poésies politiques et autres; *Paris, Dentu*, 1833, in-8; — Sonnets, *Caen, Pagny*, 1836, in-18 de 72 p. Outre le *Momus normand*, qu'il rédigeait en chef (en 1833), M. d'Aurevilly avait pris part à la rédaction du journal intitulé : *l'Ami de la Vérité*, qui s'imprimait à Caen. Après avoir cultivé la poésie, non sans quelque succès, ce littérateur a embrassé l'état ecclésiastique. Ordonné prêtre en mai 1838, il était, en 1847, missionnaire du diocèse de Coutances. V. QUÉRARD, *Supercheries litt.*, t. I; et BERRUYER, comme collaborateur de M. d'Aurevilly.

AUREVILLY (*Jules Barbey d'*), parent du précédent, poète, littérateur et publiciste, a mis au jour, de 1843-1857, plusieurs opuscules, dont quelques-uns édités par les soins de M. G. S. Trébutien, ont été tirés à très petit nombre. Nous rappelons seulement de cet auteur l'opuscule qu'il a composé sur un singulier personnage du nom de Brummell, qui habita Caen les dern. années de sa vie : *Du Dandysme et de Georges Bryan Brummell; Caen, B. Mancel*, 1845, in-16 de VII et 118 p. V. GUÉRIN et TRÉBUTIEN.

AU ROI. Discours de congratulation de la décadence de la Ligue et pacification de Paris, Rouen, Amiens, Lyon et meilleures villes de son royaume (en vers); *Paris, Dupré*, 1595, in-8. (*P. Lelong*, n° 19,656.)

AU ROI, sur les Chemins vicinaux; in-4 de 16 p., s. d. (vers 1818), avec une carte col. où l'on voit le château de Falaise et celui de La Frenaye.

AUTORISATION judiciaire pour l'établissement du célèbre ermitage de Mortain. Ext. d'un ms. en la possession de M. le vicomte de Guiton-Villeberge; *Revue hist. des cinq départements de l'anc. prov. de Norm.* 1837, p. 29.

AUVRAY (*Jean*), avocat au Parlement de Norm., poète et ami du typographe-poète David Ferrand qui imprima la plupart de ses œuvres, né vers 1580, est mort le 19 nov. 1633. Vu la date de publication de son prem. ouv. (1608), la date de 1580 pour sa naissance nous paraît plus probable que celle de 1590, adoptée par la plupart des biographes. On lui doit les ouv. suiv. :

—Discovrs fvnèbre svr le trespas de très-havt et très-puissant prince Henry de Bourbon, duc de Montpensier, Pair de France, Gouuerneur et Lieutenant général pour le Roy en ses pays et duché de Normandie. Auec les derniers propos qu'il tint a sa maiesté le venant voir. Plus vne complainte en vers Alexandrins, de madame de Montpensier, sur le tombeau de son mary, en forme de prosopopœie; *Roven, J. Petit*, 1608, in-12;

—Le Trésor sacré de la Muse sainete, dédié aux vertueuses princesses mesdemoiselles de Longueville et d'Etouteville; *Rouen, D. Geuffroy*, 1613, pet. in-8;

—Les poëmes du sieur Auvray præmiez au puy de la Conception année 1621, avec les graces de l'auteur à la Vierge: Dédiées à très dévote et très docte personne R. P. frère P. Guerin, minime, prédicateur en l'église cath. de N. D. de Rouen; *Rouen, David Ferrand*, 1622, in-8;

— Le Triomphe de la croix, poëme; *Rouen*, 1622, in-8;

— La povrmenade de l'ame devote accompagnant son sauueur, depuis les rues de Jerusalem iusqu'au tombeau; *Rouen, David Ferrand*, 1622, in-8, et s. d., in-8 de 104 p. avec une grav. sur bois;

—Epitome sur les vies et miracles des bien-heureux Peres SS. Ignace de Loyola et François Xavier; *Rouen, David Ferrand*, 1622, in-8;

— Le Banqvet des Mvses, ov recveil de tovtes les Satyres, Yambes, Mascarades, Panegyriques, Epitaphes, Epythalames, Epyranses, Gayetez, Amourettes, et autres Poëmes Prophanes; *Roven, David Ferrand*, 1623, in-12 de 368 p., plus *Amovrettes*, stances, 32 p. et 5 ff. prélim.;

—Le Banqvet des Mvses ov les divers satires dv sievr Avvray, Contenant plusieurs poëmes non encore veuës n'y imprimez. Ensemble est adiousté l'Innocence d'escouuerte, tragi-comédie, par le mesme autheur; *Roven, David Ferrand*, 1627 et 1628, pet. in-8 de 4 ff. prélim., 408 et 57 p.;

Ditto; *Roven, David Ferrand*, 1636, pet. in-8;

—Les œvvres sainctes du sieur Avvray; *Roven, David Ferrand*, 1626, in-8;

Il y a également des éditions de *Rouen, David Ferrand*, 1628 et 1634, pet. in-8. Cette dern., dédiée par l'imp. à Alex. de Faucon, seigneur de Ris, renferme 168 p. Nous y avons remarqué la dern. strophe d'une ode signée D. F. (probablement David Ferrand) au sieur Auvray sur ses œuvres :

> On le tient en la Normandie
> Pour le père de la patrie
> Et pour un Nestor en tous lieux,
> François il est de sa naissance,
> Mais le Normand se tient heureux
> D'avoir ce beau don de la France.

Ce vol. renferme : *Les poëmes du sieur Auvray, præmiez*, etc., et une partie du *Trésor sacré de la muse saincte*.

— L'Innocence descouverte, tragi-com. en 5 act. et en vers; *Rouen, Jean Petit*, 1609, in-12, et *David Ferrand*, 1628, in-8 de 37 p. Cette pièce a été réimprimée à la suite du *Banquet des Muses*, édit. de 1627 et 1628.

— La Madonte, tragi-com. dédiée à la reine; *Paris, Ant. de Sommaville*, 1631, in-8 de 10 ff. prélim., y compris un frontisp. gravé, plus 143 p. de texte.

— La Dorinde, tragi-com.; *Paris, Ant. de Sommaville et André Soubron*, 1631, in-8 de 7 ff. et 162 p.

V. Goujet, *Bibl. franç.*, t. xv, p. 318, et t. xvi, p. 382. — Brunet, *Man. du Lib.*, t. i, p. 221.

AUVRAY (*Jean*), né à Montfort-sur-Risle, dans la prem. moitié du xviie sc., est auteur de quelques ouv. ascétiques, de 1651 à 1655; il mourut le 10 juill. 1661.

AUVRAY (l'abbé *Vincent-Jacq.*), né à Dieppe le 1er fév. 1748, mort le 14 déc. 1796. M. l'abbé Cochet lui a consacré une notice dans sa *Galerie dieppoise*.

AUVRY (*Claude*), évêque de Coutances en 1646. V., sur ce prélat, les ouv. de Morel et de P. de Blanger.

AUX ASSEMBLÉES ÉLECTORALES, la société des amis de la constitution du canton d'Harcour, sur la notion et les caractères de l'esprit public (21 août 1791); *Evreux, J.-J.-L. Ancelle*, 1791, in-8.

AUX ÉCHOS, le Barde de Darnétal; *Darnétal, Meunier; Paris, Bréauté*, 1837, in-8 de 24 p.

AUZANET de la Jéraffi (*Louis*), poëte, né à Rouen, se distingua dans les concours de l'Acad. des Palinods de Rouen. En 1731, il fut couronné par cette acad. pour des stances sur Codrus, dern. roi d'Athènes.

AUZOUT (*Adrien*), mathématicien et astronome, né à Rouen dans le xviie sc., et mort à Paris le 12 janv. 1691. Inventeur du micromètre à fils mobiles, instrument qui sert aux astronomes pour mesurer le diamètre apparent des petits objets; il fut un des prem. membres de l'Acad. des Sc. de Paris (1666). On lui doit un *Traité du micromètre*, 1667, in-4; des *Lettres sur les grandes lunettes, etc.*

AUZOUX (*L.*), professeur d'anatomie et de physiologie, à Paris, né à St-Aubin-d'Ecrosville (Eure), aujourd'hui le siége d'une industrie unique dans son genre. Le Dr Auzoux a créé dans cette commune un vaste établissement pour la fabrication des sujets anatomiques de tous genres, exécutés jusque dans leurs plus petits détails avec une rare perfection. Aux expositions univ. de Londres et de Paris, chacun a pu admirer les pièces anatomiques du Dr Auzoux. Il est auteur de plusieurs ouv. sur l'anatomie et les préparations artificielles.

V. Sarrut et St-Edme, *Biog. des Hommes du jour*, t. I, part. 1, p. 227 et suiv.

AVANNES (*Théophile* d'). Notice historique et statistique sur le dép. de l'Eure; *Louviers, Ch. Achaintre*, 1834, in-8.

Ext. du *Bullet. de l'Acad. Ebroïcienne*, 1834, 1re part., p. 103-134.

— Le Bailli de Chambray, né à Evreux, le 15 mars 1687, mort à Malte le 8 avril 1756; *Bullet. de l'Acad. Ebroïc.*, 1836, part. 2, p. 117-140, avec 3 pl.

— Notice sur les armoiries des villes du dép. de l'Eure; *Louviers, Ch. Achaintre* (1836), in-8 de 8 p.

Ext. du *Bullet. de l'Acad. Ebroïc.*

— Des droits d'usage dans les bois de l'Etat, dans ceux des particuliers et notamment dans les forêts de l'ancien comté d'Evreux; 1re part.; *Paris, G. Thorel*, 1837, in-8 de 184 p. (Imp. de Ch. Achaintre, à Louviers.)

— Extrait de mes esquisses sur Navarre, ou Lettres à la comtesse de ***; *Bullet. de l'Acad. Ebroïc.*, 1837, part. 2, p. 277-304, avec 3 pl.

— Esquisses sur Navarre; *Rouen, N. Periaux*, 1839-41, 2 vol. gr. in-8.

Cet ouv., imp. sur papier superfin d'Angoulême, est orné de 7 vues lithog., du plan des châteaux et jardins de Navarre levé en 1775 par l'ingénieur Petit, de vignettes et de lettres grises. Le 2e vol., consistant en XVI et 148 p., renferme uniquement les notes et les pièces justificatives. Quelques exempl. de ce livre, qui a été l'objet d'une critique de M. Ch. Richard, ont été tirés sur jésus-vél.

M. d'Avannes a été vice-président du tribunal civil d'Evreux, et présid. de l'Acad. Ebroïc.

AVEINE (de l'). Mémoires lus à l'Acad. de Caen le 8 mai 1760 et le 7 mai 1761, par M. de l'Aveine, ing. des ponts-et-chaussées, sur les mines de charbon qu'il a fait exploiter à Litry, près de Cerisy, Bayeux, etc.

Un trait historique de ces mines de charbon fait l'objet du prem. mémoire. Dans le second, l'auteur décrit leur allure, leur inclinaison et les machines avec lesquelles on extrait le charbon. Ms. indiqué par le P. Lelong, n° 2763.

AVENEL (*A.*). Rapport sur les conseils de salubrité, *Mém. de la Soc. d'émulat. de Rouen*, 1830, p. 149-175.

— Deuxième rapport sur l'établissement d'un conseil de salubrité publique à Rouen et dans le dép. de la S.-Inf., *Mém. de la Soc. d'émulat. de Rouen*, 1831, p. 174-186.

— Rapport génér. sur les travaux du conseil de salubrité de la S.-Inf., années 1830-51. V. *Conseil central, etc.*

— Notes statistiques de police médicale, d'hygiène et de médecine légale; *Rouen, Nic. Periaux*, 1838, in-8 de 44 p.

— *Ext. des Mém. de l'Acad. de Rouen*, 1838. Résultat d'observations faites dans la ville de Rouen depuis le 1er janv. 1832 jusqu'au 31 déc. 1837.

— Notice sur la vie et les travaux de Guill. Dubuc, chimiste à Rouen, *Mém. de l'Acad. de Rouen*, 1838, p. 171-199.

— Discours de réception à l'Académie de Rouen; *Rouen, imp. de Baudry*, 1839, in-8 de 20 p.

— Le Collége des médecins de Rouen, ou documents pour servir à l'hist. des Institutions médicales en Normandie; *Rouen, A. Péron*, 1847, in-8 de II et 359 p.

On a reproduit, au titre, l'ancien sceau de la Société des médecins de Rouen, lequel représente J.-C. les bras étendus et priant pour la guérison des malades; sous les pieds du Sauveur sont les armes de Rouen, avec l'année 1605. En exergue, on lit: *Medicinam. creavit. altissimus*. *Sigil. Colleg. Medicorum. Rothomag.* Ce vol. est, à proprement parler, divisé en 2 part.: la 1re comprend la Notice sur le Collége des médecins de Rouen (55 p.), et la 2e, les Pièces justificatives: Actes du Collége des médecins de Rouen de 1669 à 1792 (p. 59 à 354). Cette dern. part. est publiée d'après un ms. des archives départ. de la S.-Inf.

M. Avenel, D. M. à Rouen, est membre de l'Acad. de cette ville, secrét. du Conseil de salubrité de la ville et du dép., et est auteur de plusieurs Mém. sur des questions médicales, insérés dans les Bullet. de la Soc. d'émulat. de Rouen, et d'un opuscule en vers intitulé: *Boutade, à propos du progrès; Rouen, A. Péron*, 1854, in-8 de 36 p.

AVENEL (*Joseph* d'). Mortain; *Mortain, Lebel*, 1851, in-18 de 90 p.

— Histoire de la vie et des ouvrages de Daniel Huet, évêque d'Avranches; *Mortain, Lebel*, 1853, in-8.

AVENIR (l') de Caen. Novembre 1837.

AVENTURES (les) politiques du Père Nicaise, ou l'Anti-Fédéraliste; *Paris, imp. de J. Grand*, 1793, in-18.

Cette pièce révolutionnaire débute par un sermon du Père Nicaise à ses frères du Calvados, de l'Eure, etc.

AVENTURIER (l') rendu adagier, etc. V. Marigny (Enguerrand de).

AVERDY (de l'). Notices sur la vie et le procès criminel de condamnation de Jeanne d'Arc, dite la Pucelle d'Orléans, tirées des différents mss. de la Biblioth. du Roi; *Notices et Extraits des mss. de la Bibl. du Roi*, t. III (1790), in-4, p. 1-553.

Ce travail est divisé comme suit :

Notice du procès criminel de Condamnation de Jeanne d'Arc, dite la Pucelle d'Orléans; p. 1-155;

Reflexions historiques et critiques sur la conduite qu'a tenue Charles VII, à l'égard de Jeanne d'Arc, après qu'elle eut été faite prisonnière par les Anglais au siége de Compiègne; p. 156-170;

Notice générale historique et critique de 28 mss. concernant les procès criminels de l'histoire de Jeanne d'Arc; p. 171-246;

Notice du procès de révision et d'absolution de Jeanne d'Arc; p. 247-541;

Examen d'un fait relatif à quatre des assesseurs ou conseillers, dans le procès de condamnation de Jeanne d'Arc, tel qu'il est rapporté dans l'histoire de France de M. de Villaret, t. XV, in-12, p. 542-553. Une partie de ces documents ont été reproduits par M. Leber, dans sa *Coll. de Dissert. sur l'Hist. de France*, t. XVII.

Averdy (*Clém.-Ch.-Fr.* de l'), contrôleur des finances sous Louis XV, membre de l'Acad. des Inscript., etc., né à Paris en 1723, périt sur l'échafaud, en 1794, victime de la révolut.

AVEZAC (d'). Note sur la première expédition de Béthencourt aux Canaries et sur le degré d'habileté nautique des Portugais à cette époque; *Paris, Bourgogne*, 1846, gr. in-8 de 38 p.

AVICE (*Thomas*). Antiquités et dignité du Prieuré de St-Lo de Rouen, composées en 1636, par Thomas Avice, curé de St-Lo; ms. in-4.

Ce ms. est conservé dans la Bibl. du Roi, entre les mss. de M. Bigot, n° 345 (P. Lelong, n° 13651).

AVIRON (*Jacq. le Bathelier*, s^r d'), avocat au présidial d'Evreux, né dans les environs de cette ville, dans le XVIe sc mort vers 1590, a commenté la *Coutume de Normandie*; ce commentaire ne fut publié qu'en 1599, chez Raphaël du Petit-Val; in-4 s. n. d'auteur. Le mémoire intitulé : *Généalogie des six comtes d'Evreux, issus des ducs de Normandie*, n'a pas été imprimé. Le P. Lelong, n° 42248, l'indique parmi les mss. Dupuy, n° 690.

AVIS aux Normands; s. l.; 1789, in-8.

AVIS de Jean-Gilles Boniface, dignitaire de la cathédrale de Sotteville, au docteur Trépoi, président d'une assemblée d'électeurs près ledit lieu, in-8 de 8 p.

Sur le même sujet, V. *Lettre de condoléance* de Guill.-Nicolas Bricote, etc.

AVIS de l'assemblée des ponts et chaussées sur un projet de canalisation de la Seine, projet présenté par M. Cachin. V. Rever, *Rapport fait le 26 mars 1792, etc.*

AVIS des bons normands à leurs frères tous les bons français de toutes les provinces et de tous les ordres, sur l'envoi des lettres de convocation aux Etats-Généraux; fev. 1789; s. n. d'imp., in-8 de 55 p. et in-8 de 36 p.

A la suite de cet écrit, on trouve souvent les suivants :

— *Suite de l'avis des bons normands*, dédiée aux assemblées des bailliages, sur la rédaction du cahier des Pouvoirs et instructions; fev. 1789, s. n. d'imp., in-8 de 60 p.

— Réponse du vrai patriote *supposé*, à la lettre d'un bon normand *prétendu*, à l'occasion de la brochure intitulée : *Suite de l'avis des bons normands*; mars 1789, s. n. d'imp., in-8 de 24 p.

— Le Moniteur, à l'auteur des avis aux bons normands; in-8 de 32 p., s. d. ni nom de lieu.

AVIS sur les eaux minérales d'Aumale; *Journ. de méd.*, in-12, t. XIII (1760), p. 85-87.

AVOINE (*Jean-Julien*), né au Havre le 18 sept. 1741, curé de Gomecourt, élu 1er évêque de Versailles, dép. de S.-et-Oise, en déc. 1790, sacré à Paris en mars 1791, et le 4e évêque constitutionnel de la nouv. constitution franç., a publié :

Lettre pastorale de M. l'évêque du dép. de S.-et-Oise, au clergé et aux fidèles de son dioeèse; *Versailles, Cosson et Lebas*, 1791, in-4 de 38 p.

AVONDE frères. Signification faite, Requête des sieurs Avonde frères, propriétaires du champ où se tient tous les ans la foire de l'Epinette, dite des morts, situé en la commune de Butot, hameau du Val-Martin, à M. D. Médine, maire de la commune de Butot, etc.; *Rouen, Marie*, 1822, in-4.

AVRANCHES (*Jean* d'). V. JEAN D'AVRANCHES.

AVRIGNY (*Hyac.-Robillard* d'), jésuite, né à Caen, en 1675, mort à Alençon le 24 avril 1719, est auteur des deux ouv. suiv.: *Mémoires chronolog. et dogmatiques pour servir à l'Hist. ecclésiastiq. depuis* 1600 *jusq.* 1716 (revus par le P. Lallemant); *Paris, Guérin*, 1720, 4 vol. in-12, et 2e édit., 1739, — *Mémoires pour servir à l'Hist. universelle de l'Europe, depuis* 1600 *jusq.* 1716; *Amsterdam, ve Desbordes*, 1725, 4 vol. in-12; *Paris, Delespine*, 1731, 4 vol. in-12, édit. corrigée et augmentée, par H. Griffet; *Paris, Guérin*, 1757, 5 vol. in-12, et *Nismes*, 1783, 2 vol. in-8.

Le P. Le Long, no 24,541, indique la mort de ce jésuite, à Caen.

AVRIGNY (*C.-J.-L.* d'). Jeanne d'Arc à Rouen, tragédie en 5 actes et en vers; *Paris, Ladvocat*, 1819, in-8.

AYLOFFE (sir *Joseph*), antiquaire angl. V. MONTFAUCON.

AYTOUN (*William-E.*). The life and times of Richard the first, surnamed Cœur-de-Lion, King of England; *London, Thomas Tegg*, 1840, gr. in-18 de XVI et 366 p., avec 1 portr.

B.

BABINET (*Jérémie*). Siége de Paris par les Normands, épisode de l'histoire de France de 885 à 891; *Poitiers, H. Oudin*, 1850, in-8 de 48 p.

Opuscule tiré à petit nombre. L'auteur a été président du Tribunal civil des Sables-d'Olonne. — V., sur le *Siége de Paris*, ABBON.

BABINET (de l'Institut). Quillebœuf : Excursions et études météorologiques à l'embouchure de la Seine; *Rev. des Deux-Mondes*, liv. de nov. 1854, p. 559-581.

BACCO (*Arriccio*). Effigie di tutti i re, che han dominato il reame di Napoli, da Ruggiero I. Normanno, in fino a noi, cavate da divers. pitture, marmi, etc., con brevi notizie delle vite di essi, di Arriccio Bacco; *Napoli*, 1602, in-f.

BACH (*George-Henri*). Méthode d'observation. — Histoire de la philosophie. — Philosophie normande; *Rev. de Rouen*, 1834, 2e sem., p. 5-12.

— La littérature du Moyen-Age et le XVIIIe sc.; *Rev. de Rouen*, 1835, 1er sem., p. 125-144 et 193-212.

— Origines de la scholastique (Lanfranc, Béranger, St-Anselme, Roscelin); *Rev. de Rouen*, 1837, 1er sem., p. 83-96.

— Origines de la scholastique. Ecoles ecclésiastiques. L'Ecole du Bec; *Rev. de Rouen*, 1837, 1er sem., p. 305-329, avec 1 pl.

BACH (*G.-H.*), profess. de philosophie au collége de Rouen et ensuite à la faculté de Besançon, est mort en 1837. Pour obtenir le grade de docteur, il a publié la thèse suiv. : De l'état de l'âme depuis le jour de la mort jusqu'à celui du jugement dernier, d'après Dante et S. Thomas; *Rouen, N. Periaux*, 1835-36, gr. in-8.

BACHELET (*Jean-Louis-Théodore*), né à Pissy-Pôville (S.-Inf.), le 15 janv. 1820, professeur d'hist. à l'Ecole supér. des sciences et des lettres et au Lycée de Rouen, etc., est auteur des ouv. suiv. : — La Guerre de cent ans; *Rouen, Mégard*, in-8, fig.; — Les Français en Italie, au XVIe sc.; *Ibid.*; — Mahomet et les Arabes; *Ibid.*; — Les grands ministres français; *Ibid.*; — Ferdinand et Isabelle d'Espagne; *Ibid.*, in-12, fig.; — Histoire de Napoléon Ier; *Ibid.* — Le discours de réception de M. Bachelet à l'Acad. de Rouen est inséré dans le Précis de cette acad., ann. 1856, p. 25-30. L'étude de l'histoire chez les anciens et les modernes est le sujet de ce discours. M. Bachelet a rédigé, en collaboration avec M. Ch. Dezobry, un Dictionn. génér. de biogr. et d'hist., de mythol., de géog., des antiquités et des institutions, etc.; *Paris, Dezobry, E. Madeleine et Cie*, 1857, 2 vol. gr. in-8 à 2 col., immense travail auquel des savants et des littérateurs distingués ont prêté leur concours.

BACHELEY (*Jacq.*). Vues générales de la ville de Rouen, au midi (vue du port, prise de St-Sever), à l'est (vue prise du mont Ste-Catherine, et à l'ouest (vue prise de dessus la voûte de l'église des Chartreux, faub. St-Sever), 3 planch. de 20 cent. de hauteur sur 55 cent. de longueur, dessinées et gravées par l'auteur, de 1765-1768.

Elles furent exécutées aux frais de M. Le Cat, pour servir à l'intelligence et à la publication d'une collection d'observations, recueillies par cet académicien, sur le climat de Rouen et les maladies de ses habitants pendant une suite de quatorze années. Le ms. de Le Cat, resté inconnu, est sans doute perdu à jamais pour la science. La vue prise au nord n'a pas paru, le dessin seulement en a été fait.

V., sur ces vues et sur la vie de Bacheley, une notice par M. De la Quérière ; Rouen, 1827, in-8.

Bacheley (*Jacq.*), dessinateur et grav., élève de Descamps et de Lebas, né, selon le *Moreri des Normands*, ms. de Guiot, à Roncheville, près le Pont-l'Evêque, est mort à Rouen, en juin 1781. M. Chassant, dans sa nomenclature des hommes célèbres de l'Eure, indique la naissance de Bacheley à Beaumont-le-Roger, vers 1712.

Parmi les planches gravées par cet artiste, nous citerons les suivantes, comme se rattachant à la Normandie :

— Vue du Havre, de grande dimension ;

— Les Vendeurs chassés du Temple (Palais-de-Justice de Rouen), critique du Conseil supérieur, qui remplaça momentanément le Parlement ;

— La Levée de la Fierte, à Rouen ;

— Les portraits de Le Cat et de Cideville ;

— Les armoiries de ce dernier, vignette destinée à perpétuer le souvenir du don que ce magistrat-littérateur avait fait de sa bibliothèque à l'Acad. de Rouen.

BACON (*Jeanne*), fille de Roger, baron du Molley-Bacon, et la dern. héritière de la famille de Villers, épousa Jean de Luxembourg, et mourut sans postérité en 1376. Les malheurs dont elle fut la cause innocente ont rendu son nom célèbre dans les fastes du moyen-âge. Jeanne Bacon fonda, en 1366, le prieuré de Ste-Elizabeth de Villers-Bocage. V. Boisard, *Biog. du Calvados.*

BAGOT (*Jean*), jésuite, né à Rouen en 1580, est mort recteur de la maison professe de Paris, en 1664. Son principal ouv., intitulé : *Defensio juris episcopalis*, fut dénoncé à l'assemblée du clergé de 1655, comme renfermant des propositions ultramontaines sur la hiérarchie et sur l'admin. du sacrement de pénitence.

BAIL à Pierre Marjot du rétablissement et entretennement de la route de Normandie et de Bretagne, pour six années moyennant la somme de 32,000 liv. par an. Pour 1782; in-12.

BAIL et adivdication des ouurages du pont de Rouen, faicts à Pierre Loysel sieur de Periers, le troisiesme mars mil six cens vingt cinq ; *Roven, Mart. Le Mesgissier*, 1625, in-4 de 27 p.

Il s'agit ici de la construction d'un pont de pierre qui devait être élevé, à six toises, au-dessus du vieux pont, moyennant la somme de trois millions de livres.

BAILLEHACHE (*Jean* de), sieur de Beaumont, pasteur protestant. V. Beaumont.

BAILLEHACHE (*Dom Jean* de), grand prieur de l'abbaye de St-Etienne de Caen, a laissé en ms. des notes sur les abbés de ce monastère, de 1604 à 1644, *Biblioth. de Caen*, *Biblioth. Imp.* (n° 9481, fonds Lancelot) et *Archives du Calvados*. Le ms. compris dans le dernier dépôt est plus complet que les 2 autres. Baillehache mourut le 16 avril 1644, à l'âge de 82 ans.

BAILLET (*Noel Bernard*), ancien avoué à Rouen, zélé partisan de la colonisation algérienne, est né à Darnétal, le 14 décembre 1801. Il a publié, sur l'Algérie, un grand nombre de brochures de 1848 à 1856, et en dern. lieu : *Nécessité de la colonisation de l'Algérie et du retour aux principes du christianisme ; Rouen, imp. de H. Rivoire*, 1857, in-8 de XVI et 366 p.

BAILLEUL (*Thomas* de), poète de la fin du XIIe sc., attaché à la cour de Jean Sans-Terre, a écrit un conte en vers, sorte de critique de la conduite de ce roi, qui fit de vains efforts pour reprendre la Normandie. Mss. British Mus., Biblioth. du Roi, 20 B. XVII. V. De la Rue, *Essais sur les Bardes, etc.*, t. III, p. 41-44.

BAILLEUL (*Jean* de), roi d'Ecosse, auquel on prête une origine normande. V. les Notices de MM. Gaillard, Langlois, Le Ver, etc.

BAILLEUL (*Antoine*), anc. imp.-lib. à Paris, fondateur du *Journal du Commerce*, né à Bretteville (S.-Inf.), le 8 janv. 1762. Il devint co-propriétaire du *Constitutionnel*, lors de la fusion de ce journal avec le *Journal du Commerce*. On lui doit plusieurs ouv. publiés de 1803-1839, mais qui sont étrangers à la Normandie.

BAILLEUL (*Jacq.-Ch.*). Déclaration à mes commettants. Par J.-Ch. Bailleul, représentant du peuple, membre du Conseil des Cinq-Cents, député au Corps Législatif par le dép. de la S.-Inf.; s. l. fruct. an V (1797), in-8 de 29 p.

— Sur les élections dans le département de la S.-Inf. J. Ch. Bailleul, ancien député, électeur éligible, à M. Dupont (de l'Eure) ; *Rouen, J. Frère*, 1819, in-8 de 16 p.

— A MM. les électeurs du dép. de la S.-Inf., J.-Ch. Bailleul, ancien député de ce départ., sur les circulaires électorales de M. le préfet de Vanssay; *Paris, Renard*, 1828, in-8 de 8 p.

— Candidature pour l'élection d'un Député au Havre au 1er oct. Quelques explications apologétiques adressées à MM. les électeurs de l'arrond. électoral, et en général aux citoyens de la ville du Havre; *Paris, Decourchant*, 1831, in-4 de 4 p.

— J.-Ch. Bailleul, ancien député de la S.-Inf. pour le Havre, membre du Conseil général du dép. à ceux de MM. les Électeurs de l'arrond. électoral du Havre, qui l'ont honoré de leurs suffrages lors de la dern. élection (3 fév. 1834); *Paris, Decourchant*, 1834, in-8 de 16 p.

Bailleul (*Jacq.-Ch.*), frère du précédent, publiciste, ancien député de la S.-Inf. (arr. du Havre), et membre du Conseil gén. de ce dép., né à Bordeaux-St-Clair (S.-Inf.), le 12 déc. 1762, mort à Paris le 18 mars 1843, est auteur d'un grand nombre d'écrits sur l'administration, les finances, l'économie politique et sociale.

Nous nous bornerons à en indiquer les plus importants :

— Examen critique de l'ouvrage posthume de Mme de Staël sur la Révolution française; *Paris, Renard*, 1818 et 1821, 2 vol. in-8.

— Bibliomappe, ou livre-cartes, textes analytiques, tableaux et cartes indiquant graduellement la géographie naturelle, les divisions géographiques, politiques, civiles, etc.; *Paris, Renard*, 1824 et années suiv., 2 vol. in-4 de 1,450 p., avec 64 cartes. Ouv. entrepris avec le concours de M. Vivien.

— Hist. de Napoléon, où sont développées les causes de son élévation et de sa chute; *Paris, Renard*, 1838-1839, 4 vol. in-8. Ouv. dans lequel l'auteur a refondu ses *Études sur Napoléon*, ébauchées et publiées successivement de 1828-1835.

— Dictionnaire critique du langage politique, gouvernemental, civil, administratif et judiciaire de notre époque, rédigé selon la lettre et l'esprit de la charte constitut., etc.; *Paris, Renard*, 1842, 2 vol. in-8.

— Les Sottises du moment, com. en prose et en 3 act.; *Havre, Patry*, an IV, in-8.

— Sully, ou la vengeance d'un grand homme, com. en 3 act. et en prose; *Paris*, imp. de *Bailleul*, s. d. (1804).

— Les Représailles, com. en 5 act.; *Paris, Renard*, 1823, in-8.

V. *Rev. de Rouen*, 1843, 1er sem., p. 250-253; —la *Littérat. franç. contemp.*, par Quérard, t. 1er (1842).

BAILLEUL (*H.*). Mémoire sur le port du Havre; *Havre, S. Faure*, 1837, in-8 de 166 p., avec 2 plans lithog.

L'auteur était capitaine du génie, au Havre.

BAILLEUL (Mme). Quelques feuilles au profit des pauvres; *Rouen, N. Périaux*, 1841, in-8 de 48 p.

Le titre porte : Par Mme Bailleul, née Coville, dame de charité, à Bolbec.

BAILLIAGE de Caen, 1782. Consultation pour une jeune fille condamnée à être brûlée vive; *Paris, Cailleau*, 1786, in-4.

Cette fille s'appelait Marie-Françoise-Victoire Salmon.

BAILLIÈRE DE LAISMENT (*Denis*). Eloge de M. Le Cat, chirurg. en chef de l'Hôtel-Dieu de Rouen; *Rouen, Le Boucher fils* (*imp. de Laur. Dumesnil*), 1769, in-8 de 80 p.

Lu à la séance publique de l'Acad. de Rouen, le 2 août 1769.

Baillière de Laisment, chimiste, littérateur et musicien, membre de l'Acad. de Rouen, né à Paris le 9 mai 1729, mourut à Rouen le 10 nov. 1800. (V. notice de M. Gosseaume, *Mém. de l'Acad. de Rouen*, 1804, p. 127-143.)

Il est auteur d'ouv. de genres divers, que nous mentionnons ici comme ayant été imp. à Rouen :

— Les Fêtes de l'Hymen, ou la Rose, opéra-com., s. l., 1746, in-8 de 48 p.

— Deucalion et Pyrrha, opéra (vers 1750), in-8.

— Le Rossignol, opéra-com. en vaud.; Rouen, 1753, in-8.

— Zéphire et Flore, pastorale, représentée pour la prem. fois sur le théâtre de Rouen, le 14 fev. 1754; *Rouen, Machuel*, 1754, in-8 de 38 p., avec 8 p. de musique.

— Le Retour du Printemps, pastorale, représentée pour la prem. fois sur le théâtre de Rouen, le 13 mars 1755; *Rouen, Machuel*, 1755, in-8 de 36 p.

— La Guirlande, opéra-com.; Rouen, 1757, in-8.

— Théorie de la Musique; *Paris, Didot le jeune* (*imp. de Et.-V. Machuel, à Rouen*), 1764, in-4 de 177 p., avec planches.

Sur cet ouv., V. *Mercure de France*, avril 1765, p. 147-153.

— Description du *mangostan* et du *fruit à pain*, le premier estimé l'un des plus délicieux, l'autre le plus utile de tous les fruits des Indes orientales; avec des instructions aux voyageurs pour le transport de ces deux fruits ; trad. de l'anglois de John Ellis; *Rouen, P. Machuel*, 1779, in-8 de 63 p., avec 4 pl. (*Imp. de Oursel*).

— Essai sur les Problèmes de situation; *Rouen, Jean Racine*, 1782, in-8 de IV et 74 p., avec 7 pl.

BAILLIEUL (*Gaspard* de). Plan de la ville de Rouen, gravé par G. de Baillieul, 1 flle, s. d. (vers 1725).

BAILLIF (*Roch le*), sieur de la Rivière, premier médecin de Henri IV, né à Falaise vers 1540, est mort à Paris le 5 nov. 1605. C'était un zélé partisan de la doctrine de Paracelse. Il est auteur du Petit traité de l'antiquité et singularités de Bretagne armorique, en laquelle se trouve bains curans la lepre, podagre, etc.; *Rennes*, 1577 (et 1578), pet. in-4, et de plusieurs autres ouv. de médecine, publiés à Rennes, de 1577-1592.

Sur ce médecin, qui passait pour avoir plus d'esprit et de savoir-faire que de science, V. Vrai Discours des interrogatoires faites en la présence de MM. de la Cour du Parlement, par les Docteurs-Regens de la Faculté de médecine de Paris, à Roch le Baillif, surnommé la Rivière, sur certains points de sa doctrine; *Paris*, *L'Huillier*, 1579, in-8; — Sommaire défense de Roch le Baillif de la Rivière, médec. ordin. du Roi et de M. le duc de Mercœur, aux demandes, questions et interrogatoires des docteurs de la Faculté de médecine; *Paris*, 1579, in-8, et en latin, *Paris*, 1579, in-8. — *France Protest.*, t. VI, p. 446.

BAILLOU (*Guill.* de), médecin du Dauphin et auteur de plusieurs ouv. de médecine, publiés par Jacques Thevart, son neveu, naquit dans le Perche en 1538, et mourut en 1616. Quelques biog. le font naître à Paris.

BAILLY (*J.-S.*). Eloge de P. Corneille qui, au jugement de l'Acad. des Sc., B.-Lett. et Arts de Rouen, a remporté l'accessit du prix d'éloquence donné, en 1768, par Mgr le duc d'Harcourt, gouv. de Norm., et protecteur de l'Acad., par M. ***; *Rouen, Et.-Vinc. Machuel* et *Paris*, *Saillant*, 1768, in-8 de 51 p.

Cet éloge a été réimp. avec quelques changements : 1° en 1770, dans un vol. de Bailly, intitulé : *Eloges de Charles V, de Molière, de P. Corneille, de l'abbé de la Caille et de Leibnitz*; *Berlin* et *Paris*, *Delalain*, 1770, in-8. Il y occupe les p. 25-63; 2° dans les *Discours et Mémoires* de l'auteur de l'Hist. de l'astronomie; *Paris*, *De Bure l'aîné*, 1790, 2 vol. in-8.

J.-S. Bailly, garde des tableaux du Roi, membre de l'Acad. des Sc., était maire de Paris en 1789.

BAILLY (*A.-F.* le). Notice nécrologique sur Bodard de Tezay, né à Bayeux; 1823, in-8 de 4 p.

Bailly (*Antoine-François* le), fabuliste, né à Caen le 4 avril 1758, est mort à Paris le 13 janv. 1832.

La 4e et dern. édit. de ses fables, suivie du Gouvernement des animaux, ou l'Ours réformateur, poëme ésopique, a été publiée à *Paris*, *Brière*, 1823 (*imp. de J. Didot l'aîné*), in-8, fig. Par leur mérite, ces fables prennent rang après Lafontaine et Florian.

BAINS de mer, à Cherbourg, établis par une Société en commandite. M. Cuman-Soligniac, direct.-gérant; *Rouen*, *N. Periaux*, 1829, in-8 de 16 p., avec 1 pl.

BALLAND (*Eugène*), homme de lettres et lib. à Paris, né à Rouen le 21 juin 1796, est mort à Paris il y a quelques années.

Il a publié, sous le pseudonyme de B. Allent, plusieurs ouv. pour l'éducation de la jeunesse, et, avec le concours de M. Léon Thiessé : *Manuel des Braves, ou Victoires des armées franç.*; *Paris*, *Plancher*, 1817, 4 vol. in-12, fig., et *Lettres normandes*, publication hebdomadaire, dont il a paru 11 vol. in-8. (V. *Lettres norm.*)

BALLIN (*A.-G.*). Notice sur l'asile des Aliénés de Rouen; *Rouen*, *N. Periaux*, 1828, in-8 de 13 p.

Ext. des *Mém. de l'Acad. de Rouen*, 1828.

— Sur la taxe du pain et l'état de la boulangerie, à Rouen; *Mém. de l'Acad. de Rouen*, 1828, p. 39-42.

— Renseignement statistiq. sur la mortalité des enfants en bas âge (dans la S.-Inf.); *Rouen*, *N. Periaux*, 1830, in-8 de 5 p., avec 2 tabl.

Ext. des Mém. de l'Acad. de Rouen, ann. 1830.

— Notice statist. sur les aveugles et les sourd-muets du dép. de la S.-Inf.; *Mém. de l'Acad. de Rouen*, 1832, p. 208-211, avec 1 tabl.

— Note relative aux tabl. statist. sur le choléra, dans la S.-Inf.; *Mém. de l'Acad. de Rouen*, 1833, p. 112-114, avec 4 tabl.

— Notice sur la maison et la généalogie de Corneille; *Rouen*, *N. Periaux*, 1833, gr. in-8 de 8 p., plus 3 tabl. et 2 grav. représentant l'état ancien et actuel des maisons de P. et T. Corneille.

Ext., avec quelques additions, de la *Rev. de Rouen*, du 10 mai 1833. Cet opuscule a été tiré à 75 exempl., quoique une note indique qu'il ne l'a été qu'à 60.

— Notice hist. sur l'Acad. des Palinods; *Rouen*, *N. Periaux*, 1834, in-8 de 101 p., avec 6 planch.

Il faut joindre à cet écrit :

1° Suite à la notice hist. sur l'Acad. des Palinods ; *Rouen, N. Periaux*, 1839, in-8 de 19 p., avec 2 planch.

Le Palinod de Dieppe occupe les p. 11-17 et les p. 26-28 du 2e suppl.

2° Deuxième suite à la notice hist. sur l'Acad. des Palinods ; *Rouen. A. Péron*, 1844, in-8 de 28 p.

Le tout, ext. du Précis des trav. de l'Acad. de Rouen, ann. 1834, 1838 et 1843, a été tiré à 100 exempl. Dans quelq. uns, les armoiries de Claude Groulart sont col.

— Notice sur la ville d'Elbeuf; *Rouen, N. Periaux*, 1834, gr. in-8 de 22 p., avec 1 pl.

Ext. de la *Rev. de Rouen*, août et sept. 1834, tiré à 75 exempl.

Il faut joindre à ce travail, comme complém. :

1° Notice biog. sur Guill. d'Harcourt, baron de la Saussaye, grand officier de la Couronne de France, par M. *** ; gr. in-8 de 7 p. Ext. de la *Rev. de Rouen*, déc. 1834.

2° Observations sur une notice biog. sur Guill. d'Harcourt par M. ***, par P. Delarue ; *Rouen, N. Periaux*, 1835, gr. in-8 de 12 p. Ext. de la *Revue de Rouen*, août 1835.

— Théâtre romain de Lillebonne et Musée départemental d'antiquités ; *Rouen, N. Periaux*, 1835, gr. in-8 de 9 p.

Ext. de la *Rev. de Rouen*, 1835, 2e sem.

— Jean Jouvenet et sa maison natale; *Rouen*, 1836, autographie de 12 p.

Placé à la suite des Mém. de l'Acad. de Rouen, 1836.

— Renseignements sur les aveugles et les sourds-muets (dans le dép. de la S.-Inf.) ; *Rouen, N. Periaux*, 1837, in-8 de 3 p., avec 3 tabl.

Ext. des Mém. de l'Acad. de Rouen, 1837.

— Discours prononcé sur la tombe de M. Dubuc l'aîné, anc. pharmacien, membre de plus. soc. sav., le 21 nov. 1837, suivi du Catal. (par M. J. Girardin) des mém. et notices publiés par M. Dubuc père, depuis 1798 jusqu'en 1837 ; *Rouen, N. Periaux*, 1837, in-8 de 19 p.

Ext. des Mém. de l'Acad de Rouen, 1837.

— Extrait d'un essai sur la statistique du canton du Grand-Couronne. Ouv. couronné par la Soc. libre d'Emulat. de Rouen, dans sa séance du 6 juin 1836 ; *Rouen, N. Periaux*, 1837, gr. in-8 de 23 p., avec 1 tabl. et 1 carte.

Tiré à 75 exempl. Une partie de cet opuscule a été publiée dans la *Rev. de Rouen*, sept. 1836, et dans le 74e cah. de la Soc. cent. d'Agric. de la S.-Inf., trim. de janv. 1837. De ce dern., on a fait un tirage à part de quelques exempl.

— Discours prononcé sur la tombe de M. Thomas-Placide Leprevost, méd.-vétér. départemental, le 3 sept. 1838 ; *Mém. de l'Acad. de Rouen*, 1839, p. 147.

— Notice sur M. Leprevost, méd.-vétér., membre de l'Acad. de Rouen ; *Ann. norm.*, 1839, p. 450-51.

— Essai sur les récompenses obtenues par des industriels de la Normandie aux expositions des produits de l'Industrie, depuis la création de ces solennités ; *Ann. norm.*, 1841, p. 272-279, plus 3 tabl.

Avec le concours de M. Girardin.

— Nouvelle institution des sourds-muets, à Rouen ; *Rouen, N. Periaux*, 1841, gr. in-8 de 10 p.

Ext. de la *Rev. de Rouen*, août 1841. Cet établissem est dirigé par le digne abbé Lefevre.

— Renseignements sur le vieux château de Rouen ; *Rouen* (1842), in-8 de 15 p., avec 1 plan.

Ext. des Mém. de l'Acad. de Rouen, 1841, p. 338-352.

Ce travail, qui est précédé d'une notice de M. de Stabenrath sur un ms. de Farin, intitulé : *Le Château fortifié*, a été reproduit dans la *Rev. de Rouen*, 1842, 1er sem., p. 27-38, avec 1 plan.

— Notice hist. sur l'Acad. roy. des Sc., B.-Lett. et Arts de Rouen ; *Rouen, N. Periaux*, 1842, gr. in-8 de 6 p.

Ext. de la *Rev. de Rouen*, août 1842.

— Notice biographique sur M. de Stabenrath, juge d'instruction à Rouen ; *Caen, H. Le Roy*, 1842, in-8 de 14 p.

Ext. de l'*Ann. norm.*, 1842.

— Essai hist. sur les monts-de-piété, et sur celui de Rouen en particulier ; *Caen, H. Le Roy*, 1843, in-8 de 42 p., avec un tabl. des opérations de cet établissement pendant les années 1835-1842.

Ext. de l'*Ann. norm.*, 1843.

— Tableau décennal des opérations du mont-de-piété de Rouen ; *Mém. de l'Acad. de Rouen*, 1845, p. 43-47.

— Notice hist. sur M. J. Spencer Smith ; *Rouen, A. Péron*, in-8 de 10 p.

Ext. de la *Rev. de Rouen*, sept. 1845. Cette notice a été réimp. dans l'*Ann. norm.* de 1846.

— Notice biographique sur Jean-Augustin Asselin ; *Caen, Delos*, 1847, in-8 de 12 p.

Ext. de l'*Ann. norm.*, 1847.

— Renseignements sur les opérations du Mont-de-Piété de Rouen; *Rouen, A. Péron*, 1848, in-8 de 12 p.

Ext. des Mém. de l'Acad. de Rouen, 1848.

— Renseignements relatifs à Pierre Corneille, principalement en ce qui concerne l'Acad. de Rouen; *Rouen, A. Péron*, 1848, in-8 de 34 p., avec 1 portr. de P. Corneille, d'après Lebrun.

Ext. des Mém. de l'Acad. de Rouen, 1848.

Les p. 19-34 se composent du Catal. par ordre chronolog. de divers opuscules imprimés de 1768-1843 concernant P. Corneille, la plupart composés par des rouennais et publiés à Rouen.

— Rapport sur les travaux de la classe des Belles-Lettres et des Arts (Acad. de Rouen) pendant l'année 1847-48; *Rouen, A. Péron*, 1849, in-8 de 50 p.

Ext. des Mém. de l'Acad.. 1847-48.

—Lettre à M. Aug. Le Prevost sur la statistique (à propos de la publication de son hist. de St-Martin du Tilleul); *Rouen, A. Péron*, 1849, in-8 de 6 p.

Ext. des Mém. de l'Acad. de Rouen, 1849.

— Renseignements sur les opérations du Mont-de-Piété de Rouen; *Rouen, A. Péron*, 1849, in-8 de 4 p.

Ext. des Mém. de l'Acad. de Rouen, 1849.

— Notice nécrologique sur M. de Kergariou, anc. préfet de la S.-Inf.; *Rouen, A. Péron*, 1849, in-8 de 4 p.

Ext. des Mém. de l'Acad. de Rouen, 1849.

— Notice nécrologique sur Mgr. Fayet, évêque d'Orléans; *Rouen, A. Péron*, 1849, in-8 de 8 p.

Ext. des Mém. de l'Acad. de Rouen, 1849.

— Notice nécrologique sur M. Thil, savant jurisconsulte; *Rouen, A. Péron*, 1849, in-8 de 8 p.

Ext. des Mém. de l'Acad. de Rouen, 1849.

— Notes relatives à Corneille; *Rouen, A. Péron*, 1850, in-8 de 6 p.

Ext. des Mém. de l'Acad. de Rouen, 1850.

Ces notes sont relatives à la trad. de l'Imitation de J.-C., édit. de Laurens Maurry, 1652, et à un vol. pet. in-12 intitulé : *Caroli de la Rue è Soc. Jesu Idillia, Rothomagi, typis Maurriani, in officina Richardi Lallemant*, 1669.

— Notice nécrologique sur M. le baron Lézurier de la Martel; *Rouen, A. Péron*, 1852, in-8 de 24 p., avec 1 fac-sim.

Ext. des Mém. de l'Acad. de Rouen, 1852.

— Notice nécrologique sur M. Hardy des Alleurs, Dr-méd., placée en tête du vol. intitulé : *Hist. de la Soc. de Charité maternelle de Rouen; Rouen, A. Péron*, 1854, in-8 de 20 p.

— Notice sur Jules de Blosseville; *Rouen, A. Péron*, 1855, in-8 de 7 p.

Ext. des Mém. de l'Acad. de Rouen, 1855.

— Tableau comparatif des opérations des Monts-de-Piété de Rouen, du Havre et de Paris, de 1828 à 1855; *Rouen, A. Péron*, 1856, in-8 de 16 p., avec 1 tabl. indiquant les prix, à Rouen, des denrées de prem. nécessité, de 1828-55.

Ext. du Précis de l'Acad. de Rouen, 1856.

— Notice nécrologique sur M. le comte de Murat, anc. préfet de la S.-Inf.; *Rouen, A. Péron*, 1856, in-8 de 6 p.

Ext. du Précis de l'Acad. de Rouen, 1856.

Indépendamment de ces ouvrages, M. BALLIN (*Amand-Gabriel*), anc. chef de division à la Préf. de la S.-Inf., direct. du Mont-de-Piété de Rouen, membre de l'Acad. de cette ville, né à Paris le 22 juin 1784, est auteur d'une grande partie de l'*Ann. statist.* du dép. de la S.-Inf., publié en 1823, et de plusieurs travaux sur les littératures et les langues française et italienne, que le plan adopté pour ce Manuel, essentiellement normand, nous prive de citer.

BALTAZAR paraphrasis poetica in caput V prophetiæ Danielis. Illust. Viro Carolo-Francisco de Montholon Rothomagensis Senatu principi. *Rothomagi, ex typis Viduæ Eustachii Viret*, s. d., in-12 de 47 p.

BALTAZARD (*Théodore*). Société Havraise d'Etudes diverses. Compte rendu des travaux de la 1re année (1834); *Le Havre, Morlent*, 1835, in-8 de 100 p.

V. *Soc. Havraise, etc.*

BALUE (*Jean de la*), cardinal, évêque d'Evreux (1465-1467), et ensuite d'Angers, né à Verdun, dans le Poitou, mort en 1491, ou en 1499, suiv. quelq. auteurs. Durant son épiscopat d'Evreux, il agrandit la cathédrale de cette ville et fit construire la tour centrale surmontée d'une pyramide.

V. Eloge hist. de Jean, cardinal de la Balue, évêque d'Angers, par Henri Albi, jésuite. *Eloges des Cardinaux françois; Paris*, 1644, in-4, p. 147; — Vie de Jean de la Balue, évêque d'Evreux et ensuite d'Angers, cardinal, grand-aumônier et principal ministre d'Etat sous le règne de Louis XI. *Vies des Hommes illustres de France*, par d'Auvigny, t. I, p. 310; *Amsterdam* et *Paris*, 1739, in-12.

BANNEVILLE (*L.-A. Morin*, marquis de), maire de Cairon, arrondiss. de Caen, membre du Conseil gén. du Calvados et de plusieurs soc. sav., né en 1785 au chât. de Banneville (Calvados), mort en 1856. En acclimatant la culture du mûrier, il essaya de doter notre province d'une riche et féconde industrie.—V. une notice biog. dans l'*Ann. norm.*, 1857, p. 519-521.

BANQUET offert à Brionne aux députés de l'Eure; *Paris, A. Mie*, s. d. (1832), in-8.

BANQUET offert à l'honorable M. Laffitte, par MM. les électeurs patriotes de l'arrondissem. de Rouen, le 23 sept. 1834; *Rouen, D. Brière*, 1834, in-12.

Ext. du *Journ. de Rouen*.

BANQUET offert à M. Odilon Barrot à Torigny (20 sept. 1835); *Cherbourg, Beaufort*, s. d. (1835), in-8.

V. Bellême, lettre à M. Odilon Barrot, sur le discours par lui prononcé à ce banquet.

BANQUET réformiste du Neubourg (12 décembre 1847); *Paris, Schneider*, s. d. (1847), in-8 de 32 p.

BAR DES BOULAIS (*Léonard*). Recueil des antiquités du Perche, comtés et seigneureries du Pays, fondations et bâtiments des monastères et choses mémorables du pays; 1613, in-4 ms., dédié à M. de Catinat.

BAR (*Léonard*) était notaire à Mortagne, lieu de sa naissance. L'original, suivant le P. Lelong, n° 35,526, était entre les mains de M. de la Coudrelle, marquis de Puisaye, Grand-Bailli du Perche et gouverneur de Mortagne. Odolant Desnos en possédait une copie. Suivant l'abbé Fret (*Chron. Perch.*, t. III), le ms. original aurait été donné à la reine Christine et se trouve maintenant dans la Biblioth. du Vatican, à Rome.

BARABÉ. Recherches sur l'Hôtel du Bourgtheroulde, à Rouen; *Rouen, A. Péron*, in-8 de 16 p., avec une grav.

Ext. de la *Rev. de Rouen*, août 1844.

—Rapport concernant la maison de Jacq. Le Lieur; *Mém. de l'Acad. de Rouen*, 1846, p. 231-240.

Cette maison est située rue de la Savonnerie, n° 18, à Rouen.

— Eglise St-Sauveur de Montivilliers. Détails anecdotiques; *Mém. de l'Acad. de Rouen*, 1847, p. 389-398, avec 1 planche.

— Etudes de Paléographie et de Diplomatique normandes; *Rev. de Rouen*, 1849, cinq art.

L'auteur se proposait de réunir ces divers art. et de les publier en 1 vol. avec plus. pl.; mais ce projet n'a pas encore été réalisé.

— Recherches sur le tabellionage royal en France et principalement en Normandie; *Rouen, A. Péron* (1850), in-8 de 54 p., avec 1 planche d'après 1 grav. du XVe sc., représentant un tabellion dans son *échoppe*.

Ce travail a obtenu une mention honorable de l'Institut, académ. des Inscript. Il a d'abord paru, en 5 art., dans la *Rev. de Rouen*, 1846.

M. BARABÉ (*Alex.-Théod.*), né à Rouen en 1800, a été pendant plus. années conserv. des archives hist. du dép. de la S.-Inf.

BARAGUÉ, poète dramatique, né à Rouen, est auteur d'*Aphos*, com. en 1 a. et en vers, représentée à la Comédie-Franç. le 13 sept. 1747, et imp. à *Paris, Prault*, 1748, in-8. Il mourut en 1755.

BARANTE (de). Notice sur le comte Mollien, ministre du Trésor public sous l'Empire, pair de France, grand'croix de la Légion-d'Honneur, etc.; *Paris, F. Didot*, 1850, in-8 de 32 p.

Cette notice donna lieu à des considérations présentées par M. de Salvandy; *Paris, F. Didot*, 1851, in-8 de 76 p.

BARATTE (l'abbé). Mémoire sur la vie et les vertus de Marguerite de Lorraine, duchesse d'Alençon; 1727, ms. de 101 p., pet. in-f.

Se trouve entre les mains des religieuses de Ste-Claire d'Alençon.

— Histoire de la vie de la bienheureuse Marguerite de Lorraine; ms., pet. in-f. de 424 p.

Biblioth. de M. Cécilius Duval, à Argentan.

—Hist. de l'église de Séez; 6 vol. in-f., ms.

Biblioth. d'Alençon.

BARATTE (*Jean de la Rangée*, sieur de), né aux environs de Sées en 1669, est mort à Châtillon, le 9 mars 1753. Il fut curé de Ste-Honorine de Chailloué, près Sées, et ensuite chapelain de l'église cathédrale de Paris.

BARATTE (*L.-H.*). Poètes Normands, portraits grav. d'après les originaux les plus authentiques par Ch. Devrits. Notices biographiques par MM. P.-F. Tissot, J. Janin, J.-F. Destigny (de Caen), J. Morlent, Ed. Neveu, G. Mancel, A. Leflaguais, J. Charma, Th. Lebreton, A. Delavigne, L.-H. Baratte, R. Deslandes et G. Lhéry. Publiés sous la direction de L.-H. Baratte; *Paris, typogr. de Lacrampe* (1846), gr. in-8.

Ce vol. contient les Notices suivantes :

Benserade,	L'Evesque (Mme),
Bertaut,	Loret (Jean),
Boccage (Mme Du),	Malfillâtre,
Boudier de la Jousselinière,	Malherbe,
Chartier (Alain),	Perron (Du),
Chaulieu,	Porée,
Chênedollé (de),	Resnel (Du),
Corneille (Pierre),	St-Evremont (de),
Corneille (Th.),	Sanadon,
Delasalle (Paul),	Sarasin,
Delavigne (Casimir),	Scudéry (Georges de),
Dornay,	Scudéry (Mlle de),
Fontaines (Guyot des),	Ségrais,
Fontenelle,	Sonnet de Courval,
Fresnaye (Vauquelin de la),	Vigne (Anne de la),
	Villedieu (Mme de),
	Yveteaux (Vauq. des).

Et dans quelq. exempl., on trouve en plus une notice sur le général Ruffin.

Chaque notice a une pagination particulière. Plusieurs d'entre elles ont été imp. par Rignoux. Les notices dont M. Baratte est l'auteur sont consacrées à Georges de Scudéry, Mlle de Scudéry, Sonnet de Courval, Mme du Boccage, cardinal du Perron, l'abbé du Resnel, et au général Ruffin. D'après le prospectus, l'ouv. devait être intitulé : *Les Normands illustres ou le Plutarque normand*, poëtes, prosateurs et grands hommes de divers genres ; il devait former 2 vol. publiés en 50 liv. et renfermant 60 portr. Quoique bien exécutée, cette publication a eu peu de succès et n'a pas reçu son complet achèvement.

La collection de portraits des normands célèbres, formée durant de longues années par le Dr Baratte, et composée de 2,000 portr. au moins, tous gravés en taille-douce, a été acquise en 1847 par la Biblioth. de Rouen. Elle forme 10 portefeuilles in-f.

BARBÉ-MARBOIS. V. MARBOIS.

BARBET (*Henri*). Suppression de la mendicité à Rouen. Lettre de M. H. Barbet, maire et député de Rouen, à M. Chapuis Montlaville, député de Saône-et-Loire, sur les moyens employés pour arriver à ce résultat; *Paris, P. Beaudouin*, 1841, in-8 de 15 p.

Ce mémoire a été reproduit dans l'*Ann. norm.* de 1842.

— Réponse de M. H. Barbet, anc. maire de Rouen, au rapport de M. Bobée sur l'administration depuis le 24 fév. et sur les comptes de la mairie ; *Rouen, H. Rivoire*, 1848, in-8 de 11 p.

M. BARBET (*Henry*), membre du Conseil gén. de la S.-Inf. et de la Chambre de commerce de Rouen, manufacturier, né à Rouen le 20 juin 1789, a été maire de Rouen (14 août 1830-juillet 1847), député de la S.-Inf. et pair de France. Sous son administration furent créés à Rouen les Abattoirs, la Douane, le Musée d'antiquités, le Muséum d'hist. natur. et deux monuments importants, l'église de St-Ouen et le Palais-de-Justice, ont été restaurés complètement.

BARBET (*Auguste*). Discours de réception à la Soc. libre d'Emulat. de Rouen, le 3 nov. 1830; *Rouen, Brière*, 1831, in-8 de 16 p.

M. A. Barbet, né à Rouen, a publié : *Mélanges d'économie sociale* ; Rouen, D. Brière, 1832, in-8 de VIII et 292 p., avec 4 plans de prisons; et quelq. brochures sur l'économie politiq.

BARBET DE JOUY (*Henry*), neveu des précédents, conservateur adjoint des antiques et de la sculpture moderne au Musée imp. du Louvre, est né à Rouen. Il est auteur de : *Les della Robbia, sculpteurs en terre émaillée* (1435-1567). *Étude sur leurs travaux, suivie d'un catalogue de leur œuvre fait en Italie en* 1853 ; Paris, J. Renouard, 1855, in-12. — *Description des sculptures modernes du Musée imp. du Louvre* ; Paris, Mourgues frères, 1856, gr. in-8.— *Les mosaïques chrétiennes des basiliques et des églises de Rome* ; Paris, Didron, 1857, in-8.

BARBEU-DUBOURG. Examen des eaux (minérales) de Briquebec (Manche); *Journal de médecine*, in-12, t. XIV (1761), p. 46-51.

Sur le même sujet, V. *Analyse de l'eau minérale de Briquebec*, par MM. Pia et Cadet, apothicaires associés ; *Journal de médecine*, in-12, t. XIV (1761), p. 51-55.

M. BARBEU-DUBOURG, méd., était professeur de la Faculté de méd. de Paris.

BARBEVILLE (*Jean*), architecte, né en Normandie, et l'une des nombreuses victimes du XVIe sc., pour ses croyances religieuses, fut brûlé en place de Grève comme hérétique, le 3 mars 1560. V. *France protestante*, t. I, p. 231.

BARBEY (*Marc* Le), médecin du XVIe sc. V. LE BARBEY.

BARBEY d'Aurevilly. V. AUREVILLY.

BARBOT (l'abbé *Louis-Charles*), né à Argentan le 30 déc. 1717, mort dans cette ville le 5 avril 1799, est auteur d'un ouv. de métaphysique intitulé : *Analyse des Sciences* ; *Caen*, 1791, et réimp. en 1804.

BARD (*A.*), professeur de langue angl. à Rouen. On a de lui : *Méthode simplifiée de prononciation angl.* ; Rouen, E. Le Grand, 1832, in-8. — *Méthode facile pour apprendre à conjuguer les verbes anglais* ; Rouen, F. Baudry, 1834, et A. Surville, 1841, in-8. —*Méthode simplifiée de prononciation angl.*, 3e édit.; Rouen, E. Le Grand, 1844, in-8.

BARDET (*Antoine*). Notice sur le Choléra-morbus, etc.; *Bernay, ve Dalandon*, 1832,

in-8 de 104 p.; — *Rouen, Baudry*, 1834, in-8 de 104 p.
L'auteur était médecin à Bernay.

BARDIN (*Pierre*), membre de l'Acad. franç., poète et philosophe, né à Rouen en 1590, se noya en 1637 en voulant secourir M. d'Humières, son élève et son bienfaiteur. Il a laissé plusieurs ouv., tels que : *Le Grand Chambellan de France*; Paris, 1623, in-f., etc. — *Essai sur l'Ecclésiaste de Salomon*; Paris, 1629, in-8. — *Le Lycée où, en plusieurs promenades, il est traité des connaissances, des actions et des plaisirs d'un honnête homme*; 1632, in-8, etc.

BARDOU (*Jean*). Ode povr Monseig. l'illvst. et reverend. François de Nesmond, evesque de Bayeux; *Caen, Eleazard Mengeant*, 1662, in-4 de 8 p.
Né à Caen, le 10 mars 1621, Bardou, curé de Cormelles (Calvados), a composé dans sa jeunesse des poésies légères, qu'on retrouve en partie dans le Recueil de poésies publié en 1660 par Sercy, 5 vol. pet. in-12. Il est mort en 1668.

BARANTON (*Auguste*). Récit d'un rêve; *Avranches, Tribouillard*, 1825, in-8 de 58 p.

BARETTE (l'abbé). Hist. de Balleroy et de son canton (Calv.); *Condé-sur-Noireau, Auger*, 1844, in-18 de 280 p.
— Hist. de la ville de Condé-sur-Noireau (Calv.), suivie d'une Notice sur Dumont-d'Urville; *Condé-sur-Noireau, Auger*, 1844, in-18 de 144 p.
— Notice hist. sur le bourg d'Aunay et son canton (Calv.); *Condé-sur-Noireau, Auger*, 1845, in-18 de 48 p.
— Notice sur la paroisse de Plessis-Grimoult (Calv.); *Condé-sur-Noireau, Auger*, 1845, in-18 de 36 p.
Ces 3 dern. notices ont été réunies en 1 seul vol. in-18. — L'auteur était, en 1845, vicaire de St-Jean-Leblanc, canton de Condé-sur-Noireau.

BARIL (*Jean*), Dr en méd. et professeur à l'Univ. de Caen, né à St-Pierre-sur-Dives vers la fin du XVIe sc., acquit une grande réputation par la publication de l'ouv. intitulé : *Physiologia humana et pathologia per tabulas synopticas*; Cadomi, Jo. Guesnon, 1653, in-f.

BARILLON DE MORANGIS (*Antoine*). Varia opuscula ad memoriam Antonii Barillon de Morangis; *Cadomi*, 1686, in-8.
Recueil de pièces en vers latins et français et quelques-unes en prose, composées par divers auteurs, à la louange de Barillon, cons. d'Etat, surintendant des Finances, etc.
Sur ce personnage, V. l'*Éloge funèbre prononcé par Jacques de l'Œuvre.*

BARINS (de). Vie, voyages et aventures de l'amiral Dumont-d'Urville, contenant, etc., terminés par la description du monument qui va être érigé à sa mémoire dans sa ville natale (Condé-sur-Noireau); *Meulan, Hiard*, 1844, in-8 de 3 flles, plus 1 planche; — *Paris, Le Bailly (imp. de Pommeret)*, 1851 et 1856, in-18 de 3 flles.

BAROCHE (*Augustin-Robert*), conseiller à la Cour d'appel de Rouen, etc., a laissé dans notre ville et dans le dép. de l'Eure d'honorables souvenirs. Né à Portmort (Eure), le 22 sept. 1780, M. Baroche a été membre du Conseil gén. de l'Eure, président de la Soc. libre d'Émulat. de Rouen et de la Soc. d'Agricult. de la S.-Inf. Il est mort à Gaillon le 3 mai 1841. De M. Baroche, nous rappellerons 2 discours prononcés par lui comme président de la Soc. d'Agricult. de la S.-Inf. : Discours d'ouverture prononcé à la séance publique du 29 nov. 1838; *Soc. d'Agricult. de la S.-Inf.*, t. x (cah. d'oct. 1838), p. 143-154. — Discours prononcé à la séance publ. du 28 nov. 1839; *Soc. d'Agricult. de la S.-Inf.*, t. x (cah. d'oct. 1839), p. 364-371.
V. une notice de M. A. Dubreuil dans l'*Ann. norm.*, 1842, et les *Mém. de la Soc. d'Agricult. de la S.-Inf.*, t. xi, p. 621; V. aussi la *Biog. norm.* de M. Th. Lebreton.

BARONCELLI et CLAVÉ. Alain Chartier, ou le Baiser de Marguerite, opéra-com. en 2 a., paroles de MM. F. de Baroncelli et P. Clavé, musique de M. X...; *Avignon, Fescher aîné*, et *Paris, Tresse*, 1850, in-8 de 18 p.

BARRAIL (*Ernest* de). Le voyage de Louis-Napoléon Bonaparte, président de la République, dans l'Est de la France et dans la Normandie (12-28 août et 3-12 sept.); *Paris, Schiller*, 1850, in-18 de 216 p., plus 1 grav.

BARRE (la). V. La Barre.

BARRÉ (*Henry-Germain*), bibliophile passionné, né à Rouen en 1759, mort en 1836, curé de Monville, commune près de Rouen. Sa biblioth. se composait de 1455 art., dont 171 relatifs à l'hist. de Norm. Sur la vente Barré, V. une note dans la *Rev. de Rouen*, 1836, 2e sem., p. 303-305, et l'art. *Catalog.*

BARRÉ. Maladies des voies urinaires. De la nécessité de la cautérisation antéro-postérieure dans certains rétrécissements du canal de l'urèthre; *Paris*, *Germer-Baillière (Rouen, imp. de J.-S. Lefevre)*, 1839, in-8 de 59 p., avec 1 planche.

M. Barré, Dr méd. à Rouen, est neveu du précédent.

BARREY (*Pierre-Edmond* de), littérateur et militaire, né au château de Bordigny, près de Breteuil (Eure), en 1777, est auteur de quelq. écrits publiés de 1814 à 1829.

BART DES BOULAIS. Antiquités du Perche; 1613, ms. (Biblioth. de M. L. de la Sicotière.)

Des fragments de ce ms. ont été publiés dans l'*Echo de l'arrondiss. de Mortagne*, sous la direction de MM. Olivier et Massiot.

BARTAS (*Guill. de Saluste*, sieur de). Cantique sur la victoire d'Ivry; *Lyon*, *Tholosan*, 1594, in-8.

Le sieur de Bartas avait assisté à cette bataille, livrée le 14 mars 1590.

BARTHELEMY-HADOT (Mme). Arabelle et Mathilde, ou les Normands en Italie; *Paris*, *Pigoreau*, 1819, 4 vol. in-12.

— Les Brigands anglais ou la Bataille d'Hastings (ouv. posthume); *Paris*, *A. Marc*, 1821, 4 vol. in-12.

BARTHELEMY-HADOT (Mlle), depuis Mme Letac. Rollon, chef des Normands, ou la Furie du Nord; *Paris*, *Lecointe & Durey*, 1825, 3 vol. in-12.

BARTHELEMY (*Jacq.-Eugène*), architecte à Rouen, est né en cette ville le 13 oct. 1799. On lui doit la construction de plusieurs églises du dép. de la S.-Inf., et entre autres de la petite basilique de N.-D. de Bonsecours, près Rouen, construite dans le style du XIIIe sc., et but d'un pélerinage célèbre dans la contrée.

BARTHÉLEMY (*Ch.*). Hist. de la Normandie, ancienne et moderne; *Tours*, *Mame*, 1857, in-8 de 240 p., avec grav.

Fait partie de la biblioth. des Ecoles chrét.

BARTHÉLEMY et MÉRY. Le Havre-de-Grace, poëme; Paris, gr. in-8 de 8 p.

Ext. de la *Rev. de Paris*, 1er juill. 1832.

BARTHÈS, le fils. Des Maladies épidémiques dans le Cotentin, en 1756; *Mém. de Physique et de Mathématique présentés à l'Acad. des Sc. par divers sav.*, t. III; *Paris*, *Imp. roy.*, 1760, in-4.

BARTHOLMESS (*Christian*). Huet, évêque d'Avranches, ou le Scepticisme théologique; *Paris*, *Franck*, 1850, in-8 de 244 p.

Sur cet ouv., V. un art. de M. Ste-Beuve (3 juin 1850), *Causeries du Lundi*; *Paris*, *Garnier frères*, 1853, t. II, p. 128-145.

BARTHOLMESS (*Ch.*), membre corresp. de l'Institut acad. des sc. mor. et politiques, professeur de philosophie au séminaire protestant de Strasbourg, né à Geisselbronn le 26 fév. 1815, est mort à Nuremberg, le 31 août 1856.

BASIÈRE (*Victor*). Nouveau chansonnier des républicains du mont St-Michel, ou Choix de chansons; *Paris*, *Dupont*, 1834, in-12 de 12 p.

BASIN (*Thomas*), évêque de Lisieux sous Charles VII (1447), né à Caudebec-en-Caux en 1412, mort à Utrecht, où il s'était réfugié, le 3 décembre 1491. Il a composé en latin plusieurs ouv. dans lesquels on trouve d'intéress. détails sur l'état de la Normandie au XVe sc.

Hist. des règnes de Charles VII et de Louis XI, *jusqu'ici attribuée à Amelgard*, rendue à son véritable auteur et publiée pour la première fois avec les autres ouv. hist. du même écrivain, pour la Soc. de l'hist. de France, par J. Quicherat; *Paris*, *J. Renouard*, 1855-57, 3 vol. gr. in-8.

Outre l'Histoire des règnes de Charles VII et de Louis XI, on trouve dans cette édition, t. III: 1° *Apologia* (1472), Apologie de l'auteur ou récit des persécutions que Louis XI lui fit subir pour ne pas avoir voulu violer le serment de fidélité qu'il avait fait à Charles, duc de Normandie, frère du roi; 2° le *Breviloquium peregrinationis, etc.* (1488), qui est l'abrégé de sa vie; 3° *Libellus de optimo ordine forenses lites audiendi et definiendi*, traité sur la réforme de la procédure, composé en 1455. Basin a, de plus, écrit un traité contre Paul de Middelbourg, méd. alors et depuis évêque de Fossombronne : *Libellus continens errores et blasphemias*, *Pauli de Middelburgo*, imp. dans d'Achery, spicilége, t. IV. — Sur la vie et les écrits de ce prélat historien, V. la notice de M. J. Quicherat dans la Biblioth. de l'Ecole des Chartres, t. III (1841-42), p. 313-376, notice reproduite avec corrections et augmentations en tête de l'Hist. des règnes de Charles VII et de Louis XI (p. III-LXXXIX). — L. Du Bois, *Hist. de Lisieux*, t. I, p. 426, et t. II, p. 239 et suiv.

BASNAGE (*Benjamin*), célèbre ministre protestant, né à Carentan en 1580, fut député en Angleterre vers le roi Jacques Ier; il passa en Ecosse avec le titre d'envoyé des Eglises protestantes de France, pour réclamer des secours contre la persécution (1621). Au milieu d'une vie les plus actives, Basnage n'a composé qu'un seul traité intitulé : *De l'estat visible et invisible de l'Eglise et de la* *parfaite satisfaction de J.-C., contre la fable du Purgatoire; sur l'occasion d'une conférence avec un moine récollé*; La Rochelle, 1612, in-8. Il mourut en 1652, après avoir rempli pendant 51 ans les fonct. pastorales à Ste-Mère-Eglise (Manche), et laissant 2 fils, Antoine et Henri.—V., sur ce réformateur, *Dict. hist.* de Bayle, et la *France protest.*, t. II, p. 3-5.

BASNAGE (*Antoine*), sieur de Flottemanville, fils aîné du précédent, né en 1610, était ministre protestant à Bayeux en 1637. Poursuivi pour ses opinions religieuses, il se rendit à Zutphen, en Hollande, où il mourut en 1691.

BASNAGE (*Samuel*), sieur de Flottemanville, fils aîné d'Ant. Basnage, né en 1638 à Bayeux, desservit l'église de cette ville jusqu'en 1685, époque où il accompagna son père à Zutphen. Il lui succéda dans ses fonctions pastorales et mourut, en 1721, dans cette dernière ville. Les ouv. composés par S. Basnage sont:

— De rebus sacris et ecclesiasticis exercitationes historico-criticæ, in quibus Cardinalis Baronii annales ab an. Ch. XXXV, in quo Casaubonus desiit, expenduntur, etc.; *Ultrajecti*, 1692 et 1717, in-4.

Critique des annales de Baronius et de plusieurs autres historiens. V., sur cet ouv., 2 art. dans le *Journal des Sçavans*, 1695, p. 474-487.

— Annales politico-ecclesiastici ann. DCXLV à Cæsare Augusto ad Phocam usque; *Rotterodami*, 1706, 3 vol. in-fol.

Cet ouv. sert en quelque sorte de suite au précédent.

— Morale théologique et politique sur les vertus et les vices de l'homme; *Amst.*, 1703, 2 vol. in-12.

— Dissertation sur Rabelais, en 1667, avec les notes du R. P. Nicéron; *Leyde (à la Sphère)*, 1748, in-12.

BASNAGE (*Henri*). La Coutume réformée du païs et duché de Normandie; expliquée par plusieurs arrêts et réglemens et commentée; *Rouen, Centurion et Jean Lucas*, 1678, 2 vol. in-f.

On trouve des exempl. de cette édition rel. en 1 vol. et portant la date de 1681. Les titres seulement ont été réimprimés. Cette prem. édition est dédiée à M. le Premier Président Pellot, aux lumières duquel Basnage se reconnaît redevable de l'éclaircissement de plusieurs questions importantes qui paraissaient encore douteuses. V. *Journ. des Sçav.*, 1678, p. 315-317.

— Ditto. Seconde et nouv. édit., revue, corrigée et augm. par l'auteur; *Rouen, chez la ve d'Ant. Maurry, P. Ferrand, et Ant. Maurry*, 1694, 2 vol. in-f.

Cette seconde édit., plus compl. que la prem., est dédiée à M. de Montholon, prem. Présid. du Parlem. de Rouen, magistrat qui avait pour Basnage une grande considération.

— Les œuvres de Maître Henry Basnage, Seigneur du Franquenei, avocat au Parlement, contenant des commentaires sur la coutume de Norm., et son traité des Hipotèques, 3e édit.; *Rouen, Ant. Maurry*, 1709, 2 vol. in-f.

Edit. dédiée à M. de Pontcarré prem. Présid. du Parlem., par Henri Basnage de Beauval, avocat, fils de l'auteur. Basnage de Beauval plaida avec succès au Parlement de Rouen, avant de s'être retiré en Hollande. On trouve dans cette dern. édit. des commentaires de son père, divers arrêts rendus sur ses plaidoyers.

— Ditto. 4e édit. augmentée de notes relatives à la jurisprudence du Palais; *Rouen, de l'Imp. privilégiée*, 1778, 2 vol. in-f., avec le port. de M. Hue de Miromesnil prem. Présid. du Parlem. à qui l'imprimeur Lallemant dédia cette 4e et dern. édit.

M. De la Quesnerie, avocat au Parlement de Norm., enrichit d'un grand nombre de notes cette édition, considérée avec raison comme bien supérieure aux précédentes. L'imp. privilégiée était alors celle de M. Richard Lallemand, écuyer, prem. échevin de la ville de Rouen. Houard, dans ses *Anc. loix des François*, cite une édition des comment. sur la Coutume de Norm., de 1701. Le Catal. de la biblioth. de M. Hue de Miromesnil en indique encore une autre de 1776; *Rouen, Le Boucher*, 2 vol. in-f. Tout porte à croire que cette dernière n'est autre que l'édition de 1778 pour laquelle de nouveaux titres auraient été imprimés.

— Traité des Hypothèques, divisé en deux part.; *Rouen, J. Lucas*, 1681, 1687, 1688, 1692, in-4; *Rouen, Eust. Herault et Pierre Le Boucher*, 1702, in-12, et *Rouen, Besongne*, 1724, in-4 et in-12.

Ce traité, très estimé en Normandie, est joint aux dern. édit du comment. sur la Coutume de cette province. C'est un ouv. *créé* par Basnage, suiv. les éditeurs des œuvres de ce jurisconsulte. (*Rouen*, 1778.) V., sur cet ouv., ESTIENNE (*Olivier*).

BASNAGE DU FRANQUESNEY (*Henri*), avocat, second fils de Benj. Basnage, ministre de la religion réformée, naquit à Ste-Mère-Eglise, près de Carentan, le 16 oct. 1615. L'érudition de Basnage était immense. Son commentaire sur la Coutume de Normandie et son traité des Hypothèques, lui ont assuré la réputat. de l'un des plus habiles jurisconsfrançois. Il mourut à Rouen le 20 oct. 1695, à l'âge de 80 ans. Il était calviniste, et cependant, observe Bayle, « ceux qui étaient à la tête du Parlem., et les autres membres de ce corps illustre, avaient pour lui une grande estime et une amitié singulière ». Il laissa deux fils et une fille. Celle-ci épousa Paul Bauldry, prof. d'hist. sacrée à Utrecht.

V., sur Henri Basnage, Froland, *Recueil d'arrests de réglement, etc.*; *Rouen*, 1740, in-4, p. 340-342.— E. Pillet, notice insérée dans l'*Ann. de la Manche*, 1839, p. 392-394.— Floquet, *Hist. du Parlem. de Norm.*, t. VI, p. 170-173, et sur la maison qu'il habitait à Rouen, rue de l'Ecureuil, même ouv., t. VII, p. I-IV.

M. Le Touzé (Ch.-Fr.), magistrat à Domfront (mort le 30 mars 1855), a présenté à l'Acad. de Rouen, au commencem. de cette même année, une notice ms. sur la vie et les travaux d'Henri Basnage, laquelle est déposée dans les archives de cette soc.

BASNAGE DE BEAUVAL (*Jacques*), fils aîné de Henri Basnage du Franqueney, né à Rouen le 8 août 1653, est mort à La Haye le 22 déc. 1723. Ministre protestant en 1676, il épousa en 1684 Suzanne Du Moulin, petite-fille du fameux Pierre Du Moulin, et devint le plus célèbre de l'illustre famille des Basnage. Il est auteur des ouv. suivants, dont quelques-uns sont anonymes :

Examen des méthodes proposées par MM. de l'assemblée du clergé de France en 1682, pour la réunion des protestants avec l'église romaine ; *Rotter., de Graef*, 1682, in-12 ; — *Cologne, Marteau*, 1684, in-4.

— Considérations sur l'état de ceux qui sont tombez ; *Rotter.*, 1686, in-12.

Recueil anonyme de 8 lettres adressées à l'Eglise de Rouen sur son interdiction, en 1685.

— Réponse à M. l'évêque de Meaux, sur sa lettre pastorale ; *Cologne*, 1686, in-12.

— Divi Chrysostomi Epistola ad Cæsarium, monachum, cui adjunctæ sunt tres epistolicæ dissertationes : 1° De Appolinaris hæresi ; 2° De variis Athanasio suppositis operibus ; 3° Adversus Simonium (Richard Simon), etc. Juxtà exemplar Emerici Bigotii ; *Roterod.*, 1687, in-12.

Ouv. réimp. sous le titre de : Dissertationes historico-theologicæ ; *Rotterod.*, 1694, in-8, avec une réponse au P. Hardouin, qui avait critiqué l'hist. de l'Apollinarisme.

— Hist. de la mort des persécuteurs de l'église primitive, trad. du latin de Lactance, sur la version angloise de Burnet ; *Utrecht, Halma*, 1687, in-12.

— La Communion sainte, ou Traité sur la nécessité et les moïens de communier dignement ; *Rott.*, 1688, pet. in-12.

Cet ouv. eut 10 édit. successives, dont la dern. est de 1721. Il fut trad. en allemand par M. Volebe, pasteur à Basle, en Suisse.

— Hist. de la religion des Eglises réformées, depuis J.-C. jusqu'à présent, etc., pour servir à l'hist. des variations de M. l'évêque de Meaux ; *Rott.*, 1690, 2 vol. in-12.

Cet ouv. a été réimp. en 1699, dans le 2e vol. de l'*Hist. de l'Eglise* du même auteur, en 2 vol. in-f. ; — puis, séparément, avec augmentation ; *Rotter.*, 1721, 5 vol. in-8, et 1725, 2 vol. in-4. Cette dern. édit. est la plus complète et la plus estimée. Basnage a eu pour but de réfuter l'ouv. de Bossuet sur les variations de l'église.

— Traité de la conscience ; *Amst.*, 1696, 2 vol. in-12, et réimp. à Lyon en 3 vol. in-12.

— Réfutation de la doctrine de Bayle sur la conscience errante.

— Lettres pastorales sur le renouvellement de la persécution ; 1698, in-4.

— Hist. de l'Eglise, depuis J.-C. jusqu'à présent ; *Rotter.*, 1699, 2 vol. in-f. ; — *La Haye*, 1723, 2 vol. in-f., et *Rotter.*, 1725, 2 vol. in-4.

— Traité des préjugés, faux et légitimes, ou Réponse aux lettres et instruct. pastorales de quatre prélats, etc. ; *Delft, Beman (Rott., L. Leers)*, 1701, 3 vol. in-8.

Basnage publia, en 1703, une défense de cet ouv. contre Bossuet ; *Rotter.*, in-8. Les 4 prélats dont il est question sont les archev. de Paris et de Rouen, et les évêques de Meaux et de Montauban.

— Hist. du vieux et du nouveau Testament, représentées par des fig. grav. en taille-douce par Romain de Hooge, avec une explication dans laquelle on éclaircit plusieurs passages obscurs, etc. : *Amst.*, 1704, in-f.

Cet ouv. obtint les honneurs de 9 édit. différentes sous divers formats. — En 1705, il fut réimp. à Amst., in-4, et dans la même ville en 1706, in-f. ; édit. dans laquelle quelq. suppressions ont été faites. Il a été aussi réimp. à Genève de format in-12, sans fig.

L'Hist. du vieux et du nouv. Testament a été reproduite en 1714, sous le titre de : Le Grand tableau de l'univers, dans lequel sont peints les événements depuis la création jusqu'à la fin de l'apocalypse, représentés en figures par Rom. de Hooge, accompagnés de discours ; *Amst.*, in-f.

— L'Hist. des Juifs depuis J.-C. jusqu'à présent, pour servir de supplément à l'hist. de Joseph ; *Rotter.*, 1706, 5 vol. in-12.

Le même ouv., nouv. édit. ; *La Haye, Scheurleer*, 1716-1726, 15 vol. in-12.

Il a été traduit en anglais par Taylor, en 1706, in-f. M. Crull en a donné un abrégé en 1708 ; *Londres*, 2 vol. in-8.

Elliès Du Pin fit réimp. ce livre à Paris, sans avoir le consentement de l'auteur et en y faisant des changements arbitraires ; aussi Basnage, mécontent des changements apportés à cette édit., publia en 1711 un écrit intulé : *Hist. des Juifs réclamée et rétablie par son véritable auteur, contre l'édit. anonyme et tronquée faite à Paris, avec plusieurs additions qui peuvent servir de sixième tome à cet ouv.*; *Rotter.*, in-12.

L'édit. dite de Du Pin a pour titre :
Hist. des Juifs, depuis Jésus-Christ jusqu'à présent, contenant les dogmes des Juifs, leur confession de foi, leurs variations et l'hist. de leur religion, depuis la ruine du Temple. Pour servir de continuation à l'hist. de Joseph; *Paris, Roulland*, 1710, 7 vol. in-12.
— Entretiens sur la Religion; *Rotter.*, 1709, in-12. — Nouv. édit., augmentée, 1711, in-12. — 3e édit., plus ample et plus correcte, 1713, 2 vol. in-12.
— Sermons sur divers sujets de morale, de théologie et de l'histoire sainte; *Rotter.*, 1709, 2 vol. in-8.
— Prospectus novæ editionis Canisii, Dacherii, etc.; *Rotter.*, 1709.
L'ouv. a paru sous le titre de : *Thesaurus monumentorum ecclesiasticorum et historicorum; Antw*, 1725, 5 vol. in-f.
— Préface contenant des réflexions sur la durée de la persécution et sur l'état des réformés en France, écrite pour la nouv. édit. des *Plaintes des Protestants*, par Claude (*Cologne*, 1713, in-8). Cette préface anonyme est plus étendue que l'ouv. même.
— Antiquitez Judaïques ou Remarques critiques sur la République des Hébreux; *Amst., Mortier*, 1713, 2 vol. pet. in-8, avec un grand nombre de fig. et de cartes.
Cet ouv. sert de complément à celui intitulé : *La République des Hébreux, où l'on voit l'origine de ce peuple, ses lois, sa religion, son gouvernement, ses cérémonies, ses coutumes, etc.*; trad. du latin de P. Cunæus; Amst., 1705, 3 vol. in-8, fig.
— Réflexions désintéressées sur la constitution du pape Clément XI, qui condamne le N. T. du P. Quesnel; *Amst.*, 1714, in-8.
— Avis sur la tenue d'un Concile national de France, ou Réponse aux difficultés proposées par Dupin contre ce concile; *Cologne*, 1715, in-8.
— L'unité, la visibilité, l'autorité de l'Eglise et la vérité renversées par la constitution unigenitus de Clément XI; *Amst.*, 1715, in-8.
— Etat de l'Eglise gallicane sous le règne de Louis XIV et sous la minorité de Louis XV; *Rome (Amst.)*, 1719, pet. in-8.
Cet ouv. a été reproduit sous le titre de : Etat présent de l'Eglise gallicane, contenant divers cas de conscience sur ses divisions, etc.; *Amst.*, 1719, pet. in-8.
— Instructions pastorales aux réformés de France, sur l'obéissance au souverain; 1720.
— Annales des Provinces-Unies, depuis la paix de Munster jusqu'à celle de Nimègue; *La Haye, Ch. Levier*, 1719-1726, 2 vol. in-f.
Ne comprend que les années 1646-1678. La mort empêcha Basnage de conduire l'ouv. jusqu'en 1720, comme il en avait eu le projet. Dans ce travail, il se montre habile diplom.
— Nouveaux sermons, avec des prières; *Rott.*, 1720, in-8.
— Dissertation hist. sur les duels et les ordres de Chevalerie, par M. B......; *Ams., P. Brunel*, 1720, in-8.
— Ditto. Nouv. édit., augmentée d'un discours préléminaire par Pierre Roques; *Basle, Jean Christ*, 1740, in-8.
Cet ouv. a été réimp. avec l'*Hist. des ordres de chevalerie.*
— Hist. des ordres militaires ou des chevaliers des milices séculières et régulières de l'un et de l'autre sexe, qui ont été établis jusqu'à présent; *Amst.*, 1721, 4 vol. in-8, fig.
— Thesaurus monumentorum ecclesiasticorum et historicorum, sive Henrici Canisii lectiones antiquæ; *Antuerp.*, 1725, 4 vol. en 5 part., in-f.
Plusieurs dissertations de J. Basnage sont insérées dans l'*Hist. des ouv. des savants*, de de 1703-1709. Il avait entrepris l'*Hist. générale de toutes les hérésies*; elle est restée incomplète et inédite au milieu d'autres travaux. On trouve à la Biblioth. Imp. des fragments mss. d'une hist. de la république de Genève, sous le titre de : *Reipublicæ et civitatis Genevensis historia, authore Jacobo Basnage, qui hoc suum opusculum Philiberto de Lamare, Senatori Divionensi nuncupavit* (vers 1671, n° 6019, anc. fonds).
Basnage fut l'un des collaborateurs de l'ouv. intitulé : *Lettres hist., contenant ce qui s'est passé de plus important en Europe, depuis 1692 jusqu'en 1728*; 74 vol. in-12.
V. Eloge hist. de Jacq. Basnage, par Levier, en tête du 2e vol. de ses *Annales des Provinces-Unies; Amst.*, 1726, in-f. — Mém. de Niceron, t. IV (1728), p. 294-311, et t. X, part. 1, p. 147-151. — *Dict. hist.* de Chaufepié. — *France protestante*, t. II (1853), p. 7-14.

BASNAGE DE BEAUVAL (*Henri*), frère du précédent, second fils du jurisconsulte Henry Basnage, naquit à Rouen le 7 août 1656. Avocat au Parlement, comme avait été son père, il mourut le 29 mars 1710 à La Haye, où il avait été obligé de se réfugier par suite de la révocation de l'édit de Nantes.
Il est auteur de :
Tolérance des religions; *Rott.*, 1684, in-12.
— Hist. des ouv. des savans (sept. 1687-juin 1709); *Rott., R. Leers*, 1687-1709, 24 v. in-12.
Continuation des *Nouvelles de la République des lettres.*
— Réponse de l'auteur du Journal des ouv. des savans à l'avis de M. Jurieu; 1690, in-12.
— Examen de la doctrine de M. Jurieu; 1691, in-12.
— Lettre sur les différens de MM. Jurieu et Bayle; in-8 de 40 p. (écrit en faveur de Bayle).
— Réponse à l'apologie de M. Jurieu; in-12 de 23 p.
— Lettre des fidèles de France à M. Jurieu, sur sa 22e Lettre pastorale; in-12. (Sous le pseudonyme de Le Fèvre.)
— Considérations sur deux sermons de M. Ju-

rieu touchant l'amour du prochain, où l'on traite incidemment cette question curieuse : S'il faut haïr M. Jurieu; in-8 de 59 p.

— M. Jurieu, convaincu de calomnie et d'imposture; *La Haye*, 1694, in-8 de 63 p.

Ces deux champions des doctrines religieuses opposées finirent par s'entendre et se réconcilièrent peu de temps avant la mort de Basnage.

— Dictionnaire universel recueilli et compilé par feu M.-A. Furetière; 2e édit., revue, corrigée et augmentée; *Rott.*, 1701, 3 vol. in-f.; et 3e édit., *Holl.*, 1726, 4 vol in-f.

C'est à la piété filiale de H. Basnage qu'on est redevable de la 3e édit. des commentaires sur la Coutume de Normandie (1709). Il suspendit momentanément ses travaux de littérateur, de grammairien et de publiciste pour se livrer à de nouvelles études de droit et prendre ainsi le titre d'éditeur de la Coutume.

V. son éloge, *Mém. de Trévoux*, nov. 1710. — Bayle, au mot *Basnage*. — *Mém. de Niceron*, t. II, p. 206-213, et t. X, part. 1 (1730), p. 88.

Et sur la famille des Basnage : *La France Protestante*, par MM. Haag, t. II (1853). L'article a été revu par le savant pasteur de Rouen, M. Paumier. En indiquant, quoiqu'ils soient étrangers à la Norm., tous les ouv. composés par les Basnage, nous savons que nous sommes sorti du cadre que nous nous sommes tracé. Nous avons cru devoir faire cette exception toutes les fois qu'il s'agira des noms qui ont illustré notre province.

BASOCHES (de). Mémoire sur un mollusque fossile, inédit et remarquable, du terrain secondaire de l'arrondiss. de Bayeux ; *Mém. de la Soc. linnéenne du Calvados*, 1824, p. 210-214, avec 1 planche.

BASSELIN (*Olivier*). Le Livre des chants nouveaux de Vau-de-Vire par ordre alphabétique, corrigé et augmenté par Jean Le Houx; *Vire, Jean de Cesne*, imp.-lib., s. d. (vers 1665), in-16 d'environ 53 ff. n. chiff.

V. Le Houx.

—Les Vaudevires, Poésies du XVe sc., par Olivier Basselin, avec un discours sur sa vie, et des notes pour l'explication de quelques anciens mots; *Vire*, 1811, in-8 et in-4 de 86 ff.

Cette édit., impr. à *Avranches* par *F. Le Court*, aux frais de quelq. amat. de Vire (MM. Asselin, de Corday, Decheux de St-Clair, Desrotour de Chaulieu, Dubourg d'Isigny, Flaust, Huillard d'Aignaux, Lanon de la Renaudière, Le Normand et Robillard), n'a pas été mise dans le commerce et n'a été tirée qu'à 148 exempl., dont 24 format in-4 et 124 in-8.

Les notes signées Aug... A... appartiennent à M. Augustin Asselin, qui fut le principal édit. de ce livre. Il a été tiré à part quelq. exempl. du discours prélim. in-8 de 36 p. V. L. Du Bois, introduct. à son édit. des Vaux-de-Vire, et Ch. Nodier, *Mélanges tirés d'une petite Biblioth.*, p. 249-259.

—Vaux-de-Vire d'Olivier Basselin, poëte normand de la fin du XIVe sc.; suivis d'un choix d'anciens vaux-de-vire, de bacchanales et de chansons, poésies normandes, soit inédites, soit devenues excessivement rares; publiés avec des dissertations, des notes et des variantes, par L. Du Bois; *Caen, imp. de F. Poisson*, 1821, in-8 de IV et 271 p.

Edition plus correcte et plus complète que la précédente. Elle a été tirée à 500 exempl., dont 100 sur pap. vél. ord. L'éditeur a eu, suiv. Ch. Nodier (*Mélanges tirés d'une petite Biblioth.*), le tort d'en faire un livre vulgaire en le publiant à aussi grand nombre qu'un ouvrage moderne. Les Chansons qui sont réunies à la fin du vol. sont la plupart inédites, et forment, avec les Vaux-de-Vire, une collection très précieuse des anciennes Chansons norm.

V. un art. de M. Raynouard, *Jour. des Sav.*, 1822, p. III-117.

— Les Vaux-de-Vire édités et inédits d'Olivier Basselin et de Jean Le Houx, poëtes Virois; avec discours prélimin., choix de notes et variantes des précéd. éditeurs, notes nouvelles et glossaire; publiés par Julien Travers; *Paris, Lance*, 1833, in-18 de 252 p.

Cette nouv. édition, imp. à *Avranches* par *E. Tostain*, contient 41 vaux-de-vire inédits, omis dans les deux édit. précédentes, et reproduit le discours prélim., ainsi que les notes de l'édition de 1811.

Basselin (*Olivier*) est né dans le Val-de-Vire (Calvados), vers le milieu XVe sc. On ignore l'époque de sa mort; il paraît, toutefois, qu'il ne vivait plus en 1500. Quelques biogr. avancent qu'il fut tué en 1418, lors de la prise de Vire par les Anglais, ce qui reporterait sa naissance au XIVe sc. Il est auteur de chansons bachiques et de rondes joyeuses.— La 1re édit. de ses chansons a été publiée vers la fin du XVIe sc. par Jean Le Houx, son compatriote. « Le caractère tout littéraire des Vaux-de-Vire d'Olivier Basselin (disent MM. Du Méril, *Dictionn. du Patois norm.*, introd., p. XCVI), prouve, qu'en les attribuant à un ouvrier foulon, la tradition s'est laissée tromper par un pseudonyme, que la nature bachique de ses vers et les convenances de sa position obligeaient de se cacher derrière un nom populaire, et nous n'hésitons pas à les attribuer à Jean Le Houx, avocat de Vire, qui en fut le premier éditeur. » (V. Le Houx.) Quant à faire dériver *vaudeville* de Vaux-de-Vire, la science des étymologistes peut, sur ce point comme sur bien d'autres, être en défaut, puisque, pour le fond, les chansons bachiques dites vaux-de-vire n'ont aucun rapport avec les vaudevilles de nos jours.

M. Ed. Lambert, de Bayeux, possédait, il n'y a pas encore longtemps, un précieux ms. d'anciens vaux-de-vire, qui était considéré comme original par cet archéologue, très compétent. Ce ms. est passé dans les mains de M. Félix Solar, bibliophile et antiquaire à Paris.

Sur les *Vaux-de-Vire de Basselin*, V. : De la Poésie lyrique en France, par F. Vaultier; *Mém. de l'Acad. de Caen*, 1840, p. 262-277. — Olivier Basselin, par Th. Guiard; *Rev. de Rouen*, déc. 1845. — Notice de M. Du Mersan sur la maison d'Olivier Basselin, au Val-de-Vire, 7 p. gr. in-8, avec 1 pl.; *le Monde dramatique*, t. v, ann. 3e.

A propos de Basselin, nous rappellerons qu'en 1831, M. Wolff, professeur de l'Univ. d'Iéna, a publié à Leipzig, *chez Fréd. Fleischer*, un recueil de poésies anc., in-18 de 200 p., dans lequel se trouvent 16 vaux-de-vire et 42 chansons norm.

Le nom du poète virois a fourni le sujet d'un vaudeville et d'un opéra-com. :

Le Val de Vire, ou le Berceau du Vaudeville, divertiss. en 1 acte et en prose, mêlé de vaudevilles, par Armand Gouffé et Georges Duval, repr. sur le théâtre des Troubadours, le 16 prairial an vii (7 juin 1799). Cette pièce, imp. dans sa nouveauté à Paris, a été reproduite dans le *Répert. du Vaudeville*, ou Rec. des meilleures pièces en Vaudevilles; *Iéna et Leipzig*, 1800, pet. in-8.

Olivier Basselin, ou le Val de Vire, opéra-com., repr. sur le théâtre de la Renaissance, le 15 novembre 1838; paroles de Fréd. de Courcy et feu Brazier, musique de A. Pilate; *Paris, Michaud*, 1838, in-8 de 24 p.

BASSET DES ROSIERS (*Gilles*), poète et littérateur du xviiie sc., cité par L. du Bois, *Biog. norm.*

BAST (*Amédée* de). Malfillâtre, par Amédée de Bast. Edition illustrée par J.-A. Beaucé; *Paris, Marescq*, 1857, in-4 de 72 p. à 2 col.

BASTIDE (*Jenny*). V. Bodin (*Mme Camille*).

BASTON (*Guill.-André-René*), savant ecclésiastique, né à Rouen le 9 nov. 1741, termina sa laborieuse carrière dans sa retraite de St-Laurent, près Pont-Audemer, le 26 sept. 1825.

Nommé à l'évêché de Sées en 1813, M. Baston n'avait pu obtenir l'institution canonique; il revint quelques années après dans sa ville natale, et reprit le titre de vicaire-général. M. Baston a laissé un grand nombre d'ouv., anonymes pour la plupart, et ayant trait principalement à l'hist. ecclésiastique du diocèse. Il a laissé aussi plusieurs mss., entre autres un ouv. en 4 vol. in-4, intitulé : *Mémoires de M. Garb*; ce ms., auto-biographie de l'auteur, se trouve dans les mains d'un membre de sa famille qui habite Pont-Audemer.

— Lettres de M. Philétès, curé catholique dans le diocèse de R***, en Angleterre; à MM. les curés du diocèse de Lisieux en France, protestant contre les mandement et instruction pastorale de leur évêque, des 20 déc. 1773 et 13 avril 1774, qui ordonnent des conférences et des retraites ecclésiastiques; *Londres*, 1775, in-8 de 370 p.

— Confession de M. l'abbé D***, auteur des Lettres de Philétès, pour servir de suplément, de rétractation et d'antidote à son ouvrage. A MM. les curés protestants du diocèse de Lisieux; *Louvain, P. Veri*, 1776, in-8 de 124 p.

— Confidences de deux curés protestants du diocèse de L*** (Lisieux), au sujet d'une brochure intitulée : *Défense des droits du second ordre, etc.*, à Leyde, données au public par M. Exomologese, vicaire de ***, avec un commentaire par le même; *Edimbourg*, 1778 (*Lisieux, Mistral*), in-8 de viii et 309 p.

Ces 3 écrits sont relatifs à des contestations qui avaient lieu alors entre les curés du diocèse de Lisieux et leur évêque. Pour défendre ses droits, le prélat eut recours à la plume de l'abbé Baston. V. *Défense des droits du second ordre, etc.*

— Les entrevues du pape Ganganelli (Clément XIV), ouv. trad. de l'italien de Monsignor S****; *Anvers (Rouen)*, chez *Ph. Frankenner*, 1777 (et 1778), in-12 de viii et 466 p.

— Voltairimeros, ou Première Journée de M. de V*** (de Voltaire) dans l'autre monde; *Bruxelles (Rouen)*, 1779, in-12, 2 part. en 1 vol. — Satyre spirituelle dédiée à M. de St-Gervais, protecteur et ami de l'abbé Baston.

— Lectiones Theologicæ ad usum diocesis Rotomagensis; *Rotom., Le Boucher*, 1780-84, 11 part. in-12, et 2e édit., *Rotom., ex typ. Mégard*, 1818, 10 vol. in-12.

M. l'abbé Tuvache fut ici le collaborateur de l'abbé Baston.

— Narrations d'Omaï, insulaire de la mer du Sud, ami et compagnon de voyage du capitaine Cook, ouv. trad. de l'O-Taïtien, par M. K*** et publié par le capitaine L. A. B.; *Rouen, Le Boucher le jeune*, 1790, 4 vol. in-8., avec 1 portr. d'Omaï. (*Imp. de ve Laur. Dumesnil*).

Traduction supposée. Omaï est censé retourner dans son archipel pour lui donner une constitution.

— Solution d'un cas de conscience proposé par quelques-uns de MM. les chapelains de la cathédrale de Rouen ; *Rouen*, 6 janv. 1791, 16 p. in-8.

— Au solitaire auteur des réflexions tirées de l'Ecriture sainte, sur l'état actuel du clergé de France, paix et salut ; *Rouen*, 1791, in-8.

— Point de Réplique au solitaire ; *Rouen*, 1791, in-8.

— Adresse de quelques catholiques de Rouen à tous les catholiques du dép. de la S.-Inf.; (*Rouen*, 1791), in-8.

— Analyse critique et raisonnée de plusieurs écrits sur la constitution du clergé, composés par M. Charrier de la Roche, député à l'assemblée nationale, élu évêque du dép. de la S.-Inf. et métropolitain des côtes de la Manche ; (*Rouen*, 1791), in-8. — Suite ; (*Rouen*, 1791), in-8. — Conclusion ; *Rouen*, 1791. Ensemble, 3 part. anonymes.

— Eclaircissements demandés à M. Charrier de la Roche, sur un écrit intitulé : *Lettre pastorale de M. l'évêque de Rouen aux fidèles de son diocèse* ; (*Rouen*, 1791), in-8.

— Guillaume, prêtre dans le diocèse de Rouen, à M. C. de la R. (Charrier de la Roche), évêque constitutionnel de la S.-Inf., salut et retour à l'unité ; (*Rouen*, 1791), in-8.

— Lettre d'un curé du diocèse de Rouen à M. Charrier de la Roche, élu évêque du dép. de la S.-Inf.; (*Paris*, 1791), in-8.

— La Branche d'olivier présentée aux ecclésiastiques du dioc. de Rouen ; (*Rouen*, 1791), et *Coesfeld*, 1801, in-8.

— Observations de quelques théologiens sur un écrit intitulé : *Adresse de la Société des Amis de la Constitution à Rouen, à tous les citoyens du dép. de la S.-Inf., sur le serment que doivent prêter les ecclésiastiques fonctionnaires publics* ; (Rouen, 1791), in-8.

— Aperçu d'un citoyen sur le serment demandé à tous les ecclésiastiques par la nouvelle législature ; (*Rouen*, 1791), in-8.

— Réponse aux calomnies des clubistes de Rouen, consignées dans leur pétition à l'Assemblée nationale, touchant la destruction des maisons religieuses ; (*Rouen*, 1791), in-8.

— Doutes proposés à M. V*** (Verdier), curé de C. L. R. (Choisy-le-Roi), sur sa promotion à l'épiscopat ; (*Rouen*, 1791), in-8.

M. Verdier, élu évêque de Rouen, avait accepté cette dignité, qu'il refusa ensuite.

— Remarques sur la lettre circulaire de M. Charrier de la Roche, en date du 18 mai 1791 ; (*Rouen*, 1791), in-8.

— Analyse raisonnée et critique des ouvrages de M. Charrier sur la constitution civile ; (vers 1791), in-8.

— Remontrances au peuple ; (*Rouen*, 1791), in-8.

— Doctrine catholique sur le mariage, par M. l'abbé B....., P. D. T. (professeur de théologie ; *Rouen*, v^e^ *Dumesnil et Leboucher*, 1791, in-12 de 264 p.

Adressée aux étudiants en théologie du diocèse de Rouen.

— M. Gratien, invité à revoir ses assertions sur le mariage ; (*Rouen*), 1792, in-8.

— La rareté ou les insermentés, défendus et pleinement justifiés, par M. Gratien (évêque métropolitain de la S.-Inf.), s. l. et s. d.; (*Rouen*, 1792) ; in-8.

— Essai de morale, à l'usage de l'église gallicane non assermentée ; (*Rouen*, 1792), in-8. — Supplément ; (*Rouen*, 1792), in-8.

— De l'absolution donnée à l'article de la mort, par un prêtre schismatique constitutionnel ; (*Munster*, 1792), in-8.

— Le Bon Pasteur, dédié à ses brebis (en vers); *Rouen*, 1792, in-8.

— Psaume imité de Jérémie (en vers); (*Rouen*, 1792), in-8.

— Apologétique pour les persécutés, au peuple de R***, des campagnes circonvoisines et de tout le départ. de ***, salut et bénédiction en celui qui est la force des faibles et la consolation des affligés ; *Rouen*, 1792, in-8.

— Réponse au Mémoire et à la consultation de M. Linguet, touchant l'indissolubilité du mariage ; *Paris*, 1792, in-12.

— Le Docteur Romain, ou entretiens sur les démissions (des évêques), recueillis par le citoyen Frideusman, à ***; *Rouen*, 1802, in-8.

— Exposition de la conduite que M. G. A. R. Baston, nommé à l'évêché de Seez par décret du 14 avril 1813, a tenu dans ce diocèse, et de celle qu'on y a tenu à son égard, à St-L*** (St-Laurent) le 14 août 1815 ; *Rouen, imp. de* v^e^ *Ferrand*, 1816, in-8 de 96 p.

Toute l'édit. de cette sorte d'apologie de la conduite de M. l'abbé Baston dans le diocèse de Sées a été supprimée par l'auteur, à l'exception de 5 ou 6 exempl. (Catal. Duputel.) V., à ce sujet, *Revue hist. des cinq dép. de l'anc. prov. de Norm.*, 1837, p. 225-231.

— Solution d'une question de droit canonique par un D^r^ en Sorbonne ; *Paris, Pichard*, 1821, in-8 de 80 p.

— Réclamation pour l'Eglise de France et pour la vérité contre l'ouv. de M. de Maistre intitulé : *Du Pape, etc.*; *Paris, Pichard*, 1821-24, 2 vol. in-8.

La préface signée E. N. est de M. l'abbé A. Guillon.

— Antidote contre les erreurs et la réfutation de l'essai sur l'Indifférence en matière de religion ; *Paris, Gauthier frères*, 1823, in-8, et 1825, 2e édit.

— Concordance des lois civiles et des lois ecclésiastiques de France touchant le mariage; *Paris, Gauthier frères*, 1824, in-12.

— Jean Bockelson, ou le Roi de Munster, fragment historique ; *Paris, Gauthier frères*, 1824, in-8.

Le poëme de l'opéra du *Prophète* est tiré de l'hist. de ce personnage.

— Précis sur l'Usure attribuée aux prêts de commerce, par M. B.....; *Paris, A. André,* 1825, in-8.

Les Mém. de l'Acad. de Rouen renferment plusieurs dissertations écrites par ce savant abbé.—V. la notice biograph. par Duputel; *Rouen,* 1826, in-12.—Particularités singulières sur l'abbé Baston, par A. Canel; *Rouen,* 1856, in-8.

BATAILLE (*Arsène*), botaniste, conservateur du Jardin botan. d'Avranches, né à Vains (Manche), mort à Vichy, le 6 oct. 1847, est auteur d'un *Traité de la taille du Poirier en pyramide et en espalier*, et d'un *Mém. sur le Pommier du Japon, etc.* V. *Journ. d'Avranches*, 7 nov. 1847, et *Ann. de la Manche,* 1848.

BATAILLE (*C.*). Vie politique et religieuse de Thomas Becket, chancelier de Henri II, archevêque de Canterbury; *Paris, Compt. des imp. unis,* 1842, in-12 de IX et 310 p.

BATTEAU (le) de Bouille, com., etc. V. JOBÉ.

BATHELIER (*Jacq.* le), sieur d'Aviron. V. AVIRON.

BATISSIER (*Louis*). Description de la Cathédrale d'Evreux; *Rouen, A. Péron,* 1849, gr. in-8 de 24 p.

Ext. de la *Rev. de Rouen*, 2e sem. 1849.

— Géricault; *Rouen, D. Brière,* in-8 de 24 p.

Réimpr. d'après l'art. inséré dans la *Revue du XIXe sc.*, dont il a été tiré à part quelq. exempl.

BATISSIER (*L.*), antiquaire, né à Bourbon-l'Archambault (Allier), le 29 juin 1813, est auteur de *Elém. d'archéol. nation.*; *Paris, Leleux,* 1843, in-12; *Hist. de l'art monum. dans l'antiq. et au moyen-âge*; *Paris, Furne,* 1845, gr. in-8, fig. Il a, de plus, participé à la rédaction de l'*Art en province*, de l'*Anc. Bourbonnais, etc.* M. Batissier devait rédiger le texte de l'*Eure hist. et monum.*, ouvrage annoncé en 1847, comme devant être publié en 50 liv. et form. 1 vol. in-f. de 200 p. de texte, avec 100 pl. lith.; cet ouv. n'a pas paru. Pour utiliser quelq.-unes des planches exécutées à l'avance, l'éditeur M. Beuzelin, à Laigle, en a composé un album qu'il a intitulé : *Les plus beaux monuments de l'Eure, album archéologique et pittoresq., complém. de toutes les publicat. hist. et monum. faites sur la Norm.*; Laigle, 1856, in-f. de 40 pl.

BATZ (baron de). Hist. de la maison de France et de son origine; du royaume et de la principauté de Neustrie; *Paris, Mame,* 1815, gr. in-8 de 4, 8 et 72 p., avec un tabl. généalog.

Cet opusc., tiré à 12 exempl. seulement, était destiné à servir d'introduct. à un ouv. dont le ms., quoique entièrement terminé, est resté inédit. L'auteur, mort en 1822, annonçait que cette introduct., sorte de prospectus, était imprimée uniquement pour faire connaître l'ensemble de son ouv. à Louis XVIII.

BAUDARD (l'abbé). Oraison funèbre de Louis XVI, prononcée dans l'église paroissiale de Ste-Foi de la ville de Conches et dans l'église de Séez-Mesnil; *Evreux, Ancelle fils,* 1814, in-8 de 48 p.

—Notice historique sur S. Taurin, prem. évêque d'Evreux; *Bullet. de la Soc. d'agric., sc. et arts de l'Eure,* t. II (1823), p. 261-284.

— Sur le nom primitif de Bayeux; *Bull. de l'Acad. ébroïc.*, 1835, part. 2e, p. 229-233.

BAUDARD (l'abbé) était curé de Conches.

BAUDE (*J.-J.*). Les Côtes de Normandie (falaises de Norm.); *Rev. des Deux-Mondes*, 15 juin 1848, t. XXII, p. 927-963.

— Les Côtes de la Manche; *Paris, imp. de Gerdès,* 1851, gr. in-8 de 44 p.

Ext. de la *Rev. des Deux-Mondes*, 1er juill. 1851. Les localités décrites sont : Granville, Coutances, la Hogue, Iles Chaussey, le Mont St-Michel, les Marais et les Grèves.

—Les Côtes de la Normandie, la Baie de la Seine; *Rev. des Deux-Mondes*, 1854, sér. 2e, t. VI, p. 266-304.

Cet article concerne Cherbourg, le Calvados et la Seine-maritime.

BAUDELOT. Sur deux inscriptions antiques trouvées dans la forest de Belesme (Perche); *Acad. des insc. et bell.-lettr.*, in-4, t. III, p. 213 à 215.

BAUDIER (*Michel*). Histoire de l'administration dv cardinal d'Amboise, grand ministre d'Estat en France, où se lisent les effects de la Prudence et de la sagesse politique, etc.; *Paris, Pierre Rocolet,* 1634, in-4 de 263 p. et XIV ff. prélim.

BAUDIN (*Alex.-Louis*). La France régénérée, poëme civique en un chant (30 juin 1790); *imp. à Cherbourg* par ordre de la Soc. des amis de la Constitution dont l'auteur était membre.

BAUDIN (*F.-D.*). Ode à la ville de Rouen; *Rouen, P. Periaux,* 1807, in-8 de 24 p.

BAUDIN (*F.-D.*) a dirigé pendant plusieurs années l'un des meill. pensionnats de Rouen. En 1807, il a publié : 1° *Discours en vers sur les avantages de l'éducat.*, in-8 de 15 p.; 2° *Ode à l'humanité*, in-8 de 10 p.

BAUDOT DE JUILLY (*Nicolas*). Histoire de la Conquête d'Angleterre, par Guillaume II, duc de Normandie; *Paris, Damien Beugnié*, 1701, in-12, avec 1 tabl. de la maison roy. d'Anglet. dans le XIe sc., et *Paris*, 1750, in-12.

BAUDOT DE JUILLY, né à Paris le 17 avril 1678, mort le 29 août 1759, est auteur de plus. autres romans hist. étrang. à notre sujet.

BAUDOUIN (*Etienne*), né à Rouen dans le XVIIIe sc., professait la rhétorique au collége de Metz. Lauréat des palinods en 1765, il publia également quelq. ouv. en prose : 1° *Essai sur l'apocalypse, ou explication littérale et histor. de la révélation de l'apôtre S. Jean, avec des remarques sur le système de M. Pastorini;* Paris, Durand, 1781 ; — Rouen, Leboucher jeune, 1781, 2 vol. in-12, et nouv. édit., Paris, Moutard, 1784, 2 vol. in-12; 2° *Abrégé de la Bible*, 1787, in-12.

BAUDRE (l'abbé *Bon-Michel-Pierre-Paul-Franç.* de), né dans les environs de Bayeux en 1752, mort en 1818, était curé de St-Exupère de Bayeux. Il a publié une traduction en vers latins du 1er livre de l'Art poétique de Boileau; *Bayeux, Claude Le Blond*.— V. Pluquet, *Hist. de Bayeux*.

BAUDRE (de). Discours sur la vie et les ouvrages de Malfillatre; *Caen, Chalopin fils*, 1825, in-8.

Ext. des Mém. de l'Acad. de Caen, 1823 et 1824, p. 148-256.

— Eloge histor. de M. l'abbé Bellenger, anc. rect. de l'univ. de Caen, chan. hon. de Bayeux, etc.; *Caen, Th. Chalopin*, 1829, in-8 de 55 p.

Ext. des Mém. de l'Acad. de Caen, 1829.

BAUDRY. La vie de S. Valentin, évêque de Terny en Italie et martir, un des patrons de l'abbaye de Jumièges. Sa naissance, son engagement dans les ordres sacrez, ses vertus, etc.; recueillis au XIIe sc. par Baudry (Baldericus), évêque de Dôle en Bretagne, et publiés par D. F. T., religieux de Jumièges; *Rouen, Jean Du Mesnil*, 1696, in-12 de 54 p. et 4 ff. prélim.

BAUDRY (*Frédéric*), avocat, fils aîné de M. Fréd. Baudry, imp. à Rouen, né en cette ville le 25 juill. 1818. Depuis 1848, il habite Versailles, où il consacre tout son temps à l'étude des sciences agricoles, des langues et des littératures orientales, etc. Il est auteur de : *Grammaire sanscrite. Résumé élément. de la théorie des formes grammaticales en sanscrit ;* Paris, A. Durand, 1853, in-12 de 36 p.; d'une traduction des *Contes choisis des frères Grimm* et de plus. art. importants insérés dans l'*Encyclopédie moderne* (édit. Didot), la *Rev. de l'Instruct. publ.*, l'*Athenæum français*, la *Rev. de Paris* et le *Journ. des Economistes*.

Son frère, M. BAUDRY (*Alfred*), s'est associé à M. A. Pottier pour la publication de l'*Essai sur les Danses des morts par E. H. Langlois*.

BAUDRY (*Paul*). L'Eglise collégiale du St-Sépulcre de Rouen; *Rouen, Lecointe frères*, 1846, in-8 de 18 p., avec 1 pl.

Tiré à 100 exempl. — L'église du St-Sépulcre ou de St-Georges est située place de la Pucelle, à Rouen.

— La Cité de Jérusalem, légende rouennaise; *Rev. de Rouen*, 1847, p. 303-307.

Bas-relief servant d'enseigne à une maison située rue Etoupée, n° 4.

— Le prieuré de Bonne-Nouvelle (à Rouen); *Rouen, A. Péron*, 1848, gr. in-8 de 28 p., avec 1 pl. représ. la façade de l'église.

Ext. de la *Rev. de Rouen*, avec qq. changem., nov. et déc. 1847.

— Le Monastère des Emmurées (à Rouen); *Rev. de Rouen*, 1848, p. 545 à 560, avec une vue du *lavabo* du cloître des Emmurées.

— La fête de l'Immaculée conception de la Ste Vierge, ou la fête aux Normands; *Rev. de Rouen*, 1848, 3 art.

— Note sur l'Eglise de St-Sever (à Rouen); *Rev. de Rouen*, 1848, p. 481-483.

— L'Eglise paroissiale de St-Patrice (à Rouen). Description des vitraux, 1849; *Rouen, A. Péron*, 1850, gr. in-8 de 37 p., avec 1 pl.

Ext. de la *Rev. de Rouen*, 1849 et 1850. Tiré à 150 exempl. Dans quelques-uns, la pl. repr. une verrière votive est coloriée.

— Rapport sur l'Eglise de St-Sever, adressé à M. le Ministre des Cultes, à l'occasion de l'agrandissement projeté de cette église; *Rouen, Rivoire*, 1849, in-12 de 4 p.

Ext. du *Mémorial de Rouen*.

— Rapport sur l'Eglise de N.-D. de Venestanville, adressé à M. le Min. des Cultes, à l'occasion de la reconstruction de cette église; *Rouen, Rivoire*, 1849, in-12 de 8 p.

Ext. du *Mémorial de Rouen*.

— L'Eglise paroissiale de St-Martin-sur-Renelle (à Rouen); *Rouen, A. Péron*, 1851, gr. in-8 de 9 p.

Ext. de la *Rev. de Rouen*, 1851, p. 429-437, et tiré à 150 exempl.

— Symbolisme des Eglises de Rouen; *Rouen, A. Péron*, 1851, gr. in-8 de 16 p.

Ext. de la *Rev. de Rouen*, 1851.

— Le cheval de la rue de Robec; *Rev. norm.*, 1856, p. 45-51.

Légende à propos de l'enseigne d'une maison située à l'entrée de cette rue, à l'ouest.

BAUDRY (*Marie-Fréd.-Paul*), né à Rouen, le 7 mars 1825. Outre les opuscules que nous venons de citer, il est auteur de plusieurs pièces de vers, d'articles insérés dans les journ. *l'Union, l'Ami de la Religion, l'Alm. de St-Vincent-de-Paul*, etc., et d'un vol. intitulé : *Trois semaines en voyage : France, Bords-du-Rhin, Belgique*; Rouen, Mégard, 1855, in-12 de 212 p., avec 2 pl.

BAULDRY (*Paul*), sieur d'Iberville, né à Rouen de parents protestants, en 1639, mort à Utrecht le 16 fév. 1706. Abandonnant, par suite de la révocat. de l'édit de Nantes, sa patrie, ses amis et une fortune considérable, il se retira en Hollande, où il professa l'hist. sacrée. En 1682, il avait épousé la fille de Henry Basnage de Fransquenay.

Bauldry est auteur de : *Eloge de Mathieu de Larroque*, ministre de Rouen ; *Nouv. de la république des lettres*, mars 1684 ; de plusieurs ouv. imp. à Utrecht, et d'un grand nombre de dissertations sur différents sujets d'hist. et de critique, imp. dans les journaux du temps. — V. son éloge en latin, par Adrien Reland ; *Utrecht*, 1706, in-4, et *France protest.*, t. II (1853), p. 53-54.

BAUME-TISTE, artiste et auteur dramat. V. TISTE.

BAUSSARD. Mémoire sur deux cétacées échoués vers Honfleur, le 19 sept. 1788; *Journ. de Physiq.* (1789), in-4, t. XXXIV, p. 201-206, avec 1 pl.

BAUTER ou Beauter, poète. V. MÉLIGLOSSE.

BAUTIER (*Alex.*), méd., député à l'Assemblée nationale, en 1848, pour le dép. de la S.-Inf., est né à Rouen, le 30 mai 1801. Comme botaniste, il a publié : *Tableau analytique de la flore parisienne, etc.*, VIIIe édit.; *Paris, Labé*, 1857, in-18 de VIII et 451 p. — *Guide du botaniste pour les herborisations aux environs de Paris ;* Paris, Labé, 1857, in-16 de 50 p.

BAUVE. L'Enfant de la nature, ou Chronique de la révolution française, par Bauve, jardinier à St-Saëns (S.-Inf.) ; *Paris, imp. de J. Gratiot*, 1820, in-8 de 123 p.

BAUX (*Jean-Maximilien* de), seigneur de l'Angle. V. DE LANGLE.

BAVENT (*Madeleine*). Hist. de Magdelaine Bavent, religieuse du monastère de S.-Loüis de Louviers, avec sa confession générale & testamentaire, où elle déclare les abominations, impietez, & sacrileges qu'elle a pratiqué & veu pratiquer, tant dans ledit monastère, qu'au sabat, & les personnes qu'elle y a remarquées. Ensemble l'arrest donné (par le Parlement de Rouen) contre Mathurin Picard, Thomas Boullé & ladite Bavent, tous conuaincus du crime de magie; *Paris, Jacq. le Gentil*, 1652, in-4 de 80 p.

Madeleine Bavent était prisonnière à la Conciergerie du Palais, à Rouen, lorsque, en 1647, elle rédigea son hist., d'après les conseils et avec l'aide de son confesseur, l'oratorien Desmarets, sous-pénitencier de l'église de Rouen ; ce qu'on ne saurait comprendre, c'est qu'on ait osé dédier à la duchesse d'Orléans un recueil rempli des faits les plus scandaleux.

Pour faire connaître l'importance de ce long procès, nous rapportons ci-dessous toutes les pièces qui s'y rattachent :

— Examen de la possession des religievses de Lovviers, tiré d'une lettre escrite par vne personne de croyance à vn sien amy (par le sieur Yvelin) ; *Paris*, 1643, in-4 de 10 p., et *Paris*, 1643, in-4 de 18 p.

Le Dr Yvelin était médecin de la reine régente.

— Responce à l'examen de la possession des religievses de Lovviers, in-4 de 13 p. (vers 1643).

— Responce à l'examen de la possession des religievses de Lovviers, à M. Levilin (pour le Dr Yvelin) ; *Evrevx, par Jean de la Vigne*, 1643, in-4 de 14 p.

Pièce différente de la précédente.

— Response à l'examen, etc. (par Lamperière et Maignart, méd. agrégés) ; *Rouen*, 1643, in-4 de 44 p.

— Apologie povr l'avthevr de l'examen de la possession des religievses de Lovviers, à MM. L'Emperiere et Magnart, médecins à Rouen ; *Paris* et *Roven*, 1643, in-4 de 30 p.

Attribué au Dr Yvelin.

— La Deffense de la verité, tovchant la possession des religievses de Lovviers, par Jean le Breton, théologien ; *Evrevx, Imp. Episcopale de Nic. Hamillon*, 1643, in-4 de 27 p.

La p. 5 présente le sous-titre suiv. : *Trois qvestions méthodiqvement traittées. Tovchant l'accident arrivé avx religievses de Lovviers.*

— Censvre de l'examen de la possession des religievses de Lovviers ; (*Paris*), 1643, in-4 de 38 p.

Satyre contre le Dr Yvelin le jeune, méd. de la

maison de la Reine et envoyé à Louviers pour prendre connaissance des faits.

— Procès-verbal de M. le Pénitentier d'Evrevx, de ce qvi lvy est arrivé dans la prison, interrogeant et consolant Magdeleine Bavent, magicienne, à vne heureuse conuersion et repentance (par Delangle); *Paris, Franç. Beauplet*, 1643, in-4 de 7 p.

— Récit véritable, contenant ce qui s'est fait et passé aux exorcismes de plusieurs religieuses de la ville de Louuiers, en présence de M. le Pénitencier d'Evreux, et de M. le Gauffre. (Publié probablem. le 4 nov. 1643); *Paris, Laurent Fouquoyre*, in-4 de 8 p.

— Récit véritable de ce qui s'est fait et passé à Louviers, touchant les religieuses possédées. Ext. d'une lettre escrite de Louviers, à un évesque; *Paris, par Franç. Beauplet*, 1643, in-4 de 8 p.

— Récit véritable de ce qui s'est fait et passé à Louviers, touchant les religieuses possédées, qui depuis ont esté amenées au Parlement de Rouen, pour faire leur procez extraordinaire. Ext. d'une lettre escrite de Louviers à un Evesque; *Jouxte la copie imp. à Paris, par Franç. Beauplet*, 1643, in-4 de 8 p.

Nouv. édit. de ce récit.

— Récit véritable de ce qui s'est fait et passé aux Exorcismes de plusieurs religieuses de la ville de Louuiers, en présence de M. le Pénitencier d'Evreux, et de M. le Gauffre; *Paris, Gervais Alliot*, 1643, pet. in-8 de 107 p. et 2 ff. prélim.

Ecrit signé Le Gauffre et par lui dédié à la *Reine regente*. C'est une réimp., avec beaucoup d'augment., du Récit, en 8 p., in-4, publ. le 4 nov. (1643).

— Recueil de ce qui se fait, de jour en jour, dans le monastère des filles religieuses St-Louis, dont la plus part sont folles, maléficiées et tourmentées des diables, en cette année 1643; *Ms. Biblioth. de Ste-Geneviève*, in-f. n° 1137, 115, 34.

— Lettre adressée à M. D. L. V., médecin du Roy, et doyen de la faculté de Paris, svr l'apologie dv sieur Yuelin, médecin (par Maignart; 2 janv. 1644); *Rouen*, 1644, in-4 de 5 p.

— Traicté des marqves des possédez et la prevve de la véritable possession des religieuses de Louuiers, par P. M. Esc. D. en Méd.; *Roven, Charles Osmont*, 1644, in-4 de IV et 94 p.

Van-Thol attribue ce traité à Simon Piètre, qui le mit au jour sous les initiales de P. M. (Michel Marescot), écuyer, docteur en méd., son beau-père, mort à Paris en 1605.

— Continvation des Exorcismes de plusieurs religieuses de la ville de Louuiers, en presence de M. le pénitencier d'Evreux et de M. Le Gauffre. Auec la déliurance d'une fille possédée, ayant eue une des reliques du B. Père Bernard, en présence de plusieurs personnes; (vers 1647), in-4 de 8 p.

— Réponse à l'apologie de l'Examen de la possession des religievses de Lovviers, etc.; *Rouen*, 1644, in-4.

— Interrogatoire de Madelaine Bavent, religieuse au monastère de Louviers, convaincue du crime de magie et sortilège, par le lieutenant général criminel du Pont-de-l'Arche (1644); in-4 de 25 p.

— Arrest de la Covr de Parlement de Roüen, contre Mathurin Picard et Thomas Boullé deuement attains et conuaincus des crimes de magie, sortilége, sacriléges, impietez et cas abominables commis contre la majesté diuine, et autres mentionnez au procez, (21 août 1647); *Roven, David dv Petit-Val et Jean Viret*, 1647, in-4 de 8 p.

V. sur cette affaire : Biblioth. Imp., vol. intitulé : *Possession de Loudun*, marqué Z^{m}, n° 1016, pet. in-4. — Biblioth. Le Ber, à Rouen, n° 4626. — Esprit du Bos-Roger, *la Piété affligée*. — Langeois, *l'Innocence opprimée*, ou Défense de Mathurin Picard, ms. — Rapport de MM. Lamperière et Magnart, méd. de Rouen, sur les preuves de la véritable possession des religieuses de Louviers; ms. — Ext. des lett. de M. de St-André, méd. du roi, sur la magie, les maléfices et les sorciers; 1785, ms. (Ces 3 mss. se trouvent dans la biblioth. de M. A. Le Prevost). — P. Dibon, *Hist. de Louviers*, p. 124-144. — Floquet, *Hist. du Parlem.*, t. v, p. 624 et suiv., — et Mlle A. Bosquet, *Normandie romanesque*, etc., p. 312 et suiv.

L'hist. de Madeleine Bavent, par le P. Desmarets, citée par quelq. biogr., est le même ouv. que celui que nous mentionnons en tête de cet art., et dont le titre ne porte pas le nom de Desmarets.

BAVENT (*Madeleine*), née à Rouen au commencement du XVIIe sc., fut enfermée dans la conciergerie du Palais, à Rouen, où on la voyait encore en 1653, et où probablement elle mourut. Quant au curé Mathurin Le Picard et à son vicaire Thomas Boullé, ils furent condamnés par arrêt du Parlement à être brûlés vifs sur la place du Vieux-Marché. Le premier mourut quelq. mois avant le moment fixé pour son supplice. L'évêque d'Evreux, François Ier de Pericard, mourut en 1646, par suite des chagrins que lui avait causés ce scandaleux procès.

BAYARD DE LA VINGTRIE. Mémoire sur le système des barrages du Canal maritime de Paris au Havre. Leur influence sur le régime de la Seine et les propriétés riveraines, la position à leur assigner, leur mode de construction et leur exécution. Publié par la Compagnie soumissionnaire; *Paris, F. Didot*, 1832, in-8 de 50 p.

BAYARD (*Alf.*) (avec Davesne et Bouffé).

Le Muet d'Ingouville, com.-vaudev. en 2 actes; *Paris, Dondey-Duprey*, 1836, in-8, ou *Paris, Marchant*, 1837, in-8 de 64 p.

BAYARD ET DUMANOIR. La douairière de Brionne, com.-vaudev. en 1 acte; *Paris, Michel Lévy*, 1850, in-18.

BAYEUX (*Pierre* de). V. PIERRE.

BAYEUX. Entreprises des ponts et chaussées de la généralité de Caen; *Caen, imp. de J. Poisson*, 1762, in-4 de 40 p.

BAYEUX (*G.-L.*). Procès-verbaux de la séance préliminaire et des séances de l'assemblée provinciale de la Basse-Normandie, en 1787; *Caen, Le Roy*, 1787, in-4.

BAYEUX (*Georges-Louis*), avocat au Parlem. de Norm., corresp. de l'Acad. des inscr. et bell.-lettr., né à Caen le 8 oct. 1752, fut massacré par le peuple de Caen, le 6 sept. 1792, après avoir été procureur-gén. syndic du Calvados. Il est auteur des ouv. suiv. :

— Traduction des fastes d'Ovide, avec des notes et des recherches de critique, d'histoire et de philosophie, tant sur les différents objets du système allégorique de la religion romaine que sur les détails de son culte et les monuments qui y ont rapport; *Rouen, Le Boucher le jeune*, 1783-88, 4 vol. in-8, avec fig., fleurons et culs-de-lampe. Des exempl. de ce livre ont été tirés in-4.

—Essais académiques par M. B..., avocat au Parlement de Rouen; *s. n.* de l. ni d'imp.; 1785, in-8 de 64 p.

—Réflexions sur le règne de Trajan; *Rouen, imp. de L. Oursel*, 1786, in-f. de IV et 36 p., et *Paris, Prault*, 1787, in-4.

Bayeux a laissé en mss. des traduct. de Claudien, d'Apulée et de Martial. Il a laissé également un grand ouv. intitulé : l'*Antiquité pittoresque*, ou essai sur l'étude de l'antiquité réduite en tableaux, ouv. dont il a paru des extraits à la suite du livre ayant pour titre : Recherches hist. sur le luxe chez les Athéniens, depuis les temps les plus anciens jusqu'à la mort de Philip. de Macédoine, mém. traduit de l'allemand de Chr. Meiners, prof. de philos. à Gœttingue, par C. S. T. (Solvet fils), suivi du traité du luxe des dames rom., par l'abbé Nadal, etc.; *Paris*, 1823, in-8.

BAYEUX (*G.-F.-O.*). Notice sur la vie et les ouvrages de feu M. Bayeux. Par Georges-Félix-Ovide Bayeux, son fils; *Paris, Porthmann*, 1803, in-8 de 38 p.

BAYEUX le 9 ventôse an IV. Aux citoyens membres du directoire exécutif. Les citoyens composant le conseil général de la commune de Bayeux; *Paris, Du Pont*, s. d. (1796), in-8.

Au sujet de leur destitution.

BAZAN. Notice sur la vieille tour dite de l'Eglise. Coup-d'Œil rétrospectif sur les anciennes fortifications de Cherbourg; *Cherbourg, Noblet*, 1851, in-8 de 8 p.

Cette tour a été appelée par quelques écrivains la *Tour des Faisans*.

BAZANCOURT (le baron de). Histoire de la Sicile sous la domination des Normands depuis la conquête de l'île jusqu'à l'établissement de la monarchie, *Paris, Amyot*, 1846, 2 vol. in-8.

Cet ouv. comprend les événements de 827-1139. V. le compte-rendu qu'en a donné M. Alph. Dantier dans le *Monit. univ.* du 18 nov. 1846.

Dans l'ouv. publié en 1838, sous le titre de : *Un diamant à dix facettes*, Paris, Dumont, 2 vol. in-8, on trouve une nouvelle de M. de Bazancourt, intitulée : l'*Hospice général à Dieppe*.

M. le baron Le Cat de Bazancourt est le neveu de MM. de Barante et Molé; homme d'esprit et de goût, cet auteur a publié des feuilletons et des romans, et en dernier lieu : l'Expédition de Crimée, chroniq. de la guerre d'Orient; *Paris, Amyot*, 1856, 2 vol. in-8, et 1857, 2 vol. in-12, ouv. qui a été accueilli avec beaucoup de faveur.

BAZIN (*Thomas*). V. BASIN.

BAZIN (*Vinc.-Franç.*), prêtre-supérieur de la communauté de St-Hilaire à Paris, prédicateur célèbre, né à Rouen le 20 janv. 1674, mort à Paris le 23 déc. 1734, est auteur d'un ouv. intitulé : *Exercice du pénitent*; Paris, 1723, in-8. Son port. gravé se trouve à la Biblioth. de Rouen. V. *Nouv. Ecclésiastiques*, ann. 1728 et suiv.

BAZIN DE BEZONS (messire *Armand*), nommé à l'archev. de Rouen en 1719, mourut dans sa maison de Gaillon, le 8 oct. 1721, âgé d'environ 66 ans. Avant d'être appelé au siége de Rouen, il avait été évêque de Carcassonne. V. Eloge hist. d'Armand Bazin de Bezons, 71e évêque de Carcassonne; par M. A. Mahul. Lu à la Société des arts et des sciences de Carcassonne, et publié par ordre de la Société; *Carcassonne, imp. de Pomiès*, 1856, in-8 de 52 p., plus 1 portr. et 2 pl.

BAZIN (*Jean-Jacq.*), anc. vicaire-gén. de Sées, anc. supérieur du séminaire et fond. de la congrég. des sœurs de la Miséricorde de Sées, né à Fresne (Orne), le 2 avril 1767, mort le 15 nov. 1855. V. sa vie par l'abbé Maillard; *Paris*, 1856, in-12. Ce vol. est terminé par un discours de M. Bazin sur les soins à donner aux malades.

BAZOCHES (Labbé, baron de), naturaliste et l'un des fondat. de la Soc. linnéenne de Norm., est mort en 1841, à l'âge de 83 ans. V., sur sa vie, *Ann. norm.*, 1842, p. 671 et 672, notice par M. ***.

BEAUCOUSIN (*Jean*), bénédictin, né à Rouen vers 1680, a été couronné en 1716 et 1717 par l'Acad. des Palinods de Rouen. Il composa, pour les abbayes de St-Taurin et du Bec, des hymnes en l'honneur de S. Taurin et de S. Anselme. Nommé professeur de rhétorique au collége de Thiron, dans le Perche, il mourut en remplissant cette dern. fonction, le 30 juin 1723.

BEAUDOUIN (*H.*). Notice hist. sur l'abbaye d'Almenèches; *Alençon, Poulet-Malassis*, 1854, in-8 de 20 p.

BEAUDRAP (*P.-Fr.*), né à Valognes le 30 nov. 1742, fut député de la noblesse de Coutances aux Etats généraux de 1789.

BEAUFFE (*Jean* de), né à Evreux, devint évêque de Lérida, en Espagne, où il mourut en 1343. Son corps fut rapporté dans sa ville natale.
Un autre Jean de Beauffe, né également à Evreux dans le XIVe sc., fut évêque d'Acqs et ministre de Charles le Mauvais.

BEAUFILS, l'un des fondateurs du Mont-de-Piété de Paris, en 1778, né à Lyons-la-Forêt en 1743, est mort à Paris, le 30 août 1815.

BEAUGENDRE (*Ant.*), bénéd., biographe et biblioth. de St-Germ.-des-Prés, né à Caudebec-en-Caux, sept. 1628, est mort à Paris le 16 août 1708. V. Le Cerf de la Viéville, *Biblioth. des aut. de la Cong. de S. Maur*, et L. Du Bois, *Biog. norm.*

BEAULIEU (Guichard de), moine et trouvère anglo-norm., est auteur d'un sermon composé de 2,000 vers alexandrins. (*Bibl. Harl.*, nº 4,388.) V. De la Rue, *Essais sur les Bardes*, etc., t. II, p. 136-142.

BEAULIEU (Geoffroy de), hagiographe, originaire d'Evreux, religieux de l'ordre de St-Dominique, a écrit la vie de S. Louis, dont il était le confesseur, d'après l'ordre du pape Grégoire X. Ce travail, conservé ms. pendant plus. sc. dans la biblioth. des frères-prêcheurs d'Evreux, a été publié en 1617 avec les œuvres du sire de Joinville. G. de Beaulieu est mort vers la fin du XIIIe sc.

BEAULIEU (*Augustin*), navigateur, né à Rouen en 1589, mort à Toulon en 1637. La relation de son voyage dans l'Inde n'a été publiée qu'en 1664 par Thévenot, dans sa grande *Collection des voyages*.

BEAULIEU (le sieur de). Vie de S. Thomas, archev. de Cantorbery et martyr, mort en 1171; *Paris, Le Petit*, 1674, et *Paris, Dezallier*, 1679, in-4 et in-12.
Du Camboust de Pont-Chasteau et Thomas du Fossé coopérèrent, dit-on, à la rédaction de cet ouvrage.

BEAULIEU (*J.-C. Leblanc* de). Lettre pastorale du rév. évêque métropolitain de Rouen, au clergé et aux fidèles de son diocèse, à l'occasion de son installation, et pour le saint temps du Carême (18 fév. 1800); *Rouen, Fouquet*, 1800, in-8 de 62 p.

— Seconde lettre pastorale du rév. évêque métropolitain de Rouen, au clergé et aux fidèles de son diocèse, sur divers points importants de la religion, et sur la convocation du synode diocésain (25 avril 1800); *Rouen, Fouquet*, in-8 de 36 p.

— Actes du synode du diocèse de Rouen, tenu en l'église cathédrale les 27 et 28 mai 1800; *Rouen*, in-8 de 52 p.

— Lettre circulaire du rév. évêque métropolitain de Rouen au clergé de son diocèse, sur sa visite diocésaine et le concile métropolitain, et sur la mort du cardinal de la Rochefoucauld, et le rappel des prêtres déportés (30 oct. 1800); *Rouen*, in-8 de 16 p.

— Actes du Concile métropolitain de Rouen, tenu en cette ville, le 5 oct. 1800; *Rouen, Fouquet*, 1800, in-8 de 80 p.

— Lettre pastorale du rév. évêque métropolitain de Rouen, à l'occasion des victoires remportées par l'armée d'Italie; *Rouen, imp. de Jacq. Ferrand* (1800), in-8 de 4 p.

— Lettre pastorale du rév. évêque métropolitain de Rouen, pour ordonner un Te Deum, en actions de grâces de l'heureuse conservation du Premier Consul; *Rouen, Fouquet*, 1800, in-8 de 8 p.

— Lettre pastorale du rév. évêque métrop. de Rouen, sur les circonstances actuelles; et sur le saint temps du carême (11 fév. 1801); *Rouen, Fouquet*, 1801, in-8 de 36 p.

— Observations à un ami sur la lettre pastorale de M. Beaulieu, évêque constitutionnel de Rouen; in-8 de 24 p.

— Extrait du registre des Procès-Verbaux du Presbytère de l'église métropolitaine de Rouen, séance du 15 oct. 1801 (au sujet de la démission de l'évêque de Beaulieu); *Rouen, imp. de J. Ferrand* (1801), in-8 de 7 p.

— Lettre pastorale du rév. évêque métropolitain de Rouen, au clergé et aux fidèles de son diocèse, ordonnant qu'il sera chanté .. *Te Deum* en actions de grâces de la signature des préliminaires de la paix avec l'Angleterre; *Rouen, Imp. de J. Ferrand,* 1801, in-8 de 8 p.

— Lettre pastorale du rév. évêque métropolitain de Rouen, démissionnaire, au clergé & aux fidèles de son diocèse, ordonnant qu'il sera chanté un *Te Deum* en actions de graces de la conclusion de la paix définitive avec l'Angleterre; *Rouen, Fouquet,* 1802, in-8 de 8 p.

— Lettre pastorale du rév. évêque métropolitain démissionnaire de Rouen au clergé et aux fidèles de son diocèse, ordonnant qu'il sera chanté une messe solennelle et un *Te Deum* dans toutes les églises du diocèse, le jour des réjouissances pour la paix générale, le 9 nov. (18 brumaire an x); *Rouen, Fouquet,* 1801, in-8 de 8 p.

— Lettre pastorale du rév. évêque métropolitain de Rouen, démissionnaire, au clergé et aux fidèles de son diocèse, pour recommander le soulagement des pauvres et ordonner des prières, à cause de la rigueur du froid et des autres calamités publiques; *Rouen, Fouquet* (1802), in-8 de 6 p.

— Lettre pastorale du rév. évêque métropolitain de Rouen, démissionnaire, au clergé et aux fidèles du diocèse, sur le saint temps du carême; *Rouen, Fouquet,* 1802, in-8 de 14 p.

— Lettre circulaire du rév. évêque métropolitain de Rouen, démissionnaire, au clergé de son diocèse (au sujet d'un écrit intitulé : *Lettre des Vicaires généraux du diocèse de Rouen, à tous les curés, prêtres et fidèles du même diocèse, au sujet de la nomination d'un administrateur apostolique*); Rouen, 1801, in-8 de 4 p.

— Copie de la déclaration faite par les ecclésiastiques constitutionnels de la ville de Rouen, à M. Cambacérès, leur archevêque; *Rouen,* 1802, in-8 de 8 p.

BEAULIEU (*Jean-Claude* Leblanc de), curé de St-Étienne-du-Mont, à Paris, succéda à M. Gratien le 10 nov. 1799, comme évêque métropolitain de Rouen, et fut installé dans l'église N.-D. le 2 fév. 1800. Lors de la mise à exécution du concordat de 1801, il fut nommé à l'évêché de Soissons.

BEAULIEU (Sivard de). Essai sur la multiplication des poissons par les méthodes naturelles et artificielles; de son application sur les côtes et dans les rivières du dép. de la Manche; *Caen, imp. de Delos,* 1854, in-8 de 72 p.

Ext. de l'*Ann. norm.*, 1854.

BEAUMIER (Dom). Description des abbayes de Normandie; *Paris,* 1725, in-4.

BEAUMONT (*Geoffroi* de), chancelier de l'église de Bayeux, et depuis évêque de Laon, naquit à Bayeux, dans le XIIIe sc. Il termina sa carrière dans les prem. années du règne de Philippe-le-Hardi, c'est-à-dire en 1273.

BEAUMONT (*Jean* de Baillehache, sieur de), pasteur de l'église réformée à Caen, de 1626 à 1664, a composé : *Catéchisme, contenant les principales véritez de la religion chrétienne;* Rotterd., Acher, 1719 et 1722, in-12. Le ms. se trouve dans la Biblioth. publiq. de Caen.

BEAUMONT (*Guill.-Rob.-Phil.-Jos.-Jean* de), curé de St-Nicolas de Rouen, mourut en sept. 1761, à Rouen, sa ville natale. Il est auteur de : *Abrégé de la vie des Saints, pour tous les jours de l'année;* Rouen, 1757, 2 vol. in-12. — *Imitat. de la Ste-Vierge,* et de plusieurs autres ouv. de piété.

BEAUMONT (Mme *Marie* Le Prince de), se consacra à la composition d'ouv. pour l'éducation de la jeunesse, ouv. parmi lesquels nous citerons : *le Magasin des enfants, le Magasin des adolescentes, le Magasin des pauvres artisans, Lettres de Mme du Montier, etc.*, formant environ 60 vol. in-12. *Le Magasin des enfants*, si souvent réimpr., parut pour la première fois à Londres, en 1757, 4 vol. in-12, durant la longue résidence que Mme Le Prince de Beaumont fit en Angleterre, où elle épousa M. Pichon. Née à Rouen le 26 avril 1711, elle mourut à Chavanod, près Annecy, en 1780.

BEAUMONT (le chev. de). L'accord parfait de la nature, de la raison, de la révélation et de la politique, ou Traité dans lequel on établit que les voies de rigueur en matière de religion, blessent les droits de l'humanité; par un gentilhomme normand; *Cologne, Marteau (Avignon)*, 1753, 3 part. en 2 vol. in-12.

BEAUMONT (*Jean-Bapt.-Jacq.* Elie de), avocat célèbre du Parlement de Paris, né à Carentan, en oct. 1732, mort à Paris le 10 janv. 1786. Il était propriétaire de la terre de Canon en Norm., où il établit, le 10 fév. 1775, une fête champêtre connue sous le nom de *Fête des Bonnes Gens*, qui a fourni le sujet de plusieurs écrits. Cette cérémonie avait lieu chaque année, le 15 sept.

BEAUMONT publia, en 1762, in-4, un important *Mémoire pour réhabiliter le nom de l'infortuné Calas*, qui fut déclaré innocent le 9 mars 1765.

Un *Choix de ses plaidoyers*, avec une notice biog. par Dupin jeune, a été publié en 1 vol. in-8; *Paris*, 1824.

Sur la fête de la Rosière de Canon, V. *Année litt.*, 1775, t. VIII, et 1776, t. V. — *Mercure de France*, juin 1775, déc. 1776 et fév. 1778. — *Discours prononcé à la Fête des Bonnes Gens, instituée à l'occasion de la naissance de Mgr. le duc d'Angoulême, dans les paroisses de Canon, Mésidon et Vieux-Fumée, en Normandie*; Paris, Cellot, 1776, in-8. — Lemonnier, *Fêtes des Bonnes Gens de Canon, etc.*, 1777 et 1778, in-8, fig. — Du Bois, *Hist. de Lisieux*, 1845, t. II, p. 389-397.

BEAUMONT (*Anne-Louise* Morin-Duménil, dame Elie de), épouse du précédent, née à Caen en 1729, morte à Paris le 12 janv. 1783, est auteur d'un roman intitulé : *Lettres du marquis de Roselle*, 1764, 2 vol. in-12. Elle prêta son généreux concours à l'institution de la *Fête des Bonnes Gens*, fête qui se célébra quelq. années après l'acquisition faite, par M. Elie de Beaumont, de la terre de Canon, et qui, à sa mort, cessa d'avoir lieu.

BEAUMONT (*Armand* Elie de), fils du défenseur de Calas, né à Canon en 1772, et mort à Paris en 1844, avait épousé la fille du Président Dupaty, auteur des *Lettres sur l'Italie*. De ce mariage est issu le membre de l'Institut, Élie de Beaumont.

BEAUMONT (*J.-B.-Armand-Louis-Léonce* Elie de), sénateur, secrét. perp. de l'Académie des Sc., géologue, minéralogiste, etc., est né à Canon (Calvados), le 25 sept. 1798. Il est auteur de : *Leçons de géologie pratique*; Paris, 1845, t. I, in-8, fig. (l'ouv. aura 3 vol.); — *Notice sur les systèmes des montagnes*; Paris, 1852, 3 vol. in-18.

BEAUMONT (*Nicolas Fremin* de), maire de la ville de Coutances, député, préfet, littérateur, etc., naquit à Coutances le 11 avril 1744, et mourut à Annoville le 31 déc. 1820. Il a publié en 1805 une trad. du *Poème des Saisons*, par Thompson. V. sur M. de Beaumont, une notice de M. Julien Le Tertre, *Ann. de la Manche*, 1829, p. 284-288.

BEAUNIS (*P.*) Le cahier royal divulgué en quatre parties notables, par la convocation des députés assemblés à Rouen, le 4 déc. 1617; le tout historié par Pierre Beaunis, s^{r} des Viettes, historiog. du Roi; *Rouen, Courant*, 1618, in-8.

V. sur le même sujet : *Sommaire des propositions présentées par écrit, de la part du Roi, en la même assemblée*, 1618, in-12. — *Mémoire particulier de ce qui s'est passé en cette assemblée.* — Godefroy, *Cérémonial Franç.*, t. II, p. 386-402.

BEAUPIED (*J.-F.*). Les vies et miracles de S. Spire et S. Leu, evesques de Bayeux; avec l'Hist. de la translation de leurs reliques au chateau de Palluan en Gatinois, et delà en l'église royale et collégiale de Corbeil; *Paris, André Cailleau*, 1735, in-12 de 98 p., avec 1 grav. et 6 ff. prélim.

Ce vol. est terminé par un recueil d'hymnes et proses en l'honneur de S. Exupère ou Spire, et de S. Loup ou S. Leu; XXXIX p.

Nous trouvons l'indication de deux autres édit. in-12 de ce livre, l'une de *Paris*, 1732, et l'autre, *Paris, Knapen*, 1773, in-12.

BEAUPIED (*Jean-Franç.*), D^{r} en théol. et abbé de St-Spire de Corbeil, est mort en 1759.

BEAUPLAN (*Guill.* Le Vasseur de). Carte du Duché de Normandie; *Paris*, 1653, 5 ff. in-f.

— Carte générale de Normandie; (*Paris*, vers 1660), 12 ff. (Bibl. Imp.)

— Ditto. (Réduction de la précédente.), 1667, 2 ff.

BEAUPLAN (*Guill.* Le Vasseur, sieur de), ingén. ord. du roi, géographe, né en Normandie au commencement du XVIIe sc., est le premier qui ait publié une carte de Norm. sur une grande échelle.

Attaché au service de Sigismond III et de Ladislas IV, rois de Pologne, il suivit, dans la conquête de l'Ukraine, le général Koniecpolski. Le séjour qu'il fit dans cette contrée lui donna l'idée de composer l'ouv. suiv. : Description d'Vkranie, qvi sont plvsievrs prouinces dv royaume de Pologne. Contenvës depvis les confins de la Moscouie, iusques aux limites de la Transilvanie. Ensemble leurs moevrs, façons de viures, et de faire la Guerre; *Roven, Jacques Cailloüé*, 1660, pet. in-4 de 112 p. et 4 ff. prélim., avec grav. et 1 carte. D'après l'avertiss. du libraire J. Cailloué, on voit qu'une prem. édit. de ce livre, imp. à Rouen par lui-même, à 100 exempl. seulement, et non destinés à la vente, eut lieu en 1650. Il reconnaît en même temps que l'édition de 1660 est plus étendue et plus correcte.— La mort du graveur Guill. Hondius empêcha de joindre à cet ouv. une carte générale de la Pologne et une suite de fig. d'hommes, d'animaux, de plantes, etc.

— Tables des déclinaisons du soleil pour les

quatre années selon les ordinaires, dressée pour l'an 1660; *Rouen*, 1662, in-4.

— L'usage de la sphère plate universelle, œuvre agréable avx cvrievx, profitable aux doctes, nécessaire aux navigateurs, et où se trouuent facilement expliquées plusieurs belles et rares propositions; *Havre de Grace, Jacq. Gruchet*, 1673, in-4.

BEAUPRÉ. De la prison de Ferry II, dit le Chauve, duc de Norm., dans la tour de Maxéville; *Nancy*, 1839, in-8.

BEAURAIN (de). Plan de Rouen, ville capitale de Normandie, port de mer, sur la rivière de Seine; *Paris, De Beaurain*, 1750, 1 f^{lle}, environ 0,37^{c} de large sur 0,27^{c} de haut.

— Carte topo-hidrographique des Isles de Grenesey, Cers et Erms, appartenantes aux Anglois, levée sur les lieux par ordre de la Cour angl., etc.; 1757, 1 f^{lle}.

Avec une desc. hist. dans un coin de la carte.

— Carte topo-hidrographique de l'Isle de Jersey, etc.; 1757, 1 f^{lle}.

Beaurain (De) était géog. ordin. du Roi.

BEAUREGARD (*F. V.*). Etat hygiénique de Graville-l'Eure; *Havre*, 1849, in-8.

— Recherches sur la nature et le traitement du choléra épidémique (Observ. recueillies au Havre-Graville), 1848-1849-1853; *Havre, Carpentier et Cie*, 1854, in-8 de 55 p.

M. Beauregard, D^{r} méd. au Havre, est auteur d'un petit livre intitulé : *Causeries villageoises sur les dangers moraux, physiques et sociaux qui résultent de l'abus des liqueurs fortes*; Havre, Carpentier et Cie, 1852, in-18 de 116 p. Cet opuscule a été couronné par la Soc. libre d'Emulat. de Rouen, en 1851.

BEAUREPAIRE (*Maurice* de), seigneur de Pierrefitte, gentilhomme normand, était, en 1600, gouverneur de Châtillon en Vendelais, place de sûreté au pouvoir des protestants. V. *France prot.*, t. II (1853), p. 122.

BEAUREPAIRE (*Charles* de). Notice sur maître Jean Masselin; *Caen, Hardel*, 1851, in-4 de 38 p.

Ext. des Mém. de la Soc. des Antiq. de Norm., t. XIX (1852).

— Entrée et séjour du roi Charles VIII à Rouen, en 1485; *Caen, Hardel*, 1854, in-8 de 53 p.

Ext. des Mém. de la Soc. des Antiq. de Norm., t. XX (1853).

Il est ici question d'une relation du temps en prose et en vers de cette cérémonie, par un nommé *Rouen Pinel*, relation dont le texte se trouve à la suite du Mém. de M. de Beaurepaire et qui forme 12 p.—V. à ce sujet : *Prologue de l'entrée du roy faicte à Rouen, en noble arroy, etc.*

— Notes historiques sur le Musée de peinture de la ville de Rouen; *Rouen, Péron*, 1854, in-8 de 64 p.

Ext. du Précis de l'Acad. de Rouen, 1853.

Il résulte de ce document, très précieux pour la formation du Musée de Rouen, que Philippe de Champagne reçut, en 1644, la somme de 650 liv. pour son tableau de l'*Adoration des Bergers*, placé à la cathédrale, dans la chapelle de la Vierge, et que la madone qu'on a l'habitude d'attribuer à Raphaël n'est qu'une belle copie de ce maître exécutée dans la seconde moitié du XVIIe sc.

— Notice sur l'ancien Hôtel de l'abbaye du Bec, à Rouen; *Précis de l'Acad. de Rouen*, 1854, p. 312-321.

— Notes sur une violation du droit d'asile en l'église de Montivilliers, au XVe sc.; *Préc. de l'Acad. de Rouen*, 1854, p. 322-326.

— Essai sur l'Asile religieux dans l'empire romain et la monarchie française; *Paris, Durand*, 1854, gr. in-8 de 84 p.

Ext. de la Bibl. de l'Ecole des Chartes, 3e série, t. IV et V (1853-54).

— De la Vicomté de l'Eau de Rouen et de ses coutumes aux XIIIe et XIVe sc.; *Evreux, Aug. Hérissey*, 1856, in-8 de 520 p.

Dans cet ouv. est réimprimé, tant d'après des mss. inédits que d'après l'édit. de Germain de la Tour, le *Coutumier de la Vicomté de l'Eau*, lequel comprend les p. 277-395.

— Notes sur la prise du Château de Rouen par Ricarville, en 1432; *Rouen, Péron*, 1857, in-8 de 38 p.

Ext. du Préc. de l'Acad. de Rouen, 1856. V. Ricarville.

— Notes sur dix voyages de Louis XI, à Rouen, en 1462, aux mois de Juillet et de Novembre 1464, en 1465, en 1467, et en 1475; *Préc. de l'Acad. de Rouen*, 1857.

M. Beaurepaire (*Ch.* de), anc. élève de l'Ecole des Chartes, membre de l'Acad. de Rouen, né à Avranches le 24 mars 1828, est conserv. des archives du dép. de la S.-Inf.

BEAUREPAIRE (*Eugène* de). Etude sur Guill. de St-Pair, poète anglo-norm. du XIIe sc.; *Caen, A. Hardel*, 1851, in-4 de 29 p.

Ext. des Mém. de la Soc. des Antiq. de Norm., t. XIX (1852).

— Notice sur Jean Vauquelin de la Fresnaye; *Rouen, A. Péron,* 1851, gr. in-8 de 32 p.

Ext. de la *Rev. de Rouen,* 1851, p. 5-27, avec 1 portr. dessiné par M. G. Morin.

— Hist. de deux sonnets, étude littéraire sur le XVIIe sc.; *Rev. de Rouen,* 1852, p. 129-145.

— Le Tombel de Chartrose et le chant du Rossigneul, poëmes mystiques du XIVe sc.; *Mém. de la Soc. des Antiq. de Norm.*, t. XX (1853), p. 231-251.

Publié d'après un ms. de la Biblioth. d'Avranches, exécuté au commencement du XVe sc. par Nicolas Delaunay, moine du mont St-Michel et prieur au mont Dol.

Cette dissertation a été réimp. in-8, *Caen, Hardel,* 1854, 36 p.

— Notes pour servir à l'hist. archéologique de l'ancien diocèse d'Avranches; *Avranches, E. Tostain,* 1854, in-8 de 26 p.

— Etude sur la poésie populaire en Normandie et spécialement dans l'Avranchin; *Avranches, E. Tostain,* 1856, gr. in-8 de 87 p.

Rapport lu à la Soc. d'Archéol., Sc. et Arts d'Avranches, dans la séance du 6 fév. 1855, et tiré à 200 exempl.

M. BEAUREPAIRE (*Eugène* de), frère du précédent, anc. élève de l'Ecole des Chartes, substitut du Procureur Imp. près le Tribunal d'Avranches, est né dans cette ville en 1827.

BEAUREPAIRE (le comte *Alex.* de). Sur l'Association normande pour les progrès de l'industrie provinciale. 1er article. (*Rev. norm.*, t. Ier, 1830-31, p. 598-625.)

— Discours sur l'architecture normande; *Mém. de la Soc. des Antiq. de Norm.*, 1831-33, p. 1-46.

Il en a été tiré à part quelq. exempl., in-8 de 48 p.

— Observations sur l'utilité des annuaires et sur ceux qui ont été publiés récemment en Normandie; (*Rev. norm.*, vol. IIe, 1833, p. 38-71).

— Le Tasse et les Normands; *Rev. de Rouen,* 1834, 2e sem., p. 196-203.

— Notice sur M. de Brullemail, ancien député de l'Orne, etc.; *Ann. norm.*, 1840, p. 492-498.

Jacques Chagrin de Brullemail était né le 4 oct. 1783, au château de Brullemail, près Séez. Il mourut le 31 mai 1839.

— Notice sur M. Adeline-Belleau; *Ann. norm.*, 1841, p. 600-610.

Gabriel Adeline-Belleau, membre de l'Assoc. norm., né à Bazoches (Orne), le 5 sept. 1798, est mort à Falaise le jour de Noël 1839.

— Le Portail de Pont-sur-Dive (Calv.); *Rouen, N. Periaux,* gr. in-8 de 6 p., avec 1 pl.

Ext. de la *Rev. de Rouen,* avril 1842.

— Frère Piel de Lisieux; *Caen, B. Mancel,* 1844, in-8 de 21 p.

Cette notice a d'abord paru dans la *Rev. de Rouen,* 1843, 2e sem., p. 257-273 et 387-400.

— Notice sur M. le vicomte de Labbey; *Ann. norm.*, 1844, p. 697-699.

M. Fréd. de Labbey, mort à Falaise le 24 mars 1843, âgé de 68 ans, fut maire de cette ville pendant les 15 années de la restauration.

— Discours prononcé dans la séance tenue à Falaise, le 29 janv. 1847, par la Soc. franç. pour la conservat. des monuments hist.; *Caen, Hardel,* 1847, in-8 de 15 p.

Ext. du *Bullet. monum.*, t. XIII.

— St-Pierre-sur-Dive. L'abbé Haymon et son petit livre; *Rouen, A. Péron,* 1850, gr. in-8 de 14 p., avec 1 pl.

Ext. de la *Rev. de Rouen,* 1850, p. 57-70.

— Notice biog. sur Marc-Isambard Brunel, ingénieur, etc.; *Caen, Delos,* 1852, in-8 de 22 p.

Ext. de l'*Ann. norm.*, 1852.

BEAUREPAIRE (M. le comte *Alex.* de), ancien secrétaire d'ambassade à Constantinople, réside à Louvagny, arrondiss. de Falaise.

BEAUSIRE (*Jean-Joseph*), curé de Notre-Dame de Caen, né à St-Louet-sur-Vire, le 25 fév. 1766, est mort à Caen en nov. 1843. V., sur cet ecclésiastique, une notice qui lui est consac. dans l'*Ann. norm.* 1844, p. 705.

BEAUTEMPS (*J.-P.*). Nouveau Manuel du Capitaine au long cours et du Maître au Cabotage, pour leur servir de guide en matière d'assurance maritime; par J. P. Beautemps, armateur, président du tribunal de comm. de l'arrond. d'Avranches, séant à Granville; *Caen, Alf. Bouchard,* et *Paris, imp. de Gerdès,* 1849, in-4 de VII et 79 p.

BEAUTEMPS-BEAUPRÉ. Carte particulière des Côtes de France, partie comprise entre St-Pierre-en-Port et la pointe d'Ailly, levée en 1834, etc.; *Paris, dépôt gén. de la Marine,* 1841, 1 f^{lle} gr. aigle.

— Carte partic. des Côtes de France, partie comprise entre la pointe d'Ailly et Tréport, levée en 1834 et 1835, etc.;

Paris, dépôt gén. de la Marine, 1841, 1 f^lle gr. aigle.

— Plan de Tréport et de ses environs, levé en 1835, etc.; *Paris, dépôt gén. de la Marine*, 1841, 1/2 f^lle gr. aigle.

— Plan de Dieppe et de ses environs levé en 1834 et 1835, etc.; *Paris, dépôt gén. de la Marine*, 1841, 1/2 f^lle gr. aigle.

— Carte des Côtes de France, partie comprise entre Fécamp et la pointe de St-Quentin, levée en 1834 et 1835, etc.; *Paris, dépôt gén. de la Marine*, 1841, 1 f^lle gr. aigle.

— Plan de Fécamp et de ses environs, levé en 1834, etc.; *Paris, dépôt gén. de la Marine*, 1841, 1/2 f^lle gr. aigle.

— Carte des Côtes de France, partie comprise entre Dives et St-Valery-en-Caux, embouchure de la Seine, levée en 1834, etc.; *Paris*, 1841, *dépôt gén. de la Marine*, 1 f^lle gr. aigle.

— Carte particul. des Côtes de France, partie comprise entre le cap d'Antifer et Conteville, levée en 1834, etc.; *Paris, dépôt gén. de la Marine*, 1841, 1 f^lle gr. aigle.

— Carte particul. des Côtes de France. Cours de la Seine depuis le Trait jusqu'à Honfleur, levé en 1834, etc.; *Paris, dépôt gén. de la Marine*, 1841, 1 f^lle gr. aigle.

Avec notes sur la Navigation de la Seine, depuis le Trait jusqu'à Honfleur, par Bailly, ing. hydrog.

— Carte particul. des Côtes de France, partie comp. entre le Havre et Etretat, levée en 1834, etc.; *Paris, dépôt gén. de la Marine*, 1841, 1 f^lle gr. aigle.

— Carte particul. des Côtes de France. Embouchure de la Seine, levée en 1834; *Paris, dépôt gén. de la Marine*, 1838, 1 f^lle gr. aigle.

Avec des notions nautiques sur l'embouchure de ce fleuve.

— Plan de l'Embouchure de la Seine (environs du Havre) levé en 1834, etc.; *Paris, dépôt gén. de la Marine*, 1839, 1 f^lle gr. aigle.

Avec des renseignements nautiques sur cette partie du fleuve.

— Carte particul. des Côtes de France (partie comprise entre Langrune et Dives, partie orientale du plateau du Calvados, embouchure de l'Orne), levée en 1834, etc.; *Paris, dépôt gén. de la Marine*, 1839, 1 f^lle gr. aigle.

— Plan du port de Courseulles et de ses environs, levé en 1834, etc.; *Paris, dépôt gén. de la Marine*, 1838, 1/2 f^lle gr. aigle.

— Carte particul. des Côtes de France (partie comprise entre Grand-Champ et Fontenailles, pointe et raz de la percée), levée en 1833 et 1834, etc.; *Paris, dépôt gén. de la Marine*, 1838, 1 f^lle gr. aigle.

— Carte particul. des Côtes de France (partie comprise entre Fontenailles et Langrune) levée en 1834, etc.; *Paris, dépôt gén. de la Marine*, 1838, 1 f^lle gr. aigle.

— Carte des Côtes de France, partie comprise entre la pointe de Barfleur et le cap de la Hève, baie de la Seine, levée en 1833 et 1834, etc.; *Paris, dépôt gén. de la marine*, 1841, 1 f^lle gr. aigle.

— Plan de la rade de Cherbourg, levé en 1832, etc ; *Paris, dépôt gén. de la Marine*, 1838, 1 f^lle gr. aigle.

— Plan des îles Chaussey, levé en 1831, etc.; *Paris, dépôt gén. de la Marine*, 1836, 1 f^lle gr. aigle.

— Carte des Côtes de France, partie comprise entre le cap Frehel et le Havre de Carteret (une partie des côtes du dép. de la Manche, les îles de Jersey et Chaussey), et levée en 1829, 1831 et 1832, etc.; *Paris, dépôt gén. de la Marine*, 1838, 1 f^lle gr. aigle.

— Carte des Côtes de France, partie comprise entre le Havre de Carteret et Barfleur, levée en 1832 et 1833, etc.; *Paris, dépôt gén. de la Marine*, 1838, 1 f^lle gr. aigle.

Toutes ces cartes, grav. par C.-E. Collin et Michel, ont été levées par les ingén. hydrog. de la Marine, sous les ordres de M. Beautemps-Beaupré.

Beautemps-Beaupré (*Charles-François*), ing. hydrog. en chef, membre de l'Institut (Acad. des Sc.), du Bureau des longitudes, etc., né à Neuville-au-Pont (Marne), le 6 août 1776, est mort à Paris le 16 mars 1854.

V., sur sa vie, une notice de M. Fréd. Chassériau; *Paris, Panckoucke*, 1854, in-8 de 16 p. (Ext. du *Monit. univ.*, 19 juillet et 2 août 1854).

BEAUVAIS (l'abbé *Franç.-Eloy* de) a composé sur l'immaculée conception de la Vierge des vers latins qui ont remporté le prix du Palinod à Rouen ; 1716, in-12, et *Elegiæ luctus in morte Ludovici magni. In mortem Ludovici magni.* Ode; Rothomagi, typis Ric. et Nic. Lallemant (1716), in-4 de 8 p.

BEAUVAIS (*J.-B.-Ch.-Marie* de), évêque de Senez, en Provence, prédicateur célèbre, né à Cherbourg, le 10 déc. 1731, mort à Paris, le 4 avril 1790. Il est auteur de :

Orator Sacer. Cours d'éloquence tiré des Saintes-Ecritures, des SS. Pères et des Docteurs de l'Eglise, 1782 ; — De Sermons, Panégyriques et Oraisons funèbres publiés de 1774-1778. Ces discours, réunis par les soins de M. l'abbé Gallard, et précédés d'une notice sur la vie et les écrits de l'évêque de Senez (par M. l'abbé de Boulogne, év. de Troyes), ont été réimp. en 1807 ; *Paris, Leclère*, 4 vol. in-12.

V., sur cet illustre prélat : *Au révérend Père en Dieu, messire Jean de Beauvais, créé, par le feu roi Louis XV, évêque de Senez*; s. l. n. d., in-8 (1774). Signé : B., académicien (par Voltaire) ; — *Eloge de M. de Beauvais ; par l'abbé Gallard ;* Paris, Imp. des Sourds et Muets, 1807, in-12 ; — *Vie de M. de Beauvais par M. l'abbé de Sambucy*, 1842 ; et une *Notice de M. Victor Le Sens, Ann. de la Manche*, 1847, p. 535-544.

BEC (abbaye du). Inventaire des titres de l'abbaye Nostre-Dame du Bec-Hellouin, fait en l'an 1670, ms. ; *Bibl. Imp., fonds Colbert.*

— Liste des livres que possédait l'abbaye du Bec vers le milieu du XIIe sc. : *Tituli librorum Beccensis Almarii*, ms. de la Biblioth. d'Avranches, et publié par M. Ravaisson dans ses rapports à M. le Ministre de l'Inst. publ. ; *Paris*, 1841, p. 309.

L'abbaye du Bec, ord. de St-Benoist, dépendait du diocèse de Rouen. V., sur cette abbaye, Bourget, *Hist. de l'abbaye du Bec*, 1779 (en angl.), 1841 (en Franç.), et A. Le Prevost, *Notes sur le dép. de l'Eure*, 1849, in-8.

BEC (*Jean* du). V. Jean.

BEC DE LIÈVRE (*Ch.* de), seigneur d'Hocqueville, Brumare, Ronchehoux et le Buc, conseill. du roi en ses conseils d'Etat, maistre d'hôtel ord. de S. M. et mestre de camp d'un régiment entier pour son service. Telle est l'inscription qu'on lit sur un monument en marbre élevé en sa mémoire dans l'église de St-Godard de Rouen, et sur lequel il est représenté en costume de guerrier, les mains jointes et à genoux sur un coussin. Né en 1579, ce personnage est mort le 15 nov. 1622.

BEC DE LIÈVRE (*Pierre* de), marquis de Quevilly et d'Hocqueville, seigneur de Brumare, Ronchehoux, Lalonde et du Bois d'Aubigny, conseiller ordin. du roi en tous ses conseils, et premier président en sa Cour des aydes de Norm., mort à Rouen, le 13 juillet 1685. Sa statue en marbre se voit sur le même tombeau, dans l'église de St-Godard. Il est représenté avec la longue robe de magistrat, dans l'attitude de la prière.

BECHEREL (*M.*), curé de St-Loup, député au bailliage de Coutances, à l'Assemblée nation. de 1789, est né à St-Hilaire-du-Harcouet, le 7 mars 1732.

BECKET (*Th.*). V. S. Thomas de Cantorbery.

BÉCOURT et COSTA. Notice sur la ville de Cherbourg, résultant des observat. faites par Mantino Costa et Auguste Bécourt ; *Cherbourg, Noblet*, 1837, in-8 de 16 p.

BECQUET (*Robert*), architecte du XVIe sc., naquit à Rouen vers la fin du sc. précédent. Ce fut sur ses plans et sous sa direction que fut érigée en juin 1542 l'élégante pyramide en bois recouverte de plomb, qu'on admirait sur la tour centrale de la Cathédrale de Rouen, et qui fut incendiée par la foudre le 15 sept. 1822. Becquet mourut à Rouen en 1554. V. Deville, *Hist. des Architectes de la Cathédrale de Rouen*, p. 63 et suiv.

BECTHOMAS (*Pierre-Marc-Antoine* de Languedor, marquis de), comte d'Averton, président à mortier au Parlement de Norm., naquit à Rouen le 10 oct. 1714. Elu en 1767 prince de l'Acad. des Palinods, dont il avait été le lauréat dans sa jeunesse, il se montra tout à fait digne de cette distinction. Il mourut à Rouen le 17 avril 1780, regretté comme magistrat et comme protecteur des lettres.

BEDA (*Noel*), docteur en Sorbonne, naquit sur la fin du XVe sc. dans le diocèse d'Avranches, et mourut le 8 janv. 1536, au mont St-Michel, où il était enfermé. Il a composé plusieurs ouv. de théologie en français et en latin.

BEDEL (*Catherine*), dite la *Rigolette*, accusée de sorcellerie, de sacrilége, etc., fut condamnée, en 1699, à être pendue et brûlée après avoir été appliquée à la question.

V. Bucaille (*Marie Benoist* de la).

BÉDOLLIÈRE (*Emile* de la). Le Normand ; *Paris, Curmer*, gr. in-8 de 64 p., avec 8 pl. et de nombr. vignettes sur bois.

Ext. de l'ouv. intitulé : *Les Français peints par eux-mêmes*, 1840, *Province*, t. II, p. 121-184.

BEFFARA (*Louis-Fr.*), commissaire de police à Paris et littérateur, né à Nonancourt

(Eure), le 23 août 1751, mort à Paris le 2 fév. 1838, a consacré une grande partie de sa vie à des recherches sur les théâtres lyriques. Il est connu par ses études approfondies sur la vie et les ouv. de Molière.

Les mss. de Beffara et sa curieuse collection d'ouv. relatifs à l'art dramatique, ont été légués par lui à la Bibl. Imp., à celle de la ville de Paris et à M. Taschereau.

BÉGÉ (*Achille*). Statistique agricole du dép. de l'Eure; *Evreux*, *Canu*, 1838, in-f.

M. Bégé était alors conseiller d'Etat et préfet de l'Eure. V. *Statist. agricole*.

BÉGOUEN-DEMEAUX (*Jacq.-Fr.*, comte), conseiller d'Etat, membre du Conseil gén. de la S.-Inf., député au Corps législatif, etc., né au Petit-Goave (île St-Domingue), le 23 déc. 1743, est mort au Havre en 1831. Il occupa dans cette ville le premier rang par ses grandes opérations commerciales et par ses talents comme administrateur. Il prit part à la rédaction du Code de Commerce et fut parfois consulté par l'Empereur, qui faisait le plus grand cas de ses lumières.

BÉHÉRÉ (*J.-B.-Joseph*). Lichens de Rouen, ou Tableau analytique des genres et des espèces de Lichens, découverts jusqu'à ce jour aux environs de Rouen, classés d'après le Synopsis methodica Lichenum d'Acharius; *Mém. de la Soc. d'Emulat. de Rouen*, 1824, p. 119-125, avec 1 tabl.

— Muscologia Rothomagensis, ou tableau analytique de toutes les mousses découvertes jusqu'à ce jour aux environs de Rouen, classées d'après les urnes et l'organisation de leur Pérystome, avec les caractères des genres et l'étymologie de leurs noms, ainsi que la synonymie des espèces et l'indication des lieux où elles ont été trouvées; *Rouen*, *F. Baudry*, 1826, in-8 de 48 p., avec 1 tabl.

Ext. des Mém. de la Soc. d'émulat. de Rouen, 1826.

BÉHÉRÉ (*J.-B.-Joseph*), né à la Hallotière (S.-Inf.), le 21 mai 1763, est mort le 10 fév. 1839, à Rouen, où il était professeur de botanique et de mathématiques. Il était membre de la Soc. d'Emulat. de cette ville. Béhéré avait publié dès 1802 : *Tableau méthodique du système corolliste de Tournefort, pour servir d'introduction à la botanique*; Paris, Croullebois, 2 ff. gr. colombier.

V. Notice de M. Girardin dans l'*Ann. norm.*, 1840.

BEHOTTE (*Adrien*). Apologia pro S. Romano, contra Nic. Rigaltium; *Parisiis*, *Bartholomei Macée*, 1609, pet. in-8.

— Responsio Adriani Behotii, pro academicis, ad quæstionem Dionysii Buthillerii, in Parlamento aduocati, de infirmis resignantibus; *Rothom.*, *typis Nicolai L'Oyselet*, 1613, in-8 de 56 p., plus 3 ff. prélim.

— Ibid. en français; *Paris*, 1609, in-8, et Défense du Privilége de la Fierte St-Romain, contre le plaidoyer de deux avocats du Grand-Conseil, etc.; *Rouen*, 1608, et *Paris*, 1611, in-8.

— Défense de l'Eglise métropolitaine de Rouen contre les entreprises de préséance, attentées par MM. de la Chambre des Comptes; *Rouen*, 1618, in-4.

— Du Droict de Visite des Archidiacres, tovchant la procvration en vivres et pension en argent qu'ils reçoivent des Curez et Eglises paroiciales; *Rouen*, *David du Petit-Val*, 1628, in-8.

Il faut ajouter à ce vol. les suivants :

Repliqve povr les cvrez dv diocèze de Roven à la responce de maistre Adrian Behotte, tovchant le prétendv droict de visite des archidiacres, par André Chrestian, advocat au Parlement de Rouen. Fait imprimer par les cvrez de l'archevesché; *Roven*, *imp. de Nicolas Courant*, 1628, in-8.

Lettre de Me Adrian Behotte, chanoine et grand archidiacre de Rouen, à vn sien amy, sur la repliqve de l'advocat Chrestian, tovchant le droict de visite des archidiacres; 1628, in-8.

— Dv droict de Déport, et de son origine, confirmé par plusieurs tiltres authentiques, depuis plus de quatre cents ans iusques à présent; *Roven*, *David dv Petit-Val*, 1630, pet. in-8 de 34 p. et 2 ff. prélim.

Le *déport* était une espèce d'*Annates* dont les évêques ou leurs archidiacres, archiprêtres ou grands-vicaires, jouissaient sur les cures et autres bénéfices vacants, en les faisant desservir. Ce droit, usité surtout en Norm., a été aboli en 1789.

— Gallio. Adriani Behotii, canonici, et magni archidiaconi Rothomagensis, Ecloga. Ad D. D. Franciscum, archiepiscopum Rothomagensem, Normaniæ primatem; *Rothom.*, *ex typis regiis & archiepiscopalibus*, 1632, in-4 de 7 p.

BEHOTTE, chan. et gr. archidiacre de Rouen, auteur de plus. ouv. de controverse, conserv. de la biblioth. capitulaire de Rouen, député aux Etats généraux, est mort à Paris le 11 avril 1638, âgé de 60 ans. Il naquit à Evreux. Son portrait se trouvait dans la biblioth. du chapitre de Rouen, dont il fut le bienfaiteur.

Behotte est en outre auteur des ouv. suiv. :

— Canones Ecclesiastici, ad Ecclesiæ Gallicanæ usum collecti; *Parisiis, Chevalier*, 1605, in-8.

— Response à l'Anti-Coton, de point en point, pour la défense de la doctrine et innocence des pères Jésuites; *Paris, Jean Nigaud*, 1611, in-8, et *Rouen, J. Osmond*, 1611, in-8.

— Les actes des ministres et les moyens qu'ils ont tenus pour introduire leur doctrine et leurs prêches au royaume de France; *Paris, D. Moreau*, 1621, in-8.

— De la jurisdiction ecclésiastique du royaume de France, cas privilégié et appel comme d'abus; 1635, in-4.

BEHOURT (*Jean*), régent du collége des Bons-Enfants, à Rouen, grammairien et auteur dramatique, né en cette ville vers le milieu du XVIe sc., est mort au commencement du sc. suivant.

Il composa en 1607, en 1 gros vol. in-8, un abrégé de la gramm. latine de Despautère, travail qui fut à son tour abrégé, et qui eut longtemps cours dans les classes sous le titre de *Petit Behourt*.

On possède de cet auteur 3 tragédies, qui furent représ. de 1597-1604 sur le théâtre du collége où il professait, à savoir :

— Polixène, tragi-com. (5 a., en vers), avec des chœurs; tirée du prem. liv. des hist. tragiques de Boisteau, hist. 6e, et dédiée à la Princesse de Montpensier, nouvellem. repr. au collége des Bons-Enfants, le dimanche 7 sept. 1597; *Rouen, Raph. du Petit-Val*, 1597, in-12.

On trouve également cette pièce avec la date de Raphael du Petit-Val, 1598, pet. in-12 de 106 p., suivi d'un disc. en vers sur *la surprise et reddition de la ville d'Amiens*.

— Esaü ou le chasseur, en forme de trag. (5 a., en vers), avec des chœurs, dédiée à Mgr. le Duc de Montpensier, repr. au collége des Bons-Enfants, le 2 août 1598; *Rouen, Raph. du Petit-Val*, 1598, pet. in-12. — La même; *Rouen, Raph. du Petit-Val*, 1606, pet. in-12 de 68 p.

— Hypsicratée ou la magnanimité, trag. (5 a., en vers), avec des chœurs, dédiée à George de la Porte, Sgr. de Montigni et Président en la Cour de Parlement, repr. au collége des Bons-Enfants; *Rouen, Raph. du Petit-Val*, 1604, pet. in-12 de 95 p.

— Sententiæ puriores cum dictis festivioribus in usum pueritiæ ex Ovidio excerptæ singulis, adjecta est sua epigraphe; *Rhotomagi, apud Joan. Osmontium*, 1603, in-8.

En vers latins et français.

V. *Biblioth. du Théâtre franç.*, t. I, p. 316-320. — Barbier, *Complém. des Dictionn. hist.*, t. I, 1820.

BEHOURT (*Jean*), avocat au Parlement de Rouen, né dans la même ville, et probablement parent du précédent, est mort en 1620.

Il est auteur de : *Le Trésor de l'Eloquence françoise, recueilli des meilleurs auteurs françois, avec une explication des mots plus difficiles*; Rouen, Romain de Beauvais, 1619, in-8.

BEKKER (*Immanuel*). Leben des H. Thomas von Canterbury-Altfranzösisch, herausgegeben (vie de S. Thomas le martyr, etc.); *Berlin*, 1838, in-4 et in-8.

V. GARNIER DE PONT-SAINTE-MAXENCE.

BELAGERUNG der Stadt Roan in Normandy, etc. V. *Siège de Rouen*.

BÉLANGER (*J.-B.-Ch.-J.*), ingénieur des ponts et chaussées. V. *Chemin de fer*.

BELARD (*P.*). Inventaire des titres, papiers et enseignemens concernant la cure d'Alençon, avec un mémoire précis de toutes choses, en 1720; par Pre Belard, prêtre, Dr en Sorbonne et curé d'Alençon; in-f. ms. *Bibl. d'Alençon*.

Cet ouv. a été composé d'après les titres des Trésors des églises d'Alençon, et d'après ceux du chartrier du presbytère de N.-D. Du temps du P. Lelong (Biblioth. de la France, n° 35,309, l'original était conservé chez le curé d'Alençon, et une copie à laquelle manquaient 2 ff. se trouvait entre les mains de Odolant Desnos.

BÉLARD (*P.*), né à Rouen vers le milieu du XVIIe sc., termina sa carrière en 1729.

BELBEUF (de). Recherches faites à Rouen, des originaux latins et françois, concernant le procès de Jeanne d'Arc; 2 part. *Notices et Ext. des mss. de la Bibl. du Roi*, t. III; *Paris*, 1790, in-4, p. 554-590, avec une vue de l'anc. fontaine de la Pucelle et 2 plans de Rouen.

La 1re partie traite du lieu où Jeanne d'Arc fut suppliciée; la 2e (p. 580-590), traite des divers changements arrivés à la ville de Rouen depuis l'an 910, et donne d'intéressantes indications pour l'intelligence de 2 plans de cette ville, l'un aux Xe et XIe sc., l'autre aux XIIe, XIIIe et XIVe sc. Ces plans sont accompagnés de notes par M. Rondeaux de Setry.

BELBEUF (*Jean-Pierre-Prosper-Godart*, marquis de), procureur général au Parlement de Normandie, de 1766-1789, membre des assemblées des notables de 1787 et 1788, né à Rouen vers 1725, mort à son château de Belbeuf près Rouen, le 3 avril 1810, fut le dernier grand pannetier de Normandie. En 1786, il présenta en cette qualité le pain à Louis XVI, durant son séjour à Rouen. V., sur cette circonstance, l'ouv. de son petit-fils, intitulé : *Hist. des Grands Panetiers, etc.*

BELBEUF (*Louis-Pierre-Franç. Godart*, marquis de), fils du précédent, était avocat-gén. au Parlement de Norm. et procureur-gén. en survivance de son père, député de la noblesse du Bailliage de Rouen aux États-Gén. de 1789.

BELBEUF (marquis de). Histoire des Grands Panetiers de Normandie et du franc-fief de la grande paneterie; *Paris, J.-B. Dumoulin*, 1856, gr. in-8 de IV et 172 p., avec 4 pl., parmi lesquelles 1 portr. de l'auteur.

V., sur les grands panetiers de Norm., un compte-rendu par M. Jules Cousin dans la *Rev. contemp.*, 15 mars 1857, p. 629-632.

BELBEUF (*Ant.-Louis-Pierre-Joseph-Godart*, marquis de), fils de Louis-Pierre-Franç. de Belbeuf, aujourd'hui sénateur de l'empire, etc., a d'abord été conseiller à la Cour Imp. de Paris, prem. présid. à la Cour Imp. de Lyon, depuis 1829 jusq. 1848, et pair de France. Le domaine de Belbeuf est situé à 8 kil. de Rouen.

Un des ancêtres de M. de Belbeuf, Jacques Godart, chevalier, seign. de Belbeuf, conseiller au Parlement de Rouen, avait épousé la petite-fille du président Claude Groulart.

BELBEUF (*Pierre-Augustin-Godart* de), 64e évêque d'Avranches, sacré le 15 mai 1774, né à Rouen, est mort en exil, à Londres, en 1808. En 1802, les diocèses d'Avranches et de Coutances furent réunis sous le titre unique d'évêché de Coutances.

Ce prélat était le frère du grand panetier de Norm.

BELGRAND. Service hydrométrique du bassin de la Seine. Mémoire : 1° sur les observations faites du 1er mai 1854 au 30 avr. 1855; 2° sur la qualité des eaux de sources du bassin, par M. Belgrand, ing. en chef des ponts et chaussées; *Annales des Ponts et Chaussées*, 1857, p. 257-307, avec 3 cartes.

BELLAISE ou BELLAIZE (*Julien*), bénédictin, né en 1639, à St-Symphorien-Bois-Léger (arrondiss. de Mortain), mourut à Rouen, dans l'abbaye de St-Ouen, le 26 mars 1711. Il avait réuni les documents nécessaires pour composer une nouv. hist. des conciles de Norm., plus complète que celle du P. Pommeray; mais l'état de sa santé ne lui permit pas de publier ce long travail qui, remis entre les mains de Dom Bessin, parut en 1707, sous le nom de ce dernier.

BELLART, avocat. Eloge de M. Ferey, avocat et membre de la Légion-d'Honneur, prononcé le 5 fév. 1810; *Paris, Demonville*, 1810, in-8 de 48 p.

BELLEFONT (*Mme Laurence* de), supérieure et fondatrice du monastère des religieuses Bénédictines de N.-D. des Anges établi à Rouen. On a publié sous son nom l'ouv. suiv. :

Les OEuvres spirituelles de Madame de Bellefont, religieuse, fondatrice et supérieure du couvent de Notre-Dame-des-Anges, de l'ordre de St-Benoist, à Rouen; *Paris, Elie Josset*, 1688, in-8.

Le P. Bouhours a écrit l'hist. de la vie de Mme de Bellefont.

BELLEFOREST (*Fr.* de). Le vrai pourtraict de la ville de Caen, en 1575, 1 flle; *Cosmographie*, Paris, 1575, in-f., t. I.

Ce plan, le plus ancien qui existe, et qui avait été communiqué par le sieur de Bras à Belleforest, historiographe de France sous Henri III, fait connaître d'une manière fort exacte la ville de Caen à la fin du XVIe sc. Il a été reproduit 2 fois : 1° sur une plus petite échelle, par M. Delalonde, dans un des coins de son plan de Caen; 2° conforme à l'original (Caen, 1833, lithog. de Chalopin), et placé en tête de la réimpression des *Recherches et antiquitez de la province de Neustrie, etc.*, par Ch. de Bourgueville, sieur de Bras.

BELLÈME. Lettre à M. Odilon-Barrot, ou réfutation du discours qu'il a prononcé dans un banquet patriotique à lui offert à Thorigny (Manche), le 20 sept. 1835. Exposition de quelques considérations politiques; par Bellême, fabricant à Evreux (27 sept.); *Paris, J. Ledoyen*, 1835, in-8 de 72 p. — V. *Banquet offert, etc.*

BELLENCONTRE (*Joseph-Pierre-Franç.*), député du Calvados à l'Assemblée nat. de 1848, né à Falaise en 1785. En 1845, il devint colonel et directeur de l'artillerie à Toulon.

BELLENCONTRE. V. *Généalogie des maisons souveraines, etc.*

BELLENGÉ (*Michel-Bruno*), peintre, né à Rouen en 1726, mort dans cette ville le 12 déc. 1793, est auteur de quelq. tableaux de fleurs estimés. (V. Lebreton, *Biog. norm.*)

BELLENGER (*François*), doct. en Sorbonne, né dans la paroisse de St-Gervais-d'Asnières, arrondiss. de Pont-Audemer, est mort à Paris le 12 avril 1749, à l'âge de 61 ans. Versé dans l'étude des langues anciennes, il a donné la traduct. des *Antiq. romaines de Denys d'Halicarnasse*; Paris, 1723, 2 vol. in-4; nouv. édit., Paris, 1807, 6 vol. in-8. — *Essais de critique*; Amsterdam, L'Honoré et fils, 1740, in-12, et plusieurs autres ouv.

qui ont paru sous le voile du pseudonyme, ainsi que le témoigne l'édition annotée des Psaumes de David, publiée par lui en 1729, in-4, avec les initiales : V.E.S.F.P.D.F.B. P.L., qui signifient *Unus à sacræ facultatis parisiensis doctoribus, Franciscus Bellenger, presbyter Lexoviensis*. (V. L. Du Bois, *Hist. de Lisieux*, t. II, p. 269.)

BELLENGER (l'abbé *Thomas*). Oraison funèbre de Leclerc-Puiseux; *Caen, Le Roy*, 1803, in-4.

Th. Bellenger, anc. recteur de l'Univ. de Caen, chan. honor. de Bayeux, etc., était petit-neveu du précédent. Né à Caen le 6 janv. 1743, il mourut dans la même ville le 29 oct. 1824. V. son éloge par M. Baudre, Mém. de l'Acad. de Caen, 1829.

BELLESRIVES (*Léonce* de). Le Cardinal Georges d'Amboise, ministre de Louis XII; *Limoges, Barbou*, 1853, in-12 de 168 p., avec 1 grav.

Collect. de la Biblioth. chrét. et morale.

BELLEY (l'abbé). Dissertation sur *Juliobona*, ancienne capitale des peuples Caleti, lue le 16 juin 1744; *Acad. des Insc. et B.-Lett.*, in-4, t. XIX (1753), p. 633-647, av. une carte, par D'Anville.

— Mémoire sur une voie romaine qui conduisoit de l'embouchure de la Seine à Paris, lu le 21 juill. 1744 ; *Acad. des Insc. et B.-Lett.*, in-4, t. XIX, p. 648-671, avec une carte.

— Mémoire sur une voie romaine, qui passoit de Valognes à Vieux, près de Caen, et ensuite à la ville du Mans, lu le 2 juill. 1756; *Acad. des Insc. et B.-Lett.*, t. XXVIII (1761), p. 475-486.

— Observations sur les anciens peuples de la cité de Bayeux, lues le 20 nov. 1761 ; *Acad. des Insc. et B.-Lett.*, in-4, t. XXXI, p. 227-249.

— Nouvelles observations sur les anciens peuples de la cité de Bayeux, lues le 21 mai 1762; *Acad. des Insc. et B.-Lett.*, in-4, t. XXXI, p. 250-277.

— Observations sur deux voies romaines, qui conduisoient de *Condate*, Rennes en Bretagne, dans le fond du Cotentin, lues le 19 août 1774; *Acad. des Insc. et B.-Lett.*, in-4, t. XLI (1780), p. 563-582, avec une carte.

Par fond du Cotentin, il faut entendre Cherbourg, *Coriallum*.

Belley (*Augustin*), membre de l'Acad. des Insc. et B.-Lett., naquit le 19 déc. 1697, à Ste-Foy-de-Montgommery, arrondiss. de Lisieux, et mourut à Paris le 26 nov. 1772.

Parmi le très-grand nombre de dissertations que l'abbé Belley a fourni aux Mém. de l'Acad. des Insc. et B.-Lett., nous avons extrait celles qui se rapportent à l'hist. de la Norm. Cet abbé fut attaché à la rédaction du *Journ. des Savants*, de 1749-1752.

V. son éloge, par Le Beau, Acad. des Insc. et B.-Lett., in-4, t. XXXVIII, p. 277-282.

BELLIGNY (*Marie-Michel*). Guillaume le Conquérant, poëme en dix chants; *Paris, Fournier*, 1806, in-12 de 156 p.

BELLIN (*Jacq.-Nic.*). Carte des Côtes de Norm., depuis Dieppe jusqu'à la pointe de la Persée.—Carte, depuis la pointe de la Persée jusqu'à Grandville, avec les Isles de Jersay et Guernesay; *Neptune françois; Paris*, 1753, gr. in-fol.

— Carte réduite des Isles de Jersay, Guernesay, Aurigny, et des Côtes de Norm., qui en sont voisines; *Paris*, 1757, 1/2 f[lle].

BELLIVET. Rapport sur l'ouverture d'un Tumulus situé dans la commune d'Ernes, arrondiss. de Falaise; *Mém. de la Soc. des Antiq. de Norm.*, t. XIV (1846), p. 312-314.

BELMONTET. Corneille, ode; *Paris*, 1829.

Cette ode, présentée à la Comédie franç. pour y être lue le 6 juin 1829, jour annivers. de la naiss. de Corneille et de la représent. au bénéfice d'un de ses descendants, a été imp. dans le *Voleur*, n° du 10 juin 1829.

BELOT ou BELLOT (*Jean*), imprimeur du XVe sc., né à Rouen. Après avoir établi une imprimerie à Grenoble, en 1497, il se transporta à Genève, où il imprima de 1497 à 1535. Dans cette ville, il demeurait vis-à-vis de la cathédrale. Artiste voyageur, comme beaucoup d'imprim. de cette époque, il séjourna également à Valence, en Dauphiné, vers 1508. La marque de J. Belot, de forme carrée, représente la tige d'un arbre à laquelle est suspendu un écusson. Celui-ci renferme les initiales R. I. B., liées ensemble par des cordons ornés de glands. Deux étoiles sont dans le haut de l'écusson et une dans le bas. Le fond de la marque est parsemé de fleurs reliées entre elles par des rubans. On peut supposer avec raison que les initiales précitées signifient *Jean Belot, de Rouen*. La bibliothèque de Genève possède plusieurs de ses impressions. L'auteur des *Marques typographiques* (*Paris, Potier*, 1853.) dit que J. Belot imprima à Genève dès 1495.

BELOT (*François*), poète, né à Caen, est auteur d'une gramm. anglaise à l'us. des Français, imp. à Londres en 1580, et dédiée à François d'Alençon (duc d'Anjou, l'un des 3 frères de Henri III), au moment où ce prince croyait épouser la reine Elizabeth. Belot a joint à cet ouv. quelques pièces de poésie, telles que *le Bouquet d'amours* et *la Salade d'amours.*

BELZAIS (*N.-B.-J.-J.*) de Courmenil, né à Ecouché (Orne), en 1747, fut député d'Alençon à l'Ass. nat. de 1789.

BEN (*Paul*), pseudonyme de CHAREAU. V. ce nom.

BÉNARD (*Thomas*), poète, né à Condé-sur-Noireau et cité par L. Du Bois, *Biog. normande*, a vécu dans les XVIIe et XVIIIe sc.

BÉNARD DE LA COUTURE (*N.-M.-G.*), Rapport de N.-M.-G. Benard de la Couture, membre de la Soc. populaire de Lisieux; 6 frimaire an III (26 nov. 1794); *Lisieux, imp. de Mistral,* in-8 de 68 p.

Dans ce travail, M. Bénard s'adjoignit MM. Louis Du Bois et Rigault de Rochefort, réfugié à Lisieux.

La conclusion de ce rapport portait que les membres du Comité de surveillance n'avaient ni sa confiance, ni la capacité, ni le civisme, ni la probité requises pour occuper aucunes fonctions, et qu'en conséquence le cri public demandait leur prompte destitution. Cette déclaration produisit tout l'effet qu'on en attendait, le comité fut dissous, et M. Bénard de la Couture fut nommé, peu de temps après, administrat. du départem.

BENARD. Mémoire sur l'Enfance et les principaux moyens hygiéniques applicables à cet âge (par Benard, chirurgien-méd.); *Rouen, C. Bloquel* (1827), in-8 de 31 p.

BENCE (*Jean*), Dr de Sorbonne et prêtre de l'oratoire, né à Rouen en 1568, mort en 1642, le 24 avril. Interprète de l'Ecriture sainte, il a composé plusieurs ouv. à l'usage du séminaire de Lyon, dont il était le directeur.

BENEDICTIONALE ecclesiæ et diœcesis Constantiensis; *Constantiæ*, 1597, in-4, imp. en rouge et noir, musique notée.

BENEDICTIONARIUM anglo-saxonicum; ms. in-fol. de 188 ff. sur vélin réglé, fin du Xe sc. ou prem. années du XIe. (*Biblioth. de Rouen*), mss. n° 37-23 (*bis*).

Orné de peintures rehaussées en or, de bordures avec arabesques également rehaussées en or, ce ms. présente, par son style d'ornementation, une grande analogie avec celui du *Missel anglo-saxon* que possède le même établissement, bien qu'il paraisse de quelques années plus ancien. Ce ms. était primitivement décoré de 5 miniatures ou peintures à pleine page, correspondant aux bénédictions des cinq fêtes principales de l'année : Noël, Pâques, l'Ascension, la Pentecôte et l'Assomption. La première et la troisième ont disparu. Chacune des miniatures est entourée d'une riche bordure formant encadrement carré ou portique architectural cintré, tracés par de larges listels ou bandeaux d'or plein, autour desquels serpentent ou s'entrelacent de riches expansions floriformes, nuancées des couleurs les plus vives. Ces encadrements se répètent sur la page opposée à la miniature et servent d'encadrement aux premiers mots en lettres d'or de la Bénédiction. Ces derniers encadrements subsistent tous, au nombre de cinq, ce qui donne un total de 8 pages miniaturées.

Le corps principal du volume est, en outre, décoré de grandes et petites capitales, en or plein, sans ornements, et de rubriques en minium et en vermillon.

L'ouvrage principal est divisé en trois parties distinctes qui constituent ce qu'on appelle *Pontifical* ou *Bénédictionnaire;* — la première contient 83 bénédictions disposées suivant ce qu'on appelle *le propre du temps;* — la deuxième, 80, se rapportant au *propre des saints,* et à quelques circonstances particulières ; et enfin la troisième, 19 rituels pontificaux, dont les deux derniers sont les rituels de la consécration du roi et de la reine des Anglo-Saxons.

Au commencement et à la fin du volume, et entre chacune de ces trois parties, on a inséré, à des époques anciennes, diverses pièces également liturgiques, dont la dernière en date, du commencement du XIIIe siècle, sous le titre d'*Officium ad ducem constituendum*, concerne évidemment les ducs de Normandie.

Ce Bénédictionnaire (ou Bénédictionnal) provient de la biblioth. du chapitre de la cathédrale de Rouen, auquel il avait été donné par Robert, abbé de Jumiéges, élevé par Edouard-le-Confesseur, d'abord au siége de Londres, puis à celui de Cantorbery. D'après l'opinion de M. John Gage, il fut écrit par les religieux du nouv. monastère de Winchester, pour Æthelgar, leur abbé qui, appelé au siége de Selsey, en 977, fut transféré à l'archiépiscopat de Cantorbery, en 989. Les diverses formules de Bénédictions qu'il contient sont, en beaucoup de points, semblables à celles du ms. de St-Ethelwood, décrit par le même antiquaire, et que possède le duc de Devonshire. Quant aux grandes miniatures que renferme le ms. de

Rouen, on suppose qu'elles sont l'œuvre de Godeman ou celle d'artistes de son école.

Comment ce ms. passa-t-il dans la biblioth. capitulaire de Rouen à laquelle il appartenait dans la dernière moitié du XIe sc.? Il paraît constant qu'il fut apporté sur le continent par Robert, le Normand, archevêque de Cantorbery, que la jalousie des Anglais, les intrigues de Stigand et les persécutions de Godwin obligèrent à fuir le royaume avec Ulf, évêque de Dorchester, en 1052, et qui mourut en 1056, au monastère de Jumiéges, auquel il donna, par donation autographe inscrite sur le volume que l'on conserve également à la Biblioth. de Rouen, le Missel anglo-saxon de la même époque que ce Bénédictionnaire, et sorti de la même école de scribes et d'artistes.

Quelques auteurs ont pensé, à tort, que le Robert dont il est ici question est Robert, premier archev. de Rouen, mort en 1037. « On a attribué ce Bénédictionnal, selon Dom Guéranger (*Institut liturgiq.*, t. III, p. 294), à Godeman, auteur du Bénédictionnaire d'Ethelwood, évêque de Winchester; la seule difficulté, c'est qu'il y est fait mention de saints du Xe sc.; mais, d'un autre côté, Godeman, ayant exécuté l'œuvre d'Ethelwood de 963 à 984, il a pu vivre assez pour entreprendre dans les dernières années du Xe sc. et les prem. du XIe, ce second Bénédictionnal, si important comme monument liturgique de l'église anglo-saxonne. »

La présence dans ce ms. de noms de saints du Xe sc. ne saurait être une objection sérieuse à l'adoption du nom de Godeman pour celui de son auteur, puisque, en le supposant écrit de 980 à 1000, il pouvait facilement mentionner des saints du commencement de ce siècle : or, ces saints sont S. Grimbald et S. Judoc, et la translation des reliques de S. Judoc à Winchester eut lieu en 903, sous l'abbatiat de S. Grimbald, qui mourut quelq. années après.

V., sur ce précieux ms., l'abbé Saas, *Notice des mss. de la biblioth. de l'église métrop., etc.*, 1746, p. 6-12.—Dom Tassin, *Notice des mss.*, id., p. 27.—Dom Gourdin, *Mém. de l'Acad. de Rouen*, 1812, p. 164-174.—Dibdin, *Voyage en France*, t. Ier, en anglais, p. 169-173, et en franç., p. 219-222, avec vignettes et les intéressantes recherches de M. J. Gage : *The Benedictional of S. Æthelwood, Bp. of Winchester, an illuminated anglo-saxon ms. of the xth. century, in the library of his grace the duke of Devonshire. With a prefatory dissertation and a description of the Benedictional of archibishop Robert, an illuminated anglo-saxon ms. of the same century, in the public library at Rouen;* London, 1832, gr. in-4, fig. Ext. de l'*Archaelogia*, t. XXXIV.

Nous ne terminerons pas cet art. sans reconnaître que nous devons une grande partie de ces renseignements à notre savant confrère M. A. Pottier, conserv. de la Biblioth. publique de Rouen.

BENETOT (*Jacq.-Maur*), bénéd. et savant critique, né à Rouen en 1613, mort à St-Allyre de Clermont, en Auvergne, le 17 juill. 1664. Il a publié l'*Hist. de l'abbaye de St-Jean de Laon*, dont il avait été prieur. V. Le Cerf de la Viéville, *Biblioth. des aut. de la Cong. de S.-Maur.*

BÉNÉVENT (*Jérôme* de). Oraison funèbre de François, cardinal de Joyeuse, archev. de Rouen; *Paris, Mesnier*, 1616, in-8.

BENOIST (*René*). Remonstrances à Messieurs de l'assemblée tenue à Rouen, par le commandement du Roy, au mois de Novembre 1596; *Rouen, Rap. du Petit-Val*, s. d., in-8, et chez le même (1596), in-8.

— Exhortation de continuellement, fidelement et deuotement prier pour nostre Roy très chrestien, et pour la nécessité et l'inuolution dangereuse des affaires de la France. A messieurs du clergé de Rouen (12 avril); *Rouen, Richard Lallemant*, 1597, in-8.

— Remonstrance et Exhortation au Roy tres chrestien Henry quatriesme de faire chestiennement (*sic*), vertueusement et constamment la guerre aux heretiques et schismatiques, lesquels sont dangereusement diuisez de l'Église catholique, apostolique et romaine, ou est enseigné un notable moyen nécessaire pour destruire l'heresie en sauuant les personnes (6 sept.); *Rouen, Richard Lallemant*, s. d. (1595), in-8 de 47 p.

Ces 3 ouv. se trouvent à la Biblioth. Imp.

Le *Catal. de Soleine*, t. V, part. 1. n° 4, indique l'opuscule suiv., par René Benoist :

Traicté du sainct jeusne de Caresme, et de la nécessaire disposition à iceluy; où il est baillé un advertissement contre les dyaboliques et payennes Bachanales des desbauches de caresme-prenant, lesquelles sont faictes avec plusieurs et plus grands péchez les saincts jours des dimanches et des festes dédiés au service du Dieu éternel, par M. René Benois, docteur-régent en la faculté de Paris, désigné évesque de Troyes, confesseur du roy et conseiller de sa majesté; *Rouen, Richard Lallemant*, s. d., pet. in-8 de 34 p. non compris le titre.

BENOIST (le P.). Oraison funèbre de

Mgr l'illust. & révér. Louis d'Aquin, évêque de Sées, prononcé dans l'église de N.-D. d'Alencon, le 28 juin 1710, par le P. Benoist de Rouen, gardien des capucins d'Alençon; *Alençon, chez la vᵉ cy devant Pierre Augereau, imp. du Roy et de feu mondit Seigneur évêque de Sées* (1710), in-8 de 44 p.

Le P. Le Long indique une 2ᵉ édit. de cette oraison funèbre; *Alençon, Augereau*, 1711, in-8.

BENOIST (*A.*). Catalogue des oiseaux observés dans l'arrondiss. de Valognes depuis 10 ans; *Cherbourg, Feuardent*, 1854, in-8.

Ext. des Mém. de la Soc. des Sc. naturelles de Cherbourg, 1854, p. 231-240.

BENOIT. Chronique des Ducs de Normandie, publiée pour la première fois d'après un ms. du Musée Britannique, par Francisque Michel; *Paris, Imp. roy.*, 1836-44, 3 vol. in-4, avec facsimile col.

Fait partie des documents inédits sur l'hist. de France.

La chronique française rimée du moine Benoît, trouvère anglo-norm. du XIIᵉ sc., connu jusqu'alors sous le nom de Benoît de St-Maure (ou Ste-More), se compose de 42,310 vers et comprend l'hist. des ducs de Normandie et des rois d'Angleterre de la race normande jusqu'à Henri Iᵉʳ, en 1135. Le texte de ce grand ouvrage est accompagné de savantes notes de l'éditeur et de variantes tirées d'un ms. de la biblioth. publiq. de Tours, provenant de l'abbaye de Marmoutier. Il est suivi d'un appendice contenant : 1° Chanson ou cantique sur la croisade du XIIᵉ sc., attribuée à Benoit, publiée d'après le ms. de la Bibl. Harléienne (Musée Britann.), nº 1717; 2° Vie de S. Thomas, archev. de Canterbury, tirée du ms. de la Bibl. roy., fonds du Roi, 7,268 $\frac{3.3}{A.}$; 3° *De monacho in flumine periclitato, meritis Beate Marie ad vitam revocato*, d'après le ms. 7,987 de la Biblioth. roy.; 4° Chronique de la guerre entre Henri II et son fils aîné, en 1173 et 1174, composée par Jordan Fantosme, chancelier spirituel de l'église de Winchester. Cet ouv., que M. Michel a trouvé dans un ms. de la cathéd. de Durham, avait déjà été publié par lui en 1839, avec une introduction, aux frais d'une Soc. savante de cette ville (*Surtees Society*); 5° Variantes de la vie de S. Thomas de Canterbury, d'après un ms. de la Biblioth. Harléienne, 3,775. Le 3ᵉ vol. est terminé par une table analytiq., une table des noms de lieux, d'hommes, etc., et par un glossaire.

M. De la Rue n'admet pas que ce contemporain de Robert Wace, et comme lui normand, soit l'auteur de la vie de Thomas Becket, vie qu'il attribue à un moine du nom de Benoît, vivant sous Edouard III, mais il assure qu'avant d'entreprendre l'hist. des ducs de Norm., à la demande de Henri II, Benoît (dit de Ste-More), avait composé l'*Hist. de la Guerre de Troie*, en vers français.

—Extrait de l'istoire e la généalogie des dux qui unt esté par ordre en Normendie; Chroniq. anglo-norm., etc., publiées par F. Michel; *Rouen, Ed. Frère*, 1836, t. I, p. 167 et suiv.

Cet ext. comprend la conquête de l'Angleterre par Guillaume sur le roi Harold jusqu'à la mort du conquérant, en 1087. Quelq. fragments de cet épisode avaient déjà été publiés en 1835, à la suite de l'*Hist. de Norm.*, de Th. Licquet. V. sur ce trouvère : *Hist. littér. de France*, vol. XIII (1814), p. 424-429, art. de *Ginguené*, et t. XVII (1832), p. 635-644, art. de *Amaury Duval*.—*Essais sur les Bardes, etc.*, par l'abbé De la Rue, t. II (1834), p. 188-205.

BENOIT de Peterborough. Benedictus, abbas Petroburgensis, de vita et gestis Henrici II et Richardi I, edente Th. Hearnio; *Oxonii, è Theatro Sheldoniano*, 1735, 2 vol. in-8.

Au dire de T. F. Dibdin, cette hist. de Henri II et de Richard I (1170-1192) est la dernière et peut-être la plus importante des publications de Hearne. Benoit, chancelier de Richard Cœur-de-Lion, mourut vers 1200. Il a été parfois confondu avec Benoît de Ste-More.

BENOIT (*Jean*), docteur de Paris, né à Verneuil (Eure), en 1483, mort à Paris le 19 fév. 1573, a publié quelq. ouv. de théologie, fort recherchés de son temps.

BENOIT (*Elie*), ou BENOIST, né à Paris, le 20 janv. 1640, exerça pendant 20 années les fonctions pastorales à Alençon. Après la révocation de l'édit de Nantes, il quitta la France et se rendit à Delft en Hollande, où il reçut vocation comme troisième pasteur de l'église wallonne. Il mourut dans cette ville le 15 nov. 1728. V. *Dict. hist. de Chauffepié*,—*France protestante*, t. II (1853), p. 173-177.—Ce dern. recueil indique un grand nombre d'ouv. composés par ce pasteur et parmi lesquels nous citerons les 3 suiv., comme se rattachant à notre sujet :

— *Lettre d'un pasteur banni de son pays à une église qui n'a pas fait son devoir dans la dernière persécution*; Cologne, 1686, in-12.

Benoît blâme l'Eglise d'Alençon d'avoir succombé presque sans résistance, et l'exhorte à sortir d'un état d'hypocrisie qui la rend coupable aux yeux de Dieu. Cette lettre eut un plein succès ; presque tous les protestants d'Alençon allèrent grossir le Refuge.

— *Lettre à un gentilhomme prisonnier pour la religion ;* Delft, 1685, in-12.

— *Lettre de M. Benoît, ministre de la R. P. R. à Alençon, au P. prédicateur des Jésuites de la même ville, datée d'Alençon, 29 janv.* 1681, et insérée dans les Dissertations de Tilladet.

Outre ses ouv. imprimés, Benoit a laissé un grand nombre de mss., dont Chauffepié donne les titres avec des extraits fort étendus.

BENOIT (Mlle *Eulalie*). La Tante Marguerite, ou six mois en Normandie ; *Paris, Gaume frères,* 1841, in-18 de 234 p.

Petit livre d'éduc. faisant partie de la Biblioth. instruct. et amus. La scène se passe aux environs d'Avranches.

BENSERADE (*Isaac* de), poète, né en 1612 à Lyons-la-Forêt (Eure), mort à Gentilly, près Paris, le 19 oct. 1691, fut reçu membre de l'Acad. franç. en 1674. Benserade a composé plusieurs tragédies (1636-1642), des paroles pour les ballets de la cour et des chansons. Il a mis en rondeaux les *Métamorphoses d'Ovide,* et en quatrains les *Fables d'Esope.*

— OEuvres de M. de Benserade ; *Paris, Ch. De Sercy,* 1697, 2 vol. in-12. En tête du 1er vol. se trouve un éloge de Benserade par l'abbé Tallemant.

— Les mêmes ; suivant la copie, à *Paris,* chez *Ch. De Sercy,* 1698, 2 vol. in-8.

V. sur Benserade : *Hist. de l'Acad. franç.*, par l'abbé d'Olivet. — Perrault, *Hommes illust. de la France,* t. II, in-f. (1700), p. 79 et 80, avec portr. — *Mém. du P. Niceron,* t. XIV, p. 304-322. — *Bibliot. du Th.-Franç.*, 1768, t. II, p. 537-555. — Notice de J. F. Destigny, dans les *Poètes norm.*, publ. par Baratte, 16 p. et 1 portr. — *France protestante,* t. II (1853), p. 179.

Benserade figure dans ce dern. recueil comme étant issu d'une famille protestante. Son portrait, peinture du XVIIe sc. provenant de la collect. de l'Acad. franç., se trouve au Musée de Versailles ; il a été gravé par Edelinck.

BÈRAIN, avocat assez obscur au Parlement de Paris et ensuite au Parlement de Rouen, proposa en 1675, pour remédier à l'inconvénient des différents sons de la combinaison *oi,* d'y substituer la combinaison *ai,* c'est-à-dire d'écrire par *ai* les imparfaits et les conditionnels des verbes, certains infinitifs, d'écrire de même par *ai, faible* et ses dérivés, *monnaie* et ses dérivés, *français, hollandais*, etc. Voltaire ne fut donc pas, comme on le dit généralement, l'inventeur de ce système, mais se déclarant 100 ans après Bérain le plus chaud partisan du changement proposé, il en fit usage dans tous ses écrits et le fit prévaloir, grâce à l'autorité de son nom. Ce n'est réellement qu'en 1790 que cette orthographe nouvelle s'établit en France. (V. Gramm. des Gramm., 1842, t. II, p. 939.) L'ouv. de Bérain est intitulé : *Nouvelles remarques sur la langue française* (sic), *par M. N. B., avocat au Parlement de Paris ;* Rouen, Eustache Viret, 1675, pet. in-12 de 320 p., plus la table et 4 ff. prélim.

BÉRARD. Forges de la Manche et fabrication des blocs ignés à Cherbourg ; *Paris, Bénard et Ce,* 1857, in-4 de 12 p.

BÉRARDIÈRE (*J.-H.* de Roussel de la). Institution au droit de Normandie, ou conférence des principes des Institutes de Justinien avec le droit françois et en particulier avec le droit de Normandie ; *Caen, Imp. de Jean-Claude Pyron,* 1782, in-12 de 461 p., plus l'épître dédicat. et l'avertiss.

L'auteur était conseiller honor. au Bailliage et Siége présidial de Caen, professeur roy. du droit français en l'Université de la même ville, etc.

BÉRAT (*Eustache*). Couplets chantés chez M. Lecointe le jour de sa fête, le 10 janv. 1847, anniversaire de la création de la Colonie agricole du Petit-Quevilly ; *Rouen, E. Periaux* (1847), in-8 de 7 p., avec 1 portr.

— Couplets adressés et chantés à M. G. Lecointe, fondateur-directeur de la colonie agricole du Petit-Quevilly, le 9 janv. 1848 ; *Rouen, J. S. Lefevre,* 1847, in-8 de 8 p.

— Visite d'un ancien moine des Chartreux à la colonie agricole du Petit-Quevilly ; *Rouen, F. et A. Lecointe frères,* 1850, in-8 de 4 p. (en vers).

— Promenade au Val-de-la-Haye, hameau situé sur les bords de la Seine, près Rouen. Elégie ; *Rouen, H. Rivoire,* gr. in-8 de 6 p.

Dans ces vers, l'auteur chante le village où il passa la prem. année de son enfance.

— Epître familière adressée à M. F. Lamy, à mon retour d'une visite que je lui ai faite à Caudebec ; *Rouen, F. et A. Lecointe frères,* 1850, in-4 de 4 p.

— Mes Adieux à Rouen, stances ; *Rouen, F. et A. Lecointe frères,* 1852, in-4 de 4 p.

— A Frédéric Bérat. Elégie dédiée aux Rouennais ; *Rouen, F. et A. Lecointe frères,* 1855, in-4 de 8 p.

Outre ces opuscules, M. Bérat a composé un grand nombre de pièces de vers que notre cadre ne nous permet pas de citer.

M. E. Bérat, né à Rouen le 4 nov. 1792, a été durant plusieurs années professeur de dessin au Lycée de Rouen.

BÉRAT (*Frédéric*), frère du précédent, poète et musicien, auteur de *Ma Normandie*, de *la Lisette de Béranger*, de *Mon Petit Pierre*, et d'une foule de chansons populaires, né à Rouen en 1801, est mort à Paris le 2 déc. 1855. Ses chansons ont été recueillies en 1 vol. sous le titre de :

Chansons ; paroles et musique de Frédéric Bérat, illustration par T. Johannot et gravées sur bois par Jardin, etc.; *Paris, Alex. Curmer*, 1854, in-8.

Ce vol. est précédé d'une notice sur Fréd. Bérat par Eugène Guinot; il renferme 52 chansons (paroles et musique), 32 grav. et 1 portr. de l'auteur.

La notice de M. Guinot a été reproduite par le *Nouvelliste de Rouen*, n° du 29 nov. 1853.

BÉRAULT (*Josias*). La covstvme réformée du pays & dvché de Normandie, anciens ressorts et enclaves d'icelvy, avec les commentaires, annotations et arrest donnez svr l'interprétation d'icelle ; *Roven, Raph. dv Petit-Val*, 1606, in-4.

De ce livre, il existe plusieurs édit., savoir : *Roven, Raph. dv Petit-Val*, 1612, in-4. Il y a des exempl. sur gr. pap. — *Roven, Raph. dv Petit-Val* (pour *David dv Petit-Val*), 1614, in-4. — *Roven, David dv Petit-Val*, 1620, in-4. Ces édit. sont ornées du portr. de Bérault. L'abbé Saas indique in-f. les édit. de 1614 et de 1620. Il ne cite pas l'édit. de 1612. — *Roven, David du Petit-Val*, 1632, in-f. — *Roven, David du Petit-Val*, 1648, in-f. (5e édit.). On remarque dans cette édit., p. 787 et 788, les Devoirs des avocats, en 30 art., sous le titre de *Sanctionnes forenses*. — *Rouen, Besongne*, 1650, in-f. — *Rouen, Imp. de la ve de David dv Petit-Val*, 1660, in-f. Cette dern. édit., considérée comme la plus complète et la meilleure, est indiquée la sixième, quoiqu'elle soit réellement la *huitième;* elle est dédiée à Alexandre Faucon de Ris, prem. présid. au Parlement de Norm.

Nous ne pouvons nous expliquer l'indication des 5e et 6e édit. de ce livre qu'en admettant que les édit. de 1612 et 1614 n'en formassent qu'une seule, de même que les édit. de 1648 et 1650, pour lesquelles des titres auraient été réimprimés. En tête de l'édition de 1660, on trouve une épître à J. Bérault, en vers, de l'imprimeur David du Petit-Val, laquelle témoigne de la haute estime qu'on avait alors pour les ouv. de ce jurisconsulte.

Enfin i'ai contre ma coustume
Fait prendre l'essor à ma plume,
Pour discourir de tes escrits
Après tant de doctes esprits;
Non que la vanité l'emporte
De rechercher en cette sorte
La gloire que les imprimeurs
Empruntent de quelques rimeurs;
Une cause plus légitime
Oblige ma muse et l'anime
De t'offrir pour mes humbles vœux
Ces lignes puisque tu le veux.
Sans doute c'est trop se méprendre,
Quoy, voudrois-ie bien entreprendre
D'écrire rien digne de toy,
Que l'on ne sçache mieux que moy?
Puisque déjà ta renommée
Est partout le monde semée,
Et qu'il n'y a que l'ignorant
Qui ne te va point honorant.
Faire voir par mes Caractaires
Le bonheur de tes Commentaires
Qui facilite vn libre accez
Au labyrinthe des procez;
Et qu'vn trauail si nécessaire
(Chose à tes pareils ordinaire)
Te suscita des enuieux,
De trop de gloire ambitieux,
Qvi d'vne peu cante malice
Crûrent de ton mesme Edifice
Eleuer vn temple à leur nom
Par le debris de ton renom :
Seroit-ce pas perdre ma peine,
Et la rendre inutile et vaine
De vouloir mettre en ce papier
Ce qui demande vn liure entier.
Bref, de publier ton mérite
La faueur m'en est interdite,
Et dois seulement désirer
De me taire et de t'admirer.

Bérault (*Josias*), conseiller à la Table de marbre du Palais et avocat au Parlement de Rouen sous Henri III, naquit dans cette ville en 1563. Ce jurisconsulte mourut à St-Fulvien, près Laigle, vers 1640. « Il est à proprement parler, dit l'abbé Saas, le premier qui ait commenté notre Coutume. Il y a dans son commentaire un ordre et une œconomie qui ne se trouvent point dans les commentateurs précédents, qui avoient encore un peu le goût gothique. » Dans une notice sur J. Bérault, insérée dans la *Rev. de Rouen* (déc. 1838), L. Du Bois fait naître ce jurisconsulte à Laigle et non à Rouen, vers 1555. Le portr. de J. Bérault, à l'âge de 51 ans, a été gravé par L. Gaultier, en 1614.

BÉRAULT (*Christophe*). Des Droits de tiers et danger, Grurie et Grairie ; *Roven, David dv Petit-Val*, 1625, in-8 de 112 p.

Ce traité (en 17 chap.) a été inséré tout entier dans la *Bibliothèque* ou *Thrésor du Droict françois*, par Laurens Bouchel, au mot : Tiers *et* Danger.

Bérault (*Crist.*), qu'il ne faut pas confondre avec Josias Bérault, était avocat au Parlement de Rouen. Il prétend que le droit de *Tiers et Danger* est *Royal, Domanial* et *imprescriptible;* mais Louis XIV, par son édit du mois d'avril 1673, registré au Parlement, a décidé le contraire.

BERAULT, Godefroy et D'Aviron. La coutume réformée du païs et duché de Normandie, anciens ressorts et enclaves d'iceluy. Commentée par Josias Bérault, Jacques Godefroy et D'Aviron (Jacq. Bathelier), & expliquée par diverses remarques, annotations & arrests, recueillis par les mêmes auteurs, unis en un corps, etc.; *Rouen, vᵉ d'Ant. Maurry*, 1684, 2 vol. in-f.

Cet ouv. a été réimp. en 1687 : *Rouen*, chez la *vᵉ d'Ant. Maurry*, et chez *Pierre Ferrand*, 2 vol. in-f. (La biblioth. de Rouen en possède un exempl. sur gr. pap.)

Et en 1776, sous le titre suiv. :

Commentaires sur la Coutume de Normandie; par Berault et Godefroy; et la paraphrase de D'Aviron; nouv. édit.; *Rouen, Imp. privilégiée* (MM. Lallemant), 1776, 2 vol. in-f., et se vend chez Louis Le Boucher. « Cet assemblage est fort bien conçu (dit l'abbé Saas), et le recueil est très-bon et nécessaire à ceux qui veulent connoître notre droit à fond. Nous n'avons rien de mieux avec le commentaire de Basnage. »

BÉRENGER, hérésiarque qui, vers 1050, cherchait à faire prévaloir dans les monastères de Normandie et même auprès du Conquérant, sa doctrine sur l'Eucharistie. Il niait le mystère de la présence réelle du Verbe Divin dans le pain et le vin, après la consécration. Sa doctrine fut combattue avec chaleur et succès par Lanfranc.

Bérenger, qui avait été archidiacre d'Angers, mourut aux environs de Tours, en 1088, à l'âge de 90 ans, après avoir observé la plus austère pénitence.

BÉRENGÈRE, femme de Richard Cœur-de-Lion. Sur cette reine d'Angleterre. V. :

Tombeau de Bérengère, dans la cathédrale du Mans; art. de M. Grille de Beuzelin.

— Détails sur Bérengère de Navarre; art. de M. J. R. Pesche (du Mans).

Rev. anglo-franç., t. III (Poitiers, 1835), p. 351-356 et 449.

BERGASSE (*Alph.*). Rapport sur les t. I et II de l'Hist. du Parlement de Normandie, par M. Floquet; *Rouen, N. Periaux*, 1841, in-8 de 49 p.

Ext. du Précis des trav. de l'Acad. de Rouen, 1841.

— Recherches sur la consommation de la viande et du poisson à Rouen, depuis 1800; *Rouen, A. Péron*, 1852, in-8 de 182 p., avec une pl.

Ext. du Préc. de l'Acad. de Rouen, 1852, et imp. par ordre de cette compagnie.

A propos de ce travail, V. :

1° Réponse par M. Ch. Alph. Patron aux nouvelles attaques contre la boucherie de Rouen, contenues dans les recherches sur la consommation de la viande à Rouen, par M. Alph. Bergasse; *Rouen, H. Renaux*, 1853, in-8 de 23 p.

2° Moyens de porter remède à l'exhaussement du prix de la viande en détail, demandé par MM. les bouchers de la ville de Rouen, depuis le 1ᵉʳ janv. 1853. Rapport publié par la Soc. libre d'Emulat.; *Rouen, H. Rivoire* (1853), in-4 de 7 p.

— Notice sur M. le baron Boullenger, ancien procur. gén. près la Cour de Rouen; *Ann. norm.*, 1854, p. 558-561.

BERGASSE (*Alph.*). Savant avocat et magistrat non moins distingué, né à Lyon, le 22 sept. 1792, est mort à Paris, le 6 juillet 1853. Membre de l'Acad. de Rouen, dont il fut président, il a enrichi le recueil de cette Société de plusieurs mém. intéressants.

V., sur sa vie, la notice de M. le conseiller Nepveur; *Rouen, A. Péron*, 1853, in-8 de 24 p., avec 1 port. et 2 *fac-sim.* (Ext. du Précis de l'Acad. de Rouen, 1853.)

BERGER (*F.*). Hauteur des falaises des côtes de Normandie, depuis St-Valery-sur-Somme jusqu'à Cherbourg; déterminées par le baromètre pendant un voyage fait en Normandie sur la fin de l'an XI (août 1803); par F. Berger, doct. méd. de Genève; *Journ. de physique*, mars 1807, t. LXIV, p. 222-231.

BERGER DE XIVREY. V. XIVREY.

BERGERIE (de la). Notice sur l'arrondissement de Bayeux; par M. de la Bergerie, sous-préfet de cet arrondiss.; *Ann. norm.*, 3ᵉ année (1837), p. 137-148.

BERGOUNIOUX (*Edouard*), romancier, avocat, puis auditeur au Conseil d'Etat, en 1839, né à Sées (Orne), en 1805. Il est auteur de plusieurs romans hist. et de nouvelles, de 1832-1845.

BERIGNY (*Charles*). Navigation maritime du Havre à Paris, ou mém. sur les moyens de faire remonter jusqu'à Paris tous les bâtiments de mer qui peuvent entrer dans le port du Havre; *Paris, Demonville*, 1826, in-8 de IV et 84 p., avec 3 planches.

Ouv. divisé en deux parties principales : 1° De la Navigation entre Rouen et la mer; 2° De la Navigation entre Rouen et Paris. Ce mém. a donné lieu à l'écrit suivant :

Réponse des soumissionnaires du canal maritime de Paris au Havre, au mém. de M.Ch. Bérigny; *Paris, Avril*, 1826, in-8.

— Réfutation par M. Ch. Bérigny, de l'écrit intitulé : Réponse des soumissionnaires du canal maritime de Paris au Havre, au mémoire de M. Ch. Bérigny; *Paris, Demonville*, 1826, in-8 de 59 p.

— Courte notice sur la conduite parlementaire de M. Bérigny, etc. V. ce titre.

BÉRIGNY, inspect. gén. des ponts et chaussées, député de la S.-Inf., né à Fécamp, le 17 mars 1771, est mort à Paris, le 6 oct. 1842.

BERINGTON (*Joseph*). The history of the reign of Henry the Second, and of Richard and John, his sons; with the events of the period, from 1154 to 1216, in which the character of Thomas a Becket is vindicated from the attacks of George Lord Lyttelton; *Birmingham, Swinney*, 1790, in-4, et *Basil, J.-J. Tourneissen*, 1793, 3 vol. in-8.

—Histoire de Jean Sans-Terre, roi d'Angleterre, trad. de l'angl. par Théodore Pein; *Paris, Mme Dufriche*, 1821, in-8 de 262 p.

Ouv. ext. du précédent. J. Berington était membre du clergé catholique.

BERNARD (*Mlle Catherine*), de l'Académie des *Ricovrati* de Padoue, se distingua par quelq. talent pour la poésie, vers la fin du XVIIe et le commencement du XVIIIe sc. Elle était parente des deux Corneille et de Fontenelle. Née à Rouen en 1662, Cath. Bernard mourut à Paris en 1712. Cette femme célèbre a composé plusieurs romans et 2 tragéd. : *Léodamie, reine d'Epire*, et *Brutus*. V. *Dictionn. hist. des Françaises et étrang.*, par Mme Briquet (1804), p. 52, et *France protestante*, t. II (1853), p. 201-204.

BERNARD (*Georges*), rouennois, advocat ès cour de Lyon. Chronique sommairement traictée des faits héroïques de tous les rois de France et des personnes et choses mémorables de leur temps; *Lyon, Clément Baudin*, 1750, pet. in-8.

Les jolis médaillons qui décorent ce vol. sont au monogramme C. C. (Camillus-Congius). Lebert les attribue à Claude Cornille, de Lyon.

BERNARDIN DE SAINT-PIERRE. V. SAINT-PIERRE.

BERNAY (*Alex.* de). V. ALEXANDRE, etc.

BERNEVAL (*Alex.* de), architecte du Roi, du Bailliage et de l'église de St-Ouen de Rouen, est mort le 5 janv. 1440. Il fut inhumé dans l'église de St-Ouen, où il est représenté sur une pierre tomballe, et où il est qualifié de *maître des œuvres de machonneries du Roy nostre Sire*. Une tradition populaire rapporte qu'il tua, par jalousie, un de ses élèves qui était parvenu à faire, dans l'église de St-Ouen, une rose qui fut trouvée supérieure à la sienne. Un port. de cet architecte, dessiné par M. G. Morin, est inséré dans la *Rev. de Rouen*, déc. 1849. — V. Pommeraye, *Hist. de l'abbaye de St-Ouen*, p. 197. — Gilbert, *Desc. hist. de l'église de St-Ouen*. — De Jolimont, *Appel sur les projets de restauration et d'achèvement de St-Ouen*, p. 7.

BERNHARD (*Marie-Bernard*). Devis des travaux de peinture exécutés dans l'ancien château royal de Vaudreuil en Normandie, 25 mars 1356; publié avec des notes; *Biblioth. de l'Ecole des Chartes*, t. VI (1844), p. 540-545.

— Jean Coste, peintre du château de Vaudreuil (1349-1356); *Biblioth. de l'Ecole des Chartes*, t. VIII (1846), p. 334-37.

BERNIÈRES (*Jean* de), sieur de Louvigny, frère de Jourdaine de Bernières, fondatrice de la communauté des Ursulines à Caen, naquit dans cette ville en 1602 et y mourut le 3 mai 1659. Après avoir rempli la charge de Trésorier de France à Caen, il vécut près de sa sœur, dans la retraite de l'Hermitage, où il composa plusieurs ouv. de théol. mystique, entre autres : *Le Chrestien interievr ov la conformité interievre qve doivent avoir les Chrétiens auec Jesus Christ. Par vn Solitaire*, seconde édition; *Roven*, chez *Clavde Grivet*, 1660, in-18 de 531 p.—Ditto, *Roven, Ant. Ferrand*, 1666, in-12.

Cet ouv., publié par le P. François d'Argentan, capucin qui a édité un second vol. en 1676, a été plusieurs fois réimprimé à *Paris*, 1661, 1662, 1674, etc.; en dernier lieu, *à Lyon, Périsse*, 1856, 2 vol. in-12.

BERNOUVILLE (*Guilbert* de), poète du XIIIe sc., né dans le Vexin normand.

BERRIAYS (le). V. LE BERRIAYS.

BERRUYER (*Joseph*). Illustrissimo ecclesiæ principi Jacobo-Nicolao Colbert, archiepiscopo Rotomag. Normanniæ primati pro recuperata valetudine; in-4 de 3 p.

BERRUYER (*Joseph-Isaac*), jésuite, né le 7 nov. 1681 à Rouen, mort à Paris le 18 fév. 1758, après avoir fait beaucoup de bruit dans le monde par son *Hist. du peuple de Dieu*; Paris, Knapen, 1728 (avec un suppl. de 1734), 8 vol. in-4. La 2e part. de son ouv., *Depuis la naissance du Messie jusqu'à la fin de la Synagogue*, fut publiée en 1755 à *Paris*, sous la rubrique de *La Haye, Néaulme*, 4 vol. in-4.

Il faut joindre à ces 12 vol. : *Paraphrase littérale des épîtres des apôtres ;* Paris, 1757, 2 vol. in-4. Ces 3 part. ont été aussi imp. in-12 et forment ensemble 23 vol. Le P. Berruyer professa avec distinction les humanités chez les Jésuites.

BERRUYER (*A.* de). Le Guide du voyageur à Cherbourg, ou description complète et hist. de cette ville, de son port militaire, de son port de commerce et de tous ses établissements; *Cherbourg, Boulanger*, 1833, in-12 de 211 p.

— L'obélisque de Louqsor à Cherbourg, notice rédigée d'après les renseignements de M. Jaurès, officier du Louqsor, 2e édit. ; *Cherbourg, Boulanger*, 1833, in-8 de 24 p.

— Lettre aux électeurs de l'arrondiss. de Cherbourg; juin 1834; *Cherbourg, Boulanger*, 1834, in-8.

— Annuaire de Cherbourg et de l'arrondissement. 1re année; *Cherbourg, Savary*, 1835, in-18.

Avec le concours de M. Léon d'Aurevilly, M. de Berruyer a publié : 1° Le Momus normand, Recueil littéraire ; *Caen*, janv. 1832 au 17 avril 1833, 2 vol. in-8 ; — 2° Chansonnier normand, pour 1833, publié par les rédacteurs du Momus normand ; 1re année ; *Cherbourg, imp. de Noblet*, 1833, in-18.

En 1833, il fonda le *Journal de Cherbourg et du dép. de la Manche*, qu'il rédigea jusqu'au 17 avril 1835, époque où M. Vérusmor lui a succédé.

BERRUYER (*Alex.-Auguste* de), né à Paris le 4 fév. 1804, a habité longtemps Cherbourg. Depuis son départ de cette ville, en 1835, M. de Berruyer a publié à Paris divers ouv., qui sont étrangers à notre sujet.

BERRY. Le Recouvrement du duché de Normandie et du reste de la Guyenne, par la vaillance du roi Charles VII, l'an 1448; par Berry, hérault d'armes ; ms. in-f.; *Biblioth. Imp.*

Ce ms. se trouve à la fin d'un ms. de la Chronique de Monstrelet, n° 8,326, dans la Bibl. de l'église cathédrale de Tournay, selon Sanderus, t. I, de la Bibl. des mss. Belgique, p. 210, et dans celle de Ste-Geneviève, à Paris (P. Le Long, 17,250.)

BERRY (*William*). The history of the Island of Guernsey, port of the ancient duchy of Normandy, from the remotest period of antiquity to the year 1814. Containing on interesting account of the Island; its government, civil, military and ecclesiastical; peculiar privileges, customs, etc. with particulars of the neighbouring islands of Alderney, Serk, and Jersey. Compiled from the valuable collections of the late Henry Budd, etc. Embellished and illustrated with a correct map of the Island, view of the town, plates of the churches, castles, etc.; *London, Longman, Hurst, Rees, Orme, and Brown*, 1815, in-4 de VII et 348 p.

BERTAULD (*A.*), avocat, professeur à la Faculté de Droit, à Caen, est auteur de : *De l'Hypothèque légale des femmes mariées sur les conquêts de la communauté;* Caen, Bouchard, 1852, in-8. — *De la Subrogation à l'hypothèque légale des femmes mariées;* Caen, Buhour, 1853, in-8, et de plusieurs autres ouv. de Droit.

BERTAUT (*Jean*), poète, né à Caen en 1552, obtint l'évêché de Sées en 1607, et mourut dans cette dernière ville, le 8 juin 1611. Il fut successivement secrétaire et lecteur du roi Henri III, conseiller au Parlement de Grenoble, abbé d'Aunay, évêque de Sées et premier aumônier de la reine Marie de Médicis. *Les OEuvres poétiques* de Bertaut ont été imprimées à Paris, pour la première fois, en 1601.

— Recueil des OEuvres poétiques de Jean Bertaut; *Paris, Mamert Patisson*, et *Paris, Lucas Breyel*, 1601, in-8. — *Paris*, 1605, petit in-8 de 8 ff. et 344 p.

— Les OEuvres poétiques de M. Bertaut, evesque de Sées ; *Paris, Toussainct Du Bray*, 1620, in-8.

— Les OEvvres poétiqves de M. Bertavt, evesque de Sees, abbé d'Aunay, premier aumosnier de la Reine ; *Paris, Robert Bertavlt*, 1633, in-8.

P. 389, on trouve un titre portant : *Recveil de vers amovrevx.*

— Recueil de quelques vers amoureux ; *Paris, par la ve Mamert Patisson*, 1602, pet. in-8 de 4 ff. prélim. et 87 ff. chiff.

— Ditto. Edit. dern., reveue et augmentée ; *Paris, Philippes Patisson*, 1605, in-8 de 4 ff. non chiff. et 98 ff. chiff.

La préface que le frère de l'auteur a mise en tête de cette édit. nous apprend que ce recueil fut publié malgré l'auteur qui, en sa qualité d'aumônier de la reine, ne pouvait guère avouer des vers amoureux (Cat. de Soleinne, t. III, p. 87.)

— Chant nuptial sur le mariage du roy et de la reine ; *Rouen, Raph. du Petit-Val*, lib. et imp. ord. du roy, 1601, in-8.

J. Bertaut est, de plus, auteur d'un discours funèbre sur la mort de Henri IV, d'une trad.

des sermons de S. Léon Ier, pape, etc. V. notice de G. Mancel dans *les Poëtes norm., publiés par Baratte*, 12 p., avec 1 portr.

BERTAUT (l'abbé), conseiller au Parlement, ci-devant lecteur du roi, né à Rouen, est auteur de : *Journal d'un voyage d'Espagne* (en 1659), contenant une description fort exacte de ses royaumes et de ses principales villes, avec l'état du gouvernement et plusieurs traités curieux; *Paris, Thierry*, 1669, in-4. — *L'état du gouvernement de l'Espagne* avait paru séparément en 1664, sous le titre de : *Relation d'un voyage d'Espagne*. On y trouve exactement décrit l'état de la cour et du gouvernement, in-12. (V. Dict. des Anonymes, no 9,044).

BERTAUT (*Bertin*), casuiste, né à Valognes, mort vers 1640, a publié avec succès : *Le Directeur des Confesseurs ; Caen* (5e édit.), Pierre Poisson, 1637, in-12.

BERTAUT (*Françoise*) de Motteville, fille de Pierre Bertaut et nièce de l'évêque de Sées. V. MOTTEVILLE.

BERTEAU (*Caroline*), demeurant à Elbeuf, S.-Inf., a obtenu en 1833 un prix de vertu de 6,000 fr. (prix Monthyon), décerné par l'Acad. française.

BERTHELOT (*Pierre*). V. DENIS DE LA NATIVITÉ.

BERTHEREAU (dom *Georges-François*), savant orientaliste, né à Bellesme (Orne), le 29 mai 1732, mort à Paris le 26 mai 1794, fut chargé par les éditeurs de la collect. des Historiens de France de compulser dans les biblioth. de Paris les doc. orientaux qui pourraient servir à l'hist. des Croisades.

V. sur ce bénédictin, une notice par M. Sylvestre de Sacy, dans le Mag. Encyclopédique, 3e année.

BERTHET (*Elie*). Cadet (le) de Normandie; *Paris, Passard*, 1853, 2 vol. in-8.

Roman hist., paru en feuilletons dans le *Siècle*, et reproduit par le *Journal de Rouen* en 1842.

BERTIN (*Jean*), meunier, né à Verneuil en 1400, contribua par son patriotisme à chasser les Anglais de cette ville, le 19 juill. 1449. Il mourut en 1467. Le portr. de Bertin, en costume de meunier, décore l'une des salles de l'Hôtel de Ville de Verneuil. (V. Guilmeth, *Notice sur Verneuil*, 1834, in-8).

BERTIN (*Nicolas*). Introduction à la pratique judiciaire pour les siéges subalternes de Normandie, contenant comment les procès se doivent commencer, etc.; *Caen, Pierre Poisson*, 1648, pet. in-8, et 2e édit., *Caen, Poisson l'aisné*, 1666, pet. in-8.

BERTIN, né dans le diocèse de Sées, était avocat à Argentan et bailli de la haute justice de Mercey.

BERTOT (*Jacq.*), directeur des Ursulines de Caen, né en cette ville le 29 juill. 1622, mort à l'abbaye de Montmartre, le 27 avril 1683, est auteur du *Livre des Retraites*, publié en 1662. L'Hôpital-Général de Caen le compte parmi ses bienfaiteurs.

BERTRAND (*Nicolas*), méd., né à Bayeux en 1580, mort à Rennes en 1632, a publié, en latin, un ouvrage sur les urines.

BERTRAND DE L'HODIESNIÈRE. Réclamation de C.-A. Bertrand de l'Hodiesnière, en date du 1er août, adressée à l'Assemblée nationale, au sujet des poursuites exercées contre lui par le Parlement de Rouen, et commençant par ces mots : *A nosseigneurs les membres de l'Assemblée nationale, nosseigneurs le procureur du roi au bailliage de Falaise*; s. l. n. d. (1789), in-8.

— Réflexions sommaires pour Charles-Ambroise Bertrand de l'Hodiesnière, procureur du roi au bailliage de Falaise, contre le Parlement de Rouen (17 août); s. l. n. d. (1789), in-8.

—Le citoyen Bertrand-l'Hodiesnière, député par le département de l'Orne, au président de la Convention nationale; Paris, le 9 mai 1793, an II de la république; *Paris, F. Dufart*, s. d., in-8.

Demande de mise en jugement. (Bibl. Imp., t. III, pièce.)

BERTRAND DE L'HODIESNIÈRE (*Ch.-Ambroise*), ou Bertrand du Calvados, député à la Convention nationale pour le départem. de l'Orne, vota pour la mort dans le procès de Louis XVI. Forcé de quitter la France en 1816, Bertrand se réfugia en Hollande, où il mourut vers 1819.

BERTRAND (*F.-G.*). Notice sur le conservatoire de musique du Calvados; *Ann. norm.*, 3e année (1837), p. 360-374.

— Rapport lu dans la séance de rentrée des facultés de l'Acad. de Caën, le 16 nov. 1846; *Caen, Poisson*, in-8.

— Rapport lu dans la séance de rentrée des Facultés de l'Acad. du Calvados, le 16 nov. 1853; *Caen, Buhour*, 1853, in-8.

Indépendamment de ces écrits, M. BERTRAND, maire de Caen, doyen de la faculté des lettres à Caen, membre de l'Acad. des sc., arts et bell.-lett. de cette ville, est auteur de : *Du goût et de la beauté considérés dans les productions de la nature et des arts*; Caen, Chalopin, 1829, in-8 de 96 p.—*Etudes sur Aristophane;* Caen, Hardel, 1840, in-8 de 28 p.

BERTRANDY. Voyage de Paris à Rouen par la Seine, épître rimée; *Paris, Dentu*, 1857, in-18 de 45 p.

BERTRE (l'abbé). Abrégé des miracles de Nostre-Dame de la Covsture de la ville de Bernay. Auec la miraculeuse édification de l'Eglise, et sa description. Vn aduertissement aux Pélerins, et les prérogatives de Saint Joseph, avec les prières suivantes. Composé par Bertre, pretre de la Cousture; *Roven, Franç. Vaultier*, 1667, in-12 de 66 ff., avec une planche.

BERTREVILLE (*N.* de), député général des églises protestantes. La province de Normandie le délégua, en 1599, près de l'assemblée de Saumur; en 1608, près de celle de Gergeau, et en 1615, près de celle de Grenoble. Il assista, en 1619, à l'assemblée politique de Loudun, en qualité de député général. On ignore l'époque de sa naissance et celle de sa mort. Son nom et les missions dont il fut chargé dénoteraient une origine normande. V. *France protest.*, t. II (1853), p. 226-228.

BERVILLE (*Saint-Albin*). Notice biographique sur Charlotte Corday, insérée dans la *Galerie des Contemporains*.

BESNARD (*Georges*). Essai sur la Bazoche du Parlement; *Caen, B. Mancel*, 1843, in-8 de VI et 14 p. (Imp. de F. Poisson.)

Cet *Essai*, qui résume les documents hist. sur la corporation de la *Bazoche*, présente une courte et vive appréciation de l'état de la société au moyen-âge, et donne pour la première fois, le *titre d'Institution* de la Bazoche de Caen.

— Discours prononcé dans la séance de rentrée des Facultés de l'Acad. du Calvados, le 16 nov. 1853; *Caen, Buhour*, 1853, in-8.

M. BESNARD, prof. à la faculté de droit, à Caen (droit romain), membre de l'Acad. de Caen, est, indépendamment des 2 art. mentionnés ci-dessus, auteur de *Essai sur les stipulations pour autrui;* Caen, 1844, et de plus. mém. insérés dans le Précis des trav. de l'Acad. de Caen.

BESNIER (Le). V. LE BESNIER.

BESNOU (*Aimé*). Mémoire sur l'Industrie de Villedieu (Manche); *Ann. norm.*, 1840, p. 175-197, avec 1 tab. statist.

Contient également des renseignements sur l'industrie de tout le canton.

BESOGNET. Note sur des antiquités trouvées à Vieux, depuis l'année 1835 jusques et y compris le mois de mai 1837; *Soc. des Antiq. de Norm.*, t. X (1836), p. 683-685

BESONGNE (*J.-J.*), membre d'une famille d'imp. établie à Rouen dès 1603, était lui-même imp. dans cette ville où il s'était acquis une certaine célébrité par l'impression de contrefaçons et de pamphlets publiés lors de la suppression des Parlements, en 1771. Il publia et rédigea, pendant plusieurs années, l'*Almanach de Normandie*, in-24. On a de cet imprimeur 2 lettres insérées dans le *Journal de Normandie*, la 1re écrite le 16 avril 1785, à l'occasion de la naissance de Louis-Charles, fils de Louis XVI, duc de Normandie; la 2e datée du 7 mai 1785, traite du séjour de Voltaire à Rouen, en 1731. Besongne mourut à Paris où, par suite de revers de fortune, il était réduit à la condition d'ouvrier imprimeur.

BESSARD (*Toussaint* de), grand voyageur et des plus renommés pilotes de France, né à Putot-en-Auge (Calv.), est mort en 1580. Il a composé un Traité de navigation, intitulé: *Dialogue de la longitude est-ouest;* Rouen, Mart. Le Mesgissier, 1574, pet. in-4. La ville de Rouen voulut récompenser le travail de Bessard, comme le témoigne la note suivante, extraite des registres du temps :

« 30 juin 1573. Il a été advisé que l'on présentera par forme de don et gracieuseté à Toussaint de Bessard, mathématicien, de Putot en Auge, la somme de 30 liv. sur ung livre qu'il faict de la navigation, qu'il veut donner à la maison de céans, lesquels 30 liv. seront prins sur les deniers du domaine, 1er mai 1574.

« Sur la requeste présentée par Me Toussaint de Bessard, il a esté advisé que *Le Megissier*, imprimeur, sera mandé pour envoyer quelque nombre des livres composés par icelluy de Bessard en lieux qu'il advisera plus propres pour en faire la vente, pour les deniers qui en proviendront estre baillez moictyé pour le remboursement des deniers que la ville a advancez et l'autre moictyé au dict de Bessard. »

Guillaume-le-Nautonnier fit réimprimer en 1603 l'ouv. de Bessard, sous le titre de : *Mécométrie de l'aimant.*

BESSIN (dom *Guillaume*). Concilia Rotomagensis provinciæ. Accedunt diœcesanæ synodi, pontificum epistolæ, regia pro Normanniæ clero diplomata; nec non alia ecclesiasticæ disciplinæ monumenta. Ex illis non pauca hactenus inedita. Quæ priùs edita fuerant ad manuscriptos codices recognita et emendata sunt; collata quædam cum autographis : disposita omnia juxta chronologiæ ordinem, et observationibus, ubi convenit, illustrata; *Rotomagi, apud Francis. Vaultier*, 1717, in-f.

Ce liv., est en quelque sorte une nouv. édit. très augm. de l'ouv. de Dom Pommeraye; on en trouve des exempl. en gr. pap.

La province de Rouen comprenait les diocèses de : Avranches, Bayeux, Coutances, Evreux, Lisieux, Rouen et Sées.

G. Bessin, bénédictin, né au village de Glos-la-Ferrière (Orne), le 27 mars 1654, est mort à Rouen, dans l'abbaye de St-Ouen, le 18 oct. 1726. Suivant quelq. biog., il serait né à Rouen. Il enseigna la philosophie et la théologie dans les abbayes du Bec, de Sées et de Fécamp, et concourut à l'édit. des *OEuv. de S. Grégoire-le-Grand*, Paris, 1715, 4 vol. in-f. On lui est redevable de la publication des *Conciles de la province de Rouen*, dont le travail avait été successivement préparé par les PP. Godin et Pommeraye et par dom Julien Bellaise, bénéd. de la Cong. de St-Maur. Ce dernier, après avoir recueilli plusieurs pièces importantes, tant dans les mss. que dans les impr., se disposait à les publier, quand il mourut en 1710. Dom Bessin fut chargé de continuer cet ouv. et de le perfectionner, et il s'acquitta avec succès de cette mission. Son livre est divisé en 2 part. : la 1re renferme les Synodes provinciaux de Norm., dont il y a des actes; la 2e, les Synodes des diocèses, avec les noms des évêques et l'époque où ils ont vécu.

Il revit et corrigea sur les mss. le texte des Historiens de Normandie, (recueillis par Du Chesne), afin d'en donner une nouv. édit. plus correcte, mais les libraires qui s'étaient engagés à faire cette publication se désistèrent, et l'entreprise n'eut pas lieu. L'exempl. de Du Chesne, annoté de la main de D. Bessin, est conservé dans la Biblioth. publique de Rouen.

Dom Bessin publia, sous le voile de l'anonyme, l'ouv. suiv. : *Réflexions sur le nouveau système du rev. Père Lamy, prêtre de l'Oratoire, touchant la dernière Pâque de J.-Christ, N.-S.; par le R. P. D. G. B.;* Rouen, Fr. Vaultier, 1697, in-12. (Bessin était alors sous-prieur du couvent de Bonne-Nouvelle, à Rouen.)

L'ouv. de Lamy est intitulé : *Traité hist. de l'ancienne Pâque des Juifs*. V. Le Cerf de la Viéville, *Biblioth. des auteurs de la Congrég. de St-Maur. — Traité de l'étude des Conciles, etc.*

BESSIN (*Alexandre-Jacq.*), arrière-petit-neveu de Guill. Bessin, né à Glos-la-Ferrière, en 1734, mourut à PlainvilleTour-Mesnil (Eure), dont il était curé, en mars 1810. Il cultiva la poésie avec succès.

BETHENCOURT (*Jean* de). Hist. de la première descovverte et conqueste des Canaries. Faite dès l'an 1402. par messire Jean de Bethencovrt, chambellan du Roy Charles VI. Escrite du temps mesme par F. Pierre Bontier, religieux de S. François, & Jean le Verrier prestre, domestiques dudit sieur de Bethencourt, et mise en lumiere par M. Galien de Bethencourt, conseiller du Roy en sa cour de Parlement de Rouen. Plus vn traicté de la navigation et des voyages de descouuerte & conqueste modernes, & principalement des François. (Par Pierre Bergeron); *Paris, Jean de Hevqveville*, 1630, in-8, avec le portr. de J. de Bethencourt; et *Paris, Michel Soly*, 1630, in-8, avec le même portr.

Le libraire Heuqueville avait cédé à M. Soly la moitié de son privilége, ce qui explique la présence d'exempl. portant la même date avec un nom différent.

Le *Traité de la navigation* a une pagination et un titre particuliers. — A la fin de la 2e part., p. 285, on trouve une généalogie des Bethencourt et des Braquemont.

Béthencourt (*Jean*, seigneur de), surnommé le roi des Canaries, naquit vers le milieu du XIVe sc. Les biographes ne sont pas d'accord sur le lieu de sa naissance. Les uns le font naître à St-Martin-le-Gaillard, près de la ville d'Eu; les autres à Grainville-la-Teinturière, dans le pays de Caux. Ce qu'il y a de certain, c'est qu'il fut inhumé dans le chœur de l'église de cette dern. commune, en 1425.

La relation de la conquête des Canaries par Bethencourt (1402-1406) est le plus ancien monument qui nous reste des établissements que les Européens ont fait outre-mer.

V. sur J. Béthencourt : Introd. de Bergeron, dans le *Recueil des voyages en Asie, etc.;* La Haye, Néaulme, 1735, in-4. — Notice par l'abbé Cochet, *Rev. de Rouen*, nov. 1852. — Note, par M. de Duranville, sur un *ms. de la Chronique de la conquête des Canaries*. — Les écrits de MM. Avezac (d'), Guilbert et Martonne (G. de).

La Biblioth. de Rouen possède du voyageur norm. un curieux portrait s. n. de grav. Il est intitulé : *Le vray pourtraict de Messire Jhean de Bethencourt, roy des Canaries.*

BÉTHENCOURT (*Maciot* de), neveu de Jean de Béthencourt, et son lieutenant dans son expédition des Canaries, devint, en 1405, gouverneur de ces îles pendant l'absence de son oncle, qui lui avait enjoint de rendre la justice suivant les coutumes de France et de Norm.

BETHENCOURT (*Jacques* de), médecin à Rouen, où il professait la Religion Réformée, est auteur d'un traité sur les maladies syphilitiques : *Nova pœnitentialis quadragesima, nec non Purgatorium in morbum gallicum sive venereum ; unà cum, dialogo aquæ argenti ac ligni Guaiaci colluctātium super dicti morbi curationis prælatura ;* Parisiis, typis Nic. Savetier, 1527, in-8. Brunet, en citant cette édition, fait remarquer que l'auteur appelle *quarême* (quadragesima) le Gayac, parce que ceux à l'égard de qui on l'employait faisaient, pendant 40 jours, abstinence rigoureuse, et *purgatoire* le mercure, à cause des douleurs qu'on éprouve en en faisant usage. Cet ouv. a été réimp. à Rouen, vers le milieu du XVIe sc.

BETTENCOURT, avocat et secrét. de l'Acad. de Rouen pour les belles-lettres, mort en 1745, est connu par des poésies ingénieuses.

BÉTOURNÉ (*Ambroise*), poète et compositeur de romances, né à Caen, le 25 janv. 1795, est mort à Rouen le 2 juillet 1835, frappé d'apoplexie.

Il a publié le recueil suiv. : *Délassements poétiques, élégies, fables, romances ;* Paris, Castel de Courval, s. d. (1825), in-18. V., dans la *Rev. de Rouen*, nov. 1842, une notice sur Bétourné, par Paul Delasalle.

BEUGNOT (le comte). Proposition du Préfet au conseil gén. de la S.-Inf., au sujet du rétablissement du culte catholique et du logement de l'archevêque ; *Rouen*, in-8.

— Discours prononcé par le Préfet de la S.-Inf., pour l'inauguration de l'Eglise réformée de Blosseville-Bonsecours-lès-Rouen ; *Rouen, imp. de P. Periaux*, s., d., in-8 de 11 p.

— Exposé sommaire de son administrat., présenté par le préfet du départ. de la S.-Inf. au Conseil-Gén., à l'ouvert. de la session de l'an X ; *Rouen, P. Periaux*, in-8 de 110 p.

— Réflexions sur les monuments anciens et sur l'église de St-Ouen en particulier, qui décorent la ville de Rouen ; *Acad. de Rouen*, 1819, p. 142-150.

— Notice sur Alex. de Fontenay, négoc. et manufacturier à Rouen ; *Mém. de la Soc. d'Emul. de Rouen*, 1834, p. 70-93.

M. BEUGNOT, Préfet de la S.-Inf., depuis le 3 mars 1800, jusqu'au 21 mars 1806, ministre de la marine, etc., né à Bar-sur-Aube, en 1761, est mort dans sa retraite de Bagneux, près Paris, le 25 juin 1835.

BEUGNOT (*Arthur-Auguste*). Mémoire sur l'arrêt de la Cour des Pairs de France, qui condamna Jean Sans-Terre, roi d'Angleterre ; *Bibl. de l'Ecole des Chartes* (1848-49), 2e sér., t. v, p. 1-30.

Ce jugement fut rendu en 1202.

M. BEUGNOT, membre de l'Acad. des inscript. et bell.-lett., fils de l'anc. préfet et ministre, obtint, en 1824, une mention honorable dans un concours de l'Acad. des inscript. et bell.-lettr. dont le sujet était : *Rechercher quels sont, en France, les provinces, villes, terres et châteaux dont Philippe-Auguste a fait l'acquisition.* Ce Mémoire n'a pas été imprimé.

BEUVRON (*François* de Harcourt, marquis de), lieuten. gén. des armées du roi et au gouvernem. de Normandie, gouvern. du Vieux-Palais de Rouen. V. son oraison funèbre par Fossard ; *Rouen*, 1705, in-4. (P. Lelong, 31877.)

BEUZELIN (l'abbé), poète, né à Rouen, suivant les uns, et aux Andelys selon les autres, débuta par un poème latin intitulé : *Materno amore superato religionis triumphus*, poème couronné par l'Acad. de l'Immaculée Conception, en 1782, et dans lequel les sentiments d'une mère qui vient de perdre son fils unique sont exprimés de la manière la plus touchante. En 1783, Beuzelin, fut couronné de nouveau pour une idylle sur *la Mort de la fille de Jephté*. Il mourut en 1797, à peine âgé de 30 ans.

BEUZELIN (l'abbé *J.-B.-L.*), prêtre de St-Sulpice, ancien proviseur du collége royal, né à Rouen le 1er sept. 1787, a publié : *Nouv. méthode pour étudier l'hébreu des Saintes Ecritures ; suivie de l'histoire de Ruth et d'un petit vocabulaire hébreu-franç.*; Paris, Belin-Mandar et Dondey-Dupré fils, 1826, in-12. Cet ecclésiastique a donné, la même année, une traduction des *Fables de Phèdre* que son père avait faite.

BEUZELIN (*J.-F.*). Plan topographique de la ville de Laigle et ses environs, avec une notice historique sur cette ville, depuis son origine jusqu'à nos jours ; une flle gr. colombier.

— Carte communale du départem. de l'Orne, dressée par J.-F. Beuzelin, ancien géom. du cadastre, échelle métrique, 160,000 ; *Laigle, librairie de J.-F. Beuzelin*, 1849, 1 flle gr. aigle.

Cette belle carte, gravée sur pierre par Gratia et Schwaerzlé, à Paris, est insérée dans *le Départ. de l'Orne archéolog. et pittor.*, par MM. L. de la Sicotière et A. Poulet-Malassis. Elle se vend séparément.

BEUZEVILLE (C.). Corneille chez le Savetier, scène hist. de la vie de P^re^ Corneille (en 1 a. et en vers), représ. sur le Théâtre des Arts de Rouen), le 29 juin 1841; *Rouen, N. Periaux*, 1841, gr. in-8 de 15 p.

Pièce ext. de la *Rev. de Rouen*, juin 1841, et composée de société avec M. Th. LEBRETON.

— Un Quart-d'Heure de veuvage, com. en 1 a. et en vers, repr. pour la prem. fois sur le Théâtre des Arts de Rouen, le 26 janv. 1842; *Rev. de Rouen*, 1842, 1er sem., p. 39-50.

— La famille Ritaine en 1698 et 1843, scènes fantastiques en 3 tabl., à propos de l'inauguration du chemin de fer de Paris à Rouen, repr. pour la prem. fois sur le Théâtre de Rouen, le 7 mars 1843; *Rouen, A. Péron*, 1843, in-8 de 9 p.

Ext. de la *Rev. de Rouen*, 1843, 1er sem., p. 305-313.

— Spartacus, trag. en 5 a. et en vers, repr. pour la prem. fois, à Rouen, sur le Théâtre des Arts, le 30 nov. 1843; *Rouen, I. S. Lefevre*, 1844, gr. in-8 de 21 p.

M. BEUZEVILLE (Charles), né à Rouen, le 1 février 1812, est auteur de 2 recueils de poésies : *Les petits Enfants*; Rouen, Le Grand, 1839, gr. in-18 de IX et 366 p. (Imp. de D. Brière). — *Les Fleurs du chemin*; Paris, Charpentier, et Rouen, Le Brument, 1850, in-12 de VIII et 316 p. (Imp. de D. Brière). M. Beuzeville est depuis plusieurs années attaché à la rédaction du *Journal de Rouen*.

BÉVILLE, auteur dramatique, né à Rouen, a composé : *La mort de Dillon*, fait hist. en 3 a. et en vers, repr. pour la prem. fois sur le Théâtre de Rouen, en 1791; *Rouen, P. Seyer et Behourt*, 1792, in-8.

BEXON (*Scipion*). Mémoire pour Scipion Bexon, citoyen français, calomnié par les terroristes et les ambitieux de Caen, destitué, d'après leurs intrigues, de la place d'accusateur militaire près l'armée des côtes de Cherbourg... suivi de différentes pièces à l'appui, s. l. n. d. (1795), in-8.

— Arrêté. Liberté, égalité. (Par le représentant du peuple Porcher. 28 thermidor); *Alençon*, imp. de *Malassis le jeune*, s. d. (1795), in-8.

Rétablissement de Bexon dans ses fonctions d'accusateur public près le tribunal criminel militaire de l'armée des côtes de Cherbourg. (Ces 2 pièces sont indiquées dans le Catal. de la Biblioth. Imp., t. III).

BEZIERS (*Michel*). Observations sur Turstin, archevêque d'York, et sur son frère Audin, évêque d'Evreux; *Journal de Verdun*, 1759 (t. LXXXVI), p. 280-283.

— Observations sur Guill. Chartier, évêque de Paris; *Journal de Verdun*, 1759 (t. LXXXVI), p. 39-41.

Guill. Chartier est né à Bayeux, sur la paroisse de St-Malo.

— Remarque sur une épitaphe singulière de la Cathédrale de Bayeux; *Journal de Verdun*, 1759 (t. LXXXVI), p. 192-194. — Correspondance à ce sujet; *Id.*, 1760 (t. LXXXVII), p. 204-209.

— Eclaircissemens sur l'origine de Geoffroi de Beaumont, évêque de Laon & de Jean de Vienne, archevêque de Rheims, adressés à l'auteur du Journal; *Journal de Verdun*, 1759 (t. LXXXVI), p. 439-445.

— Reflexions sur une inscription de l'église cathédrale de Bayeux; *Journal de Verdun*, 1760 (t. LXXXVII), p. 367-370.

— Lettre à M. Lebeuf sur son mémoire inséré dans le XXIe vol. des Mém. de l'Acad. des Insc. & B.-Lett., p. 489 & suiv. (Sur quelques antiquités du diocèse de Bayeux); *Journal de Verdun*, 1760 (t. LXXXVIII), p. 123-133.

L'auteur prétend que la capitale des Viducassiens était *Aragenne* (ou Bayeux), et qu'*Augustodurum* (ou Vieux) n'était originairement qu'une station ou un camp des Romains, qui ensuite était devenu une ville.

— Anecdote sur l'ancienne maison de Douvre, en Normandie; *Journal de Verdun*, t. LXXXVIII (1760), p. 276-280.

La baronie de Douvre est située à 12 kilom. de Caen, près de la mer, au lieu même où est la célèbre chapelle de la Délivrande.

— Lettre à l'auteur du *Journal de Verdun*, touchant deux stations militaires qui, dans l'ordre de la table de Peutinger, se trouvent sur la route d'*Alauna* à Tours; *Journal de Verdun*, t. LXXXIX (1761), p. 281-287.

Alauna, suivant les uns, se trouve à Port-Bail dans le Cotentin, et, suivant Beziers et plusieurs autres, près de Valognes.

— Anecdotes pour servir à l'hist. de Normandie; *Journal de Verdun*, t. LXXXIX (1761), p. 128-132.

Relatives à l'hist. de Bayeux.

—Nouvelles anecdotes pour servir à l'Hist. de Normandie, relatives à l'hist. du Bessin; *Journal de Verdun*, t. LXXXIX (1761), p. 287-292.

La première anecdote est sur le comté d'Andry, accordé en 1146 par Roger, roi de Sicile, à Richard Lingevre, chevalier normand, qui l'avait aidé à prendre Tripoli en Afrique. Les autres regardent principalement deux maisons considérables près de Caen : celle de *Mathan* et celle de *Grosparmy*, que l'auteur rapporte à la même origine (P. Le Long, nº 40,743).

— Anecdotes sur quelques usages, droits et privilèges du chapitre de Bayeux; *Journal de Verdun*, t. XC (1761), p. 127-131.

—Mémoire sur le bourg de Condé-sur-Noireau; *Nouv. Rech. sur la France, etc.*; Paris, Hérissant fils, 1766, in-12, t. I, p. 238-250.

— Mémoire sur le bourg et les seigneurs de Creully en Basse-Normandie; *Nouv. Rech. sur la France;* Paris, 1766, t. I, p. 251-277.

Creully (Calvados), à 10 kilom. de Bayeux.

—Mémoire hist. sur la châtellenie et les seigneurs de Molley-Bacon; *Nouv. Rech. sur la France;* Paris, 1766, t. I, p. 507-525.

Ce mémoire est tiré du *Journal de Verdun*, 1762, mars, p. 203-212. La châtellenie de Molley-Bacon est située à 12 kilom. ouest de Bayeux et à 4 kilom. du bourg de Cérisy.

— Mémoire hist. sur la châtellenie et les antiquités de S. Pierre de Sémilly en Basse-Normandie; *Nouv. Rech. sur la France;* Paris, 1766, t. II, p. 255-273.

Mémoire extrait du *Journal de Verdun*, 1762, août, p. 128-138. Saint-Pierre-de-Semilly (Manche) est situé à 4 kilom. de St-Lô, grande route de cette ville, à Bayeux.

— Mémoire hist. et critique sur le Bessin, avec des anecdotes sur Bayeux sa capitale; *Nouv. Rech. sur la France;* Paris, 1766, t. II, p. 381-432.

La 1re partie de ce mémoire est ext. de 2 dissert. sur le même sujet, insérées en forme de lettres dans le *Journ. de Verdun*, 1760, août, p. 123; 1761, avril, p. 281. La 2e partie est formée de diff. morceaux que Beziers avait publ. séparém. dans plus. vol. du même journal.

— Essais hist. sur les grands Baillis de Normandie; *Journal de Verdun*, 1767, mars, p. 202-211.

— Chronologie hist. des Baillis et des Gouverneurs de Caen, avec un discours préliminaire sur l'institution des baillis en Normandie; *Caen, G. Le Roy*, 1769, in-12 de 166 p.

L'abbé de la Rue, pour rectifier les erreurs commises ici par Beziers, a donné, dans ses *Essais sur Caen*, 1820, t. II, p. 257-263 et 277-295, une chronologie plus exacte des baillis de Caen et une notice plus complète des gouverneurs de cette ville.

V. également sur cet ouv. un art. du *Journal de Verdun*, t. CVI (1769), p. 274-280.

— Mémoire hist. sur l'origine et le fondateur de la Collégiale du St-Sépulcre de Caen, avec le catal. de ses doyens; *Caen*, in-8.

—Mémoire précis et justificatif contre le sieur Autin; 1771, in-4 de 14 p.

— Hist sommaire de la ville de Bayeux, précédée d'un discours préliminaire sur le diocèse de ce nom; *Caen, J. Manoury*, 1773, in-12.

On a tiré de ce livre quelq. exempl. sur pap. de Hollande. Il offre trois paginations différentes, savoir : le discours préliminaire, l'hist. sommaire et l'avertissement. Il est terminé par un *errata* de 3 p. V. *Mercure de France*, 1773, juillet, p. 115-117.

— Mémoire hist. des Va-nu-Pieds de Bayeux.

— Mémoires hist. sur le dioc. de Bayeux, 4 vol. in-4 mss., dont 3 vol. seulement existent. *Biblioth. de Bayeux.*

Ces vol. ont été cédés, en 1845, à la Biblioth. de Bayeux, par M. Barabé, ancien archiv. de la Seine-Inférieure.

BEZIERS (*Michel*), chanoine de la collégiale du St-Sépulcre de Caen, curé de St-André à Bayeux, naquit en cette dernière ville en 1721, rue St-Martin, paroisse St-Malo, et mourut dans la même ville le 18 août 1782. La *Biog. univ.* et la *France littér.* le font naître par erreur à St-Malo en Bretagne, et mourir à Caen, en décembre 1782. Indépendamment des ouv. indiqués plus haut, ce laborieux ecclésiastique a fourni un grand nombre d'articles dans les *Dictionn. de Moreri*, édit. de 1759, — d'Expilly, — de la Noblesse, etc., et surtout dans le *Nouveau Dictionn. hist.*, édit. de 1779, imp. à Caen. V. la notice sur Beziers, publiée par M. Ed. Lambert.

BIARD. Traité du Douaire en Normandie; *Evreux, Ancel*, lib., 1784, in-12 de XXIV et 326 p. (Imp. de Oursel, à Rouen.)

BIARD était feudiste, à Evreux.

BIBLIOTHÈQUE BLEUE; *Paris, Costard*, 1775 et 1776, gr. in-8, fig.

Contient seulem. les hist. de *Robert le Diable*, de *Richard-Sans-Peur*, de *Jean de Calais*, de *Pierre de Provence* et de *la Belle Maguelonne*, de *Fortunatus* et des *Enfants de Fortunatus*.

L'édit. de Troyes, s. d., pet. in-12, fig., divisée en 3 vol., renferme, de plus que celle de Paris : *Tiel Ulespiegle, la Belle Hélène, les Douze Pairs de France* et *le Grand Fier-à-Bras, les Quatre Fils Aymon, l'Innocence reconnue*. — Celle de Liége, F.-J. Desoër, 1787, 3 vol. in-12, ne contient que : *Pierre de Provence, Robert le Diable, Richard-Sans-Peur, Fortunatus, Jean de Calais, les Quatre Fils d'Aymon.*

— Bibliothèque Bleue (nouvelle), ou légendes populaires de la France, précédées d'une introd. par Ch. Nodier, et accomp. de notices littéraires et hist. par Le Roux de Lincy; *Paris, Colomb de Batines*, 1842, in-12 de XLVIII et 309 p.

Contient : Robert le Diable, Richard-Sans-Peur, Jean de Paris, Jean de Calais, Geneviève de Brabant, Jeanne d'Arc et Griselidis.

BIBLIOTHÈQUE BLEUE. Collection composée de livrets de tous les formats, si ce n'est l'in-fol., imprimés sur papier presque gris et couverts de pap. bleu. A côté du *Calendrier des Bergers*, du *Doctrinal de Sapience*, du *Maréchal expert*, on trouve des Romans de Charlemagne et des Douze-Pairs, des Romans de Chevalerie sur des sujets empruntés à l'hist., etc., dont quelques-uns sont des réimpressions d'ouvrages populaires des siècles précédents. Les éditeurs les plus en renom pour ce genre de littérature ont été *Jean Oudot*, lib. à Troyes dans le XVIIe sc., *Nicolas Oudot* et *sa veuve*, lib. à Paris dans la 2e moitié du même sc., *Garnier* à Troyes, *Desoër* à Liége, dans le XVIIIe sc., et *Lecrêne-Labbey* à Rouen, dans le XIXe. Observant le cadre que nous nous sommes tracé, nous ne nous occuperons que des publications de ce dernier. La Bibliothèque Bleue rouennaise se compose environ de 200 vol. ou plutôt livrets, dans les formats indiqués ci-dessus, variant de prix, depuis 0,35 c. jusqu'à 6 fr. la douzaine. Les sujets normands qui en font partie sont: *Hist. de Richard-Sans-Peur*, de *Robert le Diable*, de *Jeanne d'Arc*, *Muse normande*, *Voyage de la Bouille, par mer et par terre, Catéchisme des Normands, etc.* Longtemps ces livrets ont occupé la plus grande place parmi les livres populaires, autrement dit la littérature du colportage; mais, depuis quelques années, ce genre de librairie a été renouvelé en partie, en vue de répandre, dans les campagnes surtout, des notions plus exactes sur l'agriculture, la religion, l'histoire et la morale. MM. *Baudot* à Troyes, *Pellerin* à Epinal, *Deckherr* à Montbéliard sont les seuls qui s'occupent aujourd'hui de la fabrication de ces petits livres dits *Bibliothèque Bleue*. V., à ce sujet, Dibdin, *Bibliographical, antiquarian and picturesque tour in France and Germany*; London, 1821, t. 1er, p. 133-147.—*Nouv. Biblioth. Bleue, avec introd. par Ch. Nodier et Notices par Leroux de Lincy*; Paris, 1842, in-12; et, quoique la Biblioth. Bleue rouennaise y tienne une place minime, l'important ouvrage de M. Ch. Nisard, *Histoire des livres populaires, etc.*; Paris, Amyot, 1854, 2 vol. gr. in-8, fig.

BICHUE (*Robert*), peintre, né à Coutances, mourut dans cette ville qq. années avant la révolution. Il dessina une vue de la cathédrale de Coutances, du côté du nord-ouest, et la fit graver à Paris en 1747. Elle est dédiée à M. Léonor Gouyon de Matignon, qui occupait alors le siége épiscopal de Coutances. Cette planche mesure 0,55 c. de haut sur 0,39 c. de large.

BIDARD (*Léon*). Dictionnaire de la Jurisprudence de la Cour impériale de Caen, 1841-1854; servant de table gén. au *Recueil de la Jurisprudence de la Cour de Caen* pour lesdites années; *Caen, Alfr. Bouchard*, 1855, in-8 de 496 p. (Imp. de Poisson.)

V. *Jurisprudence de la Cour, etc.* — *Dict. de la Jurisprudence de la Cour de Caen* (1800-1840), ouv. qui a été publié de 1841-1843 par M. Médéric de Guernon.

BIDOT. Eloge historique de M. Lamouroux, par un de ses élèves; *Caen, Poisson*, 1828, in-8.

BIÉVILLE (de). Description d'un Havre formé naturellement à Bernières, sur la mer (diocèse de Bayeux) par l'ouragan des 9 et 10 janv. 1735; lu à l'Acad. de Caen, le 3 mars suiv. par M. de Biéville, professeur en droit de l'univ. de Caen; ms. cité par le P. Lelong, no 3,714.

BIGARS DE LA LONDE (*Charlotte* de), abbesse de Fontaine-Guerard (Eure), religieuse de l'ordre des Citeaux, morte en 1676. V., sur cette abbesse, *Eloge de Charlotte de Bigards, par la mère de Blemur; Eloges des Illustres de l'ordre de St-Benoît*, t. II, p. 471; Paris, 1673, in-4. —*Discours funèbre sur la même; par François de Mainneville, capucin*; Rouen, 1676, in-4.

BIGAULT (le R. P.). L'art de vivre sans mourir, ni sans souffrir, tant en ce monde qu'en l'autre. *Non Moriar sed vivam.* Par le R. P. Bigault, doct. en théolog. de la fac. de Paris, de l'ordre des frères Prescheurs du couvent de St-Louis d'Evreux; *Evreux, imp. de Nic. Hamillon*, 1638, in-12.

BIGNE (Gace de la), ou Gaston de la Bigne, né dans l'arrondiss. de Bayeux, vers 1328, chapelain de Philippe de Valois, puis du roi Jean, qu'il suivit en Angleterre, pendant sa captivité, en 1356, à la suite de la bataille de Poitiers. Il composa, durant son séjour dans ce pays, pour Philippe de Bourgogne, fils du roi Jean, le *Roman des oyseaulx et des chiens*, traité de vénerie et de fauconnerie. Cet ouv. a été imprimé plusieurs fois à Paris, au commencement du XVIe sc., à la suite du Traité sur la chasse, de Gaston Phœbus. Gace de la Bigne, connu également sous le nom de *Gace des Vignes*, est mort vers 1380.

Le nom de la Bigne fut honorablement porté par plusieurs membres de cette famille, dans les XVe et XVIe sc.:

Nicolas de la Bigne était, en 1405, panetier du Dauphin et grand-maître des eaux et forêts de Normandie.

Marguerin de la Bigne, recteur de l'Univ. de Caen en 1494, fut chanoine de Bayeux, curé de Rully et de Talevende; il mourut en 1523.

Marguerin de la Bigne, 2e du nom, seigneur de Lambosne, chanoine et official de Bayeux, et abbé d'Ardenne, mourut en 1557.

Marguerin de la Bigne, 3e du nom, chanoine et scholastique de Bayeux, fut grand doyen du Mans, député aux Etats gén. tenus à Blois en 1576, et aux Etats de Norm. en 1591. Son principal ouv. est la Bibliothèque des Pères de l'Eglise, *Bibliotheca veterum Patrum et antiquorum scriptorum Ecclesiasticorum;* Paris, 1575 et ann. suiv., 8 vol. in-f. Ouv. réimp. sous les yeux de l'auteur, en 1589, 9 vol. in-f.

Né à Bernières-le-Patry, arrondiss. de Vire, vers 1546, il mourut à Paris, dans les dern. années du XVIe sc. V. Niceron, *Mém.*, t. XXXII, p. 279-282, et De la Rue, *Essais sur les Bardes*, t. III, p. 260-265.

BIGNON (*F.*). Plan de Caen, en 6 ff., gravé par F. Bignon; *Paris, chez la ve Le Sage*, 1672.

Ce plan, le plus grand et le plus détaillé de tous les plans de cette ville, est accompagné d'armoiries, vues de Caen et vues des principaux châteaux des environs.

Voici ce que nous lisons dans les *Origines de la ville de Caen*, par Huet, édit. de 1706, p. 145, au sujet de ce plan, lequel fut levé par Gomboust, ing. du roi et grav.: « Gomboust s'offrit aux échevins de Caen, pour travailler au plan de leur ville. Le marché fut conclu, et la moitié du prix convenu fut avancée. Il commença l'ouv. et le plan fut levé. Il le porta à Paris, pour le faire graver, mais la mort l'ayant prévenu, le plan demeura entre les mains de ses héritiers, fort négligé par eux, et entièrement abandonné de la ville. J'en fis recherche étant à Paris, et l'ayant découvert l'an 1668, j'obligeay les sieurs Hinse et Bignon graveur, ses héritiers, d'entretenir le traité et graver ce plan, et les échevins de Caen payèrent le reste de la somme. Le plan ne fut pas gravé avec la même exactitude qu'il avait été levé, et quand il sera examiné de près par un homme qui connaîtra Caen, on ne le trouvera pas sans défauts. »

BIGNON (*Nicolas*). Notice biographique sur M. Formage, professeur des 1re et 2e classes de langues anciennes au Lycée Imp. de Rouen, décédé le 11 sept. 1808; *Acad. de Rouen*, 1809, p. 213-229.

— Notice biographique sur M. Vauquelin, architecte; *Acad. de Rouen*, 1823, p. 129 et 130.

Jean-Guill.-Bernard Vauquelin, né à Rouen en fév. 1748, mort en 1822.

— Notice biographique sur M. Matheus; *Acad. de Rouen*, 1824, p. 143-148.

Jean Matheus, né le 27 juill. 1754, à Walzheim, proche Neustadt-Anderhart, dans le palatinat du Bas-Rhin, est mort à Rouen le 3 nov. 1823.

— Notice sur M. Lemonnier, peintre d'hist.; *Acad. de Rouen*, 1825, p. 299 et 300.

— Notice sur l'abbé Gourdin; *Acad. de Rouen*, 1825, p. 293-298.

BIGNON (*Nic.*), anc. officier de l'Univ. et secrét. de l'Acad. des Sc., B.-Lett. et Arts de Rouen, né à Auffay, arrondiss. de Dieppe, le 23 sept. 1759, est mort au Val-de-la-Haye le 4 janv. 1848.

Il publia, sans y attacher son nom:

Essai d'un Cours abrégé de Grammaire générale, par N. B.; Rouen, imp. de F. Baudry, an XI, in-8, 2 part.: Idéologie et Grammaire.

On lui attribue la critique d'un poème latin composé par Féret, professeur de 4e ou de 5e au Lycée de Rouen, sur le transport des restes mortels du cardinal de Joyeuse, de l'ancien séminaire de Joyeuse dans la chapelle du Lycée. — V. la notice de M. E. De la Quérière, *Mém. de l'Acad. de Rouen*, 1848, p. 226-238.

BIGNON (le baron *L.-P.-Edouard*), diplomate, député, pair de France, etc., né le 3 janv. 1771, à la Mailleraye, commune de Guerbaville (S.-Inf.), mort le 6 janv. 1841. Ses principaux ouv. sont:

Exposé comparatif de l'état financier, militaire, politique et moral de la France et des principales puissances de l'Europe; *Paris, Le Normant*, 1814, in-8.

— Précis de la situation politique de la France

depuis le mois de mars 1814 jusqu'au mois de juin 1815; *Paris, Delaunay*, 1815, in-8.
— Des Proscriptions; *Paris, Brissot-Thivars*, 1819-20, 2 vol. in-8.
— Coup-d'OEil sur les démêlés des cours de Bavière et de Bade; *Paris, Delaunay*, 1818, in-8.
— Congrès de Troppau, 2e édit.; *Paris, Béchet aîné*, 1821, in-8.
— Les Cabinets et les Peuples depuis 1815 jusqu'à la fin de 1822, 3e édit.; *Paris, Béchet aîné*, 1823, in-8.
— Hist. de France depuis le 18 brumaire, nov. 1799, jusqu'à la paix de Tilsilt, juill. 1807, t. I-VI; *Paris, Béchet*, 1829-1830.
— Hist. de France sous Napoléon, 2e époque, depuis la paix de Tilsilt, en 1807, jusqu'en 1812, t. VII-X; *Paris, F. Didot*, 1838.
— Hist. de France sous Napoléon, dern. époque, depuis le commencement de la guerre de Russie jusqu'à la deuxième restauration, t. XI-XIV; *Paris, F. Didot*, 1845-1850. En tout 14 vol. in-8.

M. Bignon fut désigné par l'empereur pour écrire l'histoire de son règne. La haute position qu'il a occupée dans le gouvernement, la connaissance des faits et la communication d'une foule de documents inédits lui ont permis d'exécuter cette entreprise, de manière à justifier l'opinion qu'avait Napoléon du rare mérite de ce diplomate.

La mort étant venue le frapper avant qu'il ait accompli la tâche que lui avait léguée Napoléon, M. Ernouf de Verclives, son gendre, a rédigé et terminé les 2 dern. vol. de cet important ouv., à l'aide des documents recueillis et préparés par M. Bignon.

Nous citerons encore un opuscule qui date de la jeunesse de M. Bignon, et qui par cela même a son degré d'intérêt :
— Epitre d'un professeur aux écoliers à la rentrée des classes, lue à la Soc. des Amis de la Constitution de Rouen et imprimée par son ordre, par M. Bignon, professeur de sixième au collége de cette ville; 1791, in-8 de 16 p. (en vers).

V. sur M. Bignon une notice de M. Ant. Passy, dans la *Soc. libre de l'Eure*, année 1842. — Notice par M. Ernouf de Verclives, son gendre; *Paris, Hivert*, 1842, in-8, — et l'Eloge prononcé par M. Mignet à l'Acad. des Sc. mor. et politiq., le 23 août 1848 (Notices et port., t. II, p. 147-180); *Paris, Charpentier*, 1854, in-12.

BIGNON. Discours d'ouverture de la séance publique de l'Acad. de Rouen; *Mém. de cette Acad.*, 1856, p. 4-14.

L'auteur établit un parallèle entre l'Acad. de Rouen en 1756 et la même Acad., en 1856.

BIGOT (*Gilles*), Dr en théologie de Caen, sectateur des opinions nouvelles dans le XVIe sc. En 1558, l'évêque de Bayeux déféra 30 propositions avancées par Bigot dans ses sermons, qui furent condamnés par la Sorbonne, comme hérétiques.

BIGOT (*Jean*) de Normandie et ancien ministre de l'Eglise de Rouen, fut condamné à mort en 1562, pour avoir refusé de livrer ses collègues du Consistoire aux vengeances du Parlement.

V. pour ces 2 noms la *France Protest.*, t. II (1853), p. 287.

BIGOT (*Emeri* ou *Emeric*), sieur de Soumesnil, fils de Jean Bigot, Doyen de la Cour des Aides de Norm., naquit en oct. 1626, à Rouen, où il mourut d'apoplexie, le 18 déc. 1689. Sa mère était fille de Groulart, prem. Présid. au Parlem. de Rouen. Il a publié, avec de savantes notes, la vie et quelques ouvrages de S. Chrysostôme, dont il avait fait une étude particulière, et dont il avait découvert le ms. à Florence. Cette édition a pour titre :

Palladii episcopi Helenopolitani de vita Sancti Johan. Chrysostomi dialogus : accedunt opuscula varia : omnia nunc primùm græco-latina prodeunt curâ et studio Emerici Bigotii Rothomagensis; *Paris, Ed. Martin*, 1680, in-4.

Bigot était possesseur d'une riche biblioth. où se trouvaient plus de 500 mss. qui, après sa mort, furent achetés par la biblioth. du Roi. Les livres et mss. relatifs à l'hist. de Norm. y étaient en grand nombre. — V. *Journ. des Sçav.*, 1690, p. 39; *Mém. hist. des ouv. des Sav.*, fév. 1690; Dupin, *Biblioth. des auteurs, ecclésiastiques;* Niceron, *Mém.*, t. VIII (1729) p. 86-90, et t. X, part. 1re, p. 178-180, et *Bibliotheca Bigotiana;* Paris, Boudot, 1706, in-12.

BIGOT, typographe, né au Havre, est auteur de *l'Étendard de la liberté*, poème sur la révolution de 1830; *Paris, Chaillou*, 1830, in-8 de 16 p., et de quelq. opuscules sur la Franche-Maçonnerie.

BIGOTTIÈRE (de la). Notice sur Ivry; *Evreux, Hérissey*, 1853, in-8 de 18 p.

Cette notice est une édit. refondue d'un Mém. que M. de la Bigottière avait publiée en 1828 dans le Rec. de la Soc. de l'Eure, sous le titre de *Notice sur le canton de St-André, par M. ***, officier supérieur.*

BILLARDIERE (*Jacq.-Julien* Houtou de la). V. LA BILLARDIÈRE.

BILLIARD (*Franç.-Jacq.-Mar.-Aug.*), avocat, publiciste et anc. Préfet, né le 3 oct. 1788, à Courtomer (Orne), est auteur de : *Voyage aux colonies orientales, ou lettres écrites des îles de France et de Bourbon, pendant les années 1817-20, à M. le comte de Montalivet;* Paris, Ladvocat, 1822, in-8, avec une carte, et de plusieurs autres ouv. sur des questions d'économie politique et sociale, de 1823-1837.

BILLON (le Dr). Extrait d'une Notice sur une pierre sépulcrale découverte dans l'Hôtel de Ville de Lisieux; *Bulletin monum.*, t. XIII (1847), p. 190-194.

BILLOTEY (*Mlle Elisa*), née à Dieppe, et morte vers 1836, est auteur des 2 opuscules suiv.: *Quoi....? tout ce qu'il vous plaira*; Dieppe, Delevoye-Barrier, 1834, in-12; — *L'Agent de change, esquisse de mœurs* (ouv. posthume publié avec une préf. par M. Aug. Luchet); Dieppe, vº Marais, 1837, in-8.

BILLOUET (Dom *Philippe*), savant bénédict. qui, après avoir professé la langue hébraïque à Caen, dans l'abbaye de St-Etienne, en 1712, et la rhétorique l'année suiv., fut appelé à Orléans pour diriger la bibliothèque laissée aux bénédictins de cette ville par Prousteau, docte professeur en droit de l'univ. d'Orléans. Né à Rouen en 1684, Billouet est mort à Orléans en 1720. V. *Biblioth. des aut. de la cong. de St-Maur*, par Le Cerf de la Viéville, p. 22.

BILLY (*Jean* de), prieur de la chartreuse de N. D. de Bonne-Espérance près Gaillon, a traduit du latin les 2 ouv. suiv.:

Histoire de Barlaam et de Josaphat, roy des Indes, composée par sainct Jean Damascène; *Paris, Guill. Chaudière*, 1574, in-8, et *Paris*, 1578, in-8.

Manuel du chevalier chrestien, composé en latin par le vénérable Père F. Iehan de Lansperge, dict le Iuste, chartreux de profession; *Paris, G. Chaudière*, 1574, in-16.

BILLY (*René-Toustaint* de). Mémoires sur l'Histoire du Cotentin; 1728, in-f. ms. (Biblioth. de Caen.)

En 1832, MM. J. Travers et L. Ragonde distribuèrent un prospectus pour arriver à la publication de ce ms., faisant ressortir toute l'importance qu'il présentait pour l'histoire de cette partie du départ. de la Manche, connue anciennement sous le nom de Cotentin; mais leurs efforts furent sans succès, et l'ouv. n'a pas encore vu le jour. Cette édition devait paraître sous le titre de: *Hist. du Cotentin, ou Mémoires sur le diocèse de Coutances; publiée avec des notes et additions importantes*; 3 vol. in-8 imp. par J. Elie, à St-Lo, et tirés à 200 exempl.

La copie qui devait servir pour l'impression renferme 760 p. in-4.

Il existe en Normandie plusieurs copies de l'ouv. de Toustain de Billy, copies parmi lesquelles celle de la biblioth. de Caen est considérée comme la meilleure. On cite également la copie qui se trouve au Muséum Britannique (Harley, nº 4,599), in-f. de 313 ff., écrite par six ou sept mains différentes, entre lesquelles le ms. original parait avoir été partagé.

La Biblioth. Imp., fonds de Boze, nº 1,027, mss., possède un mémoire de Toustain de Billy, sur *l'abbaye de Blanchelande*, portant la date du 20 août 1706, et celle de Cherbourg, une *Hist. des Évêq. de Coutance*, ms.

Toustain de Billy, né à Maisoncelle-le-Jourdan, près Vire, mourut dans un âge avancé, le 17 avril 1709, curé du Mesnil-Opac (Manche).

BIOT (*J.-B.*). Relation d'un voyage fait dans le département de l'Orne, pour constater la réalité d'un météore observé à Laigle, le 26 floréal an XI; lu à l'Institut, le 29 messidor an XI (18 juillet 1803); *Paris, Beaudouin*, an XI (1803), in-4 de 47 p.

Ce mém. renferme une carte des lieux sur lesquels a éclaté le météore, aux environs de Laigle. Imp. la même année sous le titre suivant:

Copie d'une lettre adressée au Ministre de l'Intérieur sur son voyage à la recherche des pierres tombées du ciel, 1er therm. an XI (20 juill. 1803). *Magasin Encycl.*, an XI, t. II, p. 408-15, il a été réimp. dans le XIVº vol. du *Journal des Mines*, et en 1806, dans le t. VI des *Mém. de l'Instit.*, sect. des sciences mathém. et phys. L'Acad. des Sciences avait désigné M. Biot pour aller vérifier si, en effet, comme le bruit en courait, une pluie de pierre était tombée dans le départ. de l'Orne, aux environs de Laigle, et pour étudier à la fois l'authenticité et la nature du phénomène. Aucun de nos plus habiles juges d'instruction, dit M. Guizot (Réponse à M. Biot, lors de sa réception à l'Académie franç.), n'a jamais mis en œuvre, pour découvrir un crime de l'homme, plus de pénétration, de finesse et de patience que n'en montra, dans cette occasion, M. Biot, pour constater un trouble apparent de la nature.

M. Biot, membre de l'Acad. des Sciences et de l'Acad. franç., est aujourd'hui le doyen des membres de l'Institut de France.

BIRETTE (*Sanson*). Refvtation de l'errevr dv vvlgaire, tovchant les responses des diables exorcisez. Par Frère Sanson Birette, religieux du couvent des Augustins de Barfleu; *Roven, Jacq. Besongne*, et *Constances* (Coutances), *Jean Le Cartel*, 1618, pet. in-12.

BIROAT (*Jacques*). Oraison funèbre d'Eleonor de Bergh, Duchesse de Bouillon, prononcée dans l'Eglise de St-Taurin d'Evreux, par Jacq. Biroat, Dr en théol.; *Paris, Edme Couterot*, 1663, in-4.

BIRON (de). Lettre d'Armand de Gontaud, baron de Biron, maréchal de France (à M. du Haillan), contenant ce qui s'est passé en la bataille d'Ivry; Marcel, *Origine de la Monarchie française*, t. IV, p. 643; *Paris*, 1686, in-12.

Le maréchal de Biron, après avoir contribué aux victoires d'Arques et d'Ivry, fut tué au siége d'Epernay, en 1592. Cette lettre est insérée également dans l'*Hist. de Henri IV* du P. Daniel et dans le *Recueil de Lannel*; Paris, 1623, in-4. Ce dern. recueil renferme aussi : *Lettre du Roi aux ambassadeurs et autres seigneurs étrangers, sur le sujet de la bataille d'Ivry*, 1590. (P. Lelong, n° 19,244, 19,246.)

BISSON DE LA COUDRAYE (*Jeanne*). *Le Martyre, ou la décolation de S. Jean*, trag. (5 a., v.); *Caen, J.-Jacq. Godes*, 1703, pet. in-12 de 36 p. Cette pièce, dédiée à Mgr. Le Guerchois, a été réimp. à *Rouen, chez Laur. Machuel*, s. d., in-8.

Tout porte à croire que cette femme auteur est née en Normandie.

BISSON (*Louis-Charles*). Almanach hist. de Coutances, in-16, années 1770-1777, ou même 1781, suivant Quérard. V. *Alm. hist., etc.*

Né à Geffosses (Manche), le 10 oct. 1742, Bisson mourut à Bayeux, le 28 fév. 1820. Elu évêque de Bayeux, en 1799, il remplit les fonctions de son ministère jusqu'à l'arrivée de son successeur, le 25 juin 1802. Il est auteur de :

— Mémoire sur le patronage de la Chapelle-en-Juger, 1787, in-4.
— Lettres pastorales et mandements.
— Préservatif contre la séduction, *Bayeux*, an IX, in-8.
— Avis important aux personnes pieuses dans les circonstances présentes; *Bayeux*, an X, in-12.
— Méditations sur les vérités fondamentales de la religion chrétienne; *Caen*, 1807, in-12.
—Instructions sur le Jubilé; *Caen*, 1802, in-18.
— Annuaire du Calvados, p^r l'an XII, 1803-4; *Caen*, in-18. V. *Annuaire*, etc.
— Mémoires sur les changements que la mer a apportés sur le littoral du département du Calvados.

Cet ouv., qui a remporté le prix proposé par l'Acad. des belles-lettres de Caen, se trouve inséré, en partie, dans le 2e vol. des Mém. de cette société, publié en 1816.

M. Bisson a, de plus, laissé plusieurs mss., tels que *Hist. ecclésiastique du diocèse de Bayeux pendant la révolution*; — *Dictionn. biographique des 3 départem. de la Basse-Norm.: Manche, Calvados et Orne*; *Eloge hist. du Général Dagobert*, et *Pensées chrétiennes pour chaque jour de l'année*. — V. une notice de Fr. Pluquet; *Paris, Baudouin*, 1820, in-8, et une autre notice par T. Papinau, *Ann. de la Manche*, 1829, p. 292-295.

BITAUBÉ (*Paul-Jérémie*). Éloge de P. Corneille, qui a concouru à l'Acad. de Rouen, en 1768; *Berlin, G.-J. Decker* (ou *Rottmann*), 1769, in-8.

Cet éloge ne se trouve pas dans les œuvres de l'auteur.

BITOUZÉ-DAUXMESNIL. Atlas cadastral du département de la Manche, dressé à l'échelle de $\frac{1}{40000}$, et gravé sur cuivre par Amb. Tardieu; *St-Lo, chez l'auteur*, 1830-41, 55 ff.

Ce bel atlas, publié avec le concours du Conseil gén. de la Manche, se compose de 6 cartes d'arrondiss., une carte pour chaque canton, une carte génér. et une carte statist. du départ. Chaque carte se vend séparém. L'atlas-Bitouzé appartient aujourd'hui au département de la Manche.

BITOUZÉ-DAUXMESNIL (*M.-Ch.-J.*), géomètre en chef, puis ensuite agent-voyer en chef du départ. de la Manche, né à Bricquebec, le 27 avril 1786, mort à St-Lo, le 3 déc. 1854.—V. une notice de M. J. Travers, *Ann. norm.*, 1856, et *Ann. de la Manche*, 1856.

BIVILLE (*Thomas-Elie* ou Hélye de). V. HÉLYE.

BIVILLE, poëte dramatique, né à Rouen, a composé un drame en vers intitulé : *La Mort de Dillon*. Ce drame, représenté pour la prem. fois, en 1791, sur le théâtre de Rouen, fut imprimé la même année chez la ve *P. Seyer-Behourt*. Il obtint quelque succès à Rouen et au Havre.

BIZET (l'abbé *Martin-J.-B.*), né près de Bolbec (S.-Inf.), en 1746, mort à Paris, curé de St-Etienne-du-Mont, le 8 juillet 1821, a publié *Discussion épistolaire sur la religion entre W. (Georges Walker, de Londres), protestant de l'église anglic., et M. J. B. B. (Martin-J.-Bapt. Bizet, ancien curé à Evreux, auteur des Soirées de l'Hermitage), catholique rom.*; Paris, Cassot, an IX (1801), in-12. — *Dict. des anonymes*, n° 4,201.

BIZEUL. Mémoire sur les origines du Mont-St-Michel; *Mém. de la Soc. des Antiq. de France*, nouv. série, t. VII (1844), p. 349-377.

V., sur ce mémoire, les observations de M. A. Maury.

— Mémoire sur les voies romaines de la Bretagne; *Caen*, 1843, in-8.

BLAAUW (*W.-H.*), Account of two leaden chests, containing the bones, and inscribed with the names, of William de Warren and his wife Gundrada, founders of Lewes Priory in Sussex, discovered in oct. 1845, within the Priory precinct; *Archaeologia*, t. XXXI (1845), p. 438-442.

— Remarks on Matilda, queen of William the Conqueror, and her daughter Gundrada; *Archaeologia*, t. XXXII (1847), p. 108-125.

Gondrada ou Gondrée était fille de Guill. le Conquérant.

BLACHER (*Edouard*), avocat distingué par son savoir et son désintéressement, né à Falaise, le 24 nov. 1745, mort le 15 janv. 1817. V. Boisard, *Notices sur les hommes du Calvados*.

BLAINVILLE (*Henri-Marie* Ducrotay de), naturaliste, membre de l'Institut (Acad. des Sc.), prof. d'anat. comparée au Muséum d'hist. nat., etc., né à Arques (S.-Inf.), le 12 sept. 1777, est mort à Paris le 1er mai 1850, frappé d'une attaque d'apoplexie dans un wagon, au moment où il se disposait à se rendre de Paris à Dieppe.

V. sur ce savant : *Notice analytique sur les travaux anatomiques, physiologiques et zoologiques de M. Ducrotay de Blainville*; Paris, nov. 1825, in-4. — Quérard, *La Littér. franç. contemp.*, t. I, p. 548-559. — *Rev. de Rouen*, 1850, p. 270-272. — Éloge par M. Flourens et une notice sur sa vie et ses écrits par M. P. Nicard. A la suite de cette dernière se trouve la liste des nombreux écrits de M. de Blainville rangés dans un ordre méthodique, écrits au milieu desquels nous n'avons remarqué comme se rattachant à l'hist. nat. de notre dép., que :

Note sur un cétacé échoué au Havre et sur un ver trouvé dans sa graisse (Dauphin de Dale). Ext. du Bullet. soc. phil., 1825, p. 139, in-4.

BLAIS (l'abbé). Notice hist. et archéolog. sur N.-D.-de-la-Couture de Bernay, dans laquelle il est parlé d'une première église de la Couture, des autres églises ou chapelles de Bernay au XVIe sc., des causes qui ont tant éloigné cette église des maisons de la ville, de la nouvelle construction de N.-D.-de-la-Couture, de la description de son intérieur, de ses verrines, de ses tableaux, de son antique et célèbre pélerinage, etc., et de tout ce qui se rattache à l'hist. de la ville de Bernay; *Evreux, Imp. de Hérissey*, 1852, in-8 de 167 p., avec 9 lithogr.

M. Blais (*Auguste*), curé de Brestot, est membre de la Soc. franç. pour la conserv. des monuments.

BLANC (*Charles*). Revue de l'Exposition de la ville de Rouen, juill. 1840; *Journal de Rouen*, 8 art.

—Nicolas Poussin. Notice biog., Hist. des Peintres français au XIXe sc.; *Paris, Cauville frères*, 1845, in-8, t. I, p. 49-103.

Il en a été tiré à part quelq. exempl., in-8 de 53 p. Cette notice a été réimp. en partie dans l'Hist. des Peintres, liv. 48, 49 et 50, in-4, fig.; *Paris, J. Renouard et Cie*.

—Géricault. Notice biog., Hist. des Peintres français au XIXe sc.; *Paris, Cauville frères*, 1845, in-8, t. I, p. 405-443.

Il en a été fait un tirage à part, in-8 de 44 p. On retrouve un extrait de cette notice dans l'*Histoire des Peintres*, liv. 8, in-4, fig.

— Jean Jouvenet. *Hist. des Peintres*, liv. 17, in-4, fig.

BLANCHARD (*Alain*), capitaine des arbalétriers de la ville de Rouen, a joué un rôle important durant le siége de cette ville par Henri V, en 1418. Ce personnage a donné lieu à plusieurs tragédies et à plusieurs dissertations hist. Son nom a été donné à l'une des rues de Rouen. V. Dumesnil, Dupias, Le Prevost, Licquet, Vieillard, etc.

BLANCHARD (dom *Ch.-Ant.*), bénédictin du XVIIIe sc., né à Caen, a reproduit en les abrégeant les notes de dom Jean de Baillehache sur l'hist. du monastère de St-Etienne de Caen. Son ms., déposé à la Biblioth. de Caen, s'arrête à l'année 1663.

BLANCHARD (*Jean-Pierre*), aéronaute, né au Petit-Andely (Eure), le 4 janv. 1753, mort à Paris le 7 mars 1809.

Blanchard fut d'abord tourneur; doué d'un esprit inventif, il se livra à plusieurs expériences de mécanique et d'hydraulique, dont l'une consistait à élever les eaux de la Seine jusqu'à la hauteur du Château-Gaillard. Il y réussit, mais sans profit. Ce fut alors que son génie le poussa vers les aérostats. La première ascension eut lieu à Paris, le 2 mars 1784. En janv. 1785, il franchit dans les airs le détroit du Pas-de-Calais, et fit successivement 70 ascensions. — Nous citerons les 2 pièces suiv. comme se rattachant à la vie de cet aéronaute :

— Procès-Verbaux lors du 3e voyage aérien de M. Blanchard, accompagné de M. Boby, greffier au Parlement, le 18 juillet 1784; *Rouen, ve Machuel* (1784), in-8 de 16 p.

— Explication concernant la 46e ascension de l'aéronaute Blanchard, qui doit avoir lieu dans peu, à Rouen, accompagné du citoyen Pugh, de St-Sever; *Rouen, P. Periaux, messidor an VI*, in-4 de 4 p.

Mme Blanchard n'est pas moins célèbre que son mari, comme aéronaute; moins heureuse que lui, elle périt dans une ascension exécutée le 6 juillet 1819.

V. De la Rochefoucauld-Liancourt, *Hist. de l'arrondiss. des Andelys*, p. 203-209.

BLANCHARD (l'abbé *P.-L.*), curé du diocèse de Lisieux, né en Normandie vers 1762, est auteur de plus. ouv. de controverse, qui presque tous ont été imp. à Londres. Il est en outre auteur de :

Précis hist. de la vie et du Pontificat de Pie VI; *Londres*, 1800, in-8.

BLANCHART (*Jean*), ministre protestant, né à Condé-sur-Noireau, a entretenu, dans le XVIIe sc., une polémique théologique qui donna lieu à l'ouv. suiv. : *Impertinences et impudences ministrales étalées en deux écrits de J. Blanchart*; Caen, 1610, pet. in-8.

BLANCHE (*Jacq.-Pierre-Ant.*), né au Havre, le 30 oct. 1732, lauréat des Palinods de Rouen, en 1749, pour un poëme en vers latins, dont le sujet était le *Voyage de Louis XV au Havre*.

Ce poëte mourut le 12 juin 1797. V. *Rec. de l'Acad. des Palinods de Rouen*, et Levée, *Biog. Havraise*.

BLANCHE (*Ant.-Louis*), officier de santé, ancien membre et prévost du Collége de chirurgie de Rouen, est auteur de :

Recherches historiques sur l'ancienneté de la vaccine et sur son application à l'espèce humaine, comme moyen préservatif de la petite vérole ordinaire, etc.; *Rouen, Imp. des Arts*, an X, in-8 de VIII et 114 p.

BLANCHE, né à Villedieu (Orne), en 1753, est mort à Rouen, en 1816.

BLANCHE (*A.-Em.-P.*). Réflexions sur une épidémie variolique observée à l'Hospice-Général de Rouen, dans le mois de décembre 1829; *Mém. de l'Acad. de Rouen*, 1830, p. 69-71.

BLANCHE (*Ant.-Emmanuel-Pascal*), fils du précédent, fut, durant 30 années, médecin en chef de l'Hospice-Gén. de Rouen. Né dans cette ville, le 9 déc. 1785, le doct. Blanche y est mort le 24 janv. 1849. En 1853, le 12 juin, son buste en marbre, exécuté par Dantan jeune, fut inauguré dans l'hôpital dont il avait été le chef. V., sur ce praticien : Nepveur, *Discours prononcé lors de l'inauguration du buste du Dr Blanche*; — Vingtrinier, *Eloge académique*; Rouen, 1850, gr. in-8; — *Ann. norm.*, 1850, p. 545-548; — *Rev. de Rouen*, 1849, p. 41-43 (art. signé A. B.), Amélie Bosquet.

Comme littérateur, M. Blanche a publié, tant dans les Mém. de l'Acad. que dans la *Rev. de Rouen*, des fragments d'un voyage en Suisse.

BLANCHE (*Antoine*). Discours prononcé à l'audience solennelle de rentrée de la Cour royale de Rouen, le 6 nov. 1843; *Rouen, v^e^ F^s^ Marie* (1843), in-8 de 15 p.

L'orateur a pris pour texte de son discours l'Hist. du Parlement de Norm.

— Discours prononcé à l'audience solennelle de rentrée de la Cour royale de Rouen, le 3 nov. 1847; *Rouen, A. Surville* (1847), in-8 de 22 p.

Le sujet traité par M. Blanche est l'origine du Grand Coutumier de Normandie, qui remonte, selon lui, à 1270 ou 1280.

— De l'application du jury aux matières civiles; *Mém. de l'Acad. de Rouen*, 1849, p. 168-189.

Se rattache à l'Hist. du droit normand.

M. BLANCHE, fils du D^r^ de ce nom, après avoir été avocat gén. à Rouen, et procureur gén. à Riom, est aujourd'hui avocat gén. à la Cour de cassation.

BLANCHE (*Armand*). De l'Expropriation pour cause d'utilité publique, ou tableau complet de la jurisprudence de la Cour de cassation en matière d'expropriation pour cause d'utilité publique, de 1833 à 1852; *Caen, Poisson*, 1852, in-8 de 228 p.

M. BLANCHE, frère du précédent, est avocat à Caen.

BLANCHE (*Alfreld*), fils du Dr Blanche, secrét. gén. du ministère d'Etat, a publié : *Dictionnaire général d'administration, contenant la définition de tous les mots de la langue administrative, etc.*; Paris, Paul Dupont, 1846-1856, 2 vol. gr. in-8 sur 2 colon.

BLANCHE (*Emm.*). Rectifications et additions à la Flore des environs de Rouen; *Mém. de l'Acad. de Rouen*, 1851, p. 113-158.

M. BLANCHE, méd.-adjoint à l'Hôtel-Dieu de Rouen, frère des précédents, prépare la publicat. d'une *Flore* des environs de Rouen.

BLANCHE (*Esprit*), (frère de Ant. Em. Pascal), méd. à Paris, se consacra exclusivement à l'étude des affections mentales. Il a publié les ouv. suivants : *Du danger des rigueurs corporelles dans le traitement de la folie;* Paris, Gardembas, 1839, in-8 de 64 p. — *De l'état actuel du traitement de la folie en France;* Paris, Gardembas, in-8 de 66 p. Né à Rouen, le 15 mai 1796, le Dr Blanche est mort à Paris, le 8 nov. 1852.

BLANCHE (du Hâvre). Projet d'institution commerciale, présenté au commerce de Rouen; *Rouen, Emile Periaux*, 1820, in-4 de 24 p.

BLANCHECAPE (*Pierre* de). Explication de trois titres de la coutume de Normandie, à savoir : de Loi apparaissant, du Bénéfice d'inventaire et des Servitudes; *Caen, Jean Poisson*, 1662, in-4 et in-12.

— Explication du douzième titre de la coutume de Normandie, de Succession en propre et ancien patrimoine, tant en ligne directe que collatérale; *Caen, Jean Poisson*, 1662, in-4.

— Explication dv titre des prescriptions de la covtvme de Normandie, avec devx traités des Tutelles et de la compensation; *Caen, imp. aux dépens de l'autheur, et se vendent chés Jean Poisson*, 1665, in-4.

Blanchecappe (de), prieur des facultés de droit à l'Univ. de Caen, né à Caen en 1595, mort dans la même ville, le 19 nov. 1673. Indépendamment des ouv. cités plus haut, il est auteur de : *Réformation des Ecoles de droit en France, en Allemagne, en Italie, etc.;* Caen, 1669, in-4. Huet, dans ses *Origines de Caen*, 2e édit., p. 390, fait l'éloge de ce jurisconsulte.

BLANCHELANDE. Terrier-Censier où se trouvent des renseignements sur les paroisses du diocèse où l'abbaye de Blanchelande avait des propriétés. Ms. du xive sc.; *Archives du dép. de la Manche, à St-Lô*.

BLANCHEMAIN (*Prosper*). Notice biographique et littéraire sur Mme Victoire Babois, poète élégiaque; *Rouen, N. Periaux*, 1839, gr. in-8 de 7 p.

Ext. de la *Rev. de Rouen*, mai 1839.

— Les dix jours de Benjamin Webb. (Hist. d'Honfleur); *Rev. de Rouen*, 1840, 2e sem., p. 136-143.

— Casimir Delavigne. A la Normandie; *Rev. de Rouen*, 1844, 1er sem., p. 69-76 (en vers).

Pièce qui a obtenu la préférence dans un concours ouvert par l'administration de la *Rev. de Rouen*.

—La statue du Poussin aux Andelys; *Rev. de Rouen*, 1846, 1er sem., p. 276-282.

Ce poème a obtenu la 2e mention honorable au concours ouvert à propos de l'érection d'une statue au Poussin.

— Le Rosaire; légende des côtes de la Normandie (en vers); *Paris, Malteste*, 1851, in-8 de 8 p.

Cette pièce a été reproduite dans la *Rev. de Rouen*, 1852, p. 146-152.

M. Blanchemain, bibliothéc.-adjoint au ministère de l'intérieur, né à Rouen et petit-neveu de Mme Victoire Babois, a publié en 1854 une édition de Vauquelin des Yvetaux, et en 1855 une édition des OEuvres inédites de P. de Ronsard.

On lui doit aussi plusieurs recueils de poésies.

BLANCHET (le Dr), chirurgien de l'Institut nat. des sourds-muets, etc., né à St-Lô, est auteur de *La Surdi-Mutité, Traité philosophique et médical;* Paris, Labbé, 1849, t. I et II, gr. in-8. Cet ouv. doit avoir 4 vol.

BLANCHETIÈRE. Notes recueillies sur l'arrondiss. de Domfront, au mois d'avril 1852; *Bullet. monum.*, t. XIX (1853), p. 81-96.

BLANGER (*P.* de). Oraison funèbre de Claude Auvry, évêque de Coutances; *Coutances*, 1687, in-4.

De Blanger était vic.-gén. et official de Coutances.

BLANGY (*C. F.*). Grammaire latine à l'usage des classes élémentaires et de grammaire; *Rouen, Herpin*, 1853, in-8 de 128 p. (Imp. de F. et A. Lecointe frères.)

L'auteur est profess. de 4e au Lycée de Rouen.

BLANLO (*Jean*), professeur de philosophie au collége des Grassins, puis professeur de théologie au séminaire St-Sulpice, né à Bayeux le 24 juin 1617, est mort le 16 avril 1656. Il a composé plusieurs ouv. de théologie qui, restés mss., ont été déposés à la Biblioth. du chapitre de Bayeux.

BLANMONT (*Marie-Pierre-Isidore* de), maréchal de camp, anc. député, né en 1770, le 23 fév., à Gisors, où il mourut le 8 déc. 1846. On lui a élevé dans cette ville, en 1851, une statue en marbre blanc, due au ciseau de Desbœufs.

V. Notice sur ce général; *Paris, Lange-Levy*, 1847, in-8 de 16 p. — Notice biog. par Henri de Motechez.— Notice biog.; *Paris, Imp. de Bailly*, 1856, in-8 de 12 p. (Ext. du *Musée biograph.*)

BLANQUART DE BAILLEUL (Mgr. le comte *Louis-Marie-Edmond*), promu à l'archevêché de Rouen le 3 mars 1844, est né à Calais le 8 sept. 1795. Par une administration aussi sage que bienveillante, ce prélat a su se faire vénérer dans tout le diocèse. Son portr., dessiné par Bonvoisin, a été lithogr. par A. Péron en 1853.

BLANQUET (l'abbé *Pierre-Jacques*), né à Dieppe, mort à Rouen le 25 déc. 1807, fut d'abord curé de la paroisse St-Vivien de Rouen, et ensuite curé de celle de St-Maclou. Il a publié à Rouen, en 1792 une brochure intitulée : *Dialogue allégorique entre un pasteur et sa brebis, suivi du soliloque du berger fugitif.*

BLANQUI (de l'Institut). Rapport sur la situation des classes ouvrières en 1848. Industrie cotonnière. Rouen et la S.-Inf. Petits traités publiés par l'Acad. des Sc. mor. et politiq., XIIe liv.; *Paris, Pagnerre*, 1849, in-18, p. 39-81; *Monit. univ.*, 21 janv. 1849, 2e suppl.

BLASON et louenge des singularités et excellences de la bonne ville de Dieppe; in-8 de 2 p. 1/2.

Cette pièce se trouve dans le vol. intitulé : *Blasons, poésies anciennes des* XVe *et* XVIe *sc.*; Paris, Guillemot, 1809, in-8, p. 366 et suiv.

BLAVIER. Etudes géologiques sur le dép. de l'Orne; in-8 de 94 p., avec 1 carte géolog. du dép. et 6 pl. de coupes de terrain; *Ann. de l'Orne*, 1842.

Travail demandé à l'auteur, ingén. en chef des mines, par le Conseil général de l'Orne.

BLESSEBOIS (*Pierre-Corneille*), auteur dramatique et romancier, naquit à Alençon, dans le XVIIe sc., et termina sa carrière en Hollande. Ses ouv. sont, pour la plupart, entachés de licence; tel est *l'Almanach des Belles* pour l'année 1676, ou œuvres satyriques de P. Corneille Blessebois; *Leyde*, 1676, pet. in-12, vol. très-rare contenant: *Eugénie, Marthe-le-Hayer*, et *Filon réduit à mettre cinq con*[illegible] Odolant-Desnos, dans ses Mém. sur A[illegible]n, t. II, p. 518, dit avoir vu le ms. d'un ouv. attribué à Blessebois, et qui est intitulé : *les Aventures du parc d'Alençon*, mélange de prose et de vers qui contient les aventures galantes des dames d'Alençon. Nodier, dans ses *Mélanges tirés d'une petite bibliothèque*, p. 366-370, donnerait à penser que *le Zombi du grand Pérou, ou la comtesse de Cocagne*, nouvellement imprimé le quinze février (*Rouen*) 1697, pet. in-12 de 145 p., non compris le titre et le faux titre, serait l'œuvre de Corneille de Blessebois.

BLÉVILLE (Du Bocage de). V. BOCAGE.

BLINIÈRE (Le Royer de la). OEuvres de J. Le Royer, sieur de la Blinière, contenant le baston universel; l'art des arts et des sciences, ou des nouvelles inventions; le mouvement perpétuel hydraulique; la véritable cause des comètes, etc.; *Imp. à Avranches, et se vendent à Paris, chez de La Caille*, 1678, pet. in-8 de 8 ff. prélim. et texte, p. 3 à 364.

Ce vol. (remarque M. Brunet, t. IV, p. 139) est ordinairement relié en vélin blanc; il se trouve sur la couverture des devises imprimées en rouge, dont l'explication se lit dans les pièces liminaires, ce qui rend nécessaire de conserver cette reliure originale.

— Traité des influences des cieux et des astres, etc.; *Avranches, Nic. Motays*, 1677, pet. in-8.

Cet auteur, quoique avocat à Rouen, dans le XVIIe sc., se livrait à l'étude de la physique et de l'alchimie.

BLOND (*Jean* Le), sieur de Granville. V. LE BLOND.

BLONDEL, Blondeau, ou Blondiaus de Nesles, chansonnier français attaché à la cour de Richard-Cœur-de-Lion; *Hist. littér. de la France*, t. XX (1820), p. 127-129.

Suivant l'abbé De la Rue (*Essais sur les Bardes*, etc., t. II, p. 325-328), il ne faut pas confondre Blondel de Nesle qui avait le titre de *Messire* ou de *Monseigneur*, avec Blondel, ménestrel ou jongleur de Richard-Cœur-de-Lion, et dont le prénom était Guillaume. Nous n'avons aucune poésie du fidèle Blondel; nous possédons, au contraire, un grand nombre de chansons d'amour de Blondel de Nesle.

BLONDEL (*Robert*), poète, historien et moraliste, né de 1380 à 1400, probablement à Ravenoville, dans le Cotentin, est auteur : 1° d'un poëme intitulé *De Complanctu bonorum Gallicorum* (complainte des bons Français), dans lequel il dépeint les massacres qui eurent lieu en 1418 dans la capitale, et l'état désastreux de la France et de la Normandie sous la domination anglaise, en 1420; 2° de *Oratio historialis*, discours historique et juridique sur le droit du Roi contre les prétentions de l'Angleterre et sur la nécessité d'expulser l'ennemi (écrit vers 1449); 3° *Reductio Normanniæ* (la Réduction ou recouvrement de la Normandie). Il existe une trad. ms. de cet ouv., ainsi que du précédent. En 1453, nommé précepteur de Charles, duc de Normandie, 2e fils de Charles VII, Blondel traduisit du latin en français, pour la reine Marie d'Anjou, un traité de morale intitulé: *Les douze Périls d'Enfer*. Les mss. de ces ouv. se trouvent à la Biblioth. Imp. : tous, si ce n'est le dernier, dépeignent l'état déplorable de la France, et de la Normandie surtout, sous la domination anglaise (1400 à 1450). Cet écrivain mourut vers 1462.

V. de Bréquigny, sur le ms. de la *Conquête de la Norm. par Charles VII* (1449 et 1450), *Notices et ext. des mss. de la Bibl. du Roi*, t. VI, p. 92-105.—Vallet de Vériville, *Recherches sur la vie et les écrits de Robert Blondel*; Mém. de la Soc. des antiq. de Normandie, t. XIX (1851), p. 161-226, et Notices et ext. des mss. de la Bibl. Nat., t. XVII (1851), p. 406-411.

BLONDEL (*Jacq.-François*), neveu de Franç. Blondel, architecte du Roi, et connu par ses rares talents en architecture, né à Rouen le 8 janv. 1705, est mort à Paris le 9 janv. 1774. Il est auteur d'un grand nombre d'ouv. sur l'architecture; nous citerons seulement le plus considérable : *Cours d'architecture civile, ou Traité de la décoration, distribution et construction des bâtiments*, etc.; Paris, Desaint, 1771-77, 9 vol. in-8, dont 3 de planches; ouv. complété par P. Patte, architecte.

Il a publié une édition augmentée du *Traité de Vignole sur l'architecture*, et a rédigé les articles *Architecture* dans l'Encyclopédie de Diderot et de d'Alembert. Le bâtiment dit des

Consuls, siége du Tribunal et de la Chambre de Commerce, à Rouen, a été construit d'après ses plans, en 1735.

BLONDEL SAINT-AUBIN (*G.*), hydrographe, dont les ouv. ont été imp. au Havre, dans le XVIIe sc., savoir : Les principes de la Navigation, contenant l'vsage dv nombre d'or, des épactes, des marées, de l'écartement de la lune au soleil, et du cicle solaire, etc.; *Havre de Grace, Jacq. Gruchet*, 1675, pet. in-12.

— Trigonométrie géométrique, astronomique et maritime, contenant les tables des sinus, tangens et secans; *Havre de Grace; Jacq. Gruchet*, 1680, in-12.

— Le véritable art de naviguer par le quartier de réduction; *Havre de Grace, Jacq. Hubault*, 1693, pet. in-4, et réimp. au *Havre*, en 1713 et 1763, in-4, fig.

— Le Trésor de Navigation; *Havre de Grace, Jacq. Hubault* (vers 1694), in-4.

— Les Sinus communs et logarithmes; *Havre de Grace, Jacq. Hubault* (vers 1694), in-12. *Jacq.* Gruchet paraît avoir été le premier à exercer l'imprimerie au Havre, dès 1672.

BLONDEL (*Louis*). Notice historique du Mont-St-Michel et de Tombelaine; *Avranches, Lecourt*, 1816, in-12 de IV et 135 p.

—Notice historique et topographique du Mont-St-Michel, de Tombelaine et d'Avranches; 2e édit., revue et augment.; *Avranches, A. Tribouillard*, 1823, in-12 de 175 p., avec une grav.

— Ditto, nouv. édit.; *Avranches, v^e Tribouillard*, 1834, in-18.

— La Domfrontienne, par M. B*** (Blondel), épître à Cas. Delavigne, né au Havre, en réponse aux vers suivants, extraits de son discours d'inauguration pour le théâtre du Havre :

La pomme de discorde, offerte à trois rivales,
Se brisa dans vos champs en deux moitiés égales

Paris, Mme Huzard, 1826, in-8 de 8 p.

BLONDEL (*Louis*), avocat, né à Avranches, en 1743, mourut dans cette ville, le 15 juin 1829. V. Notice de M. J. Travers, *Ann. de la Manche*, 1832, p. 246.

BLONDEL (*Louis-Jean-Félix*), colonel, né à Ste-Opportune de Lessay (Manche), le 18 mai 1766, est mort à Carentan le 18 sept. 1833.

BLOSSEVILLE (*Henri*), poëte, né en Norm., dans le XVe sc., appartenait à la famille des Saint-Maard, vicomtes de Blosseville. Il a laissé ms. quelques poésies, parmi lesquelles on cite le *Débat du Jeune et du Vieil*, *l'Echiquier d'amour*. V. De la Rue, *Essais sur les Bardes*, t. III, p. 330-335.

BLOSSEVILLE (*Alex.* Bouchat, vicomte de), conseiller au Parlement de Rouen. Son port., à l'âge de 49 ans, a été gravé par L. Gaultier, en 1613.

BLOSSEVILLE (*Ernest* de). Le Prisonnier de Gisors, élégie; *Archiv. ann. de la Norm.*, 2e année (1826), p. 392-394.

—Notice sur M. Denis Lemaréchal; *Ann. norm.*, 1853, p. 607-611.

— Jules de Blosseville; *Evreux, A. Hérissey*, 1854, in-8 de 193 p.

Travail extr. du Rec. des trav. de la Soc. libre de l'Eure, 1854, et dédié aux membres de cette société. Depuis longtemps, M. Ern. de Blosseville prépare la publication des travaux et de la correspondance de Jules de Blosseville, son frère, lesquels doivent former 2 vol. in-8.

BLOSSEVILLE (*Benigne-Ernest* Poret, marquis de), publiciste, littérateur, membre du Conseil général de l'Eure et du Corps législatif (en 1857), né à Rouen le 19 janv. 1799. Il fut durant quelques années conseiller de préfecture à Versailles, et renonça aux fonctions administratives en 1832. Il a composé : *Hist. des Colonies pénales de l'Angleterre dans l'Australie*; Paris, Adr. Leclère, 1831, in-8 de 596 p., ouv. qui a obtenu en 1832 une médaille de 3,000 fr., décernée par l'Acad. franç., comme à l'un des ouvr. les plus utiles aux mœurs (prix Monthyon).

Il composa en outre plus. ouv., de société avec M. Meissonnier de Valcroissant, et en traduisit quelques-uns de l'espagnol et de l'anglais.

BLOSSEVILLE (*Jules-Alph.-René* Poret, baron de), frère du précédent, célèbre navigateur, lieuten. de vaisseau, dern. command. de la canonnière-brick *la Lilloise*, né à Rouen le 29 juillet 1802. Il fut ravi aux sciences et à la marine, dont il était une des plus chères espérances, dans la campagne qu'il avait entreprise sur les côtes d'Islande et du Groënland, en août 1833.

Il est auteur de dissertations sur les découvertes faites à diverses époques par les navigateurs dieppois; *Ann. marit. et colon.*, 1826, t. I, p. 54-57; — d'articles dans la *Rev. des Deux-Mondes* et dans les *Nouv. Annales des voyages*.

Il est également auteur de plusieurs mém. relatifs à la marine, de notices biographiques et de plusieurs cartes. On en trouvera le détail ainsi qu'une notice étendue sur sa vie dans la *Littérature franç. contemp.*, par Quérard, t. II (1844), p. 18-23.

V. sur la recherche de *la Lilloise* : *Ann. marit. et colon.* et *Nouv. Ann. des voyages*, 1834, 1835 et 1836. — *Journ. de la Marine*, 29 fév. 1836. — Réflexions sur les recherches pour retrouver *la Lilloise*, par le chev. de Touchet (oncle maternel de J. de Blosseville); *Caen*, *A. Hardel*, 1836, in-8 de 16 p. — *Biog. de J. de Blosseville*, par P. Lesson (de l'Institut), ancien compagnon de voyage de Blosseville sur *la Coquille*. Imp. dans la *France litt.*, nouv. série, nov. 1836. — Marmier. Lettres sur l'Islande. Introd. — Jarry de Mancy. Portraits et Hist. des Hommes utiles; 1837-38, avec 1 portr. — Notice hist. sur J. de Blosseville, commandant le brick *la Lilloise*, insérée dans le Voyage en Islande et en Groënland, exécuté pendant les années 1835 et 1836, sur la corvette la *Recherche*, commandée par M. Tréhouart, dans le but de découvrir les traces de *la Lilloise*; *Hist. du voyage*, par MM. Robert et Gaimard, t. II; *Paris*, *Arthus Bertrand*, 1850, in-8. — Jules de Blosseville (par Ernest de Blosseville, son frère); *Evreux*, *A. Hérissey*, 1844, in-8 de 193 p. Ext. du Rec. des Trav. de la Soc. libre de l'Eure, 1852 et 53, p. 193-385. Dès 1843, la Soc. libre d'Agricult., Sc., Arts et B.-Lett. du dép. de l'Eure mettait au concours une notice sur la vie et les travaux de J. de Blosseville. — Notice sur J. de Blosseville, par Ballin; *Rouen*, *Imp. de Péron*, 1855, in-8 de 7 p. Ext. du Précis de l'Acad. de Rouen, 1855.

BLOT (*F.*). Mémoires sur les propriétés des insectes des environs de Caen; *Soc. linn. du Calvados*, t. I (1824), p. 8 et suiv., et p. 84-115.

BLOT (*Frédéric*), Dr en méd., né à Caen le 15 janv. 1795, est mort à Colleville-sur-Orne le 7 mars 1841. Il eut pour grand-père Sébastien Blot, Dr méd. à Caen en 1745, botaniste distingué, qui fut l'ami de Bernard de Jussieu et son collaborateur dans ses recherches sur les polypes d'eau douce.

Indépendamment du mém. cité plus haut, F. Blot est auteur de: *Manuel des bains de mer, leurs avantages et leurs inconvénients*; Caen, Manoury, 1828, in-18, et d'un *Catalogue des Oiseaux du Calvados*, lequel n'a pas été imprimé.

V. Notice de M. Eudes-Deslongchamps, son ami, *Soc. linn. de Norm.*, t. VII (1842), p. 71-94, et *Ann. norm.*, 1842, p. 643-647.

BLOUET (*Pierre*), comte de Camilly, vice-amiral de France, ambassadeur, né au village de Camilly, près de Caen, en 1660, mort le 21 octobre 1753. — Un membre de la même famille, François Blouet de Camilly, mort en 1723, fut abbé de St-Pierre-sur-Dive, évêque de Toul et archevêque de Tours.

BLOUET. Notice sur l'arrondiss. de Coutances; *Ann. norm.*, 3e année (1837), p. 75-112.

— Le Mont-St-Michel; *Paris*, *Imp. de Boulé*, 1850, in-8 de 292 p.

BLUTEL (*Ch.-Auguste-Esprit-Rose*), né à Caen le 29 mars 1757, mort à Anvers le 1er nov. 1806, avait été membre de la Convention; il protesta contre les excès de la révolution et réussit à faire mettre en liberté un grand nombre de détenus. Dans les dernières années de sa vie, il fut successivement directeur des Douanes à Rouen et à Anvers. Le seul imprimé que nous connaissions de cet administrateur a pour titre: *Lettre du citoyen Blutel, député à la Convention nat., adressée à la 26e section de la ville de Rouen*; Rouen, Imp. de la *Gazette nationale et étrangère*, an Ier de la Rép., in-4 de 8 p.

BOBÉE. Notice sur Claude Groulart, en tête des *Voyages en Cour*, par cet illustre magistrat, nouv. édit. V. GROULART.

BOCAGE (*Adrien*). Œvvres poetiqves svr le svbject de la conception de la très-saincte Vierge Marie mère de Dieu, composez par diuers autheurs. Recueillies par Adrian Bocage; *Roven*, *Imp. de Robert Feron*, contre St-Maclou, 1615, pet. in-12 de 142 p., plus un feuillet pour l'approbat. et le privil.

Deux pages portent le chiffre 88. Le titre est orné d'une vignette gravée représent. *la Vierge* ayant dans ses bras l'enfant Jésus. Le privilége fut accordé non-seulement à Robert Féron, mais aussi à Guill. de la Mare, imp. libr. à Rouen; de sorte qu'on trouve également des exempl. sous ce dern. nom.

Ce joli pet. vol. est dédié par A. Bocage, prêtre du diocèse d'Evreux, à François de Harley, archevêque d'Auguste, coadjuteur du cardinal de Joyeuse en l'archevêché de Rouen, etc. Il se rattache à l'histoire des Palinods de Rouen.

BOCAGE (*Georges* Boissaye du), ingén. et prof. d'hydrog. au Havre, né dans cette ville, en 1626, y est mort en 1696. Cet ingén. fut chargé, en 1666, d'exécuter le canal qui devait conduire du Havre à Harfleur, et qui est encore connu sous le nom de canal Vauban.

BOCAGE (*Georges* Boissaye du), fils du précédent et son successeur, le seconda puissamment dans ses travaux d'ingénieur et d'hydrographe. Né au Havre, il mourut en 1717, à l'âge de 56 ans environ. Il est auteur de: *Explication et usage d'une partie du cercle universel; de ses tables et échelles*; nécessaire à tous pilotes, etc.; Havre de Grace, Jacq. Gruchet, 1683, in-12; et d'*Observations sur le flux et le reflux de la mer*, insérées dans les Mém. de l'Acad. des Sciences, année 1710.

BOCAGE DE BLÉVILLE (*Michel-Joseph du*), navigateur et hydrog., né au Havre, le 28 janv. 1676. Après avoir exécuté un voyage de découvertes et d'échanges de toutes natures avec les îles de la mer du Sud, la Chine et les Indes, de 1707-1716, à bord du navire *la Découverte*, du Bocage revint au Havre, où il acheta la terre de Bléville dont il porta le nom. Ce capitaine mourut en 1728 et fut inhumé dans l'église de Bléville. V. Levée, *Biog. hav.*, p. 42.

BOCAGE DE BLÉVILLE (du). Sur la fontaine du château d'Orcher, 1745; *Mém. de l'Acad. de Rouen*, t. Ier (1744-1750), p. 70-73.

— Mémoires sur le port, la navigation et le commerce du Havre-de-Grace, et sur quelques singularités de l'hist. naturelle des environs; par M. ***; *Havre-de-Grace, Imp. de P. J. D. G. Faure*, 1753, 2 part. en 1 vol., pet. in-8, la 1re de 111 p. et 6 ff. prélim., la 2e de 136 p. et 2 ff. prélim.

Les observations sur qq. singularités de l'hist. natur. des environs du Havre, qui forment la 2e part. de cet ouv., portent: 1° sur un banc pétrifié qu'on trouve à 1 kilom. du Havre, au pied de la côte de la Hève, où il s'étend sur une longueur d'environ 1,600 mèt.; 2° sur des mines de fer, eaux minérales, cailloux d'Angleterre et autres, qu'on voit dans le pays de Caux; 3° sur le cancre, appelé *soldat*, ou *Bernard-l'Hermite*, que nos côtes fournissent en abondance; 4° sur la fontaine pétrifiante d'Orcher, dont le château bâti à l'emb. de la Seine, sur une falaise fort escarpée, est situé vis-à-vis d'Honfleur. Ce vol. est terminé par une lettre du R. P. Chanseaume, mission. de Chine, sur la végétation des coralloïdes.

— Extrait d'une lettre écrite de Gainneville près le Hâvre, à M. le Duc de St-Aignan, le 21 nov. 1755.

Cette lettre traite des secousses d'un tremblement de terre éprouvées au Havre, à Bléville, à 4 kilom. du Havre, et à Gainneville, à 12 kilom. de cette ville. A la suite de cette note, on trouve quelques mots sur les effets de ce tremblement de terre en Basse-Normandie; *Journ. de Verdun*, t. LXXIX (1756), p. 48-51.

— Récit des Fouilles archéologiques entreprises à Grainville-l'Allouette, S-Inf. (à 28 kilom. du Havre), en 1755, imp. pour la première fois dans l'ouv. de l'abbé Cochet, intitulé: *Sépultures gauloises, romaines, franques et normandes*; Rouen, LeBrument, 1857, in-8, p. 71-78.

BOCAGE (seigneur de Bléville, *Michel-Joseph* du), négociant, fils du précédent, né au Havre, le 5 mai 1707, mourut dans la même ville le 16 juin 1756. Il était membre de l'Acad. des Sc., B.-Lett. et Arts de Rouen.

Du Bocage de Bléville a publié en outre un *Traité des eaux minérales et ferrugineuses de Bléville*. La Biog. univ. lui attribue: *La Princesse Coque-d'OEuf et le Prince Bonbon*, publiés en 1745, sous le nom de *d'Egacobud*, qui est le nom renversé de M. du Bocage. « J'avais cru jusqu'à ce jour (dit M. Barbier, *Complément du Dict. hist.*, p. 260), d'après l'*Hist. littéraire des femmes franç.*, que ce badinage était de Mlle de Lubert, auteur de plusieurs ouv. du même genre. »

V. son éloge par M. Le Cat, *Mém. de l'Acad. de Rouen*, t. II (1751-60), p. 264-268.

BOCCAGE (*Pierre-Joseph-Fiquet* du), poète, né à Rouen, en 1700, mort à Paris en 1767, était recev. des tailles à Dieppe. Partageant les goûts de sa femme pour la littérature, il traduisit de l'anglais 2 tragédies: *Oronoko*, par Southerne, et *l'Orpheline*, par Mme Centlivre. Ces deux pièces se trouvent dans un recueil publié par lui, sous le titre de: *Mélanges de différentes pièces en vers et en prose*, trad. de l'anglais de divers auteurs; Berlin et Paris, ve David, 1751, 3 vol. in-12. On doit également à du Boccage: *Lettres sur le théâtre anglais*, avec une traduction de *l'Avare*, comédie de Shadwell, et de *la Femme de campagne*, de Wicherley; Paris, 1752, 2 vol. in-12.

BOCCAGE (*Marie-Anne* Le Page, dame du), née à Rouen, le 22 nov. 1710, mariée à P.-J. Fiquet du Boccage, en 1727, fut une des femmes les plus remarquables de son temps. Mme du Boccage était membre des Acad. de Padoue, Bologne, Rome, Lyon et Rouen. Elle mourut à Paris, le 8 août 1802. Ses œuvres, recueillies en 3 vol. pet. in-8, *Lyon, Périsse*, 1762, 1770 et 1777, se composent de poésies dont les pièces principales sont: Fondation du *prix alternatif* entre les belles-lettres et les sciences, poème qui mérita à son auteur le prix décerné, pour la première fois, le 12 juillet 1746, par l'Acad. de Rouen; *Mercure*, sept. 1746. — Le Paradis terrestre, poème imité de Milton; *Londres*, 1748, in-8, fig. — La mort d'Abel, poème imité de Gessner. — Le temple de la Renommée, poème trad. de Pope, en vers; *Londres*, 1749, in-8. — Les Amazones, trag. en 5 a.; *Paris, Mérigot*, 1749, in-8. — La Colombiade, ou la Foi portée au Nouv. Monde, poème en 10 chants, 1756, in-8; poème qui a été trad. en espagnol, en allem. et en ital. Mme du Boccage est également auteur de quelques écrits en prose, parmi lesquels nous citerons: Lettres sur l'Angleterre, la Hollande et l'Italie, adressées à sa sœur, veuve de M. Duperron, conseiller au Parlement de Norm. Ces lettres ont été trad. en anglais.

V. *Dictionnaire hist. des Françaises, etc.*, par Mme Briquet (1804), p. 123; — Notice de

Guilbert, *Rouen*, 1807, et celle de Baratte, dans les Poëtes normands; *Paris*, 1845, 16 p., avec 1 portrait.

Tardieu le fils a gravé, d'après le tableau de Mlle Loir, un portr. de Mme du Boccage.

BOCCONE (*Paul*). Observatio D. Pauli Bocconi de Materia Simili Lithomargæ Agricolæ, aut Agarico minerali Ferrantis Imperati, quæ in cavitate quorumdam Saxorum aut Silicum in districtu civitatis Rothomagensis et Portus Gratiæ, in Normannia, invenitur. *Observ. Academiæ naturæ curiosæ, centuria prima*, p. 5, et *Biblioth. des écrivains de Médecine*, par J.-J. Manget, t. I, p. 333.

« Cette matière (dit le P. Lelong, n° 2720), nommée par Agricola, *Lithomarga* ou *Medulla Saxi*, et par Imperatus, *Stenomarga*, ou *Agaric minéral*, se trouve souvent à la place de ces petits yeux blancs, qui se remarquent dans des cailloux, auxquels le peuple de Normandie donne le nom de Bizetz. »

Boccone, naturaliste sicilien, né à Palerme, en 1633, est mort en 1704.

BOCHART (*René*), sieur du Ménillet, pasteur à Dieppe, à Pontorson et à Rouen, mourut dans cette dernière ville, en 1614, à l'âge de 54 ans, après 23 ans d'exercice du ministère évangélique. Les réunions du culte protestant se tenaient encore à Dieppedalle, en 1599; plus tard, elles furent transférées au Grand-Quevilly, où le charpentier Gigonday construisit de 1600-1601, sur les plans de Nicolas Le Genevois, un temple que Farin appelle, dans son Hist. de Rouen, un des plus réguliers, des plus curieux et des plus hardis qui fut en France. Il pouvait contenir 10,700 personnes.

Du mariage de René Bochart avec Esther Du Moulin (sœur de P. Du Moulin) naquit une fille, mariée au pasteur De Langle, et un fils, devenu le célèbre Samuel Bochart. V. *France protest.*, t. II (1853), p. 318-19.

BOCHART (*Samuel*), ministre protestant à Caen, théologien, géographe, naturaliste et philologue, né à Rouen, le 10 mai 1599, mort subitement, le 16 mai 1667, au milieu même de l'Acad. de Caen, dont il était une des gloires. La douceur et la tranquillité de son caractère ne permettent pas d'admettre la supposition que la plupart des biographes ont avancée et que signale Huet lui-même: ce ne fut pas à la suite d'un accès d'emportement que mourut ce savant pasteur, mais plutôt d'un mal caché qu'avait fait naître en lui la mort d'une fille aimée. D'une érudition profonde, Bochart possédait la plupart des langues orientales, l'hébreu, le syriaque, le chaldéen et l'arabe. La reine Christine de Suède, qui avait un goût passionné pour les lettres et les arts, lui écrivit de sa propre main, en l'engageant à venir à Stockholm. En 1652, Bochart entreprit ce voyage, accompagné de Daniel Huet. Le corps de Bochart repose à Cormelles (Calvados), dans un petit bois qui faisait jadis partie de l'habitation de son gendre, M. P. Le Sueur de Colleville, conseiller au Parlement de Rouen.

La meilleure édit. des œuvres de Bochart est celle de 1712, 3 vol. in-fol. Elle est intitulée: Samuelis Bocharti opera omnia, hoc est phaleg, Canaan et Hierozoicon quibus accessere variæ dissertationes, etc. Ex recensione Joh. Leusden et Pet. de Villemandy, edit. quarta (curante Hadr. Relando); Lugd. Batav., 1712, 3 vol. in-f., avec portr., front. et cartes. Celle de Leyde, 1692, 3 vol. in-f., était déjà beaucoup plus complète que les précédentes. En tête de ces 2 édit., on trouve la vie de Bochart, par Etienne Morin, son ancien collègue, à l'église de Caen.

Les principaux ouv. de Bochart, sont:

Geographia sacra in duas partes divisa: Pars prior Phaleg, seu de dispersione gentium et terrarum divisione facta in ædificatione turris Babel; — Pars altera, Chanaan, seu de coloniis et sermone Phœnicvm; *Cadomi, typis, P. Cardonelli*, 1646 (et 1651), 2 part. en 1 vol. in-f., avec portr. et cartes.

Ouv. plein de recherches, réimp. depuis à Francfort-sur-le-Mein et à Leyde, in-4 et in-f.

Et Hierozoicon, sive bipartitum opus de animalibus sacræ scripturæ; *Londini*, 1663, 2 vol. in-f.

Traité complet de tous les animaux dont il est fait mention dans la Bible, réimp. à Francfort-sur-le-Mein, à Leyde, et en dern. lieu à Leipzig, sous ce titre: Samuelis Bocharti Rothomagensis ecclesiæ cadomensis alius pastoris Hierozoicon, sive de animalibus S. Scripturæ recensuit suis notis adiectis Ern. Fred. Car, Rosenmüller; *Lipsiæ, in libraria Weidmannia*, 1793-1796, 3 vol. in-4.

Edit. enrichie d'un index considérable des noms de lieux, d'auteurs, de mots hébraïques, chaldéens, arabes et persans, de basse latinité, etc.,

Indépendamment de ces ouv. nous rappellerons les suivants, constatant aussi qu'il a été fait, à l'étranger, 2 abrégés de l'Hierozoicon, 1 vol. in-4, en 1675 et 1690:

— Actes de la Conférence .... tenue à Caen, neuf jours durant, entre M. Fr. Véron et Isaac Le Conte, d'une part, et MM. Samuel Bochart et Jean Baillehache, ministres, de l'autre; *Caen*, 1629, ou *Saumur*, 1630, in-8. (Pour de plus amples détails, V. Actes de la Conférence, etc.)

— De Ant. Gosselini vetervm Gallorvm historia judicium Samuelis Bocharti; *Cadomi, Poisson*, 1638, in-12. Cette dissertation a été réimp. dans les œuvres de Bochart, en 3 vol. in-f., t. Ier.

— Lettre de M. Bochart à M. Morlay, chapelain du roy d'Angleterre, pour répondre à trois questions : 1° de l'ordre épiscopal et presbytérien ; 2° des appellations des jugements ecclésiastiques ; 3° du droit et de la puissance des rois ; *Paris, L. Vendosme*, 1650, in-4 et in-12 de 117 p.

— La même en latin ; *Paris*, 1650, in-4.

Dans cette lettre, Bochart se prononce contre Cromwell et les régicides anglais : il prouve par plusieurs passages de l'Ecriture et de l'histoire, que les rois ne dépendent que de Dieu seul et qu'il n'est jamais permis d'attenter à leur vie, sous quelque prétexte que ce soit.

On rapporte que plus tard, craignant que cette manifestation ne nuisît aux intérêts de ses coreligionnaires, il supprima cet écrit avec beaucoup de soin.

— 3 Thèses théologiques soutenues, la 1re à Sédan en 1615, la 2e à Saumur en 1620, la 3e à Leyde en 1621.

— Elegia in Petri Mosantii obitum, dans P. Mosantii Tumulus ; *Cadomi*, 1655, in-4.

— Sermons sur la Genèse ; *Amsterdam*, 1705-1711, 3 vol. in-12.

La biblioth. publique de Caen renferme quelq. mss. de Bochart et un grand nombre de livres annotés de sa main, donnés en 1732 à cet établissement par M. Guill. de Colleville, son arrière-petit-fils. Il s'en trouve également un certain nombre dans la riche biblioth. de l'honorable M. Paumier, présid. du Consist. de l'Eglise réformée de Rouen.

V. Vita Samuelis Bocharti, ministri Cadomensis ; auctore Steph. Morino. Notice placée en tête des œuvres de Bochart, in-f., 1692 et 1712. — Perrault, *Hommes illustres de la France*, t. II (1700), p. 77 et 78, in-f., avec portr. — Huet, *Orig. de Caen*, p. 426. — Bayle, *Dictionn. hist.*, in-f. — Niceron, *Mém.*, t. XXVII, p. 201-215. — Edw.-Herbert Smith, *Recherches sur la vie et les ouv. de Sam. Bochart* ; Caen, 1833 et 1835, in-8. — Paumier, *Eloge hist. de Sam. Bochart* ; Rouen, 1840, in-8, portr. — *La France protest.* (art. de MM. Haag), t. II (1853), p. 319-323.

Il existe plusieurs beaux portr. De Sam. Bochart, gravés par R. Lochon en 1663, et par P. Van Schuppen en 1699.

Nous devons à l'obligeance empressée de M. Francis Waddington, qui se livre à de persévérantes recherches sur l'hist. de la réforme, l'indication du jour de la naissance de Sam. Bochart et celle des documents suiv. relatifs à cet homme célèbre. Les archives de l'Etat, à La Haye, possèdent ces documents qui sont renfermés dans un cahier intitulé : *Bochartiana* :

1° Note sur le jour de la naissance de Sam. Bochart, par Du Ménillet, son père ;

2° Copie notariée de son acte de baptême ;

3° Permission des Etats-Généraux de Hollande de mettre en vente son Phaleg ou Géog. sacrée, 7 sept. 1646 ;

4° Sauf-Conduit de M. de Longueville pour Sam. Bochart, voulant passer en Suède ; Caen, 1651, 3 déc. ;

5° Passe-Port de l'archiduc Léopold, fait à Bruxelles le 7 juin 1653 ;

6° Passe-Port pour rentrer en France, du roi Louis XIV, Paris, 18 juin 1653.

BOCHART (*Mathieu*), né à Rouen vers la fin du XVIe sc., ministre de l'Eglise réformée à Alençon, était fils de Christophe Bochart, sieur du Ménillet, avocat au Parlement de Norm., et cousin de Samuel Bochart.

Il a publié plusieurs ouv. de controverse :

— Traité de l'origine du service des reliques, de l'invocation des saints, des images et de leur culte ; *Saumur, J. Lesnier*, 1656, in-8.

L'auteur, à la suite de cette publication, fut condamné à une amende de 50 liv. pour avoir pris la qualité de pasteur et avoir parlé des reliques dans un sens opposé à la croyance de l'Eglise romaine.

— Traité contre le sacrifice de la messe ; *Genève*, 1658, in-4.

— Eclaircissement de la question : Pourquoi le synode national de Charenton, l'an 1631, a admis à sa communion les Luthériens, plustôt que ceux de l'Eglise romaine ; *Charenton, Varennes*, 1658, in-12.

— Dialecticon, seu tractatus de conciliandis in religionis negotio protestantium animis ; *Sedan*, 1662, in-8.

Projet de réunion entre les deux communions protestantes, calvinistes et luthériens.

Odolant Desnos lui attribue aussi un rec. de *Sermons*, in-4 ; *Exposition naïve de l'efficacité et des usages de la sainte Cène*, in-8, et quelques autres écrits. Math. Bochart mourut à Alençon le 20 fév. 1662. V. Odolant Desnos, *Mém. sur Alençon*, t. II, p. 376. — *France protest.*, t. II (1853), p. 323.

BOCQUET (*Jean*). Les vies de sainct Exvpère et sainct Lovp, vvlgairement appelez S. Spire & S. Lev, premier et troisiesme euesque de Bayeux, la translation de leurs corps en la ville de Corbeil. et les miracles qui s'y font iusques à present par leur intercession ; *Paris, P. Gaillard*, 1627, in-8.

M. Van-Praët, dans son Catal. des liv. imp. sur vél., qui se trouvent dans des biblioth. tant publiq. que particul., t. III, p. 21, cite un ex. de ce liv. imp. sur vél. — J. Bocquet, né à Paris, était chanoine de l'église de St-Spire de Corbeil.

BODARD DE TEZAY (*Nicolas-[illegible]-Félix*), né à Bayeux, au mois d'août 1757, mort à Paris le 13 janv. 1823. Diplomate et littérateur : il fut consul de France à Smyrne et à

Gênes, et composa plus. pièces de théâtre, (de 1783-88), et quelq. pièces de vers, dont une, l'*Electricité*, fut couronnée au Palinod de Caen.

On lui attribue deux écrits anonymes, devenus rares aujourd'hui : l'un a pour titre : *Les trois Ordres en voyage*, 1789, in-8 de 31 p., et l'autre : *Le dernier Cri du monstre*, *vieux conte indien*, 1789, in-8 de 15 p.

V. une notice du fabuliste Le Bailly, son ami, insérée au *Moniteur* du 26 janv. 1823, et la *Littér. franç. contemp.*, t. II, p. 41.

BODERIE (*Guy* Le Fevre de la), orientaliste, né à la terre de la Boderie le 9 août 1541, mort au même lieu en 1598. Sa vaste érudition le fit choisir par le pape Pie IV, pour travailler à la fameuse *Bible polyglotte*, imprimée à Anvers (Plantin, 1569-1572, 8 vol. in-f.), et dont Philippe II avait confié l'édition à Arias Montanus.

Il a composé, de 1571-1584, quelq. poésies et un grand nombre d'ouv. sur la théologie, la philosophie, l'astronomie et la philologie, ouv. qui attestent un grand savoir.

V. Niceron, *Mém.*, t. XXXVIII, p. 303-314. — L'abbé Goujet, t. VI et XIII. — Huet, *De claris interpretibus*.— De la Ferrière-Percy, *Les La Boderie*, etc.; Paris, 1857, in-8.

BODERIE (*Nicolas* Le Fevre de la), frère du précédent, naquit à la terre de la Boderie, vers 1550, et mourut vers 1615. Il se distingua dans les lettres et concourut, ainsi que Guy, son frère, au travail de *la Polyglotte*. — Il a publié séparément : *Ad nobiliores linguas communi methodo componendas Isagoge*, in-4. — *De Litterarum hebraicarum laudibus oratio*; Parisiis, typ. Steph. Prevosteau, 1588, in-4.

BODERIE (*Antoine* Le Fevre de la), diplomate, frère des précédents, né au même lieu en 1555, mort en 1615. Il est auteur d'une trad. des *Dialogues de la noblesse*, *pris de l'italien de M. Torquato Tasso*, *par A. L. G. de la Boderie*, *à Mgr. le duc de Joyeuse*, *duc et admiral de France*, *gouverneur et lieutenant-général pour S. M. en Normandie*; Paris, Abel Langelier, 1584, in-12 de 63 p. — Niceron, dans ses mém., indique cet ouv. comme étant trad. de J. B. Nenna, et non du Tasse.

Ses Lettres et ses négociations, sous le titre de : *Ambassades de la Boderie*, ont été pub. en 1749, 3 vol. in-8.

Les deux autres frères, Pierre et Philippe Le Fevre de la Boderie, suivirent la carrière des armes. Le premier fut tué sur la brèche, au siége de St-Lo, en 1574, et le second périt au siége de Pont-Audemer, en 1590.

Sur cette illustre famille, dont le manoir est situé dans la commune de Ste-Honorine-la-Chardonne, canton d'Athis (Orne), V. une *Etude de M. le comte. H. de la Ferrière-Percy*; Paris, Aubry, 1857, in-8.

BODIN et VIGREUX. Histoire civile et Militaire de la ville de Neufchâtel en Bray, pour servir en même temps d'introduction à l'hist. générale de Normandie, par dom Robert Bodin, religieux Bernardin et procureur de la communauté de Beaubec en 1753; ms. in-8; *Biblioth. de Neufchâtel et Biblioth. de Rouen* (n° 129, mss.), copie faite en 1782.

Dom BODIN, religieux de l'ordre de Citeaux, secrét. de l'abbaye de Beaubec, né à Neufchâtel le 31 juill. 1731, est mort en la même ville le 18 mai 1803.

BODIN (*Jenny* Dufourquet, devenue Mme Camille), née à Rouen le 8 juillet 1792.

Sous le pseudonyme de Jenny Bastide, cette dame a publié un grand nombre de romans, de 1821-1839. V., pour la liste de ses ouv., *France litt.*, t. I, et *Litt. franç. contemp.*, t. I, au mot *Bastide*, nom sous lequel cette dame a été primitivement connue.

BOETTE (*Jean*), musicien-compositeur, né à Evreux, mort en 1590. Cet artiste est cité par M. Alph. Chassent, dans son Catal. des hommes célèbres nés dans le dép. de l'Eure.

BOHÉMOND (*Marc*) était fils de Robert Guiscard (le Rusé), aventurier normand, qui s'éleva au rang de duc de la Calabre et de la Pouille, 1085-1096. Il mourut dans cette dern. province en l'année 1,111.

BOIELDIEU (*M.-J.-A.*). Ode à Son Eminence Monseig. le Cardinal de la Rochefoucauld, archevêque de Rouen; *Rouen*, *P. Seyer*, 1778, in-8 de 10 p.

Opusc. anonyme publié à l'époque où M. de la Rochefoucauld fut nommé cardinal.

— Lettre adressée au Roi au nom des vrais citoyens de la ville de Rouen (à l'occasion d'une pétition où l'on demandait la destruction des maisons religieuses); *Rouen*, 1792, in-8.

— Mémoire en faveur du sieur Michel-Nic. Heudes, ci devant curé de St-Patrice, à Rouen, contre M. l'Accusateur Public; s. d. (vers 1792), in-8 de 47 p.

— Observations soumises au représentant du peuple en mission dans le dép. de la S.-Inf., sur la déportation et la détention de l'instituteur des sourds-muets de ce même dép.; *Rouen*, *Imp. du Journ. de Rouen*, 1793, in-8.

Par suite de cette publication, l'instituteur fut mis en liberté.

— Eloge historique de feu M. Thieullen, premier président de la Cour imp. de

Rouen, etc., prononcé dans la séance publique de l'Acad. de Rouen, du 7 août 1812; *Rouen, P. Periaux*, 1813, in-8 de 23 p.

Ext. des Mém. de l'Acad. de Rouen, ann. 1812.

Boieldieu (*Marie-Jacq.-Amand*), oncle du célèbre compositeur de ce nom, avocat au barreau de Rouen, et plus tard à celui de Paris, etc., né à Rouen, le 29 nov. 1757, mourut à Paris en 1844. On doit à M. Boïeldieu, indépendamment des art. mentionnés ci dessus, un grand nombre de Mémoires et de consultations, et plus. ouv. de littérat., de politique et de poésie, ouvrages qui sont étrangers à notre sujet.

BOIELDIEU (*François-Adrien*), membre de l'Institut (Acad. des Beaux-Arts), musicien et habile compositeur, né à Rouen (rue aux Ours), le 15 déc. 1775, mort à Paris, le 9 oct. 1834, est auteur du *Calife de Bagdad*, de *Zoraïme et Zulnar*, de *Beniowski*, de *Ma Tante Aurore*, de *Jean de Paris*, du *Nouveau Seigneur du Village*, de *la Fête du Village voisin*, du *Petit Chaperon-Rouge*, de *la Dame Blanche*, des *Deux Nuits*, etc. De ce dern. opéra, la Biblioth. de Rouen possède un exempl. donné par l'auteur, en 1829, avec une dédicace autographe.

M. Réfuveille, dans la notice qu'il a publiée sur ce compositeur, le fait mourir à Jarcy, en Brie, le 8 oct. 1834. En 1826, la ville de Rouen fit frapper en l'honneur de Boïeldieu une médaille grav. par Barre. En 1839, elle lui fit élever une statue en bronze, d'après le modèle de Dantan jeune. Le 13 nov. 1834, son cœur fut apporté à Rouen et déposé, avec une grande pompe, dans un tombeau élevé aux frais de la ville, au milieu du cimetière monumental.

V., sur cet habile compositeur, De Lérue, Lambert, Lesueur, Méry, Ourry, Réfuveille, Sewrin, Walsh et Wains-Desfontaines. Son port. en pied, peint par De Boisfremont, se voit dans la salle de l'Acad. de Rouen.

A propos de Boïeldieu, nous rappellerons l'opuscule suiv. : Précis du procès de la sérénade donnée le 15 oct. 1829, à M. Boïeldieu ; *Rouen, Marie*, 1829, in-8.

BOILEAU DE MAULAVILLE. Nouveau Mémoire sur le monument antique, autrefois connu sous le nom de *Marbre de Thorigny*, actuellement transféré en la ville de St-Lo ; *Mém. de la Soc. roy. des Antiq. de France*, t. VII (1826), p. 278-307, avec une pl. et fac-similes des inscriptions du marbre précité.

BOILEUX (*Jacq.-Marie*), Dr en droit, avocat à la Cour roy. de Paris, etc., né à Caen en 1803, est auteur d'un *Commentaire sur le Code civil*, dont la dern. édit. (la 5e), augmentée par F. Poncelet, a paru en 1842, à Paris, chez Joubert, 3 vol. in-8. Avec M. R. Gandillot, M. Boileux a publié : *Manuel du Droit administratif ;* Paris, Joubert, 1839, in-8.

BOIREAU (*Jacques*). Vie de St-Clair, moine, prêtre et martyr ; par Jacques Boireau, jésuite ; *Paris, Meturas*, 1656, in-12.

BOIREL (*Antoine*), chirurgien célèbre, né en 1625, à Argentan, où il était lieutenant des maîtres chirurgiens, est auteur d'un *Traité des playes de teste ;* Alençon, imp. de Martin de la Motte et ve J. Malassis, 1677, pet. in-8. Il mourut en 1680.

BOIREL (*Nicolas*), médecin et frère du précédent, habitait également la ville d'Argentan ; il a publié *Nouv. Observ. sur la Maladie vénérienne ;* Paris, 1702, 1711, in-12. Sa réputation n'égala pas celle de son frère.

BOIS (Du). V. Du Bois.

BOIS DE LA PIERRE (*Louise-Marie* de Lanfernat, dame du), née au château de Courteilles, près de l'Aigle (Orne), le 4 déc. 1663, est morte le 14 sept. 1730. Ayant perdu son mari à la bataille de Malplaquet, Mme du Bois de la Pierre renonça au monde pour se livrer entièrement à des actes de piété, à la culture des lettres, et surtout à des recherches sur l'Hist. de Norm. Elle a laissé en ms. une *Chronol. hist. des Prieures de la Chaise-Dieu* et une quantité de notes qui ont servi de matériaux à l'abbé Louis Dasprès, pour son *Hist. de la ville de Laigle*.— V. *Mercure de France*, fév. 1731. — Vaugeois, *Hist. de l'Aigle*, préf. p. XIV.

BOISARD (*J.-J.-Franç.-Marin*), fabuliste, membre de l'Acad. des Belles-Lettres de Caen, secrét. du Conseil et des finances de Monsieur, frère du Roi, né à Caen, le 4 juin 1744, mort dans la même ville, le 10 oct. 1833, est auteur d'un recueil de fables, imp. d'abord en 1773 ; *Paris, Lacombe*, in-8, fig. La 3e et dern. édit. de ce recueil, très augm., a été publ. sous le titre de : *Les Mille et Une Fables, Poésies diverses ;* Caen, P. Chalopin, et Paris, Petit, 1804-1806, 4 vol. in-12.

BOISARD (J.-F.), neveu du précédent, peintre et fabuliste, né à Caen, vers 1762, a publié deux *Recueils de Fables*, l'un en 1817 ; *Paris, G. Mathiot*, 2 part. en 1 vol. in-8 ; l'autre en 1821 ; *Paris, Renaudière*, in-8 de 168 p.

BOISARD (*François*). Nérelle, pastorale en 5 liv.; *Caen, Félix Poisson*, 1817, in-18 ; et 2e édition, avec additions ; *Caen, Pagny*, 1846, in-18.

Dans ce petit roman, l'auteur s'est plu à peindre les sites aimés qu'il avait longtemps parcours d'Athis à Cormelles, du Val de Saire au monastère de Barbery, localités qui avoisinent la ville de Caen.

— Annuaire du départem. du Calvados, années 1829-1852 ; *Caen*, 24 vol. in-12. —V. ANNUAIRE, etc.

Sous le titre de *Topographie*, M. Boisard a inséré dans ces Annuaires des descriptions exactes de diverses parties du Calvados, publié l'Hist. abrégée de plusieurs villes, telles que, Caen, Bayeux, Vire, Falaise, Condé-sur-Noireau, etc., et donné de nombreuses biographies.

— Notices biographiques, littéraires et critiques sur les hommes du Calvados qui se sont fait remarquer par leurs actions ou par leurs ouvrages; *Caen*, *Pagny*, 1848, in-12 de vii et 364 p.

Ouv. bon à consulter.

BOISARD, conseiller de Préfecture à Caen, depuis 1830 jusqu'à sa mort, membre de l'Acad. de cette ville, etc., né à Yvetot, près de Valognes, le 26 janv. 1786, est mort à Cormelles, près Caen, le 22 nov. 1851.—V., une notice de M. J. Travers, insérée : 1° dans les Mém. de l'Acad. de Caen. 1852, p. 374-384 ; 2° dans l'*Annuaire de la Manche*, 1853, p. 104-110; 3° dans l'*Annuaire norm.*, 1853, p. 587-593.

Boisard, vraisemblablement de la famille des deux précédents, est auteur des ouv. suiv., indépendamment de ceux que nous avons cités plus haut : — Notice sur les Czíganys (Bohémiens) de Hongrie; *Caen*, *Poisson*, 1816, in-8 de 12 p. — Notice sur la vie et les ouv. de M. P. F. Nicolas, corresp. de l'Institut; *Caen*, *Poisson*, 1816, in-8. — Manuel des percepteurs ; *Caen*, *Le Roy*, 1820, in-8, avec 1 suppl. de 130 p.; *Caen*, *Le Roy*, 1824, in-8.

Il a fourni durant plusieurs années de nombreux articles au *Mémorial du Calvados, de l'Orne et de la Manche*, journ. polit., litt. et commercial, paraiss. 3 fois la semaine, in-f. imp. à Caen, et qui a commencé à paraître le 11 nov. 1834.

BOISDEFFRE (*Jean-Franç.* le Mouton de), ancien gouv. des Pages et capit. des carabiniers, naquit à Alençon le 28 nov. 1745. Il a publié, de 1788-1826, quelq. brochures politiques et plusieurs ouv. sur la cavalerie et sur l'équitation.

BOISDUVAL (*Pierre* de Chauffour de), médecin, né à Ticheville (Orne), le 2 mai 1705, mort à Rouen le 21 sept. 1772, est auteur de plusieurs dissertations (sur les eaux minérales des environs de Rouen, sur la situation et le climat de Rouen, etc.) qui sont restées mss. dans les archives de l'Acad. de Rouen, dont il était membre.

Durant plusieurs épidémies qui régnèrent, à Rouen, en 1753, à Pressagny, près Vernon, en 1754, à Oissel, en 1762, il déploya un dévouement et une capacité remarquables. V. son éloge par M. Dambourney, *Hist de l'Acad. de Rouen*, t. IV (1810), p. 278-280.

BOISDUVAL (*Jean-Alphonse*), médecin et naturaliste, Dr ès-lett. et Dr ès-sc., né à Ticheville (Orne), le 17 juin 1801, a publié des ouv. importants sur la botanique, l'entomologie, et plus spécialement sur les lépidoptères, les coléoptères et les chenilles. V. *La Littér. franç. contemp.*, t. II, p. 100, et *Man. du Lib.*, t. 1, p. 401

BOISFREMONT (*Charles* Boulanger de), peintre d'hist., né à Rouen le 22 juin 1773, mort à Paris le 5 mars 1838. De 1803 à 1812, la plupart de ses tableaux figurèrent aux expositions, dites salons, et y obtinrent quelque succès. Le Musée de Rouen renferme deux tableaux peints par lui, et l'Acad. de la même ville possède, de cet artiste, un portrait en pied de Boïeldieu. — V., sur ce peintre, la Notice de M. Hellis ; *Rouen*, 1838, in-8, fig.

BOISGÉRAUD, greffier du bailliage de Rouen, était, selon les Mémoires de Vieilleville, un homme fort riche, jouissant d'une haute influence, et qui rendit des services signalés à la cause de la réforme pendant le siége de Rouen de 1562. La ville ayant été prise par les catholiques, il fut mis à mort par les ordres du gouverneur Villebon. — V. *France protestante*, t. II (1853), p. 335.

BOISGUILBERT (*Pierre* le Pesant, sieur de), économiste et littérateur, lieuten.-gén. au bailliage de Rouen, né à Rouen, et mort dans la même ville en 1714. Dans la publication de ses ouv., il a gardé l'anonyme, ou bien il s'est désigné seulement par les initiales B. G. L'ouv. intitulé : *Le détail de la France, ou Traité de la cause de la diminution de ses biens et la facilité du remède, en fournissant en un mois tout l'argent dont le roi a besoin et enrichissant tout le monde*, s. l. (Rouen, 1697), in-12, a été réimprimé plus. fois, et en dern. lieu (en 1843), dans la *Coll. des principaux économistes*, t. I, où l'on trouve une Notice hist. sur de Boisguilbert par Eug. Daire. Le 2e vol. du *Détail de la France* etc., a été publié sous le titre de : Factum de la France, ou moyens très faciles de faire recevoir au Roi 80 millions par dessus la capitation, praticables par deux heures de travail de MM. les ministres et un mois d'exécution de la part des peuples; s. d. (vers 1705) et s. l., in-12 de 212 p.

La 1re édit. des œuvres econom. complètes de Boisguilbert date de 1707 (Rouen), 2 vol. in-12, et la 2e, de 1712, 2 vol. in-12. Les éditeurs ont fait paraître ces éditions sous le titre de *Testament politique du maréchal Vauban*, sans doute pour qu'elles obtinssent un débit plus considérable.

De Boisguilbert ne fut pas étranger à la littérature. On lui doit les traductions de l'*Hist. de Dion-Cassius de Nicée*, abrégée par Xiphilin, trad. du grec en françois; Paris, C. Barbin, 1674, 2 vol. in-12; de l'*Hist. d'Hérodien*, Paris, 1675, in-12; *Marie Stuart, reyne d'Écosse*, nouvelle hist.; Paris, Barbin, 1674, 3 vol. in-12, et 1675 (Holl.), 3 part. en 1 vol. in-12.

BOISGUILBERT (*Jean-Pierre-Adrien-Augustin* le Pesant de), arrière-neveu de Corneille, est auteur d'un poème sur la *Sédition d'Antioche*, au temps de Théodose, imprimé en 1770. in-8. Ce poème fut jugé digne du Prix d'Honneur par l'Acad. des Palinods de Rouen, en 1769. De Boisguilbert, né à Rouen, était parent du précédent. Quelques membres de cette famille existent encore en Norm. L'un d'eux habite le château de Pinterville, près Louviers.

BOISHÉBERT (Pinard de). V PINARD.

BOIS-HÉBERT DE RAFFETOT (le comte). Mémoire sur les moyens propres à rétablir, dans le dép. de la S.-Inf., l'espèce des chevaux cauchois; *Paris, Mme Huzard*, 1816, in-8 de 14 p.

BOISJOLIN (*Jacq.-Franç.-Marie* Vielh de), littérateur, né à Alençon en 1760, s'est fait connaître par des poésies fugitives et par deux comédies non représentées : l'une, en 3 act., *l'Amour et l'Amitié*, 1778, in-8; l'autre, en 1 act. et en vers, *l'Amour filial*, 1778. Il a publié sous le voile de l'anonyme :

Dissertation sur les cornes antiques et modernes, ouv. philosophique, dédié à MM. les savans, antiquaires, gens de lettres, poëtes, avocats, censeurs, bibliothécaires, imprimeurs, libraires, etc.; *Paris*, 1786, in-8 de 48 p.

M. de BOISJOLIN, mort à Paris en 1832, était sous-préfet à Louviers avant la révolution de 1830.

BOISJOUVIN (*J.-B.*), poète, né à Rouen, fut couronné plusieurs fois par l'Acad. des Palinods, la 1re en 1747, pour une pièce en vers latins sur le *Maréchal de Lowendal*, la 2e en 1748, pour une pièce du même genre, à l'occasion de *la paix rendue à la France*.

BOISJUGAN (Godefroy de), agronome, né aux environs de Bayeux, dans le commencem. du XVIIIe sc., est auteur de : Nouveau traité des abeilles, et nouvelles ruches de paille, par le moyen desquelles on peut, sans frais et avec beaucoup plus de facilité, en tirer un produit plus considérable que par les différentes méthodes dont on s'est servi jusqu'ici dans chaque canton; *Caen, J. Poisson*, 1771, pet. in-12.

BOISLAMBERT (*Louis* de). Extrait d'une lettre de Boislambert, curé du Vieil-Evreux. Contenant des remarques sur la position de ce lieu, et les antiquités que l'on y trouve; *Nouv. Recherches sur la France, etc.*; Paris, Hérissant fils, 1766, t. II, p. 374-380.

Né à St-Aubin-du-Vieil-Evreux, de Boislambert, mourut en 1728, étant curé de cette commune.

BOISLAMBERT (*J.-A.*). Abrégés historiques et chronologiques d'Alençon et ses environs, de ses seigneurs, curés, ministres, et des évêques de Sées, etc., 1780.

Ms. conservé dans la famille Boislambert, de Monsort.

BOISLAMBERT (de). Discours prononcé par M. de Boislambert, prof. à la faculté de droit à Caen, à l'occasion de l'inaugurat. du buste de Pierre-Simon Girard, ingénieur; *Caen, Delos*, 1849, in-8.

BOISMARE (*J.-B.-V.*), Mémoire sur la topographie et les constitutions médicales de la ville de Quillebeuf, et des lieux circonvoisins dont elle reçoit les influences; *Rouen, P. Periaux*, 1812, in-8° de 38 p., avec 1 plan de Quillebeuf et de ses environs.

Ext. des Mém. de l'Acad. de Rouen, 1811.

Le Plan de la ville de Quillebeuf et de ses environs, annexé à ce mémoire, a été composé en caractères d'imprimerie.

— Mémoire sur la topographie et la statistique de la ville de Quillebeuf et de l'embouchure de la Seine, ayant pour objet principal la navigat. et la pêche; *Rouen, P. Periaux*, 1813, in-8 de 43 p.

Ext. des Mém. de l'Acad. de Rouen, 1812, p. 65-107.

Ce Mém. fait suite au précédent. Il fut principalement rédigé à la demande de M. de Montalivet, alors ministre de l'intérieur.

BOISMARE (*J.-B.-Victor*), médecin du Dépôt de mendicité de Rouen, né à Quillebeuf, en 1776, est mort à Rouen, le 28 mars 1814.

BOISMONT (*Nicolas* Thyrel de), membre de l'Acad. franç., et prédicat. ord. du Roi, né aux environs de Rouen, vers 1715, mourut à Paris, le 20 déc. 1786.

Les œuvres de l'abbé de Boismont, précédées d'une notice hist. et litt., par Auger, et suivies de son éloge par de Rulhière, ont été publ. en 1805; *Paris, Colnet*, in-8.

BOISNE (*Jacq.-Franç.*). Ludovico XV, pacificatori oratio habita Cadomensis universitatis nomine, in æde sacrâ Franciscanorum 1749; à Mag. Jacobo Francisco Boisne, eloquentiæ in Sylvano professore; *Cadomi, apud*

Joannem Claudium Pyron, 1740, in-4 de 23 p.

BOIS-ROBERT (l'abbé *François* Le Métel de), poète, membre de l'Acad. franç. (1634), né à Caen, paroisse N.-D. de Froide-Rue, vers 1592, est mort à Paris, le 30 mars 1662. Il fut pendant longtemps le poète favori de Richelieu. On a de lui un grand nombre de tragédies et de comédies (1633-1662), un roman intitulé : *Hist. indienne d'Anaxandre et d'Orazie*, Paris, 1629, in-8, roman réimp. sous le titre de : *Les Amours d'Anaxandre et d'Orazie*; Paris, 1636, in-8;

Et 2 vol. d'Epîtres :

Les Epistres du sieur de Bois-Robert-Metel, abbé de Chastillon; *Paris, Cardin Besongne*, 1647, in-4.

Les Epistres en vers et autres œuvres poétiques de M. de Bois-Robert-Métel, conseiller d'Estat ordinaire, abbé de Chastillon-sur-Seine; *Paris, Augustin Courbé*, 1659, pet. in-8.

Recueil différent de celui qui précède et dont il peut former la 2e partie.

Il édita 2 recueils de poésies, l'un en l'honneur de Louis XIII, intitulé le *Parnasse royal*; Paris, 1635, in-4, l'autre à la louange de Richelieu, ayant pour titre : *Le Sacrifice des Muses au grand Cardinal de Richelieu*; Paris, Séb. Cramoisy, 1635, in-4, port.

V. Huet, *Orig. de Caen*; Niceron, *Mém.*, t. XXXV, p. 53-67; *Hist. de l'Acad. franç.*, par M. Pellisson et par M. l'abbé d'Olivet, (Paris, 1730, in-12), p. 98 et suiv; *Biblioth. du Théât. franç.*, 1768, t. II, p. 380-420; Hippeau, *Mém. de l'Acad. de Caen*, 1852, p. 413-466.

L'abbé de Bois-Robert avait un frère, Antoine Le Métel, écuyer, sieur d'Ouville, qui est auteur d'un recueil de contes fort licencieux, et de 10 comédies qu'il publia de 1635-1650.

BOISROSÉ (*Henri-Ch.* Goustimesnil, sieur de), devint, sous Henri IV, gouvern. de Fécamp et lieut.-gén. de l'artillerie en Norm. Il s'est rendu célèbre par un acte d'intrépidité presque sans exemple dans l'histoire : le 10 nov. 1592, à la tête d'une faible escorte de ligueurs, il parvint à escalader une falaise escarpée, haute de près de 200 mèt. et à s'emparer d'un fort qui le rendit maître de la ville de Fécamp, occupée alors par le maréchal de Biron. V. *Mém. de Sully*, t. I. Le portrait de ce capitaine a été lithog. à la plume par Paul Vasselin, d'après une pl. du XVIe sc., gravée par H. Jacopsen.

BOISSEL DE MONVILLE. V. Monville.

BOISSIER. Recueil de lettres au sujet des maléfices et du sortilége; servant de réponse aux lettres du sieur de St-André, médecin à Coutances, sur le même sujet; par Boissier. Avec la sçavante Remontrance du Parlem. de Rouen faite au roy Louis XIV, au sujet du Sortilége, du Maléfice, des Sabats et autres effets de la Magie, pour la perfection de procez dont il est parlé dans ces lettres; *Paris, Ch. Osmont*, 1731, in-12. V. Saint-André (de).

BOISSIÈRE (*Joseph* de la Fontaine de la), sermonaire, né à Dieppe, mort à Paris, en 1732.

BOISSIÈRE (*Simon* Hervieu de la), auteur ascétique, né à Bernay, le 21 juin 1707, mort à Paris, le 27 août 1777. Le *Dictionn. des Anonym.* indique de cet ecclésiastique les 2 ouv. suiv. : *Traité des Miracles*; Paris, Despilly, 1763, 2 vol. in-12. — *Les Contradictions du livre intitulé : Philosophie de la Nature* (de M. de Lisle de Sales), s. d. (1775), in-12.

BOISSY (de). Robert de Neustrie, ou le Château d'Annebeau; *Paris, Le Rouge*, 1825, 4 vol. in-12.

BOISTARD DE GLANVILLE. V. Glanville.

BOISTARD DE PRÉMAGNY. V. Prémagny.

BOISTEAU (*Pierre*), qui fut trois fois recteur de l'univ. de Caen, dans le XVIIe sc., était né à Laigle, où il mourut curé de l'église de St-Martin.—Il eut l'honneur de haranguer Louis XIII, lors de son séjour à Caen, le 15 juillet 1620. Le roi lui dit en riant : « Je ne peux vous parler longtemps; je vous remercie de votre bonne volonté; je maintiendrai vos priviléges. » V. Vaugeois, *Hist. de l'Aigle*, p. 342.

BOISTHIBAULT (Doublet de). Notice sur la Maison centrale de Gaillon (Eure); *Paris, Cosson*, 1837, in-8 de 24 p.

Ext. du *Journ. gén. des Tribunaux*.

BOISVILLE (*Jean-François-Martin* de), grand-vicaire de Rouen, puis évêque de Dijon, où il est mort, le 27 mai 1829, naquit à Rouen, le 12 janv. 1755. Il est auteur d'une traduction en vers français de l'*Imit. de J.-C.*; *Paris, A.-A. Renouard*, 1818, in-8. De ce livre, il a été tiré 7 exempl. sur gr. pap. vél.

V., sur la vie de ce prélat, une Notice publiée à Dijon par M. Amanton.

BOISVY (*Thomas*), prédicateur à Caen et professeur de théologie à Winchester et à Valognes, vicaire-général du diocèse de Coutances, né en 1762, à Tourlaville (Manche), termina sa laborieuse carrière le 19 mai 1835. V. *Annuaire de la Manche*, 1837.

BOITARD (*Pierre*).—Le Guide du Voyageur, ou Itinéraire instructif et amus.

—Route de Paris à Rouen, par Pontoise.
—Route de Rouen à Dieppe.
—Route de Rouen au Havre de Grace.
—Route de Mantes à Rouen.
—Route de Mantes à Caen.

Chaque route forme un petit vol. avec une carte routière; *Paris, Audot*, 1823, in-18.

BOIVIN (*François*), sieur de la Blanquère, né à Vire, en 1593, mourut en 1680. Poète, il a publié: Les *Lamentations de Jérémie*, *l'Entrevue de S. Paul et de St-Antoine dans le désert*, et plus. autres poésies religieuses.

BOIVIN (*Jean-Gabriel*), cordelier, né à Vire, dans le XVIIe sc., mort en 1681, professa la théologie et publia deux ouv. de philosophie religieuse:

Theologia Scoti a prolixitate et subtilitas ejus ab obscuritate libera et vindicata; Cadomi, 1665, 2 vol. in-12. — *Jos. Gabrielis Boyvin philosophia Scoti à prolixitate, et subtilitas ejus ab obscuritate libera et vindicata: Seu opus philosophicum studentibus sic altemperatum, ut in illo habeant ad manus Philosophiæ Scoti integritatem, et profunditatem planam*; Parisiis, Cauterot, 1682, 2 vol. pet. in-12.

La philosophie Scotiste était appelée ainsi du nom de son auteur, Jean Duns, dit Scot, né en Ecosse. Ce religieux cordelier, surnommé le *Docteur Subtil*, floriss. à la fin du XIIIe sc. et au commencement du XIVe.

BOIVIN (*Henry*), sieur de Vaurouy, né au Pays de Caux, mort vers 1645, est auteur de plusieurs traductions.

BOIVIN (*Louis*), membre de l'Acad. des Insc., né le 20 mars 1649, à Montreuil-l'Argillé (Eure), mort à Paris le 22 avril 1724. Les Mém. de l'Acad. des Insc., t. II et IV, renferment plusieurs dissert. de cet auteur. V. son éloge par de Boze, *Hist. de l'Acad. des Insc.*, t. V, et *Mém.* de Niceron, t. XXI, p. 195-209.

BOIVIN (*Jean*) de Villeneuve, frère du précédent, naquit au même lieu de Montreuil-l'Argillé (ou, suivant M. Chassant, à Bernay), le 28 mars 1663. Membre de l'Acad. des Insc. en 1705, il fut choisi en 1721 par l'Acad. franç. pour succéder à l'illustre Huet. Boivin mourut à Paris le 29 oct. 1726, ayant publié, de 1693-1729, un grand nombre d'ouv. d'érudition. Indépendamm. de ceux-ci, on trouve dans les Mém. de l'Acad. des Insc., t. I-VII, plus. dissert. hist. et litt. de Boivin. — V. son éloge par de Boze, *Hist. de l'Acad. des Insc.*, t. VII, et *Mém.* de Niceron, t. XXVI, p. 356-370.

BOIZARD DE PONTEAU, né à Rouen, vers la fin du XVIIe sc., écrivit plus. pièces pour le théâtre de la Foire, dont il était directeur. Il en composa qq.-unes avec la collab. de Piron, Panard, Fuzelier, Favart, etc. L'époque de sa mort n'est pas connue.

BOLHUIS (*J.-H.* Van). Les Normands dans les Pays-Bas. Histoire de leurs invasions pendant les IXe, X[e] et XIe sc.; *Utrecht*, 1834, 2 vol in-8 (en hollandais).

BOLTON-CORNEY. Researches and conjectures on the Bayeux tapestry; second edit., revised and enlarged; *London, Sam. Bentley*, 1838, in-8 de 21 p., et 3e édit., *London, Sam. Bentley*, 1840, in-8.

La 1re édit. date de 1836.

L'auteur de cette dissertation cherche à établir que la Tapisserie de Bayeux, attribuée jusqu'alors à la reine Mathilde ou à l'impératrice de ce nom, n'a été faite qu'après la réunion de la Normandie à la France, c'est-à-dire au-delà de 1204.

Ce mém., réfuté par M. Ed. Lambert, a été trad. par M. V. E. Pillet.

— Recherches et conjectures sur la tapisserie de Bayeux. Trad. de l'anglais par Victor-Evremond Pillet; *Bayeux, C. Groult*, 1841, in-8 de IV et 13 p.

Trad. faite sur la 2e édit. anglaise.

L'écrit de M. Bolton-Corney a été traduit de nouv. et publié à Poitiers dans la *Rev. anglo-franç.*; Poitiers, 1840 (2e série, 2e liv., p. 149 et suiv.).

BOMARE (*Jacq.-Christophe* Valmont de), pharm., démonstrateur d'hist. naturelle, né à Rouen le 17 nov. 1731, mort à Paris le 24 août 1807. Quelques biographies indiquent sa naissance à Morsan en Lieuvain (Calv.). — De Bomare publia en 1764 son *Dict. raisonné universel d'hist. naturelle*, qui eut plusieurs éditions, in-8 et in-4. La 1re parut à Paris en 1764, 5 vol. in-8, et la dern. à Lyon, en 1800, 15 vol. in-8. Les Mém. de l'Acad. des sc., (Mém. de Mathém. et de Physiq., t. V, 1768), renferment des recherches de ce chimiste sur les *pyrites* et sur les *vitriols*. V. Notice de M. Vitalis, Mém. de l'Acad. de Rouen, 1808, p. 90-94.

BONAIR (le sieur de). Les hevrevx svccez de levrs maiestez et les captifs liberez dans levr voyage de Normandie, par le sieur de Bonair, historiog. du Roy, et l'un des vingt-cinq gentilshommes de la garde-écossaise de son corps; *Paris, Pierre Dv Pont*, 1650, in-4 de 8 p.

Pièce classée parmi les Mazarinades.

BON (le) NORMAND, Alm. des Connaissances utiles, 1re année, 1833. V. *Alm. de Norm.*

BONAMY (*P.-Nic.*). Recherches sur la célébrité de la ville de Paris avant les ravages des Normands. — Suite du mémoire sur la célébrité et l'étendue de Paris avant les ravages des Normands ; *Acad. des Insc. et B.-Lett.*, in-4, t. xv (1743), p. 656-691.

— Mémoire sur l'état de l'empire françois lorsque les Normands y firent des incursions; *Acad. des Insc. et B.-Lett.*, t. xv, p. 639-655.

— Mémoire sur l'état du royaume de France, pendant le règne de Charles le Chauve; et sur les causes de la facilité que les Normans trouvèrent à le ravager; *Acad. des Insc. et B.-Lett.*, t. xvii (1751), p. 245-272.

« L'auteur (dit le P. Le Long, n° 16,408) expose dans les deux prem. mém. les causes de la facilité que les Normands trouvèrent à ravager la France. Ces causes sont la dissention entre les princes de la famille royale, le partage du royaume, l'ambition et le mécontentement des grands, la misère des peuples et plusieurs autres qui en étoient des conséquences. Dans le 3° mém. il traite des incursions que ces barbares firent sur les bords de la Seine, depuis la mort de Louis le Débonnaire jusqu'au siége de Paris en 885. Ce point de notre histoire est discuté avec netteté, précision et méthode. »

— Mémoire sur les incursions que les Normans firent dans la Neustrie, par la Seine; *Acad. des Insc. et B.-Lett.*, t. xvii, p. 273-294.

— Mémoire sur l'isle d'*Oscelle* ou d'*Oissel* (avril 1744; *Acad. des Insc. et B.-Lett.*, t. xx (1753), p. 109-133), avec 1 carte par Ph. Buache.

L'auteur réfute l'opinion de l'abbé Lebeuf et place l'île d'Oscelle ou d'Oissel au-dessous et auprès du Pont-de-l'Arche.

M. Aug. Le Prevost a traité ce même sujet en 1825.

— Conjectures sur la position de *Mediolanum* (Evreux), ancienne ville des Gaules (*Acad. des Insc. et B.-Lett.*, t. xxviii, p. 463-474).

Il n'est pas ici question d'Evreux, comme on pourrait le supposer, mais du bourg ou de la ville de *Malain*, dans le diocèse d'Autun.

Bonamy (*Pierre-Nic.*), né à Louvres (Seine-et-Oise), en 1694, est mort à Paris en 1770.

BONCERF (*P.-Fr.*). Mémoire sur le desséchement de la vallée d'Auge, lu à la séance publ. de la Soc. d'Agricult., le 28 déc. 1791; *Paris, v° Valade*, 1791, in-8 de 16 p.

BONDOUX (*Hipp.*). Recueil des Faux-Bourdons ou quatuor de la métropole, à l'usage du diocèse de Rouen, publié par H. Bondoux; dédié à S. A. E. Mgr. le cardinal prince de Croï, imp. d'après son approb., vérifié et augmenté par A. Godefroy, maître de chapelle de la cathédrale; *Rouen, A. De Labarussias*, 1837, 4 vol. in-8 (Imp. de Delamare).

BONGEVILLE (*Guill.* de). Chronicon, ab anno 1000, ad annum 1280; auctore Guillelmo de Bongevilla, neustrio monacho Beccensi; ms.

Cet auteur, né au Bec et relig. de l'abb. de ce nom, vivait en 1280. V. Guill. de Bougeville.

BONHEUR (le) de la France, ou réjouissance universelle de la liberté des princes, avec tout ce qui s'est passé à leurs sorties (*sic*) du Havre; *Paris*, 1651, 8 p. (Mazarin.).

BONIFACE (*Alex.* de), baron du Boslehart. V. son *Oraison funèbre*, par Platel.

BONIHEUX (l'abbé Le). Pseaumes de David, trad. nouv., avec des notes pour l'éclaircissement des endroits difficiles, par un ecclésiastique du dioc. d'Avranches; *Paris, Belin*, 1789, in-8.

Le Dict. des Anony., n° 15,048, attribue cette trad. à M. Le Boniheux, curé du Luot, arr. d'Avranches; le même Dict., n° 15,049, indique une trad. de ces mêmes Pseaumes par un ecclésiast. du dioc. d'Avranches, sous le nom de M. Boysson; *Londres, Dulau*, 1798, in-8. Cette édit. de 1798 portant l'indic. de 2° édit., nous sommes disposé à croire que l'imprimé de 1789 serait la 1re édit., et qu'il y a par conséquent erreur de nom d'auteur; nous ne pouvons toutefois désigner lequel de ces deux noms serait le vrai. (V. Boysson.)

BONNECHOSE (*Henri-Marie-Gaston* de), nommé évêque d'Evreux, en remplacement de Mgr. Olivier, a pris possession de son siége apostolique le 31 mai 1855.

Mgr. de Bonnechose, anciennement évêque de Carcassonne, est né à Paris, le 30 mai 1800.

BONNECHOSE (*Emile* de). Rosemonde, trag. en 5 a.; *Paris, Lecaudey*, 1826, in-8.

— Les quatre Conquêtes de l'Angleterre, son histoire et ses institutions sous les Romains, les Anglo-Saxons, les Danois et les Normands, depuis Jules-César jusqu'à la mort de Guillaume-le-Conquérant; *Paris, Didier*, 1852, 2 vol. in-8.

Ouv. couronné par l'Acad. franç., en 1852.

La 4e conquête (période anglo-normande), occupe les p. 223-459 du t. II.

— St-Thomas de Cantorbéry; *Paris, Brière*, 1854, in-8 de 36 p.

Ext. de la *Rev. Contemp.*, 15 janv. 1854.

M. Bonnechose (*Emile* de), frère de l'évêque d'Evreux, anc. biblioth. du Roi, à St-Cloud, est auteur de plus. autres ouv. en vers et en prose indiqués dans la *France litt.* et la *Littérature franç. contemp.*

BONNECHOSE (de). Recherches historiques sur les progrès de l'horticulture et de l'étude de la Botanique dans le Bessin; *Mém. de la Soc. d'Agricult., Scienc., Arts et Bell.-Lett. de Bayeux*, t. II, 1844, p. 197-249).

M. de Bonnechose, demeurant à Blary (Calvados), a été Président de la Soc. des Antiq. de Norm.

BONNEFONDS (Dom *Elie-Benoît*), bénédictin de la Congrég. de St-Maur, né à Mauriac, en 1622, mort à l'abbaye de St-Wandrille, le 22 janv. 1702, a laissé mss. deux précieux ouv. pour l'Hist. de Normandie: *Hist. civile et ecclésiastique de la ville de Corbie*, 2 vol. in-fol., et *Vies des saints Abbés et Religieux du monastère de Fontenelle, dit autrement de St-Wandrille*, in-4. Ce dern. ouv. devait former plusieurs vol., si on en juge par le t. III que possède la Bibliot. de Rouen.

BONNEL (de la Brageresse), méd. Dissertation sur la nature, l'usage et l'abus des eaux thermales de Bagnols en 1774, in-8.

BONNEMAINS (*Pierre*), lieut.-gén., anc. pair de France, etc., né à Tréauville (Manche), le 13 sept. 1773, est mort au Mesnil-Garnier, le 9 nov. 1850. V. Notice de M. Renault, *Ann. de la Manche*, 1851, p. 629-632, et *Ann. norm.*, 1852.

BONNEMER (*François*), peintre, né à Falaise vers 1622, mort le 5 janv. 1675 (ou 1689, suiv. l'abbé Saas).

BONNET (*Guill.*), évêque de Bayeux en 1306, fonda, en 1308, à Paris, un collége auquel il donna le nom de son évêché. Né dans le XIIIe sc. à la Baroche-sous-Lucé (dioc. de Sées), il mourut à Angers, le 3 avril 1312.

BONNET (*Auguste*), caissier de la monnaie de Rouen, membre de l'Acad. de cette ville, né à Chartres, mort à Rouen le 19 mars 1815, âgé de 35 ans. Il est auteur de: *Manuel monétaire et d'orfévrerie, etc.*; Rouen, Imp. de P. Periaux, 1810, in-4 de VIII et 501 p. — *Man. du Capitaliste, etc.*, ouv. arrivé à la 15e édit. (augm. par Bottin); Paris, Roret, 1855, in-8 de 383 p. — V. Notice par M. Vitalis; *Acad. de Rouen*, 1815.

BONNET (*Jean-Louis-François*), lieut.-gén., né à Alençon, le 8 août 1768, conquit successivement ses grades à l'armée de Sambre-et-Meuse, en Espagne de 1809 à 1812, en Allemagne en 1813, etc. Il fut nommé Pair de France en 1832 et envoyé en Algérie pour constater l'état de la colonie.

BONNET, fils du précédent, préfet de la Manche en 1847, après avoir été secrét. gén. de la Préfect. de la S.-Inf., est auteur d'un mém. sur la *Législation des céréales*; Soc. d'Agricult. de la S.-Inf., t. VIII, séance publ., 1835, p. 56-78.

BONNEVILLE (le comte de), maréchal de camp avant 1789, fut député aux Etats-Généraux par la noblesse du bailliage d'Evreux, et devint plus tard membre du Conseil gén. de l'Eure, dép. dans lequel il était né.

BONNEVILLE (*Nicolas* de), imp.-lib. à Paris, littérateur, publiciste, etc., né à Evreux le 13 mars 1760, mort à Paris le 9 nov. 1828, est auteur de plusieurs écrits en vers et en prose, de 1786-1793. Parmi ces dern., nous citerons:

Lettre de M. de Bonneville, lieuten.-colonel des volontaires de Rouen, adressée aux sieurs Le Cesne, Lobier, Dauphin et Soublin, détenus à la conciergerie du Palais, à Rouen, depuis le 5 août 1789 (16 juillet), s. l. n. d. (1790), in-4.

— Lettre du député de la ville de Paris (Nicolas de Bonneville), à MM. les Volontaires patriotes de la commune de Rouen. Ce 30 juillet 1789; *Rouen, Imp. de P. Ferrand*, 1789, in-4.

De Bonneville fonda à Paris, en 1791, le *Cercle social*, où il établit une imprimerie dont il se servit, ainsi que l'abbé Fauchet, son ami, pour imprimer une foule de pamphlets et de journaux, entre autres le journal intitulé: *La Bouche de fer*, dont les opinions anti-terroristes effrayèrent Marat et quelques autres montagnards.

BONNEVILLE (*Pierre-Fréd.*), graveur, né à Evreux vers la moitié du XVIIIe sc., s'est acquis une certaine célébrité dans son art par la publication des 2 ouv. suiv.: *Portraits des personnages célèbres de la révolution, avec un tableau historique et des notices par P. Quénard*, 208 pl.; Paris, 1796, 3 vol. in-f. — *Traité des monnaies d'or et d'argent qui circulent chez les différents peuples, avec les diverses empreintes*; Paris, 1806, in-f., avec 188 pl. et 1 suppl.

BONNIN (*C. J. B.*). De l'Excellence de P. Corneille; *Paris, Bailly*, 1791, in-8.

Dissertation réimp. à la suite de la 2e édit. des *Pensées de l'auteur*; Paris, Béchet aîné, 1824, in-8.

BONNIN (*Th.*). Puy de Musique, érigé à Evreux, en l'honneur de madame Sainte Cécile; publié d'après un manuscrit du XVIe siècle, par MM. Bonnin et Chassant; *Evreux, Imp. de J. J. Ancelle fils*, 1837, in-8 de II et 88 p.

Publication dont il a été tiré quelq. exempl. sur gr. pap.

— Fondation de la messe et confrérie du pardon, à Evreux, publiée d'après un ms. de la Biblioth. du Chapitre, à Evreux; *Rev. hist. des cinq dép. de l'anc. prov. de Norm.*, 1837, p. 247-263.

— Notes sur les entrées solennelles des Rois de France à Evreux; *Evreux, Ancelle fils*, 1838, in-8 de 15 p.

Ext., tiré à petit nombre, du *Rec. de la Soc. lib. d'Agricult., Sc., Arts et B.-Lett. de l'Eure*, t. IX, janv. 1838.

— Inscriptions découvertes dans les fouilles du Vieil-Evreux; *Evreux*, 1838, in-8.

— Analectes historiques, recueil de documents inédits sur l'histoire de la ville d'Evreux; *Evreux, Ancelle fils*, 1839, gr. in-8 de 67 p., avec une vue de la ville d'Evreux en 1634, dessinée par Tassin, géogr. ordin. du Roi.

Dans quelq. exempl., on a ajouté un plan de la ville d'Evreux, en 1845, dessiné par Fetis, d'après Monnier, et lithog. par L. Tavernier et Ce, à Evreux.

— Inscriptions découvertes au Vieil-Evreux (Mediolanum Aulercorum); *Evreux, J.-J. Ancelle fils*, 1840, in-4 de 4 p. de texte, avec 3 pl. lithog.

— Fers antiques trouvés au Vieil-Evreux (Eure). Lettre à MM. les membres de la Soc. des Antiq. de Norm.; *Evreux, typog. de J.-J. Ancelle fils*, 1840, in-4 de 11 p. de texte et de 3 pl.

— Notice sur un Tombeau celtique découvert en décembre 1842, à Saint-Etienne-du-Vauvray (Eure); *Evreux, Jules Ancelle*, 1843, in-8 de 15 p.

— La Farce de Pates-Ouaintes, pièce satyrique, représentée par les écoliers de l'université de Caen, au carnaval de 1492; publiée d'après un ms. contemporain; *Evreux, J. Ancelle*, 1843, in-8 de VI et 29 p., avec un fac-simile du ms.

Cette satyre, imp. sur pap. vergé, façon de Holl., est attribuée à *Pierre de l'Esnauderie*, alors secrét. du conserv. de l'Université, et devenu plus tard recteur. Restée inédite jusqu'alors, elle n'a été tirée qu'à un très petit nombre d'exempl., d'après le ms. original qui appartient à M. Mancel, lib. à Caen. Cette satyre en action avait pour but de se venger de Charles VIII, qui ordonna que l'université, nonobstant ses priviléges, payerait sa part des charges de l'état, surtout de ceux qu'on appelait *les traitres*, de Hugues Bureau, sieur de Giberville, ancien élève de l'Université, qui venait d'être appelé aux fonctions de lieuten. gén. du bailli de Caen, et qui avait été chargé de notifier cette ordonnance.

— Antiquités Gallo-Romaines du Vieil-Evreux, publiées sous les auspices du conseil gén. du départ. de l'Eure; atlas in-4 de 4 p. de texte, plus 50 pl.; *Evreux, Imp. de Tavernier*, 1845.

— Opuscules et Mélanges historiques sur la ville d'Evreux et le départ. de l'Eure; *Evreux, J. Ancelle*, 1845, in-12 de VIII et 223 p.

La préface est signée T. B. On a réimp. dans ce vol. le Calendrier astronomique de Jacq. Crétien, curé d'Orgeville; *Evreux. J. Malassis*, 1749. — Les 2 Calendriers histor. de Durand, prof. au collége d'Evreux, 1749 et 1750. On a reproduit, en outre, des lettres et dissert. d'auteurs anonymes sur quelques coutumes singulières du clergé, des écrits de Beziers et du curé de St-Thomas d'Evreux, Adam, dont on a perdu l'Histoire d'Evreux; enfin, un extrait de l'*Art de vérifier les dates*, concernant les comtes d'Evreux.

— Soc. des Antiq. de Norm. Séance publ. du 5 nov. 1845. Discours de M. Th. Bonnin, directeur; *Evreux, Tavernier et Ce*, 1846, gr. in-8 de 16 p.

L'auteur passe en revue les principaux monuments du départ. de l'Eure.

— Notes, fragments et documents pour servir à l'histoire de la ville d'Evreux. Ext. des Journaux, Mémoriaux, Actes et Délibérations de l'Hôtel de Ville, 1623-1816; *Evreux, Tavernier et Co*, 1847, gr. in-8 de 149 p., avec un plan de la ville d'Evreux en 1745.

— Souvenirs et Journal d'un Bourgeois d'Evreux, etc., 185[illegible] V. ROGUE.

— Rapport lu à la séance publ. de la Soc. libre d'Agricult., Scienc., Arts et Bell.-Lett. de l'Eure, le 31 août 1851, au nom de la commission chargée de l'examen des ouv. envoyés au concours de 1851. (Biog. des Hommes célèbres du départ. de l'Eure); *Evreux, Hérissey*, in-8 de 12 p.

— Journal des visites pastorales d'Eude Rigaud, etc., (1852). V. RIGAUD.

— Monstres générallcs de la noblesse et bailliage d'Evreux (1853). V. *Monstres, etc.*

— Chute du Pont-de-l'Arche; *Annuaire norm.*, 1857, p. 411-414.

BONNIN (*Jean-Théodose*), inspect. des monum. hist. pour le départ. de l'Eure, né à Breteuil (Eure), le 11 janv. 1807, a rendu des services réels aux études hist. norm., par ses diverses publications.

BONNODIÈRE (de la). Le Cantique des Cantiques, pastorale sainte (en vers, avec le texte latin en regard), à Mgr. et à Mme le duc et la duchesse de Bourgogne; *Caen, Guill. Richard, Poisson*, 1708, in-8 de 61 p., et *Caen, J.-J. Godes*, 1716, pet. in-8.

BONPLAND (*Aimé*). Description des plantes rares de Navarre et de la Malmaison; *Paris, P. Didot*, 1813, in-fol. orné de 64 pl., d'après les dessins de Redouté.

Le château et les jardins de Navarre, près d'Evreux, n'existent plus. C'était alors la résidence de l'impératrice Joséphine.

BONS (*Ch.* Elis de), poëte, né à Falaise. V. ELIS.

BONS (les) CITOYENS, ou lettres des Sénatographes, écrites par des gens respectables; *Rouen*, 1771, in-8.

A l'occasion de la dissol. du Parlem. de Norm.

BONTÉ (*Pierre-Joseph-Marie*), méd., né à Coutances, le 16 avril 1730, est mort dans cette ville, le 2 août 1806. Il était membre correspond. de l'Acad. de Rouen, et lui a adressé les Mém. suiv. : *Mém. sur les coliques fréquentes occasionnées par l'usage du cidre*, maladie qu'il nomma coliques végétales.—Mém. d'histoire naturelle, qui a remporté l'accessit de l'Acad. roy. des Sc., Arts et Bell.-Lett. de Rouen, année 1769; *Coutances, J. Le Roy*, 1769, in-12 de 64 p.

La question proposée était celle-ci : « Y a-t-il entre les trois règnes, animal, végétal et minéral, des limites sensibles et distinctes? ou ces trois règnes se lient-ils les uns aux autres par une chaîne continue qui en fasse une unité réelle?

Les savantes dissertations que Bonté publia sur diverses parties des scienc. médic. et natur. lui méritèrent le titre de corresp. de l'Institut.

BONTÉ (le P. *André*), dit en religion François Xavier. V. XAVIER.

BONVOISIN (*Louis-Toussaint*), né au Havre le 5 avril 1785, a publié deux poèmes : l'un, en 1824, à l'occasion de la *Guerre d'Espagne de* 1823, l'autre, ayant pour titre : *Le Débarquement de Louis XVIII à Calais, le 24 avril* 1814; Rouen, 1822, in-8. Bonvoisin mourut à Paris le 14 juillet 1825.

Son frère (*Benj.-Benoît*), né également au Havre, le 23 déc. 1788, se livra à l'étude de la peinture et réussit dans le genre du portrait. Il peignit pour la ville du Havre les portraits de Louis XVIII et de la duchesse d'Angoulême. Cet artiste mourut à Paris en 1816.

BEAUVOISIN (*Victor-Henri*), frère des précédents, graveur, élève d'Alex. Tardieu, né au Havre le 8 janv. 1795, mort le 26 mars 1827, laissant non terminée une planche de *Phèdre et Hippolyte*, d'après le tableau de Guérin.

BONVOULOIR (*Richard* de), astronome, né à Passais (Orne), le 28 mars 1773, mort à Batavia en 1794, fit partie de l'expédition de d'Entrecasteaux à la recherche de Lapeyrouse.

BORDEAUX. Notice sur les Bourgs de Lyre (Vieille et Neuve-Lyre, sur la rive droite de la Risle, à 16 kilom. de Conches et de Laigle); *Journ. d'Agr., de Méd. et des Sc. access. du dép. de l'Eure*, t. VI (Evreux, 1829), p. 215-227.

— Rapport sur les Ecoles gratuites de la ville d'Evreux; *Bullet. de l'anc. Soc. d'Agr., Sc., Arts et B.-Lett. du dép. de l'Eure* (Louviers, 1833), p. 404-428.

— Notice sur Achaintre père; *Louviers*, 1836, in-8.

M. BORDEAUX, anc. juge au tribunal civil d'Evreux, est le père de M. Raymond Bordeaux.

BORDEAUX (*Raymond*). Notice sur le logis abbatial de l'évêque de Castres, ancien édifice de l'abbaye royale de St-Etienne, à Caen; *Bullet. monum.*, t. XI (1845), p. 342-347.

— Les anciennes maisons monumentales de Caen, monographies; 1er art. (L'Hôtel de Mondrainville, blasons et légendes énigmatiques, l'Hôtel des monnaies de Caen); *Bullet. monum.*, t. XII (1846), p. 106-129.

Il en a été fait un tirage à part, avec vignettes sur bois.

— Etudes héraldiques sur les anciens monuments religieux et civils de la ville de Caen; texte par R. Bordeaux, avocat, fig. par Georges Bouet, peintre, suivies d'une notice des monuments, tombeaux, blasons, etc., de l'abbaye de St-Etienne de Caen, relevés en 1706 par ordre de l'intendant Foucault, publié d'après le ms. de la Biblioth. roy.; *Caen, A. Hardel*, 1846, in-8 de 75 p.

Ext. du Bullet. monum., t. XII, p. 461-482, et t. XIII (1847), p. 428-478.

— Statistique routière de Lisieux à la frontière de Normandie; *Caen, Delos*, 1849, in-8 de 31 p., avec grav. sur bois.

Ext. de l'Ann. norm., 1849, p. 29-59. Route de Lisieux à Evreux et à Pacy.

— Statistique routière depuis l'entrée dans le département de l'Eure jusqu'à la jonction à la route directe de Paris (depuis Orbec jusqu'à Bernay); *Caen, Delos*, 1849, in-8 de 18 p., avec grav. sur bois.

Ext. de l'Ann. norm., 1849, p. 169-186.

— Société française pour la conservation des monuments historiques. — Séances générales tenues à Rouen et à St-Georges-de-Bocherville, les 11 et 12 avril 1849; *Rev. de Rouen*, 1849, p. 203-216.

Rapport présenté par M. R. Bordeaux.

— Congrès des délégués des Soc. savantes des départements, sous la direction de l'Institut des provinces de France; *Rev. de Rouen*, 1850, p. 261-271.

— Notice biographique sur M. le général marquis de Chambray; *Caen, A. Hardel*, 1850, in-8 de 15 p.

Ext. de l'Ann. norm., 1850.

— Excursion faite dans la vallée d'Orbec, aux environs de Lisieux, le 11 juin 1850; *Caen, Hardel*, 1850, in-8 de 16 p.

Ext. du Bullet. monum.

— Excursions archéologiques dans la vallée d'Orbec, aux environs de Lisieux, les 11 juin 1850 et 11 juillet 1851; 2e édit.; *Caen, Delos*, 1851, in-8 de 28 p., avec vignettes sur bois.

Ext. de l'Ann. norm., 1852, p. 477-501.

— Séance tenue à Lisieux le 10 juillet 1851 par la Soc. française pour la conservation des monuments, pendant le congrès de l'Assoc. norm.; *Bullet. monum.*, t. XVIII, p. 150-162.

— Principes d'archéologie pratique appliqués à l'entretien, la décoration et l'ameublement artistique des églises, à l'usage des curés, des conseils de fabrique et des architectes et ouvriers appelés à réparer les églises rurales; *Caen, A. Hardel* (*Paris, Derache* et *Dumoulin*), 1852, in-8 de 288 p., avec grav. sur bois.

Ce livre a paru d'abord par parties détachés dans le Bullet. monum.

— Note sur des méreaux inédits du chapitre d'Evreux et de l'abbaye de St-Désir de Lisieux; *Caen, Hardel*, 1852, in-4 de 8 p., avec 1 planche.

Ext. des Mém. de la Soc. des Antiq. de Norm., t. XIX, p. 584-590.

Les méreaux étaient des jetons de présence autrefois usités dans les églises cathédrales.

— Note sur des textes de droit Romain, grav. à l'entrée d'un château du XVIe sc.; *Caen*, 1853, in-8.

Ext. du *Bullet. monum.*, t. XIX (1853), p. 177-185.

Le château dont il est ici question est celui de Serville, S.-Inf., route de Rouen à Fécamp.

— Démolition de l'étage supérieur du cloître de la cathédrale d'Evreux; *Caen, Hardel*, 1854, in-8 de 7 p.

Ext. du *Bullet. monum.*, t. XX (1854), p. 479-483.

L'auteur combat l'idée de cette démolition.

— Notice histor. sur la vie et les travaux de M. Gaillard de St-Germain, archéologue et compositeur de musique, mort à Evreux, le 15 déc. 1852; *Caen, Delos*, 1854, in-8.

Ext. de l'*Ann. norm.*, 1854, p. 524-541.

— Séances tenues aux Andelys, en juill. 1853, par la Soc. française pour la conserv. des monum. histor.; *Bullet. monum.*, t. XX (1854), p. 143-171, avec vign. sur bois.

Il en a été fait un tirage à part.

— Procès-Verbal de la séance archéolog. tenue à Avranches, le 20 juillet 1854, par la Soc. franç. pour la conservation des monuments, pendant le congrès de l'Assoc. norm.; *Bullet. monum.*, t. XXI (1855), p. 251-266.

M. R. Bordeaux était secrét. de la Société.

— Conservation du cloître de la cathédrale d'Evreux et démolition du célèbre pont de Pont-de-l'Arche; *Bullet. monum.*, t. XXI (1855), p. 148-155, avec vign. sur bois.

— Origines et transformations du dialecte normand au moyen-âge, et sa part dans la constitution définitive des langues anglaise et française actuelles, ms.; *Biblioth. de l'Acad. de Rouen.*

Mém. couronné par l'Acad. des Sc., Bell.-

Lett. et Arts de Rouen, dans sa séance du 10 août 1855.

— Soc. franç. d'archéologie pour la conservation des monuments historiques. Session à Louviers, les 20, 21 et 22 mai 1856; *Evreux, Hérissey*, in-4.

Lettre circulaire, avec envoi du programme des questions à discuter.

— Notice biographique sur M. Ch.-Julien Bourdon, archéologue; *Caen, Hardel*, 1856, in-8 de 16 p.

Ext. de l'*Ann. norm.*, 1856.

— Notice sur M. Philémon Fouquet, ancien manufactur., membre du Conseil gén. de l'Eure, etc.; *Ann. norm.*, 1856, p. 632-636.

Pierre-Philémon Fouquet, né en juill. 1786, à Rugles (Eure), mort à Paris, le 17 oct. 1855, se livra avec succès à la fabrication des fils de fer et des fils de laiton de diverses grosseurs que la France, avant la formation de ses établissements dans la vallée de la Risle, tirait de la Belgique.

— Notice sur M. L.-H. Delarue, ancien secrétaire perp. de la Soc. d'agricult. de l'Eure, etc.; *Ann. norm.*, 1857, p. 522-526.

Bordeaux (*Raymond*), Dr en droit, avocat à Evreux, est né à Lisieux. Indépendamment des ouv. mentionnés ci-dessus, il s'est associé à Mlle A. Bosquet, pour la rédaction du texte de la *Normandie illustrée*, partie consacrée à la Haute-Norm., et a publié 2 ouv. de droit importants:

— De la législation des Cours d'eau dans le droit français ancien et dans le droit moderne. De quelles améliorations serait-elle susceptible? Ouv. couronné par la faculté de Droit de Caen; *Paris, Alph. Delhomme*, 1849, in-8 de VIII et 256 p. (*Imp. de A. Hérissey, à Evreux.*)

— Philosophie de la procédure civile. Mém. sur la réformation de la justice, couronné par l'Acad. des Scienc. morales et politiques, dans sa séance du 25 juin 1853; *Paris, A. Durand*, 1857, in-8 de 615 p. et de 4 ff. prél. (*Imp. de A. Hérissey, à Evreux.*)

BORDEAUX DE PRÉTRÉVILLE (*Auguste*). Recherches historiques et critiques sur Jean le Hennuyer, évêque et comte de Lisieux; *Lisieux, J.-J. Pigeon*, 1842-1844, 2 part. in-8 formant ensemble 188 p.

L'auteur (oncle de M. Raym. Bordeaux) plaide la cause de Jean le Hennuyer, lui attribuant une résistance courageuse aux ordres de Charles IX, en 1572, combattant ainsi l'opinion contraire émise par M. L. Du Bois.

BORDERIE (le sieur de la), poète norm. du XVIe sc., sur lequel on a peu de renseignements. Il est auteur de 2 poëmes: *L'Amye de Court nouuellement inventé*; Lyon, Est. Dolet, 1542, in-8; et *le Discours du Voyage de Constantinople, envoyé dudit lieu à une demoyselle de France*. Ces poëmes sont renfermés dans le recueil intitulé: *Opuscules d'amovr, par Heroet, La Borderie et avtres divins poëtes*; Lyon, Jean de Tovrnes, 1547, in-8. (Bibl. Imp.).

Goujet dit qu'il ne faut pas confondre cet auteur avec Jean Boiceau, seigneur de la Borderie, son contemporain.

BORDES (*Jacques* de), capucin et prédicateur, né à Argentan, en 1593, mort en 1669, a publié sur l'Écriture sainte plus. ouv. en latin et en français, de 1630 à 1661.

BORDES (*Adolphe*), poëte, né à Pont-l'Evêque, est auteur de plusieurs recueils de poésies, 1847-1855. Le plus important est: *Torrents dans la Vallée*, poésies; Lisieux, ve Tissot, 1847, gr. in-8 de 320 p.

BORDIER (*Jacques*), jésuite, né à Rouen dans le XVIIe sc., est mort en 1672. Envoyé, en 1666, remplir son pieux ministère à la Nouvelle-France, il y fit de nombreuses conversions et publia la relation de son voyage, en 1669.

BORDIER, acteur du théâtre des Variétés amusantes, s'étant mis à Rouen, avec Jourdain, à la tête d'un mouvement populaire, fut jugé prévotalement et condamné à être pendu, 21 août 1789. Ils furent exécutés tous les deux à l'entrée du pont de Bateaux.

Le 23 nov. 1793, le Conseil gén. de la commune de Rouen prit une délibération pour réhabiliter la mémoire de ces deux missionnaires de la révolution. On donna même le nom de quai Bordier au quai de Paris, et celui de quai Jourdain au quai du Havre, dénominations qui durèrent quelq. années.

La mort de Bordier donna lieu aux pièces suiv.:

— Bordier aux Enfers, com., 1 a., par M. L. B. D.; *Paris*, 1789, in-8 de 28 p., s. n. d'imp.

Ecrit contre Bordier.

— Mort de Bordier (pendu à Rouen), acteur des Variétés (par Dumaniant) (Laporte). s. d.

— La mort subite du sieur Bordier, acteur des Variétés. Lettre d'un négociant de Rouen, à M. Guillaume, marchand de draps, rue St-Denis. Du 22 aout 1789, s. n. (Grangé).

Dans une caricature du temps, Bordier est représenté en arlequin, ayant à côté de lui une potence, une échelle et une corde. Le titre porte: *Avis aux perturbateurs du bon ordre, par feu Bordier, mort en l'air, le 21 août 1789.*

BORDS (des). De la meilleure manière de prêcher, par M. D. R. (des Bords), prêtre de Rouen; *Rouen*, 1700, in-12. (Dict. des Anon.)

BOREL, poëte dramatique, né à Rouen dans la prem. moitié du XVIIIe sc., est auteur du

Méfiant, com. en 5 a. et en vers, représ. pour la prem. fois à Paris, sur le Théâtre Italien le 20 déc. 1785, où elle fut favorablement accueillie. Représentée l'année suiv. sur le Théâtre de Rouen, elle obtint le même succès. Cette pièce a été imp. en 1786; *Paris*, *Cailleau*, in-8.

V. sur Borel le *Journ. de Norm.* des 29 mars et 5 avril 1786.

BOREL (*Pierre*), sténographe et astronome, né en 1744 à St-Marcouf (Manche), mort à Castilly, près de Bayeux, en 1799, avait composé, d'après un nouv. système, un traité de sténographie, dont il publia le prospectus en 1780. V. Pluquet, *Hist. de Bayeux*, p. 412.

BORLÉ (*Michel*), sculpteur, né à Liége le 28 sept. 1751, vint à Dieppe vers 1775, et mourut dans cette ville le 22 avril 1817. V. sur cet artiste la Notice de M. l'abbé Cochet, dans la *Galerie dieppoise*, et *Rev. de Rouen*, 1846.

BORNIER (*Henri* de). La Muse de Corneille, à-propos joué sur le théâtre imp. de l'Odéon, pour l'anniv. de la naissance de Corneille, le 6 juin 1854; *Paris*, *Michel Lévy frères*, 1854, in-12 de 12 p.

BORRING (*Etienne*). Sur la limite méridionale de la monarchie danoise, et sur l'étymologie des noms géographiques de Slesvig et de la Normandie; *Paris*, *Martinet*, 1849, in-8 de 16 p.

Ext. du Bullet. de la Soc. de Géographie.

BORSSAT. Corneille, vers par M. Borssat, comédien, lus au théâtre des Arts pour la fête de Corneille, le 29 juin 1833; *Rev. de Rouen*, 1833, 2e sem., p. 23 et 24.

BOSC (*Nicolas* du). V. Du Bosc.

BOSC (*Jean* du). V. Du Bosc.

BOSC (*Martin* du). V. Du Bosc.

BOSC (*Jacq.* du). V. Du Bosc.

BOSC (*Pierre* du). V. Du Bosc.

BOSC-ROGER (*Esprit* du). V. Bos-ROGER.

BOSCHER. Essai hist. et statistique sur Thury-Harcourt; par M. B. (Boscher); *Caen*, *T. Chalopin*, 1831, in-8 de 32 p., avec une planche.

M. Boscher, avocat, est membre de la Soc. des Antiq. de Norm.

BOSON, religieux de l'abbaye du Bec, disciple et ami de S. Anselme, né à Montivilliers en 1065, termina sa carrière le 24 juin 1136. V., sur ce sage et savant abbé, l'*Hist. litt. de la France*, t. XI (1759), p. 619-622.

L'abbé De la Rue, dans ses *Bardes et Trouvères anglo-norm.*, t. II, p. 297, cite un poëte du nom de Boson, qui mourut en 1181, étant cardin. du titre de S. Cosme et de S. Damien.

BOSQUET (*Fr.-Jos.*). Theliglat, ou la nymphe reconnaissante et autres poésies; *St-Lo*, *L.-L. Potier*, s. d., in-8 de 32 p.

BOSQUET (Mlle *A.*). Blosseville-Bonsecours. Légende rouennaise; *Rev. de Rouen*, 1834, 1er sem., p. 359-368.

— La Relique. Légende de Normandie; *Rev. de Rouen*, 1834, 2e sem., p. 170-180.

— Salon de 1843 à Rouen; *Rouen*, *A. Péron*, 1843, gr. in-8 de 60 p.

Ext. de la *Rev. de Rouen*, juillet 1843.

— La Normandie romanesque et merveilleuse, traditions, légendes et superstitions populaires de cette province; *Paris*, *Techener*, et *Rouen*, *A. Le Brument*, 1845, in-8 de VIII, XVI et 519 p., avec lettres grises grav., sur bois (Imp. de *A. Péron*, à *Rouen*).

25 exempl. ont été tirés sur gr. jésus vélin.

Fruit de recherches patiemment poursuivies durant plusieurs années, cet ouvrage présente, aux amateurs des antiques traditions, de curieux récits qui font connaître, avec leur couleur véritable, les mœurs des siècles passés, dont on retrouve encore quelque trace dans certaines localités rurales.

Sur cet ouv., V. un art. de M. Chéruel, *Rev. de Rouen*, 1845, 1er sem., p. 109-115. Plusieurs chapitres de la *Norm. romanesque* ont paru dans la *Rev. de Rouen*, 1841, 42 et 44.

— Rosemonde, roman historique, divisé en 7 art.; *Rev. de Rouen*, 1846.

Le 1er art. est intitulé : *Les Outlaws*. On sait que, dans les prem. siècles de la domination norm. en Angleterre, on donna le nom d'Outlaws (hors la loi) à tous les Saxons qui se constituèrent en état de rébellion contre l'ordre social et politique établi par la conquête. Les *Outlaws* étaient les successeurs politiques des réfugiés du camp d'Ely et des soldats d'Hereward. V. Aug. Thierry, *Hist. de la Conq. de l'Angleterre*, t. II, liv. V.

— Madame de Longueville; *Rev. de Rouen*, 1847, p. 65-85, avec 1 portr.

— Une Victime de Boileau. Pradon, né à Rouen (vers 1650); *Rev. de Rouen*, 1847, p. 274-300.

— Une Femme nulle; *Rev. de Rouen*, 1848 (5 art.).

— Exposition de Peinture, à Rouen, en

1851; *Rev. de Rouen*, 1851, p. 532-550.

Mlle A. Bosquet s'est associée à M. Raymond Bordeaux pour la rédaction du texte de la *Normandie illustrée*, partie consacrée à la Haute-Normandie.

Née à Rouen en 1816, Mlle Amélie Bosquet s'occupe avec succès de littérature et d'histoire.

BOSQUIER. Notice sur St-Saëns (S.-Inf.). Mém. de la Soc. des Antiq. de France, t. IV, 1823, p. 128-133.

M. Bosquier était receveur de l'enregistrement.

BOSROGER ou BOSCROGER (le P. *Esprit* du). La Piété affligée ov discovrs historique & theologique de la possession des religieuses dittes de Saincte Elizabeth de Louuiers. Divisé en trois parties. *Roven*, 1651, in-12, et *Roven, Jean Le Bovlenger*, 1651, in-4 de 458 p., plus : *Heberto Sacerdoti dignissimo suus Gislerius salutem*, 8 p. Pièce latine relative au même sujet, et 13 ff. prélim. Une grav. est placée en tête du vol.

— Ditto ; *Amsterdam*, (*Rouen*), *Pierre Schaier*, 1700, in-12.

Cet ouv., dédié au duc de Longueville, gouv. de la Norm., et divisé en 3 liv., comprend les années 1643-1647. Dans le 1er liv., l'auteur examine ce qu'on doit penser de la magie, et traite des visions, apparitions, sortilèges, etc. Dans le 2e, il détaille au long les possessions causées par la magie dans le monastère de Louviers, et comment elles furent découvertes. Le 3e liv. rapporte les aveux des possédées, en particulier les charges et confessions de Magdeleine de Bavent (nommée Bavan) ; les charges et accusations contre Mathurin Picard, curé du Mesnil-Jourdain, et contre Thomas Boullé ; enfin l'arrêt du Parlement de Rouen contre les mêmes, du 21 août 1647. Dans le dern. chap., l'auteur examine si le crime de magie doit être puni de mort, et s'il faut exécuter les sorciers et magiciens ; il décide pour l'affirmative. Ce livre est terminé par une lettre, écrite en latin, adressée par Hébert, prêtre, à son ami Gislere, chevalier de Belgique.

M. Floquet (*Hist. du Parlem.*, t. V, p. 713) remarque très-judicieusement que Boscroger, au lieu d'être honteux du rôle qu'il avait joué dans le procès de Louviers, alla mettre au jour cette *Piété affligée*, histoire, ou plutôt *démonstration*, à sa manière, de la possession de Louviers, telle qu'il l'avait vue, ou avait pu la voir, « ennuyeux et dégoutant ramas de sottises, d'inepties et d'ordures. » V. aussi Le Brasseur, *Hist. du comté d'Evreux*, chap. XLII, p. 381 et suiv. ; — le P. Le Long, n° 4,866.

Il faut placer à la suite de la *Piété affligée* :

— Histoire de Marthe Brossier, prétendve possédée, tirée dv latin de Messire Jacques Avgust de Thou, président au Parlem. de Paris. Avec qvelqves remarqves et considérations générales sur cette matière, tirées pour la plus part aussi du latin de *Bartholomæus Perdulcis*, célèbre médecin de la faculté de Paris (par le sieur Cougnard). Le tout pour servir d'appendice et de plus ample éclaircissement, au sujet d'un livre intitulé : *La Piété affligée, ou Discours histor. et théologique de la possession des religieuses dictes de Sainte-Elizabeth de Louuiers, etc.* ; Rouen, Jacqves Heravlt, 1652, in-4 de 39 p. et 2 ff. prélim.

Esprit Du Bosroger, prédicateur provincial des capucins de la province de Norm., né à Rouen, mort dans la même ville en 1655. V., sur ce religieux indigne de ce nom, et sur le scandaleux procès de Louviers : Humier, *Discours théolog. sur l'hist. de Magdel. Bavent* ; Nyort, 1659, in-8. — P. Dibon, *Essai hist. sur Louviers*, p. 124 et suiv. — Floquet, *Hist. du Parlem.*, t. V, p. 624 et suiv.

BOSTON IMPÉRIAL (le), ou le va-tout perdu de Napoléon, par l'Echo des bons Français, à Rouen ; *Rouen, Renault*, 1814, in-8. (*Imp. de F. Baudry.*)

BOTEREL (*Rodolphe*). Ludovici XIII fœlicis, justi, clement., victoris triumphat. quadrimestre itinerarium, ab Oceano Neustriaco ad montes Pyrenæos, à 7 quintilis ad 7 novembris 1620, ex quotidianis itionibus, stativis et castrametationibus Rodolphus Botereius..., collegit ex 3 tomo annalium excerpsit, et sursum publicavit ; *Parisiis, P. Chevallier*, 1621, in-8.

Cet auteur, connu également sous le nom de *Boutrays*, a publié en latin des poèmes sur les villes d'Orléans, de Paris et de Châteaudun.

BOTTA (*Ch.-Jos.-Guill.*), histor. et médecin, né à St-Georges, en Piémont, en 1766, mort en 1837, a résidé à Rouen durant plusieurs années, comme recteur de l'Acad. universitaire. Tous ses ouv. sont écrits en italien ; les plus importants sont : *Histoire de la guerre de l'indépendance des Etats-Unis d'Amérique* ; *Histoire d'Italie, depuis Guicciardini jusqu'en* 1789, et *Histoire d'Italie, de* 1789-1814. Ce dernier a été traduit en français par Th. Licquet. V., sur la vie de Botta, une notice par M. Chéruel.

BOTTE (*Ad.*). Soirées musicales de Normandie, album contenant cinq morceaux ; *Paris*, 1846, in-4.

BOUCHARD (*Thomas*), fondateur de l'église

St-Remy, à Dieppe, sa patrie, est mort en 1531. V. Notice de M. l'abbé Cochet, dans la *Galerie dieppoise.*

BOUCHARD (*Louis*), chef d'institution à Orléans et à Nogent-le-Rotrou, et en dern. lieu, imprim. lib. à Paris (sous le nom de Bouchard-Huzard, successeur de la maison Huzard, connu par sa spécialité d'ouv. relatifs à l'agriculture et aux sciences qui en dépendent). Né à Tréauville, arr. de Cherbourg, le 4 sept. 1784, M. Bouchard est mort à Paris, le 11 déc. 1841. Memb. de la Légion d'honneur et de plus. sociétés savantes, il a composé des notices sur MM. *Tessier*, de *Pommeuse*, *Huzard*, de *Morogues* et autres agronomes; il a laissé manuscrite une traduct. en vers des fables de Phèdre.

BOUCHARDY (*Joseph*). Longue-Epée, le Normand, drame en 5 act., représ. sur le théâtre de l'Ambigu-Comique; *Paris, Dondey-Dupré*, 1838, in-8 de 36 p.

BOUCHART. Le Pet éventé (par Bouchart), avocat); *Caen, v^e de Gabr. Briard*, 1731, pet. in-8.

BOUCHER D'ARGIS (*A.-J.*). De l'Education des Souverains, ou des princes destinés à l'être; discours prononcé dans la séance de l'Acad. des Sc., B.-Lett. et Arts de Rouen, du 5 février 1783; *Rouen, v^e Besongne et fils*, 1783, in-8 de 42 p.

BOUCHER D'ARGIS (*A.-J.*), jurisconsulte, né à Paris en 1750, mort en la même ville, le 23 juillet 1794, est auteur d'un Mém. sur l'Echiquier de Normandie. V. MAILLART.

BOUCHERAT (*Nicolas*). Remonstrance faite au Roy, le 18 de juin 1578, en la ville de Rouen, par Frère Nicolas Boucherat, abbé de Cisteaux, pour et au nom des Estats de Bourgogne. Ensemble la responce de Sa Majesté; 1578, pet. in-8 de 17 ff.

Ditto. *Dijon, Desplanches*, 1579, in-8.

Cette remontrance fut faite au nom des Etats de Bourgogne, pour supplier Sa Majesté de les décharger des impositions nouvelles, extraordinaires, et contraires aux priviléges de la province, ruinée par les gens de guerre. (P. Lelong, 18,403.)

BOUCHITTÉ (*L.-F.-Henri*). Le Rationalisme chrétien à la fin du XIe sc., ou *Monologium* et *Proslogium* de S. Anselme, archev. de Cantorbéry, sur l'essence divine. Traduit et précédé d'une introduction; *Paris, Amyot*, 1842, in-8 de LXXXIV et 356 p. V. S. ANSELME.

M. BOUCHITTÉ, anc. recteur de l'Acad. univ. d'Eure-et-Loire, vient de livrer à l'impression un travail étendu sur *Nic. Poussin.*

BOUCLON (A. de). Etat actuel du diocèse d'Evreux, ou la franche vérité sur Mgr. Olivier; *Evreux, Cornemillot*, 1845, in-18 de 130 p.

— Larmes sur Mgr. Olivier, évêque d'Evreux, son testament, sa maladie, ses dernières paroles, sa mort, ses funérailles, les manifestations de l'opinion publique; 3e édit.; *Evreux, A. Hérissey*, 1855, in-12 de 47 p.

— Histoire de Mgr. Olivier, évêque d'Evreux, d'après des documents originaux et des autographes très-considérables; *Evreux, Damame*, lib., 1855, in-12 de 718 p. (*Imp. de Prève et Ce, à Paris.*)

— Vie d'Auguste Chapdelaine, prêtre du diocèse de Coutances, de la congrégation des Missions étrangères, martyrisé en Chine, le 4 mars 1856, avec deux autres chrétiens; *Paris*, (*Imp. de Bailly*), chez *Douniol* et chez *Vrayet de Surcy*, 1856, in-32 de 96 p.

M. BOUCLON (*Adolphe*) est curé de Sacquenville (Eure).

BOUCTOT (*Georges-Pierre*), anc. négociant à Rouen, mort en cette ville, le 24 déc. 1843, âgé de 61 ans, a laissé 500,000 fr. de legs divers aux hôpitaux, à la Chambre de commerce, aux Sociétés savantes de la ville, etc. Les sommes léguées à ces dernières sont destinées à fonder des prix annuels.

BOUDAROY (*Fougeroux* de) et VILLET. Observations faites sur les côtes de Normandie; 1773, in-4.

BOUDEMARE (*Jean-François*), missionnaire, né à Rouen, dans le XVIe sc., mort en 1618, a publié en latin une relation de sa mission évangélique au Brésil; *Madrid*, 1617, in-4.

BOUDENT aîné. Notice sur l'Hospice d'Avranches; *Mém. de la Soc. archéol. d'Avranches*, t. I (1842), p. 1-17.

BOUDENT-GODELINIÈRE (*Jacq.-François*). Notice historique sur le Mont-St-Michel et le Mont Tombelène; *Avranches, E. Tostain*, 1839, in-8, avec une vue du Mont-St-Michel.

— 2e édit.; *Avranches, E. Tostain*, 1842, in-8 de 144 p.

Cette notice a été réimp. en 1844, avec qq. changements, dans l'*Essai hist. et statist. sur l'Avranchin*, par le même auteur, t. II, p. 247 à 402, et séparément, sous le titre de 3e édit.; *Avranches, E. Tostain*, 1847, in-8 de 162 p.

— Essai historique et statistique sur l'Avranchin; *Avranches, E. Tostain*, 1844, 2 vol. in-8, avec 3 grav.

Cet ouv. ne contient que l'hist. et la descript.

de la partie de l'Avranchin qui forme aujourd'hui l'arrond. d'Avranches. La santé de l'auteur ne lui a pas permis de joindre à son travail l'arrond. de Mortain qui dépendait de l'Avranchin.

Les cantons décrits dans cet ouv. sont : celui d'Avranches, t. I, et ceux de Granville, Sartilly, la Haye-Pesnel, Villedieu, Brecey, Ducey, St-James de Beuvron, Pontorson, t. II. Le Mont-St-Michel est compris dans ce dern. arrond.

Boudent de la Godelinière, notaire, adjoint du maire d'Avranches, antiquaire, né le 29 mars 1772, à Avranches, où il est mort le 6 nov. 1849. V. les Notices de M. J. Travers, *Ann. de la Manche*, 1850; *Ann. norm.*, 1850, et de M. Olivier; *Avranches, Tostain*, 1850, in-8.

BOUDIER (*René*), sieur de la Jousselinière, poète et historien, né à Alençon, en 1634, mort à Mantes, le 16 nov. 1723, est auteur d'abrégés de l'Hist. romaine et de l'Hist. de France, d'un traité sur les médailles grecques et romaines, d'une traduction en vers de plusieurs satires d'Horace et de Juvénal, d'une traduct. en vers de l'Ecclésiaste de Salomon.

V. son éloge par M. de la R.; *Mercure*, 1723, déc., p. 1131-1137; — Notice de M. Pillet, *Ann. de la Manche*, 1838; — Notice de G. Lhéry, dans *les Poëtes norm. publiés par Baratte*, 4 p., avec un port.

Quelques biographes prétendent à tort que cet auteur est né à Treilly, près Coutances. Il était fils de Jean Boudier, seigneur de la Buissonnière et minist. de l'église d'Alençon.

BOUDIER (*Pierre-François*), bénédictin de la congrégation de St-Maur, dont il fut supérieur, en 1770, naquit à Valognes, en 1704. Il est auteur de l'*Histoire du monastère de St-Vigor de Bayeux*, ms. in-f. qui renferme la relation, jour par jour, de ce qui se faisait dans cette abbaye.

BOUDIN, sculpteur sur bois, né à Gisors, a exécuté, en 1848, avec une habileté merveilleuse, la chaire de l'église de Vernon.

BOUDON (*H.-M.*). La vie de S. Taurin, apostre, et premier evesque d'Evreux; *Rouen*, *J.-B. Besongne*, 1694, in-24 de 132 p.

Boudon (*Henri-Marie*), Dr en théologie et grand archidiacre de l'église d'Evreux, né le 14 janv. 1624, à la Fère-en-Thiérache, est mort à Evreux, le 31 août 1702. Ses œuvres se composent d'un grand nombre d'ouv. de piété qui, pour la plupart, ont été réimprimés dans le XIXe sc., à *Paris*, à *Lyon* et à *Avignon*. Les œuvres complètes du grand archid. d'Evreux, réunies, pour la première fois, dans un ordre logique et analogique, etc., viennent d'être publiées par l'abbé Migne; *Petit-Montrouge*, *Imp. de Migne*, 1857, 3 vol. gr. in-8, à 2 colonnes. V. Vie de Boudon, par Pierre Collet; *Anvers*, 1705, in-12, *Paris*, 1754, 2 vol. in-12, ou 1762, 1 vol. id.; — Vie de Boudon (par un anonyme), *Besançon*, 1837, in-8, et une Notice par M. Em. Gaillard.

BOUET (*G.*). Notes sur les fonts baptismaux de St-Evroult de Montfort; *Bull. monum.*, t. XVIII, p. 423-426, avec vign. sur bois.

St-Evroult de Montfort est situé à un kil. de Gacé (Orne), sur la route de Rouen.

Bouet (*Georges-Adelmard*), peintre, dessinateur, élève de Paul Delaroche, né à Caen, a exposé plusieurs tableaux de sa composition au Salon de 1857. Il a dessiné un grand nombre de monuments de la Basse-Norm.

BOUETTE DE BLÉMUR (*Marie-Jacqueline*), née le 8 janv. 1618, prieure de l'abbaye de la Ste-Trinité de Caen. A l'âge de onze ans, elle prit l'habit de bénédictine dans ce monastère, et mourut à Châtillon, le 24 mars 1696, laissant plus. ouvrages qui ont été imprimés, et parmi lesquels nous citerons : Les *Eloges des illustres de l'ordre de St-Benoît*, 2 vol. in-f., ou 6 vol. in-4, ouv. renfermant, par conséquent, l'éloge des religieuses de la Ste-Trinité qui se distinguèrent dans leur ordre.

BOUFFEY (*Louis-Dominique-Amable*), méd., né à Villers-Bocage (Calvados), le 31 août 1748, est mort, le 31 mars 1820, à Argentan, ville où il exerça son art; ce praticien est auteur de plus. ouv. de médecine dont le prem., *Mém. sur les causes des maladies dominantes dans les hivers rigoureux*, a été couronné en 1789, par l'Acad. de Nancy; *Nancy*, 1789, in-8.

Bouffey avait été sous-préfet de l'arrond. d'Argentan, et député de l'Orne au Corps Législatif, en 1808. V. Lebreton, *Biog. norm.*

BOUGARD (*R.*). Le Petit Flambeau de la mer, ou le véritable Guide des Pilotes côtiers; *Havre-de-Grâce*, 1684, in-4 (P. Le Long, n° 840). — 3e édit.; *Havre-de-Grâce*, *Jacques Hubault*, 1694, pet. in-4, avec grav. sur bois (Le privilége est daté de 1690.); — *Havre*, *G. Gruchet*, 1731, in-8.

— Le Petit flambeau de la mer, ou le véritable guide des pilotes côtier; où il est clairement enseigné la manière de naviguer le long de toutes les côtes de France, d'Angleterre, etc., dern. édit.; *Havre-de-Grâce*, *P. J. D. G. Faure, imp. et lib.*, 1789, pet. in-4 de 411 p., plus la table et 3 ff. prélim., avec de nombr. planches sur bois.

Bougard prend le titre de lieutenant sur les vaisseaux du roi.

En 1822, M. G.S. Faure, imp. au Havre, a publié un livre sous le titre de : *Nouveau Flambeau de la mer*, in-8, avec cartes.

BOUGEVILLE (*Guill.* de), historien du XIIIe sc. V. GUILLAUME DE BOUGEVILLE.

BOUGIS (*Simon* de), bénéd. de la congrég. de St-Maur, dont il fut général, né à Sées, en 1630, mort à Paris le 1er juillet 1714, dans l'abbaye de St-Germ.-des-Prés. Ce docte bénédictin a composé plus. ouv. de théol. morale, dont les principaux sont : *Méditations pour les novices et les jeunes profès qui sont encore dans la vie purgative*; Paris, Billaine, 1674, in-4. — *Méditations pour tous les jours de l'année*, 2 vol. in-4. — *Méditations sur les principaux devoirs de la vie religieuse*, 1699, in-4.

La Biblioth. de Rouen possède de ce religieux une hist. abrégée de l'abbaye de St-Ouen, laquelle est intitulée : *Regalis abbatiæ St-Audoeni Rothomagensis historia compendiosè descripta, a R. P. D. Simone Bougis, anno* 1688, *tunc ejusdem cœnobii priori dignissimo.* Ms. in-f. compris dans un recueil de pièces relatives à St-Ouen, sous le n° 22-18. V. *Biblioth. des auteurs de la congrég. de St-Maur*, p. 42.

BOUGON-LONGRAIS (*Jean-Charles-Hippolyte*), procureur-général syndic du dép. du Calvados en 1793, naquit à Caen vers 1765. Mis hors la loi par la Convention, il fut exécuté à Rennes le 4 janv. 1794.

BOUHOURS (le P. *Domin.*). Relation de la mort chrétienne de Henri II, duc de Longueville; *Paris*, 1663, in-4.

— Vie de Madame de Bellefont, supérieure et fondatrice du monastère des religieuses bénédictines de N.-D.-des-Anges, établi à Rouen; *Paris, Seb. Mabre-Cramoisy*, 1686, in-8 de 347 p., plus la table et 9 ff. prélim

Le P. Lelong indique également une édition de Paris, Pépie, 1691, in-8. — Cette supérieure est morte en 1683, et le P. Bouhours en 1702.

BOUILHET (*Louis*), homme de lettres, né à Rouen, est auteur de *Melænis*, poème, inséré dans la *Rev. de Paris*, 1851, n° 2, et dont le sujet est emprunté à l'hist. romaine de la décadence. Ce poème a été réimp. en 1857, sous le titre de : *Melænis, conte romain*; Paris, Michel Lévy, in-12 de 205 p. — De *Madame de Montarcy*, drame en 5 act. et en vers, représ. pour la prem. fois sur le second Théâtre-Français, le 6 nov. 1856; *Paris, Michel Lévy*, 1856, gr. in-18 de 140 p.

Ces deux productions ont eu qq. succès.

BOUILLON DE LA LORERIE (*J.-B.-Franç.*), médecin et maire de la ville de Mortain pendant 40 années, né à Barenton (Manche) le 10 août 1743, mourut le 20 juillet 1830.— V. sur cet homme de bien : *Rech. sur l'arr. de Mortain*, par M. Sauvage.

BOUIN, chanoine régul. de la Congrég. de France, corresp. de l'Acad. des Sc., résidait à Rouen. Il est auteur de nombr. observ. astronomiques faites dans cette ville, de 1756-1762, et pour la plupart avec le concours de Dulague, prof. d'hydrographie dans la même ville. Elles sont consignées dans les Mém. de l'Acad. des Sc. (savants étrangers), *Mém. de Mathém. et de Physique*, t. III-VI, in-4.

BOUISSET (*Jean*), chanoine de Bayeux, professeur de littérature au collége de Caen, membre de l'Acad. de la même ville, né en 1735, à Balleroy (Calvados), mort le 5 juill. 1825 dans la même commune. Il a publié : — *Ode sur la minorité de Louis XV.* — *Invocation à l'Etre Suprême et imprécations contre les parjures*, 1798.—*Notice sur François-Joseph Quesnot, professeur de mathématiques au Lycée de Caen.*— *Discours prononcé à Bal-sur-Drôme, ci-devant Balleroy, à l'occasion de l'anniversaire du* 10 *août*, in-8 de 13 p.

BOULAINVILLIERS (le comte *Henri* de), né à St-Saire-en-Bray (S.-Inf.), le 11 oct. 1658, mort à Paris le 23 janv. 1722, est auteur d'un grand nombre d'ouv. sur l'hist. et l'écon. politiq., parmi lesquels on distingue :

Etat de la France, dans lequel on voit tout ce qui regarde le gouvernement ecclésiastique, le militaire, la justice, les finances, le commerce, les manufactures, le nombre des habitants, etc. Ext. des mémoires adressés par les intendants du royaume, par ordre de Louis XIV, pour le duc de Bourgogne, avec des mémoires sur l'ancien gouvernement de cette monarchie jusqu'à Hugues Capet; *Londres*, 1727. 3 vol. in-f.; *Londres (Rouen)*, 1737, 6 vol. in-12; et dern. édit., *Londres (Rouen)*, 1752, 8 vol. in-12.

V. *Biog. univ.* et *France litt.*, t. I.

BOULATIGNIER (*J.*). Notice sur Louis-Pierre-Charles Clamorgam, sous-préfet de l'arr. de Valognes; *Ann. de la Manche*, 1842, p. 238-243.

— Société des Antiquaires de Normandie. Séance publique du 26 nov. 1855. Discours de M. le Conseiller d'Etat Boulatignier, directeur; *Caen, A. Hardel*, 1856, in-8 de 12 p. Ext. des Mém. de la Soc., t. XXII.

BOULATIGNIER (*Sebastien-Joseph*), député de la Manche à l'Assemblée nation., 1848, conseiller d'Etat, né à Valognes en 1805, est auteur de plus. ouv. sur le droit administratif. De société avec M. L.-A. Macarel, M. Boulatignier a publié : *De la fortune publique en France et de son administration*; Paris, Pourchet père, 1838-42, 4 vol. in-8. Ouv. annoncé en 6 vol.

BOULAY (*Balthasar* de), sieur de Mouchero n, issu d'une famille norm. professant le protestantisme, quitta la Normandie pendant les guerres de la Ligue et se réfugia en

Hollande, où il devint célèbre par ses vastes relations commerciales. Il fut chargé en 1594, par les États de Hollande, de dresser les instructions nécessaires pour l'expédition qui partit cette même année à la recherche d'un passage vers la Chine, par la mer Glaciale. Quatre ans plus tard, il entreprit pour son propre compte la conquête de l'île du Prince, dans le golfe de Guinée, mais les maladies forcèrent Corneille, son neveu et son lieutenant, d'abandonner cette conquête.

V. *France protest.*, t. II (1853), p. 423.

Le même recueil cite un Pierre Boulay, sieur de Vaux, qui, par suite de son mariage avec une de ses proches parentes, Elizabeth Vautier, fut la cause involontaire de la ruine de l'église de Caen. La démolition du temple de cette ville eut lieu le 25 juin 1685.

BOULDUC. Analyse des eaux de Forges, et principalement de la source appelée la Royale; *Mém. de l'Acad. roy. des Sc.*, 12 nov. 1735, p. 443.

Cette analyse est rapportée par extrait dans l'Hist. de cette acad., même année, p. 32; et dans la Biblioth. de Médecine de Planque, t. IV, p. 198.

BOULÉ et RIMBAUT. Corneille et Richelieu, com.-vaud., 1 act., représ. pour la prem. fois, à Paris, sur le théâtre de l'Ambigu-Comique, le 23 fév. 1839; *Paris, E. Michaud*, 1839, in-8.

Liv. 138e du *Musée dramat.*

BOULLAY (Maillet du). Eloge de A. S. Slodtz; *Mém. de l'Acad. de Rouen*, t. II (1751-60), p. 276-279.

Antoine-Sébast. Slodtz, sculpteur-dessinateur du roi, etc., né à Paris le 1er déc. 1695, mort le 24 déc. 1754.

— Eloge de Paul et Michel-Ange Slodtz; *Mém. de l'Acad. de Rouen*, t. III (1761-1770), p. 261-264.

Paul-Ambroise Slodtz est auteur du méridien que l'on remarque dans le jardin de St-Ouen et de la statue de la Pucelle d'Orléans, sur la place de ce nom, à Rouen.

— Eloge de M. l'abbé du Resnel, né à Rouen; *Mém. de l'Acad. de Rouen*, t. III, p. 241-244.

— Eloge de Jean Restout, peintre du roi, né à Rouen, etc.; *Mém. de l'Acad. de Rouen*, t. III, p. 281-285.

— Mémoire sur la nécessité de travailler à l'hist. de la province de Normandie, et sur les moyens d'y travailler avec succès; 1753; *Mém. de l'Acad. de Rouen*, t. II, p. 180-186.

Ext. d'un mém. dont le ms. est déposé dans les archives de l'Acad., ainsi qu'un autre mém. ms. du même auteur, intitulé :

Essai de classification des divers matériaux qui doivent entrer dans la composition de l'hist. de Normandie, pour en faire la distribution entre MM. les membres de l'Acad. des Sc., B.-Lett. et Arts de Rouen, 1753. Ce dernier n'est que la reprod. de la classif. méthodique indiquée dans le prem. mém.

Ces mém. renferment le plan d'une hist. civile, ecclésiast., litt. et natur. de Normandie.

BOULLAY (*Charles-Nicolas* Maillet du), conseiller à la Cour des comptes de Normandie, secrét. perpét. de l'Acad. des Sc., B.-Lett. et Arts de Rouen pour la section des B.-Lett., né à Rouen le 6 fév. 1729, est mort le 13 sept. 1769, dans son château du Boullay-Morin, près d'Evreux. Il a laissé 18 Eloges académiques et quelques mss. relatifs à l'hist. de Norm. Il avait communiqué à l'Acad. de Rouen, en 1754 : une *Dissertation sur l'Ingermanie*, à l'occasion de la patrie originaire des Normands, et en 1757 une notice sur *Guill. le Conquérant*, dont on ne retrouve plus les mss. dans les archives de cette Académie.

Le *Mercure de France* renferme les 2 pièces suiv., par M. du Boullay :

Discours lu à l'Acad. de Rouen, le 28 janv. 1766, à l'occasion de la mort de Mgr le Dauphin; *Mercure*, 1766, avril, p. 171-176.

— Ode à l'amour de la patrie, lue à l'Acad. de Rouen en 1766; *Mercure*, 1767, avril, p. 129-134.

V. son Eloge hist. par l'abbé Cotton-Deshoussayes; Rouen, 1770, in-8; et par Haillet de Couronne; Rouen, 1771, in-8.

BOULLAY (*Henri* Maillet du). De la Navigation fluviale et de la Navigation de canal. Mémoire en réponse à diverses prétentions et demandes adressées à l'autorité supérieure, par les entrepreneurs de chalands de canal et par les Compagnies des canaux de St-Denis et de St-Martin; *Rouen, N. Periaux*, 1833, gr. in-8 de 141 p.

Le dernier chapitre traite de l'amélioration de la Seine.

— A la Commission chargée d'examiner le projet de loi sur la Navigation intérieure. Observations sur la partie du projet qui concerne la Navigation de la Seine entre Paris et Rouen; *Rouen, D. Brière* (1845), gr. in-8 de 15 p.

M. du Boullay (*Henri*) est petit-fils du précéd.

BOULLEMER (*Louis* de), seigneur de Tiville, économiste, né le 5 sept. 1727, à Alençon, où il était lieutenant-général au Bailliage, mort dans cette ville, le 1er juillet 1773. Il a publié un *Traité sur les blods*, contenant la manière de pouvoir connaître la différence de leur qualité, etc.; *Alençon, Malassis le jeune*, 1772, et laissé en ms., sur le même sujet, la matière de 2 vol. in-4.

BOULLENGER (*Louis-Ch.-Alex.*, baron), député de la S.-Inf. à l'Assemb. Législ., en 1791, présid. du Tribunal de prem. inst. de l'arrond. de Rouen, 1805-1821, etc., naquit à Rouen, le 26 fév. 1759. Il mourut en 1821, dans sa ville natale, où il laissa de profonds regrets. V. Notice de M. le baron Adam, *Rouen, P. Periaux*, 1823, in-8.

BOULLENGER (le baron), fils du précédent, membre du Conseil général de la S.-Inf., ancien procureur gén. à Douai, à Caen et à Rouen, né en 1792, à St-Denis-le-Thiboult (S.-Inf.), mort à Paris, le 18 fév. 1853. Son corps fut rapporté dans le village où il est né et qu'il a administré avec libéralité durant de longues années.

V. Notice de M. Bergasse, *Ann. norm.*, 1854.

BOULLEY (Aubery du), musicien, compositeur du XIXe sc., né à Verneuil.

BOUNICEAU. Etude historique sur le port de Port en Bessin; *Bayeux, L. Nicolle*, 1843, in-8 de III et 94 p.

— Etude sur la Navigation des rivières à marées et la conquête des lais et relais de leur embouchure; *Paris, Mathias*, 1845, in-8 avec pl. et cartes.

La Seine maritime, formant le chap. X, comprend les pag. 141 à 175; et la Vire, chap. XVIII, les pag. 238 à 257.

M. BOUNICEAU appartient au Corps des Ponts et Chaussées. Après avoir été ingénieur en chef du service extraord. du départem. de la Manche, il est, depuis 1850, ingénieur en chef des travaux maritimes au Havre, en remplacement de M. Renaud.

BOUQUET (Dom *Martin*). Recueil des historiens des Gaules et de la France; *Paris, chez les lib. associés*, etc., *Imp. Roy.* et *Imp. Impér.*, 1738-1855, 21 vol. in-f.

Immense recueil des annales de la France, dont chaque vol. est accompagné de préfaces (franç.-lat.), d'index chronologiq., de tables géog., de noms d'hommes, de lieux, etc. Ce fut en 1717, sous la régence du duc d'Orléans, que le chancelier d'Aguesseau confia l'exécution de ce travail à Dom Bouquet. La mort l'ayant surpris au milieu de la publication du IXe vol. (6 avril 1754), cette grande œuvre fut successivement continuée par les bénédictins J.-B. Haudiquier et Ch. Haudiquier, son frère, Clément, Housseau, Précieux, Poirier et Brial, et par MM. Daunou, Naudet, Guigniaut et de Wailly, membres de l'Institut, Acad. des Insc. et B.-Lett. Les renseignements de toute nature qui se rapportent à l'Hist. de France sont ici classés selon l'ordre des temps. Dans l'intérêt des études historiq. norm., nous signalerons les vol. où l'on peut puiser avec confiance les documents qui appartiennent à ces études, et nous indiquerons les principaux docum. norm. qu'ils renferment :

T. VII (1749), ann. 840-877. Ce vol. contient des fragments de la Chroniq. de Fontenelle, p. 40-44, et passim, — des ext. d'une Chronique sur les gestes des Normands en France (d'après Du Chesne, t. II), p. 152-154.

T. VIII (1752), ann. 877-987 : *Abbonis monachi carmen de bellis Parisiacæ urbis*, p. 1-26. — *Ex chronica de gestis Normannorum in Francia*, 879-895, p. 94-97. — *Ex Willelmi Gemeticensis monachi Historia Normannorum*, p. 254-269.

T. IX (1757) par D. Bouquet et les 2 frères D Haudiquier, ann. 877-991 : Ext. de la Chron. de Fontenelle et d'Orderic Vital, — Miracles de S. Wandrille, — Translation des corps de S. Ouen, Ste Honorine, S. Wandrille, S. Ausbert et S. Vulfran.

T. X (1760) par D. J.-B. Haudiquier et D. Ch. Haudiquier; ann. 980-1044 : Ext. de Dudon de St-Quentin, — de la chronique de S. Michel au péril de la mer, — de Guill. de Jumièges, — d'Orderic Vital, — de l'Hist. d'aucuns des ducs de Norm.

T. XI (1767) par D. Précieux et D. Poirier, ann. 1031-1060 : Nombreux ext. des Historiens norm. et anglo-norm, — *Ex Encomio Emmæ, etc.* — de la Chroniq. de Fontenelle, — de la Chron. du Mont-St-Michel au péril de la mer, — de Guill. de Jumièges, — de Guill. de Poitiers, — d'Ingulph, — d'Eadmer, — d'Orderic Vital, — de la Chroniq. de Norm., ms., p. 320-343; — de la Chroniq. de Fécamp, — *ex Guilielmi Apuli poemate in Normannia*, p. 447-452. Toute l'époque de la conquête se trouve dans ce vol.

T. XII (1781) par D. Clément et D. Brial, ann. 1060-1180 : La majeure partie de *Joannis monachi majoris monasterii hist. Gaufredi ducis Norm.*, d'après l'édit. de Paris, 1610, in-8, et des Extraits de Guill. de Jumièges, — d'Ord. Vital, — des Chroniques de Fontenelle, — du Mont-St-Michel, — de Jumièges, — de S. Taurin, — de Lyre, — de Fécamp, — de S. Etienne de Caen, — de Mortemer, — de Rouen, et des ducs de Norm.

T. XIII (1786) par les mêmes, ann. 1060-1180. de nombreux extraits d'historiens anglo-norm. : Guill. de Neubridge, — Benoît de Peterborough, — Guill. de Malmesbury, etc., — Ext. de la Chroniq. anglo-saxonne, — de la Chroniq. de Norm., ms., — de Robert du Mont.

T. XIV (1806), par Dom Brial, ann. 1060-1180 : Renseignements sur l'hist. de l'abbaye du Bec et sur celle de St-Pierre-sur-Dives, d'après Haymon, — Ext. de Robert du

Mont, abbé du mont St-Michel. — *Elogium Willelmi filii Osberni, Herfordiæ comitis, Normanniæ ducis dapiferi*, p. 27. — *Ex vita B. Lanfranci cantuar. archiep. auctore Milone Crispino Beccensi monacho*, p. 31 et 32. — *Gesta Gaufridi Constantiensis episcopi, ex libro nigro capitali constantiensis.* — Vie de S. Anselme.

T. XV (1808), par le même, ann. 1060-1180 : 15 lettres de S. Anselme, p. 63 68, et lettres à lui adressées ainsi qu'à Guillaume, archev. de Rouen, par le pape Pascal II; 19 lettres de Hugues, archev. de Rouen, p. 693-702.

T. XVI (1814), par le même, ann. 1060-1180 : 337 lettres de S. Thomas de Cantorbery, — Lettres de Rotrou, archev. de Rouen, — de Henri II d'Angleterre, — d'Arnulphe de Lisieux, — Traité de paix, entre Louis VII et Henri II, etc.

T. XVII (1818), par le même, ann. 1180-1226 : La Philippide de Guill. le Breton, poème en 12 liv., p. 117-287, — la Généalogie de Rollon, prem. duc de Norm., p. 435 (d'après D'Achery, spicilége, t. II, inf, p. 493). — *Ex Benedicti Petruburgensis abbatis vita et gestis Henrici II, angliæ regis, ab anno* 1179-1192, p. 436-546 (d'après l'édition de Th. Hearne). — Ext. de Roger de Hoveden, de Raoul de Dicet, de Gervais de Doroberne (ou Cantorbery) et de Mathieu Paris, 1179-1226.

T. XVIII (1822) par le même; ann. 1180-1226 : Ext. de Guill. de Neubridge, — *Fragmentum genealogicum ducum Normanniæ et Angliæ ducum*, p. 241 et 242, — *Anonymi continuatio, appendicis Roberti de Monte ad Sigebertum, etc.*, p. 333-348, — Ext. des Chroniques de S. Etienne de Caen, — de Fécamp, — de Lyre, — de S. Taurin, — de Mortemer et de Rouen, p. 348-362.

T. XIX (1833) par le même; ann. 1180-1226 : *Versus Serlonis de capta Bajocensium civitate*, additions, p. XC-XCVII, — *Genealogia regum Danorum*, p. 307-310.

Dom Brial étant mort avant l'achèvement de ce vol., il a été continué par MM. Daunou et Naudet.

BOUQUET offert à l'impératrice reine et régente par le dép. du Calvados, le 24 août 1813, veille de la fête de S. M. et jour de son passage à Caen, en allant à Cherbourg; musique de Catel; *Caen, G. Le Roy*, 1813, in-4.

BOURBON (le cardinal de). Decreta Synodi provincialis habitæ Rothomagi anno Domini 1581, svb illust. principe et rever. D. D. Carolo cardinale *Borbonio*, archiepiscopo Rothomagensi, primate Normanniæ; *Parisiis, ex officina P. l'Huillier*, 1582, in-8.

Ce Concile a été réimp. par les PP. Pommeraye et Bessin, et traduit par Claude de Sainctes, évêque d'Evreux. Il fut tenu à Rouen en 1581, par l'archev. Charles de Bourbon; les évêques de Bayeux, de Sées, d'Evreux, de Lisieux, et les procureurs des chapitres d'Avranches et de Coutances y assistèrent.

BOURBON (*Charles Ier de*), cardinal, archev. de Rouen en 1550, cinquième fils de Charles de Bourbon, duc de Vendôme, fonda, en 1571, à Aubevoye (Eure), la Chartreuse dite de Gaillon, une des plus belles de France. En 1578, il publia, avec l'aide de 2 de ses chanoines, une nouvelle édition réformée du *Bréviaire de Rouen*. Après la mort de Henri III, un arrêt du Parlement de Paris le proclama roi, sous le nom de Charles X (5 mars 1590), et le duc de Mayenne le fit reconnaître par le parti de la Ligue. Des édits furent rendus en son nom, des monnaies frappées à son effigie, des livres même lui furent dédiés comme au *très chrestien roy de France Charles dixiesme du nom.* Il mourut à Fontenay-le-Comte, en Poitou, le 9 mai 1590.

V., sur ce prélat, Vie de Charles Ier de Bourbon (archev. de Rouen), jadis oncle du roi Henri IV, avec la généalogie des princes de Bourbon; par Jacq. Du Breul, bénédictin; *Paris*, 1612, in-4. — Elogium ejusdem; Papirio Massono autore; *Parisiis*, 1599, in-4.

Son portrait peint par Gigoux, d'après une peinture originale qui est au château de Beauregard, se voit au Musée de Versailles, salle n° 154.

BOURBON (*Charles II* de). Discours sur la maladie et la mort du Cardinal Charles II de Bourbon; par Antoine de Guinaut, D^r^ en médecine; *Paris*, 1594, in-8.

Ce cardinal, neveu du précédent, et également archev. de Rouen (1582-94), mourut en 1594. Il fut le chef du tiers-parti, du temps de Henri IV. (V. la Vie du C. du Perron; *Paris, De Bure*, 1768, in-12, p. 58 et suiv.) Il y est, par erreur, nommé *Louis* au lieu de *Charles*.

BOURBON (*Charles III* de), archev. de Rouen, frère naturel de Henri IV, était fils naturel d'Ant. de Bourbon, roi de Navarre. Après avoir été évêque de Comminges, puis de Lectoure, il fut nommé archev. de Rouen, en 1594. Il se démit de ses fonctions pastorales en 1599, et mourut en 1604.

V. Caroli Borbonii, S. R. E. Cardinalis elogium, aut. Papirio Massono; *Parisiis*, 1599, in-4.

BOURBON (*François* de), duc de Montpensier, né en 1542. A l'âge de 20 ans, il assista au siége de Rouen; plus tard, il prit part à presque toutes les guerres de son temps. Il était à Arques en 1589, à Ivry en 1590, et mourut à Lisieux le 4 juin 1592.

Son portrait, peint par Albrier d'après un original du château d'Eu, se trouve au Musée de Versailles, salle n° 154.

BOURBON (*Henri* de), duc de Montpensier, pair de France, gouv. et lieutenant-gén. de la Norm., en 1607. — V. Auvray, *Discours funèbre sur le trespas, etc.*

BOURBON (*Marie* de), duchesse d'Orléans, de Montpensier, de St-Fargeau et de Châtellerault, souveraine de Dombes, princesse de la Roche Surjon, fille unique de Henri de Bourbon, duc de Montpensier, et de Henriette-Catherine de Joyeuse, naquit au château de Gaillon, le 15 oct. 1605, mourut le 4 juin 1627, très peu de temps après son mariage avec Gaston, fils de France, frère unique du roi, duc d'Orléans.

BOURDIN (*Charles*), bénédictin de la congrég. de St-Maur, né à Sées en 1647, mort dans l'abbaye de St-Etienne de Caen, le 18 oct. 1726, a publié en 1 vol. in-12 la relation d'un voyage qu'il fit en Italie.

BOURDON (*J.-B.-Isidore*), médecin et naturaliste, membre de l'Acad. de Caen et de l'Acad. roy. de médecine, né à Merri (Orne), le 26 août 1795, est auteur d'un grand nombre d'ouv. de médecine (1818-1844), de plusieurs notices insérées dans la Biog. médic., la Rev. médic., le Dict. classiq. d'Hist. natur. et dans le Dict. de méd., faisant partie de l'Encycl. méthod. Son mém. sur le *vomissement* (Paris, Méquignon-Marvis, 1818, in-8) fit grande sensation dans le sein de l'Acad. de médecine, où, malgré l'opposition de quelq. membres, il fut accueilli favorablement. Ce mém. avait pour but de démontrer que l'estomac est actif et non inerte.

V. la *France litt.*, t. I, et *Litt. franç. contemp.*, t. II.

BOURDON (*Pre-Louis-Marie*), mathématicien, inspect. général des études, né à Alençon, est auteur d'Éléments d'arithmétique et d'algèbre, de l'application de l'algèbre à la géométrie, etc., ouv. adoptés par l'Université et qui ont été souvent réimprimés.

BOURDON (*Ch.-J.*). Excursion archéologique à la cath. de Bayeux, suivie d'une notice sur les antiquités romaines découvertes dernièrement à Bayeux; *Caen, Hardel*, 1851, in-8 de 24 p., avec vign. sur bois.

Ext. du Bullet. monum., t. XVII, p. 193-211.

Antiquaire zélé, M. *Charles-Julien* BOURDON a publié, avec le concours de MM. Le Héricher et Bouet, l'*Histoire et Description du mont St-Michel;* Caen, Imp. de G. Lecrêne, 1848, in-f., avec 13 planches, publication qui fait honneur au patriotisme de l'éditeur et aux presses normandes.

M. BOURDON, né à Paris le 1er mai 1799, projetait la publ. d'un travail sur les carrelages émaillés du moyen-âge, et celle d'un catal. des artistes caennais, avec l'inventaire complet de leurs œuvres, lorsque la mort est venue le frapper le 14 janv. 1852.

V., sur la vie de cet archéologue, la Notice de M. A. Charma; *Caen, Delos*, 1853, in-8 (Ext. du journ. *l'Ordre et la Liberté*), et celle de M. Raymond Bordeaux, *Ann. norm.*, 1856, p. 612-624.

BOURDONNAYE (de la), intendant de la Généralité de Rouen (ou de la Haute-Norm.), a rédigé un état de sa généralité en 1698. Ce ms. est cité par le P. Lelong, n° 2,084.

BOURDONNAYE (*Louis-François* de la), intendant de la Généralité de Rouen, de 1752-1754.

BOURET. Les Progrès de la musique sous le règne de Louis le Grand. Ode de M. Bouret, lieutenant général de Gisors; *Mantes, F. Le Tellier*, in-4.

BOURGACHARD. Des Chanoines réguliers de la réforme de Bourgachard, en Normandie (diocèse de Rouen). V. *Hist. des Ordr. monast. et relig.* du P. Helyot, Paris, 1714, etc., in-4, t. II, p. 442-456. Au prieuré de Bourgachard (dit le P. Lelong, n° 13,506), se sont unis quelques autres prieurés et abbayes de chanoines réguliers, qui forment une congrég. particulière.

BOURGAGE DE LOUVIERS. Précis du procez sur le Bourgage de Louviers. Pour les sieurs Etienne & Guill. Frigard, appelans; — Contre le sieur Nicolas Le Monnier, intimé; *Rouen, Jean-B. Besongne*, 1736, in-f. de 11 p.

Les autres pièces relatives à ce procès sont : Question importante sur le Bourgage. Mémoire-Sommaire signifié pour les sieurs Estienne et Guill. Frigard, seuls héritiers de Marie Frigard leur sœur, etc., contre le sieur Nicolas Le Monnier, époux en premières noces de Marie Frigard, morte sans enfans, intimé en appel; *Rouen, Michel Lallemant*, s. d. (vers 1736), in-f. de 23 p.

— L'objet du procez sur le Bourgage de Louviers, pour les sieurs Frigard, appelans, contre le sieur Le Monnier, intimé; s. d. (vers 1736), in-f. de 3 p.

— Mémoire pour le sieur Le Monnier l'aîné, marchand drapier-manufacturier à Louviers contre les sieurs Etienne et Guillaume Frigard frères, marchands tanneurs audit Louviers; *Rouen, Ph. P. Cabut*, s. d. (vers 1736), in-f. de 4 p.

BOURGEOIS (*Jean-Louis* le), sieur de Torp, avocat du Roi au Bailliage de Caen, poète et orateur, né à Caen, est mort en cette ville, le 1er janv. 1662, à l'âge de 44 ans.

BOURGEOIS (*Louis* Le), abbé d'Heauville poète et auteur ascétique, né au diocèse de Coutances, mort à Avranches en 1680.

BOURGEOIS (*Anicet*) et Alboize. Jacques Cœur, l'Argentier du Roi, drame en 4 act., précédé de l'Abbaye de Jumiéges, prologue en 1 act. et 2 tableaux; *Paris, Marchant* (1841), gr. in-8 de 36 p.

BOURGEOIS (le) DE FALAISE, com. V. REGNARD

BOURGET (*Nicolas* du), sieur de Chaulieu, poète latin, né à Caen en 1642, mort à Ouezy (Calvados), en 1721. Ses œuvres ont été imp. à *Caen, par Jean Cavelier* et *Richard Poisson*, in-8.

BOURGET (*Jean*). The History of the royal abbey of Bec, near Rouen in Normandy; by Dom. John Bourget, benedictine monk of the congregation of St-Maur in the said house, and fellow of the Society of Antiquaries of London. Translated from the french; *London, Nichols*, 1779, pet. in-8 de VIII et 140 p., avec 2 planches.

On trouve également des exemp. avec le nom de *H. Payne*, lib. à *Londres*.

— Histoire de l'abbaye royale du Bec, par D. Jean Bourget, bénédictin de la congrég. de St-Maur, et membre de la Soc. des Antiq. de Londres, trad. de l'anglais par M. Victor-Evremont Pillet; *Mém. de la Société des Antiq. de Norm.*, t. XII (1841), in-4, p. 366-404.

Il en a été tiré quelques exempl. séparément qui n'ont pas été mis dans le commerce. Cette trad., ou plutôt cette restitution dans la langue primitive, ne contient pas l'appendix de la publication angl., p. 113-134. Dom Bourget, né en 1724, à Beaumais-sur-Dives (Calvados), est mort à Caen le 1er janv. 1776. Après avoir été attaché à l'abbaye de St-Martin de Sées en 1745, et prieur de Tiron en Perche, il passa à l'abbaye de St-Etienne de Caen avec le titre de sous-prieur. Par son mérite et son savoir, il fut appelé à l'abbaye du Bec, où il résida jusqu'en 1764. En 1765, il retourna à l'abbaye de St-Etienne de Caen et y resta jusqu'à sa mort. Les hautes fonctions remplies par dom Bourget l'avaient mis à même de cultiver ses études favorites sur l'histoire et les antiquités des principales abbayes bénédictines de Normandie, en lui donnant accès à leurs chartriers et à leurs bibliothèques. Il a laissé mss. des notices étendues sur les abbayes de St-Pierre de Jumiéges, de St-Etienne et de la Ste-Trinité de Caen, et une hist. particulière de l'abbaye du Bec. Ces mss. étaient tous écrits en français. Il présenta le dernier au Dr Ducarel en 1764, et c'est probablement cet antiquaire qui a donné en anglais la traduction abrégée du travail de Dom Bourget, imprimé à Londres en 1779.

BOURGOIN. Carte du Gouv. de Norm., divisée par bailliages, contenant toutes les paroisses, annexes et abbayes, avec toutes les routes et chemins. D'après la grande carte de France, en 177 f^{lles}, de MM. de l'Acad. roy. des Sc. (dite de Cassini); *Paris, chez Bourgoin, graveur*, 1775, 4 flles.

BOURGOING DE VILLEFORE. V. *Vie de Mme la duchesse de Longueville, etc.*

BOURGUEVILLE (*Charles* de). Les Recherches et Antiqvitez de la prouince de Neustrie, à présent Duché de Normandie, comme des villes remarquables d'icelle; mais plus spéciallement de la ville et vniuersité de Caen; *Caën, de l'Imp. de Jean de Feure*, 1588, 2 part. en 1 vol. pet. in-4.

Ouv. divisé en 2 part.; la 1re, en tête de laquelle est le titre ci-dessus, renferme XII et 65 pag.; elle contient un abrégé de l'hist. et descript. de la Normandie.

La 2e part., composée de 263 p., plus 2 ff. prélim., a pour titre: *Les Recherches et antiqvitez de la ville et vniuersité de Caen, et lieux circonuoisins des plus remarquables.*

Le port. de l'auteur se trouve à deux endroits différents: au recto du 2e ft. de la 1re part., et au verso du titre de la 2e. On lit, autour de ce port., la devise suivante: *L'Hevr de grace vse l'ovbli*, qui est l'anagr. du nom Charles de Bourgueville.

La famille de Ch. de Bourgueville, pour des motifs qu'il est aujourd'hui assez difficile de connaître, fit détruire, après sa mort, un grand nombre d'exempl. de son ouvrage; de sorte qu'en peu d'années il devint d'une extrême rareté.

Au commencement du XVIIIe sc. (en 1705), parurent deux réimpressions de ce livre, l'une in-4 et l'autre in-8, portant toutes deux la date de 1588. Il est facile de reconnaître immédiatement ces contrefaçons. On les distingue à la forme du caractère, qui est plus fin et moins net, à l'inégalité du tirage, aux lettres grises, fleurons et vignettes qui font défaut, ou sont d'un style moins pur. L'édit. in-8 porte au titre: *De l'Imp. de Jean Le Feure*, au lieu de Jean *de Feure*, et elle ne présente aucune note marginale. Quant à la réimpression in-4, on remarque au bas du verso du 2e ft. une vign. carrée de petite dimension, au lieu d'une grande vign. allongée d'un bon style. Le 3e ft. (préface) recto se termine par ces mots: *tant antienne histoire*, tandis qu'au bas du même ft., dans l'édition originale, on lit : *il nous resteroit peu de.* Les notes marginales ont été reproduites dans cette édit., ce qui détruirait l'assertion avancée par qq. bibliographes que cette édition a été faite, non sur l'édit. origin., mais sur la réimpr. in-8, qui n'en présente aucune.

Ce fut *Doublet (Pierre-François)* qui imprima à Caen, en 1705, la contrefaçon in-4. Le passage suivant du P. Martin, gardien des Cordeliers à Caen, et l'un des plus savants bibliographes de son temps, ne peut laisser aucun doute à cet égard : *Cum liber Fieret perrarus prodiit denuo typis Dubletianis Cadomi, anno* 1705 *excusus, at formis iisdem, quæ probarent vetustatem* (1).

Cette contrefaçon étant devenue elle-même assez rare, il en fut publié une seconde, environ quarante ans après, attribuée à l'un des premiers imprimeurs de la famille Chalopin ; c'est l'édition in-8, imprimée par demi-feuille, et dont l'exécution typograp., inférieure aux deux autres, laisse beaucoup à désirer. L'assertion du P. Martin vient démentir la tradition reçue jusqu'alors que ces réimpressions de Bourgueville avaient eu lieu à Rouen, où l'on fit, à cette époque, de nombreuses contrefaçons.

Le P. Fr. Martin assure que l'édit. du XVIe sc. était primitivement ornée d'un plan de Rouen, et M. Trébutien, dans sa notice sur Ch. de Bourgueville, prétend en avoir vu deux exempl. ornés de ce plan. Quant à nous, nous n'avons jamais eu cet heureux hasard, et nous sommes porté à croire que le plan dont il s'agit n'appartient pas au livre, d'autant plus que le plan de Caen nous paraîtrait plus convenablement placé en tête des antiquités de la ville et université de Caen que le plan de Rouen.

— Ditto. Nouv. édition publiée par les soins et aux frais de plus. habitants de Caen, ornée d'un plan de cette ville d'après Belleforest, et précéd. d'une notice biog. par G. S. Trébutien ; *Caen, Imp. de T. Chalopin*, 1833, gr. in-8 de XXIII, 12, 94, 393 p. et la table.

Bonne édit. tirée à 600 exempl., et reproduisant avec fidélité l'édition originale.

MM. Mérite-Longchamp et Trébutien furent les principaux éditeurs de cette publication.

Charles de Bourgueville (dit l'abbé De la Rue, *Essais hist. sur la ville de Caen*, 1820) recueillit le premier tout ce qu'il put trouver d'intéressant pour l'hist. de Caen, et surtout sur le siècle où il vivait. Aussi ses recherches sont un monument que la postérité accueillera toujours avec d'autant plus de faveur, qu'elles furent écrites dans un temps de trouble et d'anarchie, au milieu des agitations de l'esprit de parti, et cependant toujours avec ce ton simple et de bonhomie qu'emprunte quelquefois la vérité.

C'est au mois de septembre 1588 que Ch. de Bourgueville, alors âgé de 84 ans, publia son curieux ouvrage sur les antiquités de Caen, et cet âge avancé ne lui a pas permis de vérifier l'authenticité de ses matériaux.

(1) *Athenæ Normannorum veteres ac recentes ;* ms. Bibliothèq. de Caen, cité par M. Trébutien, p. XVII, notice sur Bourgueville, en tête de l'édit. de 1833.

BOURGUEVILLE (*Charles* de), lieutenant-gén. de la ville de Caen, connu sous le nom de sieur de Bras, naquit à Caen le 6 mars 1504, et mourut dans cette ville le 5 nov. 1593.

Il est auteur ou traducteur des ouv. suiv. :

L'Histoire véritable de la gverre des Grecs et des Troyens, non moins se rapportant à ce temps que ressentant la docte et pure antiquité. Ensemble les effigies des Grecs et des Troyens plus signalés, rapportées après le naturel, suyuant la description de l'autheur et de quelques médailles trouuées en bronze, et aux marbres antiques. Escripte premièrement en grec par Darès de Phrygie : depuis traduite en latin par Camille Nepueu : et faite françoise par Charles de Bovrgveville ; *Caen, Par Benedic Macé, Imp. du Roy*, 1572, in-4 de 97 p., orné de 19 grav. sur bois.

Livre extrêmement rare, dont on ne connaît qu'un exemplaire, qui se trouve dans la Biblioth. pub. de Caen.

— L'Athéomachie et discovrs de l'immortalité de l'ame et résvrrection des corps ; *Paris, Martin le jeune*, 1564, in-4 de 156 p., plus 12 ff. prélim. et 2 ff. non chiffrés à la fin.

— Les Discovrs de l'Eglise, de la religion et de la ivstice ; *Paris, Nicolas Chesneau*, 1579, in-4 de 282 p., avec portr.

Ce livre contient quelques faits curieux sur les guerres de religion dans la Basse-Norm.

V. sur cet historien : Cahagne, *Elogiorum civium cadomensium, etc.*, p. 95. — Huet, *Origines de Caen*, p. 345 et suiv. — Pluquet, *Curiosités litt.*, p. 44-47. — *Notice hist. et critiq. sur Ch. de Bourgueville*, par Théophile Louïse ; *Caen*, 1846, gr. in-8 de 38 p. — La Notice de M. Trébutien, celle de M. de Gournay, etc.

Bourgueville, anno 58, 24 juin 1563, port. sur bois et du temps, différent de celui qui se trouve dans les antiq. de Caen (Bibl. de Rouen).

BOURLÉ (*Jacques*), D[r] en Sorbonne et curé de St-Germain-le-Viel, à Paris, naquit à Longmesnil (S.-Inf.). Parmi les ouv. composés par cet ecclésiast., on cite : *Regrets sur la mort hastive de Charles IX ;* Paris, 1574. — *Discours sur la prise de Mende par les hérétiques, en* 1563 ; Paris, 1580. — On lui attribue une *Trad. en vers des comédies de Térence.* — Bourlé vivait encore en 1584.

BOURLET DE LA VALLÉE (*E.*). Chants solitaires ; *Paris, Delaunay*, 1838, in-8 de 318 p. (Imp. de Morlent, au Havre.)

M. E. Bourlet de la Vallée avait déjà publié en 1833 un rec. de poésies, intitulé : *Les*

Derniers Chants du soir; Paris, Gosselin, in-8 de LII et 238 p.

BOURLIER (J.-B.), évêque d'Evreux, de 1802-1821, né à Dijon le 1er fév. 1731, est mort le 30 oct. 1821.

V. Eloge funèbre de ce prélat, par l'abbé Painchon et par M. de Talleyrand; *Monit.* 30 nov. 1821.

BOURROUL. Mémoire instructif touchant le projet de navigation, de la rivière d'Orne, en Normandie, depuis Argentan jusqu'à son embouchure dans la mer, au-dessous de la ville de Caen; *Caen, P. Chalopin*, 1750, in-4 de 31 p.

Bourroul était ing.-géogr. du roi.

BOUTEILLER (*Samson-Philippe*), sculpteur en ivoire, né à Dieppe le 26 juill. 1767, mort à Rouen le 16 mars 1812. — V. sur cet artiste une Notice de M. Le Carpentier, *Rouen*, 1812, in-8, et *Mém. de la Soc. d'Emulat. de Rouen*, même année.

BOUTEILLER (*H.*). Histoire des Milices bourgeoises et de la Garde nationale de Rouen; *Rouen, Ch. Haulard*, 1849, in-8 de 346 p., avec 4 pl. color. (Imp. de A. Péron.)

BOUTEILLER (*Jules*). Le Jardin des Plantes de Rouen; *Rouen, Imp. de H. Renaux*, 1856, in-18 de 39 p.

Signé Jules B........., D. M.

De société avec M. Duclos, M. Bouteiller a publié un *Traité d'Hygiène populaire*; 1852, in-12. (V. Duclos.)

BOUTET. Le Mariage avenant des filles de Normandie, réduit en principes, ou règles simples et indubitables, pour liquider, avec la plus grande facilité et la plus grande précision, toutes sortes de mariages avenans, tant sur les biens Nobles et Rotures de la coutume générale, que sur celle du Bailliage de Caux, & pour régler la contribution que chaque frère peut en devoir; *Caen, G. Le Roy*, 1769, in-12 de 104 p.

Boutet était avocat à Caen.

BOUTHILLER (*Denis*), avocat au Parlem. de Paris, né dans le diocèse de Rouen, mort en 1622, a fait imprimer divers Plaidoyers, la plupart sur le Privilége de la Fierte, dans lesquels il combat l'existence de la Gargouille. V. *Privilége St-Romain*.

BOUTIGNY (*P.-H.*), chimiste, ayant longtemps exercé la pharmacie à Evreux, est né à Harfleur (S.-Inf.). Il est auteur de :

Etudes sur les corps à l'état sphéroïdal, nouvelle branche de physique, etc.; 3e édit., considérablement augmentée: *Paris, Victor Masson*, 1857, in-8 de XIII et 349 p., avec vign. sur bois.

M. Boutigny a écrit de nombr. mémoires, insérés dans le *Journ. de chimie méd.*, les *Ann. d'hyg. et de méd. légale*, le *Rec. de la Soc. libre des Sc. de l'Eure, etc.* Ses expériences sur l'état sphéroïdal des corps ont été couronnées par l'Acad. des Sc. En 1845, ce corps savant a accordé un prix Monthyon de 1,000 fr. à M. Boutigny, pour ses recherches sur la formation de la vapeur.

V. Notice des travaux scientifiques de Ph. Boutigny (d'Evreux); *Paris, Bachelier*, 1850, in-4 de 4 p.

BOUTRAYE (*Jules* de la), est auteur de quelq. pièces de vers imp. à *Avranches, chez Tostain*, de 1847-1851.

BOUVET (*Nicolas*), poète né à Alençon vers la fin du XVIe sc., composa en l'honneur de la marquise de St-Aignan, dont il était épris, plusieurs pièces de vers, et notamment un poème allégorique intitulé : *Le Triomphe de l'amour, ou les deux métamorphoses de Daphné*; Alençon, Imp. de Robert Meverel, 1654.

BOUVILLE (Grossin de). De la position actuelle de la France, par M. Grossin de Bouville, député du Bailliage de Caux; *Paris, Gattey*, s. d. (1790), in-8.

— Lettre de M. de Bouville, député du pays de Caux, à ses commettants, à l'occasion du serment civique (12 fév.); *Paris, Imp. de Devaux*, s. d. (1790), in-8.

— Projet de Protestation et de Compte-Rendu par M. de Bouville, député de la noblesse au Bailliage de Caux; s. l. n. d. (1791), in-8 de 55 p.

Contre le plan de la nouv. constitution.

BOUVILLE (*Louis-Jean* Grossin de), conseiller au Parlem. de Norm., député de la noblesse de Caux aux Etats gén., en 1789, député de la S.-Inf. dès 1815, devint l'un des vice-présidents de la Chambre des députés. Il a publié un grand nombre de brochures politiques.

Le comte de Bouville, né à Rouen, le 22 sept. 1759, est mort à Paris, le 15 fév. 1838.

BOUZARD (*Jean*), garde-pavillon de la jetée de Dieppe, né au bourg d'Ault, près la ville d'Eu, en 1730, mort à Dieppe, le 16 mars 1794. On remarque encore, sur la jetée de Dieppe, la maison qui lui avait été donnée par Louis XVI, en le décorant du titre de *Brave homme*, à la suite d'un acte de courage héroïque. La Biblioth. de Rouen possède de ce marin un bon portr. en couleur, gravé par Bligny. V., sur ses belles actions, le poème latin de P.-L. Carré; — la Pièce de vers de M. Emile Coquatrix, dans la *Galerie dieppoise;* — Inauguration du buste de Bouzard, etc., par l'abbé Cochet, 1846, in-8.

BOUZARD (*Joseph*), le dernier des enfants du *Brave homme*, est mort à Dieppe, en déc. 1847, à l'âge de 80 ans. Comme son père, il avait sauvé un grand nombre de naufragés.

BOVIONNIER (*Jacques*). Alexitorivm Jacobi Bovionnier doctoris medici in collegio medicorvm Rothomagensium aggregati atque vrbis sanitati præpositi; *Rothom., apud Jacobvm Besongne*, 1666, in-8.

BOYER (Abel). History of the King William I[st], the Conqueror; *London*, 1702, 3 vol. in-8, et 1703, 2e édit.

Ouv. cité dans le Père Lelong et la *Biog. univ.;* mais *la France protestante*, t. II (1853), p. 492, pense qu'il y a erreur, et attribue à Boyer (d'après Robert Watt), une *Hist. de Guillaume III*, et non celle de *Guillaume le Conquérant*. *Les Nouvelles de la république des lettres* du mois d'août 1702 donnent une analyse étendue du 1er vol.

BOYSSON (l'abbé). Psaumes de David, trad. par un ecclésiast. du diocèse d'Avranches, 2e édit.; *Londres, Imp. de Boussonnier et Cie*, 1798, in-8.

BOYSSON (*C.*) Relation de la fête célébrée à Avranches, le 16 sept. 1832, pour l'inauguration de la statue du général Valhubert; *Avranches, Mme v[e] Tribouillard*, 1832, in-8 de 44 p.

BOYVIN. V. BOIVIN.

BRADECHAL. Adresse aux Français, par M. Bradechal, maire de la comm. d'Ouainville, canton de Cany (S.-Inf.); *Rouen, Imp. de F[s] Mari* (vers 1814), in-8 de 14 p.

BRANCAS (*André* de), seigneur de Villars, capitaine de cent hommes d'armes, et lieut. gén. au bailliage de Rouen, fut nommé par Henri IV au gouv. de Rouen, du pays de Caux et du Havre, et amiral de France en 1594; il fut tué au combat de Doullens, le 24 juillet 1595. On voit au musée de Versailles son port., salle des amiraux, n° 42, et son buste en plâtre, par Thérasse, galerie des Batailles. V. du Plessis, *Discours véritable, etc.*—Deville, *Tomb. de la Cathéd.*, p. 277.

BRANCAS (*Henri-Ignace* de), évêque de Lisieux, mort le 13 mars 1760, légua sa fortune aux établissements de charité de la ville. Ce fut sous son épiscopat que fut réimp. le Bréviaire du diocèse de Lisieux, en 1750.

BRAQUEMONT (*Robert* de), amiral de France sous Charles VI, naquit près de Dieppe, dans la seconde moitié du XIVe sc., et mourut sous les murs de Verneuil, le 16 août 1424.

BRARD (*Cyp.-Prosp.*), minéralogiste, ingén. en chef des mines d'Alais, né à Laigle (Orne), le 21 nov. 1786, est auteur de : — Nouveaux Éléments de Minéralogie, ou Manuel du Minéralogiste voyageur, 2e édit.; *Paris, Méquignon-Marvis*, 1824, in-8. — Minéralogie appliquée aux arts, ou Hist. des minéraux qui sont employés dans l'agricult., l'économie domestique, la médecine, etc.; *Strasbourg et Paris, Levrault*, 1821, 3 vol. in-8, avec 15 pl., et de plusieurs autres ouv. de minéralogie, de chimie et de physique. Ce savant est encore auteur de mém. importants et de nomb. articles insérés dans le *Nouv. Dictionn. d'Hist. natur.* et dans le *Dictionn. des Scienc. naturelles.*

BRASSEUR (l'abbé Le). V. LE BRASSEUR.

BRASSEUR. Plan d'éducation républicaine, dédié à la Convention nat. et aux amis de la liberté par le C. Brasseur, de la commune de Rocquemont, district de Neufchâtel; *Rouen, J. Frère*, 1794, in-8.

BRAULT (Mgr. *Charles*), évêque de Bayeux, de 1802-23 (époque où il fut promu à l'archevêché d'Alby), né à Poitiers le 14 août 1752, est mort le 25 fév. 1833. — Sous l'administration de ce prélat, a été publié le *Processionale Bojocense, etc.;* Cadomi, 1812, in-4.

BRAY (*François-Gabriel*, comte de), ambassadeur du roi de Bavière près la cour de Vienne, botaniste, etc., naquit à Rouen le 24 déc. 1765. Il est auteur des ouv. suiv.: *Essai d'un exposé géognostico-botanique de la Flore du monde primitif*, trad. de l'allemand de Sternberg, 1820. — *Essai critique sur l'hist. de la Livonie*, par L. C. D. B.; *Dorpat, Schunmann*, 1817, 3 vol. in-8. — *Voyage pittoresq. dans le Tyrol, aux salines de Salzbourg et de Reichenhall, et dans une partie de la Bavière;* 3e édit.; *Paris, Gide fils*, 1825, in-f., avec 24 planches.

Ce diplomate est mort à Munich vers la fin de 1832. On trouve dans les *Mém. de l'Acad. de Munich* et dans la *Gazette botanique de Ratisbonne* plus. dissertations du comte de Bray, sur l'histoire, la botanique, etc.

BRAYER, homme de lettres, né à Rouen, est auteur de : Neuf années à Constantinople, observations sur la topographie de cette capitale, l'hygiène et les mœurs de ses habitants, etc.; *Paris, Bellizard*, 1836, 2 vol. in-8.

BRAZIER (*Nic.*) et Mélesville. La Famille normande, ou le Cousin Marcel, vaud. en 1 a.; *Paris, Fagez*, 1822, in-8; et réimp. en 1829 et 1834, in-32, 64 p.

BRAZIER (*Nic.*) et Fréd. de Courcy. Olivier Basselin, ou le Val-de-Vire, opéra-com.; *Paris, Michaud*, 1838, in-8 de 24 p.

BRÉANT (*Jacq.-Philippe*), poète et littérateur, né le 10 nov. 1710 à Bernay, où il mourut le 15 fév. 1772. Il est auteur d'un poème en 4 chants *sur l'art de peindre*, lu en 1766 à l'Acad. de Rouen. On en retrouve des fragments dans le *Mercure* de l'année précitée, avril, p. 140-144. Il a également composé des fables, qui sont imp. dans le même recueil. Bréant était associé titulaire de l'Acad. de Rouen, dans le sein de laquelle M. de Couronne lut son éloge, séance du 5 août 1772.

BRÉARD (Dom *Alexis*), bénédictin de la congrégation de St-Maur, religieux de l'abbaye de St-Wandrille, né à Louviers en 1616, termina sa carrière dans l'abbaye de St-Martin de Sées, le 12 août 1688. Il a composé, sur l'abbaye de St-Wandrille, plus. ouv. mss. que possède la biblioth. de Rouen, à savoir : *Le Sanctuaire de la sainte et royalle abbaie de Fontenelle ou de St-Wandrille*; 1652, in-4°. — *Traité des hommes illustres de la très saincte et très royale abbaïe de Fontenelle*; 1657, in-4.—Le *Trisergon de la sainte abbaye de Fontenelle*, ms. in-f.; 1662 et 1682. C'est la réunion de 3 ouv. différents dont le prem., en vers, est intitulé : *Le Sanctuaire de la saincte et royale abbaie de Fontenelle ou de St-Wandrille*; le second, *Traité des personnes illustres et vénérables de Fontenelle* (en prose), et le troisième également en vers : *Le Triple arbre. . . . de Fontenelle*. Ce dern. ouv. n'est pas entièrement de D. Bréard, puisque Guillaume de la Vieille composa le 1er arbre. — *Apparatus ad historiam Fontanellæ sanctæ*; 1685, in-f. — *Historia Fontanellæ*; 1685, 2 vol. in-f.— *Compendium historiæ regalis sanctæque Fontanellæ in Normannia, etc.*, 3 part.; 1685.

E. H. Langlois, dans son *Essai sur l'abbaye de St-Wandrille*, a mis à contribution ces divers mss.

BRÉARD, curé de Cheux (Calv), est auteur d'une Petite Chronique de l'église de Carpiquet, ms.; 1745, in-4. (Biblioth. de Caen.)

BRÉAUTÉ (*Pierre*), d'une ancienne famille de Normandie, distinguée dès le temps de Guill. le Conquérant, était capitaine de cinq compagnies de caval. légère sous Henri IV. Il fut tué à la suite du combat de Bois-le-Duc, le 5 fév. 1600. Sur ce personnage, V. *Deux Consolations de M. Jean de Rouen, aux deux très-sages et très-vertueuses Dames de Bréauté, mère et femme. Sur l'assassin, fait nouvellement, de sang froit, a leur fils et mari, le ieune Seigneur de Bréauté, en Flandres*; Paris, Philippe du Pré, 1600, pet. in-8 de 64 p. A la suite d'un exempl. de ce livre, qui nous a été communiqué par M. le comte d'Auffay, nous avons trouvé avec pagination 57-59 : « *Pour le marbre qui sera mis dans l'église de Neville où est le corps.* »

En effet, le corps de Pierre de Bréauté fut rapporté en l'église de Néville, sépulture de ses ancêtres, le 8 mars 1600. Ce brave guerrier, qui avait épousé Charlotte de Harlay, périt à l'âge de 19 ans. Sa mère était Susanne de Monchy-Senarpont, dame de Bréauté. Dans ce même exempl., on a placé en tête une pl. d'assez grande dimension, représ. le combat singulier à la suite duquel périt de Bréauté, planche du temps, grav. par Visscher, d'après Sébastien Vrancx.

Au bas de cette rare et curieuse gravure on lit en français et en hollandais : « Pourtraict du mémorable combat à cheval lez certain village nommé Vucht, à une lieu de Bois-le-Duc, entre le vaillant seigneur de Bréauté, gentil-homme normand, capitaine d'une compagnie de cuirassiers, au service de MM. les Estats des Provinces-Unies et 21 de sa compagnie françois d'une part, et Leckerbeetjen, lieutenant de seigneur Grobbendoncq, gouverneur de Bois-le-Duc, et 21 cuirassiers de sa compagnie d'autre part. Auquel ledict Leckerbeetjen, son frère et autres estans tuez en la première charge de part et d'autre, le Seigneur de Bréauté, après avoir changé de cheval jusques à 3 fois, s'estant rendu la vie sauve, puis après a esté misérablement massacré de sang-froid, avec son cousin De Petit Bosc, par commandement de sr Grobbēdoncq, le 5 de fév. 1600.»

BRÉAUTÉ (*Éléonore-Suzanne-Nell* de), membre du Conseil général de la S.-Inf., et corresp. de l'Institut (classe des Sc.), astron. et agronome, né à Rouen, le 29 juin 1794, et mort en sa terre de La Chapelle du Bourgay, près Dieppe, le 3 fév. 1855. Le seul travail imprimé que nous connaissions de M. de Bréauté, dit M. Cochet, est un triple tableau inséré dans l'*Alm. indicateur de Dieppe*, édité en 1835, par M. Philippe Burgade, professeur d'hydrographie : 1° *Tableau des variations extrêmes observées au thermom. centigrade, à La Chapelle*, 140 mèt. *au-dessus de l'Océan, pendant les années écoulées de* 1820 *à* 1832; 2° *Tableau des directions du vent, avec leur durée moyenne annuelle, déduite de* 15 *années* (1818-1832), *d'observations faites à La Chapelle et de* 21 *années* (1800-1820) *faites à Paris*; 3° *Tableau des directions du vent, avec leur durée moyenne, mensuelle et trimestrielle, déduite de* 15 *ann.* (1818-1832) *d'observ. faites à La Chapelle.* M. de Bréauté n'était pas seulement un homme de science, c'était un caractère noble et généreux, protecteur du travail et de l'agriculture. Sa mort est une perte réelle pour l'arrondiss. de Dieppe. V. une notice de M. l'abbé Cochet, insérée dans la *Vigie de Dieppe*, des 27 et 31 juillet et 7 août 1855, puis réimp. séparément; *Dieppe, Imp. de E. Delevoye*, 1855, in-8 de 16 p., avec un port. Cette notice est aussi comprise dans l'*Ann. norm.* de 1856.

BRÉAUTÉ (*L.*). Catalogue de la Biblioth. de la ville de Louviers, etc. V. le chap. *Catalogues*.

BRÉBEUF (*Jean* de), jésuite, né à Bayeux, en 1592, fut du nombre des prem. missionnaires envoyés au Canada par la comtesse de Guercheville, pour évangéliser les naturels de cette contrée. Les Iroquois le firent mourir dans des tourments horribles, en 1649. Il a composé un *Catéchisme dans la langue des Hurons*. On lui doit aussi : *Doctrine chrestienne du P. Ladesma de la Comp. de Jésus, trad. en langue canadienne par un P. de la même Comp.* (le P. Brébeuf); Rouen, Richard Lallemant, 1630, in-8° de 26 p. petit vol. rare, conten. le texte franç. et la trad. canadienne sur 2 col., et qui a été réimp. avec le Voyage de Champlain, édit. de 1632. (Brunet, t. III, p. 75.) L. Du Bois, dans sa *Biog. norm.*, indique lanaissance de Brébeuf à Bayeux, le 24 mars 1593.

BRÉBEUF (*Guill.* de), neveu du précédent, né en 1618, à Torigny (Manche), d'une famille ancienne et illustre qui est la tige des Arundel d'Angleterre, mort à Venoix, près de Caen, en déc. 1661. Il a publié les ouv. suiv.:

— Les OEuvres de Brébeuf, nouvellement mises au jour (lettres et poésies); *Paris, J.-B. Loyson*, 1664. 2 vol. in-12.

— La Pharsale de Lvcain, ov les gverres civiles de César et de Pompée, en vers françois; *Rouen, Lavrens Maurry*, 1653 et 1654, in-4, 2 part., en 1 vol. — *Paris, Ant. de Sommaville*, 1655, in-4. — *Rouen, Lavrens Maurry*, 1657; in-12. — *Leyde, Jean Elsevier*, 1658, pet. in-12, titre imp. et gravé. — *Paris, Ant. de Sommaville*, 1663, in-12, fig., jolie édition imp. à *Rouen par Laurens Maurry*; à la manière des Elzevirs.

Si on en juge par le nombre d'éditions, cette trad. de la Pharsale a dû avoir un gr. succès. Nous avons sous les yeux une série de 7 autres édit., depuis celle de Leyde, J. Elsevier, 1663, jusq. celle de Crapelet, 1796, 2 vol. gr. in-8.

— Lucain travesti, ou les Guerres civiles de César et de Pompée, en vers enjouez; *Rouen, L. Maurry*, 1656, in-12.

Ouv. de la jeunesse de Brébeuf, et le plus rare aujourd'hui de tous ceux qu'il a publiés. Il contient la Parodie du 1er liv. de la Pharsale.

— Poésies diverses de M. de Brébevf; *Paris, Ant. de Sommaville*, 1658, in-4, et *Paris, de Luynes*, 1658, pet. in-12. — *Roven*, et se vendent à *Paris*, chez *Ant. de Sommaville*, 1662, pet. in-12 de 304 p. Cette édit., impr. par *L. Maurry*, sur la copie que l'auteur avait rev. et corrig. peu de temps avant sa mort, peut rivaliser avec les impr. des Elzevirs. On y remarque le fleuron *à tête de bouc*.

— Entretiens Solitaires, ov prières et méditations pievses, en vers françois; *Imp. à Rouen par L. Maurry; Paris, Ant. de Sommaville*, 1660, in-12. Charmante édit. elzevirienne.

Ditto. *Paris, Loyson*, 1669, in-12, fig.

— Eloges Poëtiques du sieur de Brébeuf; *Paris, Ant. de Sommaville*, 1661, in-12.

— Poésies héroïques, gaillardes et amoureuses du sieur de Brébeuf; *Paris, J. Ribou*. 1666, 2 vol. in-12.

On doit encore à Brébeuf une trad. en vers burlesques du VIIe liv. de *l'Enéide*, et la *Défense de l'Eglise romaine*.

V. Dissertation sur la Pharsale, les Entretiens Solitaires, la Défense de l'Eglise romaine et autres ouvrages de M. de Brébeuf (par du Hamel), aumônier du Roy; *Paris, Savreux*, 1664, in-12.

BRÉBISSON (*Alphonse* de). Descriptions succinctes des Orchidées qui croissent naturellement dans les environs de Falaise; *Mém. de la Soc. linn. du Calvados*, 1825, p. 367-383.

— Catalogue méthodique des Crustacés terrestres, fluviatiles et marins, recueillis dans le départ. du Calvados; *Mém. de la Soc. linn. du Calvados*, 1825, p. 225-270.

— Catalogue des Arachnides, des Myriapodes et des Insectes-Aptères que l'on trouve dans le départ. du Calvados; *Mém. de la Soc. linn. de Norm.*, 1826 et 1827, p. 254-274.

— Mousses de la Normandie, 8 fascicules; *Falaise, Brée l'aîné*, 1826-1833, in-8.

Chaque liv. contient les échantillons naturels, desséchés et étiquetés de 25 espèces de mousses, recueillies en Normandie.

— Coup-d'Œil sur la Végétation de la Basse-Normandie, considérée dans ses rapports avec le sol et les terrains; *Caen, Chalopin*, 1829, in-8 de 25 p.

Ext. des *Mém. de la Soc. linn. de Norm.*

— Cahiers mss. à l'usage des écoles primaires de l'arr. de Falaise; *Falaise, Imp. lith. de Guesnon*, 1834, in-8.

— De l'agriculture en Normandie; *Ann. norm.*, 1re année (1835), p. 339-387.

— Notions agricoles et industrielles sur le sol et les terrains de l'arr. de Falaise; *Falaise, Brée l'aîné*, 1835, in-8 de 20 p., avec une carte géolog.

— Apercu de la végétation des cinq départements de l'ancienne Normandie; *Ann. norm.*, 2e ann. (1836), p. 97-111.

— Flore de la Normandie; 1re part.; Phanérogamie; *Caen, A. Hardel*, 1836, in-18 de XVI et 430 p.

— Flore de la Normandie. *Phanérogames et cryptogames semi-vasculaires*; 2e édit., augm. de tableaux analytiques; *St-Lo, chez Rousseau*, 1849, in-12 de XVI et 356 p.

Imp. de A. Hardel, à Caen.

— Diverses espèces de Pommiers à cidre cultivées en Normandie; *Ann. norm.*, 1841, p. 101-121.

— Notice biog. sur M. Lechevalier-le-Jumel, botaniste, maire de la ville d'Honfleur, etc.; *Ann. norm.*, 1851, p. 517-521.

Gentien Lechevalier de Barneville, né à Honfleur le 12 sept. 1756, mort le 15 sept. 1849.

— Note sur quelques Diatomées marines rares ou peu connues du littoral de Cherbourg; *Mém. de la Soc. des Sc. natur. de Cherbourg*, 1854, p. 241-258, avec une planche.

M. A. de Brébisson, natural., né à Falaise en 1798, a formé dans sa ville natale une belle collection botanique et entomologique. Il a travaillé à la statist. de l'arr. de Falaise, publiée par M. Galeron, et, indépend. des ouv. mentionnés ci-dessus, il est auteur de : *Traité complet de photographie sur collodion; répertoire de la plupart des procédés connus*; 3e édit.; Falaise, Imp. de Levavasseur, 1855, in-8 de 140 p.

BRÉBISSON & GODEY. Algues des environs de Falaise, décrites et dessinées par MM. de Brébisson & Godey; *Falaise, Brée l'aîné*, 1836, in-8, avec 8 pl. col.

Ext. des Mém. de la Soc. académ. des Sc., Arts et B.-Lett. de Falaise, année 1835, p. 1-62 et 256-269.

BRÉE l'aîné. Cadeau des Muses, ou Almanach universel, Etrennes utiles et agréables. Années 1799-1857 (58 années); *Falaise, Imp. de Brée l'aîné, de Levavasseur et de Trolonge-Levavasseur*, in-32, avec 2 cartes.

Brée l'aîné, imp. et éditeur de cet alm., en a pris la rédaction vers 1812. V. l'art. Alm.

BREF d'Evreux pour l'année 1855, le siége vacant; *Évreux, Cornemillot et Régimbart*, 1855, in-12 de 132 p. (Imp. de Hérissey).

BREF DISCOVRS des choses plvs mémorables advenves en la ville de Rouen, durant le siége mis deuant icelle par Henry de Bourbon, pretendu Roy de Nauarre: valeureusement soustenu l'espace de quatre mois par les habitans de ladicte ville, sous la conduicte de Monseigneur Henry de Lorraine, des sieurs de Villars, de Gessans, et autres vaillants capitaines : iusqu'au 20 feurier 1592, que l'armée Hérétique leua le siege à l'ariuée de l'armée Catholique, conduicte par Messeigneurs les ducs de Parme, de Mayène, Sfondrato, de Guyse et d'Aumalle; *Lyon, Lovys Tantillon*, 1592, in-8 de 32 p. — Ditto, *Tolose, par Jacqves Colomiez*, 1592, pet. in-8 de 36 p.

On lit à la fin de cette dern. : Pris sur la coppie imprimée à Lyon par Lovys Tantillon. L'édit. de Lyon se trouve à la Biblioth. Imp., et celle de Toulouse à la Biblioth. de Rouen. Ce discours est aussi imp. dans les *Mém. de la Ligue*, t. V, p. 103.

BREFUES NARRATIONS des actes et faictz memorables, aduenus depuis Pharamond, premier roy des François, tant en Frãce, Espagne, Engleterre, que Normendie, selon l'ordre du temps et supputatiõ des ans, distinctement continuées iusques à lan mil cinq cens cinquante et six. Catalogue des Papes, depuys S. Pierre iusques à Jules, quatriesme de ce nom, qui est à présent. Catalogue des empereurs, depuis Octouien Cesar jusques à Charles d'Austriche, V. du nom, (par Jean du Tillet); *Roven, par Jehan du Gord*, lib., 1556, pet. in-16. (Imp. à Rouen, par Jean Houdin.)

Ce vol. est surtout bon à consulter pour les événements du XVIe sc. qui se sont passés en Normandie.

BREMENT. Epreuves des caractères d'imprimerie, qui se trouvent chez Charles Brement, fondeur, successeur de M. Vaussy; *Rouen, rue Mamuchet*, 2, 1804, in-8.

Le titre est beaucoup plus moderne que le reste du volume, dont l'impression remonte à 1783. (V. Vaussy.)

BRÉMONTIER (*Nicolas-Thomas*), insp. gén. des ponts-et-chaussées, né à Quevilly, près Rouen, le 30 juillet 1738, mort à Paris le 16 août 1809.

Durant le séjour qu'il fit dans la généralité de Bordeaux, de 1784-1794, il fixa le premier les dunes de la Gironde et les couvrit de forêts, ce qui le fit surnommer le bienfaiteur des départements maritimes de France. A l'occasion de ces travaux, Brémontier publia un *Mém. sur les Dunes, et particulièrement sur celles qui se trouvent entre*

Bayonne et la pointe de Grave, à l'embouch. de la Gironde; Paris, imp. de la Répub., an V (1796), in-8 de 74 p.

Il est auteur de Recherches sur le *Mouvement des ondes*; Paris, F. Didot, 1809, in-8, fig., et de plusieurs Mémoires relatifs aux sciences. Il a coopéré, avec MM. Mésaize, Variu et Noel, à un *Rapport sur l'existence des mines de fer dans le dép. de la S.-Inf.*, rapport inséré dans le *Mag. encyclop.*, 3e année, t. VI.

V. une Notice par M. Billaudel, *Portraits et Hist. des Hommes utiles*, année 1839-40, p. 113-124. — Notice sur la plantation des Dunes dans le golfe de Gascogne et sur l'auteur de ces plantations, par M. Goube; *Soc. d'Agricult. de la S.-Inf.*, t. II (3e cah., 1821), p. 10-14. Ce dern. indique la naiss. de Brémontier au Tronquai, en 1736, et M. Potin de la Mairie, dans ses *Rech. hist. sur Gournay*, le fait naître à Brémontier en Bray (S.-Inf.)

BRÉQUIGNY (de). Observations sur un traité de paix conclu en 1160, entre Louis VII, roi de France, et Henri II, roi d'Angleterre, duc de Normandie (lues le 12 mars 1773); *Acad. des Insc. et B.-Lett.*, t. XLIII, p. 368-401.

Par une première conférence qui eut lieu en 1158, entre Gisors et Neufmarché, le roi de France, Louis VII, consentit à donner sa fille Marguerite à l'un des fils du roi d'Angleterre, Henri II. La jeune princesse devait apporter en dot le Vexin, et le jeune Henri un établissement dont une partie serait en Angleterre et une partie en Norm. Quelques démêlés ayant surgi à la suite de ces conventions, une nouv. conférence fut ménagée entre les deux souverains et détermina le traité de 1160. Ce traité se trouve à la suite du Mém. de Bréquigny; il se trouve aussi dans l'Hist. de Henri II, par lord Littleton; *London*, 1767, in-4, t. II, p. 203, et dans le t. XVIe des Historiens de France.

— Notice du Roman de Rou et des Ducs de Norm.; ms. de la Biblioth. nat., 6,987 et ms. 7,569, de la Biblioth. de l'Arsenal, intitulé au dos : *Roman de Rou*; 2 part.; *Notices et Ext. des mss. de la Biblioth. du Roi*, t. V, (Paris, an VII), p. 21-78.

BRÉQUIGNY (*Louis-Georg.-Oudart* Feudrix de), membre de l'Acad. des Inscr. (1759), et de l'Acad. franç. en 1772, né le 22 fév. 1714, à Montivilliers (S.-Inf.), est mort à Paris le 3 juill. 1794.

On doit à ce laborieux écrivain : — la continuation des *Ordonnances des rois de France*, collect. qui se compose aujourd'hui de 22 vol. in-f., dont un de tables.

— Tables chronolog. des diplômes, chartres, titres et actes imprimés, concernant l'hist. de France; *Paris, Imp. roy.*, 1769-1783. 3 vol. in-f., (Les t. IV et suiv. ont été publ. par MM. Mouchet et Pardessus).

— Diplomata, chartæ, epistolæ et alia monumenta ad res franciscas spectantia, ex diversis regi archivis eruta; *Parisiis, Nyon*, 1791, 3 vol. in-f.

Ouv. publié avec le concours de De la Porte du Theil.

— Lettres des rois, reines et autres personnages des cours de France et d'Angleterre depuis Louis VII jusqu'à Henri IV, tirées des archives de Londres, par Bréquigny, et publiées par M. Champollion-Figeac; *Paris, Imp. roy.*, 1839-1842, 2 vol. in-4.

Collect. de Docum. inéd. sur l'Hist. de France.

De Bréquigny a enrichi le Rec. de l'Acad. des Insc. et B.-Lett. d'un gr. nombre de Mém.

V. *Mém. de l'Acad. de Rouen*, t. V (1791-93), p. 336-338.— Eloge de Bréquigny, par Ch.-Elie de Ferrière, dans *Mélanges de littérature et de morale*; Poitiers, Catineau, 1798, in-8 de 80 p. — *Acad. des Insc. et B.-Lett.* t. L (1808), p. 719. — August. Thierry, *Introd. aux récits mérovingiens*.

Quelques biographes le font naître en 1716, (les uns à Grainville, Pays de Caux, les autres à Granville, Manche), et mourir en 1795.

BRESSON. Port de Cherbourg. Rapport à M. le Ministre de la Marine et des Colonies, sur la visite et le projet de réparation des musoirs de la passe d'entrée de l'avant-port militaire de Cherbourg; *Paris, P. Dupont*, 1856, in-8 de 16 p.

Ext. des *Nouv. Ann. de la Marine et des Colonies* (mars 1856). Rapport signé : L'ingénieur des travaux hydrauliques, Bresson.

— Sur la visite et le projet de réparation des musoirs de la passe d'entrée de l'avant-port militaire de Cherbourg; *Ann. des P.-et-Chaussées*, 1857, p. 321-341, avec une carte.

BRET (*Jean Damascène* le), recollet né dans les environs de Rouen, mort en 1692, a composé des ouvrages de piété.

BRETEL (*Louis*), sieur d'Auberbosc et de Grémonville, né à Rouen vers la fin du XVIe sc., est mort en 1644. Après avoir exercé diverses fonct. dans la magistrature, il entra dans les ordres et obtint, en 1632, l'archevêché d'Aix. V. Eloge hist. de L. Bretel, archev. d'Aix et prince de l'Acad. de l'Immac. Conception, à Rouen, en 1622, par J. A. Guiot, ms. no 84-59; Biblioth. de Rouen.

BRETEL (*Nicolas*), sieur de Grémonville, président au Parlement de Rouen, ambassadeur de France à Rome et à Venise, de 1614 à 1618, naquit à Rouen en 1606, et mourut à Paris le 26 nov. 1648. La relation de son ambassade à Venise se trouve parmi les mss. de la Biblioth. Imp. V. une Notice de M. Chéruel, dans les Mém. de l'Acad. de Rouen, 1847.

BRETEUIL (*Jean* de Fayel, vicomte de), auteur de Ballades au XIVe sc., né à Breteuil (Eure).

BRETOCQ. Description de la fête célébrée à Beaumont (Calvados), le 18 oct. 1835, pour l'inauguration du monument élevé à la mémoire de Laplace; *Caen*, *Poisson*, 1836, in-8 de 11 p.

BRETOCQ (*Louis-J.-B.*), direct. des constructions nav., officier de la Lég. d'honn., etc., né en 1775, à St-Etienne-la-Thillaye (Calvados), est mort dans cette commune, le 17 fév. 1855. V. une notice biog. par M. de Caumont, *Ann. norm.*, 1857, p. 484-487.

BRETOG (*Jean*), auteur dram. du XVIe sc., né à St-Sauveur-sur-Dives (Calvados), a composé : *Tragédie franç. à huit personnages : traitant de l'amour d'vn serviteur envers sa maitresse et tout ce qui en advint;* Lyon, Noël Granjon, 1571, in-16 de 24 ff. Cette pièce a été réimp. à Chartres, en 1831, par les soins de M. Gratet-Duplessis, au nombre de 60 exempl.

BRETON (le P. *Raymond*), religieux des Jacobins de Caen, se livra à des travaux utiles; il employa 19 années de sa vie à prêcher la foi aux Caraïbes, et vint mourir à Caen en 1679. Il a laissé : *Dictionnaire françois-caraïbe et caraïbe-françois, meslé de remarques historiques pour l'éclaircissement de la langue;* Auxerre, Gilles Bouquet, 1664 et 1665, 2 vol. in-8.—*Petit Catéchisme ou sommaire des trois premières parties de la Doctrine chrestienne, trad. du franç. en la langue des Caraïbes insulaires;* Auxerre, G. Bouquet, 1664, pet. in-8. — *Grammaire caraïbe*; Auxerre, G. Bouquet, 1668, in-8. — *Relatio gestarum à primis ordinis prædicatorum missionariis in insulis Americanis ditionis Gallicæ, præsertim apud Indos indigenas quos Caraïbes vulgo dicunt, ab anno* 1635, *ad annum* 1643. Ce dern. est resté ms. Breton naquit à Beaune, en 1609.

BRETONNEAU (*Guy*). Histoire de l'origine et fondation dv Vicariat de Ponthoise, ou recueil de pièces touchant ce vicariat; *Paris*, 1633, in-4.

La Bibl. de Rouen possède une édit. de 1636, s. n. d'auteur, mais avec l'adresse de *Pierre Targa, à Paris;* in-4 de 84 p. et 4 ff. prélim.

BRETONNEAU, archid. de Meaux, chan. de St-Laurent de Plancy, né, suiv. les uns, à Andresis, près Pontoise, et à Pontoise même suivant les autres, est mort vers 1656. — Hippolyte Feret, curé de St-Nicolas du Chardonnet prétendit réfuter l'ouvrage de Bretonneau, dans sa *Véritable Histoire de l'antiquité et prééminence du Vicariat de Pontoise ou du Vexin français, servant de réponse à l'Hist. supposée de son Origine et Fondation;* Paris, 1637, in-4 ; mais, après beaucoup d'écrits de part et d'autre, un arrêt du Parlem. maintint, en 1694, l'archev. de Rouen dans ses droits sur ce Vicariat. On connaît de G. Bretonneau : *Examen désintéressé du livre de la fréquente communion;* Rouen, Jean Le Boulanger, 1645, in-8.

BRETONNIÈRE (de la). Mémoire relatif à la vérification des sondes de la rade de Cherbourg; *Cherbourg, Imp. de P. Clamorgan*, 1790, in-4 de 43 p.

—Instructions sur l'état actuel de la rade de Cherbourg, ext. d'un Mémoire de M. de la Bretonnière, chef de division, command. la Marine à Cherbourg, et imp. par ordre de la Ch. de Commerce de Rouen; *Rouen, imp. de L. Oursel*, 1791, in-4 de 4 p.

— Mémoire d'après lequel le Gouvernement a formé l'entreprise des travaux de Cherbourg, en 1783, suivi d'un Mémoire relatif à la vérification des sondes de la rade, ordonnée au mois de juillet 1789; *Cherbourg, Clamorgan*, 1796, in-4 de 71 p.

BRETONNIÈRE (La Couldre la) et Méchain. Côtes de France : Département de la S.-Inf., depuis Fécamp jusqu'à Dives; d'après les plans levés en 1776 par La Couldre la Bretonnière, lieut. de vaisseau, et Méchain, astronome hydrog. de la Marine; publié par ordre du ministre pour le service des vaisseaux français, etc.; 1792, 1 f[lle] gr. aigle.

BRÈVEDENT (*Franç.-Xavier* de), jésuite, missionnaire et mathématicien, né à Rouen, mort en Ethiopie, en 1699.

BRÉVIAIRE DE BAYEUX. Breviarium bajocensi diligentia longe accuratiore quam antea nunc demum innumeris locis cum emendatis tum psalterii dispositione passim conciniore studiosis commendabilius a Ricardo hamillon rothomagi excussum, ac in lucem denuo editum in edibus Mich. angier et Dionysii bouuet bibliopolarum cadomi juxta cordiferos moram trahentem; 1545, in-8. (Bibl. de Caen.)

L'abbé De la Rue pense qu'il doit y avoir une édit. du Brév. de Bayeux, imp. vers 1480, sans pouvoir indiquer dans quelle ville. Il appuie sa conjecture sur la vue de qq. ff. d'un Brév. in-f. à l'usage de Bayeux, sur lesquels on lisait l'office de S. Exupère.

— Bréviaire à l'usage du diocèse de Bayeux; publié sous les auspices de M. de Luynes; *Bayeux, Gabriel Briard*, 1738, 4 vol. in-8 petit-texte, à 2 col.

—Breviarium Bajocense; *Londini*, 1799, 4 vol. in-8.

BRÉVIAIRE DE COUTANCES. Breviarium Constantiense; *Rothomagi, Joan. le Bourgoys*, 1499, in-12, sur vélin.

Maittaire (*Ann.*, t. I, p. 692), en rapporte ainsi la souscription : Diuini officii more Constancieñ Ecclẽ. Insigne Breuiarium : ipẽsa Petri Regnault, librarii universitatis Cadomeñ. ibidem cōmorantis ad intersignium scti Petri in frigido vico nup̃ multis mendis tersum ac impressum Rothomagi per Johãnẽ le Bourgoys; anno ab incarnatioẽ dñi M. CCCC. nonage°. nono. die XIII. mensis Augusti.

V. Panzer, t. II, p. 560, n° 19. — Van Praet, *Cat. des liv. imp. sur vélin qui se trouvent dans les bibl. tant publiq. que partic.*, t. I, p. 98.

BRÉVIAIRE D'ÉVREUX. Breviarium Ebroicense autoritate D. Francisci Pericardi editum; *Ebroic.*, *Le Marié*, 1617, 2 vol. in-8.

—Breviarium Ebroicense. Illust. et Rever. in Christo Patris DD. Petri-Julii Cæsaris de Rochechouart, Ebroicensis episcopi auctoritate; ac venerabilis ejusdem ecclesiæ capituli consensu editum; *Parisiis, sumptibus suis ediderunt bibliopolæ usuum Ebroicensium*, 1737, 4 vol. in-12, et 4 vol. in-4, avec une vue de la cath. d'Evreux, gravée par Petit.

— Ditto. *Paris, sumpt. suis ediderunt bibliop. usuum Ebroicensium*, 1744, 4 vol. in-12.

—Breviarium Ebroicense. Illust. et Rever. in Christo Patris DD. Caroli Ludovici de Salmon du Chatelier, Ebroicensi episcopi, etc.; *Vesontione, ex typis Gauthier fratrum*, 1829, 4 vol. in-12.

BRÉVIAIRE DE FÉCAMP. Breviarium inclyte Monasterii sanctissimæ, Trinitatis Fiscanensis, ord. S. Benedicti; *Rothomagi, Du Petit-Val*, 1627, in-8.

BRÉVIAIRE DE JUMIÉGES. Breviarium Sextuplex ad usum Cœnobii Gemeticensis; in-4, ms. des XIIe et XIIIe sc. (Bibl. de Rouen.)

BRÉVIAIRE DE LISIEUX. Breviarium Lexoviense. Illust. et Rever. in Christo Patris DD. Leonorii de Matignon, episcopi et comitis Lexoviensis authoritate editum ac de ejusdem ecclesiæ capituli consensu; *Parisiis, Josse*, 1704, 4 vol. in-12.

— Breviarium Lexoviense. Illust. et Rever. in Christo Patris DD. Henrici-Ignatii De Brancas episcopi et comitis Lexoviensis auctoritate, etc.; *Parisiis, typis Claudii Herissant*, 1750, 4 vol. in-8.

BRÉVIAIRE DE ROUEN. Breuiarium ad usum Rothomagensem; *Rouen, Martin Morin*, 1491, in-f. goth., sur deux colonnes, avec initiales réservées, imprimé sur d'excellent pap., aux frais de Jean Richard. Le titre porte la marque de Guillaume Le Talleur.

Souscription : Breuiarium camere ad usum Rothomagensem tam in breui antiphonis responsoriis capitulis q̃p etiam legendis et omnibꝫ aliis una cū prolongatione expositionū euāgelioꝝ oīm dñicaꝝ a trinitate usqꝫ ad aduētum dñi sollerti vigilantia iuxta libros chori ecclie metropolis nup. castigatū correctū emēdatū impressūqꝫ Rothomagi Anno dñi M. CCCC LXXXXI. per magistrū Martinū Morin impressorem iuxta prioratū ancti Laudi dicti loci rothomageñ cōmorantẽ : impensa Johãnis Ricardi mercatoris librarii : finit feliciter.

Vol. imprimé par Martin Morin pour Jean Richard, libraire, et probablement aussi pour Guillaume Le Talleur, dont nous voyons la marque au titre. La biblioth. de Rouen possède trois exempl. de ce livre dont l'un est réglé et orné de qq. initiales miniaturées.

— Breviariū ad usum Rothomagẽsez. Imp. à Paris par Pierre Levet pour Guillaume Bernard, 1491, in-f. gothiq. sur 2 col. et sur pap. réglé, sans chiffres ni réclames, mais avec signatures.

Au recto du dern. feuillet qui, dans ce Bréviaire, est consacré à la table pascale, on trouve la souscription suiv. :

Breuiariū ad usum rothomagẽsez Parisii laboriosissime exaratū p. Petrū Leuet impẽsa vero Guillermi bernardi librarij ciuis Rotho. finit feliciter Anno a natinitate xp̄i. MCCCC° XCI°. quarto kal. Octobris.

Il est à remarquer que ce brév. a été imp. en 2 fois, et que chaque fois l'imprimeur a indiqué l'époque de l'impression; ainsi, au recto, 2e col. du dern. feuillet du prem. alphabet (dimanche après la Trinité), on lit : Completũm est anno. MCCCCXCI°. XXIX septẽbris. Dans l'exempl. de la Biblioth. de Rouen, les 2 prem. ff. manquent.

Maittaire, t. I, p. 409, cite un Brév. de Rouen de 1480, in-f., mais s. n. de ville ni d'imp.

— Breviarium Rothomagense ; *Rothomagi*, *Joann. Burgensis*, 1492, pet. in-8 très-épais, carré goth. sur 2 col. (Biblioth. de Rouen.)

Ce Bréviaire commence par le Calendrier, lequel est suivi de *Trinitas*. Aai, *Eukaristie*. Bbi, etc., formant 1re part., au dern. feuillet de laquelle on lit, sur le verso : « Explicit hoc opusculum impressum Rothomagi, per Johannem burgeñ. Anno domini M.CCCC.XCJJ dio vero XV. octobris. » — La 2e partie commence par *Dominica*, ai, etc., jusqu'à *finis psalterii*. — La 3e partie, *seruitiũ btẽ marie*, ddi, etc., terminée par *explicit*. — La 4e partie, *Cõe aplõꝝ*, aai, etc. — La 5e partie, *Desyderii* aaai, etc. — Au bas du verso du dern. feuillet, on lit la souscription : Finit de tp̃e hyemali. Impressũ rothomagi p. Johãnem le bourgoys, Anno dñi. M.CCCC. XCIJ die. X. mẽsis nouembris.

Charmant vol. imp. sur vél. et orné d'initiales col. Il se trouve aussi dans cet exempl. qq. encadrements et têtes de chapitres, col. et gouachés, ce qui donne à ce vol. la physionomie d'un ms.

Quoique présentant la même apparence que l'exempl. de la Biblioth. Imp., ce vol., par sa division et sa souscription, paraît être d'une édition différente.

— Breviarium Rothomagense; *Rothomagi*, *Joann. Burgensis*, 1492, pet. in-8 très-épais, carré goth. sur 2 col.

Ce vol. n'a pas de titre ; il commence par le Calendrier, puis suiv. : Dñica i. aduẽtus Ai, etc. La souscription, au verso du dern. feuillet, porte : Explicit tp̃s hyemale scdm usũ Rothomageñ ecclesie impressum Rothomagi per Johannẽ Burgeñ. Anno dñi M.CCCC.XCII. die vero XXVIII. mẽsis septẽbris.

Un bel exempl. sur vél., avec initiales gouachées, se trouve dans la Biblioth. Imp.

V. Catal. des liv. imp. sur vél. de la Biblioth. du Roi, t. Ier, p. 181, et t. VI, suppl., p. 20.

Dans ces Bréviaires du XVe sc., comme dans les édit. suiv., on imprima en vermillon les titres et tout l'ensemble des règles de la liturgie, qui pour cette raison ont reçu le nom de *rubriques*.

— Breviarium insignis metropolitanæ ecclesiæ Rothomagensis, reverend. et illust. principis et Domini cardinalis a Borbonio archiepiscopi ac Neustriæ primatis auctoritate : nec non venerabilis ejusdem ecclesiæ capituli interueniente consensu editum (armes du cardinal). Parisiis, apud Jacobum Keruer, via Jacobæa sub signo vnicornis, cum privilegiis ejusdem illust, principis cardinalis et curiæ Rothomagensis, 1578, 2 vol. pet. in-8, fig. sur bois, s. n. de lib., à Rouen. (Biblioth. Imp.)

Ce Brév., dont le mandement est daté du 21 oct. 1577, a dû être imp. pour *Guill. et Nicolas Mullot*, *Jean et Richart Petit*, *et Lallemant*, qui, suivant les registres capitul., en avaient demandé l'autoris. le 23 janv. 1576.

La préface indique que les chanoines Louis de Mainteternes et Marien de Martinbos concoururent, avec le cardinal Charles Ier de Bourbon, à la publication de l'édit. de ce brév., la prem. édit., publiée après la bulle de Pie V, 1568, réformant en quelques points le brév. romain. Le besoin de réimp. le Brév. de Rouen se faisait sentir plus que jamais, à la suite des cruelles guerres civiles du XVIe sc., qui avaient plutôt consolidé que détruit la réforme, et durant lesquelles un grand nombre de mss. et de liv. de la liturgie romaine avaient été anéantis.

Ce Brév. a été réimp. sans changements en 1594, sous l'épiscopat du second cardinal de Bourbon.

Dom Guéranger indique des édit. du Brév. de Rouen de 1587 et 1626, conformes à la liturgie romaine.

Sous l'archiépiscopat de Harlay, Ier du nom, il a été fait 3 édit. différentes du Brév. de Rouen, savoir : en 1617, 1627 et 1642 (Bibl. Ste-Genev., à Paris), en se rapprochant successivement du Brév. romain sans cependant l'adopter dans son entier.

— Breviarium insignis Ecclesiæ metropolitanæ Rothomagensis, Illust. ac Rever. D.D. Francisci de Harlay, archiep. et norm. Primatis jussu recognitum et editum, de concensu venerabilis capituli ; *Rotomagi*, 1627. (Biblioth. Ste-Genev., BB., n° 1,194.)

Le savant Jean Le Prevost, bibliothéc. du chapitre, prépara les 2 dern. édit. du Brév., 1627 et 1642.

— Breviarium ecclesiæ Rothomagensis; *Rothom. apud Societatem typographicam librorum officii ecclesiastici*, 1662, 4 vol. pet. in-12, avec rubriq.

Sous François II de Harlay (ou Harlay II).

— Breviarium ecclesiæ Rothomagensis. Religiosissimi Archipræsulis, Francisci Rouxel de Medavy, Normaniæ Primatis jussu recognitum et editum. *Rothomagi, apud Societatem typographicam librorum officii ecclesiastici*, 1675, 4 vol. gr. in-8, fig.

Cette société typograp. se composait de :

Richard Lallemant, près le collége de R. PP. Jésuites;
Louis Costé, rue Ecuyère, aux 3 Croix couronnées;
Eustache Viret, imp. ordin. du Roy, dans la cour du Palais.
Ce dern. a imprimé le Brév. précité.
Les armes de l'archev. Rouxel de Medavy représentent, dans un écusson surmonté d'une couronne et du chapeau archiépiscopal, 3 *cocqs*.
Ce Brév. est semblable à celui de 1662, sauf de très-légères différences.
Le Brév. de 1675, dans lequel on a suivi la liturgie romaine réformée d'après la bulle de 1568, a été réimp. textuellement en 1690.

— Breviarium ecclesiæ Rothomagensis, autoritate Ludovici de Lavergne de Tressan, Rotomagensis archiepiscopi, primatis Normaniæ; *Rotomagi, apud Jore patrem et filium*, 1728, 2 vol. gr. in-8, fig., imp. sur 2 colonnes, gros caract.

— Ditto, *Rotomagi, apud Jore patrem et filium*, 1728, 4 vol. gr. in-8, fig., sur 2 col

— Ditto, *Rotomagi, apud Jore patrem et filium*, 1728, 4 vol. gr. in-18, fig., sur 2 col.

Ce Brév., de 1728, publ. sous l'archiépiscopat de L. de Lavergne de Tressan, fut rédigé par Urbin Robinet, grand-vicaire de Rouen, savant docteur en Sorbonne, avec le concours de 5 chanoines. Il a subi de graves altérations en s'écartant de la liturgie romaine, pour retourner à l'ancienne liturgie particulière à l'Eglise de Rouen.
A l'occasion de ce Brév., V.: *Projet d'un Bréviaire à l'usage du diocèse de Roüen;* Rouen, Jacq. Jos. Le Boullenger, s. d., in-4 de 8 p. — *Lettres d'un ecclésiastique à un Evêque, au sujet du nouv. Bréviaire et du nouv. Missel de Rouen;* Rouen, Imp. de Ph.-P. Cabut, 1728, in-4 de 19 p.
Sur le Dr Robinet et le Brév. de Rouen, de 1728, V. Dom Guéranger, *Institutions liturgiques*, t. II, p. 401 et suiv.

— Breviarium Rotomagense, illust. et rever. in Christo Patris D. D. Ludovici de la Vergne de Tressan. Juxta exemplar; *Rotomagi, apud Jore patrem et filium*, 1736, 4 vol. in-18, fig., avec rubriques; sur 2 col.

Réimpression soi-disant faite en Hollande sur l'édition de Rouen. Dans cette édition recherchée, en raison de son petit format, il existe un gr. nombre de renvois; le plain-chant, qui est placé à la fin des vol., est gravé. On est porté à croire que cette édit., tout en ayant une physionomie étrangère, a été faite à Rouen, mais en secret, par un imprimeur qui n'était pas pourvu du privilége de l'archevêque. Toutefois, nous ferons remarquer que notre éditeur et ami M. Le Brument a retrouvé à Leyde, il y a très peu d'années, quelq. exempl. en feuilles de ce Bréviaire, de sorte qu'il est très difficile d'en déterminer l'origine.

— Breviarium ecclesiæ Rotomagensis, autoritate Illust. ac Rever. Dominici De la Rochefoucauld; *Rotom., apud P. Seyer, typog.*, 1777, 4 vol. in-12.

— Breviarium ecclesiæ Rotomagensis, autoritate Emin. D. D. Dominici De la Rochefoucauld, Rotomag. archiepiscopi; *Rotomagi, apud P. Seyer, typog.*; 1780, 4 vol. gr. in-8.

V., sur le Brév. de Rouen et sur la question d'abandonner le Brév. de 1728 pour adopter exclusivement la liturgie romaine:

— Dissertation sur la légitimité des Bréviaires de France et du Bréviaire de Rouen en particulier; par un ecclésiastique de Rouen; *Rouen*, 1830, in-8.

— La Question liturgique réduite à sa plus simple expression; par un chan. (M. l'abbé Auger), 2e édit.; *Paris, ve Thiériot*, 1854, in-12 de 151 p.

— Motifs qui m'ont fait prendre le Bréviaire romain; par un prêtre du diocèse de Rouen; *Paris*, 1856, in-12.

— Des Liturgies françaises en général et de la Liturgie normande en particulier (par M. l'abbé Bourdin); *Paris, J. Lecoffre*, 1856, in-12.

— Observations sur la Liturgie du diocèse de Rouen (par M. P. Labbé, chan. honor.), in-f. s. d., autographie.

On sait que la Liturgie, considérée en général, est l'ensemble des symboles, des chants et des actes au moyen desquels l'Eglise exprime et manifeste sa religion envers Dieu. (Dom Guéranger.)
Le Bréviaire de l'ancien monastère de St-Lo de Rouen, se trouve aujourd'hui entre les mains de M. Le Brument-Jeulin, ancien commerçant à Rouen. C'est un ms. gr. in-4 sur vélin, enrichi d'admirables miniatures, au nombre de 58, et composé vers la fin du XIVe sc. ou le commencement du XVe. La conservation et la fraîcheur de ce ms. sont remarquables, et ont provoqué, de la part de plusieurs riches amateurs, des offres considérables.
L'imprimerie de Rouen avait tant de célébrité dans le XVe sc. et les prem. années du XVIe, que des villes même éloignées y faisaient imprimer leurs livres de jurisprudence et de liturgie. C'est ainsi qu'ont été imprimés: Le *Breviarium Sarum* (Salisbury), par Martin Morin, 1492, 2 vol. in-12. (En 1845, M. Parker, lib. et archéol. dis-

tingué, à Oxford, nous écrivait qu'on ne trouvait pas ce livre dans la Biblioth. Bodléienne, où plusieurs bibliog. en constatent le dépôt.) — *Brev. Cenomanense* (le Mans), par le même imprimeur, vers 1492, in-8. — *Brev. Bellovacense* (Beauvais), par Pierre Violette, pour Jean Denully, à Beauvais, et Jacq. Leforestier, à Rouen, 1506, in-8. — *Brev. Noviomense* (Noyon), 1515 et 1525, 2 vol. in-8. — D. Guéranger (*Inst. liturg.*, t. III, p. 334), indique en outre : *Brev. Helfordens.* (Hereford), 1505; *Brev. Eboracense* (York), 1516, et plusieurs édit. du *Brev. Sarum* jusqu'en 1556, mais sans citer le nom des imp. ou lib. qui les ont publiées.

BRÉVIAIRE DE SÉES. Breviarivm Sagiense ; *Cadomi, MDXVIII* ; in-8.
(Panzer, t. VI, p. 344.)
— Breviarium Sagiense ; *Alençon, Martin de la Motte*, 1680, in-8.
— Breviarium Sagiense, Illustriss. ac Rev. in Christo Patris. D. D. Jacobi-Caroli-Alexandri Lallemant, episcopi Sagiensis, etc., autoritate, ac venerabilis ejusdem Capituli consensu editum ; *Parisiis*, 1737.
Sur ce Brév., V. *le Mercure*, 1739, mai, p. 956-959.
La Bibl. de Rouen possède un Brév. de Sées, ms. du XVe sc., in-12.

BRÉVIAIRE DE SAINT-LEUFROY. Pars Æstivalis Breviarii Monasterii S. Crucis B. Leufredi diœces. Ebroic.; in-8, goth.
(Cat. Le Normant, évêque d'Evreux.)

BREVIÈRE (*Louis-Henri*), l'un des artistes qui se sont le plus distingués dans l'art de la gravure appliquée à la typographie, est né à Forges-les-Eaux. Il a été chargé par l'Imp. Impér. de l'illustration de l'*Histoire des Mongols* et du *Livre des Rois*. A l'Exposition de 1839, il obtint la médaille d'argent.
M. Brevière, après avoir été quelques mois imprimeur aux Andelys, en remplacement de M. Monton aîné (nov. 1855 à avril 1856), est retourné à Paris, exercer son art de graveur sur bois.
Il est auteur des 2 Mém. suiv. :
De la Xilographie, ou gravure sur bois ; *Rouen, Nic. Periaux*, 1833, in-8 de 16 p. — Discours de réception de M. Brevière à l'Acad. de Rouen. Ext. des Mém. de cette acad., année 1832.
— Note sur des porcelaines imprimées de différentes grandeurs, au moyen d'une seule planche, par le procédé de feu Gonord, peintre et graveur, à Paris, et offertes à l'Acad.; *Rouen, N. Periaux*, 1833, in-8 de 15 p. Ext. des Mém. de l'Acad. de Rouen, 1833, p. 99-111.
Non-seulement M. Brevière s'est montré habile graveur sur bois, mais encore il a gravé avec talent plusieurs planches sur cuivre.

BRÉZÉ (*Pierre* de), comte de Maulévrier, grand sénéchal de Norm., baron du Bec-Crespin, a composé quelq. poésies qui figurent parmi celles de Charles, duc d'Orléans. Après avoir échappé à 20 combats, il succomba à la bataille de Montlhéry, le 16 juill. 1465, et fut enterré dans la cathédrale de Rouen, où un tombeau lui fut érigé par les soins de Jacq. de Brezé, son fils. V. Deville, *Tombeaux de la cathédrale de Rouen*, 1837, p. 53-69.

BRÉZÉ (*Jacq.* de), comte de Maulévrier, grand sénéchal de la Norm., fils du précédent, avait épousé Charlotte de France, fille naturelle de Charles VII et d'Agnès Sorel. Ayant tué sa femme, surprise en adultère avec Pierre de la Vergne (1476), il fut enfermé, d'après l'ordre de Louis XI, dans la grosse tour du château de Vernon, où il resta trois ans. A la mort de Louis XI, il sollicita du Parlement la révision de son procès. Le Parlement cassa l'arrêt qu'il avait rendu, et Jacq. de Brézé put rentrer en possession de ses bien. Il mourut en 1491.
V. Lettres de rémission données à Jacq. de Brézé, comte de Maulévrier ; *Acad. des Insc. et B.-Lett.*, t. XLIII, p. 682. — Procès criminel intenté contre Jacq. de Brézé, grand sénéchal de Normandie, au sujet du meurtre de sa femme, 1467-1486 ; par D. D'Arcq ; *Biblioth. de l'Ecole des Chartes*, 2e série, t. V (1849), p. 211-239.

BRÉZÉ (*Louis* de), succéda à son père, Jacq. de Brézé, dans la charge de sénéchal de Norm., et devint l'époux de la célèbre Diane de Poitiers. Il mourut le 23 juillet 1531. Sa veuve lui fit élever dans la cathédrale de Rouen, auprès de son grand-père, un monument qu'on est fondé à attribuer au ciseau de Jean Goujon. Ce monument, disposé dans le style sévère du XVIe sc., est regardé comme l'un des types les plus purs de l'architecture de la Renaissance.
V. Abrégé des gestes de Louis de Brézé, comte de Maulévrier, grand sénéchal de Normandie ; in-f. ms. ; *Bibliot. du Roi*, mss. Bigot, n° 212 (P. Lelong, 31,994). — Deville, *Tombeaux de la cathédrale*, p. 109-143.

BRIAL (Dom). Thibaud, abbé du Bec (en 1136), puis archevêque de Cantorbéry, sa vie, etc.; *Hist. litt. de France*, t. XIII (1814), p. 309-313.
— Achard, abbé de St-Victor de Paris, puis évêque d'Avranches. Recherches sur sa vie (XIIe sc.) ; *Hist. litt. de France*, t. XIII, p. 453-456.
— Anonyme, auteur d'un écrit ayant pour titre : *Draco normannicus* ; *Hist. litt. de France*, t. XIII, p. 392-393.

— Nicolas, prieur du Mont-aux-Malades de Rouen (vers 1160); *Hist. litt. de France*, t. XIII, p. 393-395.

— Gilles, évêque d'Evreux, sa vie, XIIe sc.; *Hist. litt. de France*, t. XIV (1817), p. 18-21.

Promu à l'évêché d'Evreux en 1170, ce prélat est mort le 9 sept. 1179.

— Robert de Torigni, abbé du Mont-St-Michel, sa vie, etc.; *Hist. litt. de France*, t. XIV, p. 362-374.

V. Robert de Torigni.

— Serlon, évêque de Bayeux, poète mort en 1106; *Hist. litt. de France*, t. XV (1820), p. 1-XVI.

— Notice du ms. de la reine Christine de Suède, qui a pour titre : *Draco Normannicus*; *Notices et Ext. des mss. de la Biblioth. du roi*, t. VIII; *Paris*, 1810, p. 297-308.

Ce ms., attribué à Etienne de Rouen, moine de l'abbaye du Bec, est indiqué dans Montfaucon, Bibliotheca bibliothecarum, t. I, p. 41, avec ce titre : *Anonymi Draco Normannicus, versus continent historiam Mathildis imperatricis Francorum, Anglorum et Normannorum.*

C'est un ouvrage intéressant pour l'histoire du XIIe sc., particulièrement pour connaître les démêlés du roi Louis le Jeune avec Henri II, roi d'Angleterre.

— Notice d'un ms. de la Biblioth. du chevalier Cotton, faisant partie aujourd'hui du Musée Britann.; *Notices et Ext. des mss. de la Biblioth. du Roi*, t. XI (1827), in-4, p. 165-177.

Ce ms. renferme les ouv. suiv. :

1° Versus Serlonis Parisiacensis ad Muriel sanctimonialem. (Muriel était sœur utérine de Guillaume le Conquérant);

2° De rege Guillelmo. (Pièce composée pour féliciter ce prince sur la conquête de l'Angleterre);

3° De Regina Mathilde (épitaphe de cette reine), vraisemblablement l'épouse de Guillaume le Conquérant;

4° Ad Odonem Bajocensem episcopum. (Le poète, au nom des habitants de Bayeux, félicite le prélat sur sa sortie de la prison où son frère le Conquérant l'avait détenu pendant 4 ou 5 ans);

5° Invectio in Gilbertum abbatem Cadomensem. (Sortie violente contre la manière de vivre de cet abbé.);

6° Incipiunt versus Serlonis de Capta Bajocensium civitate. (L'auteur décrit la prise et l'incendie de la ville de Bayeux, l'an 1106, par Henri Ier, roi d'Angleterre). Il existe au Vatican un ms. semblable parmi les mss. de la reine Christine de Suède. Ce ms. a pour titre : *Serlonis Poemata*. (V. Serlon.)

Dom Brial, mort à Paris, le 25 mai 1828, a publié les t. XIV-XVIII du Recueil des Hist. de France. — V. sur ce vénérable et docte bénédictin, *Mém. de l'Acad. des Insc. et B.-Lett.*, t. IX., et *Hist. litt. de la France*, t. XVII.

BRICE. A monsievr Brice, escvyer, conseiller dv Roy, et avditeur en sa Chambre des Comptes en Normandie. Description du lieu de St-Brice, près la Boüille, au bas Caumont, par M. R. B. Ode, Sonnets, etc.; in-4 de 19 p., avec les 3 port. de Jean, de Nicolas et de Pierre Brice, et l'image de S. Brice, 4e archev. de Tours.

Brice (*Jean*), conseiller du roi à la Chambre des Comptes Normandie, mourut en 1649, à l'âge de 90 ans. Brice (Nicolas), chanoine de la cathédrale de Rouen, est mort en 1640, à l'âge de 80 ans. Brice (Pierre), conseiller à la Chambre des Comptes de Norm., vivait encore en 1652; il avait alors 50 ans.

BRICHE (l'abbé *Joseph-Clément*), né à Vatierville (arr. de Neufchâtel), vers 1764, mort à Dieppe, victime de la révolution, le 22 avril 1794. V. notice de M. l'abbé Cochet, dans la *Galerie dieppoise*.

BRICQUEVILLE (*François* de), baron de Coulombières, né à Coulombières (aujourd'hui Colombières), près Isigny, fut l'un des plus grands capitaines du XVIe sc. Après le massacre de la St-Barthélemy, le comte de Montgommeri et Colombières firent en Normandie une guerre à mort aux catholiques, avec autant de cruauté que de succès. Colombières porta au plus haut degré la bravoure et la fermeté. Après une lutte de 2 années, il se vit assiégé dans la ville de St-Lo, qu'il défendit avec la plus vive résistance. St-Lo fut emporté par les catholiques, et le brave Colombières, la pique à la main, resta sur la brèche, jusqu'à ce qu'il reçut dans l'œil un coup d'arquebuse qui le tua sur la place, en 1574. Il avait épousé Gabrielle de la Luzerne qui, après sa mort, se remaria avec Jean Taisar, baron de Tournebu.—V. sur cette ancienne et illustre famille de Normandie, *la France protest.*, t. II (1853), p. 510-513.

BRICQUEVILLE (*Guill.* de), lieutenant-gén. de la flotte franç. d'outre-mer, né à Bretteville-en-Saire (arr. de Cherbourg), vers 1569, fut tué au Sénégal, en 1613, en remontant la Gambie, dans un combat contre les naturels des rives de ce fleuve.

BRICQUEVILLE (*Antoine* de), chevalier de Bretteville, naquit à Bretteville, près de Cherbourg, en 1635. Chef de corsaire, il fut tué d'un coup de feu dans un combat contre une frégate hollandaise, le 16 juillet 1674. V. la notice de M. Vérusmor, *Ann. de la Manche*, 1840.

BRICQUEVILLE (*Anne-Henriette* de), marquise de Colombières, s'est fait connaître par un ouv. intitulé : *Réflexions sur les causes des tremblements de terre, avec les principes qu'on doit suivre pour dissiper les orages, tant sur terre que sur mer;* 1756, in-12. (Anonyme).

BRICQUEVILLE (*Armand* de), colonel du 20e de dragons, député de l'arr. de Cherbourg, né à Bretteville (Manche), en 1785, est mort à Paris, le 19 mars 1844. Son buste en bronze a été élevé sur la place des Sarrasins, à Cherbourg. M. de Bricqueville est auteur de quelques brochures politiques.

BRIEF Discovrs svr la bonne et ioyevse reception faicte à la maiesté dv Roy (Henri III) par ses très fidelles et obéissants sujects de la ville de Rouen, etc. V. Seville (*Jean* de).

BRIEF Recveil des antiqvitez et fondations de l'abbaye de Jumieges en Normandie; pet. in-8 de 34 p.

Cet opuscule commence par un poëme latin sur Jumiéges, intitulé : *Fundatio, ruina et restauratio monasterii Gemmeticensis carmen ;* 4 ff. (185 vers) sans titre.

« Il existe (disent les auteurs de l'*Hist. littér. de la France*, t. VI (1742), p. 538), un poëme latin de près de 200 vers héroïques sur l'origine, la destruction et le rétablissement de l'abbaye de Jumièges, en Normandie ; on le croit d'un moine de ce monastère, qui vivait sur la fin de ce siècle (le xe) ; mais quoique ce soit un auteur domestique qui y parle, il n'est pas exact dans ses époques. Il se trompe en particulier d'environ 20 ans dans celle qu'il assigne à la fondation de cette abbaie. Ce poëme se lisait autrefois dans des cartouches autour du cloître. Yepez le rapporte dans ses Chroniques de l'ordre de St-Benoît, sur l'année 684 ; mais son traducteur l'a entièrement omis ; le P. Artur du Monstier l'a inséré par extraits dans son *Neustria Pia*. L'auteur de cette pièce s'y est élevé en plusieurs choses au-dessus du génie de son siècle ; c'est ce qui nous ferait soupçonner qu'elle pourrait appartenir à des temps postérieurs, quoiqu'au reste, elle ne contienne aucun fait plus récent que le rétablissement de Jumiéges, qui se fit en 940. »

Le P. Lelong, no 12016, indique ce poëme comme étant composé par un moine de Jumiéges, du nom d'Adrien : *De fundatione, ruina et instauratione abbatiæ Gemeticensis, Adriani, monachi Gemeticensis, carmen.*

BRIÈRE (*J.-L.-J.*), ancien lib. à Paris, né à Alençon en 1796. On lui doit la table génér. des matières de l'*Hist. de France d'Anquetil*, 1819, 13 vol. in-8, et comme éditeur, une édit. des *Œuvres de Diderot*, 1821, 22 vol. in-8; une édition des *Œuvres de Vauvenargues*, 1821, 3 vol. in-8, et la collect. des *Mém. relatifs à l'Hist. de France, depuis la fondation de la monarchie franç. jusqu'au* XIIIe *sc.*, avec introduction, notices, etc., par M. Guizot ; 31 vol. in-8.

BRIERRE DE BOISMONT (*A.*), Dr en méd., né à Rouen, est auteur de plus. ouv. de médecine, parmi lesquels nous signalerons :

Relation historique et médicale du choléra-morbus de Pologne ; *Paris, Germer Baillière*, 1832, in-8, avec une carte. Cet ouv. a obtenu de l'Institut, en 1833, une médaille d'or de 1,000 fr.

— De la Menstruation considérée dans ses rapports physiologiques et pathologiques (ouv. couronné par l'Acad. roy. de Médecine) ; *Paris, Germer Baillière*, 1842, in-8 de 576 p.

— Des Hallucinations ou Histoire raisonnée des apparitions, des visions, des songes, de l'extase, etc. ; *Paris, Germer Baillière*, 1845, in-8; et 2e édit., *Paris, Id.*, 1852, in-8.

— Du Délire aigu observé dans les établissements d'aliénés ; *Paris*, 1845, in-4. Mém. qui a obtenu, en 1847, de l'Acad. des Sc., un prix de 1,500 fr.

Avec le concours de M. A. Pottier, M. Brierre a publié des *Eléments de Botanique ;* Paris, Raymond, 1825, in-12.

BRIEUX (*Jacq.* Moisant, sieur de), poète latin et français, naquit à Caen en 1614, et y mourut en juin 1674. Elevé dans la religion réformée, il fit ses études dans l'université de Sédan, dont tous les maîtres professaient le protestantisme. Après avoir été quelque temps conseiller au Parlement de Metz, de Brieux revint à Caen, où florissait alors une foule de savants ; à leur exemple, il se livra avec ardeur à la culture des lettres. Il rassemblait chez lui tous les savants de Caen : Huet, Bochart, La Roque, Ségrais, etc. Ces réunions qui avaient lieu le lundi de chaque semaine et dans lesquelles on discutait des points d'histoire et de littérature, donnèrent naissance à l'Acad. de Caen. M. de Brieux correspondait avec une partie des savants de l'Europe. Tous les ouvrages de Moisant de Brieux sont rares et recherchés. En voici la liste par ordre de date de publication :

Hymni et genitus seu paraphrasis psalmorum primi, octavi vigesimi primi, quinquagesimi et centesimi sexti ; s. n. de lieu n. d. (*Caen*, 1656), in-4. (Une ode et deux sonnets français terminent le vol.)

— Poemata latina ; *Cadomi, apud Joan. Cavelier*, 1658, in-4.

L'auteur y a ajouté quelq. lettres latines.

— Astræa redux seu Pacis effigies, elegia. *Cadomi*, 1661, in-4.

— Jac. Mosanti Briosii poemata; *Cadomi, apud Joan. Cavelier*, 1663, in-8 de 184 p., plus 5 ff. prélim.

Ce vol. forme la 2e édit. très-augmentée des Poésies latines de Moisant de Brieux. Il contient particulièrement un petit poème intitulé : *Gallus Gallinaceus*, et quelques autres pièces relatives à l'hist. naturelle.

— Seria et joci, ou Recueil de plusieurs pièces sur divers sujets; *Caen, Cl. le Blanc*, 1664, pet. in-8.

— Méditations morales et chrétiennes; prem. partie; *Caen, J. Cavelier*, 1667, in-12.

La 2e part., à l'exception de la préface qui se trouve dans les Divertissements, p. 84, n'a point paru. C'est à tort que Ségrais parle de cette 2e part. comme imprimée à Caen, chez J. Cavelier, en 1674.

— Jacobi Mosanti Briosii Poemata; *Cadomi, J. Cavelier*, 1668, pet. in-8.

— Mosanti Briosii poematum pars altera; accedunt quædam de Cadomensium rebus epistolæ; *Cadomi, apud Joan. Cavelier*, 1669, pet. in-12.

Les p. 101 à 148 de cette 2e part. des poésies latines de Moisant de Brieux contiennent plusieurs lettres françaises de l'auteur, où il donne l'hist. de l'Acad. de Caen. Ces lettres, adressées à M. Turgot de St-Clair, conseiller d'Etat, contiennent aussi nombre d'étymologies ingénieuses et présentent quelq. intérêt pour les antiquités, les usages et l'histoire littéraire de la ville de Caen.

— Les divertissements curieux de M. D. B.; *Caen, J. Cavelier*, 1668, pet. in-12.

— Ditto; *Caen, Jean Cavelier*, 1673, pet. in-12 de 91 p. et 12 ff. prélim.

Recueil de lettres et de vers français et latins, avec cette épigraphe : *Ludendo fallimus horas.*

— Jacobi Mosanti Briosii epistolæ; *Cadomi, Joan. Cavelier*, 1669 (et 1670,) in-12 de 276 p.

— Recveil de pièces en prose et en vers; *Caen, Jean Cavelier*, 1671, pet. in-12 de 179 p., plus 6 ff. prélim. : Epitre à Mme de Crussol et avis au lecteur.

Parmi les pièces en prose, on remarque celle intitulée : *Cy est ly traitie de chevalerie, à tous allans et venans, translaté du latin en langue vulgare* (en l'année 1377).

— Les Origines de quelques coutumes anciennes et de plusieurs façons de parler triviales. Avec un vieux ms. en vers, touchant l'Origine des Chevaliers Bannerets; *Caen, Jean Cavelier*, 1672, pet. in-12 de 200 p., plus le titre et la dédicace.

S'inspirant des belles paroles du prophète royal (Ps. CXXXVI), de Brieux témoigna par ces vers (p. 182 des *Origines*) de toute l'affection qu'il portait à sa chère patrie :

« Caen, ô Caen, si de ma mémoire
Jamais je songe à te bannir,
Si de ton charmant souvenir
Je ne fais ma plus grande gloire,
Que je sente engourdir mes doits,
Qu'aussi tost ma langue séchée,
Au palais enroüé se trouvant attachée,
Perde l'usage de la voix. »

C'est, sous tous les rapports, le plus rare et le plus curieux des ouv. publiés par Moisant de Brieux; il serait digne d'être réimp. C'est ce à quoi avait pensé M. G. Mancel, qui en 1848 annonçait comme sous presse, gr. in-8 jésus vél., chez Ch. Woinez, une nouv. édit. annotée de ce livre.

L'*Origine des Chevaliers Bannerets* a été réimprimée à part, avec un glossaire, par les soins de M. Gratet-Duplessis, *Caen, Mancel*, 1827, in-4, et dans le t. XII (1826) de la Collect. des meilleures dissert. sur l'Hist. de France, par Leber, etc., p. 436-449. (V. Ordre des Bannerets de Bretagne, etc.)

— Vigilantis insomnivm sev Moysi et Arioni litigantibvs edita sententia; in-4 de 20 p., s. d. et s. n. d'imp.

L'auteur était alors conseiller du Roi en son Parlement de Metz. — V. la notice de M. Bisson, évêque de Bayeux, et celle de M. G. Mancel, conserv. de la Bibl. de Caen.

BRIEFVE Chronique de l'abbaye de St-Wandrille, etc. V. *Chronique de St-Wandrille.*

BRIEFUE description de l'esiouissance de la reduction du Havre de Grace, nostre bonne ville Françoyse, qui fut le vingt-huictiesme iour de juillet, mil cinq cens soixante trois; *Paris, par G. de Niuerd* (s. d.), in-8.

— Ditto, avec les articles accordez sur la prinse dudict Haure de Grace; *Lyon, B. Rigaud*, 1563, in-8. (Cat. Bil. Imp., t. I, p. 262.)

BRIEVE relation de la très mémorable victoire remportée sur mer par les flottes angloise et hollandoise, sur les François, auprès de Barfleur, en Normandie; *Amst., Pierre Schenck*, 1 flle, s. d. (Bibl. Imp., cabinet des Estamp.)

Texte holl. et franç., avec la vue du combat.

BRIFAUT (*Ch.*). Rosamonde, poème en 3 chants, suivi de poésies diverses; *Paris, Pillet*, 1813, in-18.

— Charles de Navarre (Charles-le-Mauvais), trag. en 5 a.; *Paris, Ponthieu*, 1820, in-8.

BRINON DE BEAUMARTIN (*Pierre*), conseiller au Parlement de Norm., en 1603, et poète dramatique, né à Rouen dans la 2e moitié du XVIe sc., mourut en cette ville, en 1658. La *Biog. univ.* indique sa mort vers 1620.

Il traduisit ou imita de Georges Buchanan, poëte latin du XVIe sc., trois tragédies, savoir; *L'Ephésienne*, *Baptiste ou la Calomnie*, *Jephté ou le Vœu*, toutes trois publiées à Rouen par Jean Osmont, 1614, pet. in-12. Jean Brinon, son père, fut un des poëtes du XVIe sc., et sa fille, Mme de Brinon, se livra à l'étude et à l'enseignement avec succès. Protégée par Mme de Maintenon, elle devint supérieure de la maison de St-Cyr, qui venait d'être créée.

BRIOL (*Marcel*). Le Panthéon normand ou le roi des Tonneliers, opuscule national et féerique en un acte et trois tableaux, par M. Marcel Briol, artiste et régisseur général du Théâtre-Français (de Rouen). Représenté pour la prem. fois sur ce théâtre, le 30 mars 1855; *Rouen, A. Aillaud*, 1855, in-12 de 20 p. (En prose et en vers).

— Rouenneries. Revue rétrospective, mêlée de chants et de danses; par MM. Emile Corne et James Desportes, divertissement et mise en scène de M. Marcel Briol, 2e édition; *Rouen, Brière*, 1855, in-8 de 10 p.

Représentée pour la prem. fois à Rouen, sur le Théâtre-Français, le 22 fév. 1855.

— Biographie du maréchal Pélissier; *Rouen, Saint-Evron*, 1856, in-8 de 24 p., avec 2 planches.

M. Marcel Briol est aujourd'hui régisseur général des théâtres de Toulouse.

BRIQUEVILLE (de). V. BRICQUEVILLE.

BRIROY (*Nicolas* de), évêque de Coutances, sous Henri IV, assista, en 1580, à l'assemblée de Rouen, ayant pour objet la réforme de la coutume de Normandie. Né en 1526, dans le diocèse de Coutances, ce prélat, distingué par ses lumières et sa charité, mourut le 22 mars 1620.

BRISACIER (l'abbé). Oraison funèbre de Mademoiselle de Bouillon, prononcée à Evreux, le 30 aout 1683, par J.-Ch. de Brisacier, supérieur du séminaire des Missions étrangères, etc.; *Rouen, ve Eust. Viret*, 1683, in-4 de 60 p.

BRISOUT DE BARNEVILLE (*Nic.-Denis-François*), tour à tour commissaire des guerres et industriel, concourut à donner à l'industrie française un nouv. développement, par l'invention de ses métiers à filer le coton (1786-89). Né à Rouen le 7 sept. 1749, il mourut à Paris le 26 mars 1842. V. Notice imp. à *Paris*, chez *Crapelet*, 1842, in-8 de 11 p., et Notice par Th. Lebreton, *Rev. de Rouen*, 1849, p. 449-453.

BRISSON. Canal maritime de la Seine. Rapport de la commission des canaux sur les projets présentés par la compag. soumissionnaire, sur le travail de la commission spéciale d'examen nommée en vertu de l'ordonnance roy. du 16 fév. 1825, et composée de MM. de Prony, Cavenne et Dutens, et sur les projets établis par M. Bérigny, ing. divis. de l'administration, etc.; *Paris, F. Didot*, 1828, in-4 de 83 p.

Ce rapport est signé : Brisson, inspect. divis. des ponts et chaussées, membre de la Commission des canaux.

Le canal projeté de Paris au Havre devait offrir aux bâtiments venant de la mer un mouillage de 5 m. 50 c. de hauteur d'eau, et devait être terminé dans l'espace de 8 ans. On évaluait les dépenses à 157 millions, de Besons à Rouen, 82 millions, et de Rouen au Havre, 75 millions. Des études avaient déjà été faites en vue d'éviter à la navigation les difficultés qu'offre la Seine entre son embouchure et la Mailleraye : En 1785, par MM. de Lamblardie et de Chaubry, ingénieurs au Havre; — en 1792, par M. Cachin, ing. à Honfleur; — en 1797, par MM. Forfait et Sganzin, à bord du lougre le *Saumon*.

BRITTON (*John*). V. PUGIN.

BRIX (de). Compte-Rendu des travaux de la Société pour le patronage des jeunes libérés du dép. de l'Orne, par M. de Brix, procureur du Roi à Alençon; *Ann. norm.* (1839), p. 387-392.

BROCHARD (*Bonaventure*), missionnaire, cordelier au couvent de Bernay, entreprit le voyage de la Terre-Sainte, en 1533, avec Greffin Arfagart, seigneur de Courteilles, chevalier du St-Sépulcre. Il écrivit en français la relation de ce voyage, imprimée dans les *Lectiones antiquæ de Canisius*, et dont le ms. est conservé dans la Biblioth. Imp., sous le no 10,265. Né à Bernay, Brochart est mort vers 1540.

BROCHE (*Charles-François*), musicien, compositeur, organiste, né à Rouen le 20 février 1752, mort dans sa ville natale le 30 sept. 1803. Elève de Martini, il dirigea à son tour les premières études musicales de Boïeldieu. Le portrait à l'huile de Broche est déposé dans la grande salle de l'Hôtel de Ville de Rouen. V. une Notice par Guilbert; *Rouen*, an XII, in-8 de 30 p.

BRODERIES (les) de la reine Mathilde, etc., 1846. V. Mme LIÉNARD.

BROHON (*Jean*), médecin, botaniste, astronome et recteur de l'Université de Caen, né à Coutances au commencement du XVIe sc., a laissé plusieurs ouv. :

— De Stirpibus et plantis ordine alphabetico digestis epitome longè quam antè hac per Joannem Brohon, constantinatem locupletior emendatiorque; *Cadomi, prostant in officina Mich. Angier ac Dionisii Bouuet e regione chordigerorum*, 1541, in-8. (Bibl. de sir Joseph Banks, à Londres.)

Il faut remarquer dans cet ouv. plusieurs pièces de vers latins de Brohon, et des fragments de Jean Malherbe et de Richard de Bonlieu, de St-Lô, sur l'étude de la botaniq.

— Description d'une merveilleuse et prodigieuse comète, et apparition effroyable d'hommes armés et combattant en l'air sur l'horison de Constantin (Coutances) en Normandie, et autres lieux circonvoisins : plus un traité présagique des comètes et autres impressions de la nature du feu; *Paris, Matthieu le jeune*, 1568, in-8. (Cité par Duverdier).

— Alm. ou Journ. astrologique pour l'an 1872; *Rouen*, 1571.

L'abbé Saas désigne Brohon comme mathématicien et indique sa mort vers 1575.

BROMPTON (*Jean*). Fragmentum Chronici Joan. Brompton, abbatis Jornallensis in agro Eboracensi, ab anno 1066, ad annum 1098; *Twysden, Historiæ Anglicanæ decem;* Londini, 1652, inf., p. 961 et suiv.

BRONDSTED (*P. O.*). Bidrag til den Danske, etc. V. WACE.

Le Dr Brondsted était, en 1818, professeur à l'université de Copenhague.

BRONGNIART (*Alex.*). Renseignements minéralogiques sur le dép. de la Manche; *Journal des Mines*, t. II (1795).

— Notice pour servir à l'hist. géognostique du Cotentin (Manche), suivie de considérations sur la classification géologique des terrains; *Journal des Mines*, t. XXXV (1814), et XXXVIII (1815).

BROSSE (*Gui* de la), médecin de Louis XIII, et fondateur, en 1626, du Jardin royal, à Paris (appelé depuis Jardin des Plantes), est né à Rouen. Gui de la Brosse mourut à Paris en 1641, ayant composé un grand nombre d'ouvrages. V. *Biog. univ.*

BROSSIER (*Marthe*), prétendue possédée. V. BOSROGER.

BROU (*Antoine-Paul-Joseph* Feydeau de), chevalier, conseiller du roi en ses conseils, maître des requêtes ordin. de son hôtel, fut Intendant de Justice, Police et Finances en la Généralité de Rouen, de 1755-62. Il n'avait que 24 ans quand il fut appelé à remplir cette haute fonction. En 1761, il prononça à l'Acad. des Sc., B.-Lett. et Arts de Rouen, dont il était membre, un discours sur l'établissement des Sociétés d'agricult.

Né à Paris le 3 octobre 1731, M. de Brou est mort dans la même ville le 9 juin 1762. Son éloge a été prononcé à l'Acad. de Rouen, par M. Maillet du Boullay, dans la séance du 4 août 1762.

Pour diverses ordonnances rendues sous son administration, V. *Ordonnance, etc.*

BROUARD (*Etienne*), lieutenant général, né à Vire le 29 août 1765, est mort à Paris le 23 avril 1833.

BROUARD. Catalogue des plantes du département de l'Eure; *Evreux, Ancelle fils*, 1820, in-12 de 122 p.

Brouard était méd. en chef de l'Hospice civil et militaire d'Evreux.

BROUAUT (*Jean*). Replique aux illusions et fumées de F. François Feu-Ardent contre la proposition orthodoxe de la vérité du corps du Christ; *Pontorson, Jean Le Fèvre* (1600), pet. in-8 de 115 p.

Ce livret, fort rare, contient des choses curieuses sur l'hist. littéraire de la Basse-Normandie pendant la fin du XVIe sc. On y voit qu'en 1580, on tenta d'établir une académie à Carentan, et que son établissement fut même approuvé par l'évêque de Coutances. Brouaut avait publié auparavant un recueil d'aphorismes contre la présence réelle. (V. Feuardent.)

— Traité de l'eau-de-vie, ou anatomie théorique et pratique du vin, divisé en trois livres; *Paris, J. de Senlecque*, 1646, in-4, avec fig. intercalées dans le texte, 115 p., sans les pièces prélim. et sans un discours de l'imp., mis à la fin de l'ouv.

J. Brouaut, sieur de Ste-Barbe, médecin et ministre de la religion réformée, né à Carentan au milieu du XVIe sc., est mort en prison. V. une Note de M. Pluquet dans l'*Ann. de la Manche*, 1830-31, et la *France protest.*, t. III (1853), p. 20-23.

BROUT. Traité des maladies des animaux domestiques, avec des renseignements pour en connaître l'âge et les vices rédhibitoires; par Brout, d'Honfleur; *Honfleur, Baudre*, 1849, in-8 de 52 p.

BRUCE (*John* Collingwood). V. COLLINGWOOD.

BRUCOUR (*Robert* de), évêque d'Evreux, de 1340-1373, né à Brucour, village voisin de Pacy-sur-Eure. On fixe sa mort au 24 janv. 1374. V. *Hist. des évêques d'Evreux*, par Chassant et Sauvage.

BRUCOURT (*Charles-François-Olivier* Rosette de), lieutenant aux gardes-franç., né à Grosville, près de Valognes, le 5 juin 1712, mort à Caen le 10 nov. 1755, a publié : *Essai sur l'éducation de la noblesse*; Paris, 1748, 2 vol. in-12.

BRULEBŒUF - LETOURNAN. Racine chez Corneille, ou la lecture de Psyché, com. en 1 act. et en vers, représ. pour la prem. fois, à Rouen, sur le théâtre des Arts, le 29 juin 1825, jour anniv. de la fête du grand Corneille; *Paris, Delaforest*, 1825, in-8 de 55 p.

BRUMENT (*J.-B.* Le), architecte. V. Le Brument.

BRUMOY (*Pierre*), jésuite, historien, poète, critique et mathématicien, né à Rouen en 1688, est mort à Paris le 16 avril 1742. On lui doit :

Théâtre des Grecs, trad. en prose; *Paris*, 1785-89, 13 vol. in-8, fig., et réimp. en 16 vol. in-8, fig., avec des notes par Raoul-Rochette; *Paris*, 1820-1825.

Le P. Brumoy est auteur de plus. autres ouv., publiés de 1712-1741. Le dern. est intitulé : *Recueil de divers ouvrages en prose et en vers*, par le P. Br, de la C. de J.; *Paris, Rollin (et Coignard)*, 1741, 4 vol. in-12. Ce recueil renferme : *Les Passions*, poème en XII chants, latin et franç. — Compliments en vers, à M. Guynet, intendant à Caen. — Plusieurs tragédies à l'usage des colléges. — Un poème latin-franç. sur la verrerie, etc.

Le P. Brumoy a participé à la rédaction du *Journal de Trévoux*. V. son Eloge, *Mém. de Trévoux*, juill. 1742, et son art. *Biog. univ.*

BRUN (Le). V. Le Brun.

BRUNE (*Louis-Adolphe*), surnommé le *Petit-Plongeur*, né à Rouen le 29 nov. 1807, mort en cette ville le 25 déc. 1843, est célèbre par le nombre remarquable de sauvetages qu'il a opérés. En 1838, l'Acad. franç. lui a décerné un prix Monthyon de 3,000 fr., et en 1840 la ville de Rouen lui a fait élever une petite maison à l'entrée du Pont-Suspendu.

V. Notice de M. DeLérue, et celle de M. Jarry de Mancy, *Portraits et Hist. des Hommes utiles*, année 1840, supplément, p. 21-24, avec un portr.

BRUNEAUX (*Jean-Edouard*), poète dramatique, né au Havre le 27 déc. 1773, mort à Condé (Nord) en 1819, est auteur de :

Arioviste, roi des Celtes, trag. en 5 act. et en vers; *Paris, Barba*, 1823, in-8. — Pyrame et Thisbé, trag. en 3 act. et en vers; *Paris, le même*, 1823, in-8. — Ulysse, trag. en 3 act. et en vers; *Paris, le même*, 1823, in-8.

M. Bruneaux a laissé des fables, plusieurs tragédies et plusieurs comédies, qui se trouvent entre les mains de sa famille.

BRUNEL (*Marc-Isambart*), né à Hacqueville (Eure), le 25 avril 1769, mort à Londres, le 12 décembre 1849. Brunel quitta la France le 7 juillet 1793, pour se rendre aux Etats-Unis, où il résida jusqu'en 1799, et où il essaya ses heureuses dispositions, on pourrait même dire son génie comme architecte, comme mécanicien et comme ingénieur. De là il se rendit en Angleterre, où il mit au jour une série d'inventions remarquablement ingénieuses, et que nous nous plaisons à enregistrer ici :

Machine dite autographe, destinée à copier les dessins et les cartes, ainsi que les écritures du commerce. — Machine pour fabriquer les poulies en bois, établie en 1806 dans les chantiers de Porthsmouth. — Scieries mécaniques mues par la vapeur, servant à débiter en feuillets de 2 à 3 millim. d'énormes pièces d'acajou pour le placage des meubles. — Machine à fabriquer les boîtes en bois, de dimensions et de formes différentes, dont le commerce de détail fait un débit journalier. — Machine à faire des clous, au moyen de laquelle un enfant peut, dans l'espace d'un quart d'heure, confectionner plusieurs milliers de clous sans se fatiguer. — Deux machines simples et d'un petit volume, destinées, l'une à tordre, à mesurer et à pelotonner le fil de coton à coudre, l'autre à régler le papier à registre et à musique. — Fabrication du moiré métallique appliquée aux feuilles d'étain auxquelles leur flexibilité permet de s'adapter à toutes les matières et de revêtir toutes les formes. — Construction des arches de pont très surbaissées et à large ouverture, en briques et ciment hydraulique, sans cintres ni échafauds, au moyen de la seule force d'adhérence d'un mortier dans lequel figurent des substances fibreuses ou métalliques. — Ponts suspendus, notamment ceux destinés à l'île de la Réunion, en 1823, remarquables par une solidité à toute épreuve. — Machine à fabriquer des souliers sans coutures, pour l'usage de l'armée. — Enfin, le tunnel ou la *Tonnelle*, comme disait Brunel, voie souterraine située à l'est de Londres et destinée à établir une communication facile entre les comtés de Surrey et de Middlesex, sans nuire à la grande navigation. Commencé le 2 mars 1825, le tunnel fut achevé et livré à la circulation (des piétons seulement) le 25 mars 1843.

Dans la construction du tunnel, M. Brunel fut habilement et courageusement secondé par son fils, qui occupe aujourd'hui un rang très distingué parmi les ingénieurs de la Grande-Bretagne.

Parmi les nombreuses publications relatives au tunnel, faites de 1826-1851, nous citerons, comme la plus importante :

A Memoir of the Thames tunnel; by Henry Law; London, John Weale, 1845, in-4 de 112 p., avec 16 pl., mém. inséré dans : *Quarterly papers of Engineering*, tom. III et V (ann. 1845 et suiv.)

L'auteur ayant été employé durant quelques années à la construction de cette voie sous-marine, a été à même d'apprécier toutes les ressources du génie de Brunel. Ce travail renferme des extraits des rapports faits par Brunel lui-même aux directeurs de la compagnie ; il s'arrête à l'interruption des travaux de construction, par suite des désastres de l'irruption du 12 janv. 1828.

V., sur la vie et les trav. d'Isambart Brunel :

—Notice, par E. H. Langlois ; *Mém. de la Soc. d'Emul. de Rouen*, 1833, p. 133-136, avec un port. gravé par l'auteur.

— Notice par H. Baroche; *Mém. de la Soc. d'Emul. de Rouen*, 1850, p. 44-46.

— Article inséré dans le *Times*, et reproduit par *the Artizan*, a monthly Journal of the operative arts, vol. VIII; *London*, 1850, in-4, p. 4 et 5.

— A la mémoire de M.-I. Brunel ; par J.-C. Defosse, typog. (en vers); *Rouen, A. Péron*, 1851, gr. in-8 de 8 p.

Et principalem. la notice publiée par M. Alex. de Beaurepaire, *Ann. norm.*, 1852, et la nôtre, *Précis de l'Acad. de Rouen*, 1850. De ces 2 notices, il a été fait un tirage à part.

Portraits : Portrait de M. I. Brunel Esq. F. R. S., gravé à la manière noire par C. Turner, d'après le tableau de Northcote, Londres (vers 1815).

— Portrait gravé à l'eau-forte par E. H. Langlois (1829).

— Brunel, port. lithog. par Farey ; *Paris, Rosselin*, 1850.

— Buste par Chantrey.

— Médaillon en relief par David d'Angers, 1828.

— Médailles de diverses dimensions qui se vendent dans l'intérieur du tunnel.

BRUNET (*Auguste*), né à St-Pater, près d'Alençon, vers 1789, est auteur de : *De l'aristocratie et de la démocratie ; de l'importance du travail et de la richesse mobilière*, par Aug. B....; *Paris*, 1819, in-8.

BRUZEN DE LA MARTINIÈRE. V. MARTINIÈRE.

BRY DE LA CLERGERIE (*Gilles*). Histoire des pays et comté dv Perche et dvché d'Alençon, ov est traité des anciens seignevrs de Bellesme, comtes du Perche, Alençon, Domfront, Sonnois, Sées, et Ponthieu : et des Rotrous vicomtes de Chasteaudun, et comtes de Mortagne et dudit Perche. Ensemble des princes de la maison royale, qui ont tenu lesdites prouinces depuis S. Louys iusques à présent; *Paris, Pierre Le-Mvr*, 1620, in-4 de 382 p.

— Additions avx recherches d'Alençon et dv Perche, esqvelles sont insérées plusieurs lettres et déclarations du Roy pour Jean et René Ducs d'Alençon, et desdits Jean et René au Roy : le procès criminel fait audit René, contenant ses interrogatoire et déclinatoire par luy proposé, et l'arrest de la cour de parlement sur ledit déclinatoire et procès. Ensemble qvelqves tiltres seruans aux fondations des abbayes de Thiron et d'Arcisses, et maison-Dieu de Nogent le Rotrou, et deliurance du comté de Biscaye et Seigneurie de Laire ; *Paris, Pierre Le-Mvr*, 1621, in-4 de 78 p.

— Covstvmes des pays, comté et bailliage dv grand Perche, et des avtres terres et seignevries regies et gouuernées selon iceux. Imprimées svr l'original signé et scellé dv seel de messieurs les commissaires qvi ont procédé à la rédaction d'icelles coustumes. Avec les apostilles de maistre Charles du Moulin, etc.; *Paris, Pierre Le-Mvr*, 1621, in-4 de 52 p.

— Procès verbal pour la rédaction des coustumes des Païs, Comté et Bailliage du Grand Perche, etc. (1635), in-4 de 20 ff.

Ces 4 parties se trouvent quelquefois réunies.

— Eloge, en vers, de Gilles de Riantz, 1597, in-8.

BRY, sieur de la Clergerie (*Gilles*), avocat au Parlement de Paris, était fils de François Bry, lieutenant au bailliage du Perche. Il naquit au Tertre, près de Bellême, vers 1560. G. Bry est connu par les ouv. précités dans lesquels on trouve beaucoup de recherches utiles pour l'Hist. du Perche et du duché d'Alençon. On prétend que cet auteur emprunta la majeure partie de son Histoire du Perche et du duché d'Alençon à un ms. composé par René Courtin, avocat à Nogent-le-Rotrou, au XVIe sc., ms. dont il avait eu communication.

BUACHE (*Ph.*). Carte du Cours de la Seine de Paris à Rouen, dressée en 1731-1766 et 1767, avec une note sur le fond de la Seine; 12 f^{lles} ms. (y compris un tableau d'assemblage).

(Bibl. Imp., dépôt des Cartes.)

— Carte du Cours de la Seine, depuis l'embouchure de la rivière d'Andelle jusqu'à Rouen, pour l'intelligence du Mémoire de M. Bonamy sur la situation de l'Isle d'Oissel. Sur la même feuille : Carte de la Seine, depuis Paris jusqu'à Pont-de-l'Arche (1753); 1/2 f[lle]. V. BONAMY.

BUAT-NANÇAY (*Louis-Gabriel*, comte du), économiste, né le 2 mars 1732, près de Livarot (Calvados), mort à Nançay, en Berri, le 18 sept. 1787, a publié quelques ouv. d'hist. et de littérature. V. *Biog. univ.*

BUCAILLE (*Marie-Benoist* de la). Le Tableau prétendu de la pénitence, ou le caractère de dévotion de sœur Marie de Saint-Joseph, dite Benoist Bucaille, accusée d'être sorcière et magicienne, native de Cherbourg; sa vie, ses mœurs et toutes les actions qu'elle a faites avec le P. Saulnier. Le jugement qu'elle a eu de mort, et l'abrégé véritable de ce qui a été dit pour et contre elle; *Rouen, Jean Oursel* (1699), in-4 de 4 p., avec une grav. représentant la sœur Marie à genoux.

Il a paru, à propos de ce procès, un grand nombre de pièces que nous allons citer :

— Factum pour Marie Benoist dite de la Bucaille, apelante de la réception de la plainte, et de tout ce qui a été fait contr'elle par le bailly du Cotentin ou son lieutenant criminel à Valognes, ainsi que de la sentence diffinitive prononcée le 28 janv. 1699, contre M. le Procureur Général du Roy, prenant le fait de son substitut audit siége de Valognes. En la présence de Jeanne De Launay, aussi apelante de ladite sentence.—Et de Catherine Bedel dite la Rigolette, autre partie au procès (Signé de Crosville); *Rouen, Jacq. Besongne*, in-4 de 49 p.

— Factum pour Catherine Bedel dite la Rigolette, qui doit servir de réponse à celui de Marie Benoist dite de la Bucaille et au Mémoire du lieuten. général de Valognes, contre ladite Marie Benoist et le frère Saulnier, cordelier, dont le procès a été fait par contumace; *Rouen, Claude Jores*, 1699, in-4 de 15 p.

—Mémoire contenant les faits extraordinaires raportez dans le procès de Marie Bucaille, et les crimes pour lesquels elle a été condamnée; *Rouen, la ve de B. Le Brun*, in-4 de 29 p.

—Réflexions sur le factum fait pour Marie Benoist, dite de la Bucaille, et sur le Mémoire fait contre ledit factum; in-4 de 16 p., s. d. (1699) et s. n. d'imprimeur.

— Réplique de Marie Bucaille à la réponse qu'on a donnée à son factum. Signé de Crosville; *Rouen, Jacq. Besongne*, s. d. (1699), in-4 de 24 p.

La réponse dont il s'agit avait été publiée sous le titre de : *Reflexions... par Sainte Marie, remplissant les fonctions du ministère public à Valognes*.

— Entretien de Scipion et de Sévère; sur la replique faite pour le factum de Marie Benoist, dite de la Bucaille; in-4 de 22 p., plus 1 ft. blanc au verso duquel on lit le nom de l'imp. *Ant. Maurry*, 1699.

— Lettre d'un Amy à l'autheur des Reflexions sur le factum de Marie Bucaille et le Mémoire fait contr'elle; *Rouen, Nicolas Le Tourneur*, 1699, in-4 de 27 p.

— Continuation de l'entretien de Scipion et Sevère, sur la Lettre d'un ami de l'auteur des Reflexions; *Rouen, Ant. Maurry*, 1699, in-4 de 15 p.

—A nos Seigneurs de Parlement suplie humblement Marie Benoist dite de la Bucaille, aux qualitez qu'elle procède, contre, etc.; *Rouen, Jacq. Besongne*, in-4 de 12 p.

— Arrest donné par la Chambre ordonnée par le roy au temps des vacations, contre Marie Benoist dite sœur Marie de la Bucaille, de la ville de Cherbourg, Catherine Bedel dite la Rigolette et Jeanne de Launey servante de ladite de la Bucaille; *Rouen, Jacq. Besongne*, 1699, in-4 de 7 p.

De ce procès, qui rappelle celui de Madeleine Bavent, toutes les pièces sont plus théologiques qu'historiques.

BENOIST (*Marie*), dite *Marie* BUCAILLE, béate, extatiste, visionnaire fameuse, née à Cherbourg, en 1657, morte à l'Hôtel-Dieu de Caen, le 10 sept. 1704, accusée de sorcellerie, de sacrilége et de libertinage, fut condamnée à la potence avec amende honorable, par le bailliage de Valognes. Sur son appel devant le Parlement de Rouen, la peine fut commuée en celle du bannissement et du fouet (1699). Elle se retira dans l'Isle de Jersey : depuis elle revint incognito à Caen; et son ban étant expiré ou révoqué, elle mourut dans la même ville, au mois de sept. 1704. Avant sa mort, qui fut en quelque sorte volontaire, elle déclara que tout ce qu'elle avait fait paraître d'extraordinaire avait été concerté avec le P. Saulnier son directeur. Quelq. auteurs prétendent au contraire qu'elle déchargea le P. Saulnier à ses derniers moments, et que ce fut à Cherbourg qu'elle mourut. — V. le P. Lelong, n° 4894, et Floquet, *Hist. du Parlem. de Norm.*, t. v, p. 730-732.

BUCAILLE ET BRÉARD. Liberté, égalité, justice. Les parents et alliés de Jean Bucaille et du nommé Bréard, assassinés dans la commune de Thiouville, dép. de la S.-Inf., district de Cany, le 23 avril 1793, à la Convention Nationale; *Paris, Imp. de Guérin*, s. d. (1794), in-8.

BUCHON (*J.-A.*). Chronique et procès de la Pucelle d'Orléans, d'après un manuscrit inédit de la Bibl. d'Orléans, accompagné d'une dissertat. de l'abbé

Du Bois; *Paris, Verdière*, 1827, in-8 de LXI et 413 p.

Ext. des *Chroniques nation. franç.* écrites en langue vulgaire du XIIIe-XVIe sc.

BUCK (*Georges*). Histoire de Richard, roi d'Angleterre; par Georges Buck, écuyer; *London*, 1646, in-f. (en anglais). (P. Lelong, nº 35056.)

BUDOS (*Laurence* de). Eloge de Laurence de Budos, abbesse de la Ste Trinité de Caën; par Jacqueline Bouette de Blemur. *Eloge des Illustres de l'ordre de St-Benoît*, t. II, p. 113; *Paris*, 1667, in-4.

Cette abbesse est morte en 1650. Il fut publié, sous son administration, un Cérémonial de l'abbaye; *Caen*, 1622, in-4.

BUFFARD (*Gabriel-Charles*), ancien recteur de l'univ. de Caen, chanoine de Bayeux, né dans cette ville, en 1683, est mort à Paris, le 3 déc. 1763. Il a laissé quelq. ouv., dont une traduction de la *Défense de la Déclaration du Clergé de France, en 1682, sur la puissance ecclésiastique*; 1735, in-4.

Quelques biographes indiquent Fresnes-au-Boccage, arr. de Domfront, comme le lieu de naissance de ce canoniste, et fixent sa mort au 7 déc. 1763. V. son éloge par l'abbé Goujet, *Nouvelles ecclésiastiques*, 10 juillet 1764.

BUFFIER (le Père). La vie de M. l'abbé du Val-Richer, restaurateur de la discipline régulière de ce monastère; *Paris, Jean Boudot*, 1696, in-12 de 212 p., plus la table et 5 ff. prélim.

Dominique Georges, abbé du Val-Richer, né à Cuttry, près Longwi, en 1613, est mort en 1693.

— Histoire de l'origine du royaume de Sicile et de Naples, contenant les aventures & les conquestes des princes normands qui l'ont établi; *Paris, Anisson*, 1701, 2 part. en 1 vol. in-12.

Cet ouv. a été trad. en italien par le P. François de Rosa; *Naples*, 1707, in-12.

Buffier (*Claude*), jésuite originaire de Rouen, né en Pologne le 25 mai 1661, mort à Paris le 17 mai 1737. V. son Eloge, *Mém. de Trévoux*, août 1737.

BUGEAUD (Jacq.) en Normandie, ou conversations sur différents sujets agricoles; par un membre de l'Association normande; *Caen, Delos*, 1849, in-8 de 60 p.

Ext. de l'Ann. normand, 1850.

BUGNOT (Dom *Louis-Gabriel*), savant bénédictin, mort à Bernay, en 1673, a composé en vers latins les éloges des personnages les plus distingués de l'ordre de St-Benoît.

BUHOT (*Gilles*). Discours sur le vœu du roi (Louis XIII) à la saincte Vierge, prononcé en l'église cathédrale de Bayeux. Avec un autre sur la naissance de Mgr. le Dauphin, aussi prononcé audit lieu (15 sept.); *Paris*, 1638, in-8.

— Discours funèbre sur le trépas du roi Louis le Juste, prononcé en l'église cathédrale de Bayeux, le 12 juin 1643, jour de son premier service; avec un autre discours sur le joyeux avénement du roi Louis XIV, prononcé à l'occasion du Te Deum pour la victoire de Rocroy, chanté en ladite église le 15 du même mois; *Paris, P. Targa*, 1643, in-4.

— Oraison funèbre de Mre François Servien, évêque de Bayeux, prononcé par M. G. Buhot; *Caen, Jean Poisson*, 1659, in-8.

Gilles Buhot, chanoine de la cathédrale de Bayeux, né en cette ville le 21 avril 1602, mourut au séminaire de la Délivrande le 5 janv. 1674. Indépendamment des discours indiqués ci-dessus, on lui doit un Manuel du clergé : *Cura clericalis*, — un *Traité des Sacrements* et un *Cours de philosophie*, imp. à Caen en 1673. — V. De Launoy, *Hist. du collége de Navarre*, et Huet, *Orig. de Caen*, p. 427.

BUISSON (*Claude* du), jurisconsulte, professeur de droit à l'université de Caen au XVIe sc., naquit à Caen (suivant d'autres, dans les environs de Bayeux), et mourut vers 1570. Il est auteur des partitions de droit: *Clavdii Bvyssonii jvrivm doctoris ac comitis, partitiones : quibus juris ciuilis breuis idea exprimitur. Tertia editio*; Cadomi, apud Petrum Candelarium, 1586, pet. in-8 de 40 ff.

Il laissa 3 fils : Tanneguy, Anne et Pierre.

BUISSON (*Pierre* du), fils du précédent, jurisconsulte, avait été maître-d'hôtel du cardinal de Bourbon et premier échevin de Caen. Il naquit en cette ville et publia : *Definitiones jvris vtrivsqve. Petrvs Bvyssonivs (Clavdii F.) Collegit, in ordinem redegit*; Cadomi, apud Petrum Candelarium, 1586, pet. in-8 de 68 ff., plus la table et 4 ff. prélim.

BUISSON (*Anne* du), frère du précédent, jurisconsulte, né à Caen, a publié l'ouv. suiv.: Commvnes jvrivm sententiæ cvm obiectionibus et solutionibus. Item vtriusque testamenti sentent. Per Jo. Bellonvm Tolosatem. Nvper emendatæ et tertia fere parte locupletatæ, addito etiam numero legum et capitulor, quæ ad probendas singulas sententias citantur. Annæ Buyssonii Cadomei, opera et studio; *Cadomi, apud Petrum Candelarium*, 1586, pet. in-8 de 152 ff. et 4 ff. prélim. V. Huet, *Orig. de Caen*, p. 340.

La *France protestante* indique un François Du Buisson (en latin De Bosco), docteur en Sorbonne, converti au protestantisme, lequel fut envoyé par les pasteurs de Genève à l'église de Dieppe en 1559, et y résida jusqu'en 1572, époque où il passa en Angleterre. Il est à croire qu'il était parent de Claude du Buisson.

BUISSON-PAILLIÈRE (*Bertrand-Hubin* du), avocat à Vire, lieu de sa naissance, est auteur d'un ouv. intitulé : l'*Esprit de la Coutume de Normandie, avec un recueil de plusieurs arrêts notables du Parlement*; Rouen, Maurry, 1691, in-4, ouv. dont il a paru 3 édit. in-4, de 1691-1720.

« Ce livre, que quelques critiques ont nommé *Esprit sans esprit*, contient, en abrégé, la substance de chaque titre de la coutume, et le Recueil d'arrêts tient la moitié du vol. Ces arrêts ont été rendus depuis 1686 jusques et y compris 1690. Masseville, dans son *Hist. de Norm.*, t. VI, p. 433, nous découvre l'auteur de cet ouvrage ; il dit que c'est le Sr du Buisson Pallière, avocat de Vire. » (Note de l'abbé Saas.)

— Ditto, 2e édit.; *Rouen, Maurry*, 1701, in-4.

« Quoique ce livre ne soit pas excellent, les exempl. de la prem. édition furent distribués en peu de temps. Le libraire en fit donc une seconde en 1701 et y joignit deux recueils capables de procurer du débit au livre. Le prem. recueil contient les édits, déclarations et arrêts portant réglement pour les curés, vicaires perpétuels, vicaires amovibles et autres bénéficiers. Le second recueil contient un Traité des Dixmes et les arrêts servant de réglement pour les dixmes grosses, vertes, menues, novales et champarts. » (Note de l'abbé Saas.)

— Ditto, 3e édit., augm. d'Edits, arrêts et réglements concernant les bénéficiers et les dixmes; *Rouen, J.-B. Resongne le fils*, 1720, in-4. Ce vol. est divisé en 3 part. ayant chacune un titre et une pagination particulière.

On suppose que Du Buisson de la Paillière était parent des jurisconsultes Du Buisson, du XVIe sc.

BUISSON (*J.-B.*). Héroïsme de Joseph Chrétien, suivi de poésies diverses; *Caen, Imp. de F. Poisson*, 1818, in-18 de 72 p.

Cet auteur a publié, en 1823, sous le titre de *Souvenirs des muses*, une collection des poëtes français morts à la fleur de l'âge; *Paris, Corbet, Ladvocat*, in-8, fig.

BULLETIN ANALYT. des travaux de la Société de Médecine de Rouen, 1825-1857; *Rouen, Imp. d'E. Periaux et A. Péron*, 1825-1857, 4 cah. in-8, fig.

La Soc. de Médecine de Rouen fut établie le 24 mars 1821.

BULLETIN de l'Académie Ebroïcienne. V. *Bullet. de l'ancienne Soc. d'Agric., Sc., Arts et B.-Lett. du départ. de l'Eure.*

BULLETIN de l'ancienne Société d'Agriculture, Sciences, Arts et B.-Lett. du départ. de l'Eure, 1833; *Louviers, Ch. Achaintre fils*, in-8.

En 1834, cette Société a pris le nom d'Académie Ebroïcienne, et a publié ses Mém. sous le titre de : *Bulletin de l'Académie Ebroïcienne, suivant les réglements de l'ancienne Soc. d'Agricult., Sc., Arts et Belles-Lettres du départ. de l'Eure*, ann. 1834-1837; *Louviers, Ch. Achaintre fils*, 8 vol. in-8.

Cette Société, formée de membres de la Société d'Agricult., Sc. et Arts du départ. de l'Eure, au milieu de laquelle s'était élevée une scission, est tout à fait distincte de la Soc. lib. d'Agricult., Sc., Arts et B.-Lett. du départ. de l'Eure.

BULLETIN de la Société d'Agriculture, Sciences et Arts du départ. de l'Eure; par les membres résidans de cette Société, t. I et II; *Evreux, Ancelle fils*, 1822 et 1823, in-8.

Ce Bulletin fait suite à l'*Ann. de la Soc. de Méd. du départ. de l'Eure*, et précède le *Recueil des travaux de la Soc. libre d'Agric., Sc. et Arts* de ce même départ.

BULLETIN de la Société centrale d'Horticulture de Caen et du Calvados, ann. 1843-1856; *Caen, Pagny*, 7 cah. in-8.

BULLETIN de la Société centrale d'Horticulture de Rouen et de la S.-Inf., 1839-1857; *Rouen, Imp. de F. Marie, ve F. Marie* et *A. Péron*, 6 vol. in-8, fig. — *Pomologie*, t. I; *Rouen, F. Marie* et *A. Péron*, 1839-50, in-8 de 222 p., avec un grand nombre de planches.

Ce dern. travail est dû en grande partie à M. Prévost, pépiniériste.

Antérieurement à l'année 1842, cette Société, fondée en 1836, prenait le titre de *Société d'Horticulture de Rouen*.

BULLETIN de la Société Linnéenne de Normandie. V. *Mémoires de la Société Linnéenne, etc.*

BULLETIN de l'Instruction publique et des Sociétés savantes de l'Académie de Caen; *Caen, A. Hardel*, 1840-43, 6 vol. in-8.

Revue mensuelle, dont le 1er no a paru le 1er

oct. 1840. M. Julien Travers, alors professeur suppléant de littérat. franç. à la Faculté des Lettres de Caen, en était le directeur. Les principaux collaborateurs de M. Travers étaient MM. Daniel, Edom, Bertrand, Thierry, G. Delisle, Charma, de Valroger, Demolombes, Trolley, Boulatignier, Massot, Sorbier, etc.

— Revue de Caen, Bulletin de l'Instruction publique et des Sociétés savantes de l'Académie de Caen; 4e, 5e et 6e ann.; *Caen, Hardel*, et *St-Lo, Rousseau*, 1844-46, 3 vol. in-8.

Ce recueil forme la suite du précédent; il a été rédigé depuis le 1er janv. 1844, par M. L. Puiseux, prof. d'hist. au collége de Caen.

BULLETIN des Séances des Corps administratifs et de la Société populaire de Rouen, du 1er Pluviôse (20 janv. 1794), an II, au 27 Germinal, an III (16 avril 1795), formant 3 ou 4 vol. in-8.

BULLETIN des Sciences médic. de l'Eure; V. *Ann. de la Soc. de Médecine, etc.*

BULLETIN des Trav. de la Soc. d'Emulation de Lisieux; *Lisieux, Pigeon*, 1846, in-8, 1er vol.

Cette Soc., fondée en 1836, s'occupe de l'agric. et de l'hist. de l'arrondiss. de Lisieux.

BULLETIN des travaux de la Société libre d'Emulation de Rouen, depuis l'an V (1797), jusqu'en 1857; *Rouen, Imp. de P. Periaux, V. Guilbert, F. Baudry (père et fils), Lefevre et Rivoire*, in-8 avec grav.

Ce n'est qu'en 1803, après la fusion de la Société des Sciences, Lettres et Arts de Rouen, avec la Société d'Emulation, que cette dernière prit le titre de *Société libre, etc.* (V. *Lycée libre* et *Société des Sciences, etc.*).

A partir de 1797, cette Soc. a constamment publié le Précis de ses travaux, d'abord par mois, puis par trimestre, et en dernier lieu par année. Avant cette époque, elle n'a rien fait imprimer, si ce n'est un programme et un règlement.

Il faut ajouter à cette collection, qu'il est aujourd'hui difficile de rencontrer complète, les opuscules suivants :

— Programmes et Règlements (1792-1795).

— Analyse des Mém. de la Société, depuis son établissement, en 1792, jusqu'au 1er vendémiaire, an V.

— Projet élémentaire d'un Cours de Botanique au Jardin de l'Acad. de Rouen, appliqué à la médecine, aux sciences et aux arts, proposé par Pierre-François Mésaize, apothicaire, inspecteur des médicaments, etc.; *Rouen, ve Dumesnil et Montier*, 1793, in-4 de 15 p.

— Mémoire où l'on expose les motifs propres à déterminer le Gouvernement à établir une école spéciale d'astronomie dans Rouen (par G. Gervais); *Rouen, Imp. des Arts et de la Soc. d'Emulation*, 1796, in-4 de 6 p.

— Rapport sur l'existence des mines de fer dans le dép. de la S.-Inf., suivi de quelques conjectures sur les mines de charbon de terre qui pourraient s'y trouver, pour être envoyé au Conseil des Mines; par Mésaize, Brémontier, Varin et Noël, in-8 de 10 p. (Ext. du *Mag. Encyclop.*, t. VI).

— Rapport sur les trav. de la Soc. d'Emulat. de Rouen, thermidor, an V (1797).

— Mémoire sur la nécessité de conserver et d'agrandir le jardin botanique de Rouen (par G. Gervais, secrét.); *Rouen, Imp. des Arts, etc.*, 1796, in-4 de 11 p.

— Supplément au Mémoire de la Soc. d'Emulation de Rouen, sur la nécessité de conserver et d'agrandir le jardin botanique national du dép. de la S.-Inf. Lu dans la séance du 10 messidor, an VI, par le citoyen Auber, secrét.; *Rouen, Imp. de P. Periaux*, an VI, in-4 de 8 p.

— Second Mémoire sur la nécessité de conserver et d'agrandir le jardin botanique national du dép. de la S.-Inf., et en particulier d'y réunir le terrein adjacent que traverse l'Aubette; vendémiaire, an VII; *Imp. de P. Periaux*, in-4.

— Mémoire sur les motifs qui devroient déterminer le corps législatif à établir un Lycée et une Soc. nationale dans la commune de Rouen, chef-lieu du dép. de la S.-Inf.; par Auber; *Rouen, Imp. des Arts*, an VII, in-4 de 12 p.

— Notes sur l'Imprimerie, par Hurard-St-Désiré; *Rouen, Guilbert*, an XIII, in-8 de 11 p.

— Proposition sur l'extinction de la mendicité à Rouen, arrêtée en assemblée générale du 2 fév. 1831, et adressée à MM. les membres du Conseil municipal de la ville de Rouen; *Rouen, Imp. de D. Brière*, 1831, in-8 de 30 p.

— Rapport lu à la séance du 1er Mars 1834, par M. Bertran, au nom d'une commission nommée pour examiner sa proposition du 2 janv.; *Rouen, Baudry*, 1834, in-8 de 16 p.

Cette proposition consistait à publier annuellement un recueil des meilleurs ouv. originaux sur l'Hist. de Normandie. Elle n'eut pas de résultat.

— Précis historique sur la statue de Pierre Corneille, par M. A. Deville; *Rouen, F. Baudry*, 1838, in-8 de 212 p., avec 6 planch.

— Rapport sur l'Exposition univers. de 1855, suivi de la liste des exposants de la S.-Inf., avec l'indication des objets exposés et des récompenses accordées; par MM. J. Girardin, corresp. de l'Institut, Cordier, manufacturier, et E. Burel, ing. civil; *Rouen, A. Péron*, 1856, in-8 de IX et 422 p.

C'est dans le recueil de la Soc. libre d'Emulat. qu'ont paru, pour la prem. fois, les Mém. de

E. H. Langlois sur la Calligraphie, la Danse des morts, la Peinture sur verre et les Enervés de Jumièges. Le Catalogue de la Biblioth. de la Soc. libre d'Emulat., rédigé par M. Delabrosse, archiviste, se trouve compris dans les Bulletins de 1848 et 1849 ; il forme 75 p.
M. De Lérue a publié dans le Bulletin de 1846 une notice sur l'histoire et les travaux de cette société, avec un tableau donnant la composition annuelle de son bureau et le nombre des membres de la Soc. depuis sa fondation. En 1855, cette Société s'est fusionnée avec la Société libre du Commerce, et a pris le titre de : *Société libre d'Emulation, du Commerce et de l'Industrie de la S.-Inf.* Un décret imp. du 11 juill. 1856 est venu confirmer cette disposition.

BULLETIN des Travaux de la Société libre des Pharmaciens de Rouen, ann. 1850-1857; *Rouen, Imp. de A. Péron*, 1851-1857, 4 cah. in-8.

BULLETIN du Cercle pratique d'Horticulture et de Botanique du départ. de la S.-Inf., ann. 1846-1851; *Rouen, Imp. de A. Péron*, 1846-1851, in-8.

BULLETIN du Comice agricole de Gisors; *Gisors, Imp. de Lapierre*, 1851-1853, 6 cah. in-8.

BULLETIN monumental, ou Collection de Mémoires et de renseignements pour servir à la confection d'une statistique des monuments de la France, classés chronologiquement. Recueil publié sous la direction de M. de Caumont, par les membres de la Soc. franç. pour la conservation des monuments; 1834-1856, 22 vol. in 8, avec pl. grav. sur bois, plus 1 vol. de tables décennales, savoir :
1re série, 10 vol., plus 1 vol. de table générale analyt. par l'abbé Auber; *Caen, Imp. de A. Le Roy* et de *A. Hardel*.
2e série, 10 vol.; *Caen, A. Hardel*.
3e série, t. I et II; *Caen*, chez le même.
Il paraît une liv. toutes les six semaines, c'est-à-dire 8 liv. par an. Le 2e vol. contient l'*Hist. sommaire de l'Architect. religieuse, militaire et civile au moyen-âge*, par M. de Caumont, travail ext. des parties IV et V du Cours d'Antiquités professé à Caen par ce savant archéologue.

BULONDE (le P. *Henri* Rocquigni de), prédicateur, né à Fontaine-le-Dun, le 11 janv. 1718, termina sa carrière à Eu, le 9 nov. 1810. Les sermons de ce jésuite ont été imp. à Liége en 1770, et forment 4 vol. in-12.

BULTEAU (*Louis*), historien, né en 1625, à Rouen, d'une anc. famille distinguée dans la magistrature, posséda pendant 14 ans une charge de secrétaire du Roi, dont il se défit en 1661, pour vivre entièrement séparé du monde. Il se retira d'abord à l'abbaye de Jumiéges et de là à St-Germain-des-Prés, où il mourut subitement, le 21 avril 1693. Ce pieux et savant écrivain est auteur et traducteur de plusieurs ouv. parmi lesquels nous citerons : *Abrégé de l'Hist. de l'ordre de St-Benoît, où il est parlé des saints, des hommes illustres, de la fondation et des principaux événements des monastères de cet ordre*; Paris, J.-B. Coignard, 1684, 2 vol. in-4. — V. Dom Le Cerf, *Biblioth. des auteurs de la Congr. de St-Maur*, p. 53-57. — Niceron, *Mém.*, t. XI, p. 212-215, et t. XX, p. 30.

BULTEAU (*Charles*), frère du précédent, né à Rouen en 1626, est mort en 1710, doyen des secrétaires du Roi. Il a composé : un *Traité de la préséance des Rois de France sur les Rois d'Espagne*; Paris, 1674, in-4, et quelques autres ouv. étrangers à notre sujet.

BULWER (sir *Ed. Lytton*). Harold, the last of the Saxon Kings; *Paris, Baudry*, 1848, in-8 de XII et 332 p.
— Harold, le dernier des rois saxons, trad. de l'anglais; *Paris, Guiraudet et Jouaust*, 1852, 2 vol. in-8.
Roman historique sur l'invasion normande sous la conduite de Guillaume le Conquérant. L'auteur s'est surtout attaché à peindre les mœurs du XIe sc. en Angleterre.

BUNEL (*Hippolyte*). Carte de la rade de Colleville, arrond. de Caen; 1820, 1 flle.
— Observations sur les mouvements de la mer dans la baie du Havre; *Caen, F. Poisson*, 1826, in-4 de 6 p.
— De la Musique, spécialement dans le départem. du Calvados; *Revue norm.*, 1er vol., 1830, p. 426-434.
— Vie morale, politique et criminelle du clergé et de la noblesse française, depuis 90 jusqu'en juillet 1830; *Paris, Perry*, 1831, in-8 de 32 p.
— Description et usage du sigmagraphe, instrument destiné à donner les moyens de dessiner exactement, soit d'après nature, soit d'après des modèles (inventé par M. H. Bunel); *Paris, Everat*, 1835, gr. in-8, fig., de 12 p.
— Observations thermo-barométriques faites et calculées pour déterminer les hauteurs des principaux points du dép. du Calvados; *Caen, Hardel*, 1836, in-8 de 130 p.
Ext. des Mém. de l'Acad. de Caen, 1836. Ce travail a été reproduit dans les Mém. de la Soc. acad. des Sc., Arts et B.-Lett. de Falaise, 1835, p. 79-92, et dans ceux de la Soc. Linn. de Norm., t. VI (1838), p. 25-36.
— Aperçus géologiques et paléontologi-

ques; notions sur la théorie des puits-forés et hauteurs de quelques points du dép. du Calvados; *Caen, Le Roy*, 1836, in-8 de 32 p.

Ext. de l'*Ann. norm.*, 1837, p. 3-30.

— Note relative à des terrains intermédiaires du dép. du Calvados; *Soc. linn. de Norm.*, t. VI (1838), p. 298-299.

BUNEL (*Hippolyte*), ancien officier de la marine roy., membre de l'Acad. des Sc., Arts et B.-Lett. de Caen, était un bibliophile distingué. Le catalogue des livres de sa bibliothèque, vendue aux enchères en fév. 1846 (*Paris, Delion*, in-8 de 114 p.), renfermait un grand nombre d'articles imp. en Normandie et relatifs à l'Hist. de Norm.

BUNODIÈRE (de la). Généalogie et tables progonologiques de la très illustre Maison de haut et puissant seigneur Messire Laurent-Marc-Antoine de La Bunodière-de-Bourville, chevalier, seigneur, baron de Creuilly, seigneur & patron de S. Guillaume, du désert, des vallées, de la Bunelière, du Vey, & autres terres et seigneuries, conseiller honoraire de S. M. en son parlement de Normandie, et de Mme Anne-Catherine-Ursule d'Esmalleville-de-Bourville, son épouse, etc.; *Rouen, Et.-Vinc. Machuel*, 1771, in-4 de 148 p., avec plusieurs tableaux.

BUNOU (*Philippe*), jésuite, né à Rouen, sur la paroisse St-Vivien, vers 1680, y professa la théologie pendant plusieurs années, et mourut recteur du collége de son ordre, à Rennes, selon quelq. biographes, mais à Nantes, suivant l'abbé Goujet, le 11 oct. 1730. Il a composé : *Traité sur les Baromètres*; Rouen, Lallemant, 1710, in-8. — *Abrégé de Géographie, suivi d'un dictionn. géographique latin et franç.*; Rouen, Lallemant, 1716, in-8. (Anonyme.)

BUQUET (*Charles-Pascal*), professeur de langue et de littérature franç. à l'univ. d'Edimbourg, né au Havre en 1795, a composé un ouv. intitulé : — *Nouveau cours de littérature, ou répertoire des chefs-d'œuvre de Corneille, Racine, Voltaire, Molière, Lafontaine, etc., suivi des commentaires de La Harpe et accompagné de notes biog. et chronolog.*; Edimbourg, 1826, in-8. Buquet a publié également à Edimbourg, en anglais et en franç., ses *Leçons spéciales*.

BUQUET (*Alex.-Léon*). Normandie poétique. Voyage sur la Seine; *Havre, Imp. de J. Morlent*, 1840, in-18 de 112 p., avec 8 planches.

BUQUET, poète et auteur dramatique, né au Havre le 12 mai 1808, a composé un recueil de poésies, sous le titre de *Miscellanées*, 1 vol. in-8, plusieurs drames, comédies et vaudevilles.

BURAT (l'abbé *Henri-Joseph-Edme*) naquit à Mortagne (Orne), le 29 déc. 1755, et mourut en 1833. On lui doit plusieurs ouv. élémentaires pour servir à l'éducation de la jeunesse : Grammaire, géographie, rhétorique, etc. Cet ecclésiastique avait été le fondateur des *Affiches du Perche*, premier journal publié dans cette localité. (V. *Antiq. et Chroniq. Percheronnes*, par l'abbé Fret.)

BURES (*Louis* de), connu également sous le nom de Espineville, naquit à Honfleur au commencement du XVIe sc., et périt en 1555 dans un combat naval qu'il livra aux Hollandais, à la hauteur de Douvres.

BURGADE (*Ph.*). Almanach indicateur de Dieppe et de l'arrondiss., 1835; *Dieppe, Delevoye-Barrier* (1835), in-16 de 167 p., avec une planche.

BURGET (*Nicolas*), littérateur, né à Caen, dans le XVIIe sc., est auteur de l'ouv. suiv. : Nicolai Burgetii Cadomensis, Amœniores curæ et poetica forensium molestiarum diludia; *Cadomi, Joan. Cavelier*, 1692, pet. in-8 de 89 p. — Opera miscellanea; *Cadomi, Guill.-Richard Poisson*, s. a. (vers 1715), pet. in-8.

BURGOYNE (*Jean*). Richard-Cœur-de-Lion, com. (en anglais).

BURGOYNE, général anglais, est mort en 1792; on lui doit quelq. pièces de théâtre.

BURIGNY (de). Vie du cardinal du Perron, archev. de Sens et grand aumônier de France; *Paris, De Bure*, 1768, in-12.

Du Perron, né à St-Lô, avait été évêque d'Evreux. — Sur cet ouv., V. *Mercure*, 1768, oct., p. 80-86.

BURNOUF (*Jean-Louis*), inspecteur gén. des Etudes, prof. au Collége de France, membre de l'Acad. des Inscr. et B.-Lett., né le 14 sept 1775, à Urville, arrond. de Valognes, mort à Paris, le 8 mai 1844. Ce savant est connu par la publication de ses Grammaires grecque et latine, par une traduct. de Tacite, par celle de plusieurs ouv. de Cicéron, etc. Son fils, Eug. Burnouf, né à Paris en 1801, et mort en 1852, devint prof. de sanscrit au Collége de France, membre de l'Institut, etc. V. notice de M. J. Travers, *Ann. de la Manche*, 1845, et *Ann. norm.*, 1845. — *Eloge de Burnouf*, par Morel, Mém. couronné par l'Acad. de Caen, 1847. — Rapport sur le concours ouvert pour l'éloge de Burnouf, par Caussin de Perceval, Mém. de l'Acad. de

Caen, même année. — Notice hist. de M. Naudet sur Burnouf père et fils, lue à l'Acad. des Insc. et B.-Lett., le 18 août 1854.

BUSNEL (*Louis-Ch.-Alex.*), prof., né à Caen, dans le XVIIIe sc., a publié une trad. des *Catilinaires*; Rouen, 1774, in-12, et des *Discours de Cicéron pour Marcellus et pour Ligarius*; Rouen, 1775, in-12.

BUSS (*F. J.*) Der heilige Thomas. — S. Thomas de Cantorbéry, et primat d'Angleterre, et sa lutte pour la liberté de l'Eglise; *Mayence, Kupferberg*, 1856, gr. in-8 de 754 p.

BUSSCHER (*Edmond* de). Notice sur les Rosières de Bricquebec, etc. V. PONTAUMONT (*L.* de).

BUSSEROLLE (de). Compte-Rendu de la cérémonie religieuse ayant pour objet la bénédiction et la pose de la première pierre de l'église St-Sever de Rouen, le lundi de Pâques, 13 avril 1857; *Rouen, Renaux et Couriot*, 1857, in-8 de 16 p. et un tableau.

Ext. du journal *la Normandie*, art. signé X. de Busserolle, terminé par une pièce de vers de M. Th. Lebreton.

BUSSIÈRE (*René* de la), né à Rouen, auteur de : *Livre d'Arihtmetiqve* (sic) *av getton. Contenant l'ordre qv'il convient tenir povr résovdre promptement et facilement les Regles d'Arithmetique, etc.*; *divisé en devx parties*; Paris, René Bavdry, 1645, in-4 de 76 p.

BUZONI. Stances pour l'anniversaire de la naissance de P. Corneille, lues au Théâtre-Français, le 6 juin 1829; *Paris, Barba*, 1829, in-8.

Lors d'une représentation [au bénéfice de M. Pierre Corneille, l'un des descendants du grand poète.

BUZOT (*François-Léonard-Nicolas*), né à Evreux, le 1er mars 1760, avocat dans la même ville, puis député de l'Eure, en 1789, aux états généraux, et en 1792, à la convention, fut un des premiers à provoquer l'établissement d'une république. Compris dans la proscription du 31 mai 1793, il s'enfuit et se cacha d'abord en Norm., puis dans les environs de Bordeaux. Les uns disent qu'il y mourut de faim, les autres qu'il s'empoisonna avec son collègue Péthion, dans les bois de St-Emilion.

On a publié en 1823, sous son nom : Mémoires sur la révolution française, par Buzot, député à la convention nationale; précédés d'un précis de sa vie et de recherches historiques sur les Girondins, par M. Guadet; *Paris, Béchet aîné*, 1823, in-8.

Le précis occupe plus de la moitié du vol.

A propos de ce personnage, nous mentionnerons les 2 pièces suivantes qui se trouvent à la Biblioth. Imp. :

— Lettre de la citoyenne veuve Buzot aux républicains du départ. de l'Eure; *Paris, le 20 frimaire an III de la république française une et indivisible*; s. l. n. d. (1794), in-8.

— La citoyenne veuve Buzot aux habitants du Calvados; s. l. n. d. (1794), in-8.

BYSSIPAT (*Guill.* de). Plainte sur le trespas du saige et vertueux chevalier feu de bonne mémoire messire Guillaume de Byssipat, en son vivant seigneur de Hanaches, vicomte de Falayse, et l'ung des gentilhommes de l'Hostel du Roy Louis XII, (en vers), in-4, ms. Biblioth. du Roi, n° 8034. (P. Lelong, n° 31893.)

C.

CABAN (architecte). Réfutation contre les considérations de M. A. Lejeune, architecte, sur le projet d'un abattoir de M. Periaux, architecte; *Rouen, Baudry*, 1832, in-8.

CABANON, négociant à Rouen, fut député de la S.-Inf., durant plusieurs années de la restauration. Élu en 1819, il siégeait dans la chambre, à côté de M. Dupont de l'Eure.

CABIEN, ou CABIEU (*Michel*), sergent garde-côte, né à Ouistreham, le 2 mars 1730, mort dans cette commune, le 4 nov. 1804. Le courage et la présence d'esprit dont il fit preuve dans la nuit du 12 au 13 juillet 1762, en s'opposant, par un audacieux stratagème, au débarquement, à l'embouchure de l'Orne, de plusieurs navires anglais, lui méritèrent le surnom de *Général Cabien*, et une pension de 300 liv.

CABINET (le) des Mvses : ou nouueau recueil des plus beaux vers de ce temps; *Roven, David dv Petit Val*, 1619, petit in-12.

Recueil composé de pièces de Du Perron, Bertaut, Malherbe, Porchères, De Lingendes, Renier, Motin, Renouard, Chrestien, De Lastre, etc. — V. PETIT VAL (*Raph.* du).

CABISSOL. Fragment d'un ouvrage sur la statistique du départ. de la S.-Inf.; *Rouen, Baudry*, 1816, in-8.

Ext. des Mém. de la Soc. d'Emul. de Rouen, 1816, p. 31-44.

CAMSSOT (*Jacq.-Balth.-Nic.*), conseiller de préfecture de la S.-Inf., né à Rouen en 1749, est mort à Jumiéges le 26 mai 1820.— V. Notice de M. Marquis, *Acad. de Rouen*, 1820, p. 142-144.

CACHERAT (*Guill.*), avocat, procureur du Roi en l'amirauté de France au siége de Quillebeuf, né à Caudebec en Caux, sur la fin du XVIe sc., embrassa le catholicisme en 1635, après avoir été ministre de la religion réformée à Quillebeuf et à Pont-Audemer. Il est auteur des 2 écrits suiv. :

— La Conversion et profession de la foy catholique, apostolique et romaine du P. Cacherat, cy devant ministre de la R. P. R.; faite aux Augustins, le 14 mars 1635 ; *Paris*, 1635, in-8.

— Le Capucin deffendu contre les calomnies de Pierre Dumoulin, ministre ; ou Traité apologétic, contenant les justes raisons pour lesquelles le parlement de Bordeaux a fait brûler par les mains de l'exécuteur des sentences criminelles, le libelle diffamatoire contre les Capucins, composé et mis en lumière à Sédan, par ce ministre, et répandu dans ce royaume contre la teneur des édits de pacification ; *Paris, Vitray*, 1642, in-8. V. *France protest.*, t. III (1853), p. 91.

CACHIN (*J.-M.-F.*). Projet d'un canal le long de la rive gauche de la Seine, entre Villequier et le port d'Honfleur, 1792. — V. REVER.

— Mémoire sur la navigation de l'Orne inférieure, ou projet des ouvrages à exécuter pour l'établissement d'un grand port de Commerce, sous les murs de Caen, et d'un port militaire sur le rivage de Colleville; *Paris, Bailleul*, an VII, in-4 de 32 p., avec 2 gr. pl.

La 1re pl. représente le Canal-Acqueduc projeté au derrière du mur de revêtement du bassin du port de Caen, du côté de la ville, et le mur de revêtement entrepris sur le canal de N.-N.-O., suivant l'adjudication de 1786.

La 2e donne le Plan gén. du cours de la rivière d'Orne depuis Caen jusqu'à son embouchure à la mer, et des projets proposés par l'ing. en chef Cachin.

A la suite de ce mémoire on doit trouver, avec une nouv. pagin., mais sans titre :

Rapport et procès-verbal des opérations de la commission envoyée à Caen, en flor. an VI, par le ministre de l'intérieur, en vertu d'un arrêté du directoire exécutif du 17 germ., pour examiner les travaux entrepris sur la rivière d'Orne, sous les murs de Caen, ainsi que les dépenses auxquelles ils ont donné lieu, et les moyens que l'on peut employer pour reprendre ces travaux et les conduire à leur perfection ; *Paris, Imp. de la République*, an VII, in-4 de 62 p.

Sur le projet présenté par M. Cachin, V. un mémoire de M. Lefebvre, in-4 de 62 p.

— Mémoire sur la digue de Cherbourg, comparée au *Breakwater*, ou jetée de Plymouth ; *Paris, F. Didot*, 1820, gr. in-4 de 8 p., avec 5 pl., et *Paris, Carillan-Gœury*, 1833, in-4.

La publication du Mém. de M. Cachin a donné lieu aux 2 opuscules suiv. :

— Analyse d'un Mémoire sur la digue de Cherbourg, adressée à l'Acad., lue à la séance du 26 janv. 1821, par M. Pattu, présidence de M. de Magneville ; *Caen, F. Poisson*, 1821, in-4 de 16 p.

Ext. des Mém. de l'Acad. des Sc., Arts et B.-Lett. de Caen.

— Digue de Cherbourg. Réclamation ou quelques idées produites par la lecture d'un ouv. que vient de faire imprimer M. Cachin, sous le titre de : Mém. sur la digue de Cherbourg, comparée avec le Breakwater (brise-lame) de Plymouth, par Gabriel-Aimé Noël; *Cherbourg, v[e] Clamorgan*, 1820, in-8 de 36 p.

— Description générale des travaux exécutés à Cherbourg pendant le consulat et l'empire, d'après les projets et sous la direction de feu J.-M.-F. Cachin; *Paris, Imp. de Thunot*, 1850, in-f. de 20 p., plus 12 planches.

CACHIN (*Jos.-Marie-Franç.*), inspecteur gén. des ponts et chaussées, né à Castres (Tarn), le 2 oct. 1757, mort à Paris, le 20 fév. 1825.

CADET DE GASSICOURT. Mon voyage ou lettres sur la ci-devant province de Normandie; suivies de quelques pièces fugitives; *Paris, Desenne*, an VII, 2 part. in-8 avec 2 grav.

Voyage de Paris à Rouen, au Havre, à Honfleur, à Dieppe, à Fécamp, etc., écrit en prose et en vers, à la manière de Chapelle, Sterne et Dupaty. Ce livre a été tiré en même temps in-12 et in-8.

CADET DE GASSICOURT (*Ch.-Louis*), chimiste, né à Paris, le 23 janv. 1769, est mort le 21 nov. 1821.

CAGET (*Louis*). Compendium regale; carmen historicum, seu actostichis in laudem Ludovici XIV. Per Lvd. Caget, sacerdotem; *Alenconii, Joan. Malassis*, 1701, in-4.

CAGNIARD. La Saint-Barthélemy et Jean le Hennuyer, évêque de Lisieux; par M. Cagniard, curé de St-Pierre de Lisieux; *Lisieux, Mme Lajoye-Tissot*, 1851, in-12 de 40 p.

CAFFARELLI (le baron *Ch.-Amb.*), né en

1758, au château de Falga (Languedoc), administra, sous l'empire, durant plusieurs années, comme préfet, le départ. du Calvados. Il mourut en nov. 1826.

CAFFIERI (*Jean-Jacq.*), sculpteur du roi, est auteur d'un buste en marbre de P. Corneille (d'après le portrait de Ch. Lebrun), placé dans le foyer du Théâtre-Français, 1777, et d'une statue en terre cuite du même poète, qui figure au Musée de Rouen. Cet artiste, né en 1723, est mort en 1792.

CAHAIGNES (*Jacques* de). Jac. Cahagnesii, Cadom., medicinæ professoris Regii de morte Joannis Ruxelii oratio funebris, habita Cadomi, die VII oct. 1586; *Cadomi, apud Jacob. Le Bas*, 1586, in-4 de 112 p.

A la suite de l'oraison funèbre en latin, on trouve une traduct. franç. de cette même oraison funèbre par J. Vauquelin de la Fresnaye : *Oraison fvnebre svr le trespas dv sievr de Bretheuille Rouxel*, *prononcée le 7 d'oct.* 1586; et page 57, avec un nouveau titre : *Le tombeav de Monsievr Rovxel, recveilli de plvsievrs doctes personnages;* Caen, Jacq. Le Bas, 1586.

—Jac. Cahagnesii, de morte Nicolai Michaelis, oratio funebris; *Cadomi, Bassus,* 1597, in-4.

— Elogiorvm civivm Cadomensivm centvria prima; *Cadomi, ex typog. Jacob. Bassi, typ. regii,* 1609, pet. in-4 de XII et 152 p.

Ce 1er vol. renfermant 100 notices biograph., n'a pas été continué. M. Méritte-Longchamps, dans ses notes bibliographiques, indiquait, sans doute d'après le P. Lelong, une édit. de ce livre de 1583, in-4, chez le même imp., mais David Clément prouve qu'elle est imaginaire.

— Jac. Cahagnesii, professoris regii, de aquâ fontis Hebecrevonii prælectio; *Cadomi, Bassus,* 1612, in-8.

— Censori prælectionis de aquâ fontis Hebecrevonii sub nomine Francisci Chicotii ementito, Jacobi Cahagnesii responsio. Cadomi, die martis, duodecimâ augusti; *Cadomi, Jac. Bassus,* 1614, in-8.

Cahaignes vantait les propriétés de l'eau de la fontaine d'Hébrecrevon. Son opinion fut soutenue par MM. de Maynes et G. Destouteville. Ce dernier était médecin à St-Lo.

CAHAIGNES ou CAHAGNES (*Jacques* de), recteur de l'université de Caen, docteur et professeur en médecine à Caen, sa patrie, né en 1548, mort en 1612. Sous le titre de *Elogiorum civium*, etc., il a laissé des notices curieuses sur les hommes distingués de la ville de Caen; mais il est à regretter qu'il n'ait publié que la partie relative à ses contemporains. Celle qu'il projetait de mettre au jour en vue de faire connaître les personnages des siècles antérieurs, n'a pas paru. Ce médecin, par ses vastes connaissances, était lié avec un grand nombre de savants, parmi lesquels on distingue Julien de Paulmier et le célèbre Joseph Scaliger. Cahaignes rédigea les statuts de la faculté de médecine de l'université de Caen; indépendamment des ouv. mentionnés ci-dessus, on lui doit :

— Brief discours de la préservation et curation de la peste; par Julien de Paulmier, Dr en méd., trad. du latin par J. de Cahaignes; *Caen, P. Le Chandelier,* 1580, pet. in-8 de 29 p.

— Jac. Cahagnesii Oratio de Academiarum institutione; *Cadomi*, 1584, in-4. (s. n. d'imp., probablement Jacq. Le Bas.)

— Visitatio herbarum, veluti obsoleta, hoc anno per Jacobum de Cahagnes renovata; martrologium facult. med.; *Cadomi,* 1585;

— Traité dv vin et dv sidre, par Julien de Paulmier, trad. en franç. par Jacq. de Cahaignes; *Caen, Pierre Le Chandelier,* 1589, petit in-8 de IV et 87 ff. (V. *Paulmier.*)

— Jac. Cahagnesii Cadom. medicine professoris Regii, de popularis dysenteriæ natura, causis, et curatione, prælectio; *Cadomi. ex typog. Jac. Bassi,* 1592, pet. in-8 de 31 p.

— Oratio de unitate; *Cadomi, Jac. Bassus,* 1609, pet. in-4.

— Brevis facilisque methodus curandarum febrium; *Cadomi, P. Poisson,* 1616, in-8.

— Brevis facilisque methodus curandorum capitis affectuum; *Cadomi, Pet. Poisson,* 1618, in-8.

V., sur Jacq. de Cahaignes et ses ouv., Huet, *Origines de Caen*, p. 349 et passim. Son testament, retrouvé depuis quelques années, a été publié dans le *Bulletin de l'Inst. publiq. et des Soc. sav. de l'Acad. de Caen.*, 3e ann., t. II, p. 433-34; *Caen, Hardel*, 1842-43.

CAHAIGNES (*Etienne*), parent du précédent et son contemporain, naquit à Caen et mourut vers 1610. Comme Jacq. de Cahaignes, il exerça la médecine, mais il n'a laissé aucun écrit. V. Huet, *Origines de Caen.*

CAHAIGNES (*Henri* de), sieur de Verrières qu'on suppose appartenir à la famille des précédents, né à Caen vers 1672, est mort dans cette ville, le 27 fév. 1755. Il était dessinateur, poète et musicien. Ses poésies ont été publiées dans le *Mercure de France* et autres recueils du temps.

CAHAIGNE. La Missionide, suivie d'une épître aux amis des Missionnaires, par un Rouennais, témoin oculaire des événements; *Paris, A. Beraud*, 1826, in-32 de 27 p. (en vers).

Par arrêt de la Cour royale de Paris, du 5 déc. 1826, cet opuscule, publié à une époque où des missionnaires venus à Rouen prêchaient une station à la cathédrale, fut condamné à être détruit, et l'auteur eut à supporter une détention de plusieurs mois.

CAHAINE (*Mathurin*). Lettre de Mathurin Cahaine, touchant la liquidation de la dette nationale, adressée de Pacy-sur-Eure à Monseigneur l'evêque de Langres, président de l'assemblée nat., en date du 5 sept. 1789; s. l. n. d. (1789), in-8.

CAHANEL (*Samson* de), né à St-Lo, et ancien de l'église de cette ville, en 1686, préféra la persécution et l'exil à l'abandon de ses croyances religieuses. V. *France protestante*, t. III (1853), p. 93.

CAHIER DE GERVILLE (*Bon-Claude*), né à Bayeux en 1752, mort dans la même ville, le 15 fév. 1796. Ministre de l'intérieur le 28 nov. 1791, il donna sa démission le 15 mars 1792; cet homme d'Etat a publié un mémoire sur l'état civil des protestants en France et un compte-rendu de son administration.

CAHIER de doléances du clergé du Bailliage de Rouen, assemblé avec le clergé des autres Bailliages secondaires, dans l'église des Cordeliers de ladite ville, le 15 avril 1789; *Rouen, Pierre Seyer*, s. d. (1789), in-8 de 32 p.

CAHIER de plaintes, doléances et remontrances arrêté par les commissaires nommés le 1er de ce mois par le Tiers-État du Bailliage du Pont-de-l'Arche, pour être porté à l'assemblée des trois ordres qui se tiendra à Rouen le 15 de ce mois, 1789; *Rouen, Pierre Seyer*, in-8 de 31 p.

CAHIER des doléances, remontrances et instructions de l'assemblée du Tiers-Etat de la ville de Rouen, mars 1789; *Rouen, P. Seyer*, in-8 de 56 p.

CAHIER des doléances, remontrances et instructions de l'assemblée du Tiers-Etat du ressort de la jurisdiction ordinaire du Bailliage de Rouen. Avril 1789; *Rouen, L. Oursel*, 1789, in-8 de 62 p.

CAHIER des pouvoirs et instructions à remettre aux Députés de l'ordre de la noblesse du Bailliage de Rouen; *Rouen, P. Seyer*, 1789, in-8 de 104 p.

CAHIER d'instructions, délibération et protestation de l'ordre des avocats au Parlement de Normandie (données à ses députés à l'assemblée du Tiers-Etat de la ville de Rouen, tenue le 26 mars 1789); s. d., in-8 de 23 p.

CAHIER d'un seigneur de Normandie, ou projet de bien public à faire aux états généraux; 1789, in-8.

CAHIER du petit bailliage de S*** en Normandie, qui ne députera point aux états généraux; s. l. n. d. (1789), in-8.

CAHIER général des doléances, plaintes, remontrances, et observations, arrêté par les Députés des Paroisses, composant le Tiers-Etat du Bailliage de Vernon, sur les cahiers des dites paroisses, apportés par les dits Députés assemblés en l'auditoire dudit lieu, et par eux rédigé pour être remis aux Députés qui seront nommés pour le porter au Bailliage de Rouen. (Avril 1789); s. d., in-8 de 31 p.

CAHIER général des plaintes, doléances & demandes de l'Assemblée générale du Tiers-Etat du Bailliage de Pont-l'Evêque, avec les pouvoirs & instructions donnés par ladite assemblée à ses Représentants à l'assemblée gén. des trois ordres du Bailliage de Rouen. Lu et proposé à l'assemblée par le maire de Pont-l'Evêque, le 1er avril 1789; in-8 de 40 p., s. d. (1789) et s. n. d'imp.

CAHIERS manuscrits à l'usage des écoles primaires de l'arrondiss. de Falaise; cah. 1 à 13; *Falaise, imp. lithog. de Guesnon*, 1834-1836, in-8. — V. Brébisson.

CAIGNARD (*Jean-Pierre*), né à Rouen, chef en cette ville du bureau des passeports, a publié les ouv. suiv.: *Voyage dans l'Isle de Man, avec des réflexions sur l'Hist. des habitants. Par David Robertson, trad. de l'anglais par J. P. Caignard, citoyen de Rouen*; Rouen, Vt. Guilbert, an XI, in-8 de 11 et 135 p., plus 60 p. pour *Observat. sur l'hist. des Manks*, qui se trouve à la suite, avec une pl. gravée par Euphrasie Picquenot. — *Fragments d'un manuscrit celtique, trouvé à Rouen, lors de la démolition de l'église de St-Lo, sur la fin du XVIIIe sc., (franç. et angl.)*; Rouen, Imp. des Arts, in-12 de 151 p. Fiction dans laquelle l'auteur fait allusion à la situation de la France sous le consulat de Bonaparte et aux avantages qu'elle doit recueillir du rétablissement des lois et des cultes.

CAILLE (*Louis*). Ode adressée au roi

Louis XVI, à l'occasion de son passage à Caen, en 1786; par L. Caille, élève de philosophie à l'univ. de cette ville; *Paris, Imp. de F. Didot*, 1847, in-8 de 8 p.

Louis XVI se rendait alors à Cherbourg, pour examiner les travaux importants qui avaient été exécutés dans ce port.

CAILLEBOTTE le jeune. Essai sur l'histoire et les antiquités de la ville de Domfront, précédé d'une esquisse historique sur le Passais; *Mayenne, Roullois*, 1807, in-18 de VI et 66 p.

— Essai sur l'histoire et les antiquités de la ville et arrondissement de Domfront; 2e édit., revue, etc.; *Caen, F. Poisson*, 1816, in-18 de XII et 103 p., — et 3e édit.; *Domfront, imp. de Cresley fils*, 1827, in-18 de XIV et 124 p., plus 1 ft non paginé: *Chanson bachique*. Ext. des poésies de B. F. Chapelle, de la commune d'Halleine (Orne).

CAILLEBOTTE (*Jean-François-René*), né à Domfront le 10 juillet 1768. Le livret qu'il a publié sur Domfront donne une juste idée de cette petite ville et de ses environs. M. L. Du Bois en rend compte dans ses *Recherches archéolog. et hist. sur la Norm.*; Paris, 1843, p. 252-267.

CAILLEUX. Des causes de la diminution du commerce des chevaux en Normandie; des moyens de le rétablir, et instruction sur les chevaux nouvellement castrés. Mém. lu à la Société dans la séance du 20 nov. 1835 par M. Cailleux, méd. vétérin. à Caen, etc.; *Caen, F. Poisson*, 1835, in-8 de 24 p.

Ext. de la Soc. roy. d'Agricult. et de Comm. de Caen, 1839. — V. un Rapport de M. Leprevost, vétérinaire; soc. d'Agricult. de la S.-Inf., t. IX (juillet 1836), p. 157.

M. Cailleux est également auteur de l'opuscule suiv.: *Avis aux cultivateurs, sur l'emploi pernicieux des fourrages mal récoltés, etc.*; Caen, Poisson, 1836, in-8 de 12 p.

CAILLIÈRES (*Jacq.* de). Lettre héroïque sur le retour de M. le Prince à la duchesse de Longueville; *St-Lo, J. Pien*, 1660, in-4.

— Histoire de Jacques de Matignon, maréchal de France, et de ce qui s'est passé depuis la mort de François Ier, en 1547, jusqu'à celle du maréchal, en 1597; *Paris, Aug. Courbé*, 1661 et 1671, in-f., fig.

CAILLIÈRES (*Jacq.* de), maréchal de bataille des armées du roi, gouverneur de Cherbourg, né à Torigny (Manche), mourut dans cette ville en 1697. Indépendamment des 2 ouv. mentionnés ci-dessus, il est auteur de: *Le courtisan prédestiné, ou le duc de Joyeuse capucin*; Paris, 1661, 1668, 1672, 1682, in-8, et nouv. édit. augm., Paris, 1728, in-12, portr. — *La Fortune des gens de qualité et des gentils-hommes particuliers, enseignant l'art de vivre à la cour suivant les maximes de la politique et de la morale*; Paris, E. Loyson, 1663, pet. in-12. Et jouxte la copie à Paris, E. Loyson (Bruxelles, Foppens), 1665, in-12.

CAILLIÈRES (*François* de), fils aîné du précédent, littérateur et diplomate, né à Torigny, le 14 mai 1645, est mort le 5 mars 1717. Ses nombreux ouv. lui valurent un fauteuil à l'Acad. franç. (1689), en remplacement de Ph. Quinault. Parmi ces ouv., nous mentionnerons: *Des mots à la mode et des nouv. façons de parler*, suivi *Du bon et du mauvais usage dans les manières de s'exprimer, des façons de parler bourgeoises, et en quoy elles sont différentes de celles de la cour*; Paris, Cl. Barbin, 1692, 2 vol. in-12, et Michel Brunet, 1698, in-12. Ouv. dont il existe plus. réimp. — *De la Science du monde et des connaissances utiles à la conduite de la vie*; Paris, Et. Ganeau, 1717, in-12, traduit en allemand et en hollandais. — *De la manière de négocier avec les souverains, de l'utilité des négociation etc.*; Paris, Brunet, 1716, in-12, trad. en angl. et en italien. En 1693, de Caillières soutint avec honneur les intérêts de la France, au congrès de Riswick.

CAILLOUÉ, CAILLOUE ou CAILLOE (*Jacq.*), imp. et lib. à Rouen, de 1612-1663, demeurait rue aux Juifs, près le Palais, et ensuite dans la cour même du Palais. Il avait adopté pour *marque* un noyer chargé de fruits que des enfants cherchent à abattre avec des pierres, et pour devise (faisant allusion à son nom et peut-être aussi aux vexations auxquelles était alors exposé le protestantisme: *Je svis tovjours Cailloué*. En 1642, nous trouvons une autre marque de cet imprimeur, laquelle placée dans un encadrement carré, avec cartouche ovale, représente un jeune homme échappé au naufrage, tenant d'une main une malle et de l'autre faisant signe d'invoquer Dieu. On lit autour: *Paupertas summis ingeniis obesse ne provehantur*. Dans les angles de cette marque, à gauche, on voit les armes de France et de Rouen, et à droite, les armoiries et le chiffre du libraire. Cailloué ayant adopté les idées de la réforme, publia, avec l'adresse de Quevilly, où les protestants avaient leur temple et leur collége, plusieurs livres de piété et de controverse à l'usage des protestants. Il a publié également des facéties, des livres en langue espagnole et trad. de l'espagnol. A cette époque, notre littérature, comme nos modes, se ressentait de l'influence castillane.

Pierre Cailloué, son fils, fut lib. à Rouen, dans la cour du Palais, de 1667-1678, et sa veuve de 1678-1685. Leur marque était celle du noyer chargé de fruits. Ils publièrent des livres protestants en grand nombre, ayant l'adresse de Quevilly, quoique demeurant dans la cour du Palais de Justice. Nous lisons dans le *Man. du lib.*, t. IV, p. 217, que la veuve Cailloué, imp. à Rouen, mourut à la Bastille, où elle était détenue, ayant été compromise à propos de la publication d'un libelle intitulé : *Scarron apparu à Mme de Maintenon, et les reproches qu'il lui fait sur ses amours;* Cologne, Jean Le Blanc (Holl.), 1694, in-12 de 136 p., y compris la fig.

Par arrêt du Conseil d'État des 14 mai et 9 juillet 1685, Louis XIV ayant fait très expresses inhibitions et défenses à tous lib. et imp. faisant profession de la religion réformée de faire à l'avenir aucunes fonctions de libraires et imprimeurs, sous peine de confiscation de leurs livres, formes et marchandises, et de 3,000 liv. d'amende, un des Cailloué, Jean Cailloué, passa en Angleterre où s'était déjà réfugié un autre Cailloué du nom de Denis, et dont nous allons parler. Nous trouvons le nom de Jean Cailloué, lib. à Londres, de 1686-1701, dans le Strand, près Exeter exchange. Un autre Cailloué, resté en France, y devint sans doute catholique, si on en juge d'après une souscription trouvée sur un vol. : *Ex dono Domini Cailloué conversi.* Mais deux autres membres de la même famille, continuèrent à professer la religion de leurs pères. Ils parvinrent même, en 1688, lorsque la persécution se fût un peu ralentie, à exercer de nouveau la librairie à Rouen; et comme il était resté dans cette ville et dans toute la Norm. beaucoup de familles protestantes dont les livres avaient été enlevés ou brûlés, les frères Cailloué (Pierre et Antoine) faisaient un commerce journalier de catéchismes et autres livres de cette religion, qu'ils tiraient des pays étrangers ou qu'ils faisaient même imp. dans le royaume. Leur commerce prospéra tellement pendant plusieurs années et jusqu'à la fin de la régence du duc d'Orléans, que deux autres lib. protestants, Jacq.-Nicolas et François-Denis Le Tourneur, oncle et neveu, se firent aussi recevoir à Rouen, après les examens et épreuves ordinaires. Cependant, sous le ministère de Phelypeaux, le 14 sep. 1724, tandis que l'abbé Robinet était commis à l'inspection de la librairie à Rouen, un arrêt du Conseil d'Etat du Roi cassa et annula les arrêts obtenus par les deux Le Tourneur pour être reçus libraires à Rouen, et ordonna que les Cailloué frères seraient destitués de la profession de libraires dans ladite ville. Toutefois, il y eut encore à Rouen, de 1724-1753, un lib. du nom d'Antoine Cailloué. Les libraires de la religion réformée à Rouen, en juin 1685, étaient : Ve de Pierre Cailloué, Abraham De la Mothe, Jacq. De la Mothe, Jacq. Le Tourneur, Nicolas Le Tourneur, Robert Le Tourneur, Abraham Lucas, Pierre Lucas et David Roger.

Nous devons une partie de ces renseignements à l'obligeante érudition de M. Paumier, pasteur. — V. *Recueil des Edits, etc., concernant les gens de la religion prét. réf.*, p. 140 et 431; Rouen, Jacq. Besongne, 1721, in-12. — Archiv. de la S.-Inf., *Registre de la Communauté des Lib.*, ann. 1598-1730.

CAILLOUÉ (*Denis*), appartenait à la famille des imprimeurs dont nous venons de parler. Il se retira à Londres, vers le milieu du XVII sc. Il y traduisit et y publia l'ouv. suiv. :

Εικων βασιλικη. Le Portrait dv roy de la Grande-Bretagne, fait de sa propre main durant sa solitude et ses souffrances; *La Haye (Londres)*, 1649, pet. in-12.

« Dans cette édition (dit M. Barbier, *Dict. des Anonym.*, n° 4,755), l'épître dédicatoire à Charles II est datée de l'utopie des Trinobantes, sept. 1649, et signée *Philanax*. On trouve ensuite des vers sur le *portrait royal*. Vient après une seconde épître dédicatoire au comte de Bristol, signée D. C. L'avis au lecteur n'a que 9 pag. 1/2. Le vol. est terminé par des poésies du sieur D. C., qui ont pour titre : *Métamorphoses des Iles fortunées, à la Reyne douairière de la Grande-Bretagne.* Ces lettres initiales désignent Denis Cailloué, de Rouen, si j'en crois M. Pluquet. » La traduction de Cailloué paraît avoir été revue par un sieur Porrée, qui a signé l'épître dédicatoire à Charles II. De cet ouv., attribué au roi Charles Ier, mais qu'on sait avoir été composé par John Gaudon, évêque d'Exeter, il y a une édition de *Paris*, *Louis Vendosme*, 1649, pet. in-12, et deux éditions imp. à *Rouen*, en cette même année, chez *Jean Berthelin*, l'une in-18 et l'autre in-4.

On attribue à Denis Cailloué 2 autres ouv. favorables à la cause de Charles II.

— Prédiction où se voit comme le Roy Charles II, roy de la Grand' Bretagne doit estre remis aux royaumes d'Angleterre, Ecosse et Irlande après la mort de son père, avec la conférence dv feu Roy et le docteur Henderson Escossais touchant le Gouuernement de l'église anglicane; *Rovem, chez Jacq. Caillové, Jean Viret, Jacq. Besongne, Jean dv Bosc*, 1650, in-18 de 220 p. et 4 ff. prélim.

La dédicace au comte de Bristol est signée D. C. Ce vol. contient plusieurs pièces, dont : *Métamorphose des Isles-Fortunées*, ode en vers français.

— Boscobel, ou abrégé de ce qui s'est passé dans la retraite mémorable de Sa Majesté Britannique après la bataille d'Worcester le $\frac{13}{3}$ septembre 1651. Trad. de l'anglois;

Rouen, chez Pierre Cailloüé, 1676, pet. in-12 de 116 p. et 5 ff. prélim., avec le portr. du Roi et la vue de Boscobel, lieu où le roi Charles II s'était réfugié. La dédicace à Christophe Hatton est signée Pierre Cailloué, libraire, que ce seigneur anglais protégeait.

La France Protestante ne nous fournit pas de renseignements sur Denis Cailloué; elle répète seulement, d'après Barbier, qu'il était frère du libraire Jacq. Cailloué et qu'il épousa une anglaise.

CAILLY (*Pierre*), théologien, XVIIe sc. V. CALLY.

CAILLY (*Charles*), jurisconsulte, né à Vire en 1752, est mort à Caen le 8 janv. 1821. Ce magistrat joignait à la science du droit des connaissances variées et cultivait les lettres avec succès. Les Mém. de l'Acad. de Caen renferment plusieurs Dissertations qui lui sont dues. Il a publié en outre les ouv. suiv.: *Rapport au Comité des anciens sur l'organisation du notariat*, 1799, in-8. — *Dissertation sur le préjugé qui attribue aux Egyptiens l'honneur des premières découvertes dans les sc. et les arts*; Caen, 1802, in-8.

CAIX (*Alfred* de). Notice sur le prieuré de Briouze; *Caen, Hardel*, 1857, in-4 de 52 pages.

Ext. des Mém. de la Soc. des Antiq. de Norm., t. XXII (1856).

Ce prieuré de moines bénédictins, relevant de l'abbaye de St-Florent de Saumur en Anjou, est situé dans l'arrondiss. d'Argentan.

CALENDRIER du Calvados, ann. 1800-1846; *Caen, G. Le Roy*, in-32 et in-18 d'une centaine de pages.

CALENDRIER ecclésiastique du diocèse de Rouen, pour l'an XI, 1re année; *Rouen, P. Periaux*, in-24.

CALENDRIER historial, où l'on peut congnoistre d'ici à seize ans quand il sera Pasque, etc., avec les foires; *Quevilly, par David Geuffroy*, 1611, in-18.

A l'usage de l'Eglise réformée.

CALENDRIER historique et astronomique pour les années 1749 et 1750, à l'usage du diocèse d'Evreux, etc. V. DURAND.

CALENDRIER (le grand) ou Journal hist. de la ville et dioceze de Roüen, etc., 1698. V. PEUFFIER.

CALENDRIER ou almanach nouveau, etc., du diocèse de Bayeux. V. OUTHIER.

Pour les autres Calendriers, V. l'art. *Alm.*

CALENGE. Rapport fait dans la séance du 19 nov. 1847 sur l'établissement hippique de M. Calenge, à Ecoville (à 11 kil. de Caen), au nom d'une commission composée de MM. Decourdemanche, Lair, Caillieux et Person; *Mém. de la Soc. d'Agric. et de Commerce de Caen*, t. V, p. 203-212.

CALEY (*John*). V. MONTFAUCON.

CALIGNY (Le Marchant de). Acte de Notoriété, donné par douze Gentilshommes de la prov. de Norm., à MM. Le Marchant de Caligny, le 3 juin 1769; *Paris, Hérissant père*, 1768, pet. in-8 de 97 pages.

CALIMAS (l'abbé). Mémoires pour servir à l'Hist. ecclésiastique et civile du diocèse de Séez; par M. Calimas, curé de Courthomer; ms., 2 vol. in-4.

Cet ouv. était muni d'approbation et prêt à être imprimé lorsque l'auteur mourut, en 1756 ou 1757. Son ms. est conservé dans l'abbaye de St-Martin de Sées. (P. Lelong, n° 9961, note de Odolant Desnos.)

CALLARD de la Ducquerie. V. DUCQUERIE.

CALLEMAND (*Placide*), né à Rouen, mort en 1675, a écrit l'Hist. des Récollets. (Cité par L. Du Bois, *Biog. norm.*)

CALPRENÈDE (Gautier de Costes, seign. de la), poète dramatique et romancier, né dans le Périgord, s'était retiré au Grand-Andely, où il mourut en 1663. On rapporte qu'aussitôt que la nouvelle de sa mort parvint à Paris, le lib. de Sommaville, son éditeur, partit en poste pour aller à Andely recueillir les mss. que la Calprenède avait pu laisser.

CALLY, ou **CAILLY** (*Pierre*), profess. royal d'éloquence et de philosophie à l'université de Caen (collége du Bois), né en 1655, au Mesnil-Hubert, près Argentan, mourut exilé à Moulins, le 31 déc. 1709. La *Biog. univ.* indique sa mort à Caen, étant curé de la paroisse St-Martin, et L. Du Bois le fait également mourir à Caen, mais étant principal du collége des Arts.

Cailly est auteur des ouv. suiv.:

— Primum philosophiæ perficiendæ rudimentum: Anthropologia, sive Tractatio de homine, auctore P. Cally; *Cadomi, J. Cavelier*, 1683, in-4.

— Universæ philosophiæ institutio; *Cadomi, Joan. Cavelier*, 1695, 2 vol. in-4, ouv. dédié à Bossuet, évêque de Meaux.

— Durand commenté, ou l'accord de la Philosophie avec la Théologie touchant la transsubstantiation de l'Eucharistie; *Cologne, chez Pierre Marteau, aux Trois-Colombes*, 1700, in-8.

Imprimé à Rouen ou à Caen, sous le voile de l'anonyme, ce livre fut condamné par mandement de l'évêque de Bayeux, François de Nesmond. Par suite de cette décision, beaucoup d'exempl. furent détruits, et ce livre est devenu rare.

— Discours en forme d'Homélies sur les mystères, sur les miracles et sur les paroles de N. S. Jésus-Christ, qui sont dans l'Evangile; *Caen*, 1703, 2 vol. in-8.

C'est à tort qu'on attribue à P. de Cally l'ouv. intitulé : *Doctrine hérétique, schismatique et contraire aux lois du royaume touchant la primauté du Pape enseignée par les Jésuites dans leur collége de Caen*; 1644, in-4. Cette date serait de 11 années antérieure à la naissance de l'auteur. On doit à Cally une édition du *Traité de Boèce* (*de Consolatione philosophiæ*), *ad usum Delphini*, 1680, in-4.

CALVADOS (le) pittoresque et monumental. Dessins d'après nature par M. F. Thorigny. Texte par MM. de Bonnechose, Charma, Courty, Delise, Formeville, Gervais, Labutte, Laffetay, Ed. Lambert, Léchaudey d'Anisy, Alph. Leflaguais, Le Métayer, etc., et sous la direction de M. G. Mancel, conserv. de la Biblioth. de Caen; *Caen, E. Rupalley*, 1846-47, in-f. (*Imp. de G. Lecrêne, à Caen.*)

L'ouv. devait être publié en 100 liv. et former 1 vol. in-f. de 80 à 100 f[lles] de texte, avec 200 lithog. à 2 teintes. Il n'a paru que 30 liv.

CAMBACÉRÈS (*Etienne-Hubert*), né à Montpellier, le 11 sept. 1756, archevêque de Rouen, le 11 avril 1802, élevé au cardinalat en 1803, mort à Rouen, le 25 oct. 1818. Ce chef de l'Eglise normande légua ses biens au grand séminaire de Rouen et au petit séminaire du Mont-aux-Malades.

CAMBRY (*Jacq.*). Essai sur la vie et les tableaux du Poussin; nouv. édit., augmentée; *Paris, Didot aîné*, an VII (1799), in-8 de 62 p.

La 1re édit., *Paris, Lejay*, 1783, in-8 de 38 p. moins étendue et anonyme, a paru sous la rubrique de Rome.

Né à Lorient en 1749, J. CAMBRY, l'un des fondateurs de l'Acad. celtique, mourut à Cachant, près de Paris, le 31 déc. 1807.

CAMDEN (*Guill.*). Anglica, Normanica, Hibernica, Cambrica à veteribus scripta; Plerique nunc primùm in lucem editi ex bibliotheca Guill. Camdeni; *Francofurti, impensis Claudii Marnii* (1602 et 1603), in-f.

Les historiens renfermés dans ce recueil sont :
— Asser Menevensis res gestæ Ælfredi.
— Anonymi tractatus de vita Guilielmi Conquestoris.
— Thomæ Walsinghami historia Angliæ ab Eduardo I, ad Henricum V.
— Thomæ de la Moor vita et mors Eduardi II.
— Guilielmus Gemiticensis de ducum Normannorum gestis.
— Giraldi Cambrensis topographia Hiberniæ, sive de mirabilibus ejus, etc.

CAMDEN (*Guill. Clarenceux*), célèbre antiquaire, né à Londres en 1551, est mort dans cette ville, le 9 nov. 1623. Il fut enterré à Westminster. Indépendamment du recueil précité, Camden a publié un grand nombr. d'ouvrages relatifs à l'Hist. d'Angleterre, V. *Mém. de Niceron*, t. XXIII. — Dibdin, *Library companion*, p. 150 et passim.

CAMP du drap d'or (Entrevue du). V. MONTFAUCON.

CAMPAGNE de Henri IV dans le Pays de Caux (avril-mai 1592); *Revue de Rouen*, 1848, p. 609-615.

Art. Signé P. A. L.

CAMPAGNE (de). Lettre du sieur de Campagne, chanoine de Bayeux à messieurs du chapitre de ladite Eglise; 1723, in-4 de 8 p.

CAMPENHAUT. Hommage à Corneille, scène lyrique, par M. Goujet, musique de M. Campenhaut, représentée sur le théâtre des Arts, à Rouen, le 29 juin 1809.

Le cahier de la Soc. libre d'Emulat. de Rouen, du 22 juin 1811, fait mention d'une cantate à grand orchestre, de la composition de M. Campenhaut, auteur des paroles et de la musique, exécutée dans la séance publique, par les principaux artistes du théâtre des Arts.

CAMPION (*Alexandre de*), poète et diplomate, né à Rouen en 1610, mourut vers 1670, comme l'indique l'inscription suivante qui se lit sur le fonds d'un portrait de ce personnage, appartenant à Mlle de Montpoignant : *Alexandre de Campion, l'un des gentilshommes de Louis de Bourbon, comte de Soissons, et après la mort de ce prince ataché en la mesme qualité à Henry, duc de Longueville, gouverneur de Normandie, qui le fit major de Rouen, dans lequel emploi il mourut vers l'an* 1670. En 1657, il publia, en gardant l'anonyme : 1° un recueil curieux et rare, puisqu'il ne s'est pas vendu et que l'édition tout entière, tirée à petit nombre, a été donnée à *madame la Comtesse*, autrement dit la célèbre comtesse de Fiesque :

—Recveil de lettres qvi pevvent servir à l'histoire, et div. poésies (1631-1656); *Rouen, aux depens de l'avthevr, par Lavrens Mavrry*,

1657, in-8. Ce livre a été attribué, par erreur, au marquis de Grestot.

— 2° La Vie de plusieurs hommes illustres tant françois qu'estrangers; *Rouen*, *Laurens Maurry, imp. pour Augustin Courbé, lib. à Paris*, 1657, in-4.

L'ouv. devait former 2 vol. Un seul a été publié. Il renferme, entre autres, les vies de Robert Guiscard, de Rhou et de Guillaume-le-Conquérant. La préface est signée : l'abbé de Campion, autrement dit le prieur de Vert-sur-Avre.

Pierre Corneille, ami des Campion, adressa à Alexandre (à propos de sa publication) un sonnet resté inédit jusqu'en 1843, époque où il a été imprimé dans la *Revue de Rouen* (avril 1843), par les soins de M. de Duranville.

Alex. de Campion eut deux frères, Henri et Nicolas, dont nous allons parler.

CAMPION (*Henri* de), lieutenant-colonel du régiment de Longueville, et auteur de mémoires intéressants, né à Rouen, le 9 fév. 1613, mourut dans sa terre de Boscferei, le 11 mai 1663, âgé de 50 ans. C'est là qu'il écrivit ses Mémoires, qui ont été publiés, pour la première fois, par le général de Grimoard; *Paris, Treuttel et Wurtz*, 1807, in-8. Ces mém., comprenant les années 1616-1660, viennent d'être réimprimés sous le titre de :

— Mémoires de Henri de Campion, nouv. édit. suivie d'un choix de lettres d'Alexandre de Campion, avec des notes par M. C. Moreau; *Paris, P. Jannet*, 1857, in-18 de XXXII et 439 p.

CAMPION (*Nicolas* de), littérateur, né également à Rouen, le 6 mars 1616, vécut et mourut prieur de Vert-sur-Avre, entre Dreux et Nonancourt.

L'abbé de Garambourg, chanoine d'Evreux, et parent de la famille Campion, a publié, d'après ses mss., le vol. intitulé : *Entretiens sur divers sujets d'histoire, de politique et de morale*; Paris, Delaulne, 1704, in-12. Les entretiens sont au nombre de 12. Le 3° traite de la *Possession des religieuses de Louviers*. Le nom de l'auteur se trouve mentionné dans le privilége. M. Moreau, dans sa préface des Mém. de Henri Campion, nous apprend que cet abbé de Garambourg s'appelait de Bence, et que son père était seigneur du Buisson Garambourg, hameau du village de Guichainville, près d'Evreux.

CAMPION (*Alfred*), traducteur d'un voyage fait en Normandie en 1831 par M. Gally-Knight; *Caen, Hardel*, 1838, in-8.

— De la relation d'une excursion monumentale en Sicile et en Calabre, par le même auteur; *Caen, Hardel*, 1839, in-8. (V. GALLY-KNIGHT.)

— Ext. d'une notice sur les antiquités primit. des Iles de la Manche, inséré dans l'*Archaeological Journal*, t. I; *Bulletin monumental*, t. XII (1846), p. 320 à 328.

CAMP-RONT (*Jacq.* de), prêtre du diocèse d'Avranches, est auteur d'un livre de jurisprudence des plus bizarres : *Jacobi de Camp-Ront, presb. abrincensis, Psalterium juste litigantium. Quo ex libri consolatio peti ab iis potest, quibus res est sæpè et pugna gravis cum adversariis tum visibilibus tum invisibilibus, in hoc seculo. Ad amplissimos et ornatissimos viros, in supremo Normaniæ senatu, Rotomagi, considentes*; Parisiis, Jam. Mettayer, 1597, pet. in-12 de 66 ff. de texte et 6 ff. prélim., avec 2 grav. — A la fin du vol. se trouve un chapitre, avec pagin. particulière, sous le titre de : *Explicatio litis*.

Ce livre, aussi rare que singulier, est dédié au Parlement de Norm. Il indique les psaumes et cantiques qu'un plaideur doit réciter quand il veut gagner son procès. Pour organiser cette cabale, dit M. Dupin aîné (*Règles de Droit et de Morale, etc.*; Paris, 1857, p. VI), l'auteur a divisé son Psautier en autant de parts qu'il y a de jours dans la semaine. Il y a pour chaque jour 4 psaumes et un cantique. Le 1er psaume contient une oraison en forme de supplique adressée à Dieu par le *juste plaideur*, qui est effrayé de voir ses ennemis animés et coalisés contre lui. Dans le second psaume, le même *justi litigans* se plaint amèrement d'être ainsi en butte aux traits de ses ennemis. Dans le 3e, il élève sa voix vers Dieu et implore sa miséricorde. Le 4e est un cantique d'actions de grâces, dans lequel le plaideur qui a gagné son procès remercie Dieu d'avoir écouté sa plainte et confondu ses adversaires. V. Dupin aîné, *Biblioth. choisie des livres de Droit*, notice bibliog. à la fin du vol. — Brunet, *Manuel du lib.*, t. I, p. 537.

CANAL de Navigation de Dieppe à l'Oise. Observations présentées au Conseil général du dép. de la S.-Inf., session de 1823, sur le mémoire publié en 1822, contre l'ouverture de ce canal, par quelques propriétaires, cultivateurs et habitans de la vallée de Bray, arrond. de Neufchâtel; *Rouen*, *E. Periaux*, 1823, in-4.

CANAL maritime de Ouistreham, à Caen; *Caen, Poisson*, 1843, in-4.

CANALISATION de la Vire; *Ann. de la Manche*, 1830-31, p. 168-179.

CANALISATION de l'Orne à la mer, et jonction de l'Orne à la Loire; *Paris*, *Everat*, 1824, in-4.

CANDA (*Ch.* du). Vie de S. Thomas (Becket), archevesque de Cantorbie, avec les constitutions royalles, qui ont causé son exil et son martyr : ensemble les miracles advenus par son intercession en l'abbaye de Domp Martin, près de Hesdin en Artois; *St-Omer, Ch. Boscard,* 1615, in-4.

CANEL (*Alfred*). Essai historique, archéologique et statistique sur l'arrondissement de Pont-Audemer; *Paris, Vimont,* 1833-34, 2 vol. in-8, et atlas in-4. (Imp. de N. Periaux, à Rouen.)

Il a été fait des tirages à part à 50 exempl., avec titres particuliers, des chap. de cet ouv., consacrés : 1° à la ville de Pont-Audemer (*Paris, Vimont,* 1833, in-8 de 350 p., avec 9 pl.); 2° au canton de Beuzeville (1834, in-8 de 88 p.); 3° à celui de Montfort et à celui de Routot (1834, in-8 de 80 p.).

— St-Pierre (de Cormeilles) et son abbaye (Eure); *Rev. norm.*, t. II (Caen, 1833), p. 194-202.

— L'Abbaye de Préaux; fragment hist.; *Rev. de Rouen,* 1833, p. 227-234.

L'abbaye de St-Pierre de Préaux (Eure), est située près de Pont-Audemer.

— Notice sur la commune de Honguemare, arrondiss. de Pont-Audemer; *Pont-Audemer, A. Lecomte,* 1835, in-8 de 4 p.

Ext. (à 20 exempl.) de la *Rev. trim. du dép. de l'Eure,* 1835, p. 96-99.

— Combats judiciaires en Normandie; *Evreux, Ancelle fils,* 1835, in-8 de 18 p.

Ext. (à 100 exempl.) du Rec. [illegible] libre d'Agric. des Sc., Arts et B.-Lett. de l'Eure.

— Charivari de Cormeilles (Eure). Notice sur le procès qui en a été la suite; *Pont-Audemer, A. Lecomte,* 1835, in-8 de 24 p.

Ecrit politique tiré à 1,000 exempl.

— Notice sur les découvertes d'antiquités romaines faites dans l'arrondiss. de Pont-Audemer; *Caen, A. Hardel,* 1835, in-8 de 47 p.

Ext. (à 50 exempl.) des Mém. de la Soc. des Antiq. de Norm., t. IX (1835), p. 357-399.

— Lettres sur l'Histoire de la Normandie, pendant la deuxième moitié du XIVe sc. (16 lettres); *Pont-Audemer, A. Lecomte,* 1835-36, in-8 de 310 p.

Ext. (à 50 exempl.) de la *Rev. trim. du dép. de l'Eure,* 1835, et de la *Rev. Hist. des cinq dép. de l'anc. prov. de Norm.*, 1836.

— Quatre Lettres sur l'hist. de Norm., pendant la deuxième moitié du XIVe sc., relatives aux faits qui se rattachent à cette province et à l'Angleterre (travail différent du précédent); *Rev. anglo-franç.*, t. II (Poitiers, 1834), p. 274-285 et 361-370; t. IV (1836), p. 9-15 et 150-153.

— Rev. historique des cinq dép. de l'ancienne province de Normandie, etc.; 1835-37. V. *Revue historique, etc.*

— La Procession noire, à Evreux; *Rev. hist. des 5 dép. de l'anc. prov. de Norm.*, 1836, p. 33-38.

— Droit d'asile dans les églises de Norm.; *Rev. hist. des 5 dép.*, 1836, p. 59-67.

— Normands boulieux; normands bigots; bourgeois bissaquier; *Rev. hist. des 5 dép.*, 1836, p. 68-71.

— Changement de modes en Normandie pendant le XIe sc.; *Rev. hist. des 5 dép.*, 1836, p. 148-153.

— Le royaume d'Yvetot; *Rev. hist. des 5 dép.* 1836, p. 222-230 et 367-369.

— Les Loups de Jumiéges; *Rev. hist. des 5 dép.*, 1836, p. 353-366.

— Mariages en Normandie; *Rev. hist. des 5 dép.*, 1836, p. 436-458; 1837, p. 21-28.

— Le Génie dramatique en Normandie; *Rev. hist. des 5 dép.*, 1837, p. 3-20, 69-85, 211-224.

— La Médecine, en Normandie; *Rev. hist. des 5 dép.*, 1837, p. 86-102.

— La Scie d'Harfleur; *Rev. hist. des 5 dép.*, 1837, p. 233-246.

— Notes sur la statistique monumentale de l'arrondiss. de Pont-Audemer; *Soc. libre de l'Eure,* 1837.

— Expédition des Espagnols de France en Normandie, en 1592, etc.; *Pont-Audemer,* 1836, in-8. — V. EMMANUEL.

— Mémoires sur les Etats de la province de Norm.; *Caen, A. Hardel,* 1837, in-8.

Ce vol. comprend les pièces suiv. :

1° Mém. sur les Etats de la prov. de Norm.; *Caen, A. Hardel,* 1837, in-8 de 69 p. (Ext. des Mém. de la Soc. des Antiq. de Norm., t. X, 1836);

2° Assemblées politiques en Norm., avant l'établissement des établissements provinciaux; *Evreux, Ancelle fils,* 1837, in-8 de 23 p.;

3° Recherches sur les Etats de l'anc. prov. de Norm.; XIVe sc.; *Evreux, Ancelle fils,* 1839, in-8 de 47 p.;

4° Recherches sur les Etats de l'anc. prov. de Norm.; XVe sc.; *Pont-Audemer, A. Lecomte,* 1837, in-8 de 72 p.;

5° Recherches sur les Etats de l'anc. prov. de Norm.; XVI° sc.; *Pont-Audemer, A. Lecomte*, 1837, in-8 de 106 p.;

6° Recherches sur les États de l'anc. prov. de Norm.; XVII° sc.; *Pont-Audemer, A. Lecomte*, 1837, in-8 de 95 p.

Ces six notices ainsi réunies forment une Hist. complète des Etats de la Normandie; elles sont non-seulement ext. des Mém. de la Soc. des Antiq. de Norm., mais aussi du Recueil de la Soc. lib. d'Agric., Sc., Arts et B.-Lett. du dép. de l'Eure et de la Rev. hist. des cinq départ. de l'anc. prov. de Norm. Les Etats de la Norm., pendant la domination anglaise au XV° sc., avaient paru dans la *Rev. anglo-franç.*; *Poitiers*, t. v.

— Notice sur les monuments religieux les plus remarquables de l'arrondiss. de Pont-Audemer; *Bullet. monum.*, t. IV (1838), p. 389-397.

— La Normandie sous Louis XI; *Rev. de Rouen*, 1838, p. 113-126, 323-335.

A été réimp. avec augm. dans le *Recueil de la Soc. lib. d'Agricult., Sc., Arts et B.-Lett. d'Evreux*, sous le titre de: *Révolte de la Normandie sous Louis XI*. (V. ci-dessous.)

— Annuaire de la ville et de l'arrond. de Pont-Audemer, 1839, 1re ann.; *Rouen, F. Baudry*, 1839, in-18 de 72 p.

N'a pas été continué.

— Notice sur les Sobriquets et autres qualifications populaires appliquées à la Normandie et à diverses localités de cette ancienne province ou à leurs habitants; *Rouen, N. Periaux*, 1839-40, gr. in-8 de 64 p.

Ext. (à 50 exempl.) de la *Rev. de Rouen*, 1839 et 1840.

— Révolte de la Normandie sous Louis XI; *Evreux, J. Ancelle*, 1840, in-8 de 31 p.

Ext. (à 50 exempl.) du *Recueil de la Soc. lib. d'Agric., Sc., Arts et B.-Lett. du départ. de l'Eure*, 2e série, t. I, 1841.

— La Chicane et les Normands; *Evreux, J. Ancelle*, 1840, in-8 de 10 p.

Ext. (à 50 exempl) du *Recueil de la Soc. lib. d'Agric., Sc., Arts et B.-Lett. de l'Eure*, 1841, t. I, 2e série.

— Quelques documents pour servir à l'histoire de Bernay; *Evreux, J. Ancelle* (1840), in-8 de 21 p.

Ext. (à 50 exempl.) du *Recueil de la Soc. lib. d'Agric., Sc., Arts et B.-Lett. du dép. de l'Eure*.

— Indication de quelques documents historiques conservés dans les archives de Pont-Audemer; *Caen, Hardel*, 1841, in-4 de 8 p.

Ext. des *Mém. de la Soc. des Antiq. de Norm.*, t. XII (1841), p. 131-138.

La 2e part. de ce travail se trouve dans les *Mém. de la Soc. des Antiq. de Norm.*, t. XIX (1851), p. 591-611. Ce mém. présente de l'intérêt pour l'Hist. de Norm. dans les XV° et XVI° sc.

— La potence et les Normands; *Rec. de la Soc. lib. d'Agric., Sc., Arts et B.-Lett. de l'Eure*, 1841.

— Notice sur les Institutions municipales de la ville de Pont-Audemer; *Rec. de la Soc. lib. d'Agric., Sc., Arts et B.-Lett. de l'Eure*, 1841.

— Histoire de l'anagramme, principalement en France; *Rev. de Rouen*, 1841, 2e sem., p. 162-171, 193-204.

— Recherches sur les Sobriquets de *Drachiers, Bigots* et *Bouillieux* appliqués jadis aux Normands; *Rec. de la Soc. lib. d'Agric., Sc., Arts et B.-Lett. de l'Eure*, 1842.

— Quelques notes sur les entrées des rois, princes, gouverneurs, etc. dans la ville de Pont-Audemer; *Rec. de la Soc. lib. d'Agric., Sc., Arts et B.-Lett. de l'Eure*, 1843.

— Sur l'Hist. de Normandie, pendant la période française (c'est-à-dire depuis 1204); *Journ. des Savants de la Norm.*, 1844, p. 52-60.

— Pont-Audemer, ville franche; *Rec. de la Soc. lib. d'Agric., Sc., Arts et B.-Lett. de l'Eure*, 1844.

— Armorial de la Province, des villes, des évêchés, des chapitres et des abbayes de Normandie; *Rouen, A. Péron*, 1849, gr. in-8 de 89 p., plus un appendice (rectificat. et addit.), 4 p.

Ext. (à 100 exempl.) de la *Rev. de Rouen*, 1849 et 1850.

— Olivier Ferrand, poète, né à Pont-Audemer, le 25 mai 1747; *Pont-Audemer, Dugas-Lecomte*, s. d. (1850), in-8 de 8 p.

Ext. (à 20 exempl.) du *Journ. de Pont-Audemer*

— Notice biographique sur Baptiste Renard; *Pont-Audemer, Dugas-Lecomte*, 1851, in-8 de 8 p.

Ext. (à 50 exempl.) du *Journ. de Pont-Audemer*.

— Caractère et mœurs des Normands, appréciés par un Allemand; *Pont-Audemer, Dugas-Lecomte*, 1851, in-8 de 30 p.

Ext. (à 25 exempl.) du *Journ. de Pont-Au-*

demer. L'Allemand dont il est ici question est M. Venedey, auteur d'un *Voyage en Normandie*, publié à Leipzig, en 1838.

— Un épisode de la Révolution à l'embouchure de la Seine (1792); *Pont-Audemer, Dugas-Lecomte*, 1852, in-8 de 16 p.

Ext. (à 40 exempl.) du *Journ. de Pont-Audemer*. L'auteur reconnaît avoir puisé la majeure partie de ses documents dans les mémoires inédits de M. l'abbé Baston.

— Quelques particularités singulières omises jusqu'à ce jour par les biographes de l'abbé G. A. R. Baston, de Rouen; *Rouen, H. Renaux*, 1856, in-8 de 12 p.

Ext. de la *Chronique de Rouen, Journ. des Petites-Affiches*.

—L'exécuteur des hautes œuvres en Normandie; *Pont-Audemer, Typogr. Dugas*, s. d. (1856), in-8 de 24 p.

Ext. du *Journ. de Pont-Audemer*.

M. Alfred Canel, membre de l'assemblée nationale constit., en 1848 (pour le départ. de l'Eure), avocat et ancien bibliothécaire de Pont-Audemer, est né dans cette ville, le 30 nov. 1803. M. Canel est un des bibliophiles normands les plus distingués.

CANISY DE FONTAINE-HENRY (le marquis de), grand amateur des arts, mourut en 1842. Il était propriét. du magnif. château de Fontaine-Henry, près de Caen. V. une Notice, *Ann. norm.*, 1843, p. 797.

CANIVET (*Emmanuel*). Catalogue des oiseaux du dép. de la Manche; par Emm. Canivet, de Carentan; *Paris, Imp. de Proux*, 1843, in-8 de 32 p.

CANTEL (*Pierre-Joseph*), jésuite, né le 1er janv. 1645, dans le Pays de Caux, paroisse des Ifs (quelq. auteurs disent à Rouen), mort à Paris le 6 déc. 1684, avait altéré sa santé par excès de travail. Il fut employé à la révision et annotation des textes de la collection *ad usum Delphini*, in-4. On lui doit, entre autres, le *Justin*, 1677, et le *Valère-Maxime*, 1679.

CANTELLI (*Giacomo*). Carte de Normandie; *Roma*, 1692, 1 flle (P. Lelong, no 1,708).

CANTIERS (*Guillaume* de), évêque d'Evreux, né au Cantiers, dans le Vexin normand, vers la moitié du XIVe sc., assista au concile de Pise en 1409, et au concile de Constance en 1414. Partisan des Armagnacs, il périt dans une émeute populaire, le 12 juin 1418.

CANTIQUE de la victoire obtenue par le Roy, le quatorzieme de mars 1590, à Yury (Ivry). (Bibl. Imp.). V. Bartas.

CANTIQUE des prêtres rentrés en France, présenté par l'auteur à M. de Cambacérès; *Le Havre, Imp. de Patry*, s. d.

CANTIQUE des Terr'neuviens de Dieppe; *Dieppe, E. de Montferrier*, 1843.

CANTIQUE normand sur la naissance de Mgr. le duc de Bordeaux; 1820.

CANTIQUES en l'honneur de St Spire ou Exupère, etc. V. Guiot.

CANU. A M. le Bailli de la Haute-Justice de St-Gervais, ou M. son lieutenant; supplie humblement le sieur Nicolas Canu, laboureur & curandier en la paroisse de St-Leger de Bourdeny; contre le sieur Laurent-Adrien-Georges Girot, fabricant, faubourg Cauchoise; en réponse à la requête à vous présentée le 29 mars dernier, etc.; *Rouen, ve Machuel*, 1788, in-4 de 38 p.

— Mémoire pour le sieur Canu, marchand-laboureur & curandier en la paroisse de St-Leger de Bourdeny, appellant de sentence de la Haute-Justice de St-Gervais, du 7 juin 1788. Contre le Procureur-Fiscal de ladite Haute-Justice; *Rouen, ve Dumesnil*, 1788, in-4 de 38 p.

CANU (*Ferd.*). Clorine et Irval, ou la Montagne des deux amans, poëme suivi de diverses autres poésies; *Paris, Renard*, 1823, in-8 de 120 p., avec 1 pl. lith.

48 p. sont consacrées à l'Essai hist. et au poëme sur la Montagne des deux amans.

Ferdinand Canu, Dr méd., est né à Rouen.

CANUS (*Alex.*), pasteur protestant, né à Evreux vers la fin du XVe sc., fut, à cause de ses doctrines, condamné à mort par le Parlement de Lyon, et exécuté en 1534.

CANUT (le). V. Le Canut.

CAP (*Paul-Antoine*). Nicolas Lemery, chimiste, né à Rouen le 19 nov. 1645, ouv. qui a remporté le prix proposé par l'Acad. de Rouen (section des Sc.) pour le concours de 1838; *Rouen, N. Periaux*, 1838, in-8 de 46 p.

Ext. des Mém. de l'Acad. de Rouen, 1838.

Cette notice a été réimp. à *Paris, Imp. de Fain*, 1839, in-8 de 52 p.; elle l'a été aussi dans *Etudes biog. pour servir à l'Hist. des sc.*, 1re part.; *Paris, V. Masson*, 1857, in-12, p. 180-226.

—Notice sur Rouelle, chimiste et pharmacien; *Rev. de Rouen*, 1842, 2e sem., p. 345-356, et 1843, 1er sem., p. 5-16.

Cette biog. a été réimp. dans les *Mém. de l'Acad. de Caen*, 1845, p. 205-239, et dans *Etudes biog. pour servir à l'Hist. des sc.*, 1re part.; *Paris, V. Masson*, 1857, in-12, p. 231-263.

—Casimir Delavigne, éloge couronné par l'Acad. de Rouen, en 1846; *Paris, Dubochet, Lechevalier et Ce*, 1847, in-8 de 49 p.

V. Travaux et titres scientifiques de M. Paul-Ant. Cap, président de la Soc. de pharm. de Paris, membre corresp. des Acad. de Rouen, de Caen, etc.; *Paris, Thunot*, 1856, in-4 de 12 p.

CAPECELATRO (*Franç.*). Historia della Citta e regno di Napoli, detto di Sicilia dache pervenne sotto il dominio de i Rè: parte prima, da Rogiero I. Sin alla morte di Costanza Imperatrice, ultima del legnaggio de Normanni (nell'anno 1198); *Milano, Beltrano*, 1640, in-4.

CAPEFIGUE (*B.*). Essai sur les invasions marit. des Normands dans les Gaules; suivi d'un aperçu des effets que les établissements des hommes du Nord ont eus sur la langue, la littérature, les mœurs, les institutions nationales, et le système politique de l'Europe; *Paris, Fanjat aîné*, 1823, in-8 de xv et 443 p. (*Imp. Royale.*)

Cet ouv. obtint de l'Instit. (Acad. des Inscriptions), une mention très honorable lors du concours de 1822, concours dans lequel M. Depping fut couronné. Sur l'ouv. de M. Capefigue, V. un art. de M. Daunou, *Journ. des Savants*, 1824, p. 661-667.

M. Capefigue, né à Marseille, ancien élève de l'Ecole des chartes, est connu par un grand nombre de travaux hist. étrangers à notre sujet.

CAPELLE (*A.*), chef du 6e bataillon de la garde nat. de Rouen, commandant les volontaires rouennais, en juin 1848. — Description de l'épée d'honneur offerte par la légion rouennaise à ce commandant; *Rev. de Rouen*, 1848, p. 585-591.

CAPITAINE (le) commandant la compagnie d'artillerie de la garde nat. à Valognes, à ses camarades; *Valognes, Gomont*, 1833, in-4.

CAPPERON (*Nicolas*). Essai historique sur l'antiquité du comté d'Eu; *Mém. de Trévoux*, mai 1714, art. LXII, et mai 1716, p. 999-1014.

Ce savant prétendoit que les *Essui* de César étoient les peuples de ce comté; et ce nom leur venoit, dit-il, du culte particulier qu'ils rendoient à Esus, Dieu favori des Gaulois. (P. Lelong, no 270 et 35267.)

— Lettre au sujet de deux anciens tombeaux qui ont été découverts à la ville d'Eu; *Mercure*, 1722, mai, p. 73-81.

Quelques vieux tombeaux, découverts dans le comté d'Eu sur la fin de 1721, et dans lesquels M. Capperon trouva plusieurs ossements placés à côté d'une urne, donnèrent lieu à ce mémoire. L'auteur conjecture que ces sépulcbres étoient ceux de Romains païens, et il prétend appuyer, sur cette découverte, l'opinion par lui émise précédemment touchant le séjour des *Essui* dans le comté d'Eu. (P. Lelong, no 272.)

— Réponse de M. Capperon à la défense de l'étimologie du nom de la ville d'Eu (donnée par Huet), qui est insérée dans le *Mercure* du mois de juin 1722; *Mercure*, 1722, août, p. 67-83.

V. le Mém. de l'abbé des Thuilleries auquel répond celui-ci.

—Lettre touchant le puits qui est proche de Brest, dont il est parlé dans le *Mercure* du mois de may dernier et sur un autre semblable qui est au bourg du Tréport, au comté d'Eu; *Mercure*, 1725, janv., p. 15-19.

— Troisième lettre de M. Capperon à M.... sur la lumière boréale qui a paru à la ville d'Eu le 19 oct. 1726; *Mercure*, 1726, nov., p. 2443-2449.

Les 2 prem. lettres traitent de questions étrangères à notre sujet.

— Remarques sur l'histoire naturelle, l'histoire civile et ecclésiastique du comté d'Eu; *Mercure*, 1730, juillet, p. 1541-1549; août et sept., 1952-1960.

— Mémoires historiques sur les personnes originaires du comté d'Eu, qui se sont distinguées par leur vertu, par leur science, par leur valeur, etc.; *Mercure de France*, 1731, avril, p. 667-679, et mai, p. 1056-1070.

— Réflexions sur une lettre de M. Le Beuf, touchant les anciens tombeaux, lettre insérée dans le *Mercure* de may 1731, p. 1045; *Mercure*, 1731, p. 2362-2364.

— Suite des réflexions de M. Capperon,

sur la bizarrerie de différens usages, etc.; *Mercure*, 1739, fév., p. 203-211; juin, p. 1114-1125.

— Description des curiositez naturelles et autres du cabinet de M. Capperon; *Mercure*, 1733, avril, p. 671-681, et mai, p. 838-845.

CAPPERON (*Nicolas*), curé de St-Maxent de la ville d'Eu, et doyen de Mons en Vimeux, né à Eu, est mort le 19 mai 1734, à l'âge de 74 ans. Indépendamment des mém. énoncés ci-dessus, il est auteur de plusieurs autres écrits également insérés dans le *Mercure de France*, de 1724-34 : ces derniers sont étrangers à l'hist. de Norm. Il avait terminé, avant de mourir, une *Histoire du comté d'Eu*, qui est restée ms. dans les mains de ses héritiers.

V. Ext. d'une lettre écrite de la ville d'Eu, au sujet de la mort de M. Capperon, ancien doyen de St-Maxent; *Mercure*, 1734, juillet, p. 1524-1527.

CARAULT (*E.*). Notice historique et bibliographique sur M. Marquis (prof. de botanique à Rouen); *Rouen*, *F. Baudry*, 1829, in-8 de 32 p.

Ext. des Mém. de la Soc. d'Emulat. de Rouen, 1829.

— Notice sur M. Alavoine, architecte; *Mém. de la Soc. d'Emulat. de Rouen*, 1835, p. 215-225, avec 1 portr., gravé par E.-H. Langlois.

Né à Paris le 4 janv. 1778, Jean-Antoine Alavoine mourut dans la même ville le 14 nov. 1834. On doit à cet architecte la restauration de la cathédrale de Sées, le plan de la flèche en fer de la cathédrale de Rouen, la construction de la colonne de Juillet, à Paris, etc.

CARAULT (*Emile*), médecin, né à Rouen en 1797, est mort dans cette ville le 21 mai 1843. Le Dr Carault essaya de propager à Rouen l'homœopathie. Indépendamment des notices précédentes, il est auteur de plusieurs Mém., insérés dans le Bullet. de la Soc. d'Emulat. de Rouen, 1825 et 1832, et d'un vol. in-18 intitulé : *Guide des mères qui veulent nourrir, ou préceptes sur l'éducation de la première enfance;* Paris, J. B. Baillière, 1828, in-18 de XXVI et 236 p.

CARBONNEL (*Jean* de), seigneur de Sourdeval, gouverneur, pour la France, de l'île de Jersey, de 1450-1468, naquit dans les environs de Mortain (V. H. Sauvage, *Recherches sur l'arrondiss. de Mortain*).

CARBONNEL (*Jean* de), secrét. du Roi et secrét. de l'Acad. de Caen, né dans cette ville le 15 déc. 1622, se fit connaître par ses talents pour la poésie. A la révocation de l'Edit de Nantes, il se retira en Hollande, où il mourut le 24 fév. 1702.

Il appartenait, sans aucun doute, à l'ancienne et noble famille des Carbonnel, seigneurs de Sourdeval.

CARDEL (*Paul*), sieur du Noyer, fils de l'avocat Jean Cardel, de Rouen, et ministre à Grosménil, église de fief à 16 kilom. de Rouen, fut persécuté pour ses opinions religieuses à la suite de la révocation de l'Edit de Nantes, et mourut le 13 juin 1715. V. Le Gendre, *Hist. de la persécution de l'Eglise de Rouen*, — et la *France protest.*, t. III (1853), p. 215.

CAREL (*Jacq.*), sieur de Ste-Garde, aumônier du Roi, né à Rouen vers 1620, est un de ces poètes auxquels Boileau a donné une célébrité malheureuse. Il est auteur d'un poème héroïque intitulé : *les Sarrasins chassés de France;* Paris, Cl. Barbin, 1666 et 1667, in-12. Pour éviter le ridicule attaché au nom de *Childebrand*, nom sous lequel son poème était désigné, Carel en changea le titre, et substitua dans une seconde édit. au nom de ce prince, celui de *Charles-Martel*, son frère : *Charles-Martel ou les Sarrasins chassés de France, poème héroïque, par le sieur de S. G.;* Paris, 1668, in-8, et 1680, in-12. Il publia en outre : *Défense des beaux esprits de ce temps contre un satirique* (Boileau), *par le sieur de Lerai;* Paris, 1675, in-12. — *Louis XIV, le plus noble de tous les rois par ses ancêtres, etc.*, 1672. — *Réflexions académiques sur les orateurs et sur les poètes ;* Paris, Remy, 1676, in-12. — *Lettres contre la philosophie de Descartes.* — Carel de Ste-Garde mourut en 1684. V. les Mém. d'Artigny, t. VI, p. 353 et suiv.

CARNEAUX (Prou des). V. PROU.

CARNOT. Réponse à M. Raoul-Rochette, suivie du Rapport d'une commission d'enquête instituée en 1848 par le ministre de l'Inst. publique, pour examiner la conduite de M. Raoul-Rochette dans l'acquisition des vases de Bernay; *Paris, Martinet*, 1850, in-8 de 40 p.

CARPENTIER (*Mathieu* Le), architecte. V. LE CARPENTIER.

CARPENTIER (*C.-J.-F.* Le), peintre. V. LE CARPENTIER.

CARPENTIER (*Paul*), peintre, né à Rouen le 17 nov. 1787, est auteur de 2 tableaux : *La naissance d'Eve* et une copie du *Testament d'Eudamidas*, que renferme le Musée de Rouen. La Biblioth. publique de la même ville possède de cet artiste une reproduction en toile gommée de la statue de Voltaire par Houdon.

CARRÉ (*P.-Laurent*). Bussardi Deppen-

d'Anville. Le diocèse de Lisieux comprenait une partie du Calvados et de l'Eure, c'est-à-dire le Lieuvin, les pays de Pont-Audemer, d'Auge et de Gacei.

NORMANDIE. Carte du Duché de Normandie; *Paris, J. Le Clerc*, 1620, — *Amstelodami, Hondii*, même date, 1 f^lle^. (P. Lelong, n° 1700.)

— Normandia dvcatvs; Excudit Guilielmus Blaeu, s. d., 1 f^lle^.

— Dvché et gouvernement de Normandie, s. d. (vers 1650), 1/2 f^lle^.

— Nouvelle carte de Normandie, avec une table alphabétique des villes, et une petite carte particulière des principales; *Paris*, 1759, 1 f^lle^. (P. Lelong, n° 1,718.)

— Le Gouvernement général de Normandie, divisé en Haute et Basse; *Paris, Desnos*, 1766 et 1770, 1 f^lle^.

— Carte des duché et gouvernement de Normandie, dressée sur les mémoires les plus nouveaux; *Paris, Crespy*, 1767, 1 f^lle^.

— Carte du gouvernement de Normandie, divisée par bailliages, contenant toutes les paroisses, annexes et abbayes, avec toutes les routes et chemins, d'après la grande carte de France, en 177 ff. de MM. de l'Acad. roy. des Sc.; *Paris, Bourgoin*, graveur, 1775, 4 ff.

— Nouvelle carte routière de Normandie; *Paris, A. Logerot*, 1848, 1 f^lle^.

— Carte de la Normandie, comprenant les dép. de la S.-Inf., de la Manche, du Calvados, de l'Eure et de l'Orne; *Paris, A. Logerot*, 1851, 1 f^lle^.

ORNE. Dép. de l'Orne. Ext. de la carte de France, levée par les officiers d'état-major. Publiée par le dépôt de la guerre, en 1832, à l'échelle de 1 m. pour 80,000 (en 20 f^lles^); *Paris, Imp. lithog. de Kaeppelin*, 1852.

— Carte du dép. de l'Orne, dressée sous la direction de M. V. A. Malte-Brun, par A. H. Dufour; *Paris, Imp. lithog. de Bineteau*, 1853, 1/2 f^lle^ carré.

PAYS DE CAUX. Description dv pais de Cavx, carte dessinée par Jean Le Clerc et gravée par Salomon Rogers; s. d. (vers 1630), 1 f^lle^ petite dimension.

Cette carte semble appartenir à quelque ancienne topographie; elle a été retouchée plusieurs fois.

— Le Pays de Caux; *Amst., Henri Hondius*, et *Paris, Melchior Tavernier*, 1631, 1 f^lle^.

— Carte du pais de Caux dans laquelle sont distinguez le gouvernement militaire du Havre de Grace et le comté d'Eu, 1740, 1 f^lle^. Placée en tête du tome 1er de la *Description de la Haute-Norm., par D. Toussaint-Duplessis*, in-4.

PERCHE. Le grand Perche et le Perche Gouet; *Paris, Le Clerc*, graveur, s. d. (vers 1620), 1 f^lle^.

— Comté du Perche; *Amst., Guill. Blaeu*, s. d., 1 f^lle^.

ROUEN. Carte routière de l'arrondiss. de Rouen, par Logerot, 1851, et par Fouché, 1856. V. ces noms.

— Carte générale du chemin de fer de Paris à Rouen, dressée en 1842, sous la direction de M. Locke, etc. V. ce nom.

— Carte générale du chemin de fer de Rouen au Havre, dressée en 1847, sous la direction de M. Locke. V. ce nom.

SEINE-INF. Dép. de la S.-Inf., décrété le 3 fév. 1790 par l'Assemblée nat., divisé en 5 arrondiss. et en 50 cantons. Carte revue, corrigée et augm. en 1818; *Paris, J. B. Delaval*, 1 f^lle^.

Fait partie de l'Atlas nat. de la France.

— Carte du dép. de la S.-Inf., n° 73 de l'Atlas de Paulmier et Eug. de Branviller à Paris; 1 f^lle^ gr. aigle. (Vers 1840.)

— Carte géographique, statistique et administrative de la S.-Inf.; *Paris*, 1843, chez Martenot.

— Nouvelle carte du dép. de la S.-Inf., avec le tracé des routes, chemins de fer, et l'indication des voies romaines. Dressée pour servir à la petite Géographie de la S.-Inf., par J. Morlent, et gravée par Regnier et Dourdet; *Paris, Imp. lith. de Gratia*, 1852, 1 f^lle^ gr. raisin.

— Carte routière du dép. de la S.-Inf., par Fouché, 1852. V. ce nom.

SEINE MARITIME. Carte de la Seine maritime, depuis Vieux-Port jusqu'au Havre, dressée par M. Beaulieu, ingén. en chef des ponts et chaussées, et gravée par Lemaître; *Rouen*, 1855, 1 f^lle^ gr. aigle.

Cette carte (sans titre) indique le tracé des digues, depuis Vieux-Port jusqu'à Berville.

— Carte générale de l'embouchure de la Seine, dressée en 1846, d'après les documents les plus récents; *Paris, Thierry*, 1847.

VEXIN. Carte du Vexin, dans laquelle sont distinguez le Roumois, le Vexin françois, le Vexin norman; 1740, 1 f^lle^.

En tête du t. II de la *Description de la Haute-Norm., par D. Toussaint-Duplessis*, in-4.

Pour toutes les autres cartes portant un nom d'auteur, V. les noms des géographes, ingénieurs ou graveurs.

CARTIER (*F.*). Etat de l'agriculture dans l'arrondiss. de Neufchâtel, au 1er janv. 1822; *Neufchâtel, P. Féray*, 1822, in-8 de 28 p. et 2 ff. prél.

V. Rapport de M. Goube, Soc. d'Agricult. de la S.-Inf., t. II (VIe cah., 1822, p. 11-19).

— Etat de l'Agriculture, de l'Industrie et du Commerce dans l'arrondiss. du Havre, au 1er janv. 1825; *Havre, Le Picquier*, 1825, in-8 de 77 p.

—Notes statist. sur l'arrondiss. du Havre; *Havre, Cercelet*, 1830, in-8 de 33 p.

CARTIER (François), successivement sous-préfet des arrondissements de Dieppe, du Havre et de Neufchâtel, est mort à Dieppe, le 11 mars 1853, à l'âge de 83 ans.

CARTIER. Note sur une monnaie de l'abbaye de Jumiéges; *Soc. des Antiq. de Norm.*, t. IX (ann. 1835), p. 101-112.

CARTULAIRES, mss. (classés suiv. l'ordre alphabétique des noms de lieu):

ARDENNE. Cartul. de l'abbaye d'Ardenne (dioc. de Bayeux), 3 vol. in-f.; *Biblioth. de Caen.*

—Ditto. In-f. sur parch., 375 ff., XIVe sc., 588 pièces de 1338-1640; *Arch. du Calvados.*

— Ditto. Gr. in-4 sur parch., 16 ff., XVIe sc., 28 pièces de 1219-1555; *Arch. de l'Orne.*

AVRANCHES. Cartul. du chapitre d'Avranches, connu sous le nom de *Livre vert*; XIVe sc., *Bibl. d'Avranches.*

Contient le plus ancien Pouillé du diocèse.

BAYEUX. Cartul. de Bayeux, recueilli par Raoul Lancevin, en 1269.

— Censier de St-Vigor de Bayeux; *Bibl. Imp.*, cart. n° 177.

BEAUMONT-LE-ROGER. Cartul. de Beaumont-le-Roger (Eure); *Biblioth. Mazarine*, n° 1212.

BEC-HELLOUIN. Cartul. de l'abbaye du Bec-Hellouin (Eure), fragments, gr. in-f. sur parch., 34 ff., XIIIe sc., 223 pièces, de 1159-1271; *Arch. de l'Eure.*

— Inventaire des titres du Bec; *Bibl. Imp.*, 500 de Colbert, n° 190.

BLANCHELANDE. — Inventaire de l'abbaye de Blanchelande; *Arch. de la Manche.*

BOLLEVILLE. Cartul. du prieuré de Bolleville, en Norm.; Léproserie de Bolleville, diocèse de Coutances; in-4, sur parch., 55 ff., 1436; *Musée Britann.*, addition, mss., n° 17307.

BONDEVILLE. Cartul. de Bondeville, S.-Inf.; *Arch. de la S.-Inf.*

BONPORT. Cartul. de Bonport (Eure); *Bibl. Imp.*, St-Germ. latin, n° 1611, 2.

BRETEUIL. Cartul. de la Maladrerie de Breteuil; *Bibl. de M. Bonnin.*

CAEN. Cartul. de St-Etienne; *Bibl. Imp.*, fonds latin Gaignières, n° 206.

— Cartul. de Ste-Trinité; *Bibl. Imp.*, fonds latin n° 5650.

Il s'en trouve une copie dans les Arch. de la Manche. Cette dern. forme 1 vol. in-f. de 130 ff., XVe sc., et renferme 73 actes du XIe-XVe sc.

— Elections des recteurs de l'univ. de Caen, 2 vol. gr. in-8, sur parch., XVe et XVIe sc., de 1439-1567; *Arch. du Calvados.*

CALIX. Cart. de Calix; *Arch. du Calvados*, fonds de la Trinité de Caen.

CERISI. Cartul. de Cerisi, in-f., sur pap., 892 p., fin du XVIIe sc., 872 pièces, de 1032-1383; traduct. franç. d'un Cartul., probablement le *Livre noir*, de Cérisi; *Arch. de la Manche.*

— Registre des amendes de Cerisi, XIVe et XVe sc., *Arch. de la Manche.*

Ce ms., dit M. Léop. Delisle (*Etudes sur l'agric. en Norm. au moyen âge*, p. XXIII), est en quelque sorte le plumitif de la cour de l'official de l'abbé de Cerisi, depuis le commencement du XIVe sc. jusqu'au milieu du XVe sc. Il contient, en outre, les procès-verbaux des visites que ce même official, s'acquittant des fonctions d'archidiacre, faisait dans les paroisses soumises à sa juridiction.

CHAISE-DIEU. Cartul. de Chaise-Dieu; *Arch. de l'Eure*; ms. in-f., XVIIe sc., pièces de 1132-1643.

Ext. du Cartulaire de la ville de Laigle.

CHÉNAIE. Cartul. de la Chénaie; *Bibl. de Bayeux.*

CORDILLON. Cartul. de Cordillon; *Bibl. du chapitre de Bayeux.*

COUTANCES. Cartul. de la cathédrale de Coutances; *Arch. de l'évêché de Coutances*, registre n° 1.

— Livre blanc du diocèse de Coutances; *Arch. de l'évêché de Coutances.* V. ce titre.

Désert. Cartul. du Prieuré du Désert; pet. in-f., 1612, 114 pièces de 1135-1495; *Arch. de l'Eure.*

Dieppe. Coutumes et droits de la ville de Dieppe, gr. in-4 sur parch., 102 ff., 1396, renfermant 380 pièces de 1197-1364; *Arch. de la S.-Inf.*

Ce ms. fut fait d'après l'ordre de l'archevêque Guillaume de Vienne, pour constater les droits et coutumes attribués aux archevêques sur tous les métiers et marchandises, places, marchés, etc., ainsi qu'ils étaient spécifiés dans les anciens registres de la vicomté de Dieppe.

Estrée. Cartul. de l'abbaye de l'Estrée; *Arch. de l'Eure*, in-4 du xvie sc.

Evreux. Cartul. de l'évêché d'Evreux, pet. in-f., xive sc.; *Arch. de l'Eure.*

— Cartul. (au nombre de 4) du chapitre épiscopal de N.-D. d'Evreux, pet. in-f., xiiie-xve sc.; *Arch. de l'Eure.*

— Le teneur des chartes des chapelles fondées en l'église N.-D. d'Evreux, in-f., xve sc.; *Arch. de l'Eure.*

— Registre cartul. du puy de musique de Ste-Cécile, pet. in-f., xvie sc.; *Arch. de l'Eure.* V. Bonnin et Chassant.

— Cartul. de St-Nicolas d'Evreux; *Hôpital d'Evreux.*

— Cartul. de l'abbaye de St-Taurin, in-f. de 319 ff., xive-xvie sc. (1195-1532); *Arch. de l'Eure.*

Eu. Cartul. des comtes d'Eu; *Bibl. Imp.*, n° 1088, fonds de St-Germ. latin.

Contient le Coutumier de la forêt d'Eu, au xiiie sc.

— Livre rouge, 2 vol. in-f.; le 1er vol. (1151-1523) a 250 ff., et le 2e (1523-1717) se compose de 220 ff.; *Arch. de la ville d'Eu.*

Le nom de *Livre rouge* donné à ce ms. vient de ce qu'il est relié en veau rouge. Il renferme l'hist. de la commune d'Eu et de sa municipalité.

V., sur ce précieux document, la Notice de M. Le Roux de Lincy; *Paris, Ducessois*, gr. in-8 de 22 p. (Ext. de la *Rev. franç. et étrangère.*)

Fécamp. Cartul. de Fécamp, xiiie sc.; *Bibl. de Rouen.*

— Cartular. abbatiæ Fiscañensis, pet. in-4; *Bibl. de Rouen.*

— Chartæ abbatiæ Fiscanensis, in-f. de 400 p.; *Bibl. de Rouen.*

Copie faite dans le xixe sc. d'un ms. de l'abbaye de Fécamp, que l'on croit unique, et qui a disparu depuis 25 ans.

— Temporalia abbatiæ de Fiscanno in diocesi Londinensi, anno 1291; *Musée britann.* (Harley, n° 60, art. 72).

— Cartul. de Fécamp de la fin du xiiie sc. et du commencement du xive; *Arch. de la S.-Inf.*

Fontenai. Cartul. de Fontenai; *Bibl. Imp.* (Suppl. franç., n° 1,029).

Foucarmont. Cartular. abbatiæ Fulcardi-Montis, pet. in-f. à longues lignes, avec titres en vermillon, sur vél.

La transcription la plus ancienne remonte à la prem. moitié du xiiie sc. Cet ms. est orné d'un grand nombre de majuscules en filigranes et de quelques initiales en couleurs sur fonds en mosaïque. On croit voir la figure du pape Alexandre III, dans l'initiale qui se trouve en tête de la Charte de confirmation de biens et priviléges, qui fut octroyée en 1175 par ce pape à l'abbaye de Foucarmont. (*Bibl. de Rouen.*)

Frênes. Cartul. du prieuré de St-Aubin de Frênes, in-f. du xve sc.; *Arch. de l'Eure.*

Gaillon. Cartul. de la chartreuse de Gaillon, in-f., xvie-xviiie sc., 165 pièces de 1030-1576; *Arch. de l'Eure.*

— Almæ et regalis Borboniensis Cartusiæ rerum gestarum collectio; 1690, in-4; *Biblioth. de Louviers.*

Hist. de tout ce qui se rattache à la fondation des Chartreux de Gaillon, laquelle est due au cardinal de Bourbon.

Graville. Cartul. de Graville; *Arch. de la S.-Inf.*

Hambie. Cartul. de Hambie; copie; *Collection de feu M. de Gerville.*

Héville. Cartul. du moulin de Héville; *Bibl. du chap. de Bayeux.*

Jumiéges. Cartul. de l'abbaye de Jumiéges; *Bibl. Imp.*, n° 5,424.

— Quatre cartul. de Jumiéges; *Arch. de la S.-Inf.*, n°s 20 bis, 21, 22, 23.

— Grand Cartulaire pour les droits et possessions de l'abbaye de Jumiéges, pet. in-f. sur parch., 152 ff., commencement du XIIIe sc., 311 pièces de 1218-1442; *Arch. de la S.-Inf.*

Ms. considéré comme un des plus précieux monuments calligraphiques de Norm.

LESSAY. Livre blanc et autres documents concernant cette abbaye et prieurés en dépendant; *Arch. de la Manche.*

LIRE. Inventaire de Lire; *Arch. de l'Eure.*

LISIEUX. Cartul. de l'évêché de Lisieux; *Arch. de la ville de Lisieux.*

LODRES. Cartul. de Lodres; *Arch. de la Manche.*

LONGUES. Cartul. de Longues; *Bibl. du chap. de Bayeux.*

LUTUMIÈRE. Cartul. de la Lutumière; *Arch. de la Manche.*

LUZERNE. Cartul. de l'abbaye de la Luzerne, in-4, 200 ff., 145 pièces, de 1162-1354; *Arch. de la Manche.*

Rédigé en 1844, d'après les titres originaux, par M. Dubosc, archiviste de ce dép.

MONT-ST-MICHEL. Cartul. du Mont-St-Michel; *Bibl. d'Avranches*, n° 80.

Ce Cartul. passe pour l'un des plus beaux de la Norm.

— Cartul. de St-Michel; *Bibl. Imp.*, fonds latin, n° 5,430 A.

— Inventaire du Mont-St-Michel; *Arch. de la Manche.*

Les Archives de la Manche possèdent 2 mss. sur le Mont-St-Michel, des XIVe et XVIe sc., et le Registre du Prieuré de Tombeleine, in-4 du XVe sc.

MONTDAIE. Cartul. de Montdaie; *Bibl. du chap. de Bayeux.*

MONTEBOURG. Cartul. de l'abbaye de Montebourg, diocèse de Coutances, 1452-1460, in-4, sur parch. de 30 ff., cartulaire recueilli pour le Rév. Père Guillaume Guerin, abbé de ce monastère, par Simon Maubert, moine dudit monastère; *Musée Britann*, addit. mss. n° 15,605.

Le Catalogue du Musée Britannique donne la description suivante de ce ms.:

Fragment of the Cartulary of the Benedictine Abbey of St-Mary of Montebourg in Normandy, diocese of Coutances, containing copies of charters from Kings of France, viz., Philip III, Philip IV, Louis IX, Louis X and Charles VI; reciting in many instances and confirming grants from William I, Henry I and Stephen, Kings of England, as well as from various noblemen of France and England: also of charters of Edward (III) King of England (comprising one of Henry I), Richard bishop of Coutances, 1157; sir Robert le chamberlenc, seigneur de Tencarville, 1295, and others; together with an account of the monastery, 1147, and certificates of their right in the forests of Normandy and Picardy, 1402-1460. Every instrument is certified as collated with the original by N. Le Sanc, and Guillaume le Valois, who affix their signatures, and who, at fol. 10, sign a further certificate of the authenticity of the documents here transcribed, dat. 9 sep. 1452. A note at the foot of fol. 24 B, states that this book was written by Simon Maubert, one of the monks, at the command of William Guerin, abbot, in the same year, 1452. Portions of the volume are wanting after ff. 8, 9, 15 and 16. (*Bibl. de l'Ecole des Chartes*, 16e année (1855), p. 112. Ext. d'un Rapport de M. Marchegay sur les Cartulaires français en Angleterre. V. aussi Documents relatifs à l'Hist. de l'anc. Norm. en Angleterre, par M. Hippeau. *Soc. des Antiq. de Norm.*, t. XXII.)

M. D. L. Delisle constate que la plupart des pièces anciennes de ce Cartulaire se retrouvent dans un Cartulaire plus considérable de l'abbaye de Montebourg, conservé par M. de Beaufort, au château de Plein-Marais (Manche). Les Archives de la Manche renferment plusieurs Cartulaires, le Grand-Livre blanc et une foule de documents relatifs à cette abbaye.

MORTEMER. Cartularium; *Bibl. Imp.*, fonds latin, n° 2735.

NÉVILLE. Cartul. du prieuré de Néville (Manche); *Arch. de la Manche.*

NORMANDIE. Cartul. normand de Philippe-Auguste, Louis VIII, etc. V. DELISLE (*Léop.*).

— Cartul. de Normandie, ms. sur parch.; in-4 de 89 ff., donné à la Biblioth. de Rouen par M. A. Le Prevost.

Ce ms. paraît avoir été rédigé vers la fin du XIIIe sc. par un employé de la baillie de Caen. Il se compose principalement de la copie des chartes accordées par les ducs de Normandie et les rois de France à divers seigneurs et diverses églises, propriétaires de biens situés dans le bailliage de Caen. Une table sommaire des pièces insérées dans ce recueil se trouve dans le *Cartulaire normand* publié par M. Delisle, p. VII-X, *Mém. de la Soc. des Antiq. de Norm.*, t. XVI.

— Coutumier des forêts de Normandie, dressé par Hector de Chartres, ms., XVe sc.; *Arch. de la S.-Inf.*, 732 ff.

PERRINE. Cartul. de l'abbaye de la Perrine ou du Désert, in-4; *Arch. de la Manche.*

Rédigé en 1844, par l'archiv. de ce dép.

PLESSIS-GRIMOULT. Cartul. du prieuré du Plessis-Grimoult; 3 vol. in-f., 1493 (pièces de 1251-1470); *Arch. du Calvados.*

PONT-AUDEMER. Cart. de la léproserie de St-Gilles de Pont-Audemer et autres chartes, notamment une traduct. de la grande charte de Jean Sans-Terre; in-4, XIIIe sc.; *Bibl. de Rouen.*

PRÉAUX. Cartul. de l'abbaye de St-Pierre-de-Préaux (Eure), XIIIe sc., sur vél.; *Arch. de l'Eure.*

Donné en 1857, par M. Ern. de Blosseville.

REPAS. Cartul. du prieuré du Repas (Manche), in-4; *Arch. de la Manche.*

ROUEN. Cartul. de bulles et lettres-patentes confirmatives des droits, priviléges et juridiction du chapitre, ainsi que du privilége de St-Romain; gr. in-4, pap., 182 ff., fin du XVIe sc. et commencement du XVIIe, 70 pièces, du 7 mars 874 à 1464; *Arch. de la S.-Inf.*

— Grand Chartrier relatif aux rentes et revenus des trésor et fabrique de l'église St-Maclou, provenant de donations et acquisitions; in-f., parch., 459 ff., de 1531-1629, 300 pièces, de 1407-1629; *Arch. de la S.-Inf.*

Ce ms. est enrichi de 3 miniatures, dont l'une représente la dédicace de l'église St-Maclou à la Vierge par les trésoriers, sous le patronage du saint; les 2 autres sont les miracles opérés par le saint lui-même.

— Cartular. ecclesiæ Rothomagensis. Ms. en caractères ronds et cursifs d'époques différentes, du XIIIe au XVIe sc., in-4 de 207 ff. sur parch. *Bibl. de Rouen.*

Il provient de la Biblioth. du chapitre de la cathédrale.— V. sur ce ms., Dom Tassin, *Réfutation de la notice de l'abbé Saas,* p. 24, et Pommeraie, *Conciles de Rouen,* p. 184, 189, 265, 524 et autres.

— Cartul. de St-Amand de Rouen; in-8, parch., 270 ff., milieu du XIIIe sc., renferme 486 pièces, de 1030-1296; *Arch. de la S.-Inf.*

— Grand Cartul. pour la justice ecclésiastique et séculière et pour la temporalité de l'archev. de Rouen; pet. in-f. sur parch., 542 ff., XIVe et XVe sc., 663 pièces, de 1238-1468; *Arch. de la S.-Inf.*

Ms. continué et transcrit en 1366, par ordre de l'archev. Philippe d'Alençon, et dans lequel on remarque des ordonnances sur la draperie de Louviers, remontant au commencement du XIVe sc.

— Cartul. des baronnies de St-Ouen, de Rouen, pet. in-4, sur papier, 67 ff., XVe sc.; *Arch. de la S.-Inf.*

— Cartul. intitulé : *Rothomagum et Foresta;* bien en ville et hors ville de l'abbaye de St-Ouen, pet. in-f., sur pap., 350 ff., XVe sc., 827 pièces, de 1026-1490; *Arch. de la S.-Inf.*

Ms. intéressant pour l'hist. de la province, et souvent consulté; il contient d'utiles renseig. sur la topographie de la Forêt-Verte. —V. *Chron. des abbés de St-Ouen*, pet. in-4.

—Livre des Jurés de St-Ouen, de Rouen. V. ce titre.

— Cartul. de l'abbaye de la Ste-Trinité du Mont de Rouen, avec notes et introd., préparé pour l'impression, par A. Deville, corresp. de l'Institut, (en latin), *Paris*, 1840, in-4 de 85 p.

Ce Cartulaire de Ste-Catherine du Mont, dont il n'a pas été tiré d'exempl. à part, se trouve à la fin du 3e vol. de la collection des Cartulaires de France, publiés par M. Guérard (*Collection de documents inédits sur l'Hist. de France, publiés par ordre du Roi, etc.*, in-4). Il occupe les p. 403 à 487. Ce curieux document est terminé par un Index de noms d'hommes et de lieux. Il embrasse 60 années, de 1030 à 1091, c'est-à-dire le règne entier de Guillaume le Conquérant, et les quelq. années qui l'ont précédé et suivi. L'original, pet. in-f. du XIe sc., 20 ff. sur parch., est déposé aux Arch. de la S.-Inf.

STE-BARBE-EN-AUGE. Cartul. du prieuré de Ste-Barbe-en-Auge, in-f., sur pap., 442 ff., XVIIe sc., 282 pièces, de 1395-1618; *Arch. du Calvados.*

ST-EVROULT. Cartularium S^{ti}-Ebrulfi; *Bibl. Imp.*, fonds latin, n° 185.

ST-FROMONT. Cartul. du prieuré de St-Fromont, in-4; *Arch. de la Manche.*

Rédigé en 1844, par l'archiviste.

ST-GEORGES DE BOCHERVILLE. Cartular. Conventus Sancti-Georgii de Baukervilla; ms. à longues lignes, en caract. rom. et en écriture cursive du XIIIe sc.; in-4 de 204 ff., sur parch.; *Bibl. de Rouen.*

Provient de l'abbaye de St-Georges de Bocherville, près Rouen.

— Cartul. de l'abbaye de St-Georges de Bocherville; *Bibl. Imp.*, fonds latin, nº 5423 A.

St-Imer. Cartul. de St-Imer; Biblioth. de M. de Formeville.

—Ditto. Biblioth. de M. Aug. Le Prevost.

St-Lo. Cartul. de l'Hôtel-Dieu de St-Lo; *Arch. de l'hôpital de St-Lo.*

—Cartul. de l'abbaye de St-Lo; ms. in-4; *Arch. de la Manche.*

Rédigé par M. Dubosc, en 1843 et 44, d'après les titres originaux des Arch. de ce dép.

St-Martin-au-Bosc. Cartul.; *Arch. de la S.-Inf.*

St-Pair. Cahier des Chartes de St-Pair; *Arch. de la Manche.*

St-Sauveur-le-Vicomte. Cartul. de l'abbaye de St-Sauveur-le-Vicomte, in-f., contenant 508 pièces, de 1067-1344; copie faite au xviiie sc.; *Arch. de la Manche.*

St-Wandrille. Cartul. de l'abbaye de St-Wandrille; *Bibl. Imp.*, fonds latin, nº 5425.

— Cartul. de St-Wandrille; in-f., sur parch., de 337 ff., xiii-xvi sc.; *Arch. de la S.-Inf.*

Un autre Cartul. de la même abbaye se trouve chez Mme de Cossette, au château de Roquefort, près Yvetot.

Savigny. Cartul. de l'abbaye de Savigny; in-f., 177 ff., xiie et xiiie sc., 640 pièces, de 1112-1232; *Arch. de la Manche.*

— Autre Cartul. de la même abbaye; *Bibl. de Mortain.*

—Chartres et titres concernant les possessions de l'abbaye de Savigny (diocèse d'Avranches), à Angers et dans les environs, publiés par M. Marchegay, archiv. du dép. de Maine-et-Loire; *Angers*, 1852, in-8.

Ext. des *Mém. de la Soc. d'agricult., Sc. et Arts d'Angers*, 2e série, 3e vol.

Sées. Cartular. Sancti-Martini Sagiensis; *Bibl. d'Alençon.*

Sigy. Cartul. du prieuré de Sigy (S.-Inf.); pet. in-4, sur pap., 101 ff., 1486, 180 pièces, de 1169-1467; *Arch. de la S.-Inf.*

— Second Cartul. du milieu du xive sc.; 27 ff., 80 pièces, 1214-1350. (*Idem.*)

Ce prieuré dépendait de l'abbaye de St-Ouen.

Silli-en-Goufferne. Cartul. de Silli-en-Goufferne (Orne); *Bibl. Imp.*, fonds latin, nº 178.

Trésor. Cartul. de l'abbaye du Trésor; gr. in-f., xviiie sc. (1233-1272); *Arch. de l'Eure.*

Troarn. Cartul. de l'abbaye de Troarn; ms. légué à M. Aug. Le Prevost, par M. Galeron.

— Ditto; Bibl. de M. Léchaudé d'Anisy.

— Ditto; *Bibl. Imp.*, fonds latin, nº 193.

Valasse. Cartul. de l'abbaye du Valasse (S.-Inf.), xvie sc., in-4, sur parch.; 40 ff., de 1387-1509; *Arch. de la S.-Inf.*

Ms. divisé en 2 part. La première est relative aux vicomtés d'Harfleur et de l'Eure; la 2e est l'ext. du Coutumier de la vicomté de l'eau pour la ville de Rouen.

Valognes. Journal des titres de l'abbaye de N. D. de Protection de Valognes; pet. in-f. sur parch., 32 ff., xviie sc., 36 pièces, de 1623-1660; *Arch. de la Manche.*

Vauville. Cartul. du prieuré de Vauville (Manche); Chartes ext. du *Livre-Noir* de l'abbaye de Cerisy, pet. in-f., 1607, 62 pièces de 1163-1276; *Arch. de la Manche.*

Virandeville. Cartul. de l'abbaye de Virandeville; *Arch. de la Manche.*

Tous ces Cartul. sont mss. Nous devons l'indication de plusieurs d'entre eux à l'obligeante érudition de M. Ch. de Beaurepaire, conserv. des Arch. de la S.-Inf.

V., à propos de ces Cartul. : *Catal. génér. des Cartul. des arch. départem.*; Paris, Imp. Roy. 1847, in-4, p. 22-53, et Léop. Delisle, *Etudes sur la condition de la classe agricole et de l'état de l'agric. en Norm. au moyen âge*; Evreux, in-8, p. xlv-li. — *Cartul. norm. de Philippe-Auguste, etc.*; Caen, 1852, in-4, p. iv-x.

CASEAUX (Dom). Discours du R. P. Dom Caseaux, prieur de l'abbaye de N.-D. de Beaumont-en-Auge, en Normandie, et l'un des académiciens de l'abbaye roy. des B.-Lett. de Caen, prononcé dans la séance publique et extraord. de

ladite acad., le 22 nov. 1746; *Mercure*, 1747, août, p. 30-41.
Relatif à l'instruction des sourds-muets.

CASIN (*F.*). Abrégé de la vie de Jean Halbout de la Becquetière, en religion frère Elzéar; *Vire*, 1855, in-12.

CASSÉ (*François*), prédicateur, né au Havre, fonda deux bourses au collège de Lisieux de Paris, en faveur de deux enfants nés dans sa ville natale. Ce savant controversiste mourut à Paris, le 21 sept. 1726, et, suivant ses désirs, il fut inhumé à St-Sulpice, église où avaient eu lieu, durant plusieurs années, ses conférences théologiques. — V. Levée, *Biog. havraise*.

CASSIN (*Eugène*). Notice sur Catherine Bernard, poète et parente du grand Corneille; *Revue de Rouen*, 1845, 2e sem., p. 228-231.

CASSIN (*André Franç.-Magd.*), Dr ès-lettres, né le 20 mars 1795, à St-Georges-de-Livoye, canton de Brécey (Manche), est mort le 12 avril 1853, recteur de l'Acad. du dép. de l'Indre.
Il est auteur de plusieurs ouv. sur la littérature et la philosophie, de 1824-1834.
V. Notice de M. Travers, *Ann. norm.*, 1854,— et *Ann. de la Manche*, 1855.
M. Marie, professeur au lycée de Caen, prépare une biog. étendue de M. Cassin.

CASSINI. Feuilles de la carte de France qui contiennent la Normandie :

Nos 23 Dieppe,	93 La Hougue,
24 Forges,	94 Bayeux (contient tout le Bessin),
25 Rouen,	
26 Evreux,	
60 Le Havre,	95 Avranches,
61 Lisieux,	125 Cherbourg,
62 Argentan,	126 Coutances,
63 Alençon,	127 Mt-St-Michel.

Il existe quelq.-unes de ces ff. tirés sur satin. La carte dite de Cassini, publiée à Paris, de 1744-1787. sous la direction de l'Acad. des Sc., à l'échelle de une ligne pour 100 toises, se compose de 183 ff., y compris 2 tab. d'assemblage et la carte des triangles.

CASTAIN (*Math.*). Recveil des principales pièces qvi concernent la fondation et les privileges du grand conuent des FF. Mineurs Cordeliers de Rouen. Par le P. F. Mathieu Castain, procureur dudit conuent; *Roüen, L. Mavrry*, 1667, in-4 de 68 p. et 2 ff. prélim.

— Recveil des principaux fondatevrs et bien-faictevrs du grand conuent des freres mineurs Cordeliers de Rouen. Auec le marché des Fonteines dudit conuent; *Roven, L. Mavrry*, 1660, in-4 de 32 p. et 2 ff. prélim.

CASTAING (*Jean*). Théâtre de Castaing, imprimé par lui-même; s. nom (*Alençon*), 1791-92, 3 vol. in-8.
Recueil tiré à 30 exempl. et composé de pièces imp. avec titres et pagination séparés, sous les dates de 1790-93. L'auteur, qui était à la fois son compositeur, son pressier et son prote, manquait de bien des choses dans son imprimerie clandestine et se servait d'une petite presse à soufflet, avec laquelle il n'a pu obtenir qu'un horrible tirage. (Cat. de Soleinne, t. II, p. 212.)
Cet auteur avait publié précédemment :
— Vaudevilles et chansons du Bouquet des moissonneurs, divertissement-mascarade (*Alençon*). 1783, in-8.
— La Fête du village, opéra-com. en 3 act., par J. Castaing, imp. par lui-même, et représenté pour la prem. fois sur le théâtre d'Alençon, au mois de fév. 1787; 1790, in-8 de 119 p.
Jean Castaing était, avant la révolution, receveur des tailles à Alençon, ville où il est mort vers 1800.

CASTAING (*E. J. M.*). Essai sur l'art musical, en réponse au programme de la Société philharmonique du Calvados, sur la question de savoir quels sont les moyens de propager le goût de la musique en Normandie et de le populariser dans les provinces; *Falaise, Brée l'aîné*, 1834, in-8 de 36 p.

CASTAING (*Edmé-Sam.*), médecin, né à Alençon en 1796, acquit une triste célébrité dans un procès pour crime d'empoisonnement, et à la suite duquel il fut condamné à mort en déc. 1823. Ce procès a été recueilli en 1 vol. in-8; *Paris*, 1823.

CASTEL (*Jehan* de), bénédictin du XVe sc., probablement né à Vire, prenait le titre de *Chroniqueur de France*. On a de lui un ouv. en vers intitulé : *Mirouer des pécheurs et des pécheresses*, s. d. et s. l. Né vers 1430, il vivait encore en 1500.

CASTEL (*François* Pérard), jurisconsulte, avocat au Parlement et au grand conseil, expéditionnaire en cour de Rome, etc., naquit à Vire et mourut à Paris en 1687, à l'âge de 40 ans. Il est auteur des ouv. suiv. : *Remarques sur les définitions du droit canonique*; — *Commentaires des règles de chancellerie*, trad. de Ch. du Moulin; — *Questions notables sur les matières bénéficiales*; — *Traité sommaire de l'usage et pratique de la cour de Rome, pour l'expédition des signatures et provisions des bénéfices de France*; Paris, 1689, in-12.

CASTEL (l'abbé *Ch.-Irénée*), dit de St-Pierre. V. SAINT-PIERRE.

CASTEL (*Raoul-Adrien-Fréard* du), né à Bayeux, en 1696, mort le 16 mars 1766, a publié : 1° *Eléments de la Géométrie d'Euclide réduits à l'essentiel de ses principes ;* Paris, 1740, in-8. — 2° *L'Ecole du Jardinier fleuriste* ; 1764, in-12.

CASTEL (*René-Richard*), poète et naturaliste, né à Vire, le 6 octobre 1758, mort à Reims, le 15 juin 1832, victime du choléra, était alors inspecteur des Ecoles royales militaires.

Castel a débuté dans la carrière des lettres par un poème sur les fleurs. Son poème sur les *Plantes*, qui parut après, a eu les honneurs de 5 éditions, de 1797-1832. La dernière édition, précédée d'une notice hist. sur la vie et les écrits de l'auteur, a paru dans le format in-32, *Paris, Ladrange*. Ce poème, dans lequel on trouve l'*Eloge du cidre*, a été trad. en vers latins, sous le titre suiv. : *Botanicon libros quatuor è carmine gallico viri clarissimi R.-R. Castel, in latinos versus transtulit Clarus Ludovicus Rohard, rhetoricæ professor in scholâ regiâ militari Flexiensi ;* Flexiensis (La Flèche), et Parisiis, Audin, 1818, in-12 de 100 p.

Castel est, en outre, auteur d'un poème intitulé : *La Forêt de Fontainebleau* ; d'un opéra : *Le Prince de Catane*, et d'une Hist. des Poissons. On a publié, en 1834, un recueil de Lettres de Castel au comte Louis de Chevigné, son élève et son ami ; *Reims, Delaunois*, 1834, 3 vol. in-18, lettres écrites de 1813-1832.

CASTEL (*A.*). Note sur un Dolmen à table horizontale, situé dans la commune de St-Germain-de-Tallevande, près Vire (Calvados) ; *Soc. des Antiq. de Norm.*, t. VI (1831-33), p. 407-410.

—Notice géologique sur le Val-d'Enfer, aux environs de Vire ; *Soc. Linn. de Norm.*, 1835.

—Notice géologique sur le canton de Livarot ; *Soc. Linn. de Norm.*, t. VI (1838), p. 290-297.

—La Fée d'Argouges, légende du XIVe sc. ; *Bayeux, Nicolle*, 1839, in-8 de 60 p.

— Notice sur les bains de mer du Calvados ; *Ann. norm.* (1839), p. 210-223.

Ces établissements sont : Trouville, Luc et Courseulles, Arromanches, Port-en-Bessin, Grandcamp.

—Nomenclature géognostique des terrains du Calvados et de leurs différents usages dans les arts et l'agriculture ; *Ann. norm.*, 1840, p. 349-368.

— Rapport sur la première exposition des produits agricoles de Bayeux ; *Bayeux*, 1841, in-8.

— Compte-rendu de la visite faite à la digue de Cherbourg, par l'Association norm., le 17 juill. 1841 ; *Ann. norm.*, 1842, p. 245-271.

Ce précis hist. est ext. d'un Mém. de M. de Lamblardie fils, sur les travaux de la digue de Cherbourg, mém. formant l'appendice n° 3 du t. II de l'ouv. intitulé : *Programme ou résumé des leçons d'un cours de construction, etc., par feu J. Sganzin, et publié par M. Reibell, ingénieur en chef des ponts et chaussées, etc.* ; Paris, 1840, in-4, p. 420-437. — M. Castel rappelle que le maréchal Vauban appelait Cherbourg *l'auberge de la Manche*.

— Le Mont-St-Michel ; *Bayeux, Ch. Le Météyer*, 1844, in-8 de 16 p.

Ext. des *Mém. de la Soc. d'agric., Sc., Arts et B.-Lett. de Bayeux*, t. II. Cette esquisse a été tracée en 1839, au retour d'un voyage au Mont St-Michel.

— Discours de M. Castel, au Congrès de l'Association norm., à Carentan ; *Caen*, 1848, in-8.

M. P. A. Castel, agent-voyer chef du dép. de la Manche, est, indépendamment des ouv. mentionnés ci-dessus, auteur de :

Voyage agronomique, descriptif et archéologique dans le centre et l'est de la France ; *Bayeux, St-Ange Duvant fils*, 1851, in-8 de 120 p. (Ext. du Bullet. de la Soc. d'Agric., Sc., Arts et B. Lett. de Bayeux, ann. 1851.)

— Rapport sur l'Exposition universelle de Londres ; *Bayeux, St-Ange Duvant*, 1851, in-8 de 60 p.

CASTELLAN (*A.-L.*). Vie de Nicolas Poussin ; s. d. et s. l., in-4 de 54 p., avec portr.

CASTELLO (Mme *Louisa S.*). Specimens of the early poetry in France. Morceaux d'ancienne poésie française, depuis le temps des troubadours et des trouvères jusqu'au règne de Henri IV, traduct. anglaises de poésies provençales et anglo-norm. ; *Londres, Pickering*, 1835, in-8.

CASTILLON (le P. *André*), prédicateur, né à Caen en 1599, mort à Paris en 1671, a publié deux vol. de sermons et l'oraison funèbre du cardinal de Larochefoucauld, grand-aumônier de France, mort en 1645. Antoine Halley a vanté les sermons de ce jésuite.

CAT (le), chirurgien. V. LE CAT.

CATALOGUES de bibliothèques, de musées, d'expositions, etc. (classés d'après l'ordre alphabétique des possesseurs.

Académie de Rouen. Catal. de la Bibliothèque, etc. V. Rouen.

Amboise (*Georges* d'). Inventaire de la Bibliothèque du cardinal-ministre de Louis XII, à la suite des *comptes et dépenses de la construction du château de Gaillon*, etc., publiés par M. A. Deville, et du Mém. de M. l'abbé Langlois *sur les Biblioth. des Archev. et du Chapitre de Rouen.*

Aubert. Catal. des livres de la Biblioth. de M. Aubert; *Rouen, Renault*, an xi, in-8.

Auvray de Coursanne. Catal. de 30,000 vol. formant la Biblioth. de feu M. Auvray de Coursanne; *Caen, Mancel*, 1839, in-8 de 150 p. (*Imp. de F. Poisson.*)

Avocats du Parlement de Normandie. Mémorial alphabétique des livres qui composent la Bibliothèque de l'ordre de MM. les avocats du Parlement de Normandie, mis en ordre par MM. Bourienne et Roger du Quesnay, bibliothécaires; *Rouen, v° Besongne*, 1765, in-8 de 112 p.

Il faut joindre à ce catalogue : *Errata du Mémorial alphabétique des livres qui composent la biblioth. de l'ordre de MM. les avocats du Parlement de Norm. (par l'abbé Saas)*: Rouen, v° Besongne, 1765, in-8 de 8 p.

La 1re édit. du *Mémorial alph. des livres, etc.*, a paru chez J.-B. Besongne, 1752, in-8 de 70 p.

— Catal. de la Biblioth. du barreau de Rouen; *Rouen, D. Brière*, 1855, in-8 de 32 p.

Cette biblioth. est beaucoup moins importante que n'était la précédente.

Baillière. Catal. des livres de la Biblioth. de M. Baillière; *Rouen, Montier*, an ix, in-8.

Barré (l'abbé). Catal. des livres rares et précieux composant la Biblioth. de M. l'abbé Barré, décédé curé de Montville, près Rouen; *Rouen, E. Le Grand*, 1836, in-8 de xii et 103 p.

Ce catal., imp. par F. Baudry, a été rédigé par M. Delion, alors employé chez M. Merlin, et aujourd'hui lib. à Paris. Il contient 1284 nos, plus 171 art. concernant la Norm., au nombre desquels nous citerons la *Chronique* de 1487 et le *Missel* de Martin Morin, de 1499, in-f. sur vél., acquis l'un et l'autre par la Bibl. de Rouen.

Beaudouin. Notice des livres et estampes composant le cabinet de M. Beaudouin; *Rouen, Ed. Frère*, 1827, in-4 de 8 p. (128 nos.)

Bernières. Catal. des livres, tableaux et estampes de feu A. C. Bernières, ancien trésorier de France; *Rouen, Montier*, an x, in-8 de xii et 112 p.

Bigot. Bibliotheca Bigotiana, seu catalogus librorum quos summā curā et industriā, ingentique sumptu congessere Jo.-Nic. et Lud.-Emer. Bigotii; *Paris, Boudot*, 1706, in-12.

Catalogue rédigé selon les uns par Prosper Marchand, selon les autres par Bonaventure Le Brun, dit Le Brun Desmarettes.

Cette biblioth., comprenant 17,000 art., dont beaucoup de mss. relatifs à l'hist. de Norm., fut vendue aux enchères, en juill. 1706, malgré la volonté exprimée par le savant possesseur qu'elle restât dans sa famille et même qu'elle fût accrue chaque année. Ce n'est donc pas de nos jours seulement qu'on a à regretter la dispersion de riches biblioth.

Blainville (de). Catal. des livres de géologie, botanique, zoologie, médecine, anatomie, physiologie, physique, littérature, etc., compos. la bibliot. de M. de Blainville, membre de l'Institut (Acad. des Sc.); *Paris, H. Labitte*, 1850, in-8 de lxxviii et 148 p. (1,407 nos).

Catal. précédé d'une Notice hist. sur la vie et les écrits de M. de Blainville, par P. Nicard.

Boisguilbert (*Ch.* de). Catal. de livres provenant de la biblioth. de M. de B***; *Rouen, A. Péron*, 1856, in-8 de 22 p. (277 nos).

Bulteau (*Th.*). Catalogus librorum illustrissimi D. D. Thomæ Bulteau, S. facultatis parisiensis doctoris, nec non ecclesiæ S. Laurentii rothomagensis rectoris; *Rothomagi, Typis Petri Machuel*, 1705, in-12 de 204 p.

Bunel (*Hyp.*). Catal. des Livres de la Biblioth. de M. H. Bunel, anc. officier de marine; *Paris, Delion*, 1846, in-8 de 114 p.

Ce Catal. renferme un grand nombre d'articles imp. en Norm. et relatifs à l'hist. de Norm.

Caen. Bibliothèque publique de la ville de Caen. Règlement pour la police intérieure de cet établissement; *Caen, A. Hardel*, 1839, in-8 de 11 p.

Sur cette biblioth., V. notice, par M. G. Mancel; *Caen, A. Le Roy*, 1840, in-8 de 22 p.— La Bibliothèque de Caen, courte notice, par le même; *Caen, Hardel*, 1841, in-8 de 7 p. Cette biblioth. se compose d'environ 40,000 vol. Elle est ornée des portraits de ses bienfaiteurs, la plupart hommes célèbres de Caen et de la Norm.

— Notice des tableaux composant le Musée de Caen, précédé d'une Notice hist. par M. G. Mancel; *Caen, A. Hardel*, 1851, in-18 de 180 p.

Ce livret est terminé par le catal, des portraits hist. (au nombre de 45). composant la Galerie de la Biblioth. de la ville de Caen. Le Musée de Caen, ouvert le 2 déc. 1809, renferme 328 tableaux, un certain nombre de dessins, grav., marbres, plâtres, etc.

— Catal. des produits des arts du dép. du Calvados, exposés à l'Hôtel-de-Ville de Caen en 1803 (1re exposition), in-8. (Par M. Lair.)

—Ditto (2e exposition); 1806, in-8. (Par le même.)

—Ditto (3e exposition); 1811, in-8.

—Ditto (4e exposition); *Caen, Poisson*, 1819, in-8.

—Ditto (5e exposition); *Caen, A. Le Roy*, 1834, in-8 de 34 p.

—Ville de Caen. Première exposition des ouvrages de peinture, de sculpture, de gravure, etc., 1838; *Caen, F. Poisson*, 1838, in-12.

— Catal. publié par ordre de l'Institut des provinces, de l'Association norm. et de la Société française, pour la conservation des monuments; *Caen, Hardel*, 1855, in-8 de 72 p., avec vignettes.

Catal. comprenant la Notice de 223 sujets de peintures, lithographies, dessins et photographies exposés à Caen en 1855.

Cartulaires. Catal. général des cartulaires des archives départementales, publié par la Commission des archives départementales et communales; *Paris, Imp. Roy.*, 1847, in-4 de VII et 285 p.

La S.-Inf. occupe les p. 22-41;—le Calvados, p. 42-43;—l'Orne, p. 42-43;—l'Eure, p. 44-47;—la Manche, p. 48-53.

Colbert (*J. N.*). Catalogus librorum Jac. Nic. Colbert, Rothom. Arch.; *Paris, Nyon*, 1708, in-12.

Couronne (Haillet de). Catal. des Livres de la Biblioth. de J.-B.-G. Haillet de Couronne; *Paris, Tilliard frères*, 1811, in-8 de XVII et 311 p. (2,325 nos).

Dacier. Catal. des livres imprimés et mss. composant la biblioth. de M. le baron Dacier, secrét. perp. de l'Acad. des Insc. et B.-Lett.; *Paris, Leblanc*, 1833, in-8 de XX et 288 p. (2,326 nos).

Daviel (*Alfred*). Catal. des livres de la biblioth. de M. Alfred Daviel, sénateur et prem. président honoraire de la Cour Imp. de Rouen; *Rouen, A. Le Brument*, 1856, in-8 de 16 p. (224 nos).

Delaquerière (*Eustache*). Catal. de livres provenant de la bibliothèque de M. E. D.; *Rouen, A. Le Brument*, 1856, in-8 de 30 p. (411 nos).

Delasize. Catal. des livres de la Biblioth. de M. Delasize, ancien juge honor. au Tribunal civil de Rouen; *Rouen, François*, 1846, in-8 de 446 p. (2,903 nos, plus 362 pour la Norm.).

L'une des ventes de livres les plus importantes faites à Rouen.

Deville. Notice d'une collection de beaux et bons livres provenant de la Biblioth. de M. A. Deville; *Rouen, A. Le Brument*, 1849, in-8 de 20 p. (194 nos).

Doguet. (*J. B. G.*). Notice des livres composant la biblioth. de M. J. B. G. Doguet, greffier en chef du Tribunal de Commerce, à Rouen; *Rouen, J. Frère*, 1825, in-4 de 8 p. (182 nos).

Dreux du Radier. Catal. des ouvrages imprimés ou mss. de M. Dreux du Radier; *Rouen, Machuel*, 1776, in-12.

Catal. publié par M. Haillet de Couronne, et tiré à 60 exempl.

Duputel. Notices extraites du catalogue ms. de la Bibliothèque de M. D...... (Duputel); *Rouen, D. Brière*, 1839, in-8 de X et 240 p.

Cette biblioth. fut vendue après la mort du propriétaire, partie à Paris; *Techner*, fév. 1853 (1,086 nos), et partie à Rouen; *Le Brument*, nov. 1853, (627 nos).

Eglise métropolitaine de Rouen. V. Rouen.

Eu. Catal. des livres provenant de la

Biblioth. du château d'Eu, dont la vente aura lieu à Paris, etc.; *Paris, Potier*, 1852 et 1853, 2 part. in-8.

FALAISE. Catal. général de la Biblioth. de la ville de Falaise; *Falaise, Brée l'aîné*, 1825-37, in-8.

Dans l'introduction, M. Galeron trace l'historique des commencements de cette bibliothèque, dont le nombre de volumes dépasse actuellement 8,000. Il est juste de rappeler que M. Galeron fut l'un des principaux fondateurs de cette biblioth., laquelle renferme, entre autres raretés, un exempl. des *Origines de Caen*, par Huet, enrich: de nombreuses notes mss. de l'abbé De la Rue.

FAUCON. Catal. des livres composant la Biblioth. de M. Faucon, ancien recteur de l'Acad. de Rouen; *Rouen, François*, 1851, in-8 de XVI et 72 p. (665 nos.)

M. Guill.-Ant. FAUCON naquit en 1765, à Vibœuf, dans le pays de Caux, S.-Inf., et est mort à Rouen, dans sa 86e année.

FLEURY. Catalogue des livres composant le fonds de librairie ancienne et moderne de feu M. Fleury, anc. libraire; *Rouen*, *Le Brument* et *Fleury fils*, 1852, in-8 de VIII et 107 p. (1361 nos.)

Ce catal. est précédé d'une notice sur M. Fleury (Pierre-Dominique), né à Rouen en 1768, et mort dans la même ville, le 7 déc. 1850.

FONTAINE (*G.*). Catal. des livres rares et précieux composant la Biblioth. de M. G. Fontaine, courtier-interprète des langues germaniques; *Rouen*, *Ed. Frère* (*Imp. de F. Baudry*), 1830, in-8 de 100 p. (904 nos.)

Catal. rédigé par M. Al. François, qui, depuis, a été lib. à Rouen, durant plusieurs années.

FONTENAY (*Alex.* de). Notice des livres composant la Biblioth. de M. Alex. de Fontenay; *Rouen, Ed. Frère*, 1833, in-8 de 14 p. (120 nos.)

HAVRE (le). Catal. des livres de la Bibliothèque publique de la ville du Havre de Grace, imp. par ordre de la mairie de cette ville, relevé en 1839 par le bibliothécaire (M. Joubin); *Havre, Imp. de Alph. Lemale*, in-4.

La Biblioth. du Havre possède près de 30,000 vol. et plusieurs mss. provenant des abbayes de St-Wandrille et de Fécamp. Elle renferme également une collection de plus de 6,000 médailles et monnaies, une collect. d'autographes parmi lesquels on remarque les mss. de Bernardin de St-Pierre.

— Catal. de la Biblioth. de l'église protestante du Havre; *Havre*, *Lemale*, 1852, in-16 de 36 p.

JOLIMONT (de). Catal. de livres relatifs à l'histoire générale ou particulière de l'ancienne province de Norm., ainsi que de diverses villes et localités de France. — Sur les arts de peinture, etc.; *Rouen, N. Periaux*, 1841, in-8 de IV et 37 p. (363 nos.)

LA BASTIE (de). Catalogue des livres de l'abbé de la Bastie, abbé commendataire de Cormeilles et doyen de l'église cathédrale de Lisieux, 1755, in-12.

LANGLOIS. Catal. des livres, des curiosités et des objets d'art composant la biblioth. et le cabinet de M. E.-H. Langlois; *Rouen, Ed. Frère* (*Imp. de F. Baudry*), 1838, in-8 de 48 p. (414 nos.)

LARCHEVESQUE. Catal. des livres de la Biblioth. de M. Larchevesque, Dr en méd., agrégé au collége des médecins de Rouen, etc.; *Rouen*, *Nic. Le Boucher*, (ou *Ch. Lucas*), 1749, in-8 de IV et 368 p. (5009 nos.) (*Imp. de J.-J. Le Boullenger.*)

On trouve parfois joint à ce catalogue un placard imp. à Rouen par J.-B. Besongne, en 1749, contenant l'arrêt du conseil et l'ordonnance du bailliage qui avaient eu pour but de mettre opposition à la vente, laquelle n'eut lieu que le 16 juin, au lieu du 24 fév. qu'indiquait le titre portant l'adresse de N. Leboucher. Dans cette vente, l'exemp. de la célèbre Chronique de Norm., édit. de 1487, qui a été payée 500 fr. à la vente Barré en 1836, fut adjugée pour 12 liv.

LARENAUDIÈRE. Catal. des livres composant la Biblioth. de M. Philippe de Larenaudière; *Paris, P. Jannet*, 1846, in-8 de XV et 272 p. (2576 art.)

LEBER. Catal. des livres imp., mss., estampes, etc., de la Biblioth. de M. Leber; *Paris, Techener*, 1839-40, 3 vol. in-8, avec fig. et fac-sim.

Importante collection qui fait actuellement partie de la Biblioth. de Rouen. V. LEBER.

LEBOURGEOIS. Catal. des livres composant la Biblioth. de M. Lebourgeois, ancien caissier à la recette générale de la S.-Inf.; *Rouen, François*, 1851, in-8 de VII et 64 p.

Lecarpentier. Catal. des livres de la Biblioth. de M. Lecarpentier père, anc. président de la Soc. d'agric. de la S.-Inf.; *Rouen, A. Le Brument*, 1856, in-8 (481 nos.)

Le Chevallier. Catal. de la Biblioth. de M. le Ch. ********, composée de livres rares et curieux en divers genres (mss., anciens poètes français, Elséviers, etc.), et d'une riche collection d'ouvrages relatifs à la Norm.; *Paris, L. Potier*, 1857, in-8 de 105 p. (820 nos.)

Les nos 340-820 comprennent les publications normandes, parmi lesquelles se trouvent les plaquettes les plus rares et les plus recherchées par les bibliophiles.

Lefebure. Catal. des Livres de H.-Victor Lefebure; *Paris, Chardin*, 1797, in-8.

La riche biblioth. de M. Lefebure, vendue à Paris en 1797, n'a produit que 40,629 fr. On transporta cette biblioth. de Rouen à Paris, pensant qu'on en tirerait un parti plus avantageux.

Le Normant. Catal. des Livres de la Biblioth. de feu Mgr. Jean Le Normant, évêque d'Evreux et abbé de St-Taurin (rédigé par l'abbé Saas); *Paris, Jacq. Barrois fils*, 1737, in-12 de XII et 224 p.

Cette biblioth., renfermant 4,773 vol., est aujourd'hui fondue en partie dans celle de la ville de Rouen. Elle avait été réunie à la Biblioth. de la Cathédrale de la même ville, par Mgr. de Tavannes, qui en avait fait l'acquisition en 1737.

Le Prevost (*Aug.*). Catal. d'un choix de livres anciens : mss., impressions du XVIe sc., gothiques, français, Elzeviers, ouv. sur la noblesse, sur l'hist. de France, et particulièrement sur la Normandie, provenant d'une grande bibliothèque; *Paris, Delion*, 1857, in-8 de 93 p. (882 nos).

Il est à regretter que tous les ouv. sur la Normandie ne forment pas une division spéciale; la richesse et le grand nombre des articles relatifs à l'hist. de cette province, nécessitaient, selon nous, ce classement.

Lesueur. Catal. des livres composant la Biblioth. de M. l'abbé Lesueur, Dr en théologie, curé de St Patrice de Rouen; *Rouen, François*, 1850, in-8 de 107 p. (1,021 nos).

Levavasseur. Catal. des livres de la Biblioth. de M. le général Levavasseur; *Rouen, Le Brument*, 1854, in-8 de 34 p. (606 nos).

Levieux. Catal. des livres de la Biblioth. de M. Levieux, commiss. du Roi près l'hôtel de la Monnaie de Rouen; *Rouen, N. Periaux*, 1837, in-8 de 16 p. (97 nos).

Licquet. Catal. des Livres composant la Biblioth. de M. Th. Licquet, conserv. de la Biblioth. publique de Rouen; *Rouen, N. Periaux*, 1833, in-8 de 12 p. (80 nos).

Lisieux. Catal. général de la Biblioth. de la ville de Lisieux; *Lisieux, ve Tissot*, 1840, in-8 de 48 p.

Cette biblioth., ouverte le 1er août 1836, comptait plus de 8,000 vol. en 1845; elle est établie à l'Hôtel-de-Ville, où un musée de tableaux a été également placé en 1837.

Londres. Catal. des Rolles gascons, normans et françois, conservés dans les archives de la Tour de Londres, tiré d'après celui du garde des dites archives; et contenant le précis et le sommaire de tous les titres qui s'y trouvent concernant la Guienne, la Normandie et les autres provinces de la France, sujettes autrefois aux rois d'Angleterre, etc.; *Londres* et *Paris, J. Barrois fils*, 1743, 2 vol. in-f., réunis souvent en 1 seul.

Les Rolles normands datent de 1200 à 1422; ils occupent les pages 241-372 du tome 1er, Les éléments de ce travail, recueillis par Thomas Carte, ont été publiés par de Palmeuse.

On recherche particulièrement les exempl. où se trouve la préface originale de Th. Carte, laquelle a été supprimée par ordre du gouvernement français, et remplacée par une autre, que fit de Bougainville. (V. *Dict. des Anonym.*)

Th. Carte, historien anglais, connu sous le nom de Philips, vint à Rouen consulter la biblioth. du Chapitre, et se mit à cet effet en rapport avec l'abbé Saas, qui en était alors le bibliothécaire. Après avoir copié (dit M. l'abbé Langlois) le Cérémonial du couronnement des rois d'Angleterre dans le *Bénédictionnaire de Robert*, il en demanda, quelques années après (1747), une copie entière, qui lui fut accordée.

Louviers. Catal. de la Biblioth. de la ville de Louviers, publié en exécution de l'art. XXXVIII de l'ordonnance roy.

du 22 février 1839 ; par L. Bréauté, bibliothé[illegible]re ; *Rouen, A. Péron*, 1843, in-8 de [illegible] et 378 p.

Ce Catal. co[illegible]t 1,999 art. pour les imprimés (de 5 à 6,000 [illegible]) et 26 art. pour les mss. — Le fonds de ce dépôt est formé des Bibliothèques de la Chartreuse (commune d'Aubevoie, près de Gaillon), de l'abbaye de Bon-Port et du prieuré des Deux-Amants. Après la table d'une Bible latine du XIVe sc., gr. in-f., provenant de l'abbaye de Bon-Port, et sur une feuille de papier ajoutée, on trouve le Catalogue des 78 mss. de l'abbaye de Bon-Port, qui furent livrés à M. de Colbert, *sur sa requisition*, le 12 mai 1683; puis l'état des livres (14 ouv.) donnés par ce ministre en échange des mss. ci-dessus mentionnés. Louis Colbert, fils du ministre, était alors abbé de N.-D. de Bon-Port. En considérant le peu d'importance des livres envoyés par Colbert en échange des mss. qu'il enlevait à cette abbaye, on sera surpris de l'excès de pouvoir que se permit en cette occasion un ministre aussi éclairé. L'inauguration de la Biblioth. de Louviers a eu lieu le 14 avril 1833.

Martinière (Bruzen de la). Catalogus librorum Bibliothecæ Augustini Bruzen de la Martinière ; *Hagæ-comitum, Adrian. Moetjens*, 1750, in-8.

Méritte Longchamp. Catal. des livres principalement relatifs à la Normandie (provenant de la Bibliothèque de M. Méritte Longchamp) ; *Paris, Silvestre*, 1847, in-8 de 25 p. (293 art.)

M. Méritte Longchamp, membre de l'Acad. de Caen, était un des bibliophiles les plus distingués de la Norm.

Miroménil. Catal. des livres, tableaux et estampes de M. Arm.-Th. Hue de Miroménil, anc. chancel., garde des sceaux de France, etc. ; *Paris, Brunet*, 1798, in-8 de 147 p. (1,422 n^{os} pour les livres).

Normanville (de). Catal. de la Biblioth. de M. de Normanville ; *Rouen, v^{e} Laur. Dumesnil*, 1792, in-12 de 466 p. (4,739 n^{os}).

Piperay (de). Catal. d'une belle collection de livres anciens et modernes provenant de la Biblioth. de M. de P. ; *Rouen, Ch. Haulard*, 1854, in-8 de 123 p. (1,543 n^{os}).

Pluquet (*Fréd*). Catal. des liv. de la Biblioth. de M. Fréd. Pluquet, membre de l'Acad. des Sc., Arts et B.-Lett. de Caen, etc. ; *Paris, Silvestre*, 1836, in-8 de 73 p. (645 n^{os}.)

Pontcarré (*Camus* de). Catal. des livres qui composent la Biblioth. de messire Geoffroy-Macé Camus de Pontcarré, prem. Président du Parlem. de Norm., etc. ; *Rouen, Jacq. Boisjouvin*, 1739, in-8.

Portret (*Fr.*). Catal. des livres et estampes composant la riche Biblioth. de M. Portret (anc. avoué à Rouen) ; *Rouen, François*, 1840, in-8 de IV et 50 p.

Quesnel. Catal. des livres composant la Biblioth. de M. Ed. Quesnel ; *Rouen, Herpin*, 1850, in-8 de 45 p. (420 n^{os}).

Reiset. Catal. des livres, gravures, lithographies et musique composant la Biblioth. de M. Reiset, anc. recev. gén. ; *Rouen, Le Grand*, 1836, in-8 de 56 p.

Riaux. Catal. des livres rares et précieux composant la Biblioth. de M. Riaux, archiviste de la Chambre de commerce de Rouen ; *Rouen, Ed. Frère*, 1830, in-8 de IV et 50 p. (488 n^{os}, dont 96 sont consacrés à la Norm.)

Les livres de cette biblioth. étaient remarquables par leur belle condition.

Richard. Catal. d'une jolie collection de livres anciens et modernes, la plupart concernant la Norm., provenant de la Biblioth. de M. R......, anc. conserv. des archives municip. de Rouen, etc. ; *Rouen, François*, 1852, in-8 de XII et 156 p. (1125 n^{os}.)

Rouen. Eglise métropolitaine de Rouen. Notice des mss. de cette Biblioth., par l'abbé Saas et Dom Tassin ; *Rouen*, 1746 et 1747, 3 part. in-12.

V. ces noms et Mém. de M. l'abbé Langlois.

— Académie des Sc., B.-Lett. et Arts de Rouen. Catal. rédigé par l'abbé P.-D. Vregeon, bibliothécaire ; *Rouen*, s. d. ([illegible]-4 de 40 p., avec le port. de l'[illegible]ur.

La Biblioth. de l'Acad. était publique; elle était ouverte tous les mercredis et samedis, depuis 2 heures jusqu'à 4, même pendant les vacances.

— **Avocats. Mémorial alphabétique des livres qui composent la Biblioth. de** l'ordre de MM. les avocats du Parlement de Norm., etc. V. *Avocats*, etc.

— Catal. de la Biblioth. de la ville de Rouen, par Th. Licquet (Belles-Lett.), et A. Pottier (Sciences et Arts); *Rouen, N. Periaux*, 1830-33, 2 vol. in-8.

Cette biblioth., ouv. le 4 juillet 1809, se compose de livres provenant de plusieurs bibliothèques conventuelles de la Norm., principalement de Jumiéges et de Fécamp, des biblioth. des avocats au Parlement de Norm., de l'Acad. des Sc., Arts et B.-Lett. de la même ville et d'une partie de la Biblioth. de la cathédrale. Les mss. proviennent principalement de cette dernière et des abbayes de Jumiéges et de Fécamp.

La liste des mss. provenant des biblioth. du chapitre et de l'archevêché de Rouen se trouve, d'après le catalogue dressé par M. A. Pottier, à la suite des recherches de M. l'abbé Langlois sur les biblioth. des archevêques et du chapitre de Rouen.—*Mém. de l'Acad.*, 1853, p. 488 et suiv.

Depuis quelq. années, on a réuni à la Biblioth. de Rouen celles de MM. Leber et Coquebert de Montbret; la première achetée par la ville, la seconde à elle léguée: le nombre de vol. qui la composent aujourd'hui peut s'élever à plus de 100,000. La Biblioth. Leber a été décrite avec un soin tout particulier, par l'ancien propriétaire, dans un catal. spécial. — V. Leber.

— Catal. raisonné des tableaux et objets d'art exposés au Musée de Rouen (par J.-B. Descamps); *Rouen, P. Periaux*, 1809, in-12.

Depuis cette époque jusqu'en 1855, ce livret a été réimprimé, pour la 10e fois, chez F. Marie, Brière, et en dernier lieu, chez Mme Surville, in-12 de iv et 150 p. (410 nos).

Les conservateurs du musée (ouvert le 4 juill. 1809), ont été successivement MM. J.-B. Descamps, Louis Garneray, Hipp. Bellangé et Court.

—Catal. de la prem. exposition annuelle du Musée de Rouen, 1833; *Rouen, D. Brière*, 1833, in-8 de 16 p.

On compte à Rouen 16 expositions de peinture et d'objets d'art, depuis 1833 jusqu'en 1856. Cette dernière, ouverte le 1er oct. 1856, se compos. de 386 art. Le Livret, imp. par Mme ve Surville, forme une broch. in-12 de 46 p. Il a paru un catal. pour chaque exposition, et divers comptes-rendus par Mlle Bosquet, MM. Claudin, Gaugain et Pottier; nous mentionnerons encore: *Revue de l'exposition de* 1833 (extr. du *Journ. de Rouen*); *Rouen, D. Brière*, 1833, in-18 de 46 p.

— Catal. du Musée départemental d'antiquités de Rouen. V. Deville.

Saint-Victor (*Robert* de). Catal. d'une riche collection de tableaux, des trois écoles, et par les plus grands maîtres; bronzes égyptiens, etc., émaux, etc.; diamants, etc.; médailles, etc.; rédigé par Pierre Roux; *Paris, Crapelet*, 1822, in-8 de xi et 199 p.

La vente de cette collection, dirigée avec beaucoup de soin par M. Le Brument, anc. commiss.-priseur à Rouen, a produit plus de 500,000 fr.

La Biblioth. de M. de St-Victor se composait de 3,000 vol. environ; elle fut vendue en grande partie à Paris, vers la même époque. On ne vendit à Rouen que les livres considérés comme insignifiants.

Sassetot (de). Biblioth. de M. de Sassetot, dont la vente commencera jeudi prochain 4 août 1757; *Rouen, Pierre Le Boucher*, 1757, in-8 de 136 p.

Thinon. Catal. des livres de la Biblioth. de M. Thinon, bâtonnier de l'ordre des avocats de Rouen; *Rouen, Le Brument*, 1850, in-8 de 36 p. (362 nos.)

Trhanthein. Catal. des livres de feu M. Trhanthein, prêtre anglais; *Rouen, J.-Nic. Besongne fils*, 1747, in-8 de 36 p.

Tressan (*L.* de la Vergne de). Catal. des livres de la Biblioth. de feu Mgr. Louis de la Vergne de Tressan, archev. de Rouen; *Paris, Gabr. Martin*, 1734, in-8.

Triquerville. Catal. de la Biblioth. de M. Costé de Triquerville; *Rouen, Le Brument*, 1849, in-8 de 26 p. (221 nos).

Vellet. Catal. de livres provenant de la Biblioth. de feu M. V..., architecte à Paris; *Rouen, Le Brument*, 1856, in-8 de 16 p. (206 nos.)

Pierre Vellet, élève de Percier et de Fontaine, architecte à Paris, né à Rouen, est mort le 20 nov. 1855, à l'âge de 79 ans. Il a légué au musée de sa ville natale plusieurs objets d'art, et aux hospices une somme de 11,000 fr. Comme architecte, on lui doit la reconstruction de l'hôpital de Pontoise, etc.

Vicq-Dazyr. Notice des principaux articles de la Biblioth. du C. Vicq-Dazyr, médecin; *Paris, J.-B. Huzard*, an ii, in-8 de 56 p. (1,145 nos).

Vigné. Catal. des livres composant la

Biblioth. de M. Vigné, Dr en méd.; *Rouen, François*, 1850, in-8 (201 nos.)

CATÉCHISME des gens mariés. V. Feline.

CATÉCHISME des Normands, composé par un docteur de Paris; s. l. n. d., in-12 de 12 p. (Probablement imprimé vers 1700, par J. Besongne.)

De cet opuscule, nous connaissons les réimp. suiv. :

Troyes, Oudot (vers 1730), pet. in-12. On a joint à cette édit. le *Catéchisme des maltotiers.*

— *Rouen, Lecrêne-Labbey*, s. d. (1817), in-18 de 12 p. Fait partie de la *Biblioth. Bleue.*

— *Paris, Mirecourt et Humbert*, 1837, in-18 de 10 p.

— *Tours, Ch. Placé*, 1837, in-18 de 10 p.

Il est inséré dans le recueil intitulé : *Variétés hist. et litt., publiées par Ed. Fournier*, t. VI; Paris, P. Jannet, 1856, p. 173-180.

L'auteur de cette diatribe contre les Normands paraît avoir écrit sous l'impression de quelque vieille rancune, inspirée par la perte d'un procès contre un adversaire normand. Il est à regretter qu'une satyre de ce genre ait été réimprimée plusieurs fois, et tout récemment encore. A la fin de l'édit. de Rouen, on a ajouté une note qui justifie le caractère normand, non moins estimable que celui des habitants des autres provinces.

V. : Ch. Nisard, *Hist. des livres popul.*, t. I, *Paris*, 1854, in-8, p. 379.

CATÉCHISME du diocèse de Bayeux; *Bayeux*, 1700, in-12.

CATÉCHISME imprimé par ordre de Mgr. Jacq. Potier de Novion, évêque d'Evreux; *Evreux, ve F. P. de la Londe*, 1708, in-12 de 152 p.

— Le même, corrigé par Mgr. Jean Le Normant, évêque d'Evreux; *Evreux, Jean Malassis*, 1719, in-12.

CATÉCHISME ou Abrégé de la foi et de la doctrine chrét., à l'usage du diocèse de Rouen; *Rouen, Jacq.-Jos. Le Boullenger*, 1769, in-12 de 152 p.

Rédigé principalement par l'abbé Saas, sur la demande du cardinal de Saulx-Tavannes. Suspendu en 1806, comme tous les catéchismes diocésains, qui ont été remplacés par un seul catéchisme à l'usage de l'empire franç., il a été repris en 1814, et depuis lors souvent réimp.

CATÉCHISME du diocèse de Séez; 1701, in-12.

CATÉCHISME d'un Normand qui quitte son pays pour venir s'établir en Bretagne, in-12.

CATÉCHISME (le Nouveau) en vers pour le diocèse de Rouen, approuvé par M. Auvray, chanoine pénitencier de Rouen; 1707, in-32 de 96 p.

CATEL (*Charles-Simon*), compositeur, membre de l'Institut, Acad. des Beaux-Arts, né à l'Aigle le 10 juin 1773, est décédé à Paris le 29 nov. 1830. Catel est auteur de la musique de *Sémiramis*, des *Bayadères*, de plusieurs autres grands opéras, de plusieurs opéras-comiques, et d'un *Traité d'harmonie*, longtemps suivi au Conservatoire.

CATHALAN (*Jacq.*), jésuite, né à Rouen le 5 mars 1671, fut un professeur distingué et un prédicateur éloquent. Il mourut le 7 fév. 1757. Le P. Cathalan a composé, de 1711-1725, plusieurs oraisons funèbres qui ont été imp.

CATHERINE de St-Augustin, née Catherine Simon, naquit à St-Sauveur-le-Vicomte le 3 mai 1632, et mourut à Québec en 1668. La vie de cette sainte femme a été écrite par le P. Ragueneaux.

CATTEVILLE-MALDÉRÉ (*N.* de), gentilhomme des environs de Dieppe, se chargea avec le capitaine Gascon de reprendre Dieppe, qui s'était rendu aux troupes de Charles IX, après la prise de Rouen. — Plus tard, compromis dans une conjuration, il fut arrêté et livré au Parlement de Rouen, qui le condamna à mort en 1569. — V. *France protest.*, t. III (1853), p. 250.

CAUCHE (*François*, voyageur, né à Rouen au commencement du XVIIe sc., a publié, en 1651, une des prem. relations sur l'île de Madagascar, où, suivant Flacourt, il avait séjourné pendant 3 ans. Morisot de Dijon rédigea la relation des voyages de Cauche; elle fut publiée sous le titre de : *Relations véritables et curieuses de l'île de Madagascar et du Brésil : savoir Relation du voyage de François Cauche, de Rouen, en l'île de Madagascar, îles adjacentes et côtes d'Afrique, en* 1638, *et autres pièces*; Paris, A. Courbé, 1651, in-4. Il était parti de Dieppe, à l'âge de 22 ans, sur un bâtiment commandé par Alonse Goubert, natif de Dieppe. On ignore l'époque de la mort de Cauche.

CAUCHOIS (*Théodule*). St-Germer et ses monuments. Topographie des environs de Gournay-en-Bray; 1847, in-12 de 48 p.

CAUCHON (*Pierre*), évêque de Beauvais, que le rôle honteux qu'il remplit dans le procès de l'héroïne de Vaucouleurs a rendu à jamais célèbre, était grand praticien en matière de droit. Ce prélat, indigne du nom de prêtre, fut excommunié par Calixte IV, et mourut subitement en 1443. (V. *Jeanne d'Arc.*)

CAUCHY (*Louis-François*), garde des archives du Sénat-Conservateur, puis de la Chambre des Pairs, naquit à Rouen le 27 mai 1760, et mourut à Arcueil, près Paris, le 27 déc. 1848. Il est auteur de plusieurs pièces de vers, entre autres d'une Ode sur le rétablissement du culte catholique, d'un Dithyrambe sur la bataille d'Austerlitz, 1806, et de vers sur la violation des tombes royales de St-Denis, 1817. M. Cauchy était non-seulement un littérateur estimable, mais aussi un orientaliste distingué.

CAUDEBEC. Prise de Caudebec en 1592. R. de Hooghe fecit.

Gravure à l'eau forte qui peut être considérée comme une vue de cette ville au XVIe sc. 1/2 f^lle^ avec un texte explicatif sous la grav. (Cab. des Estampes, Bibl. Imp.). Caudebec, assiégé par le duc de Parme, le 23 avril 1592, se rendit à composition le 26 du même mois. La Garde était alors gouvern. de cette ville.

A propos de Caudebec, nous rappellerons deux vues des environs de cette ville, grav. en 1769 par Le Gouaz, d'après J.-Ph. Hachert.

CAUDRON (*Jean*), né à Dieppe dans le XVIe sc., s'appliqua à l'étude de l'hydrographie. Il entreprit de rectifier les cartes des côtes de France, et grava lui-même sur cuivre de nouvelles cartes. Il périt dans un voyage qu'il avait entrepris pour explorer les côtes d'Espagne.

CAUL (*Jean* de), né à Caudebec-en-Caux, suivant Lacroix du Maine (Biblioth. franç.), est auteur d'un roman en vers intitulé : *La Quenouille spirituelle*. Les biographies ne donnent pas de renseignements positifs sur la vie de cet écrivain, qu'on suppose appartenir à un ordre religieux du XVe sc.

CAULIAC ou CHAULIAC (Guidon ou Guigon de). V. PANIS (*Nic.*).

CAUMONT (*Arcis* de). Mémoires (1 et 2) sur la géologie de l'arrond. de Bayeux ; *Mém. de la Soc. linn. du Calvados*, 1824, p. 67-72, et 179-209, avec 2 pl.

Il en a été fait un tirage à part à 100 exempl.

— Mémoire géologique sur quelques terrains de la Normandie occidentale (Manche et Calvados) ; *Paris, Treuttel et Wurtz*, 1825, in-8 avec 5 pl. col.

Ext. des Mém. de la Soc. linn. du Calvados, 1825, p. 447-597.

— Essai sur l'architecture religieuse du moyen âge, particulièrement en Norm. ; *Caen, Chalopin fils*, 1825, in-8 de 109 p. avec 13 pl.

Ext. des Mém. de la Soc. des Antiq. de Norm., 1824 ; ce travail a été refondu dans le 4e vol. du *Cours d'Antiq. monum.*

— Rapport sur les travaux de la Soc. des Antiq. de la Norm., depuis le 24 janv. 1824, époque de son origine, jusqu'au 24 janv. 1825 ; *Mém. de la Soc. des Antiq. de Norm.*, 1824, p. XL à CXX.

— Rapport sur les trav. de la Soc. des Antiq. de la Norm., depuis le 22 avril 1825 jusqu'au 22 mai 1826 ; *Mém. de la Soc. des Antiq. de Norm.*, 1826, p. XXXVIII à XCVIII.

— Note sur le kaolin du départ. de la Manche ; *Mém. de la Soc. linn. de Norm.*, 1826 et 1827, p. 248-253, avec une pl.

Il est ici question du kaolin que l'on exploite aux Pieux (Manche) et qui sert à la confection de la porcelaine fabriquée à Bayeux.

— Essai sur la topographie géognostique du départ. du Calvados ; *Caen, T. Chalopin*, 1828, in-8 de 312 p., avec un atlas in-4 obl. lithog., composé de 7 pl. et d'une carte géologique du départ., dressée en 1825.

Cette carte, tirée sur 1 f^lle^ grand aigle, s'est vendue séparément ; elle porte la date de 1828, 29 et 31.

— Carte géologique du départ. de la Manche ; *Caen, A. Hardel*, 2 f^lles^ gr. aigle, avec une explication in-4 pour chacune.

— Constitution géognostique de la Manche ; *Ann. de la Manche*, 1830-31, p. 110-120.

— Revue normande, etc. ; *Caen*, 1830-34. V. *Revue normande*.

— Cours d'antiquités monumentales, professé à Caen, en 1830 ; *Caen, Imp. de Chalopin et Hardel ; Paris, Lance et Derache ; Rouen, Ed. Frère*, 1830-41, 6 vol. in-8, avec 6 atlas in-4 oblong, contenant ensemble 120 pl.

Le 1er vol. traite de l'ère celtique.
2e et 3e de l'ère gallo-romaine.
4e du moyen âge, architecture religieuse.
5e du moyen âge, architecture milit. et civ.
6e du moyen âge, fonts baptismaux, autels, tombeaux, peintures sur verre, fresques, émaux, boiseries.

Le 4e vol. a été réimp. en 1841, sous le titre de *Hist. de l'architecture religieuse au moyen âge, ouv. destiné à l'enseignement de l'archéologie dans les séminaires et les écoles ecclésiastiques*. Les t. IV et V, refondus en un seul vol., ont paru sous ce titre en 1836, 1837 et 1838 : *Histoire sommaire de l'architecture religieuse, civile et militaire au moyen âge* ; *ouv. au moyen duquel on peut*

reconnaître sans difficulté à quelle époque les monuments ont été élevés et leur ancienneté relative; Caen, A. Hardel, in-8 de 429 p., avec un gr. nombre de pl.
Ce cours d'archéologie, au moyen d'une étude aussi simple que prompte, apprend à classer chronologiquem. tous les monuments nat.
—V. un art. de M. A. Le Prevost, inséré dans le *Journ. de Rouen*, et réimp. à part, à notre demande, chez Brière, 1830, 8 p. in-8, et un compte-rendu de M. de la Sicotière; *Caen, Pagny*, in-8 de 10 p.

— Note sur la pierre levée de Condé-sur-Laizon (Calvados); *Soc. des Antiq. de Norm.*, t. VI (1831-33, p. 444-446.

— Note sur le Dolmen de Fontaine-les-Bassets (Orne); *Soc. des Antiq. de Norm.*, t. VI, p. 446 et 447.

— Note sur les constructions romaines découvertes à Arcisse, commune de Mauves (Orne), par M. Dureau de Lamaile; *Soc. des Antiq. de Norm.*, t. VI, p. 431-433.

— Note sur des découvertes faites à Jors, ou Jort (Calvados), en 1833; *Soc. des Antiq. de Norm.*, t. VI, p. 440-444.

— Note sur l'église de Vieux-Pont-en-Auge (Calvados); *Soc. des Antiq. de Norm.*, t. VI, p. 402 et 407.

— Note sur la véritable position d'un établissement romain, qui a dû précéder la ville actuelle d'Exmes (Orne); *Soc. des Antiq. de Norm.*, t. VI, p. 437-440.

— Note sur l'Inscription de l'église de Renouard (Orne); *Soc. des Antiq. de Norm.*, t. VI, p. 448 et 449.

— Coup-d'Œil sur l'état des études archéologiques dans l'ouest de la France; 1832, in-8 de 44 p.

— Bulletin monumental, etc.; 1834-1857, 24 vol. in-8 (dont 1 de tables). V. *Bulletin monumental*.

— Recherches sur l'architecture militaire en France et en Angleterre, depuis la conquête de Guillaume-le-Batard jusqu'à la fin de la lutte anglo-française sur le continent; *Revue anglo-franç.*, t. IV (Poitiers, 1836), p. 198-220.
(Ext. de la 5e partie du Cours d'Antiquités monum.)

— Matériaux pour servir à la statistique du dép. de l'Orne, ou Procès-Verbal de la session générale que l'Association norm., présidée par M. de Caumont, a tenue à Alençon en 1836; *Caen, Le Roy*, 1836, in-8 de 133 p.
Ext. de l'*Ann. norm.*, 3e année (1837), p. 205-337.

— Visites Pastorales d'Odon Rigault, archevêque de Rouen, dans les diocèses de la Basse-Normandie, en 1250, 1256, 1266, publiées pour la 1re fois d'après le ms. de la Bibl. Roy.; *Caen, Hardel*, 1837, in-8 de 60 p.

— Notice sur M. Emmanuel Gaillard; *Ann. norm.*, 1837, p. 389-391.

— Essai sur la distribution géographique des roches dans le dép. de la Manche (pour servir d'explication à la carte géologique du dép. de la Manche, par le même auteur), 2e part.; *Soc. linn. de Norm.*, t. VI (1838), p. 249-278, avec 1 pl.
V. la 1re part. de cette Notice, *Mém. de la Soc. linn.*, t. V, p. 239 et suiv.

— Relation de la Visite des forteresses du Bailliage de Caen, faite en vertu d'un ordre du Roi, en 1371, par Regnier le Coustellier, bailli de Caen, accompagné de Jehan Dubois et Rogier Lemasnier, chevaliers; tirée des mss. de Gaignières (t. II, n° 671), à la Bibl. roy.; *Mém. de la Soc. des Antiq. de Norm.*, t. XI (1840), p. 185-204.

— Assiette des feux de la ville et vicomté de Caen, en 1371 (Ext. des mss. de Gaignières, t. II, n° 671, à la Bibl. roy.); *Mém. de la Soc. des Antiq. de Norm.*, t. XI, p. 205-214.

— Statistique des communautés religieuses de la Basse-Normandie, au XIIIe sc. (Ext. du Livre des visites pastorales d'Odon Rigault, arch. de Rouen); *Mém. de la Soc. des Antiq. de Norm.*, t. XI, p. 215-253.

— Notice sur M. le baron Hue de Mathan; *Ann. norm.*, 1840, p. 489-491.

— Notice sur M. le marquis le Ver, anc. colonel, membre de plusieurs Soc. sav.; *Ann. norm.*, 1841, p. 620-623.

— Notice sur M. Lefebvre-Dufrêne, anc maire de Caen; *Ann. norm.*, 1841, p. 616-617.
Pierre-Joseph Lefebvre-Dufrêne né à la Rochelle, le 12 août 1770, est mort au château de Secqueville-la-Campagne, près Caen, le 19 déc. 1839.

— Notice sur M, Ganne de Beaucoudrey, naturaliste; *Ann. normand*, 1842, p. 677-679.

— Notice sur M. le comte de Bérenger; *Ann. norm.*, 1842, p. 691 et 692.

M. de Bérenger, mort en 1841, âgé de 54 ans, avait recueilli de précieux documents sur l'Hist. de Norm., en vue d'écrire l'hist. complète des familles nobles de cette province.

— Un mot sur les discussions relatives à l'origine de la tapisserie de Bayeux; *Bullet. monum.*, t. VIII (1842), p. 73-81.

— Un épisode des visites pastor. d'Odon Rigault, archev. de Rouen, au XIIIe sc.; *Bullet. monum.*, t. VIII, p. 82-88.

Relatif à des visites à l'abbaye de Lessay et au prieuré de St-Germain (Manche), en 1266.

— Inspection des monuments historiques dans le départ. du Calvados, 1843; *Bull. monum.*, t. X (1844), p. 172-200.

— Promenades archéologiques dans les communes du littoral de l'arrond. de Caen et dans quelq. localités voisines; *Caen, Hardel*, 1846, in-8 de 88 p. av. fig.

— Lettre sur les cartes agronomiques et sur l'influence de la nature du sol sur les productions agricoles, adressée à MM. Girardin et Dubreuil, professeurs à Rouen; 1re édit., *Rouen*, 1844; 2e édit., *Caen*, 1845, avec une pet. carte agronomique du Calvados, gravée sur pierre.

Cette lettre a paru pour la prem. fois dans les *Mém. de la Soc. d'agric. de la S.-Inf.*, t. XII (1843), p. 598-611.

— Statistique monumentale du Calvados, t. I; *Paris*, *Derache*, *Dumoulin*, lib.; *Caen*, *A. Hardel*, 1846, in-8 de VIII et 428 p., avec un grand nombre de grav. sur bois.

Ce vol. renferme la description des cantons de Caen, d'Evrecy, de Villers-Bocage, de Tilly, de Creully et de Douvres.

— Ditto, t. II; *Paris*, *Derache*, *Dumoulin*, *Caen*, *A. Hardel*, 1850, in-8 de 622 p., avec pl. gravées sur bois.

Ce vol. comprend les cantons de Troarn, Bourguibus, Bretteville-sur-Laize, Coulibœuf, Falaise et Harcourt.

Le 3e vol. sera consacré aux arrond. de Bayeux et de Vire, et le 4e vol. aux arrond. de Pont-l'Evêque et de Lisieux. Avec la dern. partie paraîtra la Carte monumentale du Calvados, sur laquelle seront indiqués les établissements romains, les anciennes voies et tous les monuments du moyen âge.

Dans cet important travail, auquel l'Acad. des Inscript. et B.-Lett. a décerné, en 1847, une de ses médailles, M. Bouet s'est montré le collaborateur intelligent de M. de Caumont, par la production d'une foule de dessins.

De 1842 à 1846, M. de Caumont avait publié dans le *Bullet. monum.* et l'*Ann. norm.*, des fragments de cette statistique, à savoir :

— Statist. monum. du Calvados, canton de Caen; *Bullet. monum.*, t. VIII (1842), p. 145-189, et p. 489-525, avec 5 pl.

— Statistique routière de Norm. (1er fragment) : Route de Caen à Cherbourg (par Bayeux, St-Lo, Carentan, Valognes, Barfleur); Route de Caen à Rouen (par Pont-l'Evêque), Honfleur, Pont-Audemer); *Ann. norm.*, 1843, p. 122-178.

— Statist. routière de Caen à Rouen; *Bullet. monum.*, t. IX (1843), p. 297-317.

— Statist. monumentale du Calvados (canton d'Evrecy); *Bullet. monum.*, t. IX, p. 318-342, et t. X (1844), p. 9-48.

— Statist. routière de Norm. : De Luc à Caen et de Caen à Alençon (par Falaise, Argentan, Séez); *Ann. norm.*, 1844, p. 125-158.

— Statist. routière de Norm. (3e fragment) : Route de Caen à Domfront et à Mayenne; *Ann. norm.*, 1845, p. 1-32.

— Statist. routière de Norm. : Route de Caen à Fougères; *Ann. norm.*, 1846, p. 1-36.

— Statist. monum. du Calvados (Creully); *Bullet. monum.*, t. XII (1846), p. 46-61.

— Les Tours d'églises dans le Calvados, avec dessins par M. Bouet; *Bullet. monum.*, t. XIII (1847), p. 362-379.

— Notice sur M. Henri de Magneville, inspect. divisionn. de l'Assoc. norm., etc.; *Ann. norm.*, 1848, p. 597-608.

Né à Caen le 19 déc. 1771. Henri de Magneville, fondateur du Musée d'hist. natur. à Caen, et membre de plusieurs Soc. sav., est mort le 22 juill. 1847.

— Inspection des monuments du Calvados, en 1848; *Bull. monum.*, t. XV (1849), p. 89-140, et p. 465-496, avec vign.

— Statist. routière de Caen à Evreux et à Pacy, par Lisieux; *Ann. norm.*, 1849, p. 1-28.

La 2e part., de Lisieux à la Frontière de Norm., est l'œuvres de M. Raymond Bordeaux

— Statist. routière de Caen à Bernay, par St-Pierre-sur-Dives, Livarot et Orbec; *Ann. norm.*, 1849, p. 138-168.

La 2e part, depuis l'entrée dans le départ. de l'Eure jusqu'à Bernay, est de M. Raymond Bordeaux.

— Statist. routière de Caen à Trouville; *Ann. norm.*, 1849, p. 303-320.

— Notice sur les fouilles faites en 1847 et 1848, aux monts d'Eraines, près Falaise; *Mém. de la Soc. des Antiq. de Norm.*, t. XVII (1850), p. 395-398.

Ce lieu dépend de la commune de Damblainville.

— Notice biog. sur M. Ch. Richelet, conserv. de la Biblioth. publique du Mans, imp. en caract. en cette ville, etc.; *Ann. norm.*, 1851, p. 490-498, avec 1 portr.

— Guide des Baigneurs aux environs de Trouville, orné d'un grand nombre de vignettes sur bois et d'une carte itinéraire des environs; *Caen, A. Hardel*, 1853, in-8 de 72 p.

Ext. de la Statistique monum. du Calvados.

— Statistique ripuaire de la Dive; *Ann. norm.*, 1853, p. 1-74, avec pl. s. bois.

— Note sur les essais de pisciculture tentés dans le Calvados, dans l'Eure, dans le Loir-et-Cher et dans le Puy-de-Dôme; *Ann. norm.*, 1854, p. 52-70.

— Excursions archéologiques en Basse-Normandie; *Bullet. monum.*, t. XX (1854), p. 6-14 et 63-87, avec vign. sur bois.

— Excursions en France, en Hollande et en Allemagne; *Bullet. monum.*, t. XX, p. 289-325 et 497-556, avec vign. sur bois.

Les p. 548-554 sont consacrées aux fouilles entreprises à Vieux par la Soc. des Antiq. de Norm.

— Rapport verbal fait à la Soc. française pour la conservation et la description des monuments hist., dans la séance du 21 nov. 1854, sur divers monuments et sur plusieurs excursions archéolog. (tant en France qu'à l'étranger); *Caen, Hardel*, 1855, in-8 de 165 p., avec vign. sur bois.

Ext. du Bullet. monum., t. XXI, 1855.

Il est principalement question dans ce rapport de Néris-les-Bains et de Souvigny (Allier), de pierres tombales gallo-rom., trouvées à Lillebonne et de monuments du Calvados.

— Notice sur M. Lebeuf, sénateur, régent de la Banque de France, membre du Conseil général du commerce et des manufactures, etc.; *Ann. norm.*, 1855, p. 553-556.

— Statist. routières de Basse-Normandie; *Rouen, Le Brument; Caen, Hardel*, 1855, in-8 de IV et 374 p., avec un grand nombre de grav. sur bois.

Ext. des Annuaires de l'*Association norm.*

— Séminaire et chapelle de Sommervieu (arr. de Bayeux); *Ann. norm.*, 1857, p. 433-437.

— Rapport verbal fait à la Soc. franç d'archéologie, etc., dans les séances des 20 nov. 1855 et 2 sept. 1856, sur divers monuments et sur plusieurs excursions archéologiques; *Bullet. monum.*, t. XXII (1856), p. 457-504, 559-594 et 601-636, avec vign. s. bois.

— Rapport verbal sur quelq. monuments du Calvados, fait à la Soc. française d'archéologie, dans la séance du 1er nov. 1856; *Bullet. monum.*, t. XXIII (1857), p. 110-145, avec grav. sur bois.

CAUMONT (*Arcis de*), archéologue et naturaliste, l'un des fondateurs de la Soc. des Antiq. et de la Soc. linéenne de Norm., fondateur des Congrès scientifiques de France, direct. général de l'Institut des provinces et de l'Association norm., corresp. de l'Institut, etc., est né à Bayeux en 1801. Par la publication d'un grand nombre d'écrits pleins de savoir et d'intérêt, M. de Caumont a contribué d'une manière notable à populariser les connaissances archéologiques. Le mouvement progressif imprimé à l'agriculture et qui se fait sentir depuis quelques années dans toutes les parties de la Normandie, a reçu des différentes institutions crées par ce savant, une impulsion féconde en heureux résultats.

V. Notice par M. Ch. Richelet; *Paris*, 1853, in-8. — Notice biog., par M. Perraud de Thoury (Ext. du *Musée biog.*); Paris, Bailly, 1856, in-8 de 16 p.

Indépendamment des ouv. mentionnés ci-dessus, M. de Caumont est auteur des publications suivantes:

Essai sur les poteries romaines et les nombreux objets d'antiquité qui ont été trouvés au Mans en 1809, dans les fouilles pratiquées pour la fondation du pont royal de cette ville; par M. Daudin; *Paris, Lance*, 1829, 2 liv., pet. in-f. de 32 p., avec 6 pl. (Imp. de Chalopin, à Caen.)

— Histoire sommaire de l'Architecture religieuse, civile et militaire au Moyen-Age; *Caen, Hardel*, 1836, in-8 et atlas. (Ext. des t. IV et V du *Cours d'antiquités monum.*) — V. ce titre.

— Annuaire de l'Institut des provinces et des congrès scientifiques, années 1846-1857; *Paris, Derache; Caen, A. Hardel*, 9 vol. in-12, avec grav. sur bois.

L'Ann. n'a pas paru en 1847, 48, 49.

— Notes provisoires sur quelques tissus du Moyen-Age; *Bullet. monum.*, t. XII (1846), p. 33-45, avec vign. sur bois.

— Définition élémentaire de quelques termes d'architecture; *Paris, Derache, Dumoulin*, lib., 1846, in-8 de 168 p., avec un grand nombre de grav. sur bois. (Imp. de A. Hardel, à Caen.) — Ext. de l'*Ann. norm.* (1846), et du *Bullet. monum.*, t. XII (1846).

— Abécédaire ou Rudiment d'archéologie,

ouv. approuvé par l'Institut des provinces de France, pour l'enseignement de cette science dans les colléges, les séminaires, etc.; *Paris, Derache, Didron, Dentu; Rouen, Le Brument, et Caen, A. Hardel*, imp. édit., 1850 et 1853, 2 vol. in-8, avec un très-grand nombre de planches sur bois, imprimées avec le texte.

Le 1er vol. contient l'Hist. de l'architecture religieuse et des monuments qui s'y rattachent, depuis le Ve sc. jusqu'au XVIIIe. Le 2e, l'Hist. de l'architecture civile et militaire. Le 1er vol. a été réimp. à Caen, *chez Hardel*, en 1851 et en 1854, avec une augmentation de grav. sur bois. La plupart des exemples architectoniques sont tirés de monuments situés en Normandie.

— Rapport verbal sur une excursion archéologique en Lorraine, en Alsace, à Fribourg en Brisgaw et dans quelques localités de la Champagne, fait à la Soc. franç. pour la conservation des monuments, le 24 déc. 1850; *Caen Hardel*, 1851, in-8 de 92 p. (Ext. du *Bullet. monum.*)

— Note sur la forme et la disposition des cuisines des abbayes; *Bullet. monum.*, t. XIX (1853), p. 301-312, avec pl.

— Mélanges et documents pour servir à l'hist. de l'agriculture; *Ann. norm.*, 1855, p. 55-119, avec grav. sur bois.

— Notes pour servir à l'hist. de l'agriculture; *Ann. norm.*, 1856, p. 25-59, avec grav. sur bois.

— Notice sur M. Pellerin, membre de l'Institut des provinces; *Ann. norm.*, 1856, p. 628-632.

— Note sur les murs gallo-romains de Dax; *Caen, Hardel*, 1857, in-8 de 19 p. (Ext. du *Bullet. monum.*, t. XXII.)

CAUMONT (*Victor-Auguste*), homme de lettres, né au Havre en 1817, rédigea dans cette ville un journal intitulé *le Furet*. Il est connu par une parodie de la tragédie de *Lucrèce*, qu'il publia sous le titre de : *Tigresse calotin ou l'exagération de la vertu, trag. classique et romaine, en 4 act. et en vers plus ou moins français, précédée d'une lettre adressée à M. le préfet de la S.-Inf., qui a interdit la représentation de cette pièce;* Havre, Imp. de Lamy, 1844, in-4 de 20 p. Cet écrivain est mort dans l'asile de Quatremares, près de Rouen, le 10 juin 1855.

CAUMONT (*Aldrick*). Dictionn. universel du droit commercial maritime, ou répertoire méthodique et alphabétique de législation, doctrine et jurisprudence nautiques, etc., 2e édit.; *Havre, A. Lemale*, 1857, 2 part. en 1 vol. gr. in-8 à 2 col.

M. Caumont est avocat au barreau du Havre.

CAUPH (*Guill.*). Jurisconsulte du XIIIe sc., est auteur d'une traduct. en vers français de la Coutume de Norm. L'abbé De la Rue dit avoir vu ce ms. dans la *Bibl. Harléienne*, sous le no 447, et nous apprend que le même ms. renferme une traduction en vers français des *Institutes de Justinien*, par Richard d'Annebault. Il prétend que Froland et Houard se sont trompés en attribuant cette traduction à Richard d'Annebault ou Dourbault, et nomme ce versificateur Guill. Cauph, quoique, d'après les vers du poète, il soit constant que ce nom est présenté comme une sorte d'anagramme de son véritable nom. V. *Essais sur les Bardes*, t. III, p. 185 et 219-224, et notre art. DOURBAULT.

CAUS (*Salomon* de), ingénieur, architecte et physicien, naquit en Norm. (à Dieppe ou aux environs), vers 1576. Dès son enfance, il montra les plus grandes dispositions pour la mécanique et pour l'architecture hydraulique. Il passa d'abord en Angleterre, où il fut attaché au prince de Galles; ensuite il se rendit en Allemagne, en qualité d'ingénieur et d'architecte du prince palatin Frédéric V, qui lui donna la direction de ses bâtiments et de ses jardins, à Heidelberg. Après avoir passé la plus grande partie de sa vie auprès de ce prince, de Caus, en 1623, revint en France, où il exécuta quelq. travaux hydrauliques. Il termina sa carrière vers 1630.

De Caus passe pour avoir constaté le premier la force expansive de la vapeur et avoir ainsi ouvert une voie nouvelle aux sciences et à l'industrie. De cet homme de génie, on possède les ouv. suiv. :

— La Perspective avec la raison des ombres et miroirs, etc.; *Londres, Barker*, 1611; *J. Norton*, imp. du roy de la Grande-Bretagne, 1612; *Francfort, chez la veufve de Hulsius*, 1612, in-f., fig.

— Institution harmonique divisée en 2 part.; en la première sont montrées les proportions des intervalles harmoniques, et en la deuxiesme, les composit. d'icelles; *Francfort, Jean Norton*, 1615, in-fol. La dédicace, à la reine Anne d'Angleterre, est datée de Heidelberg, 1614.

— Les Raisons des forces movvantes auec diuerses machines tant vtiles qve plaisantes avsquelles sont adioints plvsievrs desseings de grotes et fontaines; *Francfort, Jean Norton*, 1615, in-f., fig.

— Même ouv.; *Paris, Ch. Sevestre*, 1624, in-f., fig. La dédicace au roi très chrétien est datée de Heidelberg, 15 fév. 1615.

C'est dans le 1er liv. de cet ouv. qu'on trouve, dit-on, la description de la première machine à vapeur connue. — V. Baillet, Notice histor. sur les machines à vapeur, etc., *Journ. des mines*, mai 1813, p. 331; — Arago, Notice sur la machine à vapeur, *Ann. du Bur. des longitudes*, années 1828, 1837 et 1839, (Eloge de Watt).

— Hortus Palatinus à Frederico, rege Bohemiæ, extructus Heidelbergæ; *Francof.*, 1620, in-f., fig.

Jardins créés à Heidelberg, par S. de Caus.

— La Pratique et démonstration des horloges solaires, avec un discours sur les proportions, tiré de la raison de la 35e proposition du premier livre d'Euclide, et autres raisons et proportions, et l'usage de la sphère plate, par S. de C., ingén. et archit. du roy; *Paris, Hyerosme Drouart*, 1624, in-f., fig.

Ouv. dédié au cardinal de Richelieu, sous la date de Paris, 1er juillet 1624. Dans l'avis au lecteur, il est fait mention d'une traduction de Vitruve à laquelle de Caus travaillait et qu'il n'a pas publiée.

V. Libri, *Hist. des sc. mathématiques en Italie*, t. IV, p. 352; —Arago, *Notices scientifiques*, dans l'*Ann. du Bureau des longitudes*, 1837, p. 234-236, et passim; — Id., œuvres, *Notices sc.*, t. II (1855), p. 14 et 86; — Travers, poëme intitulé : *Salomon de Caus ou la découverte de la vapeur*; Caen, Hardel, 1847, in-8; — *Magasin pitt.*, 1850, p. 193-195, avec un portrait portant la date de 1619, d'après un tableau peint sur bois qui se trouve dans le musée d'antiquités à Heidelberg. (Ext. d'un travail de M. de la Sicotière, qui devait être inséré dans les Mém. de la Soc. des Antiq. de Norm.); — *France protest.*, t. III (1853), p. 273-283; — L. Figuier, *Exposition et Hist. des princip. découvertes scient. mod.*, t. I, (Paris, V. Masson, 1855), p. 15-33. in-12; — *Salomon de Caus, ou l'inventeur de la vapeur à Bicêtre*, scène dramat., par C. Dambuyant; Vaugirard, Choisnet, 1856, in-12 de 12 p. (en vers); — *Salomon de Caus*, drame en 4 actes, par M. Bignon, représenté sur le théâtre de la Gaîté, 1857.

Ce personnage a fourni à M. Lecurieux le sujet d'un tableau qui représente Salomon de Caus renfermé à Bicêtre comme fou, par ordre de Richelieu, en 1641. La détention de Salomon de Caus a été justement contestée.

CAUS (*Isaac* de), neveu du précédent, naquit à Dieppe, et fut également ingénieur et architecte. Il a publié en Angleterre les 2 ouv. suiv. : *Nouvelle invention de lever l'eau plus haut que sa source, avec quelques machines mouvantes, par le moyen de l'eau, et un Discours de la conduite d'ycelle*; Londres, 1644, in-f. de 32 p., avec 26 pl., grav. à l'eau forte.

Cet ouv. a été trad. sous le titre de :

— New and rare inventions of water works, first written in french by Is. de Caus, translated by J. Leak; *London, Moxon*, 1659, in-f.

— Wilton garden. *Are to be sold by Th. Rowlett, at his shop near Temple Barre*, in-f.; recueil de 26 pl. grav. par Is. de Caus, représentant les jardins du château de Wilton, appartenant aux comtes de Pembrocke. (*Brunet*, t. I, p. 593). D'après un art. sur cet aut., dans la *France protest.*, t. III, p. 278), on pourrait croire que Isaac de Caus est le fils et non le neveu de Salomon de Caus.

CAUSSIN DE PERCEVAL. Rapport sur le concours ouvert pour l'éloge de Burnouf, par Caussin de Perceval, procureur général à la Cour de Caen; *Caen, A. Hardel*, 1847, in-8 de 28 p.

(Ext. des Mém. de l'Acad. des Sc., Arts et B.-Lett. de Caen, même année.) Le mém. couronné fut celui de M. A. Morel, professeur au collége Rollin.

CAUVET (*Jean-Franç.*). Observations sur le Réglement des tutelles, arrêté par le Parlement de Rouen, le 7 mars 1678; *Caen, G. Le Roy*, 1777, in-12.

J.-F. CAUVET, avocat au bailliage et siége présidial de Caen, né dans cette ville en mars 1742, est mort dans la même ville en février 1820.

CAUVET (*Jules*). De l'organisation de la famille, d'après la Coutume de Normandie; *Caen, Hardel*, 1851, in-8 de 112 p.

Ext. de la Rev. de Législation et de Jurisprudence.

— Du droit de patronage ecclésiastique, dans l'ancienne Normandie, relativement aux paroisses des campagnes; *Caen, Hardel*, 1854, in-8 de 44 p.

Ext. des Mém. de la Soc. des Antiq. de Norm., t. XX, p. 345-366.

— Rapport sur une Notice relative aux mss. juridiques de la Biblioth. d'Avranches; *Mém. de la Soc. des Antiq. de Norm.*, t. XX (1853-55), p. 492-495.

M. Cauvet, profess. à la faculté de droit à Caen, est, indépendamment des ouv. mentionnés ci-dessus, auteur du travail suivant :

Venise et Florence expliquant le génie de leurs peintres; *Mém. de l'Acad. de Caen*, 1856, p. 366-383.

CAUVIGNY (de), sieur de Colomby. V. COLOMBY.

CAUVIN (*Thomas*). Souvenirs d'un octogénaire de la ville de Caen; *Ann. norm.*, 1845, p. 509-522.

Cet octogénaire est le savant et vénérable M. Cauvin, président de l'Institut des provinces, né à Caen le 5 juillet 1762, et mort au Mans le 7 janv. 1846.

M. Cauvin, ancien oratorien, s'est particulièrement occupé de l'hist. du Maine, province où il a presque constamment habité.

Il est auteur de la *Géographie ancienne du diocèse du Mans*, suivie d'un Essai sur les monnaies du Maine, par E. Hucher; *Le Mans, Imp. de Gallienne*, 1845, in-4 de 700 p., avec une carte (Diœcesis Cenomanensis, etc.) et 4 pl. de monnaies du Maine. Le livre de

M. Cauvin a été couronné en 1845 par l'Institut, acad. des Insc. et B.-Lett.; il forme le tome 1er de la 2e série des Mém. de l'Institut des Provinces de France.

V. Notice de M. Trébutien; *Caen, Poisson*, 1846, in-8 de 24 p., — et celle de M. Richelet, *Ann. norm.*, 1847.

CAUVIN (*J.*). Pour la liberté; poésies, par M. Jules Cauvin, de Dieppe; *Dieppe, E. Delevoye*, 1848, in-8 de 23 p.

CAUX (*David* de), méd., né à Dieppe, est auteur de l'ouv. suiv.:

Varia philosophica et medica: De atomis — De circulari sanguinis motu — Adversus Pyrrhonios — De generatione hominis — De usu lienis — De causa motus pulmonum in inspiratione — Anatomica quædam; *Rothomagi*, apud *Jacobum Lucas*, 1674, in-12.

M. Floquet, dans son *Hist. du Parlement*, t. VI, p. 51, raconte que David de Caux, habile médecin religionnaire, fut repoussé du Collége médical, et qu'un arrêt du Parlement, rendu en 1663, défendit *qu'il y eut dans* Rouen plus de deux médecins religionnaires. Ce médecin était sans doute parent de David de Caux, originaire et pasteur de la ville de Dieppe en 1613, puis pasteur de Pont-Audemer, où il termina sa carrière. V. *France protest.*, t. III (1853), p. 272.

CAUX (*Gilles* de), sieur de Montlebert, contrôleur gén. des fermes du roi, né aux Ligne-rits, arr. d'Argentan, en 1682, descendait, par sa mère, du grand Corneille. Dès son enfance, il manifesta un goût passionné pour l'art dramatique. Il est auteur de 2 trag. intitulées, l'une *Marius* et l'autre *Lysimachus*, et de quelques petites pièces de vers, parmi lesquelles on distingue l'*Horloge de sable, figure du monde*, considéré comme l'un des meilleurs morceaux de poésie morale qui existent dans la langue franç. Cette pièce a été imprimée en 1714, in-4, avec une trad. en vers latins, par l'abbé d'Hérouville. De Caux est mort à Bayeux, en 1733. V. *Biog. univ.*, *Hist. du Théâtre franç.*, t. III, p. 154.

CAUX DE CAPPEVAL, né aux environs de Rouen, au commencement du XVIIIe sc., entra au service de l'électeur palatin, et fit imprimer à Manheim plusieurs de ses ouv. écrits en vers pour la plupart. Il publia également une trad. de la *Henriade*, en vers latins (*Voltarii Henriados libri X*); *Deux-Ponts*, 1772, in-12.

CAVÉ (*Auguste*), littérateur, publiciste et directeur des Beaux-Arts au ministère de l'intérieur, sous Louis-Philippe, naquit à Doudeville (S.-Inf.), en 1799. Il mourut subitement à Paris, le 30 mars 1852. Nous citerons seulement de cet auteur: Les *Soirées de Neuilly*, esquisses dramatiques et hist.; *Paris*, 1827, 2 vol. in-8, ouv. qui eut quelque succès, et qui fut publié avec le concours de M. Dittmer, sous le pseudonyme de M. de Fongeray.

CAVÉ (*Aug.*). Mélancolies poétiques, poésies, par Aug. Cavé de Rouen; *Toulouse, Imp. de Guiral; Paris, Tessier*, 1837, in-8 de 252 p.

CAVEL (*Henri*). Le Mont-St-Michel; *Avranches, Tribouillard*, 1854, in-8 de 8 p. (en vers).

CAVELIER (*Philippe*). Le tombeav glorievx de très illvstre et vertueuse Dame Elizabet de Bigars, très digne abbesse de Fontaine Guerard, 1661, in-4 de 15 p., s. n. d'imp.

Pièce signée F. Philippe Cavelier, religieux de Bomport.

CAVELIER, nom d'une famille distinguée qui a fourni 3 imp. à la ville de Caen, de 1607-1741. Le 1er, CAVELIER (*Adam*), exerça son art de 1607-1656. On voit encore à Caen, rue de la Préfecture, no 30 (ancienne rue des Jésuites), la maison qu'il occupait, et sur la façade de laquelle on remarque, dans un médaillon en bas-relief, un cavalier armé de toutes pièces et la légende tirée du ps. XLIII: *In nomine tvo spernemvs insvrgentes in nobis*. La date de 1628 est placée sous le médaillon. Cette image du *cavalier* (par allusion au nom de *Cavelier*), figure, ainsi que la légende, sur les livres sortis de ses presses et sur ceux qui ont été imprimés par Jean Cavelier, son fils.

Le 2e, CAVELIER (*Jean*), imp. à Caen, de 1656-1701, naquit dans cette ville, le 28 oct. 1624, et mourut dans la même ville, le 1er juillet 1701. Il adopta pour marque et devise les mêmes emblèmes que ceux qui avaient été choisis par son père. Lib. et imp. du roi et de l'univ., échevin de la ville de Caen, J. Cavelier se rendit tout à la fois utile aux lettres par l'exercice de son art, à sa ville natale par les fonctions administratives qu'il eut à remplir, et à l'archéologie par plusieurs traités qu'il écrivit sur les *Antiquités romaines*. Cavelier composa, en style lapidaire (1673), l'éloge du B. Grégoire Ier, supérieur de la maison des Cordeliers de Bayeux, et une pièce de vers intitulée: *Bajoca Sancta in Beatum Gregorium reviviscens*. Il composa également, en tête des mélanges d'Antoine Hallé, une épître à cet auteur, en vers latins.

Le 3e, CAVELIER (*Antoine*), fils du précéd., seul imp. du roi et de l'univ., de 1702-1741, né à Caen, le 15 sept. 1658, et mort dans la même ville, le 2 mai 1744, donna 2,000 liv. pour la formation de la Biblioth. de l'univ., ouverte, pour la prem. fois, en juin 1731. Son port. figure dans la galerie de la biblioth. actuelle de la ville, comme l'un des bienfaiteurs de cet établissement. — V. Huet, *Orig.*

de Caen, p. 410; Beziers, *Hist. de Bayeux*, p. 142; — De la Quérière, *Rech. hist. sur les enseignes, etc.*, p. 22 et 23, avec une vign.

CAVELIER (*Robert*), sieur de la Salle, célèbre par ses découvertes à la Louisiane. V. SALLE.

CAVELIER (*Louise*). V. LEVESQUE.

CAVELIER (Le), avocat à Caen et poète lyrique, fut couronné plusieurs fois par l'Acad. des Palinods de Caen et de Rouen. La dernière de ses odes fut composée en 1779.

CAVELIER (*J.-F.*). Œuvres d'un désœuvré. Episode de l'Hist. de France, par J.-F. Cavelier, de Rouen; *Rouen, Imp. de D. Brière*, 1839, in-8 de 15 p.

— Poésies nouvelles, suite des Œuvres d'un désœuvré, rêveries sentimentales; *Rouen, Imp. de Marie*, 1839, in-8 de 32 p. Ces poésies ont été réimp. en 1847; *Rouen, Péron*, in-8 de 32 p. —. Promenades militaires; *Rouen, Imp. de Feray*, 1844, in-8 de 32 p.

Cet auteur est mort à Caen, en 1849.

CAYLUS (comte de). Remarques sur deux anciens camps romains situés à Bière et au Chatelier, près de la ville d'Argentan, et sur le pays des *Essui* de César et des *Itesui* de Pline, que l'on croit être la cité nommée au ve sc. *Civitas Sagiorum*, le diocèse de Séez; *Rec. d'antiq.*, t. IV, p. 381-385, avec 2 plans; *Paris, Tilliard*, 1761, in-4.

Le camp de *Bière* est situé près du village de ce nom, dans la paroisse de Bailleul, à 6 kil. nord d'Argentan. Le camp du *Chatelier* se trouve à 14 kil. sud d'Argentan, auprès du hameau de Blanchelande, dans la paroisse de Carqueil, à la gauche du grand chemin qui conduit de Sées à Argentan.

— Sur un lieu romain, appelé *Caracotinum*, Cretin ou château de Graville, près d'Harfleur; *Rec. d'Antiq.*, t. IV, p. 385 et 386, avec 1 plan; *Paris*, 1761, in-4.

— Sur *Grannona*, où les Romains avoient un port et un camp, près de Bernières, à quatre lieues nord-est de Bayeux; *Rec. d'Antiq.*, t. V, p. 309-311, avec 1 plan; *Paris*, 1762, in-4.

Ce camp est situé à 3,600 mèt. sud-est du village de Bernières (Calvados).

— Remarques sur les antiquités de *Julio-Bona* (Lillebonne); *Rec. d'antiq.*, t. VI, p. 393-396, avec 2 plans; *Paris*, 1764, in-4.

Le bourg de Lillebonne était autrefois une ville considérable. M. de Caylus donne le plan de son ancien château, d'un théâtre dont les ruines subsistent encore, et de trois voies romaines qui se réunissaient en cet endroit. Autant qu'il est possible d'en juger, dit M. de Caylus, cette ville pouvait avoir eu une grande demi-lieue de longueur sur environ un quart de lieue de largeur.

— Sur les ruines situées près de Valognes, en Norm.; *Rec. d'antiq.*, t. VII (1767), p. 314-316, avec 2 plans.

Ruines, (amphithéâtre, bains et château) appartenant à une ancienne ville de la Gaule, nommée par Ptolémée *Crociatonum*, capitale des peuples *Unelli* ou *Venelli*.

— Vies de Michel Anguier, recteur de l'Acad., et de Thomas Regnaudin, adjoint à recteur, sculpteurs. Lues à l'Acad. le 3 mai 1749. *Mém. inédits sur la vie et les ouv. des membres de l'Acad. roy. de Peinture et de Sculpture*, publiés d'après les mss. conservés à l'Ecole Imp. des Beaux-Arts; *Paris, Dumoulin*, 1854, in-8, t. I, p. 451-478.

CAYLUS (*Anne-Claude-Philippe* de Thubières, etc., comte de), savant archéologue, né à Paris le 31 oct. 1692, est mort le 5 sept. 1765.

CAYROL (de). Examen de quelques passages du Mémoire de M. Mangon de la Lande, sur l'antiquité des peuples de Bayeux; *Louviers, Imp. de Ch. Achaintre*, 1835, in-8 de 25 p.

Ext. du Bullet. de l'Acad. Ebroïc., 1825, part. I, p. 207-224.

— Lettre à M. Achaintre père, littérateur, membre de l'Acad. Ebroïc. (sur le mot celtique *Durum*); *Louviers, Ch. Achaintre*, 1835, in-8 de 16 p.

CAYRON, simple soldat dans les troupes de Montgommery, s'est illustré dans la défense du siége de St-Lô, en 1562. La *France protest.* lui a consacré un art., t. III (1853), p. 299.

CAZE (*Aug.* de). Mémoire sur un coffret arabe; *Mém. de l'Acad. de Rouen*, 1842, p. 346-350, avec une pl.

Le sujet de cette dissertation est le célèbre coffret d'ivoire déposé dans le trésor de la cathédrale de Bayeux, et qui contient la chasuble de S. Regnobert.

Les Mém. de cette acad., années 1854-57, renferment, de M. de Caze, plusieurs rapports étendus. Le dernier de ces rapports qui reproduit une partie de la correspondance de Linnée avec Bernard de Jussieu, et qui donne ainsi sur la vie intime du célèbre naturaliste suédois des détails inédits et pleins d'intérêt, a été lu en séance publique, le

7 août 1857. M. de Caze a publié la trad. d'un voyage de Ch. Waterton, intitulé : *Excursions dans l'Amérique méridionale, le nord-ouest des Etats-Unis et les Antilles, dans les ann.* 1812, 1816, 1820 *et* 1824; Rouen, N. Periaux, 1833, in-8 de XVI et 470 p., avec une pl.

M. Aug. de Caze, anc. négociant, anc. président du Tribunal de commerce, linguiste distingué et membre de l'Acad. de Rouen, est né à Paris le 2 janv. 1783.

CÉCILLE (*J.-B.-Thomas-Médée*), député de la S.-Inf. à l'Assemblée nat., vice-amiral, sénateur, etc., est né en 1797, à Rouen, rue Bourgerue, en face l'Hospice-Général. Cet officier distingué a navigué longtemps dans les mers de Chine, contrée de laquelle il a rapporté plusieurs objets d'art dont il a fait présent à sa ville natale. Ces objets, consistant principalement en deux magnifiques vases de porcelaine de Chine, et en un meuble exécuté avec divers bois étrangers, sont déposés dans la Biblioth. publique de Rouen. V., sur ce meuble, une Note de M. A. Pottier, *Rev. de Rouen*, 1851, p. 380-382.

CELINSKI. Plan de Trouville, levé à l'échelle de $\frac{1}{2000}$ par Celinski, conduct. des ponts et chaussées, dressé et lith. par Ch. Larochette, dessinateur au dép. de la Guerre; *Paris, Imp. lith. de Pettré*, 1852, 1 f[lle].

CELY (*Jérôme-Marie* Eon, comte de), officier général et graveur, naquit à Bayeux le 10 sept. 1734, et termina sa carrière en mars 1817.

CENEAU (*Robert*), chanoine de Bayeux et 49e évêque d'Avranches (en 1532), né à Paris en 1483, est mort le 27 avril 1560. Son principal ouv. est intitulé :

Roberti Cœnalis episcopi abrincensis... Gallica historia in duos disserta tomos; quorum prior ad anthropologiam Gallici principatus, posterior ad soli chorographiam pertinet... Accessit appendix commodissima insigniorum Galliæ locorum nec non et fluminum; *Parisiis, Galeotus à Prato*, 1557, in-f.

Suivant le P. Lelong, n° 9,917, cet évêque a laissé ms. (Bibl. du Roi, n° 9,855) : *Hierarchia Neustriæ quinque libri partita, circa* 1533. Le 1er livre contient une descript. du diocèse d'Avranches; le 2e, un tableau des évêques de ce diocèse; le 3e, la chronologie des archev. de Rouen; les autres renferment plusieurs pièces détachées.

CENSVRE d'un livre intitulé Apologie povr les casvistes, contre les calomnies des Jansenistes, etc., imp. à Paris, en 1657, faite par Mgr. l'illust. et relig. archev. de Rouen, primat de Norm.; *Roven, Lavrens Mavrry*, 1659, in-4 de 6 p.

— Ditto, par Mgr. l'illust. et révérend evesque d'Evreux; *Evreux, Jacq. Rossignol*, 1659, in-4 de 7 p.

CENSURES ecclésiastiques pour avoir révélation de l'assassinat commis devant l'église Notre-Dame de Rouen, ensemble des vols et autres crimes, des autheurs d'iceux et de ceux qui avaient promis de les advouer; *Paris, Estienne et Rocolet*, 1640, in-12 de 4 ff.

CERCLE pratique d'horticulture et de botanique de Rouen et du dép. de la S.-Inf., ann. 1845-1856; *Rouen, Imp. de Berdalle de la Pommeraye* et *de St-Evron*, 12 v. in-8., fig.

Cercle créé en 1844, et dont M. Prévost, pépiniériste, fut un des principaux fondateurs. Quelq. publications populaires ont été faites, par cette soc., dans le format in-16 et in-18.

CERCLE pratique d'horticulture et de botanique de l'arrondissement du Havre, 1855 et 1856; *Havre, Imp. de Lenormand de l'Osier*, in-8.

Société fondée vers la fin de 1853, à l'instar du Cercle de Rouen.

CÉRÉMONIAL de l'installation et des funérailles de Claude-Maur d'Aubigné, etc. V. LE ROUX (*Guill.*)

CÉRÉMONIAL du Concile provincial de Rouen, tenu en juillet 1850; *Rouen, Fleury fils aîné*, 1850, in-8 de 52 p.

CÉRÉMONIAL monastique, dressé par les ordres de madame Laurence de Budos, abbesse de l'abbaye roy. de la Ste-Trinité de Caen, etc.; *Caen, Imp. de Pierre Poisson*, 1622, in-4.

CÉRÉMONIAL monastique, dressé par l'ordre de madame de Belsunce, abbesse de l'abbaye roy. de la Ste-Trinité de Caen, pour l'usage des religieuses de son abbaye; *Caen, Pierre-Jean Poisson*, 1777, in-8 de 108 p.

CÉRÉMONIAL pour l'église et le diocèse de Bayeux; *Caen, Jean Briard*, 1677, in-12.

CÆRIMONIALE Lexoviense (dressé par l'ordre de Mgr. de Brancas, évêque de Lisieux); 1747, in-12.

CÉRÉMONIE anniversaire, faite le jour de la Fête-Dieu, à Vernon, en Norm. Ext. d'une lettre écrite de cette ville, le 20 juin 1732; *Mercure de France*, juillet 1732, p. 1654-1658.

DIEPPE. Mém. sur les pêches côtières; *Dieppe, Imp. de Levasseur*, 1849, in-4 de 15 p.

ELBEUF. Compte-rendu des travaux de la Chambre consult. des Arts et Manufactures de la ville d'Elbeuf, à partir du 23 avril 1853, date de sa reconstitution, d'après les prescriptions du décret du 30 août 1852, jusqu'au 31 déc. 1856; *Elbeuf, Imp. de Levasseur*, 1857, gr. in-8 de 50 p.

EVREUX. Chambre consult. des manufact. Compte-rendu des travaux de la session du Conseil gén. de l'Agricult., des Manufactures et du Commerce (1850), à la Chambre des Manufactures d'Evreux, par M. Palyart, délégué; *Evreux, Imp. de A. Hérissey*, 1850, gr. in-8 de 27 p.

FÉCAMP. Réponse à M. le ministre de l'agricult. et du comm., sur la circulaire en date du 30 oct. 1849 (Primes d'encouragement pour les pêches maritimes); *Fécamp, Imp. de Genets-Lemaitre*, 1850, in-4 de 16 p.

GRANVILLE. Chambre de Commerce. Mém. pour la ville de Granville, contre la franchise du port de St-Malo; *Avranches. F. L. Lecourt*, in-f.

HAVRE. Observat. de la Chambre de Commerce sur quelq. articles du projet de code de procédure civile; *Havre, Gilbert & Ce*, an XIII, in-4 de 8 p.

— Pétition présentée le 31 janv. 1817, à la Chambre des Députés; *Havre, Le Picquier*, 1817, in-8. (Question de douane.)

— Quelques réflexions sur la proposition d'accorder au commerce de Paris la faculté d'entreposer les denrées venant par mer de nos colonies ou de l'étranger; *Havre, Le Picquier* (1819), in-4 de 15 p.

— Mémoire sur les moyens de favoriser le commerce de nos colonies et la navigation franç. dans les colonies étrangères et les pays hors d'Europe; *Havre, Le Picquier*, s. d. (vers 1819), in-4 de 24 p.

— Observations contre la demande d'un établissement d'un entrepôt, à Paris; *Havre, Le Picquier*, 1824, in-4.

— Mém. sur la question des sucres et du privilége colonial, présenté à S. Exc. le ministre du commerce et des manufact. et à la commission d'enquête; *Havre, Alph. Lemâle*, 1829, in-8 de 46 p.

— Rapport sur le projet de canal maritime de Rouen à Paris (avril 1830); *Havre, S. Faure* (1830), in-8 de 38 p.

La commission chargée d'examiner cette question se composait de MM. Delaroche, M^in Fouache et C. Baudin; ce dernier fut choisi pour rapporteur.

— Rapport sur la pêche de la baleine, fait le 28 juin 1831, par sa commission; *Havre, Alph. Lemâle*, 1831, in-4.

— Observations sur le projet de loi relatif aux sucres, présenté à la chambre des députés par M. le ministre du commerce et des trav. publics, le 21 déc. 1832; *Havre, Lemâle*, 1833, in-8.

— Rapport au nom d'une commission chargée d'examiner les questions relatives à l'application de l'art. 216 du Code de comm., combiné avec les art. 234 et 298 du même Code; *Havre, Lemâle*, 1834, in-4.

— Mémoire sur les sucres; *Havre, Lemâle*, 1835, in-4 de 16 p.

— Rapport de la commission chargée d'examiner quels seraient les résultats probables d'une entreprise commerciale ayant pour objet l'établissement d'une ligne de paquebots à vapeur entre le Havre et New-York; *Havre*, 1840, in-4 de 34 p.

Rapporteurs, MM. Delaroche, Perquer fils aîné et Just Viel.

— Rapport de la commission chargée de l'examen des projets relatifs à l'agrandissement du port et de la ville du Havre; *Havre, Lemâle*, 1841, in-4 de 24 p.

Le chiffre des travaux à exécuter s'élevait à 45,950,000 fr.

— Des chemins de fer. Exposé présenté dans la séance du 13 déc. 1843, par M. Clerc, membre de la chambre; autogr., in-4 de 7 p.

Proposition tendant à réclamer du Gouvernement la construction simultanée et par l'Etat des chemins de fer du Nord, du Midi et de l'Est.

— Entrepôt réel du Havre. (Dissentiment entre le conseil municipal et la chambre de comm., sur le droit de fournir au

commerce les magasins destinés au service de cet entrepôt); *Havre, Lemâle*, 1844, in-4 de 36 p.
— Lettre à M. le Ministre de l'agricult. et du comm., sur les entrepôts coloniaux; *Havre, autogr. de Lenormand de l'Osier*, in-4.
— Examen des projets d'amélioration de la Seine maritime; *Paris, P. Dupont*, 1845, in-4 de 22 p.
— Observations sur le projet de loi relatif au service des correspondances transatlantiques; *Paris, E. Duverger* (1845), in-4 de 32 p.
— Ext. du procès-verbal d'installation des nouv. membres (Résumé des trav. de la chambre 1846-47); *Havre, Lemâle*, 1847, gr. in-8 de 70 p.
— Exposé des trav. de la chambre, du 8 oct. 1847 au 10 nov. 1848; *Havre, Lemâle*, 1848, gr. in-8 de 60 p.
— Signaux de nuit pour les bâtiments à vapeur; *Havre, Lemâle* (1848), in-4 de 8 p.
— Rapport de la commission chargée d'examiner les questions relatives aux primes d'encouragement pour les pêches maritimes; *Havre, Lemâle*, 1850, in-4 de 32 p.
— Réponse à la circulaire de M. le ministre de l'agricult. et du comm., en date du 26 juin 1849, relative aux caisses de secours et de retraite en faveur de la classe ouvrière; *Havre, Lenormand de l'Osier*, 1850, in-4 de 25 p.
— Lettre adressée à M. le ministre de l'agricult., du commerce et des trav. publics, le 17 sept. 1853 (sur la révision du tarif des douanes); *Havre, Lenormand de l'Osier*, 1853, in-4 de 10 p.
— Rapport de la commission chargée d'examiner une communication de la chambre de comm. de la Pointe-à-Pître, relative aux entrepôts coloniaux et aux taxes intermédiaires, 24 nov. 1853; *Havre, autogr. de Lenormand de l'Osier* (1853), in-4 de 4 p.
— Lettre adressée à M. le ministre de l'agricult., du commerce et des trav. publics, le 15 nov. 1854; *Havre, autogr. de Lenormand de l'Osier*, 1854, in-4 de 5 p.

Cette lettre a pour but de combattre l'admission, au droit de l'importation directe, des mélasses et des sucres étrangers provenant des entrepôts d'Europe, et de demander la diminut. de la surtaxe sur les sucres étrang.

La chambre de commerce du Havre fut créée le 3 nivose an XI (24 déc. 1802).

Comme annexe à ses publications, nous mentionnerons :

— Procès-verbaux des séances de la commission comm. du Havre; *Havre, Lemâle*, 1829, in-8 de VI et 230 p.

Les questions traitées par la commiss. étaient relatives au transit, aux fers, aux sucres, aux cafés, aux acajous, aux tabacs, etc.

— Commission commerc. du Havre. Rapport de la commiss. à ses commettants; *Havre, S. Faure*, 1835, in-4.
— Commission havraise des paquebots à vapeur pour l'Amérique; *Havre, Lemâle*, 1840, in-4 de 13 p.

Mém. signé A. Le Maistre, Reilly, Just Viel, H. Leloup, A. Normand, Morlot, Ed. Corbière.

LISIEUX. Chambre consult. des Arts et manufact. Lettre à M. le ministre de l'agric., du comm. et des trav. publics, sur le projet de loi proposant la levée du régime de la prohibition; *Lisieux, Pigeon*, 1856, in-4 de 4 p.
— Travaux de la Chambre consult. de Lisieux; *Ann. norm.*, 1857, p. 363-377.

LOUVIERS. Chambre consult. Observations sur le système prohibitif des tissus; *Louviers, Ch. Achaintre*, 1834, in-4.
— Chemin de fer de Paris à Caen. Enquête; *Louviers, Delahaye frères*, 1845, in-4 de 7 p.
— Rapport sur les houilles, août 1852; *Louviers, Mlle Boussard* (1852), in-4 de 20 p.
— Enquête départem. Rapport sur la direction de l'embranchement de Serquigny à Rouen; *Louviers, Delahaye frères*, 1853, in-8 de 14 p.

NORMANDIE. Au Roy. Les syndics de la Chambre du Comm. de la province de Norm., protestant contre la demande de franchise du port de St-Malo, comme contraire aux intérêts de la province de Norm. et du commerce en général; *Imp. de J. C.*, 1734, in-f. de 6 p.
— Mém. présenté à Nosseig. de la Cour de Parlement de Norm., par les syndics de la Chambre de Comm. de cette province, & par le procureur-syndic

des marchands (au sujet du maintien de la loi hypothécaire sur les meubles); *Rouen, v^e Pierre Machuel* 1746), in-f. de 23 p.

Le Parlement rendit à ce sujet l'arrêt suiv. : Arrest de la Cour de Parlement de Rouen qui ordonne qu'en discussion de meubles entre marchands, les obligations reconnues, préféreront les obligations non reconnues; que les non reconnues concurreront au marc la livre; et ordonne que le présent arrêt sera lu en la juridiction des prieur et juges-consuls des marchands, pour valoir de règlement. 4 fév. 1746; *Rouen, v^e P. Machuel*, s. d. (1746), in-f. de 8 p.

— Mém. des syndics de la Chambre de Commerce de Norm., contre les toiles imprimées, toiles teintes à la réserve, et autres contrefactions de toiles peintes, sous quelque dénomination que ce soit, & sur l'urgente nécessité de renouveler les loix prohibitives desdites toiles, toiles peintes & autres étoffes dont le port & usage est défendu; s. d. (1755), in-f. de 11 p.

— Mém. des syndics de la Chambre de Comm. de Norm., sur la déclaration du 7 avril 1759, concernant les jurisdictions consulaires; *Rouen, Laurent Dumesnil*, 1761, in-4 de 28 p.

— Observations des syndics de la Chambre de Comm. de Norm., servant de réponse à un mém. intitulé : *Sur l'étendue et les bornes des loix prohibitives du commerce étranger dans nos colonies;* Rouen, Laurent Dumesnil, 1765, in-4 de 22 p.

— Observat. de la Chambre de Comm. de la prov. de Norm., en réponse au mém. sur les *retours des navires des Colonies;* Rouen, Laurent Dumesnil, 1765, in-4 de 26 p.

— Mém. des syndics de la Chambre du Comm. de la province de Norm, concernant l'ordonnance de 1673; s. d. et s. n. d'imp., in-f. de 24 p.

—Observations des syndics de la Chambre de Comm. de Norm., sur l'arrêt du conseil du 30 août 1784 (commerce avec les colonies); *Rouen, Louis Oursel*, 1785, in-4 de 44 p.

—Observations de la Chambre de Comm. de Norm., sur le traité de comm. entre la France et l'Angleterre; (*Rouen, Imp. de J.-J. Le Boullenger*, 1787), in-4 de 75 p.

Ces observ. donnèrent lieu à la lettre suiv. :

— Lettre à la Chambre du Comm. de Norm., sur le mém. qu'elle a publié relativement au traité de comm. avec l'Angleterre (Signé (D. P.); *Rouen* et *Paris*, chez *Moutard*, 1788, in-8 de 285 p.

Par M. Dupont de Nemours, conseiller d'Etat, inspect. gén. du comm.; d'autres attribuent à tort cet ouv. à M. Midy Du Perreux, nég. à Rouen.

— Réfutation des principes et assertions contenus dans une lettre qui a pour titre : *Lettre à la Chambre du Comm. de Norm., sur le mém. qu'elle a publié relativement au traité de comm. avec l'Angleterre*, (par M. D. P.), par la Chambre du Comm. de Norm., 1788, (*Imp. de J.-J. Le Boullenger*), 2 part. in-8 de 80 et 114 p.

— Le mém. de la Chambre de Comm. est imp. à la suite de cette réfutation.

— Mém. pour obtenir que le comm. ait des représentants aux États-Généraux (1789), in-4 de 3 p.

La Chambre de Comm. de Norm., dont le siége était à Rouen, avait été créée le 23 juin 1703. On voit, dans la grande salle de la Chambre de Comm. de Rouen, un tableau de M. Schoppin rappelant cette institution, qui eut lieu sous l'administrat. de M. d'Herbigny, alors intendant de la province. M. Richard Lallemant, imp., fut le prem. prieur en charge.

Les phares élevés sur les côtes de Norm., au nombre de 4, savoir : un sur le cap de Gatteville, à la pointe de Barfleur; deux sur le cap de la Hève, près le Havre; un sur le cap de l'Ailly, à 8 kilom. de Dieppe, entre ce port et celui de St-Valery-en-Caux, ont été construits, d'après un arrêt du conseil du roi, en date du 10 déc. 1773, par les soins de la Chambre du Comm. de Norm. Pour fournir aux frais de construction de ces phares et à l'entretien des feux, on percevait un droit de quelques sols par tonneau sur tous les navires ou bateaux, français ou étrangers, qui sortaient des ports du Havre, Fécamp, Dieppe, St-Valery-en-Caux, port d'Eu et Tréport, Honfleur, Touques et Dives, la Hougue, St-Vaast et Courseulles, Isigny, Cherbourg, Barfleur, Rouen et Caen.

Une planche de grande dimension (représentant les phares de la Hève), gravée par Desmaisons, d'après les dessins de Cochin, a été exécutée, en 1782, aux frais de la Chambre du Commerce.

ROUEN. *Bureau de Commerce* (établi par le Comité de Salut public, le 4 ventôse, an III) et *Conseil de Commerce* (14 prairial, an IX), à Rouen. Le Bur. de Comm. n'a rien fait imprimer; mais le Cons. de Comm. a publié les mém. suivants :

Mém. du Conseil de Commerce du dép. de la S.-Inf., sur l'établissement d'un *entrepôt réel*, à Rouen ; *Rouen*, *P. Periaux*, an XI, in-4 de 17 p.

— Addition au Mém. du Conseil de Commerce du dép. de la S.-Inf., sur l'établissement à Rouen d'un entrepôt réel ; *Rouen, P. Periaux*, an XI, in-4 de 8 p.

— Dernières observat. sur la demande d'un entrepôt réel fourni par la ville et le commerce de Rouen; *Paris, Porthmann*, s. d., in-4 de 8 p.

Signé : Defontenay, maire, et Ch. Tarbé, négociant; députés de la ville et du commerce de Rouen.

— Souscription pour une médaille commémorative du voyage du 1er consul dans le dép. de la S.-Inf. ; *Rouen*, *P. Periaux*, an XI, in-4 de 4 p.

Souscription restée à l'état de projet.

Entre la cessation de la Chambre du Comm. de Norm. et la création de la Chambre de Comm. de Rouen, on institua, en l'an III, un *Bureau de Commerce*, et en l'an IX, un *Conseil de Commerce de la S.-Inf.*, destinés l'un et l'autre à stipuler les intérêts du commerce, de l'agriculture et des arts. Noel de la Morinière fut nommé secrét. du Conseil de Commerce. C'est également durant cet intervalle (déc. 1796) que fut constituée, à Rouen, la *Société libre pour concourrir au progrès du comm. et de l'industrie.*

— *Chambre de Commerce*, créée le 3 nivôse, an XI (24 déc. 1802). Cette chambre a fait les publications suiv. :

Observations de la Chambre de Commerce sur l'arrêté du 6 brumaire (an XII), et sur la proposition d'assujétir la fabrication et le commerce des étoffes à un régime de marques et visites domiciliaires, etc.; *Rouen, P. Periaux*, an XII, in-8 de 36 p.

— Observations sur l'arrêté du 5 brum., an XII, relatif aux toiles de coton ; *Rouen, P. Periaux*, 1804, in-8.

— Mémoire du Tribunal de Comm. et de la Chambre de Comm., sur l'instruction du conseiller d'état chargé de la partie de l'enregistrement, relative aux nouveaux droits de timbre, enregistrement, greffe, présentation, défaut et congé ; *Rouen*, *P. Periaux*, an XII, in-4 de 18 p.

— Mém. du Tribunal et de la Chambre de comm., sur le titre XXVI du livre II, et les titres I et II du liv. III du projet de Code de procédure civile; *Rouen, P. Periaux*, an XIII, in-4 de 28 p.

— Délibération sur la prohibition du coton filé étranger ; *Rouen, P. Periaux*, an XIV, in-4 de 42 p.

— Mém. sur la nécessité de maintenir le système prohibitif et sur les inconvénients d'un traité de comm. avec l'Angleterre; *Rouen, P. Periaux*, 1814, in-4 de 16 p.

— Mém. sur la nécessité de maintenir le système prohibitif et sur les inconvénients de tout traité de comm. avec l'Angleterre ; *Paris*, *Ant. Bailleul*, 1814, in-4 de 16 p.

Ce mém., signé Q. G. Dupont, président, et Duvergier jeune, secrétaire (27 mai 1814), a été rédigé par M. Pinel, et imp. sans que la chambre en ait été prévenue.

— Mém. sur les moyens d'assurer et d'accroître la prospérité du comm. en France ; *Rouen*, *P. Periaux*, 1814, in-4 de 16 p.

— Observations sur la demande d'un entrepôt général pour les denrées coloniales, à Paris ; *Rouen, P. Periaux*, 1814, in-4 de 9 p.

— Mém. sur le budjet de 1816, adressé à MM. les pairs de France et à MM. les députés des départements ; *Rouen*, *P. Periaux*, 1816, in-4 de 24 p.

— A MM. les pairs de France, à MM. les membres composant la Chambre des Députés (sur la prohibition des articles manufacturés similaires aux nôtres); *Paris*, *F. Didot*, s. d. (vers 1816), in-4 de 10 p.

— Pétition à MM. les pairs et députés, sur des droits proposés sur diverses denrées coloniales ; *Paris*, *P. Didot*, s. d., in-4 de 10 p.

— Observat. sur le rétablissement de la franchise du port de Dunkerque ; *Rouen, P. Periaux*, 1816, in-4 de 7 p.

— Observat. sur la nécessité de maintenir la prohibition des produits de fabrique étrangère et d'assurer l'exécution de l'art. 59 de la loi du 28 avril

1816; *Rouen, P. Periaux,* 1817, in-4 de 11 p.

— Réponse à la lettre de M. le directeur gén. des douanes, du 16 janv. 1824 (sur la question du rétablissement de la loi du 21 sept. 1793, relative à la navigation); *Rouen, P. Periaux,* 1824, in-4 de 15 p.

— Demande de suppression au tarif des douanes, de la distinction entre les cotons longue soie et courte soie (26 juin 1824); *Rouen, P. Periaux,* 1824, in-8 de 10 p.

— Projet d'établissement d'une station de remorqueurs d'aide et de sauvetage dans la Basse-Seine (27 oct. 1826); *Rouen, Nic. Periaux,* in-4 de 25 p.

— Observat. sur le projet de canal maritime de Rouen à Paris; *Rouen, N. Periaux,* 1830, in-8 de 31 p.

La chambre avait nommé, pour préparer un rapport sur le projet précité, une commission composée de MM. Casimir Caumont, Le Mire père, Le Caron et Henry Barbet, auxquels s'est réuni M. Le Brument, alors président de la chambre. M. C. Caumont fut chargé du rapport (avril 1830).

— Observat. sur les entrepôts de marchandises prohibées, avec faculté de transit, et réclamation contre cette extension d'entrepôt accordée aux ports de Bayonne, Dunkerque, Boulogne et Calais; *Rouen, N. Periaux,* 1831, in-8 de 15 p.

— Du système prohibitif. Réponse à la circulaire de M. le ministre du comm., du 20 sept. 1834, sur la question des tissus de coton et de laine; *Rouen, N. Periaux,* 1834, in-4 de 25 p.

— Tarif des houilles. Demande en réduction du droit sur les houilles étrangères, importées par mer, à 30 cent. par 100 kilog. pour tout le littoral de la France; *Rouen, N. Periaux,* 1837, in-4 de 7 p.

— Observat. sur la loi des sucres, votée par la Chambre des Députés, le 1er juin 1837; *Rouen, N. Periaux,* 1837, in-8.

— Rapports sur les questions relatives à l'amélioration de la Seine, et sur la proposition de divers barrages; *Rouen, N. Periaux,* 1837, gr. in-8 de 31 p.

— Lettre à M. le ministre du comm., sur les droits différentiels appliqués aux houilles; *Rouen, N. Periaux,* 1837, in-4.

— Statistique du commerce maritime du port de Rouen, ann. 1838-1842; *Rouen,* 4 cah. in-f., autogr. par *N. Periaux* et *A. Péron.*

L'année 1838 est disposée en placard et lithog. par *Perruche.*

— Ditto, ann. 1843-1856; *Rouen, Péron,* 1845-1857, 14 cah. in-4.

Long travail, exécuté en partie d'après des relevés faits à la douane de Rouen et les 2 vol. publiés chaque année par l'administration des douanes: *Tableau gén. du comm. de la France avec ses colonies, etc.,* et *Tableau gén. des mouvements du cabotage.*

— Observat. adressées à M. le ministre du comm. sur l'application de la loi du 4 juillet 1837, concernant le système décimal des poids et mesures; *Rouen, N. Periaux,* 1839, in-4 de 16 p.

— Observat. sur la mission commerciale en Chine; *Rouen, Péron,* 1843, in-4 de 15 p.

— Etat des économies que la navigation de la Basse-Seine devra éprouver si les améliorations projetées ont lieu, comparativement aux dépenses qu'elle a à supporter dans l'état actuel des choses; *Rouen, Péron,* 1845, in-8 de 4 p.

— Enquête sur les travaux à faire pour l'amélioration de la navigation dans la Basse-Seine (nov. 1844); *Rouen, Péron,* 1845, gr. in-8 de 128 p.

— Observations sur l'amélioration de la Basse-Seine (16 fév. 1844); *Rouen, Péron,* 1844, in-4 de 7 p.

— Observat. sur la nécessité d'améliorer la navigation de la Basse-Seine (14 juin 1844); *Rouen, Péron,* 1844, in-4 de 10 p.

— De la Clyde et de la Seine maritime (30 mai 1845); *Rouen, Brière,* 1845, gr. in-8 de 14 p., avec une carte de la Clyde.

Des exempl. de cette brochure se trouvent joints au Rapport fait par MM. J. Rondeaux et Le Picard sur l'amélioration de plusieurs rivières et ports à marées d'Angleterre et d'Ecosse, 12 déc. 1845.

— Amélioration de la Seine maritime (août 1845); *Rouen, Péron,* 1845, gr. in-8 de 15 p.

— Rapport sur la question relative au

transport des marchandises par la Compagnie du chemin de fer de Rouen à Paris (M. Germonière, rapporteur), 17 nov. 1845 ; *Rouen, Brière*, 1845, gr. in-8 de 12 p.

— Exploration de quelques rivières à marées d'Angleterre et d'Ecosse. Rapport sur les divers travaux exécutés pour l'amélioration de ces rivières (20 nov. 1845) ; *Rouen, Péron*, 1846, gr. in-8 de 26 p.

Rapport présenté par M. Th. Le Picard.

—Rapport sur l'amélioration de plusieurs rivières et ports à marées d'Angleterre et d'Ecosse (12 déc. 1845) ; *Paris, L. Mathias*, 1846, gr. in-8 de 48 p., avec 2 cartes.

Rapport présenté par M. Th. Le Picard et par M. J. Rondeaux rapporteur. On a joint à ce mém. la brochure intitulée : *De la Clyde et de la Seine maritime*, publiée en mai 1845.

— Amélioration de la Basse-Seine. Rapport fait à M. le ministre des trav. publics, par M. Doyat, ingén. en chef des ponts et chaussées, etc. (26 janv. 1846). Réponse de l'ingén. en chef des ponts et chaussées de la S.-Inf. aux objections faites le 10 fév. 1846, etc. V. DOYAT.

—Ukase Russe.—Pavillon tiers. Lettre à M. le min. des aff. étrangères, 2 fév. 1846 (à propos de l'ukase du 19 juin 1845) ; *Rouen, Péron*, 1846, in-4 de 7 p.

— Lettre à M. le ministre des trav. publics sur les tarifs du chemin de fer de Paris à Rouen (3 mars 1846) ; *Rouen, Péron*, 1846, in-8 de 42 p.

—Exposé des travaux de la Chambre de Commerce de Rouen, ann. 1846-1856 (sous la présidence de MM. J. Rondeaux et A. Le Mire) ; *Rouen, Péron*, 1847-1857, 5 cah. in-8.

— Question des sucres et des cafés ; *Rouen, Péron*, 1848, in-8 de 22 p.

— Endiguement de la Seine marit. Nécessité de prolonger les digues jusqu'à Honfleur et le Havre, et possibilité de pourvoir à la dépense de ces travaux au moyen d'un emprunt remboursable sur le produit de la vente des terrains d'alluvion à conquérir (sept. 1849) ; *Rouen, Péron*, 1849, in-8 de 19 p., avec une carte.

— Compte-Rendu du voyage d'exploration des travaux d'endiguement de la Seine marit., entrepris à la demande et aux frais de la Chambre de Comm. de Rouen, le 23 sept. 1849, sous les auspices de M. le vice-président de la République et de MM. les ministres des trav. publics, du comm. et de la marine ; *Rouen, Péron*, 1849, in-8 de 21 p.

— Enquête sur deux projets d'endiguement de la Seine marit., l'un depuis la Mailleraye jusqu'à Villequier, l'autre depuis Quillebeuf jusqu'à la Roque et Tancarville ; projets dressés par M. l'ingénieur en chef Doyat et soumis aux enquêtes par arrêté de M. le ministre des trav. publics, du 16 juillet 1850. Documents publiés par la Chambre de Comm. de Rouen ; *Rouen, Péron*, 1850, gr. in-8 de 80 p., avec 3 cartes.

Ces cartes sont :

Croquis indiquant les diverses directions que les courants et les marées ont successivement fait suivre au chenal de la Seine dans la baie de Quillebeuf à la Roque, en 1849 et 1850.

Cartes et plans de la Seine, dressés en 1677 et 1717.

Profil de nivellement des Thalweg et de la ligne d'étiage de la Seine entre Rouen et le Havre. — Plan de la Seine entre la Mailleraye et le Havre, avec le tracé des digues construites et à construire entre ces deux points, d'après le plan original de MM. les ingénieurs.

— Procès-Verbaux et autres Documents de l'enquête ouverte en sept. 1850, dans les dép. de la S.-Inf. et de l'Eure, sur deux projets tendant à compléter l'endiguement de la Seine marit., depuis la Mailleraye jusqu'à La Roque et Tancarville, etc. ; *Rouen, Péron*, fév. 1851, gr. in-8 de VII et 246 p.

V. sur ces projets :

— Enquête sur deux projets d'endiguement de la Basse Seine. Rapport d'une commission spéciale ; *Soc. libre d'émulat.*, 1851, p. 203-213. (M. Eug. Burel, rapporteur.)

—Remorquage dans la Seine marit. Lettre à M. le maire de Rouen, 27 oct. 1852 ; *Rouen, Péron*, 1852, gr. in-8 de 14 p.

— Carte de l'embouchure de la Seine, d'après la carte marine de Beautemps-Beaupré, indiquant les diverses routes que les navires ont successivement suivies depuis 1826 jusqu'à ce jour (1852), pour monter du Havre à Quillebeuf, par suite des nombreux changements qui ont lieu chaque jour dans la situation des bancs de la baie de Seine, déc. 1852; *Rouen, lithog. de Péron*, 1 f^lle gr. aigle.

— Question des houilles. Demande en suppression des zones et des droits différentiels; *Rouen, Péron*, 1852, in-8 de 14 p.

Il parut quelques jours après sur la même question: Houilles étrangères. Appel au Gouvernement pour obtenir que les houilles étrang. soient frappées, à leur entrée en France, d'un droit uniforme. Publication faite sous les auspices de manufacturiers et d'industriels de la S.-Inf. et de l'Eure, avec le concours de capitaines de navires et d'armateurs de tous les ports maritimes de France; *Rouen, Rivoire*, 1852, in-8 de 53 p. — Mém. rédigé par M. Courcelles, agréé près le tribunal de comm. de Rouen.

— Lettre à M. le maire de Rouen sur le remorquage dans la Seine maritime; *Rouen, Péron*, 1852, in-8 de 14 p.

— Exploration commerciale dans les mers du Sud et de la Chine, par M. Marc Arnaudtizon, délégué de la Chambre de Comm.; rapport de ce délégué; *Rouen, Péron*, 1854, gr. in-8 de 116 p.

— A M. le ministre de l'agricult., du comm. et des trav. publics. Réclamation contre les tarifs à prix réduits et les traités de faveur établis par les comp. de chemin de fer. 2 nov. 1855; *Rouen, Péron*, 1855, in-8 de 7 p.

— A S. Exc. M. le ministre de l'agricult., du comm. et des trav. publics. Mém. sur la question des traités de faveur établis par les compagnies de chemin de fer, 9 juillet 1856; *Rouen, Péron*, in-8 de 16 p.

— A S. Exc. M. le ministre de l'agricult., du comm. et des trav. publics. Lettre sur les tarifs d'abonnement établis sur les chemins de fer de l'ouest, 30 juillet 1856; *Rouen, Péron*, in-8 de 8 p.

— A M. le président et à MM. les membres du sénat. Pétition ayant pour but de demander la suppression des tarifs différentiels établis par la compagnie des chemins de fer de l'Ouest, 2 juin 1857; *Rouen, Péron*, in-8 de 22 p.

— Des tarifs d'abonnement proposés par les compagnies de chemins de fer. Opinion de M. de Vatimesnil (26 juillet 1857); *Rouen, Péron*, 1857, gr. in-8 de IV et 59 p.

VIMOUTIERS. Chambre consultative de Vimoutiers. A M. le minist. de l'agricult. et du comm. Industrie linière; *Lisieux, J.-J. Pigeon*, in-4.

Aucun de ces mémoires n'a été mis dans le commerce. Parmi les publications de ces diverses chambres, nous n'avons cru devoir indiquer *in extenso* que celles du Havre et de Rouen, comme étant les plus importantes de la province.

CHAMILLART (*Guy* de), intendant de la généralité de Caen, en 1652, a composé: *Recherches sur la noblesse et la généralité de Caen*, 1666, ms. in-f. de 215 p. (Catal. Morel de Vindé). Il en existe plusieurs copies.

CHAMILLART (*Michel* de), intendant de la généralité de Rouen, en 1689, contrôleur général des finances, en 1699, et secrétaire d'Etat de la guerre, en 1701, naquit à Caen, le 6 janv. 1652, et mourut à Paris, le 14 avril 1721. Le portrait de ce ministre, peinture du XVIIIe sc., se voit au musée de Versailles, salle n° 159. — V., sur sa vie, d'Auvigny, *Vies des hommes illustres de France*, t. VI, p. 288, et Voltaire, *Siècle de Louis XIV*.

CHAMPAGNAC (*J.-B.-J.*). Richard Cœur-de-Lion, duc de Normandie, roi d'Angleterre. Hist. complète de ses expéditions, de ses exploits, de sa captivité et des plus mémorables événements de son règne; *Paris, Lehuby*, 1842, in-12 de 287 p., avec 4 grav.

— Ditto, nouv. édit.; *Paris, Lehuby*, 1854, in-12 de 288 p.

Biblioth spéciale de la jeunesse, etc.

— Berthe et Théodoric, ou Gozlin, évêque de Paris. Hist. des siéges de Paris par les Normands, vers la fin du IXe sc. (845-886); *Rouen, Mégard*, 1853, gr. in-12 de 304 p., avec 4 grav.

Biblioth. morale de la jeunesse.

CHAMPAGNÉ, chanoine de Lisieux, et poète du XVIIIe sc. (Cité par L. Du Bois, *Biog. norm.*)

CHAMPION (*Pierre*), jésuite et prof. d'humanités, a écrit les *Vies des PP. Rigouleuc* et *Lallemand, celles des fondateurs des maisons de retraite, de Palafox, évêque d'Osma*, etc. Né à Avranches, le 19 oct. 1631, il mourut à Nantes, le 28 juin 1701.

CHAMPMESLÉ (*Marie* Desmares), actrice célèbre, née à Rouen en 1644, morte à Auteuil, le 15 mars 1698, fut en relation avec les gens de lettres les plus distingués de son temps, surtout avec Lafontaine et Racine. Elle inspira à ce grand tragique une passion profonde et reçut de lui des leçons de déclamation.— V. sur sa vie, une notice de Th. Lebreton, *Rev. de Rouen*, 1847.

Son mari, Charles Chevillet, dit Champmeslé, mort en 1701, était acteur à Rouen ; il composa quelq. pièces de théâtre qui ont été recueillies en 2 vol. in-12 ; *Paris*, 1742.

CHAMPS (*Gilles* des), cardinal, évêque de Coutances, etc., mort en 1413. V. DESCHAMPS.

CHAMPS (*Jacq.* des), traducteur d'Isaïe. V. DESCHAMPS.

CHANCEREL (*Bernard*), prédicat. et poète, cordelier, né à Caen, et mort à Rouen, le 3 nov. 1671. On lui doit un poème intitulé : *Triumphalis Fratrum mendicantium unionis applausus.*

CHANDELIER (*J.-B.* Le). Baptistæ Candelarii clarissimi viri, et regii (dùm in vita esset) in senatu Rothomagensi consiliarii Partheniorum liber unus; *Rothomagi*, apud *Rich. Allemanum*, 1593, pet. in-8 (en vers).

— Partheniorum liber. Proscriptorum à triumviris civium romanorum epicediorum libri tres; *Rothomagi*, apud *Rich. Allemanum*, 1593, pet. in-8.

— Virorum omnium consularium, ab instituto Rothomagensi senatu hactenùs ordine promotorum, libri IV.

Poëme biog. non imp. Le ms. est déposé à la Biblioth. Imp., à Paris.

Outre Louis XII, François Ier et les deux cardinaux-archev. Georges d'Amboise, Le Chandelier a célébré dans son poëme 20 présidents et 133 conseillers (du Parlement de Rouen), au nombre desquels il s'est compris lui-même. L'*Encomium* qui le concerne est le 2e du livre III.

— De vetusta Northmannie urbis que Rothomagensis nuncupatione opusculum; anno 1528, in-f., ms.

Biblioth. du cardinal Ottoboni, à Rome, coté P. et A. C. S. E. J. 10. (P. Lelong, no 35203.)

J.-B. LE CHANDELIER, poète distingué, né à Rouen vers la fin du XVe sc., mourut le 15 mai 1549. Il avait été reçu conseiller au Parlement, le 31 mai 1519. V. *Hist. du Parlem. de Norm.*, t. I, p. 334.

CHANDELIER (*A.*). Résumé de l'Hist. du commerce et de l'industrie de la France, depuis les temps les plus reculés jusqu'à nos jours ; suivi du résumé de l'*Hist. du comm. du Havre* depuis sa fondation, contenant des ext. tirés des meilleurs ouv. commerciaux, hist. et biograph., précédés du discours sur l'Hist. du comm., prononcé dans la salle de la Bourse, le 31 mars 1846; *Havre, Carpentier et Ce*, 1846, in-8 de 16 et 46 p.

Le discours sur l'Hist. du comm., qui forme la 1re part. de cet ouv., a été imp. à *Graville*, par *O. Prudhomme.*

CHANDEVILLE (*Eléazar* de Sarcilly, sieur de), poète, parent de Malherbe, né à Brucourt, près Caen, le 24 mars 1611, est mort à Paris, en 1633.

CHANFAILLY. Antiquités de la ville d'Alençon, ou factum historique pour l'église de St-Léonard d'Alençon ; *Alençon*, in-16 de 56 p.

« L'auteur de ce pet. ouv. (indiqué parfois sous le titre de *l'Antiquaire de la ville d'Alençon*), a hasardé beaucoup de faits, et prétendu prouver que l'église de St-Léonard d'Alençon était anciennement paroisse. Ses preuves ne sont rien moins que solides. On trouve ensuite un ext. du Chartrier du monastère de Ste-Claire d'Alençon. L'auteur avertit qu'il n'a point voulu changer la façon de parler du temps où l'ouv. a été composé ; cependant je l'ai vérifié sur l'original (dit Odolant-Desnos), et j'ai trouvé la plus grande partie des noms défigurés dans l'imprimé. C'est une description des maux que les religieuses de cette maison eurent à souffrir des calvinistes, en 1562 et non 1560, comme le dit l'imprimé, p. 32. » (P. Lelong, no 3 308.)

N. L'Orphelin, dit Chanfailly, clerc tonsuré, attaché à l'église de St-Léonard, né à Alençon, est mort au commencement du XVIIIe sc. (V. Odolant-Desnos, *Mém. sur Alençon*, t. II, p. 522.)

CHANLAIRE. Descript. topog. du départ. de la S.-Inf., etc. V. PEUCHET.

CHANSON (*J.*). Almanach récréatif pour 1849, contenant le calendrier, des prédictions météorologiques, etc., recueilli par un oisif; *Caen, Poisson et fils*, 1849, in-18.

— Alman. du commerce de Caen, contenant le calendrier et ses compléments, une notice sur la ville de Caen, ses monuments, ses établissements publics; la composition des administrations départem., communales, la liste des commerçants et propriét., etc., par un oisif, ann. 1849 et 50; *Caen, F. Poisson et fils*, in-16.

— Alman. du commerce, ou guide du voyageur et de l'étranger dans la ville de Caen et le départ. du Calvados, suivi d'un Dictionn. alphab., topog., archéol.

et hist. du départ., ann. 1853 et 54; *Caen, E. Poisson*, 1853, in-16.

CHANSON (*Julien*), prote de l'imp. Poisson, de Caen, a été, de plus, l'éditeur à Caen : 1° d'un journal politique intitulé : *l'Echo des clubs et associations, etc.*, fondé après le 24 fév. 1848, et qui a eu 5 mois d'existence; 2° d'un journal littéraire : *le Diable rose*, qui a paru du 8 oct. 1848 au 6 mai 1849, et dont la collect. forme 57 nos.

CHANSON nouvelle où est descrite la vertu et valeur des Lyonnais en la deffence de Pontoise; s. l. n. d., in-f. (*Bibl. Imp.*, cat., t. Ier, p. 343, Henri III.)

Cette pièce est contenue dans le Recueil du P. l'Etoile, intitulé : *Les belles figures et drolleries de la Ligue*, fol. 25, recto, chap. II, section VI, § 19, n° 6.

CHANSONNIER normand. V. BERRUYER.

CHANSONS composées à l'occasion du sacre et du couronnement de S. M. Charles X, et des cérémonies qui auront lieu à Rouen, en juin 1825.

CHANSONS NOUVELLES (le vinaigrier de la cour, la ruse et finesse des seruantes de Rouen, etc.); s. d. (vers 1650), pet. in-8 de 12 p. (Biblioth. de Rouen).

Recueil imp. dans le genre de la *Muse norm.*, et qui se trouve rel. avec un exempl. de cet ouv., 1re édit.

CHANT des Kyrie, Gloria, Credo, Sanctus et Agnus, avec les antiennes de Magnificat et de Benedictus des principales fêtes de l'année, à l'usage du diocèse de Rouen; *Rouen, Jore, imp. lib.*, s. d., in-12.

CHANT Rial faict en Forme de dialogve, a Sainct Nigaise, par deux bons Garchons Drappier, estant assichez à leurs aise sus, la Boise de nos Carties. Auec plusieurs autres sortes de beaux Discours, fort ioyeux & recreatifs pour resiouir les bons Esprits. Auec la chanson & regrets lamentables des habitans de S. Nigaise, sur la perte et deplorable rauissement de leurs Boise; *Roven, Adrien Morront*, 1622, pet. in-8 de 24 p. (Biblioth. de Rouen.)

On trouve à la suite 2 pièces, s. d. et s. l., mais qui, à leur physionomie, doivent avoir été publiées à Rouen par le même libraire, et qui appartiennent très-probablement au même auteur :

— Dialogve plaisant et recreatif entremeslé de plusieurs discours plaisans et facecieux, en forme de coq à l'asne; pet. in-8 de 8 p.

— Le Miroir des moines mondains; pet. in-8 de 8 p.

Compositions rimées dans le genre de la *Muse normande*, et qui pourraient donner à penser qu'elles sont de D. Ferrand.

CHANT triomphal de la celeste victoire d'Yury (Ivry), etc. V. NAVIÈRES (*Ch.* de).

CHANT triumphal de la victoire obtenue par Monseigneur le duc de Montpensier, contre les Rebelles et Séditieux, entre Falaize et Argenten... Par V. D. L. V. Gentilhomme françois (vers 1589). (Biblioth. Imp., *cat.*, t. 1er, p. 330, Henri III.)

CHANTEREYNE (*Avoine* de), député de la Manche sous l'Empire, puis prem. président de la Cour roy. d'Amiens, et enfin conseiller à la Cour de cassation, naquit à Cherbourg en 1762. Il est auteur de :

Hist. des Baillis du Cotentin, ms. (1787); *Biblioth. de la Soc. acad. de Cherbourg.*

— Hist. de Cherbourg, ms.; *Biblioth. de Cherbourg*; et d'un ouv. intitulé : *De la réforme des lois civiles*, 1790.

V. Notice de M. Asselin, *Mém. de la Soc. roy. acad. de Cherbourg*, 1835.

CHANU (*J.-B.*). Le tarif du notariat de Rouen, par lui arrêté le 16 mai 1821; suivi d'une Notice; *Gournay, Imp. de Vielle*, et *Rouen, François*, 1837, in-8 de 32 p.

Cet auteur a publié : en 1835, *La Taxe du Notariat, ou le Tarif du 16 fév. 1807 expliqué, etc.*; Gournay, Vielle, in-8; — en 1837, *Notice sur lui-même*, in-8; — en 1838, *De la Direction des aérostats*; Rouen, François, in-8 de 8 p.

CHANVALON (*François* de), archevêque de Rouen. V. HARLAY DE CHANVALON.

CHAPAIS DE MARIVAUX (le baron *Ch.-Bernard*), procureur général près la Cour imp. de Rouen, de 1803-1810, puis conseiller à la même cour, né à Rouen le 12 fév. 1754, est mort dans la même ville en 1832.

V. *Bullet. de la Soc. d'Emulat. de Rouen*, 1832, p. 38.

CHAPELAIN (J.), né à Préaux, est auteur d'une Hist. de Guillaume-le-Conquérant. (Cité par M. Du Bois, *Biog. norm.*)

CHAPELAIN (*Ch.-J.-B.* le), jésuite, né à Rouen le 15 août 1710, mort à Malines le 26 déc. 1779, acquit quelque célébrité par ses prédications à Versailles, à Vienne et à Paris. Parmi ses ouv., on cite un Recueil de sermons, *Paris*, 1768, 6 vol. in-12, Ces sermons ont été trad. en allemand la même année.

CHAPELLE (*Georges* de la), peintre et littérateur, XVIIe sc. V. LA CHAPELLE.

CHAPELLE (*Pierre-Daniel-Augustin*), compositeur de musique, naquit à Rouen en 1756. Il dirigea pendant plusieurs années l'orchestre de la Comédie-Italienne, composa et fit représenter sur ce même théâtre dix opéras, dont *l'Heureux Dépit* en 1785, et *le Double Mariage*, en 1786.

CHAPELLE (*J.*). The ships master's assistant in the port of Havre; *Havre, Flambard*, 1857, in-12 de 70 p.

CHAPELLE (la) de St-Thibault. Vie de S. Thibault; *Paris, F. Didot*, 1852, in-8 de 16 p., et *Evreux, Hérissey*, 1853, in-8 de 12 p.

Cette chapelle a été érigée en 1852 dans une plaine du canton de Nonancourt, paroisse de la Madeleine (Eure).

CHAPELLE (la) normande, légende normande; *Caen, Delos*, 1855, in-8 de 8 p.

Ext. du journal *l'Ordre et la Liberté*.

CHAPPE (*Ignace-Urbain-Jean*), né à Rouen en 1760, est mort en 1828. Nommé administrateur des lignes télégraphiques avec Claude Chappe, son frère, il fut, à la mort de celui-ci en 1805, continué dans ses fonctions jusqu'en 1823. Il a publié, en 1824, l'*Histoire de la Télégraphie*; Paris, 2 vol. in-8.

CHAPPERIE (Ourry de la), jurisconsulte du XVIe sc. V. LA CHAPPERIE.

CHAPPERON (*Louis*), poète, né à Rouen dans le XVe sc., fut couronné deux fois par l'Acad. des Palinods de Rouen (1486 et 1487), pour des poésies françaises en l'honneur de l'Immaculée conception de la Vierge. — V. Ballin, *Notice hist. sur l'Acad. des Palinods*, p. 46.

CHAPPUYS ou CHAPUIS (*Claude*), naquit au commencement du XVIe sc., à Amboise, en Touraine, suiv. le P. Nicéron. Lacroix-Dumaine se trompe en le faisant naître à Rouen, induit en erreur sans doute par le long séjour que Chappuys a fait dans cette ville, où il a possédé différents bénéfices dans la cathédrale. Il fut d'abord valet de chambre de François Ier et son bibliothécaire, ou, comme on disait alors, son *libraire*. Il embrassa ensuite l'état ecclésiastique, et le roi, contrairement à la voie élective, le nomma haut doyen de l'église de Rouen; il mourut vers 1572. On a de lui: *La Complainte de Mars sur la venue de l'Empereur en France* (en 1539); Rouen, in-8. — *L'Aigle qui fait la poule devant le coq à Landrecy*, poème; Paris, Rosset, 1543, in-8. — *Discours de la Court* (en vers); Rouen, par Claude Le Roy et Nicolas Le Roux, 1543, in-8. — *Harangue au Roi Henri 2 lorsque ce prince fit son entrée à Rouen en 1550*. — *La réduction du Havre de Grace par le roi Charles IX*; Rouen, Martin Le Mesgissier, 1563, in-4 de 8 p., en vers. Son neveu, Gabriel Chappuys, né également à Amboise, vers 1550, et mort dans les premières années du XVIIe sc., est auteur d'un grand nombre d'ouv., principalement de traductions de l'espagnol et de l'italien. parmi ces traduct. on distingue celle du *Roland furieux, de l'Arioste*; Rouen, Claude Le Villain, 1617-1618, 3 part., in-8, fig.

V. Pommeraye, *Hist. de la cathéd. de Rouen*, p. 319, 339, 412. — Nicéron, *Mém.*, t. XXXIX, p. 85-89 et 90-114.

CHAPUS (*Eugène*). Dieppe et ses environs; ouv. illustré de 12 vig. et d'un plan; *Paris, Hachette*, 1853, in-16 de 200 p.

— De Paris à Dieppe; *Paris, Hachette*, 1856, in-16 de 272 p. avec 62 vign., dessinées d'après nature par Morel-Fatio, Daubigny, etc., et une carte.

— De Paris au Havre, ouv. illustré de 80 vign., dessinées d'après nature par Morel-Fatio, Daubigny, etc.; *Paris, Hachette*, 1856, in-16 de 296 p., avec cartes et plans.

Ces 3 ouv. font partie de la *Biblioth. des chem. de fer*.

CHAPUS (*Eugène*) et VIDAL (*Léon*). Aux bains de mer de Dieppe; *Paris, A. Levavasseur*, 1838, 2 vol. in-12.

CHARAULT (*L.-R.*). Mémoire sur les eaux minérales de la Herse, situées près de Bellême (Orne); *Paris, Simon Dautreville*, 1853, in-8.

CHARDINY ou CHARDIN (*Louis-Armand*), chanteur à l'Acad. royale de musique et compositeur, né à Rouen, en 1755, est mort en 1790. Il fit jouer sur le théâtre de Beaujolais, en 1785 et 1786, quelq. opéras-comiq. qui eurent du succès.

CHAREAU (*Paul-Benj.*). Le fils du fermier, mœurs normandes, épisodes contemporains; *Paris, Pétion*, 1844, 2 vol. in-8.

Ouv. publié sous le nom de Paul Ben.

M. CHAREAU, né au Havre, est, indépendamment de cet ouv., auteur de *l'Education au XIXe sc.*; Paris, 1839 et, avec M. A. D., de *la Science de bien vivre*: Paris, 1844.

CHARDON (exportation du). A. S. Exc. le ministre secrétaire d'Etat au départ. des finances, les maires, propriétaires et cultivateurs des communes de Léry, Vaudreuil, St-Etienne, St-Pierre-de-Vauvray, Portejoie, Tournedos, Poses,

Senneville, Amfreville-sous-les-Monts, Pitres, Romilly, Pont-de-l'Arche, etc.; *Rouen, Duval*, 1816, in-4.

Réclamation contre l'ordonn. du 9 nov. 1816, qui prohibait l'exportation du chardon.

CHARLEMAGNE, poëme anglo-norm. du XIIe sc., publié par M. Fr. Michel. V. MICHEL.

CHARLES D'ALENÇON. Histoire de Charles d'Alençon, qui fut archevêque de Lyon, et mourut en 1375; *Hommes illust. de l'ordre de St-Dominique*, par le P. Touron, t. II, p. 481-487.

CHARLES II, dit *le Mauvais*, roi de Navarre et comte d'Evreux, né dans cette ville en 1332, fut élevé à la cour de Philippe de Valois, et se fit admirer dans sa jeunesse par son savoir, son éloquence et les grâces de sa figure. Plus tard, dévoré par l'ambition, ce prince fomenta des troubles dans le royaume, ne recula pas même devant un assassinat, et, pour prix de ses méfaits, reçut le surnom de *Mauvais*. Il avait épousé, en 1351, Jeanne de France, fille de Jean le Bon. Il périt de mort violente, à Pampelune, le 1er janv. 1387. Son port., ainsi que celui de sa sœur, Jeanne d'Evreux-Navarre, vicomtesse de Rohan, morte le 20 nov. 1403, se voient au musée de Versailles, salle n° 153. V. Secousse, *Mém. pour servir à l'hist. de Charles II, etc.*

CHARLES VIII. V. *Nouvelles du roy, etc.*

CHARLES (*François*). Profession de foy catholiqve provvée par l'escritvre, les Conciles, et les Peres des cinq premiers siècles. Et présentée à tous les ministres de France, et principalement aux s[rs] Grand-Champ, de la Frenée et Darthenay ministres à St-Lo, etc., pour leur seruir de reigle dans les discours qu'ils voudront faire contre la doctrine de l'Eglise. Par Francois Charles, parisien, missionaire, et prédicateur deputé pour les controuerses; *St-Lo, chez Jean Pien*, imp. et lib. de la ville, et se vendent à *Rouen*, chez *Bonav. Le Brvn*, lib. au Palais, 1663, in-12 de 227 p. et 6 ff. prélim.

CHARLES DE St-PAUL, évêque d'Avranches. V. VIALART.

CHARLES. Comptes des Constitutions et de la Doctrine de la Société se disant de Jésus, rendus au Parlem. de Norm., toutes les Chambres assemblées, les 16, 18, 19, 21, 22 et 23 janv. 1762; s. l., 1762, in-12 de 145 p.; plus :

—Compte de la doctrine de la Société se disant de Jésus; 282 p.

Lorsqu'en 1761, le Parlement s'occupa de la fameuse affaire des jésuites, M. Charles fut chargé de l'examen des constitutions de cet ordre, et rédigea le rapport ci-dessus qui lui mérita les félicitations de la cour. V. Floquet, *Hist. du Parlem. de Norm.*, t. VI, p. 334 et suiv.

D'après une note ms. placée sur un exempl. du livre précité que possède la Biblioth. de Rouen, M. Ancel, avocat au Parlement, a travaillé, conjointement avec M. Charles, au réquisitoire contre les jésuites.

— Considérations du Tiers-Etat de la province de Norm. sur l'assemblée des futurs Etats-Généraux; 1789.

—Examen des principaux droits, impôts et impositions qui se perçoivent dans la province de Norm., adressé aux futurs représentants de la province aux Etats-Généraux.

CHARLES (*J.-B.-Benoît*), fils d'un référendaire de la chancellerie de l'église de Rouen, né dans cette ville en 1730, mourut dans la même ville, le 20 fév. 1804. En 1755, il fut pourvu d'une charge de substitut de M. le Procureur général au Parlem. de Norm. En 1800 il fut élu membre du Conseil des cinq-cents. M. Charles appartenait à l'Acad. de Rouen, en 1765.

CHARLES. Cantate en l'honneur de Corneille, par M. Charles, artiste du théâtre des Arts, à Rouen, exécutée sur ce théâtre, le 28 juin 1828.

CHARLEVAL (*Jean-Louis* Faucon de Ris, seigneur de), poëte et littérateur, né à Charleval (Eure) en 1612, d'une famille qui a donné 4 prem. présidents au Parlem. de cette province, mourut à Paris, le 9 mars 1693. Ce magistrat, protecteur des lettres et des arts, a cultivé lui-même la poésie. Lefebvre de St-Marc a rassemblé tout ce qu'il a pu des vers de Charleval; il les a publiés et réunis avec ceux de St-Pavin, en 1 vol. in-18; *Paris*, 1759.

CHARLIER. Esprit du grand Corneille, ext. de ses œuvres dramat.; *Bouillon*, 1773, 2 vol. in-12.

Cité par M. Tachereau, *Hist. de P. Corneille*.

CHARLIER (*R.*). Mémoire sur quelques antiquités de la forêt domaniale de Brotonne, et notamment sur une mosaïque romaine découverte le 13 sept. 1839; *Mém. de la Soc. des Antiq. de Norm.*, t. XI (1840), p. 264-271, avec 2 pl., dont 1 col.

— Notice sur les fouilles exécutées en 1843, dans la forêt de Brotonne, au triage de la Petite-Houssaie, canton de Caudebec; *Mém. de la Soc. des Antiq.*

de Norm., t. XIV (1846), p. 9-20, avec 4 pl.

L'auteur était insp. des eaux et forêts.

CHARMA (*Antoine*). Notice sur Fontenelle; 1846, gr. in-8 de 16 p., avec port. *Poètes norm. publ. par Baratte.*

Une 2e édit., très augmentée, a paru sous le titre de : *Biographie de Fontenelle*, Caen, A. Hardel, 1846, in-8 de 96 p.

Ext. des Mém. de l'Acad. de Caen, 1847.

— Discours d'ouverture, prononcé à la séance publique de l'Acad. des Sc., Arts et B.-Lett. de Caen, le 22 nov. 1849; *Caen, Hardel*, 1849, in-8.

— Lanfranc. Notice biographique, littéraire et philosophique, lue à la séance publ. de la Soc. des Antiq. de Norm., le 6 août et le 2 nov. 1849; *Paris, Hachette*, 1850, in-8 de 160 p. (*Imp. de A. Hardel, à Caen.*)

Ext. des Mém. de la Soc. des Antiq. de Norm., t. XVII.

Cette notice a été reproduite dans la *Rev. de Rouen*, ann. 1849 et 1850.

— Sur un billet d'indulgences délivré au XIIIe sc., par l'abbaye d'Ardennes, à ses bienfaiteurs; *Caen, Hardel*, 1850, in-8 de 36 p., avec un fac-simile.

Ext. des Mém. de la Soc. des Antiq. de Norm., t. XVII.

— Protestation contre la démolition de l'église de St-Etienne-le-Vieux, à Caen; *Caen, Hardel*, 1850, in-f. de 4 p., avec 2 lithog.

Cette protestation, signée également par MM. L. Hettier, Ch. Bourdon, G. Bouet, G. Dupont, a été réimp. en tête du t. XXI (1855) des Mém. de la Soc. des Antiq. de Norm. Elle a été adressée, sous forme de Mém., à M. le ministre de l'intérieur.

— Notice sur un ms. (du XIVe sc.) de la Biblioth. de Falaise; *Caen, A. Hardel*, 1851, in-8 de 43 p., avec fac-simile.

A été réimp. dans les Mém. de la Soc. des Antiq. de Norm., t. XIX (1851), p. 37-60.

— Sur quelques objets antiques découverts à Notre-Dame-de-Livoye, près Avranches; *Mém. de la Soc. des Antiq. de Norm.*, t. XIX (1851), p. 312-316, avec une pl.

— Rapport sur les fouilles exécutées (en 1851) au Catillon, près Bénouville, au nom de la Soc. des Antiq. de Norm., par une commiss. composée de MM. A. Charma, l'abbé Durand et G. Mancel; *Caen, Hardel*, 1852, in-8 de 31 p., avec une pl.

Ce compte-rendu, fait par M. A. Charma, est inséré dans les Mém. de la Soc. des Antiq. de Norm., t. XIX (1851), p. 485-500.

Le Catillon, situé à 11 kilom. de Caen, vers l'embouchure de l'Orne, était un point qu'il importait de protéger dans les prem. siècles de notre ère contre les invasion des pirates.

— Guill. de Conches. Notice biog., littér. et philosop., lue à la séance publique, tenue à Caen, le 7 août 1851, par la Soc. des Antiq. de Norm.; *Revue de Rouen*, 1852, p. 65-74;— *Mém. de la Soc. des Antiq. de Norm.*, t. XXII, (1856), p. 399-430.

— St-Anselme. Notice biograph., littéraire et philosophique; *Caen, Hardel*, 1853, in-8 de 296 p.

Ext. des Mém. de la Soc. des Antiq. de Norm., t. XX (1853), p. 1-161. Ce travail, divisé en 3 part., sera lu avec intérêt par les personnes qui suivent les développements de la philosophie scholastique et par celles qui étudient l'hist. de Norm. ou l'hist. d'Angleterre. (V. L. Delisle, *Biblioth. de l'Ecole des Chartes*, t. V, série 3 (1854), p. 298.)

— Sur les fouilles pratiquées à Jort (Calvados), pendant les années 1852-1853; *Caen, Hardel*, 1854, in-8 de 40 p., avec 2 pl.

Ext. des Mém. de la Soc. des Antiq. de Norm., t. XX (1853).

— Rapport sur les fouilles faites à la Cambe; par A. Charma et J. Mancel; *Mém. de la Soc. des Antiq. de Norm.*, t. XIX (1851), p. 123-128, avec 1 pl.

La Cambe dépend du canton d'Isigny, près de la rivière d'Aure.

— Documents inédits sur les Palinods; *Rev. de Rouen*, 1852, p. 413-421.

A trait principalement au Palinod de Caen.

— Magni Rotuli scaccarii, pars secunda, etc. (1852), (avec le concours de M. Léchaudé d'Anisy. V. *Magni Rotuli, etc.*

— Sur les fouilles de Vieux, note lue à la séance publique de la Soc. des Antiq. de Norm., le 8 août 1853; *Caen, Delos*, 1853, in-8 de 7 p., avec une pl.

Ext. du journal *l'Ordre et la Liberté* et des *Mém. de la Soc. des Antiq. de Norm.*, t. XX (1853), p. XXXIV-XXXVIII.

— Charles-Julien Bourdon, notice biog. lue à l'Acad. des Sc., Arts et B.-Lett. de Caen, le 26 nov. 1852; *Caen, Delos*, 1853, in-8 de 15 p.

Ext. du journal *l'Ordre et la Liberté*.

dré dv Chesne ; *Paris, Pierre le Mvr*, 1617, in-4 de 868 p., plus la table et VIII ff. prélim.
Cette édit., la plus complète d'Alain Chartier, contient, outre l'hist. de son temps et celle du règne de Charles VII, *l'Espérance*, *le Quadrilogue invectif*, quelques écrits latins, etc. La 2e part. contient les poésies. On trouve parfois cette même édit. avec l'adresse de *Sam. Thiboust*.

— Les Croniques du feu roy Charles septiesme de ce nom que Dieu absoulle, contenans les faitz et gestes du dit seigneur, lequel trouva le royaulme en grant desolation, et neantmoins le laissa paisible. Laduenement de la pucelle, faitz et gestes d'icelle et autres choses singulieres aduenues de son temps. Redigees par escript par feu maistre Alain Chartier hõme bien estime en son temps, secretaire dudit feu roy Charles VII ; *Paris, Fr. Regnault*, 1528, pet. in-f. goth.
Ces chroniques ont été réimp. sous le titre de : L'histoire mémorable des grands troubles de ce royaume soubs le Roy Charles VII. Contenant la grande desolation en laquelle il se trouua a son aduenement a la couronne par l'usurpation des angloys, etc.; *Nevers, P. Roussin*, 1594, in-4.

— Rondeavx et balladea inédites d'Alain Chartier publiés d'après vn ms. de la biblioth. Méjanes, à Aix. (Par Ph. de Chennevières); *Caen, Imp. de Félix Poisson et fils*, 1846, in-16 goth. de v et 11 p., tiré à 120 exempl. sur 3 pap. différents, dont quelq. uns sur gr. pap., avec initiales en rouge.
V. De la Rue, *Essais sur les Bardes*, t. III, p. 341-343. — G. Mancel, Notice. 16 p., avec portr., dans les *Poètes norm., publiés par Baratte*. — Id., *Etude bibliog. et littéraire sur ce poète*; Bayeux, 1849, in-8 de 44 p. — Pezet, Recherches hist. sur la naissance, et la parenté d'Alain, Jean et Guill. Chartier, etc., *Mém. de la Soc. d'Agr. de Bayeux*, t. 1er. — Brunet, *Man. du Lib.*, t. 1er, p. 639.

CHARTIER (*Guillaume*), frère du précédent, élu évêque de Paris le 6 déc. 1447, commissaire pour la révision du procès de la Pucelle d'Orléans, naquit à Bayeux vers 1385, et mourut le 1er mai 1471, à Paris, où il fut inhumé dans le chœur de la cathédrale.

CHARTIER (*Jean*), frère des précédents, né à Bayeux, est mort en 1461 ou 1462. Historiographe de France et religieux de St-Denis, il mit en ordre les chroniques de France, dites de St-Denis, et les continua jusqu'à la mort de Charles VII. L'*Hist. de Charles VII*, éditée par Den. Godefroy, forme 1 vol. in-f.; *Paris, Imp. roy.*, 1661.

CHARTIER (*Pierre*), oratorien, né à Vire, est auteur d'un *Dictionnaire apostolique*, imp. à Lyon en 1685, et de poésies latines couronnées à Caen en 1664 et à Rouen en 1680.

CHARTIER (*Jean Le*), curé de St-Ouen du Breuil (S.-Inf.), né à Caen en 1667 et mort le 1er nov. 1737, a publié une *Dissertation* sur la vraie cause de l'exil d'Ovide.

CHARTRES, Ordonnances, Lettres patentes, Arrêts, Jugemens et Sentences, contenans les priviléges des ajusteurs, monoyeurs et taillcresses du serment de France, dont les originaux vidimus et copies sont dans le chartrier des monoyeurs et ajusteurs, tenans garnison en la Monnoie de Rouen; *Rouen, J. J. Le Boullenger*, 1761, in-12 de XXXIV et 645 p., plus la table alphab., XLVI p.

CHARTREUX. A nosseigneurs de Parlement en la Chambre de Tournelle. Suplient humblement les Prieur & religieux de la Chartreuse de St-Julien-lez-Rouen, seigneurs du fief et Haute Justice de la Fontaine Jacob, Demandeurs en exécution d'arrest de la Cour du 10 avril 1734, etc. — Contre les sieurs Maire, Eschevins et Procureur du Roy de l'hôtel de ville de Rouen, defendeurs de l'execution dudit arrest, etc. (au sujet de l'exercice de certains droits de pêche, de mouture, etc.); *Rouen, Imp. de Michel Lallemant*, 1740, in-f. de 16 p.

CHARTRIER et Histoire de la Chambre des Comptes de Normandie; ms., XVIIIe sc., 15 vol. in-f. (Biblioth. de Rouen.)

CHASSAN (*Jos.-P.*), né à Marseilles le 21 janv. 1800, memb. de l'Acad., ancien prem. avocat gén. près la cour roy. de Rouen, est aujourd'hui l'un des avocats les plus distingués du barreau de la même ville. Quoique n'appartenant pas à la Norm. par sa naissance, M. Chassan a reçu droit de cité par une longue résidence dans la ville de Rouen et par les honorables fonctions qu'il a été chargé d'y remplir. Il est auteur de :

— Traité des délits et contraventions de la parole, de l'écriture et de la presse; 2e édit.; *Paris, Videcoq père et fils*, 1846, 2 forts vol. in-8. (*Imp. de H. Rivoire, à Rouen.*)

— Essai sur la symbolique du droit, précédé d'une introduction sur la poésie du droit primitif; *Paris, Videcoq fils aîné*, 1847, in-8. (*Imp. de H. Rivoire à Rouen.*)

— Lois sur la presse depuis le 24 fév. 1848, avec notes et observat.; *Paris, Videcoq fils aîné*, 1851, in-8.

CHASSANT (*Alph.*). Puy de musique,

érigé à Evreux, etc.; *Evreux*, 1837, in-8.

Publié de société avec M. Bonnin. V. ce nom.

— Des joyeuses coutumes anciennement observées aux entrées et réceptions des baillis, gouverneurs et autres personnes de distinction dans la ville d'Evreux; *Evreux, J. Ancelle*, 1843, in-8.

Ext. des Trav. de la Soc. libre de l'Eure, 1842.

—Notice historique sur la tour de l'Horloge d'Evreux; *Evreux, J. Ancelle*, 1844, in-8 de 39 p., plus 2 pl.

Ext. du Rec. des trav. de la Soc. libre de l'Eure, 1843.

— La Muse normande de Louis Petit, de Rouen, en patois normand, 1658, publié d'après un ms. de la biblioth. de M. L. M. de Louviers; *Rouen*, 1853, in-12. V. PETIT.

CHASSANT (*Alphonse*), anc. biblioth. de la ville d'Evreux, s'occupe avec succès d'études paléographiques et histor. En 1851, la Soc. libre d'Agric., Sc., Arts et B.-Lett. de l'Eure lui a décerné une médaille d'or pour un travail biograph. sur les hommes célèbres du dép. de l'Eure. Un rapport de M. Th. Bonnin, au nom de la commission chargée de l'examen des ouv. envoyés au concours, a été imp. en 1851; *Evreux, Hérissey*, in-8 de 12 p., et la nomenclature des noms de tous les hommes sur lesquels M. Chassant a réuni des documents, a été imprimée à Evreux, chez Hérissey, et forme 16 p. in-8. Il est à regretter que ce travail n'ait pas encore été publié.

On doit de plus à M. Chassant :

— Essai sur la paléographie française, ou introduction à la lecture des écritures usitées dans les Chartres et autres titres aux XIe, XIIe, XIIIe, XIVe, XVe, XVIe et XVIIe sc.; *Evreux, Ancelle fils*, 1835, in-8 de 24 p., c'est-à-dire 15 pl. fac-simile, 8 p. table des abrév. et un titre lithog.

— Ditto, 2e édit.; *Evreux, J.-J. Ancelle fils*, 1839, gr. in-8 de IV et 51 p., avec 8 tableaux.

— Ditto, 3e édit.; *Paris, J.-B. Dumoulin*, 1847, in-12 de VII et 88 p., avec VIII tableaux. (*Imp. de Louis Tavernier et Ce, à Evreux.*)

— Ditto, 4e édit., revue, corrigée et augm.: 1° d'une instruction sur les sceaux et leurs légendes, avec pl.; 2° des règles de c.[illegible]ique des diplomat. B. B. sur les chartes, les mss. et les sceaux; *Paris, J.-B. Dumoulin*, 1854, in-12 de 112 p., avec 9 pl., fac-simile in-4. (*Imp. de Canu, à Evreux.*

Cet ouv. facilite l'étude de la paléographie et la met à la portée des gens du monde.

— Oraisons très devotes, plaisantes et bien composées en l'honneur de la Royne du Paradis; *Evreux, J. Ancelle fils*, 1838, in-8, goth., de IV et 27 p.

Oraisons en vers des XIIIe et XVe sc.

—Dictionn. des abréviations latines et franç., usitées dans les inscriptions lapidaires et métalliques, les mss. et les Chartes du moyen âge, précédé d'une explic. de la méthode brachygraphique employée par les graveurs en lettres, les scribes et les copistes du Ve au XVIe sc.; *Evreux, Cornemillot*, 1846, in-12 de IX, XXXII et 136 p. (les p. 1 à 112, contenant le Dictionn. des abréviations, sont imp. en lithog.) *Imp. de L. Tavernier et Ce.*

— L'Advocacie Notre-Dame, ou la Vierge Marie plaidant contre le Diable. La chapelle du château de Bayeux, poëmes en franco-norm. du XIVe sc., publ. d'après un ms. de la Biblioth. d'Evreux; *Evreux, L. Tavernier*, 1847, in-8.

Ext. des Mém. de la Soc. libre d'Agric., Sc., Arts et B.-Lett. de l'Eure, 1847.

— L'Advocacie Notre-Dame, ou la Vierge Marie plaidant contre le Diable. Poëmes du XIVe sc. en langue franco-norm., attribué à Jean de Justice, chantre et chanoine de Bayeux, fondateur du collége de justice à Paris, en 1353. Ext. d'un ms. de la Biblioth. d'Evreux; *Paris, Aug. Aubry*, 1855, in-12 de XV et 72 p. (*Imp. de Monton aîné, aux Andelys.*)

Réimpression, avec notes et glossaire, du poëme précédent. Ce poëme comprend 2,248 vers de 8 syllabes.

—Petit Vocabulaire latin-français du XIIIe sc. Ext. d'un ms. de la Biblioth. d'Evreux; *Paris, Aug. Aubry*, 1857, in-12 de XVI et 47 p. (*Imp. de Canu, à Evreux.*)

— Les nobles et les vilains du temps passé ou recherches critiques sur la noblesse et les usurpations nobiliaires; *Paris, Aug. Aubry*, 1857, in-12 de VIII et 299 p. (*Imp. de A. Hérissey, à Evreux.*)

CHASSEUR (Le) Normand au gibier d'eau et aux oiseaux de passage dans la S.-Inf., par Paul B...... (Bellest); *Rouen, Mégard*, 1844, in-18 de 48 p.

CHASTE (de), gouverneur de Dieppe. V. CHATTES.

CHASTENAY (Mme *Vict.* de). Les Chevaliers Normands en Italie et en Sicile; et considérations générales sur l'histoire de la chevalerie et particulièrement sur celle de la chevalerie en France, par Mme V. de C........; *Paris, Maradan*, 1816, in-8 de 305 p.

CHASTENAY (Mme *Louise-Marie-Victorine* de), née à Paris en 1771, est décédée le 9 mai 1855. Cette dame, aussi distinguée par son savoir que par ses qualités aimables, est auteur de plusieurs autres ouv. étrangers à notre sujet. Ils sont tous anonymes. La *Littér. franç. contemp.*, t. II, indique la naissance de Mme de Chastenay en 1770, à Marvis, près Châtillon-sur-Seine.

CHASTILLON. Topographie françoise ov representations de plvsievrs villes, bovrgs, plans, chasteavx, maisons de plaisances, rvines et vestiges d'antiquitez dv royavme de France, dessignez par defunct Claude Chastillon et autres; Et mis en lumiere par Jean Boisseav, enlumineur du Roy pour les cartes géograph.; *Paris, Boisseav*, 1648, in-f.

Collect. intéressante de vues de villes et de monuments au nombre de plus de 500, gravées d'après des dessins exécutés sous les règnes de Henri IV et de Louis XIII. Les pièces concernant la Norm. sont les suiv. :

Ville de Falaise, — Château de Gaillon, — Fort de Gournay, — Chapelle de N.-D. de Lisieux, — Ville de Louviers, — Mont-St-Michel, — Ville de Mortaigne, — Pont-de-l'Arche, — Ville et Château de Pontoise, — L'admirable liev et citadelle de Qvillebœvf aultrement Hanricarville port de mer de grande importance, — Abbaye et forteresse de Ste-Catherine, près de Rouen, — Petite ville de Vernon-sur-Seine.

CHATEAU (le) d'Eu; *Paris, Pihan Delaforest Morinval*, 1837, in-4 de 28 p., avec 41 pl.

CHATEAU (le) d'Eu; *Paris, Thomassin*, in-4 de 22 p.

Ces 2 ouv. sont attribués à M. P. F. L. Fontaine, archit. du roi, né à Pontoise le 20 sept. 1762, mort à Paris le 10 oct. 1853.

CHATEAUBRIAND (vicomte de). Vie de Rancé; *Paris, Delloye*, 1844, in-8 de VIII et 279 p.

CHATEAUGIRON, capitaine au régiment de Norm., fils du directeur de la Douane de Rouen, publia plusieurs pièces de vers dans les recueils et les journaux du temps. Adrien Pasquier, dans ses Biograph. mss., cite le *Faux Serment* et *l'Homme à sentiment*, comme étant les deux principales pièces composées par Châteaugiron. Cet auteur est né à Rouen vers la moitié du XVIIIe sc.

CHATEL (*Louis* Lautour du). V. LAUTOUR.

CHATELLIER (*Charles-Louis* Salmon du), évêque d'Evreux, de 1821-1841, né au château du Châtellier, le 24 août 1761, mort le 8 avril 1841. V. son *Eloge hist., par un de ses grands vicaires*; Evreux, Canu, 1842, in-12.

CHATELRAUT (*Henri*), religieux de l'ordre de St-André en Gouffern, a laissé en ms., sous forme de chronique, l'histoire de cette abbaye. Le P. Lelong (no 13127) indique ce ms. comme étant conservé dans l'abbaye de St-André, en Goufforn (ordre de Citeaux), au diocèse de Sées.

CHATILLON (*Claude-Nic.*), poète et musicien, né à Rouen, le 14 oct. 1776, est mort le 26 janv. 1826. Cet auteur a publié : *La Maison des fous*, com. mêlée de couplets, en un acte; Paris, 1821, in 8; —*Epître aux Muses*; Paris, Ponthieu, 1821, in-8; — *Le Duelliste*; Paris Leroux, 1824, in-8; —*Le Philosophe à table*; Paris, Leroux, 1824, in-8, etc.—V. une notice par M. Amanton, dans les Mém. de l'Acad. de Dijon, 1828 et 1829, et une autre notice par M. Lebreton, *Revue de Rouen*, 1851, p. 69, et *Biog. norm.*, t. I, p. 297.

CHATILLON (*Aug.*), peintre, né en 1810, à Mouchy, près Eu. Le musée de Rouen possède de cet artiste un tableau représentant un petit ramoneur, œuvre qui n'est pas moins remarquable sous le rapport de la pensée que sous celui de l'exécution.

CHATRY-LAFOSSE. Mém. sur la navigation de l'Orne et sur le port de Caen; *Paris, Baudouin*, 1795, in-8.

CHATTES (*Emar* de), commandeur, gentilhomme ordin. de la chambre du roi, et gouverneur de Dieppe et d'Arques, vivait sous Henri III et Henri IV. On trouve, dans le 2e vol du recueil de Thévenot, la relation d'un voyage fait par lui à l'île de Tercère (Açores), en juin 1583. De Chattes mourut à Dieppe en 1603, et fut enterré dans l'église de St-Remy.

CHAUFFER DE FLEURIGNY (*Isaac-Joseph*), conseiller à la Cour des aides et finances de Norm., né à Rouen en 1680, et mort à Paris en 1767, présenta plusieurs pièces latines à l'Acad. des Palinods. Les pièces intitulées : *Goliath, Judith et la vertu victorieuse de l'amour*, furent couronnées aux concours de 1733 à 1736.

CHAUFFOURT (*Jacq.* de), lieutenant-gén. des eaux et forêts au bailliage de Gisors, né à Vernon, est auteur des 2 ouv. suiv. : *Instrvction svr le faict des Eaves et Forests, contenant en abrégé les moyens de les gouverner et administrer suivant les ordonnances des Roys, etc.*; Paris, 1609, in-8, et Rouen, Imp. de David du Petit-Val, 1618, 1642, pet. in-8. — M. L. Delisle, dans ses *Etudes sur la condit. de la classe agric. en Norm.*, cite une édit. de 1603. L'ouv. de J. de Chauffourt est bon à consulter pour connaître l'ancienne jurisprudence, principalement celle de Norm., sur les Eaux et Forêts, avant l'ordonnance de 1669; — *Recueil des lieux où l'on a accoustumé mettre les relais pour faire la chasse au cerf*; Rouen, David du Petit-Val, 1618, in-8 de 58 p., et Rouen, le même, 1642, pet. in-8.

CHAULIEU (*Guill.-Amfrye*, abbé de), poète, né en 1639, au château de Beauregard, commune de Fontenay (Eure), habitait souvent cette résidence dont il a célébré les agréments dans une pièce de vers intitulée : *Les Louanges de la vie champêtre*. Il mourut à Paris, le 27 juin 1720. Les poésies de Chaulieu, imp. pour la prem. fois, en 1724, avec celles de M. de la Fare, *Amsterdam* (Rouen), in-8, ont été réimp. sous le titre de : *OEuvres diverses de M. L. de Chaulieu*; Amsterdam, 1733, 2 vol. in-8. (En tête de cette édit., publiée en France par un des amis de l'auteur, se trouve l'éloge de Chaulieu) ; — Paris, Bleuet, 1774, 2 vol. in-8, et Paris, 1777, 2 vol. in-12.

Les œuvres de cet auteur ont été réimp. plusieurs fois dans le XIXe sc., sous divers formats. En 1850, il a paru des lettres inédites de l'abbé de Chaulieu, précéd. d'une notice par le marquis de Bérenger; *Paris*, 1850, in-8.—V. Niceron, *Mém.*, t. XXXVII, p. 357-363.—Lettre de M. l'abbé Desirée, prieur de Neuf-Ville, à M. le chev. de la Roque, auteur du *Mercure*, sur la famille d'Amfrie de Chaulieu ; *Bruxelles* (Paris), 1745, in-12. —Notice de Ed. Neveu, 12 p., avec port., dans les *Poètes norm.* publiés par Baratte, et notice de Lemontey, en tête d'une édit. des poésies de Chaulieu ; *Paris*, *Froment*, 1825, in-8, port.

CHAULIEU (*Louis-Jules-Aug.* des Rotours, baron de). V. ROTOURS DE CHAULIEU.

CHAUMONT-QUITRY (*Guy-Ch.-Victor*, comte de), né à Bienfaite (Calvados), le 7 mars 1768, mort à St-Jacques de Lisieux, le 23 mai 1841, est auteur de plusieurs opuscules politiques et littéraires, et d'une trad. des odes d'Horace, restée inéd. Son frère, Jacq.-Guy-Georges-Charles-François, comte de Chaumont-Quitry, naquit aussi à Bienfaite, le 7 sept. 1770, et termina sa carrière à Paris, le 4 janv. 1844. Comme son frère aîné, il a publié quelq. broch. politiq. Pendant la révolution, les 2 frères créèrent de société, à Evreux, une imprimerie qui fut en activité durant plusieurs années. V. Du Bois, *Hist. de Lisieux*, t. II, p. 282, et Lebreton, *Biog. norm.*, t. I.

Il est à croire que ces 2 personnages appartiennent à une ancienne famille du Vexin qui avait pour chef, à l'époque de nos premières guerres relig., Antoine de Chaumont, seigneur de Guitry ou Quitry et de Bertichères, fils aîné de Guill. de Chaumont et d'Agnès de l'Isle. V. *France protest.*, t. III (1853), p. 421.

CHAUSSARD. Discours sur les principes de l'éducation lycéenne, et avantages de l'union des sciences et des lettres, prononcé à l'inauguration du lycée d'Orléans, le 16 vendém. an XIII, par P.-J.-B. Chaussard, prof. de B.-Lettres (en l'an XII) au lycée de Rouen, et présentement au lycée d'Orléans; *Orléans*, *Jacob l'aîné* (an XIII), in-8 de 54 p.

CHAUVEL. La foire de Gvibray en Normandie pres la ville de Fallaize, dediée à Mgr. le marqvis de Thvry et de Lamotte Harcovrt conte de Croisy mareschal des Camps et armée dv roy govvernevr des ville et chasteav de Failaize, par son tres humbre et obeissant serviteur François Chauuel 1658.

Planche excessivement rare de 53 cent. de haut, sans y comprendre le titre, sur 43 cent. de large, dessinée par Fr. Chauvel, gravée par Nic. Cochin et publiée par G. Jollain, à Paris. Elle représente la foire de Guibray, telle qu'elle se tenait dans le XVIIe sc., avec les détails de mœurs, d'usages et de costumes de l'époque. La copie-fac-simile ou report, publiée en 1840 par M. Mancel, lib. à Caen, donne des épreuves plus grises que les épreuves originales, mais du reste tellement semblables que l'œil même exercé peut les confondre. Il a été tiré des exempl. sur papier de Chine, avant la lettre. On a donné une description de cette planche en 1841 ; *Caen*, *Mancel*, in-8 de 23 p.—V. GUIBRAY.

CHAUVEL (*François-Pierre-Alex.*), général de brigade, né à Honfleur, le 23 déc. 1766, est mort à Orléans, le 17 juin 1838.

CHAUVEL-JOUA, membre de la Soc. d'encouragement de Paris, fabricant de tulles de coton, aux environs de Rouen, a publié : *Observations sur la fabrication des dentelles de lin et des tulles de coton*; Paris, Boucher, 1821, in-4 de 16 p.

CHAUVELLE (*Jacq.*), jésuite, né aux environs d'Avranches, et mort vers 1680, est auteur d'un traité de philosophie.

CHAUVET (*Emm.*), prof. de philos. au lycée de Caen, a publié : *Des Théories de l'entendement humain dans l'antiquité*; Caen, Hardel, 1855, in-8 de 628 p., et plusieurs dissertations en latin et en français.

CHAUVIN, armateur et capitaine de navire normand, « *très expert et entendu en faict de navigation*, » au dire de Champlain, entreprit un voyage au Canada en 1599. Ayant rendu des services signalés à Henri IV pendant les guerres de la Ligue, Chauvin obtint du roi le monopole du commerce des pelleteries dans cette contrée, à la condition d'y fonder un établissement ; mais l'entreprise ne répondit pas au désir de Chauvin ; il mourut au moment où il préparait une 3e expédition pour porter secours aux colons qu'il avait transportés sur les bords du fleuve St-Laurent. Quelq. biog. font naître cet armateur à Dieppe, où il mourut vers 1600. V. *France protest.*, t. III (1853), p. 430.

CHAUVIN (*J.-F.*). Essai sur les Fougères du Calvados; *Caen*, 1825, in-8 de 28 p.

Ext. de la Soc. Linn. du Calvados, 1825.

— Algues de la Normandie; *Caen*, 1826, 12 fascicules in-f.

Les Hydrophytes sont disposées sur pap. vél. en nature et non grav. Cette publication devait être suivie d'une Hist. des Algues de la Norm.

— Recherches sur l'organisation, la fructification et la classification de plusieurs genres d'algues, avec la description de quelq. espèces inédites ou peu connues. Essai d'une répartition des polypiers calcifères de Lamouroux dans la classe des algues, etc.; *Caen, Hardel*, 1842, in-4 de 132 p.

— Discours prononcé à la rentrée solennelle de l'Acad. roy. de Caen; *Caen, Hardel*, 1846, in-8.

— Découverte du *reseda alba* en Normandie, le 24 août 1853; *Mém. de l'Acad. de Caen*, 1855, p. 250-257.

— Notice biograph. sur Mme Liénard (née Chuppin de Germiny), associée correspondante de l'Acad. de Caen; *Caen, Hardel*, 1854, in-8 de 28 p.

Ext. des Mém. de l'Acad. de Caen, 1855.

M. Chauvin est conserv. du Musée d'hist. nat. de Caen et prof. d'hist. nat. à la Fac. des Sc. de la même ville.

CHAVANNES de la Giraudière (*H.* de). Simon le polletais, esquisses de mœurs maritimes; 3e édit.; *Tours*, *Mame*, 1855, in-12 de 312 p., avec 4 grav.

Biblioth. de la Jeunesse chrét.

CHAVIGNAC (*M.-J.*). Cantate des Pauvres de S. Nicaise, en l'honneur de Madame de Lillebonne, qui a daigné tenir la bourse pour leur soulagement à l'assemblée de charité, tenue à Rouen en ladite église, le 13 août 1764; *Rouen, Machuel*, s. d., pet. in-8 de 4 p.

Chavignac, jésuite, était né d'un père conseiller du roi en l'élection de Caudebec. Il professa pendant plusieurs années les humanités. De ce savant, qui mourut à Rouen au commencement du XIXe sc., il a été imp. un compliment en 8 langues, adressé au maréchal d'Harcourt.

CHAZALLON. Plan de l'embouchure de la Seine (environs du Havre), levé en 1853 par MM. Chazallon, ingén. hyd. de 1re classe, Gaussin, ingén. hyd. de 2e classe, et Viard, sous-ingén.; publié sous le ministère de M. Th. Ducos; *Paris, dépôt gén. de la Marine*, 1855, 1 f^lle^ gr. aigle, grav. par Chassant.

— Carte partic. des côtes de France. Embouchure de la Seine, levée en 1853, par les mêmes ingén. hydrog. Publiée sous le ministère de M. l'amiral Hamelin; *Paris, dépôt gén. de la Marine*, 1855, 1 f^lle^ gr. aigle, grav. par Chassant.

Comprend les côtes de Norm. depuis Octeville jusqu'à Trousseauville.

CHAZET (*René* Alissan de). Eloge de Pierre Corneille, qui a obtenu la prem. mention honor., au jugement de la classe de la littérat. et de la langue franç.; *Paris, Le Normant*, 1808, in-8 de 36 p.

CHEFD'HOTEL (*Louis*), négoc., né à Rouen dans le XVIIIe sc., s'occupa en même temps et avec distinction des sciences physiques et météorol. Reçu membre de l'Acad. de Rouen, il lui fit plusieurs communications intéressantes sur les tables de Pythagore, sur une boîte pneumatique, sur un phénomène météorologique observé à Rouen le 22 janv. 1778, et sur divers autres sujets. Chefd'hôtel mourut le 7 mai 1709 à Coltot (Eure). V. *Mém. de l'Acad. de Rouen*, t. II et III, et *Mém. biog. de Guilbert*, t. I.

CHEMIN (*J.-B.*). La vie des bienheureux martyrs S. Mauxe et S. Vénérand, patrons du diocèse d'Evreux; *Evreux*, 1752, in-12, et *Evreux*, *Ant. Magner*, 1777, in-12 de 36 p.

L'abbé Chemin, curé de Tourneville (Eure), a laissé beaucoup de mss. relatifs à l'hist. de Norm. Né à Evreux, en 1725, il est mort en 1781.

CHEMIN DE LA CHENAYE, littérateur et avocat, né en Norm., est mort en 1775. Il a composé: *Essai sur le caractère du magistrat*, 1767, in-4; — deux discours sur *les Devoirs de l'avocat*, 1769-1770, et quelq. pièces de vers insérées dans les recueils du temps.

CHEMINS DE FER (classés suiv. l'ordre alphabétique des noms de lieu).

CAEN. Chemin de fer de Paris à Caen. Enquête. Chambre consultative de Louviers (7 avril); *Louviers, Delahaye frères*, 1845, in-4 de 7 p.

— Chemin de fer de Paris à Caen. Enquête. Rapport fait au Conseil municipal de la ville de Louviers, 31 mars 1845; *Louviers, Delahaye frères*, 1845, in-4 de 4 p.

— Chemin de fer de Paris à Caen et à Rouen. Observations consignées sur le registre des enquêtes du départ. de l'Eure, au nom des habitants de la commune de Brionne (avril 1845); *Paris, Lacrampe et Cᵉ*, in-4 de 25 p., plus, en tableau, la statistique industrielle et commerciale de Brionne.

— Mémoire présenté par le Conseil municipal de Honfleur, à l'appui d'un projet de chemin de fer de Paris et de Rouen à Caen, par M. de la Barre Duparcq, ingénieur des ponts et chaussées, 8 avril 1845; *Honfleur, Dupray*, in-4 de 16 p.

On trouve à la suite de ce Mém.: Chemin de fer de Paris et de Rouen à Caen, par Louviers, le Neufbourg, Pont-Authou, Lieurey et Pont-l'Evêque. Mémoire à l'appui du projet, par M. de la Barre Duparcq (10 avril 1845); *Honfleur, Dupray*, in-4 de 8 p., avec une carte.

CHERBOURG. De Paris à Cherbourg; *Mém. de la Soc. d'Agric. et de Comm. de Caen*, t. v, p. 142-175.

— Observations des délégués de la ville d'Evreux à la commission des chemins de fer de l'assemblée nation.; *Paris, Crapelet*, 1851, in-8 de 32 p.

— Réfutation des discours prononcés dans les séances des 2 et 3 mai dernier, par MM. Passy, de Vatimesnil et Thiers, faite au conseil d'arrondiss. de Caen, par un de ses membres; *Caen, Delos*, 1852, in-8 de 64 p.

Ext. du journ. *l'Ordre et la Liberté*.

— Chemin de fer de l'Ouest. Délibérations et mém. du conseil municipal de Rouen. Vote de 400,000 fr. en faveur de la ligne directe par Evreux, Bernay, Lisieux et Caen, avec embranchement sur Rouen, partant de Serquigny; *Rouen, Berdalle*, 1851, in-8 de 27 p., avec une carte.

DIEPPE. De Dieppe à Rouen; *Dieppe, Delevoye*, 1842, in-f. de 7 p. (Signé Colette-Quenouille.)

Comme complément de cet écrit, nous indiquerons :

— Suite au mém. précédent (12 déc. 1842); *Dieppe, Delevoye*, 1842, in-4 de 8 p.

— Chemin de bois de Dieppe à Rouen. Résumé et rectification de quelq. calculs de mes notices imp. les 18 oct. et 12 déc. dernier, concernant une voie de transport de Dieppe à Rouen, qui puisse être, pour le port de Dieppe, ce que la Seine est pour celui du Havre. (Par le même); *Dieppe, Delevoye* (6 mars 1843), in-4 de 7 p.

— Chemins de fer de Dieppe et de Fécamp. Loi de concession, cahier des charges, etc.; *Paris, Dupont*, 1845, in-8 de 80 p.

— Compag. des chemins de fer de Dieppe et de Fécamp. Rapport de la commission nommée le 29 avril 1848; *Paris, Guyot et Scribe*, 1848, in-4 de 80 p.

— Rapport du conseil d'administ. à l'assemblée gén. des actionn., 30 avril 1849; *Paris, Chaix et Cᵉ* (1849), in-4 de 47 p.

D'autres rapports du conseil d'administ. ont paru chaque année, de 1850-55.

— Itinéraire de Paris à la mer par le chemin de fer de Dieppe. Paris, Rouen, Dieppe, (par M. l'abbé Cochet); *Dieppe, Delevoye*, 1849, in-18 de 92 p., avec 4 lithog.

— Itinéraire du chemin de fer de Paris à Dieppe, par J. Janin; *Paris*, 1853. V. ce nom.

HAVRE. Tracé du chemin de fer du Havre à Rouen, divisé en 5 f[lles], avec le détail des propriétés qu'il traverse et qui l'avoisinent; *Havre, Le Normand de l'Osier*, 1842, in-f. obl. Plans lithogr.

— Compagnon des chemins de fer. Tracé du chemin de fer de Rouen au Havre; par Fauvel, 1843, in-8. — V. ce nom.

— Observations sur l'emplacement à choisir dans Rouen pour le débarcadère du chemin de fer de Rouen au Havre. Août 1843; *Rouen, Imp. de A. Péron*, 1843, in-8 de 9 p.

— Rapport du Conseil d'administration, 30 sept. 1847 au 31 mars 1855, (publié par semestre); *Paris, P. Dupont*, in-4.

— Carte gén. du chemin de fer de Rouen au Havre, etc., 1847. V. LOCKE.

— Guide du chemin de fer de Paris au Havre. Description hist. et pittoresque de toutes les villes, bourgs et hameaux sur le parcours de cette ligne; illustré par Morel-Fatio et Daubigny; *Paris, E. Bourdin*, 1847, in-16 de 120 p., avec 2 cartes. V. Eug. CHAPUS.

— Album pittoresque du voyageur en chemin de fer de Rouen au Havre, contenant les vues pittor. et la description hist. de toutes les villes, villages, tunnels, viaducs et débarcadères de la ligne; suivi d'une carte. Dessiné d'après nature et lithogr. par J. Blériot; *Rouen, Surville* (1847), gr. in-8 de 2 p., avec 5 pl. représentant 10 sujets.

— Chemin de fer du Havre à Rouen. Album itinéraire. Texte par R. Viau; 1847. V. VIAU.

— Chemin de fer du Havre à Rouen, promenade pittor. et anecdotique; par Morlent; 1847. V. ce nom.

— Itinéraire du chemin de fer et des bords de la Seine de Paris à Rouen et au Havre, par J. Janin, 1853. V. JANIN.

— De Paris au Havre, par Eugène Chapus. V. ce nom.

— Petit Itinéraire du chemin de fer de Paris au Havre, illustré de 55 vign. et d'une carte; *Paris, Hachette*, 1853, in-32.

ROUEN. Opposition au chemin de fer de Paris à la mer par Gisors, formée par la Comp. soumissionnaire du chemin de fer par la vallée de la Seine, Rouen, le Havre et Dieppe (Signé : Riant, Foucon et de Turpin); *Paris, Moreau de St-Fussien*, 1835, in-4 de 32 p., avec une carte.

— Projet de chemin de fer de Paris à Rouen, au Havre et à Dieppe, par la vallée de la Seine. Consultation sur les attributions des commissions d'enquêtes (Comp. Riant); signé : Ph. Dupin et Delangle; *Paris, Moreau et Bruneau*, 1836, in-4 de 22 p.

— Exposé des principaux motifs qui ont déterminé le choix du tracé d'un chemin de fer de Paris à Rouen, au Havre et à Dieppe, par la vallée de la Seine; signé : Polonceau; *Paris, Moreau et Bruneau*, 1836, in-4 de 10 p.

— Observations sur le projet de chemin de fer de Paris au Havre, à Dieppe et à Rouen, passant par Gisors et Charleval, mis une seconde fois aux enquêtes, en sept. 1836, avec diverses modifications; signé : Polonceau; *Paris, Moreau et Bruneau*, 1836, in-4 de 26 p.

— Projet d'un chemin de fer de Paris à Rouen, au Havre et à Dieppe, par la vallée de la Seine, avec un embranchement sur les villes de Pontoise; de Meulan; de Gisors, par la Roche-Guyon; des Andelys; d'Evreux, par Louviers; d'Elbeuf, d'Yvetot et de Bolbec. Fév. 1836; *Paris, Moreau de St-Fussien*, in-4 de 80 p. Signé : Polonceau et Bélanger.

— Soumission de la Compagnie du chemin de fer de Paris à la mer, par la vallée de la Seine (représentée par M. Riant); janv. 1836; in-f. de 20 p. en autogr.

— Lettre du soumissionnaire du chemin de fer de Paris à la mer, par la vallée de la Seine, à M. le Directeur général des Ponts et Chaussées, sur des erreurs signalées dans le profil du chemin de fer par la direction de Gisors. Signé : Polonceau et Bélangé; 3 mai 1836; *Paris, Moreau et Bruneau*, in-f. de 14 p., plus 1 tableau.

— Chemin de fer de Paris à la mer par la vallée de la Seine. Ext. des délibérations des Conseils municipaux, des Chambres de Comm. de différentes villes et des Commissions d'enquêtes des dép. de l'Eure, de S.-et-Oise, de la S.-Inf. et de la Seine (mai 1836); in-f. de 24 p. en autogr.

— Projet de chemin de fer de Paris à Rouen, au Havre et à Dieppe, par la vallée de la Seine. Note relative aux erreurs signalées par M. le directeur général des ponts et chaussées, dans le profil général joint au mémoire publié récemment sur ce projet (Compagnie Riant); *Paris, Moreau et Bruneau*, 1836, in-f. de 15 p.

— Projet d'un chemin de fer de Paris à Rouen, au Havre et à Dieppe, par la vallée de la Seine. Tableaux comparatifs; *Paris, Imp. de Moreau*, 1837, in-f. de 10 ff., plus 2 plans.

— Chemin de fer (Compagnie Riant) de Paris à Rouen, au Havre et à Dieppe, par la vallée de la Seine. Mém. de MM. Polonceau et Bélanger, ing. des ponts et chaussées (divisé en 4 part.); *Paris, Moreau*, 1837, in-4 de 88 p.

— Chemin de fer (Comp. Riant) de Paris à Rouen, au Havre et à Dieppe, par la vallée de Seine. Mém. de M. Plé, avocat. 5e part. (Priorité des études). — Mém. de M. Isoard. 6e part. (Examen comparatif des deux projets, passant, l'un par la vallée de la Seine, l'autre par Gisors et les plateaux); *Paris, Moreau*, 1837, in-4 de 24 p.

Ce *mém.* fait suite au *mém.* précédent. Il faut y joindre un atlas in-f. de 20 p. de texte et 2 cartes.

— Mém. au Roi, etc., sur le chemin de fer de Paris à la mer, par la vallée de la Seine, etc.; avril 1837. V. *Soc. libre du commerce.*

— Comp. du chemin de fer de Paris à Rouen. Loi de concession, cahier des charges, statuts, rapport; *Paris, Paul Dupont*, 1840, in-8 de 96 p.

— Carte gén. du chemin de fer de Paris à Rouen, 1842. V. LOCKE.

— Itinéraire du chemin de fer de Paris à Rouen. Descript. hist. et pittoresque de toutes les villes, bourgs, villages et hameaux sur le parcours de cette ligne, ornée de 30 vign. dessinées sur les lieux par Morel-Fatio, et d'une carte; *Paris, E. Bourdin* (1843), in-16.

— Guide du voyageur sur le chemin de fer de Paris à Rouen, avec une carte de A. H. Dufour, un texte explicatif et descriptif de chaq. station, etc.; *Paris, G. Havard*; 1843, in-18.

— Description du chemin de fer de Paris à Rouen, des stations, tunnels, ponts, noms des villes et villages par où il passe, etc.; *Paris, Stahl*, 1843, in-12.

—Chemin de fer de Paris à Rouen. Voyage pittor. de Rouen à Paris, avec tarif et carte; *Rouen, Berdalle*, 1843, in-18.

— Rapport du Conseil d'administration, 24 janv. 1846 au 31 janv. 1855, (publié par semestre); *Paris, P. Dupont*, in-4.

— Guide du voyageur sur le chemin de fer de Paris à Rouen et au Havre, etc., par Richard; *Paris, L. Maison*, 1847, gr. in-18 de 89 p., avec une carte.

— Chemins de fer de Paris à Rouen, de Rouen au Havre. Réclamations au sujet du mode d'exploitation. Tarifs. Débarcadère de St-Sever. Délibération du conseil municipal de Rouen, 23 mars 1847; *Rouen, Berdalle*, (1847), in-4 de 10 p.

— Petit Itinéraire du chemin de fer de Paris à Rouen; *Paris, Hachette*, 1853, in-16 illustré de 33 vign. et d'une carte.

Biblioth. des Chemins de fer.

Les lignes de Paris à Rouen, au Havre, à Dieppe et à Fécamp ont été réunies à celles de Paris à St-Germain, à Caen, à Cherbourg et à la ligne de l'Ouest, sous la *dénomination* de *Compagnie de l'Ouest*. Elles sont régies actuellement par la loi du 8 juillet 1852, et par celle du 2 mai 1855 (fusion des chemins de fer normands et bretons).

ST-QUENTIN. Chemin de fer de Rouen à St-Quentin. Tronçon du chemin direct du Rhin à la Manche, par Mayence, Trèves, Luxembourg, Sedan, Mézières, St-Quentin, Amiens, Aumale, Neufchâtel, Rouen, le Havre. Rapport fait au Conseil municipal de Neufchâtel, S.-Inf., par l'organe de M. Semichon, au nom d'une commission spéciale; *Neufchâtel, vᵉ Feray*, 1853, gr. in-8 de 10 p.

— Ligne de fer de Rouen à St-Quentin (par Neufchâtel et Amiens). Réclamation de la commune de Forges-les-Eaux; *Rouen, A. Péron*, 1853, in-8 de 14 p., avec carte et tableau.

— Observations sur le tracé de Rouen à Amiens; *Neufchâtel, vᵉ Feray*, 1854, in-4 de 13 p., avec une carte.

Publié par la ville et l'arrondiss. de Neufchâtel. Le tracé de cette ligne n'était pas encore définitivement arrêté en janv. 1858.

CHÊNE-CHAPELLE (le), végétal très remarquable et peut-être le plus vieux et le plus gros de tous les chênes qui se trouvent en Europe, dans le cimetière d'Allouville-Bellefosse, près d'Yvetot (S.-Inf.); *Paris, Bailly*, 1843, in-8 de 23 p., avec une pl.

Imp. aux frais de M. le curé d'Allouville. On trouve *dans une notice de M. Marquis* et dans le Cours d'arboricult. de M. Dubreuil, une grav. de ce chêne. Il en a été publié une vue à part, chez Binetean, à Paris.

CHÊNEDOLLÉ (de). Éloge de la Neustrie, ode; *Mém. de la Soc. des Antiq. de Norm.*, 1826, p. XV-XIX.

— Le Château de Domfront, poème; *Domfront, Imp. de Crestey*, 1829, in-8 de 8 p., et 2ᵉ édit.; *Caen, Hardel*, 1857, in-8 de 11 p.

CHÊNEDOLLÉ (*Charles-Julien* Lioult de), insp. gén. des études, poète, etc., né à Vire, le 4 nov. 1769, est mort le 2 déc. 1833, dans son château du Coisel, à Burcy, près Vire. Il est auteur du *Génie de l'Homme*, poème, dont la 4ᵉ et dern. édit. parut en 1825; Paris, Ch. Gosselin, gr. in-18; — Des *Études poétiques*, 1822, in-18, chez le même; ce recueil renferme dans le liv. IIIe deux pièces intitulées : l'une *Le Val-de-Vire*, l'autre *Le Donjon de Vire*.

De Chênedollé a revu et accompagné d'une notice les *Chefs-d'œuvre de Shakspeare*, traduits en vers blancs, en vers rimés et en prose, etc., par Bruguière de Sorsum ; Paris, Dondey-Dupré fils, 1826, 2 vol. in-8. — V. Notice de Alph. Le Flaguais, 16 p., avec port., dans les *Poètes norm.* publiés par Baratte, et dans les Mém. de l'Acad. de Caen, 1836. — Article de M. Sainte-Beuve, *Rev. des Deux-Mondes*, 1849. — *Etude biograp. et littér.*, par Gab. Helland ; Mortain, Lebel, 1857, in-8.

CHENNEVIÈRES (*Ph.* de). Contes normands par Jean de Falaise, traduits librement par l'ami Job, 1838-1842 ; *Caen, Imp. de A. Hardel*, 1842, in-18 de 274 p., plus 6 p. errata et table.

Ces 6 dern. pag. ont été imp. à Montpellier, chez Boehm et Ce.

Les *Contes norm.*, tirés à 300 exempl., sont ornés de quelq. lithog. La couverture imp. porte l'adresse de E. Rupalley, lib. éditeur à Caen, 1842, et un titre différent du grand titre : *Les Contes normands de Jean de Falaise, avec les dessins de l'ami Job.*

Le dernier conte, intitulé : *Des Chouans*, donne le récit de la triste aventure de Mmes de Combray, Aquet et Ce. On se rappelle qu'une diligence, renfermant 65,000 fr. de fonds publics (recette d'Alençon et d'Argentan), fut arrêtée, le 7 juin 1808, par près de 50 individus, chouans ou royalistes, près de Donay, aux environs de Caen. Jugés à Rouen, 10 d'entre eux furent condamnés à la peine de mort. Ce conte a été reproduit dans la *Rev. de Rouen*, avril 1847, sous le titre de : *Les derniers Chouans en Norm.*

— Les vers de François Marc de la Boussardière ; *Caen, Hardel*, 1842, in-8 de 16 p.

— Histoires baguenaudières, par un Normand ; *Aix, Aubin*, 1845, in-8 de 156 p.

— Les derniers Chouans en Normandie. Une complice dans l'affaire de Combray ; *Rev. de Rouen*, avril 1847.

Ext. des *Contes normands*.

— Recherches sur la Vie et les Ouvrages de quelques peintres provinciaux de l'ancienne France ; *Paris, Dumoulin*, 1847-1854, 3 vol. in-8, fig.

Le 1er vol. renferme des notices sur Jean de St-Igny, né à Rouen (p. 161-182), sur Jean Letellier ou plutôt P. Letellier, né à Vernon, vers 1614, (p. 183-213), et sur Adrien Sacquespée, né à Caudebec-en-Caux. Dans le 3e vol., on trouve de curieux documents sur la famille des Restout. — V. un compte-rendu de cet ouv. dans le *Monit. univ.* du 8 sept. 1847.

— La foire de Guibray au XVIIe sc., et la première représentation de la Toison d'or de Corneille, au Château du Neubourg, en 1660 ; *Rev. de Rouen*, 1847, p. 613-627, et 664-677.

— Suzanne, ou la Terre normande, épisode d'un séjour de Pierre-Paul Puget au château du Vaudreuil, en 1660 ; *Rev. de Rouen*, 1848, p. 5-21.

— Notes pour servir au prochain Catalogue du musée de Rouen ; *Revue de Rouen*, 1848, p. 462-473.

— Lettre à M. le directeur de la *Rev. de Rouen*, sur les inspecteurs des musées de province ; *Rev. de Rouen*, 1848, p. 421-424.

— Documents sur Géricault, peintre, né à Rouen ; *Archives de l'art franç.*; Paris, Dumoulin, 1851, p. 71-81.

— Documents sur Michel Lasne, graveur, né à Caen ; *Archives de l'art franç.*; Paris, Dumoulin, 1851, p. 39-48.

— Nicolas Poussin et Jean Dughet, son beau-frère ; *Archives de l'art franç.*, 1re liv.; Paris, Dumoulin, 1851, p. 1-11.

— Document sur Robert Tournières, peintre né à Caen ; *Arch. de l'art franç.*; Paris, 1851, p. 70.

— Observations sur le Musée de Caen et sur son nouveau catalogue ; *Argentan, Imp. de Barbier*, 1851, in-4 de 60 p.

Observ. suivies de *Notes sur quelques peintures du dép. de l'Orne.*

— Lettres sur l'art français en 1850 ; *Argentan, Barbier*, 1851, in-18 de 80 p.

CHENNEVIÈRES POINTEL (le marquis *Charles-Philippe* de), inspect. des musées de province ; naquit à Falaise le 23 juill. 1820. La plupart des publications faites par cet amateur distingué sont utiles à consulter pour l'Hist. de la peinture en Norm.

M. de Chennevières a édité pour la première fois en 1846 : 1° *Rondeaux et ballades inédites d'Alain Chartier ;* 2° *Instruction de F. de Malherbe à son fils.* — V. ces 2 noms.

CHÉRADAME (*Jean*), médecin et helléniste, naquit au commencement du XVIe sc, à Argentan, suivant quelques biographes, et à Sées, suivant Odolant-Desnos (Stat. de l'Orne). Il est auteur de *Grammatica isagogica* ; Paris, 1521, et d'un *Dictionn. grec*, dédié à François Ier, 1543, in-f.

CHÉRADAME (*Jean-Pierre*), méd., appartenant à la famille du précédent, né à Argentan, en 1738, est mort le 24 août 1824. Membre de l'Acad. de méd. et trésorier de l'Ecole de pharmacie de Paris, il travailla à la rédaction du *Codex medicamentarius.*

CHÉRADAME (*Auguste*), magistrat, né dans le dép. de l'Orne en 1796, fut nommé conseiller près de la Cour roy. de Caen en 1835. Comme membre du conseil d'arrondiss. d'Argentan, il défendit les intérêts de l'agriculture et publia en 1841 une notice intitulée : *De la Patente des Herbagers.* Cheradame mourut en janv. 1848. — V. Notice, dans l'*Ann. norm.*, année 1850.

CHERBOURG ET LA MER. Fév. 1835; *Paris, Pihan Delaforest*, 1835, in-8.

Ext. des Nouv. Annales des voyages.

CHERBOURG. Adjudication pour le creusement (principalement dans le rocher) de la zone sud de l'arrière-bassin, des formes de visites et de radoub riveraines, de l'écluse de communication entre l'avant-port et l'arrière-bassin, etc.; *Cherbourg, A. Lecauf* (1853), in-f. de XVIII et 5 p.

CHERFILS, procureur du roi au bailliage de Cany, député du bailliage de Caux à l'Assemblée nat., 1789, naquit à Bouville-en-Caux le 14 nov. 1737.

Il publia, lorsqu'il était encore dans l'exercice de son mandat, la brochure suiv. : *Solution des trois questions proposées par le vicomte de Nouailles sur la sanction roy., à la séance de l'Assemblée nat. du samedi 29 août 1789*; Paris, Baudouin, 1789, in-8. — Pasquier, dans son *Dictionn. biog.*, attribue à Cherfils une autre brochure ayant pour titre : *Le Vœu d'un citoyen à MM. les électeurs du dép. de la S.-Inf., par D. C., électeur du district de Caudebec*; Rouen, Ferrand, 1791, in-8.

CHERIER (*C.* de). Robert Guiscard, né vers 1022, mort en 1085; *Plutarque franç.*; Paris, Langlois et Leclercq, 1844, gr. in-8, t. Ier, p. 97-112, avec un portr.

CHERUEL (*Adolphe*). Des histoires provinciales; *Revue de Rouen*, 1836, p. 225-248.

— St-Ouen (Biographie norm.); *Rev. de Rouen*, 1836, 2e sem., p. 251-264, et 1837, 1er sem., p. 21-36.

Quelq. exempl. ont été tirés à part.

— Histoire de France, par M. Michelet, considérée principalement dans son rapport avec la Normandie; *Rev. de Rouen*, 1837, 2e sem., p. 177-187.

— Commerce de Rouen au Moyen-Age (commerce maritime jusqu'au XIVe sc.); *Rouen, Nic. Periaux*, 1838, gr. in-8 de 12 p.

Ext. de la *Rev. de Rouen*, avril 1838.

— St-Evremond; *Rouen, N. Periaux*, 1838, gr. in-8 de 13 p.

Ext. de la *Rev. de Rouen*, sep. 1838.

— Les Normands d'Italie à la première croisade; *Rev. de Rouen*, 1839, 1er sem., p. 57-69, 113-124, 169-181.

— Fragment d'une histoire de la conquête de l'Italie méridionale par les Normands; *Rev. de Rouen*, 1839, 2e sem., p. 77-87.

— Notes sur la tour Bigot; *Rev. de Rouen*, 1839, 1er sem., p. 204-208, avec une pl.

— Histoire de Rouen sous la domination anglaise au XVe sc., suivie de pièces justificatives publiées pour la prem. fois d'après les mss. des archives municipales de Rouen; *Rouen, E. Le Grand*, 1840, in-8 de IV et 227 p., plus III et 184 p.

Imp. par Nic. Periaux, et tiré à 150 exempl.

Ce vol., complètement épuisé, renferme des documents intéressants qu'il est indispensable de consulter pour l'hist. de cette désastreuse époque. Il est divisé en 2 part., texte et pièces justificatives, ayant chacune une pagination séparée. Le tout ensemble forme 419 p.

— Histoire de Rouen pendant l'époque communale 1150-1382. Suivie de pièces justificatives publiées pour la prem. fois d'après les archives départem. et municip. de cette ville; *Rouen, Imp. de Péron* (Nic. Periaux, éditeur), 1843-44, 2 vol. in-8 de CXVIII, 378 et 364 p., avec 4 pl.

L'auteur trace l'hist. de la bourgeoisie de Rouen à travers ses diverses phases politiques et administratives jusqu'à la suppression de la commune en 1382. Son récit, présenté avec intérêt, est appuyé sur des documents originaux dont la publication ajoute beaucoup au mérite du livre.

Les planches représentent :

1° Sceau de la commune de Rouen ;

2° Pierre tumulaire de Pierre de Carville, ancien maire de Rouen, mort en 1307;

3° Tombeau de Godefroy du Réaume, maire de Rouen ;

4° Un plan de la ville de Rouen et de ses principaux édifices jusqu'à la fin du XIVe sc.

Cet ouv. a obtenu une médaille au concours des Antiq. nat. en 1844. Il en a été rendu compte dans le *Journal des Savants de la Norm.*, 1844, p. 203-219 (art. de M. H. de

Formeville), et dans la *Biblioth. de l'Ecole des Chartes*, t. 1er, 2e série, 1844, p. 184-188.
La majeure partie de l'*Hist. de la commune de Rouen* a d'abord paru dans la *Rev. de Rouen*, années 1841, 42, 43 et 44.

— Château d'Esneval, près de Pavilly; *Rev. de Rouen*, 1845, 1er sem., p. 19-27.

— Trouville; *Rev. de Rouen*, 1845, p. 137-142.

— Jeanne d'Arc, à Rouen; *Rouen, Péron*, 1845, in-8 de 17 p.
Ext. de la *Rev. de Rouen*, juin 1845.

— Rapport sur le prix Gossier. Le sujet proposé était : *Tracer l'hist. du commerce maritime de Rouen, depuis les temps les plus reculés jusqu'à la fin du* XVIe *sc.*; Mém. de l'Acad. de Rouen, 1846, p. 171-179.
Le prix fut décerné à M. Ernest de Fréville, de Rouen. — V. ce nom.

— Notice sur Nicolas Bretel, seigneur de Gremonville, ambassadeur à Rome et à Venise ; 1644-1648 ; *Mém. de l'Acad. de Rouen*, 1847, p. 284-299. V. Bretel.

— Lettre inédite de St-Amand ; *Rev. de Rouen*, 1847, p. 111-115.

— Le dernier duché de Normandie (1465-1466); *Rev. de Rouen*, 1847, p. 529-540.

— De l'Instruction publique à Rouen, pendant le moyen-âge; *Mém. de l'Acad. de Rouen*, 1848, p. 184-208.

— De l'Instruction publique à Rouen, depuis la fin du moyen-âge jusqu'à l'établissement définitif du collège des Jésuites; *Rouen, A. Péron*, 1849, in-8 de 23 p.
Ext. des Mém. de l'Acad. de Rouen, 1849.

— Notice biographique sur Ch. Botta; *Mém. de l'Acad. de Rouen*, 1848, p. 245-260.
Cet homme distingué, auteur de plusieurs composit. hist. remarquables, a été recteur de l'Acad. univ. de Rouen, de 1817-1822. — V. Botta.

— Normanniæ nova chronica ab anno Christi CCCCLXXIII ad annum MCCCLXXVIII, etc.; *Cadomi*, 1850, in-4. V. *Chroniques de Norm.*

— Siége de Rouen, en 1562; *Rev. de Rouen*, 1850, p. 169-179.

— Des histoires provinciales et spécialement de l'hist. de Norm.; *Rev. des Soc. savantes, Paris, P. Dupont*, 1857, in-8.

Chéruel (*Pierre-Adolphe*), D[r] ès lettres, anc. maître de conférences à l'Ecole normale, inspect. de l'Acad. de Paris, a occupé pendant plusieurs années, avec une grande distinction, la chaire d'histoire au lycée de Rouen. Né en cette ville, le 17 janv. 1809, il a consacré ses loisirs à des études sérieuses et fécondes sur l'Hist. de la Norm. Indépendamment des ouvrages mentionnés ci-dessus, M. Chéruel est auteur de nombreuses publicat. étrang. à notre sujet. De ces publicat., nous indiquerons seulement les principales.

— De Maria Stuarta utrum Henricus III eam in suis periculis tutatus fuerit, an omni ope destitutam anglis prodiderit; *Rotomagi, A. Péron*, 1849, in-8 de 71 p., plus 40 p. pièces justificat. imp. en 1845. (Thèse pour le doctorat ès lettres.)

— De l'administration de Louis XIV (1661-1672), d'après les Mém. inédits d'Olivier d'Ormesson : *Paris, Joubert*, 1850, in-8 de 233 p. (Imp. de D. Brière, à Rouen).

— Histoire de l'administration monarchique en France depuis l'avénement de Philippe-Auguste jusqu'à la mort de Louis XIV; *Paris, Dezobry, E. Magdeleine et Ce*, 1855, 2 vol. in-8.
Cet ouv. a obtenu le second prix Gobert, au concours de 1857.

— Dictionnaire hist. des institutions, mœurs et coutumes de la France; *Paris, L. Hachette*, 1855, 2 part., in-12, formant ensemble LXXVI et 1271 p.

M. Chéruel est éditeur d'une nouv. édit. des *Mém. de Mlle de Montpensier* (Paris, Charpentier, 1854-55, 4 vol. in-12); des *Mém. de Fléchier sur les grands jours d'Auvergne, en 1665* (Paris, Hachette, 1856, in-8); des *Mém. du duc de St-Simon* (Paris, Hachette, 1856-58, 20 vol. in-8 et 12 in-18 angl.)

CHERVILLE (*J.-Louis* Asselin). V. Asselin.

CHESNAYE ou CHESNÉE (*Charles* de Monstereul, sieur de la), né à Caen, est auteur d'un vol. in-8, intitulé : *Le Floriste françois, traitant de l'origine des tulipes et de l'ordre qu'on doit observer pour les cultiver et planter*; Caen, 1654, in-8, et Rouen, 1658, in-8.

CHESNAYE (*Ferdinand-Camille* Duchemin de la), magistrat et membre de plusieurs soc. savantes, né à Mortagne (Orne), dans le XVIIIe sc., est auteur de plusieurs ouv., de 1767-1795. — V. Quérard, *France littér.*

CHESNE (*Léger* du). V. Du Chesne.

CHESNE (*André* du). V. Du Chesne.

CHESNEAU. Souvenirs d'un ancien garde national; *Rev. de Rouen*, 1843, 1er sem., p. 30-38.

Chesneau (*Louis-Alex.*), offic. de la Légion-d'Honn., lieuten.-colonel de la garde nat. de Rouen, né dans cette ville le 16 juin 1793, est mort le 7 mars 1846. Sous le titre de

Souvenirs, etc., M. Chesneau a présenté l'hist. sommaire de la garde nat. de Rouen.

CHESNON (*C. G.*). Essai sur l'histoire naturelle de la Norm., 1re part. Quadrupèdes et oiseaux; *Bayeux, Cl. Groult*, 1834, in-8 de VII et 408 p., avec 7 pl. lithogr.

— Zoologie normande, 1er art. Quadrupèdes et oiseaux; 2e art., reptiles et poissons; *Bayeux, C. Groult*, 1834, 2 part. in-8.

Ces deux art. ont été réimp., le 1er dans l'*Ann. norm.*, 1836, p. 111-130; le 2e, dans le même recueil, 1837, p. 31.

— Discours prononcé à la distribution solennelle des prix du collége de Bayeux, le mardi 20 août 1839; *Bayeux, Léon Nicolle*, 1839, in-8.

— Catalogue des oiseaux de la Normandie, classés d'après la méthode de Cuvier; *Bayeux, L. Nicolle*, 1841, in-8 de 14 p., avec un tableau.

— Observations sur l'influence des Normands dans la politique, la législation, les beaux-arts et la littérature, en France; *Evreux, Jules Ancelle* (1842), in-8 de 12 p.

Ext. du Recueil des travaux de la Soc. libre de l'Eure, 1842.

— Travaux préparatoires de la statistique départementale. Spécimen du catalogue des plantes du dép. de l'Eure; *Evreux, J. Ancelle*, 1844, in-8 de 72 p.

Publié par la Soc. libre d'agric., Sc., Arts et B.-Lett. du dép. de l'Eure.

— Statistique du dép. de l'Eure; 3e part., 1re section. Botanique; *Evreux, L. Tavernier*, 1846, in-4 de VIII et 60 p.

Publié par la même société.

— Spécimen d'un catalogue des lépidoptères de la Normandie; *Evreux*, 1852, in-8.

— De la fabrication et de la conservation du cidre; *Evreux*, 1854, in-8.

M. C. G. Chesneau était en dernier lieu principal du collége d'Evreux, après avoir occupé le même emploi à Bayeux. Indépendamment des ouv. mentionnés ci-dessus, on lui doit : Introduction à l'étude de l'histoire du moyen-âge; *Bayeux, Groult*, 1827, in-8. — Minéralogie élémentaire; *Bayeux, Nicolle*, 1838, in-12.

CHEVALIER (*Antoine-Rodolphe* le), hébraïsant, né à Montchamp, près de Vire (Calvados), en 1507, est mort à Guernesey en 1572. Protestant zélé, il fut obligé de quitter la France et se rendit en Angleterre, où il eût l'honneur d'enseigner le français à la princesse Elisabeth. Après la mort d'Edouard VI, il chercha un asile en Allemagne, professant l'hébreu, successivement à Strasbourg, à Genève et à Caen. Chevalier a publié plusieurs ouv. qui témoignent d'une profonde érudit. Parmi eux, nous rappellerons : *Rudimenta hebraïcæ linguæ*; Genève, J. Crespin, 1560, in-8, et depuis réimp. sous divers formats. Il a laissé imparfaite une édit. de la Bible en 4 langues : hébreu, chaldéen, grec et latin. — V. Huet, *Orig. de Caen.* — Nicéron, *Mém.*, t. XXVIII, p. 135-139. — *France protest.*, t. III (1853), p. 440.

CHEVALIER (le) D'AIGNEAUX ou AGNEAUX (*Robert, Antoine* et *André* le), de la même famille que le précédent. V. AIGNEAUX.

CHEVALIER (*Joseph* le). La vie de Fr. Elzéar de Vire, clerc capucin, fondateur du couvent des Capucins de la ville de Vire. Et de la mère Elisabeth de Sainte-Anne son épouse, et depuis religieuse de l'ordre de Citeaux au monastère de Villers-Canivet, lez-Falaise; *Caen, François Vauwrecy*, 1696, in-8 de 421 p., plus la table et VIII ff. prél.

J. Le Chevalier était religieux de l'abbaye d'Aulnay, ordre de Citeaux. Le nom de famille du frère Elzéar est Halbout de la Becquetière. V. Halbout.

CHEVALIER (*Enguerrand* le), auteur ascétique, né à Basoches-au-Houlme (Orne), en sept. 1631, mort le 21 août 1697, a publié le *Chrétien champêtre*, et plusieurs autres pièces qui furent attaquées par Le Noir, théologien du diocèse de Sées.

CHEVALIER (*Nicolas* le). Mémoire pour Nicolas Le Chevalier, prêtre, docteur de Sorbonne, archidiacre du Bautois en l'église cathédrale de Coutances, appellant de sentence rendue au Bailliage audit lieu de Coutances, les 4, 9, 11 et 13 déc. 1726, et intimé, — contre Pierre-François le Roux de Neville, chantre et chanoine de ladite église, intimé en apel....., corrigeant et réformant que le sieur le Chevalier sera maintenu dans le droit et la possession d'occuper aux bureaux et séances des synodes la place de second assistant de M. l'Evêque de Coutances en qualité de second archidiacre, qui est la première place à la gauche, au préjudice dudit sieur de Neville, et dans les autres occasions où ledit sieur le Chevalier

argentenois. A M. l'abbé de Savigny; *Rouen, Théod. Reinsart*, 1608, 4 part. en 1 vol. pet. in-12.

CHRÉTIEN (*François*). Relation du Bombardement de la ville de Dieppe et de l'Incendie de ladite ville, en 1694; ms. indiqué par le P. Le Long, n° 35,241.

Fr. Chrétien, né à Dieppe et mort vers 1710, exerçait dans cette ville la profession de droguiste.

CHRÉTIEN (l'abbé *Jacq.*), curé d'Orgeville. V. CRÉTIEN.

CHRÉTIEN (*L. J.*). Essai sur l'histoire et les antiquités d'Argentan; *Falaise, Letellier*, 1834, gr. in-12 de 47 p., avec 4 pl.

— Usages, préjugés, superstitions, dictons, proverbes et anciens mots de l'arrondiss. d'Argentan; *Alençon, Poulet-Malassis*, 1835, in-12 de 39 p.

— Almanach argenténois, pour 1836; *Alençon, Poulet-Malassis*, 1836, in-12 de 216 p., avec 1 carte de l'arrondiss. et 2 lithog. représentant l'anc. ville et les anc. armes d'Argentan.

— Ditto, pour 1842; *Caen, A. Hardel*, in-12 de 267 p., avec une carte de l'arrondiss., le plan d'Argentan et une vue du château de Rânes.

Ces alm. sortent de la ligne des alm. ordin. Ils sont remplis de documents statist. et hist. d'un véritable intérêt. L'aut. devait publier en 1842 : *Statistique gén. de l'arrondiss. d'Argentan*, avec cartes, plans, etc. — *Histoire de la ville d'Argentan et de son arrondiss.*, avec carte, etc., mais ces ouv. n'ont pas paru.

Sur ses publications, M. L. J. Chrétien ajoute à son nom : *de Joué-du-Plain*, lieu de sa naissance.

CHRÉTIEN (*Edouard*), né à Caen, est auteur de : *Les Chants du poète;* Caen. Pagny, in-8 de 240 p.; — *Poésies diverses;* Bayeux, Nicolle, 1840, in-8 de 56 p.

CHRISOSTOME (le Père), pénitent, théologien, né à St-Lo, mort en 1646.

CHRISTI (*Jean*), D^r en Sorbonne, théologal de Nantes et prédicateur, né à Evreux, est mort vers 1595.

CHRISTOT (*Louis-Franç.* Nécl de), évêque de Sées en 1763, abbé des abbayes de St-Ferréol Dessommes et de N.-D. de Silli, était conseiller du roi en tous ses conseils, et son conseiller d'honneur au Parlem. de Rouen. Le port. de ce prélat a été gravé par J. Balechou, d'après Aved.

CHRONIQUES (classées suivant l'ordre alphabétique des noms de lieu).

ALENÇON. Chronique d'Alençon, depuis l'an 1227 jusqu'en 1438; écrite par Perceval de Caigny, Ecuyer d'Escurie de Jean duc d'Alençon; *Bibl. du Roi, mss. Du Chesne*, n° 2. (P. Lelong, n° 25,392.)

Le même bibliographe indique trois autres mss. sur Alençon, sous les n°s 25,393, 25,394 et 25,395 :

Chronique des comtes et ducs d'Alençon, depuis Pierre, fils de St-Louis, jusqu'à Jean, duc d'Alençon, en 1473; *Bibl. du Roi, mss. Duchesne et Colbert*, n°s 2,195 et 6,232.

Addition à l'histoire d'Alençon, extraite d'un cahier de généalogie écrite du temps de Henri II; *Bibl. du Roi, mss. Du Chesne.*

Mémoire de la noble Lignée, de quoi M. d'Alençon est descendu, depuis le temps que M. St-Louis jusqu'à la mort de Charles VI; *Bibl. du Roi, mss. Du Chesne.*

AVRANCHES. Chronicon ab anno 837, ad annum 1359, quo abrincensium episcoporum et abbatum sancti Michaëlis de Monte series breviter annotatur; ms.

Cette chronique est citée par Du Chesne, dans son livre intitulé : *Series Auctorum*, p. 166. (P. Lelong, n° 9,915.)

— BATAILLE (abbaye de la). Chronicle of Battle abbey from 1066 to 1176, now first translated, with notes, and an abstract of the subsequent history of the establishment; by Mark-Ant. Lower; *London, J. Russell Smith*, 1851, in-8 de XII et 227 p., avec 2 facsim. col.

V., sur Battle abbey, *Descriptive Catalogue of the original Charters, etc.*

BEC (abbaye du). Chronicon Beccensis abbatiæ ab ipsa fundatione, anno 1034, ad annum 1467; ex veteri ms. ejusdem cœnobii. Publiée par d'Achery; *B. Lanfranci cantuar. archiep. opera omnia;* Paris, 1648, in-f.; *Appendix*, p. 1-31.

Dans un ms. de cette chronique, qui appartenait à l'abbaye du Bec (dit le P. Lelong, n° 11,692), on indique comme en étant l'auteur Robert de Thorigny ou du Mont St-Michel. S'il en était ainsi, cette chronique aurait été continuée par un autre écrivain, puisque Robert de Thorigny est mort en 1184.

Les chroniques de l'abbaye du Bec sont au nombre de trois : la 1re, réunie par d'Achery aux œuvres de Lanfranc; la 2e, publiée par

D. Martène, dans l'*Amplissina collectio* (t. vi); la 3e, composée par Guill. de Bougeville, autrefois consultée par Du Cange et maintenant perdue. (V. A. Le Prevost, *Notes sur les communes de l'Eure*, p. 112, col. 2.)

— Breve chronicon Beccense, ab anno 851, ad annum 1136, ms.; *Biblioth. de St-Germ.-des-Prés.* (P. Lelong, no 16,642.)

— Breve chronicon Beccense, ab anno 1026, ad annum 1154, ms.; *Biblioth. de St-Germ.-des-Prés.* (P. Lelong, no 16,669.)

CAEN. Chronique de St-Etienne. Chronicon sancti Stephani Cadomensis, autore anonymo monacho sancti Stephani Cadom.; ms.

Ce ms., ayant appartenu à la reine Christine, se trouve aujourd'hui dans la biblioth. du Vatican, sous le no 175. Il comprend les années 1035-1328. Une partie a été imp. dans le *Recueil des Hist. Norm. de Du Chesne*, p. 1015, et dans la collect. des *Hist. de France*, t. XI. Toutefois, il serait à désirer que le texte du ms. du Vatican fût publié dans son entier, comme Mabillon en avait eu le projet.

Les archives du Calvados renferment un grand nombre de documents sur l'abbaye de St-Etienne, qui vient de trouver dans M. Hippeau un habile historien.

CONCHES. Chronicon monasterii Conchensis, sive nomina abbatum Conchensium qui fuerunt post destructionem sarracenorum; ex archivis Conchensis monasterii; D. Martène, *Thesor. nov. Anecdotorum*, t. III, col. 1387-1390.

Cette chronique commence en 817 environ, et finit vers 1050. L'abbaye de Conches, ord. de St-Benoît, dépendait du diocèse d'Évreux.

FÉCAMP. Chronicon Fiscanense. Ab anno Christi ad 1220. Cum appendice Brennacensi ad 1246; Labbe, *Novæ Biblioth. mss.*, t. Ier, p. 325-329.

Chronique attribuée par quelq. auteurs à Robert, moine de Fécamp, qui vivait en 1280, et par M. Petit-Radel, *Hist. litt. de la France*, t. XVIII, à un autre moine de la même abbaye, du nom de Pierre, mort vers 1246.

FONTENELLE ou ST-WANDRILLE. Breve chronicon Fontanellense, ab anno 570, ad annum 1110; ms.

Le P. Lelong (no 16,629), indiquait, en 1769, cette chronique comme ayant été possédée par Dom Martène et se trouvant alors dans la biblioth. de l'abbaye de St-Germ.-des-Prés.

— Chronicon Fontanellense; 2 mss.; *Biblioth. du Havre.*

Quelq. parties de l'un d'eux remontent au VIIIe ou au IXe sc. Ce même ms. offre parmi ses ornements deux peintures remarquables représentant S. Wulfran et S. Ansbert, archev. de Rouen.

— *Chronicon minus Fontanellense*; ms., pet. in-12, XIIIe sc.; *Bibliot. de Rouen.*

— Chronicon Fontanellense (nunc S. Vandregesili; D'Achery, *Spicilegium*, t. II (1723), p. 262-290, et D. Bouquet, *Recueil des Hist. de France*, t. II, p. 657.

Cette chronique commence en 648 et finit en 1053. Elle a été réimp. en grande partie sous le titre de : *Gesta abbatum Fontanellensium* (ann. 648-842), dans la collection de G. H. Pertz, *Monumenta Germaniæ historica*, t. II (1829), p. 270-301.

V. Le Gendre, *Hist. de France*, t. II, p. 24. — D. Bouquet, *Rec. des Historiens de France*, Préface, t. II, p. 18. — P. Lelong, *Biblioth. hist. de la France*, no 12,838. — Langlois, *Essai sur l'abbaye de St-Wandrille.*

La chronique anonyme de Fontenelle est d'autant plus précieuse qu'elle forme la seule histoire de notre contrée avant l'arrivée des hommes du Nord.

— Fragmenta chronici Fontanellensis ab anno 841, ad annum 856; Du Chesne, *Hist. Francorum script. coætanei*, t. II (1636), p. 383.

Ces fragments contiennent une partie du règne de Charles-le-Chauve et le récit des courses que firent les Normands jusqu'en 856 sur le territoire français. Ils se retrouvent dans : D. Bouquet, *Recueil des Histor. de France*, t. VI, p. 173, et t. VII, p. 40-44. — Pertz, *Monum. Germaniæ historica*, t. II, p. 301-304.

Une 4e chronique de Fontenelle, retrouvée dans le monastère des Dunes, par les continuateurs de Dom Bouquet, est insérée dans le t. XII de cette collect., p. 771.

— Briefve chronique de l'abbaye de St-Wandrille; et aussi d'aucunes punissions données, par la justice divine, aux molesteurs des moignes de cest monastère, et semblablement aux malfaicteurs, robeurs, pilleurs et détenteurs des biens et choses dudit monastère, et de ses membres et deppendances. Publié pour la prem. fois d'après le cartulaire de St-Wandrille de Marcoussis, ms. du XVIe sc. de la Biblioth. de Rouen, par A. Pottier; *Rouen, E. Le Grand*, 1837, gr. in-8 de 16 p.

Cette chronique, attribuée à Dom Guillaumela-Vieille, prieur de l'abbaye, fait partie de la *Rev. rétrospective norm.*

JUMIÉGES. Chronicon Gemeticense à monasterii fundatione usque ad Willelmum abbatem; ms. du XIIIe sc.; *Bibl. de Rouen.*

Ce ms. provient de l'abbaye de Jumiéges; il renferme les pièces suiv. :

— Vita B. Baltechildis regine et Enervatorum historia.

— Sigisberti Chronicon ab anno 380 ad annum 1100.

A partir de l'année 908, on trouve quelq. faits relatifs à l'hist. de Normandie.

— Roberti de Monte historia de immutatione ordinis Monachorum; de abbatibus et abbatiis Normannorum et edificatoribus earum.

— Appendix ad Sigisbertum usque ad annum 1160 (eodem Roberto autore).

— Chronici Gemeticensis fragmentum a Christo ad annum 778.

A l'exception des deux prem. ff. dont la transcription appartient au XVIe sc., tout le reste de ce ms. remonte au XIIIe. Il ne présente qu'une seule miniature; elle se trouve placée en tête du 1er ft., et représente une fig. qu'on suppose être le portrait du fondateur de l'abbaye de Jumiéges.

LYRE. Breve chronicon Lyrensis monasterii. (ab anno 814, ad annum 1248); Martene, *Thesaurus novus Anecdotorum*, t. III, col. 1432-1434.

L'abbaye de la Lyre, ord. de St-Benoît, était située dans le diocèse d'Evreux.

MONT-ST-MICHEL. Chronicon duplex Sancti-Michaelis in periculo maris, (ab anno Christi 506, ad annum 1154); Labbe, *Novæ Biblioth. mss.*; Paris, 1657, t. I, p. 347-352.

MORTEMER. Chronicon Monasterii Mortui-Maris, (ab anno 1113, ad annum 1530); Martene, *Thesaur. nov. Anecdot.*, t. III, col. 1437-1447.

L'abbaye de Mortemer, ordre de Citeaux, était située dans le diocèse de Rouen.

NORMANDIE. Croniques de Northmandie; ms. in-4 sur parch.; *Bibl. de Rouen.*

Ce ms., qui date de la prem. moitié du XVe sc., se compose de 314 ff., y compris les tables. Il provient de l'abbaye de Fécamp, et est orné de 22 miniatures, dont plusieurs ne sont qu'esquissées. Les *Croniques de Northmandie* y occupent 150 ff. en écriture cursive à 2 colonnes. Comparées avec la chronique imprimée, elles présentent des variantes assez importantes. Ce ms. renferme plusieurs autres pièces qui sont étrangères à la Normandie, si ce n'est la seconde, composée de 108 vers et intitulée :

La Ressource de Normendie,
Toute plate, coy qu'on mendie.

— Chroniques de Normandie, ms. du marquis d'Averne, in-f., XVe sc., aujourd'hui dans la Biblioth. de M. de Vauquelin des Chesnes, archéologue à Ailly, près de Falaise.

Ce ms., d'une beauté remarquable, et enrichi de nombreuses miniatures, a été reproduit dans le *Recueil des historiens de France* (t. XI, p. 320-343). Le récit commence à Rou et finit à la paix de 1217, conclue entre Henri III, roi d'Angleterre, et Philippe-Auguste.

— Chroniques de Norm., ms. du XVe sc.; *British Museum*, coté no 20,811, addit. mss.

Diffère en quelq. parties de la Chronique imp. V. Rapport de M. Hippeau, *Soc. des Antiq. de Norm.*, t. XXII.

Les mss. de la Chronique de Norm. étant très nombreux tant en Angleterre qu'en France et en Allemagne, il nous est impossible de les énumérer ici; cette nomenclature nécessiterait un travail spécial et d'une étendue considérable. Les 3 chroniq. que nous venons de citer ont un droit particulier à entrer dans notre Manuel : les 2 prem. sont les seules connues en Norm.; la 3e a été acquise par le *British Museum*, en juin 1855, c'est-à-dire depuis l'impression du catalogue raisonné des diverses chroniques de Norm., donné par M. Francisq. Michel, et qui se trouve en tête d'une édit. des *Chroniques de Norm.*, publiée par nous en 1839, pet. in-4 de XCVI et 104 p. On trouvera également le titre d'un grand nombre de mss. de la chronique de Norm. dans la *Biblioth. de la France*, par le P. Lelong, t. III, p. 378, 384 et 385; mais vu la date éloignée de l'indication (1771), et par suite des mutations survenues depuis lors, on éprouvera peut-être quelque difficulté à découvrir le dépôt où ils sont actuellement renfermés.

Nous allons citer les *Chroniq. de Norm. imp.* qui forment une partie importante de notre histoire locale.

— Chronicon de gestis Normannorum in Francia, anno 820-911; Pertz. *Monum. Germaniæ historica*; Hannoveraæ, 1826, t. Ier, p. 532-536.

— Breve chronicon Normannicum sive Britannicum (ex manuscripto Colbertino 1020), (ab anno 830, ad ann. 930); Martene, *Thesaur. nov. Anecdot.*, t. III, col. 1448-1449.

— Chronicon de gestis Normannorum in Francia, ab anno Christi 833 usque ad annum 896. (Ante Rollonem ducem, auctore incerto.) Ex antiquo exemplari carthusiæ Montis-Dei, in diocesi Remensi, cujus editio cum altero exemplari Rubeæ-Vallis collata est, et plerisque in locis emendata; Du Chesne, *Hist. norm. Script. antiqui*, 1619, p. 1-7; Ibid., *Hist. Francorum Scriptores, etc.*, 1636, t. II, p. 524-530, et Dom Bouquet, *Histor. des Gaules, etc.*, t. VIII, p. 94.

«Quoique fort courte, cette chronique n'omet rien de ce qu'on lit plus au long dans les autres historiens contemporains. Elle contient l'histoire des premières courses des Normands en Frise, Hollande, France, Flandre et Allemagne. Du Chesne soupçonne que l'auteur, qui vivait en 896, était flamand.» (P. Lelong, nº 16,462.)

— Chronici Rheginonis abbatis prumiensis exceptum de Normannorum gestis; Du Chesne, *Hist. norm. script. antiq.*, p. 7-14.

— Annalium in Fuldensi monasterio scriptorum excerptum, de Danis et Normannis; Du Chesne, *Hist. norm. script. antiq.*, p. 14-18.

— Alia variorum chronicorum excerpta, de Normannis. Ademarus monachus S. Eparchii Engolismensis, in chronico; ms. (ann. 840-920); Du Chesne, *Hist. norm., script. antiq.*, p. 19-34.

— Chronicon breve Northmannicum, ab anno 1041, ad annum 1085, auctore anonymo; Muratori, *Historiens d'Italie*, t. V.

— Chronica Normanniæ continens multa ad Francos et Anglos pertinentia, ann. 1139-1259; Du Chesne, *Hist. norm. scrip. antiq.*, p. 977-1014.

Cette chron. anonyme est considérée, par les éditeurs de l'*Hist. litt. de la France* (t. XXI (1847), p. 725), comme portant des dates fautives, qui sont rectifiées par une autre chron., tirée d'un ms. du monastère de Caen.

— *Normanniæ nova chronica* ab anno christi CCCCLXXIII, ad ann. MCCCLXXXVIII è tribus chronicis Mss. sancti Laudi, sanctæ Catharinæ et majoris Ecclesiæ Rotomagensium collecta, nunc primum edidit è ms. codice Bibliothecæ publicæ Rotomag. A. Cheruel; *Cadomi, apud typog. A. Hardel*, 1850, in-4 de XXIX et 50 p., plus 3 p. consacrées aux *addenda et emendanda*.

Ext. à petit nombre des Mém. de la Soc. des Antiq. de Norm., t. XVIII. L'introduction et les notes sont en latin.

V., sur ces chroniques, un Rapport de M. l'abbé Langlois, *Mém. de l'Acad. de Rouen*, 1851.

— Chronicon Nortmannorum, Wariago-Russorum nec non Danorum, Su nonum, Norwegorum inde ab a. DCCLXXVII usque ad a. DCCCLXXIX sive a Sigifrido rege Nortmannorum usque ad Igorem 1, Russorum magnum principum, ad verbum ex Francicis, Anglosaxonicis, Hibernicis, Scandinavicis, Slavicis, Serbicis, Bulgaricis, Arabicis et Byzantinis annalibus repetitum, etc... auctore Fr. C. H. Kruse, prof. hist. ord. univ. Dorpat, etc.; *Hamburgi et Gothae, apud Fred. et And. Perthes*, 1851, in-4 de XVI et 478 p., avec 2 tableaux.

— LES CRONICQUES DE NORMENDIE; *Rouen, Guillaume le Talleur*, 1487, in-f. goth. de 125 ff. à 2 colon., sur pap. (Biblioth. de Rouen.)

Le 1er ft. contient, au recto, le titre avec la marque de l'imp., et au verso le prologue. Ce prologue est disposé sur 2 colon. de 25 et 22 lignes. A la 6e ligne de la 2e colon., on lit: *Et pour tant ces choses considerees Je Guillaume le talleur natif et demourant à la parroisse sainct Lo a rouen voulant de mon pouoir reduire en memoire les cronicques de normendie a la louenge de la nation et a lonneur des ducz q̄ pour certain temps ont este en icelle iay voulu imprimer les dictes cronicques en mon hostel a rouen Lesquelles ont este accomplies au moys de may mil cccc. quatre vingtz et sept. Priant, Etc.* Les ff. 2, 3, 4, 5 et le recto du 6e renferment la table. Au verso du 6e on trouve une gravure sur bois de la grandeur de la page, représentant probablement le roi de France, assis sur son trône, entouré de prélats et de seigneurs. Les *Cronicques* commencent au 7e ft., qui est indiqué *feuillet a, i*. La pagin. se continue au recto, jusqu'au 96e ft. inclusivement. On lit au bas du verso de ce ft.: «*Cy fine le liure des cronicques de normendie.*»

Le vol. continue ainsi: «*Cy aprez ensuit ung petit traictie lequel parle de la guerre continuee entre frācoiș et èglois depuis la mort du roy hery ii.*,» etc. Signature *m m'i*, 6 ff. non paginés. Puis le livre reprend, ft. 97, signat. *n, i*: *Cy apz ensuit le recouuremēt de la duche de normēndie cōe la ville de fougieres fut prinse par les englois et cōe le roy de france ēuoya ambassade devers le duc de sombreset pour la recouurer.* Il continue jusqu'au ft. 112, au verso duquel on lit: *Cy finissent les cronicques de normendie.*

Le volume est terminé par 2 ff. sans paginat. et sans signat. Ils commencent ainsi : *De la secōde cōqueste de bordeaulx et mort de talbot*, et finissent par ces mots : *Cy fine la seconde conqueste du pais et ville de bordeaulx apres laquelle charles vii. de ce nom roy de france regna et iouist du royaume de france des pays de normēdie et de guyēne en prosperite et bōne paix laquelle nous vueille donner le pere le filz et le sainct esperit et paradis en la fin. Amen.* Le verso est blanc.

Cette prem. édition de la chronique de Norm. est, avec celle de Natalis de Harsy, dont nous allons parler, le plus ancien livre imp. à Rouen avec une date certaine. Elle ne se trouve plus que dans la biblioth. de cette ville et dans celle de Vienne en Autriche. L'exempl. dont nous donnons la description est relié en parchemin et appartient au prem. de ces établissements qui l'a acquis en 1836, au prix de 525 fr., à la vente de l'abbé Barré, curé de Monville, près Rouen. Les initiales sont en rouge, et faites à la main. Cet exempl. provenait de la vente Larchevesque qui eut lieu à Rouen en 1749, et où il fut vendu 15 fr. Comme monument typographique, il peut servir à constater que, dès son début, à Rouen, l'art de l'imprimerie était arrivé à un haut dégré de perfection ; en effet, les caractères, le papier, la composition, le tirage ne laissent en quelq. sorte rien à désirer.

La description de l'exempl. de la biblioth. imp. de Vienne, que nous avons eu sous les yeux (dit M. Francis. Michel), et la marque de le Talleur, qu'on voit au titre, nous portent à croire que c'est un second exempl. de l'édit. publiée par le célèbre imprim. rouennais. La seule différence que nous remarquons consiste dans le placement des 6 ff. non paginés qui suivent le 96e dans l'exemp. de Rouen ; ici, ils sont reportés après le 112e ff. Pour l'un, le relieur a été, sans doute, guidé par la pagin., et pour l'autre par la signat. Cet exempl. provient de la biblioth. du prince Eugène de Savoie, qui a passé tout entière dans celle de l'empereur, à Vienne.

— LES CRONIQUES DE NORMENDIE; *Rouen*, 1487, pet. in-f. goth. de 140 ff. non chiffrés à 2 col. de 34 lign. (Biblioth. Imp., à Paris.)

Cette édit. de la *Chronique de Normandie*, attribuée à Natalis de Harsy, peut être considérée comme la 2e édit., admettant qu'elle ait paru quelq. jours seulement après celle de Guill. Le Talleur, MM. de Bure, qui la possédaient auparavant, l'ont décrite, p. 160, no 2,329, de la 3e part. de leur catal. Le vol. commence par la table, qui occupe 6 ff., signature *a*. Le texte commence à la signat. *b*. On trouve au commencement de la 1re col. 18 lignes en forme de prologue, mais dans lequel n'est pas le nom de Guill. le Talleur. Voici ce prologue : *Pour ce que ceulx de bonne voulente qui tendent venir a honneur selon dieu par vaillance et par hardemēt desirēt ouyr et sauoir les nobles et honorables fais des anciens pour y prēdre exēple affin de venir a leur intention : ie a laide de dieu mettray en fourme au mieulx q̄ ie pourray les histoires et fais des nobles ducz qui au temps passe ont este en Normendie selon ce quil mest apparu par aucunes escriptures. Si prie a tous qui ceste œuure liront quilz supplient a ma simplesse et me aidēt a la releuer et parfaire mon œuure selon ce quilz le pourront et sauront faire.* A la 19e ligne, on lit : *Cy cōmence listoire du duc aubert, etc.* Cette signat. *b* est composée de 8 ff., ainsi que les suiv., jusques et y compris la feuille *r*. Le vol. finit par la feuille *s* qui n'a que 6 ff. Au verso du dern., le texte finit à la 5e ligne de la 1re col. par le mot *bordeaulx*. On trouve ensuite la souscription suiv. : *Cy finissent les croniques de normendie imprimeez et acōplies a rouen le quatorzieme iour de may mil. cccc. quatrevingtz et sept. Et cōmencēt lesdictes croniques au duc aubert en recitāt les fais et vaillances de chacun duc.* Elle occupe trois lignes et demie. L'autre moitié de la ligne contient : *Et cōmencēt lesdictes, etc.* Suivent 23 autres lignes, qui finissent la 1re col. La 2e col. est composée de 6 lignes qui se terminent par *Amen*, et au-dessous les trois lettres N D H.

Comme on le voit, cette édit. n'offre pas de titre apparent ainsi qu'il en existe dans celle de Le Talleur. Dans Panzer, t. v, p. 487, et dans nos notes sur les imprimeurs rouennais du xve sc., nous ne trouvons que *Natalis de Harsy* à qui cette impression puisse être attribuée. Il résulte donc de ce qui précède que 2 édit. de la *Chronique de Normandie* eurent lieu simultanément à Rouen, au mois de mai 1487, et que les exemplaires en sont presque introuvables. Celui de MM. de Bure, bien conservé et grand de marges, rel. en maroq. bleu dent., a été adjugé au prix de 831 fr. à la Biblioth. Imp. en 1836.

— LES CRONICQUES DE NORMENDIE. Lesquelles ont este de nouueau corrigees a la verite. Esquelles sont contenues les vaillāces et proesses des ducz, barōs, et seigneurs de la noble duche de normendie. Et auec ce les guerres qui ont este entre frācoys, normans et angloys. Et aussi la con[q]ste du pays et duche de guyēne, auec plusieurs addiciōs, cōme on pourra veoir en lysant ledict liure. Et ont este imprimees pour Richard mace libraire demourant a Rouen a lenseigne des cinq chapeletz, deuãt le portail aux libraires (titre imp. en rouge et en noir); *Rouen, J. Burges*, pet. in-4, goth., s. d., de cxxxviii ff., plus 5 ff. pour la table (qui commence au verso du ft. cxxxviii) et un ft. contenant une grav. sur bois qui représente la concession de la Normandie à Hrolf.

Le verso de ce dern. ft. est blanc.

On lit à la fin du cxxxviii ft. recto : *Cy finissent les cronicques de normendie nouuellement imprimees a Rouen pour Jehan Burges libraire demourãt audit lieu en la rue de grãt pont pres de la serayne.* Et, dans le bas de la page : *I. B.*

Cette édition est une réimpression de la précédente, faite, sans doute, quelq. années après, par un imprimeur de Rouen. Elle existe avec une variante, qui consiste dans la souscription suiv. au ft. cxxxviii recto : *Cy finissent les cronicques de normendie nouuellement imprimees a Rouen pour Jehan mace libraire demourãt a Regnes iouxte leglise saict sauueur a lymage sainct Jehã leuangeliste. Et pour michel angier demourant a caen en la parroisse saict pierre pres le pont. Et pour Richard mace demourant a rouen pres la grant eglise cathedralle a lenseigne des cinq chapeletz.* Cette variante fait qu'on a souvent regardé les exempl. qui la contiennent comme étant d'une édit. différente. (Biblioth. Imp. et Biblioth. de Rouen.)

— LES CRONIQUES ET EXCELLẼTZ FAITZ des ducz Princes Barons et Seigneurs de la noble duche de Normandie. Et auec ce les Guerres et discentions qui ont este entre Francoys, Normans, et Angloys. Aussi de la cõqueste du pays et duche de Guyenne, additionnees de plusieurs belles hystoires, comme on pourra veoir en lisant ledit liure. Imprime nouuellement a Paris. xxxv. *On les vend a paris en la rue neufue nostre dame a lẽseigne sainct nicolas; Paris, J. Saint-Denis*, pet. in-4, goth., s. d., de cxlii ff. numérotés, sans y comprendre 8 ff. prélim., occupés par la table et par une grav. sur bois.

Le chiffre xxxv porté sur le titre indique le nombre des cahiers, et non la date de 1535, comme semble l'indiquer le P. Lelong, n° 35160. *Biblioth. hist. de la France.* Au bas du 8e ft., comme dans l'édit. in-f., se trouve cette rubrique : *Icy commencent les hystores des ducz de Normendie, Commencans au duc Aubert pere de Robert le Dyable.* On lit, au bas du ft. cxlii, col. 2 : *Cy finissent les Croniques de Normendie nouuellement imprimees a Paris pour Jehan sainct denys libraire demourant en la Rue Neufue nostre dame a lenseigne Sainct Nicolas.*

Au titre et à la fin du vol. se trouve la marque du libraire, autour de laquelle on lit :

ENSEIGNE . MOY . MON . DIEV.
QVE . TON . VOVLOIR . IE . FACE
TÃT . QVE . AU . CELESTE LIEV
IE . PVISSE . VEOIR . TA . FACE.

Dans l'écusson est un S. Nicolas et les lettres majuscules I et D. (Biblioth. Imp., à Paris.)

— LES CRONICQUES DE NORMENDIE nouuellement imprimees à Rouen; pet. in-f. goth., s. d. (*Pour Pierre Regnault.*)

Edition en ancienne bâtarde, sans chiffres ni réclames; mais avec signat. et titres courants. Elle est disposée sur 2 col., de 46 lig. chacune, et se compose de 106 ff. imprimés, ou des signatures A. ii.—r. ii. Le 1er contient au recto le titre ci-dessus rapporté, audessous de la marque de Pierre Regnault et au milieu d'ornements gravés sur bois et imprimés en rouge et en noir. Le verso de ce feuillet contient le prologue. Vient ensuite la table, après laquelle, au verso du feuillet 6, on lit ces mots imp. en lettres de forme audessous d'une grav. en bois, accompagnée d'une initiale de 16 cent. de hauteur : *Icy commencent les histores des ducz de Normendie, commencãs au duc Aubert, pere de Robert le Deable.*

Au recto, col. 2, du 3e feuillet qui suit la signature o.ii., se trouve cette rubrique : *Cy apres ensuit vng petit traicte le quel parle de la guerre continuee entre francois et anglois depuis la mort du roy henry ii. nõme de lenclastre iusques a lannee des treues donnees et accordees en lã mil cccc. xliiii.*

Vient ensuite une table de 14 chap. Le dernier se termine au recto, col. 1, du second feuillet qui suit celui signé p. ii.

Cette édit. est complétée par un chap. intitulé: *De la secõde cõqueste de bordeaux et mort de talbot*, et par la souscription suivante : *Cy finissent les cronicques de normãdie nouuellemẽt ĩprimees a rouen pour Pierre regnault libraire de luniuersite de caẽ demourãt en froide rue a lenseigne saint Pierre.* (Biblioth. Imp., à Paris.)

M. Brunet indique une édit. de Rouen pour Fr. Regnault, in-4 goth., s. d., que nous ne connaissons pas. Elle aurait été publiée de 1520-1530.

— HISTOIRE DE NORMENDIE Contenant les faits et gestes des Ducs et Princes dudit pays, depuis Aubert pmier Duc et gouuerneur d'iceluy, selon l'ordre et supputatiõ des ans, continuez distinctement iusques à la dernière reduction d'iceluy pays : à l'obeissance de la couronne de France. Reueuẽ et augmentée en la pluspart oultre les precedētes impressions, et remise tout de nouueau en la langue Francoise. *On les vent à Rouen par Iaspar de Remortier, et Marguerin D'oriual, au Portail des Libraires*; 1558, in-8 de 206 ff. numér. et 4 ff. prélim. (titre, avert. et table).

On remarque au titre un écusson au milieu duquel est placée une main tenant un livre ouvert; on lit autour : *Liber est apertus*. Cette même édition existe à l'adresse de Martin le Mesgissier, *tenant son ouuroir au hault des degrez du Palais*, avec un écusson aux armes de Norm. Elle aura donc été imprimée pour le compte de plusieurs libraires qui auront mis chacun, sur un certain nombre d'exemplaires, leur adresse et leur marque, comme cela arrivait quelquefois. Cette édit. est la première en caractères romains, réimprimée sur l'édition de 1487, de laquelle elle ne diffère que par une orthographe rajeunie.

— L'HISTOIRE ET CRONIQVE DE NORMENDIE. Reueuë et augmentee outre les precedentes Impressions : Finissant au Roy tres-chrestien Henry troisiéme de ce nom, Roy de France, et de Polongne à present regnant. Auec les figures tant de ladite Normendie, que de la ville de Rouen metropolitaine d'icelle prouince. *A Roven, chez Martin le Mesgissier, Libraire, et Imprimeur du Roy, tenant sa boutique au haut des degrez du Palais*, M. D. LXXVIII, in-8 de 206 ff., plus 2 ff. pour la table, et 8 ff. prélim.

Cette édit., faite sur la précédente, sauf de légers changements, présente dans les prélim. 2 dédicaces de l'imprimeur, l'une en prose et l'autre en vers, à Jacq. de Bauquemare, prem. président au Parlement de Rouen. Elle doit contenir une carte de Normandie et un plan de Rouen, grav. sur bois, ainsi que l'indique le titre. Sans être belles, ces cartes sont curieuses et donnent de la valeur au livre. C'est dans cette édit. qu'on trouve, pour la prem. fois, à la suite des Chroniques, l'ouv. de Nagerel, intitulé :

Description dv pays et dvché de Normendie, appellee anciennement Neustrie, de son origine, et des limittes d'iceluy. Extrait de la cronique de Normendie, non encores Imprimee, faicte par feu maistre Iean Nagerel, Chanoyne et Archediacre de nostre Dame de Rouen. *A Roven, chez Martin le Mesgissier, Imp. du Roy. M. D. LXXVIII*. In-8 de 72 ff. non paginés.

Cet appendice comprend les évènements arrivés en Normandie depuis Charles VII jusqu'à Henri III.

Martin Le Mesgissier, imprimeur et éditeur intelligent, a réimprimé, toujours en 1 vol., ces 2 ouv., même format, page pour page, en 1581, 1589 et 1610 (2 part. en 1 vol. pet. in-8), sans aucuns changements, sauf quelques mots dont il a altéré l'orthographe, la rajeunissant d'édition en édition. On doit y trouver également les deux cartes mentionnées au titre, mais qui font souvent défaut dans les exemplaires.

De l'adjonction de cette 2e part., il arrive parfois qu'on attribue improprement à Nagerel la *Chronique de Normandie*, qui remonte à plusieurs siècles antérieurs, puisque cette narration n'est en quelque sorte que la reproduction de nos anciens historiens normands, et surtout du *Roman de Rou*, mis en prose par un compilateur inconnu du XIIIe sc. D'autres attribuent, et par erreur également, à Guill. Le Talleur la composition de cette chronique, dont il ne fut que le premier imprimeur; d'autres encore l'attribuent à Martin Le Mesgissier, imp. des éditions de 1558-1610, et qui n'en fut que le réviseur et l'éditeur. M. Pluquet, dans ses *Curiosités littéraires*, p. 34-42; M. Brunet, dans son *Man. du Libraire*, t. I, p. 660-663, et M. Francisque Michel, dans les *Chroniques de Normandie*, publiées en 1839, p. LXXXV-XCVI, ont donné le catalogue des diverses éditions de la *Chronique de Normandie*. Dans ce dernier, on trouve de plus, comme nous l'avons déjà dit, la nomenclature des principaux mss. de la *Chronique de Normandie*, province qui, sous beaucoup de rapports, était plus avancée que bien d'autres contrées, dont les annales et les coutumes n'ont été imprimées, commentées et éclaircies que dans le XVIe ou même le XVIIe sc.

V. *Mélanges tirés d'une grande biblioth.*, t. X, p. 195; — *Etudes sur les Chroniques de Normandie*, par M. de Duranville, imp. dans : *Essai sur l'hist. de la côte Ste-Catherine, etc.*; Rouen, 1857, p. 310-345.

Pour éclairer la question d'origine de la *Chronique de Norm.*, et pour établir autant que possible l'époque où elle fut composée, nous empruntons ici l'opinion de notre savant confrère M. A. Pottier, juge très compétent en pareille matière. « On n'a point encore déterminé, d'une manière précise, quel est l'auteur et quelle est la date de la composition de la *Chronique de Normandie* dont il existe de nombreux manuscrits, tous offrant entre eux de plus ou moins grandes différences, mais tous procédant d'un même type qu'on suppose être le *Roman de Rou*. Selon cette dernière hypothèse, on aurait fait pour le *Roman de Rou* ce qu'on fit pour la plupart des grandes épopées métriques du moyen âge, lorsque, par le laps de temps et les vicissitudes de la langue, on en vint à ne plus les comprendre facilement, on le rajeunit en le traduisant en prose. Une indication consignée dans la *Biblioth. hist. de la France* du P. Lelong paraît avoir induit en erreur la plupart de ceux qui ont parlé de la *Chroniq. de Norm.* Ce bibliographe mentionne, au n° 35,064, un ms. de la *Chroniq. de Norm.*, finissant en 1213, par Gilles Gassion, contemporain de Philippe-Auguste, in-f., *Biblioth. Roy.*, n° 9,481. D'après cette indication, on a avancé, comme chose incontestable, que Gilles Gassion était l'auteur de cette chronique ; mais c'est là une de ces erreurs qu'un examen superficiel fait éclore, qui se propagent ensuite pendant des siècles et souvent même résistent à la réfutation la plus décisive. La souscription de ce ms. mentionne seulement qu'il a été transcrit par Gilles Gassion. L'assertion qui fait ce dernier contemporain de Philippe-Auguste, paraît avoir été hasardée par le P. Lelong, contre l'évidence matérielle, puisque, dans le dernier chapitre de ce ms., il est question du rachat de S. Louis, événement postérieur de plus d'un quart de siècle à la mort de Philippe-Auguste. Il résulte donc de ce qui précède que le véritable auteur de la *Chroniq. de Norm.* est encore inconnu, mais que cet ouv. ne peut être antérieur à la seconde moitié du XIII° sc., puisque presque tous les mss. de cet ouv. s'arrêtent aux événements survenus dans la première moitié. Au reste, les nombreux mss. de ce livre, qui paraît avoir été le premier composé en prose française, sur notre histoire, et les nombreuses éditions qui se sont succédées depuis (1487-1610) témoignent combien la vogue de cette chronique fut durable et populaire ; ce fut, pendant longtemps, un livre vraiment national dans notre province. » (*Miracle de N.-D. de Robert-le-Dyable* ; Rouen, 1836, p. 153 et 154, note).

— Les Chroniques de Normandie, publiées pour la première fois d'après deux mss. de la Biblioth. du Roi, à Paris, par Franc. Michel ; *Rouen, Imp. par Nic. Periaux, pour Ed. Frère*, M. DCCC. XXXIX, pet. in-4, pap. vergé, de XCVI et 104 p., plus 2 ff. (table et souscription), avec un titre imp. en couleur et composé par M. de Jolimont, dans le goût des ornements mss. du XIII° sc.

Edit. tirée à 210 exempl., savoir :
200 sur pap. grand raisin vergé ;
6 sur pap. grand raisin superf. vergé ;
2 sur pap. de coul. ; 2 sur pap. de Chine.

Indépendamment de la descript. des mss. et des édit. imp. de la Chroniq. de Norm., ce vol. renferme deux textes des Chroniq. de Norm. : le 1er est publié d'après un ms. du XIII° sc. de la Biblioth. Imp., fonds de Compiègne, n° 62 ; le 2°, qui n'est qu'un fragment de la Chroniq. de Norm., est contenu dans le ms. de la même biblioth., n° 7,974 (XIV° sc.). Si ces deux textes n'offrent pas une grande importance pour l'histoire, ils ne manquent pas d'un certain intérêt comme *monument philologique*.

RICHARD-CŒUR-DE-LION. Chronicon Ricardi Divisiensis de rebusgestis Ricardi primi regis angliæ. Nunc primum typis Mandatum, curante Josepho Stevenson; *Londini, Sumptibus Societatis*, 1838, in-8 de VIII et 88 p.

Publié par *The English historical Society*, et se trouve à Londres, chez James Bohn, lib.

— Chronique abrégée du roi Richard Cœur-de-Lion, depuis son retour de Palestine jusqu'à sa mort. Extrait d'une histoire universelle compilée par J. Raveneau, religieux de St-Wandrille. Publié d'après un ms. du XV° sc. de la Biblioth. de Rouen, par André Pottier ; *Rouen, E. Le Grand*, 1837, gr. in-8, goth., de 16 p., plus 2 p. de notes.

Ext. de la *Rev. rétrospect. norm.*

ROUEN. Fragment d'une Chronique latine de l'Eglise de Rouen (1227-1234), publiée en 1657, par d'Achery.

Ce fragment contient le récit de la lutte de 2 prélats contre le jeune roi Louis IX. Il se retrouve tout entier dans le *Chronicum Rotomag.*, publié la même année (1657) par le P. Labbe (*Nouv. Biblioth. des mss.*, t. I, p. 364-390), et qui s'arrête, en 1282, dans quelq. mss., tandis que Labbe, d'après divers continuateurs, le poursuit jusqu'en 1344.

— Chronique de la ville de Rouen, depuis l'an 1363, jusqu'en 1424 — Chronique de la ville de Rouen jusqu'en 1514 ; ms. in-f.

Ces 2 Chroniq. étaient dans la Biblioth. Colbert, n°s 1,424, 2,552, et sont aujourd'hui dans celle du roi. (P. Lelong, n°s 35,204 et 35,205.)

ST-OUEN. Chronique des abbés de St-Ouen de Rouen, publiée pour la première fois d'après le ms. du XIV° sc. de la biblioth. du Roi, par Franc. Michel ; *Rouen, Ed. Frère*, 1840, pet. in-4 de VII et 98 p., avec une grav. représentant l'église abbatiale de St-Ouen.

Ce vol., imp. par N. Periaux, n'a été tiré qu'à 210 exempl. : 200 sur grand raisin vergé; 6 sur gr. raisin vél.; 2 sur pap. de coul. ; 2 sur pap. de Chine.

Le ms. de cette chronique, qui se trouve à la Bibl. Imp., n° 9,622, 3, 3 (Colbert 907), est indiqué dans le P. Lelong, sous le n° 12,698.

Savigny. Chronicon Saviniacense seu monasterii Saviniacensis in Normannia, ab anno 1112, ad annum 1378 ; Baluze, *Miscellanea,* t. II, p. 110.

L'abbaye de Savigny, ordre de Citeaux à partir de 1147, était située dans le diocèse d'Avranches.

Saxonne. Chronicon Saxonicum ex mss. Codicibus nunc primum integrum edidit, ac latinum fecit Edemundus Gibson ; *Oxonii, è Theatro Sheldoniano,* 1692, in-4 (saxon-latin).

Ce vol. présente un second titre ainsi conçu : Chronicon Saxonicum, seu annales rerum in anglia præcipue gestarum, a christo nato ad annum usque MCLIV. deducti, ac jam demum latinitate donati. Cum indice rerum chronologico. Accedunt regulæ ad investigandas nominum locorum origines, et nominum locorum ac virorum in chronico memoratorum explicatio. Opera et studio Edemundi Gibson ; *Oxonii è Theatro Sheldoniano,* 1692, in-4 de 6 ff. et 244 p., plus 18 ff. non chiffrés et 64 p., avec une carte de l'Angleterre ancienne.

La chronique saxonne qui, à partir du règne de Guill. le Conquérant, se rattache à notre histoire, a été composée par un moine qui vivait en 1186, et qui l'a extraite de plusieurs chroniques anciennes. Elle se termine à l'année 1160. L'édit. qu'en a donnée l'évêque Gibson est plus correcte que celle publiée par Abraham Wheloc, à la suite de l'*Hist. ecclésiastique* du vénérable Bède ; *Londini,* 1643, in-f.

— A literal translation of the Saxon chronicle ; by miss Gurney, with a copious index ; *Norwich, Stevenson,* and *London Arch,* 1819, in-8.

Edit. dont le texte a été revu par Ingram, professeur de saxon à l'univ. d'Oxford, et trad. en anglais par la savante miss Gurney.

— The Saxon Chronicle with an english translation, and notes, critical and explanatory; to which are added chronological, topographical, and glossarial indices ; a short Grammar of the anglo-saxon language ; a new map of England during the heptarchy, etc.; by the Rev. J. Ingram ; *London, Longman, Hurst, etc.,* 1823, in-4 de XII et 463 p., plus 1 f. de titre, 2 cartes, 1 fac-sim. du ms. et 3 planches de médailles.

Le texte de cette chroniq. a été réimp. dans le recueil intit. : *Monumenta Historica Britannica, etc.;* London, 1848, in-f., et, à la suite du vénér. Bède, *Ecclesiastical hist. of England edited by A. Giles ;* London, 1847, in-8.

St-Wandrille. — V. *Fontenelle.*

Wilton. Chronicon Vilodunense, sive de vita et miraculis sanctæ Editæ regis Edgari filiæ carmen vetus anglicum, e codice unico cottoniano in Museo Britannico adversato, nunc demum in lucem editum, cura Guli. Henrici Black ; Sumptibus Ricardi Colt Hoare ; *Londini, typis Nicholsianis,* 1830, in-f. de 141 p.

Ce vol., tiré à 100 exempl. seulement, n'a pas été mis dans le commerce ; il est souvent joint à l'ouv. suivant, publié également aux frais de R. Colt Hoare :

Registrum Wiltunense, saxonicum et latinum, in Museo Britannico asservatum, ab anno regis Alfredi 892, ad annum regis Edwardi 1045 ; nunc demum notis illustraverunt J. Ingram, Sharon Turner, T. D. Fosbroke, Th. Philipps Richard Colt Hoare ; *Londini, typis Nicholsianis,* 1827, in-f. de XI et 56 p. (Brunet, t. I, p. 668.)

Edith, fille du roi anglo-saxon Edgar et de Wulfrith, devint abbesse du monastère de Wilton, dans le comté de Wilts. Née en 961, elle mourut en 984.

CHRONIQUES ANGLO-NORMANDES. Recueil d'extraits et d'écrits relatifs à l'Histoire de Normandie et d'Angleterre, pendant les XIe et XIIe sc.; publié, pour la première fois, d'après les mss. de Londres, de Cambridge, de Douai, de Bruxelles et de Paris ; par Franc. Michel ; *Rouen, Ed. Frère,* 1836-40, 3 vol. in-8 (imp. par N. Periaux).

Ces pièces, imp. sous les auspices de M. Guizot, alors ministre de l'instruct. pub., sont tirées de Benoît de Ste-More, Chrestien de Troyes, Geoffroy-Gaimar, Guy (évêque d'Amiens), Pierre de Langtoft, etc. On les trouvera classées dans notre Manuel, soit sous le nom de l'auteur auquel elles sont dues, soit sous le nom du personnage auquel elles se rapportent.

V. Kritische Beyträge zur anglo-normandischen Geschichte von Ferdinand Wolf, aus dem LXXVI et LXXVII, Bande der Jahrbücher der Literatur besonders abgedruckt; *Vien, gedruckt bey Carl Gerold,* in-8 de 54 p., plus un feuillet de titre.

CHRONIQUES des îles de Jersey, Guernesey, Aurigny et Serk ; *Guernesey, T. J. Mauger,* 1831, in-8.

CHRONOLOGIE (la) et la Topographie du nouveau Bréviaire de Paris, où l'on trouve les principaux points de la vie et de la mort des saints qui sont insérés dans le calendrier et dans les légendes, etc. On y a joint un supplément à la topographie pour les diocèses de Blois, Évreux, Séez et Coutances; par M. B*** (Binet, prêtre); *Paris, Hérissant*, 1742, in-12.

Le supplément occupe les p. 357 à 468.

CHUPPIN (Mlle *Emma*). V. LIÉNARD (Mme).

CHUQUET. Notice sur le collége de St-Lo, par Chuquet, régent de 3e; *Bullet. de l'Inst. publ. et des Soc. sav. de l'Acad. de Caen*, 3e année, 1842-43, t. I, p. 441-457, in-8.

CIBOLE (*Robert* de), théologien et réformateur du diocèse d'Evreux, au XVe sc., chancelier de l'université de Paris, etc., naquit à Breteuil (Eure), et mourut vers 1460. Défenseur de Jeanne d'Arc, il la justifia des imputations calomnieuses dont les Anglais l'avaient accusée.

CIDE (*C.*). Statistique et précis historique du canton d'Eu, arrondiss. de Dieppe (S.-Inf.), destiné à accompagner la carte de ce canton; *Eu, Mathorel*, 1832, in-8 de 50 p., avec une carte du canton d'Eu, lithog., etc. (Imp. de N. Periaux, à Rouen.)

CIDEVILLE (*Pierre-Robert* le Cornier, seigneur de), ancien conseiller au Parlement de Norm., membre de l'Acad. des Sc., B.-Lett. et Arts de Rouen, ville où il naquit le 2 sept. 1693, est mort à Paris, le 5 mars 1776. Lié d'amitié avec Voltaire, avec lequel il a entretenu une corresp. suivie, il se plaisait à encourager les lettres et les arts. Il légua sa riche biblioth. à l'Acad. de Rouen, où son éloge fut prononcé par M. Haillet de Couronne.

En 1768, Bacheley dessina et grava pour l'Acad. de Rouen une vignette destinée à perpétuer le souvenir du don que M. de Cideville lui avait fait de sa biblioth.; elle représente les armoiries de ce littérateur surmontant un bureau, et, en forme d'inscription, on lit: *Ex libris P. R. Le Cornier de Cideville, dono dedit academiæ Rothomagensi, anno* 1768. Cette bibliothèque est aujourd'hui fondue dans celle de la ville, qui possède de M. de Cideville un ms. intitulé: *Journal depuis* 1743 *jusqu'en* 1775. Le portr. de Cideville a été finement gravé par Bacheley, d'après le tableau de Voiriot; il a été également gravé par J.-B. Hayard, qui a reproduit à s'y méprendre, le dessin de J.-B. Descamps, fait au crayon, en 1752. V. Notice de M. Th. Lebreton, *Rev. de Rouen*, 1846, 2e sem., p. 19-37.

CIDRE, dit vin de pommes ou de poires, manière de le préparer selon la méthode de Normandie; par un agronome du canton de Penne, juillet 1854; *Villeneuve-sur-Lot, Imp. de Leygues* (1855), in-8 de 36 p.

Entretiens agricoles et économiques.

Le cidre étant une boisson généralement usitée en Norm., nous croyons devoir citer divers ouv. qui traitent de sa fabrication et en même temps de la culture du pommier et du poirier à cidre.

Aphorismes et nouvelles expériences sur les boissons qu'on peut extraire de quelques espèces de fruits; *Londres*, 1694, in-f. (en anglais).

— Lettre à Samuel Hartlib, du 19 mai 1656, imprimée à la fin du *Traité physique et pratique* de Bradley sur la culture des Jardins; *Londres*, 1730, in-8, et trad. en français par Puysieux, sous le titre de: Nouvelles observations physiques et pratiques sur le Jardinage; *Paris*, 1756, 3 vol. in-12.

L'auteur anonyme de cette lettre habitait le Herefordshire, qui produit une grande abondance de fruits. Il donne de bons conseils sur le pressurage des pommes, sur le semis des pepins, et fait l'éloge du cidre comme d'une boisson saine et fortifiante.

— Observations sur la culture des arbres à haute tige, particulièrement des pommiers; par Thierrat, procureur du roi à Chauny (*Aisne.*); 1760, *in-8*.

— Le Gentilhomme cultivateur, par Hall. Il en parut une trad. franç. en 1764; quelques chapitres de ce traité sont consacrés au cidre.

— Instruction sur l'art de faire les cidres; *Soc. Economique de Dublin*, juin 1736. Il en est question dans le *Journ. Econom.* d'oct. 1764.

— Pomologie, ou description des meilleures sortes de pommes et de poires que l'on estime et cultive le plus, soit aux Pays-Bas, soit en Allemagne, soit en Angleterre; par J. Herman Knoop, jardin. à Leuwarde en Frise; *Amsterdam*, 1771, in-f., fig.

— Quelle est la méthode la plus facile pour faire du cidre et du poiré de la meilleure qualité? *Question proposée en* 1784 par l'Acad. de Rouen. Le prix fut remporté par MM. Morize et de Villiers, de St-Didier.

— Sur la sophistication des cidres, des moyens de constater la fraude et d'y remédier; Rapport de Lavoisier; *Mém. de l'Acad. des Sciences*, juin 1786.

— Les vins rouges, les vins blancs et les cidres, par Maupin; 1787, in-8.

— Mém. sur la matière sucrée de la pomme, par Cadet-de-Vaux; *Paris*, 1808, in-8.

— Notice sur la fabrication du cidre; par M. Boissonade. (Ext. de *l'Agricult. manufacturier*, 1re année, t. I, no 4, juillet 1830, p. 187); *Soc. d'Agricult. de la S.-Inf.*, t. VI, p. 225-230.

— Remarques sur la reprise des boutures, et notamment sur celle du poirier et du pommier, par Sageret; *Paris*, *Mme Huzard*, 1834, in-8 de 17 p.

Ext. des *Mém. de la Soc. d'Agricult.*

— Moyens employés pour avancer l'époque de la fructification d'un jeune pommier venu de semis, par Sageret; *Paris*, *Mme Huzard*, s. d., in-8 de 4 p. Ext. des *Annales de l'Agriculture franç.*, 2e série, t. II.

Pour d'autres traités sur le même sujet, V. le nom des auteurs.

CIERREY (Guarin de), évêque d'Evreux en 1193, né dans le diocèse de ce nom, est mort en 1201, et fut inhumé dans le chœur de l'église de l'abbaye de la Noë.

Il y eut deux autres évêques d'Evreux du nom de Cierrey : Raoul, de 1220-1223, et Raoul II, de 1236-1243. — V. *Hist. des Evêques d'Evreux*, par Chassant et Sauvage.

CIRCONSCRIPTION des paroisses du diocèse de Rouen. Décret exécutoire de M. l'archevêque de Rouen, du 6 messidor an x. (Ville de Rouen); *Rouen*, *F. Baudry*, in-4 de 15 p.

Nous trouvons à la suite d'un exempl. :

Circonscript. des paroisses du canton de Londinières; *Rouen*, *F. Baudry*, in-4.

CIRCULAIRE des démocrates de Rouen, portant refus de prendre part au banquet réformiste de la ville, signée : Les délégués de l'assemblée : *Frédéric Deschamps*, *etc.*, et commençant par ces mots : Les démocrates de Rouen se sont réunis, afin de délibérer sur la part qu'il leur convenait de prendre à un banquet réformiste; *Rouen*, *Imp. de I. S. Lefevre*, s. d. (1847), in-4.

CISSÉ (*Jacq.* Courtin de), poète, né près de Mortagne (Orne), en 1560, et mort à Paris le 18 mars 1584. Ses œuvres poétiques (*Les Amours de Rosine*, *diverses odes*, *et des hymnes de Synèse*, trad. du grec en vers françois) ont été publiées à Paris, chez Gilles Beys, 1581, pet. in-12.

CISSEVILLE ou CISZEVILLE (*P.*). Statistique de Forges-les-Eaux; *Rouen*, *F. Mari*, an XIII (1805), in-8 de 30 p.

Dès 1776, Ciszeville avait communiqué à Le Pecq de la Cloture des observations sur les eaux des trois fontaines de Forges. Placé au centre du Pays de Bray, où l'on élève un grand nombre de bestiaux, il publia en l'an x un mém. intitulé : Description des emplacements qu'il faut choisir de préférence pour la construction des laiteries, suivie de l'énumération des signes auxquels on reconnait si une vache sera bonne laitière; *Rouen*, *Imp. des Arts*, an x, in-8 de 32 p.

Né en 1748, à Forges-les-Eaux, où il pratiqua la médecine, Ciszeville (ou Cisseville), élève de Le Cat et de Vicq-d'Azir, mourut dans cette résidence en déc. 1808. Guilbert (*Mém. biog.*, t. I), indique sa naissance en 1745 et sa mort le 29 déc. 1807.

CISSEVILLE. Notice sur les eaux minérales de Forges (S.-Inf.); *Ann. norm.*, 1846, p. 382-415.

— Quelques considérations géologiques concernant la recherche de la houille dans le dép. de la S.-Inf.; *Ann. norm.*, 1846, p. 590-633.

M. Cisseville, Dr-méd. à Forges, est parent du précédent.

CIVILLE (*François* de), brave gentilhomme, né à Rouen, le 12 avril 1537 et mort en 1614, était capitaine d'une compagnie d'infanterie de 100 hommes de la ville de Rouen, lors des troubles de 1562, époque où cette ville fut assiégée par Charles IX, qui commandait en personne. D'Aubigné, dans ses Mém. (t. I, liv. III, ch. 10), rapporte que Civille, 42 ans, après avoir été laissé comme mort sur le champ de bataille, signait aux assemblées nationales, où il siégeait comme député de Normandie : *François de Civille, trois fois mort, trois fois enterré, et trois fois, par la grâce de Dieu, ressuscité.* La manière miraculeuse par laquelle trois fois effectivement il avait échappé à la mort, à trois époques différentes de sa vie, motive cette singulière signature. Un portrait en pied de ce capitaine est conservé au château du Bois-Héroult, par M. Léon de Civille.

V. *Discours des causes pour lesquelles le sieur de Civille, gentil-homme de Normandie, se dit avoir esté mort, enterré et résuscité*; 1606, pet. in-8; — Ext. de l'hist. mémorable du capitaine François de Civille, écrite par luy-mesme; *Nouv. Voyage d'Italie*, *par Misson*, 3e édit.; La Haye, 1698 (et 4e édit., 1702), t. III, p. 361-368; — Notice de M. L. Du Bois, *Recherches archéolog. en Norm.*; Paris, 1843, in-8; — Article de M. Alexis de Valon, dans ses *Nouvelles et Chroniques*; Paris, E. Dentu, 1851, gr. in-18; — *France protest.*, t. III (1853), p. 467.

CLAIRVAL (de). Mémoire sur l'utilité des mûriers blancs, la manière de les élever, et celle de soigner les vers à soie (en Normandie), lu le 9 janv. 1758 dans l'Acad. de Caen; Mém. de cette Académie.

Les considérations présentées par l'auteur ont contribué à déterminer le duc d'Harcourt, gouverneur de la province, toujours occupé du bien public, à faire planter quantité de mûriers dans des terrains arides et incultes. Son exemple a été suivi par plusieurs propriétaires. (P. Lelong, n° 3,352.)

CLAIRVILLE (de), trois fois lauréat de l'Acad. française, de 1685 à 1698, naquit à Rouen, suivant Masseville, dans la première moitié du XVIIe sc.

CLAMORGAN (*Jean* de), seigneur de Saâne, *né, suiv. L. Du Bois*, en Norm., dans le XVIe sc., (probablement dans la commune de Saâne-St-Just, arrosée par la rivière du même nom, S.-Inf.), a composé plusieurs ouv. sur la chasse et sur la navigation. Celui qui traite de la chasse au loup a eu plusieurs édit. et a été trad. en italien et en allemand.

— La Chasse du loup, nécessaire à la maison rustique; par J. de Clamorgan, seigneur de Saane; en laquelle est contenue la nature des loups, et la manière de les prendre, tant par chiens, filets, piéges, qu'autres instruments, etc.; *Paris, J. du Puys*, 1574, in-4, avec fig. sur bois.

— Ibid.; *Rouen, David Geuffroy*, 1620, in-4, avec fig. sur bois.

— Ibid.; *Rouen*, 1674, in-4, fig. sur bois.

— L'Agriculture et Maison rustique de Ch. Estienne et J. Liebaut, augm. des chasses du cerf, du sanglier, du lièvre, du renard et de la fauconnerie, plus, la chasse au loup, par J. Clamorgan; *Rouen, Berthelin*, 1660, in-4, fig.

CLAMORGAM (*Louis-Pierre-Charl.*), avocat, maire, puis sous-préfet de Valognes, naquit en cette ville, en juin 1770. Il est mort dans l'exercice de cette dern. fonction, le 25 juil. 1839. V. une Notice par M. Boulatignier, et Notice insérée dans le *Journ. de Valognes*, du 2 août 1839, laquelle a été reproduite dans l'*Annuaire norm.*, 1840, p. 527-530.

CLARKE (*Samuel*). History of the life and death of William the Conqueror; *London*, 1669, in-4. (P. Lelong, n° 34,982.)

CLASSIQUE (du) et du Romantique. Recueil de discours pour et contre, lus à l'Acad. roy. des Sc., B.-Lett. et Arts de Rouen, pendant l'année 1824; *Rouen, Imp. de Nic. Periaux*, 1826, in-8 de VIII et 341 p.

CLAUDIN (*Gustave*). Musée de Rouen. Salon de 1853. Revue de l'exposition de peinture; *Rouen, H. Rivoire*, 1853, in-8 de 67 p.

Réimpression d'une série d'articles publiés par le *Nouvelliste de Rouen*, dont M. G. Claudin était le rédacteur en chef.

— A propos de peinture; *Rouen, H. Rivoire*, 1856, in-8 de 40 p.

Compte-rendu de l'Exposition municipale de peinture de Rouen, oct. 1856. Réimpression des articles du *Nouvelliste*.

M. G. Claudin, pendant son séjour à Rouen, a publié en outre :

— L'Exposition à vol-d'oiseau, suivie d'une Lettre à M. Maxime Du Camp; *Rouen, H. Rivoire*, 1855, in-8 de 81 p. (Compte-rendu de l'Exposition universelle de Paris.)

— Palsambleu, petit roman de mœurs; *Paris, Librairie nouv.*, 1856, in-18 de 128 p.

CLAVERET (*Jean*), avocat, né à Orléans, est mort à Paris en 1666. Il composa plusieurs pièces de théâtre, parmi lesquelles nous citerons : *Les Eaux de Forges*, comédie en 5 act. et en vers, représentée à Forges en juin 1632, durant le séjour qu'y fit la famille royale. Cette pièce, assez médiocre, n'a pas été imp. — V. de Duranville, *Forges-les-Eaux; Rev. de Rouen*, 1846.

CLAVIGNY (de). Vie de Guillaume-le-Conquérant, duc de Normandie et roi d'Angleterre; *Bayeux, Jean Briard*, 1675, in-18 de 147 p. et 6 ff. prélim.

CLAVIGNY (*Jacq.* de la Mariousse de), abbé de Gondan et chanoine de Bayeux, sa patrie, mourut en cette ville en 1702. Il a publié quelques ouv. ascétiques, tels que : *L'Esprit des psaumes dont l'Église se sert aux vêpres du dimanche; Prières tirées des Psaumes que David a faits pour lui, comme roi; Traité du luxe, selon les sentiments de Tertulien, de S. Bazile et de S. Augustin.*

CLÉMENCE (*Joseph-Guill.*), chanoine de l'église de Rouen, né au Havre le 9 oct. 1717, mort à Quevilly, près Rouen, le 5 août 1792, était très versé dans les langues grecque, hébraïque et syriaque. Il a publié :

1° Défense des livres de l'anc. Testament contre l'écrit (de Voltaire) intitulé : *La Philosophie de l'Histoire*; Amsterdam (Rouen), 1767, in-8, et Rouen, Dumesnil, 1768, in-8;

2° Les Caractères du Messie vérifiés, en Jésus de Nazareth; *Rouen, Laurent Dumesnil*, 1776, 2 vol. in-8; (publié sous le masque de Goulmy de Rosoy).

Ouv. dédié au cardinal de la Rochefoucauld, et qui eut les honneurs d'une trad. italienne l'année même de sa publication. (V. *le Mercure*, 1776, nov., p. 129.)

3° L'authenticité des livres de l'anc. et du nouv. Testament, démontrée, ou réfutation de la *Bible enfin expliquée* de V*** (Voltaire); *Paris, Moutard*, 1782, in-8.

CLÉMANGIS (*Nicolas* de), archidiacre de Bayeux, homme très savant dans les littératures sacrées et profanes, né dans cette ville, est mort en 1440. (Quelq. biog. indiquent sa naissance en Champagne.) Ses œuvres ont été publiées par les soins de Jacq. Lydius : *Nic. de Clemangiis, opera omnia*; Lugd. Batav., 1613, in-4. On a séparément de cet auteur : *De Lapsu et reparatione justiciæ libellus, etc.*; 1519, in-4; — *De corrupto ecclesiæ statu, liber unus*, 1562, pet. in 8; et *Helmæstadii*, 1620, in-8. Une traduct. de cet ouv. se trouve dans le t. III de la *Biblioth. étrang.*, publiée par Aignan;

CLOGENSON (*J.*). Des relations de Voltaire avec les Académies, et en particulier avec l'Acad. de Rouen; *Rouen, A. Péron*, 1849, in-8 de 18 p.

Ext. des Mém. de l'Acad. de Rouen, 1849.

CLOGENSON (*Jean*), anc. préfet et anc. député de l'Orne, conseiller honor. à la Cour d'appel de Rouen, membre de l'Acad. de cette ville, etc., est né le 28 nov. 1785, à Coulonges-sur-Sarthe, arrond. d'Alençon. Ayant fait une étude particulière des œuvres de Voltaire, il a coopéré aux diverses éditions qui en ont été données par Renouard, Delangle, Baudouin et Beuchot. Il a enrichi les Mém. de l'Acad. de Rouen, année 1852, d'un poème intitulé : *Amour et Musique*, poème dont il a été fait un tirage à part; Rouen, Péron, 1853, in-8 de 19 p. V. Notice sur sa vie; Paris, Imp. de Lacour, 1851, in-8 de 16 p.—Ext. du 7e vol. des *Biograph. et Nécrol. des hommes marquants du XIXe sc.*, par Lacaine et Laurent.

CLOGENSON (*S.*). Madame de Villedieu (Marie-Hort. des Jardins); *Alençon, Imp. de Mme ve Poulet-Malassis*, 1853, in-8 de 56 p.

Ext. de *l'Atheneum franç.* des 2, 16 juill. et 6 août 1853, et tiré à 20 exempl.

M. J. CLOGENSON, fils du précédent, est également aut. d'une *Notice sur J. J. Grandville;* Alençon, ve Poulet-Malassis, 1853, in-8° de 40 p. Ext. de *l'Atheneum franç.* du 12 nov. 1853, et tiré à 20 exempl.

CLOUET (*Eusèbe*), religieux de l'ordre des Récolets, né à Alençon, où il mourut en 1618, a publié plusieurs ouvrages ascétiques, après avoir abjuré la religion protestante. V. Masseville, *Hist. de Norm.*, t. VI, p. 384.

CLOUET (*François*), probablement né à Alençon comme le précédent, a été ministre protestant à Sédan et à La Haye. Il a publié plusieurs ouv., que nous citons comme se rattachant à l'hist. de la réforme en Norm.:

— Déclaration du sieur F. Clouet, cy-devant appelé Pere Basile de Rouen, prédicateur capucin et missionnaire du pape, où il déduit les raisons qu'il a eues de se séparer de l'Eglise romaine pour se ranger à la réformée; *Sedan, J. Jannon*, 1639, in-12; *Genève*, 1640, in-8; *La Haye*, 1641, in-8.

Cet ouv. a été trad. en hollandais et en allem.

— Le Menteur confondu, ou Véron atteint et convaincu par le public de mensonges, impostures, malices noires et de production de faux témoins, en sa révocation des sieurs Cupif et Monot, avec la cause de l'apostasie de Bazile indiquée; *Sedan* 1639, in-12.

— Réplique à la response de Véron au Menteur confondu; *Sedan*, 1639, in-12.

— Justification du sieur Clouet authentiquée par les attestations d'archevesques, evesques, etc.; *Sedan*, 1639, in-12.

— Lettre à un ami nouvellement converti à la religion réformée; *La Haye*, 1641, in-8.

— Journal des Capucins, ensuite du capucin de Du Moulin, avec une addition de plusieurs pratiques secrettes de leur ordre, par le sieur François Clouet, ci-devant appelé Père Bazile, de Rouen; s. l. n. d. (*Genève*, vers 1620), pet. in-8 de 31 p., et publié à la suite du Capucin du P. Du Moulin; *Sedan*, 1641, in-8.

— Protestations et dernières volontés de François Clouet, nommé en l'ordre des Capucins, père Basile, de Rouen, données par lui en son lit de mort, etc.; *Caen, Michel Yvon*, 1648, pet. in-8 de 16 p.

V. *France Protest.*, t. III, p. 504.

CLOUET (*Pierre-Romain*), ancien grand-vicaire de la cathédrale de Lisieux, aumônier du roi Louis XVI, bibliothéc. de l'Ecole des mines, etc., naquit à Coutances le 7 août 1748, et mourut à Paris en juin 1810. Il aida son compatriote Letourneur dans la traduction des œuvres de Shakspeare. Parmi ses autres travaux, on distingue la traduct. qu'il a donnée des mémoires allemands relatifs à la minéralogie, insérés dans la collect. de l'Ecole roy. des mines. (V. *Ann. de la Manche*, 1829.)

COCAIGNE (*J.-F.*). De la Compétence des conseils de préfecture. Résumé de la législation, de la doctrine et de la jurisprudence relatives à cette compétence; *Evreux, Canu*, 1838, in-8 de IV et 214 p.

M. COCAIGNE, alors juge suppléant à Evreux, est aujourd'hui conseiller à la Cour imp. de Rouen.

COCHEREL (Eure). Près de ce village, réuni aujourd'hui à la commune d'Houlbec-Cocherel, fut livrée, le 16 mai 1364, la célèbre bataille de Cocherel, gagnée par Duguesclin sur les Anglais et les Navarrois commandés par le captal de Buch. On voit au musée de Versailles (galerie des Batailles), un tableau peint par Larivière, qui rappelle cet événement, et qui représente le moment où le captal de Buch est amené prisonnier à Duguesclin.

COCHET (l'abbé). Etretat et ses environs; *Havre, Imp. de J. Morlent*, 1839, gr. in-8 de XII et 48 p., avec 3 grav.

Ext. de la *Norm. pittor.*, publiée par M. Morlent, ouv. dont il n'a paru que l'arrondiss. du Havre.

— Rapport pour l'établissement d'une soc. charitable de St-François-Regis, au Havre, pour le mariage des pauvres; *Ingouville, Le Petit*, 1839, in-8 de 12 p.

Il faut joindre à cet opuscule :

— Compte-rendu des travaux de la Société St-Regis du Havre, pendant les années 1839 et 1840; *Havre, Morlent*, 1841, in-8 de 8 p.

— Essai hist. et descriptif sur l'abbaye de Graville; *Havre, J. Morlent*, 1840, in-8 de 38 p., avec une grav.

— Histoire communale de Criquetot-l'Esneval, rédigée d'après les mss. de l'abbé Lebret; *Ingouville, Imp. de Le Petit*, 1840, in-8 de 16 p.

Tiré à 50 exempl.

— Histoire communale du Tilleul, rédigée à l'aide du Terrier; *Ingouville, Le Petit*, 1840, in-8 de 20 p.

Tiré à 100 exempl.

— Notice sur la vie et les écrits de dom Guill. Fillastre, bénédictin de Fécamp; *Rouen, N. Periaux*, 1841, in-8 de 31 p.

Ext. de la *Rev. de Rouen*, 1841, 1er sem.

— Discours prononcé le 24 mai 1841, dans la chapelle de la manufacture de dentelles, le jour de la fête de St-François-Régis, patron des orphelines de Dieppe; *Dieppe, Imp. de Delevoye*, 1841, in-8 de 11 p., et *Havre, Imp. de Morlent*, in-8 de 8 p.

— Notice sur l'obligation imposée aux décimateurs de construire et de réparer les chœurs et chancels des églises rurales; *Bullet. monum.*, t. VII, 1841, p. 283-288.

S'applique à quelq. églises de la S.-Inf.

— Sermon pour la fête de N.-D. de Bon-Secours, patronne des marins de Dieppe, prêché dans l'église de St-Jacques; *Dieppe, Corsange*, 1841, in-8 de 16 p.

— Sermon pour la fête de St-Sauveur, patron des matelots d'Etretat, prêché dans l'église d'Etretat, le 6 août 1840; *Dieppe, Corsange*, 1841, in-8 de 18 p.

— Les Cachots de la Tour du Havre; *Rev. de Rouen*, 1841, 2e sem., p. 19-23.

—Notice sur l'abbé Guibert, chroniqueur dieppois du XVIIIe sc.; *Rev. de Rouen*, 1842, 1er sem., p. 16-24, et *Galerie dieppoise*.

—Les Inondations. Pélerinage à Fécamp, Yport, Vaucotte et Etretat, après l'inondation du 24 sept. 1842, avec pièces de vers par MM. Beuzeville et Th. Lebreton; *Rouen, N. Periaux*, 1842, in-8 de 30 p. avec 1 pl.

Ext., à 150 exempl., de la *Revue de Rouen*, oct. 1842.

— Discours de réception à l'Acad. roy. des Sc., Arts et B.-Lett. de Rouen; *Rouen, N. Periaux*, 1842, in-8 de 19 p.

Ext., à 100 exempl., du vol. intitulé : *Réceptions faites à l'Acad. de Rouen, en* 1842; Rouen, N. Periaux, 1842, in-8.

— Aperçu du commerce des Calètes à l'époque gallo-romaine; *Rev. de Rouen*, 1842, 2e sem., p. 257-272, et *Art en province;* Moulins, 1843-44.

Comprend l'arrondiss. du Havre.

— Rapport pour l'établissement d'une Soc. charitable de St-François-Régis à Dieppe; *Dieppe, Delevoye*, 1842, in-8 de 12 p.

— Rapport sur la Soc. charitable de St-François-Régis de Rouen, en 1842; *Rouen, Péron*, 1842, in-8 de 10 p.

Il faut joindre à ce rapport :

-- Compte-rendu des travaux de la Société St-François-Régis de Rouen. pendant l'année 1844; *Rouen, Rivoire*, 1845, in-8 de 15 p.

— L'Etretat souterrain, 1re partie, fouilles de 1835 et de 1842; *Rouen, N. Periaux*, 1842, in-8 de 27 p., avec 3 pl.

Ext., à 200 exempl., de la *Revue de Rouen*, 1842. Ce mém. a été réimp. dans l'*Art en province*, année 1841-42.

—L'Etretat souterrain, 2e partie, fouilles de 1843, villa romaine de Bordeaux-St-Clair; *Rouen, A. Péron*, 1844, gr. in-8 de 15 p., avec un plan géom.

Ext., à 100 exempl., de la *Rev. de Rouen*, janv. 1844. Cette 2e part. a été réimp. dans le *Bullet. monum.*, t. X (1844).

— Anciennes industries du départ. de la S.-Inf.—Les Salines; *Rouen, Imp. de I.-S. Lefevre*, 1843, in-8 de 15 p.

Ext. des Mém. de la Soc. lib. d'émulat. de Rouen, 1843.

— Le siècle du mouvement; *Mém. de la Soc. d'émulat. de Rouen*, 1843, p. 157-171.

— Fouilles du Château-Gaillard, près Etretat; *Rouen, N. Periaux*, 1843, in-8 de 7 p., avec un plan.

Tiré à 50 exempl., ext. de la *Rev. de Rouen*, 1843, ce mém. a été inséré dans le *Bullet. monum.*

L'emplacement du Château-Gaillard est situé dans le bois des Loges, sur les confins de cette dern. commune et de celle de Bordeaux-St-Clair, dans un enfoncement du grand val qui conduit à Etretat.

— Croisade monumentale en Normandie au XIIe sc.; *Rouen, I.-S. Lefevre*, 1843, in-8 de 16 p.

Ext., à 100 exempl., du Bullet. de la Soc. libre

d'émulat. de Rouen, 1843; il a été réimp. dans l'*Art en province*, t. VII.

— Lettre à M. de Caumont sur la villa du Château-Gaillard; *Bullet. monum.*, t. IX (1843), p. 106-111.

— De la culture de la vigne en Normandie; *Rouen, A. Péron*, 1844, in-8 de 18 p.

Ext. à 100 exempl., de la *Rev. de Rouen*, juin 1844. Se trouve également compris dans les *Mém. de la Soc. d'Emulat. de Rouen*, 1844.

— Caveaux de la chapelle du collége royal de Rouen. Notice lue à l'Acad. de Rouen; *Rouen, A. Péron*, 1844, gr. in-8 de 9 p., avec une pl.

Ext. de la *Rev. de Rouen*, nov. 1844.

— Essai hist. et descriptif sur l'abbaye royale de Montivilliers; *Mém. de la Soc. des Antiq. de Norm.*, t. XIV (1844-46), p. 24 à 36.

— Voies romaines de l'arrondiss. du Havre; *Mém. de la Soc. des Antiq. de Norm.*, t. XIV (1844-46), p. 150-169.

— Notice sur les fouilles exécutées à Neuville, près Dieppe, en 1845. Rapport adressé à M. le Préfet de la S.-Inf.; *Rouen, A. Péron*, 1845, in-8 de 18 p., avec une pl. gravée par M. A. Deville.

Ext. de la *Rev. de Rouen*, 1845. Cette notice a été reproduite dans le *Bullet. monum.*, t. XI (1845), p. 609-615, et dans les *Mém. de la Soc. des Antiq. de Norm.*, t. XVIII (1850), p. 126-133.

— Eglise de Moulineaux, avec dessins par de Jolimont et E. H. Langlois; *Rouen, A. Péron*, 1845, gr. in-8 de 8 p.

Ext. de la *Rev. de Rouen*, tiré à 50 exempl., dont quelques-uns renferment, coloriée, la planche d'une verrière votive, représentant la reine Blanche de Castille, accompagnée de son fils et de sa belle-fille, offrant à Dieu une fenêtre de cette église, vers 1240.

— Les Eglises de l'arrondiss. du Havre; *Ingouville, Imp. de Gaffney frères et Rocquencourt*, 1844-46, 2 vol. in-8 gr. raisin, avec 12 pl. lithog.

Des mains de MM. Gaffney frères, imp. lib., cet ouv., publié en 40 liv., est passé en 1846 dans celles de M. Rocquencourt, successeur de MM. Gaffney : ceux-ci ont imprimé des titres avec leur nom, pour le tome 1er, et avec la date de 1846. — V. un Compte-Rendu par M. Anatole Dauvergne; *Rev. de Rouen*, 1846, 1er sem., p. 303-312.

— Etude de vitraux en Normandie; *Art en Province*, t. VIII (Moulins, 1845-46), p. 157-162.

— L'abbaye du Vallasse; *Rev. de Rouen*, 1846, 1er sem., p. 265-275.

— Notice sur Michel Borlé, sculpteur dieppois; *Rev. de Rouen*, 1846, 2e sem., p. 301-304, et *Galerie Dieppoise*.

— Galerie Dieppoise, ou notices biogr. sur les hommes célèbres de Dieppe; *Dieppe, E. Delevoye*, 1846-51, in-8 de 205 p.

Tiré à 50 exempl. Sur 26 notices dont se compose ce recueil, 17 sont dues à l'abbé Cochet. — V., pour détails, *Galerie Dieppoise, etc.*

— Inauguration du buste de Bouzard, nommé le *Brave Homme* par Louis XVI, sur la jetée de Dieppe, le 15 août 1846, par Michel-Ange Marion; *Dieppe, A. Levasseur*, 1846, in-8 de 16 p.

— Notice hist. et descript. sur l'église N.-D. de Lillebonne; *Mém. de la Soc. des Antiq. de Norm.*, t. XIV (1846), p. 143-151.

— Les Eglises de l'arrond. de Dieppe; *Dieppe, Mme ve Marais* (Imp. de J.-B.-S. Lefebvre), 1846, in-8 de 289 p., avec 6 pl. lithog. par de Jolimont.

Renferme la descrip. les églises de Dieppe, les grandes églises et les abbayes de l'arrondiss.

— Les Eglises de l'arrond. de Dieppe. (2e vol.) Eglises rurales; *Dieppe, Mme ve Marais*, 1850, in-8 de 543 p., avec 4 lithog. par MM. Deville et Dumée fils. (Imp. de Levasseur, à Dieppe.)

Des mentions très honorables ont été accordées, en 1847, par l'Acad. des Inscript. et B.-Lett., aux 2 ouv. de M. Cochet, sur les églises de l'arr. du Havre et sur les églises de l'arr. de Dieppe, 1er vol.

— Notice sur l'église prieurale de Sigy (arr. de Neufchâtel); *Bullet. monum.*), t. XIII (1847), p. 654-660, et *Rev. de Rouen*, 1852, p. 317-323, avec une pl.

— Notice hist. sur l'ancienne abbaye de Bellosane; *Mém. de l'Acad. de Rouen*, 1847, p. 327-336.

Cette abbaye est située près de Gournay en Bray, S.-Inf.

— Sépultures anciennes trouvées à St-Pierre-d'Epinay, dans les travaux du chemin de fer de Dieppe; *Rouen, A. Péron*, 1847, in-8 de 18 p., avec 1 pl.

Ext. à 60 exempl. de la *Rev. de Rouen*, avril 1847; ce mém. a été réimp. dans le *Bullet. monum.*, t. XIII (1847).

— De l'Ogive et du Plein-Cintre à propos de deux églises de campagne: l'église d'Osmoy, arrond. de Neufchâtel, et l'église de Bures, ancien prieuré de l'abbaye de Fécamp; *Bullet. monum.*, t. XIII (1847), p. 380-390.

— Histoire de l'Imprimerie à Dieppe; *Dieppe, Imp. de Levasseur*, 1848, in-8 de 44 p.

Ce travail est extrait, en partie, du journal *la Vigie de Dieppe*. On a commencé à imprimer à Dieppe vers 1620.

— Pierre Graillon, sculpteur, né à Dieppe, sa vie racontée par lui-même; *Rev. de Rouen*, 1848, p. 189-198, et 294-302, et *Galerie dieppoise*.

— Le Parc aux huîtres d'Etretat; *Rev. de Rouen*, 1848, p. 122-124.

— Notice sur l'abbé Fontaine; *Rev. de Rouen*, 1848, p. 39-43.

— Fouilles de Londinières en 1847 (arr. de Neufchâtel); *Rouen, A. Péron*, 1848, in-8 de 27 p., avec une pl. gravée par A. Deville, et représentant divers objets d'antiquités trouvés dans les sépultures mérovingiennes de Londinières.

Ext., à 100 exempl., de la *Rev. de Rouen*, 1848; a été réimp. dans l'*Art en province*, t. IX, et dans le *Bullet. monum.*, t. XIV (1848).

— Le père Crasset, jésuite, né à Dieppe; *Rev. de Rouen*, 1849, p. 191-198, et *Galerie dieppoise*.

— Notice sur l'ancienne abbaye du Lieu-Dieu (Locus Dei), sur les bords de la Bresle; *Rev. de Rouen*, 1849, p. 23-26; *Mém. de la Soc. des Antiq. de Picardie*, t. IX, année 1848, p. 303-311.

Cette abbaye est située près de Gamaches, Somme.

— Cimetière romain découvert en Norm. en 1849 (à Cany, S.-Inf.); *Rouen, A. Péron*, 1849, in-8 de 46 p., avec une pl. gravée par Mlle Pottier.

Ext., à 60 exempl., de la *Rev. de Rouen*, 1849; cette notice a été réimp. dans les *Mém. de la Soc. des Antiq. de Norm.*, t. XVII (1850), p. 399-436, avec une pl.

— Le Manoir des archevêques de Rouen, sur l'Alihermont; *Rouen, A. Péron*, 1849, in-8 de 10 p.

Ext. de la *Rev. de Rouen*, 1849, p. 57-66. Cette notice a été reproduite dans le *Bullet. mon.*, t. XV (1849). L'Alihermont (S.-Inf.) est un plateau boisé qui s'étend entre l'Eaulne et la Béthune, depuis Arques jusqu'à Neufchâtel.

— Itinéraire de Paris à la mer, par le chemin de fer de Dieppe (Paris, Rouen, Dieppe); *Dieppe, E. Delevoye*, 1849, in-18 de 92 p., avec 4 grav.

— Notice hist. et descript. sur l'église de Veulettes (S.-Inf.); *Rouen, A. Péron*, 1850, in-8 de 6 p., avec une pl.

Ext. de la *Rev. de Rouen*, 1850, p. 393-398.

— Fouilles d'Envermeu (S.-Inf.) en 1850; *Rouen, A. Péron*, 1850, gr. in-8 de 8 p., avec une pl.

Ext. de la *Rev. de Rouen*, 1850, p. 377-383.

— Etretat. Son passé, son présent, son avenir; *Dieppe, E. Delevoye*, 1850, in-8 de 86 p., avec une vue d'Etretat.

Cet ouv. a été réimp. en 1853 et 1857 : 2e édit. augm. de 4 lithog.; *Dieppe, E. Delevoye*, 1853, in-8 de 99 p., plus 2 p. pour la table et la bibliographie d'Etretat; 3e édit. revue, augm. et ornée de 4 lithog. et de 28 grav. sur bois; *Dieppe, E. Delevoye*, 1857, in-8 de 136 p.

— Rapport à M. le Préfet de la S.-Inf., sur les fouilles de Londinières, en 1850; *Rev. de Rouen*, 1851, p. 62-64.

— Notice historique et descriptive sur l'église collégiale de St-Hildevert de Gournay-en-Bray; *Rouen, A. Péron*, 1851, gr. in-8 de 32 p., avec 32 grav. sur bois.

Ext. de la *Rev. de Rouen*, 1851, p. 99-128. Les vign. sur bois ont été empruntées à l'ouv. de M. Daniel Gurney, intitulé : *The Records of the house of Gournay*, 1848, in-4.

— Sur un vitrail neuf de l'église St-Jacques de Dieppe; *Rev. de Rouen*, 1851, p. 558-562.

— Rapport sur les fouilles du bois des Loges (canton de Fécamp, arrondiss. du Havre), faites en août 1851; *Bullet. monum.*, t. XVIII, p. 5-16, et *Rev. de Rouen*, 1851, p. 385-394, avec une pl.

Ce rapport a été reproduit dans les *Mém. de la Soc. des Antiq. de Norm.*, t. XIX (1852).

— Les Eglises de l'arrondiss. d'Yvetot; *Rouen, Le Brument, Fleury, François et Herpin, lib.; Dieppe, Marais; Yvetot, Delamare*, 1852, 2 vol. gr. in-8, avec grav. sur bois, intercalées dans le texte. (Imp. d'Emile Delevoye, à Dieppe.)

Une 2e édit. de ce livre a paru en 1857.

V. un compte-rendu par Alex. Fromentin, dans le *Journal de Rouen* du 5 mars 1853.

— Notice sur l'Eglise N.-D., de Caudebec; *Mém. de la Soc. des Antiq. de Norm.*, t. XIX, p. 1-36, avec une pl.

— Notice historique et descriptive sur

l'église d'Oissel, S.-Inf.; *Elbeuf, Imp. de Levasseur*, 1852, in-8 de 4 p.

— Inscription commémorative à Jean de Bethencourt, roi des Canaries, dans l'église de Grainville-la-Teinturière, S.-Inf.; *Rev. de Rouen*, 1852, p. 651-655.

J. de Bethencourt fut inhumé dans le chœur de cette église, en 1425.

— Note sur cinq monnaies d'or trouvées dans le cimetière mérovingien de Lucy, près Neufchâtel, en 1851; *Rev. de Rouen*, 1852, p. 213-220, avec une pl.

Ce document a été réimp. dans les *Mém. de la Soc. des Antiq. de Norm.*, t. XIX (1852), p. 477-482, et dans le *Bullet. monum.*, t. XVIII, 268-275. Lucy est un village du Pays de Bray, situé à 6 kil. de Neufchâtel et de Londinières, dans la vallée de l'Eaulne.

— Du Sel, des Salines et de la Mer dans le pays de Caux; *Rev. de Rouen*, 1852, p. 5-18.

— Des Salines et de l'action de la mer sur les côtes de la Haute-Normandie; *Mém. de la Soc. des Antiq. de Norm.*, t. XIX (1852), p. 255-267.

— Des sépultures romaines et des sépultures mérovingiennes; *Mém. de la Soc. des Antiq. de Norm.*, t. XX (1853), p. 222-230.

Par *sépultures rom.*, l'auteur entend celles des 3 prem. siècles de notre ère, et par *sépultures mérov.*, celles qui eurent lieu depuis Clovis jusqu'à Charlemagne. Ce mém. a été réimp. avec quelq. augmentations dans le *Précis des Trav. de l'Acad. de Rouen*, 1853, et dans le *Bullet. monum.*, t. XIX (1853), p. 462-479.

— Notice sur l'orgue de St-Maclou de Rouen et sur l'escalier qui y conduit; *Bullet. monum.*, t. XIX, p. 384-389.

— La Normandie souterraine ou Notices sur des cimetières romains et des cimetières francs explorés en Normandie; *Rouen, Le Brument*, 1854, gr. in-8 de XV et 406 p., avec 16 pl. (Imp. de E. Delevoye, à Dieppe.)

Dans cet ouv., M. Cochet a réimp., avec changements et additions, ses notices sur les fouilles faites dans les vallées de l'Eaulne et de la Durdent, dans les cimetières de Cany, de Neuville-le-Pollet, du bois des Loges, d'Etretat, de Fécamp, de Lillebonne, du Mesnil, de Londinières, de Lucy, de Parfondeval, d'Envermeu, de Douvrend, de Dieppe, etc. Le vol. est terminé par une lettre de M. Thomas, avocat à Rouen, donnant la description des monnaies franques trouvées dans le cimetière mérovingien d'Envermeu, précédée de considérations hist. sur les systèmes monétaires en usage chez les Franks aux Ve et VIe sc. Il aurait été plus exact, ce nous semble, d'intituler ce vol. *la Seine-Inf. souterraine*, puisqu'il n'y est question que de fouilles faites dans ce dép., et non dans toute la Normandie.

—Ibid.; 2e édit, corrigée et augmentée; *Dieppe, Imp. de E. Delevoye* (Paris, Derache et Didron, lib.), 1855, gr. in-8 de XVI et 456 p., avec 18 pl. lithog. et de nombreuses grav. sur bois, au nombre desquelles se trouve le portr. de l'auteur.

Quelq. exempl. ont été tirés sur pap. vél. fort. Dans cette édit., M. Cochet n'a pas cru devoir reproduire en entier le mémoire de M. Thomas *sur les systèmes monétaires en usage chez les Franks, aux* V^{e} *et* VIe *sc.*; il s'est contenté d'en extraire seulement quelques passages. *La Normandie souterraine*, dédiée à M. le Préfet et à MM. les Membres du Conseil général de la S.-Inf., a été couronnée par l'Institut de France en 1854. — V., sur cet ouv., un compte-rendu par M. Raymond Bordeaux, 1856, in-8. Dans un écrit de 16 p., M. Fallue a cherché à réfuter l'opinion de M. l'abbé Cochet, touchant l'origine des tombeaux de la vallée de l'Eaulne.

— Epigraphie de la S.-Inf., depuis les temps les plus reculés jusqu'au milieu du XIVe sc.; *Paris, Derache; Caen, Typ. de A. Hardel*, 1855, in-8 de 56 p., avec grav. sur bois.

Ext. du *Bullet. monum.*, t. XXI (1855), p. 281-336.

— Notice biogr. sur M. Nell de Bréauté, corresp. de l'Institut (Acad. des Sc.), conseiller général de la S.-Inf., etc.; *Dieppe, Emile Delevoye*, 1855, in-8 de 16 p., avec un portr.

Cette notice a paru d'abord dans la *Vigie de Dieppe* en 3 art., n^{os} des 27 et 31 juillet et 7 août 1855; elle a été réimp. dans l'*Ann. norm.*, 1856.

—Notice historique et archéologique sur l'église et l'abbaye de St-Saëns (S.-Inf.); *Mém. de la Soc. des Antiq. de Norm.*, t. XX (1853-55), p. 442-457.

—Procès-verbal journalier de l'exploration archéologique du cimetière mérovingien d'Envermeu (S.-Inf.), sept. 1854; *Mém. de la Soc. des Antiq. de Norm.*, t. XX, p. 496-508, avec vign.

— Tombeaux chrétiens (ou sépultures chrétiennes) de la période anglo-normande, trouvés à Bouteilles, près Dieppe, en 1855; *Mém. de l'Acad. de Rouen*, 1855, p. 318-331; *Mém. de la Soc. des Antiq. de Norm.*, t. XXII (1856), p. 11-20, et *Archæologia*, t. XXXVI, p. 258-266., avec une pl.

—Antiquités franques découvertes à Envermeu (S.-Inf.); *Bullet. monum.*, t. XXI (1855), p. 156-161.

— Liste alphabétique de tous les noms de potiers gallo-romains trouvés dans la S.-Inf., avec indication des localités où ils ont été découverts; *Bullet. monum.*, t. XXI (1855), p. 501-503.

— Notice sur les sépultures gallo-romaines du second siècle de notre ère, découvertes à St-Martin-en-Campagne, près Dieppe, en 1856; *Bullet. monum.*, t. XXII (1856), p. 95-103.

— Mémoire sur la coutume de placer des vases dans la sépulture de l'homme, et spécialement dans les sépultures chrétiennes, depuis le XIe jusqu'au XVIIe sc.; *Bullet. monum.*, t. XXII (1856), p. 329-363 et 425-446, avec vign. sur bois.

— Note sur des sépultures anglo-norm. trouvées à Bouteilles, près Dieppe, en mars 1856; *Mém. de la Soc. des Antiq. de Norm.*, t. XXII (1856), p. 129-136, et *Archæologia*, t. XXXVII, p. 32-38.

—Antiquités romaines et tombeaux francs trouvés à Caudebec-lès-Elbeuf; *Mém. de l'Acad. de Rouen*, 1856, p. 269-305, avec grav. sur bois.

Ce mém. a été réimp. dans l'ouv. du même auteur, intitulé : *Sépultures gauloises, romaines, franques et normandes*, p. 95-121.

—Nouveau Guide du baigneur à Dieppe et aux environs; 3e édit.; *Dieppe*, 1857, in-18.

—Notes sur l'ensevelissement d'un jeune guerrier frank découvert à Envermeu; *Mém. de l'Acad. de Rouen*, 1857.

Ce mém. a été trad. et accompagné d'observations par M. Wylie; *Archæolog.*, t. XXXVII. Il en a été fait un tirage à part, à 25 exempl., ainsi que des 2 précédents mém., insérés dans l'*Archæologia*.

— Cimetière franc découvert à Martot, commune de Criquebœuf-sur-Seine, canton du Pont-de-l'Arche; *Evreux, A. Hérissey*, 1857, in-8 de 12 p., avec grav. sur bois.

Ext. du *Recueil de la Soc. libre de l'Eure*, 3e série, t. IV.

— Pierres tombales trouvées à Leure, en 1856. Rapport à M. le maire du Havre sur les anciennes sépultures et les pierres tombales trouvées à Leure en 1856, lors de la reconstruction de l'église St-Nicolas; *Havre, Imp. de Carpentier et Ce*, 1857, in-18 de 16 p.

Ext. du *Courrier du Havre*, 26 oct. 1857.

—Pierre tombale, sépulture et vases funéraires du XIIIe sc., trouvés au Havre (section de Leure), en nov. 1856; *Caen, A. Hardel*, 1857, in-4, avec grav. sur bois.

Ext. des *Mém. de la Soc. des Antiq. de Norm.*, t. XXII (1856).

— Sépultures gauloises, romaines, franques et normandes, faisant suite à la Normandie souterraine; *Paris, Derache, Didron; Rouen, Le Brument, etc.; Dieppe, Marais* (Imp. de E. Delevoye, à Dieppe), 1857, in-8 de XVI et 452 p., avec grav. sur bois.

— Antiquités découvertes à Moulineaux, à Etretat, à Berneval-le-Grand, à Grainville-l'Allouette, à Caudebec-lès-Elbeuf, à Martot, à Ouville-la-Rivière, à Envermeu, à Bouteilles, au Hallais, près Neufchâtel, à Bréauté, à Incheville, près Dieppe, à Biville-sur-Mer, à Sigy et à Colleville, lieux (excepté Martot dans l'Eure), situés dans la S.-Inf.—V., sur ce livre, les *Observations critiques* de M. Benjamin Fillon; Nantes, Guéraud, 1857, in-8 de 35 p. Ext. de la *Rev. des provinces de l'Ouest*, 4e année, 1856-57, et tiré à 50 exempl.

M. l'abbé COCHET, né à Sanvic, près le Havre, le 7 mars 1812, est aujourd'hui inspect. des monuments hist. de la S.-Inf., membre de l'Acad. de Rouen et de plusieurs sociétés sav. Cet infatigable archéologue a été couronné plusieurs fois par l'Institut de France et décoré, en 1855, de l'ordre de la Légion d'honneur. Il réside ordinairem. à Dieppe.

COCHIN (*Ch.-Nic.*). Lettres sur les vies de Slodts et de Deshayes; *Paris*, 1765, in-12.

— Discours prononcé à la séance publique de l'Acad. des Sc., B.-Lett. et Arts de Rouen, en 1777; *Paris, Cellot*, in-12 de 28 p.

COCHIN (*Ch.-Nic.*), dessinateur et grav., chev. de l'ordre de St-Michel, secrét. historiog. de l'Acad. roy. de peint. et de sculpt., né à Paris en 1715, est mort le 29 avril 1790. On a gravé, d'après ses dessins, pour la *Descript. de la France par De Laborde*, plusieurs vues des ports de Dieppe, 1778, du Havre, 1770, et de Rouen, 1780.

COCQ (le). V. Le Cocq.

COESSIN (*François-Guill.*), visionnaire, naquit à Montgommery-St-Germain, près de Lisieux, le 7 nov. 1779, et mourut à Paris le 15 sept. 1843. Cet illuminé a publié : *Premier Bulletin des enfants de Dieu réunis aux familles spirituelles, adressé aux enfants de Dieu dispersés sur la terre;* Paris, 1829, in-8, et plusieurs brochures mystiques. — V. Du Bois, *Hist. de Lisieux*, t. II, p. 281.

COESSIN DE LA FOSSE (*Charles*), peintre, élève de Picot, né à Lisieux, a exposé au Salon de 1857 un tableau représentant Ruth et Booz.

COFFIN-ROSNY. Guillaume-le-Conquérant, duc de Norm., mélodr. hist. en 3 act.; *Paris, Fages*, 1804, in-8.

Pièce composée de soc. avec Clément.

COGE (*Jacq.-François*), clerc au séminaire de Joyeuse, et plus tard chanoine de Poitiers, composa une Hymne latine pour l'office de la dévotion au Sacré-Cœur de Marie, et fut couronné en 1752 par l'Acad. des Palinods de Rouen, ville où il naquit au commencement du XVIIIe sc. — V. *Recueil des Palinods;* Rouen, Machuel. 1753.

COHON (*Jacq.* Truel, seigneur de), né à Alençon, termina sa carrière vers 1715. Pendant le séjour qu'il fit en Portugal, il composa un ouv. de mathématiques et leva un grand nombre de plans. Il publia aussi en 1676, in-4, un recueil d'observat. sur l'Hist. d'Espagne de Mariana. — V. Odolant-Desnos, *Mém. sur Alençon*, t. II.

COIGNY (*François* de Franquetot, duc de), maréchal de France, né au château de Franquetot, près de Carentan, le 16 mars 1670, est mort à Paris le 18 oct. 1759. — V. sur ce capitaine : *Relation de la bataille de Guastalla*, 1734, in-4, et *Lettres sur la campagne du marechal de Coigny en Allemagne, en 1743*: Amsterdam, 1761, 3 vol. in-12.

COIC et DULEAU. Reconnaissance de la Seine de Rouen à St-Denis, en 1829 et 1830; et travaux proposés pour rendre cette partie de la Seine facilement navigable. Mai 1830; *Paris, A. Barbier*, 1830, in-4 de 64 p., avec une carte de la Seine, de Rouen à Paris.

MM. Coïc et Duleau appartiennent au corps des ponts et chaussées.

COISEL (*Honoré*), chef de bataillon, né à St-Georges-du-Rouelley (Manche), périt en 1808 en Portugal, emporté par un boulet de canon, à l'affaire de Mezaofrio. — V. Sauvage, *Recherches hist. sur l'arrondiss. de Mortain.*

COLBERT (*Jacq.-Nicolas*), deuxième fils du grand Colbert, archev. de Rouen (de 1691-1707), abbé du Bec, etc., né à Paris en 1654, mourut le 10 déc. 1707. Il fut nommé coadjuteur de Rouen en 1680. Son portrait a été gravé par Drevet, d'après Hyac. Rigaud. Membre de l'Acad. franç. en 1678, J.-N. Colbert fut reçu par J. Racine.

V. OEuvres de J. Racine, *Discours académ.* (édit. Dupont, 1824, t. VI). Dans le même vol., nous trouvons : *Discours au Roi prononcé à la tête du clergé par M. l'abbé Colbert, coadjut. de Rouen*, discours imp. pour la prem. fois à Rouen, sous le titre de :

Harangue faite au Roy, à Versailles, le 21 juillet 1685, par Mgr Jacq.-Nic. Colbert, archevesque et primat de Carthage, coadjuteur de l'archevèché de Rouen. Assisté de Messeigneurs les archevèques, évèques et autres députez de l'assemblée générale tenue à St-Germain en Laye, en ladite année 1685. En prenant congé de sa majesté; *Rouen, Imp. d'Evst. Viret*, 1685, in-4 de 8 p., et *Paris, Fréd. Léonard*, 1685, in-4 de 10 p.

Pour les démêlés de ce prélat avec l'archev. de Lyon, V. *Requestes de M. de Lyon et de M. de Rouen.* Par la mort du marquis de Seignelai, son frère aîné, J.-Nic. Colbert hérita de la célèbre bibliothèque que leur père avait formée. Cette bibliothèque fut mise en vente en 1728, et les mss. passèrent dans la biblioth. du Roi.

COLEBROOK. Observations on a coin of Robert earl of Gloucester, 1775; *Archaeologia*, t. IV (1777), p. 132-141, avec une vign.

Il est ici question de l'un des fils du Conquérant.

COLET (Mme *Louise*). Charlotte Corday et Mme Roland, tableaux dram. (en vers); *Paris, Berquet et Petion*, 1842, in-8, fig.

De cet ouv., il a été tiré quelq. exempl. in-4 et in-f. qui n'ont pas été mis dans le comm.

COLETTE-QUENOUILLE. Chemin de fer de Dieppe à Rouen, etc. V. *Chemins de fer.*

COLIN. Notes sur les assolements et les cultures de quelques communes de l'arrond. de Cherbourg; *Ann. norm.*, 1845, p. 336-360.

COLLARD (l'abbé). Raison et Foi. Essai sur l'idée pure de la religion appliquée au Catholicisme, par l'abbé Collard, chanoine honoraire de Sées, anc. aumônier du lycée d'Alençon, ouv. approuvé par l'évêque de Bayeux; *Caen, Le Gost-Clérisse*, 1855, in-8 de XV et 686 p. (Imp. de B. De Laporte, à Caen). En sus du tirage ordin., il a été tiré de ce livre 50 exempl. papier extra, gr. in-8.

COLLECTION de mémoires et de plans

relatifs au port de Dieppe; *Dieppe, Imp. de J.-B. Joseph Dubuc*, 1789, in-4, avec plans, et sans pagin. suivie.

Cette collection renferme :

1° Mém. inséré dans le *Journ. de Norm.*, du 2 mai 1789, sur les travaux qui se font au port de Dieppe, 4 p.

2° Observations succinctes sur les côtes de la *Haute-Norm.*, comprises entre l'embouchure de la Seine et celle de la Somme, considérées relativement au galet qui remplit les ports situés dans cette partie de la Manche.

3° Mém. sur le port de Dieppe, et principalement sur la nouvelle passe; *Dieppe, de la seule imprim.* (J.-B.-J. Dubuc), 1789, 31 p.

4° Mém. sur la nécessité de réparer, le plus tôt possible, la tête de la jetée du port de Dieppe, du côté de l'ouest; — Et sur le projet de l'ouverture d'une nouvelle passe pour le port de Dieppe, etc.; 95 p., avec 2 plans.

— Ibid.; *Rouen, Imp. de Louis Oursel*, 1790, in-4 de 216 p., avec 4 plans.

Ces plans sont :

1° Plan de Dieppe, avec le projet général des ouvrages pour l'amélioration du port et l'agrandissem. de la ville. Projet approuvé en 1786.

2° Plan de l'embouchure de la vallée de Dieppe, où l'on voit l'emplacement des jetées à la mer.

3° Sondes faites dans la rade de Dieppe, en 1777.

4° Plan de la côte, depuis le cap de l'Ailly jusqu'à la tête de la jetée de Dieppe.

Ouv. rédigés par l'ingén. Lamandé et publiés par les soins de Lemoyne, maire de Dieppe, afin d'obtenir du Gouvernement l'établissement d'un nouveau port. Il y a de plus dans cette nouv. édit., réimp. avec une paginat. suivie, une 2e part. contenant un mémoire contre le projet de l'ouverture d'une nouv. passe au port de Dieppe, avec la réponse à ce mémoire.

COLLECTION de portraits de personnages norm., recueillie par le Dr Baratte, et formant 10 portefeuilles in-f.; *Biblioth. de Rouen.* V. BARATTE.

COLLECTION des lettres de Nicolas Poussin; *Paris, F. Didot*, 1824, in-8 de xv et 384 p.

Ce recueil a été publié sur la proposition de l'Acad. roy. des Beaux-Arts et par ordre de M. le ministre de l'intérieur, d'après un ms. déposé à la biblioth. de l'Institut, et qui provient de feu M. Dufourny, architecte. L'éditeur est M. Feuillet, biblioth. de l'Institut. V., sur ce recueil, un art. de M. Quatremère de Quincy, qui a coopéré à sa publicat., *Journ. des Sav.*, 1824, p. 749-754.

COLLÉGE DE BAYEUX. Vetera collegii Bajocensis statuta et nova, à senatu confirmata, 12 junii 1651, in-4 de 51 p. (P. Lelong, n° 45,034.)

Sur le même collége, le P. Lelong indique les 2 art. suiv., sous les nos 45,035 et 45,067.

— Extrait des registres du Parlement du 15 déc. 1713, qui homologue un règlement fait pour le collége de Bayeux, par le tribunal de l'université; in-4 de 8 p.

— Mém. par ext. contenant simplement les choses nécessaires pour donner une idée générale de l'état où se trouve réduit le collége royal de N.-D. de Bayeux, vulgairement appellé Maître Gervais-Chrétien, établi en l'université de Paris (l'an 1370), rue du Foin. Pour François Barbier, prieur dudit collége, contre André Mansel, ci-devant prieur, principal et procureur intrus dudit collége; 1699, in-f.

COLLÉGE D'EU. Compte-rendu par M. Roussel de la Tour, concernant le collége d'Eu, ci-devant possédé par les jésuites, 10 mars 1764, in-4. *Comptes-rendus au Parlement de Paris*, t. II, partie 2, p. 17-26. (P. Lelong, n° 45,383.)

Sur le même collége, V. Lettres patentes portant confirmation et règlement du collége de la ville d'Eu; 21 *juillet* 1764, in-4. (P. Lelong, n° 45,384; — Arrêt du Parlement de Paris, portant envoi en possession du collége d'Eu, etc.; 19 *juillet* 1765, in-4. (P. Lelong, n° 45.384*.)

COLLÉGE DE LA COMMUNE. Mémoire pour les sieurs Chapelains titulaires du collége de la commune, fondé en l'église métropolit. de Rouen, avec les pièces justificatives dudit mémoire; *Rouen, Nic. Besongne*, 1759, in-4 de 24 et 26 p. *pour les pièces justificativ.*

Il faut joindre à cet écrit les pièces suiv. :

— Mémoire pour les doyen, chanoines et chapitre de l'église métropolitaine de Rouen. Contre les chapelains titulaires du collége de la commune, appelans comme d'abus de l'ordonnance de M. l'archevêque, du 12 oct. 1759, et de tout ce qui a été fait en conséquence; *Rouen, ve Besongne* (1760), in-4 de 32 p.

—Moyens d'abus proposés par les Chapelains titulaires du collége de la commune, fondé en l'église métropolitaine de Rouen; contre les ordonnances de M. l'archevêque, obtenues par les doyen, chanoines et chapitre de ladite église, les 12 et 22 oct. 1759, aux fins de parvenir à l'union et extinction des titres et mense dudit collége; *Rouen, ve Besongne*, 1762, in-4 de 22 p.

— Consultation de MM. Maultrot et Mey, avocats au Parlement de Paris, pour les chapelains et titulaires du collége de la commune, fondée en l'église métropolitaine de Rouen; *Rouen, v^e Besongne*, 1762, in-4 de 8 p.

COLLEN-CASTAIGNE. Essai historique et statistique sur la ville de Bolbec; *Bolbec, Torquet*, 1839, in-8 de VIII et 230 p., avec 5 pl. et un plan de la ville. (Imp. de N. Periaux, à Rouen).

— Notice sur la caisse d'épargnes de Bolbec; suivie de quelques réflexions sur l'état et l'utilité des caisses d'épargnes en général; *Ann. norm.*, 1844, p. 561-583.

— Documents sur Bolbec; *Ann. norm.*, 1851.

Né à Bolbec, le 30 janv. 1795, Edouard-Ferdinand Collen est mort en cette ville le 30 janv. 1854. Cet honorable manufacturier, pendant plusieurs années membre de la Soc. libre d'Emulat. de Rouen, membre de la chambre consultat. de Bolbec, etc., a légué à sa ville natale une partie de sa biblioth. Outre les ouv. précédents, il a publié :

Un Mot aux électeurs français, par un électeur du 6e arrondiss. électoral de la S.-Inf.; *Bolbec, Imp. de Valin*, 1839, in-4 de 14 p.— V. une notice de M. Bourdin, *Ann. norm.*, 1855, p. 558-562.

COLLET (l'abbé *Pierre*). La vie et les vertus de feu M. Henry Boudon, grand archidiacre d'Evreux; *Anvers, v^e Barthelemy Foppens*, 1705, in-12.

— Ibid., avec le port. de Boudon; *Paris, Th. Hérissant*, 1742, in-12.—*Paris, Hérissant*, 1754, 2 vol. in-12. — La même, abrégée; *Paris*, 1762, in-12, port.

COLLET (Mme *Louise*). V. COLET.

COLLETET (*Fr.*). Les Divertissemens de Forges, où les avantures de plusieurs personnes de qualité sont fidellement d'écrites (*sic*); *Paris, Cl. Barbin*, 1663, in-12.

Description, sous une forme romanesque, des doux passe-temps, fêtes, divertissements, etc., qui eurent lieu aux Eaux-de-Forges, pendant le séjour qu'y fit une princesse de Bourbon. (Catal. de Soleinne, t. V, part. 1re, n° 170.)

COLLEVILLE (*Pierre* le Sueur de), gendre de Samuel Bochart. V. LESUEUR.

COLLEVILLE (*Stan.* de). Lettre adressée à M. de Caumont, le 22 sept. 1832, sur des antiquités romaines trouvées à Planches-sur-Rille (Orne); *Mém. de la Soc. des Antiq. de Norm.*, 1831-33, p. 378-382.

— Lettre adressée le 3 juin 1834 à M. de Caumont, sur les constructions romaines de la ville d'Exmes (Orne); *Mém. de la Soc. des Antiq. de Norm.*, t. IX (1835), p. 555-567.

— Notice sur quelq. antiquités romaines de l'arrond. d'Argentan (Orne); *Mém. de la Soc. des Antiq. de France*, nouv. série, t. IV (1838), p. 60-84.

COLLEVILLE (*Adolphe-Est* de). Musée biographique, ou Tablettes histor. des auteurs, artistes, savants, littérateurs, grands hommes, hommes célèbres par leurs exploits, leurs vertus ou leurs crimes, ainsi que des personnages marquants anciens, modernes et même contemporains, vivants, de l'arrondiss. d'Argentan, y compris également ceux qui environnent ce territoire; où l'on trouve ces personnages classés d'après l'ordre numérique des cantons qui forment cet arrondiss., et auxquels ils appartiennent, etc.; *Caen, Imp. de Bonneserre*, 1834, in-8 de 64 p.

L'auteur est né à Averne-sous-Exmes (Orne).

COLLEVILLE (*A.* de). Notice biographique sur F.-F. Duvivier, général de division, grand officier de la Légion d'honneur, etc.; *Cherbourg, Imp. de Thomine*, 1848, gr. in-8 de 41 p.

Notice lue à la Soc. académ. de Cherbourg, dans sa séance du 4 août 1848, c'est-à-dire quelq. semaines après la mort du général. V. DUVIVIER. M. A. de Colleville est un ancien officier de l'armée d'Afrique.

COLLINGWOOD BRUCE (*John*). The Bayeux tapestry elucidated; *London, J. Russell Smith*, 1855, in-4, avec 17 pl. col. et un texte.

L'auteur, memb. corresp. des Soc. des Antiq. d'Ecosse, de France et de Norm., demeure à Newcastle-on-Tyne (Angleterre).

COLLOT-D'HERBOIS. La Fête dauphine, ou le Monument français, com. en un acte et en prose, mêlée de chant et de vaudevilles, et terminée par un divertissement : composée pour célébrer la naissance de Mgr. le Dauphin. Représentée sur le Théâtre de Rouen, le 5 nov. 1781; *Rouen, v^e Machuel*, 1781, in-8.

Quelq. années après, étant devenu membre de la Convention, Collot-d'Herbois se montra l'un des plus zélés partisants du régime de la Terreur.

COLMONT (*Oct.*). Mémoires de la naissance et du progrès de l'hérésie dans la ville de Dieppe; par Octavien Colmont, de Dieppe, prêtre; ms. in-4.

Ces mém. commencent en l'année 1557, et finissent en 1664. (P. Lelong, n° 5,998.)

COLOMBAT (*Edouard*). Souvenirs d'un prisonnier d'Etat. Incendie du Mont-St-Michel et évasion d'Ed. Colombat; *Caen, Hardel*, 1843, in-8 de 16 p.

COLOMBEL (*Nicolas*), peintre du roi, naquit à Sotteville, près de Rouen, en 1647, et mourut à Paris en 1717.— Placé dans l'atelier de Lesueur, il devint son meilleur élève. Plus tard, il se rendit à Rome, où les tableaux de Raphael et du Poussin furent pour lui l'objet de constantes études. On voit au Musée du Louvre son tableau de réception (Les Amours de Mars et de Rhéa); le Musée de Rouen possède de lui une sainte Cécile, tableau de petite dimension.

COLOMBEL DE BOIS-AULARD (*Portien*), né à Laigle le 30 août 1730, fut député d'Alençon pour le Tiers-Etat à l'Assemblée nat. de 1789. Son fils, Louis-Gab.-Sylvestre Colombel, né à Laigle le 22 fév. 1766, après avoir conquis sur le champ de bataille tous ses grades, jusques y compris celui de chef d'escadron, fut appelé en 1830 à la sous-préfecture de Falaise, et termina sa carrière en mars 1853. — V. *Ann. norm.*, 1854.

COLOMBEL (*Emile*). Une soirée au grand St-Bernard; *Evreux, Hérissey*, 1852, in-8 de 25 p. Opuscule signé : Emile Colombel, avocat à Evreux.

COLOMBI (*Jean*). Dissertatio de Blancalanda cœnobio et Lucerna in pago Abrincensi; auctore Joanne Columbi, è Soc. Jesu; *Lugduni*, 1660, in-4.

Cette dissertation se retrouve dans les opuscules de Colombi, p. 547; *Lugduni*, 1668, in-f. (P. Lelong, n° 13,562.)

Les abbayes de Blanche-Lande et de la Lucerne sont situées dans le diocèse de Coutances.

COLOMBIÈRES (*François* de Bricqueville, baron de). V. Bricqueville.

COLOMBIÈRES (*Anne-Henriette* de Bricqueville, marquise de). V. Bricqueville.

COLOMBY ou COULLOMBY (*François* de Cauvigny, sieur de), poète, né à Caen en 1588, et mort en 1649, fut un des prem. membres de l'Acad. franç. (1634). Il était neveu de Malherbe, qui lui inspira le goût de la poésie. Traducteur du 1er liv. de Tacite et auteur de poésies, qui pour la plupart ont été imp. dans les recueils du temps, de Colomby a composé plusieurs ouv. de quelq. importance, parmi lesquels nous rappellerons seulement :

Les plaintes de la captive Caliston, à l'invincible Aristarqve; s. l., 1605, in-8 de 15 p., poëme où l'auteur fait l'éloge de Henri IV.

— L'Histoire vniverselle de Trogve Pompée, redvite en abrégé par Jvstin. Et trad. en françois par le sieur de Collomby Cauuigny, par le commandement du Roy; *Roven, Jean et David Berthelin*, 1666, pet. in-12 de 446 p., plus la table et 11 ff. prélim. (Imp. par L. Maurry. 1665.) Traduct. souvent réimp.

COLOMBY (*Samuel-Anne* de Jolivet, comte de), ancien maître des comptes à la Cour des Comptes de Norm., etc., né à Caen le 26 mars 1765, est mort dans cette ville le 3 nov. 1852. V., dans l'*Ann. norm.*, 1853, une notice dont il a été fait un tirage à part.

COLONIE agricole du Petit-Quevilly; *Rev. de Rouen*, 1843, 1er sem., p. 88-96.

COLONIE du Cotentin ou nouvelle Neustrie. Nouvelle ville de Neustria à fonder au centre; *Paris, Guiraudet*, 1821, in-4 de 10 p.

COLONIE du Cotentin ou Nouvelle Neustrie. Résolution des premiers fondateurs; *Paris, Trouvé*, 1822, in-4.

Ces 2 brochures se rattachent à un projet de colonisation en Amérique, projet qui n'a pas été réalisé.

COMBAT (le) mémorable fait entre l'armée navale du roi et l'armée des rebelles rochelois; ensemble la prise de trois grands vaisseaux et de 25 gentilshommes rebelles de Normandie, allant par mer à la Rochelle (10 juillet); *Paris, P. Rocolet*, 1622, in-8. (Bibl. Imp.)

COMBRAY (*Geneviève* de Brunelle, veuve Hely de), née à Rouen en 1740, est morte vers 1817. Cette dame acquit une triste célébrité par un procès politique qui fut jugé à Rouen en 1808, et par suite duquel elle fut condamnée à 20 ans de réclusion. Sa fille, Mme Aquet de Ferolle, principale accusée dans cette même affaire, fut décapitée, ainsi que neuf autres inculpés. — V. *Journal de Rouen*, 30 déc. 1808; *Moniteur*, 21 sept. 1814; *Rev. de Rouen*, 1847, et notre art. de Chennevières.

COMICE agricole de l'arrondiss. de Mortagne, etc. V. *Alm. de Mortagne*.

COMICE agricole de Verneuil. Compte-rendu du concours agricole et des fêtes des 16, 17 et 18 sept. 1854 (par

M. Raym. Bordeaux); *Verneuil*, 1854, in-8.

COMICE agricole du canton de Gisors; *Gisors*, *Imp. de Lapierre*, 1850-55, 8 Bulletins in-8.

COMICES agricoles de Cailly (S.-Inf.). Séance du 17 sept. 1836, présidée par M. le baron Dupont-Delporte; *Rouen*, *Marie*, 1836, in-8. (V. de la Quesnerie.)

COMITÉ central de vaccine du dép. du Calvados, établi à Caen; *Caen*, *Le Roy*, 1803, in-8.

COMITÉ de vaccine de la S.-Inf. Procès-verbal de la séance publique du comité central de vaccine établi à Rouen, tenue le 14 avril 1817; *Rouen*, *P. Periaux*, 1817, in-8 de 32 p.

Sur ce même comité, V.:

Compte-rendu de la distribution solemnelle de récompenses, faite pour les vaccinations: De 1826 et 27; *Rouen*, *E. Periaux*, 1829, in-8 de 39 p.

—De 1828 et 29; *Rouen*, *id.*, 1831, in-8 de 64 p.

—De 1833 et 34; *Rouen*, *id.*, 1836, in-8 de 25 p.

—De 1835 et 36; *Rouen*, *id.*, 1838, in-8 de 54 p.

—De 1850; *Rouen*, *A. Péron*, 1851, in-8 de 80 p.

—De 1852; *Rouen*, *id.*, 1853, in-8 de 84 p.

—De 1853 et 54; *Rouen*, *id.*, 1855, in-8 de 94 p.

—De 1855 et 56; *Rouen*, *id.*, 1857, in-8 de 73 p.

Rapports présentés par MM. Des Alleurs, Desbois et Bouteiller fils.

Pour compléter cet art., nous rappellerons:

—Rapport à M. Stan. de Girardin, préfet de la S.-Inf., sur les vaccinations opérées dans plusieurs communes des environs de Rouen, ravagés par la petite vérole, en 1814; par M. Giret-Dupré, D.-M.; *Rouen*, *Baudry*, 1815, in-8.

—Manuel de vaccine pour le dép. de la S.-Inf., publié par ordre de M. le Préfet, etc., par le Dr Desbois; *Rouen*, *E. Periaux*, 1836, in-8.

— Quelq. mots sur les vaccinations. Ext. du rapport de 1847 (non imp.), par le Dr Desbois, secrét.; *Rouen*, *A. Péron*, 1851, in-8.

COMITÉ (le) d'Instruction publique de la Société populaire régénérée des sans-culottes de Dieppe, aux habitants des campagnes; *Dieppe*, *Imp de L. C. Godeby*, an II, in-f. plano.

COMMANVILLE (de), que la Biblioth. hist. de la France appelle *Jean de Rouen* et qualifie aumônier du roi, a publié plusieurs opuscules dans le XVIIe sc. V. ROUEN (*J.* de).

COMMANVILLE (*N. Echard*, connu sous sa qualité d'abbé de), prêtre au diocèse de Rouen, vivait à la fin du XVIIe sc. et au commencement du XVIIIe. On a de lui: *Tables géographiques et chronolog. de tous les archeveschez et eveschez de l'univers avec des tables alphabétiques très-amples, tant des noms latins que des noms vulgaires*; Rouen, Antoine Maurry, 1700, in-8; — *Le Nouveau Catéchisme, en vers, suivi du St-Enfant, poëme; et de la trad. en vers des Pseaumes de la Pénitence*; Rouen, Vaultier, 1708, in-12; — *Vies des Saints*; 1701 et 1714, 4 vol. in-12.

COMMÉMORATION des fêtes de juillet. Dieppe, le 3 août 1839; *Rouen*, *Imp. de F. Marie*, s. d. (1839), in-8.

Relation signée A. H. d'une fête donnée à Arques par le chevalier Protheroe, suivie d'une lettre signée: Henry Protheroe, chevalier anglais.

COMMENT Charles roy de France VII de ce nom, fist son entrée en la ville de Rouen, laquelle entrée fust moult belle et estoient le roi et ses gens grandement et richement appareillés et habillés (10 nov. 1449). Document publié par Ad. Mazure; *Rev. anglo-franç.*, t. III (Poitiers, 1835), p. 115-17. V. *Entrées*.

COMMIRE (*Jean*). De arte parandæ famæ. Oratio aduersus eos qui fraudibus ac dolis gloriam aucupantur. Dicta Rothomagi in aula Collegii Soc. Jesv, VIII, id. Dec. anno 1662, à Joanne Commirio eiusdem Soc. Sacerdote; *Rothomagi*, *ex Typog. L. Mavrry*, 1663, in-4 de 30 p. et 2 ff. prélim.

COMMISSION (la) de hault et puissant Prince Claude de Lorraine, duc d'Aumalle, Pair de France, lieutenant général pour le Roy en Normandie, auec les lettres patentes dudict seigneur pour la séance de la court de Parlement en la ville de Louuiers; Ensemble les arrests de ladite Court donnez contre les rebelles seditieux, et qui ont pris et porté les armes contre le Roy, violé les temples, saccagé et bruslé les monastères, religions et lieux de dévotion, et mesmes les maisons des catholiques, pillé robbé et emporté les biens y estans, etc.; *Paris*, *Vincent Sertenas*, 1562, in-8, ff. non chiffrés. (Catal. Biblioth. Imp., t. I, p. 257.)

Quelques-unes des pièces renfermées dans ce recueil ont été réimp. dans les *Mém. de Condé*, édit. de 1743, t. III.

Le Parlement de Rouen fut momentanément transféré à Louviers, le 22 juillet 1562.

COMMISSION (la) des Archives d'Angleterre (*Record Commission*) aux Savans et Antiquaires français. (Trad. par M. Royer-Collard); *Paris, Guyot et Scribe*, 1834, in-8.

Rapport qui se rattache à l'hist. de la Norm.

COMMISSION du roy, à M. le Président Seguier, et aux sieurs Crespin, Viole, Menardeau, et autres conseillers de la cour de Parlement de Paris, pour exercer la justice souveraine, au lieu et place de la cour de Parlement de Rouen. Publié audit lieu en Parlement le dern. janv. 1640; *Paris, Estienne et Rocolet*, 1640, in-12, 8 ff.

COMMISSION du Roy aux sieurs de Paris et de Colanges, maîtres ordinaires en la chambre des comptes de Paris, pour exercer les charges de présidens, trésoriers de France et généraux des finances au bureau établi à Rouen; *Paris, Estienne et Rocolet*, 1640, in-12, 4 ff.

COMMISSION envoyée par Mgr. le duc d'Orléans aux trésoriers de France à Caen, pour l'établissement de la subsistance des gens de guerre pour le service du roi; *Paris, Jacob Chevalier*, 1652, 6 p. (Mazarinade.)

COMMUNAUTÉ (de la) stipulée en Normandie, sous l'empire de la loi du 17 nivôse an III; in-8.

COMPENDIO della vita di Frate Arsenio di Gianson, monacho Cisterciense della Trappa, chiamato nel Secolo il comte de Rosemberg; scritta dal abbate e monaci dell' Abbadia di Buon-Solazzo; *In Firenze*, 1711, in-12.

Le frère Arsène de Gianson est mort en 1710. Cet ouv., dont l'auteur est D. Alexis d'Avia, moine italien de la Trappe, a été trad. en français par Antoine Lancelot; *Paris*, 1711, in-12, et par Jean Drouet de Maupertuis; *Avignon*, 1711, in-12. (P. Lelong, n° 13,159.)

COMPILATION de l'ordonnance de Louis XIV, donnée à St-Germain-en-Laye, au mois de mai 1680, sur le fait des Gabelles; avec les édits, déclarations, lettres-patentes, arrêts et règlements, tant du conseil que de la chambre des comptes, aydes et finances de Norm., rendus depuis l'année 1546 jusqu'à présent; *Rouen, J.-B. Besongne*, 1746, in-8 de 800 p., plus la table.

COMPLAINTE (la) de la riuiere de Seine auecques la source et origine d'icelle; s. d. (vers 1530), pet. in-8 goth. de 4 ff., en vers de 10 syllabes.

Cette pièce est terminée ainsi :

Priez pour cil qui ainsi ma dittee
Par son surnom il est nomme valee.

Vers sous lesquels sont placées les armes de France.

Cet opuscule a été reproduit en fac-simile il y a quelques années, et tiré à 25 exempl. *L'original, considéré comme unique*, est déposé à la Biblioth. Imp. (n° y. 4,457. A.).

COMPTE de la recette et dépense du bien et revenu de l'*hopital-général* des Pauvres valides et enfants renfermez de la ville de Rouen, pendant l'année commencée le premier jour de juillet 1693 et finie le dern. juin 1694, que rend Louis Dumont trésorier dudit hopital par la nomination qui a esté faite de sa personne en l'hostel commun de ladite ville, juin 1692; in-f. ms., fin du XVIIe sc. (Biblioth. de Rouen.)

COMPTE de l'administration centrale du département de la S.-Inf., depuis le 1er Brum., an IV, jusqu'à l'organisation du nouveau système administratif, établi par la loi du 28 pluviose an VIII; *Rouen, F. Baudry*, an VIII, in-4.

COMPTE du receveur général de Rouen, des arrérages de rentes par lui payés, pour l'année 1578; ms. du temps sur vél., 1 vol. in-4 de plus de 600 p. (Bibl. de Rouen.)

Un exempl. sur pap. est indiqué dans le catal. de la biblioth. du bibliophile Jacob, n° 1,337.

COMPTE général que rend le tribunal militaire de l'armée des côtes de Cherbourg à la patrie (6 niv.); *Caen, Imp. nationale du départ.*, 3e année de la Républ. franç., in-4 (1794). (Biblioth. Imp., t. III.)

COMPTE moral et financier que rendent le maire et les membres du conseil municipal de Flamanville à leurs commettans. Janvier 1846; *Cherbourg, Beaufort*, 1846, in-8 de 100 p., avec une pl.

COMPTE-RENDU à leurs commettans par

la France, représent. un abbé portant d'une main la crosse et de l'autre un jambon. Cette confrérie se réunissait chaque année au prieuré de Bonne-Nouvelle; mais, comme elle s'attaquait surtout aux dignités et aux cérémonies du clergé, une disposition du concile tenu à Rouen en 1581, leur défendit de tenir assemblée dans une église. Quelq. années plus tard, vers 1630, la confrérie des Conards cessa d'exister par arrêt de Richelieu et au déplaisir de la population rouennaise.

V. Explication d'un terme bizarre de la basse latinité (*abbas conardorum*), qui concerne un usage singulier, etc. Lettre écrite d'Evreux le 8 fév. 1725, par M. L. C. D. V. D. à M. D. L. R.; *Mercure*, 1725, avril, p. 724-730, et l'intéressant Mém. de M. Floquet, *Hist. des Conards de Rouen; Biblioth. de l'Ecole des Chartes*, t. Ier (1839-40), p. 105-123.

CONCERT (donné à Rouen en 1739), Isis de Quinault, fragment; s. n., s. d. (*Rouen, J. B. Besongne*, 1739), in-12.

CONCHES, poëme, etc. V. DELAISTRE.

CONCILE provincial des diocèses de Normandie, etc. V. SAINCTES (de).

CONCILES (Recueil de), par Pommeraye et Bessin. V. ces noms.

CONCILIA vetera Normanniæ; pet. in-4 goth.

Catal. de la Biblioth. du Dr Hulsmann, n° 185; *Paris, Merlin*, 1837.

CONCILIUM Rothomagense, anno 1223 celebratum; ex. ms. S. Michaelis in periculo maris; Martene, *Thes. nov. anecd.*, t. IV, col. 173-176.

CONCILIUM provinciale celebratum Rothomagi anno gratiæ 1231, sub Mauritio archiepiscopo et ejus suffragancis; ex ms. Sancti Michaelis in periculo maris; Martene, *Thes. nov. anecd.*, t. IV, col. 175-182.

— Vetus forma celebrandi concilii provincialis in ecclesia Rothomag.; Mabillon, *Vet. analect.*, p. 226-228.

CONCORDAT présenté et souscrit par MM. les professeurs et régents du college d'Alençon, le 2 avril 1766; in-4 de 9 p., s. d. et s. n. d'imp.

CONCOURS agricoles de 1842 : Cantons d'Isigny et de Trévières; *Mém. de la Soc. d'Agric., Sc., Arts et B.-Lett. de Bayeux*, t. Ier, p. 319-332.

CONCOURS agricoles de 1843. — Rapport de la commission chargée de visiter les exploitations agricoles des cantons de Balleroy et de Caumont; *Mém. de la Soc. d'Agric., Sc., Arts et B.-Lett. de Bayeux*, t. II, 1844, p. 109-144.

CONDAMNATION (la) d'un prêtre de l'hermitage, par l'Université de Caen, pour avoir soutenu la doctrine que le Pape a pouvoir sur le temporel des Rois; 1661, in-4. (P. Lelong, n° 7,279.)

CONDUCTEUR (le) françois, contenant les routes desservies par les nouvelles messageries, etc., enrichi de cartes topographiq. (coloriées), dressées et dessinées sur les lieux, par L. Denis; *Paris, Ribou*, in-8, savoir : Routes de Paris à Rouen, par Pontoise; 1776. — Ditto, par St-Germain, Mantes, Vernon, etc.; 1776. — De Rouen au Havre, par Yvetot; 1777. — De Rouen à Dieppe; 1776. — V. DENIS.

CONDUITE révolutionnaire des commune et société populaire de Caen; *Caen, Imp. nationale*, 12 floréal an II, in-4 de 18 p.

CONFÉRENCE entre le R. P. Archange, Gardien des Capucins de Coustances et le sieur Soler, ministre à St-Lo, tenue à Canisy le 23 août 1624, sur la prétendue sainctetè à salut des enfants des fidelles devant le baptême, ou dès le ventre de la mère, etc.; *Caen, Pierre Poisson*, 1624, pet. in-8.

Comme complément de cet ouv., V. : *Refutation du faux narré, etc.*

CONFÉRENCE (Actes de la) tenue à Caen, entre Samuel Bochart, J. Baillehache et F. Veron, etc. V. *Actes de la Conférence, etc.*

CONFÉRENCES ecclésiastiques du diocèse de Rouen, tenues depuis le mois de juillet 1715, jusqu'au mois de juin 1717, sur le Sacrement de l'Eucharistie et sur le Sacrifice de la Messe; *Rouen, J. Robert Viret*, 1717, in-12 de 341 p. et VIII ff., titre et tables.

L'auteur de ce vol. est l'abbé Robinet, vicaire gén. de Rouen. V. ce nom.

CONFIRMATIONS des privilèges, exemptions et franchises des officiers, ouuriers, monnoyers pour le Roy en la Monnoye de Rouen; (*Rouen*), 1639, in-4 de 48 p.

CONFRAIRIE ambulante. Arrest de la cour de parlement de Rouen, etc. V. *Arrest de la Cour, etc.*

CONFRAIRIE de St-Romain. A nos Seigneurs de Parlement. Supplient humblement les négocians en cette ville soussignés, tous gérans ou ayant géré la confrairie dite de St-Romain; *Rouen, Jacq. Dumesnil*, 1764, in-4 de 10 p.

Requête des négociants de Rouen au Parlement de Norm., au sujet de la suppression de la confrairie de St-Romain.

V., sur le même sujet :

— Mémoire pour les Doyen, Chanoines et Chapitre de l'Eglise métropolit. de Rouen, Primatiale de Norm., au sujet de la Confrérie de St-Romain, établie en ladite Eglise. (Signé Terrisse, doyen); *Rouen, J.-J. Le Boullenger*, 1765, in-4 de 18 p.

— Observations sur les réponses de MM. les Doyen, Chanoines et Chapitre de l'église métropolitaine de Rouen, à la requête tendante à l'extinction de la confrérie de St-Romain; *Rouen, Jacq. Dumesnil*, 1765, in-4 de 24 p.

CONFRÈRIE (la) de la très Ste Trinité et rédemption des captifs, érigée en l'église des RR. PP. Mathurins de Lisieux, avec les indulgences et priviléges; *Lisieux, J. du Ronceray*, 1751, in-24.

CONGÉ (le) bvrlesqve de l'armée normande. V. FERRAND (David).

CONGNARD (*P.*), avocat au Parlement de Normandie. Seul de tous les conseillers protestants, Coignard exerçait encore ses fonctions à la révocation de l'édit de Nantes. Un arrêt du conseil l'interdit au mois de nov. 1685. V. *Hist. du Parlem. de Norm.*, t. VI, p. 142. Les rédacteurs de la *France protest.* (t. III, p. 509) sont portés à croire que cet auteur était de la même famille que Henri Coignard, sieur du Petit-Champ, conseiller au Parlem. de Rouen, reçu le 1er oct. 1678. P. Congnard est auteur des 2 ouv. suiv. :

— Traité contre l'éclaircissement donné par Blondel en la question si une femme a esté assise au siége papal de Rome entre Léon IV et Benoist III; *Saumur, Jean Ribotteau*, 1655, in-8.

— Response avx pretendves veritez catholiqves dv sievr Gviffart medecin de Roven, svr les motifs qv'il dit avoir eus pour se départir de la profession de la religion réformée, ov il est satisfait à tovtes les objections de Messieurs de Rome, etc.; *Quevilly*, par centvrion Lvcas, demeurant à Rouen, 1656, pet. in-8 de 536 p., plus la table.

CONGRATULATION des Bourgeois de Verneuil, à monsieur le baron de Medauy, leur Gouuerneur, sur la réduction de son Gouuernement à l'obéissance du Roy; *Paris*, par *F. Morel*, 1594, in-8 de 13 p. (Bibl. Imp.)

Verneuil ayant pour gouvern. Pierre Rouxel de Medavy, se soumit à Henri IV, en 1594, après la reddition de Rouen.

CONGRÈS scientifiques de France; 1re session, tenue à Caen, en juillet 1833; *Rouen, Nic. Periaux*, 1833, in-8 de XI et 296 p.

218 personnes de divers points de la France et de l'étranger assistèrent à cette réunion. L'initiative de ce congrès appartient à M. A. de Caumont, qui depuis lors a provoqué chaque année sur plusieurs points de la France de semblables réunions scientifiques et archéologiques. V. *Société française pour la conservation des monum. hist.*

CONINCK (*Fréd.* de). Revue maritime et commerciale du port du Havre, années 1840-1857; *Havre, Alph. Lemale*, 1841-58, 18 cahiers in-8.

On doit encore à M. de Coninck, membre de la Chambre de commerce du Havre :

— La Vie à bon marché — Prévoir et prévenir; *Havre, H. Brindeau et Ce*, 1851, in-8 de 7 p.

— Réforme du Tarif des douanes. Discours prononcé le 4 mars 1853, lors de l'installation de la Chambre de commerce; *Havre, A. Lemale*, 1853, in-8 de 44 p.

CONJECTURES sur l'origine de l'étymologie du Calvados; *Caen, Hardel*, 1855, in-8 de 16 p.

CONNIUENCES (les) de Henry de Valois avec monsievr de Charouges Gouuerneur de la ville de Rouen. Ensemble comme elle a esté réduicte à l'Vnion par les Catholiques de la dite ville; *Paris, Michel Jouin*, 1589, pet. in-8 de 12 p.

CONSEIL central d'Hygiène publique et de Salubrité du dép. de la S.-Inf. Rapport général sur les travaux de ce Conseil, adressé à M. le Préfet, ann. 1830-1855; *Rouen, E. Periaux et A. Péron*, 1831-1857, in-8.

Rapports rédigés par MM. Avenel, Vingtrinier, Lecoupeur, Duclos, etc.

L'institution de ce Conseil date de 1830. Les rapports antérieurs à 1851 ont été rédigés principalement par M. le Dr Avenel. Celui de 1851-1855 (Rouen, Péron, 1857) forme 1 vol. in-8 de 191 et 79 p., avec cartes et pl. La dern. part. comprend un Mém. du Dr Vingtrinier sur le *Goître endémique* dans le dép. de la S.-Inf.

CONSEIL général du Calvados. Délibérations du Conseil général du Calvados dans les sessions de 1824 et 1828 (sur les routes royales); *Caen*, in-8.

— Session de 1849. Rapport de la Commission chargée de l'examen des questions relatives à l'organisation département., cantonale et municipale, soumise aux Conseils généraux par M. le Ministre de l'Intérieur. M. Pizet, vice-président du Conseil gén., rapporteur; *Caen, Delos*, 1849, in-8 de 52 p.

Depuis quelques années, les procès-verbaux du Conseil gén. sont joints à l'*Ann. stat. du Calvados*.

CONSEIL gén. de l'Eure. Procès-verbal des délibérations du Conseil gén. Session de 1856; *Evreux, Canu*, 1856, gr. in-8.

CONSEIL général de la Manche. Procès-verbaux. V. *Annuaire* de ce dép., publié chaque année par M. J. Travers.

CONSEIL général de la S.-Inf. Procès-verbaux des Délibérations, ann. 1838-1840; *Rouen, Imp. de Surville*, 3 vol. in-4.

—Ditto, ann. 1841-1857; *Rouen, Imp. de Berdalle, de N. Marchand et de A. Péron*, 17 vol. in-8.

Nous rappellerons à cette occasion la pièce suiv.:

Extrait du Procès-Verbal des séances publiques du Conseil gén. de la S.-Inf.; *Rouen*, 1793, in-8.

CONSEIL général révolutionnaire de la commune de Rouen. Fête nationale pour la glorieuse conquête de Toulon; *Rouen, P. Seyer et Béhourt*, in-4 de 6 p. Arrêté du 6 niv., an II, (26 déc. 1793.)

— Fête à l'Etre Suprême. Délibération du Conseil gén., etc. Séance publique du 14 Prairial an II (2 juin 1794); *Rouen, P. Seyer et Béhourt*, an II, in-4 de 8 p.

— Exercices et danses publics décadaires. Délibération du Conseil gén., etc. Séance publique du 26 Prairial an II (14 juin 1794); *Rouen, P. Seyer et Behourt*, an II, in-4 de 6 p.

— Délibération du Conseil gén., etc., relative à l'organisation des *Compagnies des adolescents*. Séance du 18 messidor an II (6 juillet 1794); *Rouen, P. Seyer et Behourt*, an II, in-4 de 7 p.

— Fête de la prise de la Bastille. Délibération du Conseil gén., etc. Séance du 22 messidor, an II (10 juillet 1794); *Rouen, P. Seyer et Behourt*, an II, in-4 de 8 p.

— Fête héroïque en l'honneur des jeunes *Barra* et *Vialla*. Délibération du Conseil gén., etc. Séance du 7 thermidor an II (25 juillet 1794); *Rouen, P. Seyer et Behourt*, an II, in-4 de 6 p.

CONSEIL municipal de la ville de Rouen. Séance du 26 mars 1829. Rapport de la commission chargée d'examiner la question relative à l'établissement d'un second pont; *Rouen, Em. Periaux* (1829), in-4 de 23 p. et 4 tableaux.

CONSEIL municipal de la ville de Rouen. Délibération du 15 juill. 1851. Travaux d'amélioration de la Basse-Seine. Demande d'un crédit pour les continuer; *Rouen*, 1851, autogr. de 4 p. in-f.

CONSEILLER (le) d'Etat sans fourbe, raisonnant sur le choix du Havre de Grace pour la détention des princes, et concluant qu'il ne butte qu'à la ruine de l'autorité de Son A. R., au rétablissement de la tyrannie de Mazarin, et à la perte plus assurée de ces illustres; et sur le voyage de Mazarin, sans la compagnie du roi, et tirant ensuite plusieurs conséquences, au grand désavantage de cet état; s. l., 1650, in-4.

Par Du Bosc de Montandré, suiv. la Bibliog. des Mazarinades.

CONSIDÉRATIONS sur l'état actuel de la navigation dans la Basse-Seine; oct. 1831; *Rouen, D. Brière*, 1831, in-8 de 27 p.

CONSTANCE (*Nic.-Joseph*), religieux de l'ordre de St-François, né au Havre, le 20 juin 1629, est mort le 24 mai 1706. C'est au frère Constance qu'on doit, en 1669, la découverte des sources d'eau vive qui alimentent aujourd'hui la ville du Havre. En reconnaissance de ce bienfait, la municipalité du Havre vient de donner son nom à une rue nouvell. ouverte. V. Levée, *Biog. Hav.*

CONSTANTIN (*Robert*), philologue et médecin, né à Caen, vers 1530, s'appliqua, dès sa jeunesse, à l'étude des langues et des belles-lettres, et devint, plus tard, l'élève et l'ami de Jules César Scaliger. Docteur en médecine à Caen, en 1564, il donna des leçons publiques et particulières de langue grecque, et mourut le 27 déc. 1605, en Allemagne, où l'avaient sans doute attiré ses opinions religieuses. Il a publié un grand nombre d'ouv. en latin de 1549-1584. Parmi eux nous citerons seulement :

— Lexicon sive Dictionarium græco-latinum; Genevæ, J. Crespin, 1562, 2 vol. in-f.; réimprimé à Basle en 1565 et 1577, puis à Genève, avec additions, chez les héritiers d'Eust. Vignon, 1592, 2 part. et 1 vol. in-f. Cet ouv. est dédié aux magistrats de la ville de Caen et à Jacq. Dalichamp, ami de Constantin. Il en a été publié un abrégé sous le titre de :

— Lexicon græco-latinum ex R. Constantini et aliorum scriptis collectum; *Genève*, 1566, in-4, et souvent réimp. depuis.

Constantin a laissé plusieurs ouv. mss. qu'on suppose être renfermés dans quelq. biblioth. d'Allemagne. V. Huet, *Orig. de Caen*; Niceron, *Mém.*, t. XXVII, p. 245-251; *France protest.*, t. IV (1854).

CONSTITUTIONS de l'abbaye royale de la Ste-Trinité de Caen, ordre de St-Benoît, immédiate au St-Siége, rédigées de nouveau par ordre de Mme de Belzunce, abbesse de ce monastère; *Caen, G. Leroy*, 1786, pet. in-12.

CONSTITUTIONS des Religieuses de Ste-Ursule du Diocèse de Rouen et de la Congrég. de Paris; *Rouen, v^e^ Eustache Viret*, 1697, pet. in-12.

CONSTITUTIONS des Religieuses hospitalières établies en la ville de Honfleur, par l'autorité de Mgr. l'évêque et comte de Lisieux; *Lisieux, Imp. de Remy Le Boullenger*, 1704, in-12 de 176 p. et 3 ff. prélim., avec grav.

CONSTRUCTION du Vieux-Palais. Contrat de vente d'un terrain destiné à la construction du Vieux-Palais, tiré des archives des notaires de Rouen; *Rev. de Rouen*, 1839, 2e sem., p. 298-303 (avec une vue du Vieux-Palais en 1525 et un plan du même château en 1694); —1840, 1er sem., p. 5-10.

CONSULTATION d'avocats au Parlem. de Paris, en faveur des prêtres et autres ecclésiastiques de la province de Normandie, et aussi des trésoriers ou marguilliers des églises paroissiales— Contre les curés, seigneurs ou gentilshommes de la même province, au sujet d'un arrêt de règlement rendu au Parlement de Rouen en 1751; *Paris, Moreau*, et *Rouen, J.-J. Le Boullenger*, 1761, in-4 de 24 p.

CONSULTATION pour les curés du diocèse de Lisieux, à l'occasion du mandement de l'Evêque de Lisieux (Condorcet), du 20 déc. 1773, et de son instruction pastorale du 13 avril 1774, (par G. N. Maultrot); in-12 de 472 p., s. tit. et s. d. (1774).

Cette Consultation fut supprimée par arrêt du Conseil du Roi, en date du 25 nov. 1775. Elle a donné lieu aux écrits suivants :

— Mémoire à consulter sur la question de savoir quelle est l'autorité législative des évêques dans leur diocèse, pour servir de réponse à la consultation de quelq. curés du diocèse de Lisieux, etc.; *Paris, Jorry*, 1775, in-4 de 183 p., signé par Regis-André Matussière de Montdallier et Desmares, avocats-clercs.

— Examen d'un écrit intitulé : Consultation pour les curés du diocèse de Lisieux, à l'occasion du Mandement et de la lettre pastorale, etc.; (*Lisieux, imp. par Mistral*), 1775, in-4 de 175 p.

CONSULTATION pour les quatre-vingt-quatre citoyens détenus dans la tour de Caen, depuis le 5 nov. 1791; *Paris*, 1791; in-8.

CONSULTATIONS (au sujet d'un droit de sépulture dans l'église de N.-D. de la Ronde, à Rouen, réclamé par les chanoines et les vicaires); *Rouen, v^e^ L. Dumesnil*, 1786, in-4 de 16 p.

CONTAM DE LA CROIX. Carte du gouvernement des villes et citadelles du Havre-de-Grâce, Harfleur, Montivilliers, Fécamp et lieux circonvoisins, dédiée à Mgr. de St-Aignan, duc et pair de France, etc.; *Paris*, s. d. (vers 1670), 1 f^lle^ grav. par Richer.

CONTÉ (*Nicolas-Jacq.*), peintre, physicien, chimiste et mécanicien, naquit au hameau de St-Céneri, commune d'Aunou-sur-Orne), près de Sées, le 4 août 1755, mourut à Paris, le 6 déc. 1805. Inventeur d'un grand nombre de machines qui révèlent un véritable génie, il les appliqua avec succès aux arts et à l'industrie. Il créa un nouv. genre de couleurs, fonda la manufacture de crayons qui portent son nom, et fit instituer le Conservatoire des arts et métiers. Appelé au commandement du corps des aérostiers, Conté fit partie de l'expédition d'Egypte, et, par la fécondité et la rapidité de son esprit inventif, il rendit à l'armée franç. les plus émin. services. A son retour en France, le gouvernement lui confia la direct. du grand ouv. sur l'Egypte, à l'exécution duquel il appliqua l'ingénieuse machine à graver qui lui est due, et qui, tout en diminuant les frais de gravure, accélère le travail et lui donne une précision remarquable. La ville de Sées a inauguré en son honneur, le 2 oct. 1852, une statue en bronze qui a été fondue à Paris par MM. Eck et Durand, d'après le modèle de Jules Droz.

V. Notice biograph. par M. Jomard, dans l'*Athenæum*, 1er n°, janv. 1806, avec port.; Notice réimp. avec changement; *Paris, Thunot*, 1849, in-8, et 1852, in-12; — Conté. Inauguration de sa statue à Sées (Orne); *Rev. de Rouen*, 1852, p. 629-646, art. signé : S. P. L. G.; — Inauguration de la statue en bronze de N. J. Conté, à Sées; *Argentan, Barbier*, 1852, in-4 de 8 p. Ext. du *Journal de l'Orne*, du 6 oct. 1852, art. signé : Gust. Levavasseur; — Conté. *Châlon-s.-Saône, Imp. de Dejussieu*, 1853, in-4 de 12 p., Notice signée : Morand de Jouffrey. Ext. du feuilleton de la *Gazette de Lyon*, des 29 et 30 oct. 1852. Parmi les portraits de Conté que renferme la collection Baratte, nous citerons comme le meilleur celui qui a été gravé par Godefroy.

CONTES NORMANDS; etc. V. DÉLAURIERS.

CONTERIE. V. LE VERRIER DE LA CONTERIE.

CONTINUATION de ce qui est advenu en l'armée du Roy, depuis la prinse des fauxbourgs de Paris, iusques à celle de la ville de Falaize (6 ianv. 1590); *Tours, Jamet Mettayer*, 1590, in-4, et *chez le même*, 1590, in-8. (Bibl. Imp.)

CONVERSION (la) du Sr de Focamberge, natif de Dieppe & cy devant ministre de la Religion pretendue reformée, faite entre les mains de Mgr. l'archevesque de Rouen le jour de noel dernier, pendant le saint temps de Jubilé; *Caen, chez Claude le Blanc*, s. d., in-8.

CONVERSION (la) d'vne ievne fille de la religion prétendve réformée, à la foy et religion catholiqve, apostolique et Romaine, en la ville de Roüen, paroisse de S. Maclou. Nonobstant les empeschemens des ministres, pretendus reformez. Ensemble la conuersion de M[r] d'Arques, conseiller au Parlement de Rouen et de toutes sa famille; *Roven, chés Martin Brocard*, 1664, in-4 de 4 p.

COPIE de la lettre dv Roy enuoyee à M. le comte de Soissons. Ensemble l'extraict d'vne lettre enuoyée par vn Gentilhomme de l'armée contenant la route des ennemys, avec le nombre des morts, prisonniers et blecez de part et d'autre, et recit du secours d'Angleterre et d'Escosse; *Tovrs, par Clavde de Montr'œil et Jean Richer*, 1589, in-8 de 8 p.

Récit de la bataille d'Arques.

COPIE de la reqveste présentée par MM. les Curez de Roüen à Mgr. l'illvstriss. et Religiogiss. (François III de Harlay) archevesqve de Roüen, primat de Normandie (par l'abbé Ch. Dufour); s. d. (1656), in-4 de 8 p.

Cette requête, relative à la censure de certaines propositions mal sonnantes contenues dans des ouvrages publiés par divers jésuites, et signée de 28 curés de notre ville, a dû être présentée vers le mois d'août 1656. (V. DUFOUR.)

COPIE de la réunion de la Cure de la Ronde au doyenné de la dite Eglise en 1455, et fulminée en 1456 par le cardinal d'Etouteville, archev. de Rouen; tirée d'un imprimé fait par la Collégiale ainsi qu'il suit; *Rouen, P. Dumesnil*, s. d., in-4 de 7 p.

COPPIE des lettres dv roy à MM. les consuls, escheuins, manans et habitans de la ville de Lyon, sur la réduction des villes de Roüan, Haure de Grace et autres (30 mars); *Lyon, Guichard Jullieron et Thibaud Ancelin*, 1594, pet. in-8 de 8 p.

COPPIE des lettres du Roy. Sur la reduction de la ville de Beauuais, et de Neuf-Chastel. Envoyée à Mess. les Consuls, Eschevins de la ville de Lyon. (22 aout); *Lyon, T. Ancelin*, 1594, in-8.

COPIE des Lettres d'un Politicque de Tours, enuoyées à ung Politicque de la ville de Roüen. Esquelles sont descouuerts les desseins et pretentions du Roy de Nauarre, et l'Estat de ses affaires. Surprinses à Vernon, par ung Capitaine du Régiment de Monsieur le marquis de Pienne (6 janvier); *Lyon*, 1590, in-8. Signé : P. D.

COPIE des lettres enuoyes par le Roy a monsieur de Fescamp. Copie des lettres enuoyées par le Roy nostre dit Seigneur aux conseillers manans et habitans de la ville de Rouen. Copie des lettres enuoyees au Roy par tres hault et tres puissant prince monseigneur le duc de Nemours lieutenant general dudit Seigneur de la les mons; s. l. n. d., in-4, 2 ff. non chiffrés.

Pièce du règne de Louis XII. Ainsi que les 3 précéd., elle se trouve à la Bibl. Imp.

COPIE d'une lettre envoyée de Dieppe svr la rencontre des armées d'Espaigne & d'Angleterre, & de la victoire obtenue par les Espagnols. Ensemble le nombre des vaisseaux prins par les dictz espagnols et ceux mis en fonds auec les noms des capitaines. Prinse sur la copie imprimée à Paris; *Tolose, par Jaq. Colomiez*, 1588, pet. in-8 de 4 ff.

Relation d'un combat naval qui eut lieu dans les environs de Dieppe. Cette lettre, datée de Dieppe, 7 août 1588, est signée : P. Legoux, né à Dieppe.

COPPIE d'une Lettre envoyee par Henry de Bourbon Roy de Nauarre, à sa bienaimee et confederee la Royne d'Angleterre, par un Gentilhomme nommé Rucqueuille. Apres la rencontre des deux armees pres Yury la Chaussee, (Ivry) le mercredy xiiij, iour de mars 1590, et a esté ladicte lettre surprinse auec le Gentilhomme qui la portoit, par un capitaine nommé le Vallage, sus le chemin de Dieppe à trois lieuës pres de Rouen, lequel en a fait part à ses amis, dont la teneur en suyt; *Jouxte la coppie imprimée à Rouen par P. Courant*, 1590, in-8. (Bibl. Imp.)

COQ DE VILLERAY. V. LE COCQ DE VILLERAY.

COQUATRIX (*Emile*). Rachel à Rouen; *Rouen, N. Periaux*, 1840, in-8 de 15 p. (en vers).

— Aux Rouennais. Géricault; *Rouen, N. Periaux*, 1841, gr. in-8 de 16 p. (en vers).

— Corneille, Molière et Despréaux, scène historique; *Bullet. de la Soc. d'Emulat. de Rouen*, 1844, p. 66-73 (en vers).

— La Jeunesse de Corneille, com. hist. en 3 act. et en vers; *Paris, P. Masgana*, 1844, in-12 de VIII et 80 p.

Cette com., dédiée à la ville de Rouen, a été représentée à l'Odéon le 6 juin 1844, anniv. de la naissance de P. Corneille.

— Guillaume de Normandie; *Bullet. de la Soc. d'Emulat. de Rouen*, 1845, p. 62-65.

Poëme sur Guill.-le-Conquérant.

— Géricault, prose et vers; *Rouen, A. Péron*, 1846, in-12 de 36 p.

— Epître à Corneille, lue à la séance publique de la Soc. libre d'Emulat. de Rouen, le 6 juin 1846; *Rouen, A. Péron*, 1846, in-8 de 15 p.

Ext. du Bullet. de cette Soc., année 1846.

— Poésies. Recueil contenant : Monville et Malaunay, Jean Bouzard, le Six Juin, Alain Blanchart; *Rouen, H. Rivoire*, 1847, in-8 de 46 p.

— Alain Blanchart, poëme lu à la séance publique de la Soc. libre d'Emulat. de Rouen, le 6 juin 1847; *Bullet. de la Soc. d'Emulat.*, 1847, p. 88-121.

— Simples observations au Conseil municipal de Rouen. Ecole de musique; *Rouen, Rivoire*, 1849, in-8 de 8 p.

Indépendamment de ces ouv., M. Emile Coquatrix, né à Rouen, est auteur d'un drame intitulé : *Italie*; Rouen, F. Baudry, 1833; d'un Poëme sur André Chénier (*Rev. de Rouen*, 1848), et de plusieurs pièces de théâtre en vers. Ces pièces sont : *Il ne faut pas jouer avec le feu*, com. en 1 acte, 1839. — *Un Hidalgo du temps de Don Quichotte*, com. en 1 acte, 1840. — *Le Diamant de Drury-Lane*, com. en 2 act., 1842. (Ces 3 com. ont été représentées pour la prem. fois sur le Théâtre-des-Arts de Rouen.) — *Rome ancienne*, trag. en 5 act., insérée dans la *Rev. de Rouen*, 1850.

COQUEBERT DE MONTBRET. V. MONTBRET.

COQUELIN (Dom). Histoire de la ville et de l'abbaye du Tréport composée par Dom Coquelin prieur du lieu, en 1692, ms. in-f.; *Archives municipales de la ville*.

COQUEREL (*Nicolas*), avocat au Parlem. de Norm., et né à Dieppe, est auteur de : *Poe-*

mes composez pour l'heureuse naissance du prince-Dauphin; CIↃ IↃCI, pet. in-8 de 45 p., s. n. de lieu ni d'imp.

COQUEREL (de). Lettre sur Daniel Huet, évêque d'Avranches; *Bullet. de l'Acad. Ebroïcienne*, 1835.

COQUILLE-DESLONGCHAMPS (l'abbé *Henri*), né à Caen en 1746, mort à Paris en janv. 1808, devint recteur de l'université en 1779 et syndic général du même établissement en 1786. Plus tard, il fut attaché à la Biblioth. mazarine, où il compléta les recherches auxquelles il s'était livré sur les hommes illustres de la Norm. Cet ouv. est resté inédit. Nous ne connaissons de Coquille-Deslongchamps que:

Délibération prise au sujet du serment exigé des fonctionnaires publics; 1791.

— Discours prononcé par Coquille-Deslongchamps, à l'occasion de la bénédiction du drapeau du canton de Martragny (Calvados), célébrée le 28 avril 1793.

COQUILLOT (*P.-G.*), poète, curé du Mesnil-Jourdain, dans le XVIIIe sc.

CORBELIN (*Taurin*), controversiste, né à Lisieux, mort vers 1550.

CORBELIN (*François*), musicien, né à Bernay, le 26 juin 1744, a écrit sur l'art musical les ouv. suivants : *Méthode de Guitare pour apprendre seul cet instrument. — Méthode de Harpe. — Guide de l'enseignement musical ou méthode élément. et mécanique de musique.* V. Pasquier, *Biog. norm.*, ms.

CORBIÈRE (*Edouard*), anc. officier de mar., poète, romancier, publiciste, est né à Brest en 1793. Fixé au Havre depuis longues années, M. Corbière est auteur de plusieurs romans maritimes, tels que *le Pilote de l'Iroise, la Mer et les Marins, Contes de bord, le Prisonnier de guerre, le Négrier*, etc. Ce dernier est arrivé à la 4e édit.; Havre, Imp. de Brindeau, 1855, in-8. M. Corbière a rédigé à Rouen *la Nacelle*, et au Havre le *Journal du Havre*.

CORDAY D'ARMANS (*Marie-Anne Charlotte*) naquit le 27 juillet 1768, à St-Saturnin des Ligneries, près Sées (Orne), de parents nobles alliés aux deux Corneille. Nourrissant une haine profonde pour les ultra-révolutionnaires, elle poignarda Marat dans sa baignoire, le 12 juillet 1793. Mise en jugement quelq. jours après, elle fut condamnée à mort et décapitée le 17 du même mois, âgée de 25 ans.

Nous rappellerons, à cette occasion, le tableau remarquable de Henri Scheffer, représentant l'arrestation de Charlotte Corday, tableau qui a été gravé par Sixdeniers.—Charlotte Corday après son arrestation, tableau peint par Mlle Lebaron des Vés, musée de Caen. — Un portrait de cette héroïne, peint d'après nature pendant son jugement, par Jean-Jacq. Hauer, et qui se trouve au musée de Versailles (salle n° 167)

La collection Barratte renferme plusieurs portraits de Charlotte Corday, quelq.-uns sont du temps, et par cela même précieux.

V. Lettres de Marie-Anne-Charlotte Corday; supplément au n° 73 du *Bulletin du Tribunal révolutionnaire*, in-4 de 4 p.

— Charlotte Corday, trag. en 3 act. et en vers; (*Caen*), 1795, in-8 de 84 p.

En tête de cette tragédie se trouvent des observations et un précis du procès de Charlotte Corday.

— Charlotte Corday, ou la Judith moderne, trag. en 3 actes et en vers; *Caen, de l'Imp. des Nouveautés*, 1797, in-18 de XII et 59 p., avec un port.

Cette pièce, dédiée aux mânes de Charlotte Corday, est entièrement différente de celle qui a été imprimée en 1795; il en existe une édit., même date, in-8 de IV et 32 p., avec un port. gravé par Mermand; *Caen, de l'Imp. des Nouveautés.*

— Charlotte Cordé dans son cachot. Héroïde; *Paris*, et se trouve à Rouen, chez les march. de nouveautés, 1797, in-8 de 19 p.

Ce poëme, placé à la suite des poésies de M. Mutel de Boucheville, lui est attribué.

— Charlotte Corday, ou l'Héroïne républicaine, sujet du drame représenté aux Français, en mai 1831; *Paris, Herhan*, 1831, in-8.

Notice, suiv. d'une romance, par Pierre Colau.

— Charlotte Corday, ode; *St-Germain-en-Laye*, 1854, in-12 de 20 p., avec une notice sur la descendance de Corneille, signée : P. M. d. c. d., Dr en droit.

V. encore les écrits de Mme Colet, Couet-Girouville, Delasalle, Demiau de Crouzilhac, Du Bois, Dumanoir, Esquiros, Lux, Pluquet, Ponsard, Regnier-Destourbet, et Reiffenberg.—M. Demiau de Crouzilhac établit que Charlotte Corday naquit aux Champeaux, commune de St-Evroult de Montfort, canton de Gacé (Orne). Charlotte Corday habita à Caen, durant plusieurs années, une maison située rue St-Jean, n° 148.

CORDAY (Mme *Aglaée* de), poète, reçut le jour au château du Baudry, près de Verneuil, commune de Rueil, canton de Brésolles, le 22 mars 1796. Parente de Charlotte Corday par son mari, Mme de Corday (née de Postel), eut pour ami, et en quelque sorte pour professeur, Ancelot, de l'Acad. franç. Indépendamment d'une foules d'élégies, d'épîtres et de pièces de vers, on lui doit :

— Les deux Sœurs, poëme; *Louviers, Imp. de Achaintre*, 1838, in-8.

— Dix mois en Suisse; *Louviers, Imp. de Roussel et Bardoux*, 1839, in-8 de VIII et 463 p., ouv. publié au profit des hospitaliers du Grand-St-Bernard.

— Les Fleurs neustriennes, poésies, et la Sorcière de Laredo; *Mortagne, Imp. de Loncin et Daupelay*, 1855-56, 2 vol. in-8, fig. Cet ouv. n'a pas été mis dans le commerce.

CORDIER (*Mathurin*), professeur, dont le nom est écrit *Corderius* en latin, *Cordery* en anglais, né à Rouen en 1479, suivant quelques biographes, et, selon d'autres, à la Perrière, dans le Perche, se distingua par son érudition et surtout par l'habileté de son enseignement. Il eut pour élève, au collége de la Marche, Calvin, qui plus tard lui dédia son *Commentaire sur la 1re épître de S. Paul aux Thessaloniciens*. Cordier embrassa la réforme et mourut à Genève le 8 sept. 1564. Il est auteur d'un grand nombre d'ouv. destinés à l'instruction de la jeunesse, et composés en latin et en français., de 1531-1561.

V. Barbier, *Complém. des Dictionn. hist.*, 1820, p. 213-217. — *Rev. Protestante*, t. IV (1854), p. 59-61.

CORDIER (*Hélie* le), poëte et médecin. V. Le Cordier.

CORDIER (*Nic.* le), hydrographe. V. Le Cordier.

CORDIER (*Nic.*), curé de N.-D. de Gournay, de 1700 à 1711. — V. *Hist. de Gournay*.

CORDIER (*Joseph*), inspect. divisionnaire des ponts et chaussées, né au Havre vers 1784, a publié plusieurs ouv. sur la construction des routes, sur l'agric. de la Flandre franç., sur la navigation intérieure de l'Angleterre, des États-Unis et de la France.

CORDIER (*Jacq.-Louis-Adolphe*), Dr en droit, anc. sous-préfet de Pont-l'Evêque, représentant du Calvados à l'Assemblée législative, 1849, est né à Lisieux en 1818.

CORDIER-JOLY. Statistique pour l'établissement d'un chemin de fer de Beauvais au Tréport, le plus court de Paris à la mer, et projet de communication directe sur Londres, par Hastings; *Gournay-en-Bray*, *Letailleur-Andrieux*, 1856, in-8 de 64 p., avec une pl.

CORMIER (*Thomas*), sieur de Beauvais, jurisconsulte et historien, né à Alençon vers 1520, de Guy Cormier, médecin de Henri d'Albret, roi de Navarre, est mort en 1600. Il a composé les ouv. suiv.:

Thomæ Cormerii, Alenconii, sive rerum in Gallia Henrico II. rege gestarum historiæ, libri quinque; *Parisiis*, *Seb. Nivelle*, 1584, in-4.

— Henrici IV augusti Galliarum Navarrœque regis Codex, etc., auctore Thomâ Cormerio Alenconio, Francisci andium Alenconiorumque ducis, dum viveret, in supremis ejus curiis Alenconiis consiliario; *Lugduni*, 1602, in-f.

Cormier composa en français le même ouv. sous le titre de:

Le Code dv tres-chrestien et tres-victorievx roy de France et de Navarre, Henri IIII. Du droit ciuil jadis descrit, et à nous delaissé confusément par l'empereur Justinian : et maintenant reduit et composé en bon et certain ordre, avec le droit ciuil de la France, contenant trente et vn liures. Par M. Th. Cormier, jadis conseiller avx Cours souueraines de l'Eschiquier et Conseil d'Alençon; *Rouen, Jean Dv Bosc*, 1615, in-4; *Lyon, Arnaud*, 1603, in-f.

Les recherches de Cormier sur les règnes de Charles IX, de Henri III et des premières années de Henri IV n'ont pas été publiées; le ms. autographe (écrit en latin) qui appartenait jadis à l'abbaye de la Trappe, figure aujourd'hui dans la biblioth. de M. L. de la Sicotière. (V. Odolant-Desnos, *Mém. sur Alençon*, t. II, p. 527 et suiv.)

CORNARDS. V. Conards.

CORNEILLE (*Pierre*), fils de Pierre Corneille, avocat gén. à la table de marbre de Normandie, et de Marthe le Pesant, fille d'un maître des comptes, né à Rouen, rue de la Pie, paroisse St-Sauveur, le 6 juin 1606, mort à Paris, le 1er oct. 1684, rue d'Argenteuil, dans la maison qui porte aujourd'hui le no 18. Il fut inhumé dans l'église St-Roch, où un modeste monument lui a été érigé en 1821, par les soins de Louis-Philippe, alors duc d'Orléans. Il ne fut reçu à l'Acad. franç. qu'en 1647. Deux fois la docte compagnie l'avait repoussé, alléguant le motif assez vain de sa non résidence à Paris, mais subissant bien plutôt en secret l'influence jalouse du cardinal de Richelieu.

Un nombre infini d'études biographiques et littéraires donnent, sur la vie et les écrits de Corneille, les documents les plus complets et les appréciations les plus judicieuses; nous nous renfermons donc strictement dans notre rôle de bibliographe, et, quoique la plupart des ouv. relatifs à Corneille soient disséminés dans notre Manuel, suivant l'ordre alphabétique des noms d'auteur, nous les rappellerons ici de nouveau, afin de rendre aussi complet que possible l'article bibliog. consacré à l'homme qui reçut de la France entière le surnom de *Grand*, et dont la mort cependant fut simplement notée dans le *Journ. de Dangeau* par cette étrange information : « Jeudi 5, on apprit à Chambord la mort du *bonhomme* Corneille. »

— OEuvres de Corneille. 1re part. *Imp. à Rouen* et se vend *à Paris* chez *Ant. de Sommaville* et chez *Aug. Courbé*, 1644, pet. in-12 de 654 p., avec frontisp. grav., portr. gravé par Michel Lasne, titre et avis au lecteur. La souscript. porte : *Imp. à Rouen, chez Laurens Maurry*.

Ce vol. comprend les 8 prem. pièces de Corneille : *Mélite*, *Clitandre*, *la Veuve*, *la Galerie du Palais*, *la Place Royale*, *la Sui-*

vante, Médée et *l'Illusion comique*. M. Taschereau pense qu'il n'y a pas de 2e partie des œuvres de Corneille portant cette même date de 1644; elle ne parut qu'en 1648, époque où on réimprima la 1re partie.

— OEuvres de Corneille. Imp. à *Rouen* (par *L. Maurry*), et se trouve à *Paris*, chez *Aug. Courbé*, 1648, 2 vol. pet. in-12.

Edition restée à peu près inconnue jusqu'à ce jour. Le t. 1er a 4 ff. prélim. et 656 p. A la fin du privilége accordé à la date du 25 fév. 1647, on lit: Achevé d'imp. à Rouen par Laurens Maurry, ce 30 mars 1648. Ce vol. contenant les 8 prem. pièces de Corneille, est la reproduction textuelle de la prem. part. précitée. Le t. II a 2 ff. prélim., 639 p. et 3 p. non chiff. pour le privilége. Il contient: *le Cid, Horace, Cinna, Polyeucte, la Mort de Pompée, le Menteur* et *la suite du Menteur*. On lit à la fin: Achevé d'imp. le 31 sept. 1648. Le privilége accordé à Aug. Courbé fut partagé par lui avec Ant. de Sommaville et Touss. Quinet.

— OEuvres de Corneille. *Imp. à Rouen, et se vend à Paris, chez A. de Sommaville*, 1652, 3 vol. pet. in-12. Les 2 prem. sont semblabl., pour le nomb. de pag. et les caract., à l'édit. précéd. Le 3e vol., indiqué 3e part., renferme: *Théodore, Rodogune* et *Héraclius*; il forme un ensemble de 287 p. numérotées. M. Taschereau signale des exempl. de ce 3e vol., avec quelq. variantes dans sa composition.

— OEuvres de Corneille. *Imp. à Rouen, et se vend à Paris, chez Aug. Courbé*, 1654, 3 vol. in-12, imp. en caract. plus forts que ceux employés pour les recueils précédents. Les 2 prem. vol. renferm. le même nombre de pièces que les éditions antérieures; mais il n'en est pas ainsi pour le 3e, auquel on a ajouté: *Andromède, Don Sanche d'Arragon, Nicomède* et *Pertharite*. Ce vol., dont l'impression n'a été achevée qu'en 1655, présente 670 p.

— Le Théâtre de P. Corneille, reveu et corrigé par l'avthevr. Imp. à *Rouen* (par *Laurens Maurry*), et se vend à *Paris*, chez *Aug. Courbé* et *Guill. de Luyne*, 1660, 4 part. en 3 vol. in-8, fig.

On lit à la fin: Achevé d'imp., pour la prem. fois, le 31 oct. 1660, en vertu d'un privilége accordé à P. Corneille, du mois de janv. 1653, et à Aug. Courbé, du 3 déc. 1657.

— Le Théâtre de P. Corneille, revev et corrigé par l'avthevr; *imp. à Rouen et se vend à Paris chez Guill. de Luyne*, lib., 1664, 2 vol. in-f.

L'impression de cette 1re édit. in-f., faite à Rouen par Laurens Maurry, a été achevée le 15 sept. 1663. Elle est ornée d'un frontispice gravé et d'un beau portr. de P. Corneille, gravé par Guillaume Vallet, d'après le dessin (*ad vivum*) de A. Paillet, 1663. Courbé céda, pour cette édition, la moitié de son privilége à Guill. de Luyne, lib. à Paris, et l'autre moitié à Thomas Jolly et Louis Billaine, également lib. à Paris, de sorte qu'on trouve des exempl. avec les noms et les adresses de ces divers lib. Corneille revit avec soin cette édit., qui présente de nombreuses différences de style et d'orthographe avec les édit. originales.

— Le Théâtre de P. Corneille (et Poëmes dramatiques de Th. Corneille) reveu et corrigé par l'autheur; *Rouen et Paris, Th. Jolly* (ou *Guill. de Luyne*), 1664-1666, 6 vol. pet. in-8, fig.; imp. par *Laurens Maurry*, à Rouen. Les 4 vol. de Pierre sont désignés sous le nom de *Parties*: les 3 prem. présentent la date de 1664, et la 4e celle de 1666. Les titres grav. des 3 prem. part. de Pierre et celui du 1er vol. de Thomas, portent la date de 1660. Le 2e vol. de Thomas est daté de 1661, et la souscription finale indique que l'imp. de ce même vol. a été achevée le 15 déc. 1660. La 4e part. de Pierre n'a pas de titre gravé. (V. Catal. de Soleinne).

— Le Théâtre de P. Corneille, reveu et corrigé, et augmenté de diverses pièces nouvelles, suivant la copie imp. à Paris (*Amst., Abr. Wolfgang*), 1664-76, 5 vol. pet. in-12, avec grav. Chaque pièce est imp. avec un titre particulier. On joint souvent à cette édition: Les Tragédies et les Comédies de Thomas Corneille (*Amst., Abr. Wolfgang*), 1665-78, 5 part. en 6 vol. pet. in-12.

Les éditions de Wolfgang ont été souvent prises par erreur pour des éditions elzeviriennes, quoique elles diffèrent de ces dernières par plusieurs particularités et surtout par les fleurons. Les livres imp. par Wolfgang se distinguent par l'apostille *au quærendo*, parce qu'il avait pour marque (en faisant allusion à son nom) un loup ou renard furetant. *Wolfgank*, en néerlandais, signifie *renard* ou *loup cherchant* ou *marchant*.

— Le Théâtre de P. Corneille, reveu et corrigé par l'autheur; *Rouen, et se vend à Paris chez L. Billaine*, 1668, 4 vol. in-12. (Imp. par L. Maurry.) On trouve également des exemp. avec l'adresse de Guill. de Luyne.

— Le Théâtre de P. Corneille; *Paris, P. Trabouillet*, 1682, 4 vol. in-12.

— Ditto; *Paris, Guill. de Luyne*, 1682, 4 vol. in-12, dern. édit. publiées du vivant de P. Corneille, et qui a servi de texte pour la plupart des réimpressions.

— Le Théâtre de P. Corneille, revu et corrigé par l'auteur; *Paris, Aug. Besoigne*, 1692, 5 vol. in-12.

Édit. publiée par Th. Corneille, qui a donné en même temps, et chez le même lib., une édit. de ses *Poëmes dramat.* en 4 vol. in-12.

— Le Théâtre de P. Corneille (et Poëmes dram. de Th. Corneille), nouv. édit. revue, corrigée et augm.; *Paris, Guill. Cavelier*, 1706, 10 vol. in-12.

Édit. publiée par Th. Corneille.

— Théâtre de Pierre Corneille, avec grav.; *Amst.*, 1709, 5 vol. in-18.

— Le Théâtre de P. Corneille, et Œuvres dramatiques de Th. Corneille; *Paris, v^e Ribou*, 1722 (et 1723), 10 vol. in-12, portr.

— Le Théâtre de P. Corneille, nouv. édit.; *Paris, Nyon père*, 1738, 6 vol. in-12, et Œuvres diverses de P. Corneille; *Paris, Gissey et Bordelet*, 1738, in-12 de 461 p., sans y comprendre la préface et la table.

Cette édit. du Théâtre a été publiée par Fr.-Antoine Joly, censeur royal, et celle des Œuvres diverses par l'abbé Granet. V., sur ce dern. recueil, *le Mercure*, 1738, p. 1772-1787.

— Le Théâtre de Pierre et Thomas Corneille, nouv. édit.; *Amst.*, *Zacharie Chatelain*, 1740, 11 vol. pet. in-12, avec fig. et portr.

Édit. publiée par Fr.-Ant. Jolly, d'après celle de 1682, pour Pierre Corneille, et augm. des œuvres diverses de ce poëte. Le œuvres de Pierre occupent 6 vol.

— Les chef-d'œuvres (*sic*) dramatiques de Mrs Corneille, avec le jugement des sçavans à la fin de chaque pièce; *Oxford*, s. n. et s. d. (probablement 1742), 2 v. in-8.

Édit. connue sous le nom de *Corneille des Dames*, et considérée comme ayant été publiée à Paris par le libraire Desaint. Il y a eu des exempl. tirés in-4.

— Les chef-d'œuvres (*sic*) de P. Corneille, savoir : *le Cid, Horace, Cinna, Polyeucte, Pompée, Rodogune*, avec le jugement des savants à la suite de chaque pièce, nouv. édit, (par J.-G. Dupré); Oxford, Jacq. Fletcher, 1746, in-8, fig., de 414 p. et 3 ff. prél.

Il y a des exempl. sur grand pap.

— Le Théâtre de Pierre Corneille, et Poèmes dramatiques de Th. Corneille; *Paris, David*, 1747-48, 12 vol. in-12, portr.

Édition faite sur celle de 1740. Il y a des exempl. sur gr. pap. et des exempl. aussi avec l'adresse de Durand, lib. Le 12e vol. contient les Œuvres div. de P. Corneille.

— Le Théâtre de P. et Th. Corneille; *Paris, v^e Gaudouin*, 1755, 10 vol. in-12.

— Ditto; *Paris, Hochereau*, et *Paris, Leclerc*, 1758, 19 vol. pet. in-12.

10 vol. sont consacrés à P. Corneille.

— Chefs-d'œuvre dramatiq. de MM. Corneille, avec le jugement des savants à la suite de chaque pièce; *Amst.* et *Leipsick, Arkstée* et *Merkus*, 1760, 2 vol. pet. in-12.

— Œuvres dramatiques de P. et Th. Corneille, avec les remarques de Voltaire; et ornées de fig. grav. en taille-douce sur les dessins de Gravelot; *Genève*, 1764, 12 vol. in-8.

Édit. considérée longtemps comme la meilleure de Corneille, et publiée sous le patronage de la marquise de Pompadour, au profit d'une petite-fille du grand poëte, la fille de Jean-François Corneille. Cette impression valut à la protégée de Voltaire (dit M. Taschereau, *Hist. de Corneille*), 52,000 liv. L'impératrice de Russie souscrivit pour 250 exempl., l'empereur d'Autriche pour 200 exempl., Louis XV pour 200 exempl., Voltaire pour 100, et les fermiers généraux pour 60. L'annonce de cette édit. et sa publication ont donné lieu à quelq. écrits de Voltaire et aux observat. de plusieurs critiques.

— Chefs-d'œuvre de P. et Th. Corneille, nouv. édit. augm. des notes et comment. de M. de Voltaire; *Paris, lib. associés*, 1771, 3 vol. in-12.

— Théâtre de P. et de Th. Corneille, avec les commentaires de Voltaire; *Paris, Hôtel de Thou*, 1774, 8 vol. in-4, fig.

Édit. encadrée, destinée à faire suite aux Œuvres de Voltaire de ce format. V. un article de la Harpe, *Mercure de France*, 1774, juin, p. 129-136.

— Théâtre choisi de P. Corneille; *Paris, Fr. Amb. Didot l'aîné*, 1783, 2 vol. in-4.

— Théâtre de P. Corneille, avec les Commentaires de Voltaire; *Paris, P. Didot l'aîné*, 1786, 10 vol. gr. in-4, pap. vél.

Edit. dite du Louvre, et tirée à 250 exempl.

— Œuvres de P. Corneille, avec le commentaire de Voltaire, et des observations critiques sur ce commentaire par Palissot; *Paris, P. Didot l'aîné*, 1801, 12 vol. gr. in-8.

Edit. dédiée au 1er consul de la Républ. franç. Elle renferme les œuvres diverses de Corneille et la trad. de l'Imit. de J.-C. Il y a eu des exempl. tirés sur pap. vél.

— Les Chefs-d'œuvre de P. Corneille; *Paris, P. Didot*, 1814, 3 vol. in-8.

On joint ordin. à ces vol. : l'Esprit du Grand Corneille, par Fr. de Neufchâteau; *Paris, P. Didot*, 1819, 2 vol. in-8.

— Chefs-d'œuvre de P. Corneille, avec les comment. de Voltaire et des observ. critiques sur ces comment. par Le Pan; *Paris, Cordier*, 1817, 5 vol. in-8.

Edit. faite par souscript. au profit de Mlle J.-M. Corneille.

— Œuvres de P. Corneille, avec les commentaires de Voltaire; *Paris, A. A. Renouard*, 1817, 12 vol. in-8, fig. de Moreau.

Il y a eu quelq. exempl. tirés en gr. pap. vél., avec les fig. avant la lettre sur pap. blanc et sur pap. de Chine, et eaux-fortes.

Edit. considérée la plus complète jusqu'au moment de la publication de celles que M. Lefevre a données en 1824 et en 1855.

— Œuvres de P. Corneille et chefs-d'œuvre de Th. Corneille, avec le comment. de Voltaire et le jugement de La Harpe; *Paris, Janet et Cotelle*, 1821-23, 12 vol. in-8.

— Œuvres choisies de P. et de Th. Corneille; *Paris, Lheureux*, 1822, 5 vol. in-8, avec un portr. d'après C. Le Brun, gravé par Bertonnier.

Le 5e vol. est consacré à Th. Corneille.

Dans cette édit., on a réimp. la notice de Fontenelle sur P. Corneille, et l'éloge de Th. Corneille par M. de Boze.

— Œuvres de P. Corneille, avec les notes de tous les commentateurs; *Paris*, *Lefèvre*, 1824, 12 vol. in-8, cav., portr.

Edit. publiée par M. L. Parelle, et dont il y a des exempl. tirés sur gr. in-8 pap. vél. Elle fait partie de la collect. des classiques franç. éditée par le lib. Lefèvre. Le texte reproduit celui de l'édit. de 1682, avec de nombreuses variantes, et présente quelq. pièces inédites jusqu'alors.

— Œuvres de P. Corneille, avec commentaires, notes, remarques et jugements littéraires; *Paris*, *Ledoyen*, 1830-31, 12 vol. in-8.

— Chefs-d'œuvre de P. Corneille, revus sur les dern. édit. originales, précédés de l'Eloge de P. Corneille par Victorin Fabre, et augm. de l'analyse et du choix des meilleurs passages des tragédies et comédies omises dans les œuvres choisies, etc., par H. Le Corney; *Paris*, *Pourrat frères*, 1832, 5 vol. in-8.

— Œuvres complètes de P. Corneille, suivies des œuvres choisies de Th. Corneille, avec les notes de tous les commentateurs; *Paris*, *Lefèvre*, 1834, 2 vol. gr. in-8 à 2 col., avec un portr. — Ibid.; *Paris*, *F. Didot*, *Lefèvre*, 1839, 2 vol. gr. in-8, id. et *Paris*, *F. Didot*, 1843, idem.

— Œuvres de P. et Th. Corneille, précédées de la vie de P. Corneille par Fontenelle, et des discours sur la poésie dramatique; *Paris*, *Furne*, 1844, in-8, avec 10 grav. et 1 portr. — Ibid., *Paris*, *Furne*, 1857, gr. in-8 avec 11 grav. et 1 portr.

— Œuvres de P. et Th. Corneille, précédées de la vie de P. Corneille, par Fontenelle, et des discours sur la poésie dramatique; nouv. édit., illustrée de 12 grav. sur acier; *Paris*, *Garnier frères*, gr. in-8 à 2 col. de 535 p.

— Œuvres des deux Corneille (P. et Th.), édit. variorum, collat. sur les meilleurs textes, etc., par Ch. Louandre; *Paris*, *Charpentier*, 1853, 2 vol. in-12.

— Œuvres de P. Corneille, avec les notes de tous les commentateurs; *Paris*, *Lefèvre*, 1854-1855, 12 vol. in-8, pap. vél. caval. (Imp. par F. Didot.)

Édition revue sur l'édition de 1682 et sur celle de 1824; elle contient les pièces suiv. qui ne se trouvent pas dans les éditions précédentes:

1° Le Presbytère d'Hénouville;
2° Un Sonnet sur Louis XIII;
3° Lettre de Corneille à Colbert;
4° Vers à Louis XIV;
5° L'Imitat. de la Ste Vierge (trad. en vers);
6° Notes de M. Aimé Martin, etc., etc.

Cette édition, la plus belle et la plus complète jusqu'à ce jour, fait partie d'une collect. des classiques français au XVIIe sc. Elle fait honneur au libraire distingué, à l'éditeur consciencieux qui en a dirigé la publication et dont nous regrettons la perte récente. 20 exempl. ont été tirés sur pap. vergé de Holl.

— Œuvres de P. Corneille, précédées d'une notice sur sa vie et ses ouv., par Julien Lemer; *Paris*, *Ad. Delahays*, 1857, 2 vol. in-18.

— Œuvres complètes de P. Corneille, suivies des œuvres choisies de Th. Corneille; *Paris*, *Hachette*, 1857, 5 vol. in-18 jésus.

— Corneille, œuv. complètes, nouv. édit. rev. et annotée par M. J. Taschereau; *Paris*, *P. Jannet*, 1857-58, 7 vol. in-16. (Collect. de la Biblioth. elzévirienne.)

L'Hist. de la vie et des ouv. de P. Corneille par M. Taschereau doit servir d'introd. à cette édit. qui est, sans contredit, l'une des meilleures à consulter tant pour le texte que pour les notes qui l'accompagnent.

— Tragedie di P. Cornelio, tradotte in versi ital. con l'originale a fronte, per Giuseppe Baretti; *Venezia*, 1747, 4 vol. gr. in-4.

Pièces dramatiques classées par ordre alphabétique, édit. originales:

ANDROMÈDE, trag., représentée auec les machines sur le Théâtre roy. de Bourbon; *Roven, chez Lavrens Mavrry, et Paris, Ch. de Sercy*. 1651, in-4 de 124 p. et 5 ff. prélim., avec un titre gravé et 4 fig. par F. Chauveau.

Privilége accordé à Pierre Corneille, avocat en notre Parlement de Normandie.

— Ibid.; chez les mêmes, 1651, in-12.

AGÉSILAS, trag. en vers libres rimez; *Rouen, et se vend à Paris, Guill. de Luyne et Th. Joly*, 1666, in-12.

ATTILA, ROY DES HUNS, trag.; *Rouen et Paris, de Luyne*, 1666, in-12.

CID (le), tragi-com.; *Paris*, *Fr. Targa et Aug. Courbé*, 1637, in-4 de 4 ff. et 128 p., et pet. in-12 de 4 ff. et 88 p., avec frontisp. gravé.

— Ibid.; *Leyden*, *Guill. Chrestien*, 1638, pet. in-12, titre encadré. Edition fort rare et dont nous n'avons vu que cet exempl., dit M. L. Potier (Cat. des livres de M. Ch. G****; *Paris*, 1855). Les caractères ont beaucoup de rapport avec ceux des elzevier, et l'on remarque en tête de la 1re p. un de leurs fleurons bien connus (la syrène).

— Ibid. Jouxte la copie impr. à *Paris*, 1640. — La suite et mariage du Cid, tragi-com. Jouxte la copie imp. à *Paris*, 1640, 2 vol. en 1, pet. in-8.

— Ibid. Jouxte la copie, imp. à *Paris*, *chez Fr. Targa*, 1641, in-12.

— Ibid.; à *Caen*, imp. cette année, s. d. (à la Sphère), pet. in-12 de 72 p.

Contrefaçon de l'édition originale.

— Ibid.; sur l'imp. à *Caen*, 1654, s. n. et s. d., in-12; et 1666, in-18 de 89 p. et 3 ff. prélim.

— Ibid., trad. en italien: Amore et Honore, tragedia, portata, del francese (du *Cid* de P. Corneille) da ferecida Elbeni Cremete, l'Eccitato frà gli academici faticosi di Milano; *Milano*, *Gioseffo Morelli*, 1675, in-12.

— Le Cid, trag. de P. Corneille (arrangée par J.-B. Rousseau), représentée en 1728, et imp. dans les pièces dramatiques, choisies et restituées par M. ***; *Amst.*, *Fr. Chan-*

guion, 1723, in-12. C'est avec ces changements, dit M. Taschereau, que le *Cid* est joué depuis ce temps à la Comédie-Franç.

— Le Cid, trag. en 5 act. de P. Corneille, changée sur les observations de l'Acad. françoise; *Lausanne*, 1780, in-8. (V. *Mercure de France*, 1780, juin, p. 126-136.)

— Die Sinnreiche tragi-comœdia genannt Cid, ist ein streit der ehre und liebe verdeutsch vom Georg.-Greslinger Regenspurgen, Kays notar; *Hamburg*, *Georg. Wolff*, 1679, pet. in-8 de 37 ff.

Cette tragédie fit naître un tel enthousiasme qu'il devint proverbial de dire : *Cela est beau comme le Cid.* En même temps qu'elle fut trad. dans presque toutes les langues de l'Europe, elle excita de basses et jalouses critiques. La liste des écrits publiés à l'occasion de ce prem. chef-d'œuvre de Corneile, et pour laquelle nous nous sommes appuyé de l'autorité puissante de M. Taschereau, est considérable. Elle donnera la mesure de ces luttes littéraires que notre siècle ne connait plus.

— Observations sur le Cid, ensemble l'Excuse à Ariste et le Rondeau (par Scudery); *Paris, aux dépens de l'auteur*, 1637, in-8.

— Les Fautes remarquées en la tragi-com. du Cid (par Scudery); *Paris, aux dépens de l'auteur*, 1637, in-8.

Réimpression, sous un nouv. titre, de l'écrit précédent.

— Défense du Cid; *Paris*, 1637, in-8.

Réponse à Scudery et attribuée à tort à P. Corneille.

— Lettre apologétique du sieur Corneille, conten. sa réponse aux Observations faites par le sieur Scudery sur le Cid; s. n.; *Rouen*, 1637, in-8 de 6 p.

Par Corneille lui-même.

— Lettre de M. de Scudery à l'illustre Académie; *Paris, A. de Sommaville*, 1637, in-8 de 11 p.

— La Preuve des passages alleguez dans les Observations sur le Cid à MM. de l'Acad. françoise, par de Scudery; *Paris, A. de Sommaville*, 1637, in-8 de 14 p.

— Le Souhait du Cid en faveur de Scudery, une paire de lunettes pour faire mieux ses Observations; s. n., 1637, in-8.

Contre Corneille.

— La Voix publique à M. de Scudery sur les Observations du Cid; *Paris*, s. n., 1637, in-8.

Opuscule en faveur de Corneille.

— L'auteur du vrai Cid espagnol, à son traducteur françois, sur une lettre en vers qu'il a fait imprimer, intitulée : *Excuse à Ariste*; où, après cent traits de vanité, il dit de soy-même :

Je ne dois qu'à moi seul toute ma renommée;

(*Paris*, 1637), in-8.

Pièce en vers attribuée à Claveret, et, suiv. M. Taschereau, à Mairet.

— Examen de ce qui s'est fait pour et contre le Cid, avec un traicté de la disposition du poème dramatique et de la prétendue règle des vingt-quatre heures; *Paris, aux dépens de l'auteur*, 1637, in-8.

Écrit attribué à tort à Claveret, suiv. M. Taschereau. Il porte à la p. 3, pour second titre : Discours à Cliton sur les Observations du Cid, avec un Traité de la disposition du poéme dramat. et de la prétendue régle des vingt-quatre heures; *Paris*, in-8 de 103 p.

Par Mayret.

— Épistre familière du sieur Mayret au sieur Corneille sur la trag.-com. du Cid, suivi de : Réponse à l'amy du Cid sur ses invectives contre le sieur Claveret; *Paris, A. de Sommaville*, 1637, in-8 de 38 p.

— Lettre du sieur Claveret au sieur Corneille, soy-disant autheur du Cid; *Paris*, s. n., 1637, in-8 de 15 p.

Claveret, poète assez médiocre de l'époque, n'avait pas été ménagé par Corneille dans sa réponse à Scudéry.

— L'Amy du Cid à Claveret (*Paris*, 1637), in-8.

Lettre en réponse à l'écrit précédent. M. Taschereau dit que c'est à tort que Niceron l'attribue à Corneille.

— L'Incognu et veritable amy de MM. de Scudery et Corneille; s. n., 1637, in-8 de 7 p.

Attribué à tort à Rotrou, par Niceron.

— Lettre à ***, sous le nom d'Ariste (1637), in-8 de 8 p.

Écrit de J. Mayret contre le Cid de Corneille.

— Réponse de *** à ***, sous le nom d'Ariste (*Paris*, 1637), in-8.

Lettre contre Claveret, attribuée à tort à Corneille par Niceron.

— Lettre pour M. de Corneille, contre ces mots de la lettre sous le nom d'Ariste : *Je fis donc résolution de guérir ces idolâtres* (Paris, 1637), in-8.

2° Lettre de Corneille, dit Niceron, dirigée en partie contre Claveret, qui était sommelier dans une médiocre maison. M. Taschereau établit que cette lettre n'est pas de Corneille.

— Excuse à Ariste (et le Rondeau, par P. Corneille); s. n., s. d.

— Lettre du Désintéressé au sieur Mayret (*Paris*, 1637), in-8.

Attribué à tort à Corneille.

— Avertissement au Besançonnois Mayret (*Paris*, 1637), in-8.

Attribué à tort à Corneille, par Niceron.

— Apologie pour M. Mayret contre les calomnies du sieur Corneille, de Rouen (dans son advertissement au Besançonnois Mayret); 1637, in-4, et in-8 suiv. M. Taschereau.

Jean Mayret ou Mairet, né à Besançon vers 1610, fut secrétaire de M. de Montmorenci; il se livra à la poésie dramatique qu'il a cultivée toute sa vie. Sa première pièce, intitulée : *Chryséide et Arimand*, tragi-com., fut imp. à Rouen, Jacq. Besongne, 1630, in-8.

— Epître aux poètes du temps sur leur querelle du Cid; *Paris*, 1637, in-8.

— SOPHONISBE, trag. *Imp. à Rouen, et se vend à Paris, Th. Joly*, 1663, in-12 de 6 ff. et 76 p.

— Remarques sur la tragédie de Sophonisbe de M. Corneille, envoyées à madame la duchesse de R***, par M. L. D.; *Paris, Ch. de Sercy*, 1663.

— Defense de la Sophonisbe de M. Corneille (par Dauneau de Visé); *Paris, Cl. Barbin*, 1663, in-12.

A été réimp. dans le Recueil des dissertations sur plusieurs trag. de Corneille et de Racine. C'est une réponse à la prem. des dissertations de d'Aubignac, intitulées :

— Deux dissertations concernant le poëme dramatique, en forme de remarques sur deux tragédies de M. Corneille, intitulées Sophonisbe et Sertorius (par Hedelin d'Aubignac); *Paris, Jacq. Dubreuil*, 1663, in-12.

— Lettres sur les remarques qu'on a faites sur la Sophonisbe de M. Corneille; *Paris*, 1663, in-12.

— Examen des Sophonisbes de Mairet, de Corneille et de Voltaire, par Clément; *Tableau annuel de la littérature* (n° IV), p. 282, an IX (1801).

SUIVANTE (la), com.; *Paris, A. Courbé* (et *Targa*), 1637, in-4 de 5 ff. et 128 p.

SURÉNA, général des Parthes, trag.; *Paris, G. de Luyne*, 1674 (suiv. Brunet), et 1675 (suiv. le Catal. de Soleinne); in-12 de 2 ff. et 72 p.

THÉODORE, vierge et martyre, trag. chrest. *Imp. à Rouen, et se vend à Paris, chez Ant. de Sommaville, Touss. Quinet*, 1646, in-4 de 4 ff. et 128 p.— Ibid., in-12.

TITE ET BÉRÉNICE, com. héroïque; *Paris, Louis Billaine, Guill. de Luyne*, 1674, in-12 de 3 ff. et 76 p.

— La Critique de la Bérénice de Corneille, par l'abbé de Villars; 1671, in-12.

TOISON (la) d'Or, trag.; *Rouen et Paris, A. Courbé*, 1661, *Guill. de Luyne*, in-12 de 5 ff. et 105 p., plus 1 ft. non chiff.

Pièce composée à l'occasion du mariage de Louis XIV avec l'infante d'Espagne.

—Toison (la) d'Or, trag. en machines de M. de Corneille l'aisné (prologue nouveau par de la Chapelle, et description des décorations, entreprise sous la conduite du sieur Dufort); *Paris, v^e Adam*, 1683, in-4.

VEFVE (la), ou le Traistre traby, com.; *Paris, F. Targa*, 1634, in-8 de 20 ff. et 144 p.

Nous croyons utile de donner ici, suivant l'ordre chronologique, la liste de ces mêmes pièces dramatique de P. Corneille :

	jouée en	imp. en
Mélite,	1625 (1),	1633.
Clitandre,	— 1630,	— 1632.
La Veuve,	— 1634,	— 1634.
La Galerie du Palais,	— 1634,	— 1637.
La Suivante,	— 1634,	— 1637.
La Place Royale,	— 1635,	— 1637.
Médée,	— 1635,	— 1639.
L'Illusion,	— 1636,	— 1639.
Le Cid,	— 1636,	— 1637.
Horace,	1639 (1),	1641.
Cinna,	— 1639 (2),	— 1643.
Polyeucte,	— 1640,	— 1643.
La Mort de Pompée,	— 1641,	— 1644.
Le Menteur,	— 1642,	— 1644.
La suite du Menteur,	— 1643,	— 1645.
Théodore,	— 1645,	— 1646.
Rodogune,	— 1646,	— 1647.
Héraclius,	— 1647,	— 1647.
Andromède,	— 1650,	— 1651.
Don Sanche,	— 1651,	— 1650.
Nicomède,	— 1652,	— 1651.
Pertharite,	— 1653,	— 1653.
OEdipe,	— 1659,	— 1659.
La Toison d'Or,	— 1661,	— 1661.
Sertorius,	— 1662,	— 1662.
Sophonisbe,	— 1663,	— 1663.
Othon,	— 1665,	— 1665.
Agésilas,	— 1666,	— 1666.
Attila,	— 1667,	— 1668.
Tite et Bérénice,	— 1670,	— 1674.
Psyché,	— 1670,	— 1671.
Pulchérie,	— 1672,	— 1673.
Suréna,	— 1674,	— 1674.

(1) 1629, suivant M. Taschereau.

Traductions de l'Imitation de J.-C.

L'Imitation de Jésvs-Christ, trad. en vers françois; *Roven, chez Lavrens Mavrry*, 1651, *et se vend à Paris chez Charles de Sercy*, pet. in-12, édit. princeps qui contient les chap. I à XX du liv. 1er. Il a 56 ff. chiffrés et 5 ff. prélim. et un titre gravé. Le privilége porte: Achevé d'imprimer pour la prem. fois le 15 nov. 1651. — Ditto, seconde partie; *Roven, Imp. de Laurens Mavrry*, 1652. Contient les 5 dern. chap. (XXI-XXV) du liv. 1er et les 6 prem. chap. du liv. 2e. La souscription est datée 31 oct. 1652. Cette part. a 60 ff. et 5 ff. prélim. (Biblioth. de M. Thomas, à Rouen.

— L'Imitation de Jésvs-Christ, etc.; *Rouen, et Paris, P. Le Petit*, 1651, 2 part. en 1 vol. pet. in-12, avec titre gravé. 1er et 2e liv. On lit au privilége du 1er : *Acheve d'imprimer le 31 oct.* 1652; à celui du 2e : *Achevé d'imp. pour la prem. fois le 30 juin* 1653. Quant aux deux titres ayant la date de 1651, ils ne paraissent pas appartenir aux vol. Ils ont été vraisemblablement substitués aux véritables, qui devraient porter la date de 1652 et 1653. La 1re part. a 107 p., 1 ft. pour la fin du privil. et 5 ff. prélim.; la 2e a 66 ff. et 6 ff. prélim. (Catal. Ch. G.; *Paris, Potier*, 1855).

— L'Imitation de Jésvs-Christ, etc., liv. 1er ; *Imp. à Rouen par L. Maurry, et se vend à Paris, chez Aug. Courbé*, 1653, pet. in-12, titre gravé.

— L'Imitation de Jésvs-Christ, traduite en vers françois par P. C., enrichie de fig. en taille-douce à chaque chapitre (37); *Rouen, L. Mavrry*, 1653, pet. in-12 de 239 p. et 5 ff. prélim., titre gravé. 1er et 2e liv. réunis pour

(1) 1640, suivant M. Taschereau.
(2) 1640, id. id.

la prem. fois sous une même pagination. Le texte latin n'accompagne pas ici la traduction comme dans les éditions précédentes. La souscription porte : *Achevé d'imp. pour la prem. fois le 30 juin* 1653.

On trouve des exempl. de cette édition avec les noms de Ch. de Sercy et de R. Ballard (ce dern. avec date de 1654), lib. à Paris. Le liv. 3e a paru chez les mêmes lib. en 1654.

Ces premières éditions de l'Imit. de P. Corneille présentent de nombreuses irrégularités ; nous avons sous les yeux un exempl. où la 1re part. (sur l'imprimé à Paris, chez Charles de Sercy, 1651) se compose de 124 p. et 4 ff. prélim., et où la 2e part. (sur l'imp., à Roven, chez Lavrens Mavrry, près le Palais, 1652) forme 66 ff. et 5 ff. prélim.

— L'Imitation de Jesvs-Christ, trad. et paraphrasée en vers françois ; *Imp. à Roven par L. Mavrry pour Robert Ballard*, lib. à Paris, 1656, in-4 de 551 p., plus la table, le privilége et 8 ff. prélim., avec 1 titre gravé et 4 pl. dessinées et grav. par Fr. Chauveau.

1re édit. des 4 liv. réunis, dont l'impression en caract. italiques, sur pap. lavé et réglé, fut achevée le 31 mars 1656. Le texte latin est imprimé en marge. Corneille céda son privilége à Ballard qui, à son tour, le partagea avec Rocolet, imp. du Roi, et avec les lib. Sommaville et Soubron. L'exempl. de la Biblioth. de Rouen est enrichi d'un *ex dono* de la main de P. Corneille au R. P. Dom Augustin Vincent, chartreux. Il a été donné en 1831 à cet établissement par M. H. Barbet, alors maire de Rouen. Les exempl. de ce livre, qu'on trouve avec la date de 1658, *Rouen, Laurens Maurry*, in-4, ne sont autres que l'édition précitée avec un nouv. titre.

—L'Imitation de J.-C., etc.; *Rouen, L. Maurry pour R. Ballard, à Paris*, 1656, 2 vol. in-12, fig. de David Campion et Chauveau.

Cette édition parut en même temps que l'in-4, mais elle est plus rare ; le privilége est remarquable par les termes honorables dont il se sert à l'égard du grand Corneille.

— L'Imitation de Jésus-Christ, etc.; *Imp. à Rouen par L. Maurry*, 1656, in-24, fig.

— L'Imitation de Jésus-Christ, etc. ; *Leyde, Jean Sambix (à la Sphère)*, 1657, 3 part. en 1 vol. pet. in-12.

— Imit. de J. C., etc.; *Francfort, Hulst*, 1658, in-12.

— L'Imitation de J.-C., etc.; *Imp. à Rouen, L. Mavrry*, 1659, pet. in-12, avec 59 fig.

Édition contenant trois liv. en 29 chap.

— L'Imitation de Jésus-Christ, etc. ; *Leyde, Jean Sambix*, 1660, pet. in-12.

Édit. contenant les 4 liv. avec le texte en reg.

— L'Imitation de Jésus-Christ, etc.; *Paris, R. Ballard*, 1665, in-16, avec titre grav. et fig. de L. Simmoneau.

— Ibid.; *Bruxelles, Fr. Foppens*, 1665, in-12, fig. Édit. elzévirienne.

— Ibid.; *Paris, L. Billaine*, 1670, in-16, fig.

— Ibid.; *Paris, Guill. de Luyne*, 1670, pet. in-12, fig. Édit. elzévirienne.

— Ibid.; *Paris, G. de Luynes*, 1673, in-16, fig.

— Ibid., *Lyon, J. B. Déville*, 1676, in-12.

— Ibid.; *Bruxelles, F. Foppens*, 1684, in-12.

— L'Imitation de Jésus-Christ, mise en vers par M. Corneille, de l'Acad. françoise. Nouv. édit., augmentée des autres poësies spirituelles du mesme auteur, scavoir : l'office de la sainte Vierge ; les sept Pseaumes de la Pénitence ; les Vèpres du dimanche ; les hymnes du Bréviaire romain, et les louanges de la sainte Vierge, traduites des rimes latines de S. Bonaventure ; *Nancy, Imp. d'Abel-Denys Cusson*, 1745, gr. in-4, avec grav. et un portr. de P. Corneille.

Dans ce volume, la traduction de l'office de la Vierge occupe les p. 451-608, mais on y a retranché les *Instructions chrétiennes tirées de l'Imit. de J.-C.* et les *Prières chrétiennes* qui se trouvent dans l'édition de 1670.

Ce livre se fit longtemps attendre ; des spécimens en petit et en grand pap. parurent dès 1730.

— L'Imitation de J.-C., trad., etc.; *Bruxelles*, 1749, in-12.

— Imitation de J.-C., trad., etc.; *Paris, A. A. Renouard*, 1818, in-8, fig. de Moreau et de Prudhon. Ext. des œuvres de Corneille, publiées par le même éditeur, et dont elle forme le XIe vol. Il y a des exempl. tirés sur gr. pap. vél. avec fig. avant la lettre. Elle forme le t. XIIe dans l'édit. donnée par Palissot en 1801.

— Imitation de J.-C., trad., etc.; *Paris, Techener*, 1856, in-8 de 528 p. (Imp. de F. Didot.) Ext. des œuv. complètes de P. Corneille, édition Lefèvre, t. X. Ce vol. contient quelques lettres curieuses de P. Corneille sur l'auteur de l'Imitation, qu'il pense être Thomas à Kempis. Les lettres dont il s'agit sont adressées de Rouen, 1652, au R. P. Boulaud, Génovéfain.

— L'Imitation de J.-C., trad., etc.; nouv. édit., accompagnée du texte, collationnée sur les édit. origin. et augm. de toutes les variantes, de lettres de Corneille et d'une préface nouv., par Alex. de St-Albin ; *Paris, Lecoffre*, 1857, in-18 de 18 flles 2/3.

— De Imitatione Christi libri quatuor ; *Parisiis, è typog. Imp.*, 1855, in-f. de 872 p. et 6 ff. prélim., avec un grand nombre de grav. sur bois, de vign. et de lettres initiales, imp. en or et en couleur.

Edit. tirée à 103 exempl. numérotés à la presse. La trad. en vers de P. Corneille se trouve à la fin de ce vol., qui figurait à l'Exposition universelle de 1855, comme l'un des spécimens les plus remarquables de la typog. française. Il semble que l'Imprimerie Impér. de France ait voulu réunir dans ce vol. tout ce que l'ornementation et la typog. peuvent offrir de plus pur et de plus parfait au XIXe sc. Une note placée en tète du vol. est signée Victor Leclerc, de l'Institut.

Par l'énumération des principales édit. de cette trad. de l'Imit., on pourra juger de l'immense succès qu'elle eut alors. Corneille l'avait dédiée au pape Alexandre VII et l'avait entreprise à la demande de quelq. jésuites de ses amis, au moment où la chute d'une de ses pièces (*Pertharite*) l'éloigna pendant quelq. années du théâtre.

Sur la trad. de l'Imitation, par P. Corneille, V. Stances à M. Corneille svr son Imit. de J.-C., par M. de St-Amant; *Roven, L. Maurry*, 1656, in-4 de 20 p. Pièce réimp. dans l'édit. de cet auteur, publiée par Jannet, t. II, p. 100-113. En voici la 1re strophe :

J'ay lu tous les livres du monde,
Et n'ay lu cependant, rare amy, que le tien
J'entens, pour en tirer un bien
Sur qui de mon salut l'édifice je fonde :
J'ay cent fois à mes yeux ouvert ce grand Trésor;
Que dois-je lire apres? cent fois le lire encor.

— Dissertation sur 60 trad. franç. de l'Imit. de J.-Ch., etc., par Ant. Alex. Barbier; *Paris, Lefebvre*, 1812, in-12.

—Corneille et Gerson dans l'Imitat. de J.-Ch., par Onésime Leroy; *Valenciennes, imp. de A. Prignet*, 1842, in-8.

— La Morale des familles catholiques, par P. Corneille. Fragments offerts de sa traduct. de l'Imit. de J.-Ch., publiés par M. Ch. de Chantal; *Paris, Périsse*, 1843, in-18.

Ouvrages et opuscules de P. Corneille, imp. séparément et classés suivant leur ordre de publication.

Le Presbytère d'Hénovville à Tyrcis (en vers); *Rouen, chez Jean Le Bovllenger*, 1642, in-4 de 12 p. (Biblioth. de Rouen).

M. Lefèvre a compris cette pièce dans sa nouv. édit. des Œuvres de Corneille, t. XII, p. 35-43. Dans une notice insérée parmi les Mém. de l'Acad. de Rouen, année 1834, p. 164, M. Emm. Gaillard parle de cette pièce, composée par Corneille à l'âge de 36 ans.

— Lovanges de la Sainte Vierge. Composées en rimes latines par S. Bonaventvre. Et mises en vers françois par P. Corneille; *Roven, et se vendent à Paris, chez Gab. Qvinet*, 1665, pet. in-12 de 83 p. et 4 ff. prélim. La souscript. porte : Achev. d'imp., pour la prem. fois, le 22 août 1665, à Rouen, par L. Maurry, au dépens de l'auteur.

Caroli De la Rue è Societate Jesu, Idyllia; *Rothomagi, typis Mavrrianis, in officina Richardi Lallemant*, 1669, pet. in-12 de 88 p., avec grav. allégoriques.

Ce charmant petit livre, imp. avec des caractères elzéviriens, contient une épître en vers latins à P. Corneille : *Ad clarissimum virum P. Cornelium tragicorum principem* (6 p.). Vient ensuite une pièce de vers français intitulée : *Les Victoires du Roy en l'année* 1667, traduction libre par P. Corneille d'un poème latin du P. De la Rue, intitulé : *Regi post Belgicam expeditionem*, an. MDCLXVII. Ce vol. a été réimp. à Paris en 1672 (Simon Benard), même format. M. Ballin donne la descript. de ce rare vol. dans ses Notes relatives à Corneille; *Rouen*, 1850, in-8. (Bibl. de M. Thomas, à Rouen.)

— La Gloire du Val-de-Grace, poëme; *Paris, P. Le Petit*, 1669, gr. in-4, avec fig. par Chauveau.

— L'office de la sainte Vierge, traduit en françois, tant en vers qu'en prose. Avec les sept Pseaumes pénitentiaux, les vespres et complies du dimanche, et tous les hymnes du breviaire Romain. Par P. Corneille; *Paris, chez Robert Ballard et chez Gvill. de Luynes*, 1670, in-12 de 528 p., plus le privilége, 3 p. et 8 ff. prélim., dont le 1er est blanc.

— Ditto; *Paris*, 1685, in-12. — Tout porte à croire que ce n'est pas une réimpression, mais seulement un titre rajeuni. Cet ouv. a été réimp. en grande partie dans l'Imit. de J.-C., édit. in-4 de 1745, citée plus haut.

— Les victoires du Roy, sur les Estats de Hollande, en l'année 1672. Sur la copie imp. à Paris, avec permission. *A Grenoble, chez L. Gilibert*, 1673, pet. in-12 de 40 p.

Imité du latin du P. De la Rue, dont on trouve le texte dans ce volume.

— Un Sonnet de Pierre Corneille à M. Campion sur ses *Hommes Illustres.*

Ce sonnet, très peu connu, a été publié par M. L. de Duranville dans la *Rev. de Rouen*, avril 1843, p. 222. Il a été depuis l'objet de deux articles dans l'*Impartial de Rouen*, 22 et 23 juin 1845. M. Lefèvre l'a compris dans son édition de 1855 des Œuvres de P. Corneille, t. XII.

— Lettres inédites de P. Corneille, 1652-1656; *Paris, F. Didot*, 1852, in-8 de 16 p.

Ext. de la *Biblioth. de l'Ecole des Chartes*, 3e série, t. III (1852), p. 348-360. Ces lettres, au nombre de quatre, ont été publiées avec une introd. par M. Célestin Port.

L'existence de la trad. en vers des deux prem. liv. de la *Thébaïde* de Stace par P. Corneille ne peut être révoquée en doute; il avait obtenu en 1671 l'autorisation de la publier; toutefois, il a été impossible d'en trouver même un exempl., ce qui porte à croire, sans s'en expliquer le motif, que cette trad., tirée à petit nombre, a été supprimée avec soin par l'auteur. V. Barbier, *Complément des Dictionn. hist.*, p. 219. — Taschereau, *Hist. de la vie et des ouv. de Corneille*, 2e édit., p. 247.

Quant à la trad. du *Combat spirituel* qu'il se proposait de donner, Corneille nous apprend lui-même qu'il y a renoncé ayant été prévenu dans son dessein *par une des plus belles plumes de la cour.*

Comme on le voit par ce qui précède, P. Corneille avait conservé pour l'impression de ses ouvrages une sorte de prédilection en faveur de sa ville natale. Le typographe rouennais, Laurens Maurry, imprimeur fort habile du XVIIe sc., et qui, pour bien des éditions, a pu lutter avec les impressions elzéviriennes par la netteté du tirage, la coupe des caractères, la qualité du papier, le dessin de ses fleurons, fut celui auquel P. Corneille s'adressa le plus souvent; ses pièces séparées, son théâtre complet, ses traductions de l'*Imitat. de J.-Ch.* et des *Louanges de la Ste Vierge* furent imprimées, pour la première fois, à Rouen, rue aux Juifs, près le palais de Justice, par ce Laurens Maurry. et l'exécution typographique de ces ouvrages justifie ce que nous venons d'avancer sur l'habileté de l'imprimeur. Toutefois, si l'impression des œuvres de Corneille avait lieu à Rouen, résidence que Corneille préférait à toute autre et qui rendait plus facile pour lui la minutieuse correction de ses épreuves, presque toujours, on doit le remarquer, ces publications étaient faites pour le compte de lib. de Paris (Billaine, Courbé, de Luyne, de Sommaville, Quinet, Jolly et de Sercy); ce qui explique jusqu'à un certain point la rareté, dans notre ville, des éditions princeps de P. Corneille.

Écrits relatifs à la vie et aux ouvrages de P. Corneille.

—Dissertations de l'abbé d'Aubignac sur les tragéd. de *Sophonisbe, Sertorius, OEdipe,* etc.; Paris, J. Du Breuil, 1663, 2 part. en 1 vol. pet. in-12. V. chacune de ces pièces.

—Ad Santolium Victorinum de obitu Petri Cornelii, Gallorum omnium qui tragædias scripserunt principis, cal. oct. 1684, s. l., une p. in-8. — On lit au bas: *Scripsit ex tempore Leonardus Mathæus;* 5 oct. 1684.

—Notice sur P. Corneille, par Perrault; *Hommes illust. de la France,* t. Ier (1696), in-f., p. 77 et 78, avec port.

— Éloge du grand Corneille, à M. l'abbé des Viviers, aumônier du Roi, chanoine de Constance, protonotaire du St-Siége. Par de la Févrerie; *Extraord. du Mercure,* avril 1685, p. 253-285.

— Éloge de P. Corneille, par Fontenelle; *Hist. de l'Acad. franç.,* 1729, et souvent réimp. en tête des œuvres de Corneille.

Cet éloge a paru, pour la prem. fois, en janv. 1685.

—Notice sur la vie et les ouv. de P. Corneille; *Mém. de Niceron,* t. XV (1731), p. 349-383, et t. XX, p. 88-93.

—Défense du grand Corneille contre les commentateurs des œuvres de Boileau-Despreaux (Brossette), par le P. Tournemine; *Mém. de Trévoux,* mai 1717, et réimp. dans les œuv. diverses de P. Corneille, édit. publiée par Granet en 1738.

—Dissertation sur les pièces de Corneille et de Racine; *Mercure,* oct. 1717, p. 35-59.

— Dispute littéraire sur les œuvres de Corneille et de Racine à M. de ***; *Amusement de cœur et d'esprit;* Paris, Didot, 1736, in-12, t. II, p. 291-314.

— Recueil de dissertations sur plusieurs trag. de Corneille et de Racine, avec des réflexions pour et contre la critique des ouv. d'esprit, etc. (publié par l'abbé Granet); *Paris, Gissey et Bordelet,* 1740, 2 vol. in-12.

On trouve ici réimp.: *Entretien sur les tragéd. de ce temps,* par l'abbé de Villiers, 1675; — *Parallèle de Corneille et de Racine,* par de Longepierre, 1686; — *Dissertation sur les caractères de Corneille et de Racine contre le jugement de La Bruyère,* par Tafignon, 1705.

— Lettre à M. L... T. (l'abbé Trublet), contenant la généalogie de Corneille (par J. F. Dreux du Radier), 1757, in-12. Ext. du *Conservateur* de nov. 1757.

— Mémoire pour le sieur J. François Corneille, contre les légataires de feu M. de Fontenelle (par Dreux du Radier); 1758, in-4 de 32 p.

On a dans ce Mém. la généalogie de P. et T. Corneille, leurs alliances avec M. de Fontenelle, et les prétentions du demandeur à la succession du dernier. Il ne lui a été adjugé qu'une somme de 2,600 fr. (*Dict. des anonym.,* n° 11,189.)

— Lettre sur Corneille et Racine, par l'abbé Simon; 1758, in-12.

— Ode et lettre à M. de Voltaire, en faveur de la famille du grand Corneille, par M. Le Brun, avec la réponse de M. de Voltaire; *Genève (Paris),* 1760, in-8.

—Sur Pierre Corneille; *Mercure,* 1764, juillet, p. 39-52.

— Commentaires sur le Théâtre de P. Corneille et autres morceaux intéressants, etc. (Par Voltaire); 1764, 3 vol. in-12. Réimp. du comment. de l'édit. de 1764, 12 vol. in-8.

— Dissertation sur quelques passages de Sénèque et de Corneille, lue à la séance publique de la Soc. littér. d'Arras, le 14 avril 1764, par M. Denis; *Arras,* 1764, in-12.

— Parallèle de Corneille, Racine et Crébillon. Lettre sur l'état de nos spectacles; *Paris,* 1765, in-12.

— Parallèle des trois principaux tragiques françois: Corneille, Racine et Crébillon, etc. (par Fontenelle, Vauvenargues et Gaillard); *Paris, Saillant,* 1765, in-12.

— Éloge de Pierre Corneille, par Gaillard; *Rouen, E. V. Machuel,* 1768, in-8.

Couronné par l'Acad. de Rouen, en 1768.

— Eloge de P. Corneille, par M... (Sylvain Bailly); *Rouen, Machuel,* 1768, in-8.

A mérité l'accessit du prix d'éloquence au concours de l'Acad. de Rouen, 1768.

— Eloge de Corneille, pièce qui a concouru au prix de l'Acad. de Rouen en 1768, par l'abbé de Langeac; *Paris, Le Jay,* 1768, in-8.

— Eloge de P. Corneille, par l'abbé La Serre; 1768, in-8.

— Eloge de P. Corneille, par M. L*** de L***; *Nismes, Gaude,* 1768, in-8.

— Eloge de P. Corneille, qui a concouru à l'Acad. de Rouen, en 1768, par Bitaubé; *Berlin, Décker*, 1769, in-8.

— Esprit du grand Corneille, ext. de ses œuvres dramatiques (par Charlier); *Bouillon*, 1773, 2 vol. in-8.

— Dissertation sur Corneille et Racine, suivie d'une épître en vers (par de Rosoy, suiv. M. Barbier); *Paris, Lacombe*, 1774, in-8 de 66 p.

M. Taschereau désigne l'auteur sous le nom de *Durosoi; Londres et Paris, Lacombe*, 1773, in-8.

— Epître à Corneille, au sujet de la statue qui doit être placée dans la nouv. salle de spectacle de Rouen, etc., par D. D. (Duval-Sanadon); *Paris, Didot*, 1775, in-8.

— Discours abrégé sur le grand Corneille; *Alm. littéraire ou Etrennes d'Apollon*; Paris, Duchesne, 1777, in-12, p. 1-38.

— Epître à l'ombre d'un ami, suivie de 2 odes et de quelq. idées sur Corneille (par J. Dorat); *Paris, Delalain*, 1777, in-8.

— Epître à Corneille, composée à l'occasion; *Journal de Paris*. 5 fév. 1779.

— Réponse de Corneille à l'Epître qu'on lui a adressée dans le *Journal de Paris*, par le chevalier de C*** (Cubières); *Journal de Paris*, 8 fév. 1779.

— Lettre du chevalier de Laurès aux MM. qui doivent concourir cette année pour le prix de poésie de l'Acad. franç., suivie d'une réponse de Corneille (par le chev. de Cubières); *Paris, Valleyre*, 1779, in-8.

— Mes récréations dramatiques (par Tronchin, de Genève); *Genève, P. Bonnant*, 1779, 5 vol. in-8.

Les 4 prem. vol. ont été réimp. l'année suiv. sous le titre de :

Mes récréations dramatiques, ou choix des principales tragédies du grand Corneille, auxquelles on s'est permis de faire des changements, en supprimant ou raccourcissant quelq. scènes et substituant des expressions modernes à celles qui ont vieilli; précédé de 4 trag. nouvelles de l'éditeur; *Genève*, 1780, et *Paris, Moutard*, 4 vol. in-8.

— La Fête séculaire de Corneille, com. en un acte et en vers; *Paris, Hardouin et Gattey*, 1785, in-8. Non représentée.

— Les deux Centenaires de Corneille, pièces en 1 acte et en vers, représentées à Rouen, Bordeaux, le Havre, Tours, Grenoble, etc., par le chev. de Cubières; *Paris, Cailleau et Bailli; Rouen, Le Boucher le jeune*, 1785, in-8. (V. Cubières.)

— Idées sur Corneille, par M. Grimod de la Reynière. Fait partie de *Peu de chose*, hommage à l'Acad. de Lyon; *Neufchâtel et Paris*, 1788, in-8.

— Mémoire de Malesherbes sur la descendance de Corneille (Mlle Jeanne-Marie Corneille, fille de Claude-Etienne), 8 sept. 1792; *Rev. Rétrospective*, t. VIII (1836), p. 113.

— Hommage aux mânes de Corneille et de Votaire, présenté à l'Institut national par Mar.-Vict.-Hortense Frescarode (*Paris, Beaudouin*, 1798), in-8.

— La Fête de Corneille, com. en 1 acte et en prose, représentée à Rouen le 29 juin 1800, par L. B. Picard; *OEuvres de L. B. Picard*, t. VIII (1821); *Paris, Barba*, in-8. V. Picard.

— Hommage au grand Corneille, poëme, par E. V. Guilbert; Procès-verbal de la séance publique de la Soc. des Sc., B.-Lett. et Arts de Rouen (ci-dev. Lycée), 1802. Ce poëme a été réimp. en 1803, dans le *Voyage fait par le 1er consul, dans les dép. de l'Eure et de la S.-Inf.*

— Six tragédies de P. Corneille, retouchées pour le théâtre (par de Lisle, anc. conseiller au Parlement de Provence, et Audibert, de Marseille); *Paris*, 1802, in-8.

Réimp. la même année avec *Héraclius*.

— Une matinée des deux Corneille, com.-vaudeville anecdotique en 1 acte et en prose; par A. Grétry neveu; *Paris, Mme Masson*, an XII (1804), in-8.

— Sylla, trag. en 5 act. et en vers, précédée d'une dissertation dans laquelle on cherche à prouver, par la tradition, par l'hist., par des anecdotes particulières et par un examen du style et des caractères, que cette pièce est du grand Corneille; publiée d'après un ms. du XVIIe sc. déposé chez M. Thion de la Chaume, notaire de Paris, par M. C. Palmézeaux; *Paris, Charon*, an XIII (1805), in-8.

— Épître à Corneille, par L. F., membre de la Soc. des Sc. et Arts de Rennes; *Paris* et *Rennes*, juillet, 1806, in-8.

— Éloge de P. Corneille, par Victorin Fabre; discours couronné par l'Institut; *Paris, Baudouin*, 1808, in-8.

M. Fabre est auteur de l'art. *Corneille*, dans la *Biog. univ.* (V. Fabre.)

— Éloge de P. Corneille, par L. S. Auger; discours qui a obtenu l'accessit, etc.; *Paris, Xhrouet*, 1808, in-8.

— Éloge de P. Corneille, qui a obtenu la prem. mention honorable, etc. par René Alissan de Chazet; *Paris. Lenormant*, 1808, in-8.

— Éloge de P. Corneille (par de Montyon); *Londres, Imp. de P. Da Ponte*, s. d. (1808), in-8.

— Éloge de P. Corneille, discours qui a concouru pour le prix d'éloquence proposé par la classe de la langue et de la littér. franç. de l'Institut. Par M. G. D. L. B. **; *Paris, Patris*, 1808, in-8.

— Éloge de P. Corneille, par M. A. J. (Jay); *Paris, Léop. Collin*, 1808, in-8.

— Le prononcé, ou la prééminence poétique du grand Corneille, par F. L. Darragon; *Paris, Hénée*, 1808, in-8.

— Le Journal de l'Empire, l'Institut et l'Éloge de Corneille, traités tous les trois comme ils le méritent, par J. de Rochelines; *Paris, Brasseur aîné*, 1808, in-8.

— Hommage à Corneille, scène lyrique, par Goujet, musique de Campenhaut, 1809. V. CAMPENHAUT.

— Les Bonnes Femmes, ou le ménage des deux Corneille, par Ducis; 1809. V. ce nom.

— Corneille et Racine, par T. Deyeux; *Paris, Duminil-Lesueur*, 1809 (en vers).

— Deuxième hommage à Corneille, par E. V. Guilbert, pièce de vers lue dans la séance publ. de la Soc. d'Émulat. de Rouen, 1809; *Mém. de cette Soc.*, 1809. Il en a été fait un tirage à part qui forme 4 p. in-8.

— Épître à M. Raynouard, de l'Acad. franç., sur Corneille et Racine, par M. Viennet, couronnée aux Jeux floraux, en 1810. Est comprise dans: *Épîtres et Poésies*, de M. Viennet; *Paris*, *Ladvocat*, 1821, in-8.

— Corneille au Capitole, scènes héroïques, etc., 1811, par J. Aude. V. ce nom.

— Hommage de la Neustrie au Grand Corneille; par D. (Duval-Sanadon); *Paris, Nic. Vaucluse*, 1811, in-8 de 20 p.

On trouve également cet opuscule avec l'adresse de Béchet et celle de Nepveu, lib.

— Vie de P. Corneille, par M. Guizot; *Vies des poëtes français du siècle de Louis XIV*, par M. F. Guizot (et Mme Guizot, née Meulan); *Paris, Schœll*, 1813, in-8, et réimp. dans: *Corneille et son temps*, étude littér. par le même; *Paris, Didier*, 1852, in-8.

— Quelle a été l'influence du grand Corneille sur la littérat. franç., etc.; discours par M. Thorel de St-Martin; *Rouen*, 1813, in-8. V. THOREL DE ST-MARTIN.

— Discours sur l'influence du sublime (à propos de l'influence du grand Corneille), par le même; *Mém. de la Soc. d'Émulat.*, 1814.

— L'Esprit du Grand Corneille, etc.; *Paris, P. Didot*, 1819, 2 vol. in-8. V. NEUFCHATEAU.

— Le cardinal de Richelieu et le grand Corneille, dialogue des morts, par Vauvenargues; *OEuv. de Vauvenargues, supp.; Paris, Belin*, 1820, in-8.

— Eloge de P. Corneille, proposé pour prix d'éloquence en 1808, par F. A. Guinand; *Paris, Le Normant*, 1822, in-8.

— P. et Th. Corneille, à-propos en un acte, en prose, représenté au second Théâtre franç. le 6 juin 1823, par MM. Romieu et Monnières (Abel Hugo); *Paris, Beaudouin frères*, 1823, in-8.

— Eloge de P. Corneille, par Louvet (en vers); *Havre*, 1824. V. LOUVET.

— Racine chez Corneille, ou la Lecture de *Psyché*, com. en un acte, en vers, par Bruleboeuf-Letournan; *Paris*, 1825. V. BRULEBOEUF.

— Dissertation sur la date de la naissance du grand Corneille, par P. Alexis Corneille; *Rouen*, *F. Baudry*, 1826, in-8. (Ext. du *Bullet. de la Soc. d'Emulat.*, ann. 1826).

— Rapport sur la date de la naissance de P. Corneille, lu à l'Acad. de Rouen par J. Houel; *Rouen, N. Periaux*, 1828, in 8 de 14 p. (Ext. du *Précis de l'Acad.*, ann. 1827).

— Rapport sur le jour de la naissance de P. Corneille et sur la maison où il est né, par P. A. Corneille; *Rouen*, *F. Baudry*, 1829, in-8 de 24 p., avec une grav. (Ext. du *Bullet. de la Soc. d'Emulat.*, ann. 1828).

— Rapport sur le monument à élever à P. Corneille, lu à la Soc. d'Emulat. de Rouen, le 15 avril 1829, par M. A. Deville; *Rouen*, *Baudry*, 1829, in-8. — Un 2e tirage, avec changements, a paru en 1830.

— Hist. de la vie et des ouv. de P. Corneille, par J. Taschereau; *Paris*, *Alex. Mesnier*, 1829, in-8, avec portr. — Ditto; 2e édit., augm.; *Paris*, *P. Jannet*, 1855, in-18.

— Corneille, ode, par Belmontet, 1829. V. ce nom.

— Discours en l'honneur de P. Corneille, par Cas. Delavigne; *Rouen*, *Baudry*, 1829, in-8.

— Réflexions sur un passage de l'hist. de la vie et des ouv. de P. Corneille, par M. Taschereau; par A. Floquet; *Rouen*, *N. Periaux*, 1831, in-8. (Ext. des *Mém. de l'Acad. de Rouen*, 1830).

— Réflexions sur le tableau demandé par l'Acad. à M. Court, et représentant le grand Corneille accueilli sur le Théâtre par le grand Condé, par E. Hellis; *Rouen*, *N. Periaux*, 1831, in-8, avec une grav. (Ext. des *Mém. de l'Acad. de Rouen*, 1831).

— Rapport de M. Deville à la Soc. d'Emulat. de Rouen sur les six pièces reçues pour le concours, prix de poésie : *Eloge du grand Corneille; Mém. de la Soc.*, 1832. Le prix n'a été décerné qu'en 1834.

— Notice sur la maison et la généalogie de Corneille, par A. G. Ballin; *Rouen*, *N. Periaux*, 1833, gr. in-8, fig. (Ext. de la *Rev. de Rouen*).

— Corneille, stances, par MM. Adolphe Dumas et Borssat, lues au Théâtre-des-Arts, à Rouen, pour la fête de Corneille, le 29 juin 1833; *Rev. de Rouen*, juillet 1833.

— Rapport sur le concours pour le prix de poésie proposé par la Soc. d'Emulat. de Rouen, dont le sujet était : *L'hommage rendu à la mémoire de P. Corneille*, etc., par M. Deville, 1834. V. DEVILLE.

— Dithyrambe sur la statue de P. Corneille, par Th. Wains-Desfontaines, pièce couronnée par la Soc. d'Emulat. de Rouen; *Rouen*, *F. Baudry*, 1834, in-8.

— Vers sur l'hommage qui va être rendu au grand Corneille, par l'érection d'une statue, etc. (par Deniéport); *Rouen*, *N. Periaux*, 1834, in-8.

Cette pièce a obtenu la prem. mention honor. au concours de la Soc. d'Emulat.

— L'Inauguration de la statue de Corneille, en vers, par P. Legagneur; *Coutances*, 1834, in-8. V. LEGAGNEUR.

— Hommage à la mémoire de P. Corneille; par L. J. Dublar, en vers; *Paris*, 1834, in-8. V. DUBLAR.

— Hommage au grand Corneille, par Th. Lebreton, *Rouen*, 1834, in-8. V. LEBRETON.
— Hommage à P. Corneille, par C. J. Duboc; *Paris*, 1834, in-8. V. DUBOC.
— Sur l'Inauguration de la statue de P. Corneille, etc., par Th. R....n; *Rouen*, 1834, in-8. V. RUFFIN.
— Le jour de l'inauguration de la statue de P. Corneille, etc., par J. C. Defosse; *Rouen*, 1834, in-8. V. DEFOSSE.
— Inauguration de la statue du grand Corneille à Rouen, par Dumersan; *Paris*, 1834. V. DUMERSAN.
— Discours prononcé à l'occasion de l'inauguration de la statue de P. Corneille à Rouen; par Lafon; *Paris*, 1834, in-8. V. LAFON.
— Corneille (éloge de), article signé P. A. (Rouen); *Rev. de Rouen*, 1834, 2e sem., p. 277-283.
— Inauguration de la statue de P. Corneille, par Ch. Richard; *Rev. de Rouen*, 1834. V. RICHARD.
— Notice sur la statue de Pierre Corneille, etc., par A. Deville; *Rouen*, 1834, in-8. V. DEVILLE.
— Discours prononcé par M. E. Gaillard, au nom de l'Acad. de Rouen, lors de l'inaug. de la statue de P. Corneille. — Nouv. détails sur P. Corneille, par le même, etc. *Précis de l'Acad.*, 1834. V. GAILLARD.
— Statue de Pierre Corneille, avec hommage grivois à ce poète, par Hyacinthe Lelièvre; *Rouen, Ém. Periaux*, 1834, placard in-f., avec planche sur bois.
— Inauguration de la statue de Pierre Corneille (sorte de procès-verbal). *Mém. de la Soc. d'Émulat. de Rouen*, 1835, p. 226-230, avec une planche dessinée par Mlle E. Langlois, et gravée par E. H. Langlois, son père.
— Sur un autographe de P. Corneille, par A. Deville, 1835. V. ce nom.
— L'Apothéose de P. Corneille à Rouen, en 1834, poème par P. A. Vieillard; *Paris*, 1835, in-8. V. VIEILLARD.
— Document relatif à P. Corneille (placet à Colbert), etc., par A. Floquet; *Rouen*, 1835. V. FLOQUET.
— Rôle politique de P. Corneille pendant la Fronde, etc., par Floquet; *Paris*, 1836, in-8. V. FLOQUET.
— Lettres de noblesse accordées au père du grand Corneille, par M. Floquet; *Précis de l'Acad. de Rouen*, 1837.
— Précis hist. sur la statue de P. Corneille, érigée à Rouen, etc., par A. Deville; *Rouen*, 1838, in-8. V. DEVILLE.
— Corneille et Richelieu, com.-vaud.; *Paris*, 1839, in-8. V. BOULÉ et RIMBAUT.
— Corneille chez le savetier, scène hist., etc., par Beuzeville et Th. Lebreton; *Rouen*, 1841, in-8. V. BEUZEVILLE.
— Corneille et ses amis, com. par Lucien Elie et Lemaire aîné; *Rouen*, 1842, in-8. V. ELIE.
— Vie de P. Corneille par Gust. Levavasseur; *Paris*, 1843, in-12, et 1846, in-16. V. LEVAVASSEUR.
— La jeunesse de Corneille, com. hist. en 3 act. et en vers, par E. Coquatrix; *Paris*, 1844, in-12. V. COQUATRIX.
— Corneille et Rotrou, com. par M. de La Boullaye et Cormon; *Paris*, 1845, in-8. V. LA BOULLAYE.
— Epître à Corneille, lue à la Soc. d'Emulat. de Rouen, le 6 juin 1846, par E. Coquatrix; *Rouen*, 1846, in-8. V. COQUATRIX.
— Anecdotes littéraires sur P. Corneille, ou examen de quelq. plagiats qui lui sont généralement imputés, etc., par Viguier; *Rouen*, 1846. V. ce nom.
— Notice sur P. Corneille, par P.-F. Tissot; Poètes normands publiés par Baratte; *Paris*, 1846, gr. in-8. V. TISSOT.
— Corneille chez Poussin, à-propos anecdotique en vers, etc., par Ferd. de La Boullaye; *Paris*, 1847, in-8. V. LA BOULLAYE.
— P. Corneille, dans ses rapports avec le drame espagnol; par Philarète Chasles; *Etudes sur l'Espagne et sur les influences de la littérature espagn. en France et en Italie;* Paris, Amyot, 1847, in-12, p. 447-461.
— Découverte du portrait de P. Corneille, peint par Ch. Lebrun, etc.; par Hellis; *Rouen*, 1848, in-8. V. HELLIS.
— Renseignements relatifs à P. Corneille, principalement en ce qui concerne l'Acad. de Rouen; par A. G. Ballin; *Rouen*, 1848, in-8. V. BALLIN.
— Notes relatives à Corneille, lues à l'Acad. de Rouen, par A. G. Ballin; *Rouen*, 1850, in-8. V. BALLIN.
— Stances sur le portrait original de P. Corneille, d'après Ch. Lebrun; par J. C. Defosse; *Rouen*, 1850, gr. in-8. V. DEFOSSE.
— Note sur les descendants de Corneille, par M. le baron de Stassart; *Bruxelles, Hayez*, 1851, in-8.
— Eloge de P. Corneille, sa vie et ses ouvrages. Monologue hist. en 1 acte, etc., par L. Crevel, etc.; *Paris*, 1851, in-8. V. CREVEL.
— Fragment d'Etudes sur la vieillesse de P. Corneille, lu à la Soc. des Sc. morales de S.-et-Oise, par Vor Lambinet; *Versailles, Montalent-Bougleux*, 1851, in-8.
— Corneille et son temps, etc., par M. Guizot; *Paris*, 1852, in-8. V. GUIZOT.
— Discours sur P. Corneille, prononcé à la Faculté des Lettres, par M. St-Marc-Girardin; *Journal des Débats*, 10 janv. 1852.
— Essai sur les théories dramatiques de Corneille, d'après ses discours et ses examens. Thèse par J. A. Lisle; *Paris, A. Durand*, 1852, in-8.
— Notice sur la vie et les ouv. de P. Corneille, par Julien Lemer, p. VII-XXIV du tome 1er des Œuvres choisies de P. Corneille; *Paris, Ad. Delahays*, 1855, in-12 (édit. en 2 vol.).
— Le Mariage de Corneille, com. en 1 acte et en vers; par P. Mignard; *Paris, Tresse*, 1856, in-18.

— Des principes de Corneille sur l'art dramatique. Thèse de doctorat, présentée à la Faculté des Lettres de Lyon, par B. Duparay, licencié ès-lettres, prof. de rhétorique au collége de Châlons-sur-Saône; *Lyon, Vingtrinier*, 1857, in-8 de 127 p.

Dans ce résumé des écrits relatifs à Corneille, nous n'avons pas cru devoir comprendre les pièces dram. qui n'ont pas été imp.

Monuments élevés en l'honneur de Corneille et portraits de ce grand homme.

Statue en terre cuite, par J. J. Caffieri, 1778. (Musée de Rouen.)

— Statue en marbre, par Cortot, 1822. (Grande salle de l'Hôtel de Ville à Rouen.)

— Statue en bronze, d'après David d'Angers, érigée sur le terre-plein du pont de pierre, à Rouen, et inaugurée le 19 oct. 1834.

En commémoration de l'érection de cette dernière statue, il a été frappé une médaille de grand module, gravée par M. Depaulis. L'avers de cette médaille représente la tête du grand poète et le revers sa statue avec une partie du piédestal.

— Buste en marbre de P. Corneille, par Caffieri, d'après le portrait de Ch. Lebrun. Ce buste a été placé, le 24 nov. 1777, dans le foyer de la Comédie-Française, à Paris.

— P. Corneille. Buste en marbre, par Matte (d'après Caffieri); *Musée de Versailles*, vestibules de l'escalier de marbre, n° 38.

— P. Corneille, buste en marbre, par Guillois; *Musée de Caen.*

— P. Corneille. Statue en plâtre, par Laitié; *Musée de Versailles*, arcade du midi, n° 39.

— Corneille (Pierre). Tableau de petite dimension, peint par Geffroy (*Musée de Versailles*, salle n° 165). Il est représenté en pied.

— P. Corneille. Peinture du XVIIe sc. Collect. de l'Acad. de France; *Musée de Versailles*, salle n° 152.

— P. Corneille. Portrait peint par Ch. Lebrun en 1647. L'original de ce portrait se trouve entre les mains de M. le comte d'Osmoy, au château du Plessis, près de Pont-Audemer.

— Tableau de Court, dont le sujet est le grand Corneille accueilli au théâtre par le grand Condé. Ce tableau, exécuté en 1830, décore la salle des séances de l'Acad. des Sc., B.-Lett. et Arts de Rouen.

— P. Corneille. Portrait en pied, peint par Auguste Lebrun, 1848. Le poète est représenté composant sa tragédie d'*Héraclius*. La tête est dessinée d'après le portr. de Ch. Lebrun.

Il existe un très grand nombre de portraits de P. Corneille. Ceux qui ont été gravés par Michel Lasne, d'après Lebrun, 1643; par Guill. Vallet, d'après Paillet, 1663; par Cossin, d'après Sicre, 1683; par Jacq. Lubin, 1696, présentent une physionomie tout à fait différente.

Le portrait gravé en 1765 par Ficquet, d'après Lebrun, est sans contredit l'un des plus jolis; il réunit la ressemblance à une finesse de burin admirable. La bordure allégorique qui l'environne a été dessinée par Cochin et gravée par Choffard. Au moment de la mise au jour, il se vendait 3 liv.

Le 3e porte-feuille de la collection Baratte ne se compose que de portraits de Pierre et de Th. Corneille.

A la suite de ces portraits, on remarque celui de Marie-Angélique Corneille, descendante du grand Corneille, meunière au village de Tilly, près Vernon. Cette gravure se vendait au profit de ladite dame (vers 1780). V. Hellis, *Des Portraits de P. et Th. Corneille.*

CORNEILLE (*Antoine*), né à Rouen en 1611, frère des deux Corneille, chanoine régulier de St-Augustin au prieuré du Mont-aux-Malades, se fit connaître par quelq. pièces de poésie qui furent couronnées par l'Acad. des Palinods de Rouen. (V. Ballin, Notice sur les Palinods de Rouen, p. 51.)

CORNEILLE (*Thomas*), poète, littérateur, grammairien, géographe, frère des précédents, né à Rouen, le 20 août 1625, mort au grand Andely (où il s'était retiré en 1708), le 8 décembre 1709. « C'était, dit Voltaire, un homme d'un très grand mérite et d'une vaste littérature; et si vous exceptez Racine, auquel il ne faut comparer personne, il était le seul de son temps qui fut digne d'être le premier au-dessous de son frère. » Il succéda à P. Corneille, à l'Acad. franç., en 1685, et fut reçu membre de l'Acad. des Inscr. et B.-Lett. en 1701.

Les deux Corneille (Pierre et Thomas) avaient épousé les deux sœurs; ils avaient le même nombre d'enfants; ce n'était qu'une même maison, qu'un même domestique où régnait la plus parfaite union : après plus de 25 ans de mariage, les deux frères n'avaient pas encore songé à faire le partage des biens de leurs femmes, biens situés en Norm., dont elles étaient originaires comme eux; ce partage ne fut fait que par une nécessité indispensable à la mort de P. Corneille. (Eloge de Th. Corneille, par de Boze). Les œuvres dramatiq. de Th. Corneille se composent de 37 pièces parmi lesquelles on distingue : *Ariane, le comte d'Essex* et *le Festin de Pierre.*

— Poëmes dramatiq. de Th. Corneille; *Rouen, et se vend à Paris*, 1660-1665; 2 vol. pet. in-8, avec front. gravé et de jolies gravures.

— Les tragédies et comédies de Th. Corneille, reveues, corrigées et augm. de diverses pièces nouvelles. Suiv. la copie imp. à Paris; (*Amst., Abr. Wolfgang, au Quærendo*), 1665-78, 5 part. en 6 vol. pet. in-12, avec fig. et titre gravé.

Cette édition forme en quelque sorte le complément du théâtre de P. Corneille, publiée par le même lib., 1664-76, 5 vol. pet. in-12.

— Poëmes dramatiqves de T. Corneille;

Rouen, et se vendent à Paris, chez Louis Billaine, 1669, 3 vol. pet. in-12.

Edition elzévirienne imp. à Rouen par Laurens Maurry. Le privilége accordé à Augustin Courbé, en 1657, fut cédé plus tard par ce lib. à Thomas Jolly et Louis Billaine.

—Poëmes dramatiq. de Th. Corneille; *Paris, P. Trabouillet*, 1682, 5 vol. in-12.

—Ibid.; *Paris, P. Trabouillet*, 1692, 5 vol. in-12.

Cette édit. présente des retranchements et des variantes; on trouve à la fin le discours de réception de Th. Corneille à l'Acad. franç. Il y a des exempl. de ce livre sur gr. pap.

— Poëmes dramatiques de Th. Corneille; *Paris, Augustin Besoigne*, 1692, 4 vol. in-12.

—Poëmes dramatiques de Th. Corneille, nouv. édit., revue, corrigée et augmentée; *Paris, Michel David*, 1706, 5 vol, in-12.

—Théâtre de Th. Corneille, avec grav.; *Amst.*, 1709, 5 vol. in-18.

—Poëmes dramatiq. de Th. Corneille, nouv. édit. enrichie de fig. en taille-douce; *Paris*, 1722, 5 vol. in-12.—Ibid. 1738, 5 vol. in-12.

—Le Théâtre de Th. Corneille; *Amst., Zach. Chatelain*, 1740, 5 vol. pet. in-12, fig. par B. Picart, et portr.

— Chefs-d'œuvre de Th. Corneille, précédés de son éloge, par De Boze, prononcé en 1710, dans l'Acad. roy. des Inscript. et B.-Lett.; *Paris, Renouard*, 1817, in-8, fig.

Ce vol. forme le XIIe des œuvres de Corneille publiées par cet éditeur, et contient *Ariane, le Comte d'Essex, le Festin de Pierre.*

— Chefs-d'œuvre de Th. Corneille, formant le t. II de l'Esprit du grand Corneille, par Fr. de Neufchâteau; *P. Didot*, 1819, 2 vol. in-8.

— Chefs-d'œuvre de Th. Corneille, formant le t. V des œuvres choisies de P. Corneille; *Paris, Lheureux*, 1822, 5 vol. in-8.

Pièces dramatiques, édit. originales, classées par ordre alphabétique.

AMOUR (l') A LA MODE, com.; *Rouen, Laurens Maurry*, 1653, in 12. — Ibid. *Sur l'imp. à Rouen, chez L. Maurry*, et *Paris, Guill. de Luynes*, 1654, in-12.

ANTIOCHUS, tragi-com.; *Rouen et Paris, Gab. Quinet*, et *Guill. de Luyne*, 1666, in-12.

ARIANE, trag.; *Amst. (Au Quœrendo)*, 1671, in-12.—Ibid. *Paris, Cl. Barbin* et *Guill. de Luyne*, 1672, in-12.

BARON (le) D'ALBIKRAC, com.; *Paris, Gab. Quinet*, 1669, in-12.—Ibid. *Paris, Cl. Barbin*, s. d., in-12.

BELLÉROPHON, trag., mise en musique par M. de Lully, et représentée en 1679, remise en 1728; *Paris, Ballard*, 1728, in-4.

BÉRÉNICE, trag.; *Rouen, L. Maurry, pour Aug. Courbé, à Paris*, 1659, in-12.

BERGER (le) EXTRAVAGANT, pastorale burlesque; *Rouen, L. Maurry*, et *Paris, G. de Luyne*, 1653, pet. in-12. — Ibid. *Imp. à Rouen, et se vend à Paris, Aug. Courbé*, 1654, in-12.

BERTRAN (DON) DE CIGARRAL, com. *Imp. à Rouen, et se vend à Paris, chez P. le Petit* 1652 (et chez Aug. Courbé, 1653, et Ant. de Sommaville), in-12.

BRADAMANTE, trag.; *Paris, Michel Brunet*, 1695 (et 1696), in-12.

CAMMA, reine de Galatie, trag. *Imp. à Rouen, et se vend à Paris, Aug. Courbé*, 1661, in-12

CÉSAR (D.) D'AVALOS, com.; *Paris, J. Ribou*, 1676, in-12.

CHARME (le) DE LA VOIX, com.; *Imp. à Rouen, et se vend à Paris, Aug. Courbé* et *Guill. de Luyne*, 1658, in-12.

CIRCÉ, trag., avec machines, changement de théâtre et musique; *Paris, P. Promé*, 1675, in-12.

COMTE (le) D'ESSEX, trag.; *Paris, J. Ribou*, 1678, in-12.

COMTESSE (la) D'ORGUEIL, com.; *Rouen, et se vend à Paris, Cl. Barbin et Guill. de Luyne*, 1671, pet. in-12.

DAMES (les) VENGÉES, ou la Dupe de soymesme, com.; *Paris, Michel Brunet*, 1695, in-12, et *Amsterdam, J. Louis De Lorme* et *Estienne Rogier*, 1696, in-12.

DARIUS, trag.; *Paris, Aug. Courbé*, 1659, in-12.

DEVINERESSE (la) ou les faux enchantemens, com. représentée par la troupe du Roi (par Th. Corneille et de Visé); *Paris, Blageart*, 1680, pet. in-12.

ENGAGEMENS (les) DU HASARD, com. *Imp. à Rouen par L. Maurry, pour Aug. Courbé, à Paris*, 1657, in-12.

FEINT (le) ASTROLOGUE, com.; *Rouen, Laurens Maurry*, et *Paris, Ch. de Sercy*, 1651, in-4.— Ibid. *Rouen, Laurens Maurry*, 1653, in-12.

FESTIN (le) DE PIERRE, com., mise en vers sur la prose de feu M. de Molière; *Paris, Th. Guillain*, 1683, in-12 de 115 p. et 2 ff. prélim. Elle parut, pour la prem. fois, en 1677.

GALAND (le) DOUBLÉ, com.; *Imp. à Rouen, et se vend à Paris, chez Aug. Courbé et Guill. de Luyne*, 1660, in-12.

GEOLIER (le) DE SOY-MESME, com.; *Rouen, L. Maurry, pour Aug. Courbé, à Paris*, 1656, in-12. — Ibid.; *Imp. à Rouen, et se vend à Paris, Guill. de Luyne*, 1661, in-12.

ILLUSTRES (les) ENNEMIS, com.; *Imp. à Rouen, par L. Maurry, pour Aug. Courbé, à Paris*, 1657, pet. in-12.

INCONNU (l'), com., meslée d'ornements et de musique; *Paris, G. Ribou*, 1676, in-12.

Il faut joindre à cette pièce : Nouv. prologue et nouv. divertissemens pour la com. de l'Inconnu; *Paris, P. Ribou*, 1703, in-4.

LAODICE, REYNE DE CAPPADOCE, trag.; *Rouen*

et *Paris, Cl. Barbin et Gab. Quinet*, 1668, in-12.

MAXIMIAN, trag.; *Imp. à Rouen, et se vend à Paris, Aug. Courbé et Guill. de Luyne*, 1662, pet. in-12.

MORT (la) D'ACHILLE, trag.; *Rouen et Paris, chez Cl. Barbin*, 1674 et 1675, pet. in-12.

MORT (la) D'ANNIBAL, trag.; *Rouen et Paris, Cl. Barbin et G. de Luyne*, 1670, pet. in-12.

MORT (la) DE L'EMPEREUR COMMODE, trag.; *Paris, Aug. Courbé et Guill. de Luyne*, 1659, in-12.

PERSÉE ET DÉMÉTRIUS, trag.; *Paris, Gab. Quinet*, 1665, in-12.

PIERRE (la) PHILOSOPHALE, com. mêlée de spectacle (par Th. Corneille et de Visé); *Paris, C. Blageart*, 1681, in-4. — Simple programme.

PYRRHUS, ROI D'EPIRE, trag.; *Paris, Gab. Quinet*, 1665, in-12.

STILICON, trag.; *Paris, Aug. Courbé*, 1660, in-12.

THÉODAT, trag.; *Paris, G. de Luyne et Cl. Barbin*, 1672 et 1673, in-12.

TIMOCRATE, trag.; *Imp. à Rouen, et se vend à Paris, Aug. Courbé*, 1658 et 1661, in-12.

TRIOMPHE (le) DES DAMES, com. meslée d'ornemens, avec l'explication du combat à la barrière, et de toutes les devises, représentée par la troupe du Roy, au faubourg St-Germain. *Paris, G. Ribou*, 1676, in-4 de 4 ff. et 52 p.

Presque toutes les prem. éditions des pièces de Th. Corneille furent imp. à Rouen (par Laurens Maurry) sous les yeux des deux frères, qui les corrigeaient ensemble. Tant que Pierre vécut, il eut part certainement aux plus beaux ouv. de son jeune frère. (Cat. de Soleinne, t. I, p. 278).

Mêmes Pièces, classées suivant l'ordre chronologique.

	Jouées en	—	Imp. en
Les Engagem. du Hazard,	1647,	—	1657.
Le feint astrologue,.....	1648,	—	1653.
D. Bertran de Cigarral,..	1650,	—	1653.
L'Amour à la mode,.....	1653,	—	1653.
Le Berger extravagant,..	1654,	—	1653.
Les Illustres Ennemis,..	1654,	—	1657.
Le Charme de la Voix,..	1655,	—	1658.
Le Geolier de soy-mesme,	1657,	—	1656.
Timocrate,............	1656,	—	1658.
Bérénice,.............	1657,	—	1659.
Mort de l'Emp^r Commode,	1658,	—	1659.
Darius,...............	1660,	—	1659.
Stilicon,..............	1660,	—	1660.
Le Galand doublé,.......	1660,	—	1660.
Camma, reine de Galatie,	1661,	—	1661.
Pyrrhus, roy d'Epire,....	1661,	—	1665.
Maximian,.............	1662,	—	1662.
Persée et Démétrius,...	1662,	—	1665.
Antiochus,............	1666,	—	1666.
Laodice, roy de Cappadoce,	1668,	—	1668.
Le Baron d'Albikrac,....	1668,	—	1669.
La Mort d'Annibal,.....	1669,	—	1670.
La Comtesse d'Orgueil,...	1670,	—	1671.
Théodat,..............	1672,	—	1673.
Le Festin de Pierre,....	1672,	—	1677.
Ariane,..............	1672,	—	1672.
La Mort d'Achille,......	1673,	—	1674.
D. César d'Avalos,......	1674,	—	1676.
Circé,................	1675,	—	1675.
L'Inconnu',...........	1675,	—	1676.
Le Triomphe des Dames,	1676,	—	1676.
Le Comte d'Essex,......	1678,	—	1678.
La Devineresse,........	1679,	—	1680.
Bellérophon,..........	1679,	—	1728.
La Pierre philosophale,..	1681,	—	1681.
Les Dames vengées,.....	1682,	—	1695.
Bradamante,...........	1695,	—	1695.

Le théâtre n'a pas seul rempli la vie de Th. Corneille; cet auteur a publié les ouv. suiv., qui furent accueillis avec quelque faveur :

Les Métamorphoses d'Ovide, traduites en vers françois (les 6 prem. livres); *Paris, Claude Barbin et Guill. de Luyne*, 1669-1672, 3 part. en 1 vol. in-12, fig. Les 2 prem. part. sont imp. à Rouen par Laurens Maurry (1669 et 1670), et la 3e par Antoine Maurry (1672).

— Ibid., suiv. la copie de Paris; *Liége* (à la Sphère), 1698, 3 vol. pet. in-8, avec fig. placées à mi-page; et *Paris, Michel Brunet*, 1700, 3 vol. in-12, avec grav., id.

— Pièces choisies d'Ovide, trad. en vers françois (Epitres héroïques); *Paris, Claude Barbin*, 1670, in-12. (Imp. à Rouen, par L. Maurry.)

— Discours prononcé à sa réception à l'Acad. franç. le 2 janv. 1685; *Paris*, 1685, in-4.

J. Racine fut chargé de répondre à Th. Corneille, qui venait occuper le fauteuil laissé vacant par la mort de son frère, et l'illustre poète s'en acquitta d'une manière digne des Corneille et de lui-même. — V. *Discours prononcé par Racine à l'Acad. franç. à la réception de MM. Corneille et Bergeret.*

— Réponse à M. de Fontenelle, lors de sa réception à l'Acad. franç., le 5 may 1691; *Paris*, 1691, in-4.

— Remarques sur la langue franç. de M. de Vaugelas; *Paris*, 1687, 2 vol. in-12.

— Observations de l'Acad. franç. sur les remarques de M. Vaugelas; *Paris*, 1704, in-4, et *La Haye*, 1705, 2 vol. in-12,

Ces observ. ont été recueillies et publiées par Th. Corneille.

— Dictionn. des Arts, pour servir de suite au Dict. de l'Acad. franç., par M. T. C.; *Paris, J. Coignard*, 1694, 2 vol. in-f.

Ouv. réimp. en 1732 (revu et augmenté par de Fontenelle), sous le titre de *Dictionn. des Sciences et des Arts*; Paris, 2 vol. in-f.

— Dictionn. univ., géographique et historique; *Paris, J. B. Coignard*, 1708, 3 vol. in-f., portr.

Cet ouv. occupa Corneille pendant 15 ans Quoique le fait nous paraisse au moins étrange, nous citons ce que disent de Boze et Niceron, à propos d'une particularité de l'impression de ce livre : « Il en corrigea lui-même les épreuves, quoique aveugle. Pour cela, il avait dressé un lecteur dont il s'était rendu la prononciation si familière, qu'à l'entendre lire il jugeait parfaitement des moindres fautes qui s'étaient glissées dans la ponctuation et dans l'orthographe. »

V., sur Th. Corneille : De Boze, Eloge prononcé à l'Acad. des Inscr. et B.-Lett., Mém., t. I, p. 387-394; Niceron, Mém., t. XXIII, p. 136-147; Notice de P. F. Tissot, 8 p., avec portr. gravé par Devrits; *Poëtes norm.* publiés par Baratte; Delzons, rapport sur le concours pour l'éloge de Th. Corneille, ouvert par l'Acad. de Rouen; *Mém. de cette Acad.*, 1852. Le prix fut décerné à M. Louis Passy, fils de l'ancien préfet de l'Eure.

Bustes et portraits de Th. Corneille :

Buste en marbre par Caffieri (1785), dans le foyer de la Comédie franç., à Paris; Buste en marbre par Chenillion, d'après Caffieri; musée de Versailles, vestibule de l'escalier de marbre n° 38.

Les principaux portr. de Th. Corneille sont : Une peint. du XVIIIe sc., collect. de l'Acad. franç.; musée de Versailles, salle n° 152; un portr. peint par Fanelli Semah, même musée, salle n° 159, et deux autres peints par Mignard et par Jouvenet. (Mignard représente son modèle à l'âge de 30 ans, et Jouvenet, à l'âge de 75 ans environ, portant un riche costume). Le portrait de notre illustre compatriote a été gravé en 1700 (et retouché en 1708, la tête vieillie), par Thomassin, d'après Mignard; par B. Picart, Duflos, Dequevauvilliers, etc., d'après Jouvenet. Le tableau de Jouvenet est en la possession de M. le comte d'Osmoy.

CORNEILLE (*Pierre-Alexis*). Dissertation sur la date de la naissance du grand Corneille; *Rouen, F. Baudry*, 1826, in-8 de 4 p.

Ext. des Mém. de la Soc. d'Emul. de Rouen, 1826.

—Rapport sur le jour de la naissance de P. Corneille, et sur la maison où il est né, lu à la séance publique de la Soc. libre d'Emul. de Rouen, le 6 juin 1828; *Rouen, F. Baudry*, 1829, in-8 de 24 p., avec une grav. représent. les maisons de P. et de Th. Corneille.

Ext. des Mém. de la Soc. d'Emulat., 1828.

M. P.-A. Corneille, député de la S.-Inf. au Corps législatif, anc. inspect. de l'Acad. universitaire à Rouen, est l'un des descendants du grand Corneille. Son fils, M. Auguste Corneille, est auteur d'un recueil de poésies intitulé : *les Byzantines; Paris, Imp. de Chaix*, 1855, in-8 de 48 p.

CORNET père et fils (*Simon*), illustrés par les services militaires du père, inaugurés avec ceux de M. le général Decaen, et par leurs entreprises agricoles et commerciales; 2e édit.; *Caen, De Laporte*, 1847, in-8 de 92 p.

MM. CORNET, agronomes et éleveurs de bestiaux, nés dans le Calvados, moururent, à quelq. semaines d'intervalle l'un de l'autre, en 1846. V. *Ann. norm.*, 1849.

CORNEY (Bolton). Researches and conjectures on the Bayeux tapestry, etc. V. BOLTON-CORNEY.

La trad. donnée à Poitiers, en 1840, dans la *Rev. anglo-franç.*, 2e série, 2e liv., est suivie des opinions émises sur la tapisserie de Bayeux (par suite de la dissertation de M. Bolton-Corney), par M. G. Lecointre-Dupont (d'Alençon), et par 3 membres de l'Institut : MM. Daunou, de Fortia d'Urban et Aug. Thierry. V. Lettre de M. Aug. Thierry à M. de la Fontenelle de Vandoré; *Hist. de la conquête de l'Angleterre*, t. I, pièces justificatives n° 3.

CORNILLON (*A.*). Plan du Havre, dessiné par A. Cornillon, 1826; 1 f[lle] gr. aigle.

CORONELLI (*P.*). Ducato di Normandia, dedicato S. Pietro Dona, etc., dal P. Coronelli; 1 f[lle]. (Bibl. Imp., dépôt des cartes.)

Le P. Lelong, n° 1705, indique une carte de Norm. par le P. Vincent Coronelli; *Venise*, 1687, in-f. Ce fut ce géographe qui exécuta les 2 immenses globes qu'on voit encore à la Biblioth Imp.

CORPS (les) administratifs et judiciaires du district et de la ville de Vire à la Convention nationale (10 mai 1793); *Vire, Imp. nat. de J. P. Lebel*, s., d., in-4. (Pièce, Bibl. Imp., t. III.)

Dénonciation contre la municipalité de Paris.

CORPS (du) municipal de Lisieux, par A. G. L. D.; *Lisieux, Imp. de Pigeon*, 1850, in-18 de 40 p.

CORRESPONDANCE de M. le Préfet de la S.-Inf. V. *Mémorial des corps administratifs, etc.*

CORRESPONDANCE entre M. le Préfet de l'Eure, et MM. Roy et Duval, relative à des demandes de droit d'usage dans la forêt de Conches; *Paris, Crapelet*, 1836, in-4.

CORRESPONDANCE française-anglaise : causée par une lettre trouvée en mer dans une bouteille sur la côte norm.; avec la lettre même; *Londres, Robson*, 1789, in-8 de 94 p. (franç. et angl.)

Ce fut sur la côte de Port-en-Bessin que fut trouvée cette bouteille.

CORRUBLE (*N.*). La veritable et vniqve methode de naviger par le qvartier d'or laqvelle est provvée d'vne maniere si facile et demontrée par les figures si claires et si intelligibles d'elles mêmes que l'on pourra sans peine et en peu de temps se rendre parfait pilote et faire une heureuse Navigation. Composé par N. Corruble, prêtre de Dieppe; *Dieppe, Nic. Dubuc*, 1583 (1683), in-4, fig.

Il y a erreur évidente de date au titre, puisque à la suite du privilége, on indique l'achèvement de l'impression au 15 nov. 1683.

COSNARD (*Jean*), historien et religieux de l'abbaye de St-Martin de Sées. V. CONARD.

COSPÉAN ou COSPÉAU (*Philippe*), évêque d'Aire, de Nantes, et en dernier lieu de Lisieux, de 1635 à 1646, est auteur d'une oraison funèbre de Henri IV; *Paris*, 1610, in-4; et de plusieurs ouv. mss. Né à Mons en 1570, ce prélat est mort à Lisieux le 8 mai 1646.

V. Oraison funèbre de Philippe Cospéan, par David de la Vigne; *Paris*, 1646, in-4. — Le Prélat accompli, ou la Vie de Philippe Cospéan, par René Le Mée, cordelier; *Saumur, Lesnier*, 1646, in-4.

— Note relative à Philippe Cospéau, évêque d'Aire, de Nantes et de Lisieux, au XVIIe sc.; par M. le baron de Stassart (lue à la séance de l'Académie roy. de Belgique, le 4 nov. 1850); *Bruxelles, M. Hayez*, 1850, in-8 de 11 p. Ext. des Mém. de l'Acad. roy. de Belgique, t. XVII.

— Philippe Cospéau, nommé en France Philippe de Cospéan; 1571-1646; par Ch. L. Livet; *Nantes, Güéraud*, 1854, in-12 de 124 p.

Son portrait a été gravé par C. Charpignon et par Michel Lasne.

COSSART (le P. *Gabriel*), orateur, poète et théologien, né à Pontoise en 1615, est mort en 1674. Ses harangues et poésies latines, recueillies et publiées par le P. Larue, ont été imp. à Paris en 1675 et réimp. en 1723, in-12.

COSSON (*N.*), ministre de l'Evangile, fondateur de l'église de Bellesme (Orne), en 1561, mourut de la peste, à Orléans. — V. *France Protest.*, t. IV (1854), p. 69.

COSTA (*Mantino*). Notice sur Cherbourg. V. BÉCOURT.

COSTÉ (*F.-A.*). Description nautique de la digue, de la rade, des passes et des ports militaires et du commerce de Cherbourg, en 1843. (*Phare de la Manche*, 23 et 27 juin 1844.)

Ce document a été inséré dans les *Annales maritimes et coloniales*, année 1844, Sc. et Arts, t. 1er, p. 696 et suiv.

François-Aug. Costé, capitaine de vaisseau, major de la marine à Cherbourg, naquit au Havre, et mourut à Paris le 26 fév. 1846, à l'âge de 65 ans. Il est auteur d'un *Manuel du Gréement* (1826) et de *Exercice de la manœuvre des bâtiments de guerre* (1831).

COSTIN (*Jérôme-Jean*), ancien bénédictin, puis bibliothécaire et secrétaire gén. du dép. de la Manche, né à St-Nicolas-de-Coutances le 20 avril 1759, est mort le 31 mars 1825, dans sa maison de la Perrine, près de St-Lô. Il est auteur des ouv. suivants : 1° *Discours prononcé le jeudi* 30 *juin* 1791, *devant la Soc. patriotique du Mans*, par J. J. Costin, D^r ès-Lois, ci-devant bénéd. de St-Maur et professeur de droit canonique en l'abbaye de St-Etienne et univ. de Caen, venant renouveler dans son sein, le serment prononcé le dimanche 26 juin dans l'église cathédrale et paroissiale du dép., comme vicaire supérieur du séminaire constitutionnel de la Sarthe; *Le Mans, Monnoyer*, in-8 de 18 p.; — 2° *Le catholicisme de l'assemblée constituante, démontré par la discipline des premiers siècles, et les procès-verbaux du clergé; ou instruction pastorale, dogmatique, de M. l'évêque du dép. de la Sarthe au clergé et aux fidèles de son diocèse, sur les contestations qui divisent l'église de France;* Le Mans, Monnoyer, 1792, in-8 de 397 p.; — 3° *Discours prononcé le* 30 *thermidor an II* par J. J. Costin, président du conseil d'administration de l'Ecole centrale d'Avranches, pour la clôture de cette école, etc.; in-4 de 3 p., s. n. d'imp. — V. une Notice de M. Travers, *Ann. de la Manche*, 1833.

COSTUMES de Dieppe anciens et modernes et de ses environs; *Dieppe, Marais* (1829), gr. in-4, fig. col.

COSTUMES des femmes du pays de Caux, etc. V. LA MÉSANGÈRE.

COTENTIN (le), ode; *Mercure*, 1734, déc., p. 2835-37. Pièce signée F. M. F.

COTENTIN (le), ode; par M. F.; *Mercure*, 1738, sept., p. 1906 et 1907.

COTGRAVE'S french and english, and english and french Dictionary; by Howell; *London*, 1650, in-f.

Utile à consulter pour l'étude de l'idiome normand.

COTHEREL. La vérité triomphante de l'erreur, ou la deffaite du sieur Du Bosq, ministre de Caen, par le s^r Cotherel, ministre converty du diocèse

Coutances et d'Avranches, qui composent mainten. le dép. de la Manche; *Ann. de la Manche*, 1833, p. 179-210.

Combats livrés entre le parti catholique représenté par Jacq. de Matignon, et le parti protestant guidé par Montgommery et Bricqueville de Colombières.

—Notice sur l'hist. des Iles anglaises de Jersey, Guernesey et Aurigny, dans ses rapports avec l'hist. de la Norm., et spécialement le dép. de la Manche; *Rev. anglo-franç.*, t. Ier (Poitiers, 1833), p. 301-316.

Ce Mém. a été réimp. dans l'*Ann. de la Manche*, 1834, p. 202-226.

—Des Études et spécialement des écoles monastiques, ext. d'une suite de Mém. sur l'état des sciences et des lettres en Normandie, dans les XIe et XIIe sc.; *Mém. de la Soc. acad. de Cherbourg*, 1833.

— Recherches sur la législation anglo-norm.; *Rev. anglo-franç.*, t. II (1834), p. 371-382.

—Tableau de l'administration de la justice criminelle en Norm., dans le cours du moyen-âge, et spécialement dans le temps de l'empire anglo-normand; *Mém. de la Soc. acad. de Cherbourg*, 1835.

— Fragment de l'Histoire merveilleuse du départ. de la Manche; *Ann. de la Manche*, 1835, p. 208-211.

—Notice sur Robert-de-Torigny; *Ann. de la Manche*, 1835, p. 239-250.

Robert, historien et religieux du Mont-St-Michel, naquit à Torigni, au commencement du XIIe sc., et mourut en 1186. V. ROBERT DE TORIGNY.

— Personnages du Cotentin qui se sont distingués dans les Croisades; 1er art.; *Ann. de la Manche*, 1836, p. 108-124; —2e art., *même recueil*, 1837, p. 201-218.

— Anciens domaines des premiers ducs de Normandie, retrouvés dans le Cotentin; *Ann. de la Manche*, 1837, p. 132-146.

—Du Jury en Normandie, dans le moyen âge, appliqué tant aux affaires civiles qu'aux affaires criminelles; *Cherbourg, Beaufort*, 1837, in-8 de 80 p.

Ext. des Mém. de la Soc. acad. de Cherbourg, 1838. Cette dissertation valut à l'auteur les félicitations de plusieurs publicistes distingués; elle obtint les honneurs de 2 traduct. étrangères: l'une à Zurich, l'autre dans la haute Allemagne.

— Traduction d'un monument latin du XIIIe sc., concernant l'histoire du diocèse de Coutances; *Ann. de la Manche*, 1838, p. 170-189.

Le monument dont il est ici question est le *Livre noir*, ms. qui fait partie des archives de l'évêché de Coutances.

—Histoire du dép. de la Manche, depuis les commencements du Xe sc. jusqu'aux commencem. du XIe; *Ann. de la Manche*, 1839, p. 368-379.

— Considérations sur les lois faites et exécutées sans être écrites; sur l'administration de la justice sans le secours de l'écriture; et sur les effets de cette absence de l'écriture et sur les moyens qu'on employait pour y suppléer; *Mém. de la Soc. des Antiq. de Norm.*, t. XI (1840), p. 157-172.

— Hist. du dép. de la Manche. Événements arrivés sous Guillaume-le-Bâtard et ses successeurs jusqu'à l'époque où la Norm. a été réunie à la France; *Ann. de la Manche*, 1840, p. 305-314, et ann. 1841, p. 245-255.

—Examen critique d'un fait de l'histoire de Cherbourg, regardé communément comme constant, savoir: le vœu de l'Impératrice Mathilde; *Ann. de la Manche*, 1841, p. 260-265.

— Hist. du dép. de la Manche. Établissement des confréries, au milieu du XIIe sc., pour la construct. des églises. Sort de Hugues de Morville, l'un des assassins de Th. Becket; *Ann. de la Manche*, 1842, p. 228-237.

—Analecta des premiers siècles de l'hist. de Norm. Hist. merveilleuse du dép. de la Manche: origine de l'abbaye de Montebourg, etc.; *Ann. de la Manche*, 1843, p. 164-176.

— Recherches hist. concernant Thomas Hélie, de Biville, connu communément sous le nom du bienheureux Thomas; *Cherbourg, Thomine*, 1843, in-8 de 36 p.

Ext. des Mém. de la Soc. acad. de Cherbourg, 1843. Th. Hélie vivait sous St-Louis.

—Histoire de la part des diocèses de Coutances et Avranches dans les guerres entre l'Angleterre et la France, depuis et y compris le règne de Philippe-de-Valois jusques et y compris le règne de Charles VII; *Ann. de la Manche*, 1844, p. 362-373.

— Mémoire sur l'état des sciences géographiques, astronomiques et physiques, au moyen-âge, en France, et spécialement en Normandie; *Mém. de l'Acad. des Sc., Arts & B.-Lett. de Caen*, 1845, p. 293-332.

— Suite des événements arrivés dans le territoire qui compose le dép. de la Manche, pendant les guerres entre les Anglais et les Français au XIVe sc.; *Ann. de la Manche*, 1845, p. 460-467.

— Suite du Mémoire précédent; *Ann. de la Manche*, 1846, p. 443-453.

— De la preuve judiciaire au moyen-âge en Normandie; *Mém. de la Soc. acad. de Cherbourg*, 1847, p. 43 à 93.

Ce Mém. a été tiré à part.

— Suite des événements arrivés dans le territoire qui compose le dép. de la Manche, pendant les guerres entre les Français et les Anglais au XIVe sc.; *Ann. de la Manche*, 1847, p. 513-522.

Les faits traités ici sont :

Arrivée de Lusignan, roi de Chypre, en France, et son voyage à Cherbourg. — Siége et prise du château de Valognes, par Duguesclin. — Siége et prise de Carentan. — Embarquement d'Yvans de Galles à Barfleur et conquête de Guernesey.

— Suite des événements arrivés dans le territoire qui compose le dép. de la Manche, pendant les guerres entre les Français et les Anglais, à la fin du XIVe sc.; *Ann. de la Manche*, 1849, p. 518-528.

— Suite des événements arrivés dans le territoire qui compose le dép. de la Manche, pendant les guerres entre les Anglais et les Français dans les XIVe et XVe sc.; *Ann. de la Manche*, 1850, p. 524-532.

— Prise de Cherbourg par les troupes de Charles VII. Expulsion finale des Anglais de la Basse-Norm.; *Ann. de la Manche*, 1851, p. 579-585.

Le tableau des guerres survenues pendant les XIVe et XVe sc. entre l'Angleterre et la France dans le dép. de la Manche, est considéré comme le plus important des travaux historiques de M. Couppey. Il prend place, par ordre de mérite, après ses savants Essais sur la Jurisprudence normande au moyen âge.

— Charte de Guillaume-le-Bâtard, duc de Normandie et ensuite roi d'Angleterre; *Cherbourg, Mouchel*, 1851, in-8 de 16 p.

Ext. des *Mém. de la Soc. acad. de Cherbourg*, 1852, p. 153-168. Cette charte (texte latin, avec trad. franç.) rappelle un vœu fait par le Conquérant, malade à Cherbourg.

COUPPEY (*Joseph-Laurent*), juge au tribunal civil de Cherbourg, membre de plusieurs soc. savantes, naquit à Négreville (arr. de Valognes), le 8 fév. 1786, et mourut dans le même lieu le 14 nov. 1852. Plein d'érudition et de zèle, M. Couppey a inséré dans le *Journal de Cherbourg* un grand nombre de comptes-rendus sur des ouvrages relatifs à l'hist. de la Normandie. De 1829-1851, il a publié en outre dans l'*Ann. de la Manche* une foule d'articles, véritables mémoires historiques, qui font rechercher la collection de ce recueil, et dont nous donnons ci-dessus la liste complète.

V. une Notice de M. J. Travers, dans l'*Ann. norm.* de 1853, p. 596-600, — et les Recherches biogr. et litt. de M. Digard de Lousta; *Cherbourg, Feuardent*, 1854, in-8 de 166 p., avec un portr.

COUR PLÉNIÈRE (la), héroï-tragi-comédie, en 3 act. et en prose; jouée le 14 juillet 1788, par une soc. d'amateurs, dans un château aux environs de Versailles; par l'abbé de Vermond, lecteur de la Reine; *Baville (Dieppe), et se trouve à Paris, chez la ve Liberté, à l'enseigne de la Révolution*, 1788, in-8 de VII et 104 p.

Par Duveyrier, avocat au Parlement de Paris. Dans cette pièce figurent un grand nombre de personnages qui devinrent plus tard très-célèbres.

— Dernière édition de la Cour plénière, héroï-tragi-comédie, en 3 act. et en prose : Par feu l'abbé de Vermond; *Baville, et Paris (Dieppe), v^e Liberté*, 1788, in-8 de VII et 120 p.

Cette édit. (rapporte M. Jacob, catal. de Soleine, t. II, p. 205) est bien différente de la première, laquelle a été gâtée par un nommé Gorsas, libelliste aux gages de ceux qui le payaient le plus. Tout ce qui est plat et ridicule, ainsi que beaucoup de notes, surtout celles qui concernent la Normandie, sont de cet homme.

Sur le même sujet, nous indiquerons les pièces suiv. :

Premières variantes de la Cour plénière, héroï-tragi-comédie (3 sc. pr.); s. n. et s. d., in-8.

— Supplément à la Cour plénière, en un acte (pr.), avec des notes intéressantes, auquel on a ajouté le véritable testament de Desbrugnières. Pour servir de suite aux premières éditions de cet ouvrage (par Duveyrier); *Baville (Dieppe), chez la ve Liberté, à l'enseigne de la Révolution*, 1788, in-8 de 26 p., plus 8 p. pour Supplément aux notes, et 14 pour Essais historiques et apologétiques sur la Cour plénière, par l'auteur de l'Héroï-tragi-comédie.

— Le Lever de Baville, drame héroïque, pour servir de suite à *la Cour Plénière*, par Messire Jean Georges Le Franc de Pompignan, archevêque de Vienne (par Gorsas); *Rome, chez Barbarini, Imp. du cardinal de Brienne*, s. d.

— Dénonciation au public, à l'occasion de quelques écrits anonymes, particulièrement d'une comédie ayant pour titre : *La Cour Plénière*, calomnieusement attribués à M. Bergasse; avec des détails sur sa retraite en Suisse... (par Bergasse); *Paris*, nov. 1788, in-8 de VIII et 44 p., plus 4 p.

Pièces satyriques pour la plupart et relatives au grand Bailliage de Rouen.

COUR (la) royale de Caen ne peut pas être supprimée; *Paris, Le Normant*, 1815, in-8.

COURANT (*P.*). Mémoire sur les projets de desséchement des marais de St-Georges-de-Bocherville, Berville, Anneville, Yville et le Trait, situés le long des rives de la Seine, dans le dép. de la S.-Inf.; par M. P. Courant, ingén. des trav. du port de Rouen, membre du Conseil municipal, etc.; *Soc. d'Agr. du dép. de la S.-Inf.*, t. VII (janv. 1832), p. 4-21, avec une pl.

COURCY (*Jean* de), trouvère normand du XIVe sc., probablement originaire de la commune dont il porte le nom, arrondiss. de Falaise. On possède de cet écrivain :

1° Une histoire en prose des Grecs et des Romains, intitulée : *la Bouquassière*, parce qu'elle fut, dit-on, composée au Bourg-Achard;

2° Le *Chemin de Vaillance*, poème allégorique de plus de 40,000 vers, qu'il entreprit, dit-on, pour exciter la noblesse à l'art militaire, et qu'il composa à Caudebec, en 1406, à l'âge de 66 ans. Le ms. se trouve au British Muséum. V. De la Rue, *Essais sur les Bardes*, t. III, p. 284-316.

COURNIER (*J.-Marie*). L'archevêque de Cantorbéry, épisode du XIIe sc.; *Paris, Imp. de Pommeret*, 1845, 2 vol. in-8.

Cet ouv. a été réimp. sous le titre de : *Henri II et Thomas Becket;* Paris, Imp. de Beaulé, 1848, 2 vol. in-8, — et sous celui de : *Thomas Becket, Episode du XIIe sc.;* Paris, Bestel et Ce, 1857, in-18 de 360 p.

COURONNE (Haillet de). Eloge de M. Du Boullay, écuyer, conseiller du Roi, etc., lu à la séance publique de l'Acad. des Sc., B.-Lett. et Arts de Rouen, le 1er août 1770; *Rouen, Imp. de L. Dumesnil, et se vend chez Le Boucher fils, lib.*, 1771, in-8 de 48 p.

— Eloge de l'abbé Saas; *Acad. de Rouen*, t. IV (1771-80), p. 286-288.

— Eloge de M. de Cideville; *Acad. de Rouen*, t. IV, p. 296-298.

Le ms. est déposé dans les archives de l'Acad.

— Eloge de l'abbé Terrisse; *Mém. de l'Acad. de Rouen*, t. V (1781-93), p. 307-309.

— Notice biogr. sur la vie et les ouvrages de M. l'abbé des Houssayes (Cotton); *Acad. de Rouen*, t. V, p. 294-296.

Elle n'est ici qu'en abrégé.

— Guibal; note sur ce peintre; *Acad. de Rouen*, t. V, p. 312.

— Eloge de l'abbé Yart; *Acad. de Rouen*, t. V, p. 331-334.

— Éloge de M. Bacheley, graveur; lu à l'*Acad. de Rouen*, en 1781; le ms. est perdu.

— Éloge de J.-B.-Siméon Chardin, peintre du Roi, assoc. de l'Acad. des Sc., B.-Lett. et Arts de Rouen; *Mém. inédits sur la vie et les ouv. des membres de l'Acad. roy. de peinture et de sculpt., etc.;* Paris, Dumoulin, 1854, in-8, t. II, p. 428-441.

COURONNE (*J.-B.-Guill.* Haillet de), lieut.-gén. criminel au bailliage de Rouen, secrét. perp. de l'Acad. de cette ville, né à Rouen, le 15 avril 1728, est mort à Paris, le 29 juin 1810. Outre une grande quantité de notes qu'il a fournies à M. Desessarts pour sa *Bibliothèque d'un homme de goût*, et ses *Siècles littéraires*, M. de Couronne a donné à M. Prudhomme, pour sa nouv. édition du *Dictionnaire hist.*, un grand nombre d'articles. Il a laissé ms. : *Notes pour servir à la Composition d'un nouv. Dictionn. des femmes célèbres*; (Coll. Leber, Biblioth. de Rouen), les matériaux d'une *Histoire littéraire de Norm.* et ceux d'une *Bibliographie* conçue sur un plan nouveau. Nous ignorons dans quelles mains se trouvent ces notes que nous aurions été heureux de consulter. Le catalogue des livres de la Biblioth. de M. de Couronne, *Paris, Tilliard frères*, 1811, in-8 de 311 p., renferme 2,325 n^os, et contient une notice sur sa vie. Dans les Mém. de l'Acad. de Rouen, ann. 1811, se trouve une notice sur ce bibliographe par M. Descamps.

COURRAYER (le P. *Pierre-François* le), chanoine régulier de Ste-Geneviève, l'un des bibliothécaires de cette maison, naquit à Rouen, le 17 nov. 1681, et mourut à Londres, où il s'était réfugié, le 16 oct. 1776. Ce savant jésuite acquit quelque célébrité par la publication de sa *Dissertation sur la validité des ordinations des Anglois.* Par un bizarre rapprochement, il apposait sur les gardes de ses livres le titre de docteur en théologie de l'université d'Oxford, avec celui de chan. régulier de Ste-Geneviève. Les écrits de ce Père sont nombreux ; vu notre cadre resserré, nous n'indiquerons que les principaux :

— Dissertation sur la validité des ordinations des Anglois et sur la succession des évêques de l'église anglicane, avec les preuves justificatives des faits avancés dans cet ouv.; *Bruxelles (Paris), Simon T. Serstevens*, 1723, 2 vol. in-12.

Cet ouvrage suscita beaucoup de critiques auxquelles le Courrayer opposa, de 1726-1732, plusieurs écrits pour défendre sa conduite et les principes émis dans son traité.

— Défense de la dissertation sur la validité des ordinations des Anglois ; *Bruxelles (Paris)*, 1726, 4 vol. in-12.

Et en anglais, sous celui de : A defence of the validity of English ordination, and of the succession of the bishops of the anglican church; *London*, 1728, in-8, et *Oxford, J. H. Parker*, in-8.

— Lettre à M. le cardinal de Noailles, au sujet de son instruction pastorale du 31 oct. 1727; *Lond.*, in-12.

—Lettre à mylord Percival; *Lond.*, 1727. in-8.

—Relation historique et apologétique des sentimens et de la conduite du P. le Courrayer, avec les preuves; *Amst.*, 1729, 2 vol. in-12.

— Supplément aux deux ouvrages faits pour la défense de la validité des ordinations anglicanes; *Amst.*, 1732, in-12.

— Hist. du concile de Trente, écrite en latin, par Fra-Paolo Sarpi, et trad. en franç. avec des notes critiques, hist. et théol.; *Londres*, 1736, 2 vol. in-f.; *Amst.*, 1736, 2 vol. in-4 ; *Bâle*, 1738, 2 vol. in-4 ; *Amst.*, 1751, 2 vol. in-4.

— Histoire de la Réformation, ou Mémoires de Jean Sleidan sur l'Etat de la religion et de la république sous l'empire de Charles-Quint, trad. du lat. en franç. par P.-Fr. le Courrayer, avec des notes ; *La Haye, Fr. Staatman*, 1767-69, 3 vol. in-4.

Le portrait de le Courrayer a été gravé par Desrochers, Figan et Ficquet. V., sur ce jésuite, la *France protestante*, t. VI, p. 482.

COURS (le) de la Seine depuis sa source jusqu'à la mer; lith. par Bichebois, Sabattier et autres; *Paris, Noël*, 1830, in-fol. oblong.

COURSELLES. V. *Almanach de Caen.*

COURSES du Calvados; *Ann. norm.*, 1840, p. 311-314.

COURSON (de) fut intendant de la généralité de Rouen, du mois de sept. 1703 au mois d'août 1709, époque où il eut pour successeur M. de Richebourg.

COURT (*Joseph-Désiré*), peintre d'histoire, élève de Gros, né à Rouen en 1797, obtint le premier grand prix de Rome (histoire) en 1821. Nommé conserv. du musée de peint. de Rouen, le 11 mai 1853, M. Court est auteur d'un grand nombre de portraits et de tableaux d'histoire parmi lesquels nous citerons : La *Mort de César* (Luxembourg) ; *Hippolyte renversé de son char; Scène du Déluge ; Corneille accueilli sur le théâtre par le grand Condé* (Acad. de Rouen). V., sur ce tableau, une notice de M. Hellis; *Boissy-d'Anglas saluant la tête de Féraud.* Sur ce tableau, V. un compte-rendu par M. Des Alleurs; *Portr. de S. S. le pape Pie IX.* V. un article de M. André Pottier, *Rev. de Rouen*, 1848, p. 592-596; *Portr. du prince de Croy* (Musée de Rouen). V. art. de MM. Darcel et Pottier, *Rev. de Rouen*, 1846, p. 350-358. C'est sous la direction de M. Court que le musée de Rouen a été complétement restauré, en mars 1855.

COURTE NOTICE sur la conduite parlementaire de M. Bérigny, par un Dieppois libéral avant et depuis la révolution de juillet ; *Dieppe, Delevoye-Barrier*, 1837, in-8 de 8 p., et *Dieppe, Corsange*, 1837, in-8 de 8 p.

COURTE-CUISSE (*Jean*), savant théologien, né à Domfront dans le XIVe sc., fut nommé évêque de Paris en 1420, et deux ans après, évêque de Genève, où il termina sa carrière en 1426. Les principaux ouvrages de Courte-Cuisse sont : 1° un *Traité de la Foi de l'Eglise et du Souverain Pontif;* 2° une trad. du Livre de Sénèque sur les vertus, dédiée à Jean, duc de Berry. V. Caillebotte, *Essai sur Domfront*, 3e édit., p. 69.

COURTEILLES (l'abbé de). Description sincère et fidèle de la ville d'Argentan curieusement recherchée en 1693 et 1694.

Ms. possédé par M. Magny de la Gravelle.

L'abbé de Courteilles, prêtre de St-Germain d'Argentan, naquit dans cette ville le 27 oct. 1631. Chrétien de Joué-Duplain, dans son *Essai sur les antiquités d'Argentan*, cite deux autres mss. de cet auteur, à savoir : *Version de l'éloge des saints du diocèse de Séez*, 1681. — *Les actes de la confrérie des prêtres dans l'église St-Germain d'Argentan.*

COURTEILLES (de). Mémoire sur l'amélioration de la race des chevaux normands; *Journ. d'Agr., de Médecine et des Sciences access. du dép. de l'Eure*, t. II (1825), p. 35-48.

COURTIN (*Jacq.*), sieur de Cissé. — V. Cissé.

COURTIN (*René*). Histoire du Perche et de ses antiquités; 1611, in-f. ms.

De ce ms., il a été fait plusieurs copies, mais l'original appartient aux enfants de feu M. Libert, médecin et député de l'arrondiss. d'Alençon. Gilles Bry (dit le P. Lelong, n° 35,525), paraît avoir beaucoup emprunté à cet écrivain.

Courtin, avocat du Roi à Bellesme, né à Nogent-le-Rotrou, dans le XVIe sc., est mort en 1611.

COURTIN (*Madeleine*), auteur ascétique, née à Alençon dans le XVIIIe sc., composa, de société avec un ecclésiastique : *Flammes sacrées, ou aspirations saintes et affectueuses pour tous les jours de l'année;* Alençon, Imp. de Malassis le jeune, 1761, in-16.

COURTIN (*Eust.-Marie-Pierre-Marc-Ant.*), administrateur et magistrat, né à St-Pierre-sur-Dives en 1769, est mort à Garches, près St-Cloud, le 22 fév. 1839. Il consacra les dern. années de sa vie à la direction de l'*Encyclopédie moderne*, publiée de 1823-32, en 26 vol. in-8, dont 2 de pl.

COURTIN (Mme *L. D. L.*, V^e). Elégies d'un octogénaire sur la mort de sa petite fille, suivi de l'apothéose de l'Iton, de poésies diverses, de souvenirs sur l'impératrice Joséphine, la cour de Navarre, etc.; *Versailles, Imp. de Vitry*, 1829, in-18, avec 2 pl.

COURTOIS (*Hilaire*), poète, né à Evreux au commencement du XVIe sc., fut d'abord avocat au présidial de Mantes et ensuite au Châtelet de Paris. On a de lui : *Volantillæ* (pièces volantes), recueil d'épigrammes latines, etc.; *Paris*, 1535, in-8. Il mourut vers 1560.

COURTY (*Félix*). De l'Etablissement d'un entrepôt réel des Douanes, à Caen; *Ann. norm.* (1839), p. 204-209.

—Michel, chronique normande du XIe sc.; *Paris*, *Derache*, 1841, 2 vol. in-8. (Imp. de F. Poisson, à Caen.)

Tableau, sous une forme romanesque, des mœurs normandes au XIe sc., sous le règne de Guillaume le Conquérant. Sur cet ouv., V. un article de Mlle Amélie B., *Rev. de Rouen*, 1842, 1er sem., p. 125-129.

M. Courty, avocat à la Cour roy. de Caen, était l'un des rédacteurs du *Pilote du Calvados*.

COURVAL-SONNET (*Th. de*). V. Sonnet.

COURVOL (Dom). Histoire généalogique de la maison de Courvol, en Norm.; 1755, in-f. (Dictionn. des Anonym., n° 8171.)

COUSIN (*Jean*), navigateur du XVe sc., auquel la science géographique est redevable de découvertes importantes, est né à Dieppe. V. Estancelin, *Recherches sur les voyages et découvertes des navigateurs normands.*

COUSIN (*Jean*), pasteur, fut envoyé, en 1559, de Genève à Caen, pour y organiser une église. Ce fougueux ministre ayant excité les huguenots à l'intolérance, les plus grands désordres s'en suivirent. Toutes les églises catholiques furent envahies et dévastées. Plus tard, Cousin se retira à Londres, où probablem. il mourut. V. la *France protest.*, t. IV (1854), p. 101.

COUSIN (*Charles-Guill.*), sculpteur, élève de J. Coustou et de Pigalle, né à Pont-Audemer en 1706, décora de ses ouvrages le palais de Stockholm. De retour en France, il produisit quelques œuvres remarquables, parmi lesquelles on cite un christ en marbre blanc. Cet artiste mourut dans sa ville natale, en 1783. V. Canel, *Essai hist. sur l'arr. de Pont-Audemer*, t. 1er.

Son frère aîné (Jean Cousin), égalem. sculpt., né à Pont-Audemer en 1687, est mort en 1748.

COUSIN (*Victor*). Mme de Longueville. Études sur les femmes illustres et la société du XVIIe sc.; 3e édit. (La Jeunesse de Mme de Longueville); *Paris*, *Didier*, 1855, in-8 de XVI et 542 p., avec deux portr.

COUSIN-DESPRÉAUX (*Louis*), corresp. de l'Acad. des Inscript. et B.-Lett., etc., né à Dieppe, le 7 août 1743, est mort en cette ville, le 2 oct. 1818. On a placé en 1846 une inscription sur la maison dans laquelle il naquit, Grande-Rue, n° 29. Cousin-Despréaux est auteur des ouv. suiv. :

— Hist. générale et particulière de la Grèce, contenant l'origine, le progrès et la décadence des lois, des sciences, des arts, etc.; *Rouen*, *Le Boucher le jeune*, 1780-84, et *Paris*, 85-89, 16 vol. in-12.

Imp. à Dieppe, par J.-B. Joseph Dubuc, imp. du Roi. Les t. I à XI (1780-84) sont indiqués se vendant à Rouen, chez Le Boucher le jeune; les 5 dern. (1585-89) ne portent pas le nom de ce lib., mais celui du lib. de Paris.

—Traité de la peine de mort, trad. de l'italien de Paolo Vergani; *Rouen*, *L'Abbey* (Dieppe, imp. de J. B. Jos. Dubuc), 1782, in-12.

— De l'énormité du duel, traité trad. de l'italien de M. le Dr P. V. (Paul Vergani), et dédié à S. M. Frédéric II, roi de Prusse, par M. C*** des Arcades de Rome, etc.; *Berlin*,

Imp. de Christ Fred. Worss; Rouen, chez Boucher le jeune, et Dieppe, chez J. B. J. Dubuc, 1783, in-12.

— Les Leçons de la nature, ou l'Hist. naturelle, la Physique et la Chimie, présentées à l'esprit et au cœur; par Louis D***; *Paris, vᵉ Nyon*, an x (1802), 4 vol. in-12. — Nouv. édition avec le nom de l'auteur; *Paris, Mᵐᵉ Nyon*, 1806; *Lyon, Rusand*, 1817, 4 vol. in-12, et *Lyon, Rusand*, 1830, 2 vol. in-8.

Heureuse imitation des considérat. de Sturm, *Sur les œuvres de Dieu*, et qui fut, en partie, composée durant la captivité de l'auteur, renfermé comme suspect dans la prison de Dieppe. Cet estimable écrivain a laissé ms. *l'Histoire méditée ou la morale des Etats*, ouv. qui devait former 8 vol. V. la notice de M. P. Lamotte, dans la *Galerie Dieppoise* et la *Rev. de Rouen*, 1843.

M. Ernest Cousin Despréaux, avocat et petit-fils du précédent, est auteur de : *Du prêt simple dans ses diverses modifications. Thèse pour le Doctorat, soutenue dans la grande salle de l'Ecole de droit, le vendredi 24 août 1849*; Caen, Imp. de A. Hardel, 1849, in-4 de 134 p. M. Ern. Cousin-Despréaux est né à Cherbourg, le 10 juin 1826.

COUSINOT (*Jacq.*). Discours au Roy, touchant la nature, vertus, effets et usage de l'eau minérale de Forges; par Jacques Cousinot, Dʳ régent en la Faculté de médecine de Paris, conseiller et medecin ordin. du Roy et son professeur en médecine; *Paris, Libert*, 1631, in-4.

— Lettre du même, où il répond à quelq. objections faites contre l'ouv. précéd.; 1647, in-8. (P. Lelong, nᵒ 3058.)

On se rappelle que ce fut en 1632 que Louis XIII, Anne d'Autriche et le card. de Richelieu, vinrent prendre les eaux de Forges. Par suite de cette visite, les eaux de Forges acquirent une grande réputation, et ses trois sources d'eaux minérales furent appelées : *la Royale, la Reinette* et *la Cardinale*.

COUSTEL (*Jean*), peintre d'histoire, né à Rouen dans la seconde moitié du XVIIᵉ sc. V. *Mémoires biographiques de Guilbert* et *Notes hist. sur le musée de Rouen*, par Ch. de Beaurepaire.

COUSTURIER ou LE COUSTURIER (*Abraham*), lib. à Rouen dans les XVIᵉ et XVIIᵉ sc. (1582-1628), demeurait près la grande porte du Palais de Justice, *Au Sacrifice d'Abraham*. Il a publié des tragédies et un grand nombre de facéties en vers et en prose. Ces pièces qui, indépendamment de leur rareté, présentent pour la plupart un intérêt normand, tant sous le rapport de l'histoire que sous celui du langage, ont été réimp. en partie, il y a quelq. années, à *Paris*, chez *Pinard*, par les soins de MM. Giraud et Venant; à *Chartres*, chez *Garnier*, par les soins de M. G. Duplessis, et en 1855, dans les *Variétés historiques* et dans le *Recueil de poésies franç. des XVᵉ et XVIᵉ sc.*, publ. par Jannet. C'est par erreur qu'on trouve, avec la date de 1558, *Discours facétieux des hommes qui font saller leurs femmes à cause qu'elles sont trop douces, etc.*; 22 ff. pet. in-8. Cette date doit être celle de la composition de l'opuscule et non celle de l'impression, à moins que l'ordre des 2 derniers chiffres n'ait été interverti; il faudrait lire alors 1585. On rencontre parfois l'adresse d'Ab. Cousturier, *au bas de la rue Ecuyère*, et *rue de la grosse orloge, devant les 2 cigoignes*; ces deux adresses sont celles d'Abraham Cousturier le jeune, comme le constatent les anciens registres de la corporation des Imp. lib. aux archives départ. de la S.-Inf. Il y avait, à Rouen, deux frères du nom d'Abraham Cousturier.

COUTANCES. Conjectures sur la ville de Coutance; ms. in-f., XVIIIᵉ sc., 368 p., plus la liste des évêques de Coutances, d'après le *Gallia Christiana*. (Bibl. de Rouen, fonds Aug. Le Chevallier.)

Ce ms. contient : Origine et Etat de la ville jusqu'à l'établissement des Normands dans la province — Rétablissement de la ville par les Normands — Fortifications — Rues — Aquéduc — Eglise cathédrale — Evêché, evêques et revenus — Chanoines et clergé — Paroisses de la ville — Communautés et hopitaux — Gouverneurs — Jurisdictions — Evénements arrivés dans la ville, etc.

COUTANTIN (*Jacq.* de). Subtilium ènodationum juris libri duo, auctore Jac. de Coutantin, vicomte de Coutances, etc.; *Coutances, Jean Le Cartel*, 1627. (Bibl. de Coutances.)

COUTOULY (*Ch.* de). Tribut d'amour et de reconnaissance payé à la mémoire de Charles de Coutouly par celui de ses amis qui a eu le moins de temps le bonheur de le connaître pendant sa vie, etc.; *Paris, Imp. de Ducloux*, 1848, in-8 de 48 p.

Pierre-Ch. de Coutouly, né en Danemark, le 25 août 1805, pasteur de l'église réformée de Luneray (S.-Inf.), est mort le 29 juill. 1846.

COUTOUR. V. LE COUTOUR.

COUTUMIERS ET COUTUMES DE NORMANDIE.

COUSTUMIER DU PAYS ET DUCHIE DE NORMENDIE; 1483, pet. in-f., goth., en franç. et en latin, avec commentaires, sans indication de lieu, d'imprimeur, ni de date certaine, 342 ff., y compris 3 ff. blancs.

Il y a des exempl. de ce livre tirés : 1° sur vél.; 2° sur gr. pap. réglé, avec lettres capitales miniaturées et rubriques à la main. (Dans ces exempl., les arbres de consanguinité sont remplis également à la main); 3° sur pet. pap., sans aucune ornementation.

Cette première édit. du Coutumier de Normandie commence par un ft. blanc ; le second ft., qui sert de titre contient, *Le Repertore de ce liure :*

Ensuit le repertore de ce present liure eu quel sont contenus par ordre les traictez ꝛ chapitres d'icelluy cy apres desclairez. Premierement. Le texte en francoys du liure cõstumier du pays et duchie de normendie. auec lexposicion di celluy au commencement du quel est la table dudit liure pour facilement congnoistre le nombre de chacun chapitre. Le secõd chapitre est le texte en latin dicelluy en la fin duq̄l est la table dudit liure. Le tiers est la charte aux normãs. Leq̄t est la justicë aux barons de normẽdie. Le quĩt est la taxaciõ des drois et interestz des *malefacõs* de corps...... Le troiziesme ꝛ derrain chapitre est les trois traictiez de consanguinite. affinite. et cognacion espirituelle. auec les trois figures ou arbres pour facillement congnoistre le contenu d'iceulx traictiez. Qui est la fin et accomplissement de ce liure.

Le répertoire de ce livre, qui est la table des sommaires, forme un cahier marqué i i, 10 ff., dont le 1er est blanc. Vient ensuite le cahier 2, le prologue, suivi de la table des chapitres, et l'exposition sur le prologue. Le 1er chap. intitulé : *de Droit*, commence au recto du ft. a. iiii. Le 1er alphabet de signat., jusqu'au P., contient 8 ff. par cahier ; les cahiers suivants présentent de l'irrégularité dans le nombre des ff.

Au verso du 5e ft. de ã, on lit :

Cy finist lexposicion du liure coustumier du pays de normendie.

Le 6e ft. est blanc. Le cahier a a. qui le suit et qui est le premier du texte latin du Coutumier, commence ainsi :

Incipiunt iura et consuetudines : quibus regitur ducatus normannie.

Les cahiers a a. jusqu'à h h. inclusivement sont de 8 ff., i i de 10 ff. On lit au verso du 9e ft. :

Finit liber iuriũ ac consuetudinũ ducatus normañie.

Le 10e ft. contient la table de ce texte latin. Vient ensuite la Charte aux Normands, k k. 8 ff.; L'apointement fait à Vernon, etc., l l. 4 ff., puis un ft. blanc qui correspond avec le dernier ft. et le Traité de l'arbre de consanguinité, m m. 1. Ce traité est intitulé :

Tractatus arboris cõsanguineitatis, occupant 9 ff., avec trois arbres généalogiques gravés sur bois. Au recto du 7e ft., on lit sur 3 lignes, la souscription suiv. :

Finit tractatus magistri Johanis andree super arboribus consanguineitatis affinitatis necnõ spiritualis cognationis. Anno dñi millesimo quadringẽtesimo octuagesimo tercio.

Après ce ft., on en trouve deux autres qui terminent le vol., lequel finit par les mots : *Et sic finis.*

Cette rarissime édition, en lettres de forme de deux grandeurs, dont les plus grosses sont employées pour le texte, est sans chiffres ni réclames, mais avec signatures et titres courants dans le haut des pag. Elle est imp. à longues lignes, de 45 lign. à la p. pour celles en petit texte (les commentaires). Les pag. en gros caractères, autrement dit, le texte, n'ont que 35 lign.

Les commentaires dont ce Coutumier est accompagné, pour la partie française seulement, sont d'un jurisconsulte anonyme. Dire qu'ils sont de Jean Auger (noms confondus sans doute par M. Van Praet (1) avec ceux de Jean André, auteur du Traité des arbres de consanguinité), serait une erreur évidente, puisqu'il est constant que ce légiste, professeur de droit canon à Pise, à Padoue et à Bologne, dans le XIVe sc., n'a pas écrit en français, et qu'il n'a pas écrit sur le droit normand. Comme le nom de l'auteur du texte, le nom du commentateur est resté inconnu ; on a fait aussi de vains efforts jusqu'à nos jours pour savoir si ces coutumes ont été primitivement composées en latin ou en français.

L'origine du Coutumier imp. a été souvent discutée. Cette date de 1483, placée à la fin du traité de la Consanguinité, la seule que présente cet imprimé, a reçu de plusieurs bibliographes des applications différentes, et nous la voyons considérée tour à tour comme date de la composition, de la transcription et de l'impression du manuscrit. Comme date de la composition de ce traité, on ne peut évidemment l'admettre, puisque l'auteur, Jean André, mourut en 1348. Comme date de la transcription, opinion notamment émise par Mercier de St-Leger (Suppl. à l'Hist. de l'Imp. de Prosper Marchand, p. 95), elle est également douteuse, puisque, contrairement à l'usage et à la raison, ni la circonstance de la transcription, ni le nom du copiste ne sont mentionnés; on ne voit pas d'ailleurs de quel intérêt ce renseignement aurait pu être pour le lecteur. Tout porte donc à croire que cette date de 1483 est celle de l'impression, et que l'imprimeur a voulu constater ainsi le moment où il venait de terminer un labeur considérable et difficile à accomplir. Cette opinion est partagée par M. Dibdin, *Bibliotheca Spenceriana*, t. III, p. 295. Quant au lieu où cette impression a été faite, nous sommes toujours porté à croire que ce magnifique volume a été imp. à Rouen et non pas à

(1) Cat. des livres imp. sur vél. de la Biblioth. du Roi, t. II, p. 100.

Caen, parce que dans le xve sc., si ce n'est Gilles Quijoue et Jacq. Durandas, qui n'ont imp. dans cette ville qu'un seul opuscule en 1480, on ne voit pas figurer d'imprimeur capable d'entreprendre une œuvre de cette étendue.

En résumé, le Coutumier connu sous le nom de Coutumier de 1483, nous paraîtrait devoir être regardé comme la première édition du Coutumier de Normandie, et la deuxième de toutes les impressions qui ont eu lieu dans cette province. C'est un point de bibliographie assez important, cependant, pour que nous ne nous permettions pas de le décider en dernier ressort, mais sur lequel les recherches nouvelles que nous nous sommes intéressé à faire nous ont donné personnellement une plus grande certitude d'opinion.

LE COUSTUMIER DE NORMENDIE ; *Rouen, Jacques Le Forestier*, s. d., très pet. in-4 goth. de 150 ff. non numérotés.

On voit, au titre, la marque de Jacq. le Forestier, imp. en rouge ; elle représente deux lions léopardés, soutenant, dans un écusson, les armes de la ville de Rouen. Au verso est placée une grav. sur bois figurant la passion de N.-S. J.-C.

Dans cette édition, la place des grandes capitales a été réservée pour être remplie à la main. Ce vol., très-bien imp., renferme le texte du Coutumier, sans commentaires ; il se termine par le chapitre : *Ordonnances faites en l'Eschiquier de Normandie, tenu à Rouen, au terme de Pasques, l'an de grace 1462* ; et on lit au bas du recto du dern. ft. : *Imprimé à Rouen, par Jacques le Forestier.* L'absence du mot Parlement, dans cette édition, a fait supposer qu'elle a dû précéder l'époque où cette Cour remplaça l'échiquier en 1499. Cette opinion est d'autant plus admissible que Jacq. le Forestier imprimait à Rouen, dès 1494.

LE GRÃT COUSTUMIER DU PAYS ET DUCHE DE NORMENDIE, tres utille et profitable a tous praticiens euquel est le texte dicelluy en francoys auec la gloze ordinaire et familiere. Et mesme le texte en latĩ tres correct, auec lesquelz textes sont adioustez selon lordre a ce requise plusieurs traictez et choses tres necessaires pour lestat de la iustice a tous iuges et officiers, et autres gens dud' estat... *Nouuellement imprime a Caen par Laurens Hostingue demourant audit lieu deuant la tour aux Landoys. Pour Michel Angier libraire et relieur de luniuersite dud' Caen demourãt aud' lieu pres le põt Sainct Pierre et pour Jehan Mace aussi libraire demourant a Renes en la paroisse Saĩct Saulueur a lenseigne Sãt Jehã leuãgeliste. Et sõt a vendre ausd. lieux. Et ont este acheuez. Lan de grace mil cinq cens et dix. Le xxviij iour dapuril.*

Pet. in-f. goth. de 210 ff. à longues lig., feuillets qui se divisent ainsi : 174 ff. numérotés, 2 ff. prélim., 6 ff. pour l'arbre de consanguinité, et 34, dont un ft. blanc, pour les ordonnances royaulx. Le titre est disposé en X.

A la suite du Coutumier se trouvent *les ordõnances royaulx : par le cõmãdemẽt du roy publiees en sa court de leschiq̃er de Normãdie a Rouen, le xxii iour de decembre lan de grace mil cinq cens et sept.*

Cette partie est terminée ainsi :

Cy finissent les ordonnances auec le grant Coustumier de Normãdie et aussi la charte normande et autres ordõnances et editz faitz du roy. Nouuellemẽt imprimees a Caen par Laurens Hostingue, pour Michel Angier, libraire demourant aud' lieu pres le pont Sainct Pierre. Et furent acheuees le vingt sixiesme iour Dapruil mil cinq centz et dix.

LE GRANT COUSTUMIER DU PAYS ET DUCHE DE NORMENDIE tres utile et profitable a tous praticiens euquel est le texte diceluy en francois auec la glose ordinaire et familiere. Et mesme y est le texte en latin tres correct auec lesquelz textes sont adioutez selon lordre a ce requise plusieurs traictiez et choses tres necessaires pour l'estat de la iustice a tous iuges aduocats officiers et autres gens dudit estat...... *Nouuellement imprime a Rouen pour Michel Angier libraire iure de luniuersite de Caen demourãt audit lieu pres le pont Saint pierre* ; pet. in-f. goth. de 223 ff. paginés irrégulièrement.

Ce vol. est divisé ainsi : 2 ff. non paginés, le 3e est indiqué fol. 1, et la pagination se suit jusques et y compris le 124e, puis on trouve 15 ff. non numérotés. La pagin. recommence à la trad. latine du Coutumier, fol. 125-174 compris ; il est terminé par les *ordoñances royaulx, etc.*, 32 ff. non numérotés.

Au recto du 141e ft., on lit : *Veü par la court la requeste a ycelle baillee et presentee de la part de Jehan Richard marchant libraire demourant a la paroisse Saint Nicolas de cette ville de Rouen, requerant par ycelle estre inhibe et defendu a tous imprimeurs et aultres personnes de imprimer ou faire imprimer le stille de proceder nagueres fait et arrete en la dicte cour iusques a quatre ans...... Dõne en ladictecourt le quatorzieme iour de feurier. Lan mil cinq cens et quinze.*

A la fin du vol., on lit cette autre souscription :

Cy finissent les ordonnances avec le grāt Coustumier de Normendie et aussi la Chartre normande et autres ordōnances et editz faiz du Roy. Nouuellemēt imprimees a Rouen pour Michel Angier libraire et relieur de liures de luniuersite de Caen demourāt aud' lieu pres le pont Sainct Pierre.

On rencontre parfois cette édition avec des titres et adresses différents, c'est-à-dire ne présentant pour le Coutumier non plus que pour les ordonnances, que le nom de Jehan Richard, libraire, *demourant audit lieu a la paroisse Saint Nicolas, devant le college du Pape.* Le privilége, daté de 1515 et accordé à ce libraire, se trouve sur le ft. placé immédiatement avant le traité de Consanguinité.

D'après ces diverses souscriptions, on a supposé qu'il existait deux éditions du Coutumier de 1515, lorsque réellement il n'en existe qu'une seule.

Le coustumier de Normendie *nouuellement imp. à Rouen;* pet. in-8 carré goth., de 152 ff. de 24 l. à la page, sans chiffres, réclames ni date. (Biblioth. de Rouen.)

On remarque sur le 1er ft. deux grav. sur bois : celle du recto représente une assemblée de magistrats, et celle du verso, l'adoration des Mages. Au bas du recto du dern. ft., on lit : *Imprimé à Rouen pour Robinet Macé.* Le vol. est terminé par la marque de ce libraire portant la devise : *Vng Diev, vng Roy, vne Foy, une Loy,* et représentant une sirène tenant une ancre.

Cette rare édit. a probablement été imp. à Rouen, au commencement du XVIe sc., par Guillaume Gaullemier qui imprima vers cette époque *Le Stylle de proceder, en Normendie,* et qui a imprimé plus. ouv. pour Robinet Macé. (V. *Stille de proceder.*)

Le grād coustumier du pays et duche de Normendie tres utile et profitable a tous praticien euquel est le texte diceluy en francois auec la glose ordinaire et familiere. Et mesmes y est le texte en latī tres correct auec lesquelz textes sont adioutez selon lordre a ce requis plusieurs traictez et choses tres necessaires pour lestat de la iustice a tous iuges aduocatz, officiers et autres gens dudit estat...... *Nouuellement imprime a Rouen pour Francoys Regnault, libraire iure de luniuersite de Paris;* pet. in-f. goth. de 229 ff.

Le titre est terminé par 10 vers latins.

A la suite de la traduct. latine du Coutumier, on lit la souscription suiv., sur le recto d'un ft. isolé : *Cy finist le grant Coustumier de Normēdie nouuellement reueu et corrige selon que len use de present auec plusieurs adicīs que len y a mises de nouueau comme le texte proportionne a equipolent a la glose...... Nouuellemēt īprime pour François Regnault libraire iure de luniuersite de Paris le xxvi de juillet mil cinq cents vingt trois.* Plus bas est placé la marque de Francoys Regnault (celle à l'éléphant), au milieu de laquelle sont tracées les lettres F. R.

On trouve ensuite la Chartre aux Normands, ordonnances royaulx, etc. Le vol. est terminé par le *Stille de proceder* et le *Tractatus arboris consanguineitatis*, formant ensemble 18 ff. non paginés. Le ft. isolé, portant la souscription, se trouve dans quelq. exempl. rejeté tout à la fin du vol.

Le grant coustumier du pays et duche de Normendie tres utile et profitable a tous praticiens. Euquel est le texte diceluy en francoys proportiōne a lequipollent de la glose ordinaire et familiaire. Auec plusieurs additions, allegations et concordances tant du droit canon que civil. Composees par scientifique personne maistre Guillaume le Rouille Dalēcon, licēn. es droictz. Inserees et situees en la fin dung chascun chapitre : et merchees ou signees par nōbre de chiffres... Aussi y est le texte en latin tres correct, auec lesquelz textes sont adioustez (selon lordre a ce requise) plusieurs traictez et choses tres necessaires pour lestat de la iustice a tous iuges, aduocatz, officiers et aultres gens du dit estat..... *Nouuellement imprime a Paris par Francoys Regnault libraire iure de l'uniuersite de Paris;* 1534, in-f. goth. de 238 ff. imp. sur 2 col.

Fr. Regnault n'étant pas imprimeur, nous devons croire qu'il y a erreur dans l'indication précitée et qu'il faut lire : *imprime à Paris* pour *Francoys Regnault.*

Cette edition de 1534 est la première qui contienne les notes de Le Rouillé sur le texte de la Coutume de Normandie. Elles furent si bien accueillies par le Parlement de Normandie (dit Odolant Desnos, *Mém. sur Alençon,* t. II, p. 613), que cette Cour voulut voir le savant annotateur. Monté sur une mule, il se rendit à Rouen, où il reçut les félicitations des magistrats.

Le coustumier de Normendie. *Nouuellement imprime a Rouen pour Raulin Gaultier. Libraire, demourant audict lieu, en la paroisse sainct Martin du Pont, en la rue dicte potart. Et fut acheue de imprimer ce Mardy dixiesme iour de Nouembre lan de grace mil cinq centz trente quatre;* pet. in-8 goth. de 132 ff. non numérotés.

Cette édition ne contient que le texte français, sans commentaires. Au recto du dern. ft., la souscription porte : *Imprime a Rouen pour Raulin Gaultier, libraire, demourant audict lieu, en la paroisse sainct-Martin : prez le bout du Pont en la rue dicte Potart* (.·.) Au verso de ce ft. sont tirées en noir les mêmes armes de France qu'on remarque, au titre, tirées en rouge. On trouve parfois relié à la suite de ce Coutumier le *Stylle de proceder en Normendie,* imp. en 1536; la date seule indique que ce dern. ouv. doit former un vol. distinct. V. *Stille de procéder*.

LE GRAND COUSTUMIER DU PAYS ⁊ DUCHE DE NORMENDIE tres utile ⁊ profitable a tous practiciens. Euq̄l est le texte diceluy en francoys proportionne a lequipolent de la glose ordinaire et familiere. Auec plusieurs additions...... par maistre Guillaume le Rouille...... *Nouuellemēt imprime a Rouen, par Nicolas Leroux pour Francoys Regnault libraire iure de luniuersite de Paris. Pour Jehan Mallard demourant a Rouen, tenant son ouuroir au portail des libraires le plus prochain de leglise : ⁊ pour Girard Anger, demourant a Caen pres le college du Boys;* 1539, in-f. goth. de 246 ff., divisés ainsi : 6 ff. prélim., 152 ff. Coutumier, 6 ff. De cōfiscatioīb⁹ cōsilium, etc., 82 ff. De iure, etc.

M. Brunet cite, d'après le Catal. Le Couteulx, une édit de Nic. Le Roux, 1530, in-f. goth. Nous sommes porté à croire qu'il y a erreur dans cette indication, et que l'édit. de 1539 est la seule donnée par cet imprimeur.

Là s'arrêtent les éditions gothiques de la Coutume. Toutes ces éditions, dédaignées pendant longtemps, sont aujourd'hui très-recherchées. Il a fallu de longues années de paix et la présence des étrangers pour nous apprendre à apprécier le mérite et la valeur de ces anciennes impressions, qui doivent être considérées comme autant de monuments de l'art typographique en Normandie.

LE COVSTUMIER DV PAYS ET DVCHE DE NORMENDIE. La chatre des priuileges, et libertes diceluy pays. Style et vsage de proceder et juger en toute courtz et jurisdictiōs, tant des Baillifz et vicotes, que de la court de Parlement diceluy Pays, et Duche. Auec toutes les ordonnances, tant nouuelles que anciennes, receuez et publiees en la dicte court, que ce feuillet tourne declarera; *Rouen, Martin Le Mesgissier,* 1552, in-8 de CCCXXXIX ff. numér., plus la table 2 ff. et l'arbre de consanguinité 4 ff.; lettres rondes avec initiales ornées.

Au verso du dern. ft., on lit la souscription suivante : *Sy finist le traictie des arbres de consanguinite et affinite; et par cōsequent tout le Coustumier de Normendie. Nouuellement imprime a Rouen par Jehan Petit pour Martin le Mesgissier, libraire, tenant son ouuroir aux hault des degres du Palais.*

LE COVSTUMIER DU PAYS ET DUCHÉ DE NORMENDIE. La Chartre des priviléges et libertez d'iceluy pays. Style et vsage de procéder, etc.; *Rouen, Imp. de Martin Le Mesgissier,* 1578, in-8.

L'abbé Saas cite une édition de 1580 qui est probablement la même que celle de 1578, avec un nouveau titre :

Éditions de la Coutume de Normandie réformée en 1585.

COVSTVME dv pais de Normandie, anciens ressors et enclaves d'iceluy; *Rouen, Martin Le Mesgissier,* 1586, in-4 de 120 et 45 ff. numér., plus 10 ff. prélim.

Edition imp. à Paris, par Jean Le Blanc, pour Martin Le Mesgissier et Thomas Mallard, libraires à Rouen, et pour Jacq. du Puys, libraire à Paris. Aussi trouve-t-on des exemplaires au nom de chacun de ces trois lib.

Cette édition contient la Coutume avec quelq. arrêts notables, le procés-verbal de la rédaction, les lettres patentes qui ordonnent cette nouvelle rédaction, l'approbation des Etats, l'enregistrement au Parlement, et les noms de tous les députés aux Etats de Rouen.

L'épître dédicatoire à l'amiral, duc de Joyeuse, lieuten.-gén. en Norm., est signée G. Lambert, bailly de St-Sauveur-le-Vicomte. Ce Guill. Lambert était très-versé dans le droit normand, et fut choisi en 1583 pour coopérer à la nouvelle rédaction de la Coutume de la province, qui se fit à Rouen par ordre de Henri III. Lorsque ce travail fut terminé, on chargea le même jurisconsulte de donner au public la 1re édit. de la Coutume de Norm. ainsi réformée.

En 1587, on retrouve cette même édition, chez les mêmes libraires.

— Covstvmes du pais de Normandie, anciens ressors et enclaves d'iceluy; *Roven, imp. de Martin le Mesgissier,* 1588, in-4 de 138 ff. (coutume), plus 70 ff. (procès-verbal de la rédaction), et 10 ff. prélim.

Comme pour l'édition précédente, la dédicace est adressée par Guill. Lambert, au duc de Joyeuse, et le privilége fut accordé aux trois libraires associés : Th. Mallard, lib. à Rouen ; Jacq. Du Puis, lib. à Paris ; Martin Le Mesgissier, imp. du Roi, à Rouen. Ceux-ci firent tirer des titres chacun à leur nom, de sorte qu'à la première vue on pourrait croire que trois éditions de la Coutume parurent en 1588.

Quelques exemplaires de ce livre ont été tirés sur vélin. Celui qui a été offert au duc de Joyeuse se trouve actuellement en Angleterre, dans la biblioth. de M. Hibbert. La biblioth. de Rouen en possède un bel exemp.

— Covstvmes dv pays de Normandie, anciens ressors et enclaves d'iceluy ; *Rouen*, *Martin Le Mesgissier*, 1594, pet. in-12 de 119 ff., plus la table.

— Covstumes dv pays de Normandie, anciens ressors & enclaves d'iceluy ; *Roven*, 1597, pet. in-12.

— Ditto ; *Caen, Jacq. Brenouzet*, 1597, in-32 de 203 ff.

— Les Covstvmes dv pays et dvché de Normandie, anciens ressors et enclaves d'icelvy. Enrichies de commentaires où se trouvent décidées plusieurs questions et difficultez : et arrests notables sur ce donnez ; *Roven, imp. de Raphael du Petit Val*, 1599, in-4 de 282 ff. chiffrés, plus la table et 6 ff. prélim.

Edition dédiée, par l'imprimeur, à Claude Groulart, premier Président au Parlement de Rouen.

Les commentaires qui accompagnent cette édition sont du savant jurisconsulte Jacques Le Bathelier, sieur d'Aviron, avocat au Présidial d'Evreux, et non pas du Président Groulart, comme quelq. auteurs l'ont avancé. Le commentaire de Le Bathelier a été réimprimé avec ceux de Bérault et de Godefroy, en 1684. V. Froland, *Recueil d'arrêts de réglement, etc.*, 1740, in-4, p. 335, et l'abbé Saas, *Cosmographie*, ann. 1761. Ce dernier indique une édit. des *Coustumes de Norm.* de 1599, in-4, chez M. Le Mesgissier, édit. probablement la même que celle mentionnée ci-dessus avec un titre différent.

— Coustumes du pays de Normandie, anciens ressors et enclaves d'iceluy ; *Coutances, L. de Coquerel*, 1604, in-24.

— Coutumes de Normandie, avec la seconde réformation du titre des exécutions par décret, dans le Coutumier Général de 1604 et dans les postérieurs ; in-f.

— Coutumes du pays de Normandie ; *Rouen*, 1607, in-12.

— Ditto ; *Rouen*, 1612, in-24.

Ces trois éditions sont indiquées dans la *Cosmographie* de l'abbé Saas, année 1761.

— Les Covstvmes dv pays de Normandie, anciens ressorts et enclaves d'icelui ; *Roven, imp. de Martin Le Mesgissier*, 1618, pet. in-12.

— Ditto ; *Rouen, M. Le Mesgissier*, 1620, in-12.

— Ditto ; *Rouen, J. Osmond*, 1620, in-24.

— Ditto ; *Rouen*, 1623, pet. in-12.

Des éditions de Rouen, 1626 et 1643, in-24 ; de Rouen, Viret, 1650, et de Rouen, 1667, sont indiquées par l'abbé Saas qui ajoute : « toutes les éditions de la Coutume, faites avant 1666, sont un peu différentes de celles qui ont suivi cette année. On trouve, dans ces dernières, le réglement de 1666, composé de 152 articles auxquels on a donné différents noms. Les uns les appellent *Articles placités du Parlement de Norm.*, les autres les distinguent par le nom de *Règlem. général de* 1666. Dans le commencement, le nom le plus commun était celui de *Coutume bleue*, parce que le recueil de ces articles se couvrait de papier bleu. »

— Coutume de Normandie ; *Caen, Jean Poisson*, 1662, in-24.

— Coutumes de Normandie, anciens ressorts et enclaves d'iceluy ; *Rouen, Viret*, 1672, in-12.

— Ditto ; *Rouen, Vaultier*, 1684, in-24.

— Ditto ; *Rouen, Eust. Viret*, 1685, in-24.

— Ditto ; *Caen, Marin Yvon*, 1688, in-24.

— Ditto ; *Caen, Jouanne*, 1691, in-12.

— Ditto ; *Rouen, Viret*, 1704 et 1711, in-12.

— Coutumes du pays et duché de Norm., anciens ressorts et enclaves d'iceluy. Augmentées de plusieurs édits, déclaration, arrêts et nouveaux reglem. de la Cour.... ; et rectifiées par les textes de d'Aviron et de Bérault, etc., nouv. et dern. édit. ; *Rouen, Jacq. Besongne*, 1711, in-12 de 450 p., plus la table.

Le même imprimeur publia, en 1704, une édition de cette Coutume et la réimprima en 1724, 1727, 1730 et 1731.

— Ditto ; *Rouen, Pierre Le Boucher fils*, 1731, in-24.

— Ditto ; *Rouen, J.-B. Besongne*, 1732, in-18 carré, de 652 p., plus la table.

— Ditto ; *Rouen*, *chez le même*, 1742, in-18 carré de 659 p., plus XXIV p. et la table.

Froland (*Recueil d'arrêts, etc.*, p. 349) dit qu'on doit savoir quelq. obligations à J.-B. Besongne, imp. ordin. du Roi, à Rouen, d'avoir donné un texte de la Coutume, où la plupart des articles sont indiqués par des renvois pour marquer le rapport et la connexité qu'ils ont ensemble, ce qui rend leurs dispositions beaucoup plus claires et bien plus intelligibles.

— Ditto; *Rouen, Abraham Viret*, 1746, in-24 de 601 p., plus les tables.

— Ditto; *Rouen, le même*, 1746, in-12.

— Ditto; *Rouen, le même*, 1753 (et 1754), in-24 de 599 p., plus les tables.

— Ditto; *Rouen, J.-B. Besongne*, 1754, in-18 de 718 p., plus XXIV p. et les tables.

Editions rédigées par Ch. Andrieu, habile procureur au Parlement de Rouen, et très connu pour avoir recueilli avec soin un grand nombre d'arrêts.

— Coutumes du pays et duché de Normandie, anciens ressorts et enclaves d'icelui, avec les édits, déclarations, arrêts et règlements, tant du Conseil que de la Cour, corrigés de nouveau et augmentés jusqu'en septembre 1757; *Rouen, Richard Lallemant*, 1757, in-24 de 521 p., plus les tables.

— Ditto; nouv. édit.; *Rouen, imp. de Abraham (Franç.) Viret*, 1757, in-24.

Editions publiées par Andrieu, et réimp. sur celle de 1754.

— Ditto; nouv. édit., augm. jusqu'en 1760; *Rouen, Richard Lallemant*, 1760, in-24 de 525 p., plus les tables.

Cette édit., ainsi que celle de 1762 (Rouen, R. Lallemant, in-18) contiennent les notes d'Andrieu).

— Texte de la Coutume de Normandie, avec des notes sur chaque article, par M. N***; *Rouen, v^e Besongne*, 1765, in-12.

— Coutume du pays et duché de Normandie; *Rouen, Abraham Viret*, 1766, in-12.

— Ditto; corrigée de nouveau et augmentée jusqu'à présent; *Rouen, Richard Lallemant*, 1767, in-24 de 592 p., plus les tables.

— Coutume de Normandie avec l'ordondance de 1667, et celle de 1670; augmentée d'une instruction sur la marche de la procédure civile et criminelle; *Bayeux, v^e Briard*, et *Caen, P. Chalopin*, 1773, 2 vol. in-24.

— Ditto; *chez les mêmes*, 1776, in-24 de LXXXV et 11 p. tables, plus 269 p. pour la coutume et LXXVI, plus XLII p. instruct. sur la marche de la procédure civile et criminelle.

— Coutumes du pays et duché de Normandie; *Rouen*, 1780, in-24.

— Texte de la Coutume générale de Normandie, des placités et du règlement des Tutelles, mis en ordre par M. Du Castel, avocat en Parlement; *Rouen, Louis Oursel*, 1783, in-12 de XXXII et 411 p.

— Coutumes du pays et duché de Normandie, ancien ressorts et enclaves d'icelui; avec les arrêts de réglement de la cour, édits, déclarations, arrets du Conseil et du Parlement, etc.; *Rouen, Louis Oursel*, 1783, in-24.

Publiées par *Guérard de la Quesnerie*, avocat au Parlement, connu par l'édition qu'il a donnée des œuvres de Basnage, avec notes et corrections, 1778, 2 vol. in-f.

Les Coutumes de Normandie n'ont pas été réimp. depuis lors. Pour les divers commentaires sur la coutume, V. le nom des commentateurs.

Monument de notre vieux droit municipal, le *Coutumier de Normandie*, composé entre 1270 et 1280, est attribué, par quelques auteurs, à Robert le Norman, praticien de Normandie, et, par quelques autres, à Pierre de Fontaines; mais cette opinion controversée ne présente pas assez de certitude historique pour qu'il soit possible de l'accueillir complétement, et peut-être fera-t-on de vains efforts pour découvrir le nom ou les noms des auteurs de ce recueil. M. Kœnigswarter, en citant les deux noms précités, ajoute que le grand *Coutumier de Norm.* fut composé sous St-Louis, pour l'instruction de son fils, Philippe le Hardi.

Ce qui est hors de doute, c'est que, pendant plusieurs siècles, ce Coutumier a servi de base à la jurisprudence en Norm., et qu'aujourd'hui encore, il fait, avec le commentaire de Terrien, lieutenant-gén. au bailliage de Dieppe, le fond de la législation des îles de Jersey et de Guernesey.

Dans l'intervalle qui sépare 1578 de 1586, la Coutume de Norm. fut révisée, et, à partir de cette époque, les éditions présentent un nouveau texte. Les Etats de Normandie avaient sollicité avec instance, et à plusieurs reprises, la révision de leur vieux Coutumier: beaucoup de termes n'en étaient plus compris; beaucoup d'articles, surtout de la procédure, ou, comme on disait alors, du style de procéder, « *étaient antiqués ou abrogés par le non usage* ». Henri III, par

quelq. portraits de ce jésuite dans la Collect. Baratte, à la Bibl. de Rouen.

CRÉATION d'une faculté des sciences à Rouen; *Rouen, Imp. de Brière*, 1847, in-4 de 8 p.

Lettre à M. le maire de Rouen, signée : Dainez, Girardin, Pouchet, Preisser; 15 juillet 1847.

CRÉATION (la), érection, et institution de notaires royaulx establys par le Roy nostre Sire en la ville et faulxbourgs de Rouen & pays de Normandie. Auec le reiglement d'entre les Tabelliōs & lesditz notaires. Publiées à Rouen en la court de Parlement le XI jour de Januier 1543; *Rouen, Claude le Roy, lib.* (1544), pet. in-8 carré de 40 ff. (Imp. de Jean Petit.)

CRÉMIEU (*Edouard*). Poussin et son monument, poëme couronné par la Soc. libre d'Agric., Sc., Arts et B.-Lett. de l'Eure, juin 1851; *Evreux, Hérissey*, 1851, in-8.

CRESPIN (l'abbé *Nic.*). A son Emin. Mgr. le cardinal de Tavanes, archev. de Rouen, sur l'accueil que lui ont fait ses diocésains le jour qu'il est venu dans la cathédrale rendre avec eux à Dieu des actions de graces de sa nouvelle dignité (en vers); in-4, signé : Nic. Crespin, vicaire de St-Amand, de Rouen.

CRESPIN (l'abbé), né à Rouen dans le XVIIIe sc., se distingua par ses talents oratoires. On remarque surtout le sermon qu'il prêcha le jeudi saint devant la cour, en 1770, sermon qui fut imp. la même année à Rouen, chez P. Seyer, et dont le texte était *la Cène*.

CRÊTEY ou CRESTEY (*Pierre*), curé de la paroisse de Barenton (près d'Avranches), fondateur de l'hôpital et instituteur des religieuses hospitalières du même lieu, naquit à Trun, près d'Argentan, le 17 nov. 1622, et mourut à Barenton le 22 fév. 1703.

V. sa vie, par Grandet, curé d'Angers; *Rouen, G. Béhourt*, 1722, in-12, portr.

CRÉTIEN (*Jacq.*). La science sublime ou la parfaite connaissance du ciel et de la terre par le soleil, la lune et les étoiles; *Evreux, Jean Malassis, imp.-lib.*, 1749, in-12 de 80 p.

Indépendamment de notions astronomiques, ce calendrier contient la position des principales villes et bourgs de Normandie, particulièrement du diocèse d'Evreux, leurs degrés de longitude et de latitude. Cette dern. partie a été réimp. dans le vol. intitulé : *Opuscules et Mélanges hist. sur la ville d'Evreux et le dép. de l'Eure*; Evreux, J. Ancelle, 1845, in-12. L'abbé J. Crétien, curé d'Orgeville, naquit à Coudres (Eure), au commencement du XVIIIe sc.

CRÈVECOEUR (*Michel-Guill.* St-John de), né à Caen en 1735, mourut à Sarcelles, près Paris, le 12 nov. 1813. Un séjour de plus de 30 ans qu'il fit aux Etats-Unis comme planteur et comme consul, lui donna l'occasion de composer les ouv. suivants :

— Lettres d'un cultivateur américain, trad. de l'anglais (par leur auteur, et publiées par M. Lacretelle l'aîné); *Paris, Cuchet*, 1784, 2 vol. in-8, et, 1787, 3 vol. in-8. Ouv. dédié à M. de La Fayette, et que M. de Crèvecœur publia d'abord à Londres, en anglais, en 1782.

— Voyage dans la Haute-Pensylvanie et dans l'Etat de New-York; *Paris, Maradan*, an XI (1801), 3 vol. in-8. Ouv. dédié à Washington.

Comme membre de la Soc. d'Agric. de Caen, M. de Crèvecœur a composé plusieurs mémoires et contribué à introduire dans la Basse-Normandie la culture de la pomme de terre. A cet effet, il a publié :

— Traité de la culture des Pommes-de-terre, et des différens usages qu'en font les habitans des Etats-Unis de l'Amérique. (Dédié à M. le duc d'Harcourt et aux habitans de la Norm.), signé Normano-Américanus; *Caen*, 1er *Janvier*, 1782, in-12 de 72 p., sans indicat. de lieu ni d'imprimeur.

CREVEL (*Jacq.*). Discours sur la translation faite le 15 déc. 1742, d'un ossement de Guillaume-le-Conquérant, du milieu du chœur de l'abbaye de St-Etienne de Caen, dans le sanctuaire de la même église; lu le 18 juin 1744, dans l'Acad. de Caen; *Nouvelles Littéraires de Caen*.

— Discours sur l'origine des Normands, dans lequel on établit qu'elle fut plus noble que celle des Romains, aussi illustre que celle des Francs et des Bourguignons, etc.; Mém. lu à l'Acad. de Caen, le 9 janv. 1755.

Publié en extrait dans les mém. de cette acad., le ms. est déposé dans ses archives.

Jacq. CREVEL, avocat au Parlement de Norm. et prof. de droit à l'Université de Caen, naquit à Ifs-lès-Allemagne (Calvados), le 2 mars 1692, et mourut le 23 déc. 1764. Il se distingua comme recteur en 1721, par la lutte qu'il soutint contre les Jésuites et par la réparation éclatante qu'il les contraignit de faire à cette université qu'ils avaient outragée dans une de leurs pièces de théâtre. Il a laissé des mémoires estimés et des poésies latines et françaises. — V. *Notices biog. sur les Hommes du Calvados*, par Boisard.

Le portr. de Crevel, peint par Tournières, se voit à la Biblioth. de Caen.

CREVEL (*Alex.*), publiciste, né à Rouen vers la fin du XVIIIe sc., a composé, de 1817-1838, une série de brochures politiques parmi lesquelles nous citerons seulement celles intitulées :

— Le Cri des peuples, adressé au Roi, aux ministres, aux maréchaux, aux pairs, aux députés, aux magistrats, à tous les Français ; *Paris, L'Huillier*, 1817, in-8.

— Le Cri de la nation sur la politique et l'administration civile, économique et financière du ministère depuis deux ans ; *Paris, L'Huillier*, 1818, in-8.

Ces écrits ont été, pour l'auteur, l'occasion d'un procès en Cour royale. Par arrêt du 2 mai 1818, ils furent condamnés à être détruits.

CREVEL (l'abbé *Jacq.*), curé de St-Romain en 1835, avait été commis de la Biblioth. du Chapitre de la Cathédrale. Ce fut probablement en souvenir de cette fonction qu'il légua sa bibliothèque au Chapitre de Rouen. Cet ecclésiastique est auteur d'une *Dissertation sur les inconvénients et les dangers de la substitution du temps moyen au temps vrai solaire pour les usages civils, etc.*; Rouen, Imp. de F. Baudry, 1828, in-8 de 49 p., avec une pl.

CREVEL (*Louis*). Éloge de P. Corneille, sa vie et ses ouvrages, monologue historique en un acte, en vers, dédié à la ville de Rouen; suivi d'une apothéose et d'une marche triomphale ; par Louis Crevel de Charlemagne (de Rouen), représenté pour la prem. fois sur le théâtre des Arts de Rouen, le 6 juin 1851 ; *Paris, Blanchet*, et *Rouen, A. Le Brument*, 1851, in-8 de 28 p.

CREVIER (*H.*). Table générale par ordre alphabétique du Recueil des actes des corps administratifs, et particulièrement de la préfecture de la S.-Inf. (1801-1840) ; *Dieppe, Imp. de E. de Montferrier*, 1842-43, 3 vol. in-8.

L'auteur était secrétaire de la sous-préfecture de Dieppe.

CRIGNON (*Pierre*), poète, né à Dieppe vers la fin du XVe sc., mort dans cette ville vers 1540, remporta plusieurs prix de poésie au Puy de la Conception de Rouen ; ses vers ont été imp. dans les recueils de cette acad. Il était ami de Jean Parmentier, autre poète, son compatriote, et il l'accompagna, en 1539, dans un voyage aux Indes orientales. Parmentier fut atteint à Sumatra d'une fièvre chaude dont il mourut; son frère Raoul, qui l'avait suivi, ne lui survécut que peu de jours. De retour à Dieppe, Crignon rassembla les vers de Parmentier et les fit imprimer en 1531, in-4, avec un prologue contenant l'éloge des 2 frères et un poème intitulé : *Plainte de Pierre Crignon sur le trespas de Jan et Raoul Parmentiers.* V. art. de M. Weiss, *Biog. univ.*; — Notice de l'abbé Cochet, *Galerie dieppoise*, et notre art. Parmentier.

CRISPIN (*Gislebert*). Vita sancti et gloriosissimi patris Herluini primi pastoris et fundatoris Beccensis cænobii, auctore Gisliberto Crispino, abbate Westmonasterii, ejus discipulo. *B. Lanfranci, opera omnia*, (édit. Dachery); *Paris*, 1648, in-f., apppendix, p. 32-40.

Gislebert Crispin, moine de l'abbaye du Bec, puis de celle de Westminster (XIIe sc.), fut l'un des élèves les plus distingués de St-Anselme. V., sur sa vie et ses écrits, *Hist. litt. de la France*, t. X (1756), p. 192-201.

CRISPIN (*Milon*). Vita sancti Lanfranci, Cantuar. archiepiscopi. *B. Lanfranci opera omnia*, (edit. D'Achery en tête du vol.); *Paris*, 1648, in-f., p. 1-31.

— Vita venerabilis Guillelmi tertii abbatis Beccensis, authore Milone Crispino, cantore Becci. *B. Lanfranci opera omnia* (édit. D'Achery); *Paris*, 1648, in-f., appendix, p. 41-46.

Guill. de Montfort-sur-Risle, 3e abbé du Bec en 1093, est mort le 16 avril 1124.

— Vita venerabilis Bosonis, cognomentis sapientis, quarti abbatis Beccensis. *B. Lanfranci opera omnia; Paris*, 1648, in-f., appendix, p. 47-51.

Boson, 4e abbé du Bec en 1124, mort le 24 juin 1136.

— Compendium vitæ venerabilis Theobaldi quinti abbatis Becci, posteà archiepiscopi Cantuariensis ; *B. Lanfranci, opera, etc.*, appendix, p. 51.

Thibaud, 5e abbé du Bec en 1136, mort en 1138.

— Vitæ Letardi sexti abbatis Beccensis compendium; *B. Lanfranci, opera, etc.*, appendix, p. 52.

Letard, 6e abbé du Bec en 1139, est mort en 1149.

— De Nobili genere Crispinorum (miraculum quo B. Maria subvenit Guillelmo Crispino seniori ubi de nobili Crispinorum genere agitur) ; *B. Lanfranci, opera, etc.*, appendix, p. 52-56.

Milon Crispin était chantre de l'abbaye du Bec dans le XIIe sc. — V. Milon Crispin, moine du Bec, et anonym. du mesme lieu ; *Hist. litt. de la France*, t. XII (1763), p. 333, 344.

CRITIQUE du ballet moral dansé au collége des Jésuites de Rouen, etc. V. GAULTIER.

CROISÉ. Hist. abrégée et chronologique de la ville, château et citadelle de Dieppe et du fort du Pollet, depuis leur origine; avec tous les priviléges accordés aux habitants de cette ville. Ms. in-4 de 187 p., s'arrêtant au 3 août 1726. (Biblioth. de Dieppe.)

Croisé était procureur du roi en l'amirauté de Dieppe.

CROISETTE (*Anne* Le Blanc du Rollet, seigneur de la), maréchal, conseiller d'Etat, gouverneur et bailli de la ville de Caen. — V. son Oraison funèbre, prononcée à Caen par De Launay Hue, le 27 janv. 1680.

CROISILLES (*Jean-Claude* de), seigneur de Bretheville, philologue, né à Caen le 12 janv. 1654, était membre de la Soc. acad. qui se réunissait chez Ségrais, son beau-frère. Après la mort de Ségrais, il recueillit les membres de l'Acad. naissante de Caen, et concourut à lui donner des règlements qui eurent la sanction royale. Il mourut le 21 janv. 1735. De Touchet, secrét. de l'Acad., fit imprimer son Eloge dans les *Nouvelles littéraires de Caen*, ann. 1744, p. 169. Ses ouv. n'ont pas été imprimés.

CROISMARE, sieur de Lasson (*Nicolas* de), l'un des amateurs de peinture les plus passionnés de son temps, écrivain facile en prose et en vers. Chimiste et mathématicien, il fondit un miroir métallique concave, le plus grand qui fut en France à cette époque. Né à Rouen en 1629, il mourut à Caen le 2 juin 1680. — V. Huet, *Orig. de Caen* (1706), p. 429.

CROIXMARE (*Robert* de), archev. de Rouen en 1483, né dans le pays de Caux, est mort dans son palais archiépiscopal le 18 juillet 1493. Sous son épiscopat furent commencés les travaux de construction de la tour méridionale de la cathédrale, dite *Tour de Beurre*.

CROIXMARE (*Joseph-François* l'Hermette, sieur de), conseiller au Parlement de Rouen, mort en 1752, est auteur d'un ouv. anonyme, intitulé : *Mém. du comte de Varack, contenant ce qui s'est passé de plus intéressant en Europe depuis* 1700 *jusqu'au dern. traité d'Aix-la-Chapelle* en 1748 ; Amst. (Rouen), 1750, 2 vol. in-12.

L'abbé Saas a fait une critique de ces mémoires, sous le titre de : *Avis du baron d'Orival au comte de Varack sur ses mémoires* ; Cambray, 1751, in-12 de 15 p.

CRONEL (Mlle), dite Frétillon, autrement dit Mlle Clairon, actrice de la Comédie de Rouen, en 1739. V. GAILLARD DE LA BATAILLE.

CROSNE (*Louis* Thiroux de), intendant de la généralité de Rouen, de 1767 à 1785. Vu les services rendus et les embellissements faits à la ville de Rouen par cet administrateur, on a donné son nom à l'une des principales rues de cette ville. L'Acad. avait, en 1806, proposé pour sujet de prix l'éloge de M. de Crosne, mais personne n'a répondu à son appel.

CROSVILLE (de). Factum pour Marie Benoist dite de la Bucaille, etc. Réplique de Marie Bucaille. V. BUCAILLE.

CROULLEBOIS (*Pierre*), demeurant à Coutances, a obtenu, en 1834, un prix de vertu de 3,000 fr. décerné par l'Acad. franç.

CROUZILHAC (Demiau de). Notice sur la maison habitée à Caen par Charlotte Corday, etc. V. DEMIAU DE CROUZILHAC.

CROŸ (Mgr. de). Instruction pastorale et Ordonnance de S. A. Mgr. l'archevêque de Rouen, primat de Norm. (Paris, 19 mars); *Rouen, Mégard*, 1825, in-4 de 35 p.

—Lettre pastorale de S. A. E. Mgr. le cardinal prince de Croÿ, archev. de Rouen, etc. (Paris, 3 mai); *Rouen, Mégard*, 1825, in-4 de 15 p.

—Mandement et Instruction pastorale de Mgr. l'archev. de Rouen pour le Jubilé. (Paris, 18 fév.); *Rouen, Mégard*, 1826, in-4 de 16 p., plus 16 p. pour l'*Instruction papale*.

CROŸ (Mgr. le cardinal *Gustave-Maximilien-Juste*, prince de), gr.-aumônier de France, archev. de Rouen, du 21 fév. 1824 au 1er janv. 1844, époque de sa mort, naquit au château de l'Hermitage (Nord), le 12 sept. 1773. En 1857, on a érigé à ce prélat un tombeau dans la cathédrale de Rouen, en face celui des cardinaux d'Amboise. Son portrait en pied, peint par Court, se trouve au Musée de Rouen

CRUZ (*A. J. C.*). O Castello de Grasville, tracudido do francez; *Paris, Pillet*, 1836, 4 vol. in-18.

CUBIÈRES (*Michel* de). Fontenelle jugé par ses pairs, ou éloge de Fontenelle, en forme de dialogue entre trois académiciens; *Paris, Belin*, 1783, in-8, et 2e édit., 1784, in-12.

Cet opuscule a été réimp. sous le titre de *Fon-*

tenelle, Colardeau et Dorat, ou éloge de ces trois écrivains célèbres, etc.; Paris, Cerioux, an XI (1803), in-8.

— Les deux Centenaires de Corneille, pièces en un acte et en vers, représ. à Rouen, Bordeaux, le Havre, Tours, Grenoble, etc.; *Paris, Cailleau et Bailli; Rouen, Le Boucher le jeune*, 1785, in-8.

Ces deux pièces étaient destinées à célébrer l'anniversaire séculaire de la mort de P. Corneille, arrivée le 1er oct. 1684; la 1re, intitulée : *La Centenaire de Corneille ou le Triomphe du Génie* a été représentée sur les théâtres publics de Rouen et de Bordeaux, le 1er oct. 1784; la 2e ayant pour titre : *La Centenaire de Corneille ou le Génie vengé*, a été reçue et mise en répétition à la Comédie franç., mais n'y a point été jouée. Ces pièces sont précédées de réflexions sur le grand Corneille. Sur ces opuscules, l'auteur prend le titre de chevalier de Cubières, de l'Académie de Lyon, etc. *Les Deux Centenaires* ont été réimp. dans les œuvres dramatiq. de l'auteur, t. II; *Paris, Mme Desmarets*, 1810, 4 vol. in-18.

CURAUDAU (*François-René*), chimiste et pharmacien, né à Sées, le 14 nov. 1765, est mort à Paris, le 25 janv. 1813. On lui doit un *Traité du blanchissage par la vapeur*; Paris, 1806, in-8, et un grand nombre de Mém. consignés dans les *Annales de Chimie*, le *Journal de Pharmacie* et le *Bulletin de Pharmacie*. Curaudeau améliora le tannage, fabriqua l'alun à l'instar de celui de Rome, perfectionna les étuves des hongroyeurs et fut, en quelque sorte, l'inventeur des calorifères.

CUREZ (*Léopold*), né à Vernon (Eure), a publié : *Epître amoureuse d'Héloïse et d'Abeilard, d'après les lettres originales*; Lyon, Imp. de Rossary, in-8 de 48 p. (en vers alexandrins). De 1831-1845, cet auteur a composé sur des sujets de circonstance quelques opuscules poétiques.

CURMER. Résultats de la loi du 31 mai 1846, relative à la perception des droits d'octroi sur la viande, à l'entrée des villes; *Rev. de Rouen*, 1852, p. 39-43, avec un tableau statistique.

Travail lu à la Soc. d'agric. de la S.-Inf., le 8 janv. 1852, et fait sur les états fournis par l'administration de l'octroi de Rouen, au conseil municipal. D'après la loi précitée, les droits d'octroi sur la viande étaient perçus au poids et non par tête d'animal.

—Mém. sur la question des subsistances; *Trav. de la Soc. d'agric. de la S.-Inf.*, t. IV (1847), p. 400-424.

Donne le prix du pain, à Rouen, au kilog., de 1798-1846.

— Notice sur la fabrication du beurre dans le Bessin (avec une note additionnelle par M. Girardin); *Trav. de la Soc. d'agric. de la S.-Inf.*, t. XV (1849), p. 585-595.

—Des désordres qui menacent d'anéantir le poisson dans les eaux douces du département de la S.-Inf., et des moyens d'y mettre un terme; *Rev. de Rouen*, 1852, p. 267-274.

— Consommation de la viande à Rouen; *Soc. d'agric. de la S.-Inf.*, 1854, p. 14-16.

M. Curmer a été maire de Rouen pendant les cent-jours, député de la S.-Inf. sous Louis-Philippe, présid. de la Soc. d'agric. de la S.-Inf. en 1853. Il est en ce moment memb. du conseil gén. du dép.

CUSSON (*Hippolyte*). Annuaire du départ. du Calvados, années 1853, 1854, 1855; *Caen, ve Pagny*, 3 vol. gr. in-8.— V. *Ann. du Calvados*.

Les principaux articles de ces annuaires sont :
— Topographie du Calvados; *Ann.* 1854, p. 287-324.
— Description de la cathédrale de Bayeux; *Ann.* 1854, p. 507-516. Ext. d'un rapport adressé par l'évêque de Bayeux à M. le ministre des cultes, le 20 janv. 1842, au sujet de la restauration de la tour centrale de cette basilique.
— Recherches sur l'institution des dépôts de mendicité dans le Calvados; *Ann.* 1855, p. 405-504. Ces dépôts ont été celui de Beaulieu, et sous l'Empire, celui de l'abbaye aux Dames.

M. Cusson, chef de division à la préfecture du Calvados, est aujourd'hui secrét. gén. de la mairie de Rouen.

CUSSY (*Gabriel* de), directeur de la monnaie à Caen, député du bailliage de cette ville à l'assemblée nat. en 1789 et à la convention en 1792, est né à Caen le 13 août 1739. Professant dans ces temps orageux des opinions modérées, il fut déclaré traître à la patrie par le tribunal révolutionnaire, et périt sur l'échafaud le 25 brum. an II.

CUSSY (*Franç.-Thomas-Alex.* de), évêque de Troyes, né au château de Vouilly, près Isigny, le 25 sept. 1759, est mort le 12 déc. 1835. V., sur sa vie, une notice dans l'*Ann. norm.*, 1837, p. 404-405.

D.

DACHEUX (*Louis-Vict.*), surnommé *l'homme du rivage*, né à Dieppe, le14 mars 1772, a résidé à Paris, près du port St-Nicolas, où il s'est rendu célèbre par de nomb. sauvetages. En récompense de son dévouement il a reçu, en 1824, de l'Acad. franç., un prix Monthyon de 6,000 fr. V. Gautier, le *Marin des bords de la Seine* ou Mém. de Dacheux. D'après M. Morlent, *Pet. Géog. de la S.-Inf., etc.*, p. 337, Dacheux serait né au Havre, où il occuperait encore aujourd'hui dans le port les modestes fonctions de garde-feux.

DACIER (*Bon-Joseph*, baron), membre de l'Institut, Acad. franç., et secrét. perp. de l'Acad. des Inscript. et B.-Lett., etc., né à Valognes le 1er avril 1742, est mort à Paris le 4 fév. 1833. Il a pub. une traduct. d'*Elien*, 1772; de la *Cyropédie*, 1777, 2 vol. in-12; un *Rapport hist. sur les progrès de l'Hist. et de la littérature ancienne depuis* 1789; Paris, Imp. Impér., 1810, in-4 et in-8; un gr. nombre de dissertations philolog. et histor., et d'éloges parmi lesquels se trouvent ceux des Normands : Bréquigny, 1801, Acad. des Inscript., t. XLVII, et David Houard, 1803, id., t. XLVIII. — V. une notice par M. Sylvestre de Sacy, Mém. de l'Acad. des Inscript. et B.-Lett., t. XII, 1re part., p. 467. (Il en a été tiré à part quelq. exempl.); — Son éloge prononcé à l'Acad. franç. par M. Tissot; — Suppl. à la Biog. univ., t. LXII; — Notice placée en tête du Catalogue de sa biblioth.; *Paris*, *Leblanc*, 1833, in-8.

DADRÉ (*Jean*). Chronologie historiale des archevesqves de Roven; *Roven*, *Jean Crevel*, 1618, in-8 de 353 p., plus la préf. et la table, avec vign. sur bois.

Cet ouv., dont il se trouve des exempl. en gr. papier, fut publié par Gilles Dadré, neveu de l'auteur, et mort à Rouen en 1651.

— Remontrance faite à M. d'Espernon, entrant en l'église cathédrale de Rouen... Par le Pénitencier dudit lieu, etc., 1588. V. *Remontrance*.

J. Dadré, Dr en théologie, chanoine et théologal, était grand pénitencier de l'église de Rouen et zélé partisan des ligueurs. Né à la Perrière (Orne), vers 1550, il mourut en 1617.

On doit à ce théologien, comme auteur ou éditeur : *Loci communes, similium et dissimilium;* Paris, 1567; — *Eusebii Cœsariensis episcopi opera;* Paris, 1581; — *Vita Christi Domini;* Paris, 1588, in-f. (par Ludolphe de Saxe); — *Glossa tum ordinaria, etc.;* Paris.

On lui attribue 2 écrits relatifs au Privilége de saint Romain, mais, selon nous, ils seraient dus plutôt au grand archidiacre de Rouen, Adrien Behotte.

DAGOBERT DE FONTENILLE (*Louis-Simon-Auguste*), né à St-Lô en 1740 (ou, suivant M. Soulié, *Notices sur le Musée de Versailles*, le 8 mars 1736, à la Chapelle, près de St-Lô), était général en chef de l'armée des Pyrénées orientales en 1793. Il mourut à Puycerda (Espagne) le 21 avril 1794. En raison de ses services, la Convention nationale ordonna que son nom fut inscrit sur une des colonnes du Panthéon. On a de ce tacticien : *Nouv. méthode d'ordonner l'infanterie, combinée d'après les ordonnances grecques et romaines, etc.*, 1793, in-8.

Ch. Bisson a laissé ms. un Eloge de Dagobert; son portrait, en buste, peint par Maurin aîné, se voit au Musée de Versailles, 2e Salle des Guerriers célèbres, no 59.

DAGOUMER (*Guill.*), né à Pont-Audemer au milieu du XVIIe sc., fut professeur de philosophie, et ensuite principal au collége d'Harcourt, à Paris; plus tard, il fut nommé recteur de l'Université, et mourut à Courbevoie en 1745. Il a laissé un *Cours de Philosophie* en latin, 1701-1703, 3 vol. in-12, et Lyon, 1746, 4 vol. in-12. — *Lettres d'un philosophe à M. l'Evêque de Soissons, sur son premier avertissement*, 1719, in-8. — *Requête de l'université de Paris au Roi, au sujet de l'union du Collége des Jésuites de Reims à l'université de cette ville;* 1724, in-f. L'abbé Saas indique la naissance de Dagoumer à Louviers et non à Pont-Audemer.

DAGOUMER (*Thomas*), médecin, né à Louviers le 21 déc. 1762, a composé quelq. ouv. de médecine de 1825-1831.

DAGUES DE CLAIRFONTAINE (*Ch.*). Eloge historique d'Abraham Duquesne, lieutenant-gén. des armées navales de France; *Paris*, *Nyon*, 1766, in-8.

Cet éloge, sujet de prix pour 1762, proposé par l'Acad. de Marseille, avait paru en 1763 sous le titre de : *Essai histor. sur Abraham Duquesne, etc.;* Mercure, 1763, janv., p. 80-109. Dagues de Clairfontaine appartenait à l'Académie roy. d'Angers.

DAIRE (*Louis-François*). Relation d'un voyage de Paris à Rouen; *Rouen*, 1740, in-12.

Né en 1713 à Amiens, Daire, bibliothéc. des Célestins de Paris, mourut à Chartres en 1792.

DALÉCHAMPS (*Jacq.*), médecin et botaniste célèbre par son érudition, né à Caen en 1513. Il alla en 1552 se fixer à Lyon, où il exerça la médecine avec beaucoup de succès jusqu'à sa mort, en mars 1588. La plupart de ses ouv. ont été imp. à Lyon chez G. Rouillé. On cite parmi ceux-ci une *Tra-*

duction latine d'Athénée, et un *Traité sur la Peste*, en latin, 1553, in-16. Avec Des Moulins, il publia une *Hist. gén. des Plantes*; Lyon, 1586 et 1587, et Lyon, 1653, 2 vol. in-f., fig. Et avec J. Girault, *Chirurgie françoyse*; Paris, 1610, in-4, fig.

Un ancien portr. de Daléchamps, gravé sur bois, se trouve dans la Collect. Baratte, Biblioth. de Rouen. C'est probablement d'après ce portr. qu'a été peint celui donné à la Biblioth. de Caen par M. E. Julien.

DALLET (*François-Noël*). Prise de Cherbourg par les Anglais, en 1758, poème.

— L'Incendie de Bolbec; *Mercure, oct.*, 1765, p. 40.

Pièce datée de Valognes, 26 juillet 1765.

Ce poète, membre correspondant de l'Acad. de Rouen, né à Metz le 14 sept. 1715, est mort à Valognes le 9 juin 1775.

DALLET (*Ch.-Nicolas*, comte), général dans l'armée polonaise et diplomate, né à Caudebec-en-Caux en 1736, mourut dans sa terre de Renfeugère en 1816. Il a composé une petite com. de société, intitulée : *Les Diplomates*, pièce qui fut jouée par les agents diplomatiques, à la cour de Modène, et qui n'a pas été imprimée.

DALMENESCHE (*Alphonse*). Herbier de plantes médicinales indigènes, avec texte; *Rouen, Le Grand*, 1836-40, in-f.

Ouv. publié en 20 liv., présentant, en nature, des plantes des environs de Rouen.

M. Dalmenesche, Dr-méd. à Rouen, est auteur de : *Observations sur les causes de la colique de plomb chez les tisserands à la Jacquart et moyens d'y remédier*; Rouen, I. S. Lefèvre, 1840, in-8 de 15 p. Ext. des *Mém. de la Soc. d'Emulat.*, 1840.

DAMAS (*H.*). Plan de la ville de Honfleur; *Lisieux, Baratte*, 1835, 1 flle.

— Plan de la ville de Lisieux, dressé d'après le cadastre, avec les changements et augmentations survenus depuis sa publication; *Lisieux, Durand*, 1845, 1 flle.

Gravé sur pierre par Schwaerzlé, imp. de Lemercier, à Paris. Ce plan se trouve égalem. joint à l'*Hist. de Lisieux*, par L. Du Bois.

— Plan d'Etretat, par Damas, Houlbrecque; *Havre, Imp. lithog. de Lenormand de l'Osier*, 1856, 1 flle.

— Plan de Fécamp, par Damas, Houlbrecque et Héliot; *Havre, Imp. lithog. de Lenormand de l'Osier*, 1856, 1 flle.

DAMBOURNEY (*Louis-Alex.*). Mémoire sur la culture de la garance (dans les environs de Rouen); *Délib. et Mém. de la Soc. roy. d'Agric. de la Généralité de Rouen*, t. I (1763), p. 241, et *Imp. roy.*, in-4.

— Compte-Rendu à la Soc. roy. d'Agric. de Rouen par M. Dambourney, du succès de ses essais en grand sur la garance, depuis le Mem. imprimé ci-devant. Résumé dudit mémoire, etc.; même recueil, t. I, p. 261.

— Mémoire sur la Culture de la Gaude (à Oissel et à Léry); même recueil, t. I, p. 275.

— Mémoire sur les Cidres; même recueil, t. III.

— Eloge de M. de la Follie; *Mém. de l'Acad. de Rouen*, t. IV (1771-80), p. 325-328.

— Eloge historique de M. F. Descroisilles; *Acad. de Rouen*, t. V (1781-93), p. 289-291.

— Notice biographique sur la vie et les écrits de M. l'abbé Dicquemare; *Acad. de Rouen*, t. V, p. 324-327.

— Recueil de procédés et d'expériences sur les teintures solides que nos végétaux indigènes communiquent aux laines et aux lainages. Imp. par ordre du Gouvernement; *Paris, Imp. de P. Pierres*, 1786, in-8 et in-4.

La même composition a servi pour les deux formats.

— Supplément au recueil de Procédés et d'expériences, etc.; *Paris, Pierres*, 1788, in-8 et in-4.

Une nouv. édit. des 2 part., refondue, a paru en 1793, in-8.

Dambourney (*Louis-Alex.*), secrét. perp. pour les sciences de l'Acad. de Rouen, né en cette ville le 10 mai 1722, mort à Oissel le 2 juin 1795, sut joindre aux occupations commerciales la culture des beaux-arts et des lettres et l'étude des sciences industrielles. Pour récompenser Dambourney de ses découvertes, le roi lui accorda, en 1786, une pension de 1,000 liv. — V. Notice de M. Girardin; 1837, gr. in-8 de 29 p. (Ext. de la *Rev. de Rouen*.)

DAMBRAY (*Ch.-Henri*). V. Ambray (d').

DAMEMME (*Henri*), habile coutelier, né à St-Lo, le 18 sept. 1776, mort à Caen, le 7 mars 1845, est auteur de : *Essai pratique sur l'emploi ou la manière de travailler l'acier*; Caen, 1835, in-8 de 500 p. V. sur sa vie une notice de M. Travers, *Ann. de la Manche*, 1846, p. 466-472, et sur ses travaux, les rapports de M. Le Play, dans les *Annales des Mines*, 3e série, t. X; et de

M. Girardin, dans la *Rev. de Rouen*, 1836, 1er sem., p. 383-391.

DAMIEN DE TEMPLEUX. Description dv pais de Normandie. Carte dressée par Damien de Templeux, escuyer Sr du Fresnoy et gravée par Jean Le Clerc; 1620, 1 flle.

Doit appartenir à une ancienne cosmographie.

DAMOIS (l'abbé). Lettre à M. le curé de Linière la-Quarelle (l'abbé Fleury), par un de ses amis (l'abbé Damois d'Alençon), sur les difficultés qu'excite sa réponse; *Amsterdam (Alençon), chez la veuve Malassis*, 1778, in-4.

Cette lettre répond à un écrit intitulé: *Réponse de la messe par les femmes, ou réponse à une lettre anonyme* (par Fr. M. Fleury, curé de Linière-la-Quarelle); *Alençon*, 1778, in-8. (V. Fleury.)

DAMOUR (*A.*). Notice biographique sur M. Defrance; *Paris, Martinet*, 1850, in-8 de 12 p.

Jacq.-Louis-Marin Defrance, doyen de la Soc. géologique de France, né à Caen le 22 oct. 1758, est mort à Sceaux le 12 nov. 1850.

DANCEL (*Jean-Charles-Richard*), évêque de Bayeux, de 1827-1836, né à Cherbourg le 20 août 1762, et mort le 20 avril 1836, est auteur de l'opuscule suiv.: *Apologie du serment civique; par un prêtre de la maison et société de Sorbonne, ami de la religion et des lois*; 1790, in-8. Mgr. Dancel, alors profess. de philosophie au collége d'Harcourt, rétracta son serment dès 1791, et se réfugia en Angleterre. Lors du rétablissement du culte, il fut nommé grand-vicaire de Coutances, et en 1822 curé de Valognes.

V. Notice de M. Travers, *Ann. de la Manche*, 1837, p. 227-230; — et une autre Notice, *Ann. norm.*, 1837, p. 397-400. L'auteur de cette dern. notice indique la naissance de Mgr. Dancel en 1761.

DANGICOURT (*Pierre*), mathématicien, membre de l'Acad. des Sc. de Berlin, naquit à Rouen en 1666. Ce savant est mort le 12 fév. 1727, à Berlin, où il s'était réfugié par suite de la révocation de l'Edit de Nantes. — V. *France Protest.*, t. IV (1854), p. 198.

DANGIE DE RENCHY (de la). Apologie povr la défence de ce très-pievx et très-invincible conqvérant Gvillavme jadis roy d'Angleterre, dvc de Normandie, prince dv Maine, Et fondateur des deux abbayes de Caen. Contre certains faux bruits, qui depuis un très long temps ont pullulé dans l'imagination populaire, au préjudice de sa memoire et de la vérité. Dédié à très illustre & tres religieuse princesse Marie de Rohan de Monbazon, abbesse de Sainte Trinité de Caen; *Caen, chez Joachim Massienne*, s. d. (vers 1640), in-8 de 123 p. et 6 ff. prélim.

« Dans cette apologie, dit le P. Lelong, l'auteur a entrepris de réfuter la fable qui attribue à Guillaume-le-Conquérant l'excès d'avoir fait traîner par les cheveux, à la queue d'un cheval, la comtesse Mathilde, son épouse, depuis le lieu où est aujourd'hui l'abbaye de St-Etienne, jusqu'au lieu où est celle de la Trinité, comme le rapporte la Chronique de Normandie, et que, pour réparer son crime, il avoit fondé ces deux abbayes. »

— Pensées levitiqves, svr l'entrée des vénérables religieux et chapitre de la grande abbaye de Caen, à la congrégation des autres abbayes de leur ordre, qui sont d'ancienne institution. Addressées à Reuerendissime Père en Dieu Messire Clavde de Bavdry de Piencovrt, general de la congregation des Benedictins de France, et abbé de la Croix Sainct Leuffroy. Dans quel sujet sont tres clairement expliquez plusieurs notables poincts, touchant ce qui est du restablissement des abbayes, et des causes de leur cheute et désolation; *Caen, Imp. de Michel Yvon*, 1647, in-4 de 44 p.

Dangie de Renchy (Dom *Mathieu* de la), Dr en théologie de la faculté de Paris, cellerier de l'abbaye de St-Etienne de Caen, l'un des religieux les plus distingés de cette abbaye, naquit en 1585, dans la commune de Renchy, près Bayeux, et mourut à Caen le 2 oct. 1657. Ce fut à lui et à Jean de Baillehache qu'on dut, en 1637, le rétablissement du tombeau de Guillaume-le-Conquérant dans l'église de l'abbaye de St-Etienne. Indépendamment des ouv. mentionnés ci-dessus, ce religieux est auteur des opuscules suiv.:

— Scauoir s'il peut estre licite dans vne abbaye à quelque superieur de soustenir que le chapitre n'y doit estre tenu qu'à sa discretion. Question tres remarquable dont la pratique doit estre ponctuellement suiuie dans les abbayes et congregations Benedictines; (1646), in-4 de 8 p.

— L'asile salutaire touchant la dignité des reliques des saints, dédié à Mgr. l'évêque de Bayeux, François de Servien; *Caen, Joachim Massienne*, s. d. (l'approbation est de 1655), in-12. Ce vol. contient des détails sur les reliques de St Etienne, martyr, déposées dans l'église de St-Etienne de Caen.

DANIEL (*Antoine*), jésuite-missionnaire, né à

Dieppe, vers la fin du XVIe sc., mourut au Canada, le 6 juill. 1648, après avoir porté chez les Hurons les lumières de la foi. V. Notice de M. Lebreton, *Rev. de Rouen*, 1852.

DANIEL, capitaine de navire, né à Dieppe, fit, en 1629, un voyage au Canada, dont on trouve la relation à la suite de l'ouv. intitulé : *Les voyages de la Nouvelle France occidentale, dicte Canada, faits par le Sr de Champlain, et toutes les descouvertes qu'il a faites en ce païs depuis l'an* 1603 *jusques en l'an* 1629 ; Paris, Pierre Le Mur, 1632, in-4.

DANIEL (*Gabriel*), jésuite, historiographe de France, né à Rouen le 8 fév. 1649, est mort à Paris d'une attaque d'apoplexie, le 23 juin 1728. Son Histoire de France et son Histoire de la Milice françoise, lui ont acquis une juste célébrité.

— Histoire de France, depuis l'établissement de la Monarchie françoise dans les Gaules ; nouv. édit. augm. de notes, de dissert. crit. et hist., et de l'Hist. de Louis XIII (par le P. Griffet) et d'un Journal du règne de Louis XIV; *Paris, Libraires assoc.*, 1755-57, 17 vol. in-4, avec cartes, plans et vign.

Cette édition, qui est la dernière, est de beaucoup la meilleure. Il parut en même temps à Amsterdam, *chez Arkstée*, une édition en 24 vol. in-12.

— Histoire de la Milice françoise, depuis l'établissement de la monarchie dans les Gaules, jusqu'à la fin du règne de Louis-le-Grand ; *Paris, Mariette*, 1721, 2 vol. in-4, fig.; *Amsterdam, aux dép. de la Comp.*, 1724, 2 vol. in-4, fig.; et *Paris*, 1728, 2 vol. in-4, fig.

— Abrégé de l'Hist. de la Milice françoise (par Alletz) ; *Paris, Panckoucke*, 1773 ou 1780, 2 vol. in-12, fig.

Indépendamment de ces 2 ouv., le P. Daniel est auteur de dissertations hist. et de quelq. ouv. anonymes, dont :

— Entretiens de Cléandre et d'Eudoxe sur les Lettres provinciales (de Pascal) ; *Cologne, P. Marteau (Rouen)*, 1694, in-12.

— Observations critiques sur l'Hist. de France écrite par Mézerai ; *Paris, Musier*, 1700, in-12.

V. Eloge du R. P. Daniel ; *Mercure*, 1728, août, p. 1775-1779 ; et Eloge du même, par le P. Griffet, en tête de l'édit. de l'Hist. de France de 1755, indiquée ci-dessus.

DANIEL (Mgr). Discours prononcé par M. l'abbé Daniel, président de la Soc. des Antiq. de Norm., dans sa séance du 22 juill. 1833; *Caen*, in-8 de 16 p.

— Extrait du Rapport du Proviseur sur la situation générale du Collége royal de Caen, présenté au Conseil académ. dans sa séance du 8 fév. 1836 ; *Caen*, in-8 de 40 p.

— Rapport du Proviseur sur la situation générale du Collége royal de Caen, etc., 25 mai 1838; *Caen*, in-8 de 26 p.

— Notice historique sur M. l'abbé Gambier, ancien régent de rhétorique, etc.; *Caen*, in-8 de 24 p.

— Des Salles d'asile dans le ressort de l'Acad. de Caen ; *Caen*, in-8 de 8 p.

— Rentrée solennelle de l'Acad. roy. de Caen. Distribution des médailles, des prix et des mentions honorables aux élèves de la Faculté de Droit et de l'Ecole secondaire de médecine ; *Caen*, in-8 de 76 p.

— Embellissements de la ville de Caen. Notes hist. sur ses établissements universitaires, Collége royal, Ecole normale, Facultés ; *Caen, Hardel*, 1842, in-8 de 40 p.

— Rapport sur le concours ouvert pour l'éloge d'Alex. Choron ; *Caen, A. Hardel*, 1845, in-8 de 31 p.

Ext. des Mém. de l'Acad. des Sc., Arts et B.-Lett. de Caen.

Ce rapport a été réimp. dans la *Rev. de Rouen*, 1845, 1er sem., p. 280-294. Le prix fut décerné au travail de M. L. E. Gautier.

— Notice hist. sur le collége de Coutances ; *Coutances, Tanquerey, Vérel et Daireaux*, 1848, in-8 de 80 p., avec une lithog. (Imp. de Hardel, à Caen.)

M. l'abbé Daniel avait été professeur et ensuite principal de ce collége.

— Lettre à M. Carnot ; 29 août 1848, in-8.

— Discours prononcé le 18 août 1852, à la séance publique de la Soc. des Antiq. de Norm., comme directeur de cette soc.; *Caen, Hardel*, 1853, in-4 ; et *Caen, Delos*, in-8.

DANIEL (*Mgr. Jacq.-Louis*), 80e évêque de Coutances, né à Contrières (Manche), le 13 janv. 1794, a été sacré à Coutances le 12 juin 1853. Ce prélat, administrateur habile, a été successivement principal du Collége de Coutances, proviseur de celui de Caen, puis recteur de l'Acad. univ. dont le siége est à Caen, et memb. du Conseil Imp. de l'Instruct. publ. Indépendamment des ouv. indiqués ci-dessus, Mgr. Daniel est auteur des suiv. :

— Tableaux synoptiques de géographie ancienne et moderne comparées ; *Coutances, Imp. de Voisin*, 1825, 8 tableaux in-f. — Ibid., 4e édit., augm. de 12 cartes géograph.; *Coutances, J. V. Voisin*, 1826, in-f.

— Des qualités de l'orateur sacré ; *Caen*, 1829, in-8.

— Eléments de géographie ancienne et moderne comparées; 2e édit.; *Caen, A. Le Roy*, 1837, in-8 de 243 p.

— Nouv. abrégé chronolog. de l'Hist. univ.; *Paris, Hachette*, 1841, in-18.

— Choix de lectures en prose et en vers extraites des classiques français, etc.; nouv. édit.; *Paris, Hachette*, 1855, in-8 de 468 p.

DANJOU. Lettre sur les eaux minérales de Conches; *Journ. de Verdun*, 1731, t. XXX, p. 83-88.

D'ANNEVILLE. V. ANNEVILLE.

DANZATS (*A.*) et P. BLANCHARD. Vues panoramiques du chemin de fer de Paris à Rouen, dessinées d'après nature et lithog.; *Paris, V. Delarue*, oblong, avec 4 p. de texte.

DAON (*Roger-François*), prêtre Eudiste, né à Bricqueville, arr. de Bayeux, en 1678, mort à Sées le 10 août 1749, est auteur de quelq. ouv. de piété, dont l'un : *La Conduite des Confesseurs dans le tribunal de la pénitence, etc.*; Paris, 1738, in-12, a été réimp. plusieurs fois et trad. en italien.

D'APRÈS DE MANNEVILLE.— V. APRÈS DE MANNEVILLETTE (d').

DARCEL (*Alfred*). Notice sur le Musée-Bibliothèque du Havre; *Rev. de Rouen*, 1848, p. 44-48.

— Les Artistes normands, à l'exposition de 1848; *Rev. de Rouen*, 1848, p. 173-179.

— Les Artistes normands au salon de 1849; *Revue de Rouen*, 1849, p. 362-372, 454-467.

— Musée de Rouen. Exposition de 1849, 1er art.; *Revue de Rouen*, 1849, p. 549-559.

Le 2e art., p. 607-615 du même recueil, est dû à Mlle A. Bosquet.

— Travaux de l'église de Duclair. Rapport à M. le Ministre de l'Intérieur; *Rev. de Rouen*, 1851, p. 356-362.

— La Chanson de Roland; analyse du poëme de Théroulde, publié par F. Génin; *Rouen, Péron*, 1851, in-8 de 20 p.

Ext. de la *Revue de Rouen*, 1851, p. 443-462.

— L'office au XVe sc., d'après une miniature de la Biblioth. de Rouen (Collect. Leber, catal. no 142); *Paris, Vor Didron*, et *Rouen, François*, 1853, in-4 de 8 p., avec une pl.

— Tapisserie dite de la reine Mathilde, de Bayeux. Lettre à Mlle A. Bosquet; *Journ. de Rouen*, 7 juill. 1857.

— Hist. d'une guerre d'érudition. M. Lenormant et la Soc. du dép. de l'Eure; *Paris, P. Dupont*, 1857, in-8 de 15 p.

Ext. de la *Rev. des Soc. savantes*, no d'oct. 1857.

M. DARCEL (*Alfred*), né à Rouen, le 4 juin 1818, Anc. élève de l'École centrale des Arts et Manufact., collabor. des *Annales archéolog.*, de la *Rev. franç.*, de la *Rev. des Soc. savantes*, du journal l'*Illustration*, M. Darcel est attaché à la rédaction du *Journal de Rouen*, pour la partie des arts et de l'archéologie. C'est à ce titre qu'il a publié dans cette feuille une série d'articles intéressants, sur les industriels et les artistes normands qui ont pris part à l'Exposition univ. de 1855, ainsi que sur les artistes normands dont les œuvres ont figuré à l'Exposition des beaux-arts de 1857. Cette même année, M. Darcel a publié, comme réponse à une attaque de M. Beulé, un opuscule intitulé : *De l'architecture ogivale, architecture nationale et religieuse*; Paris, Raçon et Ce, in-8 de 16 p. (Ext. de la *Rev. franç.*). Par suite de la mort de M. Lassus, M. Darcel s'est chargé de la publication de l'*Album de Villard de Honnecourt, architecte du XIIIe sc.*; Paris, Delion, 1858, gr. in-4, avec 75 pl.

M. Ch. Darcel, frère du précédent, est auteur d'une *Notice élémentaire sur l'art de produire, d'administrer et d'employer les fumiers*; Rouen, A. Péron, 1850, in-18 de 18 p.; et d'un *Mém. sur la culture du lin dans le dép. de la S.-Inf.*; Soc. d'Agricult. de la S.-Inf., 1852, p. 192-197.

DARET (*Jean*). Abrégé de la vie de dom Jean Daret (abbé du Bec) : *Les Appelans célèbres*; Paris, 1753, in-12, p. 122-131.

Ce religieux est mort en 1736.

DARGENT (*Louis-Alex.*), agriculteur, né à Gerponville (S.-Inf.) dans la seconde moitié du XVIIIe sc., fit faire de grands progrès à la science agronomique. Il introduisit le premier, dans le pays de Caux, des moutons mérinos de race espagnole.

DARGENT (*Achille*), neveu du précédent, prop.-agronome, né à Gerponville (S.-Inf.), en 1794, a été en 1848 député de la S.-Inf. à l'Assemblée nat. On lui doit d'importantes améliorations dans l'art de cultiver et d'ensemencer les terres, dans la méthode d'employer les engrais, etc.

DARODE, né à Lillebonne (S.-Inf.). La Clovisiade, ou le Triomphe du Christianisme en France, poëme héroïque en 24 chants, dédié à la France catholique et guerrière, sous les auspices de la reine des anges; *Paris, Béthune*, 1826, 2 vol. in-8, publiés en 24 liv. De cet ouv., il n'a paru que les prem. chants.

D'ASPRÈS ou DASPRES (*Louis*), curé de St-Martin de Laigle, mort le 1er janv. 1740, est auteur d'une Hist. de Laigle, dont on trouve des copies mss. sous le titre de : *Hist. générale de la ville de Laigle et de ses anciens seigneurs*, et sous celui de : *Hist. générale de la ville et du marquisat de Laigle et de son antiquité*. Cet ouv. s'arrête à l'année 1730. L'auteur a profité de beaucoup de notes recueillies sur cette ville par Mme Du Bois-de-la-Pierre.—V. notre art. Arnks (d'), et Vaugeois, *Hist. de Laigle*, préf., p. xi et suiv.

DASSONVILLE (*Jacq.*), graveur, né en 1719, à Port-St-Ouen, près de Rouen, a gravé quelq. planches à la manière de Van-Ostade. V. *Mém. biog. de Guilbert*, t. i, p. 281.

DASTIN (*C.-A.*), né à Caen le 4 janv. 1767, mort le 17 sept. 1803, a composé un grand nombre de pièces de poésies légères et un Traité de mathématiques, auquel M. de Minery, son ami, se chargea de mettre la dernière main.

DAUBERT, poëte, né à Caen, xviiie sc., cité par L. Du Bois dans sa Biog. norm.

DAUDRÉ (*Léon*), conserv. adjoint de la Bibl. du Havre, est auteur de :

De l'Influence de la littérature sur les mœurs; *Havre, Imp. de Hue*, 1850, in-8 de 30 p.; et *Bayonne*, 1853, in-18 de 116 p.

— De l'Alliance des Lettres et de l'Agriculture; *Havre, Imp. de Hue*, 1851, in-12 de 16 p.

DAUGE, prêtre, chapelain de l'église de St-Jean de Caen.—V. Levée, *Petit recueil de la vie et pratique de M. Dauge, etc.*

DAUMONT DE CRESPIGNY (*N.*), défenseur officieux de l'Eglise de Trévières, lors du procès qu'elle eut à soutenir de 1673-1681. Il s'agissait de ne conserver qu'une seule église (d'après l'ordre de Louis XIV), des deux que les protestants de Bayeux et des environs possédaient, l'une à Trévières, l'autre à Vaucelles. La correspondance relative à tout ce long procès forme un vol. in-4, conservé dans la famille de Daumont de Crespigny, qui se retira en Angleterre à la révocation de l'édit Nantes. Le chef actuel de cette famille est sir Claude Champion de Crespigny, directeur de l'Hôpital français, à Londres.— V. *France Protest.*, t. iv (1854), p. 209.

DAUNOU. Rapport fait à la Chambre des Députés, le 27 mai 1829, au nom de la Commission chargée de l'examen du projet de loi tendant à autoriser le gouvernement à concéder à perpétuité le hâvre de Courseulles, près Caen; *Paris, Dondey-Dupré*, 1829, in-8.

DAUTRÊME (*Jacq.-Robert*), grammairien, né à Criquebeuf-sur-Seine (Eure), le 25 nov. 1730, et mort le 1er fév. 1791, a publié plus. ouv. élémentaires sur la langue française.

DAUVERGNE (*Anatole*). Raulin, chronique Havraise, drame en 4 act. et en prose; *le Havre, Morlent*, 1840, in-8.

Pièce composée avec le concours de M. Eug. Bourgeois.

M. Dauvergne a fourni quelques art. dans la *Rev. du Havre*, 1838-45, le *Colibri de Rouen*, le *Carillon du Havre* et le *Mémorial de Fécamp*.

DAUXAIS (*P.-A.*), médecin, né dans les environs de Bayeux, mort en 1822, est auteur d'une dissertation *sur les Cornes*; Paris, 1820, in-4 de 71 p., avec fig. — V. Pluquet, *Hist. de Bayeux*, p. 444.

DAVAL (*Jean*), théologien, Dr en Sorbonne, né au Tréport, est mort vers 1540.

DAVAL, ancien de l'Eglise de Dieppe, a laissé en ms. une *Hist. de la réformation dans la ville de Dieppe*. Cette histoire, embrassant une période d'un siècle (1557-1657), est (suivant la *France Protest.*, t. iv, p. 212), écrite avec une grande impartialité et offre une foule de détails pleins d'intérêt, non-seulement pour l'hist. de l'église de Dieppe, mais pour l'hist. de France en général.

DAVAL (*Jean*), médecin, né à Eu, mourut en 1719, à Paris, où il exerçait la science médicale avec une telle distinction, qu'il fut présenté à Louis XIV par Fagon, pour lui succéder dans ses fonctions de premier médecin du roi.

DAVANNE (*Nic.*). La vie, et martyre de sainct Nigaise premier archevesqve de Roüen, S. Quirin prestre, & S. Scuuiculle diacre ses compagnons, & de sainte Paience, jadis Dame de la Rocheguyon. ensemble le recueil de la translation de leurs sainctes reliques, et fondation du Prieuré saint Nigaise au fort de Meulent où ils reposent; *Roven, Pierre Le Locv*, s. d. (vers 1628), pet. in-12.

— Ibid., seconde édit., reueue, corrigée et augmentée par l'auteur; *Roven, Jean Le Bovllenger*, 1643, pet. in-12 de 238 p.

— Recueil d'actes et contracts faicts par Me Nicolas Davanne, prestre, ancien prieur du prieuré de S. Nigaise, au fort de Meulent, et encores par autres personnes pour fondations et décorations audit prieuré et ailleurs, avec une breve description dudit prieuré selon son estat, en 1656; *Rouen, Jean Le Boulenger*, 1656, in-4.

DAVANNE (*Nicolas*), prieur de Bonnes-Nouvelles, à Rouen, puis de St-Nigaise, à Meulan, naquit dans cette dernière ville.

D'AVANNES (*Théophile*). V. AVANNES (d').

DAVAULEAU (*Robert*), chanoine de Grizy et principal du collége de Bayeux, né dans cette ville vers 1586, a composé plusieurs pièces de vers en latin sur les événements de son temps. Il mourut à Bayeux le 8 août 1664.

DAVID (*Pierre*), cordelier, né à Pont-Audemer, et mort en 1672, a composé des sermons en latin et plusieurs traités de théologie.

DAVID (*Gilles*), dominicain, né à Rouen, et mort en 1678, a écrit sur le Cantique des Cantiques.

DAVID (*Nicolas-Joseph*), né à Bayeux le 21 déc. 1701, mort à Paris le 5 août 1784, professa la théologie et les humanités au collége d'Harcourt. Il a publié : 1° *Réfutation du système d'un philosophe cartésien, qui a prétendu démontrer géométriquement la possibilité de la présence réelle de J.-C. dans l'Eucharistie;* Paris, 1730, in-12; 2° *Ode sur la maladie et le rétablissement de Louis XV;* 1744, in-8.

DAVID (*Jean-Pierre*), Dr en méd., prof. de chirurgie et d'anat., à Rouen, et chirurg. en chef de l'Hôtel-Dieu de cette ville, né à Gex en 1737, est mort le 22 août 1784. Il avait épousé la fille de Le Cat, dont il avait partagé les travaux. Il est auteur des ouv. suiv.:

— Dissertation sur le mécanisme et les usages de la respiration, ouv. couronné par l'Acad. des Sc., B.-Lett. et Arts de Rouen, le 7 août 1765; *Paris, Vallat-la-Chapelle*, 1766, in-12.

— Dissertation sur la cause de la pesanteur et de l'uniformité des phénomènes qu'elle nous présente; *Amsterdam et Paris (Rouen, Ve Besongne)*, 1767, in-8, avec pl.

— Traité de la nutrition et de l'accroissement; précédé d'une dissertation sur l'usage des eaux de l'amnios; *Paris, Didot le jeune*, et *Rouen, Le Boucher fils*, 1771, in-8.

— Dissertation sur les effets du mouvement et du repos dans les maladies chirurgicales; *Paris, Vallat-la-Chapelle*, 1779, in-12.

— Observations sur une maladie d'os, connue sous le nom de nécrose; *Paris, Ve Vallat-la-Chapelle*, 1782, in-8 de 28 p. (Imp. de L. Oursel, à Rouen.)

— Dissertation sur l'éducation physique des enfants, depuis leur naissance jusqu'à l'âge de puberté. Ouv. qui a remporté le prix le 21 mai 1762 à la Soc. Hollandoise des Sciences; par Ballexserd; nouv. édit., revue et corrigée par David, *Paris, Ve Vallat-la-Chapelle*, 1780, in-8. (Imp. de L. Oursel, à Rouen.)

DAVID (*Emeric*). Discours sur la vie et les ouv. de Nic. Poussin; *Vies des artistes anciens et modernes, architectes, sculpteurs, peintres, verriers, etc.*, par T.-B.-Émeric David (membre de l'Institut), réunies et publiées par les soins de M. Paul Lacroix (bibliophile Jacob); *Paris, Charpentier*, 1853, in-12, p. 303-346.

Ce discours, resté jusqu'alors inédit, a remporté le prix d'éloquence décerné par la Soc. philotechnique de Paris, le 4 oct. 1812.

DAVID (*Pierre*), député du Calvados, 1842-1846), offic. de la Légion-d'Honneur, né à Falaise en 1772, termina sa carrière à Paris le 21 juin 1846. Il a rempli comme diplomate plusieurs missions importantes, à Naples et à Smyrne; on lui doit les ouv. suiv. : *Athènes assiégée;* Paris, 1827, in-8 (sous le pseudonyme de Sylvain Phalantée). — *L'Alexandréide*, poëme en 24 chants; *Paris, F. Didot*, 1820, 2 vol. in-8. — *La Bataille d'Iéna*, poëme; *Paris*, 1808, in-8. — *Sélim III*, trag. en 5 act. et en vers, publiée dans le Recueil de la Soc. acad. de Falaise, 1836, et séparément, Falaise, Brée l'aîné, 1836, in-8. — *Epître à ma ville natale;* Falaise, Imp. de Brée, s. d., in-8 de 16 p. L'exempl., dédié à Louis-Philippe, portait pour titre ms.: *Le Songe du Roi.* Étant député, M. David a publié : *De la Régence;* Paris, imp. de A. Moëssard et Jousset, 1842, in-8. — V. une Notice de M. J. Travers, *Ann. norm.*, 1847.

DAVID (*Ch.*). Note sur le clocher d'Harfleur. Lettre adressée à M. Viau, auteur d'un Mémoire sur St-Martin d'Harfleur; *Rev. de Rouen*, 1845, 2e sem., p. 321-330.

DAVIEL (*Jacq.*), conseiller-chirurgien ordin. et oculiste du roi, naquit à la Barre (Eure) en 1696. Ce savant praticien a laissé quelq. écrits qui sont insérés dans le *Mercure de France*, 1748 (sept.), 1749 (juillet), 1755 (août), 1760 (janv.), 1762 (janv.); dans le *Journal de Médecine*, 1756, et dans le *Journal des Savants.* Le principal ouv. de Daviel est son mém. sur une *Nouvelle méthode de guérir la cataracte par l'extraction du cristallin*, inséré dans le Recueil de l'Acad. de chirurgie. Il mourut à Genève le 30 septembre 1762.

V. Ode à M. Daviel, chirurgien-oculiste du roi; *Mercure*, 1752, juillet, p. 55-60. — Eloge de M. Daviel, par M. Hoin, lu à l'Assemblée publique de l'Acad. de Dijon, le 14 août 1763, et dont le ms. est conservé dans ses registres. (P. Lelong, n° 46,111.)

DAVIEL (*Alfred*). Lettre à Me Isambert, avocat, sur la liberté individuelle, sous l'ancien droit normand; *Paris, A. Boucher*, 1827, in-8 de 7 p.

—Ibid., augm. de quelq. notes; *Paris*, *A. Boucher*, 1827, in-8 de 8 p.

— De la Résistance passive. Procès du *Journal de Rouen*; Rouen, D. Brière, 1829, in-8 de IV et 27 p.

— Discours prononcé par M. A. Daviel, premier avocat-général, devant la Cour royale de Rouen (audience solennelle du 3 nov. 1830); *Rouen, F. Baudry*, 1830, in-8 de 22 p.

— Recherches sur l'Origine de la Coutume de Normandie; *Caen, T. Chalopin*, 1834, in-8 de 50 p.

Ext. de la *Rev. norm.*, t. II. Cet opuscule est précédé d'une lettre de M. L. A. Wankœnig, prof. en droit à l'Univ. de Gand, sur l'origine des coutumes de Norm.. Les recherches de M. Daviel ont pour but de répondre aux diverses questions adressées à ce sujet par M. Wankœnig.

—Rapport de M. A. Daviel et Délibération du Conseil municipal, sur la proposition de M. de Germiny, pour l'assainissement du quartier Martainville; *Rouen, Berdalle*, 1850, in-4 de 19 p.

M. Alf. Daviel, sénateur, avocat distingué du barreau de Rouen, prem. président honor. près la Cour imp. de cette ville, etc., est mort à Paris, le 12 juin 1856, dans sa 57e année. Indépendamment des ouv. indiqués ci-dessus, il est auteur d'un *Traité de la législation et de la pratique des cours d'eau*, dont la 3e et dern. édit. a paru en 1845; *Paris, Ch. Hingray*, 3 vol. in-8; — et d'un *Commentaire de la loi du 29 avril 1845, sur les irrigations*; Paris, Ch. Hingray, 1845, in-8 de 172 p.

M. Daviel obtint en 1823, de l'Acad. de Rouen, une médaille de la valeur de 300 fr. pour l'envoi d'un mém. sur cette question. *Quelle fut, sous les ducs de Normandie, depuis Rollon jusques et y compris Jean-sans-Terre, l'administration civile, judiciaire et militaire de la province?* Ce mém., jugé le 3e dans le concours, est déposé dans les archives de l'Acad.

DAVY DU PERRON (*Julien*). V. Perron.

DAVY DU PERRON, cardinal, etc. V. Perron.

DAVY (*Jules-Nicolas*), anc. avoué près le trib. civil d'Evreux, ex-commiss. gén. du dép. de l'Eure, membre de l'Assemblée nat. en 1848, né à Rouen le 24 fév. 1814. Il ne fut pas réélu en 1849 comme représentant à l'Assemblée législative.

DAWSON-TURNER. V. Turner.

DÉBAT entre les Rois de France et d'Angleterre, touchant les duchés de Guyenne et de Normandie; ms. in-f.; no 4,404, Biblioth. Colbert, aujourd'hui réunie à la Biblioth. Imp. (P. Lelong, no 28,798.)

DE BAUDRE (l'abbé). V. Baudre.

DE BOISGUILBERT. V. Boisguilbert.

DEBON (*Hipp.*). Portrait en pied de Guillaume-le-Conquérant; *Musée de Caen*.

Le duc de Norm. est représenté au moment où il se dispose à quitter St-Valery-sur-Somme (27 sept. 1066) pour aller conquérir l'Angleterre. Ce portr., gravé par Outhwaite, se trouve dans la *Normandie*, ouv. de M. J. Janin.

— La Bataille d'Hastings, tableau de grande dimension; *Musée de Caen*.

Ce tableau a été gravé en 1845 dans le journal *l'Illustration* et lithog. par Deshays, dans le journal *le Moniteur des Arts*.

M. H. Debon, né à Paris en 1810, est élève de Gros et d'Abel de Pujol.

DEBONS (*Eugène*), membre de l'Acad. des Arcades de Rome, etc., né à Rouen, est auteur d'un recueil de poésies publiées sous le titre de : *Chants d'amour*; Paris, Furne, 1848, gr. in-8. Il a composé en outre divers opuscules et quelq. poésies politiques.

DEBOUIS, avocat et avoué près le tribunal de prem. instance de Rouen, a publié : *L'Annotateur judiciaire, ou le Code de procédure civile, expliqué par ses auteurs, par son rapprochement avec les règlemens et lois qu'il maintient avec le Code Napoléon et le Code de Commerce, dans les parties seulement qui sont du ressort des tribunaux civils*; Rouen, J. Ferrand, 1813, 3 vol. in-8.

DEBOUTTEVILLE (*Lucien*). Projet d'une statistique générale du départ. de la S.-Inf.; *Rev. de Rouen*, 1835, 1er sem., p. 309-313.

— Notice statistique sur l'Asile départemental des Aliénés établi à Rouen, pendant les dix premières années de son existence, 11 juillet 1825 à fin déc. 1834; *Rouen, N. Periaux*, 1835, gr. in-8 de 35 p., avec 26 tableaux.

V., sur cette notice, un art. signé M. P.; *Rev. de Rouen*, 1835, 2e sem., p. 220-227.

— Notice statistique sur l'Asile des Aliénés de la S.-Inf. (maison de Saint-Yon de Rouen), pour la période comprise entre le 11 juillet 1825 et le 31 déc. 1843; *Rouen, A. Péron*, 1845, in-8 de IV et 131 p., avec un plan de l'Asile et 8 tableaux.

Ce travail, fait de soc. avec M. Parchappe, a été réimp. dans l'*Ann. norm.* de 1846,

ville de Rouen, dans celle de Vernon; *St-Germ.-en-Laye*, 1649, in-4 de 4 p.

Datée du 27 fév. 1649 et enregistrée le 9 mars suiv. par la Cour, séant à Vernon. On avait établi une imp. dans le château de St-Germain.

DÉCLARATION du Roi du 21 oct. 1710, pour établir à Coutances la jurisdiction consulaire qui venoit de l'être à Bayeux, in-4. (P. Lelong, nº 28,157.)

DÉCLARATION dv Roy, pour la leuée des droits de Francs-Fiefs, nouueaux acquests, & amortissemens, deubs à Sa Majesté en la prouince de Normandie, du 29 déc. 1652. Vérifiée en Parlement et chambre des comptes à Rouen, les 17 et 21 aout 1654, etc.; *Roven, Jean Viret*, 1655, in-4 de 24 p.

DÉCLARATION du Roy, pour la pacification des Troubles de ce royaume. Publiée à Rouen en Parlement les chambres assemblées, le 15e nov. 1622; *Roven, Martin le Mesgissier*, 1622, pet. in-8 de 16 p.

DÉCLARATION du Roy pour le quart-Boüillon en Normandie. May 1711; *Rouen, J. Besongne*, 1711, in-4 de 8 p.

Relative aux Gabelles; droit sur le sel fabriqué dans les salines de Basse-Norm.

DÉCLARATION du Roy, pour les substituts des avocats & Procureurs du Roy des Bailliages & Vicomtez de la province de Normandie. Verifié en Parlement le 9 aoust 1691; *Rouen, Julien Courant et Pierre Ferrand*, 1691, in-4 de 7 p.

DÉCLARATION dv Roy, povr l'observation dv reiglement donné en la Court de Parlement, pour le salaire & taxes des Juges, Greffiers, Enquesteurs, Tabellions, Sergens, & autres ministres de Justice de Normandie. Publié à Roüen en Parlement les Chambres assemblées, le 19e jour de déc. 1617; *Roven, Martin Le Mesgissier*, 1625, in-8 de 18 ff.

DÉCLARATION du Roy qui réunit aux notaires royaux de Normandie, etc. V. *Notaires de Normandie*.

DÉCLARATION et dispute proposée deuant sa majesté, par deux normans, qui se disent estre scauans, sans estudier. Recitée par notable orateur, Pierre Nisbeaude-Chanteraine, compositeur ordinaire du Roy, secretaire du Coronal des bons Esprits, et referendaire domestique de Mgr. de Roquelaure, le premier iour de ianuier dern.; *Paris*, 1606, in-8. (Bibl. Imp.)

DÉCLARATION (la) faite par le Roy, de sa maiorité, tenant son lict de iustice en sa Cour de Parlement de Roüen: Et Ordonnance par luy faicte pour le bien & repos public de son Royaume: Et ce qu'il dict en ladicte Cour auāt la publication de la dicte Ordonnance; *Paris*, *Robert Estienne*, 1563, pet. in-8 de 16 ff.

On trouve également cette pièce avec la date de 1564, même imp., et sous le titre de:

De C. IX. Déclaration faicte par le Roy, estant en sa court de Parlement de Rouen, pour sa maiorité. le dix septiesme iour d'aoust. 1563; *Paris, Guill. de Niuerd*, in-8 de 4 ff.

La Déclaration de Charles IX a été réimp. dans la *Descript. du pays et duché de Norm., par Nagerel*; Rouen, 1578, in-8, et dans les *Mém. de Condé*, t. IV, p. 574-582; Paris, 1743, in-4.

DÉCLARATIONS du Roy et des Princes de son sang, et autres Ducs, Pairs, Seigneurs et Gentilshommes de son Royaume, pour l'obseruation et manutention de la Religion catholique, apostolique et Romaine, et des personnes et biens ecclésiastiques. Avec l'arrest de la Court de Parlement de Normandie séant à Caen; *Caen, Imp. de J. Le Bas*, 1589, in-4. (Bibl. Imp.)

DÉCLARATIONS du Roi, portant interdiction des Cours de Parlement, des Aydes, Bureau des Finances, Lieutenant général et du corps de ville de Rouen (15 et 17 déc. 1639); *Roven, D. dv Petit-Val et Jean Viret*, 1640, in-4.

Les déclarations concernant ces compagnies et le lieutenant général ont été imprimées chacune séparément. C'est ainsi qu'on trouve:

Déclarations du roy, portant interdiction du lieutenant Général de la ville de Rouen, avec commission pour l'exercice de ladite charge; *Paris, Estienne et Rocolet*, 1640, in-12 de 7 ff. (Bibl. Imp.)

DÉCLARATIONS et Arrêts donnés en conséquence des émotions arrivées en la ville de Rouen; *Paris*, 1640, in-8.

DE CLIEU. V. CLIEU.

DECORDE, conseiller honor. à la Cour imp. de Rouen, est auteur des ouv. suiv., dans lesquels on remarque un esprit sérieux et profond :

— Quelle serait l'organisation du travail le plus propre à augmenter le bien-être des classes laborieuses? *Paris, J. Ledoyen*, 1839, in-8. Mém. couronné par l'Athénée des arts, en 1838.

—Des Facultés humaines comme élémens originaires de la civilisation et du progrès; *Paris, Guyot et Scribe*, 1840, 2 vol. in-8. (Imp. de I. S. Lefevre, à Rouen.)

— Jephtali, poëme en quatre chants; *Paris, Guyot et Scribe*, 1842, in-8 de XLIII et 120 p. (Imp. de I. S. Lefevre, à Rouen.)

— Mémoires sur le Despotisme, soit ecclésiastique, soit politique, et sur la sagesse, couronnés, le premier à Grenoble en 1841, et le second à Auxerre en 1844; *Paris, Joubert*, 1848, in-8 de 67 p. (Imp. de I. S. Lefevre, à Rouen.)

•— Exposé d'une nouvelle doctrine philosophique; *Paris, Ladrange*, 1858, in-8 de 403 p.

DECORDE (l'abbé *J. E.*). Un coin de la Normandie : Bures (S.-Inf.); *Rouen, A. Péron*, 1846, gr. in-8 de 15 p.

Ext. de la *Rev. de Rouen*, 1846, 2e sem. Il a paru dans le même recueil (année 1849) une suite à cette notice. Bures est une commune de la S.-Inf. (arrondiss. de Neufchâtel), qui est arrosée par la Béthune.

— Essai historique et archéologique sur le canton de Neufchâtel; *Neufchâtel, Bouvet et Mathon, lib.*, 1848, in-8 de 268 p., avec une carte du canton. (Imp. de Ernest Duval, à Neufchâtel.)

L'article de Mortemer-sur-Eaulne (S.-Inf.), qui fait partie de cet ouv., avait paru en 1847, dans la *Rev. de Rouen*, p. 732-741.

— Essai historique et archéologique sur le canton de Blangy (pays de Bray, S.-Inf.); *Paris, Derache; Rouen, A. Le Brument*, 1850, in-8 de 264 p. (Imp. de Ern. Duval, à Neufchâtel.)

— Essai historique et archéologique sur le canton de Londinières (pays de Bray, S.-Inf.); *Paris, Derache; Rouen, A. Le Brument*, 1851, in-8 de 265 p. (Imp. de Ern. Duval, à Neufchâtel.)

Sur ces 3 essais, V. un article de M. l'abbé Cochet, *Rev. de Rouen*, 1851, p. 181-187.

— Des anciennes verreries établies dans la forêt d'Eu; *Rev. de Rouen*, 1850, p. 569-590.

—Dictionnaire du patois du pays de Bray; *Rouen, A. Le Brument*, 1852, in-8 de 140 p. (Imp. de Ern. Duval, à Neufchâtel.)

Indépendamment du dictionn. indiqué, cet ouv. renferme une sorte de grammaire Brayonne, des proverbes et dictons, des notes sur les usages et les croyances populaires du pays de Bray.

— Marie-Henri-Alexis le Vaillant, curé d'Aumale, né à Richemont, arr. de Neufchâtel, en 1764, mort à Aumale en 1826; *Rev. de Rouen*, 1852, p. 289-296.

Il est auteur d'un petit poème en 4 chants, imp. à son insu, chez C. Bloquel, rue St-Lô, 34, à Rouen. M. Decorde n'en indique pas le titre.

— Une page d'Histoire; 1789-1793; *Neufchâtel, Imp. de Duval*, 1853, in-12 de 28 p. (Tiré à 40 exempl.)

— Notice sur un vase gallo-romain découvert au Hallais (S.-Inf.) en 1854; *Neufchâtel, Duval*, 1854, in-18 de 15 p. (Tiré à 50 exempl.)

— Tombeaux de la vallée d'Eaulne, à M. le directeur du *Journal de Neufchâtel*; Neufchâtel, Duval, 1855, in-12 de 8 p.

Lettre dont l'insertion a été refusée par la *Rev. archéolog.*, et qui répond à un art. de M. L. Fallue, sur la découverte desdits tombeaux, inséré dans cette Revue.

— Petites remarques sur un grand ouvrage intitulé : *Histoire de l'Eglise métropolitaine de Rouen, par L. Fallue, membre de l'Acad. de Rouen, etc.*; Neufchâtel, Duval, 1855, in-12 de 15 p.

Critique regrettable par sa forme, et que ne peuvent excuser les imperfections de l'ouvrage qui en est l'objet.

— Essai historique et archéologique sur le canton de Forges-les-Eaux; *Rouen, Le Brument, etc.*, 1856, in-8 de 327 p. (Imp. de Duval, à Neufchâtel.)

Quelq. exempl. ont été tirés sur pap. de couleur.

La publication de l'essai sur ce canton complète l'hist. du pays de Bray, contrée comprise dans l'arrondiss. de Neufchâtel.

— Pavage des Eglises dans le pays de Bray; *Paris, Alph. Pringuet*, 1857, gr. in 8 de 14 p., avec 2 pl.

Ext. de la *Rev. de l'art chrétien.*

L'abbé J.-E. DECORDE, curé de Bures, membre de plusieurs soc. savantes, est un des membres du clergé normand qui s'occupe avec le plus de zèle de l'hist. des Antiquités locales. Outre les ouv. indiqués ci-dessus, on lui doit : l'*Almanach du pays de Bray*, années 1852-1858. — *La Croix, ou le dernier jour du Christ, Recherches historiques et ar-*

chéologiques sur le crucifiement de J.-C.; Neufchâtel, E. Duval, 1854, in-8 de 83 p., avec 2 pl.

DECOURDEMANCHE. De l'état actuel de la fabrication des cidres, des poirés et des eaux-de-vie, en Normandie, et de l'opportunité de mettre au concours la recherche des perfectionnements dont ces boissons sont susceptibles (1840); opuscule suivi du rapport d'une commission composée de MM. Gervais et Thierry, pour un concours de prix; *Caen, Poisson*, 1841, in-8 de 82 p.

Ext. des Mém. de la Soc. roy. d'Agricult. et de Comm. de Caen, t. v (1841).

DECOURDEMANCHE (*A.*), avocat et publiciste, né à Mortagne, a participé à la rédaction du *Globe* et de la *Presse*, après la révolution de 1830. Il a publié quelq. ouv. sur la législation, parmi lesquels nous citerons: *Du danger de prêter sur hypothèque et d'acquérir des immeubles, etc.*, 3e édit.; Paris, Mme ve Ch. Béchet, 1830, in-8, avec 8 pl.

DÉCOUVERTE (la) du style impudique des courtizanes de Normandie : envoyé pour étrennes à celles de Paris. De l'université d'une courtizane angloise; *Paris, Nic. Alexandre*, 1618, in-8.

Pièce singul. et rare, dit M. Brunet, t. II, p. 35.

DÉCOUVERTE (de la) d'un prétendu cimetière mérovingien à la Chapelle-St-Eloi (Eure), par M. Charles Lenormant.—Rapports faits à la Soc. libre d'Agricult., Sc., Arts et B.-Lett. du dép. de l'Eure, et publ. par son ordre, 2e édit.; *Evreux, Imp. de Aug. Herissey*, 1858, in-8 de 75 p., avec 3 pl.

La 1re édit., imp. en 1856, n'avait que 63 p. Dans le chap. VI, intitulé *Un Mystificateur*, on cite un nommé Rouillon, né à Evreux, qui a porté fort loin la manie de tendre des piéges aux savants et de contribuer ainsi à des erreurs archéologiques regrettables. Cet original a distribué, en 1845, le prospectus d'un ouvrage qui n'a jamais vu le jour et qu'il intitulait : *Le Glaneur, ou recueil de notes et mélanges concernant l'histoire communale du départ. de l'Eure*; Evreux, Imp. de Tinet et Costerousse.

Sur la prétendue découverte d'un cimetière mérov. qui fit grand bruit dans le monde savant, V. les art. LEBEURIER et LENORMANT.

DECRAUZAT (*Auguste*). Table alphabétique de toutes les communes du départ. du Calvados; *Bayeux, Groult*, 1843, in-4 de 20 p.

DÉCRET de l'Université de Caen contre les Jésuites, etc. V. *Université de Caen*.

DÉCRET de Mgr. l'archevêque de Rouen, portant extinction du monastère des religieuses Bénédictines de St-Hilaire de la ville de Rouen, incorporation des religieuses, et union de leurs biens au monastère de St-Louis de ladite ville, du 9 nov. 1742; *Rouen, Jacq. Jos. Le Boullenger*, 1742, in-4 de 31 p.

DÉCRET de Mgr. l'archevêque de Rouen, portant extinction du monastère du Val de Grace, Incorporation des religieuses et union de leurs biens au Monastère de Bellefonds de la ville de Rouen. Et translation du séminaire de St-Louis dans l'emplacement ci-devant occupé par ledit monastère du Val de Grâce. 5 février 1742; in-4 de 31 p.

DÉCRET de Mgr. l'archevêque de Rouen, portant extinction du prieuré des religieuses Bénédictines de St-Charles de la ville de Lions-la-Forest, et union de leurs biens au Prieuré des Religieuses Bénédictines de St-Jean de la ville du Grand-Andely. Du 25 juin 1742; *Rouen, Jacq. Jos. Le Boullenger*, 1742, in-4 de 23 p.

DÉCRET d'union des Chapelles de l'Eglise métropolitaine de Rouen. (Requête du Chapitre à Mgr. l'archev. de Rouen); *Rouen, ve Besongne*, 1768, in-4 de 50 p.

DECRETA synodi provincialis habitæ Rothomagi, etc. 1582, in-8. V. BOURBON (cardinal de).

DECRETOT (*J.-B.*), manufacturier, à Louviers, sa ville natale, fut nommé député du Bailliage de Rouen à l'assemblée nationale, en 1789. V. le *Moniteur* de 1790 et 1791.

DEFAITE (la) de sept navires anglois par M. le baron de la Luthumière, gouuerneur pour Sa Majesté de la ville et chasteau de Cherebourg. La veille et iour du S. Sacrement dernier aux costes de mer du Balliage de Costentin en Normandie; *Paris, François Jacquin*, 1632, pet. in-8 de 12 p. (Bibl. Leber, no 4309).

Le cat. de la Bibl. Imp., t. 1er, p. 571, indique une édition de 1628, chez le même, et le P. Lelong, une édition de 1620, in-8.

DEFFAICTE (la) des trouppes du mareschal de Montmorency, en Dauphiné, par Monsieur de Vinces, très affectionné à la Saincte Union. Ensemble la trahison descouuerte de Montgomery, au Mont Sainct Michel. (16 oct.); *Paris, H. Velu*, s. d., in-8.

Bibl. Imp., cat., t. 1er, p. 367, Henri IV.

DEFFAICTE (la) des trovpes dv sievr de Mont-Chrestien, leuées en Normandie, contre le seruice du Roy. Sa mort et tout ce qui s'est passé en la poursuitte et exécution des Rebelles; par les gens de M. de Matignon; *Paris, Ab. Saugrain*, 1621, pet. in-8 de 8 ff. (Ce dern. est blanc.) (*Bibl. de Rouen.*)

V. notre art. Antoine de Montchrestien, sieur de Vasteville, etc.

DEFFAICTE (la) et Routte des troupes du Roy de Nauarre, entre le chasteau d'Arque, et la ville de Diepe, le 21e iour septemb. Par Mgr. le duc de Maienne. Auec le nombre des morts et prisonniers, et enseignes qu'on a apportees; *Paris, H. Velu*, 1589, in-8.

Bibl. Imp., cat., t. 1er, p. 356, Henri IV.

Cette relation a été réimp. sous le titre suiv. : *Le Discours veritable de la defaicte et routte des troupes du Roy de Nauarre...*; Paris, iouxte la copie de H. Vetu, 1589, in-8. (Bibl. Imp., idem.)

DEFAICTE veritable sur les trouppes du Roy de Nauarre, le Jeudy 21. Septembre, 1589. Par Mgr. le Duc de Mayenne, Lieutenant general de l'Estat Royal et Couronne de France; *Lyon, J. Pillehotte*, 1589, in-8.

— Dito; *Paris, N. Nivelle* et *Rolin Thierry*, in-8.

Bibl. Imp., cat., t. 1er, p. 356, Henri IV. Relation de la bataille d'Arques.

DÉFENSE de l'Eglise soumissionnaire contre les calomnies dirigées contre elle; *Rouen*, 1801, in-12 de 36 p.

DÉFENSE de l'exemption et de la jurisdiction de l'abbaye de Fescamp, etc. V. *Factum*.

DÉFENSE des droits de l'église métropolitaine de Rouen, primatiale de Normandie, pour servir de réponse au mém. des sieurs Curés de la ville de Rouen; *Rouen, Jacq.-Joseph Le Boullenger*, 1761, in-4 de 157 p.

DÉFENSE des Droits du second ordre, ou Lettres d'un curé du diocèse de Lisieux, à l'occasion de plusieurs écrits contre la consultation de 1775, en faveur des prétentions de l'Evêque; *Leyde*, 1776, in-12 de 172 p.

Une 1re édit. de cet écrit parut en 1775; *Lisieux, Imp. de Mistral*, in-4 de 152 p.

Cette défense fit éclore l'écrit intitulé : « Observations sur un imprimé anonyme qui a pour titre : *Défense des Droits*, etc., » in-4 de 249 p.

L'auteur de la Défense répliqua par une brochure : « *Suite des lettres d'un curé du diocèse de Lisieux, ou Réponse aux observations faites sur les premières lettres*; » 1778, in-12 de 96 p. Écrit dirigé contre celui qu'a publié M. l'abbé Baston, en 1775. V. BASTON.

DÉFENSE des Titres et des droits de l'abbaye de St-Ouen, contre le Mém. de M. Terrisse, etc. V. TASSIN.

DÉFENSE du Barreau de Rouen; *Rouen, D. Brière*, 1835, in-8.

Mémoire signé : A. Daviel; Senard, bâtonnier; Desseaux, secrétaire.

DÉFENSE du Conseil supérieur établi à Bayeux, par édit du 15 sept. 1771, par un docteur-ès-loix; *Amsterdam* (*Caen*), 1772, pet. in-12 de 82 p.

Cette brochure fut, dit-on, imprimée à Caen, par une presse clandestine établie dans une des tours de St-Etienne.

DÉFENSE du sieur Congnard, docteur medecin de la faculté de Montpellier, contre les sieurs medecins de Rouen... avec l'ombre d'Abraham Le Gay, et quelques remarques sur un discours intitulé « l'Ombre de Necrophore, » autresfois composé par maistre Jean Lamperiere, medecin; *Amsterdam, Jacob Lescaille*, 1646, in-4.

DÉFENSE pour les Bourgeois de Rouen qu'on prétend assujettir à la taxe des *Francs-Fiefs*, à cause des maisons et héritages qu'ils possédent en *Franc-aleu* et en *Franc-Bourgage*; s. d. (vers 1700), in-4 de 15 p.

DÉFENSEUR (le) du tiers-état contre la lettre adressée le samedi 6 juin à M. Bailly, doyen de la Chambre des Communes, par M. l'abbé de Prades, député du bailliage de Caudebec, pour le clergé; seconde édit.; s. l., 1789, in-8.

DE FER, géographe. V. FER (de).

DEFFAICTE (la), etc. V. DÉFAITE.

DE FONTENAY. V. FONTENAY.

DEFOSSE (*J.-C.*). Le jour de l'Inauguration de la statue de P. Corneille, à Rouen; poëme en trois chants; *Rouen, F. Baudry*, 1834, in-8 de 15 p.

— Recueil de Poésies nouvelles, dédié aux amis des Beaux-Arts; *Rouen, F. Baudry*, 1836, gr. in-8 de VI et 48 p.

Renferme un poëme en 2 chants, intitulé: *L'Existence et la Mort de Boïeldieu.*

— La Mort de E.-H. Langlois, du Pont-de-l'Arche, poëme; *Rouen, F. Baudry*, 1837, gr. in-8 de 12 p.

— Inauguration de la statue de Boïeldieu dans Rouen, sa ville natale, poëme; *Rouen, N. Periaux*, 1839, gr. in-8 de 16 p.

— Désastres de Monville et de Malaunay, le 19 août 1845; 3e édit., augm. de vers et de notes; *Rouen, A. Péron*, 1845, gr. in-8 de 8 p. (en vers).

— Séjour du Président de la République à Rouen; narration historique; *Rouen, A. Péron*, 1849, gr. in-8 de 16 p. (en vers).

— Stances sur le portrait original de P. Corneille, d'après Ch. Lebrun; *Rouen, A. Péron*, 1850, gr. in-8 de 8 p.

— A la mémoire de Brunel, célèbre ingénieur, auteur du passage sous la Tamise; *Rouen, A. Péron*, 1851, gr. in-8 de 8 p. (en vers).

— Esquisse historique sur les deux communes de Quevilly, près Rouen; *Rouen, Imp. de F. et A. Lecointe frères*, 1853, gr. in-8 de 24 p. (Tiré à 200 exemp.).

DEFOSSE (*J.-C.*), né au Grand-Quevilly, le 10 janv. 1812, après avoir été composit.-typographe chez MM. Baudry, N. Periaux et A. Péron, imp. à Rouen, est aujourd'hui employé dans l'imprimerie de MM. Lecointe frères. Il est auteur de plusieurs autres pièces de vers, dont nous ne reproduisons pas les titres, parce qu'elles sont étrangères à la Norm. Toutes ces pièces ont été réunies en un vol., sous le titre de: *OEuvres littéraires d'un travailleur dans ses moments de repos*; Rouen, 1850, gr. in-8.

DEFRANCE (*Marin-J.-L.*), zoologiste et paléontographe, né à Caen, le 22 oct. 1758, est auteur d'un vol. intit.: *Tableau des corps organisés fossiles, etc.*; Paris, 1824, in-8, et des art. sur les *Animaux fossiles*, dans le Dict. des sciences natur.

DE GAULLE (*J.-B.*). V. GAULLE (de).

DÉGENÉTAIS (*Victor*). Mémoire sur l'enquête pour l'extension du port et de la ville du Havre; *Havre, Imp. de Morlent*, 1838, in-8, avec un plan.

— Examen des résultats à espérer du chemin de fer de Paris à la mer, lié avec un grand port de commerce européen au Havre. Et quelles seraient leur influence sur la navigation, sur le commerce d'importation et d'exportation, sur les manufactures et sur l'agriculture; sur l'extension du port et de la ville du Havre, etc.; *Ingouville, Imp. de Le Petit*, 1839, in-8 de 39 p.

— Le Havre et Cherbourg comparés dans leur utilité nationale. Agrandissement du port, de la ville et des fortifications du Havre; *Paris, Guiraudet*, 1841, in-8 de 40 p.

— Sur l'organisation de l'Agriculture, de la Navigation, de l'Industrie, du Commerce et des Travaux publics, pour accroître la prospérité publique, les forces de la nation, et les ressources budgétaires de l'Etat, avec réduction des contributions. — Hydro-Pneumatique, nouvelle science des courants, des ondes, et du mouvement des alluvions, établie d'après les lois de la nature, très utile aux ports, à la navigation, aux moulins à eau, et prouvant que la science hydraulique est fausse. — Observations sur le port du Havre dont le plan est annexé, avec le dévoilement de divers faux systèmes et intrigues gaspillant les deniers publics; *Paris, Renard*, 1841-1846, in-8 avec 2 cartes.

La pagination de ce vol. est irrégulière. On y retrouve: 1° l'Examen des questions connexes sur le port, les fortifications et la rade du Havre, etc.; — 2° La nouvelle Théorie des courants, des ondes et du mouvement des alluvions, basée sur les lois de la nature. Ce vol., malgré les opinions extravagantes qui y sont professées, se rattache aux travaux d'agrandissement du port du Havre et d'amélioration de la Basse-Seine. On y trouve entre autres un chapitre intitulé: *Examen de deux projets présentés aux chambres en 1845 et 1846, et qui sont connexes pour la navigation de la Seine maritime.*

— Examen des questions connexes sur le port, les fortifications et la rade du Havre, ainsi que sur les travaux à exécuter dans la Seine maritime; *Paris, Guiraudet et Jouaust*, 1846, in-8 de 64 p., avec un plan de la Seine. (La pagin. est irrégulière.)

Ce Mém., ext. de l'ouv. précédent, a été imp. en août 1846, et réimp. avec changements en déc. même année.

— Théorie analytique des ondes, des eaux et indication de la marche des alluvions, galet et gravier de la mer et de la Seine, pour la solution de la question de l'extension du port du Havre; *Paris, Renard*, 1842, in-8 de 36 p.

Travail réimp. (en 1846) avec changem., dans l'ouv. de M. Dégenétais, *Sur l'organisation de l'agriculture, de la navigation, de l'industrie, etc.*; Paris, Renard, 1841-46, in-8.

— Organisation du travail en France, par l'agriculture, l'industrie, la navigation et le commerce, pour plus de 24 millions de travailleurs de 100 professions différentes, avec accroissement de salaires, de sécurité, etc., 3e édit.; *Paris, Guiraudet*, 1848, in-8 de 24 p.

— Travaux maritimes à exécuter aux ports du Havre, de Rouen, d'Honfleur et autres localités. Rade fermée, avant-ports, bassins-docks, formes-sèches, canaux pour la navigation d'Harfleur et pour les eaux alimentaires du Havre; endiguement pour bifurquer la Seine, afin de lui donner deux bouches à la mer, à l'ouest et au sud-ouest du cap de la Hève, et autres endiguements à réaliser successivement dans les baies de Caen et au sud des îles St-Marcouf. Projets avec 2 plans annexés; *Paris, Guiraudet et Jouaust*, 1856, in-8 de 127 p. avec 2 plans.

M. Victor Dégenétais est né au Havre.

DEHAURE (*Anaclet*), religieux de l'ordre des Capucins, né au Havre, le 14 oct. 1667, se distingua par son savoir et par ses talents oratoires. Il est auteur d'un livre ayant pour titre : *Sujets de conférences sur la théologie positive, où l'on propose les questions dogmatiques et historiques qui concernent la religion tant en général qu'en particulier*; Rouen, 1712, 3 vol. in-4. Il mourut le 15 nov. 1736. V. Guilbert, *Mém. biog.*, et Levée, *Biog. hav.*

DE HAYS (*Jean*), auteur dramat. V. HAYS.

DEHAYS DES DÉSERTS (*A.*). Ode à Bernardin de St-Pierre; *Rouen, A. Péron*, 1852, gr. in-8 de 11 p.

— Un hommage à Casimir Delavigne, poëme; *Rouen, A. Péron*, 1852, gr. in-8 de 20 p.

DEJEAN. Discours sur la supression des vicomtez de Caen et d'Evrecy, prononcé au bailliage de Caen le mercredy 15 nov. 1741. Par M. Dejean, Dr aux lois, premier et ancien avocat du Roy au Bailliage, Siége présidial, et Hôtel de ville de Caen; *Caen, Ant. Cavelier*, et *Jean-Claude Pyron*, 1741, in-4 de 10 p.

DE LA BARTHE (*Jean*), dessinateur et graveur, né à Rouen en 1730. Cité par M. L. Du Bois, biogr. norm.

DELABARRE père (*E.-F.*), Dr en méd., dentiste, né à Lisieux en 1784, a publié plusieurs ouv. sur la dentition et l'art dentaire.

DELABARRE (*Marie-Caroline*), née à Rouen, le 24 nov. 1790, est auteur de quelq. nouvelles et d'un roman intitulé : *Crime et Remords*; Paris, Locard-Davi, 1843, 2 vol. in-8.

DE LA BOULLAYE (*Ferd.*). V. LABOULLAYE.

DELABROSSE (Dr). Notice historique sur le Jardin des plantes de Rouen, depuis sa fondation jusqu'à nos jours; *Rouen, Berdalle* (1850), in-8 de 40 p.

Ext. du Bullet. des Trav. du Cercle prat. d'Hort. et de Bot. de la S.-Inf., IXe cah. (1850).

DELACHAPELLE (*P.-A.*). Catalogue méthodique des lichens recueillis dans l'arrondiss. de Cherbourg, précédé d'un tableau analytique des genres; *Caen, Chalopin*, 1826, in-8.

— Dito, avec beaucoup d'augmentations; *Mém. de la Soc. imp. acad. de Cherbourg*, 1856, p. 311-363.

— Mémoire sur les plantes marines (ext. d'un ouvrage sur la végétation de ces plantes sur les côtes de l'arrondiss. de Cherbourg); *Mém. de la Soc. acad. de Cherbourg*, 1833.

— Description succincte des thalassiophytes articulées, recueillies sur les côtes de l'arrondiss. de Cherbourg; *Mêmes Mém.*, 1835.

— Description succincte des thalassiophytes inarticulées, recueillies sur les côtes de l'arrondiss. de Cherbourg; *Mêmes Mém.*, 1838, p. 237-319.

— Catalogue méthodique des mousses

de l'arrondiss. de Cherbourg; *Mêmes Mém.*, 1843.

—Catalogue des graminées qui croissent spontanément dans l'arrondiss. de Cherbourg; *Mêmes Mém.*, 1847, p. 361-371.

Quelq.-uns de ces mém. ont été tirés à part.

Delachapelle (*Pierre-Adrien*), pharmacien et botaniste, membre de la Soc. acad. de Cherbourg, né en cette ville le 22 juin 1780, mort à Cherbourg le 20 avril 1854. Il a laissé ms. un catalogue alphabétique des genres, avec tableau analytique des espèces et des variétés des plantes phanérogames qui croissent aux environs de Cherbourg, 1852.

V. la Notice de M. Travers, *Ann. norm.*, 1856, et *Ann. de la Manche*, 1856; V. aussi celle de M. L. de Pontaumont, *Mém. de la Soc. imp. acad. de Cherbourg*, 1856, p. XIX-XXII.

DELACHAPELLE (*A.-E.*). Notice sur Augustin Asselin; *Ann. de la Manche*, 1847, p. 523-527, et *Mém. de la Soc. roy. acad. de Cherbourg*, 1847, p. XXXI-XXXVIII.

M. Edouard **Delachapelle**, fils du précédent, Dr ès-lettres, est professeur de logique au collége de Cherbourg et secrét. de la Soc. imp. acad. de cette ville. Outre la Notice sur M. Asselin, il a publié:

— De Homeri sapientia commentatio; *Cherbourg, Thomine*, 1842, in-8 de 48 p.

— OEdipe à Colonne, trag. de Sophocle, trad. en vers; *Cherbourg, Thomine*, 1846, in-8.

— Etudes sur les poëtes de la Grande-Bretagne; *Cherbourg, Mouchel*, 1851, in-8 de 44 p.

DE LA CROIX. La ville de St-Hélier, épisode historique d'une histoire inédite de Jersey; *Jersey, Rich. Gosset*, 1845-46, 6 liv. in-8.

— Les Etats, épisode historique d'une hist. inédite de Jersey; *Jersey, Rich. Gosset*, 1847, 3 liv. in-8.

DELACROIX (*Eugène*). Essai sur le Poussin; *Monit. univ.*, 3 art.: 26, 29 juin et 1er juill. 1853.

DE LAFAGE (*Adrien*). V. La Fage (de).

DE LA FOLLIE. V. La Follie (de).

DELAFONTAINE (*Louis*), ingén.-mécanicien, né à Rouen, le 15 mai 1782, mourut à Châlons-sur-Marne, le 22 sept. 1811. Il est auteur de: *Recherches sur les moyens d'obtenir la dessication la plus prompte et la moins dispendieuse pour les opérations de la teinture, etc.*, avec 2 pl., dissertation insérée dans les *Annales des Arts et des Manufactures*, et tirée à part à un petit nombre d'exempl. — *Abrégé de toutes les sciences et de géographie à l'usage des enfants, etc.*; Paris, Bossange, Masson et Besson, 1802, in-12.

V. Guilbert, *Mém. biog.*, t. II, p. 458-461.

DE LA FOSSE (*François*) fut l'un des bienfaiteurs de la biblioth. de la cathédrale de Rouen. Il légua à cet établissement son précieux cabinet, et ce legs donna naissance à la pièce suiv. composée par Fr. Linant: *Ad clarissimum munificentissimumque virum Franciscum De la Fosse, sacræ Theologiæ doctorem, canonicum et pœnitentiarium ecclesiæ rothog. pro musæo suo copiosissimo Bibliothecæ ejusdem ecclesiæ donodato, constitutoque annuo reditu*, 1683, in-4 de 4 ff. L'abbé De la Fosse mourut en 1681.

V. Notice des mss. de la biblioth. de la cathédrale, par l'abbé Saas, p. 109.

DE LA FOSSE (*Jacq. Mathurin*, baron), gén. de brigade, né le 10 mars 1757, à Lisieux, où il mourut le 7 mai 1824.

DE LA FOY. V. La Foy (de).

DE LAFRENAYE. V. Lafrenaye (de).

DELAHAYE (*J.-Ch.-Gab.*). Réponse de Jacq.-Ch.-Gabriel Delahaye, député par le dép. de la S.-Inf. à la convention nationale, et mis hors la loi, aux calomnies portées contre lui par Lecointre de Versailles et compagnie; *Paris, Maret*, an III (1795), in-8.

J.-C.-G. **Delahaye**, anc. avocat, né en Norm. en 1758. V. Quérard, *France litt.*, t. II, p. 432.

DELAHAYE. Plan et environs de la ville de Bayeux, grav. par Delahaye; 1/2 flle, s. d.

— Carte topographique du diocèse de Lisieux, dressée par ordre de Henri-Ignace de Brancas, évêque de Lisieux; 2 flles grav. par Delahaye, avec une carte du *Pagus et comitatus Lexoviensis anteà civitas Lexoviorum*, d'après d'Anville, s. d. (vers 1740) et retouchée en 1783; *Paris, Dezauche*.

C'est à propos de cette carte que d'Anville fit imprimer: 1° Mém. instructif pour faire la carte du diocèse de Lisieux, 1 p. in-f. en 2 col.; — 2° Mém. instructif pour la révision de cette carte, 1 p. in-f. à 2 col.

DE LAISEMENT. V. Laisement (de).

DELAISTRE (*Ch.*). Conches, poëme en 3 chants, suivi d'une épître à M***; *Madrid*, et se *trouve à Paris* (*Valade*), 1779, in-8 de 30 p.

A la suite d'un exemplaire que possède M. Canel se trouve: *Eglogue, Eandre et Méris*; Madrid, et se trouve à Paris, 1779, in-8 de 8 p.—*Epithalame*; 1780, in-8 de 8 p. Ces 2 pièces sont du même auteur que le poëme sur Conches. A la fin de l'*Eglogue*, il a écrit, de sa main : « Je vous supplie d'aimer Conches. » — Ch. Delaistre est né à Conches (Eure), le 25 sept. 1743.—V. *Mercure*, 1779, août, p. 180.

DELAITRE (le vicomte *Raymond*), anc. préf. de l'Eure, de 1820-1830, naquit à Paris en 1770.

DE LA LANDE, curé de Grigny, diocèse de Paris, professeur de philosophie à l'Univ. de Caen, mort le 25 janv. 1772. V. Ameline, *Vie de M. Delalande, etc.*, 1773, in-12.

DE LA LANDE (*Jacques*), bachelier en théologie, curé d'Illiers-l'Évêque, syndic de MM. les curés du diocèse d'Evreux, né à la Forêt-Auvray, près Falaise, le 6 mars 1733, fut député du bailliage d'Evreux à l'assemblée nationale, en 1789.

DELALANDE (*J.-J.*). Examen d'une brochure intitulée : *Note sur les premiers essais de la Typolithographie et de la Chalcolithographie, en forme de rapport ;* Mém. de la Soc. d'Emulat. de Rouen, 1837, p. 13-72.—*Supplément au rapport sur la Typolithographie. Du Transport des vieux livres et des vieilles estampes ;* même Recueil, 1837, p. 73-90.

DELALANDE (*Arsène*). Histoire des guerres de Religion dans la Manche ; *Paris, J.-B. Dumoulin ; — Valognes, Imp. de M*me *v*e *H. Gomont*, 1844, in-8 de XIV et 353 p.

« L'auteur (disent MM. Louandre et Bourquelot, *Littér. franç. contemp.*, t. III, p. 179), a raconté dans ce livre l'Hist. de la réforme dans la Manche, depuis le jour où elle y fut prêchée vers 1560, par un jacobin apostat, nommé Soler, jusqu'à l'abjuration des grandes familles protestantes et la révocation de l'édit de Nantes. On y trouve des détails sur les expéditions maritimes des protestants, et, entre autres, sur leur alliance avec les pirates algériens qui, en 1623, vinrent piller les côtes de la Normandie. » Le vol. est terminé par une série de pièces justificatives.

— Rapport sur les fouilles exécutées à Valognes, le 20 mars 1846 ; *Mém. de la Soc. des Antiq. de Norm.*, t. XIV (1846), p. 317-331.

M. A. Delalande fait partie du barreau de Valognes.

DE LA LONDE (*Fr.-Rich.*). V. LA LONDE (de).

DE LA MARC (*Ch.*). Chronologia inclytæ vrbis Rothomagensis, per De la Marc, advocatvm in Parlemento ; 10 p. in-f.

Cette chronique, qui commence à l'année 94 de J.-C. et finit en 1555, est imprimée à la fin de l'ouv. de Du Moulin, sur les Conquêtes des Normands-François en Italie ; *Rouen*, 1658, in-f. Elle est extr. d'un ms. qui se trouvait dans la biblioth. de Gab. Du Moulin.

DE LA MARE ou DE MARE (*Guillaume*) naquit dans la commune du Désert, arrond. de St-Lo, en 1451. Il devint chanoine-trésorier de l'église de Coutances, où il mourut le 11 juillet 1525. On connaît de lui les 4 ouv. suiv. :

— Tripertitus in chimœram conflictus, ex Cadomensi gymnasio, 1510, in-4. Cet ouv. a eu 3 édit. ; l'édit. publiée en 1513, *Paris, Ascensius*, est accompagnée de commentaires, par Vatel.

— In chimeram conflictus, opere tripartito, de qua in catholica priore Johannis, cap. II, õc q̄d est in mundo concupiscentia carnis et concupiscentia oculorum et superbia vitæ ; *Ex cadomensi gymnasio*, 1510, in-4.

— Epistolæ, orationes et carmina ; *Parisiis, Ascensius*, 1514, in-4. L'un de ces discours, le huitième, renferme l'éloge funèbre de Geoffroy Herbert, évêque de Coutances.

— De tribus fugiendis, ventre, plumã et venere libelli tres ; multis probatorum authorum sententiis et exemplis referti ; *Parisiis, in officina libraria Henrici Stephani*, s. d., in-4 ; *Parisiis*, 1512, in-4 de 30 ff. ; *Paris, Simon Colines*, 1521, in-4. Cet ouv. singulier est dédié à Adrien Gouffier, évêque de Coutances.

DE LA MARE (*Ant.*). Les Eloges de la ville de Roven et de la Normandie. En vers latins et francois ; *Roven, Lavrens Mavrry*, 1667, in-4 de 23 p.

— Les Eloges de la ville de Roven, et conioinctement de la Normandie. En vers latins et françois. Et ensuite sont les deuises des Rois de France depuis Hugues Capet jusques à maintenant. Celles aussi des Princes de la maison d'Orléans Longueuille. En vers latins ; *Roven, Lavrens Mavrry*, 1668, in-4 de 74 p.

Edition rare et beaucoup plus complète que celle de 1667. Les vers latins sont de Antoine De la Mare, sieur de Chesnevarin, Durescu, La Chasteigneraye, etc., qui avait alors 76 ans. Le nom du traducteur est resté inconnu.

DE LA MARE (*Pierre*). Eloge de la ville de Rouen en vers françois. ov sont contenves plusieurs remarques curieuses sur les Antiquitez et les Priviléges autrefois accordez par nos Rois à cette ville. Et ou se voit aussi une petite description des effets de l'horrible et prodigieuse tempeste arrivée le 25 de

Juin 1683. par P. D. L. E. S. D. (Pierre de la Lamare, ecuyer seigneur de Durescu); *Rouen, Nicolas Le Tourneur*, 1685, in-4 de 14 p.

DELAMARE (l'abbé). Rapport sur la notice de M. Latrouette, relative au Rouet St-Martin de Golleville (Manche); *Soc. des Antiq. de Norm.*, t. IX (1835), p. 420-430.

— Essai sur la véritable origine et sur les vicissitudes de la Cathédrale de Coutances; *Caen, A. Hardel*, 1841, in-4, avec 14 pl.

Ext. des Mém. de la Soc. des Antiq. de Norm., t. XII (1841), p. 139-263.

L'abbé Delamare est vicaire gén. du diocèse de Coutances.

DELAMARE (*F.*). Nouvelle carte de l'arrondissement de Rouen, gravée sur pierre par F. Delamare; *Rouen, A. Le Brument*, 1850, une f^lle^. (Imp. lithog. de Lemercier, à Paris.)

DELAMARRE (*Pierre-Louis*), interprète de l'Ecriture sainte, né à Louviers en 1721.

DELAMARRE (*René-Vinc.-Edouard*), D^r^ en méd., né à Louviers en 1815, a publié dans l'*Encyclop. des Sc. médicales* une traduct., avec notes et comment., du *Traité de Pathologie chirurgicale de Samuel Cooper*.

DE LA MOTTE. Antiqvitez de la ville de Harflevr, Recherchées par le sieur de la Motte, Eschevin en ladite ville. Avec quelques discours qui ont été prononcez à Mgr. le Duc de St-Aignan; *Havre de Grace, Imp. de Jacq. Gruchet*, M. DC. LXXVII, in-8 de 216 p. et 4 ff. prélim.

Ce vol. contient l'hist. de Harfleur depuis les temps les plus reculés jusqu'en 1676. Il renferme les chartes et les priviléges accordés à cette ville, et particulièrement la charte donnée par Charles VIII en 1492. L'ouv. de De la Motte a été réimp. au Havre dans le genre des édit. de la Biblioth. bleue, sous ce titre :

— Antiquités de la commune d'Harfleur, contenant les siéges et batailles qui ont eu lieu en cette place; le tout suivi du détail du superbe festin, qui couta la grande somme de 35 francs 13 sols; donné par les habitants de ce lieu à François Ier, ainsi qu'à sa suite, par la Motte; nouv. édit.; *année VIIe de la République*, in-12 de 78 p.

M. Barbier, dans son *Dict. des Anonymes*, indique une édit. de ce livre; *Harfleur*, 1720, in-8. Nous n'avons jamais eu occasion de la rencontrer.

DELAMOTTE (*Simon*), religieux de l'ordre des Célestins, né à Rouen, au commencement du XVIIe sc., devint un des hommes les plus savants de son ordre et composa dans le monastère de Marcoussis, où il avait fait sa profession religieuse, en 1635, plus. ouv. qui n'ont jamais été publiés. On ignore l'époque précise de sa mort aussi bien que celle de sa naissance.

DE LANGLE (*Jean-Maximilien de*), orateur de l'Eglise réform., né à Evreux. V. LANGLE.

DE LANGLE (*Pierre*), évêque de Boulogne. V. LANGLE (de).

DELANGLE, né à Mortagne (Orne), est auteur de *Essai sur les colonies orientales, depuis 1753 jusqu'à présent*, par un adjoint de l'état-major de l'armée du Rhin; Alençon, 1801, in-12. — *Mém. sur la trigonométrie sphérique, etc.*; Paris, Duprat, an IX, in-8.

DE LANGLE, maire d'Evreux, de 1824-1830, né vers 1793, est mort le 7 mai 1847. Sous son intelligente et sage administration, la biblioth. de cette ville fut créée. V. une notice sur M. De Langle, *Ann. norm.*, 1848, p. 589-594.

DELANDINE (*Ant. Fr.*). Sépulture de Canon. Observ. sur une sépulture antique découverte à Canon (Calvados), en janv. 1781; *Lyon*, 1786, in-4.

Ces observations qui portent principalement sur la position des squelettes trouvés dans cette sépulture, ont été imp. d'abord dans le *Journ. de Paris*, 11 fév. 1781, puis dans l'*Esprit des Journaux* du mois de juin même année, p. 236-242; et enfin dans le vol. intitulé : *Mém. bibliog. et litt.*; Paris et Lyon, s. d., in-8, p. 149-154. V. une note de M. L. Du Bois, *Archiv. norm.*, 1re année (1824), p. 261.

DELANNEY (*Adrien*), général de division, né à Pont-Audemer, est mort le 13 mai 1799, à Mondovi (Italie), frappé d'une balle qui lui fut tirée d'une fenêtre. Le 8 juillet de la même année, on célébra à Pont-Audemer une fête funèbre en l'honneur de cet officier général.

DE LA NOE (*Benoît*), controversiste, pénitencier d'Evreux, né au même diocèse, mort en 1540.

DE LA NOE (le P.). Oraison funèbre de très haute, très puissante, très excellente et très chrestienne princesse Elisabeth d'Orléans, duchesse d'Alençon, de Guise, d'Angoulesme, comtesse de Ponthieu, etc., prononcée à Alençon, dans l'église paroissiale de N.-D., le 30 avril 1696; *Alençon, Jean Malassis et v^e^ Martin de la Motte*, 1696, in-8 de 36 p.

DELANOE (l'abbé). Notice historique sur la cathédrale d'Evreux; *Evreux*, 1844, in-16.

DE LA PALLIÈRE. V. La Pallière.

DELAPLACE (*Simon*), missionnaire de l'ordre des Récollets, né à Rouen vers la moitié du xviie sc., est mort en odeur de sainteté, au Canada, où il fut martyrisé en 1690. V. Th. Lebreton, *Biog. norm.*, t. i, p. 388.

DE LAPLACE, géom. V. Laplace (de).

DELAPORTE (*Anselme*). Statistique de l'arrondiss.. d'Avranches; *Ann. de la Manche*, 1830-31.
— de Mortain; *Ann. de la Manche*, 1832.
— de Valognes; *id.*, 1833.
— de Cherbourg; *id.*, 1834.
— de Coutances; *id.*, 1837.
— de St-Lô; *id.*, 1840.

Le tout ensemble, ext. d'un grand et consciencieux travail, forme la statistique du dép. de la Manche.

Delaporte (*Jacq.-Anselme*), directeur des postes à Lisieux, de 1833-1844, après avoir été sous-inspect. des postes à Avranches, né à Caen le 12 janv. 1786, est mort dans la retraite, à Livarot, le 1er oct. 1857. V. la Notice de M. J. Travers, *Ann. norm.* 1858, p. 632.

DELAPORTE. (*J.-J.*). Poème sur le Musée-Bibliothèque du Havre; *Havre, Hue*, 1845, in-8 de 16 p., avec vign.
— Inauguration des statues de Bern. de St-Pierre et de Cas. Delavigne, 9 août 1852 (en vers); *Havre, Hue*, 1852, in-4 de 4 p.

DE LAPORTE (*B.*). Agenda statist., etc. V. *Agenda*.

DE LAPORTE (*A.*). Les Ducs héréditaires de Normandie; *Rouen, Mégard et Ce*, s. d. (1851), in-8 de 304 p., avec 4 pl. (vue de Rouen et portr.)

Collect. de la Biblioth. morale de la Jeunesse.

DE LA PRISE. V. La Prise (de).

DE LA QUÉRIÈRE. V. La Quérière (de).

DE LA QUESNERIE. V. La Quesnerie.

DELARIVIÈRE (l'abbé *P. F. T.*). Discours prononcé à la distribution des prix de l'Ecole centrale du Calvados, le 15 août 1802; *Caen*, 1802, in-8.
— Notice histor. sur C. F. J. Dugua, gén. de division, mort au Cap français, le 16 oct. 1801; *Caen, Chalopin*, 1802, in-8 de 24 p.

Le gén. Dugua a été préf. du Calvados en 1800.
— Notice histor. sur J. P. Chibourg, méd. à Caen; *Caen*, 1807, in-8.
— Exposé sommaire des travaux de l'Acad. des Sc., Arts et B.-Lett. de Caen; *Caen*, 1805, in-8 de 44 p. et réimp. en 1811 avec de nombreuses additions, sous le titre suiv. :
— Rapport général sur les travaux de l'Acad. des Sc., Arts et B.-Lett. de la ville de Caen, depuis la fin de 1800 jusqu'au 1er janv. 1811; *Caen, Chalopin*, 1811, in-8 de 360 p.
— Rapports sur les travaux de l'Acad. de Caen, pour les ann. 1811-1815, faisant suite au rapport général imp. en 1811; *Caen, Chalopin*, in-8 de 315 p.

L'abbé Delarivière, secrét. de l'Acad. des Sc., Arts et B.-Lett. de Caen, né le 13 déc. 1762, à Sées (Orne), est mort à Montargis, le 30 oct. 1829. Indépendamm. des ouv. indiqués ci-dessus, il en a publié plusieurs autres de 1790-1829, sur la gramm. franç., la logique et la philosophie. V. Note de M. Charma, insérée dans la *Biog. du D^r le Sauvage*, Paris, 1855, p. 25.

DELAROCHE (*Michel*), négociant distingué, né à Genève en 1775, mort au Havre, sa patrie adoptive, le 7 août 1852, fut successivement maire, président du tribunal et de la chambre de commerce du Havre, député de la S.-Inf., etc. Toute la vie de M. Delaroche fut consacrée à l'administration et à la prospérité de la ville du Havre.

V. Notice nécrolog., par un anc. négociant du Havre (M. Begouen de Meaux); *Havre, Alph. Lemâle*, 1853, gr. in-8 de 13 p. — Notice, par M. Horace Say; *Paris, Hennuyer*, 1854, in-8 de 32 p.

DE LA ROQUE. V. La Roque (de).

DELARUE. Relation géographique et historique de l'Etablissement et du progrès de l'abbaye de l'Isle-Dieu, ordre de Prémontré, diocèse de Rouen; *Paris, J. Lamesle*, 1760, in-4 de 108 p.

P. De la Rue était abbé de l'Isle-Dieu.

DELARUE (*Louis-Henri*), secrét. perpét. de la Soc. d'Agr. de l'Eure, membre d'un grand nombre de soc. savantes, etc., né à Versailles le 13 juillet 1770, mort à Breteuil, en 1855, où il remplissait depuis 1837 les fonctions de juge de paix. Comme secrét. de la Soc. de Médecine, de la Soc. d'Agric., de la Soc. d'Agric., de Médecine et des Sciences accessoires, etc., 1806-1837, il prit part à la composition des Mém. publiés par ces sociétés. M. Delarue contribua, dans la ville d'Evreux, à la formation du Jardin des Plantes, de la

Biblioth. publique et d'une Ecole de botanique. — V. Notice de M. Raymond Bordeaux, *Ann. norm.*, 1857.

DELARUE (*P.*). Observations sur une notice biograph. sur Guill. d'Harcourt, par M. ***, insérée dans le t. IV de la *Rev. de Rouen*, 6e liv., et faisant suite à la notice sur la ville d'Elbeuf, insérée dans les 2e et 3e liv. du même vol.; *Rouen, N. Periaux*, 1835, gr. in-8 de 12 p.

Ext. de la *Rev. de Rouen*, 1835, 2e sem., p. 96-107.

DELARUE (*Jules-Adrien*). Boïeldieu, ou les honneurs rendus à ce célèbre compositeur, par Rouen, sa ville natale, suivi de quelq. observations biograph.; *Rouen, N. Periaux*, 1836, in-8.

DE LA RUE (l'abbé). V. La Rue (de).

DE LA RUE (*Morice*). V. La Rue (de).

DE LA SALLE (Cavelier). V. La Salle.

DELASALLE (*Paul*). Pierre Gringoire (en vers); *Paris, Charpentier*, 1836, in-18 de 250 p.

— Une Excursion dans le Perche; *Le Mans, Richelet*, 1839, in-8 de 23 p.

—Excursion à St-Cénery-le-Géré (Orne); *Alençon, Bodi*, 1842, in-8 de 31 p. (Imp. de Poulet-Malassis).

Ce voyage a été réimp. dans *Une Voix perdue*, p. 377-408, réimp. des Œuvres de Paul Delasalle; Paris, Charpentier, 1847, gr. in-8.

— Documents inédits sur le fédéralisme en Normandie; *Le Mans, Fleuriot*, 1844, in-8.

Ce Mémoire, dans lequel sont retracées les prem. années de la révolution (1792 et 1793), a été réimp. dans *Une Voix perdue*, p. 339 à 375.

— Charlotte Corday; *Paris, Charpentier*, 1845, in-8 de 95 p. avec un portr. de Ch. Corday.

Cette notice a été réimp. dans *Une Voix perdue*, p. 279-338.

— Une Voix perdue. Réimpression des Œuvres de Paul Delasalle; *Paris, Charpentier*, 1847, gr. in-8 de 408 p. avec le port. de l'auteur. (Imp. de F. Jahyer, à Blois.)

Ce vol. contient une Notice sur P. Delasalle, Pierre Gringoire, Fleurs de pommiers, les Rêves du printemps (poésies) et chansons; une Notice sur Charlotte Corday, Documents inédits sur le fédéralisme en Norm., et Excursion à St-Cénery-le-Géré (Orne).

Delasalle (*Paul*), poète, né à la Haye-du-Puits (Manche), le 2 juin 1812, mort à Auteuil, le 30 juillet 1845. Indépendamment des ouv. indiqués ci-dessus, P. Delasalle est auteur de :

— Contes tristes; *Paris, Charpentier*, 1842, in-16.

— Excursions à St-Léonard-des-Bois, — au Haras du Pin, — à Notre-Dame de la Délivrande, — au château de Montargis, etc., La Bibliothèque bleue. — Lettres de province. — L'abbé Grégoire et les Congrès scientifiques. — La Comète. — Le Capitaine Mayeux. — Claude. — Barbe bleue. — Dumouriez et les Marguilliers de Cherbourg.— Lettres inédites de Mme Rolland, etc., pièces détachées, in-8 et in-16.

On trouve des articles de P. Delasalle dans les divers journaux du Calvados, de la Sarthe et du Loiret, dans la *Rev. du Calvados*, la *Rev. de Rouen*, l'*Illustration*, le *Magasin pittor.*, et surtout dans la *Mosaïque de l'Ouest*. M. Emile Souvestre avait réuni les Œuvres diverses de Paul Delasalle, dans l'intention de les publier en entier. Ce projet n'a pas été réalisé. V. Notice de M. G. Mancel, 8 p. avec port., dans les *Poètes norm.* publiés par Baratte et dans l'*Ann. de la Manche*, 1847.

DELASIAUVE (*Louis-Jean-François*), méd., né en 1804, à Garennes (Eure), est auteur : *De l'organisation médicale en France sous le triple rapport de la pratique, des établissements de bienfaisance et de l'enseignement*; Paris, Fortin-Masson, 1843, in-12. Il a fourni quelq. art. à la *Rev. médicale*.

DELATRE (*L.-P.*), général de division, né à St-Valery-en-Caux en 1765, mort le 14 messidor, an II, victime du tribunal révolutionnaire. V. Guilbert, *Mém. biog.*, t. I.

DELAUNAY (*J.-B.*), négociant au Havre, est auteur d'un grand nombre d'opuscules, publiés de 1833-55, sur des questions commerciales et maritimes. Le dernier a pour titre : *Exposé démontrant la nécessité d'une augmentation dans le nombre des courtiers au Havre, en attendant que, par un retour à la législation de 91 sur cette matière, l'exercice de cette profession soit rendu à la liberté sous la condition d'une indemnité aux titulaires des charges actuelles*; Havre, Imp. de A. Lemâle, 1853, in-8 de 22 p.

DELAUNAY (*J.-B.*), né à Avranches, est auteur d'un *Manuel du Fondeur sur tous métaux*; Paris, Roret, 1827, 2 vol. in-18, fig.

DELAUNAY. Notice sur la restauration des monuments de l'arrondissement de Bayeux, en 1849; *Bullet. monum.*, t. XV (1849), p. 497-507.

M. Delaunay, architecte, est membre de la Soc. franç. pour la conserv. des monum.

DELAUNAY (l'abbé). Notice sur la fête

de l'Immaculée Conception dite Fête aux Normands; *Caen, Delos*, 1855, in-8 de 20 p.

Ext. du journal *l'Ordre et la Liberté*, nos des 7 et 9 nov. 1854.

DELAUNAY-DESLANDES. V. Deslandes.

DELAUNAY-HUE. V. Hue.

DELAUNE (*Jean-Jacq.-Pompée*), avocat et astronome, né le 15 nov. 1760, à Autigny (S.-Inf.), mort à Rouen, lieu de sa résidence, le 28 nov. 1815, est auteur de : *Traité et définition des Comètes*; Rouen, J. Frère (Imp. de P. Periaux), 1813, in-8 de 83 p., avec fig.

DELAUNEY (*J.-B.-G.*). Bayeux et ses environs, poëme; *Bayeux, imp. de Groult fils*, 1804, in-8 de 76 p.

— Les Amours de Rollon, ou Bayeux reconstruit; poëme de 242 vers, in-4 de 4 p. à 2 col., s. l. et s. d. (Bayeux, 1809.)

Delauney (*J.-B.-Gabriel*), avocat, né à Isigny en 1752, est mort à Bayeux, le 6 déc. 1831. Député du tiers-état du bailliage de Caen à l'Assemblée constituante, il contribua puissamment aux travaux du comité chargé de déterminer la nouvelle division de la France. C'est lui qui, avec le concours du général de Wimpfen, fit préférer le nom de *Calvados* à celui d'*Orne-Inf.*, qu'on voulait donner au départ. dont Caen est le chef-lieu.

DELAUNEY (*Pierre-François*), peintre, né à Bayeux le 21 déc. 1759, fut enlevé aux arts le 26 août 1789. Elève de Vincent et de Fragonard, doué des plus heureuses dispositions, il exposa au Salon de 1788 un charmant tableau représentant un *Pélerinage à St-Nicolas-de-la-Chesnée*.

DELAUNEY (*H.-F.*). Origine de la tapisserie de Bayeux, prouvée par elle-même; *Caen, Mancel*, 1824, gr. in-8 (et in-4) de 92 p., avec 8 pl.

Ext. des *Antiquités anglo-norm.* de Ducarel, trad. par Lechaudé d'Anisy. Dans ce mém., Delauney cherche à réfuter l'opinion de l'abbé De la Rue sur la tapisserie de Mathilde.

— Dissertation sur un tableau qu'on dit représenter la bataille de Formigny, livrée le 15 avril 1450; *Mém. de la Soc. des Antiq. de Norm.*, 1824, p. 490-509.

Delauney (*Honoré-François*), né à Bayeux en 1764, est mort dans cette ville, le 11 septembre 1829. V. Notice de M. Pluquet, *Journal de Caen et de la Norm.*, 1829.

DE L'AVERDY. V. Averdy.

DELAVEYNE. Mémoire concernant la manutention des corvées dans la généralité de Caen; *Caen, J. Poisson*, 1762, in-4 de 46 p.

DE LA VIGNE (*Michel*), méd. V. La Vigne.

DE LA VIGNE (Mlle), poète. V. La Vigne (de).

DE LA VIGNE, curé de St-Pierre de Caen. V. *Recueil des vertus, etc.*

DELAVIGNE (*Germain*), homme de lettres, conservat. du mobilier de la couronne (1844), né à Giverny (Eure), le 1er fév. 1790. On lui doit les poëmes d'un grand nombre d'opéras et d'opéras-comiques, composés pour la plupart en collaboration avec M. Scribe, et une intéressante notice sur son frère Casimir. Cette notice est placée en tête du t. vie des œuvres de Cas. Delavigne, *édit. Didier*, 1852.

DELAVIGNE (*Jean-Casimir-Anselme*), frère du précédent, jurisconsulte, né au Havre le 24 août 1791.

DELAVIGNE (*Casimir*). Discours d'inauguration, pour l'ouverture de la salle de spectacle du Havre; prononcé le dimanche 24 août 1823; *Havre, Chapelle*, 1823, in-8 de 8 p.

Pièce réimp. dans les Œuvres complètes, édit. Didier, 1852, t. v, p. 271.

— Discours en l'honneur de P. Corneille; *Rouen, F. Baudry*, 1829, in-8 de 14 p.

Prononcé le 29 sept. 1829, jour de la représentation donnée à Rouen, par le Théâtre-des-Arts, au profit de la souscription pour élever un monum. à P. Corneille. Ce discours a été réimp. dans les Œuvres complètes, édit. Didier, 1852, t. v, p. 279.

— Adieu!

Stances qui n'ont été publiées qu'après la mort de Cas. Delavigne, et qu'il avait composées chez un de ses amis, à St-Just, près Vernon, d'où il pouvait voir sa propriété de *la Madeleine*. La Madeleine (*Madeleine chérie..., ma fraîche Madeleine...*, comme l'appelait le poëte), est une charmante maison de campagne, située sur les bords de la Seine : durant bien des années, cette résidence avait fait la joie de Cas. Delavigne; vers la fin de sa vie, il eut la douleur de se trouver obligé de la vendre. Cette pièce est insérée dans les Œuvres complètes, *édit. Didier*, 1852, t. vi, p. 243. Dès 1844, elle avait été mise en musique par Amédée de Beauplan, sous le titre de *Adieux à la Madeleine, mélodie*; Paris, Bénard, in-4.

Delavigne (*Jean-François-Casimir*), membre de l'Acad. franç., frère des deux précédents, naquit au Havre, sur la Barre-Solier (aujourd'hui le quai de la Barre), le 4 avril 1793, et mourut à Lyon dans la nuit du 11 au 12 déc. 1843, au moment où, pour rétablir sa santé, il allait chercher la douce température du midi de la France. Type de l'homme de lettres, Cas. Delavigne n'accepta que des honneurs academ.. Ses écrits

vince; *Paris*, 1716, 1 f[lle].—Ibid., revue par Ph. Buache, en 1745.

— Le Maine et le Perche ; *Paris*, 1719, 1 f[lle].

— Carte de Normandie, comprenant les dép. de la Manche, du Calvados, de la S.-Inf., de l'Eure et de l'Orne (revue par Dezauche); *Paris, Dezauche*, 1 f[lle].

Contient l'indication des districts.

DELISLE (*Georges-Constant* Lebourguignon Duperré), doyen de la faculté de droit de Caen, et l'un des jurisconsultes les plus savants de la Normandie, né à Caen, le 19 mars 1781, est mort dans cette ville, le 5 juin 1853. Il a publié : *Traité de l'interprétation juridique;* Paris, Imp. de Wittersheim, 1849, in-8. Le buste de M. Delisle a été placé dans la grande salle de l'Ecole de droit de Caen, le 4 janv. 1855. V. la notice de M. Thomine, *Ann. norm.*, 1856, et celle de M. Aubépin, *Paris, Durand*, 1856, in-8.

DELISLE, chef de bataillon en retraite et naturaliste, né à Fougères, le 17 avril 1780, est mort en 1841. Il est auteur de plusieurs Mém. insérés dans le *Précis des trav. de la Soc. Linn. de Norm.* V. une notice sur M. Delisle, par M. ** (ext. en partie de l'*Hebdomadaire*, journ. de Vire), *Ann. norm.*, 1842, p. 668-671.

DELISLE (*Léopold*). Le Clergé normand au XIIIe sc., d'après le *Registrum visitationum archiepiscopi Rothomagensis;* Journal des Visites pastorales d'Eude Rigaud, archev. de Rouen, 1248-1269; *Bibl. de l'Ecole des Chartes*, 2e série, t. III (1846), p. 479-499.

— Des Revenus publics en Normandie, au XIIe sc.; *Bibl. de l'Ecole des Chartes*, 2e série, t. V (1849), p. 173-210, et 257-289. — 3e Série, t. Ier (1850), p. 400-451. (Fin de la 4e partie des recettes), t. III (1852), p. 97-135.

— Notice sur un des premiers maires de la ville de Caen ; *Mém. de la Soc. des Antiq. de Norm.*, t. XVII (1850), p. 295.

Le maire de Caen dont il est ici question s'appelait Geoffroi de Rapendon, et figurait vers 1200.

— Notice sur les biens de la Sainte-Chapelle en Normandie ; *Soc. des Antiq. de Norm.*, t. XVII (1850), p. 297-320.

— Pélerinages d'Enfants au Mont-St-Michel (1333 et 1457) ; *Soc. des Antiq. de Norm.*, t. XVII (1850), p. 388-394.

— Documents sur les livres et les bibliothèques au moyen âge ; *Bibl. de l'Ecole des Chartes*, 3e série, t. Ier, p. 216-231.

Ces documents ont principalement rapport à la biblioth. de la cathédrale et à celle de l'abbaye de St-Ouen de Rouen.

— Notes sur les anciennes foires du dép. de la Manche ; *Ann. de la Manche*, 1850, p. 532-549.

— Mémoires sur les baillis du Cotentin ; *Caen, Hardel*, 1851, in-4 de 64 p.

Ext. des *Mém. de la Soc. des Antiq. de Norm.*, t. XIX.

— Endiguements du Cotentin au moyen âge. Ancien usage de la tangue ; *Ann. de la Manche*, 1851, p. 624-627.

— Etudes sur la condition de la classe agricole et de l'état de l'agriculture en Normandie, au moyen âge. Ouv. couronné (en 1849), et publié par la Soc. libre d'Agricult., Sc., Arts et B.-Lett. de l'Eure ; *Evreux, Imp. de A. Hérissey*, 1851, in-8 de LVI et 758 p.

Travail remarquable fait d'après des docum. originaux, et qui, par son importance, a obtenu deux fois le grand prix Gobert, en 1851 et en 1852. L'auteur n'avait alors que 25 ans. Quelq. exempl. ont été tirés sur pap. vergé, façon de Holl.—V. Compte-rendu, en 3 art., par M. J. Biot, *Journ. des Savants*, 1851. Dans cette appréciation aussi détaillée que judicieuse, M. Biot a traité d'une manière intéressante la question de la culture de la vigne en Normandie ; V. également un art. de M. Ch. de Beaurepaire, *Bibl. de l'Ecole des Chartes*, 1852, p. 394-399, art. reproduit dans la *Rev. de Rouen*, 1852, p. 57-64.

— Magni Rotuli Scaccarii Normanniæ MCLXXXIV fragmentum, etc., Cadomi, 1851. V. *Magni Rotuli*, etc.

— Cartulaire normand de Philippe-Auguste, Louis VIII, St-Louis et Philippe-le-Hardi ; publié par Léop. Delisle ; *Caen, A. Hardel*, 1852, in-4 de XL et 396 p.

Ext. des *Mém. de la Soc. des Antiq. de Norm.*, t. XVI. Recueil de documents inédits et extrêmement précieux pour l'hist. de Norm.

— Notice sur les attaches d'un sceau de Richard-Cœur-de-Lion ; *Paris*, 1852, in-8.

Ext. de la *Biblioth. de l'Ecole des Chartes*, 3e série, t. IV (1853), p. 56-62. Cette notice a été réimp. avec quelq. modifications dans le *Bulletin monum.*, t. XX (1854), p. 225-234. Longtemps conservée dans les archives de l'abbaye d'Aunay, cette pièce se trouve aujourd. aux archives du dép. du Calvados.

— Notice sur la vie et les ouvrages de

M. de Gerville; *Valognes, Imp. de ve H. Gomont*, 1853, in-12 de 54 p.
Ext. du *Journ. de Valognes.*
M. de Gerville portait une affection particulière à M. Delisle ; il a été l'un des premiers à l'encourager et à le diriger dans ses études historiques et paléographiques.

— Les Voyages de S. Louis en Normandie ; *Soc. des Antiq. de Norm.*, t. xx (1853), p. 162-165.

— Examen de treize chartes de l'ordre de Grammont ; *Soc. des Antiq. de Norm.*, t. xx (1853), p. 171-221.
Episode de l'hist. des faussaires au moyen-âge.

— Statuts de la Léproserie d'Andeli, en 1380 ; *Soc. libre d'Agric., Sc., Arts et B.-Lett. de l'Eure*, 3e série, t. II (1852 et 1853), p. 386-393.

— Notes adressées à M. de Caumont sur une collection de titres norm. provenant de la Chambre des Comptes ; *Bullet. monum.*, t. xx (1854), p. 417-448.

— Extrait d'un compte de la seigneurie du Neufbourg en 1413. — Vie de Gauzlin, abbé de Fleury (St-Benoît-s.-Loire) et archevêque de Bourges, d'après André de Fleury ; *Orléans*, 1854, in-8.

— Notice sur Orderic Vital ; *Paris, Imp. de Lahure*, 1855, in-8 de 106 p.
Ext. de l'édition d'Orderic Vital, publiée par M. Le Prevost et si savamment annotée par lui, pour la Soc. de l'Hist. de France. Cette notice est terminée par le catalogue des mss., des édit. et des trad. de l'Hist. Ecclésiastique d'Orderic Vital.

— Catalogue des actes de Philippe-Auguste, avec une introduction sur les sources, les caractères et l'importance histor. de ces documents ; *Paris, Aug. Durand*, 1856, in-8 de CXXVII et 655 p.
Vol. destiné à servir d'introduction à une hist. complète de Philippe-Auguste.

DELISLE (*Léopold*), anc. élève de l'Ecole des Chartes, membre de l'Institut (Acad. des Insc. et B.-Lett.), conserv.-adjoint des mss. à la Biblioth. Imp., est né à Valognes, le 24 oct. 1826. Quoique très-jeune encore, M. L. Delisle, par des travaux aussi consciencieux que de nature à jeter un nouveau jour sur l'hist. de la Normandie, s'est mis à la tête des savants dont s'honore notre province. Collaborateur de la *Biblioth. de l'Ecole des Chartes*, du *Correspondant*, du *Journal de l'Instruct. publique*, M. Delisle a enrichi ces recueils de productions pleines d'érudition. Ce laborieux écrivain, gendre du savant orientaliste Eug. Burnouf, prépare en ce moment un travail sur les *Familles normandes représentées aux Croisades* et une *Hist. du diocèse de Coutances*. — V. la Notice de M. Siméon Luce, *Journal de Coutances*, du 20 déc. 1857.

DÉLITS de la municipalité provisoire du *Havre-Marat*, etc. V. LELIÈVRE-DEZALLES.

DÉLORIER. Contes normands. Les deux Orages — les deux Châtelains ; *Rouen, F. Baudry*, 1834, in-12 de 375 p.
L'auteur n'a pas réalisé le projet qu'il avait formé de donner une suite à cet ouv.

— Souvenir au Val-de-la-Haye. Pose de la première pierre d'un monument commémoratif du séjour, à leur passage, des cendres de Napoléon ; *Rouen, I. Lefevre*, 1844, in-8 de 8 p. (en vers).

DÉLORIER (*Bénigne-Claude*), anc. officier de l'Empire, né à Dijon le 5 mars 1785, habitait, près de Rouen, la commune de Blainville-Crevon, où il est mort le 9 juillet 1852. Il avait perdu un bras sur le champ de bataille de Waterloo. Indépendamment des 2 ouv. mentionn. ci-dessus, il a publié : *Loisirs d'un Français*, poésies, 1819, 2 vol. in-18 ; — *La Famille de Surville*, roman, 1825, 4 v. in-12 ; — *Recueil de chansons patriotiques, et autres poésies, publié au profit des veuves et orphelins des immortelles journées de juillet*. Dédié à la garde nat. de Rouen ; par un invalide ; *Rouen, Imp. de F. Baudry*, 1830, in-18 de VIII et 180 p. ; — 2e édit., *Rouen, Imp. de Baudry*, 1831, in-18 de VIII et 288 p. ; — et 3e édit. ; *Rouen, Imp. de I. S. Lefevre*, 1846, in-12 de VIII et 409 p., avec 6 vign. grav. sur bois, d'après les dessins de H. Bellangé. V. *Journal de Rouen*, 13 juillet 1852.

DELORT (*J.*). Essai critique sur l'histoire de Charles VII, d'Agnès Sorelle et de Jeanne d'Arc ; avec port. et fac-sim. ; *Paris, Ferra je*, 1824, in-8 de 296 p.
Ouv. présentant de curieux détails sur le séjour que Charles VII et Agnès Sorel firent au Mesnil, près de Jumiéges. Parmi les pièces justificatives, on trouve le petit poème de Jean-Antoine de Baïf sur Agnès Sorel, daté du Mesnil-la-Belle. — V. un art. de M. Daunou, *Journal des Savants*, 1824, p. 166-173.

DELOY (*Michel*), jurisconsulte, né à Caen, en 1625, est auteur d'un ouv. intitulé : *De pactuum et contractuum idea methodica*, et d'un Eloge de Pierre Halley, en latin. Il mourut à Paris en 1710.

DELOYNES (*Hugues*), traducteur et poète, religieux de la chartreuse de Gaillon, au XVIIe sc.

DELZONS. Rapport sur le concours pour l'éloge de Th. Corneille ; *Mém. de l'Acad. de Rouen*, 1851, p. 279-298.

Le prix fut accordé au mém. de M. Louis Passy, anc. élève de l'Ecole des Chartes.

—Notice nécrologique sur M. Th. Guiard, membre corresp. de l'Acad. de Rouen; *Précis de cette Acad.*, 1856, p. 350-355.

M. Delzons, anc. membre de l'Acad. des Sc., B.-Lett. et Arts de Rouen, l'un des professeurs les plus distingués du Lycée de cette ville, est aujourd'hui professeur au Lycée Louis-le-Grand, à Paris.

DEMANDOLX. Discours sur les moyens les plus conformes à la religion, à l'humanité et à la politique, de faire cesser la mendicité dans la province de Normandie; couronné à Rouen, en 1778, par l'Acad. de la Conception; *Avignon et Paris, d'Houry,* 1780, in-8.

Demandolx était Lieutenant-général de la sénéchaussée de Marseille.

DEMAS (*Jean*), auteur liturgique, religieux de la Chartreuse de Gaillon, au XVIIe sc.

DEMIANNAY. Affaire Demiannay. Acte d'accusation et débats devant la Cour d'assises de Rennes; *Rouen, Imp. de D. Brière,* 1836, in-12.

M. Demiannay, riche banquier, à Rouen, fut obligé de suspendre ses paiements et de liquider ses affaires à la suite de la révolution de 1830. Cette liquidation donna lieu à plusieurs procès, et, par suite, à plusieurs écrits.

DEMIAU-DE-CROUZILHAC. Notice sur la maison habitée à Caen par Charlotte Corday, à propos de quelques erreurs de M. de Lamartine, dans son Hist. des Girondins; *Calais, Peltier-Voisin,* 1847, in-8 de 12 p.

Lu à la Soc. des Antiq. de Norm., le 29 juillet 1847, et réimp. dans la *Rev. de Rouen,* 1847, p. 482-489, avec une grav. Une nouv. édit. de cette notice a paru à Caen, chez Poisson, 1852, gr. in-8 de 16 p. D'après l'auteur, Charlotte Corday serait née aux Champeaux, commune de St-Evroult-de-Montfort canton de Gacé (Orne). M. F. Demiau-de-Crouzilhac, conseiller à la Cour imp. de Caen, est membre de l'Acad. de cette ville.

DEMOLOMBE (*C.*), doyen de la Faculté de Droit, à Caen, bâtonnier de l'ordre des avocats de la même ville, est auteur de plusieurs ouv. de jurisprudence qui font autorité devant les tribunaux. Nous citerons particulièrement son *Traité des Successions;* Paris, A. Durand, 1857, 3 vol. in-8, ouv. qui fait partie d'un *Cours du Code Napoléon* en 14 vol. in-8, 1845-1857.

DE MONS (Le Sens). V. MONS.

DE MONS (l'abbé). V. MONS.

DEMORENNE (*Cl.*). Les regretz et tristes lamentations du comte de Montgommery, sur les troubles qu'il a esmeuz au royaume de France, depuis la mort du roi Henry deuxiesme de ce nom jusques au vingtsisième de juin, qu'il a été exécuté; auec la consultation des Dieux, sur la prinse dudict Mongommery, par C. Dem. P.; *Rouen, Martin le Mesgissier,* 1574, pet. in-8 de 16 ff.

DE MORRY (*Ant.*). V. MORRY.

DEMORTREUX (*Laurent-Thomas*), magistrat, et député au corps législatif, de 1807-1815, né à Vire en 1756, mourut à Sannerville, près de Caen, le 24 juin 1831. V. Lange, *Ephémérides norm.*

DENIAULD (*Robert*). V. DENYAULD.

DENIÉPORT. Vers sur l'hommage qui va être rendu au grand Corneille, par l'érection d'une statue sur une des places publiques de Rouen, au moyen d'une souscription; *Rouen, N. Periaux,* 1834, gr. in-8 de 15 p.

Cette pièce, tirée à 100 exempl., a obtenu de la Soc. libre d'Emulation la première mention honorable au concours de 1834.

DENIS (*Jean*), marin d'Honfleur. On lui attribue la découverte d'une partie des côtes du Brésil, en 1504, et une partie de l'île de Terre-Neuve, en 1506.

DENIS DE LA NATIVITÉ, missionnaire et carme déchaussé, dont le nom séculier était *Pierre Berthelot*, naquit à Honfleur en 1600. Accueilli avec distinction à Goa, il fut nommé, en 1629, prem. pilote d'une flotte portugaise destinée à aller secourir Malacca (île de Sumatra) contre le roi d'Achem qui assiégeait cette ville. Sa bravoure et son habileté lui valurent la charge de pilote et de cosmographe royal, titre qu'il justifia en relevant dans ses divers voyages les côtes des pays qu'il visitait. Denis périt, ainsi que toute une ambassade portugaise, le 27 nov. 1638, à Achem, massacré par les habitants du pays.

DENIS (le R. P.). Cartel de deffy charitable, envoyé au prétendu synode de Quevilly, tenu le mois de may mil six cent cinquante, et ensuite à tout le hugnotisme universellement partout où il se rencontrera; *Paris, Jean Haudone,* 1650, in-4.

Le Père Denis, capucin, né à Vire, prédicateur distingué à Rouen, est mort en 1658, à l'âge de 42 ans. Suivant Masseville, t. VI, il mourut à Rouen, le 9 oct. 1656.

DENIS (*Guill.*), hydrographe. V. DENYS.

DENIS (*L.*). Carte des Environs de Caen; *Paris, chez Pasquier* et *chez Denis*, 1765, 1/2 f^lle.

—Carte des Environs de Rouen, dédiée à MM. les bourgeois de cette ville; *Paris*, 1765, 1/2 f^lle col.

— Carte générale de la Normandie, dédiée à M. Thiroux de Crosne; *Paris*, 1770, 15f^lles, plus un tableau d'assemb.

Cette carte, corrigée et augm. en 1817 par H. Brué, a été publiée sous le titre de : *Atlas topographique de l'ancienne province de Norm. et pays limitrophes*; Paris, Goujon, in-f. de 15 f^lles.

L. DENIS, géographe, mort vers la fin du XVIIIe sc., était d'abord graveur, et obtint ensuite le titre de géographe du duc de Berry, depuis Louis XVI. Sous le titre de *Conducteur françois*, il a donné, avec cartes color., la descript. des routes de Paris, de Dieppe, du Havre, etc. V. *Conducteur franç.*

DENIS (*Ferdinand*). Yves d'Evreux. Vieux voyageurs français; *Paris, H. Fournier*, 1835, gr. in-8 de 19 p.

Ext. de la *Rev. de Paris*, août 1835, et tiré à petit nombre.

—Une Fête brésilienne, célébrée à Rouen en 1550, suivie d'un fragment du XVIe sc., roulant sur la théogonie des anciens peuples du Brésil et des poésies en langue tupique de Christovam Valente; *Paris, J. Techener*, 1850, gr. in-8 de 104 p., avec une pl. fac-sim., représentant la *Figure des Bresilians*. (Imp. de Crapelet.)

Ext. du Bullet. du Bibliophile, 1849, p. 331-432. L'entrée de Henri II dans Rouen, publiée en 1551, a fourni le sujet de cette intéressante notice. L'auteur raconte que 50 indiens, appartenant à la race des Tupinambas, vinrent simuler leurs combats sur les bords de la Seine, devant Catherine de Médicis, et mêler à ces jeux guerriers leurs danses solennelles, telles qu'elles avaient lieu dans les campagnes arrosées par le Capibarribe et et le Paraguassu.—V. un Compte-Rendu de cet ouv., *Rev. de Rouen*, 1851, p. 42-55; V. aussi *Entrée de Henri II.*

DENIS. Listes chronologiques des évêques de Coutances et d'Avranches; *Ann. de la Manche*, 1849, p. 538-546.

DENIS-LAGARDE. Médailles et monnaies recueillies dans le dép. de la Manche, pendant les ann. 1852 et 1853; *Mém. de la Soc. Imp. académ. de Cherbourg*, 1856, p. 85-95.

L'auteur est inspect.-adjoint de la marine, à Cherbourg.

DENISE (*Nic.*). V. DENYSE.

DÉNONCIATION à la nation et à l'opinion publique de trois décrets de l'Assemblée nat., rendus les 18 et 21 août, contre M. de Frondeville, député de Rouen, et le lundi 23 août, contre M. l'abbé de Barmond, député de Paris; s. l. n. d. (1790), in-8.

DÉNONCIATION à l'Assemblée nationale, contre les sieurs Jullien, intendant d'Alençon, et Bayard La Vingtrie, son subdélégué, à Belême (9 déc.); *Paris, Gattey*, 1789, in-8.

Au sujet des subsistances. Ecrit signé : Thoumin, député suppléant de la province à l'Assemblée nat. et député *ad hoc* de la ville de Belême. Le titre de départ, p. 3, porte : *Dénonciation de crime de lèse-peuple ou lèse-nation, à nos seigneurs de l'Assemblée nationale, et mémoire pour la ville de Belême au Perche...*

DÉNONCIATION faite à Nosseigneurs du parlement de Normandie; de la conduite que les Jésuites ont tenue depuis leur entrée dans cette province jusqu'à présent, où ils sont convaincus d'excès en tous genres, d'usurpations, calomnies, persécutions envers leurs bienfaiteurs; de blasphêmes, d'outrages envers les evêques; d'être corrupteurs de la Jeunesse; criminels de lèze-majesté divine et humaine, etc.; *En France*, 1762, in-12 de VIII et 239 p.

A la suite de ce vol., on doit trouver :

— Recueil de pièces non imp., extraites des registres du parlement de Rouen, et de l'hôtel de ville de Caen, pour prouver que les Jésuites sont coupables de toutes sortes d'excès, notamment du crime de lèze-majesté, dont ils sont accusés dans la dénonciation faite au parlement de Norm.; *En France*, 1762, in-12.

DÉNOUART. Extrait du Journal ecclésiastique du mois de sept. 1766 et années suiv. — Lettre de l'auteur du Journal ecclésiastique à M. ***, médecin de R...., sur l'onguent de l'abbaye du Bec, en Normandie, signée Dénouart; *Paris, Imp. de Pollet*, 1848, in-8 de 4 p.

DENYAUD (*Robert*). Rothomagensis Cathedra sev Rothomagensivm Pontificum dignitas, et auctoritas in suam diœcesanam Pontesiam; *Parisiis, apud Carolvm Chatelain*, 1633, in-4 de 230 p. et 9 ff. prélim.

Les p. 189-230 forment un supplément A la suite de cet ouv., on trouve parfois (mais avec une nouv. pagin.) les écrits suiv. du même auteur :

— Vita sancti Clari in pago Vvlcasino monachi, presbyteri et martyris; *Parisiis, typis P. Targa*, 1633, 24 p.

— Officivm ecclesiasticvm sancti Clari apvd pagvm Vvlcasinvm martyris; *Parisiis, typis P. Targa*, 1633, 48 p.

— Æqvissimo parisiensis præfectvræ cavssarum generali judici : regique à secretis cõsiliario : Robertus Denyaldus, rector presbyter et decanus Gisortianus; facere iudicium et iustitiam, et non tradere me calumniantibus me; 1633, 7 p.

— De ecclesiasticarvm possessionvm œconomia et regimine, epistola. Ad reverend, et illustriss. Pontif. comitem Bellouacensem, Franciæ parem; 1637, 16 p., plus le titre.

Sur le débat de la dépendance du vicariat de Pontoise, sous l'autorité de l'archev. de Rouen, V. H. Feret et J. Deslyons.

—L'Histoire de la vie, martyre et miracles de S. Clair, prestre et hermite au pays du Vexin, diocèse de Rouen; *Roven, Raphael Malassis*, 1645 (et 1646), in-8 avec une grav. sur bois représentant S. Clair portant, comme S. Denis, sa tête dans ses mains.

— Rollo Northmanno-Britannicvs; *Rothomagi, apud Joann. Le Bovllenger*, 1660, in-f. de 238 p., plus Index et Epitome historiæ Rollonis, 38 p.; Auctoris professio et errata, 2 ff., et prélim. 14 ff.

Ce vol., dédié à Henri d'Orléans, duc de Longueville, contient l'hist. des sept prem. ducs de Norm. Le curé de Gisors, dans son avis au lecteur, annonce que cet ouv. devait être suivi d'un second vol. sous le titre de *Vindiciæ Normanæ*, destiné à louer la valeur des Normands et à répondre aux calomnies de leurs détracteurs. Il n'a pas été publié.

Denyaud, Denyau ou Deniaud (*Robert*), né au diocèse de Rouen, posséda la cure de Gisors, de 1611-1664, époque de sa mort, et fut honoré en 1664 de la charge d'historiographe du Roi. Il a composé une Hist. de Gisors et d'une partie du Vexin norm., travail dont parle Du Plessis dans sa *Description de la Haute-Norm.*, t. II, p. 301, et qui se trouve aujourd'hui à Rouen, dans la biblioth. Coquebert de Montbret. Indépendamment des ouv. mentionnés ci-dessus, il est auteur de :

— Rosetum sanctitatis principum ex spineto tyrannorum; *Rothomagi*, 1662, pet. in-8.

DENYS (l'abbé *Guill.*), né à Dieppe, termina sa carrière dans cette ville, vers 1680. Sur ses publications, il prenait le titre de : Prêtre, pilote, hydrographe de Sa Majesté, examinateur des pilotes par tout le royaume de France, et professeur royal d'hydrographie à Dieppe. Denys est auteur des ouv. suiv. imp. à Dieppe dans le XVIIe sc.

— L'art de Naviger perfectionné par la cognoissance de la variation de l'aimant. Ov traicté de la Variation de l'aigville aimantée, etc.; *Dieppe, Nicolas Dv Bvc, graveur, lib. et imp.*, 1666, in-4 de VIII et 220 p., avec fig. et tableaux, plus la table.

Ouv. dédié au ministre Colbert.

— L'art de Naviguer dans sa plus haute perfection ou Traité des latitudes; *Dieppe*, N. Du Buc, 1673, in-4.

— L'art de Naviger par les nombres dans leqvel tovtes les regles de la Navigation sont resolvës par un triangle rectiligne rectangle, comme dans les cartes hydrographiques, etc.; *Dieppe, Nicolas DvBvc*, 1675, in-8.

DENYS-MONTFORT. Mémoire sur une espèce nouvelle de corne d'ammon turbinée, trouvée au Hâvre, et au mont Ste-Catherine près de Rouen; par Denys-Montfort, aide géologiste au muséum d'hist. naturelle de Paris; *Journ. de physique*, thermidor an VII (1799), p. 141-147, avec une pl.

DENYSE ou DENISSE (*Nicolas*), prédicateur de l'ordre des Cordeliers au couvent de Valognes, puis à celui de Rouen, où il mourut, le 18 mai 1509, naquit à Beuzeville, diocèse de Coutances, vers le milieu du XVe sc. Ce religieux a composé plusieurs ouv. de théologie, dont les éditions, imp. à Rouen pour la plupart, sont aujourd'hui très-rares. Nous n'indiquerons que les éditions rouennaises :

Resolutio theologorum. — Sempiterne deitati laudes sint intermine cuj' gratuito munere exest hoc opus egregiũ atq; divinũ per famosissimũ atq; doctissimũ..... Nicolaũ Denisse..... qđ quidẽ nõ sine causaresolutio..... dicitur..... *vigilantiq; studio impressũ Rothomagi opera magistri Martini Morin*..... anno dñi M. CCCCC IIII, in-4 goth. (Biblioth. de Valognes.)

— Opus super quatuor novissimis cui speculũ mortalium titulus, etc..... *Vigilantissima que providentia honesti viri magistri Martini Morĩ*, 1506, in-8 goth. (Biblioth. de Valognes.)

— Opus super sentẽcias valde egregiũ in disciplina theologie cunctis proficẽre volentibus permaxime necessarium (quod resolutio theologoꝝ merito dicitur) famosissimũ virum magistrũ Nicholaum Denÿse prouinciali francie sup fratres minores de obseruãtia vulgariter et nuncupatos fideliter discussum, aggregatũ atqz examinatum. *Im-*

pensisq̃ honesti viri magistri Martini Morin Rothomagi ad diui Laudi limina cōmorantis Impressioni traditū hoc nostre salutis anno millesimo quingentesimo sexto, feliciter incipit; in-8 goth. à 2 col. (Biblioth. de M. Lormier, bibliophile, à Rouen.)

— Sermones fratris Nicolai Denyse ; 1508, in-8 goth.

Souscription : Finiunt sermones compendiosi et admodum utiles duplices pro toto adventu, ac simplices pro residuo temporis tam pro Dominicis quam feriis a principio adventus usque ad dominicam post octa. Pasche a reverendo Nicolao Denyse, conventus Rothomagensis fratrum minorum de observantia gardiano meritissimo, *editi ac nuperrime Rothomagi iuxta divi laudi fabricam ab honesto viro magistro Martino Morin impressi Anno Domini millesimo CCCCCVIII. Die vero XXVII. mensis januarii.* (Panzer, t. VIII, p. 283.)

— Sermones magistri Nicolai Denisse ; 1509, pet. in-8 goth.

Illuminute mentis ac animi prope purgati nō miu9 mor et lraz admodū pclari viri magr̄i Nicolai Denisse seraphice stigma tigeri, pr̄is frācisci religionis fratrū mioz de obseruātia iuxta cstanciā csilii ipositōem vulgariter norāte p. fessoris, venerādi cōuentus Rothomageñ gardiani bñ meriti, sermones residicia secūda dominica post pascha usqz ad aduentum *valde fructuosi nuper per honestū virum magistrum Martinum Morin ciuem Rothomagēsem impressorie artis opificem sagacissimum iuxta diui laudi limina assidentem c̄ppulchre feliciter incipiunt.*

Souscription : Superna contemplatione refertissimi et ad modū vtiles sermones reuerendi patris, fratris Nicolai Denisse..., expliciunt *per honestum virum ejusdem ciuitatis ciuem ac impressorie artis, magistrum Martinū Morin, ante diui laudi ecclesie valuas commorantem... fine felici perfecti anno incarnationis Dn̄ice millesimo quingentesimo nono.* (Biblioth. A. Le Prevost.)

— Nicolai Denyse Gemma predicantium.

Preclarissimū atqz diuinū opus q̄d gemma predicātiū nūcupatur cūctis verbi dei de clamatorib9 putile ac necessariū cpositū atqz collectū per reuerēdū patrē magistrū Nicholaum denÿse puincie frācie puincialē vicariū sup fratres minores de obseruantia vulgariter nūcupatos (auspice deo) ubi divini p̄conē celeberrimū.

Souscription : Explicit opus diuinis humanisqz dignū cōspectibus cui gēma p̄dicātiū titulus inscribit..., a reuerēdo patre magr̄o Nicholao denÿse..., *sollerti cura digestū. ipēsisqz et arte vigilātissima honesti viri magistri Martini morin, rothomagi iuxta diui laudi limina cōmorātis : impressioni traditu* ; s. d., in-8 goth. à 2 col. de ccxxxiij ff. chiffrés, plus 16 ff., titre et table. (Biblioth. de Valognes.)

Dans l'épitre à l'imprimeur, placée au verso du titre, nous lisons, à propos de Morin : ... *Honorabili viro magistro Martino Morin ipssorie artis sollertissimo salute...*

Le Catalogue de la biblioth. Motteley, p. 52 (Paris, Sylvestre, 1842), indique une édit. in-4, s. d., du *Gemma predicantium*, comme devant être imp. par Martin Morin, vers 1485 (lisez plutôt 1495). De son côté, Panzer, t. II, p. 562, n° 27, signale une édit. in-f. de ce livre, imp. par Martin Morin.

— Sincerissimi affectus tam litterarum quam morum admodum præclari viri magi. Nicolaï denise, etc... sermones, etc... *venale habetur Rothomagi in officina Mich. Angier et Joan. Mace in parochia S^ti. Martini ad oras pontis atque Cadomi in parochia S^ti. Petri nec non Redonis juxta ecclesiam S^ti. Salvatoris ad intersignium divi joannes evangelistæ* ; in-8, s. d. (Biblioth. de Caen.)

DÉPART d'un républicain pour la prison du Mont-St-Michel; ses adieux à sa famille; description du Mont-St-Michel; traitement qu'on y fait éprouver aux détenus; détails concernant leur captivité; lettres adressées à leurs parens par les détenus républicains du Mont-St-Michel ; *Paris*, *Mie*, 1833, in-f., avec image.

DÉPARTEMENT de la S.-Inf., divisé en 7 districts, et sous-divisé en 64 cantons ; *Rouen*, *L. Oursel*, 1790, in-4 de 26 p.

DÉPARTEMENT de la S.-Inf., divisé en 69 cantons. L'an IV de la Rép.; *Rouen*, *L. Oursel*, an IV, in-8 de 37 p.

DÉPARTEMENT de la S.-Inf.; *Paris*, *E. Pochard*, 1825, in-f. oblong de 11 ff., avec une carte en 5 pl.

1re liv., et la seule parue, d'une statist. gén. de la France.

DÉPARTEMENT (le) de l'Orne archéol. et pittor., etc. ; in-f. V. LA SICOTIÈRE (*L.* de) et POULET-MALASSIS (*Aug.*).

DÉPOT DE MENDICITÉ de Caen ; réglement provisoire concernant le régime de la police inter. et le service des infirmeries ; *Caen*, *Le Roy*, 1812, in-4.

DEPPING (*G.-B.*). Histoire des Expéditions maritimes des Normands et de leur établissement en France au xe sc. ; ouv. couronné en 1822 par l'Acad. des Insc. et B.-Lett.; *Paris*, *Ponthieu*, 1826, 2 vol. in-8.

— Dito, nouv. édit., entièrement refondue ; *Paris, Didier*, 1843, in-8 de xv et 551 p.

— Dito ; *Paris, Didier*, 1844, in-12 de xv et 459 p.

Même édit. que la précédente, si ce n'est le format. La même composition, remaniée, a servi pour ces deux éditions. — V. un Compte-Rendu de M. Daunou, *Journal des Savants*, 1826, p. 171-178 et 281-291.

Cet ouv. a été traduit dans plusieurs langues du Nord. Voici le titre de la traduction danoise :

Normannornes Sœtoge og deres Nedsættelse i Frankerig i det tiende arhundrede. Historisk Fremstillet af G. B. Depping. Med adskillige Forandringer oversat af N. M. Petersen ; *Kœbenhavn, Poppske*, 1830, gr. in-12 de 612 p.

Le sujet proposé en 1822 par l'Acad. des Insc. et B.-Lett., (médaille d'or de 1,500 fr.), consistait à : « Rechercher, d'après les monuments hist., et principalement d'après ceux du nord de l'Europe, qu'elles ont été les causes des nombreuses émigrations des peuples connus sous le nom général de *Normands*, dans le moyen âge, et à tracer l'hist. abrégée de leurs incursions et de leurs établissements dans toute l'étendue de l'ancienne Gaule. »

L'ouvrage de M. Depping fut jugé digne du prix. Il est rempli de faits et de détails, jusqu'alors inédits pour la plupart, sur les mœurs des hommes du Nord, sur leur religion, leurs coutumes, leur caractère aventureux, etc. Ayant une connaissance profonde des langues germaniques et septentrionales, l'auteur a puisé à des sources inconnues et étudié en quelque sorte chez eux ces fiers et hardis hommes du Nord qui ravagèrent plusieurs contrées d'Europe, dans les IXe et Xe sc. V., sur le même sujet, *Mém. de M. Paillard de St-Aiglan*, et le travail de M. Capefigue *Sur les Invasions maritimes des hommes du Nord*.

—Histoire de la Normandie sous le règne de Guillaume-le-Conquérant et de ses successeurs, depuis la conquête de l'Angleterre jusqu'à la réunion de la Normandie au royaume de France ; *Rouen, Ed. Frère*, 1835, 2 vol. in-8. (Imp. de Crapelet, à Paris.)

Cet ouv., adopté par l'Université, est destiné à faire suite à celui de Th. Licquet. Il en a été tiré 50 exempl. sur pap. vélin. V. le compte-rendu qu'en a donné M. Berger de Xivrey, dans ses *Essais d'appréciations hist.*, t. II, p. 258-267, et l'art. de M. Daunou, *Journ. des Savants*, 1836, p. 29-37.

Depping (*Georges-Bernard*), né à Munster (Westphalie), le 11 mai 1784, et mort à Paris, le 5 sept. 1853, est auteur d'un grand nombre d'ouv. étrangers à notre sujet. On lui doit l'introduction à l'*Hist. de Norm.* de Licquet (t. I, p. XXIV-CXCII) travail qu'une mort prématurée n'avait pas permis à ce dernier d'exécuter. Cette introduction, tirée des *Edda* et des *Saga*, présente de riches documents sur la religion, les mœurs et le caractère des Scandinaves du moyen âge. On lui doit aussi, avec le concours de M. F. Michel, la publication de la légende de *Véland le Forgeron;* Paris, F. Didot, 1833, in-8 de 108 p. V. dans l'*Athenæum français* du 17 sept. 1853, une notice sur la vie et les écrits de M. Depping, par M. Victor Langlois, et dans l'*Ann. de la Soc. des Antiq. de France*, 1854, une autre notice par M. Alfred Maury.

DE PRADELLE. V. Pradelle (de).

DERBAUT, capucin, né à Rouen, et réfugié en Angleterre après avoir embrassé le protestantisme, publia, vers 1700, un livre intitulé : *L'Antibulle du jubilé ou réformation du jubilé universel, présentée au pape et aux catholiques romains*. V. *France protest.*, t. IV (1854), p. 229.

DERCHÉ. V. *Journal de l'armée des côtes de Cherbourg, etc.*

DERIENNES (*Jean*), mathématicien, né à Dieppe en 1591, mort à la Flèche, le 5 juin 1662, appartenait à l'ordre des Jésuites. On a de ce savant : *Tabulæ canorienses, seu doctrina luminarium pratica ;* Paris, Seb. Cramoisy ; —*Aphorismi physici*, 1646, in-8 ; —*Examen pro confessionnibus*, 1655, in-24 ; — *Tractatus de algebrâ*. Ce dernier ouv. n'a pas été imprimé.—V. la notice de l'abbé Cochet, dans la *Galerie Dieppoise*.

DERNIER ARREST de la Covrt de Parlement de Roven, donné les chambres assemblées, sur la moderatiõ des taxes des juges, greffiers, enquesteurs, tabellions, sergẽs, & autres ministres de Justice de Normãdie, & autres poincts et articles, 10 juillet 1612; *Roven, M. Le Mesgissier*, 1613, in-8 de 16 ff.

DERNIÈRE GAMBADE de M. l'abbé de Pradt, président de l'assemblée du clergé de Caux, à la clôture de la d. assemblée, le 24 mars 1789 ; pour servir de suite au procès-verbal des séances dudit clergé de Caux ; *avril* 1789 ; in-8 de 20 p.

DERNIERS ADIEUX d'un Pasteur de l'Eglise catholique, apostolique et romaine, aux protestans de sa paroisse ; *Coutances, Tanquerey*, 1822, in-12.

DEROME (le Dr). Notice sur la nouvelle moulière de l'Eure ; *Soc. Havraise d'Etudes diverses*, 20 et 21e ann. ; *Ha-*

vre, Imp. de Lepelletier, 1855, p. 65-71, avec une pl.

M. Ch. Michaud a fait, sur cette notice, un rapport que l'on trouve dans le même recueil, p. 72-76.

DEROY. Les rives de la Seine, 36 dessins lithog. par M. Deroy, et publiés en 3 liv. par Ch. Motte, éditeur; *Paris*, 1830-31, in-f.

DERREY (*J. B.*), peintre et graveur, né à Rouen en 1748, mort à Paris en 1778.

DESAINS. Sur la préparation de l'emploi des fumiers dans plusieurs cantons des arrondissements de Caen et de Bayeux; par Desains, prof. au collége royal de Caen; *Ann. norm.*, 1841, p. 72-80.

DES-ALLEURS. V. ALLEURS (des).

DESAUGIERS et CHAZET. Les Poëtes en voyage, ou le Bouquet impromptu, vaud. en un acte, représenté à Rouen, le 3 sept. 1813, à l'occasion du passage de S. M. l'impératrice reine et régente; *Rouen, Fr. Mari*, 1813, in-8.

DESAUGIERS, MERLE, etc. Le Vieillard d'Ivry, ou 1590 et 1825, vaudeville en 7 tableaux, à l'occasion du sacre; par Desaugiers, Merle et Ferdinand (Ourry); *Paris, Bezou*, 1825, in-8.

DESAUGIERS et SIMONNIN. Les deux héritages ou encore un Normand, vaud. en un acte; *Paris, Duvernois*, 1827, in-8.

DES BILLONS (le P.). Nouveaux éclaircissements sur la vie et les ouvrages de Guill. Postel; *Liege, Tutot*, 1773, in-8, et réimp. à *Manheim*, même année.

Le Catalogue des ouv. de Postel se trouve à la fin de ce vol. V. un compte-rendu des recherches du P. Des Billons, dans le *Mercure* de 1773, nov., p. 71-78.

DESBOIS. Manuel de Vaccine pour le dép. de la S.-Inf., publié par ordre de M. le Préfet, d'après les délibérations du comité central et sous la surveillance de MM. les secrétaires du Bureau permanent de correspondance; *Rouen, Em. Periaux*, 1836, in-8 de 120 p.

M. le Dr Desbois est vice-président du comité central de vaccine de la S.-Inf. Indépendamment du *Man. de vaccine*, il est auteur de : *Cure magnétique*; Rouen, Nic. Periaux (1842), gr. in-8 de 14 p. Ext. de la *Rev. de Rouen*, 1842. — *Quelq. mots sur les Révaccinations*. Ext. du rapport fait en 1847, au comité central de vaccine du dép. de la S.-Inf.; Rouen, Péron, 1851, in-8 de 24 p. Le rapport sur la distribution des récompenses en 1847 n'a pas été imp. dans son entier.

DESBORDEAUX (P. F. F.). Eloge de M. Briard, anc. professeur roy. d'anatomie en l'Univ. de Caen, et membre de la Soc. de médecine de la même ville; *Caen, F. Poisson*, 1807, in-8 de 14 p.

Briard (Louis-Nic.), né en 1739, au bourg de Cheux, aux environs de Caen, est mort le 2 mai 1807.

— Éloge de M. Hersan, méd. en chef des hospices civils et prof. de clinique à Caen, etc.; *Caen, F. Poisson*, 1810, in-8 de 23 p.

DESBORDEAUX (*Pierre-François-Frédéric*), médecin en chef des hospices, professeur de thérapeutique à l'école secondaire de médecine de Caen, etc., est né dans cette ville, le 16 mars 1763. Il mourut dans la même ville, le 25 juillet 1821. Il a publié quelq. dissert. médicales et laissé mss. entre les mains de sa famille plusieurs ouv. inachevés. V. une notice par M. F. Faucon-Duquesnay; *Caen, Poisson*, 1822, in-8 de 18 p.

DESBORDS ou DESBORS (*Olivier*), sieur des Doires, prêtre, né dans le diocèse de Rouen, vers le milieu du XVIIe sc., et mort à Paris vers 1710, fut pendant quelque temps membre de la congrégation de l'Oratoire, et exerça dans Paris, avec zèle et succès, le ministère de la prédication. Il est auteur de *Traité de la meilleure manière de prêcher*; Rouen, 1700, in-12 (anonyme); et de la *Science du salut ou traité dogmatique sur le nombre des élus*; Rouen, 1701, in-12 (sous le pseudonyme de Amelincourt). Le *Dict. des Anonym.*, t. III, p. 248, désigne cet auteur sous le nom de Des Bordes.

DESBUISSONS (*Marie*), demeurant à Bayeux, a obtenu, en 1844, un prix Monthyon de 1,000 fr. attribué aux actes de vertu.

DESCALIERS (*Pierre*), né à Dieppe vers 1440, fut surnommé le père de l'hydrographie française. Il professa cette science à Dieppe, tout en étant prêtre habitué de l'église d'Arques. On ignore l'époque de sa mort.

DESCAMPS (*J.-B.*), peintre, créateur et directeur de l'Ecole gratuite de dessin et peinture de Rouen, né à Dunkerque le 14 juin 1714, est mort à Rouen le 30 juill. 1791.

V. Notice hist. sur J.-B. Descamps, peintre du Roi, prem. directeur et professeur de l'Ecole gratuite de peinture, sculpture, gravure et architecture civile et milit. de la ville de Rouen; par un de ses élèves (son fils); *Rouen*, *P. Periaux*, 1807, in-8 de 15 p. — Eloge du même, par M. de Sesmaisons, couronné par l'Acad. de Rouen, et inséré dans son Précis de 1808, p. 286-303.

On doit à cet estimable artiste les dessins de la *Relation du Voyage de Louis XV au Havre*, en 1750.

— *Vies des peintres flamands*, *allemands et hollandois*, avec des portraits gravés en taille-douce (par Ficquet), une indication de leurs principaux ouv. et des réflexions sur leurs différentes manières; *Paris, Jombert*, 1753-63, 4 vol. in-8.

— *Voyage pittoresque de la Flandre et du Brabant*, *etc.*; *Paris*, *Desaint*, 1769, in-8, fig., et nouv. édit., augm. de notes. par Ch. Roehn; *Paris*, *Barba*, 1838, in-8, fig.

Cet ouv. forme en quelq. sorte le complément du précédent.

— *Sur l'utilité des établissements des écoles gratuites de dessin en faveur des métiers*, discours couronné par l'Acad. franç.; *Paris*, *Regnard*, 1767, in-8 de 48 p.; et *Imp. roy.*, 1789, in-8.

Le *Journal de Verdun*, t. LXIII (1748), p. 270-274, renferme une note sur l'établissement d'une école de dessin à Rouen, par M. Descamps, en 1746.

DESCAMPS (*J.-B.-Marc-Ant.*), fils du précédent, peintre et conserv. du Musée de tableaux de Rouen, de 1809-1832, né dans cette ville le 24 juin 1742, est mort le 31 janvier 1836. Son portrait, peint par Court, se voit au Musée de Rouen. On doit à M. Descamps :

— Notice hist. sur son père; *Rouen*, *P. Periaux*, 1807, in-8 de 15 p. (V. l'art. précédent.)

— Catalogue raisonné des tableaux exposés au Musée de Rouen; *Rouen*, *P. Periaux*, 1809, in-12 de 116 p. Ce livret a été successivement réimp., et avec de légers changements, en 1811, 1815, 1818, 1820, 1822, 1824 et 1830. (V. *Catalogue raisonné*, *etc.*, t. 1, p. 195.)

— Notice biogr. sur Haillet de Couronne; *Acad. de Rouen*, 1811, p. 191-196.

— Notice biog. sur J.-J. Lebarbier, peintre d'histoire; *Acad. de Rouen*, 1826, p. 125-128.

DESCHAMPS (*Gilles*), confesseur de Charles V, évêque de Coutances, puis cardinal, naquit à Rouen, où il mourut le 15 mars 1414. Il fut inhumé dans la cathédrale de Rouen, chapelle de la Vierge. Son neveu, Gilles Deschamps, doyen et chanoine de l'église de Rouen, mort en 1478, fut enterré dans la même cathédrale, aux pieds de son oncle. V. Deville, *Tombeaux de la Cathédrale*, p. 233 et 241.

DESCHAMPS (*Nicolas*), sieur Des Landes, poète, né en 1631, dans le Pays de Caux, décédé à Paris dans une retraite austère, le 17 avril 1668. L'abbé Saas indique sa mort vers 1715.

DESCHAMPS (*Jeanne* de Ste-Aldegonde des Landes), sœur du précédent, religieuse de Port-Royal, née dans le Pays de Caux vers 1640, cultiva les sciences. Elle a publié, en 1665, plusieurs lettres au sujet des persécutions dont la maison de Port-Royal était l'objet.

DES CHAMPS (*Jacq.* de Maxuel, seigneur), né à Pont-Audemer, demanda et obtint la permission d'aller s'établir à Hambourg, en conservant la jouissance de ses biens. L'électeur de Brandebourg, auquel il offrit ses services, le créa conseiller de cour et d'ambassade. Il mourut en 1692, laissant ses titres à son 3e fils Jean, les deux aînés ayant été tués au service. — V. *France Protest.*, t. IV (1854), p. 237.

DESCHAMPS (*Jacq.*), né à Vinemerville (S.-Inf.), le 6 mars 1677, fut docteur en Sorbonne, curé de Dangu, canton de Gisors, où il mourut le 3 oct. 1759. Il est auteur d'une *Traduction d'Isaïe*, *avec des dissertations préliminaires et des remarques*, 1760, in-12.

DESCHAMPS (*Ferdinand*). Manuel monétaire portatif, par F. Deschamps, contrôleur au change, près la Monnaie de Rouen; *Rouen*, *N. Periaux*, 1832, in-8 de 88 p.

DESCHAMPS (*F.*). Naufrage du *Francis-Depau*; *Rev. de Rouen*, 1836, p. 297-306.

— Discours prononcé par M. Deschamps, bâtonnier de l'ordre des avocats, à l'ouv. de la conférence, le 14 nov. 1842; *Rouen*, *Lefevre*, in-8 de 20 p.

— Discours prononcé à la distribution des prix de l'Ecole des sourds-muets (de Rouen), le 10 août 1845; *Rev. de Rouen*, 1845, 2e sem., p. 109-115.

— Deux Nuits en mer. Souvenirs d'un membre de la Soc. des Régates rouennaises; *Rev. de Rouen*, 1851, p. 497-511.

Récit d'un voyage de Rouen à Fécamp, par la Seine et par mer.

— Discours prononcé par M. F. Deschamps, bâtonnier de l'ordre des avocats, à l'ouverture des conférences, le 28 novembre 1854; *Rouen*, *D. Brière* (1854), in-8 de 23 p.

— Bohême et Normandie, scène dialoguée en vers; *Rouen*, *A. Péron*, 1854, in-8 de 16 p.

Ce petit poème, sorte d'idylle philosophique, est ext. du Précis de l'Acad. de Rouen, 1854.

Deschamps (*Frédéric*), l'un des avocats les plus distingués du barreau de Rouen, est né dans cette ville le 8 mai 1809. En 1848, il fut nommé, par le Gouvernement provisoire, commissaire général de la République dans le dép. de la S.-Inf., et remplit cette fonction depuis le 28 fév. jusqu'au 1er mai, époque où il fut remplacé par M. Dussard. M. Deschamps est membre de l'Acad. des Sc., B.-Lett. et Arts de Rouen, dans le sein de laquelle il a fait entendre plusieurs pièces de vers écrites avec une facilité et un talent remarquables. Il est auteur des paroles d'un opéra-comique intitulé *la Vendéenne*, musique de M. Maillot, et représentée pour la prem. fois avec succès sur le Théâtre-des-Arts de Rouen, le 9 déc. 1857. Ce libretto a été publié à Rouen, *Ch. Haulard*, 1857, in-12 de 60 p.

DESCHAMPS (*F.*). Notice historique sur la ville de Torigni-sur-Vire (Manche) et sur ses barons féodaux; *St-Lô, Imp. de Jean Delamare*, 1855, in-8 de 198 p.

Le Dr Deschamps, membre de l'Assoc. norm., réside à Torigni.

Thorigny, comme on l'écrivait autrefois, est une petite ville de 2,350 habitants, à 14 kil. sud-est de St-Lô.

DESCHASTELETS (*Guill.-Janigan*). Oraison fvnebre de Mme de Bellegarde, prononcée dans l'église de l'abbaye de S. Anthoine du Pont-de-l'Arche, le mercredi 5 oct. 1661, par messire Gvillavme Janigan Deschastelets, prestre, directeur de ladite abbaye; *Roven, Jean Machvel*, 1661, in-4 de 32 p.

Cette dame était la mère de dame Marie de Clinchamps de Bellegarde, très-digne abbesse de l'abbaye de St-Anthoine du Pont-de-l'Arche.

DESCORCHES (*Marie-Louis-Henry*), marquis de Ste-Croix, diplomate, puis préfet de la Drôme, né le 17 sept. 1749, à Ste-Croix-du-Mesnil-Gonfroy (Orne), est mort le 2 sept. 1830.

DESCOTILS (*Jean* Collet), ancien secrét. de l'Intendance de Caen, et prem. préfet du Calvados en l'an VIII, né à Cheux, le 19 janvier 1740, mourut à Yvetot, près Valognes, le 9 avril 1827, après avoir rempli, en dernier lieu, l'emploi de procureur général près le Conseil des Prises.

DESCOTILS (*Victor* Collet), fils du précédent, chimiste et minéralogiste, né à Caen, le 21 nov. 1773, mort à Paris le 6 déc. 1815, au moment où il était occupé à réunir les matériaux d'un *Traité de Chimie docimastique*. Quelq. écrits de ce savant sont insérés dans les *Annales de Chimie* et dans le *Journ. des Mines*. V. une Notice de M. Puiseux.

DESCOUVERTURE (la) du style impudique des courtizannes de Normandie à celles de Paris, envoyée pour estrennes, de l'invention d'une courtisanne angloise; *Paris, Nicolas Alexandre*, 1618, in-8.

Cette pièce rarissime a été réimp. en 1855 dans le recueil intitulé: *Variétés historiques et littéraires, etc.*, publiées par Ed. Fournier; *Paris, P. Janet*, in-18, p. 333-341. Nous reproduisons ici le titre de cet opuscule, parce que nous craignons que l'indication que nous en avons donnée p. 300, quoique d'après l'autorité de M. Brunet, ne soit pas aussi exacte.

DESCRIPTION de l'abbaye de la Trappe, V. DESMARES et FELIBIEN DES AVAUX.

DESCRIPTION de la insinia batalla de Ivry, etc., tratuzido de frances en castellano, por A. D. C. cavalero seno de Vau è del Ormoy; *Paris, Robinot*, 1602, in-8. (P. Lelong, no 19,242.)

DESCRIPTION de la ville de Dieppe, de son port, de son château et de ses bains; *Paris, Imp. de Pommeret*, 1850, in-12 de 8 p.

DESCRIPTION de la ville du Havre et des côtes du Calvados; *Paris, Pommeret*, 1850, in-8 de 8 p.

DESCRIPTION de la ville et chasteau de Dieppe, assiegee de par Monsieur le Duc de Mayenne. Description de l'armee des catholiques campée entre le chasteau d'Arques et la ville de Dieppe; *Lyon, par J. Pillehote* (s. d.), in-f. plano.

(Bibl. Imp., Cat., t. I, p. 356, Henri IV.)

DESCRIPTION de l'église Notre-Dame de la ville de Rouen, tant sous le rapport de son architecture extérieure et intérieure, que des antiquités, des tombeaux et choses curieuses qu'elle renferme; *Rouen*, 1815, in-8 de 15 p. (Imp. de Corsange, à Dieppe.)

DESCRIPTION des projets relatifs à l'agrandissement du port et de la ville du Havre; *Havre, Autogr. de J. Lenormand de l'Osier*, 1841, in-4.

DESCRIPTION d'Hautot, maison de plaisance, proche de Roüen, appartenant à M. Le Couteulx des Aubris, négociant et banquier à Rouen (en vers);

Mercure, 1739, sept., p. 2138-2140.

DESCRIPTION du catafalque de Paul-Hippolyte de Beauvillers, duc de St-Aignan, gouverneur général et particulier du Havre, etc., élevé dans l'église N.-D. du Havre, aux frais de la ville, le 30 août 1776, d'après les dessins et sous la direction de M. l'abbé Dicquemare, etc.; *Havre, Imp. de P. J. D. G. Faure*, s. d. (1776), in-4 de 4 p.

DESCRIPTION du Havre, etc.; par A. L. P.—V. LE GROS.

DESCRIPTION du tableau de la seconde Chambre des enquêtes. Le dessein que M. Jouvenet a eu dans ce tableau a été de représenter le Triomphe de la Justice, rien de plus juste que cette idée, puisque le Parlement de Rouen est un des plus augustes sanctuaires qu'elle ait dans notre France; s. d. (vers 1714) et s. n. d'imp., in-4 de 4 p.

Tableau peint de la main gauche par J. Jouvenet, dont la main droite était paralysée.

DESCRIPTION d'un monstre dont une femme de la ville de Rouen accoucha, etc. V. HONORÉ (*Germ.* l').

DESCRIPTION générale et particulière de la France, ouv. enrichi d'estampes d'après les dessins des plus celèbres artistes; *Paris, Imp. de Ph. D. Pierres*, 1781 à 1788, et *Lamy*, 1792 à l'an VIII, 12 vol. gr. in-f.

Dans le t. IX (le 3e vol. des pl., liv. 33), il est question du Havre, et on y trouve une Vue de ce port, gravée par Martinet fils, d'après un dessin de Cochin, pris en 1779, et la seule publiée. Elle est numér.: Norm. nº 1.

Le t. X renferme, avec un texte y relatif, plusieurs vues de Rouen, grav. par Née, d'après Lallemand. Ces vues sont:

1º Vue de la Ville et du Port de Rouen, prise de la grande chaussée. (Norm. nº 2.)

2º Vue de la Porte St-Maclou et du Cours Dauphin, à Rouen. (Norm. nº 3.)

3º Vue d'une partie de la Ville de Rouen, du Port et des Promenades du Vieux-Palais, prise de St-Sever. (Norm. nº 4.)

4º Vue de la Ville, du Port et de la Cathédrale de Rouen, prise de la petite chaussée. (Norm. nº 5.)

5º 1re et 2e Vue de la Bourse de la ville de Rouen. (Norm. nos 6 et 7.)

6º Vue de la Porte d'entrée du Vieux-Palais et de la Statue de Henri IV. — Vue de la Porte du Bac et d'une partie du Pont de bateaux. (Norm. 8 et 9.)

Les dern. vol. de cet ouv. ont paru sous le titre de: *Voyage pittoresque de la France, avec la description de toutes ses provinces, etc.*; par une Soc. de gens de lettres. (MM. De Laborde, Guettard, Béguillet, etc.)

DESCRIPTION géographique et historique de la Haute-Normandie, etc. V. DU PLESSIS.

DESCRIPTION of an ancient Castle, etc. V. TURNER.

DESCRIPTIVE Catalogue of the original charters, royal grants, and donations, many with the seals, in fine preservation, monastic chartulary, official, ... and other documents, constituting the muniments of Battle abbey, founded by King William the Conqueror, to perpetuate the memorable battle of Hastings and the conquest of England; *London, Th. Thorpe*, 1835, in-8 de XII et 221 p.

Cette collect. de mss. était alors à vendre au prix de 1,200 liv. sterl.

DESCROIZILLES père (*François*), chimiste, né à Dieppe le 20 sept. 1707, est mort le 11 mars 1783, dans la même ville, où il exerçait la pharmacie. On lui doit les 2 ouv. suiv.:

Découverte d'un remède purgatif, fondant et calmant, ou Traité sur un nouv. sel neutre; *Rouen, Imp. de Besongne*, et *Dieppe, chez Dubuc fils*, 1760, in-12.

— Nouvelles observ. sur le sel purgatif, fondant et calmant; *Rouen, ve Besongne*, et *Dieppe, chez Dubuc fils*, 1762, in-12.

V. Eloge, par M. Dambourney, *Acad. de Rouen*, t. V, et *Galerie Dieppoise*.

DESCROIZILLES (*Franc-Henri*), chimiste, né à Dieppe, le 11 juin 1751, mort à Paris, le 14 avril 1825, était fils du précédent. Ce savant a rendu, par ses utiles travaux, d'éminents services à la science et à l'industrie. Il a publié:

Description et usage du berthollimètre; 1802, in-8, fig.

— Mémoire sur les ateliers des tisserands, les encollages et paremens employés par les ouvriers; an XIII.

— Mémoire sur l'art d'économiser le combustible; an XIII.

— Notice sur la Pyrotechnie; an XII (1803), avec suppl., an XIII.

— Mémoire sur l'étain; 1806.

— Notice sur l'aréométrie.

— Notice sur les alcalis du commerce et sur l'acide muriatique goreux; 1810.

— Notices sur l'alcoolimètre et autres tubes chimico-métriques, ou sur le polymètre chimique et sur un petit alambic pour l'essai

des vins ; *Paris*, 1810, 1818 et 1824, et v[e] édit., *Paris*, *Chevallier*, 1839, in-8.
— Estampillage enregistré, etc.; *Paris*, 1819, in-8.
— Méthode très simple pour préserver les blés, seigles, orges, avoines, etc., de toute altération et de tout déchet; *Paris*, 1819, in-8, fig.
— Notice sur les fermentations vineuses et spécialement sur celles du cidre et du poiré; *Paris*, 1822, in-8.
V. *Galerie Dieppoise*, Notice de M. J. Girardin.

DESCROIZILLES (*Frédéric*), frère cadet du précédent, négociant et planteur à l'Ile-de-France, a publié : *Essai sur l'Agriculture et le Commerce des îles de France et de la Réunion, suivi d'une Notice hist. sur l'Ile-de-France, pendant la révolution*; Rouen, Imp. des Arts, 1803, in-8 de VI et 113 p.

DESDORIDES (*G.*). Précis de la vie du général Roger Valhubert, commandant de la Légion-d'Honneur, etc., par son aide-de-camp D. D.; 1808, in-8 de 42 p.

DESESSARTS (*Nicolas* Lemoyne, connu sous le nom de), né à Coutances, le 1er nov. 1744, fut avocat, puis libraire à Paris. Il est auteur et éditeur d'un grand nombre d'ouv., parmi lesquels on distingue : *Siècles littéraires de la France*; Paris, 1800-1803, 7 vol. in-8. — *Nouv. Biblioth. d'un Homme de goût*; Paris, 1808-10, 5 vol. in-8 (de soc. avec M. Barbier), etc. Il a publié une nouv. édit. de l'Origine des romans de Huet, 1799, et des OEuvres choisies de St-Evremond, 1804, etc. Quelq. biog. indiquent comme lieu de naissance de Desessarts, Paris, où il mourut le 5 oct. 1810.

DÉSÉTABLES père, fabricant de papiers à Tallevend-le-Grand, près Vire (Calvados), de 1800-1830, a acquis une certaine célébrité dans la librairie, par la bonne qualité de ses pap. d'impression. Cette industrie est exploitée aujourd'hui par M. Edmond Désétables.

DES FONTAINES, poète dram. du XVIIe sc. V. FONTAINES (des).

DES FONTAINES (l'abbé Guyot). V. FONTAINES.

DESFONTAINES (*Guill.-François* Fouques-Deshayes), auteur dramatique, né à Caen, en 1733, mort à Paris, le 21 déc. 1825. Indépendamment de nombreuses pièces de théâtre qu'il a composées et de celles qu'il a écrites de société avec Radet, Barré, Picard, Bourgueil et autres, il est auteur de : *L'Incendie du Havre, fait historique en un acte, prose et vaudevilles. Représenté pour la première fois, par les comédiens italiens ordin. du Roi, le mardi 21 fév. 1786*; Paris, Ve Valade (ou Brunet), 1786, in-8.

DESFREUZ (*R.*). Brieve response aux quatre execrables articles contre la saincte messe, publiez à la foyre de Guybray, 1560; *Paris*, 1561, in-8.

DES GENETTES (*René-Nicolas* Dufriche, baron), méd. en chef de l'armée d'Orient (juin 1799), inspect. gén. des hôpitaux militaires, membre de l'Institut, etc., né à Alençon, en 1762, est mort à Paris, le 2 fév. 1837. Chacun se rappelle le dévouement qu'il a déployé dans le service médical des armées. On sait aussi que, durant la campagne d'Egypte, et pour rassurer les soldats effrayés, il s'innocula en leur présence, pendant l'une de ses visites à l'hôpital de Jaffa, le virus pestilentiel. Des Genettes est auteur d'un grand nombre d'art. insérés dans les journaux et revues scientif., et de plusieurs ouv., dont : *Histoire médicale de l'armée d'Orient*; Paris, 1802, et 2e édition. Paris, 1830, in-8; — *Essai de biographie et de bibliog. médicale*, Paris, 1825, in-8; — *Souvenirs de la fin du XVIIIe sc. et du commencement du XIXe, ou Mém. de R. D. G.*; Paris, 1834-36, 2 vol. in-8. — V. son éloge par M. Pariset. — Son portrait, peint par Callet, se trouve au musée de Versailles, salle n° 84.

DESGENETTES (*Antony* Dufriche), officier de marine, né à Alençon, a publié un recueil de chansons, sous le titre de *Chansonnier du marin*, 2e édit.; Paris, Pilout et Ce in-18 de 191 p.

DESGROUAS (*N.*). Lettres du citoyen Desgrouas, membre de la convention nat., tant au comité de surveillance qu'à la soc. populaire et aux vrais sans-culottes de Mortagne, dép. de l'Orne, dont le dépôt a été ordonné par les assemblées primaires de ladite commune chez un officier public, ainsi que l'impression en tel nombre d'exemplaires qu'il serait jugé convenable par les commissaires nommés à cet effet, pour être remis à leurs électeurs chargés de les distribuer dans l'assemblée électorale du dép. de l'Orne et autres circonvoisins, aux fins de leur faire connaître la moralité et les principes de ce député à qui il n'a pas tenu que ladite commune qu'il a tyrannisée pendant deux ans et le dép. en entier ne devinssent le théâtre des mêmes atrocités qui ont affligé plusieurs cités de la république; lesdits électeurs, etc.; s. d. n. l. (vers 1797), in-4 de 53 p.

N. DESGROUAS, conventionnel, admirateur de Marat, né dans le Perche, mourut en 1816, dans la prison même de Mortagne où, durant la terreur, il avait renfermé tant d'honnêtes gens.

DESLIGNIÈRES (*Jean-Charles* Bitouzé), né à Bricquebec (arr. de Valognes), en 1740, est mort à Paris, le 15 oct. 1813. Avocat au Parlement de Norm. dès 1767, avocat au barreau de Paris en 1778, Deslignières devint membre du Conseil des Cinq-Cents et du Tribunat, assemblées au sein desquelles il justifia la haute réputation dont il jouissait. En 1802, sa santé ne lui permettant plus de supporter les fatigues de la plaidoirie, il ouvrit de nouveau à Paris son cabinet comme avocat consultant : son opinion faisait souvent autorité devant les tribunaux.—V. Notice nécrolog., *Ann. de la Manche*, 1830-31, p. 272-275, avec un portr.— Notice impr. à la suite d'un Eloge funèbre prononcé par Caille, avocat à la Cour Imp. de Paris; *Paris, Demonville*, s. d.—La *Gazette de France* du 19 oct. 1813 contient une Notice sur Bitouzé-Deslignières, par d'Yvrande-d'Herville.

DES LONDES (*François-Gabriel*), dominicain, Dr en théologie de la faculté de Paris, né à Lisieux, le 25 oct. 1654, est auteur d'ouv. sur le plain-chant. Son portrait a été gravé par Des Rochers. V. Du Bois, *Hist. de Lisieux*, t. II, p. 262.

DESLONCHAMPS. V. EUDES-DESLONGCHAMPS.

DESLONGRAIS (*Armand*), membre de la chambre des députés et représentant du Calvados à l'assemblée nat., né à Vire, le 13 août 1796, fut maire de cette ville durant plusieurs années, et mourut à Paris, le 26 mai 1849.

DESLYONS ou DESLIONS (*Jean*). Éclaircissement de l'ancien droit de l'évêque et de l'église de Paris, sur Pontoise et le Vexin françois. Contre les prétentions des archevêques de Roüen. Et les fausses idées des aréopagistes, avec la réfutation du livre intitulé, *Cathedra Rotomagensis in suam Diœcesanam Pontesiam; Paris, Maurice Villery*, 1694, in-8 de 408 p., plus l'épître dédicatoire, la préface et une carte des environs de Pontoise, placée à la p. 82.

Ce livre, composé pendant la durée du procès de l'archevêque de Paris avec l'archevêque de Rouen et avant l'arrêt du Parlement du 13 juin 1693, qui maintint celui-ci dans sa juridiction pleine et entière sur la ville de Pontoise et le Vexin français, était favorable aux prétentions de l'archev. de Paris; il renferme un discours de Deslyons à François Rouxel de Médavy, archevêque de Rouen, prononcé le 24 sept. 1673. Ce prélat était allé à Pontoise pour réconcilier l'église de St-Maclou, nouvellement polluée (dit Niceron), et M. Deslions lui fit ce discours pour le prier de terminer les différens que ses prétentions sur le vicariat de Pontoise avaient fait naître; V. *Journ. des Sçavans*, janv. 1695, p. 25-30.

DESLYONS (*Jean*), prêtre, doyen de la faculté de théologie de Paris, doyen de l'église de Senlis, prédicateur du roi, etc., naquit à Pontoise, en 1615, et mourut le 26 mars 1700, à Senlis, où il fut enterré dans la cathédrale. Au dire du chapitre de Senlis lui-même, Deslions était l'un des hommes les plus remarquables de son siècle, par sa connaissance profonde des saintes Ecritures et de la doctrine des Pères. Indépendamment du mémoire qu'il a composé en faveur de l'archev. de Paris, Deslyons est auteur de : *Oraison funèbre de Louis XIII, roi de France et de Navarre, prononcée à Pontoise, le jeudi 27 août* 1643; Paris, J. Le Myre, 1643, in-4.—*Discours ecclésiastiques contre le paganisme des Roys de la fève et du Roy-boit;* Paris, Desprez, 1664, pet. in-12.—*Traitez singuliers et nouveaux contre le paganisme du Roy-boit;* Paris, ve Savreux, 1670, in-12. 2e édit., avec addit., de l'ouv. précédent.—Et de plus, autres ouv. également étrangers à notre sujet. V. *Mém. de Niceron*, t. XI, p. 322-342, et t. XX, p. 31.

DESLYONS. Éloge hist. de Ch. de Ste-Maure, duc de Montauzier; *Liège*, 1781, in-8 de 68 p.

— Éloge de Bernard-le-Bovyer de Fontenelle, par M. le baron de D...., capit. d'infanterie; *Liège*, 1783, in-8 de 81 p.

DES MAIZEAUX (*Pierre*). Vie de Charles de St-Denis, sieur de St-Evremond, maréchal de camp des armées du Roi très chrétien, avec sa lettre sur la paix des Pyrénées, qui fut le sujet de sa disgrace en France; *La Haye* (Rouen), *Abraham Troyel*, 1711, in-12, et *Amsterdam*, 1726, in-12.

— Dito, s. d. ni nom de lieu, in-4.

Cette vie se trouve jointe à la plupart des édit. des Œuvres de St-Evremond.

DESMARES (*Toussaint-Gui-Joseph*), né à Vire, en 1599, entra dans la congrégation de l'oratoire et fut dirigé dans ses études par l'abbé de St-Cyran, dont il adopta les principes. Il mourut à Liancourt, dont il était curé, le 19 janv. 1669, suiv. la *Biog. univ.*, et en 1687, suiv. l'abbé Saas et le P. Lelong. Cet ecclésiastique a laissé qq. ouv. anonym. parmi lesquels nous citerons : *Descript. de l'abbaye de la Trappe*; Paris, Fr. Léonard, 1671, pet. in-12. Quelq. bibliog. attribuent cet ouv. à Felibien des Avaux.

DESMARES (*Nicolas*), artiste dramatique, né à Rouen vers le milieu du XVIIe sc., mourut à Paris, le 3 nov. 1714. V. Guilbert, *Mém. biog.*, t. I, p. 330.

DESMARES (*Marie*), sœur du précédent, femme de Champmeslé, etc. V. CHAMPMESLÉ.

DESMARES (*N.*), avocat au siége présidial de Caen. V. *Oraison funèbre de très hauts et très puissants seigneurs, etc.*, 1774.

DESMARES DE BANNEVILLE (*Jacq.-François-Louis Bernard*), chanoine régulier de la congrég. de France, né à Caen, le 25 août 1752, est auteur d'un *Essai historique sur l'abbaye de Notre-Dame d'Eu*, travail qui n'a pas été publié.

DES MAREST, député pour les fortifications de l'armée du Roy, etc. V. *Articles accordez par la clémence du Roy, etc.*

DESMARETS (*Charles*), curé de Ste-Croix-St-Ouen de Rouen, né à Dieppe vers 1602, mort à Rouen le 25 mai 1675, est auteur de : *Élévation sur la Passion de N. S. J.-C.* et d'une *Réfutation de l'apologie des Jésuites*, par le P. Pirot. V. Desmarquets, *Mémoires sur Dieppe*, t. II, p. 14.

DESMARETS (le P.), oratorien et sous-pénitencier de l'Église de Rouen, écrivit, sous la déclaration de Madeleine Bavent, un ouv. publié en 1652, in-4, sous le titre de : *Hist. de Magdelaine Bavent, religieuse du monastère de St-Louis de Louviers, etc.* V. BAVENT.

DESMARQUETS (*Anne*), religieuse et poète, née dans le XVIe sc., à Marques, près d'Eu (S.-Inf.). Outre un recueil de sonnets et de devises, qu'elle composa en 1562, elle traduisit du latin en vers français les *Poésies sacrées de Jean-Antoine Flaminis* et les *Collectes de tous les dimanches de l'année*, d'après Claude d'Espence. Elle mourut dans sa communauté des Dominicaines de Poissy, en 1588. — V. P. de la Mairie, *Recherches sur le Bray norm.*, t. II, p. 78.

DESMARQUETS (*J.-A.-S.*. Mémoires) chronologiques pour servir à l'histoire de Dieppe et à celle de la Navigation française ; avec un recueil abrégé des privilèges de cette ville ; *Paris, Desauges*, 1785, 2 vol. in-12. (Imp. de J. B. J. Dubuc, à Dieppe.)

Écrit sur des matériaux authentiques et qui n'existent plus, cet ouv. renferme des particularités intéressantes et peu connues sur les découvertes géographiques des navigateurs dieppois dans les XVe et XVIe sc.

—A M. De la Place, auteur du *Mercure*, sur Abraham Duquesne ; *Mercure*, 1764, avril, p. 17-22.

DESMARQUETS (*Jean-Ant.-Samson*), inspect. des eaux et forêts d'Arques, né à Dieppe, le 3 mars 1722, est mort à Caudecôte, hameau de Dieppe, le 15 août 1809.

DESMAY (*Jacq.*). La vie de saincte Clotilde reine de France ; *Roven, Jean Osmont*, 1613, pet. in-12 de 162 p., plus l'office de Ste Clotilde. 42 p. et 14 ff. prélim.

DESMAZURES (Thomine). V. THOMINE-DESMAZURES.

DES MONTAGNES. Vie du cardinal d'Amboise, etc. V. MONTAGNES.

DESMOSOLES. Suite du discours sur l'hist. du dép. de la Manche, etc. V. HOUEL.

DESMOUEUX (*Nicolas*). Methodus Horti regii Parisiensis et Cadomensis (Catalogue du Jardin des Plantes de Caen), vers 1760.

— Analyse des eaux minérales de l'Hôtel-Dieu de Caen et de la rue du Moulin de cette ville ; lue le 9 fév. 1764 à l'Acad. des B.-Lett. de Caen ; ms.

Ce mém. se trouve dans les archives de cette acad.

DESMOUEUX, professeur de médecine et de botanique à l'université de Caen, en 1764, devint professeur d'hist. nat. à l'École centrale du dép. du Calvados. Il avait voyagé en Italie et en Angleterre et y avait recueilli des notions nouvelles sur l'hist. naturelle et l'agriculture. Ce naturaliste est mort à Caen, sa ville natale, le 15 janv. 1801, au moment où il préparait un ouv. sur les vallées d'Auge et de Corbon. V. Notice, par M. Thierry fils.

DESMOULINS (*Auguste*), médecin, né à Rouen vers la fin du XVIIIe sc., est mort dans la même ville en déc. 1828. Il est auteur de :

— Anatomie du système nerveux des animaux à vertèbres, appliquée à la physiologie et à la zoologie (en collaboration avec M. Magendie) ; *Paris, Méquignon-Marvis*, 1825, in-8, avec atlas.

— Histoire naturelle des Races humaines du nord-est de l'Europe, de l'Asie boréale et orientale et de l'Afrique australe, d'après les recherches spéciales d'antiquités, de physiologie, d'anatomie et de zoologie appliquée à la recherche des origines des anciens peuples, à la science étymologique, à la critique de l'histoire, etc. ; *Paris, le même*, 1826, in-8, avec un tableau et 6 portr.

Desmoulins a fourni quelq. articles au *Dict. classique d'Hist. naturelle* ; on lui doit aussi plusieurs mém. sur les sciences médicales. — V. Quérard, *France littér.*, t. II, p. 523.

DESNOS (Odolant). V. ODOLANT-DESNOS.

DESNOS (le Dr *L.*). Recherches bibliographiques et recueil d'observations cliniques pour servir à l'étude des indications et des contre-indications des eaux minéro-thermales de Bagnoles de l'Orne; *Paris, Guiraudet*, 1855, in-8 de 36 p.; et 2e édit., *Alençon, Poulet-Malassis*, 1856, in-8 de 40 p.

DESNOYERS (*Jules*). 2e province ecclésiastique, 2e Lyonnaise. *Lugdunensis secunda*, comprenant les diocèses de Rouen, de Bayeux, d'Avranches, d'Evreux, de Séez, de Lisieux et de Coutances. Forme le chap. II de la Topographie ecclésiastique de la France pendant le moyen-âge et dans les temps modernes, jusqu'en 1790; *Ann. de la Soc. de l'Hist. de France*, 1853, p. 153-173.

M. J. DESNOYERS est bibliothécaire du muséum d'histoire nat., au Jardin des Plantes, à Paris.

DÉSOBÉISSANCE (la) pvnie ov Absalon, tragedie, qui sera représentée sur le Theatre du College de Vallongnes, le 17 Juillet 1657. Pour la distribution des Prix; *Caen, Marin Yvon* (vers 1657), in-4 de 16 p.

La dédicace à Mme de Bellefont est signée *J. Virey, principal du collége de Vallongne*, etc. La tragédie n'est pas comprise dans cet opuscule.

DESPERIÈRES (*Paul* Varin, sieur), né à Falaise, dans le XVIe sc., est auteur de la *Définition de tous les points en controverse pour le fait de la religion; — Des Espines du mariage*, — et d'un livre où il annonçait la fin du monde pour 1666.

DESPERROYS (*Martin*), maître charpentier de la cathédrale de Rouen et du château de Gaillon, né à Rouen dans le XVe sc., termina sa carrière vers 1530. Il eut pour successeur Robert Becquet, son élève, sur les plans duquel s'éleva la flèche de la cathédrale en 1544. V. Deville, *Rev. des Architectes de la Cathédrale*.

DESPLACES (*Laurent-Benoît*), né à Rouen, dans le XVIIIe sc., s'est livré principalement à l'étude de l'agriculture, à une époque où cette science était encore si négligée. On lui doit les ouv. suiv.: *Préservatif contre l'agronomie ou l'agriculture réduite à ses vrais principes;* Paris, 1762, in-12. — *Hist. de l'agriculture ancienne, ext. de l'Histoire naturelle de Pline, avec des éclaircissements;* Paris, 1765, in-12. — *Essai critique sur l'Hist. des ordres royaux et militaires de St-Lazare, de Jérusalem et de N. D. du Mont-Carmel;* Liége, 1775, in-12.

DESPORTES ou **DES PORTES** (*Philippe*), poète en grande faveur à la cour de Henri III, naquit à Chartres, en 1546 (ou 1540 suiv. quelq. biog.) Après la mort de ce prince, en 1589, Des Portes, abbé de Thiron (diocèse de Chartres), et de Bonport (diocèse d'Evreux), se retira dans cette dernière abbaye, où, renonçant à la poésie légère, il ne composa plus que des pièces chrétiennes, et où il mourut le 5 oct. 1606. Ce poète, considéré comme l'un des écrivains les plus distingués du XVIe sc., est l'oncle du fameux satyrique Mathurin Regnier. Parmi les nombreuses édit. des ouv. de Desportes, nous citerons de préférence celles qui ont été impr. à Rouen:

— Les premières Œuvres de Philippe Desportes; *Rouen, Imp. de Raphael du Petit-Val*, 1594, pet. in-12 de 6 ff. prélim., 661 p., plus 10 ff. pour la table.

— Les premières œvvres de Philippe Des Postes; *Roven, Imp. de Raphael du Petit-Val*, 1600, pet. in-12 de 668 p., plus 2 ff. d'éloges, la table et le privilége.

— Les Œvvres de Philippe Des Portes, abbé de Thiron, reueues et corrigées; *Roven, Imp. de Raphael du Petit Val*, 1611, pet. in-12 de 675 pag. et 16 ff., avec un frontispice gravé par L. Gaultier.

Jolie édit. en caractères ital., publiée par Thibault des Portes, sieur de Bevillers.

— Soixante Pseavmes de David, mis en vers françois; *Roven, Raphael Du Petit Val*, 1591, in-4, et 1592, in-12.

— Les Psaumes de David, mis en vers françois, avec quelques œuvres chrestiennes et prières du même autheur; *Rouen, Raphael du Petit Val*, 1594, pet. in-12.

Vol. divisé en 3 part., savoir: *Psaumes*, 167 p. et 4 ff. de table; *Prières et autres œuvres*, 36 p. *Quelques Prières et Méditations*, en prose, 37 p.

— Les C. L. Pseavmes de David, mis en vers françois; *Roven, Imp. de Raphael du Petit Val*, 1603, in-12 de 361 p., plus 8 ff. de table et 2 ff. prélim. et titre gravé par L. Gaultier.

On doit trouver à la suite: *Prières et Méditations chrestiennes*, par Philippe Des Portes; Roven, Imp. de Raphael du Petit Val, 1604, in-12 de 41 p., et *Poésies chrestiennes*, par le même, 1604, in-12 de 32 p.

On rencontre des exempl. dans lesquels les *Prières et Méditations* forment 60 p.; ainsi que les *Poésies chrestiennes*, elles portent la date de 1605. On trouve également les cent cinquante Psaumes avec les dates de 1608 et 1611; *Rouen, Raphael du Petit Val*, pet. in-12.

— Prières et Méditations chrestiennes; *Roven, David Dv Petit Val*, 1629, pet. in-12 de 93 p., plus la table. (En prose et en vers).

V. *Mém. de Niceron*, t. XXV, p. 307-316; — *Anecdotes sur Ph. Des Portes*, par Dreux du Radier, 1757, in-12. — *Testament du poète Philippe Desportes, abbé de Bonport, né en 1540, mort en 1606*; Louviers, Boussard, 1853, in-8 de 7 p. Ext. du *Journ. de Louviers*, et publié par MM. Chassant et Bréauté. L'original est déposé au greffe du tribunal de cette ville. — *Le Tombeau de messire Des Portes, abbé de Tyron, par Robert Garnier*, à la suite des tragédies de cet auteur; *Rouen, Raphael du Petit Val*, 1604, in-12 de 648 p. chiff. et 6 non chiff.

DESPORTES (*Félix*), baron de l'empire, préfet du Haut-Rhin, diplomate et député, né à Rouen dans le XVIIIe sc., est auteur de quelq. ouv. d'économie politique.

Son frère, Benjamin Desportes, né également à Rouen, en 1765, est mort le 30 nov. 1840. Directeur général des hôpitaux de Paris, de 1800 à 1840, il déploya, durant son administration, un zèle, un dévouement et une intégrité dignes des plus grands éloges.

DESPRÉAUX. Laminaires des côtes de Normandie; 1828, in-4, fig.

Catal. de Jussieu, 1857.

DESPRÈS (*Pierre*), recteur de l'univ. de Caen, en 1521, puis D^r^ en théologie et pénitentier de Lisieux, en 1525, a composé plusieurs pièces de vers, ainsi que des épigrammes en latin. En 1518, il adressa une pièce de vers latins à Marc Dufour, éditeur d'une nouv. édit. de *Rationale divinorum officiorum Durandi mimatensis episcopi*, imp. à Caen par Laurent Hostingue,

DESPRÉS (*Nicolas-Michel*), professeur au collége du Bois, à Caen, médecin distingué dont Scaliger et Juste-Lipse vantèrent l'érudition, naquit dans les environs de Caen, et mourut dans cette ville, en 1597.

DESPREZ. Exposé de la conduite de la garnison de Mortagne; *Nantes, Malassis*, 1794, in-8 de 16 p.

Né aux environs d'Alençon, Desprès a été député au corps législatif en 1807, et membre de la chambre des députés en 1831.

DESPRÉS (l'abbé *Martial* Pitton). V. PITTON-DESPREZ.

DESPREZ. Plan de Caen et de son territoire, levé par M. Desprez, géomètre du cadastre, complété par M. Morel, conduct. des ponts et chaussées, suivant les plans récens tirés des archives de l'administration (et sous la direction de M. Pattu, ing. en chef du dép. du Calvados); *Caen, Mancel*, 1828, 1 f^lle^ gr. aigle.

Ce plan, levé à l'échelle de 1 à 10,000, et gravé par Amb. Tardieu, a été successivement corrigé en 1830, 1837 et 1842. Dans les angles de cette f^lle^, se trouvent le plan du pont de Vaucelles, construit en 1826, et celui du canal de l'Orne, alors projeté, de Caen à la mer.

DESQUINEMARE (*Nicolas*), curé de Bully (S.-Inf.), accusé d'avoir excité à exorciser les filles et femmes de sa commune, subit une longue détention dans le prieuré de Bourgachard, prison ordin. des prêtres ou moines du diocèse de Rouen, qui avaient donné contre eux de graves sujets de plaintes. Il mourut à Valognes en 1738. V. Floquet, *Hist. du Parlem. de Norm.*, t. V, p. 733; — *Mém. pour Nicolas Desquinemare, prêtre, bachelier en théologie de la faculté de Paris, prieur-curé de la paroisse de Bully, détenu, par lettre de cachet, en l'abbaye de Bourgachard, contre Laurent Gaudouët, laboureur en ladite paroisse*; ms. Bibl. de M. A. Le Prevost; — *Examen du procès commencé à instruire au Bailliage de Neufchâtel, entre Laurent Gaudouët, laboureur, demeurant en la paroisse de Bully (en Bray), demandeur en plainte contre le sieur Nicolas Desquinemare, prieur-curé de Bully, bachelier en théologie de la faculté de Paris, pour servir de réponse à la requête que Gaudouët a présentée à MM. les commissaires, qu'il dit être nommés par le roi*; Rouen, Imp. de Ph.-P. Cabut, in-4 de 46 p., s. d. (vers 1720).

DESROCHES, connu aussi sous le nom *d'Orange*, brigadier des armées du roi sous Louis XIV, gouverneur de l'hôtel des Invalides, né à Cherbourg, dans le XVIIe sc., est mort le 9 janv. 1705. V. sur ce brave officier l'éloge qu'en a fait M. de Chantereyne, en 1777, et l'*Hist. de Cherbourg*, par Mme Retau-Dufresne.

DESROCHES (l'abbé). Histoire du Mont-St-Michel et de l'ancien diocèse d'Avranches, depuis les temps les plus reculés jusqu'à nos jours, publiée d'après les chartes, cartulaires et mss. trouvés au Mont-St-Michel, à la Tour de Londres et dans les biblioth. de la France et de l'étranger; *Caen, Mancel*, 1838, 2 vol. in-8 et atlas in-4 obl. de 18 pl. (Imp. de F. Poisson.)

L'Institut de France a décerné à l'auteur une médaille d'or en récompense de cet important travail. Quoiqu'il ait puisé à des sources nombreuses, M. Desroches ne paraît pas avoir eu connaissance du *Roman du Mont-St-Michel*, par Guillaume de St-Pair.

A la fin du second vol., on trouve un appendice intitulé : *Extraits de plusieurs petits poëmes écrits à la fin du* XVIe *sc., par un prieur du Mont-St-Michel.* — V. Notice sur le Mont-St-Michel, à l'occasion de l'ouv. de M. l'abbé Desroches, par G. V. (Vautier); *Caen, Pagny*, 1839, in-8.

— Notice sur les mss. de la Bibliothèque d'Avranches ; *Mém. de la Soc. des Antiq. de Norm.*, t. XI (1840), p. 70-156, avec 6 fac-sim.

— Sur les paroisses de l'abbaye du Mont-St-Michel ; *Caen, Imp. de Hardel*, 1845, in-4 de 16 p.

— Recherches historiques sur les paroisses limitrophes de la baie du Mont-St-Michel ; *Caen, Hardel*, 1845, in-4 de 128 et 16 p., avec 3 cartes.

Ext. des Mém. de la Soc. des Antiq. de Norm., t. XIV (1846), p. 37-128.

— Annales religieuses de l'Avranchin ; *Caen, Hardel*, 1847, in-4 de 192 p., avec un plan lithog. du Mont-St-Michel.

Ce travail, divisé en 3 parties, dont l'une, consacrée au Mont-St-Michel, est ext. des Mém. de la Soc. des Antiq. de Norm., t. XIV et XVII. Il a obtenu, en 1848, de l'Institut (Acad. des Inscr. et B.-Lett.), une mention honorable.

— Histoire des peuples anciens et de leurs cultes, ou le Monde primitif, historique et monumental, ou l'archéologie primitive ; *Caen, Hardel*, 1851, in-4 de 292 p., avec une pl.

Tiré à 140 exempl.

— Analyse des titres et chartes inédits de l'abbaye de Savigny ; *Mém. de la Soc. des Antiq. de Norm.*, t. XX (1853), p. 252-278.

Ce n'est pas de l'abbaye de Savigny, dans le diocèse de Lyon, qu'il s'agit ici, mais de l'illustre abbaye du diocèse d'Avranches, *Saviniacum*, et mieux *Savigneium*. — V. *Gallia christ.*, t. XI, p. 540-554, et inst. p. 110-113 ; et *Neustria pia*, p. 676.

— Annales civiles, militaires et généalogiques du pays d'Avranches, ou de la toute Basse-Normandie ; *Caen, Hardel*, 1856, in-4 de 436 p.

Sur cet ouv., qui a obtenu une mention honorable de l'Acad. des Inscr. et B.-Lett., en 1857, V. un Compte-rendu de M. L. Delisle, dans la *Biblioth. de l'Ecole des Chartes*, XVIIIe année (1856-57), p. 185-188. Ce compte-rendu, un peu sévère peut-être, signale dans le travail de M Desroches des erreurs assez nombreuses. Quoi qu'il en soit de l'exactitude de ces remarques, on ne peut s'empêcher de regretter que M. Desroches n'ait pas, dans ses écrits, montré un peu de cette indulgence dont tout travailleur éclairé doit reconnaître avoir besoin pour lui-même. — V aussi un Compte-Rendu de M. H. Sauvage, *Bibliographie normande* ; Mortain, Imp. de Lebel, 1857, in-8 de 16 p.

— Réponse de M. le curé d'Isigny au second Mém. ou Supplément de M. Le Héricher, suivie d'une Défense nouvelle des titres, des chartres, du texte des ouvrages de M. l'abbé Desroches, contre les erreurs de l'Avranchin hist. de M. Le Héricher ; *Avranches, Henri Tribouillard*, 1857, brochure in-4.

DESROCHES (l'abbé), anc. curé de Folligny, est maintenant curé-doyen d'Isigny (Manche). Les nombreux écrits de cet ecclésiastique témoignent de son goût pour les études hist. norm., et l'ont placé à côté de ces membres du clergé normand : MM. Cochet, Decorde, Langlois, Laffetay, etc., dont les recherches sont si justement appréciées.

DES ROTOURS. V. ROTOURS (des).

DES RUES (*François*), historien, géographe, littérateur, né à Coutances, et mort vers 1620, est auteur des ouv. suiv. :

— Les Fleurs du Bien-Dire, recueillies ès cabinets des plus rares esprits de ce temps, pour exprimer les passions amoureuses de l'un cõme de l'autre sexe, avec un amas des plus beaux traits dont on use en amour, par forme de dictionnaire ; *Paris, Guillemot*, 1598 (et 1603), in-12.

— Les Margverites françoises, ov thrésor des flevrs de bien dire, recueillies des plus beaux et rares discours de ce temps ; *Rouen, Théodore Reinsart*, 1602, pet. in-12.

— Ibid. ; *Rouen, Th. Reinsart*, 1606 (1607, 1609 et 1611), pet. in-12, titre gravé.

Cet ouv., qui paraît avoir eu un grand succès, fut réimp. sous le titre de :

Les Margverites françoises, ov flevrs de bien-dire. Contenant plusieurs belles et rares sentences morales. Recueillies des plus excellens et graues autheurs, et mises en ordre alphabétic ; *Rouen, Cousturier*, s.d. (1610), pet. in-12.

— Dito ; *Rouen, Behourt*, 1625, in-12.

— Dito ; *Rouen, Ve Daré*, s. d. (vers 1625), 2 part. en 1 vol. pet. in-12.

— Dito ; *Rouen, Jacques Cailloué*, 1625, pet. in-12, 2 part. en 1 vol.

— Dito ; *Rouen, Rom. de Beauvais*, 1637, 2 part. en 1 vol. pet. in-12.

— Les Antiqvitez, fondations, et singvlaritez des plvs célèbres villes, chasteavx, et places remarquables du royaume de France, auec les choses les plus mémorables aduenuës en iceluy ; 2e édit. ; *Constance, par Jean Le Cartel, imp. et lib. du Roy, au bailliage de Costentin*, 1608, pet. in-12, avec titre gravé. Ce titre porte la date de 1605, qui est probablement celle de la 1re édit. Le privilége accordé à Jean Le Cartel est daté du 18 fév. 1603. La Normandie occupe dans ce livre les p. 247-344.

— Id. ; *Rouen, J. Cailloué*, 1624, in-12.

On cite des édit. de *Saumur*, 1609, et de *Troyes*, 1611, pet. in-12.

Cet ouv. a été réimp. sous le titre suiv. :
— Description contenant toutes les singularitez des plus célèbres villes et places remarquables du royaume de France, avec les choses les plus mémorables advenues en icelui. Revu, corrigé et augmenté du sommaire de l'Etat, cartes des provinces et de quelques portraits des plus signalées villes dudit royaume; *Rouen*, *David Geuffroy*, s. d. (1611), pet. in-8, avec cartes et fig. sur bois. (Bibl. Imp.)
— Dito; *Rouen*, *J. Petit*, 1611, pet. in-8, avec titre gravé et fig. (Bibl. Imp.)
La Biblioth. hist. de la France, nº 2,091, indique encore de cet auteur : *Delices de la France, avec une description des provinces et des villes du royaume, etc.*; Lyon, 1610, in-8. — V. *Notice bibliographique sur François Des Rues*; Avranches, Tostain, 1843, in-8 de 8 p.

DESSAUNEY (l'abbé). Construction de l'église de l'Immaculée Conception de Séez (Orne), avec une messe tous les jours, à perpétuité, pour les bienfaiteurs; *Paris, Imp. de Remquet*, 1856, in-8 de 4 p., avec vign.
2ᵉ Compte-rendu de l'OEuvre. Signé : Dessauney, chanoine, supérieur du petit séminaire.

DESSEAUX. Notice sur Thouret. Discours prononcé par M. Desseaux, bâtonnier de l'ordre des avocats de Rouen, à l'ouverture des conférences, le 24 nov. 1844; *Rouen, Imp. de J. S. Lefevre*, 1845, in-8 de 24 p.
Un extrait a été inséré dans la *Revue de Rouen*, 1845, 1ᵉʳ sem., p. 170-175.

DESSEIN des balets qvi doivent se danser entre les actes de la tragédie d'Antigone svr le théâtre dv college de Roven; *Rouen*, s. n. d'imp. et s. d. (vers 1650), in-4 de 4 p.
Programme de 4 ballets.

DESSEIN des tableavx elevez svr les portes, à l'hevrevse entrée de Mᵐᵉ la dvchesse de Longveville en la ville de Caen, le 26 may 1648; *Caen, Michel Yvon, imp.*, in-4 de 11 p.
Description de ces tableaux, encadrés d'inscriptions en vers latins et en vers français.

DESSEINS de la Toison d'Or, tragédie, représentée par la troupe royale du Marets, chez M. le marquis de Sourdeac, en son château du Neufbourg, pour réjouissance publique du mariage du roy, et de la paix avec l'Espagne. *Imp. à Rouen, et se vend à Paris*, 1661, in-4.
1ʳᵉ édit. de cette trag. de P. Corneille.

DESTIGNY (*Pierre-Daniel*), habile horloger, adjoint au maire de Rouen, membre de plusieurs soc. savantes et philantropiques, né le 17 juillet 1770, à Sannerville (Calvados), mort en ce lieu, le 18 sept. 1855. M. Destigny fut l'un des promoteurs de l'érection, à Rouen, d'une statue en l'honneur du grand Corneille. On lui doit une *Notice sur la dilatation de la pierre*; Rouen, Baudry, 1828, in-8, et plusieurs autres mémoires insérés pour la plupart dans le *Bullet. de la Soc. d'Émulat.* et dans le *Précis de l'Acad. de Rouen*. V., sur sa vie, le *Bullet. de la Soc. libre d'Émulat.*, 1856, p. 60-62, et le *Précis de l'Acad.*, 1856, p. 93-99. (Notice de M. J. Girardin, reproduite dans l'*Ann. norm.*, 1857, p. 536-541.)

DESTIGNY (*J. F.*). Notice sur Benserade, 1846, gr. in-8 de 16 p., avec portr.; *Poètes norm., etc.*, publiés par Baratte.
— Notice sur Malherbe, 1846, gr. in-8 de 16 p. avec port. *Même Recueil.*
— Notice sur Segrais, 1846, gr. in-8 de 16 p., avec un portr. *Même Recueil.*
M. J. F. Destigny, littérateur, né à Caen, est auteur de plusieurs brochures en prose et en vers, et d'un ouv. intitulé : *Histoire mystérieuse de Catherine de Médicis, ses intrigues, ses crimes. La Chambre ardente. Extermination des Vaudois... Massacres de la St-Barthélemy..., etc.*; Paris, P. Boizard, 1847, gr. in-8, fig., de 288 p.
Cet ouv. n'a pas été continué; il comprend uniquem. l'*Hist. de Catherine de Médicis.*

DESTOUBEVILLE (*Guill.*). Discours véritable des vertus et proprietez des eaux médicinales d'Hébécrévon; *Caen, Jacq. Le Bas*, 1613, pet. in-8 de 39 p.
DESTOUBEVILLE, méd. à St-Lo, au commencement du XVIIᵉ sc., dédia cet opuscule à Ch. de Matignon, comte de Torigni et baron de St-Lo.— Sur le même sujet, V. CAHAIGNES.

DESTRUISSART (l'abbé *Thomas*), curé de Gentilly, près de Paris, né à Caen, dans le XVIIIᵉ sc., a publié : *Recueil d'Essais littéraires et philosophiques*, par un Solitaire; Paris, 1799, in-8 (très rare).—*Essai sur les Catacombes de Paris*, 1812, in-8.—*La Mort d'un philosophe, esprit fort*, par l'Ermite de Gentilly; Paris, 1813, in-8. — *Promenade au centre du Grand-Gentilly, près de Paris, où il est fait mention des maisons et jardins les plus remarquables qu'il renferme*; Paris, 1821, in-18. — V. Quérard, *France litt.*, t. II.

DESYVETAUX (*Nic. Vauquelin*). V. VAUQUELIN.

DÉTAIL historique d'une trombe terrestre observée près de la ville d'Eu, le 16 juillet 1775; *Journ. de Physique, etc.*, par l'abbé Rozier, t. VII (1776), p. 70-75, in-4.

DÉTENUS (les) politiques au Mont-St-Michel; *Paris, chez les édit. de l'Hist. de France d'Anquetil*; 1843, in-8.

DETERVILLE, libraire à Paris, né le 15 avril 1766, à Grainville-sur-Odon, près Caen, est mort à Paris, le 2 oct. 1842. Ses importantes publications et son intelligence des affaires, lui firent amasser une très grande fortune et lui acquirent la réputation d'habile éditeur. V. Notice de M. J. Le Brun, dans l'*Ann. norm.*, 1843.

DEUX (les) Convois du pauvre et du riche, suivis des incendies de la Normandie, par A. H. (en vers); *Paris, Imp. de Herhan*, 1837, in-8 de 12 p.

DEUX Discours d'inauguration (1823-1844) du théâtre du Havre, etc. V. ANCELOT.

DEUX hymnes du clergé de Tours, etc. V. *Cleri Turonensis hymni, etc.*

DEUX lettres du Roy envoyées aux Maire, Eschevins et habitans de la ville de Tours. Sur la reduction des villes de Roüen, Troyes, et Auxerre (2 et 7 avril); *Tours, Jamet Mettayer*, 1594, in-8. (Bibl. Imp.)

DEVAUX (*Gabriel-Pierre-Franç.* Moisson). V. MOISSON.

DEVILLE (*Achille*). Notice sur deux chapitaux de l'abbaye de St-Georges; *Rouen, F. Baudry*, 1826, in-8 de 4 p., avec 2 pl.

Ext. des Mém. de la Soc. lib. d'Emulat. de Rouen, 1826.

— Essai historique et descriptif sur l'église et l'abbaye de St-Georges-de-Bocherville, près Rouen, orné de planch. lithograph. ou gravées, et de plusieurs vign.; *Rouen, Nicétas Periaux*, 1827, in-4 de XIII et 113 p., avec 12 pl.

Tiré à 300 exempl., dont q.q.-uns sur pap. vél. Les planches nombreuses qui accompagnent cet ouv. ont été dessinées et lithogr. d'une manière remarquable par l'auteur lui-même. L'Essai sur l'abbaye de St-Georges-de-Bocherville, sans être d'une exécution aussi parfaite que celle des magnifiques in-f. publiés à Tours et à Moulins (la *Touraine* et l'*ancien Bourbonnais*), peut cependant servir de spécimen de typographie provinciale. Modèle de l'architecture du XIe sc., l'église de St-Georges, bâtie par Raoul de Tancarville, gouverneur, et chambellan de Guill.-le-Conquérant, fut successivement dotée par ce prince, par Richard-Cœur-de-Lion et par les fils de S. Louis.

— Notice sur les bas-reliefs de l'hôtel du Bourgtheroulde, représentant l'entrevue de François Ier et de Henri VIII au camp du Drap-d'Or; *Mém. de la Soc. d'Emulat. de Rouen*, 1827, p. 51-59, avec une pl. gravée par l'auteur.

— Dissertation sur les sceaux de Richard-Cœur-de-Lion; *Rouen, N. Periaux*, 1828, in-4 de 23 p., avec 3 pl.

Tiré à 50 exempl.

— Dito; 2e édit.; *Caen, T. Chalopin*, 1830, in-4 de 33 p., avec 3 pl.

Ext. des Mém. de la Soc. des Antiq. de Norm., t. v (1829 et 1830). Edit. tirée à 25 exempl. et plus complète que la précédente.

L'auteur, dans ce mémoire, prouve que ce fut seulement en 1198, une année avant sa mort, que Richard-Cœur-de-Lion plaça sur son écu les *trois lions passants-regardants* (ou léopards), devenus par la suite le type des armoiries de l'Angleterre.

— Discours prononcé à l'ouverture de la séance publique de la Soc. libre d'Emulation de Rouen, le 6 juin 1828; *Mém. de la Soc. d'Emulat.*, 1828, p. 1-17.

M. Deville discute dans ce discours l'époque de la mort de Richard-Cœur-de-Lion, et la véracité de l'anecdote si souvent reproduite à propos de la bataille de Bouvines: Philippe-Auguste déposant sa couronne sur un autel en présence, de son armée. D'après les recherches de M. Deville, ce trait de la vie du roi de France, emprunté à Rigordan Malespines, historien italien du XIIIe sc., et peu exact d'ailleurs, n'est signalé par aucun autre historien contemporain. Le chapelain de Philippe-Auguste, Guill. Le Breton lui-même, qui fut le témoin oculaire de la bataille de Bouvines et qui donna une description minutieuse de tout ce qui se passa dans cette journée célèbre, ne dit pas un seul mot de cette circonstance que, depuis Dupleix (1621), tous les historiens ont successivement répétée.

— Notice relative à la cathédrale de Rouen; *Mém. de la Soc. d'Emulat. de Rouen*, 1828, p. 151-157.

Relative aux échoppes qui obstruaient le grand portail, à l'ouest, et aux maisons qui entourent la cathédrale, au midi.

— Histoire du Château-Gaillard et du siége qu'il soutint contre Philippe-Auguste, en 1203 et 1204, ornée de planches lithog. ou grav. et de plusieurs vign.; *Rouen, Ed. Frère,* 1829, gr. in-4 de XVII et 156 p. (Imp. de N. Periaux.)

Tiré à 400 exempl., dont 50 sur pap. vél., avec planches tirées sur pap. de Chine.

Les événements de ce siége sont rapportés dans le plus grand détail par M. Deville. Scrutateur consciencieux de nos annales, c'est aux sources contemporaines qu'il a puisé les faits qu'il raconte; c'est là qu'il a trouvé les documents curieux et inédits dont nous lui devons la première publication.

Comme pièces justificatives, l'auteur a ajouté à la suite de son travail le VIIe livre de la *Philippide* de Guillaume Le Breton, ainsi que les chartes qui se rapportent au château Gaillard. Il l'a enrichi de 12 pl., dessinées et gravées par lui, et d'un fac-simile de la charte de Richard-Cœur-de-Lion pour l'échange d'Andeli.

— Rapport sur le monument à élever à Pierre Corneille, lu à la Soc. libre d'Emulat. de Rouen, le 15 avril 1829; *Rouen, F. Baudry,* 1830, in-8 de 40 p.

Ext. des Mém. de la Soc. d'Emulat., 1829.

Un premier tirage de ce rapport avait été distribué aux membres de la société en avril 1829. Le titre était : *Rapport sur le monument à élever à Pierre Corneille. Les conclusions de ce rapport seront mises en délibération dans la séance du 1er mai.* On trouve à la p. 18 le plan de la partie du port, entre la rue Grand-Pont et la rue de Corneille, où l'on avait projeté d'ériger la statue de notre illustre compatriote.

—Recherches sur l'ancien pont de Rouen; *Rouen, N. Periaux,* 1831, in-8 de 12 p.

Ext., à 12 exempl., des Mém. de l'Acad. de Rouen, année 1831, p. 166-173.

M. Deville établit dans ce mém. : qu'en 962, il n'existait pas de pont à Rouen; qu'en 1025, il y en avait un; que de 1151-1167, Mathilde, fille de Henri Ier, et femme de Geoffroy Plantagenet, substitua à ce premier pont, qui probablement était en bois, un pont en pierre, celui dont on apercevait encore des débris il y a quelq. années, à la place où est maintenant le Pont-Suspendu.

— Lettre à M. Alavoine, architecte de la nouvelle flèche en fonte de fer de la cathédrale de Rouen, sur la flèche de Robert Becquet, incendiée le 15 septembre 1822; *Rouen, N. Periaux,* 1831, in-8 de 27 p.

Ext., à 25 exempl., des Mém. de l'Acad. de Rouen, 1831. L'érection de la flèche de R. Becquet datait de 1542.

—Liste des Peintres-Verriers de la cathédrale de Rouen, dressée d'après les comptes manuscrits de la fabrique, à partir de l'année 1384 jusqu'au commencement du XVIIIe sc.; et Note sur leurs travaux; *Rouen, F. Baudry,* 1831, in-8 de 15 p.

Ext., à 12 exempl., de l'*Essai sur la Peinture sur verre*, par E.-H. Langlois, in-8.

— Dissertation sur l'étendue du territoire concédé à Rollon, par le traité de St-Clair-sur-Epte, en 911; *Caen* (1831), in-8 de 25 p.

Ext. des Mém. de la Soc. des Antiq. de Norm., 1831-1833, p. 47-69.

— Rapport fait à la Soc. libre d'Emulat. sur les six pièces de vers reçues pour le concours. Prix de Poésie : Eloge du Grand Corneille; *Mém. de cette Soc.*, 1832, p. 131-139.

Le prix n'a été décerné qu'en 1834.

—Tombeaux de la cathédrale de Rouen; *Rouen, Nic. Periaux,* 1833, in-8 de XXIII et 282 p., avec 10 pl. grav.

Il en a été tiré quelq. exempl. sur Jésus vél., grav. tirées sur pap. de Chine.

—Dito, 2e édit., ornée de 12 pl. gravées; *Rouen, N. Periaux,* 1837, in-8 de XXIV et 326 p.

Édit. plus complète que la précédente. Il n'en a pas été tiré d'exempl. sur grand pap.

Des nombreux tombeaux qui jadis ornèrent la cathédrale de Rouen, sept seulement sont parvenus jusqu'à nous : ceux de notre premier duc Rollon, de Guill. Longue-Epée, son fils, de Richard Cœur-de-Lion, de Maurice, archevêque de Rouen sous S. Louis, de Pierre de Brézé, grand sénéchal de Normandie, de Georges d'Amboise et de Louis de Brézé, mari de Diane de Poitiers. Les autres ont disparu dans les désastres des guerres de religion.

V. un art. de M. Berger de Xivrey, inséré dans ses *Appréciations hist.*, t. II, p. 103-117.

— Histoire du Château et des Sires de Tancarville; *Rouen, Nic. Periaux,* 1834, in-8 de IV et 374 p., avec fig., lett. grises, etc.

En regard du titre, on remarque une vue générale du château de Tancarville, prise de Pierre-Gante, et gravée sur bois par Brevière. Quelq. exempl. ont été tirés sur Jésus vél. V. un compte-rendu dans la *Rev. de Rouen*, 1834, 2e sem., p. 233-238, et dans la *Rev. anglo-franç.*, t. III (Poitiers, 1835), p. 315-323. Des extraits de l'ouv. de M. Deville : *Les derniers des Tancarville*, et les *Sires de Tancarville, de la maison de Melun*, avaient paru, les prem., dans la *Rev. de Rouen*, 1833, 2e sem., p. 73-80; les seconds, dans la *Rev. anglo-franç.*, t. II (1834), p. 51-69.

— Rapport sur le Concours pour le prix de poésie, proposé par la Soc. libre d'Emul. de Rouen, et dont le sujet était l'*Hommage rendu à la mémoire de Pierre Corneille par l'érection d'une statue sur une des places publiques de Rouen, au moyen d'une souscription.* Rapport lu à la séance publique du 6 juin. *Mém. de la Soc. libre d'Emul. de Rouen*, 1834, p. 94 à 120.

30 pièces de vers furent présentées : un tiers environ mérita une attention particulière. La pièce couronnée fut un dithyrambe, par M. Wains-Desfontaines.

— Relation de la pose de la première pierre de la base du monument de P. Corneille, le 10 septembre 1833, en présence du Roi et de la Reine; *Soc. d'Emul.*, 1834, p. 318-322, avec un fac-simile.

— Notice sur la statue de Pierre Corneille, et liste des souscripteurs qui ont concouru à l'érection de ce monument; *Rouen, F. Baudry* (1834), in-8 de 90 p., avec 2 pl. exécutées par E. H. Langlois.

Sorte de procès-verbal de la commission du monument de Corneille, et qu'on retrouve à peu près dans le Précis historique de 1838. Cet opuscule n'a été tiré qu'à 6 exempl.; 2 exempl. ont été déposés dans le socle de la statue, 2 autres aux Archives de la Soc. libre d'Emul. et à la Biblioth. publique ; les deux dern. sont restés entre les mains de l'auteur et de l'imprimeur.

— Sur un autographe de P. Corneille, avec fac-simile; *Rev. de Rouen*, 1835, p. 183, 2e sem.

— Notice sur Théod. Licquet, placée en tête de l'Hist. de Normandie de cet auteur; *Rouen*, 1835, t. I, p. I-XI.

—Note sur un pied à mesurer, en bronze, découvert dans la forêt de Maulevrier, auprès de Caudebec, en 1834; *Soc. des Antiq. de Norm.*, t. IX (1835), p. 173-179.

—Notice historique sur le Château de Gisors, durant la domination norm.; *Caen, A. Hardel*, 1835, in-8 de 29 p.

Ext. des *Mém. de la Soc. des Antiq. de Norm.*, t. IX (1835), p. 328-356.

— Dissertation sur la population de la portion de la Gaule correspondant au dép. de la S.-Inf., lors de la conquête de Jules César; *Mém. de l'Acad. de Rouen*, 1835, p. 244-252.

—Note sur un ancien étalon du pot d'Arques; *Rouen, F. Baudry*, 1836, in-8 de 16 p., avec une pl.

Ext., à 12 exempl., des *Mém. de la Soc. d'Emul. de Rouen*, 1836. Le pot d'Arques était l'unité de toutes les mesures de capacité en Norm.

— Chartres et Rouen. Discours d'ouverture de la séance publique de l'Acad. de Rouen; *Mém. de l'Acad. de Rouen*, 1836, p. 1-8.

—Notice historique sur Robert le Diable; *Rouen, N. Periaux*, s. d. (1835), gr. in-8 de 19 p.

Ext. de la *Rev. de Rouen*, nov. 1835.

— Dito; *Rouen, F. Baudry*, 1836, in-8 de 32 p.

Tirage à part à 12 exempl., ext. du *Miracle de Nostre-Dame de Robert-le-Dyable, etc.*; Rouen, Ed. Frère, 1836, in-8. Dans ce tirage, fait sur pap. vél., se trouve une réponse de 4 p. à un article critique de la *Rev. de Rouen*. Il a été fait de cette notice un second tirage sur pap. fin des Vosges, in-8, à 50 exempl., avec l'adresse d'Ed. Frère, et sans la réponse du critique de la *Rev. de Rouen*. Il forme également 32 p. L'écusson aux armes de Normandie, placé au titre, a été changé, et est plus exact que celui du prem. tirage.— Suivant M. Deville, le personnage populaire connu sous le nom de Robert le Diable serait Robert Courte-Heuse, l'un des fils de Guill. le Conquérant.

— Notice sur la Châsse de St-Sever; *Caen, A. Hardel*, 1837, in-8 de 33 p., avec 2 pl.

Ext. des Mém. de la *Soc. des Antiq. de Norm.*, t. X (1836), p. 340-368.

— Note sur des urnes funéraires trouvées dans le dép. de la S.-Inf.; *Soc. des Antiq. de Norm.*, t. X (1836), p. 675-678.

— Note sur des Tombeaux gallo-romains trouvés à Rouen, dans le quartier St-Gervais; *Soc. des Antiq. de Norm.*, t. X (1836), p. 679-682.

—Note sur des Vases cinéraires trouvés à Yebleron, arr. d'Yvetot; *Soc. des Antiq. de Norm.*, t. X, p. 682 et 683.

— Antiquités découvertes à Lillebonne, et à Rouen, rue Rouland; *Mém. de l'Acad. de Rouen*, 1837, p. 185-193, avec une pl.

— Découverte de la statue de Richd Cœur-de-Lion, dans le sanctuaire de la cathédrale de Rouen; Rapport lu à l'Acad. de Rouen, dans sa séance publ. du 10 août 1838; *Rev. de Rouen*, 1838, p. 57-67.

Il en a été tiré à part quelq. exempl. — Cette statue est provisoirement placée dans la chapelle du Christ, à gauche du chœur.

— Cippe et inscription tumulaires (monuments déposés dans le Musée départem. d'antiquités, à Rouen); *Rouen, N. Periaux*, in-8 de 7 p., avec une pl.

Ext. des Mém. de l'Acad. de Rouen, 1838, p. 260-266.

— Note sur le sceau de S. Bernard; *Mém. de la Soc. d'Emulat. de Rouen*, 1838, p. 49-55, av. 1 pl. (Musée d'ant. de Rouen).

— Précis historique sur la statue de P. Corneille, érigée à Rouen, par souscription, en 1834; publié par les soins de la Soc. libre d'Emulat. de Rouen; *Rouen, F. Baudry*, 1838, in-8 de 212 p., avec 4 grav. et 3 pl. de facsim. de signatures.

— Travaux de la statistique du dép., dévolus à l'Acad. Epoques Gauloise et Romaine; *Mém. de l'Acad. de Rouen*, 1839, p. 182-190.

— Histoire du château d'Arques; *Rouen, N. Periaux*, 1839, gr. in-8 de x et 412 p., avec 13 pl. lithog., grav. sur bois et sur cuivre.

Il en a été tiré 50 exempl. jésus vél. et 2 exempl. pap. de coul.

Cet ouv., exécuté avec soin, se compose d'un récit historique, qui commence à Rollon et conduit le lecteur jusqu'à la destruction du château d'Arques, au siècle dernier; d'une description très étendue et très minutieuse de ses ruines; et du système de fortifications en usage en Normandie. Les pièces justificatives qui complètent le vol. sont :

1° Composition pour la mouture due au château d'Arques, en 1399;

2° Plaid tenu à la cour de Guillaume-le-Conquérant, en 1080, au sujet de la possession de l'île d'Oissel;

3° Récit du combat d'Arques, fait par M. le maréchal de la Force;

4° Liste des châtelains et capitaines du château d'Arques.

V. un art. signé : A. B., *Rev. de Rouen*, 1840, 1er sem., p. 269-273. — Le château d'Arques appartient aujourd'hui à M. Jules Reiset, chimiste distingué, fils de l'anc. recev. gén. des finances de la S.-Inf.

— Cartulaire de l'abbaye de la Ste-Trinité-du-Mont de Rouen, etc., 1840. V. *Cartulaire de l'abbaye de, etc.*

— Essai sur les Médailles gauloises de Rouen; *Caen*, 1839, in-4 de 10 p., avec une pl.

Ext. des Mém. de la Soc. des Antiq. de Norm., t. XI (1840), p. 60-69.

— Observations sur l'époque de la naissance de Guillaume-le-Conquérant; *Mém. de la Soc. des Antiq. de Norm.*, t. XI (1840), p. 179-184.

— Notice biographique sur Pierre Corneille; *Rouen, N. Periaux* (1840), in-8 de 8 p., avec un fac-simile de l'écriture de P. Corneille.

Ext. des Mém. de l'Acad. de Rouen, 1840, p. 276-283.

— Rapport de la Commission des Beaux-Arts, présenté à l'Acad. roy. des Sc., B.-Lett. et Arts de Rouen; *Rouen, N. Periaux*, 1841, in-8 de 20 p.

Ext. des Mém. de l'Acad. de Rouen, 1840, p. 310-327. Ce Rapport, sur les récompenses à décerner à des artistes nés en Normandie, a été réimp. dans la *Rev. de Rouen*, 1841, 1er sem., p. 1-15, et dans l'*Ann. norm.*, 1841, p. 461-478. MM. Cabasson et Balan furent cette année les lauréats de l'Académie.

— Catalogue du Musée départemental des Antiquités de Rouen; *Rouen, Péron*, 1845, in-12 de 88 p.

La 1re édit. de ce catal. a paru en 1834, *Rouen, N. Periaux*, in-12 de 26 p.; la 2e, en 1836, in-12 de 53 p.; la 3e, en 1838, in-12 de 72 p.; la 4e, en 1840, in-12 de 75 p.

Grâce aux soins éclairés de M. Deville et de M. Pottier, son successeur, tous deux si bien secondés par l'administr. départem. et municipale, ce Musée est aujourd'hui l'un des plus riches de France. M. Berger de Xivrey, dans ses *Essais d'appréciations hist., etc.*, t. II, p. 87-102, a consacré un art. au Musée d'Antiquités normandes, à Rouen.

— Sur une statuette en bronze, découverte à Lillebonne, en sept. 1841; *Rouen, N. Periaux* (1841), gr. in-8 de 6 p., avec une pl.

Ext. de la *Rev. de Rouen*, nov. 1841.

— Dissertation sur la mort de Rollon; *Rouen, N. Periaux* (1841), in-8 de 21 p.

Ext. des Mém. de l'Acad. de Rouen, 1841, p. 309-324, et des Mém. de la Soc. des Antiq. de Norm., t. XII (1841), p. 308-314.

M. Deville établit, d'après le témoignage des historiens du moyen-âge, que cet événement doit être placé entre les années 928 et 932.

— Rapport de la Commission chargée de rechercher dans quelle maison est né le peintre Th. Géricault; *Mém. de l'Acad. de Rouen*, 1842, p. 364-368.

— Recherches sur la maison de Rouen où est né Dulong; *Rouen, A. Péron*, 1844, in-8 de 11 p.

Ext. des Mém. de l'Acad. de Rouen, 1843, p. 138-146.

— Découverte de sépultures antiques à Quatremares ; *Rouen*, *N. Periaux* (1843), gr. in-8 de 19 p., avec 2 pl.

Ext. de la *Rev. de Rouen*, 1843, 1er sem., p. 158-167 et 224-230. — Quatremares est un hameau des environs de Rouen.

— Rapport sur la restauration de la chapelle de St-Julien, affectée à la maison correctionnelle des Chartreux ; *Rev. de Rouen*, 1843, 1er sem., p. 52-54.

— Notice sur quelques *Dolium* antiques ; *Rouen*, *N. Periaux*, 1843, in-8 de 15 p.

Ext. des Mém. de l'Acad. de Rouen, 1842.

A propos de trois *Dolium* découverts au Mesnil-sous-Lillebonne, à la Cerlangue et à St-Denis-le-Thibout, lesquels sont aujourd'hui déposés au Musée d'Antiquités de Rouen. Les Romains désignaient sous le nom de *Dolium* un grand vase en terre cuite, de forme sphérique, qui servait chez eux à conserver les liquides, pour l'usage domestique.

— Compte-Rendu des hommages décernés spécialement par la ville de Rouen aux célébrités normandes, notamment en ce qui concerne P. Corneille ; *Caen*, *H. Le Roy*, in-8 de 4 p.

Ext. de l'*Ann. norm.*, 1843.

— Observations sur l'achèvement de l'église de St-Ouen de Rouen ; *Rouen*, *A. Péron*, 1844, gr. in-8 de 21 p.

Ext. de la *Rev. de Rouen*, 1844, 1er sem., p. 193-213. — Dans ce mém., M. Deville donne la préférence au projet d'un grand portail avec deux tours.

— Notice sur le Château d'Arques ; *Rouen*, *A. Péron*, 1845, in-8 de 16 p., avec une pl. lithog., d'après un bas-relief de Gayrard.

Opuscule ext. par M. Deville de son gr. ouv. sur Arques, et ne se vendant qu'à la porte du château, au profit des pauvres. Il a été réimp. dans la *Rev. de Rouen*, 1845, 1er sem., p. 346-353.

— Fête au Château d'Arques, le 21 sept. 1845 ; *Rouen*, *A. Péron*, gr. in-8 de 2 p.

Ext. de la *Rev. de Rouen*, 1845.

— Rapport sur les Beaux-Arts, lu dans la séance publiq. de l'Acad. de Rouen.

Mém. de cette Acad., 1846, p. 155-165, et réimp. dans la *Rev. de Rouen*, 1846, 2e sem., p. 293 à 300. — Au sujet de récompenses à décerner à des artistes normands.

— Rapport de la Commission pour la recherche des maisons des Hommes illustres ; *Mém. de l'Acad. de Rouen*, 1846, p. 241-44.

Les conclusions de ce rapport tendaient à faire placer sur le portail de l'église St-Gervais, à Rouen, une inscription commémorative indiquant que Guillaume-le-Conquérant mourut au prieuré de St-Gervais le 9 sept. 1087. Ce projet a été réalisé.

— Description d'un Bas-Relief, en ivoire, représentant l'adoration des Mages et des Bergers (Musée d'Antiq. de Rouen) ; *Caen*, *Hardel*, 1845, in-4 de 11 p., avec 1 pl.

Ext. des Mém. de la *Soc. des Antiq. de Norm.*, t. XIV (1846), p. 131-139.

— Ext. d'une histoire du Château de Gaillon ; *Rev. de Rouen*, 1847, p. 193-202, avec une vue du château de Gaillon au XVIe sc.

— Restes de l'impératrice Mathilde, découverts dans l'ancienne abbaye du Bec ; *Rev. de Rouen*, 1847, p. 41-44.

En restaurant l'ancienne abbaye du Bec-Hellouin, où l'on a placé une succursale de remonte, on découvrit en janv. 1847, une boîte en plomb, contenant les restes mortels de la reine Mathilde, fille de Henri Ier, roi d'Angleterre, morte à Rouen, en 1164, et inhumée dans ce couvent ; on découvrit en même temps une autre boîte plus petite remplie d'une eau roussâtre, dans laquelle on supposa qu'avait été renfermé le cœur de la princesse. La translation de ces précieux restes dans la cathédrale de Rouen fut autorisée par le Gouvernement. M. l'abbé Langlois et M. Deville furent désignés pour remplir cette mission, à la suite de laquelle ils dressèrent un procès-verbal qui a été imp. sous ce titre : *Procès de reconnaissance au Bec Hellouin, et du transport, à Rouen, des restes de l'impératrice Mathilde, fille de Henri Ier, roi d'Angleterre, et duc de Norm.* ; Rev. de Rouen, 1847, p. 604-609. V. *Mémorial de Rouen*, 21 janv. 1847.

— Sur la coupe dite de Guillaume-le-Conquérant ; *Rouen*, *A. Péron*, 1847, gr. in-8 de 8 p., avec une pl.

Ext. de la *Rev. de Rouen*, 1847, p. 465-472. Cette coupe, provenant de l'abbaye de St-Etienne de Caen, était passée dans les mains du savant abbé De la Rue. A sa mort, la famille de Mathan, légataire de M. De la Rue, la remit à la ville de Caen, et aujourd'hui elle est déposée dans la biblioth. publique de cette ville.

— Note sur une découverte de médailles romaines ; *Mém. de l'Acad. de Rouen*, 1847, p. 360-362.

Médailles trouvées à Caudebec-lès-Elbeuf, S.-Inf.

— Mémoire présenté à M. le Ministre de l'inst. publiq., touchant la création de facultés des lettres et des sciences, à

Rouen; *Mém. de l'Acad. de Rouen*, 1847, p. 153-160.

— Rapport sur l'ouv. de M. Lecointre-Dupont, intitulé : Lettres sur l'Hist. monétaire de la Normandie; *Mém. de l'Acad. de Rouen*, 1847, p. 337-346, et *Rev. de Rouen*, déc. 1846.

De cette dern. insertion il a été fait un tirage à part.

— Revue des Architectes de la cathédrale de Rouen, jusqu'à la fin du XVIe sc.; *Rouen, A. Le Brument*, 1848, gr. in-8 de 95 p. (Imp. de A. Péron.)

Sur cet ouv., tiré à 250 exempl., V. un article de M. A. P. (André Pottier); *Rev. de Rouen*, 1848, p. 425-428, et un 2e art. signé L. V. D., *Biblioth. de l'Ecole des Chartes*, t. IV, 2e sér., p. 526-528.

— Comptes de dépenses de la construction du château de Gaillon, publiés d'après les registres mss. des trésoriers du cardinal d'Amboise; *Paris, Imp. Nationale*, 1850, in-4 de CLXVI et 559 p., avec un atlas in-fol. d'une f[lle] de texte et 16 plans et dessins exécutés sous la direction de M. Deville. (Plusieurs de ces planches sont tirées d'Androuet Ducerceau.)

Ce vol. fait partie de la collection des documents inédits sur l'Hist. de France, publiés par les soins du Ministre de l'inst. publique, 3e série, *Archéologie*.

—Notice sur Lillebonne; *Bull. monum.*, 3e série, t. III (1857), p. 566-573.

DEVILLE (*Jean-Achille*), anc. directeur du Musée d'antiquités de la S.-Inf., anc. recev. gén. des finances à Alençon (1), corresp. de l'Institut de France (Acad. des Insc. et B.-Lett.), et membre de plusieurs Soc. savantes, est né à Paris, en 1789. Peu d'hommes ont signalé leur séjour à Rouen d'une manière aussi remarquable et à des titres si divers: déployant une érudition vraiment bénédictine dans une suite non interrompue de travaux historiques et archéologiques relatifs à la Normandie, il a éclairci plusieurs points de l'hist. de cette province qui étaient restés jusqu'alors dans l'obscurité. Il a dessiné et gravé lui-même la plupart des planches qui ornent ses publications; enfin, dans l'énumération de ses écrits, on remarque des dissertations scientifiques, quelques compositions et traductions en vers, parmi lesquelles nous indiquerons seulement:

— Les Bucoliques de Virgile, trad. en vers français, et accompagnées de notes sur les beautés du texte, par J. A. D***. *Paris, Cussac*, 1813, in-8.

—Dito; *Rouen, N. Periaux*, 1828, in-8 de VIII et 208 p., avec fleurons et une pl. gravée par E. H. Langlois.

Il en a été tiré quelq. exempl. sur pap. caval. vél., et un seul sur peau de vél. qui est déposé à la Biblioth. de Rouen.

— Recherches sur la peinture des vases antiques; *Rouen, N. Periaux*, 1842, in-8 de 29 p.

Ext. des *Mém. de l'Acad. de Rouen*. 1841.

— Lettre à M. Aug. Le Prevost sur le cœur de S. Louis; *Rouen, A. Péron*, 1845, gr. in-8 de 29 p., et 2e édit.; *Rouen, A. Péron*, 1846, gr. in-8 de VI et 40 p.

— Examen d'un passage de Pline, relatif à une invention de Varron; *Rouen, A. Péron*, 1848, in-8 de 16 p., avec une pl.

Ext. des *Mém. de l'Acad. de Rouen*, 1847.

L'invention dont parle Pline s'applique à la gravure, et touche en quelque sorte à la découverte de l'imprimerie. Pline attribue à Varron l'invention d'un procédé pour la reproduction des portraits. La plupart des archéologues ont pensé qu'il s'agit d'un procédé mécanique, mais ils n'ont point cherché à le déterminer. M. Deville essaie de s'en rendre compte. Il pense que les portraits de Varron étaient, ainsi que les inscriptions qui s'y trouvaient jointes, gravés au trait, d'après un même mode, sur une planche de métal ou autre matière, dans le système de notre gravure sur bois, dont les traits et le dessin sont réservés en relief. V., sur le Procédé multiplicateur de Varron : Quatremère de Quincy, *Recueil de Dissert. archéolog.*; Paris, Ad. Le Clerc, 1836, in-8. — Letrone, *Rev. des Deux-Mondes*, 1er juin 1837. — Léon de Laborde, *Nouv. recherches sur l'origine de l'Imp.*; Paris, Techener, 1840, in-4.

— Chants Bucoliques; *Alençon, Imp. de Poulet-Malassis et de Broise*, 1856, gr. in-8 de 72 p.

Dans ce recueil, l'auteur a inséré (avec quelq. changements, toutefois), les pièces publiées antérieurement sous le titre de : *Les Terres étrangères* et *Le Tombeau de Virgile*.

DEVILLIERS. Histoire de la conquête de l'Angleterre par les Normands, d'après M. Thierry; *Paris, Lehuby* (1850), in-8 de 340 p., avec fig. par J. David et Derancourt.

M. Devilliers, professeur d'histoire, a dédié son livre à la jeunesse.

DEVIS du mois de mai 1765, des réparations et constructions à faire aux batimens de la ferme de Penette, dépendante de l'abbaye de la Noe (Eure); *Evreux, Imp. de la Ve Malassis*, 1765, in-f. de 9 p.

DEVIS général des conditions imposées à

(1) Sur la nomination de M. Deville aux fonctions de receveur général de l'Orne, V. *Rev. de Rouen*, 1848, p. 674.

canton d'Etrépagny; *Bull. de la Soc. libre de l'Eure*, 1836.

Avec le concours de M. Léop. Marcel.

DICET (*Raoul* de). V. Raoul.

DICEY (*Th.*). Historical account of Guernsey, from its first settlement before the Norman conquest to the present time; *London*, 1751, in-12.

DICQUEMARE (*Jacq.-Franç.*). Remarque de M. l'abbé Dicquemare, citoyen du Havre, de plusieurs Acad. royales des Sciences, etc. (sur l'utilité pour la marine de la fondation du port du Havre par François Ier); *Journ. de Physique, etc.*, in-4, t. vi (1775), p. 210-214.

— Observations météorologiques faites au Havre, sur le grand froid du mois de janv. 1776; *Journ. de Physique, etc.*, t. vii (1776), p. 225-227.

— Ver du Havre; *Journ. de Physique, etc.*, t. xiii (1779), p. 19-21, av. 1 pl.

Vers à pêcheurs.

— Remarques sur une ancienne marnière du Gouvernement, au Havre, et sur les squelettes humains qu'on y a trouvés; *Journ. de Physique, etc.*, t. xiii, p. 302-306, avec une pl.

— Note sur des cadavres trouvés près Etretat; *Journ. de Physique*, t. xiii (déc. 1779).

— Précis d'un mémoire sur la *tenue du plein au Havre*, et sur la *verhôle*, deux phénomènes de ce port; *Journ. de Physique, etc.*, t. xiii, p. 372 et 373.

— Suite du précis des Mémoires sur le Havre; *Journ. de Physique*, t. xvi, (1780), p. 42-50.

Ce mém. traite: 1° des avantages de la situation et de la disposition de ce port; 2° de ce que l'art lui a procuré et de ce qu'il lui a fait perdre; 3° des moyens de le rendre plus propre qu'il n'a été jusqu'ici aux expéditions militaires et au commerce.

— Observations sur Richard-Martin-Poupel, enfant de 21 ans; *Journ. de Physique*, t. xxii (1783), p. 306-309, avec une pl., et p. 469.

Poupel, nain, né au Havre, le 30 juill. 1761.

— Lettre sur l'Histoire naturelle des Poissons de la Lorraine et sur les ombres coloriées en bleu, observées au Havre en 1783; in-8 de 16 p.

Dicquemare (*Jacq.-François*), professeur de physique expérimentale et d'hist. naturelle au Havre, hydrographe, peintre, etc., naquit dans cette ville, le 7 mars 1733, et y mourut le 29 mars 1789, à la suite d'une maladie de langueur. Ses mss., légués à Mlle Le Masson Le Golft, son élève, ont été donnés par elle à la Biblioth. de Rouen. Indépendamment des mém. précédents, l'abbé Dicquemare, dont les connaissances en hist. natur. et en hydrog. étaient très étendues, est auteur des ouv. suiv.:

— Description de l'Index géographique; *Paris*, 1767. Ecrit destiné à accompagner un instrument de l'invention de l'abbé Dicquemare.

— Idée générale de l'Astronomie, ouv. à la portée de tout le monde; *Paris, Hérissant fils*, 1769, in-8, fig.

— La Connaissance de l'astronomie rendue aisée et mise à la portée de tout le monde; *Paris, Lottin le jeune*, 1771, in-8, fig. — 2e édit. corrigée de l'ouv. précédent.

— Description du Cosmoplane, dédié à l'abbé Nollet; *Paris, Desnos*, 1769, in-8 de viii et 40 p. — Accompagnait un instrument astronomique et géogr. de l'invention de l'abbé Dicquemare.

— Lettre d'un amateur à son ami, sur les arts et les ouvrages de peinture, sculpture, architecture, et sur les fêtes publiques. *Hâvre-de-Grâce*, 1770, in-12 de 27 p.

— An Essay towards elucidating the history of the sea-anemonies, translated from the french; *London, Bowyer and Nichols*, 1774, in-4 de 45 p., avec fig.

Mémoire pour servir à l'hist. des anémones de mer, et dont le texte français est au bas de chaque page.

— A third Essay on sea-anemonies. Read at the royal society, Jan. 9, 1777; *London*, 1777, in-4 de 31 p., avec une pl. — Le texte français est imp. au bas des pag. Ces traduct. témoignent du cas qu'on a fait en Angleterre des observations physiques du savant naturaliste havrais, sur les anémones de mer. Sur ce même travail, V. *Mercure*, 1774, avril, p. 170-174.

L'abbé Dicquemare est auteur de plusieurs cartes hydrographiques, savoir:

— Le Grand Banc de Terre-Neuve; *Havre, Patry*, 1771, 1 flle.

— Sondes générales des dedans et des dehors de la Manche; *Havre, Patry*, 1772, 1 flle.

— Le Ponant, ou Carte réduite des côtes occidentales de France, d'une partie de celles d'Espagne, d'Angleterre et d'Irlande, etc.; *Havre, J.-B. Patry*, 177[illegible], 2 flles.

V. les Notices de M. Dambourney, *Acad. de Rouen*, t. v, — de l'abbé G. Anfray; *Winchester*, 1792 et 1801, in-4 de 12 p., — de M. Morlent, *Rev. de Rouen*, 1850, p. 19-31.

Le portr. de l'abbé Dicquemare a été finement gravé par B.-A. Nicollet, son ami; son buste en marbre a été placé dans le Musée-Biblioth.

de la ville du Havre, à l'extrémité de la galerie qui porte le nom de Dicquemare.

DICT de Robert-le-Diable, mss. Biblioth. Imp.

La Biblioth. Imp. possède 2 mss. de ce Dict; l'un, fonds de N.-D., n° 198, Olim M. $\frac{21}{3}$, in-4, fin du XIV° sc.; l'autre, n° 7,883 3, provenant de l'ancienne biblioth. du président Lamare, porte le titre suivant : *Ci-commance ung moult beau livre, lequel parle de la vie dung Seigneur qui fut nommé Robert-le-Dyable; lequel fut fils du duc de Normandie et de la fille de monseigneur le duc de Bourgoine, qui est une belle chose a ouyr;* in-4, commencement du XV° sc. V. les Dissertations de MM. Aug. Pichard et de Martonne, et notre article *Robert-le-Diable.*

DICTIONNAIRE du vieux langage françois, contenant aussi la langue Romane ou provencale et la Normande, du IX° au XV° sc.; *Paris, Panckoucke,* 1766-67, 2 vol. in-8, y compris le supplém.

DICTIONNAIRE historique, moral et religieux, et description géographique, biographique, statistique et postale complète de toutes les villes, bourgs, communes et hameaux du département de la S.-Inf.; *Yvetot, Vielle-Delamare,* 1844, in-12 de 236 p., avec 5 cart. dressées par C.-V. Monin. (Imp. de I.-S. Lefevre, à Rouen.)

DICTIONNAIRE topographique de la généralité de Rouen, contenant les noms et la position de toutes les villes, bourgs et paroisses de cette généralité, le diocèse, le bailliage, l'élection, l'année commune des naissances, des mariages et des morts de chaque lieu; *Paris, Gattey,* 1788, et *Rouen, Le Boucher,* in-4 de X et 150 p.

Cet ouvrage est attribué à Gattey, qui en est l'éditeur.

DIDIOT (Mgr.). Lettre pastorale de Mgr. l'évêque de Bayeux et de Lisieux, à l'occasion de sa prise de possession; *Verdun, Laurent,* 1856, in-8 de 40 p.

— Sacre de Mgr. l'évêque de Bayeux, par Mgr. Louis Rossat, évêque de Verdun; *Verdun, Lallemant,* 1856, in-8 de 16 p.

Compte-rendu, signé l'abbé Didelot, et ext. du *Courrier de Verdun* du 4 août 1856.

DIDIOT (Mgr. *Charles-Nicolas-Pierre*), vic.-gén. de Verdun, a été nommé à l'évêché de Bayeux, le 13 avril 1856, en remplacement de Mgr. Robbin, décédé.

DIEPPE en 1826, ou Lettres, etc. V. FERET.

DIEPPE : Its superior advantages as a continental watering place. Dieppe is within 8 hour's journey of London; *Dieppe, E. Delevoye,* 1847, in-8 de 16 p. avec 2 pl.

DIEPPE, ses environs et ses habitants, ou Choix de vues, monuments et costumes lithographiés, publié par Jannin; 1828, in-fol.

DIEPPE. Mss. qui se trouvent dans la Biblioth. de cette ville et ayant rapport à son histoire.

— Histoire de la ville de Dieppe, depuis 788 jusqu'en 1792; in-fol. de 229 p.

S'il est incorrect et insignifiant pour les époques anciennes, ce ms. fournit quelq. détails intéressants sur les événements du XVIII° sc.

— Histoire de la ville de Dieppe et du Pollet, copiée d'après un ancien ms.; pet. in-fol. de 131 p.

— Mémoires chronologiques pour servir à l'hist. de la ville de Dieppe; in-4 de 914 p.

— Abrégé de l'histoire de Dieppe, exercices littéraires, suivi de quelq. scènes intitulées : *Le Tombeau de Du Quesne,* pastorale, ms. de 147 p.

— Antiquitez de la ville de Dieppe; ms. du XVII° sc., 2 cahiers.

— Annales de la ville de Dieppe, transcrites par Beauval; 1771, in-fol. de 276 p.

— Mémoires pour servir à l'hist. de Dieppe, tirés tant des histoires imprimées que des auteurs mss., par L. B. (Lazare Bichot); 1766, in-12 de 350 p.

Recueil plein de dates intéressantes, dit M. Morin, dans son Catal. de la Biblioth. de Dieppe, *Dieppe, Imp. de Levasseur,* 1857, in-8, p. 341.

DIÉREVILLE, voyageur, naturaliste, né à Pont-l'Evêque, dans la 2° moitié du XVII° sc., est auteur de : *Relation du voyage de Port-Royal de l'Acadie, ou de la nouvelle France, dans laquelle on voit un détail des divers mouvemens de la mer dans une traversée de long cours; la description du Païs, les occupations des François qui y sont établis, etc.;* Rouen, J.-B. Besongne, 1708, in-12 de 236 p., plus 7 p. et 6 ff. prélim.; et *Amst., Humbert,* 1720, in-12.

Ecrite d'abord tout en vers, la relation de ce voyage a été remaniée et entremêlée de prose et de vers. Diéreville rapporta de ses voyages un joli arbrisseau à fleurs jaunes, que Tournefort et de Jussieu ont appelé *Dierevilla*.

DIÈRES, avocat à Rouen, est auteur de plusieurs ouv. anonymes, dont : *Discours proposé par l'Acad. des Sc., B.-Lett. et Arts de Rouen, sur cette question : Déterminer l'influence des loix sur les sciences, les lettres, les arts et le commerce; et celle des sciences, des lettres, des arts et du commerce sur les loix;* Rouen, Imp. de la dame Besongne, 1788, in-8 de XXXV et 91 p., plus 8 p. *Consultation* sur le discours précité; — *La Philosophomanie, poème, ou la Maladie des têtes à systèmes, ainsi que celle des professeurs de doctrines étranges et bizarres ; ouvrage métaphysique et moral sur l'état naturel du genre humain, voué par lui-même à la folie et à la charlatanerie;* Rouen, s. n. d'imp. et s. d. (Brumaire an III, 1794), pet. in-8 de XLVIII et 183 p.

DIEUSY (*Alfred*). Le Bénédictin, anecdote normande du XIIe sc.; *Rev. de Rouen*, oct. 1833, p. 245-263.

— La Fête aux Normands, anecdote rouennaise, 1515; *France départem.* (Paris, Everat), nov. 1834, p. 507-510.

— Notice sur la Caisse d'Épargnes de Rouen; *Caen, H. Le Roy*, 1843, in-8 de 19 p., avec un tableau.

Ext. de l'*Ann. norm.*, 1843.

DIEUSY (*Alfred*), né à Rouen, le 12 déc. 1810, est agent-caiss. de la Caisse d'épargnes de Rouen.

DIEUXIVOYE (*Sim.*). Quœstio medica, an Phthysicis aquæ Forgenses ? ann. 1684, in universitate Parisiensi; *Parisiis*, 1684, in-4.

P. Lelong, n° 3,059.

DIGARD DE LOUSTA (*J. B.*). Coup-d'œil sur la Hague; *Mém. de la Soc. roy. acad. de Cherbourg*, 1847, p. 1-23, et *Mém. de la Soc. nat. acad. de Cherbourg*, t. Ier (1852), p. 227-240.

— Histoire du comte Antoine-Réné du Bel, seigneur de St-Germain-des-Vaux. (Épisode de l'hist. de la Hague); *Mém. de la Soc. nat. acad. de Cherbourg*, t. Ier (1852), p. 241-249.

— Joseph-Laurent Couppey, ancien juge au tribunal civil de Cherbourg, sa vie et ses écrits; *Cherbourg, Imp. de Feuardent*, 1854, in-8 de 166 p., avec un portr.

DIGARD DE LOUSTA, sous-agent comptable des matières de la marine, à Cherbourg, est né dans le canton de Beaumont, arr. de Cherbourg. Indépendamment des ouv. mentionnés ci-dessus, il est auteur de : *Visions d'un poète*, poème en vingt chants; *Cherbourg, Noblet*, 1844, in-32.

DIGOT (*Auguste*). Inventaire des objets contenus dans le trésor de St-Nicolas-de-Port (Calvados), publié avec des notes; *Caen, Hardel*, 1849, in-8 de 16 p.

DIGUET (*Louis-Jean-François*), avocat, président du tribunal civil de St-Lo, membre du conseil gén. de la Manche, et représentant de ce dép. à l'assemblée nat. en 1848, est né à St-Lo en 1789.

DINGREMONT (*A. J. L.*). Origine des noms de quelques rues de Lisieux, et particularités sur quelques-unes; notices sur les armoiries et sur les anciens usages de cette ville; *Lisieux, Imp. de Pigeon*, 1855, in-12 de 52 p.

DINOTH (*Richard*), historien, né à Coutances, fut appelé, en 1574, à Montbéliard, comme pasteur de l'église française, et mourut dans cette ville, vers 1587. On a de cet écrivain : *De rebus et factis memorabilibus loci communes historici, et sententiæ historicorum;* Basileæ, 1580, in-8; — *Adversaria historica;* Basil., 1581, in-4; — *De bello civili gallico, religionis causa suscepto, lib. VI;* Basil., ex officina P. Pernæ, 1582, in-4. (Cet ouv. comprend les années 1555-1577.); — *Richardi Dinothi de bello civili Belgico, lib. VI, quod ab anno LV in annum XCVI vario eventu gestum est;* Basil., Conr. Waldkirch, 1586, in-4. (Ouv. dédié au Sénat et à l'Acad. de Strasbourg.—V. *France protest.*, t. IV, p. 282.

DIONIS et FRESEL. A la très auguste, très auguste assemblée nationale. Dénonciation des forfaitures et du mépris des décrets de l'assemblée nationale, par la prétendue municipalité actuelle de la ville de Vernon. 11 fév.; *Paris, J. Girouard*, 1790, in-8.

DIRECTOIRE (le) régénéré du dép. de la S.-Inf. à tous les cultivateurs du dép. et aux sociétés populaires, sur les avantages qu'il y aurait à répandre, à lire et à méditer la *Feuille du Cultivateur; Rouen, L. Oursel*, an II, in-4 de 14 p.

DIRECTOIRE (arrêté du) régénéré du dép. de la S.-Inf., pour l'exécution du décret du 8 pluviose, relatif à l'établissement de bibliothèques publiques dans les districts et à la conservation des monuments des sciences et des arts. Du 18 germ. an II; *Rouen, L. Oursel*, in-4 de 11 p.

DIROIS ou **DIROYS** (*François*), théologien, naquit dans le diocèse d'Avranches, au commencement du XVIIe sc., et termina sa carrière à Lyon, vers 1691. Il publia, en opposition des doctrines professées par les religieux de Port-Royal, l'ouv. intitulé : *Preuves et préjugés pour la religion chrétienne et catholique contre les fausses religions et l'athéisme;* Paris, 1683, in-4.

DISCOURS à prononcer dans l'Assemblée générale de tous les Bailliages de la province de Normandie, pour la rédaction des cahiers, et pour l'élection de leurs Députés aux Etats-Généraux; 1789, in-8 de 20 p.

DISCOURS abrégé du combat des armées de Monseigneur le Duc de Mayenne.... Et du Roy de Nauarre, le Jeudy 21 septembre 1589; *Paris, G. Bichon*, 1589, in-8.

Bibl. Imp., Cat., t. Ier, p. 356, Henri IV.—Relation de la bataille d'Arques.

DISCOURS au vray de ce qui s'est passé en l'armée conduite par Henri IV, depuis son avénement à la couronne, jusqu'à la prise de la ville de Harfleur, en 1590, et de celle d'Arques; *Londres*, 1590, in-8. (P. Lelong, n° 19,211.)

DISCOURS au vray de ce qui s'est passé en l'armée conduicte par Sa Majesté, depuis son aduenement à la couronne, iusques à la prinse des faux-bourgs de Paris. Et de là iusques à la Prinse de la ville d'Alençon. Ensemble une missiue de Sa Majesté à Monseigneur le Duc de Longue-ville, sur la victoire obtenue par Sa dicte Majesté contre les Rebelles à Rony le quatorsieme mars dernier; (s. l.), 1589, in-8.

La 2e partie de cet ouv. a été publiée à part, sous le titre suivant :

— Continuation de ce qui est advenu en l'armée du Roy, depuis la prinse des faux-bourgs de Paris, iusques à celle de la ville d'Alençon (16 déc.); *Tours, Jamet Mettayer*, 1590, in-8. (Bibl. Imp., Cat., t. Ier, p. 359).

DISCOURS au vray de la redvction dv Havre de Grace en l'obeissance du Roy : auquel sont contenus les articles accordez entre ledit seigneur et les anglois; *Paris, par Robert Estienne*, 1563, pet. in-8 de 16 ff.; et *Lyon, Saugrain*, 1563, pet. in-8.

Ce discours a été réimp. :

1° Dans les *Mém. de Condé*, t. IV, p. 560-574; *Paris, Rollin*, 1743, in-4. — Ce même vol., p. 551 et 552, contient :

Copies des lettres patentes du Roy, contenant la déclaration de la guerre contre les anglois, tant qu'ils tiendront et occuperont la ville et Havre de Grace. Leues et publiées à la ville de Rouen, le 12 juillet 1563. — Les *Mém. de Condé* renferment en outre plusieurs pièces intéressantes relatives à l'hist. de Rouen, du Havre, de Dieppe et de plusieurs autres villes de Normandie, en 1562 et 1563.

2° Dans la Collection intitulée : *Archives curieuses de l'Hist. de France*, 1re série, t. V, p. 229-243; *Paris, Beauvais*, 1835, in-8.

V., sur le même événement : *Réduction du Haure de Grace, etc.*, en vers, poème attribué à Chapuis.

DISCOURS certain du siége de Rouen; *Lyon* (probablement *Saugrain*), 1563, in-8.

(P. Lelong, nos 17,929 et 19,729.)

Siége du 26 oct. 1562. Rouen était alors occupé par les calvinistes.

« Le Seigneur de Mandreville, Coton, Soquence et Augustin Marlorat, principal prédicant, furent pris comme chefs de la révolte. Ils furent avant hier traynés sur des clayes, aux queus de quatre charettes, et après l'on trancha la teste audict Mandreville, pour ce qu'il estoit Gentilhomme : et les aultres furent pendus, soubstenantz jusques au bout que ce qu'ilz avoient faict, avoit esté pour le service du Roy. (1er nov. 1562.) » V. *Mém. de Condé*, in-4, 1743, t. II, p. 102.

DISCOURS de ce qui s'est passé au siege de Rouen, de la retraicte du Duc de Parme, et de son retour pour le secours de la dicte ville iusques au 21 d'auril 1592; *Tours, Jamet Mettayer*, 1592, in-8.

Bibl. Imp., Cat., t. Ier, p. 376, Henri IV.

DISCOURS de ce qui s'est passé aux Etats Provinciaux de Normandie, en 1578; *Rouen*, 1578, in-8.

DISCOVRS de ce qvi s'est passé en l'armée dv Roy, depuis la Bataille donnée près d'Eury (Ivry), le quatorziesme de Mars, iusques au deuxiesme du mois de may mil cinq cens nonante; *Tovrs, Jamet Mettayer*, 1590, pet. in-8 de 23 p.

Bibl. Imp. et Bibl. Le Ber, n° 4,175.

Cette pièce a été réimpr. en 1760, sous le titre de : *Discours ou récit de ce qui s'est passé en l'armée du Roi, depuis la bataille donnée près d'Evry* (Ivry), *le 14 mars jusqu'au 2 mai* 1590; Recueil A.-Z, vol. M., p. 84-96; Paris, 1760, in-12.

DISCOVRS de la ioyevse et triomphante entree de tres-haut, tres-puissant et très-magnanime prince Henri IIII de ce nom, très-chrestien roy de France & de Nauarre, faicte en sa ville de Rouën, capitale de la prouince & duché de Normandie, le mercredy saizième iour d'octobre clɔ. Iɔ. xcvi. Auec l'ordre et somptueuses magnificences d'icelle, & les portraicts & figures de tous les spectacles & autres choses y representez; *Roven*, *Iean Crevel*, 1599, in-4 de 88 p. et 4 ff. prélim.

Ouv. rare et curieux renfermant un grand nombre de grav. sur bois, les unes imp. avec le texte et les autres séparément. Ces dern. sont au nombre de 10, et, n'étant pas numérotées, manquent parfois en totalité ou en partie; l'une d'elles représente un combat naval livré sur la Seine devant le roi, et la vue de l'ancien pont de pierre. Le privilége de ce livre fut accordé, en 1596, aux lib. Martin Le Mesgissier, Georges L'Oyselet, Jean Crevel et Raphaël du Petit Val, de sorte qu'on trouve des exempl. à l'adresse de chacun d'eux. On attribue à Martin Le Mesgissier les inscriptions grecques et latines qui figurent dans cette relation composée à la demande des conseillers-échevins de la ville (1596), Jean Voisin, sieur de Guenonville, Jean Puchot, sieur de Pommeraie, Vincent Danten, Jean Paviot, Marc-Antoine Bigot, sieur d'Olivet, et Richard Baudry, sieur de Semilly. Dans sa *Biogr. norm.*, Adrien Pasquier, pense que la relation de cette entrée est due à Rouen-Pinel, et il renvoie, à cet effet, à la Croix du Maine, t. II, p. 397. Nous rappellerons que, dans le *Cérémonial françois* de Godefroy, t. Ier (1649), p. 945-953, on trouve une relation de l'entrée de Henry IV à Rouen, qui séjourna dans cette ville depuis le 16 oct. 1596 jusqu'au 6 fév. suivant. V. aussi *Journ. des Échevins de Rouen*, Regist. B., 1590-1608, fol. 169 recto, 23 juin 1598. (Arch. munic.)

DISCOURS de la mort et exécution de Gabriel de Lorge, comte de Montgommery, par arrêt de la Cour, pour les conspirations et menées par lui commises, contre le Roy et son estat, qui fut à Paris, le 26 juing 1574; *Paris, Buffet*, 1574, in-8.

DISCOURS de la prinse de deux grandes nauires enuoyées de la part de la Royne d'Angleterre au Roy de Nauarre. Et du combat naual, faict sur la mer par monsieur le cheualier d'Aumalle. Auec la surcharge faicte sur les troupes du Roy de Nauarre, par Monsieur le Duc de Nemours le samedy, et dimenche en suyuant de la premiere deffaicte (23-24 sept.); *Paris, v[e] F. Plumion*, 1589, in-8.

(Bibl. Imp., Cat., t. Ier, p. 356, Henri IV.) Combat livré aux environs de Dieppe.

DISCOURS (le) de la prinse du Haure de Grace auec les conditions de la restitution dudict Haure. Enuoyé à Monsieur de Gannor, par son frère Monsieur le Mareschal de Brissac. Auec une description de la resiouissance de la prinse dudict Haure de Grace (s. l. n. d.), in-8.

Vers et prose.

(Cat., B. Imp., t. Ier, p. 262, Charles IX.)

DISCOURS de la prinse et route des nauires, enuoyez par la Royne d'Angleterre à Diepe, pour le secours du Roy de Nauarre. Par M. le cheuallier d'Aumalle, colonel de l'infanterie françoise. Le 24 iour de sept.; *Paris, H. Velu*, 1589, in-8.

(Bibl. Imp., Cat., t. Ier, p. 356, Henri IV.)

DISCOURS de l'entrée de Monseign. le duc d'Espernon en la ville de Caen, le Samedy 14 de May, 1588; *Caen, Jacq. Le Bas*, 1588, pet. in-8 de 27 p.

M. Méritte-Longchamps, de Caen, possédait un exempl. complet de cet opuscule, qui est de la plus grande rareté.

DISCOVRS de l'entrée faicte par tres havt et tres pvissant prince Henri IIII, roi de France et de Navarre, et tres illvstre princesse Marie de Medicis, la Royne son epovse, en levr ville de Caen, au mois de sept. 1603; *Caen, Mancel*, 1842, in-8 de 48 p.

Relation publiée pour la première fois par M. G.-S. Trébutien, d'après le matrologe conservé aux archives de la ville de Caen. Un petit nombre d'exempl. a été tiré sur pap. jésus de Holl.

DISCOURS de l'entreprise sur la ville d'Auranches (Avranches), par ceux de la religion prétendue réformée et de la decouuertte et prinse d'iceux : par le Gouuerneur et Preuost des Marechaux de Normandie, le dix septiesme de ce present mois de Décembre 1587. Auec le nombre des prisonniers ; *Paris*, *H. Velu*, s. d., in-8 (probablem. 1586).

Bibl. Imp., Cat., t. Ier, p. 318, Henri III.

DISCOVRS de l'ordre tenv par les habitans de la ville de Rouen, à l'entrée du Roy nostre Sire. Auec deux harangues y prononcées à sa réception par MM. de Parlement de Rouen & du Cergé (clergé) ; *Paris, jouxte la coppie imp. à Rouen*, 1588, pet. in-8 de 14 p.

Bibl. Imp. et Bibl. de Rouen.

V. également, sur l'entrée de Henri III, à Rouen, la Relation donnée par Jean de Seville.

DISCOURS de l'origine du différent et dissention d'entre les François et les Anglois, etc. V. NATEY DE LA FONTAINE.

DISCOURS de M. le curé de Sommervieu à ses paroissiens sur la légitimité du serment ; 1791, in-8.

Sommervieu, commune de l'arr. de Bayeux.

DISCOVRS (le) demonstrant sans feincte
Comme maints pions font leur plainte,
Et les tauernes desbauchez
Parquoy tauerniers sont faschez.
Roven, au portail des libraires, par Jehan du Gort et Jaspar de Remortier (imp. à Rouen par Jacq. Aubin), s. d. (vers 1560), pet. in-8 de 8 ff., en vers, avec une grav. sur bois.

Pièce très-rare (dit Ch. Nodier, Nouv. Mélanges tirés d'une petite Bibl.), qui constate quelques faits curieux : un arrêt du Parlement de Rouen, portant défense aux taverniers de recevoir les ouvriers ; l'établissement d'une taverne ambulante, destinée à porter des rafraîchissements d'atelier en atelier, à très courtes stations ; la nomenclature des enseignes de tous les cabarets de Rouen, etc. Il ne faut pas chercher de mérite littéraire dans de pareils ouv., mais celui de particularités curieuses sur l'hist. de Rouen au XVIe sc.

DISCOVRS des causes pour lesquelles le sieur de Ciuille, Gentil-homme de Normandie, se dit auoir esté mort, enterré, et resuscité ; 1606, pet. in-8 de 16 p. (Bibl. de Rouen.)

Le savant Scaliger, que ses contemporains appelaient un abîme d'érudition, un océan de science, un chef-d'œuvre, un miracle, un dernier effort de la nature, ayant reçu d'un de ses amis le *Discours des causes pour lesquelles le sieur de Civille, gentilhomme de Normandie, se dit avoir été mort, enterré et ressuscité*, lui répondit en ces termes : Risi quantum stupui de Civili. Quid quod magis miremur nostra tulit ætas quàm hominem vivere XLIV annos postquam sepultus est? Quàm avidè eam historiam legi ! quandiu est quod nullum scriptum me tam variè affecerit commiseratione, admiratione, voluptate ! non parum de me meritus es, qui hæc me ignorare non passus es. *Mém. de P. de l'Estoile* (édit. Foucault, 1825), t. IV, p. 6.

DISCOURS du Rencontre suiuy entre l'armée des Princes catholiques et celle du Bearnois ; avec la prise de Neuf-Chastel (5 fév.) ; *Lyon, J. Pillehotte*, 1592, in-8. (Bibl. Imp.)

DISCOVRS dv siege de la ville de Roven, etc. V. VALDORY.

DISCOURS du siege de Pontoise, contenant ce qui s'est passé depuis l'unziesme de Juillet, iusques à présent ; *Paris, P. Des-Hayes*, 1589, in-8.

Bibl. Imp., Catal., t. Ier, p. 342, Henri III.

DISCOURS (le) du trespas de Vert Janet (1537) ; *Rouen, Loys Costé*, lib., rue Ecuyère, aux trois ††† couronnées, s. d. (vers 1602), 8 ff., avec un titre encadré et la signature G.

Cette pièce, comme on le voit par l'épigraphe :

Le testament de Vert Janet,
Qui fut pendu au Neuf-Marché ;
On lui secoua le collet,
Lequel en fut assez faché,

est toute rouennaise. La mention de *Neuf-Marché* n'est nullement là pour la rime, mais comme le vrai nom du marché de Rouen qui est à côté du Palais de Justice.

Louis Costé, lib. à Rouen, de 1597-1619, publia, tantôt seul, tantôt avec le concours d'Abrah. Cousturier, un grand nombre de pièces facétieuses qui étaient écrites dans l'esprit du temps. Il les publia sans pagination suivie, afin de pouvoir les vendre séparément, mais cependant en mettant des signat. au bas des feuilles, de manière à les réunir à volonté et à en faire des recueils.

Cette pièce a été réimp. dans le t. XII des *Joyeusetez de Techner*, d'après une édit. de Paris. Elle l'a été également en 1855 (d'après l'édit. de Rouen, précitée), dans le *Recueil de poésies franç. des XVe et XVIe sc.*, réunies par M. de Montaiglon ; Paris, P. Jannet, t. Ier, p. 275-292.

DISCOURS et conférence traitée entre Frère Jean Marie Lescrivain, religieux reformé de St-François : et le Sr Banage, ministre calviniste, le vendredy 27 janvier 1612 à la Saincte Marie du Mont en la chambre de Madame de

Longannay; *Coustances, Jean le Cartel*, 1612, in-8 de 24 p.

DISCOURS faict au camp de Neuf-Chatel sur ce qui s'est passé entre le Roy et le duc de Parme, ensemble la coppie d'une lettre du Roy escripte à l'un de ses officiers estant à la Rochelle, contenant ce qui est depuis aduenu en son armée (5 fév.); *Suiuant la copie imp. à Tours par Jamet Mettayer*, 1592, in-8.

Bibl. Imp., Cat., t. Ier, p. 376, Henri IV.

DISCOURS préliminaire sur l'Hist. d'Alençon; 1754, in-8. V. MALARVILLE (Mallart de).

DISCOURS prononcé à la fête des Bonnes-Gens, etc.; *Paris*, 1776, in-8. V. BEAUMONT (*J.-B.* Elie de).

DISCOURS prononcé au temple décadaire de Rouen, le 20 prairial an VII, en mémoire des Ministres de Paix assassinés à Rastadt par les ordres du gouvernement autrichien. Par le citoyen Alexandre Ysabeau; *Rouen, Imp. de P. Seyer et Behourt*, in-8 de 32 p.

DISCOURS prononcé le jour de Saint-Louis, fête de S. M. Louis XVIII, par M. L........, prêtre du diocèse et de l'arrondissement de Rouen; *Rouen, Mégard*, 1816, in-8.

DISCOURS prononcé le 16 sept. 1793, dans le collége de Rouen, etc. V. LOUCHET.

DISCOURS prononcé lors du service solennel que les volontaires royaux de Rouen ont fait célébrer le 21 mars, jour anniversaire de la mort de Mgr. le duc d'Enghien; *Rouen, F. Mari*, 1816, in-8.

Pièce signée : R. D. F., volontaire royal.

DISCOURS prononcé par M. le curé de Neufchâtel en Bray, à la bénédiction des drapeaux du régiment de Pont-Audemer, en présence de M. le comte de Céli, colonel, le 21 mai 1772; *Mercure*, 1772, juillet, p. 200-203.

DISCOURS prononcé par le maire de Rouen, au Champ-de-Mars, à la célébration de l'anniversaire du 9 thermidor; *Rouen, P. Seyer et Behourt*, s. d., in-4 de 3 p.

DISCOURS prononcé par le sieur Vasse, procureur du roi au bailliage de Rouen, à la rentrée de son siége; 1788 (s. l. n. d.), in-8.

Facétie au sujet du rappel de la Cour, le 26 août. (Bibl. Imp., t. II.)

DISCOURS prononcé par M. le Procureur général, à l'audience solennelle de rentrée de la cour royale de Rouen, le 3 nov. 1835; *Rouen, F. Marie*, in-8 de 24 p.

Par M. Moyne, procureur gén. près la Cour roy. de Rouen, de 1833-36.

DISCOURS prononcés dans le temple de la Raison, à la célébration des décades et des fêtes civiques, dans le département de la S.-Inf.; *Rouen, chez Labbey, rue de la Liberté, ci-devant Martainville*, an II, in-12 de IV et 43 p.

DISCOURS prononcés le 4 nov. 1790, par MM. Delalonde, procureur de la commune (de Bayeux); Dufayel, chevalier de St-Louis, présidant la municipalité, et Philippe Delleville, président du nouv. tribunal; *Bayeux, Imp. de la Ve Nicolle.*

DISCOURS prononcés par M. RévEl de Bretheville, procureur du Roi au bailliage et siége présidial de Caen, et par M. Duperré de l'Isle, lieutenant-général; lors de la publication faite dans leur siége le 22 oct. 1788, de la déclaration du roi du 6 du même mois, enregistrée le 11 au parlement, qui fixe l'assemblée des États-Généraux au mois de janvier prochain, et ordonne en conséquence que tous les officiers des Cours et Jurisdictions continueront d'exercer les fonctions de leurs offices comme avant le mois de mai dernier; *Caen, Imp. de G. Le Roy*, 1788, in-4 de 12 p.

DISCOURS proposé par l'Académie des Sc., B.-Lett. et Arts de Rouen, sur cette question, etc.; 1788. V. DIERES.

DISCOURS satyriques et moraux, etc. V. PETIT (*Louis*).

DISCOURS sur la nature et les progrès de l'esprit public, prononcé dans les séances publiq. des Amis de la Constitution à Rouen, les 31 juillet et 4 août 1791, par un de ses membres; *Rouen*,

Seyer et Behourt, 1791, in-8 de 28 p.
Discours signé : Thierri, président.

DISCOURS sur la question qui est entre les villes de *Mortagne* et de *Bellesme,* scavoir, laquelle des deux est la capitale de la province et du comté du Perche; s. l., 1656, in-12 de 87 p.
La question fut décidée en faveur de Mortagne. Cet écrit, attribué à Le Forestier, curé de St-Jean de Mortagne, est excessivem. rare : d'après le P. Lelong, n° 35,527, Odolant Desnos ne le possédait que ms.

DISCOURS sur le vœu du Roy à la Saincte Vierge, etc. V. Buhot (Gilles).

DISCOURS sur les eaux minérales de la ville de Rouen. V. Houppeville (de).

DISCOVRS svr les preparatifs et magnificences faictes pour la reception de Sa Majesté en sa bonne ville de Roüen; *Paris, Sebastien Lescuyer,* 1617, pet. in-8 de 8 p.
(Bibl. Le Ber, 5,255, et Bibl. Imp.)

DISCOURS sur l'heureuse naissance de Mgr. le Dauphin, prononcé dans l'église des RR. PP. Jacobins, par M. Vicaire... le 4 déc. 1729; *Caen, A. Cavelier,* s. d., in-4.

DISCOURS sur l'intolérance et le despotisme du clergé, prononcé dans les séances publiques des Amis de la Constitution, à Rouen, les 2 et 3 juin 1791, par un de ses membres; in-8.

DISCOVRS triomphal svr le siege de Roven, par T. G. R.; dedié à monsieur des Portes abbé de Tiron; *Roven, Pierre Courant,* 1592, in-8 de 16 p. (en vers).
On doit trouver à la suite :
— Coq a l'asne fort recréatif fait svr le siege de Rouen; dedié à M. de Raullet; in-8 de 8 p. (en vers). (Biblioth. de M. Le Prevost.)
Nous remarquons dans les Catal. de la Biblioth. Imp. et de la Biblioth. de la ville d'Amiens, l'indication d'une autre édit. de cet opuscule, sous le titre de :
— Discours véritable de ce qui s'est fait et passé durant le siége de Rouën; par T. G. R. Dédié à Monsieur des Portes, abbé de Thyron; *Paris, Bichon et R. Thierry,* 1592, in-8.

DISCOURS véritable de ce qui s'est passé en Normandie, en la défaite de Vatteville et de ses bandoliers.... ensemble la condamnation et execution dudit Vatteville; *Paris, A. Saugrain,* 1621, in-8. (Bibl. Imp.)
Même ouv. que *La Mémorable execution des rebelles à Sa Majesté faite par arrêt du parlement de Rouen, suivant le commandement du Roi : ensemble la défaite des bandoliers courant la Normandie, etc.*

DISCOURS véritable de la defaicte et roulte des troupes de Roy de Nauarre, etc.; 1589, in-8. V. *Deffaicte et Roulte des troupes du Roy de Nauarre, etc.*

DISCOURS véritable de la mort, funeral, etc., de messire André de Brancas, etc. V. Du Plessis.

DISCOURS veritable de la prinse et reddition de la ville d'Eu. V. *Prinse (la) et rendition de la ville d'Eu, etc.*

DISCOVRS veritable de la victoire obtenve par le Roy en la bataille donnée près le village d'Eury (Ivry), le mercredy quatorziesme iour de mars, mil cinq cens nonante; *Tovrs, Jamet Mettayer,* 1590, pet. in-8 de 61 p.
Bibl. Le Ber, n° 4,175, et Bibl. Imp.
— Dito; *Lyon, Guichard Jullieron et T. Ancelin,* 1594, in-8 de 40 p.
Cette pièce a été insérée dans le *Journ. de Henri IV,* par P. de l'Etoile, t. IV, (1741), p. 314-339, et réimp. en 1760, sous le titre de :
— Relation de la victoire remportée par le Roy près le village d'Ivry-sur-Eure, le mercredi 14 mars 1590; *Recueil A.-Z., vol. M.,* p. 47-83; *Paris,* 1760, in-12.

DISCOURS véritable de la victoire obtenue par le Roi, en la bataille d'Ivry; *Londres,* in-4.
Le même discours est imp. au t. IV des *Mémoires de la Ligue,* p. 254.

DISCOVRS véritable de l'exécvtion faicte de plusieurs traytres et sedicieux de la ville de Rouen. Faict par le commandement de monseigneur le Cheualier d'Aumalle, faict le vendredy 23 de féurier 1590; *Paris, jouxte la copie, imp. à Rouen par Pierre Corant* (Courant), pet. in-8 de 15 p. (1590).
— Dito; *Lyon, J. Pillehotte, prins sur la copie imp. à Paris,* 1590, in-8.
Bibl. Imp., Cat., t. 1er, p. 361, Henri IV.

DISCOURS véritable d'une comette merveilleuse vue ceste présente année sur notre horison, tendante partie sur la Normandie, Picardie, Champaigne et Brie, et autres provinces; *Rouen,* 1617, pet. in-8 de 15 p.

DISEUR (le) de vérités, alm. du Perche et de la Basse-Norm., etc., dédié à ses compatriotes, par un ami de son pays, pour 1838-1843; *Mortagne, Imp. de Glaçon*, in-32.

Par l'abbé Fret. A partir de 1843, date de la mort de l'abbé Fret, le titre de cet alm. a été modifié; continué durant quelques années encore, le cadre en a été agrandi, l'imprimeur n'a plus été le même. En 1855, nous retrouvons cet alm. sous le titre de : *Le Diseur de vérités, alm. curieux, point menteux, à l'usage de ceux qui aiment à connaître la vérité;* Laigle, Imp. de Ginoux, 1855, in-16 de 4 f^lles. V. notre article *Almanachs.*

DISSERTATIO de Ecclesia. Propagnabitur, deo duce, et favente Deiparâ, à Theologis benedictinis è congregatione sancti Mauri. Mense Junio anni 1702, in aula regalis abbatiæ Sancti Stephani celeberrimæ Academiæ Cadomensis ; *Cadomi, ex typog. Guilelmi Richardi Poisson* (1702), in-4 de 52 p.

DISSERTATION sur Corneille et Racine, suivie d'une épître en vers ; *Londres* et *Paris, Lacombe*, 1773, in-8 de 66 p.

Par Durosoi, suiv. M. Taschereau. Le *Dict. des anonym.* indique cet ouv. avec la date de 1774, et sous le nom de De Rosoy.

DISSERTATION sur la légitimité des Bréviaires de France en général, et du Brév. de Rouen en particulier, etc. V. MALLEVILLE.

DISSERTATION sur les découvertes faites par les navigateurs dieppois. V. ESTANCELIN.

DISSERTATION sur les Eaux minérales de nouvelle découverte de St-Paul, en 1708, à Rouen; *Rouen, Maurry*, 1708, in-4 de 12 p.

DISSERTATION sur les Prérogatives des aînés en Normandie, etc.; in-12.

DIT (le) de Guill. d'Angleterre, par un anonyme, publié d'après un ms. du XIVe sc. de la Biblioth. du Roi, à Paris; *Chroniq. anglo-norm., etc.*, publiées par Fr. Michel; *Rouen, Ed. Frère*, 1840, t. III, p. 173-211.

Légende en vers alexandrins, qui se lie à l'hist. de Guill. le Conquérant.

DIURNAL ou Office complet pour les laïques, à l'usage du diocèse de Bayeux; *Caen, G. Le Roy, imp. du Roi, etc.* (1771), in-32.

— Dito; *Caen, G. Le Roy*, 1802, in-24.

— Dito; nouv. édit., revue et corrigée suiv. le nouv. Bréviaire; *Caen, Mancel*, in-24, avec fig.

— Dito; conforme aux Missel et Bréviaire; nouv. édit.; *Caen, Chénel*, 1849, in-24 de 16 f^lles (Imp. de Mame, à Tours.)

— Dito; latin et français; nouv. édit., entièrement revue, corrigée, etc.; *Caen, Chénel* et *Delos*, 1852, in-18 de 22 f^lles (Imp. de Mame, à Tours.)

DIURNAL du diocèse de Lisieux; *Lisieux*, 1767, 2 vol. in-12.

DIURNAL de Rouen; *Rouen*, 1628, in-12.

Édit. revue par Jean Leprévost.

DIVERS Plaidoyez tovchant la cavse dv Gvevx de Vernon, etc. V. GUEUX DE Vernon.

DIVERSES Poésies nouvelles, données à R. D. P. Val par ses amis. V. PETIT-VAL (Raph. du).

DIVERTISSEMENS (les) de Forges, etc. V. COLLETET.

DIVRY (*Jean*). Les faietz et gestes de tres reverend pere en Dieu M. Legat, translatez de latin en francoys... selon le texte de Fauste Andrelin, etc. V. ANDRELIN.

DIX-SEPT (les) principales Pierres précieuses, etc. V. VARIN (J. A.)

DIZINGREMEL. Essai analytique de l'eau minérale d'Aumale (S.-Inf.); 1806, in-8.

DOCTRINE hérétique, schismatique et contraire aux lois du royaume, touchant la primauté du Pape, enseignée par les Jésuites dans leur collége de Caen; 1644, in-4.

Livre attribué, mais à tort, à Pierre de Cally (*Dict. des anonym.*, n° 4,501); cet auteur, né en 1655, n'aurait été âgé que de 9 ans au moment de l'impression du livre précité.

DOISNARD (*Gustave*). Notice historique et archéologique sur l'origine, les vicissitudes et l'état actuel de l'église de Villedieu (Manche) ; *Bullet. monum.*, t. XII (1846), p. 329-334.

— Notice historique et archéologique sur le Mont-St-Michel, et considérations sur la nécessité de restaurer l'église de cette antique abbaye; *St-Lo, Elie fils*, 1848, gr. in-8 de 62 p.

— A M. Léonce Périmé, architecte du dép. de la Manche; *St-Lo, Letreguilly*, 1851, in-8 de 12 p.

M. Doisnard, ancien architecte du dép. de la Manche, est architecte des ministères des travaux publics et des cultes.

DOLÉ (l'abbé *F. C.*). Vie de M. l'abbé P. F. Bazin, premier curé de Ste-Anne-de-Vire, et chanoine honor. de Bayeux; *Vire, Adam fils*, 1848, in-18 de 8 f^lles^.

Cet ouv., réimp. sous le titre de : *Le Père des Pauvres, ou Vie de Pierre-François Bazin, premier curé de Ste-Anne de Vire, et chanoine honoraire de Bayeux ;* 2e édit.; Tours, Imp. de Mame, 1851, in-12 de 192 p., est arrivé à la 6e édit.; *Tours, Mame*, 1857, in-12 de 191 p., avec vign.

On doit au même auteur :

— Essai théorique, pratique et historique sur le plain-chant; *Caen, Chénel*, 1847, in-8 de 268 p. (Imp. de Poisson.)

DOLENDO (de) semperque deplorando reuerendissimi Patris ac dñi Georgii Ambasiani cardinalis, Galliarum legati, archiepiscopique Rotomagensis obitu lamentabilis elegia. Epitaphium ejusdem; *Impressum Rothomagi, pro Ludovico Bouuet*, s. d. (vers 1510), pet. in-4 goth. de 6 ff. V. AMBOISE (*Georges* d').

DOMESDAY-BOOK, seu liber censualis Willelmi primi regis angliæ, inter archivos regni in domo capitulari Westmonasterii asservatus. Jubente rege augustissimo Georgio tertio prælo mandatus typis; (*London*) 1783, 2 vol. in-f.

Le Domesday-Book, appelé par les Normands *li grand Role*, *li Role roial* ou *li Role de Winchester*, parce qu'il était conservé dans le trésor de la cathédrale de Winchester, et appelé par les Saxons le *Livre du dernier jugement* : Doomesday-Book, est, sous le rapport historique, le document le plus ancien et le plus important, peut-être, parmi les archives de la Grande-Bretagne. Il présente le seul récit authentique de l'état des propriétés en Angleterre immédiatement après la conquête. L'enquête territoriale qui fut faite à cette occasion, le fut si rigoureusement, qu'il n'y eut ni un seul arpent, ni une seule vergée de terre, ni un bœuf, ni une vache, ni même un porc, qui ne fût porté sur le registre des commissaires délégués par Guillaume pour parcourir toute l'Angleterre. Commencé en 1085, il fut terminé l'année suivante.

Voici, sur la publication de ce terrier de la conquête normande, ce que nous apprend M. Henri Ellis, l'un des savants conservateurs des mss. au British Museum (1) :

Sur une demande qui lui fut adressée en 1767, par la Chambre des Lords, S. M. ordonna la publication du Domesday. L'année suivante, deux spécimens, l'un exécuté avec des caractères mobiles, l'autre reproduit par la gravure, furent présentés à la Soc. des Antiquaires de Londres; la reproduction au moyen de la gravure parut tout d'abord devoir être adoptée, comme plus propre à reproduire le ms.; mais effrayée sans doute par la longueur du travail, la commission demanda que de nouvelles études fussent faites. Vers la fin de l'année 1768, on fit choix des lettres les plus correctes dans les diverses parties du ms., comme pouvant servir de type, et on prit le parti de les graver et d'employer l'impression en caractères métalliques. Un caractère fac-simile, uniforme et régulier, présentant une exactitude satisfaisante, quoique ne reproduisant pas tout à fait la délicatesse du ms., fut fondu exprès, et la publication fut confiée à M. Abraham Farlay, homme d'un grand savoir, très-versé dans l'étude de la diplomatique, et qui avait dû consulter chaque jour pendant plus de quarante années le document précité. Toutefois, commencé seulement en 1770, cet ouv. ne fut entièrement terminé qu'en 1783. Les caractères avec lesquels il fut exécuté furent détruits dans l'incendie qui consuma l'imprimerie de M. Nichols, en fév. 1808.

Comme complément, il faut joindre au Domesday-Book :

—Libri Censualis, vocati Domesday-Book, indices. Accessit dissertatio generalis de ratione hujusce libri; *Printed by command of his majesty King George III. in pursuance of an adress of the house of Commons of Great Britain*, 1816, in-f.

A la fin du vol., on lit : *Printed by George Eyre and Andrew Strahan*, 1811. Il s'en suivrait que l'introduction générale, (par M. H. Ellis), qui forme 107 p., aurait été impr. en 1816, et les tables en 1811. Ce vol. est indiqué : *Domesday, Index*, vol. III.

— Libri Censualis vocati Domesday-Book, additamenta ex codic. antiquiss. : *Exon's Domesday — Inquisitio Eliensis — Liber Winton — Boldon book ;* Printed by command of his majesty King George III, in pursuance of an address of the house of Commons of Great Britain ; *London, printed by George Eyre and Andrew Strahan*, 1816, in-f., avec un fac-simile des mss. de chacun des 4 ouv. précités. Ce vol. est indiqué : *Domesday, Supplement*, vol. IV.

V. P. C. Webb, *Dissertation on Domesday-Book*, in-4; Soc. des Antiq. de Londres. —

(1) Introduction to Domesday-Book.

Kelham, *Domesday-Book illustrated;* London, 1788. — Nicholas Harris Nicolas, *Public Records. A description of the contents, objects, and uses of the various works printed by authority of the record commission, etc.;* London, Baldwin and Cradock, 1831, in-8, p. 1-22. — Palgrave, *The Rise and progress of the English Common-Wealth Anglo-Saxon period, etc.;* London, J. Murray, 1832, in-4, part. I, p. 271. — H. Ellis, *A general introd. to Domesday Book, accompanied by indexes of the tenant in chief and under tenant, at the time of the survey;* London, 1833, 2 vol. in-8 — Lechaudé-d'Anisy et de Ste-Marie, *Recherches sur le Domesday ou Liber Censualis d'Angleterre, ainsi que sur le Liber de Winton et le Boldon Book;* Caen, Lesaulnier, 1842, in-4. — Thierry, *Conquête de l'Angleterre*, t. II; *Paris, Furne*, 1846, in-12, p. 181 et suiv.

La commission des Archives d'Angleterre (The Record commisson) a publié, depuis le commencem. du XIXe sc., une collection de documents histor. de la plus haute importance; le nombre de vol. qu'elle forme s'élève à plus de 100 in-f. et in-8. V. *Record Commission.*

DONNET. Traité des eaux et des fontaines minérales de Forges, où l'on connoitra les principes, la vertu et les effets de ces eaux, les différentes maladies auxquelles elles conviennent, et les moyens surs pour s'en servir avec succès; par Donnet, D^r en méd., etc.; *Paris, Chardon,* 1751, in-12.

P. Lelong, n° 3,067.

DORAY DE LONGRAIS (*Jean-Paul*), littérateur, né à Manvieux (Calvados), en 1736, mort à Paris, en 1800, a donné une traduction des *Œuvres de Mengs* (Ratisbonne, 1782, in-8), et a publié plusieurs romans parmi lesquels on distingue : *Faustin ou le Siècle philosophique;* Amsterdam, 1784, in-8 de 342 p.

DORION. La bataille d'Hastings, ou l'Angleterre conquise, poëme en douze chants, avec une introduction histor. et des notes; 2e édit., suivie du *Méfiant*, com. en cinq actes et en vers; *Paris, F. Didot,* 1821, 2 vol. in-8.

La 1re édit. a paru en 1 vol.; *Paris, Lenormant*, 1806, in-8.

DORLIN père. Une visite au Havre en 1855, récit descriptif et histor en prose rimée.

A la suite du vol. intitulé : *Récit historique, exact et sincère, par mer et par terre, de quatre voyages faits au Brésil, au Chili, dans les Cordillères des Andes, à Mendoza, etc.; par Victor-Athanase Gendrin;* Versailles, Kleffer, 1856, in-8 de 37 f^lles, avec pl.

D'ORNAY. V. ORNAY (d').

DOSSIER père. Le Château de Mauny. Séjour à Mauny de Marguerite de France, sœur du roi Henri II, avec son neveu François II, à la fin de l'année 1552; *Rev. de Rouen,* 1844, 1er sem., p. 265-274.

Ext. d'une notice sur un ms. de 1552, dont M. Dossier a fait hommage à la Biblioth. de Rouen. — Sur ce château et sur l'article qui en est l'objet, V. une note critique, *Rev. de Rouen*, 1844, 1er sem., p. 378 et 379.

On doit en outre à M. Dossier, alors substitut de M. le Procureur imp. de Rouen : *Formulaire des Juges et Greffiers des Tribunaux de simple police;* Rouen, P. Périaux, 1812, in-12 de 92 p.

DOUBLET (*Jean*). Elegies de Jan Dovblet Dieppoys; *Paris, Ch. Langelier,* 1559, in-4 de 55 ff., plus un 56e non numéroté, sur lequel se trouve au recto la marque de Langelier.

Au bas de cette marque on lit : *Les anges liés,* et autour : *L'aliance immortelle dung amovr vertveux.* Le verso du 56e ft. est blanc. — Le privilége de ce livre rare et curieux pour l'Hist. de Dieppe est daté de 1558. Il a été réimp. dans la collection de *Facéties, raretés et curiosités littér.*, tiré à 76 exempl.; Paris, Techener, 1829, in-16.

DOUBLET (*Jean*), poëte, né à Dieppe, dans le XVIe sc., est mort vers 1580. Indépendamment du recueil d'élégies précité, il a publié une traduction franç. des *Mémoires de Xénophon, Athénien;* Paris, 1548, in-8, et Paris, Denis du Val, 1582, in-8.

DOUBLET DE BOISTHIBAULT. Notice sur la Maison centrale de Gaillon; *Paris, Cosson,* 1837, in-8 de 23 p.

DOUCE (*Francis*). Translation of a memoir on the celebrated tapistry of Bayeux, by the abbé de la Rue. V. LA RUE (de).

M. Francis Douce, savant archéologue angl., auteur d'un important ouv. sur *Les Danses des morts*, publié à Londres en 1833, est décédé il y a quelq. années. Il légua ses livres et ses mss. à la Bibl. Bodléienne, à Oxford.

DOUCIN (*Louis*), jésuite, né à Vernon, en 1652, mort à Orléans, le 21 sept. 1726, s'est rendu célèbre notamment pas ses hist. du *Nestorianisme* et de *l'Orégìnisme*, ouv. pleins de recherches sav. et de détails curieux. Il prit une part extrêmement active dans les affaires du jansénisme et de la bulle *Unigenitus*, de laquelle il se montra un défenseur zélé. Voici le titre de ses divers écrits : *Traité de l'usage du Calice, ou de la Communion sous les deux espèces;* Caen, Jean Cavelier, 1685, in-8, et Caen, J. Cavelier, 1686, in-12; — *Instruction pour les nouveaux catholiques;* Caen, J. Cavelier, 1685, in-8; — *Hist. du Nestorianisme, avec un Traité de la divinité de J. C.;* 1692, in-4; — *Mémo...l ou abrégé touchant l'état et les progrès du jansénisme en Hollande;* 1697, in-12; — *Histoire de l'origénisme;* 1700, in-12 et in-4.

DOUDEMENT (*P. Ant.*), chanoine honoraire de Rouen et de Bayeux, curé de St-Jacques de Dieppe, né à Valliquerville (S.-Inf.), en 1796, est mort le 29 oct. 1843. V. une notice par M. l'abbé Masson-Bourgeois.

DOUESNEL-DUBOSQ (*Robert-Alex.*), anc. magistrat, membre du conseil général du Calvados, représent. de ce dép. à l'assembl. nat., en 1848, et à l'assembl. législat., est né à Bayeux, le 16 oct. 1798.

DOUESPE (*Louis* de la). V. LA DOUESPE.

DOUIN (*Firmin*), né à Caen, est auteur de : *La Simiade, ou les Aventures de Micou*, poëme; édition prem.; avec préface et sans fig.; *Paris, Cailleau*, 1759, in-12 de 74 p.; et 2e édit., 1761, in-12. — *Amusemens poétiques d'un philosophe*; Montauban et Paris, Cailleau, 1763, in-8.

DOURBAULT (*Richard*), jurisconsulte du XIIIe sc., mit en vers français de 8 syllabes l'ancien Coutumier de Norm. Cette composition, qui remonterait à 1280, est insérée dans le *Dict. de Droit norm.*, par Houard, t. IV, Suppl., p. 49-158. Elle est divisée en 147 chap., et est publiée d'après un ms. de la biblioth. du marquis de Paulmy. Houard dit que Richard Lallemant, imp. de son temps, possédait une autre copie de ce ms., qui présentait quelques variantes. L'abbé De la Rue prétend que le nom de l'auteur de cette trad. en vers franç. de la Coutume de Normandie, a été mal compris par Houard, et que ce nom serait plutôt celui de Guill. Cauph. (V. ce nom.)

Dans le XVIIIe sc., un avocat au Parlement de Rouen s'est amusé à mettre en vers une partie de la Coutume de Normandie. Les mss. qu'on en rencontre portent le titre suivant : *Coutumes de Normandie en rimes françoises avec des notes sur l'étimologie et la propriété des termes, le tout pour faciliter l'intelligence et la mémoire de ceux qui désirent l'apprendre en peu de temps;* par M. L. P. M. L'exempl. de notre biblioth. est divisé en 622 articles.

DOURI (*Fremin*). Le Tombeau de Fremin Douri, curé de S. Candre à Rouen, gravé d'epitaphes et regrets de plusieurs amis; en vers et en plusieurs langues; *Paris, Den. Du Pré*, 1578, in-4.

Ce savant ecclésiastique, curé de St-Cande-le-Jeune, juge aux Palinods de Rouen, en 1545, né en 1512, à Pissy-Pôville (S.-Inf.), est décédé le 14 mars 1578.

DOUVRE (*Thomas* de), archevêque d'York. V. THOMAS DE DOUVRE.

DOUVRE (*Samson* de), évêque de Worcester. V. SAMSON DE DOUVRE.

DOYAT (*Auguste*). Carte routière du dép. de la S.-Inf., dressée sous l'administration de M. le baron Dupont-Delporte, préfet du dép.; *Rouen, Imp. de Berdalle*, 1844, 1 fle gr. aigle, lith.

— Observations sur un mode de plantations le long des routes, en usage en Normandie et en Ecosse; *Annales des Ponts et Chaussées*, août 1844.

— De la nécessité d'améliorer la navigation de la Seine; *Rouen, Imp. d'E. Periaux*, in-8 de 8 p.

Cet écrit est daté 20 août 1844.

— Amélioration de la Basse-Seine. Rapport fait à M. le Min. des trav. publics, au nom d'une commission spéciale chargée d'indiquer les travaux à entreprendre dans la Seine marit., entre Villequier et Quillebeuf, avec les deux millions demandés, par le Gouvernement, à la Chambre des députés, dans sa session de 1845 (26 janv. 1846); *Rouen, A. Péron*, 1846, gr. in-8 de 40 p., avec une carte du profil en long de la rivière de Seine, entre Rouen et Quillebeuf.

— Réponse de l'ing. en chef des ponts et chaussées de la S.-Inf. aux objections faites le 10 fév. 1846, par la Commission de la Chambre des députés, au projet présenté par M. le ministre des travaux publics, le 26 janv. 1846; *Rouen, A. Péron*, 1846, gr. in-8 de 13 p.

Il faut ajouter à ces deux rapports l'Analyse qu'en a fait M. Fr. Lamy); *Rouen, Imp. de D. Brière*, 1846, gr. in-8 de 8 p. (Ext. du *Journ. de Rouen*, du 17 fév. 1846.)

— Enquête sur deux projets d'endiguement de la Seine maritime, l'un depuis la Mailleraye jusqu'à Villequier, l'autre depuis Quillebeuf jusqu'à la Roque et Tancarville; projets dressés par M. l'ingénieur en chef Doyat et soumis aux enquêtes par arrêté de M. le Ministre des trav. publics du 16 juill. 1850;

Rouen, A. Péron, 1850, gr. in-8, avec 3 cartes.

Le rapport de M. Doyat occupe les p. 65-79.

— Procès-verbaux et autres documents de l'enquête ouverte en sept. 1850 dans les dép. de la S.-Inf. et de l'Eure sur deux projets tendant à compléter l'endiguement de la Seine marit., depuis la Mailleraye jusqu'à la Roque et Tancarville; *Rouen, A. Péron*, 1851, gr. in-8.

Le rapport de M. Doyat compr. les p. 181-240.

— Rapport de l'ingénieur en chef à M. le Préfet de la S.-Inf., sur l'état et les besoins des routes roy. et départem., de la navigation de la Seine et du port de Rouen, et sur le service hydraulique; *Conseil gén. de la S.-Inf.*, ann. 1846-52; Rouen, Imp. de A. Péron, in-8.

Doyat (*Auguste-Laurent*), ingén. en chef de la S.-Inf., de 1842 à juill. 1853, et aujourd'hui inspecteur divisionnaire des ponts et chaussées, naquit aux Echelles (Savoie), le 8 mars 1798. Sous son habile direction, les trav. d'endiguem. de la Seine maritime, que la Chambre de comm. de Rouen avait si vivement sollicités, furent exécutés depuis Villequier jusqu'à Quillebeuf. Avant de quitter Rouen, M. Doyat préparait un ouvrage spécial sur les trav. d'endiguement de la Seine. Nous aimons à croire qu'il n'a pas renoncé au projet de cette publication qui intéresserait non-seulement les populations normandes, mais aussi tous ceux qui s'occupent de l'amélioration des rivières à marées.

DOYÈRE (l'abbé *Pierre*), curé de St-Jean-des-Essartiers (Calvados), né dans cette commune, le 18 mars 1756, est auteur de :

— Le Memento des vivants et des morts, ou quelques réflexions sur l'état de la France sous le gouvernement de Louis XVIII, au mois de mai 1817, comparé à ce qu'elle a été sous Bonaparte et le peuple souverain; dédié aux bons et fidèles Normands, principalement aux habitants du Bocage, et généralement à tous ceux qui croient en Dieu, aiment le roi, désirent la justice et la paix; par un desservant du diocèse de Bayeux, membre d'un des comités d'instruction publique; *Caen, Imp. de F. Poisson*, 1817, in-8; et Supplément, sous le titre de *Justification de la première partie du Memento*, etc.; Caen, Poisson, 1819, in-8.

DOYÈRE (le Dr *L.--N.*). Essai sur l'anatomie de la *naïs sanguinea*; Caen, Hardel, 1857, in-4 de 10 p., avec une pl. (Ext. des Mém. de la Soc. linn. de Normandie, t. x.)

DOZENNE (*Pierre*), jésuite, né à Falaise ou à Alençon, en 1658, est mort le 19 janv. 1728. Quelq. biog. le font naître en 1662. Il a composé les ouv. suiv. :

— La morale de J.-C., avec des réflexions; *Paris, Michallet*, 1686, in-4.

— La divinité de J.-C. prouvée par ses œuvres; *Paris, Michallet*, 1688, in-12.

— Dévotion au Sacré-Cœur de Jésus; *Lyon*, 1696, in-12.

— Vérités nécessaires pour inspirer la haine du vice et l'amour de la vertu; *Paris, Anisson*, 1703, in-12.

On a de plus de Dozenne, dans les *Selectæ orationes panegyricæ patrum Soc. Jesu*, recueillies par le P. Verjus, *Lugduni*, 1667, 2 vol. in-12 : 1° un Panégyrique sur le mariage de Louis XIV; 2° un autre Panégyrique pour féliciter ce prince de gouverner par lui-même. — V. Barbier, *Suppl. au Dict. hist.*

DRACO-NORMANNICUS. V. Brial (dom).

DRAYTON (*Michel*). The tragical legende of Robert duke of Normandy, surnamed *Short-Thigh* (Courte-Heuse), eldest sonne to William Conqueror, with the legend of Matilda the chast, and the legend of Piers of Gaueston; *Printed by Jo. Roberts, fort N. L. (London)*, 1596, in-16.

M. Brunet, *Man. du Lib.*, t. II, p. 132, cite cet ouv. comme très-rare.

Drayton, poète, naquit à Harshull (Angl.), en 1563.

DRENGOT (Osmond ou Godefroi), obligé de s'expatrier pour avoir tué Guill. Repostel, favori de Richard II, se rendit en Italie, en 1020, à la tête d'une troupe d'aventuriers normands. Employé par les chefs lombards, tantôt dans leurs propres querelles, tantôt contre les Grecs et contre les Sarrasins, il fut tué dans un combat, vers 1029. V. Orderic Vital, édit. Le Prevost, t. II, p. 55 et 368, notes.

DREUX-BRÈZÉ (*Scipion*, marquis de), grand-maître des cérémonies en 1820, pair de France, etc., né aux Andelys le 13 déc. 1793, est mort au château de Brézé le 21 nov. 1845. Les discours prononcés à la Chambre des Pairs par ce gentilhomme ont été recueillis en 2 vol. in-8; *Paris, Gosselin*, 1842. — V. son Eloge, prononcé à la Chambre des Pairs, par M. le duc de Noailles; *Monit. univ.*, 20 mars 1846.

DREVET. Rapport sur les bois et forêts de l'arrondiss. de Neufchâtel; par M. Drevet, inspecteur des forêts du domaine privé du Roi (présenté à l'Assoc. norm., dans sa session de Neufchâtel, juillet 1845); *Mém. de la Soc. cent. d'Agric. de la S.-Inf.*, t. XIII (1845), p. 276-311.

DROGON, l'un des fils de Tancrède de Hauteville, contribua, comme tant d'autres guerriers normands, par sa bravoure et son intrépidité, à la fondation du royaume de Naples, en 1038. Comte de Pouille en 1046, il périt assassiné en 1051. V. Ord. Vital, *édit. Le Prevost*, t. II, p. 56.

DROIS et Establissemens de Normēdie. Pour ce que nostre entention est declarez en ceste œuure au mieulx que nous pourrōs les drois ⁊ les establissemens de Normēdie par quoy les contens ⁊ les quereles sont finees si que lun ne greve pas lautre ⁊ que a chacun soit rendue sa droiture. Nous voulōs p̄mieremēt monstrer les distinctions ⁊ les chapitres de chacune partie. Si que ceste œuvre en soit pl9 clere. Ceste œuvre est divisée, etc.; pet. in-8 carré, goth., s. d. et s. n. de lib. ni d'imp., ni de lieu, composé de 176 ff. non chiffrés, avec la sign. A-Y. III. Les initiales sont réservées et remplies à la main.

Ce rare vol., mérite l'attention des bibliophiles; c'est un livre de jurisprudence et non d'histoire comme le titre semblerait l'indiquer. Voici le détail de ce qu'il renferme.

Le titre et la table commencent le vol.; viennent ensuite le *Prologue du Coustumier*, *le Coustumier de Normendie* en 123 chapitres, *la Chartre aux Normans, la Justice aux barōs, les Articles q̄ doivēt jurer les advocas de Normendie, les Ordonnāces faictes en leschiquier de Norm̄ tenu a Rouen au terme de Pasques 1462 et 1463*; enfin *l'Appointemēt fait en la ville de Vernon en 1464, entre les maistres de luniversité de Paris et les habitās du pais de Normēdie.*

Les Drois et les Establissemens de Normendie sont donc, à quelques variantes près, la reproduction du grand *Coustumier de Normendie*, en français seulement et sans commentaires. Le grand *Coustumier* offre de plus que ce vol. le texte latin, il renferme 125 chap. au lieu de 123, et le traité de l'arbre de consanguinité.

Quoique cette édit. ne porte ni date ni nom d'imp., il y a lieu de croire cependant qu'elle sort des presses rouennaises, et qu'elle est antérieure au XVIe sc. L'exempl. de la Bibliothèque Delasize, dans un bon état de conservation, et ayant le titre, ou pour mieux dire, le prem. ft. encadré d'une bordure miniaturée, fut vendu 110 fr. en 1846; celui de la Biblioth. Mac-Carthy, qu'on suppose être le même, d'après la descript. qu'on donne le catal., fut vendu 63 fr. La Biblioth. de Rouen en possède un exempl. dans lequel le prem. et le dern. ft. manquent.

M. Henri de Toustain, bibliophile éclairé, à Vaux-sur-Aure, près Bayeux, possédait, en 1855, un joli ms. de ce Coutumier, pet. in-8 carré, sur vélin, du XIVe sc. Tout porte à croire que ce ms. a servi de modèle pour l'imprimé que nous décrivons, le format et les premiers feuillets étant absolument les mêmes. Il contient, en outre de la Coutume, dans l'ordre des chapitres et en français, des ordonnances de St-Louis sur les serments des baillis, sur les amendes, sur les vicomtés, sur les juifs, sur les folles femmes, sur les jeux de dés, sur la prise des chevaux pour le roy, sur les lices, le concile de l'an 1080, à Rouen, des ordonnances rendues au Pont-de-l'Arche, en 1219, un extrait de la Coutume de Bretagne, des établissements de Normandie, et enfin des arrêts de l'échiquier tenu à Caen en 1257.

Le catal. Barrois l'aîné; *Paris, Silvestre*, 1838, in-8, p. 27, annonçait: *Loix et establissemens de Normendie; Rouen, Michel Angé* et *Jehan Macé, lib. à Caen*, pet. in-8 goth., carré, sans titre. Nous croyons remarquer 2 erreurs dans cette indication, puisque cet ouv. ne peut être que celui connu sous le titre de *Drois et establissemens de Normendie*. Quant aux noms des imprimeurs, on avait probablement relié à la suite de ce vol. quelque opuscule imp. par Michel Angé et Jean Macé, et on en a conclu que le corps de l'ouv. était imprimé par eux.

DROMAIN (*Jules*). La dernière heure de Malfilatre, monologue en vers; *Paris, Guillois*, 1844, in-8 de 16 p.

DROSAI (*Jean* de), seigneur de Ste-Marie-aux-Anglais, arrond. de Lisieux, grammairien et jurisconsulte, mort vers 1550, est auteur d'une grammaire hébraïque, grecque, latine et française, publiée en 1544, et d'une méthode pour apprendre le droit selon l'esprit de Justinien.

DROUAIS (*Hubert*), peintre de portrait, né à la Roque-sur-Risle (Eure), en 1699, mort à Paris, le 9 fév. 1767. Il eut pour fils et petit-fils 2 artistes habiles: Henri et Jean-Germain Drouais. De ce dernier, le musée du Louvre possède *la Cananéenne aux pieds du Christ*, et *Marius à Minturne*.

DROUET. Notice sur la découverte de sept tombeaux et sarcophages trouvés à Alleaume, dép. de la Manche; 1840, in-8.

DROUILLY (*Jean*), habile sculpteur du XVIIe sc., né à Vernon, mort en 1698. On lui doit, entre autres, la figure allégorique dite *le Poème héroïque* et le grand vase dit *aux soleils*, qu'on admire dans le parc de Versailles. La statue se trouve dans le parterre du nord, et le vase dans l'allée du tapis vert, côté nord.

DROYN (*Gabriel*). Le royal sirop de pommes,

antidote des passions melancholiques; *Paris, Jehan Moreau*, 1615, pet. in-8.

L'auteur, D[r] en méd., passe en revue toutes les qualités du cidre. C'est à ce titre que nous l'avons compris dans notre *Bibliog. norm.* — V. *Biblioth. poétique* de M. Viollet-le-Duc, t. II, *Paris, Flot*, 1847, in-8, p. 168.

DUBLAR (*L.-J.*). Hommage à la mémoire de P. Corneille. Sujet de poésie mis au concours par la Soc. libre d'Emulat. de Rouen; *Paris, Delaunay*, 1834, in-8 de 8 p.

DUBOC (*P.-J.*). Hommage à P. Corneille (à l'occasion de la statue qui doit lui être érigée à Rouen); *Paris, J. Ledoyen*, 1834, in-8 de 15 p. (en vers). — Le Désastre de Monville; *Paris, Mme Delacombe*, 1845, in-8 de 4 p. (en vers).

M. Paul-James Duboc est né à Rouen; avec le concours de M. N.-A. Duval-Daubermeny, également né à Rouen, il a publié : *Inspirations poétiques et religieuses;* Paris, Ledoyen, 1835, gr. in-8 de XI et 319 p.

DU BOCAGE (*Georges* Boissaye). V. BOCAGE.

DU BOCAGE DE BLÉVILLE (*Michel-Jos.*). V. BOCAGE.

DU BOCCAGE (*Pierre-Jos.* Fiquet.). V. BOCCAGE.

DU BOCCAGE (*Marie-Anne* Le Page, dame). V. BOCCAGE.

DUBOIS (*Guill.*). Les Œuvres de Guill. Dubois, natif de la paroisse de Putot en Bessin, et ouvrier du métier de maçon, maistre tailleur de pierres à la ville de Caen, où il lui a été donné le don d'écrire en poésie françoise, par un ordre alphabétique, pour opposer au fantastique, comme on pourra voir en ce petit livre; *Paris*, 1606-7, in-12, avec fig. en bois (en prose et en vers).

Titre factice sous lequel sont réunies six pièces singulières et rares; la cinquième est intitulée : *Traité des arguments faits à Caen en Normandie, et à Paris en France et autres lieux, par moi Guillaume Dubois à l'encontre de Pierre Nizebeau de Chanteregne, soi-disant sieur des Viettes...* Imp. à Paris au mois de juillet 1607, 132 p. Et la sixième : *Congratulation au capitaine Marchand sur les mirifiques travaux du Pont-au-Change, par moi Guillaume Dubois, maçon et tailleur de pierre, natif de Putot, en Bessin, travaillant audict pont;* in-12 de 17 p., s. d. n. l. — V. Brunet, t. II, p. 137, et Pluquet, *Curiosités litt.*, p. 13.

DUBOIS D'ANNEMETS (*Daniel*), gentilhomme normand, tué en duel, à Venise, en 1627, est auteur des *Mémoires d'un favori de S. A. R. Monsieur le Duc d'Orléans;* Leyde, 1667, in-12. — L. Du Bois, dans sa *Biog. norm.*, dit que le vrai nom de ce personnage est *Bois d'Almay*, et non Dubois d'Annemets.

DU BOIS (*Jean*), avocat et magistrat, né à St-Lô, est connu par de pieuses fondations. Il mourut dans cette ville le 2 juin 1639, âgé de 85 ans. — V. la Vie de Du Bois, par Michel de St-Martin, et une Notice dans l'*Ann. de la Manche*, 1836, p. 139-141.

DU BOIS (*Philippe*), D[r] en Sorbonne, chanoine de St-Etienne-des-Grés, à Paris, né à Chouain (arr. de Bayeux), en 1636, mort à Paris, le 17 fév. 1703. Il se montra éditeur intelligent dans la publication de : *Joannis Maldonati opera omnia theologica, etc.;* Parisiis, Pralard, 1677, 3 vol. in-f., — et dans celle de : *C. Valerii Catulli, albi Tibulli et Sexti Aurelii Propertii opera, interpretatione et notis illustravit Philippus Silvius;* Parisiis, 1685, in-4. Edition dite à l'usage du Dauphin. Il fut chargé, pendant plusieurs années, du soin de la Biblioth. de Mgr. Le Tellier, archev. de Reims, collection dont il a dressé le *Catalogue;* Paris, Imp. roy., 1693, in-f. — V. Niceron, *Mém.*, t. XVI, p. 156-158.

DU BOIS ou DU BOYS (*Etienne*), abbé de Bretteville, commune dont il porta le nom, naquit à Bretteville-sur-Bordel, près Caen, en oct. 1650, et mourut en déc. 1688. Prédicateur célèbre, Du Bois est auteur de : *Æternum Ludovici magni gloriæ monumentum. Famæ Triumphus;* Cadomi, apud Joann. Cavelier, 1674, in-4 de 18 p. Pièce de vers composée en l'honneur de Louis XIV et dédiée à Claude Pellot, prem. présid. du Parlement de Norm.; — L'*Eloquence de la chaire et du barreau, selon les principes les plus solides de la rhétorique sacrée et profane;* Paris, 1689, in-12; — *Essais de Sermons pour le Carême et tous les dimanches de l'année;* 4e édit.; Paris, 1703, 4 vol. in-8; — *Essais de Panégyriques*, in-8, réimp. plusieurs fois. — V. Huet, *Origin. de Caen*, et *Mém. de Niceron*, t. XVI, p. 154-156.

DU BOIS (*F.-N.*), avocat au Parlement de Rouen, né à St-Lo, et mort en 1740, a publié : *Histoire des infortunes d'Abélard et d'Héloïse, av. la trad. des lettres que s'écrivirent ces deux célèbres personnages;* Bruxelles (Rouen), 1707, in-12, et la Haye, 1711, in-12; — *Histoire secrète des Femmes galantes de l'antiquité;* Paris, Ganeau, 1726, 1732; et nouv. édit., 1745, 6 vol. in-12 (*Dictionn. des anonym.*, n° 8,295.)

DU BOIS (*J. B.*). Quæstio Medica, *an gracilibus Pomaceum vino salubrius? propugnata an. 1725, in universitate Parisiensi;* Parisiis, 1725, in-4; P. Lelong, n° 3,516, et *Journ. des Savans*, sept. 1725.

Du Bois (*Jean-Bapt.*), médecin, prof. au Collége de France, né à St-Lo, à la fin du XVIIe sc., est mort dans la même ville, en avril 1759. Dans la thèse mentionnée ci-dessus, il vante les qualités du cidre.

DUBOIS-DUBAIS (le comte *Louis* Thibault), né à Cambremer (Calvados), en 1743, mort dans cette commune, le 1er nov. 1834, avait été membre des premières assemblées législatives; plus tard, après le 18 brumaire, il fut créé sénateur, comte de l'Empire, commandant de la Légion d'honn., etc. Il est auteur de : *Mémoire pour le comte Du Bois-Dubais, titulaire de la sénatorerie de Nismes;* Paris, 1814, in-4 de 4 p., et de plusieurs autres opuscules.

DUBOIS (le baron *Jacq.-Charles*), général de brigade, né à Reux (Calvados), le 27 nov. 1762, mort à Sens, le 14 janv. 1847. Officier de cavalerie, Dubois a suivi avec distinction la carrière militaire, depuis les premières campagnes de la république jusqu'au renversement de l'Empire.

DU BOIS (*Louis*). Discours publics et programmes à l'École centrale de l'Orne; *Alençon*, 1799 et années suiv., in-8.

— Voyage à Mortain, opuscule en prose et en vers, adressé à une Dame; *Alençon, Imp. de v[e] Malassis*, an VIII (1800), in-12 de 12 p.

— Notice sur le ms. d'Orderic Vital, déposé dans la Biblioth. publiq. d'Alençon; *Magasin encyclop.*, prairial an VIII, t. I, p. 210.

— Notice historique et littéraire sur Valazé, membre de la convention nat., condamné à mort par le tribunal révolutionn., le 10 brum. an II; *Paris, Goujon fils*, 1802, in-8 de 27 p., et 2e édit., 1811, in-8.

— Mémoire sur la manière de faire le cidre dans le dép. de l'Orne, et de le gouverner convenablement; *Annales de l'agricult. franç.*, 1803, t. XV, p. 51.

— Journal de l'Orne, 6 vol. in-8, publiés, le 1er en 1803, les autres de 1806 à 1812; un 7e s'imprimait quand l'auteur partit pour l'Italie.

— Mabile d'Alençon, romance, 1805, in-32.

A été réimp. dans le *Journ. de l'Orne* et dans les *Archives norm.*, 1824.

— Célébration solennelle de la fête de la Fenderie. Chantier de la forêt d'Ecouves, 26 juin 1808; *Alençon*, 1808, in-8.

— Annuaire statistique, historique et administratif du dép. de l'Orne; *Alençon, chez Bonvoust et chez Lepernay*, ann. 1808-1812 et 1818, in-12, avec carte et pl. grav. sur bois.

Ces ann. renferment des notions sur l'hist., le commerce, la topog. et les mœurs des habitants du département de l'Orne.

Dès 1802, M. L. Du Bois avait concouru, sous l'administration du préfet Lamagdeleine, à la rédaction d'une statistique du dép. de l'Orne, 1 vol. in-fol., avec tableaux synopt.

— Dissertation sur la fontaine de la Herse, et sur deux inscriptions antiques qui existent encore dans la forêt de Bellême; *Mém. de l'Acad. Celtique*, t. III (1809), p. 320-326, et *Ann. de l'Orne*, 1809, p. 72.

— Recherches sur l'étymologie et l'emploi des locutions et des mots qui se sont introduits ou conservés dans le dép. de l'Orne et qui n'appartiennent pas à la langue française de nos jours; *Mém. de l'Acad. Celtique*, t. V. (1810), p. 39-50, et 173-180.

Ce travail, classé par ordre alphabétique, s'arrête au mot *Gut*. Il faut y joindre : *Additions aux lettres* A—G; *Mém. de la Soc. des Antiq. de France*, t. IV (1823), p. 226-237.

— Notice biographique et littéraire sur Odolant-Desnos, auteur de l'Hist. d'Alençon, etc., *Alençon, Malassis le jeune*, 1810, in-8 de 8 p.

— Le Barde Neustrien, hommage poétique à S. M. Napoléon; *Alençon, Malassis le jeune*, 1811, in-8 de 12 p.

— Notice sur M. le baron de Maupetit; *Alençon*, 1811, in-8.

— L'Avenue des Chatelets, élégie; *Alençon*, 1812, in-8 de 4 p.

La promenade des Chatelets est située à 2 kil. N.-O. d'Alençon, sur les bords de la Bryante.

— Dissertation sur le camp du Chatellier, vulgairement appelé Camp de César, situé dans la commune de Mont-Méré, près Argentan (Orne); *Alençon, Malassis le jeune*, 1813, in-8 de 4 p.

Cette dissertation, insérée en 1813 dans le *Journ. de l'Orne*, p. 237, fut réimp. dans le *Magasin encyclop.*, sept. 1814, t. V, p. 19 à 30. Elle a reparu avec quelq. corrections dans les *Archives de la Norm.*, 1re année, 1824, p. 89-96. Sur le Camp du Chatellier, V. de Caylus, *Antiq.*, t. IV.

— Notice sur les bains de Bagnoles; *Alençon, Malassis le jeune*, 1813, in-8 de 7 p.

Insérée d'abord dans le *Journ. de l'Orne*, en 1813, p. 199, cette notice fut réimp. en 1814, dans le *Magasin encyclop.*, t. IV, p. 460-473; en 1824, elle fut reproduite, avec des additions considérables, dans les *Archives de la Norm.*, 1re année, p. 119-130.

— Mémoire sur la route de Rouen à Falaise, à ouvrir par la ville de Vimoutiers, de préférence au bourg de Livarot; *Alençon*, 1820, in-8.

— Dissertation sur les chansons, le vaudeville, et Olivier Basselin, auteur des Vaux-de-Vire; *Caen, F. Poisson*, 1820, in-8 de 44 p.

Ext. de l'édit. des Vaux-de-Vire d'Oliv. Basselin, publiée en 1821. V. Basselin.

—Notice sur M. Losier, ancien curé de Moyaux (Calvados), décédé le 15 avril 1820; *Paris*, in-8.

—Arrivée et séjour à Lisieux de MM. Dupont (de l'Eure) et Bignon, membres de la Chambre des députés, depuis le 17 sept. 1820, jusqu'au 24 du même mois; *Paris*, 1820, in-8.

— Notice sur Monique Sacquet, veuve de P.-L. Othon, condamnée à mort pour empoisonnement, à Caen, le 2 déc. 1820; *Paris*, 24 déc. 1820, in-8.

—Recours en grâce pour Monique Sacquet, veuve de P.-L. Othon, condamnée à mort, à Caen, le 2 déc. 1820, et dont le pourvoi en cassation a été rejeté le 28 du même mois; *Paris*, 29 déc. 1820, in-8.

—Mémoire sur la nécessité de donner à la route de Rouen et Bernay à Falaise la direction par la ville de Vimoutiers, de préférence aux bourgs voisins; *Alençon, Poulet-Malassis*, 1820, in-8 de 24 p.

— Mémoire sur la nécessité de l'établissement d'un tribunal de commerce à Vimoutiers, dép. de l'Orne; *Alençon, Poulet-Malassis*, 1820, in-8 de 12 p.

Il faut joindre à ce mémoire :

—Addition au mémoire publié le 12 mai 1820, sur la nécessité de l'établissement d'un tribunal de commerce dans la ville de Vimoutiers; *Paris, Pillet aîné*, 1821, in-8 de 7 p.

— Adhésion des marchands et négociants des villes de Lisieux et Bernay, aux mémoires de la ville de Vimoutiers, pour l'obtention d'un tribunal de commerce; *Lisieux*, 1821, in-8.

— Notice sur les ruines de *Nœomagus Lexoviorum* (l'ancien Lisieux); *Mém. de la Soc. des Antiq. de France*, t. IV (1823), p. 494-500.

— Histoire civile, religieuse et littéraire de l'abbaye de la Trappe et des autres monastères de la même observance qui se sont établis tant en France que dans les pays étrangers avant et depuis la révolution de 1789, et notamment de l'abbaye de Mellerai, etc., par M. L. D. B.; *Paris, Raynal*, 1824, in-8, avec un portr. de l'abbé deRancé.

— Archives annuelles de la Normandie, historiques, monumentales, littéraires et statistiques; *Caen, Mancel*, 1824-26, 2 vol. in-8, fig.

Sous le titre d'Archives, cet ouv. présente un grand nombre de Mémoires inédits sur l'hist. civile, littéraire et ecclésiast.; sur les monuments, la statistique, les antiquités, les usages de notre province. Indépendamment des nombreux articles de M. L. Du Bois, ce recueil renferme des Mémoires de MM. Le Prevost, de Gerville, Feret, Estancelin, etc. Voici ceux dont M. Du Bois est auteur :

— Du Château-Gaillard, et du siége qu'il soutint, en 1203, contre Philippe-Auguste, t. I, p. 19-34, avec 2 pl. grav. par E.-H. Langlois.

— Recherches sur le sujet de l'Inceste innocent, de l'épitaphe d'Ecouis et de quelques poésies et romans qui sont fondés sur cette anecdote; t. I, p. 53-64.

— Dissertation sur Jean Le Hennuyer, évêque de Lisieux, regardé faussement comme l'un des sauveurs des protestans, à l'époque du massacre de la St-Barthelemy; t. I, p. 134-156.

Cette Dissertation fut imp. dans le *Mercure de France* du 27 sept. 1817, p. 599-606. Elle reparaît ici avec beaucoup d'additions. M. Du Bois, adversaire de la tradition lexovienne, qui a fait de Le Hennuyer le protecteur des réformés, en 1572, a fourni l'art. *Le Hennuyer* à la *Biog. univ.*, 1817, t. XX, p. 71.

— Mabile d'Alençon, poëme; t. I, p. 228-234.

Légende du moyen-âge, des environs d'Alençon.

— Note sur l'opéra de la *Toison-d'Or*, du grand Corneille, représenté pour la première fois au château du Neubourg (Eure), en nov. 1660, chez M. le marquis de Sourdeac; t. I, p. 248.

—Duel de Le Gris et de Carrouges; t. I, p. 257-261.

Cet événement eut lieu à Paris le 22 déc. 1387. Jean, seigneur de Carrouges, était chambellan de Pierre III, comte d'Alençon. Jacques Le Gris, capitaine du château d'Exmes, vivait aussi à la cour et dans l'intimité du comte, dont il était gentilhomme et chambellan. Le Gris fut tué dans ce combat, accusé d'avoir outragé la femme de son ancien ami. Plus tard, son innocence fut reconnue.

— La pierre des Bignes, commune d'Hablo-ville, canton de Putanges, Orne (pierre druidique); t. I, p. 262-266.

Cet article est tiré, en grande partie, du *Journal de l'Orne*, 1810, p. 385.

— Notice sur le château de Lonray; t. II, p. 1-6, avec une pl.

Le château de Lonray, situé à 4 kil. N.-O. d'Alençon, fut vendu en 1855 par M. le baron Mercier à M. le comte de Seraincourt, l'un des administ. du chemin de fer le *Grand-Central*.

— Histoire de l'abbaye royale de St-Evroul-d'Ouche (*Sanctus Ebrulfus*), diocèse de Lisieux, aujourd'hui dép. de l'Orne, au diocèse de Sées; t. II, p. 5-36.

— Cérémonies des Mariages dans la partie occidentale du dép. de l'Orne; t. II, p. 363-378.

— Andaine et le Château de Ranes, romance; t. II, p. 394-398.

Château appartenant à la maison d'Argouges (Calvados), près de Bayeux.

— Résumé de l'histoire de Normandie; *Paris, Babeuf*, 1825, in-18, avec une grav.

Quoique l'on rencontre des exempl. avec le titre de 2e édit., nous n'en sommes pas moins porté à croire qu'il n'y a jamais eu qu'une seule édit. de ce livre. La 2e édit. consisterait en des titres nouveaux.

— Histoire de Normandie, par Orderic Vital, trad. du latin; *Caen, Mancel*, 1826-27, 4 vol. in-8.

Traduction publiée sous le nom de M. Guizot et comprise dans la collection des *Mém. sur l'Hist. de France*; Paris, Brière, 31 vol. in-8. V. VITAL (*Orderic*.)

M. Du Bois a rédigé l'art. *Orderic Vital* dans la *Biog. universelle*.

— Itinéraire descriptif, historique et monumental des cinq départemens composant la Normandie, précédé du précis historique et de la géographie de cette province; et suivi : 1° du Dictionn. de toutes les villes, bourgs et communes, contenant leur histoire, leur description, etc.; 2° de la Biographie alphab. de tous les auteurs et artistes normands; *Caen, Mancel*, 1828, 2 part. in-8, avec cartes, vues et plans. (Imp. par F. Poisson.)

Quelq. exempl. ont été tirées sur pap. vél.

Les grav. consistent en vues de Rouen et de Caen; en un plan de Caen et en une carte de Norm.

— Charlotte Corday. Essai historique, offrant enfin des détails authentiques sur la personne et l'attentat de cette héroïne, avec pièces justific., portr. et fac-simile; *Paris, Techener*, 1838, in-8 de IX et 188 p.

Parmi les pièces justificatives, on remarque la Notice intitulée : *Charlotte Corday*, par Adam Lux.

— Josias Bérault, commentateur de la Coutume de Normandie; *Rev. de Rouen*, 1838, 2e sem., p. 281-285.

— Epopées normandes; *Rev. de Rouen*, 1838, 2e sem., p. 286-291.

— Recherches archéologiques, historiques, biographiques et littéraires sur la Normandie; *Paris, Dumoulin*, 1843, in-8 de XVI et 384 p.

Recueil de pièces intéressantes, destiné à servir de suite aux *Archives normandes*, publiées par le même auteur. Il renferme les articles suivants :

— Des Possédées en Normandie et principalement de celles du couvent des Franciscaines de Louviers; p. 1-54.

— De la conduite de Le Hennuyer, en 1572 : défense de ma dissertation de 1817 et de mon opinion sur cet évêque; p. 55-78.

— De l'Inquisition française, notamment en Normandie. Réponse à M. J. L. F.; p. 79-103.

De ces 2 mém. (réunis), il a été fait un tirage à part et à très-petit nombre; *Rambouillet, Imp. de Raynal*, et *Paris, Dumoulin*, 1843, in-8 de 48 p.

Une 7e édit. de la dissertation sur Le Hennuyer, ext. de l'*Hist. de Lisieux*, t. II, p. 465-483, a été imp. à Lisieux, en 1846. — L'opuscule : *De la Conduite de Le Hennuyer*, a été écrit à l'occasion des *Recherches historiques et critiques sur Jean Le Hennuyer*, publiées en 1842 par M. A. Bordeaux, et d'un article sur cet ouv. inséré en déc. 1842 dans *le Normand*, l'un des journaux de Lisieux. La première dissertation de M. L. Du Bois sur J. Le Hennuyer, publiée, comme nous l'avons dit ci-dessus, dans le *Mercure de France* et la *Biog. univ.*, a été reproduite dans les *Archives norm.* de 1824, p. 134-156.

— Mémoire historique sur l'ancien comté de Mortain, ext. et annoté par L. Du Bois; p. 104-215. (V. PITOU.)

— Histoire de la ville de Gournay; p. 216-240.

Ce travail, tiré d'une Histoire ms., in-4, est attribué à Nicolas Cordier ou à Larchier de Gondeville. (V. *Hist. de Gournay*.)

— Saint-Pierre-sur-Dive; p. 240-250.

— Domfront (Notice sur l'histoire et les historiens de cette ville); p. 250-267.

— Montchrestien de Vateville, notice biographique et littéraire; p. 268-278.

— François de Civille, notice biogr.; p. 279-288.

— Du chevalier de Clieu, et du Café; p. 289-295.

Cette notice a été réimp. avec augm., en 1855.

—Préjugés et Superstitions en Normandie (surtout dans la partie occident. du départ. de l'Orne) ; p. 296-359.

Sous ce titre, l'auteur traite : Du Loup-Garou ou Varou, des Revenans, de Tarane, des Voisins, des Sortiléges ; il fait connaitre aussi les Coutumes religieuses et superstitieuses, les Préjugés qui regardent les femmes, les enfans et les animaux, les Usages divers, les Proverbes et Dictons de la Norm.

— La délivrance de Salerne et la fondation du royaume des Deux-Siciles, poëme couronné à l'acad. de Rouen, le 25 août 1765 ; par de la Harpe ; p. 359-365.

— L'Armée infernale à Bonneval, le Moine de Saires, le Pont au Breton ; ballades ; p. 365-378.

— Sur le culte de Mercure dans les Gaules et spécialement en Normandie, à propos des antiques découvertes à Berthouville (arr. de Bernay), le 21 mars 1830 ; p. 379-382.

— De Mlle Lenormand et de ses deux biographies récemment publiées ; *Paris*, *France*, 1843, in-18 de 20 p.

— Histoire de Lisieux (ville, diocèse et arrondissement) ; *Lisieux*, *Durand*, 1845, 2 vol. in-8, avec fig. et un plan de la ville, dressé par Damas.

Cet ouv., l'un des plus importants de M. L. Du Bois, renferme beaucoup de renseignements sur l'arrondiss. de Lisieux. On peut regretter qu'il y manque une table des matières, si nécessaire pour faciliter les recherches.

— Ballades normandes ; *Lisieux*, *Imp. de Letemplier*, 1853, in-12 de 40 p.

— Guide du voyageur sur le chemin de fer de Paris à Caen, par Mantes, Évreux, Bernay et Lisieux ; avec une Notice sur chaque station ; *Lisieux*, 1855, in-8.

— Notice sur le chevalier de Clieu, et bibliographie du café ; *Caen*, *E. Le-Gost-Clérisse*, 1855, in-8 de 17 p. (Imp. de A. Hardel.)

Ext. des Mém. de l'Acad. de Caen, 1855.

— Glossaire du patois normand, augmenté des deux tiers et publié par M. Julien Travers ; *Caen*, *Typ. de A. Hardel*, 1856, in-8 de XL et 440 p.

Tiré à 200 exempl. Les préliminaires se composent d'une Préface de l'éditeur, d'une Préface de l'auteur et de sa Biographie.

Du Bois (*Louis-François*), anc. sous-préfet de Bernay et de Vitré, anc. biblioth. de l'Ecole centrale de l'Orne, membre de plus. Acad., né à Lisieux, le 16 nov. 1773, est mort le 9 juillet 1855, dans sa résidence du Mesnil-Durand (Calvados). Durant nos troubles révolutionnaires, il sauva de la destruction une foule de mss. et d'ouv. imprimés qu'il acquit des libraires de la Basse-Norm., et qui devinrent la base d'une biblioth. considérable. On lui doit également la conservation des mss. de l'abbaye de St-Evroult, et notamment le précieux ms. d'Orderic Vital, que l'on voit à la Biblioth. d'Alençon. Laborieux écrivain, et l'un des premiers parmi les hommes distingués qui ont fait renaître le goût des études historiques sur la Norm., M. L. Du Bois a étendu ses recherches sur des genres divers : l'agriculture, l'histoire, l'archéologie l'ont occupé tour à tour ; quelques poésies, plusieurs vaudevilles, un roman que Mme de Staël elle-même a jugé digne d'attention, sont également sortis de sa plume. V. Notice biograp., par Julien Travers ; *Caen*, *A. Hardel*, 1856, in-8 de 18 p.

Indépendamment des ouv. ci-dessus, M. Du Bois en a publié un grand nombre étrangers il est vrai à notre province, mais s'y rattachant quelq. fois par leur nature ou par les lieux où ils ont été édités. Parmi ces ouv., nous citerons :

— Ankarstrom, poëme lyrique ; *Lisieux*, 1792, in-8.

— Du Pommier, du Poirier et du Cormier, considérés dans leur histoire, leur physiologie, et les divers usages de leurs fruits, de leurs cidres, de leurs eaux-de-vie, de leurs vinaigres, etc. ; *Paris*, *Marchant*, 1804, 2 vol. in-12, fig.

— Réponse de Lucius Dubitator à Laigneau-Duronceray, auteur des *Tablettes littéraires*, à l'occasion d'un article inséré dans le *Journ. de Paris*, du 21 frimaire an XIII (1805), in-8.

— Hommages à Duronceray (Poésies critiques) ; *Caen*, 1805, in-8.

— Geneviève et Siffrid, correspondance inédite du VIIIe sc., par M. L. D. B. ; *Paris*, *Lhuillier*, 1810, 2 vol. in-12.

Roman philosophique et moral.

— Mémoire sur l'origine et l'histoire du pommier, du poirier, et des cidres ; *Archives de la Norm.*, 2e ann. (1826), p. 61-96.

Contient la nomenclature des ouvrages relatifs à la culture du pommier et à la fabrication du cidre.

— Cours complet et simplifié d'agriculture et d'économie rurale et domestique ; *Paris*, *Raynal*, 1824, 6 vol. in-12, fig. — 2e édit., 1830, 6 vol. in-12 ; — 3e édit., 1842, 8 vol. in-12, fig. ; et supplément, t. IX, 1843.

— Madame de Sévigné et sa correspondance relative à Vitré et aux Rochers. Recherches nouvelles sur les lieux, les faits et les personnages dont elle a parlé, etc. ; *Paris*, *Techener*, 1838, in-8 de 104 p., avec carte et grav. (Imp. de Ve Antignac, à Vitré.) Tiré à 200 exempl.

— Notice sur la ville de la Guerche ; *Vitré*, *Ve Antignac*, 1839, in-8 de 20 p.

— Essai sur l'hist. de la ville de Vitré et de ses seigneurs, jusqu'à l'époque de la Révolution de 1789 ; *Paris*, *Techener*, 1839, in-8 de 148 p., avec suppl. publié en 1845.

— L'Enfance et la Mort de ma Fille, élégies; *Rambouillet, Raynal*, 1842, in-8 de 16 p.

— Recherches historiques et physiologiques sur la guillotine, et détails sur Samson; *Paris, France*, 1843, in-8, fig.

— Economie rurale de Columelle, trad. du latin (Collection Panckoucke, 2e série); *Paris*, 1843, 3 vol. in-8.

— Notice sur la Marseillaise de Rouget de Lisle; *Lisieux, Durand*, 1848, in-8 de 16 p.

L. Du Bois a fourni, comme collaborateur, beaucoup d'articles à diverses publications importantes, telles que: Le *Cours complet d'agriculture* en 1809.— La *Biographie universelle* de Michaud et son suppl.— Le *Dictionnaire des Anonymes et des Pseudonymes*; 2e édit. — *L'Encyclopédie moderne*, par Courtin. — Les *Œuvres de Voltaire*, éditions publiées par Mme Perronneau, en 56 vol. in-12, et par Delangle, en 96 vol. in-8.

Il a revu et annoté avec soin: Les *Fables de la Fontaine*; Paris, Lenoir, an IX (1801), 2 vol. in-12, avec 202 grav. sur bois, par P.-F. Godard, d'Alençon. (Imp. de Malassis le jeune, à Alençon.) — Les *Noëls Bourguignons de la Monnaye*; Châtillon-sur-Seine, 1817, in-12. — *Vaux-de-Vire* d'Oliv. Basselin; Caen, Imp. de F. Poisson, 1821, in-8. Sur cette édit., V. un compte rendu de M. Barbier; *Rev. encyclop.*, t. X, p. 425, et notre art. Basselin. — *Le duc d'Alençon ou les Frères ennemis*, trag. inédite de Voltaire (en 3 actes; Paris, Pluquet, 1821, in-8 de IX et 35 p. (Imp. de Poulet-Malassis, à Alençon.) — *Lettres sur l'Italie en* 1785, par Dupaty; Paris, Verdière, 1824, 2 vol. in-18, avec cartes et fig., etc., etc.

DUBOQUET. Voyage d'Argentan à Paris pour la confédération générale de la nation françoise, par un citoyen du dép. de l'Orne; *Imp. de la Liberté*, 1790, in-8 de 24 p. (Anonyme.)

DU BOSC (*Nicolas*), évêque de Bayeux, naquit à Rouen dans le XIVe sc., et mourut à Paris, le 19 sept. 1408. On a de ce prélat, dont les talents diplomatiques étaient en haute estime auprès de Charles VI, le récit d'un voyage près d'Ardres pour négocier la paix entre la France et l'Angleterre, en 1381. récit inséré dans *Voyage litt. de deux religieux bénédictins de la congr. de St-Maur, etc.*, t. II, in-4. (Paris, Fl. Delaulne et Montalent, 1717-1724, 3 part. en 2 vol. in-4, fig.)

DU BOSC (*Simon*), abbé de Jumièges, né dans le XIVe sc., d'une ancienne famille de Rouen, termina sa carrière à Jumièges, le 9 sept. 1418. Simon Du Bosc assista à plusieurs conciles où il se distingua par son éloquence et la droiture de son jugement. V. Deshayes, *Hist. de l'abbaye de Jumièges*, p. 87 et suiv., avec le portr. de cet abbé.

DU BOSC (*Robert*), sur lequel nous manquons de renseignements, et qu'on doit supposer frère aîné de Jean Du Bosc, dont nous allons parler, est auteur de: *Apologia peri tou kal' eubiou... Seu de spectatâ ac probâ, ingenuæ longèque nobilissimæ vitæ katastasi, auth. Roberto Boschæo Neustrio*; Rothomagi, Nic. le Roux (1544), pet. in-8.

DU BOSC (*Martin*), sieur de Bourneville, frère du précédent, naquit dans les environs de Rouen, et mourut vers 1590. Il fut aussi fougueux ligueur que son frère Jean avait été ardent calviniste. Ce personnage a composé quelques ouv. de controverse, dont: *Traité de la vraie Pasque du chrétien, etc.*; Roven, George L'Oiselet, 1588, in-8.

DU BOSC (*Jean*), seigneur d'Émandreville, président de la cour des aides de Rouen, savant jurisconsulte, appartenait à la même famille que les précédents; il était le 3e fils de Louis Du Bosc, sieur de Radepont, et de Marie des Planches. Accusé d'avoir été un des principaux auteurs de la révolte des protestants de cette ville, il fut décapité sur la place du Vieux-Marché, le 1er nov. 1562. On a de lui un livre sur les mariages légitimes, écrit en latin, imp. en Italie, en 1532, sous le titre de: *Johannis Boschæi Neustrii*, Περὶ Διχαιογαμίας: *Traité de la vertu et des propriétés du nombre septenaire et de la raison pour laquelle Justinien avait divisé ses Pandectes en sept parties*. V. Floquet, *Hist. du Parlement de Norm.*, t. II, p. 404 et suiv. — *France protest.*, t. IV, p. 328.

DU BOSC (*Jacq.*), cordelier, né dans le diocèse de Coutances, mort vers 1660, a publié un grand nombre d'ouvrages de morale, dont: *L'Honnête Femme*, 1632, in-8. — *La Femme Héroïque*, 1645, in-4.

DU BOSC (*Pierre-Thomine*, sieur), célèbre ministre de la religion réformée, exerça successivement le ministère évangélique à Caen, à Châlons, puis à Rotterdam, où il mourut le 2 janv. 1692. Il était né à Bayeux, le 26 fév. 1623, d'un avocat au Parlem. de Rouen. Délégué, en 1669, près de Louis XIV, par le synode national des protestants pour obtenir le maintien des *chambres d'exception*, créées par l'édit de Nantes, Dubosc, dont la harangue fut pleine de noblesse et de chaleur, excita l'admiration du Roi, qui le proclama le plus beau parleur du royaume de France. Il a composé:

— Les Etoiles du ciel de l'Eglise, ou Sermon sur ces paroles de S. Jean, en l'apocalypse, ch. 1er, v. 16: « Et il avait en sa main droite sept étoiles. » Prononcé à Quevilly, le 10 juin 1663, en la présence du synode tenu à Rouen; *Charenton, Louis Vendosme*, 1670, in-8.

— La Censure et la Condamnation des Tièdes, en deux sermons prononcés à Charenton, le 23 fév. et le 2 mars 1670; *Charenton*, 1670, in-8.

— Recueil de Sermons; *Rotterdam*, 1692 et 1701, 4 vol. in-8.

Les lettres, les harangues et la vie de Du Bosc ont été publiées par Ph. Le Gendre, son gendre; *Rotterdam, Bernier frères* (œuvres de Du Bosc, t. I), 1694, et *Amst.* 1716, in-8. — V. *La Vérité triomphante de l'erreur, etc.*, par Cotherel, 1681, in-4; — Bayle, *Dict. hist.*; — Hippeau, *les Ecrivains norm. au XVIIe sc.*; Caen, 1858, in-12, p. 201-241. Dans sa notice, M. Hippeau indique la naissance de P. Du Bosc au 21 fév. 1613, et sa mort, au 15 juillet 1692. Le portr. de P. Du Bosc, gravé par Cook, se trouve dans la collection Baratte, Biblioth. de Rouen.

DUBOSC (l'abbé), de Rouen, professeur d'humanités au collége de Lisieux, à Paris, envoya à l'Acad. de Rouen, en 1770, 2 odes latines intitulées, l'une : *Ad serenissimum Delphinum invitatio*; l'autre : *Rheni vaticinium in faustissimas serenissimi Delphini ac serenissimæ archiducissa nuptias*; et 3 hymnes : Sur S. Nicaise, S. Melon et leurs compagnons martyrs.

DUBOSC. Manuscrit inédit (dit ms. de Thorigny), tiré des archives de la maison de Matignon, XVIe sc.; *Journ. des Sav. de Norm.*; Caen, 1844, p. 33-51.

— Notice sur l'église N.-D. de St-Lô (Sancta Maria de Castro sancti Laudi); *Bullet. monum.*, t. XI (1845), p. 65-71.

— Le Livre noir et le Livre blanc du diocèse de Coutances; *Ann. de la Manche*, 1845, p. 468-470.

Mss. précieux pour l'hist. et la topographie du dép. de la Manche. M. Dubosc donne principalement la description du *Livre blanc*, renvoyant pour plus amples détails sur le *Livre noir*, à l'*Essai sur la Cathédrale de Coutances, par l'abbé Delamare*; Mém. de la Soc. des Antiq. de Norm., 1841.

— Occupation anglaise au XVe sc. Château et baronnie de la Haye-du-Puits; *Ann. de la Manche*, 1846, p. 453-462.

— Documents relatifs à l'administration de la Normandie par les Anglais (1415 à 1448); ext. du Ms. de Thorigny; *Journ. des Savants de Norm.*, 1844, p. 52-61 et 209-218.

— Rapports annuels sur les archives départementales; 1852-55; *Ann. de la Manche*, 1854, p. 319-337; 1855, p. 517-531; 1856, p. 368-380.

M. Dubosc est archiviste paléographe du dép. de la Manche, à St-Lô.

DU BOSROGER (*Esprit*). V. BOSROGER.

DU BOULLAY (Maillet). V. BOULLAY.

DUBOURG D'ISIGNY. Recherches archéologiques sur l'Hist. militaire du château et de la ville de Vire; *Caen, Hardel*, 1838, in-8 de 112 p., av. 3 pl.

Ext. des Mém. de la *Soc. des Antiq. de Norm.*, t. X (1836), p. 534-639, et d'une Hist. complète de la ville de Vire que préparait M. Dubourg d'Isigny.

— Coup-d'œil sur l'arrondiss. de Vire, par un de ses habitants; *Ann. du Calvados*, 1838, p. 25-63.

— Aperçus généraux sur la topographie géognostique et botanique de l'arrond. de Vire; *Soc. Linn. de Norm.*, t. VI, (1838), p. 147-170, avec un tableau, et *Séance publiq. de la Soc. Linn. de Norm.*, 1836 (Caen, Hardel, in-8), p. 64-105.

Renferme le catal. des plantes spontanées de cet arrondissement.

DUBOURG D'ISIGNY (*Louis-Ch.-Richard*), président du tribunal civil de Vire (démissionnaire en 1830), membre de la Soc. Linn. du Calvados et de la Soc. des Antiq. de Norm., né à Vire, le 17 juill. 1793, est mort dans cette ville frappé d'apoplexie, le 20 janv. 1841, laissant inachevée une *Hist. du Bocage et de ses anciens monuments*. V. une notice de M. Mury, *Ann. norm.*, 1842, p. 663-668, et *Ann. du Calvados*, 1844, p. 328.

DUBOURG-LEVAL (*Julien*), astronome-géographe, professeur, à Rennes, de mathématiques appliquées spécialement à la géographie, à l'hydrographie et à la gnomonique, né en 1710, au Fresne-Poret, près de Sourdeval, arrondiss. de Mortain, est mort à Rennes, en janv. 1796. Il publia, en 1765 : Les *Connaissances préliminaires de la géographie*; Rennes, Vatar, in-8 de 232 p. V. Notice de M. Julien Le Tertre, *Ann. de la Manche*, 1830-31, p. 276-280.

DU BOYS (*Etienne*). V. DU BOIS.

DUBRENA (*V.*). Carte hydrographique du bassin de la Seine, avec l'indication particulière des canaux et des rivières navigables et flottables qui servent à l'approvisionnement de Paris; dressée au dépôt des ponts et chaussées, par ordre de M. Becquey, direct. gén. des ponts et chaussées et des mines; *Paris, Ch. Picquet*, 1828, 1 f^lle gr. colombier.

DUBREUIL (*Pierre-Louis*), anc. D^r régent de la faculté de méd. de Caen, et prof. roy. de chirurgie, etc., né à Caen, le 11 sept. 1731, est mort le 6 sept. 1813. V. une notice par N. J. P. St-Fresne.

DUBREUIL. Observations sur la manière d'employer le plus utilement les terreins siliceux et calcaires du dép. de la S.-Inf.; *Rouen, P. Periaux*, 1822, in-8 de 12 p.

Ext. des Mém. de la Soc. d'Agric. de la S.-Inf., t. II. (Séance publ., 1822, p. 24-33.)

— Observations sur la translation du Jardin botanique, en réponse à un mémoire ayant pour titre : *Considérations sur le Jardin botanique de Rouen*, par M. A.-F. Pouchet; *Rouen, Baudry*, 1832, in-4 de 12 p.

Tiré à 100 exempl.

— Flore des prairies normandes; *Rouen, A. Péron*, 1853, in-f. (6 p. de texte), avec plantes naturelles séchées.

M. Dubreuil père, membre de plusieurs Soc. sav., est directeur du Jardin des Plantes de Rouen. Outre les opuscules énoncés ci-dessus, il a écrit un mém. intitulé : *De la conservation des grains. De la nécessité de cette mesure en France, et des moyens propres à y parvenir;* Rouen, Periaux, 1837, in-8 de 13 p. (Ext. du Bullet. de la Soc. d'Agric. de la S.-Inf., t. IX.)

DUBREUIL (*Alphonse*). Considérations sur l'enseignement cultural dans le dép. de la S.-Inf. Discours lu à la Soc. centr. d'Agric.; *Rouen, N. Periaux*, 1836, in-8 de 23 p.

Ext. des Mém. de la Soc. d'Agric. de la S.-Inf., t. IX. (Séance publ. de 1836.)

— Des Assolements et de leur application à la culture du dép. de la S.-Inf.; *Rouen, N. Periaux*, 1842, in-8 de 133 p., avec plusieurs tableaux.

Ext. des Mém. de l'Acad de Rouen, 1842.

— Des principales améliorations à apporter dans le mode de culture et les instruments employés dans l'arrondiss. de Rouen; *Mém. de la Soc. d'Agric. de la S.-Inf.*, t. XII (1843), p. 463-483.

M. Alph. Dubreuil, fils du précédent, professeur d'agriculture à l'Ecole d'agric. et d'économie rurale et à l'Ecole normale prim. de la S.-Inf., membre de l'Acad. de Rouen et de la Soc. d'Agric. de la S.-Inf., a associé ses recherches à celles de M. Girardin pour la rédaction de plus. ouv. sur l'agric., etc. (V. GIRARDIN.) En 1848, M. Dubreuil quitta la chaire qu'il occupait à Rouen pour aller à Paris, où il est maintenant chargé du cours d'arboriculture au Conservatoire Imp. des Arts-et-Métiers.

Indépendamment des écrits mentionnés ci-dessus, il a publié un assez grand nombre d'ouv. sur l'agricult. et l'arboricult., parmi lesquels nous citerons :

— *Cours élémentaire théorique et pratique d'arboriculture*, contenant l'étude des pepinières d'arbres et d'arbrisseaux forestiers, fruitiers et d'ornement; celle des plantations d'alignement forestières et d'ornement; la culture spéciale des arbres à fruits à cidre, et de ceux à fruits de table, etc.; *Paris, Langlois et Leclercq*, et *Victor Masson, lib.*, 1846, in-12 de III et 613 p., avec 5 vign. sur acier et 325 fig. intercalées dans le texte.

Cet ouv., approuvé par l'Université et couronné par les Soc. d'horticult. de Paris, de Rouen et de Versailles, est arrivé à la 4e édit.; *Paris, les mêmes lib.*, 1857-58, 2 part. en 1 vol. gr. in-18 de 1045 p., avec vign. sur acier et fig. intercalées dans le texte.

— Cours élémentaire d'agriculture, etc. (avec le concours de M. Girardin); 1re édit., 1850-52, 2 vol. in-18 jésus, fig., et 2e édit., 1858, 2 vol. idem. V. GIRARDIN.

— Instruction élémentaire sur la conduite des arbres fruitiers. Greffe, taille, restauration des arbres mal taillés ou épuisés par la vieillesse. Récolte et conservation des fruits; *Paris, Vve Masson, Langlois et Leclercq*, 1854, gr. in-18 de 5 flles, avec 120 fig. intercalées dans le texte.— Dito; 2e édit.; *Paris, Langlois et Leclercq*, 1857, in-18 jésus de 211 p., avec fig.

Ouv. couronné par la Soc. imp. et cent. d'Horticulture de France.

DUBREUIL (*Gédéon*). Essai historique sur Gisors et ses environs, depuis leurs premiers temps jusqu'à nos jours; *Gisors, Lapierre*, 1856, in-8 de 168 p., avec une vue générale de la ville.

DU BREUL (dom *Jacq.*). Vie de Charles de Bourbon (archev. de Rouen), jadis oncle du Roi Henri IV, avec la généalogie des Princes de Bourbon; *Paris*, 1612, in-4.

DUBUAT-NANÇAY (le comte *H.-Gab.*), diplomate, né aux environs de Livarot (Calvados), le 2 mars 1732, mort à Nançay, en Berry, le 18 sept. 1787, a publié à Vienne, en 1785, une trag. en 5 act. intitulée : *Charlemagne, ou le Triomphe des Lois;* et de 1755-1785, plusieurs ouv. sur l'histoire, la littérature, la mécanique, l'économie politique. Ses *Principes d'Hydraulique et de Pyrodynamique*, imp. pour la prem. fois en 1779, ont été réimp. en 1816, *Paris, F. Didot*, 3 vol. in-8. V. Quérard, *France litt.*, t. II, p. 613.

DU BUC (*Guill.*), en latin *Bucanus*, de Normandie, pasteur à Yverdun durant 23 ans, fut appelé à Lausanne en 1591, pour y professer la théologie. Il mourut dans cette ville en 1603. Il a publié plusieurs ouv., qui sont indiqués dans la *France protest.*, t. IV, p. 354.

DUBUC (*Guill.*). Analyse de l'eau minérale des fontaines de la Marêquerie, situées à l'est et dans la ville de Rouen; *Ann. de Chimie*, t. LVIII (1806), p. 315.

— Mémoires sur l'extraction et sur les usages du sucre liquide des pommes et des poires, avec l'analyse comparée de cette substance et de la mélasse du commerce; *Evreux, J. J. L. Ancelle* (1809), in-8 de 48 p.

— Un mot sur les inondations et leurs effets, ou moyens proposés pour assainir les maisons et les localités qui ont été submergées; *Rouen, J. Duval*, 1807, in-8 de 28 p.

—Mémoire sur la fermentation des moûts ou sucs de pommes, récolte de 1818, contenant des moyens simples pour exciter leur fermentation et leur clarification, et les convertir en cidre potable; *Acad. de Rouen*, 1819, p. 66, et *Bullet. de la Soc. médic. de l'Eure*.

— Observations sur le *Panicum altissimum* ou herbe de Guinée, récoltée au Jardin des Plantes, à Rouen, en 1821, et note concernant la culture et les usages de la lupuline; *Soc. cent. d'Agric. de la S.-Inf.*, t. II (5e cah., 1822, p. 33.)

— Analyse d'un engrais ou *stimulus végétatif* connu sous le nom de terre ou cendre végétative, et nouvellement essayé aux environs de Rouen, par MM. Pouchet-Belmare et De la Quesnerie; *Acad. de Rouen*, 1823, p. 28.

—Notices sur divers oxides, et sur deux pièces métalliques formées par l'effet de l'incendie du clocher de la cathédrale de Rouen, arrivé le 15 sept. 1822; *Acad. de Rouen*, 1823, p. 80-87, et *Journ. d'Agric., de Méd. et des Sc. access. du dép. de l'Eure*, t. II, 1825, p. 98-107.

— Analyse d'un engrais ou *stimulus végétatif* tiré de plusieurs carrières situées proche Soissons, dép. de l'Aisne, et nouvellement employé aux environs de Rouen; *Soc. cent. d'Agric. de la S.-Inf.*, t. II (10e cah., 1823, p. 7.)

— Mémoire sur la préparation des cidres et poirés, sur leurs qualités respectives, leur prix marchand, etc.; *Rouen, P. Periaux*, 1824, in-8.

Ext. du *Précis de l'Acad. de Rouen*, 1824, p. 51-73. Ce Mém. est également inséré dans l'ext. des trav. de la *Soc. d'Agric. de la S.-Inf.*, t. III. (Séance publ., 1824, p. 28-52.)

— Notice sur un sapin baumier dit de Gilead (Abies pinus balsamea), excru en la commune du Boisguillaume, proche Rouen, sur un terrain appartenant à M. Periaux père; *Soc. cent. d'Agric. de la S.-Inf.*, t. III (11e cah., 1824, p. 20).

Travail fait de concert avec M. Periaux.

— Analyse d'une terre arable prise aux environs de Bernay (Eure), sur une propriété appartenant à M. Châtel, et notice sur son amendement; *Soc. cent. d'Agric. de la S.-Inf.*, t. III (14e cah., 1824, p. 11-17.)

—Petit Voyage à Trianon ou au vaste établissement horticultural de M. Calvert, à Rouen, ou Notice sur des moutons anglais à longue soie; *Soc. cent. d'Agric. de la S.-Inf.*, t. III (16e cah., 1825, p. 11-15.)

— Notices et observations sur les différents degrés de pureté de l'eau ordinaire servant aux usages de la vie, dans les arts; *Acad. de Rouen*, 1826, p. 45-55.

Il est principalement question ici de l'eau de la Seine.

—Travail chimico-géorgique ou mémoire sur la composition et sur les différentes propriétés des terres arables; *Acad. de Rouen*, 1826, p. 67-82.

L'auteur s'occupe principalem. dans ce Mém. de l'analyse de la terre du Lieuvin.

—Communication faite à l'Acad. de Rouen sur un cercueil en plomb trouvé rue du Renard, à Rouen; *Acad. de Rouen*, 1827, p. 85.

— Mém. sur les différentes méthodes employées pour brasser le cidre, suivi d'observations sur la récolte et la conservation des pommes rustiques; *Soc. d'Agric. de la S.-Inf.*, t. IV. (Séance publiq., 1827, p. 35-44.)

— Notice sur une espèce de pommes à cidre restées au froid et sous la neige, pendant l'hiver dernier, sans être gelées ni gâtées; *Soc. d'Agric. de la S.-Inf.*, t. VI, p. 3-7 (janv. 1830).

— Notices sur trois puits forés, dits artésiens, établis à Rouen, en 1829 et 1830, avec l'analyse de l'eau qui en provient; *Rouen, N. Periaux*, 1830, in-8 de 10 p.

Ext. des *Mém. de l'Acad. de Rouen*, 1830, p. 45-54.

— Propositions sur l'établissement d'une ferme expérimentale en Normandie; *Acad. de Rouen*, 1831, p. 22.

— Rapport sur la culture de la Betterave à sucre, dans les environs de Fécamp, et sur la fabrique de sucre indigène qui vient d'y être établie; *Rouen, N. Periaux*, 1832, in-8 de 38 p.

Avec le concours de M. Girardin, et ext. des *Mém. de la Soc. d'Agric. de la S.-Inf.*, t. VII, séance publ., 1832.

— Analyse de dix sortes de terres de rapport, avec des considérations géorgiques sur leur qualité respective, leur emblavement, leur valeur cadastrale, vénale, etc.; *Acad. de Rouen*, 1833, p. 56-73.

Les terres analysées dans ce mém. sont situées en Norm.

— Sur une stalactite détachée de la voûte de la grande citerne de la maison centrale de Gaillon; *Acad. de Rouen*, 1836, p. 21.

— Notice historique et géognostique sur quatre puits artésiens tentés sans succès à Rouen, aux années 1833 et 1834, avec une note particulière sur un puits affluent; *Rouen, N. Periaux* (1836), in-8 de 12 p.

Ext. du Précis de l'Acad. de Rouen, 1836.

— Notice œnologique sur la fermentation et la clarification du cidre; *Journ. de Rouen* du 7 janv. 1837.

Dubuc (*Guill.*), pharmacien, chimiste, membre de l'Acad. de Rouen et de plusieurs Soc. sav., né le 29 janv. 1764, à Sierville, près de Pavilly, est mort à Rouen, le 19 oct. 1837. La plupart des opuscules de M. Dubuc, recueillis et mis en ordre par M. Dubuc, son fils, ont été réimp. en 1 vol. ayant pour titre : *Opuscules scientifiques concernant la Chimie, l'Hist. naturelle, l'Industrie et l'Economie rurale;* Rouen, Imp. de D. Brière, 1837, in-8 de XXXII et 439 p. Ce vol., tiré à 100 exempl., n'a pas été mis en vente. En 1829, M. Dubuc obtint de l'Institut un prix Monthyon de 3,000 fr. pour un travail intitulé : *Traité sur les parements et encollages dont l'emploi permet aux tisserands de travailler ailleurs que dans les caves et autres bas-fonds non éclairés et généralement malsains;* Rouen, N. Periaux, 1829, in-8 de X et 64 p., travail inséré en partie dans les Mém. de l'Acad. de Rouen, années 1820, p. 65-79, et 1822, p. 71-81.

V. Discours prononcé sur la tombe de M. Dubuc, le 21 nov. 1837, par M. A.-G. Ballin, suivi du Catalogue général de ses ouv., depuis 1798 jusqu'en 1837, par M. J. Girardin : *Rouen, N. Periaux*, 1837, in-8 de 19 p. (Ext. des Mém. de l'Acad. de Rouen, 1837.) Les Mém. et Notices publiés par M. Dubuc forment 114 n^{os}.— Notice sur M. Dubuc; *Ann. norm.*, 1838, p. 423-425. (Ext. du *Journ. de Rouen.*) — Notice sur le même, par M. Avenel; *Acad. de Rouen*, 1838, p. 171-199.

DUBUC (*Emile*), médecin à Rouen, durant plusieurs années, et aujourd'hui médecin à Edimbourg, a publié : *Rapport adressé à l'intendance sanitaire de Rouen, sur le choléra-morbus, observé à Sunderland, Newcastle et les environs;* Rouen, D. Brière, 1832, in-8 de 63 p., avec tableaux météorologiques. Impr. par les ordres et aux frais de la ville de Rouen, en vertu d'une délibération spéciale du conseil municipal, prise sur la demande de l'intendance sanitaire du chef-lieu du départ.;—*Mémoire chimico-médical* ; 1° *sur les principes gazeux qui vicient l'air et paraissent de nature à produire le choléra-morbus et autres épidémies;* 2° *sur les moyens les plus propres à garantir de ces funestes maladies ;* Rouen, N. Periaux, 1832, in-8 de 30 p.; — *Cours élémentaire de physique. Leçons faites à l'école municipale de Rouen;* Paris, Just Rouvier et E. Le Bouvier, 1837, in-12 de 543 p., avec pl. sur bois insérées dans le texte. (Imp. de F. Baudry, à Rouen.)

DU BUISSON (*Claude*), professeur à l'univ. de Caen, etc. V. Buisson.

DUBUISSON (*P. P.*). Nobiliaire de Normandie, etc. V. Chevillard.

DUBUISSON (*Louis-Bonami*), botaniste, participa à la composition du *Nouveau la Quintinie*, publié par l'abbé Le Berryais. Il fut pendant longtemps directeur du Jardin des Plantes d'Avranches. Né à Avranches, Dubuisson est mort dans cette ville, le 13 mars 1830, âgé de 70 ans. V. une note sur sa vie, dans l'*Ann. de la Manche*, 1830-31, p. 290.

DU BUISSON-PAILLIÈRE, jurisconsulte. V. Buisson-Pallière (du).

DU CANGE. Histoire des familles d'outre-mer et de l'histoire des familles normandes qui ont pris part à la conquête d'Italie; publiée d'après le ms. inédit de Du Cange (Biblioth. Imp.), par MM. De Mas Latrie et Taranne.

Ms. inédit annoncé, dans la *Biblioth. de l'Ecole des Chartes*, n° de janv.-fév. 1850, comme étant sous presse.

Du Cange (*Ch.* du Fresne), l'un des hommes

les éminents de France, naquit à Amiens, le 18 déc. 1610, et mourut le 23 oct. 1688 ; son érudition profonde l'a fait surnommer le *Varron français*.

DUCAREL. A Tour through Normandy described in a letter to a friend, 1754, in-4.

—Anglo-Norman antiquities, considered, in a tour through part of Normandy; illustrated with twenty seven plates· *London, Spilsbury*, 1767, in-f.

Réimpression avec de nombreuses additions et plusieurs planches de la lettre écrite en 1754. Les *Antiquités anglo-normandes* offrent une description curieuse des points les plus importants de la Normandie, et reproduisent une foule de monuments dont quelques-uns n'existent plus. Elles renferm. aussi une description détaillée de la tapisserie de Bayeux. Le Dr Ducarel visita la Norm., en 1752.

—Antiquités anglo-normandes, trad. de l'anglais, par A. L. Lechaudé d'Anisy; *Caen, Mancel*, 1823-25, gr. in-8, publié en 6 liv. ornées de 42 pl. lithog. (Imp. de F. Poisson, à Caen.)

Cet ouv. a été tiré sur 3 pap. différents : gr. in-8, pap. ordin.; gr. in-8, pap. vélin, avec grav. sur pap. de Chine, et in-4, avec grav. sur pap. de Chine.

M. Lechaudé a ajouté à sa trad. des notes et des éclaircissements qui lui donnent une valeur réelle ; il l'a enrichie des 2 dissertations suiv. sur la tapisserie de Bayeux : *Description de la tapisserie conservée à la cathédrale de Bayeux*, par Smart Le Thieullier, écuyer, etc.; publiée d'après le ms. original de la Biblioth. de Th. Tyndal, trad. et augm. de notes, par A. L. Lechaudé d'Anisy; *Caen, Mancel*, 1824, gr. in-8 avec 8 pl. (p. 325 à 404).— *Origine de la Tapisserie de Bayeux, prouvée par elle-même*, par H. F. Delauney; *Caen, Mancel*, 1824, gr. in-8 de 92 p.; dissertations dont il a été tiré à part quelq. exempl.

—Mémoire sur la Tapisserie de Bayeux, publié par Ducarel, et trad. par Lechaudé d'Anisy; *Caen, Mancel*; 1824, gr. in-8 et in-4, avec 8 pl. lithog. et une vue de la cathédrale de Bayeux.

Ext. des *Antiq. anglo-norm.*

— Notice sur la ville de Vernon, prise dans un ouvrage sur les antiquités anglo-norm. par Ducarel, suivi d'un Ext. de la *France pittoresque*, année 1837; *Vernon, Imp. de Lesueur*, 1838, in-8 de 8 p.

Réimpression textuelle de l'art. *Vernon* dans l'ouv. sur les *Antiquités anglo-norm.* de Ducarel, trad. par M. Léchaudé d'Anisy, p. 169-172.

— A Series of above two hundred anglo-gallic, or Norman and Aquitain coins of the ancient Kings of England, exhibited in 16 copper plates and illustrated in 12 letters to the Soc. of Antiquaries of London; *London*, 1757, in-4, avec 16 pl., une carte et un portr.

Ducarel (*André-Coltee*), savant antiquaire, né, suivant les uns, en 1714, à Greenwich (près de Londres); suivant les autres, à Caen (Calvados), en 1713, mourut à Cantorbery, en 1785. Tout porte à croire que Ducarel est né en Norm. et non en Angleterre; ce fut seulement en 1724 que sa famille quitta la France, afin de pouvoir professer librement ses opinions religieuses. On attribue à Ducarel la trad. angl. de l'*Hist. de l'abbaye du Bec*, par dom J. Bourget, et la publication de : *Some account of the alien Priories, etc.*; London, 1779, 2 vol. in-12, fig. Ouv. anonyme, que quelq. bibliog. supposent être dû à l'antiquaire Gough. (V. *Account of the alien priories.*) Indépendamment des ouv. cités plus haut, Ducarel est auteur de dissertations et d'ouv. sur plusieurs points de l'hist. d'Angleterre. — V. *France protest.*, t. IV.

DU CASTEL. Dissertation sur la communauté normande ; *Rouen, Pierre Seyer*, 1770, in-12 de 149 p.

— Mémoire sur les dismes pour le clergé de Normandie, contre les cultivateurs de la même province ; *Caen, P. Chalopin*, 1773, in-12.

V. une Réfutation de cet ouv., par Mariage ; *Caen, Le Roy*, 1774, in-12.

— Elemens du droit, précédés d'une réponse aux opinions de M. G. (Guérard de la Quesnerie) sur les droits des femmes en Normandie ; *Rouen, P. Seyer*, 1780, in-12.

—Texte de la Coutume générale de Normandie, des Placités, etc. ; *Rouen*, 1783, in-12. V. *Coutume de Norm.*

Du Castel (*J.-B.-Louis*), célèbre avocat au Parlement de Norm., né à Rouen en sept. 1740, est mort dans cette ville le 1er juillet 1799. Nommé en 1791 député de la S.-Inf. à l'Assemblée législative, il en fut élu président, et montra dans diverses circonstances autant de modération que de fermeté. Ce savant jurisconsulte était souvent, au barreau, l'adversaire de Thouret, et l'emportait sur lui par son éloquence et par la vivacité de sa réplique. V. Guilbert, *Notice biog.*; Rouen, an IX, in-8 de 34 p.

DUCAUROY DE LA CROIX (*Adolphe-Marie*), jurisconsulte, nommé, en 1820, profess. de droit romain à la faculté de Paris, né à Eu en

1788, est mort en 1850. Ses principaux ouv. sont : les *Institutes de Justinien, nouv. trad. augm.;* Paris, 1813, et 5e édit, Paris, Joubert, 1837, in-8; — les *Institutes de Justinien, nouvellement expliquées;* 1822-27, 2 vol. in-8, et 8e édit., 1851, 2 vol. in-8; — *Juris civilis Enchiridium* (ou *Ecloga*), 1844, 49 et 51.

DU CERCEAU (*Jean-Antoine*). Carolo-Francisco-Friderico Momorancio duci Luxemburgico normanniæ pro regi rotomagum adventanti. Ode; in-4 de 4 p. — Illustrissimo ecclesiæ principi Jacobo-Nicolao Colbert archiepiscopo Rotomag. normanniæ primati pro recuperata valetudine. Ode; in-4 de 4 p.

DUCHEMIN DE LA CHESNAYE. V. CHESNAYE.

DUCHEMIN (*Julien-J.-B.*), né à Tinchebray (Orne), en août 1742, évêque constitut. du Calvados en fév. 1799, mort à Bayeux le 31 mars suiv.

DU CHESNE (*Léger*), célèbre professeur au collége royal de France, contemporain et ami intime d'Adrien Turnèbe, naquit à Rouen dans les prem. années du XVIe sc., et mourut en 1588. Il est auteur de plusieurs ouv., écrits en latin, dont : *In Adr. Turnebi obitum epicedium;* Parisiis, 1565, in-4. (Oraison funèbre, réimp. à la suite du 3e vol. des OEuvres de Turnèbe.) — *De internecione Gasp. Colignæi et Petr. Rami, ad regem Carolum IX;* Parisiis, 1572, in-4.

DUCHESNE (*Charles*). Récit véritable de ce qui s'est passé au voyage du roy Henri IV, de Dieppe, jusques à son retour, depuis le décès du Roy Henry III. Par Ch. Duchesne, médecin du Roy, présent lors et servant sa Majesté; *Journ. du règne de Henri IV, par P. de l'Etoile; La Haye,* 1741, in-8, t. IV, p. 283-313.

Cette relation des exploits militaires de Henri IV, pendant les trois premiers mois de son règne, renferme un grand nombre de faits import. On y trouve entr'autres le récit de la bataille d'Arques, livrée le 21 sept. 1589.

DU CHESNE (*André*). Historiæ Normannorvm scriptores antiqvi, res ab illis per Galliam, Angliam, Apvliam, Capvæ principatvm, Siciliam, et Orientem gestas explicantes, ab anno Christi DCCCXXXVIII, ad annum MCCXX. insertœ svnt monasteriorvm fvndationes variœ, series Episcoporum ac abbatum : genealogiæ Regum, Ducum, conutum et nobilium : plvrima deniqve alia vetera, tam ad profanam quàm ad sacram illorum temporum historiam pertinentia. Ex mss. Codd. Omnia ferè nvnc primvm edidit Andreas Dv Chesnivs Tvronensis; *Lvtetiæ Parisiorvm*, 1619, in-f. de 1104 p., plus la table des matières et 8 ff. prélim.

Il y a des exempl. sur grand pap.

Ce recueil, dédié au Clergé, au Parlement et au Peuple de Rouen, contient les ouv. suiv. :

— Gesta Normannorum in Francia ante Rollonem ducem ab anno Christi 837 ad annum 896, (et fragments de Chroniques antérieures à Rollon), 34 p.
— Abbonis de obsessa a Normannis Lutetia Parisiorum libri duo; p. 35-48.
— Dudonis super Congregationem S. Quintini decani, de moribus, et actis primorum Normanniæ ducum, libri III; p. 49-160.
— Emmæ Anglorum reginæ Richardi I, ducis Normannorum filiæ Encomium; incerto authore sed coætano; p. 161-177.
— Gesta Guillelmi II. Ducis Normannorum, regis Anglorum I. a Guillelmo Pictaviensi Lexovio archidiacono contemporaneo scripta; p. 178-213.
— Willelmi Calculi Gemmeticensis monachi, historiæ normannorum libri VIII; p. 214-318.
— Orderici Vitalis Angligenæ cænobii uticensis monachi, historiæ ecclesiasticæ, libri XIII; p. 319-925.
— Gesta Stephani regis Anglorum et ducis Normannorum. Incerto auctore sed contemporaneo; p. 926-975.
— Chronica Normanniæ continens multa ad francos et anglos pertinentia, ab anno Christi MCXXXIX ad annum MCCLIX; p. 976-1014.
— Annalis historia brevis in monasterio sancti Stephani Cadomensis conscripta; p. 1015-1021.
— Catalogum Normannorum qui floruerunt in Anglia ante conquestum; p. 1022-1031.
— Nomina militum ferentium bannerias, tam in Normannia quàm aliis franciæ provinciis, tempore Philippi II regis; p. 1031-1036.
— Feoda Normanniæ cum scripto de servitiis militum, quæ debentur duci; p. 1037-1045.
— Scriptum de servitiis militum; p. 1045-1050.
— Officium ad Ducem Normanniæ constituendum; p. 1050-51.
— Chartas plures tam ducum Normanniæ, quam regum franciæ et aliorum; p. 1052-1068.
— Familiæ regum, ducum, comitum, et aliorum nobilium, quæ in hoc volumine deducuntur; p. 1069-1104.

Le vol. est terminé par une table des matières et un ft. au verso duquel sont indiqués les noms de : *Robert Fouet, Nicolas Buon, Sebastien Cramoisy,* lib. à Paris.

Du Chesne devait publier en 3 vol. la Collection des Historiens normands, mais il n'a mis au jour que celui-ci, très-recherché maintenant par tous ceux qui veulent étudier l'Histoire de Normandie et l'Histoire d'Angleterre sous la dynastie normande.

La Biblioth. de Rouen en possède un exempl., que le P. Pommeraye a enrichi de notes et de corrections, d'après les anciens mss., en vue d'une réimpression qui n'a pas eu lieu.

Du Chesne (*André*), né à l'île Bouchard, en Touraine, en mai 1584, et périt à Paris, écrasé par une charrette, le 30 mai 1640, âgé de 55 ans; il a mérité, par ses immenses travaux, le titre glorieux de *père de l'Hist. de France*. Tout incomplet qu'il soit, son recueil des Hist. norm. fournit les récits les plus étendus et les plus exacts des exploits des Normands en France, en Italie et en Angleterre, depuis l'année 837 jusqu'à 1220. Le chapitre de la cathédrale, *en contemplation du travail qu'il avait pris pour ledit ouvrage*, lui fit remettre 100 liv., somme considérable pour l'époque. V. Niceron, *Mém.*, t. VII (1729), p. 322-336, et le P. Lelong, t. III, p. 369.

Le baron Masères a publié à Londres, en 1783 et 1807, in-4, avec des notes en anglais, un extrait de Du Chesne dont voici le titre : *Historiæ anglicanæ circa tempus conquestus Angliæ a Gulielmo Notho, Normannorum duce, selecta monumenta. Excerpta ex... Andrea Duchesne*. V. Masères.

André Du Chesne a été l'un des premiers à publier un recueil des historiens de France (Historiæ Francorum scriptores; Paris, 1636-1649; 5 vol. in-f.). Dans ce recueil figurent plusieurs pièces relatives à l'Hist. de Norm., et que nous nous faisons un devoir d'indiquer.

— Fragmentum de incursu Normannorum in Vasconiam (Gascogne) et de Provinciæ hujus Ducibus tempore Caroli Calvi, anno 864; *Histor. Francorum script., etc.*, t. II, p. 400.

— Qualiter Normanni civitatem Andegavensem ceperunt, et ab ea per Carolum Calvum expulsi sunt anno 872, ex chronico sancti Sergii Andegavensis; ibid., t. II, p. 400.

— Exactio Normannis constituta tempore Caroli Calvi regis, ut ab ipsius regno recederent, anno 872; ibid., t. II, p. 460.

— Miracula facta in domo fratrum prædicatorum Ebroicensium, præsidio B. Ludovici confessoris quæ fuit prima ecclesia in regno Franciæ dedicata in nomine sancti regis, 1299; ibid., t. V, p. 477-480.

DUCHESNE. Arrivée du Père Duchesne à Rouen contre les agioteurs. — Réclamation du Père Duchesne. — Grand mécontentement du Père Duchesne. — Les bons sentiments du véritable Père Duchesne contre le Sermon inconstitutionnel prêché à Ste-Croix-St-Ouen; in-8.

Pièces imp. dans les prem. années de la révolution. Le *Père Duchesne* était le nom donné à un journal terroriste. V. Hébert.

DUCHESNE (*J.-B.-Joseph*), habile peintre en miniature et sur émail, né à Gisors en 1770, mort à Paris, le 25 mars 1856. V. une notice de M. E. Guérard, dans l'*Illustration*, 1856, p. 228, et un article de M. Victor Fournel, dans le *Courrier de l'Eure*, mars 1856.

DUCHESNE (*Alphonse*). Les Chants d'un oiseau de passage, poésies, *Lisieux, Imp. de Mme ve Tissot*, 1847, in-8 de 18 flles 1/2.

DUCHEVREUIL (*Jacq.*), célèbre professeur, né à Coutances vers la fin du XVIe sc., est mort à Paris vers 1650. Il composa contre les jésuites 3 harangues latines intitulées : *Jesuitica prima, Jesuitica secunda, Cenomanica*. Outre les Jésuitiques et divers plaidoyers, il a publié plus. ouv. : *De Sphæra Jacobi Capreoli*; Paris, 1623, 1629 et 1640, in-8, fig.; — *Tractatus de Syllogismo*; 1645, pet. in-12; — *Disceptatio de animâ hominis*; Lutetiæ, 1647, in-8; — *Dissertatio de libero arbitrio*; Parisiis, 1649, in-4; — *De demonstratione magnitudinis in puncto*; in-4 de 23 p.; — et avec Pierre Padet, son compatriote et son ami : *Les Déclinaisons grecques arrangées avec le latin pour la commodité des enfants*; Paris, Edme Martin, 1649, in-8. — Dans tous ces ouv., Duchevreuil latinise son nom suivant l'usage du temps et se nomme *Capreolus*. V. une notice de M. Couppey, *Ann. de la Manche*, 1829, p. 279-283, et les *Curiosités litt.* de M. F. Pluquet, p. 8.

DUCHEVREUIL (*F.-H.*). Note sur quelques objets antiques découverts à Digulleville (Manche); *Mém. de la Soc. des Antiq. de Norm.*, 1824, p. 50-57.

— Notice sur une figurine de sacrificateur, en bronze, trouvée en 1768 sur le penchant de la montagne du Roule, près Cherbourg; *Soc. des Antiq. de Norm.*, t. VI (1831-33), p. 450 et 451.

Duchevreuil (*François Henri*), juge au tribunal du district de Cherbourg, et au tribunal des douanes, en 1811, archéologue, membre de plusieurs sociétés savantes, etc., né à Equeurdreville (Manche), en 1751, est mort dans cette commune, le 24 mars 1830. Il avait formé un riche cabinet de livres curieux, d'objets d'art et d'hist. naturelle, qu'il mettait avec empressement à la disposition de tous les travailleurs. V. Notice de M. Ragonde, *Ann. de la Manche*, 1830-31, p. 288.

DUCHOSAL (*Guill.*). Blanchard, poëme en 2 chants; *Rouen, et Paris*, 1784, in-8 de 13 p. — Dito, en 4 chants; *Bruxelles*, 1786, in-8.

Le héros de ce poème est Blanchard l'aéronaute

DUCIS (*J.-F.*). Jean-sans-Terre, ou la Mort d'Arthur, trag. en 5 act., représentée pour la prem. fois sur le Théâtre-Franç., en 1791; *Œuvres*, t. II, p. 91-161; *Paris, Nepveu*, 1826, édit. en 4 vol. in-8.

— La Côte des Deux-Amants (épître en vers, adressée à Mme Hauguet); *Œuvres*, t. III, p. 335-354; *Paris, Nepveu*, 1826, in-8.

Les 3 dern. pag. sont consacrées à une notice hist. sur la côte des Deux-Amants.

Ce poème se trouve également dans les *Archiv. ann. de la Norm.*, 2e ann. (1826), p. 339-352. Sur le même sujet, V. un poème de Noel de la Morinière.

— Les Bonnes Femmes, ou le Ménage des deux Corneille; *Œuvres* (Poésies diverses), t. III, p. 231-239; *Paris, Nepveu*, 1826, in-8.

Pièce parue pour la prem. fois en 1809.

DUCLOS (*Jacq.-Benjamin*), après avoir été ministre protestant à Falaise, vers 1636, se convertit au catholicisme. Il a publié l'écrit suivant, dans lequel il justifie sa conversion: *Déclaration contenant les principales raisons qui l'ont porté à se ranger au giron de l'Eglise catholique, apostolique et romaine*; Caen, 1642, in-12. — V. *France protest.*, t. II (1853), p. 172.

DUCLOS. Eloge de M. de Fontenelle; *Œuvres*, t. VIII; *Paris, Janet et Cotelle*, 1820-21, 9 vol. in-8.

DUCLOS (*Laurent*). Temps perdu d'un paysan, chansons; par Laurent Duclos, cultivateur à Beaubec-la-Rosière (S.-Inf.); *Neufchâtel, Imp. de Feray*, 1844, in-16 de 9 flles 1/2.

DUCLOS (*Henri*), Dr en méd., né à Rouen le 16 sept. 1824, membre de l'Acad. de cette ville, est auteur de plusieurs Mém. sur des questions médicales, insérés dans les Bulletins de l'Acad. de Rouen et du Conseil d'Hygiène et de Salubrité de la S.-Inf. De société avec le Dr Bouteiller fils, il a publié: *Traité d'Hygiène populaire*; Rouen, Imp. de D. Brière, 1852, in-12 de 84 p. — Ce traité a obtenu de l'Acad. des Sc., B.-Lett. et Arts de Rouen, au concours de 1852, une médaille d'or; et en 1854, de l'Acad. Imp. de médecine, la première mention honorable, au concours du prix Nadaud.

DUCOS (*B.*). L'Abbaye de Grasville, trad. de l'angl. de George Moore; *Paris, Pougin, Schwartz*, 1838; *F. Béchet*, 1845, *Schulz et Thuillié*, 1854, 4 vol. in-12.

Roman historique, dont la scène se passe à l'abbaye de Graville, située près du Havre. M. Ducos a été régent de la Banque de France.

DUCQUERIE (Callard de la). Catalogus plantarum in locis paludosis, pratensibus, maritimis, arenosis et Sylvestribus, propè Cadomum in Nortmannia nascentium; *Paris*, 1714, in-12.

CALLARD DE LA DUCQUERIE OU DUQUERIE (*Jean-Bapt.*), profess. royal de médecine à l'Université de Caen, naquit en cette ville en 1620; ses connaissances en botanique étaient très-étendues et se portèrent principalement sur les plantes qui croissent en Norm. C'est à lui que l'on doit le premier établissement d'un jardin botanique à Caen. Indépendamment du Catalogue précité, on a de lui: *Lexicon medicum etymologicum, sive tria etymologiarum millia quas in Scholis publicis medecinæ alumnos ita postulantes edocuit*; Caen, 1673, et Paris, L. d'Houry, 1693, in-12. — Le même ouv., considérablement augm.; *Caen*, 1715, in-f. Callard de la Ducquerie mourut à Caen en 1718. Son portr. se trouve à la Biblioth. de cette ville.

Jean-François Callard de la Ducquerie, fils du précédent, lui succéda comme profess. roy. en méd. dans l'univ. de Caen. Né à Caen, il mourut en 1754.

DUCREST. Souscription proposée, etc. V. *Souscription, etc.*

DU CREUX (Dom *Emm.*), ancien prieur chartreux, chapelain de l'Hôtel-Dieu de Rouen, est auteur de: *Vie de S. Bruno, instituteur de l'ordre des Chartreux, composée l'an de grâce* 1788; Rouen, Imp. de N. Hermant, 1812, in-12, avec un portr.; — *Discours sur une question proposée par l'Acad. des Sc., B.-Lett. et Arts de Lyon*; Rouen, Imp. de P. Periaux, 1819, in-12 de 48 p.

DUCROTAY DE BLAINVILLE. V. BLAINVILLE.

DUDÉSERT (*Paul-Denis*), D. M., agriculteur, né à Condé-sur-Noireau (Calvados), le 4 mai 1798, est mort à Clécy, le 12 juillet 1851. Il a publié: *Traité pratique d'agriculture. Ouvrage mis au niveau des connaissances actuelles, s'appliquant surtout à l'agriculture de la partie N.-O. de la France*; Caen, A. Hardel, 1849, in-12 de 327 p. — V. une notice de M. Roger; *Ann. norm.*, 1852.

DUDON DE ST-QUENTIN. Dvdonis svper congregationem S. Qventini Decani, de moribvs et actis primorvm Normanniæ dvcvm, libri III; *Du Chesne, Hist. norm. Script. antiq.*, 1619, p. 49-160.

— Ex Dudonis Historia Normannorum, edente Dr. G. Waitz; *Monumenta Germaniæ Historica, edidit Pertz*, t. IV, scriptorum (1841), p. 93-106.

— Dudonis Hist. Normanorum, réimp. d'après Du Chesne; *Collect. de l'abbé Migne*, t. CLI, in-8.

Des mss. de cet historien se trouvent: à la Biblioth. de Rouen, XIe sc.; —Biblioth. Cottonienne, *British Museum* (Claudius, A. XII, et Nero D. VIII. 72); — Biblioth. de sir Phillips, de Middle Hill, sous le n° 747.

DUDON, chanoine de la collégiale de St-Quentin, au commencement du XIe sc., fut envoyé par Albert, comte de Vermandois, près de Richard Ier, duc de Norm., pour engager ce prince à se réconcilier avec Hugues Capet. La prudence et l'habileté qu'il montra dans cette occasion lui méritèrent la faveur de Richard, qui le combla de présents; Dudon, par reconnaissance, écrivit l'hist. des 3 prem. ducs de Normandie. Cet ouv., dans lequel il est à regretter que l'historien ait mêlé sa narration de fables nombreuses, et ait ainsi jeté de l'obscurité dans son récit, est divisé en 3 liv., et comprend l'espace depuis Rollon, qui reçut le baptème, en 912, jusqu'à la mort de Richard Ier, en 996. On suppose qu'il est né en Normandie et qu'il mourut vers 1025. Guillaume de Jumiéges a continué, en quelque sorte, le travail de ce chroniqueur, dont il n'existe pas encore de traduction. — La *Soc. des Antiq. de Norm.*, en vue de publier une nouv. édit. plus intelligible et plus complète de la chronique du chanoine de St-Quentin, a proposé, pour sujet de prix à délivrer en nov. 1858, un Mém. sur cet historien; ce Mém. devra présenter: 1° la biographie de l'écrivain; 2° une étude critique de son ouvrage et de l'édition qui en a été donnée par Du Chesne; 3° une notice des différents mss. que les bibliothèques publiques ou particulières en ont pu conserver. V. Le Gendre, *Hist. de France*, t. II, p. 27, et Dom Rivet, *Hist. litt. de la France*, t. VII, p. 236-239.

DUDOT (*René*), peintre du XVIIe sc., qu'on suppose être né à Rouen, où il fut reçu *maître du métier de peinture* le 25 mai 1653, et où l'on retrouve plusieurs tableaux peints par lui. L'église de St-Georges-de-Bocherville, près de Rouen, possède de cet artiste un bon tableau, représentant une *Descente de Croix*. — V. Ch. de Beaurepaire, *Notes hist. sur le Musée de Peinture de la ville de Rouen*, p. 25, 44 et passim.

DUDOUYT (*Jean-Baptiste*), anc. député et médecin, né à Prétot (Manche), en 1778, est mort à Coutances, en oct. 1845.—V. une Notice, dans l'*Ann. norm.*, 1846, p. 854-857. (Ext. du *Journ. de Coutances* du 26 oct. 1845.)

DUFAÏ (*Pierre-Louis*), jurisconsulte, né à Paris en 1705, mort en mai 1776, présenta à l'Acad. de Rouen, dont il était membre: *Traité sur la liquidation des biens en Caux*. — *Dissertation sur les mariages avenants et la légitimité des filles en Norm.* — V. son Eloge, par Dambourney, *Acad. de Rouen, Hist.*, t. IV, p. 294.

DUFAY (*Antoine*), chirurgien et botaniste, l'un des fondateurs de l'Acad. de Rouen, né dans cette ville le 16 nov. 1680, est mort le 17 janv. 1771. Il a communiqué à l'Acad., en 1770, un Mém. sur les Plantes qui croissent aux environs de Rouen, et qui ne croissent pas aux environs de Paris. V. son Eloge, par M. D'Ambourney, *Acad. de Rouen, Hist.*, t. IV, p. 276.

DUFAY. Note sur deux Tableaux ayant appartenu à la chapelle du Nombril-Dieu de la Maladrerie, près Caen; *Mém. de la Soc. des Antiq. de Norm.*, t. XX (1853), p. 315-317.

DU FEUGRAY. V. FEUGRAY (du).

DUFORT (*Joseph*). Résolutions de plusieurs cas de conscience sur la Coutume de Normandie, dédiées à nosseigneurs les archevêque et évêques de la même province, par M***, prêtre; *Caen, Gilles Le Roy*, 1764, in-12. (Imp. de J. Le Roy, à Coutances.)

— Dito; nouv. édit., corrigée et considérablement augmentée, à laquelle on a joint des observations sur les testaments. Dédiée à nos Seigneurs les archevêques et évêques de la même province, par M***, prêtre; *Caen, G. Le Roy*, 1773, in-12.

DUFORT (*Joseph*), eudiste, né à Ozeville (Manche), en 1685, est mort à Caen le 1er juillet 1767.

DU FOSSÉ. V. FOSSÉ (*Th.* du).

DUFOUR (Dom *Louis-Thomas*), savant orientaliste, né à Fécamp, le 27 janv. 1613, mort à l'abbaye de Jumiéges, le 2 fév. 1647, a publié: *Linguæ hebraicæ opus grammaticum cum hortulo Sacrarum radicum*; 1642, in-8. — Il a en outre laissé ms.: *Paraphrase sur le Cantique des Cantiques*, et *Testament spirituel pour servir de préparation à la mort*.

DUFOUR (*Ch.*). Requeste présentée par MM. les curés de Rouen à Mgr. l'archevêque de Rouen, 28 août 1656, contre l'*Apologie des casuistes*; in-4.

— Lettre de MM. les curés de Rouen au même pour lui demander la censure de l'*Apologie des casuistes*, par le P. Pirot, jésuite; 1658, in-4.

— Mémoire pour faire connaître l'esprit et la conduite de la Compagnie établie en la ville de Caen; in-4.

— Condamnation d'un prêtre de l'Hermitage (de Caen) pour avoir soutenu que le pape a pouvoir sur le temporel des rois et qu'il a droit de les établir et de les déposer; in-4.

— Lettres sur l'histoire de Marie des Vallées, possédée de Coutances (3 pièces); in-4. V. Marie des Vallées.

— Ad diem XXII novemb. Cæciliæ virgini martyri religione sacrvm, lvdis pvblicis celebrem, musice certamine solemnem. Carmen protrepticon; *Rouen, L. Mavrry*, 1662, in-4 de 4 p.

Dufour ou Du Four (*Charles*), abbé d'Aulnay, prieur de Beaussault, curé de St-Maclou de Rouen de 1641-1671, etc., devint conserv. de la Biblioth. du Chapitre vers 1672. Né à Rouen, il mourut dans cette ville, le 16 juin 1679. — V. l'abbé Ouin-La-croix, *Hist. de l'Eglise St-Maclou*, p. 103, et plusieurs pièces de vers mss, datées de 1648 et renfermées dans le Recueil nº 2,924, B.-Lett., Biblioth. de Rouen.

DUFOUR DE LA CRESPELIÈRE (*C.*), poète et médecin, à Caen, né à St-Lô (Manche), est mort vers 1680. Il est auteur de traductions de poètes latins et de quelq. ouv. singuliers, tels que : *Les Divertissements d'amour et autres poésies burlesques et sérieuses;* Paris, Oliv. de Varennes, 1667, in-12. — *Les Récréations poétiques, amoureuses et galantes, ou les joyeux divertissements de la poésie françoise en faveur des mélancoliques;* Paris, J.-B. et Henri Loison, 1669. — *Le Poète goguenard, contenant petites odelettes, madrigalets, chansonnettes, fleurettes, sornettes, passe-temps et billets-doux, etc.;* Paris, Loyson, 1673, in-12. (V. Brunet, t. II, p. 142.)

DUFOUR (*A.H.*). Carte de l'Orne; *Paris, Imp. lithog. de Bineteau*, 1853, 1 f^{lle}.

DUFRESNE (Mme Retau). V. Retau-Dufresne.

DUFRESNE, curé de Mesnil-Durand, député du bailliage d'Alençon à l'Ass. nat. en 1789, né à Livarot, le 12 déc. 1732.

DUFRESNY (*Ch.* Rivière). La Réconciliation normande, com. en 5 act. et en vers, représentée pour la prem. fois le 7 mars 1719; *Paris, Ribou*, 1719, in-12.

DU FRICHE (Dom *Jacq.*). V. Du Frische.

DUFRICHE (*Ch.-Elion*). V. Valazé.

DU FRICHE DE LA NOJAMME. Abrégé chronologique de l'histoire de l'abbaye de St-Martin de Séez; par M. Du Friche de la Nojamme, sénéchal de ladite abbaye; 1704, ms. in-f.

Ce ms. a passé, après la mort de l'auteur, entre les mains de ses filles. L'ouv. est dédié à Dom Charles Du Jardin, abbé; le style paraît avoir cent ans, au moins, de plus que la date; il y a bien des anachronismes, des contradictions, etc. L'auteur était très-âgé et parent de Dom Du Friche, qui a été général de la Congrégation de St-Maur. (P. Lelong, nº 12,632.)

DU FRISCHE ou DU FRICHE (Dom *Jacq.*), bénédictin de la congrégation de St-Maur, né à Sées en 1641, mourut à l'abbaye de St-Germ.-des-Prés, le 15 mai 1693. — On a de ce savant : *La Vie de St-Augustin*, en latin (avec le concours de dom Hugues Vaillant), dans les OEuvres de ce Père, t. XIII.—*S. Ambrosii mediolanensis episcopi opera ;* Paris, 1686-1690, 2 vol. in-f. (avec dom Nic. Le Nourry). — *OEuvres de S. Grégoire de Nazianze*, qu'une mort prématurée l'a empêché de terminer. — V. son Eloge, fait par Pinsson, avocat au Parlement de Paris, dans une lettre impr. en 1694.

DUGDALE (*William*). V. *Monasticon anglicanum.*

DU GORT ou DU GORD (*Robert* et *Jean*), imprimeurs-lib. à Rouen, de 1544-1563, au Portail des Libraires, ont publié un grand nombre de facéties qui sont aujourd'hui fort recherchées par les bibliomanes. Ces éditeurs ont coopéré à la publication des œuvres du fougueux écrivain Artus Desiré, à celle de l'Entrée de Henri II à Rouen, 1551, in-4, vol. illustré d'un grand nombre des planches grav. sur bois. Le nom de Jean Du Gort seul se trouve sur une autre relation en vers de cette même entrée; 1557, in-4. La marque des frères Du Gort, de forme ovale, représente deux pêcheurs tirant de l'eau leurs filets. Dans la partie supérieure, on lit, faisant allusion à leur nom : *De Gort en Gort;* et autour du cartouche, cette devise : *Qui en prent vng toviovrs pesche.*

En 1587 un Nicolas Du Gort, lib. à Rouen, continua le même genre de publications. La plus connue de ces facéties est *Les Triomphes de l'abbaye des Cornards, etc.*, pet. in-8.

DUGUA (*C.-F.-Joseph*), général de division, né à Valenciennes en 1744, a été préfet du Calvados de 1800-1802, époque où il fit partie de l'expédition de St-Domingue en qualité de chef d'état-major du général Leclerc. A la suite de blessures et après une longue maladie, il mourut au Cap-Français, cette même année. V. la Notice de Delarivière, 1802, in-8.

DUGUÉ (*Ed.*), préfet du dép. de la Manche, depuis 1854, est membre de la Soc. des Antiq. de Norm.

DUGUÉ-D'ASSÉ, député de Bellême à la Convention, né au Perche, est mort il y a quelq. années à Villeray, près Regmalard. Il a publié son opinion sur la question de *savoir si le roi sera jugé;* 1793, in-8.

DU HAMEAU (le P.). V. HAMEAU.

DU HAMEL (*Paschal*), savant professeur de mathématiques sous François Ier, était né à Vouilly (Calvados),

> Lequel faisoit les lectures publiques,
> Dedans Paris ès arts mathématiques.
> (*Miroir d'Eternité*, par Robert le Roquez de Carentan.)

Il mourut à Paris en 1565, ayant composé quelq. ouv. écrits en latin.

DU HAMEL (*Jacq.*), avocat au Parlement de Rouen, né en Normandie, mort vers 1611, a composé deux tragédies, savoir :
— Acoubar, ou la Loyauté trahie, trag. (5 act. en vers), tirée des Amours de Pistion et de Fortunée en leur voyage de Canada, avec des chœurs, dédiée à Philippe Desportes; 1586, in-12.
— Dito; *Rouen, Raphael du Petit Val*, 1603 (et 1611), pet. in-12 de 71 p.
— Lucelle, tragi-com. (5 act.), nouvellement mise en vers françois par J. D. H.; *Rouen, Raphael du Petit Val*, 1607, pet. in-12 de 60 p.
Cette pièce est la même que celle que Louis Le Jars avait écrite en prose et fait impr. en 1606; *Rouen, Raph. du Petit Val*, in-12.

DU HAMEL (*J.-B.*), prieur de St-Lambert, membre de l'Acad. des Sc. en 1666, né à Vire en 1624, mourut à Paris le 6 août 1706. Il était tout à la fois théologien, astronome et chimiste. Parmi ses nombreux ouv., tous écrits en latin avec une pureté et une élégance remarquables, nous citerons :
— Dissertatio de privilegiis Sancti-Germani; *Parisiis*, 1668, in-12. Cet ouv. a été traduit en français; *Paris*, 1668, in-12.
— De consensu veteris et novæ philosophiæ, lib. IV; *Paris*, 1663, in-4; *Oxford*, 1668, in-4, et *Rouen*, 1675, in-4.
— Philosophia vetus et nova, ad usum scholæ accommodata; *Parisiis*,1700, 6 vol. in-12.— Ouv. plusieurs fois réimp. et rédigé d'après l'ordre de Colbert.
— Theologia speculativa et pratica, juxta S. S. Patrum dogmata pertractata; *Paris.*, 1691, 7 vol. in-8.
— Theologiæ clericorum seminariis accommodatæ summarium; *Paris, Etienne Michallet*, 1694, 3 vol. in-12.
— Regiæ scientiarum academiæ historia, etc. (ab anno 1666, ad 1696); *Parisiis*, 1698, et *Lipsiæ*, 1700, in-4. — Secunda editio, priori longè accuratior et auctior; *Parisiis, de Lespine*, 1701, in-4. Cette 2e édit. plus correcte et plus complète que la précédente, comprend l'hist. de l'Acad. des Sc. jusqu'en 1700.
— Liber Psalmorum cum selectis annotationibus in loca difficiliora; *Rotomagi, sumptibus Guill. Behourt*, 1701, in-12 de 321 p., plus la table et 8 ff. prélim.
— Biblia sacra Vulgatæ editionis, una cum selectis ex optimis quibusque interpretibus notis, prolegomenis, novis tabulis chronologicis et geographicis; *Paris*, 1706, in-f.
Edit. de la Bible considérée comme la meilleure parue jusqu'alors. V. sur la vie et les écrits de J.-B. Du Hamel, *Supplément du Journ. des Sçavants*, fév. 1707.;—Eloge par de Fontenelle; *Hist. de l'Acad. des Sc.*, année 1706, et t. Ier, *Hist. du renouvellement de cette Acad.*; Paris, 1708, in-12; — Niceron, *Mém.*, t. Ier, p. 271-281, et t. X, part. 1re, p. 46; — Eloge, par M. Flourens, à la suite de son travail sur Fontenelle; *Paris, Paulin*, 1847, in-12.

DU HAMEL (*Georges*), frère du précédent, né aussi à Vire, fut l'un des plus habiles avocats de son siècle.

DU HAMEL (*Philippe*), de l'ordre des Célestins, et poète, naquit à Rouen, le 8 avril 1652. Il a composé une *Ode au bienheureux Pierre de Luxembourg, cardinal;* Paris, 1664, in-4, et plusieurs traductions en vers. Il mourut le 5 juillet 1708.

DU HAMEL (*F.-M.*), religieux de l'abbaye de St-Sever, diocèse d'Avranches. V. ST-SEVER.

DU HAMEL (*Jean*), professeur d'éloquence (in Grassinæo), au collége des Grassins, surnommé le Santeuil de la Normandie, né à Vire dans le XVIIe sc., a publié, en 1720, une édit. des Œuvres d'Horace, avec des notes; il a publié également plusieurs pièces détachées de poésie latine d'un goût exquis. Son ode sur *le Cèdre*, composée en latin lors de la *fameuse* dispute sur la préférence des vins de Bourgogne et de Champagne, fut très-applaudie; il la traduisit peu de temps après en vers français. Cette traduction, qui a paru dans le *Mercure*, 1728, p. 1363-68, égale au moins l'original. J. Du Hamel mourut en 1705.

DUHAMEL (*Guillot*). Mémoire sur la minéralogie du dép. de la Manche; *Journ. des Mines*, an VII (t. II, 1795), n°s 7 et 8.
— Essai sur la minéralogie et la lithologie du dép. de la Manche; *Journ. des Mines*, 1799 (t. IX), n° 52, p. 249 et suiv.

DUHAMEL (*Jean-Pierre-François Guillot*), inspect. gén. des mines, né à Nicorps, près de Coutances, le 31 août 1730, termina sa carrière le 19 fév. 1816. Indépendamment des Mém. indiqués ci-dessus, il a publié les ouv. suiv. : *Voyages métallurgiques* (avec la collaboration de Jars), 1775-1781, 3 vol. in-4, fig.; —*Géométrie souterraine élément.*, *théorique et pratique*, 1788, in-4; — *Dictionn. portatif franc.-allemand*, contenant les mots techniques relatifs à l'art d'exploiter les mines, 1800, in-12. V. Quérard, *France litt.*, t. II.

DUHAMEL (*Guillot*). Description des Tourbières de la Mailleraye, près de Caudebec; *Journ. des Mines*, t. I, 1794.

Guillot Duhamel, inspect. gén. des mines, a coopéré, avec son père, Franç. Guillot Duhamel, à la composition des 2 mém. sur le dép. de la Manche cités ci-dessus.

DUHAMEL (*Louis-Marie*). Mémoire sur le sol de l'arrond. de Coutances et sur ses principales productions; *Mém. de la Soc. centrale et roy. d'Agric.; Paris*, t. VI, in-8.

Né dans les environs de Coutances, le 15 avril 1760, Louis-Marie Duhamel, baron de l'Empire, maire de Coutances, de 1800-1810, vice-président du tribunal civil de cette ville, député en 1815, pendant les cent-jours, termina sa carrière le 22 janv. 1819. Duhamel s'occupa spécialement de recherches sur les matières agronomiques. V. Notice par M. J. Le Tertre, *Ann. de la Manche*, 1835.

DUHAMEL (*J.*). Rapport sur l'état de l'agriculture dans l'arrondissement de Pont-l'Evêque; *Ann. norm.*, 1850, p. 241-271.

DU HAYS (*Ch.*). La Plaine de Caen. Visite à l'établissement hippique de M. Basly; *Mortagne, Imp. de Loncin*, 1855, in-12 de 24 p.

DUHAZEY, jurisconsulte. V. DUVAL-DUHAZEY.

DU HECQUET (*J.-B.* Léonor). V. HECQUET.

DU JARDIN, sieur de la Garde, officier de fortune, né à Rouen, acquit une certaine célébrité par suite du procès à lui intenté en 1616 pour participation au parricide qui avait été commis, le 14 mai 1610, sur la personne de Henri IV. Il fut arrêté alors, par suite des révélations qu'il avait faites au roi lui-même quelques jours avant l'assassinat, et dont ce prince n'avait tenu aucun compte. Après une détention de neuf mois à la Conciergerie, Du Jardin fut rendu à la liberté par un arrêt du Parlement, du 12 août 1616. Il reçut en même temps un brevet de 600 liv. de pension et le titre de contrôleur des bières, à Paris.

Pour justifier le capitaine Du Jardin de toute participation au complot d'assassinat, parurent sous son nom les pièces suivantes :

— Manifeste de Pierre Du Jardin, capitaine de la Garde, prisonnier en la conciergerie du Palais, à Paris; (*Rouen*), 1619, in-8. Cet opuscule a été réimp. dans les *Variétés hist. et litt.*, publ. par Ed. Fournier, t. VII (1857), p. 83-88; *Paris*, *P. Jannet*, in-18.

— Factum de Pierre Du Jardin, sieur et capitaine de la Garde, natif de Rouen, province de Normandie, prisonnier en la Conciergerie du Palais, à Paris, contenant un abrégé de sa vie et des causes de sa prison, pour oster à un chacun les mauuais soupçons que sa détention pourroit auoir donnez; s. l. n. d. (*Rouen*, 1619), in-8. (Bibl. Imp.)

Ces deux pièces ont été réimp. sous ce titre :

— La mort de Henry le Grand, descouuerte à Naples en l'année 1608, par Pierre du Jardin, sieur et capitaine de la Garde, natif de Rouen, prouince de Normandie; detenu ès prisons de la conciergerie du Palais, à Paris; *Paris*, 1619, in-8 de 16 p. — Dito; s. d., in-12 de 26 p. Edit. plus moderne.

Le Catal. de la Biblioth. Imp., t. I, annonce une édit., s. l., 1619, in-4.

L'opuscule précité a été réimp. dans les *Archives curieuses de l'Hist. de France*, par Cimber et Danjou, 1re série; *Paris, Beauvais*, 1837, t. XV, p. 143-164.

Le manifeste et le factum ont été insérés dans un *Recueil de pièces historiques et curieuses*, publié à Delft, *Vorburger*, 1717, 2 vol. in-12, et dans le *Journal de Henri IV*, par L'Etoile, t. IV (1741), p. 235-255. Une notice sur P. Du Jardin et l'arrêt du Parlement du 12 août 1616, se trouvent dans ce même vol., p. 62, 67 et 272.

DUJARDIN aîné (*F.*). Mémoire sur la culture du mûrier et sur l'éducation des vers à soie, dans le centre et le nord de la France, principalement en ce qui touche le dép. de la S.-Inf.; *Rouen, Baudry*, 1838, in-8 de 52 p.

Ext. des Mém. de la Soc. libre d'Emulat. de Rouen, 1838.

— Histoire d'une plantation de mûriers à Rouen, 1re année, 1838; *Rouen, Lefevre*, 1839, in-8 de 23 p.

Ext. du même recueil, 1839.

— Chemin de fer de Paris à Rouen; *Rev. de Rouen*, 1841, 1er sem., p. 226-233; — 2e sem., p. 93-98, avec une carte; et 227-236.

— Tissus nautiques (Fabrication des toiles à voiles en coton, fondée à Rouen par MM. Laroche-Barré et Lelong neveu); *Rev. de Rouen*, 1842, 1er sem., p. 250-256.

— Chemin de fer de Rouen au Havre; *Rev. de Rouen*, 1843, 1er sem., p. 300-304.

— Travaux offerts à l'Association norm., au nom de la Société libre, pour concourir au progrès du commerce et de l'industrie de Rouen, à savoir : 1° Précis hist. des principaux travaux de la Société depuis son origine jusqu'à nos jours; 2° Notes statist. sur quelq.-unes des principales industries de Rouen et du dép. de la S.-Inf.; *Caen, H. Le Roy*, 1843, in-8 de 55 p.

Ext. de l'*Ann. norm.*, 1843.

— De l'enseignement de la musique vocale par la méthode de Galin, et exposé des résultats du premier cours ouvert à Rouen par M. Aimé Paris, en 1847; *Rouen, Péron*, 1848, in-8 de 20 p.

— De l'Enseignement municipal de la musique, à Rouen; *Rouen, A. Péron*, 1849, gr. in-8 de 24 p.

— Amélioration de la Basse-Seine. Lettre au Directeur de la *Rev. de Rouen; Rev. de Rouen*, 1849, p. 373-380.

En réponse à un article de M. de Fréville sur le même sujet, et dans le même recueil.

M. Dujardin aîné, ancien agréé au tribunal de commerce de Rouen, directeur du journal le *Messager universel de l'Industrie, etc.*, imp. à Paris en 1853, a, indépendamment des écrits mentionnés ci-dessus, publié un *Essai sur la sténographie;* Rouen, Ed. Frère, 1834 et 1835, in-8 de 56 p., avec 3 pl. — *Du Crédit foncier et de la possibilité de le constituer en France sans modifier la législation actuelle;* Rouen, H. Rivoire, 1850, in-8 de VI et 85 p.

DUJARDIN (*Louis*), graveur sur bois, l'un des élèves les plus distingués de Brevière, est né à Rouen le 23 janv. 1808. Il a travaillé à l'*Hist. des peintres de toutes les écoles, par Ch. Blanc*, gr. in-4, et a gravé un grand nombre de sujets de divers genres. Aux expositions de Londres, 1851, et de New-York, 1853, il obtint une médaille de bronze. A l'Exposition univ. de Paris, 1855, il fut jugé digne d'une médaille de 1re classe, en argent.

DULAGUE (*Vincent-François-Jean-Louis*), prof. d'hydrographie à Rouen, corresp. de l'Acad. des Sciences, membre de l'Acad. de Rouen, né à Dieppe, le 24 déc. 1729, est mort à Rouen, le 9 sept. 1805. Il fit paraître en 1768 (à Rouen, chez Besongne), des *Leçons de navigation*, qui ont été réimp. bien des fois à Rouen et à Paris. Une IXe édit., rev., corrigée et augm. par R. J. M. Blouet, prof. d'hydrographie à Dieppe, a été publiée à Paris, chez Aug. Delalain; 1823, in-8, fig., et une Xe édit., revue et augm. par V. Bagay, a paru à Toulon en 1854, in-8, avec pl.

Dulague a fait à Rouen, avec l'abbé Bouin, un grand nombre d'observations astronomiques qui sont consignées dans les *Mém. de l'Acad. des Sc.* (Savants étrang.), Mém. de mathém. et de physique, t. III-VII. Nous signalerons notamment : *Observations du passage de la lune par les Hyades, le 25 sept. 1755, et le 7 mars 1756; Acad. des Sc., etc.*, t. IV (1763), in-4, p. 313-317; — *Observation de l'éclipse de soleil, le 13 juin 1760*; même recueil, t. V (1768), p. 605 et 606. — V. la notice de M. Vitalis, *Mém. de l'Acad. de Rouen*, 1806, p. 90-96.

DULOMBOY. Aux mânes de Marie-Elisabeth Joly, artiste célèbre du Théâtre-Français; *Paris, Imp. de Delance*, (1799), in-18 de XIX et 178 p., av. grav. et musique.

DULOMBOY (*N. F. R.* Fouquet), ancien capit. de cavalerie et littérateur, né à Caen vers 1765, est mort en 1822. Il avait épousé, en 1778, Mar.-Elis. Joly. Cette artiste célèbre, née à Versailles le 3 avril 1761, mourut à Paris, le 5 mai 1798. Elle fut inhumée à St-Quentin de la Roche (Calvados), le 3 juin suiv. La montagne appelée la Roche-St-Quentin reçut le nom de Mont-Joly, à l'époque où le corps de Marie Joly y a été déposé. Dans le vol. précité, p. 59-91, se trouve, sous le titre d'*Itinéraire du Mont-Joly*, la description de ce lieu appelé également la Brèche-au-Diable, et situé à 8 kilom. de Falaise, sur la route de Caen.

DULONG (*Pierre-Louis*), chimiste et physicien, membre de l'Institut de France (Acad. des Sc.), etc., né à Rouen, rue aux Ours, n° 46 (31 ancien), le 13 fév. 1785, est mort à Paris, le 19 juill. 1838. Son amour pour la science l'excita à des expériences dangereuses, et, dans ce combat intellectuel, il fut mutilé, comme l'avait été Conté, et perdit un œil et deux doigts de la main droite. Ce savant a enrichi la science d'un grand nombre de découvertes que le cadre de notre Manuel ne nous permet pas d'énumérer. Pour y suppléer, nous renvoyons aux notices suiv., et principalem. au rapport de M. Girardin, qui contient le catalogue bibliographique des trav. scient. de Dulong.

— Funérailles de M. Dulong, le 20 juill. 1838; *Paris, F. Didot*, in-4 de 14 p.

Brochure publiée par l'Acad. des Sc., et renfermant les discours de MM. Arago, Chevreuil, Thénard, Espéronnier, etc. — Le Discours funéraire prononcé par Franç. Arago a été reproduit dans ses œuvres; *Notices biog.*, t. III, p. 581-584; Paris, Gide et Baudry, 1855, in-8.

— Boutron-Charlard. Notice sur P. L. Dulong, chimiste et physicien, né à Rouen; *Journ. de Pharmacie et des Sc. accessoires*, 1838; *Rev. de Rouen*, 1838, 2e sem., p. 208-211.

— Biog. univers. et portative des Contemporains, t. v, supp.

—Recherches sur la maison où est né Dulong; *Mém. de l'Acad. de Rouen*, 1843.

— Concours pour la composition d'un Mém. contenant l'éloge de Dulong et une analyse critique de ses travaux en physique et en chimie. Rapport de M. J. Girardin; *Bullet. de la Soc. libre d'Emul. de Rouen*, 1854, p. 30-66, avec un portr. et un fac-simile.

—Essai sur les travaux de Dulong; Mém. couronné par la Soc. libre d'Emulat. de Rouen; *Bullet. de cette Société*, 1854, p. 67-96.

La ville de Rouen, voulant honorer le nom d'un de ses plus illustres enfants, a donné le nom de Dulong à l'une de ses rues.

DULONG (*François-Charles*), avocat et député de l'Eure membre de l'opposition, né à Pacy-sur-Eure, le 14 juin 1792, succomba le 29 janv. 1834, dans un duel avec le général Bugeaud, duel qui eut lieu à la suite d'une discussion élevée dans le sein de la chambre des députés. On a de lui : *Discours prononcé sur la tombe de M. Ozanne, à Bérangeville, le 5 janv.* 1827; Paris, Selligue, in-8. de 16 p.;— *A MM. les Electeurs du 2e arrond, électoral de l'Eure;* Paris, Fournier, 1831, in-4 de 4 p.; —*M. Dulong, avocat, conseiller municipal, à ses concitoyens;* Paris, Dupont, 1833, in-8 de 8 p.

A propos de Dulong, nous rappellerons les brochures suiv.: *Duel de M. Dulong, député patriote, et M. Bugeaud, général, député ministériel, gardien de la duchesse de Berri au château de Blaye;* Paris, Selligue, 1834, in-4; — *Procès du Patriote du Puy-de-Dôme, devant la cour d'assises de Riom, 19 mai* 1834 (Mort de Dulong); Clermont-Ferrand, Veysset, 1834, in-12.

DUMANOIR LE PELLEY (*Pierre-Etienne-René-Marie*, comte), vice-amiral, député du dép. de la Manche, né à Granville, le 2 août 1770, est mort à Paris, le 7 juill. 1829.

DUMANOIR et CLAIRVILLE. Charlotte Corday, drame en 3 actes, mêlé de chant, représenté sur le théâtre du Gymnase-Dram., le 14 juillet 1847; *Paris, Mme Dondey-Dupré*, 1847, gr. in-18 de 60 p.

DUMAS D'AIGUEBÈRE. Lettre d'un Garçon de café (J. D. Dumas d'Aiguebère) au souffleur de la Comédie de Rouen, sur la pièce des *Trois Spectacles* (de Dumas d'Aiguebère luimême); *Paris, Tabarie*, 1729, in-12 de 44 p.

— Réponse du Souffleur de la Comédie de Rouen à la lettre du garçon de café; *Paris, Tabarie*, 1730, in-12.

— Seconde lettre du Souffleur de la Comédie de Rouen au garçon de café, ou entretien sur les défauts de la déclamation; *Paris, Tabarie*, 1730, in-12.

DUMAS (*Adolphe*). Corneille, stances récitées sur le Théâtre-des-Arts, à Rouen, le 29 juin 1833; *Rev. de Rouen*, 1833, 2e sem., p. 18-22.

DUMAS (*Alex.*). Le Siége de Rouen, 1419; *Rev. de Rouen*, 1833, p. 21-37.

DUMAS (*Ernest*). Essai sur la fabrication des monnaies. Discours de réception à l'Acad. des Sc., B.-Lett. et Arts de Rouen, le 4 juillet 1856; *Rouen, A. Péron*, 1856, in-8 de 48 p.

Ext. des Mém. de l'Acad. de Rouen, 1856, p. 217-230. Ce discours traite principalement de la monnaie de Rouen, dont M. E. Dumas était alors directeur.

DUMÉE fils. Album Rouennais, édifices remarquables de la ville de Rouen, dessinés et lithogr. par Dumée fils, avec des notes hist. par Ch. Richard; *Rouen, Dumée fils, éditeur*, 1847 (Imp. de A. Péron), gr. in-8 publié en 20 liv. et orné de 60 pl.

— Album Rouennais. Edifices remarquables de la ville de Rouen, dessinés par Dumée fils, etc. CATHÉDRALE DE ROUEN; *Rouen, chez l'auteur* (1847), gr. in-8, avec 13 pl.

Ext. de l'ouv. précédent.

DUMÉE (*Edme-Pierre*), né à Rouen, est mort à Paris le 26 juin 1848, à l'âge de 26 ans, des suites d'une blessure qu'il reçut à l'attaque de la barricade de Rochechouart, en combattant pour la défense de l'ordre et de la liberté. Ramené à Rouen, on lui fit des obsèques magnifiques. Un monument lui a été élevé dans le Cimetière monum., aux frais de la ville. Cet artiste a publié en 1846 une Vue de l'église de St-Maclou de Rouen, lithogr. à 2 teintes, de grande dimension, et plusieurs planches pour l'Hist. de la paroisse St-Maclou, par M. Ouin-Lacroix. — V. Notice de M. A. Pottier, *Rev. de Rouen*, 1848, p. 362 à 365, avec un portr. dessiné par H. Bellangé.

DU MEILET (*Alex.-Antoine*), membre de la Chambre des députés et maire d'Evreux, né en cette ville le 1er oct. 1772, est mort le 5 oct. 1833. Le nom de Du Meilet a été donné à l'une des rues d'Évreux. — V. Notice de M. Del'homme, *Soc. libre d'Agric. de l'Eure*, 1833.

DU MENIL (*Denis* le baron), ancien juge, garde de la monnaie et ancien échevin de la ville de Caen, né en cette ville le 3 juillet 1698, est mort le 20 juin 1772.

DUMÉNIL-MORIN. Discours sur la nécessité de multiplier les bois dans la province de Normandie ; lu le 13 fév. 1755 dans l'Acad. de Caen ; ms. (P. Lelong, n° 3,437.)

L'auteur est descendant du célèbre ministre Etienne Morin, l'un des premiers membres de l'Académie de Caen.

DU MÉRIL (Edelestand). Des Biens communaux situés dans le départ. de la Manche, et des prétentions de LL. AA. RR. le Duc et Mlle d'Orléans ; *Paris, Le Normant*, 1827, in-8 de 36 p.

— Des Transactions offertes aux communes du département de la Manche ; *Paris, Le Normant*, 1827, in-8 de 20 p.

Sur la même question, V. *Mémoires pour S. A. R. Mgr. le duc d'Orléans, etc.*

— Rapport sur les fouilles faites à Vieux, ayant pour objet de rechercher quel était le nom de l'ancienne ville gallo-romaine dont les ruines existent à cet endroit ; *Mém. de la Soc. des Antiq. de Norm.*, t. XIII (1844), p. 300-303.

— Note sur un objet antique découvert à Flamanville (Manche) ; *Mém. de la Soc. des Antiq. de Norm.*, t. XIV (1846), p. 21-23, avec une pl.

— Histoire de la poésie scandinave. Prolégomènes ; *Paris, Brokhaus et Avenarius*, 1839, in-8 de 512 p.

— Essai sur l'origine des runes ; *Paris, Franck*, 1844, in-8 de 45 p.

— Recherches historiques sur la chute du Paganisme et l'établissement de la religion chrétienne dans la province de Rouen ; *Mém. de la Soc. des Antiq. de Norm.* t. XIII (1844), p. 304-323.

— Dictionnaire du patois normand ; *Caen, B. Mancel*, 1849, in-8 de XCIX et 222 p.

Cette impression, commencée en 1847 par F. Poisson et fils, a été achevée en 1849 par E. Poisson. L'introduction, formant XCIX p., est due à M. Edelestand Du Méril ; le Dictionn. a été composé de société avec M. Alfred Du Méril, son frère. V. un Art. de Mlle A. Bosquet ; *Rev. de Rouen*, 1850, p. 201-207.

— De la Légende de Robert-le-Diable ; *Paris, Imp. de Brière*, 1854, in-8 de 40 p.

Ext. de la *Rev. Contemp.*, liv. 15, juin 1854, tiré à 50 exempl.

DUMÉRIL (Edelestand), homme de lettres, né à Valognes, est un des savants dont s'honore la Normandie. Indépendamment des ouv. mentionnés ci-dessus, il a publié les ouvrages suiv. :

— L'art poétique à l'usage du XIXe sc., poème posthume en 5 chants et en vers ; *Paris, Le Normant*, 1826, in-8 de 108 p.

Sous le nom d'Ant. Giguet, maire de St-Côme.

— Philosophie du budget ; *Paris, Merlin*, 1835-36, 2 vol. in-8.

— Essai philosophique sur le principe et les formes de la versification ; *Paris, Brokhaus et Avenarius*, 1841, in-8 de 230 p.

— Poeseos Popularis ante seculum duodecimum ; Latine decantatæ reliquias sedulo collegit, è manuscriptis exaravit, et in corpus primum digessit ; *Parisiis, Brockhaus et Avenarius*, 1843, in-8 de 434 p.

— La mort de Garin-le-Loherain, poème du XIIe siècle, publié pour la prem. fois, d'après douze mss. ; *Paris, Franck*, 1846, in-12.

Branche du roman des Loherains, dont M. Paulin Pâris a publ. la 1re partie intit. : *Li Romans de Garin-le-Loherain*, Paris, Techener, 1833-35, 2 vol. in-12.

— Mœurs et usages des Francs, d'après la loi salique ; *Mém. de la Soc. des Antiq. de Norm.*, t. XIV (1846), p. 235-265.

— Latina, quæ medium per ævum in triviis nec non in monasteriis vulgabantur, carmina sedulo iterum collegit, quamplura vermibus arripuit et variis illustrata disquisitionibus gratanter eruditis, etc. ; *Ebroicis, typis, L. Tavernier*, 1847, in-8 de 454 p.

2e vol. des Poésies popul. latin. du moyen âge.

— Origines latines du théâtre moderne ; *Paris*, 1849, in-8.

— Mélanges archéologiques et littéraires ; *Paris, Franck*, 1850, in-8 de 480 p.

— Essai philosophique sur la formation de la langue française ; *Paris, Franck*, 1852, in-8 de 452 p. (Imp. de Mme ve Pagny, à Caen.)

— Poésies inédites du moyen-âge, précédées d'une histoire de la fable ésopique ; *Paris, Franck*, 1854, in-8 de 456 p. (Imp. de Mme ve Pagny, à Caen.)

— Floire et Blanceflor, poèmes du XIIIe sc., publiés d'après les mss., avec une introduction, des notes et un glossaire ; *Paris, P. Jannet*, 1856, in-18 de CCXXXVI et 319 p.

A cette énumération des nombreux et intéressants travaux de M. E. Du Méril, nous ajouterons la série d'articles publiés par lui, sur l'Etablissement de la fête de la Conception, poème de Wace, et sur les Chansons de Maurice et de Pierre de Craon, dans le *Journ. des Sav. de Norm.*, recueil dont il a été l'un des principaux fondateurs.

DU MÉRIL (*Alfred*). De l'Etat du clergé régulier en Normandie, sous le pontificat d'Eude Rigaud, 1248 à 1269 ; *Mém. de la Soc. des Antiq. de Norm.*, t. XVII (1850), p. 107-125.

Du Méril (*Alfred* Pontas), frère du précédent, né à Valognes en 1799, est mort le 1er août 1856. Magistrat, botaniste, littérateur et archéologue, il a publié, de soc. avec M. Edel. Du Méril, le *Dictionn. du patois norm.*, et fondé avec le même le *Journ. des Savants de Norm.*, dans lequel il a inséré plus. articles. Il préparait une *Histoire des lois pénales en France, depuis la fondation de la monarchie jusqu'à S. Louis*, lorsque la mort est venue l'atteindre.

DUMERSAN. Inauguration de la statue du Grand Corneille, à Rouen, le 19 oct. 1834; *Paris*, 1834, in-8 de 3 p.

Ext. de la *Rev. du Théâtre*, t. II (1834), p. 40.

DUMESNIL. Lettre en vers, ou stances irrégulières à Mgr. le duc de St-Aignan, contenant un récit de la fête magnifique faite au Havre, le 30 janv. 1687, par M. de Montmor, intendant général de la marine de la province de Normandie, pour marquer sa joie sur le rétablissement de la santé du roi; *Havre de Grâce, Jacques Gruchet*, 1687, in-4. (Bibl. Imp., t. II, p. 265.)

DUMESNIL (*Louis*). Traité sur la manière de cultiver les terres sablonneuses depuis la Mailleraie jusqu'à Rouen.

Opuscule publié vers 1809, et qui valut à l'auteur une médaille d'encouragement.

L'abbé Dumesnil, né le 24 sept. 1743, à St-Jouin-sur-Mer, est mort le 13 fév. 1829, dans sa cure de Guerbaville, après avoir desservi cette paroisse pendant 56 ans. Il a laissé ms., sous forme de Mémoires, un ouv. en 2 vol., intitulé : *Ma prison ou mes aventures pendant la terreur de la révolution française*, de 1792-1802. (Bibl. de l'abbé Anfray, curé de la Mailleraye.) — V. *Mém. de la Soc. d'Emulat. de Rouen*, 1829, p. 34, et *Eglises de l'arr. d'Yvetot, par M. l'abbé Cochet*, t. 1, p. III et suiv.

DU MESNIL (*Marie*). Chroniques neustriennes, ou Précis de l'histoire de Normandie, ses ducs, ses héros, ses grands hommes; influence des Normands sur la civilisation, la littérature, les sciences et les arts; productions du sol et de l'industrie; commerce, caractères et mœurs des habitans, depuis le IXe sc. jusqu'à nos jours. Suivi de chants neustriens; *Paris, Renard*, 1825, in-8 de VIII et 422 p., avec un portr. lithogr. de Guill.-le-Conquérant.

Abrégé de l'Hist. de Norm., destiné surtout aux gens du monde.

DU MESNIL (*P.*). La Bataille d'Hastings; *Acad. de Rouen*, 1825, p. 330-333 (en vers).

— Héroïsme des Rouennais, durant le siége de 1418, ode lue à l'Acad. de Rouen en 1821.

DU MESNIL (*Pierre*), imp.-lib. à Rouen, membre de l'Acad. de cette ville, né à Rouen en 1775, est mort en 1834. Il est auteur de deux poèmes épiques : *Oreste*, poème en 12 chants; *Imp. de la Ve Pierre Dumesnil et fils*, 1804, in-8 de VIII et 496 p., et réimp. à *Paris* en 1811. — *Jeanne d'Arc, ou la France sauvée*; Paris, Cordier, 1818, in-8. — Sur cette dern. production, V. Art. de M. Raynouard, dans le *Journ. des Sav.*, janv. 1819, p. 48-53. Du Mesnil a donné une édit. du Dictionn. franç. de Richelet, sous l'initiale P....., et a été collaborateur de M. Garner, dans la publication de son Dictionn. angl.-franç. et franç.-angl.; *Rouen, Ve P. Du Mesnil et fils*, 1802, 2 vol. gr. in-4.

DU MESNIL (*Pierre*). Alain Blanchard, chronique normande; *Paris, chez l'auteur*, 1849-50, 2 part. in-8 formant ensemble 492 p. (Imp. de H. Rivoire, à Rouen.)

Roman historique, sur lequel un article de Mlle A. Bosquet a été inséré dans la *Rev. de Rouen*, 1849, p. 159-162.

— Le Chevalier de Quiévreville et sa captive. Hist. normande; *Rouen, A. Ailaud*, 1856, in-12 de 32 p. (Imp. de H. Renaux.)

M. P. Du Mesnil fils du précédent, appartient à une ancienne famille d'imprimeurs, qui ont exercé leur art à Rouen, sans interruption, depuis 1618 jusqu'au commencement du XIXe sc.

DUMESNIL (*Louis-Alexis* Lemaistre), publiciste et historien, né à Caen, le 10 sept. 1783, est auteur de plusieurs écrits politiques et d'un grand nombre d'ouvrages parmi lesquels nous citerons, comme les plus importants : *Examen politique, philosophique et moral*; Caen, Manoury, 1806, in-8; — *De l'esprit des Religions*; Paris, 1810 et 1825, in-8; — *Le Règne de Louis XI et de l'influence qu'il a eue jusque sur les derniers temps de la 3e dynastie*; Paris, 1811, in-8, et 2e édit., 1819, in-8, sous le titre de : *Le Règne de Louis XI, considéré comme une des principales époques de la monarchie française*. — *Eloge de Pascal*; Paris, 1813, in-8; — *Hist. de Philippe II, roi d'Espagne*; Paris, 1822, et 2e édit., 1824, in-8; — *Réfutation de l'instruction pastorale et de l'ordonnance de Mgr. l'archev. de Rouen, pour le rétablissement de la discipline ecclésiastique dans son diocèse, etc.*; Paris, Baudouin frères, 1825, in-8.

DUMOLARD (*Estienne* Orcel). La Mort de

Jeanne d'Arc, trag. en 3 act.; *Orléans, Darnault-Maurant*, 1806, in-8.

— La Vieillesse de Fontenelle, comédie anecdotique en un acte, en prose et en vaudev.; *Paris, Martinet*, 1814, in-8. (Avec Capelle.)

DU MONCEL (*Th.*). V. MONCEL (du).

DU MONSTIER (*Artus*). Nevstria pia. Sev de omnibvs et singvlis abbatiis et prioratibvs totivs Normaniæ; qvibvs extrvendis, fvndandis, dotandisqve, pietas neustriaca magnificentissime eluxit, et commendatur. Deqve sanctarvm illarvm domorvm, rectoribus, priuilegiis, et aliis ad ipsas quo quomodo spectantibus; *Rothomagi, apud Joann. Berthelin*, 1663, in-f. de 936 p. et 8 ff. prélim.

Du Monstier céda son privilége à J. Berthelin, en 1661. Il composa, en latin, l'hist. ecclésiastique complète de la province de Norm., divisée en 5 vol. in-fol. Il n'en a paru qu'un seul, le *Neustra Pia*, qui fut publié par Placide Gallemant, relig., comme lui, de l'ordre des Récollets. Les 2 prem. vol., intitulés : *Neustria Christiana*, contiennent l'Hist. des archevêques de Rouen et des évêques de la province; le 3e se compose du *Neustria Pia*, et traite des abbayes, des prieurés, etc.; le 4e, *Neustria Sancta*, donne la vie des saints de notre pays; le 5e comprend tous les documents qui, ne se rattachant pas directement aux divisions précédentes, en avaient été exclus par l'auteur. Il l'a intitulé : *Neustria Miscellanea*. Son ms., portant la date de 1647, se trouve aujourd'hui à la Biblioth. Imp. Le *Neustria Pia* contient l'hist. des abbayes et prieurés suiv. :

ALMENESCHES (Orne), (Almaniscæ), ord. St-Benoît, dioc. de Sées, p. 364-369.

ARDENNES (Calvados), (Ardena), ord. des Prémontrés, diocèse de Bayeux, à 4 kilom. de Caen, paroisse de St-Germain-la-Blanche-Herbe, p. 702-710.

AULNAY (Calvados), (Alnetum), ord. des Citeaux, diocèse de Bayeux, p. 758-767.

AUMALE (S.-Inf.), (Alba-Malla ou Marla), ord. St-Benoît, diocèse de Rouen, p. 731-737.

BARBERY (Calvados), (Barberium), ord. des Citeaux, diocèse de Bayeux, à 12 kilom. de Caen, p. 881-884.

BEAUBEC (S.-Inf.) (Bellum-Beccum), ord. des Citeaux, diocèse de Rouen, arrond. de Neufchâtel), p. 714-715.

BEAULIEU (S.-Inf.), prieuré (Bellus-Locus, ord. St-Augustin, diocèse de Rouen, à 8 kilom. de cette ville (dépendant de Bois-l'Evêque, canton de Darnétal), p. 916-918.

BEC (Eure), (Beccum), ord. St-Benoît, dioc. de Rouen, p. 435-495.

BELLE-ETOILE (Orne) (Bella-Stella), ord. des Prémontrés, dioc. de Bayeux, à 8 kil. sud. de Condé-sur-Noireau, p. 910-913.

BELLOZANNE (S.-Inf.) (Bellosanna), ord. des Prémontrés, diocèse de Rouen, p. 891-892.

BERNAY (Eure) (Bernayum), ord. St-Benoît, dioc. de Lisieux, p. 398-405.

BIVAL (S.-Inf.) (Bivallium ou Bivallis), ord. des Citeaux, dioc. de Rouen, arr. de Neufchâtel, p. 919.

BLANCHELANDE (Manche) (Blanca-Landa), ord. des Prémontrés, diocèse de Coutances, p. 842.

BON-PORT (Eure) (Bonus-Portus), ord. des Citeaux, dioc. d'Evreux, p. 894-902.

BREUIL-BENOIST (Brolium-Benedicti), ord. des Citeaux, diocèse d'Evreux, p. 786-788.

Sur cette abbaye, V. une Notice de M. Berger de Xivrey; *Paris*, 1845, in-8.

CAEN. St-Etienne, ord. St-Benoît, diocèse de Bayeux, p. 624-656.

—Ste-Trinité, ord. St-Benoît, p. 656-665.

CERISY (Manche) ou CERISEY (Cerasium ou Cerisceium), ord. St-Benoît, diocèse de Bayeux, p. 429-435.

CHERBOURG (Cæsaris-Burgus), ord. St-Augustin, dioc. de Coutances, p. 813-816.

CONCHES (Eure) (De Conchis), ord. St-Benoît, diocèse d'Evreux, p. 567-577.

CORDILLON (Calvados) (Courdilium), ord. St-Benoît, dioc. de Bayeux, à 16 kil. de Bayeux, p. 919.

CORMEILLE (Eure) (Cormelia), ord. St-Benoît, dioc. de Lisieux, p. 595-602.

CORNEVILLE-SUR-RISLE (Eure) (Cornevilla), ord. St-Augustin, dioc. de Rouen, à 8 kil. de Pont-Audemer, p. 877-879.

ESTRÉE (Eure) (De Strata), ord. des Citeaux, dioc. d'Evreux, p. 804.

EU (Aucum ou Augum, seu S. Laurentius, aut B. Maria Augensis), ord. St-Augustin, dioc. de Rouen, p. 694-701.

Evreux. St-Sauveur d'Evreux (S. Salvator Ebroicensis), ord. St-Benoît, p. 592-595.
— St-Taurin (Sanctus Taurinus), ord. St-Benoît, p. 360-363.
Falaise (Falesia, S.-Johannes de Falesia), ord. des Prémontrés, dioc. de Sées, p. 750-757.
Fécamp (S.-Inf.) (Fiscannum), ord. St-Benoît, dioc. de Rouen, p. 193-258.
Fleury (Eure) (Floriacum), ord. St-Benoît, dioc. de Rouen, p. 369-370.
Fontaine-Guérard (Eure) (Fons-Gerardi ou Fontes-Guerardi), ord. des Citeaux, dioc. de Rouen, p. 784-785.
Fontenay (Calvados) (Fontaneti-Monasterii), ord. St-Benoît, p. 79-83.
Fontenelle ou St-Wandrille. V. St-Wandrille.
Foucarmont (S.-Inf.) (Fulcardus Mons), ord. des Citeaux, dioc. de Rouen, arr. de Neufchâtel, p. 744-749.
Gouffern (St-André-en-) (Calvados) (Goffernum), ord. des Citeaux, dioc. de Sées, p. 737.
Graville (S.-Inf.) (Gravilla), ord. St-Augustin, prieuré, diocèse de Rouen, p. 861-865.
Grestain (Eure) (Grestanum), ord. St-Benoît, dioc. de Lisieux, p. 528-534.
Hambie (Manche) (Hambeya), ord. St-Benoît, dioc. de Coutances, p. 821-824.
Isle-Dieu (l') (Eure) (Insula-Dei), ord. des Prémontrés, dioc. de Rouen, sur l'Andelle, p. 884-891.
Ivry (Eure) (Ibrea, Ibreium), ord. St-Benoît, diocèse d'Evreux, p. 670-671.
Jumeaux (Calvados) (Gemellense Monasterium), ord. St-Benoît, diocèse de Bayeux, p. 78.
Jumiéges (Gemeticum ou Gemmeticum), ord. St-Benoît, diocèse de Rouen, p. 259-325.
La Luzerne (Manche) (Lucerna), ord. des Prémontrés, dioc. d'Avranches, p. 793-802.
La Noue (Eure) (De Noa), ord. des Citeaux, dioc. d'Evreux, p. 803.
La Vallée (Eure) (Vallis, B. Mariæ), ord. St-Benoît, dioc. d'Evreux, commune de Bérengeville-la-Rivière, canton d'Evreux, p. 785-786.
Lessay (Manche) (Exaquium), ord. St-Benoît, dioc. de Coutances, p. 617-623.
Lisieux (Calvados). N.-D.-du-Pré ou St-Désir (Lexoviensis), ord. St-Benoît, p. 583-586.

Les abbayes dépendant du dioc. de Lisieux étaient celles de St-Evroult, Bernay, Préaux (St-Pierre de), Grestain, Cormeilles, Mondée, Préaux (St-Leger de), St-Desir, à Lisieux (ou bien N.-D.-du-Pré). Ces deux dernières étaient des abbayes de femmes.

Livry ou Livray (Calvados) (Liberiacum), ord. St-Benoît, dioc. de Bayeux, p. 345.
Longues (Calvados) (De Longis), ord. St-Benoît, dioc. de Bayeux, p. 865-868.
Longueville (S.-Inf.) (Longa-Villa), ord. St-Benoît, dioc. de Rouen, p. 666-669.
Lonlay (Orne) (Lonleium), ord. St-Benoît, dioc. du Mans, à 8 kil. de Domfront, dans le Passais, p. 423-429.
Lyre (Eure) (Lyra), ord. St-Benoît, dioc. d'Evreux, p. 534-540.
Mandane (Manche) (Madvinium, seu Madvinum, vel Malduinum), ord. St-Benoît, dioc. de Coutances, p. 68.

On suppose que c'est Mandane, à 4 kil. de Grandville, en mer. La position exacte de ce lieu est inconnue.

Mondée ou Montdée (Calvados), (Mons-Dei, de Monte Dei), ord. des Prémontrés, dioc. de Lisieux, à 8 kil. de Bayeux, p. 905-910.
Montebourg (Manche) (Montis-Burgus), ord. St-Benoît, dioc. de Coutances, p. 672-676.
Montivilliers (S.-Inf.) (Montis-Villare ou Monasterium Villare), ord. de St-Benoît, dioc. de Rouen, p. 338-344.
Montmorel (Manche) (Mons-Morellus), ord. St-Augustin, dioc. d'Avranches, p. 879-880.
Mont-St-Michel (Manche) (Mons-Sancti-Michaelis), ord. St-Benoît, dioc. d'Avranches, p. 371-397.
Mortain (Manche) (Moretonium ou Les Blanches, Albæ-Dominæ), ord. des Citeaux, dioc. d'Avranches, p. 840.
Mortemer (Eure) (Mortuum-Mare), ord. des Citeaux, dioc. de Rouen, p. 768.
Nanteuil (Manche) (Nantus), ord. St-Benoît, dioc. de Coutances, commune de St-Marcouf, p. 69-74.
Pavilly (S.-Inf.) (Pauliacum), ord. St-Benoît, p. 326-328.
Pentalion (Eure) (Pentallum), ord. St-

Benoît, dioc. de Rouen, près du confluent de la Seine et de la Risle, et dépendant aujourd'hui de la commune de St-Sanson-sur-Risle, p. 329-330.

PERRINE (la) (Manche) (Perrina), ord. des Trinitaires ou Pères de la Rédemption des Captifs, prieuré, diocèse de Coutances, p. 913-914.

PLESSIS-GRIMOULT (Calvados) (Plesseyum Grimoldi), ord. St-Augustin, prieuré, diocèse de Bayeux, p. 742-744.

PONTOISE. St-Martin de Pontoise (S. Martinus de Pontœsia), ord. St-Benoît, diocèse de Rouen, p. 550-557.

PRÉAUX (Eure) (Pratellum), ord. St-Benoît, dioc. de Lisieux, p. 505-520.

Dépendait de N.-D.-de-Préaux, canton de Pont-Audemer.

M. Le Prevost, dans son Pouillé de Lisieux, indique en outre : St-Léger de Préaux (S. Leodegarius de Pratellis), — St-Pierre de Préaux (S. Petrus de Pratellis).

PRÉAUX (Eure), le 2e monastère (Pratellum Secundum), ord. St-Benoît, diocèse de Lisieux, p. 520-527.

Dépendait de St-Michel de Préaux, canton de Pont-Audemer.

REVIERS ou RAVIERS (Calvados) (Radeverum, seu Redeveriacum), ord. St-Benoît, dioc. de Bayeux, p. 65.

ROUEN. Bonnes-Nouvelles (N.-D. de) (Pratum), ord. St-Benoît, p. 611-616.
— Mont-Ste-Catherine (Mons Sanctæ Catharinæ), ord. St-Benoît, p. 405-423.
— St-Amand (Sanctus Amandus), ord. St-Benoît, p. 185-192.
— St-Lô (S. Laudus), prieuré, ord. St-Augustin, p. 804-812.
— St-Ouen (Sanctus Audoenus), ord. St-Benoît, p. 1-64.

STE-BARBE-EN-AUGE (Calvados) (S. Barbara in Algia), prieuré, ord. St-Augustin, dioc. de Lisieux. p. 716-731.

ST-EVROULT (Orne) (Cœnobium Uticense, Uticum S. Ebrulfi), ord. St-Benoît, dioc. de Lisieux, p. 84-130.

ST-GEORGES-DE-BOCHERVILLE (S. Georgius in Boschervilla pago, ou Balcheri-Villa), ord. St-Benoît, dioc. de Rouen, p. 691-693.

ST-HELIER ou ELIER (S. Helerius), ord. St-Augustin, Ile de Jersey, diocèse de Coutances, et plus tard réunie à l'abbaye de Cherbourg, p. 712.

ST-LEUFROY (La Croix) (Eure) (Crux S. Leutfredi), ord. St-Benoît, diocèse d'Evreux, p. 346-359.

ST-LÔ (Manche) (Sanctus Laudus), ord. St-Augustin, diocèse de Coutances, p. 836-840.

ST-PIERRE-SUR-DIVES (Calvados) (Sanctus Petrus super Divam), ord. St-Benoît, dioc. de Sées, p. 496-504.

ST-SAENS (S.-Inf.) (Sanctus Sidonius), ord. des Citeaux, arr. de Neufchâtel, p. 335-337.

ST-SAUVEUR-LE-VICOMTE (Manche) (S. Salvator Vice-Comes), ord. St-Benoît, dioc. de Coutances, p. 540-544.

ST-SEVER (Manche) (Sanctus Severus), ord. St-Benoît, p. 74-77.

ST-VICTOR-EN-CAUX (S.-Inf.) (S. Victor in Caleto, seu apud Caletes), ord. St-Benoît, dioc. de Rouen, p. 545-549.

ST-WANDRILLE ou FONTENELLE (S.-Inf.) (Fontanella S. Wandregisilli), ord. St-Benoît, p. 131-184.

SAUSSEUSE (Eure) (Salicosa), prieuré, ord. St-Augustin, diocèse de Rouen, à 4 kil. de Vernon, commune de Tilly, p. 846-848.

SAVIGNY (Manche) (Saviniacum), ord. des Citeaux, dioc. d'Avranches, p. 676-690.

SCICY (Manche) (Sesciacum, vel Sisciacum), ord. St-Benoît, dioc. de Coutances, commune de St-Pair, p. 66-67.

SÉES (St-Martin de) (Sagium), ord. St-Benoît, p. 577-583.

TORIGNY (Manche) (Thorigneium), ord. des Citeaux, dioc. de Bayeux, p. 914-916.

TRAPPE (la) (Orne) (Trappa), ord. des Citeaux, diocèse de Sées, p. 789-791.

TRÉPORT (Ulterior-Portus), ord. St-Benoît, dioc. de Rouen, p. 587-591.

TRÉSOR (le) (Eure) (Thesaurus Beatæ Mariæ), ord. des Citeaux, dioc. de Rouen, à 20 kil. de Gisors, sur les bords de l'Epte, p. 919.

TROARN (Calvados) (Troarnum), ord. St-Benoît, dioc. de Bayeux, p. 558-566.

VAL (le) (Calvados) (Vallensis), ord. St-Augustin, dioc. de Bayeux, paroisse de St-Omer, p. 841.

VAL-DIEU (Orne) (Vallis-Dei), ord. des Chartreux, dioc. de Sées, p. 874-876.

VALLASSE (le) (S.-Inf.) ou VALASSE (Valacia, Valassia ou Vallis-Azonis), ord. des Citeaux, dioc. de Rouen, p. 848-861

VALMONT (S.-Inf.) (Vallis-Mons ou Validus-Mons), ord. St-Benoît, dioc. de Rouen, p. 869-874.

VAL-RICHER (Calvados) (Vallis-Richeria), ord. des Citeaux, dioc. de Bayeux, à 12 kil. de Lisieux, p. 825-835.

VIGNATS (Calvados) (Vinacium), ord. St-Benoît, dioc. de Sées, p. 749.

VILLERS-CANIVET (Calvados) (Villarium), ord. des Citeaux, dioc. de Sées, canton de Falaise, p. 791-792.

DU MONSTIER (*Arthur* ou *Arthus*), religieux récollet, né à Rouen, est mort dans cette ville le 14 juillet 1662, âgé de 76 ans. Indépendamment de l'Hist. ecclésiastique de la province, il a composé les ouv. suiv. :

— La Piété françoise vers la sainte Vierge Marie, mère de Dieu, N.-D. de Liesse; *Paris*, 1637, in-8.

— Martyrologium Franciscanum ; *Paris*, 1637, in-f.

— De la Sainteté de la Monarchie françoise, des rois très-chrétiens et des enfans de France; *Paris*, 1638, in-f. et in-8.

— Vie de S. Laurien, évêque de Séville; *Paris*, 1656, in-12.

— Sacrum Gynecæum seu Martyrologium amplissimum, in quo sanctæ ac beatæ, aliæque Christi ancillæ, martyres, virgines, etc.; *Parisiis, Edm. Couterot*, 1657, in-f.

V. son Eloge, par l'abbé Saas; *Acad. de Rouen*, t. II (1751-60), p. 254-256.

DUMONT (*Ant. Robert*), professeur à Caen, dans les XVe et XVIe sc. V. DUMUS.

DUMONT (*D. M.*). Constitution médicale de l'été à Caudebec (en Caux); *Mém. de l'Acad. de Rouen*, t. V (1781-93), p. 94-96.

—Recherches sur les causes de la fréquence de la phthisie pulmonaire à Caudebec; 1788, ms. Acad. de Rouen.

Il se trouve un ext. de ce mém. dans le *Précis de l'Acad.*, t. V (1781-93), p. 88-90.

DUMONT (*Honoré*), poète, né à Coutances, le 25 avril 1781, est auteur de : *Eloge de Malesherbes* (en vers); Coutances, 1822, in-8; et 2e édit., Abbeville, 1823, in-8 de 48 p.; — *Montesquieu*, poème en X chants; Abbeville, 1824, in-8; — *St-Charles*, poème; Paris, 1829, in-8 de 96 p.

DUMONT (*Eugène*), né à Alençon, est auteur de : *Expédition sentimentale;* Caen, Manoury, 1833, in-32 de 295 p.

DUMONT D'URVILLE. V. URVILLE.

DUMONT-FILLON. Discours prononcé le 1er mai 1821, en présence des habitants de la ville d'Avranches, par M. Dumont-Fillon, garde à cheval des eaux et forêts à Avranches, à l'occasion du baptême solennel de S. A. R. Henri-Ch.-Ferd.-Marie-Dieudonné duc de Bordeaux, fils de France, né à Paris, le 29 sept. 1820, et baptisé le 1er mai 1821; *Avranches, A. Tribouillard*, s. d., in-8.

DUMONT-MOULIN. Système nouveau de construction hydraulique, propre à fonder, en pleine mer, des fortifications et autres établissements isolés, ou moyens de solidifier les digues marines en pierres perdues, *notamment celles de Cherbourg*, et de les défendre efficacement contre l'action destructive et combinée des tempêtes, des affouillements et des courants de marée, par Bon-Louis Dumont-Moulin, de Cherbourg; *Cherbourg, Imp. de Boulanger*, 1830, in-4 de 40 p., avec une pl. lithog.

DU MOUCEL (*Charles-Henry-Alex.*), présid. à mortier au Parlem. de Norm., en 1745, né à Rouen, le 4 fév. 1717, est mort en cette ville, le 1er août 1780. V. les *Annonces de Norm.*, 1780.

DUMOUCHEL (*J.-B.*), professeur au collége de la Marche, recteur de l'anc. université de Paris, membre de l'assemb. constituante, est né aux environs de Rouen, en 1747. Il a publié les 2 ouv. suiv. : *Eléments de Grammaire française;* Paris, 1805, in-12; — *Narrationes excerptæ ex latinis scriptoribus, servato temporum ordine, dispositæ;* Paris, 1826, in-12, et depuis lors souvent réimp. Ce dernier ouv. avec le concours de Goffaux. Dumouchel est mort à Paris, le 7 déc. 1820.

DUMOUCHEL, durant bien des années receveur particulier des contributions directes, à Rouen, a publié : *Réforme électorale;* Rouen, F. Baudry, s. d. (1836), in-8 de 24 p. —*Recherches historiques sur l'apanage*, pour servir à apprécier : 1° l'acte du 7 août 1830, par lequel M. le duc d'Orléans, alors lieut.-gén. du royaume, a donné à sept de ses huit enfants la nu-propriété de tous ses biens meubles et immeubles, en s'en réservant l'usufruit, etc.; par le vieux Normand, auteur de brochures sur : 1° *la Conversion des rentes;* 2° *la Contribution foncière et le cadastre en* 1836; 3° *la Réforme électorale;* Rouen, F. Baudry, 1837, in-8 de 40 p.

DU MOULIN (*Charles*). Covstvmes des pays, comté et baillage dv grand Perche, etc.—Procès-verbal pour la rédaction des Covstvmes des païs, comté et baillage du grand Perche, etc.; in-4. V. BRY DE LA CLERGERIE.

DU MOULIN (*Pierre*), ministre calviniste, né au château de Buhoy, dans le Vexin, en 1568, mort en 1658, a composé un grand nombre d'ouv. de controverse religieuse dont quelq.-uns ont été imp. à Rouen, et dont plusieurs autres se rattachent à l'hist. de la réforme en Norm. Nous ne citerons que ceux-ci : *Elements de logique, dern. édit. reueue et corrigée;* Roven, Jacq. Cailloué, 1624, in-18 de 262 p., plus la table des chap. et 6 ff. prélim. (Imp. par Jean L'Oyselet) ;—*Lettres au synode d'Alençon, en 1637, touchant les livres d'Amyraut et Testard, ou examen de leur doctrine ;* Amst., 1638, in-12; —*Réponse au livre du cardinal du Perron, intitulé : Réplique à la réponse de Jacques I, roy de Bretagne;* Genève, 1641, in-8; —*Ethique, ou science morale;* Roven, Berthelin, 1661, pet. in-12.—Le portr. de Pierre Du Moulin a été gravé par Thomas de Leu, en 1588.

DU MOULIN (*Gabriel*). Histoire générale de Normandie. Contenant les choses mémorables aduenuës depuis les premières courses des Normands payens, tant en France qu'aux autres pays, de ceux qui s'emparèrent du pays de Neustrie sous Charles le Simple. Auec l'histoire de leurs ducs, leur généalogie, et leurs conquestes, tant en France, Italie, Angleterre, qu'en Orient, iusques à la réunion de la Normandie à la couronne de France; *Rouen, Jean Osmont,* 1631, in-f. de 56 et 564 p., plus : Catal. des Seigneurs de Norm., etc., 52 p., la table des matières et 6 ff. prélim.

Il existe des exempl. en gr. pap.

L'ouvrage du curé de Menneval se divise ainsi : Discours de la Norm., p. 1-34 ; — De l'ancienne Normandie et fureur des Normands, exercée en France avant la venue du Prince Rhou, p. 35-56 ; — Tableau généalogique des ducs de Norm.; — Hist. gén. de Norm., depuis Rhou, en 872, jusqu'à Jean-sans-Terre et même Jean II, dit le Bon, 1361, p. 1-564 ; — Catalogue des Seigneurs de Normandie, et autres provinces de France qui furent en la conquête de Jérusalem sous Robert Courte-Heuze, duc de Norm., et Godefroy de Bouillon, duc de Lorraine, avec la curieuse remarque de toutes leurs armes ou armoiries, etc.; — Noms des seigneurs et chevaliers normands qui portoient les bannières sous Philippe II ; — Catalogue des seigneurs renommés en Norm., depuis Guill. le Conquérant jusqu'en l'an 1200 ; — Noms des 119 gentilhommes qui défendirent le Mont-St-Michel en 1423, contre les Anglois. L'écusson de Norm., placé au titre, (vignette gravée sur cuivre et non sur bois, et qui, par conséquent, nécessite un second tirage), manque dans quelq. exempl.

— Les conqvestes et les trophées des Norman-François, aux royaumes de Naples et de Sicile, aux duchez de Calabre, d'Antioche, de Galilée, et autres principautez d'Italie et d'Orient; *Roven, David dv Petit Val ; Jean et David Berthelin,* 1658, in-f. de 492 p., plus 3 ff. prélim. et 5 ff. non numér. à la fin du vol. (Imp. par David Maurry.)

Les 5 ff. qui complètent ce vol. donnent une chronologie rouennaise, ann. 94-1555 : *Chronologia inclytæ vrbis Rothomagensis, per De la Mare, advocatum in Parlemento.*

L'ouv. du curé de Menneval commence à l'année 1003 et finit en 1112; on en trouve des exempl. sur grand pap.

Du Moulin (*Gabriel*), curé de Menneval né à Bernay vers 1575, est mort en 1660. Les nombreux mss. qu'il avait recueillis sur l'hist. de Norm. et sur l'hist. de Bernay en particulier, sont perdus aujourd'hui.

DU MOULINET, abbé des Thuilleries (*Claude*). V. Thuilleries.

DUMOURIEZ (le général *Ch.-Fr.* Duperrier). Durant un séjour de onze ans qu'il fit à Cherbourg, comme commandant de la place (sous Louis XVI), il a contribué à donner aux travaux de la Soc. acad. de cette ville quelque importance. Dans les archives de cette soc., on remarque les mss. suiv. de Dumouriez :

— Mém. sur la position de Cherbourg et de la Hougue, relativement à l'établissement d'un port royal dans la Manche;

—Des Considérations sur la marine marchande à Cherbourg, les manufactures et l'agrandissement de ce port;

— Mém. sur le commerce ancien et nouveau de cette ville et sur les nouvelles branches qu'il serait intéressant d'y établir.

Malgré ces travaux, écrits dans l'intérêt du port de Cherbourg, Dumouriez a laissé dans ce port des souvenirs peu favorables.

Parmi les mss. qui furent saisis chez Dumouriez, en 1793, on trouve les deux suiv., qui se rattachent au commandement dont il était chargé sur une partie de la Basse-Norm. : *Mém. de défensive sur la Normandie,* 1777. — *Mém. sur le Cotentin,* 1778.

Né à Cambrai le 25 janv. 1739, ce général est mort en Angleterre le 14 mars 1823. — V. *Mém. de la Soc. acad. de Cherbourg,* 1835 et 1856.

DUMUS (*Ant.-Robert*), professeur de belles-lettres à Caen, dans les XVe et XVIe sc., né à Lisieux, a publié :

— De Lubrico temporis curriculo, deque hõis miseria nec non de funere xtianissimi regis caroli 8i. commento familiari ; pet. in-4, s. d. et s. n. d'imp.

L'abbé De la Rue, qui possédait un exempl. de cette édit., suppose qu'elle est sortie des presses de Caen vers 1498. Elle fut faite par les soins de Pierre Desprès. Les poèmes sont de Simon Nanquier et le commentaire est de Robert Dumus; elle est dédiée à Marin Verglais.

— Dito; pet. in-4, s. n. d'imp. et s. d. (vers 1520), mais probablement imprimé à Caen, parce qu'on trouve en tête une épigramme latine de Pierre Desprès à Marin Verglais, tous deux recteurs de l'Université, le 1er en 1521, et le 2e en 1515. (Biblioth. de M. De la Rue.)

— Augustini dathi senensis precepta elegantie latine versu ab Roberto Dumo expressa, adjunctis non illepidi viri Guillermi Guerouldi thematibus vernaculis. Venales prostant in taberna libraria Mich. Angier Cadomi juxta fratres minores commorantis. *Imprime a Caen par Laurent hostingue pour Michel angier demourant audit lieu à lenseigne du mont St Michel pres les cordeliers et fut acheve lan mil cinq cens XXV, le penultieme jour de may.*

Il faut remarquer dans cet ouv. les pièces suiv. :

— Une épître latine de Guillaume Mares de Lisieux, à Pierre Desprès, docteur en théologie et pénitentier de la même ville;

— Une pièce en vers latins sur l'ouvrage de Dathus, par Dumus;

— Une autre du même à Foulques Costard, aumônier de l'évêque de Lisieux;

— Une autre de Pierre Desprès aux jeunes écoliers sur la rhétorique;

— Une épître latine de Guillaume Mares à Jean Lemenestrel, étudiant en droit et qui avait été son écolier. (Biblioth. Imp.)

— Epythomata grammatice juvenibus ipsis litterarie artis fundamenta jacere volentibus admodum conducibilis. *On les vend a caen chieux mich. angier libraire et relieur dudit lieu demourant a lenseigne du mont St Michel pres les cordeliers ; Impressum est hoc opusculum cadomi opera Laurentii hostingue pro Mich. angier juxta conventum fratrum minorum moram agentis;* in-8, s. d. (Bibl. Imp.)

On trouve en tête de ce vol. une pièce de vers latins, adressée par Dumus à Josse Godet, conseiller au Parlement de Rouen, dans laquelle il lui dit :

Gloria gymnasii nunc cadomensis ades;
Felix nunc cadomus pro te nunc gessit alumno,
Et normanna simul tota triumphat humus,
Erudiendo tuos dociles claros que nepotes.
Hunc tenuem strinxit nostra minerva librum, etc.

DUNCAN (*Jonathan*). The dukes of Normandy, from the time of Rollo to the expulsion of King John by Philip Augustus of France ; *London, Joseph Rickerby; Harvey and Darton*, 1839, in-12 de x et 393 p.

Abrégé, puisé aux meilleures sources, et dans lequel l'auteur a eu pour but de représenter les ducs de Normandie (depuis la conquête) plutôt comme princes normands que comme rois d'Angleterre. Le vol. est terminé par : 1° une Descript. de la Tapisserie de Bayeux (p. 339-369) ; 2° la Biographie des barons normands qui combattirent à Hastings, tirée en partie du Roman de Rou (p. 369-390) ; 3° la Prophétie de Merlin, trad. d'Orderic Vital, liv. XII (p. 390-393).

DUNOD (le P.). Ext. d'une Lettre écrite de Valognes en Basse-Normandie; *Journal des Scavans*, 1695, p. 449-451.

Découverte par le P. Dunod, jésuite à Valognes, d'antiquités romaines dans les environs de cette ville : théâtre, bains, etc. Ce lieu était appelé *Unelli* par César, *Crouciatinum* par Ptolomée, et *Alauna* par les Romains.

DU PARC (*Raoul*), historien, né à Rouen, et mort vers 1570, est auteur d'une *Description des obsèques et pompes funèbres du Roi Henri II;* Paris, P. Richard, 1559.

DUPARC (*J.*) Adversus invidos Normannorum censores oratio, habita die 28 novembris anno 1743 in regio Borbonio Societatis Jesu collegio celeberrimæ academiæ Cadomensis; *Cadomi, apud Joan. J. Poisson*, 1744, in-8 de VI et 35 p.

Sur ce Discours, V. :

— Lettre écrite par M. D. L. R. (de la Roque) à M. le marquis de B... sur l'*Apologie des Normands*, etc.; *Mercure*, 1744, août, p. 1787-1803.

Du Parc (*Jacq.* Lenoir), jésuite, professeur de réthorique au Collége des Jésuites de Caen et de celui de Louis-le-Grand, à Paris, né à Pont-Audemer, le 15 nov. 1702, est mort à Paris, vers 1789. Indépendamment des deux écrits mentionnés ci-dessus, il a publié : *De felici ortu serenissimi Burgundiæ ducis oratio;* 1751, in-4; — *Observations sur les trois siècles de la littérature franç., adressées à M. P.;* Paris, 1774, in-8 (On a réimp. à la suite de ce vol. les 2 pièces latines indiquées plus haut.) ; — et quelques Discours insérés dans les *Nouv. littéraires de Caen*, publiées par l'abbé Porée.

DU PARC. Note sur la commune de Réville (Manche); *Soc. des Antiq. de Norm.*, t. VI (ann. 1831-33), p. 398-402.

DUPARC (*Constantin-Frédéric-Thimoléon*, comte), né le 13 décembre 1759, au Mesnil-Aurival, près de Cherbourg, est mort le 16 mai 1833, avec le titre de maréchal de camp honoraire. Il fut député de la Manche de 1823-1827.—V. *Ann. de la Manche*, 1835.

DUPARC (*Henri-Ch.-Thimoléon*), anc. officier supérieur, représentant du dép. de la Manche à l'Ass. législative en 1849, né à Bayreuth (Franconie), en 1796. Après la révolution de 1830, il quitta le service et se retira dans sa terre de Réville (Manche).

DU PASTIS HÉREMBERT. V. PASTIS.

DU PERCHE (*Nicolas*). Les intrigues de la Vieille Tour de Rouen, com. (1 a., v.); *Paris, Cardin Besongne*, 1640, in-12, et *Rouen, J.-B. Besongne*, s. d. (vers 1700), in-12 de 32 p.

DU PERCHE, avocat à Alençon (lieu de sa naissance), puis à Rouen, est auteur de 2 autres pièces; l'une est intitulée : *Rosimonde, ou le Parricide puni*, trag. en 5 act. et en vers; Rouen, Louis Oursel, 1640, in-8; — l'autre a pour titre : *L'Ambassadeur d'Afrique*, com., imp. vers 1640.

DUPERRIER, ing. géog. Carte de la province de Normandie, dressée sur les mémoires les plus récents et assujettie aux observations de MM. de l'Acad. roy. des Sc.; *Paris*, 1780.

DU PERRON (*J.* Davy), cardinal. V. PERRON (du).

DU PERRON (*Pierre* Le Hayer). V. HAYER.

DU PETIT-VAL (*Raphael*). V. PETIT-VAL.

DU PETIT-VAL (*David*). V. PETIT-VAL.

DUPIAS (*A.-F.*). Alain Blanchard, citoyen de Rouen, trag. en 3 act. et en vers; *Rouen, N. Periaux*, 1826, in-8 de 87 p., avec une pl. au trait, gravée par E.-H. Langlois.

— Réfutation du discours contre Alain Blanchard, prononcé par M. Th. Licquet, président de l'Acad. des Sc., B.-Lett. et Arts de Rouen, en la séance publ. du 26 août 1828; *Rouen, N. Periaux*, 1828, in-8 de 34 p.

DUPIAS (*Alex.-F.*), né à Rouen, mort à Paris, il y a quelq. années, est, indépendamment des deux écrits mentionnés ci-dessus, auteur d'une trag. de Biron et de plusieurs recueils de poésies étrang. au plan de notre manuel.

DUPIN (le B^on^ *Ch.*). Rapport au Conseil directeur du canal maritime de la Seine, sur l'achèvement des travaux préparatoires opérés sur le terrain; *Paris, Lachevardière fils*, 1826, in-4 de 15 p.

DU PIN (*Louis* Elliès), D^r^ en théolog. de la faculté de Paris, et prof. royal, né à Paris le 17 juin 1657, d'une noble et ancienne famille de Normandie, est mort le 6 juin 1719. Ce docte professeur, que quelq. biog. font naître en Norm., a écrit un grand nombre d'ouv. sur des matières ecclésiastiques; il a revu et modifié, mais sans avoir le consentement de l'auteur, l'*Hist. des Juifs de Basnage*; Paris, 1710, 7 vol. in-12.

DU PLESSIS (*N.* Rolland). Discovrs veritable de la mort, fvnerailles et enterrement de deffunct Messire André de Brancas, en son viuant cheualier Seigneur de Villars, cõseiller au Conseil d'estat & priué du Roy, Cappitaine de cent hommes d'armes de ses ordonnances, Gouuerneur & Lieutenāt general pour Sa Majesté, ès villes & Bailliages de Rouen, Caux, Haure de Grace, & admiral de France, etc.; *Roven, Richard L'Allemant*, 1595, in-12 de 75 p., plus 2 ff. non paginés.

Au 4e ft., on trouve un portr. d'André de Brancas, gravé sur bois, à l'âge de 34 ans. Il a été fait 2 réimp. de ce livre dans les XVIIe et XVIIIe sc., in-12, et avec la date de 1595. Il est facile de les reconnaître à la disposition typographique; la seconde réimpression, supérieure à la première, se distingue par le caractère, qui est beaucoup plus gros; elle a 124 p., tandis que les deux autres éditions en ont seulement 80.— V. BRANCAS.

DU PLESSIS (*Charles-Arthur*), D^r^ méd., né à Avranches en 1592, a publié : *Promptuariam Hippocratis in locos communes ordine alphabetico, nec sive compendio digestum*; Rotomagi, sumpt. Viduæ Jac. Lucas, 1683, in-4 de 607 p. et 6 ff. prélim., avec portr. de Du Plessis, à l'âge de 68 ans. (Bibl. de Rouen).

DU PLESSIS (Dom *Toussaints*). Description géographique et historique de la Haute-Normandie, divisée en deux parties. La 1re comprend le Pays de Caux; et la 2e le Vexin. On y a joint un Dictionnaire géographique complet, et les cartes géographiques de ces deux Provinces; *Paris, P.-François Giffart*, 1740, 2 vol. in-4, avec 2 cartes (anonyme).

Le privilége de ce livre, publié au prix de 18 liv., fut accordé à François Didot, lib. à Paris, qui y associa la Ve Ganeau, P.-F. Giffart, Nyon père et Nyon fils. Cette disposition explique la présence de chacun de ces noms sur des exempl. d'une même édition et portant la même date. Dans beaucoup d'exempl., les cartes manquent.

Ce fut M. De la Vergne de Tressan, archev. de Rouen, qui engagea D. Toussaints Du Plessis, religieux bénédictin de St-Germ.-des-Prés de Paris, à écrire cette description du diocèse de Rouen. Il lui fut promis 1,000 liv. par année sur les fonds du clergé du diocèse, pendant tout le temps qu'il travaillerait à cet ouvr.; pendant six années, à partir du 1er juillet 1730, il reçut la somme stipulée. Mais quelq. contestations s'étant élevées entre lui et Mgr. de Saulx-Tavanes (successr de M. de Tressan), Du Plessis détruisit son travail, quoiqu'il fut déjà fort avancé; cependant il ne tarda pas à s'apercevoir de la faute qu'il avait commise, et le recommençant avec ardeur, il en publia, peu d'années après, une partie importante sous le titre de : *Description de la Haute-Norm.* Cet ouv., qui n'est donc en quelque sorte que l'introduction à l'Hist. de l'Eglise de Rouen, renferme de précieux documents et fait regretter que Du Plessis n'ait pu achever entièrement l'œuvre immense qu'il avait entreprise. Dom J.-B. Bonnaud fit de nouvelles recherches pour la compléter et réunit de nombr. matériaux. A sa mort, arrivée à St-Germain-des-Prés le 13 mai 1758, ses mss. passèrent d[illegible] les mains de Dom Le Noir, qui prép[illegible] une Hist. générale de la Norm.

V. *Journ. des Savants*, oct. 1740. — *Mercure*, déc. 1740. — *Observ. sur les Ecrits modernes*, Lettr. 347, 359. — *Journ. de Verdun*, avril 1741, (t. XLIX), p. 243-255. — *Mém. de Trévoux*, fév. et mai 1741, — et *Mém. de l'abbé Langlois sur les Biblioth. des Archev. et du Chapitre de Rouen*, Académ. de Rouen; 1853, p. 462-464.

La publication de la *Descript. de la H.-Norm.*, a donné lieu aux écrits suiv. :

— Observations de l'auteur de la Description géogr. et hist. de la Haute-Norm. sur deux articles des *Mém. de Trévoux*, nov. 1740 et fév. 1741; *Mercure*, 1741, mars, p. 482-488.

— Extrait d'une Lettre de M. Clerot, avocat au Parlement de Rouen, au sujet de la *Description de la Haute-Norm.*; *Mercure*, 1741, oct., p. 2134-2138.

— Remarques sur la Lettre de M. Clerot, insérée dans le *Mercure* d'oct. 1741 (par Du Plessis); *Mercure*, 1741, déc., p. 2558-2566.

— Lettre de M...., sur la Descript. de la Haute-Norm.; *Mercure*, 1744, fév., p. 291-298.

— Réponse du R. P. Dom Du Plessis, à cette Lettre; *Mercure*, 1744, mars, p. 426-456.

Réponse divisée en 2 part. Dans la 1re, l'auteur réfute les différentes critiques qu'on a faites de son ouvrage, surtout au sujet de quelq. étymologies; dans la 2e, il confirme que nul concile n'avait défendu aux moines de se charger de la conduite d'une église.

— Extrait d'une Lettre à M. Maillart, au sujet de l'Echiquier de Norm.; *Mercure*, 1741, fév. et mars. (V. MAILLART.)

— Justification de Dom Du Plessis contre quelq. endroits de deux Mémoires de l'abbé Terrisse, au sujet des droits et des titres de l'abbaye royale de St-Ouen de Rouen; (1743), in-4 de 16 p.

— Lettre du P. Toussaints du Plessis, sur la prétendue Cité de Limmes, près de Dieppe; *Mém. de Trévoux*, 1751, déc., p. 2644-2653.

— Nouvelles Annales de Paris, jusqu'au Règne de Hugues-Capet. On y a joint le Poëme d'Abbon, sur le fameux Siége de Paris par les Normands, en 885 et 886, etc.; *Paris, Ve Lottin*, 1753, in-4.

Les notes de Du Plessis occupent la moitié du vol. V. ABBON.

DU PLESSIS (Dom *Michel-Toussaints-Chrétien*), bénédictin de la congrégation de St-Maur, né à Paris, en 1689, est mort à l'abbaye de St-Denis, en 1767. Avant de se retirer dans cette abbaye, il habita plusieurs années l'abbaye de St-Germ.-des-Prés, où il put seconder les savantes recherches des auteurs de *Gallia Christiana*. Ce laborieux écrivain avait pris l'engagement d'écrire l'Histoire du diocèse de Bayeux, sur le plan de l'Hist. du diocèse de Rouen. On ne sait pourquoi cette promesse n'a pas été tenue. A l'occasion de la signification du mot *Dun* ou *Dunum* chez les Celtes, T. Du Plessis a publié, sous forme de lettres, plusieurs Dissertations qui sont insérées dans le *Mercure*, 1735, 1736, et dans les *Mém. de Trévoux*, 1740. Il prétend que le mot celtique *Dunum* signifie un lieu bas et non une montagne, ainsi que l'avait avancé l'abbé Lebeuf.

DUPLESSY (*J.-M.*). Les bords de la Seine. Itinéraire descriptif de Paris à Rouen et de Rouen au Havre, par les bateaux à vapeur; avec 2 cartes du fleuve et les plans de Rouen et du Havre; *Paris, H. Vrayet de Surcy*, 1842, in-12 de 72 p.

En 1841, il a paru, par le même auteur, en 4 p. in-f., un *Itinéraire descriptif des mêmes rives*; Paris, à l'Office univ. de la Navigation.

DUPONT (D. *Charles*), religieux de l'abbaye de Lessay, dioc. de Coutances, né à Fleuré, près d'Argentan, en 1681, mourut à Lessay, le 3 août 1735. — V. une Notice sur ce bénédictin, dans l'ouv. intitulé : *Les appelans célèbres*; Paris, 1753, in-12, p. 103-107.

DUPONT (*Louis*), peintre, né à Monfiquet (Calvados), est mort à Rouen, le 15 sept. 1775, au moment où il promettait de devenir un peintre distingué.

DUPONT ou DEPONT, intendant de la généralité de Rouen, en 1777 et 1778. Il eut pour successeur Thiroux de Crosne.

DUPONT (*Louis-Antoine-Alex.*), agrégé pour les classes supérieures des lettres aux collèges de Valognes et de Caen, né à Valognes le 10 janv. 1792, est mort le 3 mai 1827. On a de ce jeune professeur une thèse remarquable, intitulée : *Examen des théories de l'art oratoire chez les anciens et chez les modernes;* Caen, Poisson, 1827, in-8 de 42 p.

Cette thèse, qu'il se proposait de soutenir pour obtenir le grade de Dr ès-lettres, a été publiée par les soins de M. Gratet-Duplessis, alors inspecteur de l'Académ. de Caen. — V. *Ann. de la Manche,* 1829, p. 300.

DUPONT (*Leonard* Puech), voyageur, naturaliste et sculpteur, né à Bayeux en 1795, est mort en 1828.

DUPONT (*Gustave*). Discours sur le Barreau normand, prononcé à la séance d'ouverture du 19 déc. 1846 (Chambre des conférences des avocats stagiaires de Caen); *Caen, Imp. de F. Poisson et fils,* 1846, in-8 de 32 p.

DUPONT-BOISJOUVIN. Observations sur Paris port de mer, et sur la navigation de la Seine, communiquées à la Soc. libre du commerce de Rouen; *Rouen, N. Periaux,* 1827, in-8 de 45 p.

— Pont de Bateaux de Rouen. Observations sur l'importance de sa conservation dans la place qu'il occupe, et sur divers objets d'intérêt public; *Rouen, N. Periaux,* 1829, in-8 de xvii et 58 p., avec une pl. grav. par E.-H. Langlois.

Cette pl. représente tout à la fois les ruines de l'ancien pont Mathilde, le pont de bateaux et le nouv. pont de pierre.

DUPONT-BOISJOUVIN (*P.-M.-Alph.*), qui résidait habituellement au Petit-Quevilly, près Rouen, a été durant plusieurs années président de la Soc. libre du Commerce de Rouen. Il est mort au Petit-Quevilly, le 22 oct. 1831.

DUPONT-DELPORTE (*Henri-Jean-Pierre-Ant.*, baron), né à Boulogne-sur-Mer, le 8 fév. 1783, fut préfet de la S.-Inf., depuis le 24 nov. 1830 jusqu'au 27 fév. 1848. Il mourut à Paris le 31 août 1854.—V. un Art. de M. le Dr Pouchet, *Les Fastes de la Pairie,* dans l'*Encyclop. biog. du* XIXe *sc.*—Une Notice de M. Lefort, *Bullet. de la Soc. libre d'Emulat. de Rouen,* 1855, p. 104-106., avec un portr.— Notice hist., par M. Delcourt; *Rouen,* 1854, in-8 de xii et 143 p.,— et *Ann. norm.,* 1855, p. 546.

DUPONT (*Jacq.-Ch.*), surnommé *de l'Eure,* né au Neubourg le 27 fév. 1767, est décédé dans sa terre de Rouge-Perriers (Eure), le 2 mars 1855. Président de chambre à la Cour Imp. de Rouen en 1811, il fut député au Corps législatif en 1813, et vice-président de la Chambre pendant les Cent Jours. Membre de la Chambre des Députés sans interruption sous les divers gouvernements qui suivirent, il siégea constamment à l'extrême gauche. Après les événements de 1830, Dupont (de l'Eure) remplit les fonctions de ministre de la justice. En 1848, il fut appelé à la présidence du Gouvernement provisoire. Tous les partis ont reconnu dans la personne de Dupont de l'Eure l'intégrité du magistrat, le désintéressement et l'indépendance de l'homme politique. Outre un grand nombre de discours insérés au *Moniteur,* nous rappellerons les pièces suiv., relatives au député de l'Eure :

— Jacq.-Ch. Dupont, membre de la Chambre des Députés, à MM. les Electeurs composant le collége de Bernay; *Paris, Brissot Thivars,* 1820, in-8.

— Elections. Rouge-Perriers, 15 fév. 1824, à M. Hébert, procureur du Roi près les tribunaux d'Evreux. (Signé Dupont, ex-député de l'Eure); *Paris, Everat,* s. d. (1824), in-8.

— Discours prononcé par M. Dupont de l'Eure, le 22 juin 1834, après son élection par le collége de Brionne; *Rouen, Brière,* 1834, in-8 de 4 p.

— Démission motivée de Dupont, de l'Eure (2 fév. 1834), sa réponse à la lettre des députés de l'opposition; *Paris, L.-E. Herhan,* s. d. (1834), in-8.

— De la démission de M. Dupont de l'Eure; *Strasbourg, G. Silbermann,* s. d. (1834), in-8. (Franç.-allem.)

V. *Biog. des Hommes du jour,* t. I. — Sarrans, *Louis-Philippe et la Révolution, etc.* — L'un des meilleurs portr. de M. Dupont est celui lithog. par Langlumé.

DUPONT DE NEMOURS. Lettre à la Chambre de Commerce de Normandie; sur le mémoire qu'elle a publié relativement au traité de commerce avec l'Angleterre; *Paris, Moutard,* 1788, in-8 de 285 p.

V. sur cet écrit : *Observations sur la lettre à la Chambre de Commerce de Norm., en ce qui concerne les résultats fournis dans le bureau de la balance du commerce* (par Pottier, direct. de la balance du commerce); 1788, in-8.

DUPONT (*Pierre-Sam.*), surnommé de Nemours, économiste, député à l'Assemb. constituante, etc., né à Paris, le 14 déc. 1739, est mort aux Etats-Unis, le 6 août 1817. — V. *Collect. des Econom.,* t. II; Paris, Guillaumin, 1846, gr. in-8, — et Quérard, *France litt.,* t. II.

DUPONT DE POURSAT (Mgr. *Pierre*), évêque de Coutances, 1819. — V. Notice sur sa Vie, par Mgr. Cotteret; *Paris,* 1835, in-8.

DUPONT-WHITE (*John-Théodore*), magistrat distingué, archéologue et auteur de plusieurs ouv. sur l'Hist. de Beauvais et du Beauvaisis, né à Rouen le 21 mars 1801, est mort à Beauvais en mars 1851. — V., sur sa vie, une Notice par M. Léon de Septenville,

Bullet. de la Soc. des Antiq. de Picardie, 1851, p. 204-214.

DU PORTAL. Mémoires sur la ville et le château de Caen (1771); ms., *Biblioth. de Caen*.

Du Portal, lieuten.-général des armées du roi, était directeur des fortifications de haute et moyenne Normandie, au Havre-de-Grâce, 1759-1771. (V. HAVRE.)

DUPRAI (*N.*), ministre protestant à Rouen, à l'époque où Bochard était pasteur à Caen. C'était un homme éloquent et savant, que Mgr. de Harlay parvint à convertir. Son abjuration eut lieu avec grande pompe dans la cathédrale de Rouen, en présence de Louis XIII et de toute la cour. (V. Servin, *Hist. de Rouen*, t. II, p. 102.)

DUPRAY. Analyse de l'eau minérale de Gournay; *Bullet. de Pharmacie*, t. II (1810), p. 527 et suiv.

DU PRÉ ou DU PRAT (*Jean* III), professeur de théol. à la faculté de Paris, fut ordonné évêque d'Evreux le 18 fév. 1329. Né dans cette ville, il mourut vers 1334.—V. Chassant et Sauvage, *Hist. des évêques d'Evreux*, p. 87.

DUPRÉ, gentilhomme normand, a trad. de l'italien en franç. : *La Semaine, ou Sept journées du comte Hannibal-Romei*; Paris, Nic. Bonfons, 1595, pet. in-8.

DUPRÉ. Oraison funèbre de Mre Jean Forcoal, évêque de Séez, prononcée en l'église-cathédrale le jour du Trentain, 1682; ms. in-f.

DUPRÉ (*Th.*), jésuite, né à Coutances, est auteur de : *Traité theologique adressé au clergé du diocèse de Meaux, par M. le cardinal de Bissy*; Paris, 1722, 2 vol. in-4. V. Quérard, *France litt.*, t. II.

DUPRÉ (*Nicolas-René* Lesplu), né à Avranches en 1755, mort dans cette ville le 27 nov. 1837, fut pendant de longues années curé de St-Gervais d'Avranches.

DUPUIS (*Philippe-Denis*), curé de Servaville-Salmonville (S.-Inf.), né à Rouen, termina sa carrière vers 1790. De 1786 à 1789, il a publié, dans le *Journal d'annonces de la Normandie*, une série d'articles sur l'histoire et sur l'agriculture.

DUPUTEL (*P.*). Vers sur la vallée d'Andelle, hommage à Jacq. Delille; *Acad. de Rouen*, 1809, p. 159-164.

— Notice biographique sur M. G. A. R. Baston; *Rouen, F. Baudry*, 1826, in-12 de 48 p.

On trouve à la suite de cet opuscule, tiré à 50 exempl. seulement, dont 2 sur pap. de coul., la liste des ouv. imp. et mss. composés par l'abbé Baston.

—Du royaume d'Yvetot; Mémoire lu dans une séance particulière de l'Acad. de Rouen, le 11 avril 1811; *Rouen, D. Brière*, 1835, gr. in-8 de 31 p.

Tiré à 75 exempl., dont 50 sur pap. vél. ord., 20 sur pap. vél. fort, et 5 sur pap. vél. de couleurs.

— Notices bibliographiques sur Robert Angot et Louis Petit; *Mém. de l'Acad. de Rouen*, 1827, p. 139-146.

Angot et Petit sont deux poètes normands du XVIIe sc.

DUPUTEL (*Pierre*), littérateur et bibliop. passionné, né à Rouen en 1775, est mort à sa campagne de Saint-Ouen-de-Thouberville, près Bourgachard, le 30 avril 1851. Il a légué à la Biblioth. de Rouen une précieuse collection d'autographes. Indépendamment des ouv, mentionnés ci-dessus, il est auteur de : *Elémens de la prononciation de la langue française*; Rouen, J. Racine, an XI, in-12; — *Geneviève de Brabant*; Rouen, J. Duval, 1805, in-8; — *Fanny de Varicourt ou le danger des soupçons*; Rouen, in-12; —*Bagatelles poétiques*; Paris, Ouvrier, 1801, in-8, et 2e édit.; Rouen, J. Duval, 1816, in-8; —*Notices extraites du Catalogue ms. de la Biblioth. de M. D*******; Rouen, Brière. 1839, in-8, et plusieurs dissertations insérées dans les Mém. de l'Acad. de Rouen, dont M. Duputel était membre.

DUPUY (*P.*). Procès de Jean II, duc d'Alençon, 1458-1474; 1658, in-4 de 22 p.

DUPUY (*F.*). Mémoire sur la culture et le Commerce du tabac, dans le dép. de la S.-Inf., présenté à la Soc. d'Emulation de Rouen; *Rouen, Ve Guilbert*, an IV, in-8 de 23 p.

Ce mém. a d'abord paru in-4 de 15 p.; *Rouen, Imp. des Arts*.

DUPUYTREN. Notice sur un fœtus trouvé dans le ventre d'un jeune homme de quatorze ans (Amédée Bissieu, de Verneuil). Ext. d'un Rapport fait à la Soc. de Médecine; *Journal de Physique* (an XIII), t. LX, p. 238-242.

DU QUESNE (*Abraham*), chef d'escadre sous Louis XIII, naquit à Blangy (S.-Inf.), et termina ses jours à Dunkerque, en 1635. En 1619, il signait *bourgeois demeurant à Dieppe*. C'est dans cette ville que naquit le quatrième et le plus célèbre de ses fils, appelé, comme lui, Abraham.

DU QUESNE (*Abraham*), lieutenant-gén. des armées navales de France, né à Dieppe en 1610, mort à Paris le 2 fév. 1688, devint le plus grand homme de mer du XVIIe sc. — V. Eloge hist. de Du Quesne, Perrault, *Hommes Illust. de la France*, in-f., t. II (1700), p. 37 et 38, avec portr. — Eloge du même; *Journ. des Scavans*, 1722, déc., et 1723, avril, et les Notices de Dagues de Clairfontaine, Desmarquets, Feret, Marquez et Richer.

Nous mentionnerons ici quelques relations de combats livrés par le célèbre dieppois :

— Relation du combat donné entre les vaisseaux du Roi, commandés par M. Du Quesne, lieut.-gén. des armées navales de S. M. et la flotte des Espagnols et des Hollandois, sous le commandement de l'amiral Ruyter; *Paris*, 1676, in-4.—(*Gaz. de France*, extraord.)

Combat livré le 7 janv. 1676, entre les îles de Stromboli et les Salines.

— Combat donné par M. du Quesne, lieut.-gén. des armées navales du Roi, contre huit vaisseaux de Tripoli, dans le port de Chio, le 23 juillet; *Paris*, 1681, in-4.

— Relation de tout ce qui s'est passé à l'attaque de la ville d'Alger, par le sieur Du Quesne, lieut.-gén. des armées du Roi, au mois de juin 1683; *Paris*, 1683, in-4.

— Lettre d'un officier du Grand-Visir à un Bacha, sur l'expédition de M. Du Quesne à Chio, et à la négociation de M. Guilleragues; *Villefranche*, 1683, in-12.

Deux statues de Du Quesne se trouvent au musée de Versailles : l'une, en marbre, par Roguier, dans la cour d'honneur; l'autre, également en marbre, sculptée par Monnot, dans la galerie du 1er étage. De cette dernière il a été fait en 1826, par Grevedon, une planche lithog. (38 cent. de hauteur), d'après le dessin de Hunziker. Le même musée renferme un portr. de Du Quesne en buste, tableau du temps, 2e salle des Guerriers célèbres, n° 59, et trois tableaux peints par Th. Gudin, 2e salle des Marines, n° 65. Ceux-ci représent. : le *Combat de Chio*, 1681; — le *Bombardement d'Alger*, 27 juin 1683; — le *Bombardement de Gênes*, 26 mai 1684.

La ville de Dieppe, pour honorer la mémoire du plus illustre de ses enfants, lui a érigé, en 1844, une statue en bronze, d'après le modèle de Dantan aîné; une médaille a été frappée à cette occasion, et un dessin lithog. a été fait par M. Hazé. L'inauguration de cette statue a donné lieu aux écrits suiv. :

— Inauguration de la statue de Du Quesne, compte-rendu des fêtes données par la ville de Dieppe, ext. de la *Vigie de Dieppe*, le 24 sept.; *Dieppe, E. Delevoye*, 1844, in-8 de 16 p.

— Strophes à Du Quesne; par Gabriel Lhery (Gust. Louis); *Dieppe, E. Delevoye*, 1844, in-8 de 7 p. — Chants sur Du Quesne (par Vié, sculpteur); *Dieppe, E. Delevoye*, 1844, in-8 de 8 p.—Ode à Du Quesne, par P. Ramé; *Dieppe, E. Delevoye*, 1844, in-8 de 32 p.

Nous croyons utile de comprendre dans l'art. *Du Quesne* un ouv. qui concerne l'un des membres de cette illustre famille. Il est intitulé : *Journal d'un voyage fait aux Indes Orientales, par une escadre de six vaisseaux commandez par M. Du Quesne, depuis le 24 fév. 1690, jusqu'au 20 août 1691, par ordre de la Compagnie des Indes Oriental.*; Rouen, J.-B. Machuel le jeune, 1721, 3 vol. in-12. Ouv. anonyme, rédigé par Robert De Challes.—Un autre récit de ce voyage avait été publié plusieurs années auparavant, sous le titre de : *Relation du voyage et retour des Indes Orientales pendant les années 1690 et 1691, par un garde de la marine* (Claude-Michel Pouchot de Chantassin), *servant sur le bord de M. Du Quesne, commandant de l'escadre*; Paris, Coignard, 1692, et Bruxelles, de Backer, 1693, in-12. (Dict. des Anonymes, n° 16126.)—Une 3e relation du même voyage, en anglais, est signalée par Watt : *A Voyage to the East Indies, A. D. 1690 and 1691, being a full description of the isles of Maldives, Cocos, Andamant, and the isle of Ascension*; Lond., 1696, in-8.— Ce voyage ne fut entrepris ni par le grand Du Quesne, qui était mort en 1688, ni par aucun de ses quatre fils, tous marins distingués cependant, mais qui, à l'exception d'Isaac, quittèrent la France à la suite de l'édit de Nantes. L'expédition, au dire de la *France protest.*, t. IV, fut commandée par Du Quesne-Guitton, parent de Du Quesne.

DURAND, abbé de Troarn, savant controversiste, né au Neubourg (Eure), vers l'an 1012, mourut en 1089. Il se distingua par la composition de son traité contre l'hérésiarque Béranger et ses sectateurs, (*Liber de corpore et sanguine Christi*), imprimé à la suite des œuvres de Lanfranc; Paris, 1648, appendix, p. 72-97. V. *Hist. litt. de la France*, t. VIII (1747), p. 239-246;— Article de M. Hippeau, *Nouv. Biog. univ.*, t. XV; Paris, F. Didot.

DURAND (*N.*), poète, né à St-Lo, dans la deuxième moitié du XVIIe sc., a été couronné de 1709-1740, aux Palinods de Caen et de Rouen.— V. la notice de M. Ed. Lambert, *Ann. de la Manche*, 1852.

DURAND. Calendrier historique et astronomique pour l'année 1749 (1re année), à l'usage du diocèse d'Evreux; par le sieur ***; *Evreux, se vend chez Jean Malassis, Imp. du Roi*, 1749, in-24 de XVIII et 96 p., plus le titre, calendrier et privilége. (Imp. par Laurent Dumesnil, à Rouen.)

— Ditto (2e année); *Evreux, Jean Malassis*, 1750. (Imp. de Franç. Le Tellier, à Chartres.)

Ces alm., très intéressants pour l'Hist. d'Evreux, ont été réimp. textuellement dans le vol. intitulé : *Opuscules et Mélanges hist. sur la ville d'Evreux et le dép. de l'Eure*; Evreux, J. Ancelle, 1845, in-12.

— Lettre sur l'origine du Bonnet vert des Banqueroutiers; *Journ. de Verdun*, déc. 1759, p. 430.

Cette dissertation a été réimp. dans la collect. des *Dissertat. relatives à l'Hist. de France*, t. VIII (1826), p. 436-445.

— Lettre à l'auteur du Journal, contenant quelq. observations sur le livre intitulé : *Abrégé chronologique des grands fiefs de la couronne*; *Journ. de Verdun*, t. LXXXVII (1760), p. 116-121.

Se rattache à l hist. d'Evreux.

— Observations sur Jean de la Tour qui livra, du temps de la Ligue, la ville de Louviers à Henri IV; *Journ. de Verdun*, t. LXXXVIII, 1760, p. 280-284.

— Lettre à l'auteur du Journal, sur une statue antique, trouvée depuis peu dans les environs d'Evreux; *Journ. de Verdun*, t. LXXXIX (1761), p. 450-452.

— Lettre à l'auteur du Journal sur le Droit d'Atrier, établi à Evreux; *Journ. de Verdun*, t. XC (1761), p. 373-376.

On appelait droit d'atrier, le droit qu'avaient quelq. seigneuries mouvantes du comté d'Evreux de tenir leurs plaids et d'exercer leur justice dans une chambre, cuisine, ou autre endroit particulier de certaines maisons de la ville.

— Lettre sur le véritable lieu où s'est donné la bataille d'Ivry, en 1590; *Journ. de Verdun*, p. 276-283, avril 1762 (t. 91).

D'après l'auteur, le combat aurait eu lieu entre les villages de Boussey et d'Epieds.

— Mémoire contenant quelq. détails sur Illiers, bourg du diocèse d'Evreux; *Nouv. Recherches sur la France, etc.*; *Paris, Herissant*, 1766, t. I, p. 390-400.

Ce mém. a paru, pour la première fois, dans le *Journ. de Verdun*, 1762 (t. XCI), p. 348-353.

DURAND, professeur d'humanités au collége roy. d'Evreux, né en cette ville, est mort en 1768. Il se montra, dans ses publications, écrivain des mieux instruits sur l'hist. d'Évreux et de ses environs.

DURAND (*Pierre-J.-B.*), seigneur et patron de Missy, de Boni, de St-Martin et de St-Germain de Varaville, né en 1692, au château de Missy, près de Caen, est mort le 2 avril 1764. Il devint évêque d'Avranches, où il fit construire à ses frais un vaste séminaire, et où il institua plusieurs établissements de charité. Ce prélat, qui aimait et encourageait les lettres, figure, en 1759, parmi les princes de l'Acad. des Palinods de Rouen.

DURAND (*François-Jacques*), pasteur de l'église réformée, né à Sémallé, près d'Alençon, en 1727, est mort en avril 1816, à Lausanne, où il professa l'hist. ecclésiastique et l'hist. civile. En dernier lieu, il fut chargé du cours de morale chrétienne, chaire qu'il occupa jusqu'à la fin de sa longue carrière. Il a composé un grand nombre d'ouv. sur des sujets divers, et qui tous ont été publiés à Lausanne, de 1755 à 1803. M. Armand Delille, pasteur à Valence, a publié en 1809, sous le titre de *Sermons nouv.*, un recueil de sermons de Durand, en 2 vol in-8. Cet éditeur y a joint une notice sur la vie et les ouv. de son maître. Durand, laborieux écrivain, a fourni de nombreux articles au *Journal helvétique de Neufchâtel*. Il a revu et corrigé : 1° l'*Abrégé chronologique de l'Hist. univ.*, par La Croze et Formey; Lausanne, 1800, in-12; — 2° *De l'Etude convenable aux demoiselles*; Lausanne, 1804, 2 vol. in-12, etc. — V. *Journ. de l'Eglise chrétienne*, 1818, n° 6 (Relation des dern. moments de Durand); — Barbier, *Complém. du Dict. hist.*, p. 289; — Quérard, *France litt.*, t. II; — *France protest.*, t. IV, p. 483-484.

DURAND (*N.*). Note statistique sur Fécamp, imprimée avec l'agrément de M. le maire de cette ville; *Fécamp*, *Lemaître*, 1810, in-12 de 24 p.

N. Durand, mort en 1835, était alors secrét.-archiv. de la mairie de Fécamp. Une seconde brochure qu'il annonçait en 1810, sur l'hist. abrégée de Fécamp, avant 1792, n'a pas été publiée. Il en a été de même d'une hist complète de cette ville, travail qu'il projetait et pour lequel il avait réuni un grand nombre de titres originaux provenant du chartier de la célèbre abbaye de Fécamp.

DURAND (*Ch.*), profeseur de belles-lettres, fit à Rouen, en 1828, un cours de littérature, qui a été publié sous le titre de : *Soirées littéraires, ou Cours de littérature à l'usage des gens du monde, recueilli et annoté par Tougard*; Rouen, Ed. Frère, 1828, 2 vol. in-8. (Imp. de N. Periaux.) En 1836, le titre de ce livre a été ainsi modifié : *Cours de littérature à l'usage des jeunes étudians et des gens du monde, renfermant des considérations nouvelles sur la littérature ancienne et sur la littérature moderne, etc.*; Paris, V. Magen. Le cours de M. Durand eut lieu dans la grande salle de l'Hôtel-de-Ville et fut très suivi.

DURAND (l'abbé). Notice sur des tombeaux découverts à la Hogue, près le port dit de Merouville (Manche); *Mém. de la Soc. des Antiq. de Norm.*, t. XII (1841), p. 323-336, avec 2 pl.

DURAND (*P.-B.*). Rapport général sur l'enquête agricole et industrielle qui a été faite dans le dép. du Calvados: *Caen*, *Delos*, 1850, in-8 de 31 p.

Ext. de l'*Ann. norm.*, 1850, p. 118-130.

DURAND (*Pierre-Bernard*), Dr ès-sc., pharmacien en chef des hôpitaux de Caen, chimiste, botaniste, né le 19 fév. 1814, dans la commune de Montpinçon, arr. de Lisieux, est mort le 13 juillet 1853. Il est auteur d'un grand nombre de mém., insérés pour la plupart dans des recueils academ. ou dans le journal *l'Ordre et la Liberté*, publié à Caen. Parmi ces mém., nous citerons :

— Du système des prairies naturelles, dit le système du piquet, et de l'influence des plantes aromatiques dans l'alimentation du bétail ; *Caen, Poisson* (1847), in-8.

—Des animaux apparten. à l'espèce bovine envisagés pendant la période de leur vie qu'on appelle engraissement, comme moyens propres à tirer, à notre profit, de nos pâturages les substances alimentaires que ces pâturages renferment ; *Caen, Poisson*(1847), in-8.

— Mémoire sur la sève descendante ; *Mém. de l'Acad. de Caen*, 1851, p. 341-374.

— Sur l'accroissement en diamètre des plantes dicotylées ; *Paris, Imp. Nationale*, 1852, in-4 de 39 p. et 30 sujets, gravés sur 4 pl.

Ce mém. fait partie du t. XII des *Mém. des savants étrangers*, publiés par l'Acad. des Sc.

V. sur la vie et les travaux de M. Durand, la Notice de M. Travers; *Caen, Delos*, 1854, in-8 de 16 p., — et *Ann. norm.*, 1854.

DURAND (*André*), dessinateur, élève de E.-H. Langois, né à la Mivoie, près de Rouen, le 5 mai 1807, a produit un grand nombre de dessins qui ont figuré dans diverses expositions. Il est auteur des dessins du *Voyage pittoresque et archéologique en Russie*, par le prince Anatole Demidoff, 1837-39; et de ceux de l'album du *Voyage pittoresque et archéologique en Russie par le Havre, Hambourg, Lubeck, St-Pétersbourg, Moscou, etc.*, exécuté sous la direction du même prince ; Paris, Ernest Bourdin, 1856, in-f. Sous le patronage de M. Demidoff, M. Durand a parcouru l'Angleterre, la Belgique, la Prusse, la Russie et l'Italie. Toutes les villes qui ont été explorées par cet artiste, remplies pour la plupart de monuments de différents âges, ont inspiré son crayon si coloré, et dont la fermeté s'était révélée dès ses premiers essais. V. Notice de M. Louis Batissier; *Art en province*, in-4, avec portr.

DURAND (*François*), né à Angerville-l'Orcher, a publié deux petits recueils de poésies, sous le titre de : *Chansonnier nouveau, poésies ;* Havre, Imp. de Roquencourt, 1853, in-8 de 8 p. — *Chansons honnêtes et bachiques*, poésies ; Havre, Roquencourt, 1854, in-8 de 8 p.

DURAND-DUQUESNEY. Coup-d'œil sur la végétation des arrondissements de Lisieux et de Pont-l'Evêque, suivi d'un Catalogue raisonné des plantes vasculaires de cette contrée ; *Lisieux, Imp. de Pigeon*, 1847, in-8 de 128 p.

DURANDAS (*Jacq.*), de société avec Gilles Quijoue, imprimait à Caen, en 1480, les Epîtres d'Horace, opuscule intitulé : *Incipiunt epistole horacii*, pet. in-4 goth. de 40 ff. de 20 lign. à la p., sans marque ni monogramme. La souscription placée au recto du dern. ft., porte : *Impressum Cadomi per magistros Jacobum durandas et Egidiū qui ioue Anno domini millesimo quadringentesimo octogesimo mense Junio die vero sexta eiusdem mensis.*

Il s'en trouve un exempl. sur vél. dans la bibliothèque de lord Spencer (V. *Biblioth. Spenceriana*, t. II, p. 81) ; et un exempl. sur pap. dans la Biblioth. Imp. Ce dernier, rel. en maroq. vert foncé et très-bien conservé, a été acquis à la vente Hibbert, en 1829, au prix de 24 liv. 14 sh. L'abbé De la Rue, (*Nouv. Essais sur Caen*, t. II, p. 310), en indique un 3e exempl. dans la biblioth. du comte de Pembrock. C'est le premier livre connu, portant une date certaine, imprimé à Caen et dans toute la Normandie, et l'un des plus curieux de nos monuments typograph. Durandas et Quijoue faisaient sans doute partie de ces artistes voyageurs qui, dans le XVe sc., parcouraient la France et l'étranger pour répandre les lumières de l'imprimerie. Malgré les recherches les plus minutieuses, nous n'avons pu suivre leurs traces et découvrir aucun autre ouv. imp. par eux.

DURANT. Observations faites par le sieur Durant, médecin à la connaissance des Urines, sur les *eaux minérales et médicinales*, de St Paul de Rouen ; et sur leurs proprietez pour différentes maladies ; *Rouen, J.-B. Besongne*, 1718, in-4 de 7 p.

DURANVILLE (*Léon* de). Moyens de populariser en Norm. les connaissances hist. et archéolog. ; *Rev. de Rouen*, 1841, 2e sem., p. 147-154.

— Dito ; *Rouen, H. Rivoire*, 1847, in-8 de 19 p.

Ext. du Bullet. de la Soc. d'Emulat. de Rouen, 1847. — Traduire certains textes romans, réimprimer plusieurs anc. livres avec notes, publier une bibliographie norm., sont les moyens indiqués par l'auteur pour arriver au résultat désiré.

— Singularités dans certains édifices religieux ; *Rev. de Rouen*, 1841, 2e sem., p. 273-281.

Quelques églises de Norm. fournissent les exemples de ces singularités.

— Note sur l'emplacement de la statue

de Corneille; *Rev. de Rouen*, fév. 1842, p. 136.

— Notice sur l'église de l'ancien prieuré du Mont-aux-Malades; *Rouen, N. Periaux*, 1842, gr. in-8 de 9 p., av. une pl.

Ext. de la *Rev. de Rouen*, oct. 1842.

Il faut joindre à cet opuscule : *Restauration de l'église du Mont-aux-Malades; Rev. de Rouen*, déc. 1842. — *Monuments religieux du Mont-aux-Malades;* Rouen, A. Péron, 1846, gr. in-8 de 4 p. Ext. de la *Rev. de Rouen*, fév. 1846.

— Singularités dans les monumens religieux de la ville de Dieppe; *Rouen, A. Péron*, in-8 de 6 p.

Ext. de la *Rev. de Rouen*, fév. 1843.

— Un sonnet de P. Corneille. A M. de Campion, sur ses *Hommes Illustres* (1647); *Revue de Rouen*, 1843, 1er sem., p. 222 et 223.

Ce sonnet a été réimp. dans la nouv. édit. des OEuvres de P. Corneille, publiées par M. Lefèvre, t. XII, 1855, p. 59.

— Compte-Rendu de l'ouv. intitulé : Recherches hist. sur la ville de Gournay-en-Bray, par M. Potin de la Mairie; *Rouen, A. Péron*, in-8 de 8 p.

Ext. de la *Rev. de Rouen*, août 1843.

— Notice sur la ville du Pont-de-l'Arche; *Rouen, A. Péron*, 1844, in-8 de 21 p., avec une pl.

Ext. de la *Rev. de Rouen*, oct. et déc. 1843, janv. 1844.

Cette notice a été refondue et réimp. en 1856, sous le titre de : *Essai historique et archéologique sur la ville du Pont-de-l'Arche, etc.*

— Notice sur la ville de Neufchâtel-en-Bray; *Rouen, A. Péron*, 1844, in-8 de 12 p.

Ext. de la *Rev. de Rouen*, sept, 1844. Les deux dern. pag. sont consacrées à une analyse du Mém. de M. A. Bordeaux, sur Jean Le Hennuyer, évêque et comte de Lisieux.

— Notice sur l'abbaye royale de N.-D. de Bonport (Eure); *Rouen, H. Rivoire* (1845), in-8 de 16 p.

Ext. du Bullet. de la Soc. libre d'Emulat. de Rouen, 1845.

Cette notice a été réimp. en 1856, à la suite de l'*Essai historique et archéologique sur la ville du Pont-de-l'Arche.*

— Articles insérés dans la *Rev. de Rouen;* Rouen, A. Péron, 1845, in-8 de 16 p.

Ces art. sont :

— Notice sur St-Saens, 5 p., mars 1845.

— Examen du Supplément aux Recherches hist. sur la ville de Gournay-en-Bray, par M. P. de la Mairie, 3 p., id.

— Notice sur la vallée d'Eaulne, 5 p., août 1845.

— Notice sur les Soc. de Secours mutuels, 3 p., mai 1845.

— Le Vaudreuil (Eure); *Rouen, A. Péron*, in-8 de 8 p.

Ext. de la *Rev. de Rouen*, nov. 1845.

— Radepont (Eure); *Rouen, A. Péron*, in-8 de 6 p.

Ext. de la *Rev. de Rouen*, mai 1846.

— Forges-les-Eaux; *Rouen, A. Péron*, 1846, in-8 de 6 p.

Ext. de la *Rev. de Rouen*, déc. 1846.

— Notice sur une pierre tumulaire de l'église de Bailleul-sur-Eaulne (arr. de Neufchâtel), désignée par une tradition locale comme recouvrant les cendres de Jean de Bailleul (John Baliol) et de la reine son épouse; *Rouen, Lecointe frères*, 1846, in-8 de 11 p.

Ext. du journal *l'Union*, publié à Rouen.

— Observations sur les noms des rues de Rouen; *Rouen, Lecointe frères*, 1846, in-8 de 8 p.

Ext. du journal *l'Union*.

— Notice sur Pont-St-Pierre (Eure); *Rouen, A. Péron*, 1847, in-8 de 8 p.

Ext. de la *Rev. de Rouen*, sept. 1847.

— Le château d'Arques, en 1847; *Rev. de Rouen*, fév. 1848, p. 105 à 111.

— Notice historique sur Cailly (S.-Inf.); *Rouen, A. Péron*, 1848, in-8 de 6 p.

Ext. de la *Rev. de Rouen*, juillet 1848.

— Le Hameau de Pourville (arrondiss. de Dieppe); *Rouen, A. Péron*, 1848, in-8 de 8 p.

Ext. de la *Rev. de Rouen*. sept. 1848.

— Nouveaux documents sur la ville du Pont-de-l'Arche; *Rouen, A. Péron*, 1848, in-8 de 18 p.

Ext. de la *Rev. de Rouen*, déc. 1848, a été réimp. en 1856 dans l'hist. de cette ville.

— Notice sur la côte Ste-Catherine, près Rouen, contenant des documents sur le prieuré de St-Michel, sur l'abbaye de la Ste-Trinité, sur l'ancienne forteresse et les siéges qu'elle a soutenus; *Rouen, A. Péron*, 1849, in-8 de 40 p., avec une pl.

Ext. de la *Rev. de Rouen*, avril et mai 1849. La planche représente les vues et plan de l'abbaye-forteresse de Ste-Catherine, d'après le Livre des Fontaines, 1525, le capitaine Valdory, 1592, et le géographe Cl. Chastillon, vers 1600. Ce travail a été refondu dans l'*Essai sur l'Hist. de la côte Ste-Catherine.*

— Nouveaux documents sur la vallée de

l'Eaulne (S.-Inf.); *Paris, V. Didron*, 1849, in-8 de 29 p. (Imp. de A. Péron.)

Ext. de la *Rev. de Rouen*, oct., nov. et déc. 1849.

— Etudes sur l'histoire et chronique de Normandie, Rouen, 1610, dern. édit., éditée par Martin Le Mégissier; *Paris, V. Didron*, 1850, in-8 de 16 p. (Imp. de A. Péron.)

Ext. de la *Rev. de Rouen*, mars 1850. Ce travail, qui a d'abord paru dans le journ. l'*Union*, vient d'être réimp. dans l'*Histoire de la côte Ste-Catherine*.

— Darnétal et ses monuments religieux; *Paris, V. Didron*, 1850, in-8 de 31 p. (Imp. de H. Rivoire.)

Ext. du *Bull. de la Soc. libre d'Emul. de Rouen*, 1849-50.

— Duclair; *Rouen, A. Péron*, in-8 de 12 p.

Ext. de la *Rev. de Rouen*, août 1850.

— Des histoires locales, discours de réception à l'Acad. des Sc., B.-Lett. et Arts de Rouen, lu dans la séance du 22 nov. 1850; *Paris, V. Didron*, 1851, in-8 de 18 p. (Imp. de A. Péron.)

Ext. de la *Rev. de Rouen*, janv. et fév. 1851. L'auteur traite dans ce discours plusieurs points hist. de la S.-Inf.

— Notice sur la vallée de la Varenne (S.-Inf.); *Paris, V. Didron*, 1851, in-8 de 41 p. (Imp. de A. Péron.)

Ext. de la *Rev. de Rouen*, août 1851.

— Nouveaux documents sur la ville de Neufchâtel-en-Bray; *Rouen, A. Péron*, 1851, in-8 de 24 p.

Ext. de la *Rev. de Rouen*, nov. 1851, p. 395-418.

— Notices normandes; *Paris, V. Didron*, 1851, gr. in-8. (Imp. de A. Péron, à Rouen.)

Sous ce titre ont été réunis, avec une table et 4 pl., tous les opuscules de M. de Duranville, insérés jusqu'alors dans la *Rev. de Rouen* et tirés à part.

— Lange de la Maltière, le véritable inventeur du Mégascope; *Rouen, A. Péron*, 1852, in-8 de 15 p.

Ext. de la *Rev. de Rouen*, déc. 1852.

— Notice sur le Château de Bouvreuil, construit à Rouen par ordre de Philippe-Auguste, et dans l'enceinte duquel Jeanne d'Arc fut captive; *Paris, V. Didron*, 1852, in-8 de 51 p. (Imp. de A. Péron.)

Ext. de la *Rev. de Rouen*, 1852. Cette notice a été réimp. dans le vol. intitulé : *Essai sur l'Hist. de la côte Ste-Catherine*, etc.

— Tables commémoratives tendant à rappeler la captivité de Jeanne d'Arc, et l'ancien château construit, à Rouen, sous Philippe-Auguste; *Rouen, H. Rivoire*, 1853, in-8 de 15 p.

Ext. du *Bullet. de la Soc. libre d'Emul.*, 1853.

—La Barbacane, fragment d'un mémoire sur les fortifications de la ville de Rouen; *Rouen, A. Péron*, 1853, in-8 de 15 p., avec une pl., d'après un dessin de Le Carpentier.

Ext. des *Mém. de l'Acad. de Rouen*, 1853. Ce mém. a été réimp. dans l'*Essai sur l'Hist. de la côte Ste-Catherine*, etc. Une vue de Rouen, peinte par Robert, et qui se trouve dans la salle des États, à l'Archevêché, donne une représentation fidèle du petit château dit la *Barbacane*.

—Note sur un volume ms., contenant la chronique de la conquête des îles Canaries par Jean de Béthencourt; *Rouen, A. Péron*, 1854, in-8 de 8 p.

Ext. des *Mém. de l'Acad. de Rouen*, 1854.

— Notice sur quelques points des fortifications de la ville de Rouen; *Rev. norm.*, 1856, p. 27-29, et p. 55-60.

— Essai historique et archéologique sur la ville du Pont-de-l'Arche et sur l'abbaye de N.-D. de Bonport; *Rouen, Brument*, 1856, in-8 de 235 p., avec 5 pl. (Imp. de A. Péron.)

Le pont du Pont-de-l'Arche, monument du règne de Charles-le-Chauve, s'est écroulé le 12 juillet 1856. Dans cet ouv. ont été refondus les opuscules de l'auteur, publiés antérieurement sur le même sujet.

— Essai sur l'Hist. de la côte Ste-Catherine et des fortifications de la ville de Rouen, suivi de mélanges relatifs à la Normandie; *Rouen, Le Brument*, 1857, in-8 de 475 p., avec 4 pl. (Imp. de A. Péron.)

Les sujets traités dans ce vol. sont : Côte Ste-Catherine, forteresse et abbaye.— Châteaux de Rollon et de Richard I. — Barbacane. — Château de Philippe-Auguste ou vieux château.—Le Vieux Palais.—Enceinte murale. — Etudes sur l'*Hist. et Chronique de Norm.*, publiée par M. Le Mégissier. — Les Normands dans le Beauvaisis. — Etudes sur les *antiquitez et singularitez* de la ville de Rouen, par Taillepied. — Le vieux Rouen.

DURANVILLE (*Léon* Le Vaillant de), membre de l'Acad. de Rouen et de plusieurs Soc. savantes, est né à Rouen, le 1er juill. 1803. Depuis longtemps il consacre ses loisirs à des recherches persévérantes et consciencieuses sur l'hist. de diverses localités de la Normandie. Il a enrichi la *Rev. de Rouen* de beaucoup d'articles pleins d'intérêt, art. qui, pour la plupart, ont été tirés séparément à pet. nombre d'exempl. et qui sont devenus rares aujourd'hui.

DURDENT (*Réné-Jean*), littérateur, historien, publiciste, né à Rouen en 1776, mort à Paris, le 30 juin 1819, fut un des écrivains les plus féconds de nos jours. Il est auteur de plusieurs romans, entr'autres de *Alisbelle et Rosemonde, ou les Châtelaines de Grantemesnil*; Paris, 1813, 3 vol. in-12; — d'une *Hist. de la Convention nat.*; Paris, 1817; et 2e édit., 1833; — *Hist. de Louis XVI*; Paris, 1816 et 1833; — d'un grand nombre d'abrégés historiques sous le nom de *Beautés*, destinés à l'éducation de la jeunesse, etc. Durdent a été attaché à la rédaction de la *Gazette de France*, du *Mercure étranger* et de la *Biog. univ.* V. Quérard, *France litt.*, t. II.

DUREAU DE LA MALLE (*C.-A.*). Description du Boccage Percheron, des mœurs et coutumes des habitans; et de l'agriculture de M. de Beaujeu; *Paris, Fain*, 1823, in-8 de 123 p., avec 3 pl.

Ext. des *Nouv. Annales des Voyages*, par Eyriès et Malte-Brun, t. VII, et des *Annales de l'Industrie nat. et étrangère*, 1823.

— Note (de M. de Caumont) sur les constructions romaines découvertes à Arcisse (Orne); *Mém. de la Soc. des Antiq. de Norm.*, t. VI, (1831-33) p. 431-433.

Ruines d'une *villa* qui se trouve dans une propriété de M. Dureau de la Malle, à Arcisse, commune de Mauves (Orne).

DUREAU DE LA MALLE (*César-Auguste*), membre de l'Acad. des Insc. et B.-Lett., est mort à Paris le 17 mai 1857, à l'âge de 77 ans. Son père, (*J.-B.-Joseph-Réné*), traducteur de Tacite et de Saluste, membre du Corps législatif et de l'Institut, né à St-Domingue, le 21 nov. 1742, est mort le 19 sept. 1807, en sa terre de Landres, près Mauves (arr. de Mortagne), où il passa une partie de sa vie.

DURÉCU, brave sauveteur, garde des apparaux de sauvetage du port du Havre, et auquel 18 personnes doivent la vie, naquit à la fin du XVIIIe sc. Ces titres honorables lui ont mérité de nombreuses médailles, et, en dernier lieu, la décoration de la Légion-d'Honn.

DURELL (*Rev. Edw.*). V. FALLE.

DUREMORT (*Gilles*), sacré évêque de Coutances le 28 juillet 1440, né à Rouen au commencement du XVe sc., est mort dans cette ville, au prieuré de St-Lô, le 29 juillet 1444. Ce prélat passait pour un prodige de science et pour un exemple de piété; mais circonvenu par l'influence anglaise, il prit une part active dans le procès de Jeanne d'Arc, et se montra l'un des juges les plus passionnés. — V. *Procès de Jeanne d'Arc*, par Quicherat. — *Hist. des Evêques de Coutances*, par Renault et par Lecanu.

DU RESNEL. V. RESNEL.

DURONCERAY (*Pierre* Lasgneau), avocat, membre du Jury d'instruction et du Lycée d'Alençon, a dédié à ses jeunes concitoyens: *Opuscule moral, littéraire et sentimental, suivi de quelq. idées sur l'éducation*; Rouen, P. Periaux, an VI, in-16. V. Quérard, t. II.

DU ROSOI ou DE ROSOI (*Barn.-Farmian*). Dissertation sur Corneille et Racine, suivie d'une Epître en vers; *Paris, Lacombe*, 1774, in-8.

— Henry IV, ou la Bataille d'Yvry, drame lyrique en 3 act. et en prose, musique de M. Martini, remis au Théâtre avec des changemens, par M***, et représentée sur le Théâtre de l'Opéra-Comique le 23 avril 1814; *Paris, Mlle Lecouvreur*, 1814, in-8.

La 1re édit. est de 1774.

DU ROULLET (*Mar.-Fr.-L.* Gand Lebland), anc. officier des gardes franç., né à Normanville (Eure), le 10 avril 1716, mort à Paris le 2 août 1786, est auteur de: *Iphigénie en Aulide*, trag.-opéra en 3 act; Paris, 1774, in-4. — *Alceste*, trag.-opéra en 3 act.; Paris, 1776, in-4. — *Lettre sur les drames-opéra*; Paris, 1776, in-8. — *Les Danaïdes*, trag. lyrique en 5 act.; Paris, 1784, in-4. V. Quérard, t. II.

DUROY (*Jean-Michel*), avocat, député de l'Eure à la Convention, né à Bernay vers 1760, périt sur l'échafaud le 26 prairial an IV, après avoir siégé parmi les plus ardents révolutionnaires.

DURUFLÉ (*Louis-Robert-Parfait*), poète, né à Elbeuf le 28 avril 1742, mort au Petit-Quevilly, près de Rouen, le 26 janv. 1793, remporta plusieurs prix à l'Acad. de Marseille et à celle des Palinods de Rouen. — V. Guilbert, *Mém. biog.*, t. I. — Quérard, t. II.

DURUFLÉ (Lefebvre). V. LEFEBVRE-DURUFLÉ

DURVYE, curé de la Futelaye (arr. d'Evreux), XVIIIe sc., a composé un ouv. intitulé: *Secret des secrets géométriques, ou la quadrature du cercle et la trisection de l'angle, démontrés par des principes infaillibles*; Evreux et Paris, 1774, in-8.

DUSAUSSEY (*Constant*). Mémoires sur les hospices de Coutances; *Ann. norm.*, 1845, p. 366-386.

DUSOUILLET, lib. à Rouen, et éditeur d'une Hist. de cette ville, 1731 et 1738. V. FARIN.

DUSSARD (*Hipp.*), économiste et ingénieur,

a été préfet de la S.-Inf. durant 8 mois, c'est-à-dire du 2 mai 1848 au 3 janv. 1849.

DUTACQ (*Armand*), publiciste, fondateur des journ. *le Siècle* et *le Droit*, administrateur du *Constitutionnel* et du *Pays*, avait publié, en 1845, une *Revue universelle de la semaine*, intitulée *le Dimanche*, et, en 1848, *la Liberté de la Presse* et *la Vraie Liberté*. Né à Pacy-sur-Eure, il est mort en 1856.

DUTENS (*J.*). Description topographique de l'arrondissement communal de Louviers, dép. de l'Eure, avec l'exposition de la nature de son sol, de ses diverses productions, de l'état actuel de son commerce et de son agriculture, des observations sur les mœurs de ses habitans et une carte du pays; *Evreux, Abel Lanoe*, an IX (1801), in-8 de 79 p., avec une carte de l'arrond.

— Recueil de pièces concernant l'examen du projet présenté pour la dérivation de la Seine par les derrières du Havre (projet de MM. Pattu, Lamblardie père et fils, et Bunel); *Caen, Imp. de F. Poisson*, 1829, in-4 de 12 p.

Ext. de l'*Hist. de la navigation intérieure de la France;* Paris, Sautelet et Mesnier, 1829, t. II, p. 265-279, in-4.

Cet ouv. renferme également les mém. suiv., qui intéressent nos contrées :

— De plusieurs projets pour l'amélioration de la navigation de la Seine; t. II, p. 44-57.

— Navigation du vaisseau *le Saumon* sur la rivière de Seine, depuis le port du Havre jusqu'à Paris, au mois d'août de l'ann. 1796; t. II; p. 57-62. — Ce navire, construit sur les plans de l'ingénieur Forfait, fut commandé par M. Thibault, lieutenant de vaisseau. Il tirait 2 m. 11 c. d'eau et pouvait porter 150 tonnneaux. Cette exploration avait pour but l'étude de l'appropriation du lit de la Seine à la navigation des navires de commerce.

— Canal maritime de la Seine; t. II, p. 219-294, avec un tableau.

DUTENS (*Joseph-Michel*), membre de l'Institut, inspect. gén. des ponts et chaussées, etc., né à Tours, le 15 oct. 1765, est mort à Paris, le 6 août 1848. Il fut pendant 9 ans ingénieur de l'arr. de Louviers.

DU TERTRE (le Rev. P. *J. B.*). La vie de Ste Avstreberthe Vierge, premiere abbesse de l'abbaye de Pavilly, près de Roüen. Tirée de l'ancien ms. de la royale abbaye de Ste Austreberthe de Monstreuil-sur-Mer; *Paris, Gvill. Sassier*, 1659, pet. in-12 de 167 p., plus 12 ff. prélim., avec le portr. de Ste Austreberthe.

DU TERTRE (*Rodolphe*), jésuite, né à Alençon, le 18 avril 1677, mort vers 1762, a publié : *Réfutation du nouveau système de métaphysique proposé par le P. M.* (Malbranche); Paris, 1715, 3 vol. in-12; — le *Philosophe extravagant dans le Traité de l'action de Dieu sur les créatures;* Paris, 1716, in-12.

DUTRESOR (Jean-François Gaspard), né à Osmanville (Calvados), et mort à Bayeux, le 17 mars 1817, est auteur d'une comédie en prose et en vers intitulée : *L'Astucieuse Pythonisse, ou la fourbe magicienne, petite com. inferno-satanico-magique* (1 acte), par Robert Sorcellicot, membre de la Soc. des Arts mystérieux; *A Diabolicopolis, de l'Imp. d'Albert Castigamus* (Caen), l'an 1182 de l'hégire (1804), pet. in-8 de 50 p. et 1 ft. non chiffré. Pièce satyrique tirée à petit nombre et composée à l'occasion d'un procès de sorcellerie jugé à Bayeux. On doit aussi à Dutresor quelq. pièces de vers assez médiocres, dit F. Pluquet, *Hist. de Bayeux*, p. 417.

DUTRONE DE LA COUTURE (*Jacq.-Franç.*), médecin et économiste, né à Lisieux, vers 1749, mort le 13 juillet 1814, est auteur des ouv. suiv. : *Précis sur la canne et sur les moyens d'en extraire le sel essentiel, suivi de plusieurs mémoires sur le sucre, sur le vin de canne, etc.;* 1790, 2 vol. in-8, et 3e édit., Paris, 1801, in-8, fig.; — *Vues générales sur l'importance des colonies, sur le caractère du peuple qui les cultive, etc.;* 1790, in-8; — *Inviolabilité, principe et fin de la société et du commerce de l'homme, etc.;* Paris, 1800, in-8; — *Lettre à M. Grégoire, sur son ouv. intitulé : De la Constitution, etc.*, 1814, in-8.

DUTROULEAU. Note sur les bains de mer de Dieppe (saison de 1857), lu à la Soc. d'Hydrologie médicale de Paris, le 21 déc. 1857; *Paris, Germer-Baillière*, 1858, in-8 de 64 p.

Ext. des *Annales de la Soc. d'Hydrologie médicale de Paris*. L'auteur est méd. inspecteur des bains.

DU VAIR (*Guill.*), évêque de Lisieux. V. VAIR.

DUVAL (*Pierre*), évêque de Sées et littérateur, né à Paris, assista au concile de Trente et mourut à Vincennes, en 1564. Il est auteur des ouv. suiv. :

— Le pvy dv sovverain amovr tenu par la Deesse Pallas, auec lordre du nuptial banquet faict a l'honneur d'ung des siens ensans mis en ordre par celuy qui porte en son nō tourne, le vray perdu, ou le vray prelude; (Rouen), *Imprimerie de Jehan Petit; on les vent a Rouen, chez Nicolas de burges*, (1543), pet. in-8 de 40 ff., lett. rondes.

Le nom tourné, c'est-à-dire l'anagramme de Pierre Duval, forme le *vrai perdu* ou *vrai prélude.*

M. Viollet-le-Duc, dans sa *Biblioth. poétique, Paris,* 1843, in-8, p. 235, établit que ce recueil est dû à l'évêque de Sées. M. Th. Le Breton, dans sa *Biog. norm.*, émet un avis contraire, et, s'appuyant sur l'opinion de Guill. Colletet, de La Croix du Maine et de la *Biog. univ.* , l'attribue à un autre Pierre Duval, poète normand du XVIe sc. Sans prétendre trancher une question qui ne repose que sur des conjectures, nous nous bornerons à constater que cette charmante plaquette n'est que la réunion de petites pièces de poésies composées par divers auteurs, pour concourir à des prix fictifs qu'aurait fondés la déesse Pallas sur le sujet du *Souverain Amour*, à l'imitation des prix établis réellement par les Puys ou palinods de Rouen et de Caen sur la conception de la Vierge. Parmi les noms de ces poètes, on remarque ceux de : Jehan Couppel, Guill. Durand, Marie et Madeleine Du Val, Jean Fere, P. Gaultier, Cl. Herbert, Geoffroi et Jean Le Prevost, J. Spallart, Catherine Vetier, etc. Une seule pièce de l'éditeur, un dizain, termine le vol.

— Psalme de la puissance, sapience et bonté de Dieu; *Paris, Vascosan,* 1559, in-4.

— La grandeur de Dieu et de la cognoissance qu'on peut auoir de luy par ses œuvres.— Item de la puissance, sapience et bonté de Dieu (poëme); *Paris, Morel,* 1568, pet. in-8.

— De la grandeur et de la puissance de Dieu; *Paris, G. Auvray,* 1586, 3 part. en 1 vol. pet. in-12.

DUVAL (*Robert*), chanoine de Chartres et physicien, né à Rouen et mort à Rugles, en 1567. La *Biog. univ.* le fait naître, à tort, dans cette dern. ville, vers la fin du XVe sc. Il est auteur des ouv. suiv.: *Roberti de Valle Rothomagensis compendium memorandorum vires naturales et commoda cōprehendens à Plinio data; valens nedum ad secreta nature noscenda; sed ad vsus quoqȝ necessarios; corporisqȝ et ingenii cōseruationē*; Impressum Parisii per Felicem Baligault impensa magistri Durandi Gerlier, anno 1505, pet. in-4 (Bibl. de Rouen); — *De Veritate et antiquitate artis chimicæ,* 1561; — *Traité des dispositions pour mourir saintement,* 1567.

DUVAL (*Etienne*), seigneur de Mondrainville, célèbre négociant-armateur dans le XVIe sc., à Caen, lieu de sa naissance, est mort le 19 janv. 1578, à l'âge de 71 ans. Le ravitaillement de la ville de Metz, sous Henri II, pendant le temps que Charles-Quint la tenait assiégée, valut à Duval des lettres de noblesse et l'emploi de receveur général des Etats de Normandie. Faisant un noble usage de l'immense fortune qu'il avait acquise dans le commerce, il fut le premier qui, pour exciter l'émulation parmi les jeunes gens, fonda des prix pour le Palinod. V. Cahaigne, *Elog. civium Cadom.*, n° 31; — De la Rue, *Essais sur Caen,* 1820, t. I, p. 185-187.

DUVAL (*Jacq.*), parent du précédent, né à Rouen, exerça d'abord la pharmacie dans cette ville. Il se retira ensuite à Genève, où il obtint le droit de bourgeoisie, en 1555. Jacq. Duval se voua avec ardeur à la propagation de la réforme. La *France protest.*, t. IV, n'indique ni la date de sa naissance ni celle de sa mort.

DUVAL (*J.*). L'Hydrotherapeutique des fontaines medicinales nouuellement découuertes aux environs de Rouen, tres-vtiles et profitables à vn chacun; *Roven, Jacq. Besongne,* 1603, pet. in-8, avec un portr. de J. Duval gravé sur bois et placé au titre.

DUVAL (*Jacques*), seigneur d'Hectomare et de Houvel, docteur et professeur en médecine, naquit à Evreux vers le milieu du XVIe sc., et mourut vers 1615, à Rouen, où il exerçait son art. Indépendamment de l'ouv. mentionné ci-dessus, il est auteur des suivants :

— Méthode nouvelle de gvarir les catarrhes et toutes maladies qui en despendent, voyre mesme celles qui cy devant ont été reputez incurables; *Rouen, Imp. de David Geoffroy,* 1611, in-8, avec le portr. de l'auteur.

—Des Hermaphrodits, accovchement des femmes, et traitement qui est requis pour les relever en santé, et bien elever leurs enfans, où sont expliquez la figure des laboureur et verger du genre humain, signes de pucelage, défloration, conception, et la belle industrie dont use nature en la promotion du concept et plante prolifique; *Roven, David Geuffroy,* 1612, in-8, avec portr. de l'auteur.

Cet ouv. fut saisi par arrêt du Parlement du 4 avril 1612, et la vente en fut suspendue.

— Réponse au discours fait par le sieur Riolan contre l'*Histoire de l'Hermaphrodite de Rouen*; Rouen, s. d. (vers 1615), in-8. — Le discours de Riolan sur les Hermaphrodites, est de 1614, in-8.

DUVAL (*Jean*), théologien, né à Alençon au commencement du XVIIe sc., mort de misère à Paris, en 1680, dirigea contre Mazarin plusieurs écrits anonymes en vers, parmi lesquels on remarque : *Les Soupirs françois sur la paix italienne;* Paris, 1649, in-4. — *Le Parlement burlesque de Pontoise;* Paris, 1652, in-4. — *Le Calvaire profané ou le Mont-Valérien usurpé par les Jacobins réformés du faubourg St-Honoré, adressé à eux-mêmes* (poème en vers); Paris, 1664, in-4, et Cologne, 1670, in-12. — V. Odolant-Desnos, *Mém. sur Alençon*, t. II, et *Dictionn. des anonymes.*

DU VAL (*André*), théologien, D^r en sorbonne, né à Pontoise, le 18 janv. 1564, est mort le 9 sept. 1638. Auteur ascétique, il a composé, de 1612-1636, un grand nombre d'ouv. Rault a publié, avec les Vies de plusieurs Saints de France, par A. Duval, une édit. des *Fleurs des Vies des Saints*, par le R. P. Ribadeneira; Rouen, Clément Malassis, 1668, 2 part. in-f. en 1 vol., fig., et Rouen, Jean Machuel, 1668, 2 vol. in-4, fig. — V. Guill. Duval, *Collége roy. de France*, p. 112. — Nicéron, *Mém.*, t. XXXI, p. 406-410.

DU VAL (*Guillaume*), parent du précédent, Dr en méd. et professeur de philosophie, né à Pontoise, est mort à Paris le 22 sept. 1646. Il est auteur de : *Historia monogramma, sive Pictura linearis sanctorum medicorum et medicarum, in expeditum reducta breviarium..... ...Item Pietas facultatis medicinæ Parisiensis, nimirum litaniæ de beatiss. Virgine Deipara oratio ad sanctos medicos et sanctas medicas*; Paris, Blageart, 1643, in-4. — *Le Collége royal de France, ou institution, établissement et catalogue des lecteurs et professeurs du Roi, fondés à Paris par François Ier*; Paris, Bouillette, 1644, in-4. — V. Notice, par Pierre Goujet, *Mém. sur le Collége royal*, in-12, t. II, p. 234.

DUVAL (*Pierre*). Carte du Duché de Normandie; *Paris*, 1654, 1 flle, (P. Lelong, no 1,703.)

— Carte du royaume de la France occidentale, dite autrement Neustrie; *Paris*, 1671, 1680, 1 flle. (P. Lelong, no 399.)

P. Duval était géographe du roi Louis XIV.

DUVAL (*J.-B.-Ch.*). Illustrissimo Luxemburgensium duci Normanniæ gubernatori gratiarum actio, habita cum urbem Rotomagensem præsentia sua ornaret, Rotomagi v idus. febr. 1710. In collegio regio archiepiscopali Borbonio Soc. Jesu; *Rothomagi, apud Richardum Lallemant*, 1710, in-4 de 35 p.

DUVAL (*Nicolas-François-Aug.*), sous-officier d'artillerie, se distingua surtout lors du bombardement du Havre par les Anglais, en 1759. Né au Havre le 31 mars 1715, il est mort dans cette ville le 22 fév. 1791. V. Levée, *Biog. Havraise*; — Morlent, *Géog. de la Seine-Inf.*

DUVAL (*Pierre*), proviseur du collége d'Harcourt, puis recteur de l'univ. de Paris, en 1777 et 1786, né à Bréauté (arrondiss. du Havre), en 1730, est mort à Guerbaville, S.-Inf., le 20 mai 1797. L'abbé Duval est auteur de : *Essais sur différents sujets de philosophie*; Paris, 1767, in-12. — *Réflexions sur le livre intitulé : Système de la nature*; Paris, 1770, in-12. — *La nouvelle philosophie à vau-l'eau, ou le philosophe du temps, confondu par la présence du Roi*; Amst. (Paris), 1774, in-12.

DUVAL (*Pierre-Jean*), négociant au Havre, naquit dans cette ville, le 20 janv. 1731. Il composa, sur le *Commerce et la Navigation du Nord*, un Mémoire qui fut couronné par l'Acad. d'Amiens, en 1760, et qui a été imprimé dans cette ville, la même année, en 1 vol. in-12. Il mourut le 22 janv. 1800, après avoir rempli plusieurs fonctions municipales.

DUVAL (*Pierre*), imprimeur et journaliste à Rouen, succéda en 1799 à S.-B.-J. Noel, comme imp. et propriétaire du *Journal de Rouen*. Avant cette époque, il rédigeait deux petites feuilles intitulées, l'une *le Papillon*, l'autre *l'Echo des Côtes maritimes*. P. Duval mourut au Mont-aux-Malades, près de Rouen, le 17 sept. 1837, âgé de 78 ans. — V. n. art. *Journaux*.

DUVAL (*Fr. Samson, ve*). Discours fait et prononcé par Françoise Samson, ve Duval, dans la séance publique des Amis de la Constitution, le 15 avril 1791; *Caen, Chalopin*, in-8 de 10 p.

DUVAL (*B.-Marin*). Dialogue entre un paysan et un curé réfractaire, par B.-Marin Duval (ext. de l'*Antifanatisme*); *Cherbourg, Giguet*, 1792, in-8.

DUVAL (*Jean Pierre*), avocat au Parlem. de Norm., en 1778, devint successivement député de la S.-Inf. à la Convention nat., en 1792, membre du Conseil des Cinq-Cents, ministre de la police, en 1797. Plus tard, il fut nommé préfet des Basses-Alpes et appelé, pendant les cent-jours, à la préfecture de la Charente. Duval termina sa carrière en 1819, éloigné des affaires publiques, dans une propriété qu'il possédait près de Poitiers.

DUVAL (*Georges*), auteur dramatique, né à Valognes, en 1773, mort à Paris, le 21 mai 1853, a composé un très grand nombre de vaudevilles, en société de Armand Gouffé, de Servières et Bouel (de Caen), Dumersan, Desaugiers, Tournay, Rochefort, Chazet et Vieillard. Parmi ces vaudevilles, nous citerons particulièrement : *Le Val-de-Vire*, et *Malherbe*. Georges Duval n'eut point de collaborateur dans l'*Auteur soi-disant*, com. en un acte et en vers, représentée à la Porte-St-Martin, en 1806, et dans *Une Journée à Versailles ou le discret malgré lui*, com. en 3 act. et en prose, jouée à l'Odéon en 1814. — Dans un genre plus sérieux, il a publié : *Dictionn. abrégé des mythologies de tous les peuples policés ou barbares, tant anciens que modernes*; Paris, Barba, 1800, in-12; — *Souvenirs de la Terreur*; Paris, 1841, et *Souvenirs thermidoriens*, ouv. dans lesquels l'auteur flétrit les désordres révolutionnaires. — V. la notice de M. P. A. Vieillard, *Ann. de la Manche*, 1855.

DUVAL (*Henri-Aug.*), médecin, né à Alençon, le 28 avril 1777, est mort à Paris, le 16 mars 1814. Il a publié : *Démonstrations botaniques, ou analyse du fruit considéré en général*; Paris, 1808, in-12 ; — *Supplément à la double Flore parisienne de Dupont*, 1813.—Il terminait une traduction des ouv. d'Arétée de Cappadoce, lorsque la mort est venue le surprendre.

DUVAL (*Amaury*). L'Evêque Gozlin, ou le siége de Paris par les Normands, chronique du IXe sc.; *Paris, Dufey* et *Vézard*, 1832, 2 vol. in-8 de VIII, 436 et 404 p. (Imp. de F. Didot), ornés de 2 vign. grav. sur bois.

Le fonds de ce roman, ainsi que plusieurs détails hist. qu'il renferme, sont pris dans les chroniques et les écrivains du moyen âge, particulièrement dans le poëme d'Abbon sur le siége de Paris par les Normands et les Danois en 886 et 887 ; l'auteur y a joint des fictions et des considérations philosophiques qui lui appartiennent en propre. A la fin de chaque vol., il a ajouté des notes hist. servant, en quelque sorte, de pièces justificatives. Cette 1re édit. est anonyme, mais la 3e, publiée en 1835, sous le titre de : *Le Siège de Paris par les Normands, chronique du IXe sc.*; Paris, chez l'édit., porte le nom du savant académicien.

— Notice sur Maurice de Craon et Pierre de Craon, son fils; *Hist. litt. de la France*, t. XVIII (1835), p. 844 et 845.

Sur ces poètes anglo-norm., V. TRÉBUTIEN et notre art. CRAON.

DUVAL (*Alex.*). Guillaume le Conquérant, drame hist. en 5 act. et en prose, représenté sur le Théâtre-Franç., le 16 déc. 1803; *Paris, Barba*, 1822, in-8 de 161 p.

Ext. du t. V des œuvres de l'auteur. Cette pièce fut composée au moment où Napoléon songeait à faire une descente en Angleterre.

DUVAL (*Amaury* et *Alex.*) sont nés à Rennes.

DUVAL (*J.-R.*). Notice historico-médicale sur les Normands; *Paris, J.-B. Baillière*, 1834, in-8 de 17 p.

Cet opuscule présente l'hist. sommaire de la médecine en Normandie.

DUVAL (*Jacq.-René*), chirurgien-dent., memb. de l'Acad. Imp. de médecine et de plusieurs Soc. sav., né à Argentan (Orne), le 12 nov. 1758, est mort à Paris, le 16 mai 1854. Il a étudié spécialement l'art dentaire, et a écrit sur cet art et sur les maladies des dents un grand nombre d'ouv. et de mém. V. une notice de M. Ch. Londe, *Ann. norm.*, 1855, p. 572-578; et discours prononcé à ses obsèques, par M. H. Larrey, au nom de la Soc. de chirurgie; *Paris, Imp. de Plon*, 1854, in-8 de 8 p. Ext. de la *Gazette des hôpitaux*. On trouve, à la p. 6, la liste des ouv. de M. Duval, publiés de 1790 à 1840.

DUVAL (*Vinc.*), Dr en méd. orthopéd., né en 1796, à St-Maclou, près Pont-Audemer, est aut. de : *Aperçu sur les principales difformités du corps humain;* Paris, 1833, in-8; *Traité pratique du pied-bot, de la fausse ankylose du genou et du torticolis;* Paris, 1839, et 2e édit., 1843, in-8, fig.

DUVAL. Histoire du Pommier et de sa culture; *Paris, Roret*, 1852, in-8 de 64 p. Ext. de *l'Agriculteur praticien*. L'aut. est jardinier.

DUVAL-DAUBERMENY (*N.-A.*). V. DUBOC.

DUVAL-DUHAZEY. Traité de l'hérédité des femmes en Normandie, dans lequel on prouve qu'en cette province, elles prennent part aux meubles et conquêts du mari, en qualité d'héritières ; *Paris, D'Houry*, 1771, in-12.

— Méthode de liquider le mariage avenant des filles en Normandie, suivie d'un Traité de l'hérédité des femmes; *Rouen, chez Le Boucher fils et chez la Ve Varengue*, 1773, in-12. (Imp. de L. Dumesnil.)

DUVAL-DUHAZEY (*Nicolas-Ant.*), avocat au Parlement de Normandie dès 1760, est né à Rouen. On ignore l'époque de sa naissance et celle de sa mort.

DUVAL D'ÉPRÉMESNIL (*Jacq.*), membre du Conseil souverain de Pondichéry et de celui de Madras, voyageur intrépide, né au Havre le 14 avril 1714, est mort en France en 1765. Il a publié : *Traité sur le commerce du Nord*, in-12.—*Lettre à l'abbé Trublet sur l'histoire;* Paris, 1760, in-12. — *Correspondance sur une question politique d'agriculture;* Paris, 1763, in-12. — *Examen de la cécité et de la surdité.* Duval d'Eprémesnil était membre de l'Acad. de Rouen. V. Levée, *Biog. Havraise*.

DUVAL DE LEYRIT (*Georges*), frère puîné du précédent, naquit au Havre le 7 août 1715, et mourut le 9 avril 1764. Etant administrateur des possessions françaises dans l'Inde, il fut accusé, par le général de Lally-Tollendal, des revers qui entraînèrent, en 1762, la perte de Pondichéry. En 1780, lors de la demande en réhabilitation du général de Lally-Tollendal, par le jeune comte de Lally-Tollendal, son fils, la mémoire de Duval de Leyrit fut attaquée et défendue avec un succès complet par son neveu, Jean-Jacq. d'Éprémesnil. — V. une Notice par M. E. Delamare, dans l'*Echo du Havre*, 1856.

DUVAL-GRIGNEUZE, né en Norm., est auteur de : *Le Sénèque mourant, poème héroïque;* Paris, Est. Loyson, 1662, pet. in-12.

DUVAL-HÉBERT. Histoire du diocèse de Séez ; ms., *Bibl. de Falaise*.

DUVAL-LE-ROY (*Nicolas-Claude*), mathématicien et hydrographe, né en 1739, à Ste-Honorine-des-Pertes (Calvados), et non à Bayeux, devint par ses connaissances profondes dans les sc. mathématiques, professeur à l'école de marine de Brest, où il mourut le 6 déc. 1810. On lui doit : *Traité de l'optique, trad. de l'anglois de Smith*; Brest, 1767, in-4. — *Supplément au Traité d'optique de Newton*; Brest, 1783, in-4. — *Instruction sur les Baromètres marins*; Brest, 1784, in-12. — *Du mariage des prêtres, trad. du portugais*; Brest, 1789, in-8. — *Traité complet de Navigation*; Brest, 1802, in-8, — et tous les articles *Mathématiques* dans le Dictionn. de Marine qui fait partie de l'Encyclopédie méthodique.

DUVAL-LECAMUS, peintre, élève de David, né à Lisieux le 14 fév. 1790, s'éloigna de la manière de son maître et se distingua par la vérité et le naturel des sujets qu'il représentait. Il mourut il y a peu d'années à St-Cloud; il était alors maire de cette commune.

DUVAL-SANADON. Epître à Corneille, au sujet de la statue qui doit être placée dans la nouvelle salle de spectacle de Rouen ; présentée et lue à la séance de l'Acad. des Sc. et B.-Lett. de la même ville, le 8 mars 1775, par D. D.; *Paris, Didot*, 1775, in-8.

— Origine du prieuré des deux amans en Normandie. Nouvelle du XIIIe sc., par un troubadour du XVIIIe (en vers); *Londres, Dulau*, 1796, in-8 de 16 p.

Ce poëme avait été lu en fév. 1775, à l'Acad. de Rouen. En 1812, Duval-Sanadon communiqua à la même Soc. l'épisode d'un poëme ayant pour titre : *Florine et St-Cyr, ou l'Origine du Prieuré des Deux-Amants*.

— Hommage de la Neustrie au Grand Corneille. Poëme héroï-lyrique, Présenté et lu à la séance de vendredi 9 août 1811 de l'Acad. des Sc., B.-Lett. et Arts de Rouen ; *Paris, chez Bechet et chez Nepveu*, 1811, in-8 de 20 p.

Duval-Sanadon, neveu du célèbre jésuite Sanadon, membre de l'Acad. de Rouen, né à la Guadeloupe en 1748, est mort à Amfreville, arrondiss. de Louviers, le 6 mars 1816. Indépendamment des ouv. mentionnés cidessus, il est auteur d'une ode sur le *Patriotisme*, écrite lors de la guerre d'Amérique, et de quelq. opuscules en prose.

DU VAUCEL (*P.-L.*), théologien, né à Evreux. V. VAUCEL (du).

DU VERGER (*J.*), surnommé *le bon Président*. V. VERGER (du).

DUVERGER. Le Frondeur, ou l'ami des mœurs, com. en 5 act., en vers, par M. C*** Duverger. Représentée pour la première fois sur le théâtre de Rouen, le 17 déc. 1788; *Rouen, Yeury, lib.*, 1789, in-8 de XXII et 112 p.

DUVERGIER DE HAURANNE (*Jean-Marie*), anc. négociant, publiciste, né à Rouen le 21 mai 1771, mort à Paris le 20 août 1831, fut député de la S.-Inf. depuis 1815 jusqu'à sa mort. Durant ses fonctions législatives, il se fit remarquer en diverses circonstances, intervenant avec habileté dans les questions relatives aux finances, au commerce et à l'administration. On lui doit plusieurs ouv. sur l'administration, sur le jury, etc.; nous citerons seulement : *De l'ordre légal en France, et des abus de l'autorité*; Paris, Beaudoin frères, 1826-28, 2 vol. in-8.

M. Duvergier de Hauranne s'honorait de compter parmi ses ancêtres le célèbre abbé de St-Cyran, qui prit une part si active aux discussions du jansénisme.

DUVERGIER DE HAURANNE (*Prosper*), fils du précédent, publiciste, député du Cher sous Louis-Philippe, et représ. de ce dép. à l'assemblée nationale, est né à Rouen, le 4 août 1798. Il débuta par quelq. articles insérés dans le *Globe*, et, depuis lors, se livrant à l'étude de l'économie politique et à celle de l'organisation gouvernementale, il a publié sur ces sujets des art. dans la *Rev. des Deux-Mondes*, des ouv. et des opuscules qui ont attiré l'attention générale. Parmi ces derniers, nous rappellerons, comme se rattachant à notre sujet : *Discours prononcé à Rouen, au banquet de la réforme électorale et parlementaire*; Paris, Pagnerre, 1847, in-8 de 16 p. (Ext. du *Journ. de Rouen*.) Depuis son éloignement des affaires publiques, auxquelles il prit une part des plus actives en 1847 et 1848, M. Duvergier de Hauranne a publié : *Histoire du gouvernement parlementaire en France* (1814-1848); Paris, Michel Lévy, 1857-58, 4 vol. in-8.

DUVERT (*F. A.*). Les Havrais, cantate adressée aux habitants du Havre, chantée pour la première fois par Lepeintre aîné, artiste du Vaudeville, sur le théâtre du Havre; *Paris, Imp. de Duverger*, 1830, in-8.

Avec M. Lauzanne, Duvert a publié : *Renaudin de Caen*, com.-vaudev. en 2 act.; Paris, Dondey-Dupré, 1836, in-8.

DUVEYRIER. La Cour plénière, etc. V. *Cour plénière*.

DU VIQUET (*Marin*), méd. à Caen, dans le XVIe sc. V. VIQUET (du).

DUVIVIER (*Franciade-Fleurus*), général de division, grand officier de la Légion d'honneur, membre de l'assemblée nationale, né à Rouen, le 7 juillet 1794 (rue des Arpents, nº 65 actuel), est mort à Paris, le 8 juillet 1848, des suites d'une blessure reçue sur une barricade, en défendant la cause de l'ordre. Esprit essentiellement organisateur, il s'est illustré en Algérie, où il a créé le corps des zouaves : pendant la révolution de 1848, ce fut lui qui forma les 24 bataillons de la garde nationale mobile. Il a publié une série d'ouv. pleins d'aperçus nouv. sur l'art milit., sur l'Algérie, sur l'esclavage, sur la linguistique, etc. Les plus considérables de ces ouv. sont : *Essai sur la défense des Etats par les fortifications;* Paris, Anselin et Pochard, 1826, in-8 de 312 p.; — *Observations sur la guerre de la succession d'Espagne;* Paris, J. Corréard, 1830, 2 vol. in-8.— V. *Vie civile, politique et militaire du général Duvivier;* Paris, Vente, 1848, in-f. de 4 p.; — *Notice biographique*, par A. de Colleville; Cherbourg, Thomine, 1848, gr. in-8 de 41 p.—L'Acad. des Sc., Arts et B.-Lett. de Rouen avait proposé pour sujet de prix à décerner en 1857, l'éloge du gén. Duvivier, éloge qui devait comprendre également une appréciation raisonnée de ses ouv. Ce prix a été remporté par M. Henri Frère, de Rouen, maintenant avocat au barreau de cette ville. — V. *Mém. de l'Acad. de Rouen*, 1857, p. 71-82. Le portr. en pied de Duvivier, commandé par le conseil municipal de Rouen, à M. Cabasson, peintre rouennais, est placé dans la grande salle de l'hôtel de ville. On admire au musée de Versailles un tableau d'Horace Vernet, qui représente l'armée française occupant le Teniah de Mouzaïa, 12 mai 1840. Duvivier commandait une des 3 colonnes de la division du duc d'Orléans. Ces colonnes ayant débouché à la fois sur le col, se retrouvent toutes haletantes de sueur et de poussière. Le gén. Duvivier, placé au centre du tableau, tient son képi en l'air, en signe de joie. Le nom de Duvivier a été donné à une rue de Paris (au Gros-Caillou), et, par décret du 27 mai 1857, il a été donné également à un village de l'Algérie, situé dans le cercle de Bone, province de Constantine.

E.

EADMERI cantuariensis monachi ordinis S. Benedicti opera : labore ac studio monachorum congregationis S. Mauri restituta et emendata; in-f. de 214 p. à 2 col.

Ces ouv. sont placés à la suite des œuvres de S. Anselme : *S. Anselmi ex Beccensis abbate Cantuariensis archiepiscopi opera, etc., labore et studio D. Gab. Gerberon;* Lutetiæ Paris., Lud. Billaine et Joan. Du Puis, 1675, in-f. à 2 col. Ils se composent de :

— De vita S. Anselmi cantvariensis archiepiscopi, libri duo; p. 1-26.

— Historia novorum, libri sex (avec les notes de Selden); p. 27-134.

— De excellentia virginis Mariæ liber; p. 135-142.

— De qvatvor virtvtibvs qvæ fvervnt in Beata Maria ejusque sublimate; p. 143-145.

— Liber de beatitvdine cœlestis patriæ; p. 146-153.

— Liber de sancti Anselmi Similitvdinibvs; p. 153-191.

Les œuvres d'Eadmer occupent 215 p. dans la seconde édit. des *OEuvres de S. Anselme;* Paris, Montalant, 1721, in-f., laquelle paraît être la reproduction de la première, page pour page. La différence de pagin. provient d'un suppl. de 2 p. à la Vie de S. Anselme.

Eadmer ou Edmer, religieux de l'ordre de St-Benoît, dans le monastère de St-Sauveur, à Cantorbéry, où il remplissait les fonctions de chantre, naquit dans le comté de Kent. Disciple et ami d'Anselme, investi de toute sa confiance, il recueillit avec un soin minutieux tout ce qui concernait ce saint prélat, ses actions, ses entretiens, ses souvenirs, même, et les publia après sa mort. Eadmer, qu'Anselme appelait son bâton de vieillesse, mourut vers 1137. Le critique Nicholson, dans ses jugements sur les historiens anglais, considère Eadmer, comme un esprit très éclairé pour l'époque où il vivait. L'Historia novorum (Hist. des nouveaux évènements) comprend non-seulement l'Hist. détaillée de l'archev. de Cantorbery, mais aussi celle des deux Guillaume et du Roi Henri Ier, c'est-à-dire la période 1066-1122. — V. Charma, *Etude sur S. Anselme;* Soc. des Antiq. de Norm., t. XX (1853).

EAUBONNE (d'). Graduale ad usum regalis monasterii S. Audoeni, ord. S. Benedicti, congreg. S. Mauri. Pro solemnioribus totius anni festivitatibus. *Scribebat Parisiis D. Daniel D'Eaubonne ejusdem congregationis monachus*, M. DC. LXXXII : ms. sur vél., in-f. max. de 136 ff., (Bibl. de Rouen).

Ce vol. gigantesque, livré constamment à la curiosité des étrangers, qui ne manquent jamais, en passant par Rouen, de venir l'admirer, a acquis autant ou plus de célébrité, en France et en Angleterre, que les plus merveilleuses productions de la calligraphie du moyen âge. Il y a peut-être un peu d'exagération dans cet enthousiasme; cependant on ne saurait nier qu'il y a peu de volumes décorés avec une pareille magnificence. L'ornementation consiste en 26 têtes de page de 0,37 cent. de hauteur sur 0,12 cent. de largeur, en autant de culs-de-lampe ou fins de page de dimensions variées, quelques-uns occupant presque toute la hauteur du ft.; en 28 grandes initiales de 0,18 cent. sur 0,17, et enfin, en 119 capitales de 0,08 cent. en tout sens; 3 p. sont, en outre, encadrées d'une large bordure. Toutes ces pièces sont miniaturées, souvent rehaussées de fonds d'or bruni sur relief, d'un éclat incomparable, et présentent tour à tour, pour motifs d'ornementation, des sujets religieux, traités soit à l'ordinaire, en manière de petits tableaux, soit en camayeux de couleur variée, des paysages, des fleurs, des ornements, des décorations architecturales, etc. Sans doute, eu égard à la date de ce monument, contemporain de la grande école française du XVIIe sc., le mérite incontestable de ces peintures n'a rien d'étonnant; cependant on doit rendre justice au grand goût de décoration du peintre, à la variété des moyens mis en œuvre et des effets obtenus, à la finesse parfois exquise du pinceau, qui font de quelq.-uns de ces petits tableaux, *le Concile de Nicée, le Jugement dernier, l'Allégorie sur la mort, etc.*, de délicats chefs-d'œuvre qu'on ne se lasse pas d'admirer. Le texte et le plain-chant sont exécutés à l'encre de Chine, à l'aide de vignettes découpées, d'un système particulier qui fait disparaître la trace des tenons; ce qui a fait croire à beaucoup de personnes que ces lettres étaient tracées au pinceau. La matière du vol. est un vélin très fort et d'une très belle préparation qu'on dit être de peau d'âne, à cause de sa grande épaisseur. Les ff., au nombre de 136, ont 0,80 cent. de hauteur, sur 0,56 de largeur. La couverture, remparée de coins et de plaques de cuivre repoussé, présentant, au centre des plats, un grand écusson des armoiries de l'abbaye de St-Ouen, dépasse de 4 cent. en tout sens les dimensions ci-dessus, et le poids du vol., pourvu de deux fermoirs à serrure, est de 37 kilog. Une tradition dont on chercherait en vain le fondement veut que D. d'Eaubonne ait mis 30 ans à exécuter ce vol.; c'est tout à la fois exagéré et invraisemblable. Ce laborieux bénédictin n'en était pas à son coup d'essai; en 1678, il avait exécuté l'*Antiphonaire* qu'il avait également dédié à l'abbaye de St-Ouen, et qui est aujourd'hui, en partie lacéré, dans la Biblioth. du grand séminaire de Rouen; il relate la confection de ce vol. dans la dédicace du Graduel, datée de 1682; c'est donc un laps de 5 à 6 ans au plus employé à la confection de ce dernier.—Dom Dan. d'Eaubonne, religieux de l'abbaye de St-Germain-des-Prés, est mort à Paris, le 11 fév. 1714. (*Note due à l'obligeante érudition de M. André Pottier.*)

EAUX (les) d'Eauplet, com. en 1 acte, en pr., dédiée à Mme la Présidente de Bernières; *Rouen*, *Pierre Cailloué*, s. d. (1717), in-12 de 50 p.

Il faut joindre à cette pièce : *La Critique de la Comédie des Eaux d'Eauplet*, com. en 1 acte, en vers; *Rouen*, *François Vaultier*, 1717, in-12 de 44 p. « Cette pièce et la précédente, qui sont rares, doivent être du même auteur. La première, où l'on croit reconnaître quelques portraits normands, souleva de terribles colères dans la société de Rouen; aussi l'auteur ne se nomma pas. Cet auteur pourrait bien être Le Sage, car dans la Critique, *Crispin*, valet-poëte de l'auteur des *Eaux d'Eauplet*, semble faire allusion à la comédie de *Crispin rival de son maître.* » (Cat. de Soleinne, n° 1,678.)

EAUX thermales et Eaux ferrugineuses. Bains de Bagnoles, dép. de l'Orne; *Caen*, *F. Poisson*, 1813, in-8 de 8 p.

Résumé d'un travail fait par MM. Vauquelin et Thierry.

EBOLI (*Pierre* d'). Petri d'Ebulo carmen de motibus Siculis, et rebus inter Henricum VI. romanorum imperatorem, et Tancredum seculo XII. gestis, nunc primùm è Msc. Codice Bibliothecæ publicæ Bernensis erutum, notisque cùm criticis tùm historicis illustratum, cum figuris edidit Samuel Engel; *Basileæ*, *typis Eman. Thurnisii*, 1746, in-4 de 159 p., plus la table, 6 ff. prélim. et 8 pl.

Les miniatures du ms. précité sont reproduites au trait.

EBOLI, EBLE ou EBULO (*Pierre* d'), poète latin et chroniqueur sicilien de la fin du XIIe sc., nous a laissé, vers 1195, en vers hexamètres et pentamètres, une Relation des affaires de cette île sous Tancrède et l'empereur Henri VI. Cette pièce, qui a pour but de célébrer la conquête du royaume de Naples par Henri VI. et sa victoire sur le parti normand en Sicile, était restée inédite jusqu'en 1746; Samuel Engel, bailli d'Echallens, la publia alors avec de savantes notes critiques et historiques, d'après un ms. de la Biblioth. de Berne.

P. d'Eboli est également auteur d'un poème intitulé : *De Balneis Puteolanis* (Bains de Pouzzoles), qu'il a composé entre les années 1212 et 1221. Ce poème a été trad. en vers franç., à la fin du siècle suivant, par un médecin normand, Richard Eudes.— V. *Biog.*

univ., t. XII, et Huillard-Breholles, *Mém. de la Soc. des Antiq. de France*, t. XXI (1852).

ECHANGE et assiette de la terre de Cany et Caniel, avec les titres concernans la baronnie de Caniel et les anciens titres concernans la terre de Cany et de Caniel; s. d. (vers 1701), in-f.

ECHARD (*Jacq.*), dominicain, né à Rouen le 22 sept. 1644, mort à Paris le 15 mars 1724, est auteur de : *S. Thomæ summa suo autori vindica*; 1708, in-8, — et de *Scriptores ordinis Prædicatorum recensiti, notisque historicis et criticis illustrati*; Paris., 1719-1721, 2 vol. in-f. Cette biblioth. des écrivains de l'ordre des Dominicains avait été commencée par le P. Quetif, qui mourut laissant son travail inachevé.

ECHARD (*N.*), abbé de Commanville. V. COMMANVILLE.

ECHLIN (*David*). Mala autumnalia, carmen. (Poëme latin sur les pommiers à cidre); *Paris*, 1602, in-8.

ECHEVIN (l') chirurgien. V. L'ECHEVIN, etc.

ECHIQUIER de Normandie et Concile de Rouen; ms. sur vél., XIIIe sc.; pet. in-f. de 72 ff. à 2 col. (Biblioth. Imp.)

Ce ms. provient de la Biblioth. de Rosny, n° 2,402 bis.— Sur l'Echiquier, V. Floquet, Madox, Magni Rotuli, Maillart, Petrie, etc.

ECLAIRCISSEMENT sur la mort du citoyen Cochart Desservolus, décédé à Evreux le 19 messidor an X; in-8.

ECLUSE DES LOGES (*Pierre-Mathurin* de l'), Dr en sorbonne, né à Falaise, en 1715, mort à Paris vers 1783, a publié dans un nouvel ordre les *Mém. de Sully*; Londres (Paris), 1745, 3 vol. in-4. Il remporta le prix de l'Acad. franç. en 1743.

ECOLE (l') de la chasse aux chiens courants. V. LEVERRIER DE LA CONTERIE.

ECOLE préparatoire à l'enseignement supérieur des Sc. et des Lettres de Rouen. Programme des cours; *Rouen, A. Péron* (1856), in-8 de 64 p.

Le directeur actuel de cette école est M. Morin, chimiste, membre de l'Acad. de Rouen. Son prédécesseur était M. J. Girardin, corresp. de l'institut, prof. de chimie, etc.

ECRIT povr la défense dv chapitre de l'Eglise métropolitaine de N.-D. de Roüen; s. d. (vers 1660), in-4 de 36 p. — Supplément de l'Escrit dressé pour la deffense du Chapitre de l'Eglise de Rouen, s. d. (même époque), in-4 de 4 p.

Défense des droits et priviléges du chapitre de l'église métropolitaine de Rouen, contre les empiétements de l'officialité.

EDDA ISLANDORUM, etc. V. MALLET, SÆMUND et SNORRE.

EDICT de création de la Jurisdiction consulaire de Rouen, donné à Paris, au mois de mars 1556; *Rouen, Louis Oursel*, 1779, in-4 de 7 p.

V. Edict du Roy svr la création, etc.

EDIT de juillet 1638, portant création d'une Cour des aides à Caen; *Mercure françois*, t. XXII, p. 443.

EDICT de l'Election et création de la Chambre des requestes, instituée par le Roy au Palais-Royal à Rouen. Publié le XVIIIe jour de déc. 1543, etc.; *Rouen, chez Claude Le Roy, lib.*, 1544, pet. in-8 carré de 23 ff. (Imp. de J. Petit.)

EDIT du Roi, concernant l'administration municipale dans les villes et principaux bourgs de la province de Normandie (juillet 1766); *Rouen, Imp. de J. J. Le Boullenger*, 1766, in-4 de 28 p.

On trouve à la suite : Sentence du Bailliage du Havre de Grâce, du 3 nov. 1766; *Havre, Imp. de P. J. D. G. Faure* (1766), in-4 de 7 p.

EDIT du Roi concernant les communautés d'arts et métiers dans la ville de Rouen; *Rouen, Imp. privil.* (Lallemant), 1779, in-8 de 24 p.

EDICT du Roy, contenant les défenses de porter armes, et autres articles. Leu et publié, Sa Maiesté tenant son lict de Justice en sa Cour de Parlem. à Rouen, le mardy XVII. iour d'aoust 1563; *Roven, Martin Le Mesgissier*, 1563, pet. in-8 de 48 p.

EDICT dv Roy contenant les ordonnances et reiglement de la Jurisdiction de l'admirauté de France. Avec l'arrest de la Court de Parlement de Rouen, donné sur la vérification dudit Edict; *Roven, Martin Le Mesgissier*, 1620, in-8 de 42 ff. non pag.

EDICT du Roy, donné à Fōtainebleau au mois d'auril, 1554. Par lequel il a déclaré, statué et ordonné que d'oresnauant par luy seul, et non autre sera pourueu aux estats et offices des admiralitez et despendances d'icelles quand vacation y escherra. Auec les reiglemens, establissemens, créations, ordonnances et erections en tiltre d'offices formez, faicts par ledict Seigneur en l'admiralité de France, pour le duché de Normandie; *Roven, Martin Le Mesgissier*, 1619, in-8 de 8 ff.

EDICT dv Roy, et declaration sur les precedents Edicts de pacification, donné à Nantes. Publié à Rouen en Parlement, le 23e jour de sept. 1599; *Roven, Martin Le Mesgissier*, 1621, pet. in-8.

On trouve à la fin : Lettres patentes en forme d'edict du roy, contenant l'establissement d'vne chambre de l'Edict, en la court de Parlement à Rouen, pour connaître, juger et décider des causes et procez de ceux de la religion prétendue réformée, qui sont dans l'étendue de ladite Cour.

EDIT du Roy, portant attribution de nouveaux droits aux maîtres des Ponts et Pertuis sur la rivière de Seine dans le ressort du Parlement de Rouen, avec confirmation de leurs possession et privileges. Et création de dix offices de Gardes des Ports pour la ville de Rouen, et un pareil office de Garde pour chacun des autres Ports des villes qui sont sur les rivières de la dépendance dudit Parlement, Nov. 1704; *Paris, Fréd. Léonard*, 1705, in-4 de 8 p.

EDIT du Roy portant confirmation des offices de contrôleurs, prudhommes et vendeurs de cuirs en sa province de Normandie, créés par Edits de l'an 1596 et 1633, avec modération des droits attribuez ausdits offices. Verifié à Rouen en Parlement, les chambres assemblées, le 19 de déc. 1652; *Rouen, Eustache Viret* (1652), in-4 de 12 p.

EDIT du Roy portant création d'un corps et siege d'Election en la ville d'Eu, et un bureau de recettes des Tailles en chef, qui seront de la Généralité de Roüen et du ressort de la cour des aydes de Norm., fév. 1696; *Rouen, Pierre Ferrand* et *Jacq. Besongne*, 1696, in-4 de 7 p.

Nous rappellerons à cette occasion la pièce suiv. : *Déclaration du Roy, concernant les Elections d'Eu et de la charité*, 14 aoust 1696; Paris, F. Muguet, 1696, in-4 de 4 p.

EDIT du Roy, portant création en titre formé et héréditaire des vingt offices des maîtres voituriers par eau de Rouen à Paris, et de Paris à Rouen, et sur la rivière d'Oise; pour par lesdits vingt maîtres voituriers faire seuls et à l'exclusion de tous autres les voitures par la rivière de Seine et d'Oise, de toutes les marchandises d'épicerie, mercerie, quincaillerie, fer, etc. Donné à Marly, au mois d'avril 1706, registré en Parlement; *Paris*, 1708, in-12 de 66 p.

EDIT du Roy portant établissement de l'Hopital géneral pour le renfermement des Pauvres Mendians de la ville & fauxbourgs de Rouen. May 1681; *Roven, Eustache Viret*, 1681, in-4.

— Dito; *Rouen, Pierre Dumesnil*, 1740, in-4 de 14 p.

— Dito; *Rouen, Jacq. Dumesnil*, 1770, in-4 de 16 p.

EDICT dv Roy portant imposition, tant svr les toilles et autres marchandises de la Manufacture de la prouince de Normandie, que sur celles des pays estrangers....... Avec attribvtion avx dovze avlnevrs de toille de la ville de Rouen, de trois sols au lieu de deux pour chacune pièce de toille de quarante aulnes, & des autres à proportion. Vérifié en la Cour des aydes de Norm. le 11 mars 1656; *Rouen, Jean Viret*, 1656, in-4 de 12 p.

EDIT du Roy, portant réglement pour la Chambre des Vacations de Roüen. Du mois de Juillet 1679; *Rouen, Pierre Ferrand*, in-4 de 4 p.

EDIT du Roi portant réglement pour l'Université de Caen. Donné à Versailles au mois d'aout 17_6; *Caen, G. Le Roy*, 17o6, in-4 de 40 p.

A la suite, on trouve le *Discours de M. Chibourg, recteur*; Caen, J. C. Pyron, in-4 de 10 p.

EDIT du roi portant rétablissement de la Cour des comptes, aides et finances de la province de Normandie. Donné à Fontainebleau, au mois d'oct. 1774. Registré en la Chambre des comptes, le 30 juin 1775, in-4.

EDIT du Roi portant rétablissement des officiers du Parlement de Rouen, donné à Fontainebleau au mois d'oct. 1774; s. n. d'imp., placard in f.

EDIT du Roi portant révocation et suppression des offices de jurés vendeurs de vin, cidre, et poiré en la ville et banlieue de Rouen, de contrôleurs, visiteurs, essayeurs de teintures des étoffes de laine en la province de Normandie (sept. 1647), avec l'arrêt du Conseil d'Etat du Roi du premier aout 1648, etc.; in-4.

EDIT du Roi, portant suppression de la Cour des comptes, aides et finances de Normandie. Donné à Versailles, au mois de sept. 1771. Registré en parlement en vacations, le 4 oct. 1771; in-4.

EDIT du Roy, portant suppression des offices de maitres voituriers de Rouen à Paris, et de Paris à Rouen. Et création de 50 autres pareils offices. Oct. 1713; *Rouen, Jacq. Besongne*, 1713, in-4 de 24 p.

EDIT du roi portant suppression du parlement de Rouen. Donné à Versailles, au mois de sept. 1771. Registré en parlement, le 28 sept. 1771; in-4.

EDIT du Roy, portant union de la Chambre des Comptes et de la Cour des aides de Rouen, pour ne faire à l'avenir qu'un seul et même corps et compagnie supérieure, qui sera qualifiée Cour des Comptes, Aides et Finances de Rouen. Donné à Fontainebleau, au mois d'oct. 1705; *Paris, Fréd. Léonard*, 1705, in-4 de 12 p.

Il faut joindre à cette pièce :

— Edit du Roi, en interprétation de celuy du mois d'oct. 1705, portant union de la Chambre des Comptes et de la Cour des Aides de Rouen. Donné à Versailles au mois de janv. 1706; (1706), in-4 de 7 p.; s. n. d'imp.

EDICT dv Roy, povr la confirmation des annoblis de la province de Normandie, depuis 1606, auec les arrest donnez en conséquence; *Paris, Pierre Des-Hayes* (1653), in-4.

EDICT du Roy, povr la création des offices de Notaires royaux, et suppression des Tabellionages en la province de Normandie. Registré en la Cour de parlement le 18 aoust 1677; in-4 de 7 p.

EDICT dv Roy povr l'aliénation de partie des forests, des Bocqueteaux, & Buissons détachez d'icelles; auec des terres vaines & vagues de la province de Normandie. Vérifié en Parlement, le 18 déc. 1655; *Roven, Jean Viret*, 1656, in-4 de 14 p.

Cet Edit est suivi de :

— Estat des bois qve le roy en son conseil a ordonné estre vendus à perpétuité, tant en fonds que superficie en la province de Normandie, à titre de fief, et en toute propriété, fonds et trés fonds, en conséquence de l'Edict de Sa Majesté du présent mois de sept. 1655. Par les Commissaires, etc. (1656), in-4 de 6 p.

EDICT du Roy pour la vente et revente de son domaine, en la prouince de Normandie; *Roven, Martin Le Mesgissier*, 1602, in-8.

EDIT du Roi pour le bannissement des Jésuites. Extrait du registre du Parlement de Rouen (Cotté C), contenant les enregistrements des Edits, déclarations & lettres patentes, depuis le 8 juillet 1586 jusqu'au 9 juillet 1609; s. d., in-4 de 3 p.

EDICT du Roy, pour l'establissement d'un asseuré repos au faict de la religion catholicque, apostolique et Romaine, et union de ses sujets catholiques auec Sa Majesté, pour l'extirpation des scismes et hérésies par tout son royaume, païs, et terres de son obéissance (5 juillet). Publié en sa court de Parlement de Rouen, le dixneufième iour de juillet 1588; in-4.

EDICT dv Roy povr les privileges et franchises des Foyres establies à Roüen; *Roven, Martin Le Mesgissier*, 1632, in-8 (et in-4) de 24 p.

EDIT du Roy qui ordonne que la Chancellerie établie par Edit du mois d'oct. 1701, près la Cour des aides de Rouen, soit réunie à celle établie près la Cour de Parlement de Rouën, pour ne faire à l'avenir qu'un seul et même corps de Chancellerie, et n'en pouvoir estre desunie pour quelque cause que ce puisse estre. Juin 1704; *Paris, Fréd. Léonard*, 1704, in-4 de 8 p.

EDICT du Roy svr la création ét establissement en la ville de Rouen, d'vne place commune pour les Marchans, à la similitude et semblance du change de Lyon, et bourse de Thoulouze. Auec permission aux marchans fréquentans ladite place, de s'assembler, eslire et creer vn Prieur et deux Cōsulz d'entre eux, pour cognoistre et iuger en premiere instance, des proces et differēs, cōcernans le faict de marchandise, trafficq, et commerce. Publié en Parlement à Rouen, le mardy, xx iour de Juillet 1563; *Roven, Martin Le Mesgissier*, 1563, in-8 de 12 ff.

Etablissement à Rouen de la juridiction consulaire, remplacée, en 1790, par le Tribunal de Commerce.

On trouve souvent à la suite de cette 1re édit. : *Les loix, ordonnances et privileges des foires de Lyon, Brie et Chāpaigne, etc.*; Roven, Martin Le Mesgissier, 1563, in-8 de 64 ff.

— Dito; *Roven, Martin Le Mesgissier*, 1600, in-8 de 12 ff.

— Dito; *Roven, Martin Le Mesgissier*, 1619, in-8 de 158 p.

Cette 3e édit. a été publiée sous le titre suiv. : *Edictz dv Roy sur la création et establissement d'vne place commune et jurisdiction des Prieur et Consulz des Marchandz en la ville de Roüen. Ensemble les patentes et déclarations de Sa Majesté depuis interuenuës, etc.*

EDICT du Roy, svr la pacification des trovbles de son royavme, faict le XXIII jour de mars 1568, contenant aussi confirmation d'autre semblable edict du 7 jour de mars 1562. Publié en la Court de Parlement à Rouen, le 9e jour d'avril 1568; *Imp. du consentement de Robert Estienne, Imp. du Roy*, 1568, pet. in-8 de 24 p.

EDICT dv Roy sur la Pacification des Troubles de ce Royaume. Leu et publié à Rouen en Parlement, le 22e jour de may 1576; *Roven, M. Le Mesgissier*, 1576, pet. in-8 de 80 p.

EDICT dv Roy, sur la Pacification des troubles de son royaulme. Publié en la court de Parlement à Rouen, le 3e jour de feburier 1581; *Roven, M. Le Mesgissier*, 1581, pet. in-8 de 48 p.

EDICT du roy (Henri IV), sur la perception de ses droits de domaine forain et l'imposition foraine. (Entrée des épiceries et drogueries, des grosses marchandises, etc., en Normandie); *Roven*, 1613, pet. in-8.

EDICT du Roy svr le faict, ordre et reiglement des Hospitaulx, et lieus pitoyables. Publié en la Court de Parlement de Rouen, le troisiesme jour de juin 1561; *Roven, M. Le Mesgissier* (1561), in-16 de 16 ff., y comp. les lettres patentes.

EDICT dv Roy, tovchant les impetrations des benefices, ecclesiastiques, avec les ampliations et modificatiōs sur ce faictes, par la Court de Parlemēt de Rouen, Reiglement de notaires apostoliques, et des prelatz sur la forme qu'ilz doibuēt garder es collations desdictz benefices. Publié en ladicte Court le 2 juin 1551; *Roven, M. Le Mesgissier* (1551), pet. in-8 de 14 ff.

EDICT et Declaration faicte par le Roy Charles IX de ce nom, sur la pacification des troubles de ce royaume. Ensemble les lettres missives de Monseigneur le comte de Brissac, mareschal de France, et lieutenant general de la Maiesté du Roy en Normandie, adressantes à Monseigneur le Bailly de Rouen, ou son lieutenat, pour faire publier ledict Edict; *Roven, M. Le Mesgissier*, 1563, pet. in-8 de 32 p.

EDIT et ordonnance du roy, donné à Movlins en 1566, conenant plusieurs articles sur le fait et administration de la justice, avec l'arrest de la Court de Parlement de Rouen, 1585; *Roven, M. Le Mesgissier*, in-8.

EDICT. Lettres de commission et contractz faictz par le Roy, ou ses depputez: auec les conseillers de la ville de Rouen: pour l'asseurance et garantie des deniers prouenans des rachaptz des rentes foncières, et autres droictz et debuoirs seigneuriaulx, constituez sur les maisons, iardins, marays, et places assises en la ville et faulxbourgs de Rouen; *Roven, M. Le Mesgissier*, 1554, pet. in-8 carré de 30 ff. (Imp. de Georges L'Oyselet.)

EDIT portant restablissement et création d'officiers en la Chambre des Comptes de Normandie, juillet 1580 (Rouen, vers 1700), in-4 de 8 p.

EDICTS dv Roy portans création en hérédité des offices alternatifs, triennaux et quatriennaux de controlleurs des tiltres en chacune Vicomté de la Province de Normandie et autres offices. Verifiez en Parlement de Rouen, les 26 et 27 feburier 1646; *Paris, Ant. Estienne*, 1647, in-4 de 16 p.

EDITH, surnommée *la Belle au cou de Cygne*, amante d'Harold, parvint à retrouver, après la bataille d'Hastings, le corps du roi saxon que ses serviteurs avaient longtemps cherché en vain. Le corps, remis entre les mains des moines, fut porté à l'abbaye de Waltham, pour y être inhumé. V. Sharon Turner, *Hist. of England During the middle ages*, t. I; — Thierry, *Hist. de la Conq. de l'Anglet.*, t. I. La découverte du cadavre d'Harold par Edith a fourni à Horace Vernet le sujet d'un de ses tableaux.

EDOM. Visite au Collége royal de Caen, ancienne abbaye de St-Etienne, fondée dans le XIe sc., par Guillaume-le-Conquérant; *Caen, Mancel*, 1829, in-8, avec 3 pl. lithog.

— Notice biographique sur M. l'abbé J .D. Rousseau, inspecteur de l'Acad. de Caen, etc.; *Caen, Le Roy*, 1837, in-8 de 16 p.

Ext. des Mém. de l'Acad. de Caen, 1836, et reproduite dans l'*Ann. norm.*, 1837.

J.-Denis Rousseau, né le 3 oct. 1765, à Mazières (Indre-et-Loire), mort à Tours, le 12 nov. 1835, a publié une trad. des *Distiques de Muret*, en vers franç.; *Tours, Mame*, 1834, in-12 de 11 p.

— Colonne de Gatteville, nouveau phare de Barfleur; *Ann. norm.* (1839), p. 224-230.

Ce phare est situé à l'extrémité nord-est du dép. de la Manche.

— Notice sur le comte De Bérenger; *Ann. de la Manche*, 1842, p. 243-246.

Marie-Pierre-Fréd., comte de Bérenger, né à Coutances en 1786, mort au château de Trelly, près de cette ville, le 5 avril 1841, fut le collaborateur de M. l'abbé Lecanu, dans la publication de l'Hist. des évêques de Coutances.

— Géographie de la Manche, accompagnée de notions sur l'hist., l'industrie, les antiquités, les hommes illustres de ce dép., et d'un précis de géogr. générale, à l'usage de la jeunesse; 1re part., arrondiss. de Cherbourg; *Le Mans, Monnoyer*, 1857, gr. in-18 de 124 p., avec une carte.

M. Edom, censeur au Collége de Caen, inspect. de l'Univ., aujourd'hui recteur honor. de l'Acad. de la Sarthe, est, indépendamment des ouv. précités, auteur de quelq. ouv. élément. à l'usage des pensionnats et des écoles prim. Il a publié, pour cet usage, une géographie de la Sarthe; *Le Mans, Monnoyer*, 1854 (4e édit.), in-18 de 144 p., avec une carte.

EDOUARD (Sir). Lettre de Sir Edouard Baronet, au révérend docteur William-Samuel Brigs, à l'occasion du privilége de St-Romain, dit la Gargouille ou la Fierte, dont le chapitre de la Cathédrale de Rouen a fait jouir un meurtrier & son complice, le 24 de mai, jour de l'ascension de cette année. Juin 1789; (*Rouen*, 1789), in-8 de 52 p.

Cette lettre est datée de Rouen, 1er juin 1789. Une grav. représentant la cérémonie de la levée de la Fierte, s'y trouve jointe quelq. fois.

EFFECTS merveillevx et admirables secovrs de la glorievse vierge Marie ditte Nostre Dame de Grace pres Honnefleur. Esprouuez et resentis par des personnes dignes de foy, qui l'auoient inuoquée en leurs necessitez; *Roven, Nicolas Hamillon*, 1615, pet. in-8 de 16 ff. non pag.

EGLISE de Notre-Dame de Bonsecours, près Rouen, dont les fondements ont été jetés en 1840; *Paris, Sagnier et Bray; Rouen, Fleury fils aîné*, 1847, in-4 de 23 p., avec 5 pl. lithogr.

Notice publiée au profit de l'église, par M. l'abbé Godefroy, curé de Bonsecours.

EGRON (*A.*). Cherbourg et la mer; 1835, in-8.

Cité par M. Girault de St-Fargeau et par M. Maltebrun, *Statist. de la Manche*.

EICHOFF (*Fréd.-Gustave*), philologue et linguiste, D^r ès-lett., né au Havre, le 17 août 1799, a publié entre autres: *Parallèle des langues de l'Europe et de l'Inde*; Paris, Imp. roy., 1836, in-4. — *Cours de littér. allemande, professé à la faculté des lett. de Paris*, 1836-37; Paris, Angé, 1838 (et Béchet, 1845), in-8. — *Hist. de la langue et la littér. des Slaves, Russes, Serbes, Bohêmes, Polonais et Lettons, considérées dans leur origine indienne, etc.*; Paris, Cherbuliez, 1839, in-8, etc.

ELBEUF (*René* de Lorraine, marquis d'), huitième fils de Claude, duc de Guise, né le 14 août 1536, mort en 1566, fut la tige des ducs d'Elbeuf. Son portrait, peint par Albrier, d'après une peinture de la Collect. de Mlle de Montpensier, à Eu, se voit au Musée de Versailles, salle n° 164.

ELBEUF (le duc d'). Remarques importantes à la cause commune sur les actions et la conduite de M. le duc d'Elbeuf, dans les affaires de ce temps; *Paris, Preuveray*, 1649, in-4. Ce duc devint gouvern. de la Picardie, et mourut en 1657. (P. Lelong, n° 22,701.) V. *Mém. concernant les affaires de la maison d'Elbeuf, etc.*

ELBEUF. Utilité pour Elbeuf d'une Soc. industrielle rendue plus évidente que jamais par la circulaire de M. E. de Montagnac; *Rouen, H. Rivoire*, 1857, in-4 de 24 p.

Projet de création d'une Soc. organisée sur les bases de la Soc. industrielle de Mulhouse.

ELBOUVILLE DE LA CHATRE. Discours prononcé par M. d'Elbouville de la Chatre, maire de la ville de Vernon, le 6 janv. 1825, à l'inauguration du buste de S. M. Charles X, dans la salle des séances du Conseil municipal, etc.; *Paris, Imp. de J. Pinard*, s. d. (1825), in-8 de 4 p.

ELECTIONS de la Généralité de Rouen, en 14 flles in-4; *Description de la France, par Dumoulin*, t. II (1763), in-8.

ÉLÉONORE ou ALIÉNOR DE GUYENNE, répudiée par Louis VII en 1152, épousa, deux ans après, Henri II, roi d'Angleterre, comte d'Anjou et duc de Norm. Ce mariage, en apportant à la couronne d'Angleterre quatre des plus belles provinces de la France, fut pour ainsi dire le germe des guerres fatales qui, durant plusieurs siècles, désolèrent le territoire français. Née vers 1122, elle mourut à l'abbaye de Fontevrault, en 1203. V. LARREY, DEPPING.

ELIE (*Lucien*). Eloge de Géricault, peintre, né à Rouen, le 25 sept. 1791, mort le 18 janv. 1824 (en vers); *Rouen, Edet jeune*, 1842, in-8. (Imp. de N. Periaux.)

ELIE (*Lucien*) et LEMAIRE aîné. Corneille et ses voisins, com. en 2 act. et en vers, représentée, pour la prem. fois, le 27 sept. 1842, sur le Théâtre des Arts, à Rouen; *Rouen, Edet jeune*, 1842, gr. in-8 de 20 p. (Imp. de N. Periaux.)

Cette pièce a d'abord paru sous le titre de : *Corneille et ses amis*, com. en 2 act., etc.

ÉLIE-DE-BEAUMONT. V. BEAUMONT.

ELIE DE LA POTERIE (*Jean-Ant.*), frère d'Elie de Beaumont, né à Carentan, vers 1733, embrassa la profession de médecin, et devint prem. médecin de la marine à Brest, où il mourut le 23 mai 1794. On possède de lui un grand nombre de mém., de dissertations et de rapports sur la médecine, la chimie et les sciences natur. (V. BEAUMONT.)

ELIS DE BONS (*Charles*), poète assez médiocre, naquit à Falaise vers la fin du XVIe sc., et mourut vers 1635, suiv. l'abbé Saas. On a de cet auteur : Les *OEuvres poétiques du sievr Elis, de la ville de Falaize*; Rouen, Jacq. Cailloué, 1626 et 1628, pet. in-8; — le *Paranymphe de la Cour*; Rouen, J. Cailloué, 1628, in-8. — Son frère, François Elis d'Aurigny, né également à Falaise, cultiva, comme lui, la poésie. Ses vers ne furent pas publiés.

ELLIS (*Henri*). Account of the seal of Geoffrey, bishop of Lincoln, natural son of king Henry the second; *Archaeologia*, t. XXI (1827), p. 31-33.

— A general introduction to Domesday Book, etc. V. DOMESDAY BOOK.

ELOGE de P. Corneille, qui, au jugement de l'Acad. des Sc., B.-Lett. et Arts de Rouen, a remporté l'accessit du prix d'éloquence, etc. V. BAILLY.

ELOGE de Corneille (par de Montyon); *Londres, Imp. de P. da Ponte*, s. d. (1808), in-8 de 43 p. (*Dict. des Anon.*)

ELOGE de Pierre Corneille, discours qui a concouru pour le prix d'éloquence proposé par la classe de la langue et de la littérature françaises de l'Institut; par M. G. D. L. B**; *Paris, Patris*, 1808, in-8 de 42 p.

ELOGE de P. Corneille, par un jeune Français; *Paris, Martinet*, 1808, in-8 de 44 p.

Par Jules Porthmann, alors âgé de 17 ans.

ELOGE de P. Corneille par M. A. J. (Jay); *Paris, Léop. Collin*, 1808, in-8.

ELOGE de la ville de Dieppe, fragment d'un poëme inédit sur l'industrie et le commerce français; où l'on voit quels furent les premiers travaux et les premières entreprises des marins dieppois, quelle somme de richesses ils apportèrent à leur pays..... Des détails curieux sur les fêtes qu'un de ses habibitans, second Médicis, donna au Roi

François Ier, et sur les établissemens qu'il créa; enfin, du récit du grand bombardement de cette ville par les flottes combinées; *Paris, Dondey-Dupré*, 1829, in-8 de 19 p.

ELOGE de la ville de Rouen en vers françois, etc. V. De la Mare.

ELOGE de M. de Tourny, ancien intendant de la Guyenne. Discours couronné le 2 sept. 1808, dans la séance publique de la Soc. des Sc. et Arts de Bordeaux; par F. J......t; *Périgueux, Imp. de F. Dupont*, 1809, in-8 de 83 p., avec un portr. gravé par Lacour.

M. Aubert de Tourny est né aux Andelys.

ELOGE des Normands, etc. V. Lecerf de la Vieuville.

ELOGE du cidre (chanson), automne de 1853; *Valognes, v^e Carette-Bondessein*, 1854, in-18 de 4 p.

Précédé d'une notice sur le cidre. Signé L. R. du..., membre de la Soc. d'Agric. de l'arr. de Valognes.

ELOGE d'un négociant (Cyprien Morel), fidèle à tous les devoirs de son état; *Paris, Barrois*, 1718, in-12.

C. Morel, maître des grosses forges, mourut en 1717, à Breteuil (Eure).

ELOGE hist. de feu Mgr. Charles-Louis de Salmon-du-Chatellier, évêque d'Evreux; par un de ses grands vicaires; *Evreux, Canu*, 1842, in-12 de 30 p.

ELOGE hist. du Parlement de Normandie, etc. V. Anneville (d').

ELOGE prononcé par la Folie devant les habitans des Petites-Maisons (par Charbonnet); *Avignon*, 1760, pet. in-12 de 48 p.

« Hist. du marquis de Bacqueville, cet archifou qui pendit un de ses chevaux parce qu'il avait fait un faux pas, et qui se cassa la cuisse en voulant traverser la Seine avec des ailes de son invention. » (Bibl. Leber, n° 2,522.)

ELOGES (les) de la ville de Rouen et de la Normandie. V. De la Mare.

ELOUIS (*Jean-Pierre-Henri*), professeur de dessin à l'Ecole communale, et conservat. du musée de la ville de Caen, naquit à Caen, en janv. 1755, et mourut dans la même ville, en 1840. Il était élève de Bernard Restout. — Le portr. de M. Elouis, peint par Alf. Gaillard, se trouve au musée de Caen. V. une notice de M. G. Mancel, *Ann. norm.*, 1841, et *Catal. du musée de Caen*, par le même, p. 125.

ELWART (*A.*). Duprez. Sa vie artistique, avec une biographie authentique de son maître Alex. Choron; *Paris, Victor Magen*, 1838, in-18, avec un portr.

EMANGARD. Essai analytique sur les eaux minérales des environs de Laigle; *Laigle, Imp. de Mlle Glaçon*, 1810, in-8.

Emangard ou Esmangard (*Fr.-Pierre*), chirurgien-major, né à Laigle, en 1778, est, en outre, auteur de plusieurs ouv. de médecine, dont: *Du Charlatanisme en général et de quelq. remèdes secrets en particulier;* Laigle, Bredif, 1823, in-8.

EMERAULT (Dom *Louis* de l'), savant bénédictin de la congrég. de St-Maur, et biblioth. de l'abbaye de St-Germ.-des-Prés, à Paris, né à Alençon, est mort en 1756. On lui doit: *Dissertat. hist. et critique sur l'origine et l'ancienneté de l'abbaye de St-Bertin, à Paris*, 1738, in-12; — *Alm. spirituel*, ann. 1751.

EMMA. Emmæ anglorvm reginæ Richardi I. Dvcis Normannorvm filiæ encomivm (an. D. 1012-1040). Incerto authore, sed coætaneo; *Duchesne, Hist. norm., Script. antiq.*, 1619, p. 161-177.

Cette chronique a été réimp. à Londres en 1783, aux frais du baron Fr. Maseres, dans le recueil intitulé: *Historiæ anglicanæ circa tempus conquestus Angliæ à Gulielmo notho, etc.*; in-4, p. 1-36. Du Chesne dit que l'auteur anonyme et contemporain, vivait en 1004, et était moine de St-Bertin.

Emma, reine d'Angleterre, était fille de Richard Ier, duc de Norm. et de Gonnor, et non de Richard II, comme l'indiquent plusieurs biographies. Elle épousa, en 1002, Ethelred II, roi d'Angleterre, et en 2e noces (1017) Canut Ier, dit le Grand, chef des Danois et roi d'Angleterre. Devenue veuve de nouveau, en 1035, elle termina ses jours en 1052, à Winchester, où elle avait été exilée d'après les ordres d'Edouard-le-Confesseur.

EMMANUEL (*Antonio*). Primera parte de la baxada de los Españoles de Francia en Normandia, dirigeda a don Alonzo Ydiaquez, maestro de campo de infanteria Spañola por Su Magestad y governador de la caualeria de los estados de Flandes, etc.; *Amberes, en casa de Giraldo Wolsschatio*, 1622, pet. in-8 de 214 p.

La dernière page est occupée par l'approbation de Guill. Péricard, vicaire-général de l'archevêché de Rouen, sous la date du 19 oct. 1593, et par celle de Cornelius de Witte, archidiacre d'Anvers, sous la date du 10 oct. 1622. D'après ces approbations, on a pu croire qu'il existait une édit. datée de 1593, mais aucun bibliographe ne la cite, et nous n'avons jamais eu occasion de la rencontrer. Ce poème espagnol devait se composer de 3 part. La seule publiée se divise en 9 chants, et donne la relation de l'expédition du duc de Mayenne contre Pont-Audemer et Quillebeuf. L'auteur, attaché à l'armée du duc de Parme, annonce avoir été témoin oculaire de tous les faits qu'il raconte. La 2e devait être consacrée au récit du siége de Rouen.

Il a paru une traduct. de l'ouv. d'Ant. Emmanuel, par M. Alf. Canel, sous le titre de : *Expédition des Espagnols de France en Normandie, en* 1592 ; 1re part.; Pont-Audemer, Imp. de A. Lecomte, 1836, in-8 de 60 p. Ext. (à 50 exempl.) de la *Rev. hist. des 5 dép. de l'anc. prov. de Norm.*, 1836.

Il aurait mieux valu, ce nous semble, ne pas modifier le titre, et le traduire littéralement et dans son entier : *Première partie de la descente des Espagnols de France en Normandie ; dédiée à Dom Alphonse Ydiaquez, maître de camp d'infanterie espagnole pour Sa Majesté, et gouverneur de la cavalerie des Etats de Flandre, etc.*; Anvers.....

La Bibl. Imp. possède un exempl. de l'édition espagnole.

EMMERY (*L.*). Manuel de la Navigation de la Seine. Ext. des Réglements concernant la pratique de la rivière; *Poissy, Arbieu*, 1857, in-18 de XVIII et 153 p., plus 3 tableaux indiquant les tarifs des droits de pilotage aux ponts.

L'auteur, ingénieur des ponts et chaussées, à Mantes, est attaché depuis longtemps au service spécial de la navigation de la Seine.

ENAULT (*Louis*). De Paris à Caen ; avec une carte des chemins de fer de l'Ouest; *Paris, Hachette*, 1856, in-16 de 8 flles 3/8.

Biblioth. des Chemins de fer, 1re série.

ENAULT (*Louis*), né à Caen, est auteur d'un assez grand nombre d'ouv., entre autres de : *Revue du Salon*, 1851 ; Caen, Delos, 1851, in-8. — *Promenades en Belgique et sur les bords du Rhin ;* Bayeux, Duvant, 1852, in 8. —*Christine, nouvelle ;* Paris, Hachette, 1857, in-16 de 215 p. Chargé d'une mission littéraire en Norwège. M. Enault a publié un vol. intitulé : *La Norwège;* Paris, Hachette, 1857, in-12.

ENCHIRIDION seu Manuale sacerdotum ad usum ecclesiæ et diocesis Lexoviensis, auctoritate Rouxel de Medavi confectum ; *Lisieux, Imp. de Jean Clémence*, 1608, in-4.

Premier livre avec date, imp. à Lisieux.

ENCORE quelques mots sur la Seine maritime, etc. V. LE MIRE (*Am.*)

ENGERRAND, député à la Convention nat. pour le dép. de la Manche, né en 1750, à Villedieu-les-Poëles, mort à Avranches, le 24 nov. 1843, est auteur d'un petit livre sur la culture des arbres forestiers.

ENGUERRAND DE MARIGNY. V. MARIGNY.

ENOUF (*Jacq.*), eudiste, né à St-Lô, au commencement du XVIIe sc., a composé beaucoup de pièces en vers latins sur les événements de son temps. On remarque, entre autres, une pièce de quelque étendue sur la réception des reliques de St-Lô. Enouf était intimement lié avec Guill. Ybert, son compatriote et son contemporain.

ENOUF. Oraison funèbre (prononcée au Havre en l'honneur des patriotes qui ont péri à la journée de Nanci), par Enouf, dit Marais, prêtre, aumônier de la Garde nationale du Havre; *Havre, Imp. de P. J. D. G. Faure,* s. d., in-4 de 8 p.

ENQUÊTE agricole et industrielle. Ville de Rouen. Réponses faites pour la profession de tisserand de la ville de Rouen et publiées par la Corporation; *Rouen, A. Péron,* 1848, in-18 de 36 p.

Cet écrit est signé : Ch. Noiret, président.

ENQUÊTE industrielle et commerciale à Granville, 21 juillet 1854; *Ann. norm.*, 1855, p. 166-198.

ENQUÊTE morale, commerciale et industrielle à Bolbec; *Ann. norm.*, 1851, p. 261-322.

Ce compte-rendu renferme des notes de M. Collen-Castaigne et un mém. de M. le Dr Bourdin, sur la constitution médicale et l'état sanitaire de la ville de Bolbec.

ENSUYT lepistre des enfants de Paris enuoiee aux enfants de Rouen. Auec Rondeaulx et Epistele a ce propos; *Ce fut faict le sixiesme iour de may Et imprime le V iour de juillet lā mil cccc. xxxii*, pet. in-8 goth. de 4 ff. en vers de 10 syllabes.

Pièce reproduite fac-simile par Peyre de la Grave, in-8, fig., et tirée à 15 exempl.

ENTRÉE de Charles VII, à Rouen, le 10 nov. 1449; *Cérémonial francois par Th. et D. Godefroy*, t. 1er (1649), p. 659-670.

ENTRÉE de Charles VII à Rouen. V. *Comment Charles roy de France VII de ce nom, etc.*

L'entrée de Charles VII à Rouen a fourni à Decaisne, le sujet d'un tableau qu'on voit au Musée de Versailles, salle n° IV.

ENTRÉE de Charles VII, à Caen, en 1450; *Cérém. franç.*, t. I, p. 670.

ENTRÉE de Louis XI dans la ville de Rouen, le 11 août 1462, juillet et nov. 1464, etc. V. BEAUREPAIRE (*Ch.* de).

ENTRÉE de Charles VIII à Rouen, avril 1485. V. *Prologue de lentrée, etc.*, et BEAUREPAIRE (*Ch.* de).

ENTRÉE (1) du tres chestien Roy de France Loys douziesme de ce nom faicte en sa ville de Rouen, le xxviii iour de septembre, mil cinq cens et huyt; s. l., pet. in-4 goth. de 4 ff., avec une fig. en bois sur le titre.

ENTREE (1) de la royne a rouen (le 3 oct. 1508); pet. in-4 goth. de 2 ff., avec une fig. en bois sur le titre.

Cette reine était Anne de Bretagne, femme de Louis XII.

ENTREE (1) du tres chrestien et tres victorieux Roy de France Francoys premier de ce nom faicte en sa bõne ville et cite de Rouen le second iour daoust. En lan de la redemption humaine. Mil cinq cens dix sept; pet. in-4 goth. de 6 ff.

Au verso du dern. feuillet, on lit : *Imprime a Rouen selon la verite pour Louys bouuet, lequel a ete autorise a ce faire par iustice et deffẽdu a tous aultres icelle imprimeur sãs lauctorite de iustice sur peine damẽde arbitraire iusque au XII iour de septẽbre.*

Au titre sont placées les armes de France dans un écu à trois fleurs de lys, supporté par deux salamandres.

Cette relation de l'entrée de François Ier à Rouen est dépourvue de grav.; elle donne simplement la marche et l'ordre suivis dans les cérémonies qui eurent lieu à cette époque pour la réception du roi. Un exempl. incomplet de 2 ff. appartient à la Bibl. de Rouen.

ĒTREES (les) de la royne et de monseigneur daulphin lieutenant general du Roy : et gouuerneur en ce pays de normandie. faictes a Rouen en lan mil cinq cētz trente et ung; pet. in-4 goth. de 8 ff. (Arch. munic.)

On lit au verso du dern. feuillet : *Imprime a Rouen selõ la verite pour Raulin Gaultier. Leq̃l a este auctorise a ce faire par justice et deffendu a tous autres icelle imprimeur sans lauctorite de justice sur peine damẽde arbitraire iusques a Pasques.* Sous cette souscription sont les armes de France, supportées par deux anges. — Au titre, on remarque les armes de France et du Dauphin accouplées. L'entrée de la reine Eléonore d'Autriche (femme de François Ier) et de François, dauphin, comte de Valentinois et de Viennois, duc de Bretagne, etc., eut lieu à Rouen, le 4 fév. 1531.

ENTREE (1) de la royne et de monsieur le Dauphin de France en la bonne ville de Dieppe, faicte le treizieme jour de janvier avec grant triumphe des seigneurs et dames du pays. Item, ung grant miracle qui fut faict devant nostre dame de Lorette a Abeville a sainct Vulfran, durant que la court y estoit, sur ung des ausmoniers de la royne; s. l. et s. d., 1531, pet. in-8 goth. de 4 ff.

C'est par erreur que, dans quelq. bibliograp. cette pièce est indiq. : *Lettre de la Royne, etc.*

ENTRÉE (1) du Roy nostre sire faicte en sa ville de Rouen le mercredy premier de ce moys d'octobre, pareillement celle de la Royne qui fut le iour en suyuant; *Paris, Robert Masselin*, 1550, pet. in-8.

Henri II. (Cat., Bibl. Imp., p. 241.)

ENTRÉE de Henri II. Cest la dedvction du sumptuex ordre plaisantz spectacles & magnifiqves theatres dressés, & exhibées par les citoïens de Rouen ville metropolitaine du pays de Normandie, à la sacrée majesté du très christian roy de France, henry secõd leur Souuerain Seigneur, Et à tres illustre dame, ma Dame Katharine de Medicis, la Royne son espouze, lors de leur triumphant ioyeulx et nouuel aduenement en icelle ville, qui fut es iours de mercredy & ieudy premier & secõd iours d'octobre, 1550. & pour plus expresse intelligence de ce tant excellent triumphe, les figures et pourtraictz des principaulx aornements d'iceluy y sont apposez chascun en son lieu comme l'on pourra veoir par le discours de l'histoire; *Rouen, Robert Le Hoy, Robert & Jehan dictz du Gord*, 1551, pet. in-4, fig., de 67 ff. non chiffrés, ornés de 29 grav. sur bois, dont 5 occupent un double ft., et 2 pag. de musique.

On lit au verso du dern. ft. :

— Icy se terminent l'ordre et progrez du Triumphant et magnifique aduenement du Roy et de la Royne de France dautant prompte que liberale volonte celebré en leur bonne ville de Roven, *Et nouuellement imprimé par Jean le Prest, au dict lieu le IX. jour de ce moys de decembre* 1551.

MM. Van-Praet et Brunet citent des exempl. de ce livre impr. sur parchemin. Il s'en trouvait à la vente Le Chevalier un exempl. incomplet.

Le privilége fut accordé en 1550, à Robert Le Hoy, qui le partagea avec les deux frères Du Gord, Robert et Jean. Il est difficile de trouver complet ce curieux ouv., qui est devenu d'une excessive rareté. Dans quelq. exempl., le dern. ft. manque ; il a été remplacé par un ft. fac-sim. en lithog. Ce ft. donne la musique d'un cantique à 4 part., qui fut chanté en la présence du roi et de la reine, par les *venerables dames seantes au char de religion*. Les planches, gravées sur bois à la manière de Geoffroy Tory, sont de très bon style et témoignent de l'influence de la renaissance.

Pour donner une idée de la splendeur des fêtes au XVIe sc., Montfaucon, dans ses *Monumens de la Monarchie franç.*, t. V (1733), a consacré 2 p. et 5 pl. à l'*Entrée triomphante du roi Henri 2 à Rouen*. Ces planches, d'une grande dimension, sont faites d'après celles de l'Entrée de 1551.

Les fêtes qui eurent lieu alors, et qui furent d'autant plus magnifiques, que le peuple voulait manifester sa reconnaissance et son admiration au roi qui venait de reprendre sur les Anglais la ville de Boulogne, rappellent les entrées des triomphateurs romains, et sont retracées dans une série de planches insérées dans le vol. que nous décrivons. On y retrouve les captifs enchaînés, les éléphants chargés de tours, les dépouilles opîmes, les vexillaires, les sacrificateurs portant dans leurs bras des agneaux pour victimes. On y voit figurer aussi les illustres capitaines de Norm., les chars de la Renommée, de la Religion et de la Fortune, les 57 Rois de France, prédécesseurs de Henri II, et le Dauphin à cheval, depuis François II. Deux autres planches encore représentent, l'une une fête brésilienne, l'autre une scène nautique, donnée sur la Seine au bruit du canon, dans le voisinage du pont de pierre et de la Barbacane. Ces deux monuments du vieux Rouen sont représentés avec une fidélité scrupuleuse.

Les noms de l'auteur de ces planches et de l'auteur du texte sont restés inconnus jusqu'à ce jour. Les uns attribuent la relation de la royale entrée à Maurice Sceve et à Claude de Taillemont, qui furent les ordonnateurs des fêtes célébrées à Lyon en 1548 pour la prem. entrée de Henri II ; les autres au poète François Sagon et au sieur de Huppigny, auteur du *Devis des trois fleurs de sapience*. D'autres encore pensent avec quelque raison qu'on peut l'attribuer à Claude Chapuis, de Rouen, qui fut chargé de la harangue prononcée devant Henri II, lors de la solennité, et au sieur du Tillet, auquel on doit déjà la narration de l'entrée royale faite à Paris en 1549.

Adrien Pasquier pense que Jacq. de Brévedent, lieuten.-gén. et juge-présidial au bailliage de Rouen, est l'auteur de la relation de l'entrée de Henri II dans Rouen ; mais en cela il confond l'entrée de Henri II avec celle de Charles IX, prince qui fut harangué par J. de Brévedent.

L'entrée de Henri II, avec une partie du texte, et avec les mêmes planches, a été réimp. sous ce titre :

Les Povrtres et figvres dv sumptvevx ordre, plaisantz spectacles, et magnifiques theatres, dressés et exhibés par les citoiens de Rouen, ville metropolitaine du païs de Normandie. Faictz à l'entrée de la sacrée Maiesté du tres chretien Roy de France, Henri second, leur souuerain Seigneur. Et à tres illustre Dame, ma Dame Katherine de Medicis la Royne, son espouze. Qui fut es iours de mercredi et jeudi, premier et second iour d'octobre. Mil cinq cens cinquante. *On les vend à Rouen au portail des libraires, à la prochaine boutique de la Rue. Par Iean Dugort*, 1557, pet. in-4, avec fig. sur bois.

En tête du ft. qui suit le titre on lit : *L'entrée dv tresmagnanime, trespvissant et victorievx roy de France, Henry deuxiesme de ce nom, en sa noble ville et cité de Roven, en Rithme Françoyse.*

Tel qve Cesar des gaulles retournant
Ou Scipion d'affrican de cartage,
Tel vo⁹ ay veu (ô Sire) reuenãt
De fouldroier la furieuse raige
Des ennemys, qui ont donné passaige
A vostre heur grand, vr̃e bon droict et force
Voyla pourquoy maintenant ie m'efforce
De paindre cy de fortune l'enfant,
Lequel vainqueur mettant, paix en diuorce
I'ay veu entrer à Rouen triumphant.
Ouurez Rouen... ......

Cette édit. reproduit toutes les grav. de la relation, en prose, de 1551, mais elle ne donne pas l'entrée de la reine ni la musique qui termine le vol. Les vers placés au bas des pages paraissent avoir été imp. d'après un charmant ms. du temps qui se trouve actuellement dans la Biblioth. de Rouen. Cette 2e édit. (en vers) de la somptueuse entrée de Henri II est d'une excessive rareté, plus rare, peut-être encore, que l'édit. en prose de 1551. Il s'en trouve un exempl. dans la Biblioth. Imp., réserve. (Catal. des liv. de cette Bibl., t. 1er, p. 241.)

Le ms. de la Biblioth. de Rouen est catalogué

sous le titre de : *Description de l'entrée de Henri II, roi de France, à Rouen* (en vers), *le 1er oct.* 1550 ; c'est un pet. in-4 oblong, sur vél., de 37 ff., sans compter les gardes, XVIe sc., écriture goth. Il est enrichi de 10 grandes miniatures légèrement rehaussées en or ; au bas de chacune, on lit un distique latin en lettres d'or, qui en explique le sujet. Comme spécimen, nous citerons seulement deux de ces miniatures. Sur la 1re on lit ce distique :

Victorem Henricum clerus, plebz, atqz senatus Rothomagi plausis excipiunt manibz.

(Le clergé, le peuple et le parlement reçoivent de leurs acclamations, à Rouen, Henri vainqueur.) Le cortége défile devant le roi et la reine, qui sont placés au premier étage d'un portique construit pour la circonstance. Les groupes formant le peuple, en robe noire, et le parlement, en robe rouge, sont représentés à cheval. Le clergé, à pied, marche en tête. Aucune planche de l'imprimé ne rappelle ce sujet. Sur la IXe, on lit le distique suivant :

Casta Diana, Orpheus, Neptunus, Aurea et Ætas

Hic sunt sed majus numen adesse vident. (Là figurent la chaste Diane, Orphée, Neptune et l'Âge d'Or ; mais devant ces divinités, on en voit une plus puissante encore.) Ce dessin représente l'arrivée du roi par St-Sever : entouré d'un nomb. cortége, il s'avance sur le pont de pierre et va entrer dans la ville dont on distingue la cathéd. et plus. édifices pub. La cathédrale se reconnaît à sa flèche, mais les 2 tours du portail ne sont pas exactement dessinées. Comme vue de Rouen, elle est moins intéressante que celle de l'imprimé. Ce ms. est en quelq. sorte divisé en 2 part. : la 1re, composée de 25 ff., est écrite en vers de dix syll., et la 2e, composée de 12 ff., est écrite en vers de six syll. Sur les marges intérieures de la 1re part., l'artiste a dessiné des croissants d'argent entrelacés, et sur les marges de la 2e part., il a représenté, d'un côté, un carquois, et de l'autre, des arcs, avec deux D entrelacés. La présence de ces emblèmes, adoptés par Henri II et par Diane de Poitiers, l'insertion d'une dédicace au roi, la richesse du ms., indubitablement composé peu de temps après la cérémonie, par un témoin oculaire, donnent à penser qu'il a été exécuté pour être offert à Henri II. Ce précieux ms. a été acheté à Anvers, en 1838, au prix de 990 fr., à la vente du baron Danvin d'Hodoumont, par M. A. Pottier, conserv. de la Biblioth. de Rouen, à cet effet délégué par le maire de Rouen, M. H. Barbet. Au sujet de cette importante acquisition, V. *Rev. de Rouen*, 1838, 2e sem., p. 105-107.)

V. sur l'entrée de Henri II : Godefroy, *Cérémonial françois*, t. 1er (1649), p. 893 et 894 ; — Farin, *Hist. de Rouen* ; Rouen, 1668, t. I, p. 422-436 ; — Montfaucon, *Monarchie franç.*, t. V ; — A. Pottier, *Rev. de Rouen*, 1835, p. 29-43 et 86-108 ; — Denis, *Une Fête brésilienne célébrée à Rouen en 1550* ; Paris, 1850, in-8 ; — *Rev. de Rouen*, 1851, p. 42-55.

ENTRÉE (l') faicte au Roy tres-chrestien Charles neufiesme, a Rouen, le XII. iour d'aoust, l'an mil cinq cens soixante troys, de son regne le troisiesme ; *Roven, Martin Le Mesgissier*, 1563, in-4 de 14 ff.

Les signat. sont régulières, mais la pagination présente des irrégularités ; ainsi, il y a 2 ff. 6 et un 3e ft. 6, après le neuvième. (Ces erreurs sont indiquées dans un errata placé au verso du ft. 13.) Le 14e et dern. ft. est intitulé : *En svit ce que noble homme maistre Jacques de Brevedent conseiller du Roy nostre Sire, Lieutenant général et Juge presidial au Bailliage de Rouen, dist audit Seigneur, arrivé au théâtre de S. Geruais, luy presentant la ville et obeissance du peuple.* Le verso est terminé par ces mots : *Achevé d'imprimer le 2e iour de septembre* 1563. (Biblioth. de M. d'Auffay.)

Le P. Lelong, no 26,230, indique 2 édit. de l'entrée de Charles IX : l'une publiée à *Lyon, Tachet*, 1563, et l'autre à *Rouen*, 1610, in-8. Cette dern. est sans doute la relation de Nagerel, qui se trouve dans la *Description dv pays et dvché de Norm.*, 1610, in-8, et où elle occupe 21 p. ; mais le P. Lelong a omis de citer l'édit. rarissime de Rouen, mentionnée ci-dessus. — Jacq. de Brevedent mourut à Rouen, sa ville natale, le 15 avril 1580. — L'entrée de Charles IX à Rouen eut lieu peu de temps après le siége de 1562, au moment de l'occupation de la ville par les calvinistes. Ce fut pendant son séjour dans cette ville qu'il fut déclaré majeur par le Parlement. Il n'avait alors que 13 ans et 2 mois.

ENTRÉE de Henri III, à Rouen. V. *Discovrs de l'ordre tenv, etc.*, et SÉVILLE (*Jean*), *Brief discovrs, etc.*

Cette entrée eut lieu le 13 juin 1588.

ENTRÉE de Henri IV à Dieppe (1589) ; *Dieppe, Delevoye*, 1856, in-4 de 2 p., avec vignettes.

Programme de la cavalcade hist., organisée à Dieppe, le 3 fév. 1856. — Sur le séjour de Henri IV à Dieppe, V. le *Récit de Ch. Duchesne*, son médecin.

ENTRÉE de Henri IV à Rouen, 16 oct. 1596. V. *Discours de la joyeuse, etc.*

Sur l'entrée et le séjour de Henri IV à Rouen : V. *Journ. de Henri IV*, par l'Etoile, t. II (1741), p. 313 et suiv. — Farin, *Hist. de Rouen*, 1668, t. I, p. 437-447.

ENTRÉE de Henri IV et de Marie de Médicis à Caen, sept. 1603. V. *Discours de l'entrée, etc.*

ENTRÉE de Charles de Bourbon III, archev. de Rouen, 24 mai 1599; Farin, *Hist. de Rouen*, 1668, t. I, p. 415-421.

ENTRÉE de Louis XIII à Rouen, le 2 nov. 1617. V. *Discours sur les préparatifs, etc.*, p. 369.

Louis XIII revint à Rouen le 10 juillet 1620.

ENTRÉE de Louis XIII à Caen, 16 juillet 1620. V. *Articles accordez par la Clémence du Roy, etc.*

Cette entrée fait le sujet d'un tableau qu'on qu'on voit au musée de Caen.

ENTRÉE de Louis XIV à Rouen, le 5 fév. 1650.

Ce prince, à peine âgé de 12 ans, arriva le 5 fév. et quitta la ville le 20 du même mois. Il fut accompagné, durant ce voyage, par Anne d'Autriche, le duc d'Anjou et le cardinal Mazarin. L'auteur du *Cid* reçut alors de Louis XIV, le titre de procureur syndic des Etats de Normandie. Ce fait hist. a donné lieu à l'organisation d'une fête de bienfaisance qui a été célébrée à Rouen, avec une très grande pompe, les 27 et 28 juin 1858, anniversaire de la fête de P. Corneille; une population immense est venue prendre part à cette solennité. — V. *Hist. du Parlem. de Norm.*, t. v, p. 443 et suiv.

ENTRÉE de Louis XV au Havre, le 19 sept. 1749. V. *Relation de l'arrivée du Roi, etc.*

Le roi passa à Rouen la matinée de ce jour.

ENTRÉE de Louis XVI à Rouen, le 28 juin 1786, à son retour d'un voyage à Cherbourg. V. LETELLIER, *Voyage de Louis XVI, etc.*

ENTRÉE et prise de possession par le sieur de Chanvalon de son archevesché en la ville de Rouen; *Paris*, 1652, in-4.

Pièce dite *Extraordin.* de la *Gazette de France*. V. HARLAY DE CHANVALLON.

ENTREMONT (*Jean-François de St-Germain* d'), poète, membre de l'Acad. de Caen, né à Ste-Anne d'Entremont, arr. de Falaise, en 1668, est mort en 1735. Il a composé, en style marotique, quelq. pièces de vers, dont la simplicité fait le charme.

ENTREPRISE des Huguenots sur la ville d'Avranches, avec les détails de ce qui s'y est passé, et la suite d'icelle et diabolique tentative; *Paris*, 1587, in-8 de 16 p.

ENTRETIEN (l') de Mazarin avec M. de Bar, gouverneur de la citadelle du Hâvre de Grâce, avec sa confession générale, faite à MM. les princes avant leur sortie dudit Hâvre, et ses regrets de quitter la France; *Paris*, 1651, in-4 de 8 p. (Mazarinade.)

Bibl. Imp., t. II, p. 115.

ENTRETIEN simple et familier entre un Curé et un Vicaire, sur le droit de M. de Séez au Gouvernement du Diocèse de Rouen, comme le plus ancien évêque de la province; s. l. n. d., in-12 de 32 p.

EPERNON (le duc), gouverneur de la province de Normandie, 1588. V. *Remontrance faite à M. d'Espernon, etc.*

EPICURIEN (l') normand, ou Recueil de Poésies fugitives et chansons lues ou chantées aux diners de la Soc. épicurienne de Rouen; 1re année; *Rouen, J. Duval*, 1810, gr. in-18 de VIII et 78 p.

EPINEVILLE, commandant, en 1555, une escadre composée de 18 navires armés par la ville de Dieppe, battit près de Douvres une flotte hollandaise, et fut tué dans l'action. Ce marin naquit à Honfleur.

EPISODE (un) du séjour du Roi à Eu, en 1844, etc. V. *Eu*.

EPITRE à Corneille, etc. V. DUVAL-SANADON.

EPITRE à Nicolas Poussin, par un jeune peintre; *Paris, Dentu*, 1819, in-8 de 16 p.

EPISTRE des enfants de Paris, etc. V. *Ensuyt lepistre des....*

EPITRE en vers libres. Sur les réjouissances publiques ordonnées à Rouen par Mgr. le duc de Luxembourg, à l'occasion de la paix, et qui furent interrompues le premier jour par la pluye; *Rouen, Imp. de Vaultier*, in-4 de 4 p.

EPISTRE envoyée au roy de Navarre par les ministres et eglise assemblés au nom de J.-C. en la ville de Rouen; s. l., 1561, in-8.

Cat., Bibl. Imp., t. 1er, p. 251, Charles IX. Cette pièce a été réimp. dans les *Mém. de Condé* (édit. de 1743), t. II, p. 325-328.

EPRÉMESNIL (Duval d'). V. DUVAL.

ERBIGNY DE THIBOUVILLE, poète, né à Rouen en 1655, vécut dans l'intimité de Fontenelle. Il composa des chansons, des épigrammes et des madrigaux. Il avait aussi

composé dans sa jeunesse un poëme intitulé : *L'Art d'aimer*, lequel se trouve dans les œuvres de l'abbé Grécourt, 4 vol. in-12. Erbigny mourut à Thibouville (Eure), en 1770.

ERNAUD (*Louis*). Ample discovrs de la noblesse, avec l'origine et changement de plusieurs nations du monde, où est traicté de l'origine tant des François, Anglois, Hungres, Turcs, Aquitaniens, et Normans, auec plusieurs conquestes par eux faictes. Par Lovis Ernavd, seigneur de Chantores; *Caen, Gabriel Granderye*, 1636, pet. in-8 de 48 ff. numér. et 16 ff. prélim.

ERNOUF (*Manuel-Jean-Aug.*, baron), lieut.-gén., grand officier de la Lég. d'honn., etc., né à Alençon, le 28 août 1753, est mort le 12 sept. 1827. V. Odolant-Desnos, *Statist. de l'Orne*, p. XXIV.

ERNOUF (*A.*). Notice sur M. Bignon, pair de France; *Paris, Hivert*, 1842, in-8 de 24 p.

—Souvenirs historiques de la vallée d'Andelle. Lettre adressée à M. de Caumont; *Bullet. monum.*, t. XIX (1853), p. 652-656.

M. A. Ernouf de Verclives, gendre de M. Bignon, a mis au jour les 2 dern. vol. de l'*Hist. de France sous Napoléon*, que ce diplomate n'avait pu terminer. Il a publié, en outre : *Nouvelles Etudes sur la révolution française*; Paris, F. Didot, 1852-54, 2 vol. in-18.

ERONDELLE (*Pierre*), né en Norm., a publié à Londres : *Remonstrance et exhortation aux Princes chrestiens à donner secours à l'église de Dieu et royaulme de France*; Londres, 1586, in-8, franç.-angl.; — *Nova Francia; or the description of that part of New-France, which is one continent with Virginia. Translated out of french*; Lond., 1609, in-4. — Quelques liens de parenté existaient entre cet auteur et P. Erondelle, pasteur de Rouen, qui fut député de la Norm. au synode de Castres, en 1626. V. Watt, *Bibliog.*, et *France protest.*, t. IV, p. 541.

EROUARD (*P.-Jos.*), maître maçon, né au Havre, le 1er fév. 1596, mort le 4 janv. 1671, parvint, à l'aide de moyens ingénieux, à redresser le portail de N. D. du Havre, depuis longtemps incliné sur sa base et menaçant ruine. V. Levée, *Biog. Hav.*, p. 50.

ESBRAN. Essais poétiques de Paul-Aristide Esbran; *Rouen, Emile Periaux*, 1826, in-8 de 61 p., avec une lithog.

ESCADRE de Cherbourg. Détails sur le voyage et le séjour du président de la république à Cherbourg; *Lyon, Du Moulin et Ronet*, s. d. (1850), in-f.

Pièce. — Bibl. Imp.

ESCHARD (*Ch.*), peintre de marines, né à Caen en 1748 (et à Rouen suivant Guilbert), était élève de Descamps. Il mourut à Paris au commencement du XIXe sc.

ESCHER. Evénemens militaires de la 1re guerre de religion en Normandie (1562 et 1563); *Caen, Hardel*, 1836, in-8 de 108 p.

Ext. des Mém. de l'Acad. de Caen, 1836.

M. Escher, alors corresp. de l'Acad. de Caen et capitaine d'état-major, est mort sous-intendant militaire à Oran, en 1853.

ESCOLLIERS (*Claude* d'), dit le capitaine Pastoureau, fut capitaine de cent arquebusiers à cheval et commandant du château d'Alençon en 1589. Le bruit ayant été répandu qu'il entretenait des intelligences avec Mayenne, il fut assassiné comme il se rendait chez Jean de Frotté, seigneur de Couterne.—V. *France protest.*, t. IV.

ESCRIVAIN. La Fvrie Hvgvenote repovssee. Poëme adressé à MM. les curez et clergé en général de la ville de Caen. par L. J. L. B. Escrivain. Sur l'outrage commis à la personne de noble homme Messire Jacq. de Guerville, très digne prestre, curé de Nostre-Dame de Caën, appelé pour recevoir & voir la dernière volonté d'vn Huguenot de sa paroisse, par plusieurs Huguenots et Huguenottes qui le traitèrent fort rigoureusement, auec des injures contre luy & blasphèmes contre Dieu. Elégie; s. d., in-4 de 6 p.

ESMANGARD. V. EMANGARD.

ESMANGART (*Ch.-Fr.-Hyacinthe*), intendant de justice, police et finances en la généralité de Caen, succéda à M. le baron de Fontette, vers 1771, et fut remplacé dans cette haute fonction, en 1784, par M. Feydeau, marquis de Brou. Il encouragea les lettres et fonda en 1777, plusieurs prix que l'Acad. des B.-Lett. de Caen était chargée de décerner. V. De Formigny de la Londe, *Documents sur l'anc. Acad. des B.-Lett. de Caen*, p. 132.

ESNAUDERIE (*Pierre* de l'). V. LESNAUDERIE.

ESNAULT (l'abbé). Dissertations préliminaires sur l'histoire civile et ecclésiastique du diocèse de Sais (Sées); *Paris, Guill. Desprez*, 1746, in-12 de 307 p.

Ce vol. renferme 3 dissertations :

1° Sur les Osismiens et le pays qu'ils habitaient, et par occasion, sur la plupart des peuples des provinces armoriques, c'est-à-dire des provinces de Norm. et de Bretagne. — L'ancienne demeure des Osismiens, dit M. Esnault, est ce qu'on appelle aujourd'hui le pays d'Exme (Hiesmes) ou l'Exmois, en Norm., au diocèse de Séez ; et ceux qui, dans les autres pays, comme en Bretagne, ont porté le nom d'Osismiens, ont été des colonies venues de ce pays d'Exme, leur patrie primitive. (P. Lelong, n° 329.)

2° Sur le lieu où le siége épiscopal de Sais a été établi d'abord, et sur les villes d'Hiémes et de Sais.

3° Sur l'Etablissement de la foi dans les Gaules en général, et en Normandie en particulier, et sur les premiers évêques de Sais.

L'abbé Esnault naquit à Ranes, arr. d'Argentan, au commencement du XVIIIe sc. — Sur les Dissertations précitées, V. *Mém. de Trévoux*, oct. 1746 ; — *Journ. des Savans*, janv. 1748 ; — *Mercure*, 1746, mai, p. 120-125.

ESNAULT (*J.*). Notice sur Jean-Edouard Blacher, président honoraire du tribunal civil de Falaise ; *Ann. norm.*, 1848, p. 576-589. V. BLACHER.

M. J. Esnault, avocat à Falaise, est auteur d'un *Traité des faillites et banqueroutes, d'après la loi des 28 mai et 8 juin* 1838 ; Paris, Videcoq, 1843-44, 3 vol. in-8.

ESNEVAL (d'). A la mémoire de Messire Claude Le Roux chevalier, baron d'Acquigny, chatelain de Cambremont et du Mesnil-Jourdain ; seigneur de Becdal, Vironve, la Metairie, et autres lieux ; conseiller du Roy en son parlement de Rouen ; s. d. (vers 1690), in-4 de 63 p., plus 2 tableaux.

L'un de ces tableaux représente l'inscription tumulaire de Claude Le Roux, et l'autre les 32 quart. de noblesse du chev. d'Esneval (tabl. gravé par Jacq. de Belleau, de Rouen). En tête du vol. se trouve une grav. du tombeau élevé à Claude Le Roux, par Robert Le Roux d'Esneval, son fils, vidame de Norm., ambassadeur en Portugal, en 1689. C'est dans cet ouv., p. 7, qu'on trouve le renseignement suiv. qui fait connaître l'époque de construction d'un des monuments les plus intéressants de la ville de Rouen : « Ce fut luy (Guillaume Le Roux II, vers 1486) qui commença le magnifique palais que nous voyons encore aujourd'hui dans une des places de la ville (appelée le Marché-aux-Veaux), monument de sa grandeur et de son opulence. On le nomma dans la suite l'*Hôtel du Bourgtheroulde*. Il est fort bien entendu et d'un très bon goût, quoyque d'une architecture appelée communément *gothique*. On y voit les armes de la maison sur la porte et en différents endroits. François I, vers 1507, fit l'honneur à Guillaume Le Roux IIIe du nom, abbé d'Aumale et du Val-Richer, de l'employer dans la négociation du célèbre traité du Concordat, et il acheva le magnifique hôtel du *Bourgtheroulde* que son père avait commencé. »

ESNEVAL (*Robert* Le Roux, vidame d'), diplomate, fut chargé par Louis XIV de plusieurs missions importantes en Portugal et en Pologne. Né à Rouen en 1609, il mourut le 15 fév. 1693, lorsqu'il assistait à la diète de Grodnaw. Le domaine de la famille d'Esneval est situé à Pavilly, près de Rouen.

ESPINASSE (*A.-F.* de l'). De l'étendue des concessions faites à Rollon par le traité de St-Clair-sur-Epte. Les évêchés de Bayeux, de Coutances et d'Avranches en faisaient-ils partie? *Mém. de la Soc. d'Agric., Sc., Arts et B.-Lett. de Bayeux*, t. II, 1844, p. 301-311.

— Etat ancien de la baie du Mont-St-Michel ; *Ann. norm.*, 1800.

ESPINASSE (*Amédée-Franç.* de l'), avocat, né à Mortain, le 25 déc. 1805, est mort dans la même ville, le 14 juillet 1844, laissant inachevée une Hist. de Mortain, qu'il préparait depuis longtemps. V. Notice de M. de Milly, *Ann. norm.*, 1845.

ESPRÉMÉNIL (Duval d'). V. DUVAL.

ESPRIT (le Rév. P.). Sermon prononcé par le R. P. Esprit de Tinchebray, capucin, dans l'église des Dames religieuses de Haute-Bruyère, le 22 juillet 1694, fête de Ste-Madeleine ; s. l. n. d., pet. in-12 de 10 ff.

ESPRIT de Fontenelle (l'), etc. V. PRÉMONTVAL (de).

ESPRIT (l') de la Coutume de Normandie, etc. V. BUISSON-PAILLIÈRE (du).

ESPRIT du BOSROGER. V. BOSROGER.

ESQUIROS (*Alphonse*). Charlotte Corday ; *Paris*, *Desessart*, 1840, 2 vol. in-8 ; — 2e édit. ; *Paris*, *Legallois*, 1841, 2 vol. in-18 ; — 3e édit. ; *Paris*, *Bry aîné*, 1848, in-4.

ESQUIROS (*Alph.*), romancier, poète et journaliste, est né à Paris en 1814.

ESQUISSES historiques sur la ville et le prétendu royaume d'Yvetot ; par V......, gradué en l'Université ; *Yvetot*, *V^e Hé-*

rambourg, 1844, in-12 de XIV et 127 p. (Imp. de L. Couillard, à Fécamp.)

ESSAI de mémoire, de frère Noel, chanoine régulier, prieur-curé d'Harcourt; En réponse au plaidoyer de frère St-Jean, frère honoraire de Charité, Bailly dudit lieu; 3e édit.; *Rouen, Machuel*, s. d. (vers 1760), in-4 de 18 p.

Ecrit signé : Duclos, avocat.

ESSAY de quelques inscriptions pour la statue du Roy que MM. de Caen font élever au milieu de la place royale, avec quelques autres Poésies à cette occasion; *Rouen, Bonav. Le Brun*, 1685, in-4 de 6 p.

ESSAI de traduction en vers burlesques d'une pièce de poésie latine, intitulée : *Excidium Augi;* par M. ***; *Amst., et à Rouen chez E. V. Machuel*, 1768 (et 1778), pet. in-12 de 91 p.

En 1475, Louis XI voulant empêcher que la ville d'Eu ne tombât aux mains des Anglais, ordonna qu'on y mît le feu. Cet événement forme le sujet du poème précité, attribué à un professeur du nom de Roussel, et travesti en vers franç. par un curé de l'ancienne paroisse de St-Jacques.

ESSAI historique sur l'ancien évêché de Lisieux, par M. ***, suivi des mém. de Noel Deshays, curé de Campigni, sur les évêques de ce diocèse, 1754. V. DESHAYES (*Noel*) et FORMEVILLE (de).

ESSAI historique sur les droits de la province de Normandie, suivi de reflexions sur son état; s. d. (1772), in-12 et in-8 de 98 p.

ESSAI sur l'histoire de Condé-sur-Noireau, etc. V. MARIE (l'abbé).

ESSAI sur l'histoire de la ville de Honfleur, etc. V. VASTEL.

ESSAI sur l'Hist. de Neustrie ou de Normandie, etc., 1204-1788. V. TOUSTAIN-RICHEBOURG (de).

ESSAI sur l'hist. de Normandie, etc., par un page du Roi. V. TOUSTAIN-RICHEBOURG (de).

ESSAI sur la ville de Pont-Audemer, divisé en 2 part., contenant : 1º La description de la ville et de ses principaux édifices; 2º L'abrégé de ses antiquités et de son histoire, 1743; ms. gr. in-8.

Bibl. d'Evreux, ms. donné par M. Rever.

ESSAI archéolog., hist. et physiques sur les environs du Havre. Par M. P.... V. PINEL.

ESSAYS et espreuves d'inscriptions à corriger, on en demande une pour mettre sur un marbre qui sera placé dans l'église paroissiale de Ste Croix S. Ouen, où reposent les entrailles de Mgr. le duc de Longueville, Henry d'Orléans, etc.; s. d. (1663) et s. n. d'imp., in-4 de 17 p., plus le titre.

ESTABLISSEMENT dv Bvreav de l'Hostel-Dieu de Roven. Avec l'estat au vray du bien & reuenu dudit Hostel-Dieu, & de sa dépense journaliere. Povr faire connoistre av Pvblic les vrayes necessitez des pauures malades, qu'on est obligé d'y receuoir de toutes parts sans refus; *Rouen, Nicolas Loyselet*, 1646, in-4 de 70 p.

ESTABLISSEMENT (l') dv bvreav des pavvres en la ville de Govrnay; *Roüen, Lavrens Mavrry*, 1666, in-4 de 13 p., plus le titre.

ESTAINTOT (Vte *Robert* Langlois d'), avocat au barreau de Rouen, né dans cette ville, est auteur d'un opuscule intitulé : *Des usurpations de titres nobiliaires au double point de vue de l'histoire et du droit pénal;* Paris, E. Dentu, 1858, in-12 de 72 p. V. un compte-rendu de cet ouv. dans le *Nouvelliste de Rouen*, 30 mars 1858.

ESTAMPES (*Louis* d'). Poésies diverses extraites de mon portefeuille; *Paris, Imp. de Dondey-Dupré*, 1811 et 1812, 2 part. in-8.

La 1re part., intitulée : *Imitation des odes d'Anacréon, en vers libres*, contient 146 p.; et la 2e : *Poésies extraites du portefeuille de L. d'Estampes*, 221 p.

La famille d'Estampes, autrefois propriétaire du château et de la forêt de Mauny, près de Caumont-sur-Seine, était également propriétaire des coches ou bateaux de la Bouille à Rouen, avant l'établissement d'un service de bateaux à vapeur. V. *Arrêt de la Cour de Parlement, etc.*, p. 33.

ESTANCELIN. Collection de Cartes concernant les forets, triages et bois taillis du comté-pairie d'Eu, avec plusieurs dessins et états analogues au commerce et à la partie des bois. Dédiée à S. Alt. Sérén. Mgr. le Comte d'Eu par son très humble et très obéissant serviteur Estancelin, lieutenant-gén. des eaux et forêts du comté-pairie d'Eu; 1768, in-4 de 40 ff. grav. par Chambon.

ESTANCELIN (*Louis*). Dissertation sur les découvertes faites par les navigateurs dieppois; *Abbeville, Boulanger-Vion*, s. d. (1824), in-8 de 31 p.

Cette dissertation a été reproduite dans les *Archives ann. de la Norm.*, 2e année (1826), p. 37-60, et refondue dans les *Recherches sur les voyages et découvertes des navig. norm.*

— Notice sur quelques objets d'antiquité trouvés à Saucemare, commune de St-Aubin-sur-Mer (S.-Inf.); *Mém. de la Soc. des Antiq. de Norm.*, 1824, p. 113-120.

— Mémoires sur les antiquités de la ville d'Eu et de son territoire; *Mém. de la Soc. des Antiq. de Norm.*, 1825, in-8, p. 1-24.

— Histoire des Comtes d'Eu; *Dieppe, Marais fils*, 1828, in-8 de 458 p., avec 2 vues lithog. (Imp. de Mégard, à Rouen.)

Le papier sur lequel ce livre a été imprimé a été fabriqué à Gueures, au château de Tocqueville, près Dieppe, par MM. Gosse, Ball et Muller.

— Recherches sur les voyages et découvertes des navigateurs normands en Afrique, dans les Indes orientales et en Amérique; suivies d'observ. sur la marine, le commerce et les établissements coloniaux des Français; *Paris, Delaunay*, 1832, in-8 de XII et 361 p.

Ce vol. renferme les chapit. suiv., qui fournissent d'intéressants documents sur l'hist. maritime de Dieppe: Du commerce de Dieppe. — Découverte de l'Australie. Paulmier de Gonneville. — Voyage des Dieppois à Sumatra, en 1529. Jean Parmentier. — Voyage d'un grand navigateur du port de Dieppe en France, sur les voyages faits aux terres nouvelles des Indes occidentales dans la partie appelée la Nouvelle-France, etc., en italien et en français. (Ce grand navigateur paraît être J. Parmentier.) — Journal du voyage de J. Parmentier, de Dieppe, à l'île de Sumatra, en l'année 1529. (Il en a été tiré à part 20 exempl. avec un titre.) — Expédition du capitaine Cousin, de Dieppe, 1486-1488.

Les découvertes des navigateurs dieppois sur la côte d'Afrique paraissent remonter à la fin du XIVe sc.

— Le Château d'Eu, domaine de la maison d'Orléans; *Paris, Bureau de la France départ.*, 1836, gr. in-18 de 68 p.

— Le Château d'Eu; *Boulogne-sur-Mer, Birlé-Morel*, 1840, in-8 de 22 p.

ESTANCELIN (*Louis*), anc. député de la Somme (sous Louis-Philippe), inspect. des eaux et forêts, administ. des propriétés de la maison d'Orléans à Eu, etc., né dans cette ville le 31 janv. 1777, est mort en mars 1858. Il était membre de plusieurs soc. savantes. Indépendamment des ouv. précités, il a publié: *Observations sur le canal de la Basse-Somme, d'Abbeville à St-Valery*; Paris, Delaunay, 1833, in-8 de 59 p. — *Nouv. observations sur le canal de la Somme et sur l'état de la navigation et du commerce dans les ports de St-Valery, du Crotoi et d'Abbeville*; Paris, Carillan-Gœury, 1834, in-8 de 107 p., avec un plan. — *Etudes sur l'état actuel de la marine et des colonies françaises*; Paris, Ve Lenormant, 1849, in-8 de XXXI et 497 p.

ESTANCELIN (*Louis-Ch.-Alex.*), neveu du précédent, membre du Conseil gén. de la S.-Inf., représentant de ce dép. à l'Assemblée législative en 1849, etc., est né à Eu en 1822.

ESTARD (*Michel*). Dissertation ou lettre écrite à M. Poirier, prem. médecin de S. M., par Michel Estard, aggrégé au collége des médecins de Rouen, etc., touchant la nature et les effets des eaux minérales et médicinales de St-Paul de Rouen; *Rouen, Fr. Vaultier*, 1717, in-12 de 80 p., plus 2 ff. approbation et 2 pl.

ESTARD (*Michel*), méd., né à Argentan, est mort à Rouen, en 1752.

ESTAT de la police des pavvres valides de la ville de Roven, depuis l'an 1535, iusques en l'an 1566; Et depuis l'an 1566, iusques à présent; s. d. (vers 1650), in-4 de 10 p.

ESTIENNE. Extrait d'une lettre écrite de Chartres par M. Estienne à l'auteur de ce Journal (*Journ. des Scavans*)), touchant plusieurs incendies arrivez dans un mesme village, sans qu'on en ait pu découvrir la cause; *Journ. des Scavans*, mars 1671, p. 20-24.

Le village dont il est ici question est Boncourt-sur-Eure, près de Pacy.

ESTIENNE (*Olivier*). Nouveau traité des Hypothèques avec des remarques sur l'ancien traité (de M. Basnage); *Rouen, Jacq. Besongne*, 1705, in-4 de 632 p., plus la table et la préface.

ESTIENNE, avocat au Parlement de Norm., né à Nonancourt (Eure), s'imagina avoir remarqué beaucoup d'erreurs dans le Traité des Hypothèques de Basnage. Il avait intitulé son ouvrage : *Critique du Traité des Hypothèques de M. Basnage*. On lui refusa *l'approbation* sur ce titre, qu'il fut obligé de changer; mais il n'en a pas moins critiqué M. Basnage dans le corps de son livre. M. Basnage de Beauval lui a répondu dans un avertissement mis à la tète de la 5e édit. du Traité de son père. V. *Journ. de Trévoux*, mai 1705, p. 910. (Note de l'abbé Saas.)

ESTIENNE. Notice topographique et médicale sur Bagnoles; *Mém. de méd. milit.*, t. XIII.

ESTIENNOT (*Claude*). Historiæ regalis monasterii Sancti-Martini supra Viosnam propè et contra muros Pontis-Isaræ in Vulcassino Franciæ, libri tres. Auctore Cl. Estiennot, monacho benedicto congreg. S. Mauri; ms., 3 vol. in-f.
Cette histoire, achevée en 1670, était conservée dans la Biblioth. de St-Germ.-des-Prés. (P. Lelong, no 12,624.)
L'abbaye de St-Martin de Pontoise (ordre St-Benoit) dépendait du diocèse de Rouen.

ESTOURMEL (le comte *Joseph* d'), conseiller d'Etat, préfet du dép. de la Manche avant la révolution de juillet 1830, membre de la Soc. des Antiq. de Norm., etc., est mort en 1852. Il a publié : *Souvenirs de France et d'Italie, dans les années* 1830, 31, 32 ; Paris, 1 vol. gr. in-8.—*Journal d'un Voyage en Orient;* Paris, 1844, 2 vol. gr. in-8, avec atlas, — et 2e édit., 2 vol. gr. in-18. — V. Notice, par M. P. Paris, de l'Instit; *Paris, Techener*, in-8.

ESTOUTEVILLE (*Nicolas*, sire d'), fondateur de l'abbaye de Valmont en l'année 1116, est mort le 22 avril 1140. Une statue en plâtre, de ce personnage, se voit au Musée de Versailles, galerie no 60. La figure originale, dont le masque est en albâtre et le corps en pierre, se trouvait dans l'abbaye de N.-D. de Valmont, S.-Inf. V. Langlois, *Essai sur St-Wandrille, etc.*, p. 164.

ESTOUTEVILLE (*Guill.* d'), cardinal, légat du St-Siége, archevêque de Rouen de 1453 à 1482, mourut à Rome le 22 déc. de cette dern. année, âgé de 80 ans. Il jeta les fondements du palais archiépiscopal, fit établir les chaires ou stalles du chœur de la cathédrale, l'escalier de la biblioth. des chanoines, et donna deux cloches à son église : l'une de ces cloches porte le nom de *Marie d'Estouteville*. Le cœur du cardinal fut apporté à Rouen et enseveli dans la tombe de l'archevêque Maurile.—V., sur ce prélat, les Eloges de Jullien et de Roux de Laborie; —Deville, *Tombeaux de la cathéd. de Rouen*, p. 190-197.

ESTOUTEVILLE (*Jacq.*, sire d'), conseiller du roi, capitaine de Falaise, assista aux Etats tenus à Tours en 1475 et aux échiquiers de Norm. des années 1484 et 1485. Il mourut le 22 mars 1489. Louise d'Albret, dame d'Estouteville, femme du précédent, mourut le 8 sept. 1494. Elle repose à côté de son noble époux, dans l'église abbatiale de Valmont, où l'on voit les statues en albâtre de ces deux personnages, étendues sur un mausolée. E.-H. Langlois, dans son *Essai sur St-Wandrille*, p. 169, a gravé ce mausolée.
V. sur cette illustre famille norm. :
— Généalogie de la maison d'Estouteville ; P. Anselme, *Hist. de la maison royale de France, etc.*, t. VIII, p. 88.
— Trois Mémoires de Georges le Roy, avocat au Parlement, sur le duché d'Estouteville, pour Jacq. de Matignon, comte de Torigny, contre Henri Légitimé de Bourbon, chev. de Soissons; *Paris, Lambin*, 1710, in-f. (P. Lelong, no 42,233.)
— Recueil des titres de la maison d'Estouteville; *Paris, Montalant*, 1741, in-4.
Ce recueil contient un grand nombre de pièces généalog., mém., arrêts, au sujet de la prétention de M. Paul-Ed. Colbert, fils de J. B. Colbert, marquis de Seignelay, et de Thérèse de Matignon, de porter le titre du duché d'Estouteville, du chef de sadite mère, contre M. le duc de Valentinois, contestation qui s'est élevée en 1731. (P. Lelong, no 42,232.)

ESTRUP. Bemœrkninger paa en reise i Normandiet; *Copenhague*, 1821, in-8.

ETABLISSEMENT du Bureau, etc. V. *Establissement*.

ETABLISSEMENS et Coutumes, assises et arrets de l'Echiquier de Norm. V. *Marnier*.

ETALLEVILLE (*Louis-Alex.* Guyot, comte d'), poète, né en 1752, à Etalleville (S.-Inf.), mort en mai 1828, au Brémieu (Eure), est auteur de plusieurs poèmes : *La Diligence;* Paris, 1815, in-18; — *Les Eaux de Barèges;* Paris, 1815, in-8; — *La Calotte du régiment Royal-Lorraine;* Paris, 1820, in-18; — *La Vie de l'officier;* Paris, 1821, in-18, et un vol. en prose, intitulé : *Quelques Choses et beaucoup de riens, ou mes pensées;* Paris, 1822, in-18.

ETAT de la Baronnie de Briquebec, en 1787, ms.; *Archives de la Manche*.

ETAT de l'Agriculture dans le départ. de la Manche. (Ext. d'un rapport fait au Conseil gén. par M. le Préfet de la Manche); *Ann. norm.*, 1845, p. 588-603.

ETAT des apels et comparences des vassaux aux pieds, etc. V. *Titres de l'établissement du chapellain, etc.*

ETAT des journaux et feuilles périodiques publiés dans les 5 départ. de l'anc. Norm.; *Ann. norm.*, 1836, p. 204-213.

ETAT des revenus et produits, charges et dépenses de l'Hôpital-Général (de Rouen), en l'année 1774; *Rouen, Laurent Dumesnil*, 1775, in-f. de 13 p.

ETAT général des revenus et des charges, tant fixes que variables, de la commune de Rouen; *Rouen, P. Seyer et Béhourt* (vers 1789), in-4 de 24 p.

ETAT historique en abrégé des paroisses de Bardouville, d'Aubourville, de Berville, d'Anneville, d'Iville et de la baronnie et haute justice de Mauny. Avec les observations sur l'état présent de la paroisse d'Anneville, pour servir d'instruction à MM. les propriétaires et habitants desdites paroisses; *Rouen, Ant. Le Prevost*, s. d. (vers 1717), pet. in-4 de 40 p.

ETAT historique en abrégé des paroisses de Bardouville, d'Aubourville, de Berville, d'Anneville, d'Iville et de la baronnie et haute justice de Mauny; pet. in-12 s. d. (vers 1717) de 34 p.

A la suite de cet opuscule, on trouve : Recueil sommaire de plusieurs pièces qui regardent en général et en partie la baronnie de Mauny et les paroisses de Bardouville et d'Iville, et en particulier celle d'Anneville, la chapelle en titre de N.-D. de Bon-Port et autres choses à sçavoir : à MM. les seigneurs et sieurs propriétaires et habitans des dites terres et paroisses; pet. in-12 s. d. (vers 1717) de 149 p., plus la table et 2 ff. omissions et errata.

ETAT militaire de la milice bourgeoise de Caen, conformément au règlement donné par S. M. le 27 mars 1780; *Paris, Imp. Roy.*, 1783, in-8 de 13 p. V. *Règlement pour la composition, etc.*

ETATS de la province de Normandie. Ext. de la Charte aux Normands, art. 31; *Rouen, L. Oursel*, 1789, in-8 de XXIII p.

ETÉMARE (l'abbé *J.-B.* le Sesne de Ménilles d'), écrivain fécond, né au château de Ménilles (Eure), le 4 janv. 1682, mourut à Rhynwick, près d'Utrecht, le 29 mars 1770. Il a publié plusieurs mémoires contre la Bulle Unigenitus, 1714 et 1715, et un grand nombre d'ouv. de théologie.

ETHELWERD ou **ETHELRÈDE**, historien anglo-norm., mort en 1166, et dont le nom est écrit parfois Ailred. Ses écrits ont été publiés par Saville (Rerum anglicarum scriptores, etc.), sous le titre de : *Chronicorum Ethelwerdi, lib. IIII*, et par Twysden (Hist. anglicanæ scriptores decem), sous le titre de : *De Vita et miraculis, Edwardi confessoris.*

ETIENNE DE BLOIS, comte de Boulogne, fils d'Adèle (fille du Conquérant) et d'Etienne, X^{e} duc de Norm. et roi d'Angleterre, succéda à Henri Ier, son oncle, le 2 déc. 1135. Ce prince, qui avait épousé Mathilde, fille et héritière d'Eustache, comte de Boulogne, mourut à Cantorbery le 25 oct. 1154. Son fils, Eustache de Boulogne, marié à Constance, fille de Louis VI, roi de France, mourut quelq. mois avant lui. V. :

— Gesta Stephani regis Anglorum et ducis Normannorum, incerto autore, sed contemporaneo; *Du Chesne, Hist. de Norm., etc.*, p. 927 et suiv.

Cet ouv., composé par un historien fort attaché au duc de Norm., a été réimp. d'après Du Chesne, par les soins de R. C. Sewell (for the English hist. Society); *London*, 1846, in-8.

— Lettres écrites aux auteurs du *Mercure*, au sujet de Guillaume, fils d'Etienne, comte de Blois; *Mercure*, 1722, mai, vol. I et II.

— Réponse de l'abbé de Vayrac, au sujet de la lettre précédente; *Ibid.*, juin.

— Remarques sur cette réponse; *Ibid.*, août.

ETIENNE, surnommé *de Rouen*, du lieu de sa naissance, devint moine du Bec, et mourut en 1149. Il composa en latin un grand nombre d'ouvrages en vers et en prose, dont les mss. étaient déposés dans la Biblioth. de St-Germ.-des-Prés. — V. *Hist. littér. de la France*, t. XII (1763), p. 675-677.

ETIENNE D'ESTAMPES, cardinal, né en Normandie, mort en 1289, a composé quelq. ouv. de morale.

ETIENNE. Plan de la ville de Caen, levé par Etienne, graveur, dans la 2e moitié du XVIIe siècle; 1 f^{lle}.

Ce plan a été reproduit en 1835 sur le seul exempl. connu. Il offre des détails fort curieux sur les anciennes fortifications et sur les établissements religieux de cette ville. On a placé au bas de ce plan, lithog. par Thierry, à Paris, une vue générale de Caen, prise du Moulin-au-Roi, par M. Lechaudé d'Anisy. Quelq. épreuves ont été tirées sur pap. de Chine; *Caen, Mancel, lib.*

ETIENNE (*Olivier*), avocat. V. ESTIENNE.

ETIENNE (*Jean* d'), officier du génie, né à Cernay (Calvados), le 25 mars 1725, mort le 22 juin 1798, est auteur de : *Traité des mi-*

nes, *à l'usage des jeunes militaires*; 1779, in-4. — *Mémoire sur la découverte d'un ciment impénétrable à l'eau*; Paris, 1782, in-4. Il fut attaché au serv. du comte de Schaumbourg-Lippe. (V. Quérard, t. III.)

ETOILE (Mme de l'), née à Rouen, fut couronnée en 1770 et 1771 par l'Acad. des Palinods de cette ville. Les deux pièces qui firent l'objet du concours, étaient : une Ode imitée du cantique de Moïse, *le Passage de la mer Rouge*, et une Idylle sur *la Mort d'Abel*. Elles ont été imp. séparément, en 1772.

ETRENNES à mes paroissiens, ou ma correspondance avec M. Charrier, Précédée d'une lettre à mon ami qui ne l'est plus; s. d. (1791), in-8 de 48 p. V. *Lettre d'un curé du diocèse de Rouen, etc.*

ETRENNES COUTANÇAISES. V. DESPREZ (l'abbé *Martial* Piton-).

ETRENNES historiques et géographiques du diocèse de Séez, contenant la description des principaux lieux de ce diocèse, avec les noms des personnes qui y composent l'état ecclésiastique, civil et militaire, pour l'année 1771; *Falaise, Pitel-Préfontaine*, in-24 de 92 p., avec une petite carte du diocèse.

ETRENNES mortainaises, publiées sous le patronage de la Soc. d'Agricult., 1854-1857 (4 années); *Mortain, Imp. de Lebel*, in-16.

M. H. Sauvage en est le principal auteur.

ETRENNES supérieures de Normandie, pour l'année bissextile 1772, dédiées à Mgr. Thiroux de Crosne, chevalier, P. Président du Conseil supérieur de Rouen, et intendant de la Généralité. Par un maître Perruquier de la famille, à l'enseigne des deux bassins blancs : *Icy l'on rase proprement;* s. d. (1772), in-12 de 25 p.

Le permis d'imprimer est signé : Trugard de Maromme, lieutenant de police à Rouen.

— Supplément aux Etrennes supérieures de Normandie, pour servir de mémoire à M. le Chancelier, sur son projet de métamorphose des conseils de Rouen et Bayeux en un parlement; *Amsterdam, Marc-Michel Rey*, s. d. (1772), in-12 de 6 p.

ETRENNES universelles, utiles et agréables, contenant l'état présent du monde ou de l'univers en général, etc., pour l'année 1773; *Falaise, chez Pitel Préfontaine; à Caen, chez Chalopin*, in-32 de 48 ff., avec de petites cartes de géographie chargées au dos de renseignements statistiques.

Cet alm. populaire, tiré à grand nombre, s'est continué jusqu'à nos jours sous divers titres :

— Etrennes comme il y en a peu, ou Mélange agréable des plus jolies choses en tout genre, années 1788-1793; *Falaise, Bouquet, lib.*

— Almanach universel, ou Etrennes comme il y en a peu, utiles et amusantes, contenant l'idée de l'univers, etc., 1794-1800 (14e ann.); *Falaise et à Paris, chez la citoyenne Pitel, ve Bouquet.*

— Etrennes universelles, ou Almanach comme il y en a peu, 1801 et 1802 (15e et 16e ann.); *Falaise;* et *Paris, Pitel, ve Bouquet.*

— Etrennes universelles de Falaise, ou Almanach comme il y en a peu...; *Paris, Pitel, ve Bouquet*, an XI (1803)-1819.

— Nouvelles Étrennes de Falaise, curieuses et universelles; *Falaise et Paris, Caillot*, 1820 et ann. suiv.

Comme concurrence il a paru, durant quelq. années, à partir de 1822 :

— Etrennes sans pareilles de Falaise, ou le plus utile et le plus curieux des Almanachs, par B**** (Brée); *Paris, Delarue*, 1822, in-32.

En l'an VIII (1800), il parut à Falaise un autre recueil intitulé : *Cadeau des Muses, Etrennes utiles et récréatives, pour l'an VIII* (1800); Falaise, Brée frères, imp.-lib., in-32 de 123 p.— Cet alm. devint le commencement d'une collection qui prit le titre de : *Cadeau des Muses, ou Almanach universel, étrennes utiles et agréables*, et qui s'est publié jusqu'à ce jour. M. Brée l'aîné en fut longtemps le principal rédacteur. Cet alm., ainsi que celui qui est connu sous le nom d'*Etrennes mignonnes* (1796-1857), ou d'*Etrennes univ.*, sont tirés, chaque année, à plusieurs milliers d'exempl. Les almanachs de ce genre forment, depuis longtemps, une industrie particulière à la ville de Falaise. —V. notre article *Almanachs.*

ETRÉPAGNY (Eure). Abrégé historique et généalogique des Seigneurs et Dames d'Estrepagny, depuis l'an 1100 jusqu'en 1772. Avec quelq. notions préliminaires sur les tems antérieurs à leur existence et sur le local de cette baronie, suivi d'un mém. particulier sur les titres et prérogatives de la haute justice; ms. du XVIIIe sc.; pet. in-4. (*Biblioth. de Rouen.*)

Ce ms. dédié à Michel Jacq. Turgot, président honor. en la Cour de Parlem. de Paris, baron châtelain et haut justicier d'Estrepagny, est signé : Chéron, présid.; Bonté, secrét., etc.

ETUDE historique et littéraire sur Mézeray; *Caen, Delos*, 1856, in-8 de 40 p.
Ext. du Journ. *l'Ordre et la Liberté*, publié à Caen, nos des 13, 18, 20 déc. 1855, et 15 janv. 1856.

ETUDES d'une maison du XVIe sc., etc. V. CHALLAMEL et FORMEVILLE.

EU. Les noms des comtes d'Eu, des comtesses leurs femmes et de leurs enfans, depuis le temps que l'abbaye de Foucarmont fut fondée par les seigneurs susdits, jusqu'à l'an de J.-C. 1340; ms., *Biblioth. du Roi*, entre les mss. de Du Chesne, n° 2. (P. Lelong, n° 42,242.)

— Chronique de la maison d'Eu, de laquelle est sortie celle de Nevers, depuis l'an 1302 jusqu'en 1550; in-f. ms., *Biblioth. du Roi*, entre les mss. de Du Chesne, n° 2, et ceux de Colbert, n° 1,292. (P. Lelong, n° 42,243.)

— Historia comitum Eusei in Normannia, fundatorum monasterii Fulcardi Muntis; auctore religioso anonymo hujus monasterii; ms.
Cette histoire est citée par Ch. de Vich, p. 116, de sa biblioth. de l'ordre de Citeaux. (P. Lelong, n° 42,244.)
La crypte de l'église de l'anc. collégiale de la ville d'Eu renferme plusieurs tombeaux où reposent quelq.-uns des comtes d'Eu et de leurs femmes. Voici l'indication des statues qui ornent ces sépultures, et dont les copies en plâtre figurent au Musée de Versailles, galerie n° 16 :
— Jean d'Artois, mort en 1386, des suites d'une blessure reçue au siége de Valognes.
— Isabelle de Melun, femme du précédent, morte en 1389.
— Philippe d'Artois, connétable de France, mort en 1397, à Micaliza, en Anatolie, étant prisonnier de Bajazet.
— Charles d'Artois, mort le 25 juillet 1472.
— Jeanne de Saveuse, femme du précédent, remarquable par sa beauté, morte le 2 janv. 1449.
— Hélène de Melun, seconde femme de Ch. d'Artois, comte d'Eu, morte le 25 juill. 1472.
— Indépendamment de ces statues, le musée de Versailles renferme les bustes des 3 comtesses d'Eu précitées et le portr. en pied de Philippe d'Artois, peint par Mauzaisse, salle des Connétables n° 43. — V. Estancelin, *Hist. des Comtes d'Eu*.

— Mémoires concernans le Comté d'Eu qui fait partie du duché de Normandie; in-f. ms., XVIIe et XVIIIe sc. (Biblioth. de Rouen.)
Miscellanées composés d'un grand nombre de pièces mss. et de quelques pièces imprimées. Ces dern. ont principalem. rapport à l'Hist. des comtes d'Eu et aux contestations judiciaires qu'ils ont eues, ainsi qu'à la coutume et aux priviléges de cet ancien comté. — V., sur le même sujet, FROLAND.

— Un épisode du séjour du roi à Eu, en 1841. Revue artistique. Ext. du *Mém. Dieppois*, des 24 et 31 août 1841; *Dieppe, E. Delevoye*, in-8 de 14 p.

— Vue du château d'Eu (haut., 3m21, larg., 1m68), peinte par Siméon Fort; *Musée de Versailles*, salle n° 170.
V. Vatout, *Hist. du Château d'Eu*; — Skelton (et Vatout), *le Château d'Eu illustré*; — Lebeuf, *Eu et Tréport*, etc.

EUCOLOGE ou livre d'Eglise, imprimé par ordre de Mgr. l'archev. de Rouen, à l'usage de son diocèse, pour les laïques. Selon les nouveaux Missel, Rituel et Bréviaire (tout latin); *Rouen, François Oursel*, 1749, 4 part. in-18.

— Dito; *Rouen*, 1789, 4 part. id.
Vu le cadre assez resserré que nous nous sommes tracé, nous croyons devoir passer sous silence les *Eucologes, latin* et *latin-français*, imp. dans les divers diocèses de la Norm., depuis le XIXe sc., et dont les éditions sont considérables.

EUDE (*Pierre-Charles*), curé d'Angerville l'Orcher, né à Pont-Audemer, le 3 mars 1734, fut député du bailliage de Caux, à l'assemblée nat., en 1789.

EUDE (*Jean-François*), premier présid. à la Cour roy. de Rouen, de 1834-1841, né à Pont-Audemer, le 25 juin 1759, mort à Rouen, le 6 sept. 1841, avait été membre du Conseil des Cinq-Cents. Il est auteur du prem. Code hypothécaire (1er nov. 1798); à l'occasion du célèbre procès d'un sourd-muet, élève de l'abbé de l'Epée, il rédigea un mémoire curieux qui a paru en l'an IX, in-8 de 54 p. — V. sur ce magistrat, qui a laissé les plus honorables souvenirs : le *Courrier de Rouen* du 9 sept. 1841, Discours prononcé par M. Rouland; — la notice de M. Gors, *Mém. de l'Acad. de Rouen*, 1842, et l'*Ann. norm.*, 1843, p. 800-802.

EUDEMARE (*Franç.* d'). Histoire excellente et héroïque du roy Willavme le bastard, iadis roy d'Angleterre et dvc de Normandie, mise en deux livres, le premier narratif des actions ducales et le second des royales, d'vn si grand roy; *Roven, Nicolas Ango,* 1626, pet. in-8 de 615 p. et 6 ff. prélim.

— Dito; *Roven, Robert Feron,* 1629, pet. in-8.

A la fin du vol., on doit trouver le nom des seigneurs gentilshommes, etc., qui accompagnèrent Guillaume à la conquête de l'Angleterre. Nous sommes porté à croire que, nonobstant les deux dates, il n'y a pas eu 2 éditions, mais seulement une réimpression des titres et de l'avis au lecteur, moyen dont on se servait déjà avec succès pour accélérer la vente des livres.

—Dito; *Roven, vefve Orange,* 1629, pet. in-12 de 673 p., plus la table.

EUDEMARE (*François* d'), chanoine de la cathédrale de Rouen, né dans cette ville, mort en 1635, est, en outre, auteur de divers ouv. religieux, dont;

— Le Promenoir sacerdotal sur les commencemens et origines de la gloire, et accroissement du règne universel de l'Eglise de Dieu, etc.; *Roven, Robert Feron* et *Jvlien Covrant* (1618), pet. in-12 de 557 p. et 15 ff. prél., dont le titre gravé.

Féron s'associa, pour cette publication, avec Jacq. Besongne et J. Courant, imp.-lib.

— Histoire des Nopces sacrees de Sainct Joseph, auec la glorieuse et tres-heureuse Vierge Marie; *Rouen, Vefue d'Anthoine Orange* (1625), in-8 de 47 p., plus 6 ff. prél.

— L'Evangile en son trosne : Sermons sur la parole de Dieu contre le Calvinisme; suivi d'un opuscule sur la prière du canon de la messe, contre P. Du Moulin, calviniste; *Rouen, Michel Lallemant,* 1631, in-8.

EUDES, comte de Paris, défendit Paris assiégé par les Normands, en 885-887; après de longs combats, il leur fit lever le siège et les repoussa jusque sur la frontière. Le siège de Paris, raconté par Abbon, moine contemporain, par Babinet et Amaury Duval, fait le sujet d'un tableau peint par Schnetz, qui se voit au musée de Versailles, galerie des Batailles. Proclamé roi de la France occidentale en 888, Eudes mourut à la Fère en 898.

EUDES (*Richard*), médecin norm. du XIVe sc., a trad. en vers franç. un poëme latin de Pierre Eboli, sur les bains de Pouzzoles (*De balneis Puteolanis*). V. Huillard-Breholles, *Mém. de la Soc. des Antiq. de France,* t. XXI.

EUDES (le P. *Jean*), frère aîné de l'historien Mézeray, naquit au hameau de Mézeray, commune de Ry (arrond. d'Argentan), le 14 nov. 1601, et mourut à Caen, le 19 août 1680, dans le séminaire qu'il avait fondé. Il jeta les fondements de la congrégation des Eudistes, dont il fut le supérieur général de 1643-1680. Il a composé plusieurs ouv. parmi lesquels nous citerons :

—La Vie et le Royaume de Jésus dans les âmes chrétiennes; *Caen, Pierre Poisson,* 1637, in-12, et réimp. par le même, en 1642, 1648, 1654.—Jean Poisson en donna une édit. en 1667, dans le même format.

— La dévotion au très-sacré cœur et au très-sacré nom de la B. V. Marie, par le P. J. Eudes; *Caen, P. Poisson,* 1643, in-12, et *J. Poisson,* 1663, pet. in-12.

— Contrat de l'homme avec Dieu par le baptême; *Caen, Jean Cavelier,* 1664, in-16.

— Le bon Confesseur; *Caen, J. Poisson,* 1666; et *Rouen,* 1733, in-12.

Il a laissé ms. (dit Odolant Desnos, Descript. du dép. de l'Orne), l'*Hist. d'une Paysane fanatique du diocèse de Coutances* (Marie des Vallées), 3 vol. in-4.—V. *Abrégé de la vie du P. Eudes, tiré de l'Hist. des ordres religieux par Hermant;* Tréguier, 1711, in-18; — *Vie du P. Jean Eudes, missionnaire apostolique, etc.,* par le P. de Montigny; Paris, A. Leclerc, 1827, in-12, port.; —Levavasseur, *Notice sur les 3 frères Eudes;* Argentan, 1855, in-8.—Les PP. Finel, Costil et Beurier ont écrit la vie du P. Eudes, mais leurs ouv. sont restés mss. Le port. du P. Eudes a été gravé par Drevet, d'après Le Blond, dont le tableau original se trouve à la Biblioth. de Caen.

EUDES DE MÉZERAY, le second des frères Eudes, V. MÉZERAY.

EUDES (*Charles*), sieur d'Houay, médecin distingué, se montra plein de dévouement durant la peste de 1638. Né à Ry, il est mort à Argentan, le 13 sept. 1679, âgé de 69 ans. C'était le troisième des frères Eudes. V. sur cette famille le travail de M. G. Levavasseur, précité.

EUDES (*Pierre-Jean*). Observations sur la fièvre miliaire qui règne endémiquement dans l'arrondiss. de Bayeux; *Bayeux, Nicolle,* 1822, in-8 de 54 p.

Ouv. réimp. avec de nombreuses additions, sous ce titre :

— Observations pratiques sur la miliaire qui règne annuellement dans l'arrondissement de Bayeux, avec un aperçu du traitement qui lui est propre; *Bayeux, Groult,* 1841, in-8 de 124 p.

Sur le même sujet, V. : 1° *Dissertation sur la fièvre miliaire; par Félix Le Fèvre de Bayeux;* Paris, Didot jeune, 1821, in-4 de 13 p.; — 2° *Considérations sur l'éruption miliaire, par Le Paulmier, Dr médecin à Bayeux;* Bayeux, Groult, 1823, in-8 de 57 p.

EUDES-DESLONGCHAMPS. Mémoire sur des coquilles du genre Gervillie (dans le Calvados); *Mém. de la Soc. Linn. du Calvados,* 1824, p. 116-134, avec 5 pl.

— Mémoire sur un fossile du *Calcaire de Caen,* présumé être une défense caudale d'une espèce inconnue de *Mourine*, ou *Raie-Aigle*; *Soc. Linn. du Calvados*, 1825, p. 271-282, av. 1 pl.

— Notes sur quelq. animaux marins observés vivants (recueillis sur la plage de Colleville); *Soc. Linn. du Calvados*, 1825, p. 283-290.

— Mémoire sur les corps organisés fossiles du grès intermédiaire du Calvados; *Soc. Linn. du Calvados*, 1825, p. 291-317, avec 2 pl.

— Discours prononcé le 6 nov. 1828, à la rentrée solennelle de l'Acad. de Caen, sur l'Esprit qui doit diriger les élèves dans l'étude des sciences physiques; *Caen, Chalopin*, 1828, in-8.

— Description d'un fruit fossile d'une espèce inconnue du genre *Pin*, découvert dans l'argile de Dives; et d'un *Fucus* fossile de l'oolithe inférieure; *Soc. linn. de Norm.*, 1828, p. 392-401.

— Notice sur la vie et les travaux de J. F. V. Lamouroux, né à Agen en 1779, mort à Caen en 1825; *Mém. de l'Acad. de Caen*, 1829, p. 357-383.

Cette notice a été réimp. dans les *Mém. de la Soc. d'Agric. et de Comm. de Caen*; Caen, F. Poisson, 1841, in-8, p. 357-383.

— Analyse d'une substance minérale trouvée dans des constructions romaines à Jort (Calvados) et recueillies par M. de Caumont; *Soc. des Antiq. de Norm.*, t. IX (1835), p. 573-576.

— Notice sur la vie et les travaux anatomiques de M. J. F. Ameline, prof. d'anat. à l'Ecole second. de méd., à Caen; *Caen, A. Hardel*, 1836, in-8 de 35 p.

Ext. des *Mém. de l'Acad. de Caen*, 1836, p. 619-651. Cette notice a été reproduite dans l'*Ann. norm.*, 1837, 409-414.

— Mémoire sur le *Poekilopleuron Bucklandri*, grand saurien fossile, intermédiaire entre les crocodiles et les lézards, découvert dans les carrières de la Maladrerie, près Caen, au mois de juillet 1835; *Caen, Hardel*, 1837, in-4.

Ext. de la *Soc. Linn. de Norm.*, t. VI (1838), p. 37-146.

— Mémoire sur les coquilles fossiles lithophages des terrains secondaires du Calvados; *Soc. Linn. de Norm.*, t. VI, p. 220-229.

— Note sur une tête de Crocodilien fossile, récemment découverte aux environs de Caen; *Caen*, in-8 de 16 p.

— Remarques sur l'altération éprouvée par la fonte de fer qui a séjourné dans la mer pendant un grand nombre d'années; *Soc. Linn. de Norm.*, t. VI, p. 230-237.

Examen, au cap de St-Vaast-la-Hougue, de boulets et de débris provenant des vaisseaux que l'amiral de Tourville fut obligé de jeter à la côte, lors du désastre du 29 juillet 1692.

— Remarques géologiques et paléontologiques sur un banc calcaire qui surmonte, dans quelq. localités du dép. du Calvados, le calcaire à polypiers des géologues normands; *Soc. Linn. de Norm.*, t. VI, p. 238-248.

— Notice sur la vie et les travaux de M. Fred. Blot, méd., suivie de l'observation anatomico-pathologique d'une lésion organique fort remarquable du cœur à laquelle il a succombé; *Caen, Hardel*, 1842, in-4 de 24 p.

Ext. de la *Soc. Linn. de Norm.*, t. VII (1842), p. 71-94, et *Ann. norm.*, 1842, p. 643-647. V. BLOT.

— Mémoire sur les Patelles, Ombrelles, Calyptrées, Fissurelles, Emarginules et Dentales fossiles, des terrains secondaires du Calvados; *Soc Linn. de Norm.*, t. VII, p. 111-130.

— Mém. sur les Neritacées, les genres bulle et tornatelle fossiles des terrains secondaires du Calvados; *Soc. Linn. de Norm.*, t. VII, p. 131-150.

— Mém. sur les coquilles fossiles se rapportant à la famille des *ailés*, des terrains secondaires du Calvados; *Soc. Linn. de Norm.*, t. VII, p. 159-178.

— Mém. sur les Nérinées des terrains secondaires du Calvados; *Soc. Linn. de Norm.*, t. VII, p. 179-188.

— Mém. sur les Cérites fossiles des terrains secondaires du Calvados; *Soc. Linn. de Norm.*, t. VII, p. 189-214.

— Mém. sur les Mélanies fossiles des terrains secondaires du Calvados; *Soc. Linn. de Norm.*, t. VII, p. 215-230.

— Mem. sur les Pleurotomaires des terrains secondaires du Calvados; *Soc. Linn. de Norm.*, t. VIII (1849), p. 1-157.

— Notices sur des empreintes ou traces d'animaux existant à la surface d'une roche de grès, au lieu dit les Vaux-d'Aubin, près Argentan (Orne), et connus dans le pays sous le nom de *Pas de bœufs*; Caen, Hardel, in-4 de 28 p., avec une pl.

Ext. des *Mém. de la Soc. Linn. de Norm.*, t. x (1856).

— Observations faites à Caen du météore lumineux du 7 janv. Lettre à M. Elie de Beaumont; *Monit. univ.*, 2 fév. 1856.

— Description d'un nouv. genre de coquilles bivalves fossiles *eligmus*, provenant de la grande colithe du dép. du Calvados; *Soc. Linn. de Norm.*, t. x (1856), p. 272-293, avec pl.

EUDES-DESLONGCHAMPS (*Charles*), D[r] en chirurgie, chimiste et naturaliste, doyen de la faculté des sciences, à Caen, membre de l'Acad. de cette ville, de la Soc. Linn. de Norm., etc., est auteur de nombreuses et savantes dissertations concernant l'histoire naturelle du Calvados. Comme on le voit par ce qui précède, ces dissertations sont pour la plupart consignées dans les *Mém. de la Soc. Linn. de Normandie*, dont il a été l'un des fondateurs.

EUDES-DESLONGCHAMPS (*Eug.*). Mémoire sur les genres Lœptena et Thecidea des terrains jurassiques du Calvados; *Caen, Hardel*, 1853, in-4 de 48 p., avec 3 pl.

Ext. des *Mém. de la Soc. Linn. de Norm.*, t. IX (1853), p. 213-250.

— Notice présentée à l'Institut des provinces, sur un genre nouveau de brachiopodes, suivie de la description de quelq. espèces nouvelles de la grande oolithe et du lias de Norm.; *Caen, Hardel*, 1855, in-12 de 24 p., av. 1 pl.

Ext. de l'*Ann. de l'Institut des provinces*, 1855.

— Notes pour servir à la géologie du Calvados; *Caen, Hardel*, 1856, in-8 de 13 p.

Ext. du *Bullet. de la Soc. Linn. de Norm.*, t I.

— Supplément à la Notice sur des empreintes ou traces d'animaux existant à la surface d'une roche de grès, au lieu dit les Vaux-d'Aubin, près Argentan, dép. de l'Orne; *Caen, Hardel*, 1857, in-4 de 8 p.

Ext. des *Mém. de la Soc. Linn. de Norm.*

— Description des couches du système oolithique inférieur du Calvados; suivi d'un catal. descriptif des Brachiopodes qu'elles renferment; *Caen, Hardel*, 1857, in-8 de 59 p., avec 2 pl.

Ext. du *Bullet. de la Soc. Linn. de Norm.*, t. II.

M. Eugène Eudes-Deslongchamps, fils du précédent, membre de la Soc. Linn. de Norm., s'occupe de l'étude des sciences naturelles et particulièrement de géologie.

EUDES DE GUIMARD (Mlle *Louise*), peintre, élève de Léon Cogniet, a exposé plusieurs tableaux au Salon de 1857, portraits, nature morte, etc. Cet artiste est née à Argentan (Orne).

EULOGIUS PHILOCRENES amico suo. S. P. D.; *Rotomagi*, 1704, in-8 de 16 p.

Cet opuscule contient les inscriptions de toutes les fontaines de Rouen.

EUSTACHE, sieur d'Anneville. V. ANNEVILLE.

EUSTACHE (*François-Jonas*), insp. gén. des ponts et chaussées, né à Cherbourg en 1777, est mort en 1838. V. *Ann. des ponts et chaussées*, t. XVIII, p. 401.

EVELYN. Sylva et Pomona; *London*, 1664, in-f.

Ce livre a été réimp. plusieurs fois depuis lors; la dern. édit. est de 1825, 2 vol. in-4. Il est divisé en 2 part.; la 1re a pour titre: *Sylva, a discourse of forest trees*, et la 2e: *Pomona*. Cette dern. est principalement consacrée aux pommiers. Il est à remarquer que les plantations considérables de pommiers et de poiriers en Angleterre ne datent que de 1660, époque du retour de Charles II dans ses états.

EVENEMENS de sept. et oct. 1572. Massacre à Rouen; *Archives curieuses de l'Hist. de France*, 1re série, t. VII, p. 369-379; *Paris, Beauvais*, 1835, in-8.

Ext. des *Mém. de l'Etat de France sous Charles IX*, t. I.

EVENEMENS mémorables et nouvelles de Falaise; août 1789; *Paris, Cailleau* (1789), in-8 de 8 p.

Emeute dans cette ville.

EVÊQUE (l') Gozlin, ou le Siége de Paris par les Normands, etc. V. DUVAL (Amaury).

EVERARD (*Estienne*). Métode pour liquider les mariages avenans des filles dans la coutume générale de Normandie, et dans la coutume particulière de Caux; *Rouen, Pierre Ferrand, Ant. Maurry*, 1696, pet. in-8 de 208 p., plus la table et 9 ff. prélim.

— Dito; *Rouen, J.-B. Besongne*, 1734, in-12.

En 1764, il fut question de réimprimer ce traité avec des notes, par Cloutier et Bail-

lière, mais ce projet ne s'est pas réalisé. Sur le même sujet, V. Duval-Duhazey.
Everard était avocat au Parlement de Norm.

EVRARD, moine de Kirkham, trouvère écossais du XIIe sc., a écrit en anglo-norm. une trad. des Distiques de Caton. V. De la Rue, *Essais sur les Bardes, etc.*, t. II, p. 124-128.

EVREMOND (St-). V. St-Evremond.

EVROULT (St-). V. St-Evroult.

EVRETINS (les) de la Mvse normande, etc. V. Ferrand (*David*).

EVREVX (Vue); *Topog. Galliæ, Zeiller et Merian*, 1657, 1 f^lle.

— Vue prise près du Moulin de la Planche; *Paris, lithog. de Lemercier-Benard.*

— Vue septentrionale de la cathédrale d'Evreux, par Polyc. Langlois; *Rouen, lith. de N. Periaux*, 1835. Ext. de l'ouv. de M. Guilmeth : *Notices hist. sur la ville d'Evreux et ses environs, etc.*

— Evreux (comté d'). L'Evrecin ou pays d'Evreux fut, en 990, érigé en comté par Richard Ier, en faveur de Robert, son second fils. Louis de France, fils de Philippe le Hardi, fut investi de ce comté le 7 oct. 1298, et mourut en 1319. Il fut la souche des comtes d'Evreux, rois de Navarre. Son buste, ainsi que ceux de : Marguerite d'Artois, comtesse d'Evreux, morte en 1311; de Charles d'Evreux, comte d'Etampes, mort en 1336; de Jeanne d'Evreux, reine de France, morte en 1371, se voient au Musée de Versailles, Galerie n° 16. On remarque également dans ce musée (salle n° 159), le portrait, peint par H. Rigaud, de Henri-Louis de la Tour-d'Auvergne, comte d'Evreux, lieuten.-gén. des armées du roi en 1708, né le 2 août 1679, et mort le 28 janv. 1753.

Le comté d'Evreux, avec les domaines de Conches, de Breteuil et de Beaumont-le-Roger, fut cédé par Louis XIV, en 1651, à la maison de Bouillon, en échange de la principauté de Sédan. — V. Brasseur, *Hist. du comté d'Evreux.*—Masson de St-Amand, *Essais sur Evreux*, etc.

— Chronologie historique des comtes d'Evreux; *Art de vérif. les Dates*; Paris, Desprez, 1770, in-f., p. 680.

EXAMEN de cette question : *Les mécaniques à filer sont-elles utiles ou nuisibles au peuple, et principalement à celui de Normandie;* 1789, s. n. de lieu ni d'imp., in-8 de 14 p.

EXAMEN des principaux droits, impôts et impositions, qui se perçoivent dans la province de Normandie; adressé aux futurs représentans de la province aux Etats-Généraux; par M. Ch......., avocat au Parlement, auteur des *Considérations du Tiers-Etat de la province de Normandie, sur l'assemblée des futurs Etats-Généraux;* 1789, s. d. et s. n. d'imp., in-8 de 40 p.

EXAUVILLEZ (*Phil.-Irené* Boistel d'). Vie de l'abbé de Rancé; *Paris, Debécourt*, 1842, gr. in-18.

Ce vol. fait partie d'une collection intitulée : *Les Gloires de la France.*

EXCURSION dans le nord du Passais-Normand, par un membre de la Soc. des Antiq. de Norm. V. Travers.

EXCURSION sur les côtes et dans les ports de Normandie, etc. V. Lefebvre-Durufle.

EXERCICE académique sur la rhétorique et la poësie françoise, par MM. les Rhétoriciens du collége royal de Dieppe; dédié à Mgr. De la Rochefoucauld, archev. de Rouen, le 12 mars 1760, à 2 heures après midi, dans la salle des actes des prêtres de l'oratoire; *Dieppe, J. N. Dubuc fils*, 1760, in-4 de 4 p. (Imp. de Jacq. Jos. Le Boullenger, à Rouen.)

EXERCICES et danses publics décadaires. Délibération du Conseil-Général de la commune révolutionnaire de Rouen. 26 prairial an II; *Rouen, P. Seyer et Behourt*, in-4 de 6 p.

EXHUMATION du corps de l'archevêque de Rouen, *Claude-Maur d'Aubigné*, d'après un arrêt du Parlement de Rouen; *Journ. de Verdun*, août 1719, p. 124.

EXPERT (*H.*). Remorquage. Seine maritime; *Havre, H. Brindeau*, 1852, in-4 de 11 p.

MM. H. Expert et A. Vieillard, auteurs de la broch. précitée, ont publié un second opuscule sous le titre de : *Remorquage. Basse-Seine. Nouvel incident. Lettre à M. Le Mire, président de la Chambre de Commerce de Rouen, à M. Rolet, secrétaire;* Havre, H. Brindeau, mars 1853, in-4 de 6 p.

EXPLICATION concernant la 46e ascension de l'aéronaute Blanchard, etc. V. Blanchard.

EXPLICATION des cérémonies de la messe basse, selon les rubriques du

Missel de Rouen; *Rouen, Periaux fils aîné*, 1836, in-12.

EXPLICATION du terme bizarre *Abbas Cornardorum* (abbé des Cornards), et d'un usage singulier qui a subsisté dans la ville d'Évreux; *Mercure*, avril 1725; *Dissert. relat. à l'Hist. de France*, t. IX (1826), p. 352-363. V. notre art. *Conards*.

EXPOSÉ des principaux motifs qui ont déterminé le choix du tracé d'un chemin de fer de Paris à Rouen, etc. V. *Chemins de fer*.

EXPOSITION artistique de l'Institut des provinces, à Caen, envisagée au point de vue archéologique, par M. B. D. C. L.; *Bullet. monum.*, t. XXI (1855), p. 617-641, avec vign. sur bois.

Exposition qui a eu lieu du 15 juin au 12 juillet 1855, et qui était surtout consacrée à la peinture, à la sculpture moderne, et à certains produits industriels dans lesquels la forme jouait un rôle important, tels que les produits de la céramique.

EXPOSITION départementale de la Manche, année 1852; *St-Lo, Elie*, in-8.

EXPOSITION des griefs des habitants de la commune d'Aulnay, relativement au trouble apporté à l'exercice de leurs droits d'usage dans la forêt d'Evreux; *Evreux, Ancelle*, 1819, in-4.

EXTENSION du port et de la ville du Havre. Rapport de la commission spéciale d'agrandissement du Havre, sur le plan général adopté définitivement par cette commission; *Havre, Lenormand de l'Osier*, 1838, in-4 de 35 p., avec un plan du Havre.

Opuscule lithographié.

EXTRAIT de l'Annuaire statistique du département de la S.-Inf., année 1823 (Antiquités). V. *Annuaire de la S.-Inf.*

EXTRAIT de la plainte faite à justice, par le chapitre de Lisieux, le 13 août 1562, contre Guillaume de Hautemer, Seigneur de Fervaques, Louis d'Orbec, bailly d'Évreux, et environ trente individus habitants de Lisieux et leurs adhérents. Communiqué par M. de Caumont; *Bullet. monum.*, t. VI (1840), p. 34-37.

EXTRAIT des Chartres et actes normands ou anglo-normands qui se trouvent dans les archives du Calvados. V. LECHAUDÉ D'ANISY.

EXTRAICT des Nouvelles enuoyées de Meleun le XVIII de may 1592, de ce qui s'est passé ès armées de Normandie, depuis le X dudit mois; s. l. n. d., in-8. (*Bibl. Imp.*)

EXTRAIT des rapports et des mémoires faits pour le pont du Petit-Vey, en 1820 et 1822; *Caen, Poisson*, 1823, in-f. de 4 p., avec une lithogr. par de Jolimont, représentant le pont du Vey.

EXTRAIT des registres de la Cour des aides de Normandie, sur la requête présentée par Me Nicolas Saonnier, adjudicataire général des Gabelles de France, etc.; *Rouen ve P. Dumesnil*, 1778, in-4 de 7 p.

EXTRAIT des registres de l'Hôtel de ville de Rouen depuis l'année 1380 que la mairie de la ville a été supprimée jusques en l'année 1676; auquel ont esté adioutées :

— Le nom des maires de ladite ville, depuis l'année 1299 jusques en l'année 1380.

— Une Rellation de la Réduction de la ville de Rouen en 1449 (dont le mém. a été communiqué par le sieur Pelhestre bibliotéquaire de la cathédrale de Rouen).

— Une autre rellation des troubles arrivés au subjet des Calvinistes, en 1562. (Le ms. a été communiqué par le sieur Pelhestre, bibliotéq. de la cathédrale de Rouen.); ms. 1680, in-f. de 678 p., écriture cursive. (Bibl. de Rouen.)

Ce ms. a été fait par M. de Balandonne, escuyer, procureur syndiq de la ditte ville, pour M. le Président de Brumare qui en fit présent à C. Le Boullenger, maître des comptes.—La relation des événements de 1449 et de 1562 a été imp. dans la *Rev. rétrospect. norm.*, dont elle forme les pièces 3 et 7.

EXTRAIT des registres du bailliage et siége présidial de Rouen, ce qui suit. Signé Haillet de Couronne, etc.; *Rouen, J. J. Le Boullenger*, 1765, in-8 de 8 p.

EXTRAIT des registres du Conseil d'Etat (arrêt portant règlement pour l'Hôtel de ville de Rouen), du 22 janv. 1678; s. n. d'imp., in-4 de 4 p.

EXTRAIT des registres du Conseil d'Etat (concernant la reconstruction du bâtiment consulaire de Rouen, sur les plans et devis de Blondel, architecte du Roi); du 22 déc. 1735; in-4 de 4 p.

EXTRAICT des registres du greffe de la Cour ecclésiastique d'Eureux, de ce qui suit. (Lettre circulaire des prélats de l'assemblée de 1650, au sujet des entreprises des Jésuites); *Evreux, Imp. de l'Evesché, par la vefve Hamillon*, 1650, in-4 de 8 p.

EXTRAIT des registres du Parlement de Normandie séant à Vernon, du 9 mars; *St-Germain-en-Laie*, 1649, in-4.

EXTRAIT des registres du Parlement de Normandie; du lundi 5 mai 1788; s. l. (Rouen), *Imp. de J. J. Le Boullenger*, 1788, in-8. (Bibl. Imp., t. II.)

EXTRAIT des représentations présentées au garde-des-sceaux par les officiers du bailliage d'Orbec; in-8.

EXTRAICT des statuts et réglemens de l'Association du Sainct-Sépulchre, establie à Rouen l'an M. D. C. LXIV, en l'église collégiale du Sainct-Sépulchre, dite vulgairement Sainct-George, avec l'approbation du Sainct-Siége et la permission de M. l'archevesque de Rouen; s. l. n. d., in-4.

EXTRAIT des travaux de la Soc. centr. d'Agriculture du dép. de la S.-Inf. (depuis juill. 1819 jusqu'en 1857; *Rouen, Imp. de P. Periaux, de Nic. Periaux et de A. Péron*, 1819-1857, 19 vol. in-8 (147 cah.), avec fig.

Le 1er vol., dont le 1er cahier a paru en juillet 1819, est intitulé : *Mémorial d'Agriculture et d'Industrie du dép. de la S.-Inf.* Le Bulletin de la séance publique de ladite société, tenue le 10 mai 1820 dans la grande salle de l'Hôtel-de-Ville de Rouen ; *Rouen, P. Periaux*, 1820, in-8 de 92 p., sert de complément à ce 1er vol.

Publié d'abord par liv. mensuelles, ce recueil paraît actuellem., et depuis longtemps déjà, par cahiers trimestriels. Il faut placer en tête dudit recueil : *Délibérations et mémoires de la Soc. royale d'Agricult. de la Généralité de Rouen*; Rouen, Richard Lallemant et Louis Oursel, 1763-1787, 3 vol. in-8, fig. Sur l'origine, le titre, le mode d'institution, les statuts, la direction des travaux, etc., de la Soc. d'Agricult. de la S.-Inf., V. *Mém. de cette Soc.*, t. x, p. 128-131. Fondée en 1761, supprimée en 1793, elle fut rétablie le 10 mars 1819.

EXTRAIT du procès-verbal de l'assemblée du Tiers-Etat du bailliage royal de Caux, siége d'Arques, tenu à Dieppe, au mois de mars 1789, dans l'église de la congrégation des prêtres de l'Oratoire; *Dieppe, de la seule Imprimerie*, 1789, in-8 de 72 p.

Le *Cahier des Doléances du Tiers-Etat du Bailliage de Caux, siége d'Arques, séant à Dieppe*, commence à la p. 47.

EXTRAIT du procès-verbal de l'assemblée municipale et électorale de la commune de Rouen, relatif à la prestation de serment à la Constitution, faite sur la place du Champ-de-Mars, par tous les membres du conseil municipal; in-4.

EXTRAIT du procès-verbal des séances du Conseil Général du Calvados; *Caen, Le Roy* (1793), in-4. V. Conseil Gén.

EXTRAIT du procès-verbal du comité général et national de la ville de Caen, relatif à la mort de M. de Belzunce; *Caen, G. Le Roy*, 1789, in-8.

EXTRAIT du registre des délibérations de l'Hôpital-Général des valides de Rouen. Du vendredi, 24 fév. 1747; *Rouen, P. Dumesnil*, placard.

EXTRAIT du registre des délibérations de l'Hôtel-de-Ville de Mortagne au Perche, d'après le résultat de l'assemblée nationale, du 23 de ce mois, à lui adressé ce jourd'hui. Du 23 juill. 1789; *Alençon, Malassis le jeune*, 1789, in-4.

Sur l'insurrection de Mortagne.

EXTRAIT du registre des délibérations des commissaires de la Garde nationale de Rouen, du 27 mai 1790; *Rouen, P. Seyer et Behourt*, in-8 de 7 p.

EXTRAIT du registre des délibérations du directoire du dép. de la Manche. Du jeudi 23 juin 1791; *Coutances, Imp. de J. N. Agnès*, 1791, in-4.

EXTRAIT du registre des séances de l'administration centrale du dép. du Calvados, séance extraordinaire du 24 thermidor, 5e année; *Caen, Imp. de G. Le Roy*, s. d. (1797), in-4.

Pour la publication d'un tableau comparatif du papier-monnaie et du numéraire métallique, depuis le 1er janv. 1791 jusq. 7 thermidor, an IV.

EXTRAIT d'une lettre à l'auteur du Voyage littéraire de Normandie; *Mercure*, 1741, sept.

L'auteur de ce voyage est De la Roque.

EXTRAIT d'vne lettre du 25 de may 1660, contenant la relation des Extrauagances que quelques vns d'vne compagnie appellée L'Hermitage, qui est à Caen, ont faites à Argentan et à Seez. Avec la sentence du Lieutenant criminel du Bailliage et siége présidial de Caen, portant condamnation d'amande, et injonction de sortir de la ville à quelques particuliers qui ont esté de la compagnie appellée L'Hermitage, ausdits particuliers et tous autres de s'assembler à l'avenir; s. l. et s. d., in-4 de 8 p.

EXTRAIT d'une lettre écrite d'Evreux, sur une médaille d'or d'Edouard, roi d'Angleterre, trouvée en cette ville; *Mercure*, 1724, juin.

EXTRAIT d'une lettre écrite de la Hogue en Norm., au sujet de deux monstres marins; *Mercure*, 1730, sept., p. 2015-2017.

EXTRAIT d'une lettre écrite de Norm., le 2 nov. 1727, au sujet d'un mémoire sur les eaux minérales de St-Sauveur-le-Vicomte, imp. dans le *Mercure* du mois d'août dern.; *Mercure*, 1728, janv., p. 98-101.

EXTRAIT d'une lettre écrite de Rouen, le 1er juin 1730, au sujet de la cérémonie de la Fierte; *Mercure*, 1730, juillet, p. 1678-1682.

EXTRAIT d'une lettre écrite de Rouen, reçue par la poste, le 20 sept.; s. l. n. d. (1789), in-8.

Sur l'intention attribuée au roi de se retirer à Rouen.

EXTRAITS de plusieurs petits poëmes écrits à la fin du XIVe sc., par un prieur du Mont-St-Michel, publiés pour la prem. fois; *Caen*, *Mancel*, 1837, gr. in-8 de 67 p., sur jésus vél. et sur jésus de Holl.

Ext., à 150 exempl., de l'*Hist. du Mont-St-Michel*, par M. l'abbé Desroches.

EYRIÈS (*J.-B.-Benoît*), voyageur, l'un des fondateurs de la Soc. de Géographie de Paris, membre libre de l'Acad. des Inscript. et B.-Lett., né à Marseille en 1767, est mort à Graville-l'Eure, le 13 juin 1846. Le Havre était devenu la patrie adoptive de M. Eyriès, par le long séjour qu'il fit dans cette ville; c'est à ce titre que nous le comprenons dans notre Manuel. Il a publié, comme auteur et comme traducteur, plusieurs relations de voyages en pays étrangers, un grand nombre d'art. sur la géographie. Il concourut à la rédaction des *Nouv. Annales des Voyages* et de la *Biog. univ.* La biblioth. qu'il avait formée passait pour l'une des plus riches de France; on y remarquait particulièrement une belle collection de voyages, ainsi que tout ce qui a été écrit sur la ville et les environs du Havre. V. Quérard, *France litt.*, t. III; — Morlent, *Géog. de la S.-Inf.*, p. 373.

F.

FABRE (*Victorin*). Eloge de P. Corneille. Discours qui a remporté le prix d'éloquence décerné par la classe de la langue et de la littérature françoise de l'Institut dans sa séance du 6 Avril 1808; *Paris*, *Baudouin*, 1808, in-8 de 100 p.

Dans le courant de la même année, il a été publié de cet éloge une 2e édit., avec notes revues et augmentées. V. *Mercure de France*, 14 mai 1808 (no 356), p. 295 et suiv.; Art. de M. *Ginguené*, — et *Journ. de l'Empire* du 16 mai 1809.

Le lauréat était un jeune homme qui n'avait pas encore 23 ans, et qui déjà, depuis trois années, se distinguait dans les concours académiques. M. V. Fabre est auteur de l'art. *Corneille*, dans la *Biog. univ.* Cet art. y occupe 16 p.

FABRI ou LEFEBVRE (*Pierre*), critique et orateur célèbre, curé de Merey (Eure), né à Rouen, à la fin du XVe sc., et mort vers 1540, prince du Puy de la Conception de N.-D. en 1487, fut surnommé le *Quintilien normand*. On lui doit les 2 ouv. suiv.:

— Ensuyt vng petit traicte dialogue fait en lhõneur de dieu ꝛ de sa mere nõme le defẽsore de la ɔceptiõ auql traicte sõt ꝓduitz deux psõnages. cest assauoir Lamy ꝛ le Sodal q̃ par maniere de argumẽtaciõ ramainent toutes les auctoritez ꝑ raisõs qui sõt de la part de ceulx qui diẽt quelle est cõceue en peche originel. Et lamy les declare, glose, ou efface selõ le cas. Et auec ce amiane a sõ ꝑpos toutes les opiniõs ꝑ auctoritez des modernes docteurs auec la saincte escripture ꝑ decrets de leglise cõme de balle et de sixte en les soustenant et de.....; *Rouen, Martin Morin*, 1514, pet. in-4 goth. de LXXXVII ff. numérotés, plus 3 ff. (non chiffrés), table et privilége. (Le 87e ft. porte, par erreur, le chiffre LXXXIX.) Au verso du titre est une grav. sur bois, représentant l'apparition de la vierge au milieu des docteurs. La vierge tient un listel sur lequel on lit : *Recte. ivdicate filie nom.* Au verso du 87e ft., on lit :

Cy finit led. traicte qui fait et cõpose a este par venerable et discrete personne maistre pierre fabri docteur es ars prestre et cure de Merey natif de la ville de rouen, ayant sa singuliere et parfaicte deuotion a la dicte glorieuse mere de dieu soubz le dit tiltre de sa cõception. Et fut lun et le principal motif du puy qui sen fait et celebre annuellement en la parroisse saint Jehan de rouen. Et lequel traicte a este veu visite et approuve par plusieurs notables clertz et docteurs en theologie et droit canon, etc.

Traité singulier et très rare, à la fin duquel se trouve le privilége suiv. : De par le lieutenant general de monsieur le bailli de Rouen. Sur la requeste a nous faicte par maistre martin morin ĩprimeur de liures demonrant a la parroisse de sainct lo de ceste ꝺ ville de rouen, que defense fust faicte a tous autres imprimeurs de ne imprimer ne vendre dun an du iour duy ung volume ou liure en impression appele Le defensoire de la conceptiõ de la glorieuse vierge marie, Lequel leꝺ morin a grãs fraiz a fait veoir, corriger et de nouuel ĩprimer..... (Priuilége accordé pour une année)... Fait a rouen le xxiiii iour de nouẽbre lan de grace mil cinq cẽs quatorze. Signé Maillart.

Au verso de ce ft. est placée la marque de Martin Morin. Les termes du privilége semblent indiquer une autre édit. de Martin Morin, antérieure à celle-ci, que nous regrettons de ne pas connaître.

Ce vol. se rattache à la collect. des pièces relatives aux Palinods de Rouen et à la Fête aux Normands, qui se célébrait tous les ans en l'église St-Jean de Rouen.

— Le grant et vray art de pleine rethorique utile, profitable et necessaire, a tous gens qui desirent a bien elegantement parler et escripre. Compile et compose par tres expert, scientifique et vray orateur maistre Pierre Fabri, en son vivant cure de Merey et natif de Roen, etc. Imprime a Rouẽ, le XVII iour de janvier mil cccc XXI auant Pasque ; *Pour Symon Gruel, libraire, demeurãt aud. lieu, au portail des libraires*, 2 part. en 1 v. in-4 goth. de 6 ff. prélim., 103 et 49 ff. sign. et chiff.

Il y a une édit. de Rouen, s. d. (vers 1520), qui porte les noms de *Thomas Rayer* et *Simon Gruel*. Indépendamment de plusieurs édit. in-8 goth. impr. à Paris en 1532, 1534 et 1539, il y a une édit. normande de 1544; *Caen, au Mont Sainct-Michel, sont a vendre près les Cordeliers*, in-8 goth. Cette adresse nous indique le nom de Michel Angier, lib. à Caen.

FABRICATION des Tissus, à Rouen; *Rev. de Rouen*, 1846, 1er sem., p. 248-251.

FABRICIUS (*Adam*). Recherches sur les traces des hommes du Nord dans la Normandie; *Mém. de la Soc. des Antiq. de Norm.*, t. XXII (1856), p. 1-10.

L'auteur est professeur d'hist. à Aarhuus (Danemark).

FABULET (*Adolphe*), chimiste, né à St-Lo, le 15 août 1782, a publié : *Nouv. Éléments de chimie théorique ;* 2e édit.; Paris, Béchet, 1813, 2 vol. in-8, fig., et plusieurs mém. dans divers recueils scientifiques.

FACÉTIES trouvées dans le panier d'un Fou. Le Parlement d'Yvetot. (Par M. Etienne, ancien notaire); *Paris, Boulé et Ce*, 1841, in-8 de 189 p.

Cette brochure ne peut être classée que par son titre parmi les ouv. relatifs à la Normandie. C'est seulement un cadre dans lequel l'auteur expose ses opinions sur la politique du jour.

FACTUM pour ceux de la religion P. R. de Caën contre l'évêque de Bayeux (1665), 3 p. in-4.

FACTUM pour Dame Anne Madeleine de Cochefilet de Vaucelas abbesse de l'abbaye royale de Ste Trinité de Caën, et en cette qualité patronne de l'Eglise et Cure de S. Giles dudit lieu, et Me Pierre Haveron Prestre bachelier en théologie, pourvu d'icelle. — Contre Messire François de Nesmond, evesque de Bayeux, etc., et Maître J.-B. Hue, prestre, Dr en théologie de la faculté de Paris, Chanoine et archidiacre de Caen en la Cathedrale dudit Bayeux; (vers 1696), in-f. de 4 p.

FACTUM pour Dame Rachel de Baudry, Ve de Mathieu de Clieu, escuyer, seigneur de Neuvillette et de Derchigny, baillif de Dieppe, ayant renoncé à la succession dudit sieur de Clieu, appelante d'une sentence arbitrale.—Contre Jean de Clieu, escuyer, sieur de Neuvillette, lieutenant gén. au Bailliage de Caux, en la vicomté d'Arques, intimé; (1704), in-f. de 8 p. Signé Du Hamel, avocat.

FACTUM pour Dom Denis Ancelin, Prieur titulaire du prieuré conventuel de Nostre-Dame du Pré, dit de Bonnes-Nouvelles, lez Rouen, y joints les autres religieux dudit Prieuré, intimez en appel.—Contre Messire Ch. de Gruyn, ecuyer sieur Desbordes et d'Esmendreville &c. appelant de sentence renduë aux requestes du Palais le 20 juillet 1649; (vers 1650), in-4 de 4 p.

FACTUM pour le prince de Neubourg, abbé commendataire de Fescan, etc. V. SIMON (Richard).

FACTVM povr les cvrez de Roven, contre un livre intitulé : *Apologie pour les Casuites contre les Calomnies des Jansenistes, à Paris, 1657. Et contre ceux qui l'ayant composé, imprimé et publié, osent encore le défendre;* s. d. (1658), in-4 de 12 p.

Par Ch Dufour. V. ce nom.

FACTVM povr les Doyen, Chanoine et Chapitre, officiers et habitants de la ville de Gournay; fondateurs de la Maladrerie de Ste-Marie Magdelaine dudit lieu, defendeurs en principal et en requeste civile. Contre frère François de Bernières, Chevalier de l'ordre de St-Lazare, pourveu de ladite Maladrerie, comme prétendant estre dépendante et sous le tiltre dudit ordre de St-Lazare; demandeur en principal et en requeste civile, etc. Signé Bitavlt, rapporteur; (vers 1662), in-4 de 4 p.

FACTUM pour les echevins, bourgeois, propriétaires et habitans de la principauté d'Yvetot, intervenants et appelants de sentence rendue par le bailly de la haute Justice dudit lieu le 7 avril 1734, impétrans de lettres de relevement incidemment obtenuës le 16 fevrier 1737.—Contre Me Charles Gerey, procureur fiscal dudit lieu, En la présence de Nicolas Duval echevin de la principauté d'Yvetot, et En cause Messire Claude d'Albon, prince d'Yvetot, lieutenant pour le Roi dans la province et païs de Forests; *Rouen, Pierre Dumesnil,* 1737, in-f. de 24 p.

Nous trouvons à la suite de ce mémoire :

— A la requête de Me Nicolas Mathieu Outin, procureur des sieurs echevins, bourgeois, propriétaires et habitans de la principauté et franchise d'Yvetot, soit dit et déclaré à Me Denis-Alexandre Le Tendre, procureur de M. d'Albon, prince d'Yvetot; *Rouen Pierre Dumesnil,* (1737), in-f. de 3 p.

— Le Conseil soussigné qui a vu et examiné les pièces du procès de M. d'Albon, prince d'Yvetot et du sieur Gerey son procureur fiscal; contre les sieur Nicolas Duval et Pierre Vieillot, etc.; *Rouen, J.-B. Besongne,* 1740, in-f. de 10 p.

A propos d'Yvetot et du comte d'Albon, nous mentionnerons :

— Précis ou extrait du plaidoyer fait en proposition à la cour pour le sieur Pierre Racinne, marchand à Yvetot, appellant de sentence rendue en la haute Justice dudit lieu, le 26 mars 1776, contre M. le comte d'Albon, prince d'Yvetot et le sieur Louis Quevremont de la Motte, fermier général des droits audit Yvetot, intimés, etc.; *Rouen, Viret,* 1776, in-4 de 32 p.

— Addition au précis, ou Ext. des moyens de la réplique à faire à la Cour, pour le sieur Pierre Racinne; contre M. le comte d'Albon, prince d'Yvetot; et le fermier des droits audit Yvetot, etc.; *Rouen, Viret,* 1776, in-4 de 17 p.

FACTUM povr les habitans de la paroisse de Tour intimés en apel, contre les habitans de la parroisse de Maisons apelans de sentence des sieurs les Elûs de Bayeux du 30 mars 1675, présence de Jean Thoumine aproché à l'état de la cause en vertu de l'arrest de la Cour; *Bayeux, Jean Briard,* (1675,) in-4 de 4 p.

FACTUM pour les religieux, prieur et couvent de l'abbaye de N.-D. du Bec-Hellouin, intimez, contre Jacq. de la Barre, escuyer, appellant de sentence renduë par le Bailly de Rouen, ou son lieutenant au Ponteaudemer le 20 mars 1679 (vers 1680), in-4 de 4 p.

Il s'agit ici de trois parties de rente foncière s'élevant ensemble à 152 sols.

FACTUM pour les religieux, prieur et couvent de l'abbaye de St-Germer de Fly, ordre de St-Benoist, congregation de St-Maur, intimez, contre J. Choppin, prestre, chanoine sainturier de l'église collégiale de Gournay, appelant de la sentence renduë par le Bailly de

Caux ou son lieut. général au siege du Neufchatel le 19 juillet 1672 (vers 1673), in-4 de 4 p.

FACTUM povr les religieux, prieur et couvent de l'abbaye St-Ouen de Rouen, intimés et deffendeurs en requestes, contre Ant. Fremont, bourgeois de Rouen, appellant de sentence rendue par le baillif de Rouen ou son lieutenant au lieu, le 27 may 1673, En la présence de plusieurs particuliers riverains de la rivière de Robec, demandeurs en requestes des 18 et 27 janv. dernier (vers 1680), in-4 de 4 p.

FACTUM pour les religieux, prieur et couvent de l'abbaye royale de Jumieges, Seigneurs, patrons et Curez primitifs de la paroisse St-Denis de Ducler, deffendeurs. En présence de MM. Boulais Conseiller au Parlement de Rouen, abbé de la Hogue, de Joigny et autres des principaux propriétaires en ladite paroisse. Et encore en présence de Maistre Nic.-François Prevel prêtre, curé de Villers et doyen de St-Georges, aussi deffendeur. — Contre Maistre J. François Enault, prestre et vicaire perpetuel de la dite paroisse, demandeur en évocation et en cassation de l'arrest du Parlement de Rouen du 27 mars 1696 (vers 1700), etc.; in-f. de 24 p.

FACTUM pour les sieurs Doyen, Chanoines et Chapitre de l'église de Lisieux, deffendeurs en opposition et appel, Contre les Dames abbesse, religieuses et couvent de N.-D. du Pré lez Lisieux, opposantes, et incidemment appelantes (vers 1696); in-f. de 12 p., plus 3 p. donnant la copie de la prétendue Charte de fondation du Monastère de N.-D. lez Lisieux.

FACTUM pour les sieurs prêtres et tresoriers de la paroisse de St-Maclou de Rouen, En la présence de Mre André Deville, prêtre, Dr de Sorbonne, et Curé de la dite paroisse. Et du sieur Oursel, prêtre en icelle, tous appellez et anticipans. — Contre le sieur Bocquier prêtre, se disant titulaire dans la dite paroisse, appelant de sentence rendue au Bailliage de Rouen, le 27 juillet 1696; in-f. de 4 p., avec un tableau.

FACTUM pour les sieurs Prévôt, dignités et chapitre de l'église de Séez, contre Me Claude Le Noir, curé de St-Ouen de la même ville; in-4 de 36 p.

Ce mém., très intéressant pour l'Hist. de Séez, parut au commencement du XVIIIe sc., dans un procès que ce curé suscita au chapitre. Le chapitre y prouve l'authenticité d'une Charte par laquelle Guillaume de Bellesme donna, vers l'an 1022, à l'évêque de Séez, la ville de Séez, ou plutôt une partie de cette ville. L'auteur entre, à ce sujet, dans la discussion de plusieurs autres titres et de beaucoup de faits historiques; il démontre que, depuis cette donation, la plus ancienne qui soit conservée dans le chartrier de l'évêché, les évêques ont toujours été en possession d'une partie de la seigneurie de Séez. (P. Lelong, n° 9962.)

FACTUM povr les sieurs prieur et religieux de l'abbaye de St-Jean près Falaize, appelants. — Contre Jacq. Germain sieur des Costis, intimé; (vers 1680), in-4 de 4 p.

FACTUM pour les trésoriers et paroissiens de l'église de St-Léonard d'Alençon, appelans sur les limites de sa circonscription; vers 1698, in-f. de 10 p.

On trouve souvent à la suite de cette pièce : — Factum pour le curé Belard contre les paroissiens de St-Léonard, en réponse au précédent; 12 p. in-f.

FACTUM pour Me Ant. Gaulde, grand archidiacre, et chanoine en l'église cathédrale de Roüen, sindic du clergé de la province de Norm. — Contre les ministres, anciens et autres de la R. P. R. (Religion prét. Réformée), deffendeurs des temples et exercices publics de ladite religion faits dans les temples d'Hougerville, Maupertuis, Bacqueville, Luneray, Lintot, Cricquetot, Senitot, Boisroger et de Quilbeuf. (Signé Boucherat, rapporteur); s. d. et s. n. d'imp. (vers 1660); in-4 de 45 p.

FACTUM pour Me Guill. Rocque, prêtre, fondateur, présentateur au droit de ses ancêtres de la chapelle de St-Jacques, fondée en l'église de St-Herbland de Rouen, renvoyé à la Cour et impetrant du mandement d'icelle du 22 may 1699. — Contre Me Michel Halley, prêtre, curé d'Oyssel et chapellain de ladite chapelle, Me Jacq. Lange, curé de ladite paroisse de St-Herbland. Et M^e^

Nic. Lefevre, curé de St-Sauveur de Rouen, et promoteur en l'officilialité dudit lieu, tous ajournez; in-f. de 4 p.

FACTUM pour Me Odet Le Febvre, prêtre du séminaire de Caën, docteur et professeur de théologie en l'université de Caen, apelant de sentence renduë par le bailly de Caën ou son lieutenant, le 20 juin 1696, et en tant que besoin d'un acte de la faculté de théologie du 17 sept. 1658. — Contre Me Jacq. Maloüin, principal du collége Du Bois, Me J.-B. Coquerel et Jean Doucet de Belleville, Drs en ladite faculté. Et les professeurs aux droits. En la présence de Me J. Lenormand, doyen et député de la faculté de théologie, pour en soutenir les intérêts. (Signé de St-Gervais, rapporteur) (vers 1698); in-f. de 21 p. (Bibl. de Rouen, *Jurisp.* 277, recueil.)

On trouve dans le même recueil :

— Inventaire des lettres, pièces et écritures, dont l'aide en fait clausion au greffe civil de la cour, Me Odet Le Févre, prêtre du séminaire de Caen, Dr et professeur en la faculté de théologie de l'université de Caen, appelant de sentence renduë par le juge conservateur de ladite université, le 20 de juin 1696, et en tant que besoin d'une prétendue conclusion de ladite faculté de théologie du 17 sept. 1658.—Contre Me Jacq. Malouin, principal du collége Du Bois, Mes J.-B. Coquerel et J. Doucet, etc., in-f. de 32 p. (1699).

FACTUM pour MM. les administrateurs de l'Hostel-Dieu de la Magdeleine de cette ville. — Contre le prieur et les religieux dv même Hostel-Dieu. (Signé d'Imbleville, rapporteur.) ; vers 1670; in-f. de 4 p.

Comme pièces y relatives, nous indiquerons :

—Pour servir de deffense aux religieuses de l'Hostel-Dieu de la Magdeleine de Rouen, contre les Innovations de MM. les administrateurs dudit Hostel-Dieu, in-f. de 4 p.

— MM. les cvrez et predicateurs sont priez de representer à leurs paroissiens et auditeurs l'état présent du Bureau des Valides, le grand nombre des pauvres mis aux distributions publiques; et le petit nombre des personnes qui y contribuent; les grandes charges et le peu d'aumosnes, etc.; 3 p. in-f., plus le tableau des biens et revenus de l'Hospital des Pauvres valides de la ville de Rouen.

FACTVM povr MM. les archeuesques et euesques de France, sur leur droit de conferer toutes les cures situées dans leurs diocèses dépendantes des abbayes commendataires, le siege abbatial vacant. Et en particulier pour M. l'archeuesque de Rouën, qui a pourueu aux cures dépendantes de l'abbaye de Fecamp, le siege abbatial vacant.—Contre les religieux de Fécamp, qui ont aussi présenté et nommé de leur part ausdites cures (vers 1695); in-f. de 8 p.

Ce factum a donné lieu aux réponses suivantes :

— Défense de l'exemption et de la Jurisdiction de l'abbaye de Fescamp, pour servir de réponse à la requeste et au mémoire de M. l'archevèque de Rouen, et de M. l'archevèque de Carthage, son coadjuteur, demandeurs; s. d. (vers 1695), in f. de 196 p. (Par D. Guill. Fillastre, bénéd. de Fécamp.)

Le P. Lelong attribue ce mémoire à Dom Gabriel Deudan, et dit qu'il a été imp. à Paris.

— Av Roy et à nos seigneurs de son conseil, commissaires députés par sa majesté pour examiner les titres de l'exemption de l'abbaie de Fécamp ; in-4 de 20 p.

— Inventaire des titres et pièces justificatives de l'exemption dont jouit l'abbaie de Fécamp depuis sa fondation ; que remettent par devers le Roy et nos seigneurs de son conseil, commissaires députés pour l'examen d'icelles, les religieux, prieur et couvent de ladite abbaie, deffendeurs.— Contre Messire François Rouxel de Medavy, archevèque de Rouen, etc., et Messire Jacq. Nic. Colbert, archevèque de Carthage, coadjuteur dudit sieur archevèque, demandeurs; in-4 de 35 p. — Signé Le Vasseur, avocat.

FACTUM pour Messire Léon Potier de Gévres, patriarche, archev. de Bourges, primat d'Aquitaine, abbé commandataire de l'abbaye de N.-D. de Bernay, et en cette dernière qualité, seigneur, patron et curé primitif de l'église paroissiale de Ste-Croix dudit lieu de Bernay, reçu partie intervenante au procès pendant en la Cour entre les parties cy après nommées, par arrest du 14 de déc. 1714. En la présence des prieur et religieux de sadite abbaye, intimez en appel et anticipans.—Contre Me François Lochet du Carpont, prêtre, vicaire perpétuel de ladite église de Ste-Croix de Bernay, ayant repris l'instance de l'appel interjetté par le sieur Mullot son prédécesseur, de la sentence rendue au bailliage de Bernay par les juges d'Orbec, le 30 janv. 1706, et anticipé. Me Martin Du Busc, vicaire, et les prêtres habituez en ladite église de Ste-Croix, ayant donné adjonction au dit sieur Lochet, par acte du 30 juin 1714. Et les sieurs Pierre Fouques, maire perpétuel, Marin Le Cesne, echevin de ladite ville de Bernay, etc. (vers 1716); in-4 de 124 p. (Signé Me Routier, avocat.)

Sur la même affaire, nous rappellerons :

— Factum pour Messire Leon Potier de Gévres, patriarche, archev. de Bourges, primat d'Aquitaine, abbé commandataire de l'abbaye de N.-D. de Bernay, et en cette dernière qualité, seigneur, patron et curé primitif de l'église paroissiale de Ste-Croix dudit lieu, reçu partie intervenante au procès. Et les prieur et religieux de ladite abbaye intimez et anticipans.— Contre Me François Lochet Du Carpont, prêtre,.... ayant repris l'instance de l'appel interjetté par le sieur Mullot son prédécesseur, de la sentence rendue par le bailly d'Evreux, ou son lieutenant au siége d'Orbec, le 30 janv. 1706 et anticipé. Me Martin Dubusc, vicaire, Me Jean Le Prevôt, clerc, etc. Et les sieurs gouverneur, P. Fouques, maire, Marin Le Cesne, echevin, et les autres habitans de Bernay, tous parties intervenantes au procès. Pour servir de solution, etc. (vers 1718), in-4 de 62 p.

—Addition au Factum, pour Messire Leon Potiers de Gevres, etc., contre Me Franç. Lochet Du Carpont, etc., pour servir de réponse, en tant que besoin, au Factum desdits sieurs Dubusc le Prevôt, pretres habituez de ladite eglise, signifié le 10 aoust 1717, et à leur production nouvelle du 12 dudit mois et an (vers 1718), in-4 de 92 p.

— Contredit que fournit Messire Leon Potier de Gévres, patriarche, archev. de Bourges, primat d'Aquitaine, abbé commandataire de l'abbaye de N.-D. de Bernay, aux qualitez qu'il procéde. En présence des Prieur et religieux de sadite abbaye, intimez en appel, et anticipans. A la requeste présentée à la Cour par Me François Lochet du Carpont, prêtre, vicaire perpétuel de Ste-Croix dudit Bernay, aux qualitez qu'il procede, le 17 fev. 1716. En la présence des sieurs Prêtres, etc.; (vers 1717), in-4 de 129 p.

Ces mémoires, rédigés par le savant jurisconsulte Routier, sont curieux en ce qu'ils renferment des documents sur la fondation et sur l'hist. de l'abbaye de Bernay, aujourd'hui détruite.

— Factum pour Mes Martin Dubusc, vicaire, Jacq. Lefevre de Boislaurent, etc., tous prêtres de l'église paroissiale de Ste-Croix de Bernay, reçues parties intervenantes au procès, en la présence de Me François Lochet Du Carpont, prêtre, curé de Ste-Croix, principale église de Bernay, appelans, et des sieurs Gouverneur, Maire, Echevins, Bourgeois et habitans de la même ville, tous parties intervenantes au procès.—Contre les frères Prieur et religieux Bénédictins réformez de l'abbaye de N.-D. de Bernay, intimez. En présence de M. l'archev. de Bourges, abbé de Bernay, aussi partie intervenante au procès. Pour servir de contredit en tant que besoin aux écritures fournies en la Cour par les Bénédictins de Bernay, sous le nom de M. l'archev. de Bourges, signif. les 4 sept. 1715, 5 déc. 1716 et 10 avril 1717; in-4 de 136 p. (Signé L'Ecacher, avocat.)

— Requeste adressée par Jumelin, avocat, aux Conseils du Roy pour M. de Brancas, évêque et comte de Lisieux, demandeur, contre l'abbé, le Prieur et les religieux bénédictins réformés de la ville de Bernay; 1719, in-4 de 22 p. V. *Journ. de Verdun*, oct. 1719, p. 240. — Le prieur a répondu par le mém. suiv. : — Réponse à ladite, au nom de Léon Potier de Gevres, abbé commandataire de l'abbaye de N.-D. de Bernay, par M. Du Porteau, avocat au Conseil; *Paris*, *Jacq. Vincent*, 63 p. in-4. (V. *Journ. de Verdun*, fév. 1720, p. 95.)

FACTUM pour Nic. Damilleville, curé de Quittebeuf, le procez duquel est différé à faire droit après l'execution du jugement rendu contre Jean Le Cocq dit Bavant, par le lieutenant criminel d'Evreux, dont est appel — Contre Jean Maillart partie prétendu, non obstant son désistement; (vers 1700), in-4 de 7 p.

FACTUM pour Me Jacq.-Balthazard Néel, avocat en la cour... vicomte de l'eaue à Rouen, contre Me François d'Houppeville... lieutenant-gén. de police; (vers 1740).

Cité par M. de Beaurepaire (p. 99, de la Vicomté de l'Eau), ainsi qu'un mém. pour les officiers de la vicomté de l'eau de Rouen, contre le lieutenant-gén. de police de la même ville; XVIIIe sc., in-f.; aux *Archives du Palais de Justice de Rouen*. V. Néel.

FACTUM touchant le Bourgage de l'ancienne Banlieue de la ville de Rouen. Pour le sieur J.-B. Flambureau, marchand à Rouen : et Me Eustache Capelet procureur au Bailliage de la même ville, intimez en appel. — Contre Me J. Nicolle Desfontaines, Dr en médecine du college de Rouen : et Dame Marie Guillard, Ve du sieur Eust. le Monnier marchand a Rouen, et à present épouse non commun en biens de Gab.-Michel de Boniface Ecuïer, sieur du Bosclehard : apelans de sentence rendue au Bailliage de Rouen. A ce qu'il plaise à la cour, etc. (Signé : de Bordeaux, avocat.) Avec un plan de la ville et ancienne Banlieüe de Rouen et des six sergenteries fiéfées, qui enuironnent cette ancienne banlieue, 1714; *Rouen, Imp. de la Ve Maurry*, 1713, in-4 de 44 p.

Le plan de Rouen est gravé sur bois.

FAGUET (*J.-B.-Gédéon*), poète, né à Caen, a composé pour le concours du Palinod de Caen, en l'honneur de la Ste Vierge, une ode dont le sujet est la *Mer, qui ne souffre rien d'immonde; Mercure*, 1730, p. 892-896. Cet auteur mourut dans un âge peu avancé, le 26 août 1730.

FAILLY (de), général, aide-de-camp de l'empereur Napoléon III, né à Gisors (Eure).

FAITZ (les) et gestes du roy Frācoys premier de ce nō tant contre lēpereur que ses subiectz et aultres nations estrāges : Depuis l'an mil cinq cens treize jusques a present. Composez par Estienne Dolet. La prinse de Luxēbourg, Lādrezy et aultres villes circunuoysines. Les flam̄es prins a Cherebourg par les habitans de la ville. Le triumphant Baptesme de monsieur le duc, premier filz de monsieur le Daulphin. La description dung enfant né en forme de monstre aux basses allemaignes; s. l. n. d. (vers 1544), pet. in-8 goth. de 6 ff. prélim., LXXV ff. chiffrés, et 4 ff. contenant le *triumphant baptesme*.

V. Brunet, t. II, p. 119, — et Catal. de la Bibl. Imp., t. I, p. 228.

Cette pièce se rattache à l'Hist. de Cherbourg.

FALAISIENNE (la), abrégé historique en vers, 2e édit.; *Falaise, Brée*, 1829, in-12.

FALCAND (*Hugues*), historien, né en Normandie, mais qui dès sa jeunesse a résidé en Sicile, est mort vers 1200. Il a écrit en latin l'hist. des événements arrivés en Sicile de 1085-1169 : *Historia de rebus gestis in Siciliæ regno*, *ab anno* 1085, *ad annum* 1169 ; *auctore Hugone Falcando, Siculo ; cum Gervasii Tornacensis præfatione, studio et beneficio Matthæi Longogæi Suessionum Pontificis ;* Parisiis, Dupuis, 1550, in-4.

Cette chronique, publiée pour la prem. fois par Gervais de Tournay et Mathieu de Longuejoue, évêque de Soissons, a été réimp. dans plusieurs Collections, et principalement dans le t. VII de Muratori; elle a été trad. en italien par Antonio Filoteo de Homodeis, in-4.

FALCOT (*P.*). Traité encyclopédique et méthodique de la fabrication des Tissus. Ouv. indispensable à MM. les fabricants, etc., en un mot à toutes les personnes qui veulent apprendre la fabrication des tissus, ou en suivre les progrès; par une société de manufacturiers, de dessinateurs et de praticiens, sous la direction de P. Falcot; *Elbeuf, typog. de Levasseur et Barbé*, 1844-45, 2 vol. in-4, avec 130 pl.

— Dito, 2e édit.; *Elbeuf, chez l'auteur*. (Imp. de J. P. Risler, à Mulhouse), 1852, 3 vol. in-4, dont 2 de planches; les planches sont au nombre de 300.

M. P. Falcot, dessinateur, né à Lyon le 22 oct. 1804, est depuis longtemps déjà fixé à Elbeuf, S.-Inf.

FALLE (*Ph.*). Cæsarea, or an account of Jersey, the greatest of the islands remaining to the crown of England, of the ancient duchy of Normandy; *London*, 1684, in-8, avec fig. et une carte.

— Dito, 2e édit. très augmentée; *London, T. Wolton*, 1734, in-8, avec fig. et une carte.

— Dito, with an appendix of records, etc.; and with notes by Edw. Durell; *Jersey, R. Giffard*, 1837, in-8 de XXXI et 276 p., plus la table et une carte.

Falle (*Philippe*), historien, né à Jersey en 1655, a publié en anglais, d'après un ms. du savant magistrat Jean Poingdestre, son compatriote, l'ouv. mentionné ci-dessus. V. *Biogr. univ*; V. aussi Le Rouge, *Hist. des isles de Jersey et Guernesey*, trad. de l'anglais.

FALLET (*Céline*). Histoire des ducs de Norm., avec description des mœurs, coutumes, villes et monuments de toute la province; *Limoges, Barbou frères*, 1853, in-8 de 327 p., avec 2 grav.

Ce vol. fait partie de la *Biblioth. chrétienne et morale*, publiée par les mêmes éditeurs. Mme C. Fallet est auteur de plus. autres ouv. destinés aux maisons d'éducation, et qui sont compris dans la collect. de la *Biblioth. morale de la jeunesse*, qu'imprime à Rouen la maison Mégard.

FALLOUARD. Notices, biographies et variétés musicales; par P. J. M. Fallouard, organiste de Ste-Catherine de Honfleur; *Honfleur, Imp. de Baudre*, 1855, in-12 de 248 p.

FALLUE (*Léon*). Mémoire sur les travaux militaires antiques des bords de la Seine et sur ceux de la rive saxonique; *Caen, A. Hardel*, 1835, in-8 de 150 p.

Ext. des *Mém. de la Soc. des Antiq. de Norm.*, t. IX (1835), p. 180-327.

— Mémoire sur les antiquités de la forêt

et de la presqu'île de Brotonne, et sur la *villa* de Maulevrier, près Caudebec; *Caen, Imp. de Hardel* (1837), in-8 de 6 ff., plus 2 pl.

Ext. des *Mém. de la Soc. des Antiq. de Norm.*, t. x (1836), p. 369-464.

— Notice sur le Commerce de Fécamp; *Ann. norm.*, 1840, p. 382-386.

— Histoire de la ville et de l'abbaye de Fécamp; *Rouen, N. Periaux*, 1841, in-8 de VI et 490 p., avec un plan général de l'abbaye, réduit d'après celui de Dom Michel Germain, 1687.

— Notice sur Caracotinum, aujourd'hui Harfleur; *Mém. de la Soc. des Antiq. de Norm.*, t. XII (1841), p. 117-130, avec 2 pl.

— Essai sur l'époque de construction des diverses Enceintes militaires de Rouen. Etablissement des communes de Montivilliers, d'Harfleur, de Fécamp et d'Auffay, suivi d'une Réponse à la réfutation de M. Ch. Richard; *Rouen, Péron*, 1846, gr. in-8 de XXII et 10 p.

La 1re part. est ext. de la *Rev. de Rouen*, 1846, 1er sem., p. 82-91.

— Construction de la tour de la cathédrale de Rouen, dite Tour de Beurre; *Mém. de l'Acad. de Rouen*, 1848, p. 209-219.

— Hist. politique et religieuse de l'église métropolitaine et du diocèse de Rouen; *Rouen, A. Le Brument*, 1850-51, 4 vol. in-8, avec une pl. (Imp. de A. Péron.)

Cet ouv. a obtenu de l'Institut (Acad. des Insc. et B.-Lett.), une mention honorable. Cependant il a été l'objet de plusieurs critiques, et entre autres d'observations amères de la part de M. l'abbé Decorde (*Neufchâtel*, 1855, in-12 de 15 p.). En nous mettant en dehors du débat, nous regrettons toutefois que M. Fallue n'ait pas tiré un meilleur parti des documents originaux mis à sa disposition, et qui offraient de précieux renseignements sur l'histoire de Rouen.

— Note sur une plaque de bronze trouvée au Montpoignant (Eure); *Mém. de l'Acad. de Rouen*, 1850, p. 303-305.

— Observations sur les sépultures antiques dites mérovingiennes, trouvées dans la vallée de l'Eaulne; *Rev. de Rouen*, 1851, p. 225-241.

V. Observations de M. P. J. Feret, *Rev. de Rouen*, 1851.

— Histoire du château de Radepont et de l'abbaye de Fontaine-Guerard, ouv. auquel l'Institut a décerné une mention très honorable dans sa séance solennelle du 16 août 1850; *Rouen, Péron*, 1851, in-8 de 105 p., avec 3 pl.

Ce domaine est maintenant la propriété de M. Ch. Levavasseur, anc. député de la S.-Inf. au Corps législatif.

— Sépulture du ministre Roland; *Rev. de Rouen*, 1852, p. 81-86.

Roland, né à Villefranche en 1752, s'est tué le 10 nov. 1793, dans la forêt de Long-Boel, commune de Radepont, sur la route de Rouen à Fleury-sur-Andelle.

— Des tombeaux de la vallée de l'Eaulne. Réfutation de l'opinion de M. l'abbé Cochet, touchant l'origine de ces sépultures; *Paris, A. Leleux*, 1855, gr. in-3 de 16 p., avec six pl.

Ext. de la *Revue archéolog.*, XIIe année.

— Dissertation sur les oppida gaulois, les champs-refuges gallo-romains, et particulièrement sur la cité de Limes et Caledunum (Caudebec); *Paris, Imp. de Lahure*, 1855, in-8 de 16 p., av. 2 pl.

Ext. de la *Rev. archéolog.*, XIIe année.

— Classement de la médaille gauloise *Senodon Caledo*, et recherches sur l'ancienne cité des Calètes; *Paris*, 1855, in-8.

— Sur quelques monuments druidiques des environs de Falaise; *Paris, Lahure*, 1857, in-8 de 8 p., avec une pl.

Ext. de la *Rev. archéolog.*, XIVe année.

— Des villes gauloises: Lotum, Juliobona et Caracotinum, appartenant au pays des Calètes; *Paris, Leleux*, 1857, in-8 de 10 p., avec une pl.

Ext. de la *Rev. archéolog.*, XIVe année.

FALLUE (*Léon*), membre corresp. de l'Acad. de Rouen, anc. employé dans l'administration des Douanes à Fécamp et à Rouen, réside actuellement à Paris. Depuis longtemps, il se livre à l'étude de l'archéologie, et malgré la divergence d'opinion qui s'est manifestée entre lui et plusieurs archéologues, ses ouv. ne sont pas sans mérite. Il a publié une *Dissertation sur la découverte du cœur de S. Louis*; Rouen, A. Péron, 1846, in-8 de 20 p., et a relevé un ext. des principales matières renfermées dans les 120 vol. in-f. des *Registres capitulaires de l'église métropolitaine de Rouen, depuis l'an 1342 jusqu'en 1789*, ms. in-f. de 1012 p., divisé en 4 part., et qui est déposé à la Biblioth. de Rouen.

FANGUEUX. Mém. sur plusieurs indices et recherches de houille dans les dép. de la Manche, du Calvados et de l'Orne;

Paris, Bossange, Masson et Besson, 1606, in-8.

Ext. du *Journ. des Mines*. L'auteur était ingénieur des mines.

FANTOSME (Jordan ou Jourdain). Chronicle of the war between the English and the Scots, in 1173 and 1174, by Jordan Fantosme, spiritual chancellor of the diocese of Winchester, etc.; *Paris, Maulde*, 1839, in-8.

Chronique composée de 2071 vers anglo-norm., et publiée par Fr. Michel, pour la *Surtees Society*, d'après un ms. de Durham, avec une trad. littérale anglaise en regard, des notes historiques, philologiques en anglais, etc.— Une 2e édit., ne donnant que le texte français, a été publiée en 1844 à la suite de la *Chronique de Benoît*; elle ne présente que 2066 vers, l'éditeur (M. Fr. Michel) ayant retranché les vers 808, 811-814, comme faisant double emploi.

Cette chronique fournit d'intéressants détails sur deux années du règne de Henri II, roi d'Angleterre et duc de Norm. V. *Hist. litt. de la France*, t. XXIII (1856), p. 345-367.

FARCE (la) des Pates-Ouaintes, etc.; *Evreux*, 1843, in-8. V. BONNIN.

FARCE (la) des Quiolars tirée de cet ancien proverbe normand : *Y ressemble à la Quiole, y fait dé gestes* : lequel se met ordinairement en usage, quand on voit une personne qui par ses actions, par ses paroles et par ses habits croit cacher la bassesse de sa naissance, la pauvreté de sa cuisine ou les imperfections de son esprit. Pour le divertissement des mélancoliques, et de ceux qui sont en parfaite santé. Par P. D. S. J. L. (en pr., sans dist. d'act. ni de sc.); *Rouen, Jean Oursel l'aîné*, s. d. (1735), in-12 de 23 p.

Petite comédie en patois norm. et dirigée contre les parvenus. On pense que la 1re édit. de cet opuscule remonte à 1599, et que, entre cette édit. et celle de 1735, il a été réimp. plusieurs fois. La Biblioth. du Th.-François, t. I, p. 315, place cette pièce sous la date de 1596. Le lib. Techener l'a comprise, en 1829, dans sa Collection de Facéties, Raretés et Curiosités littéraires, tirée à 76 exempl. Il en a été tiré quelq. exempl. à part, qui forment 32 p. in-16.

FARCE des veaulx (la), jouée devant le roy, en son entrée à Rouen; *Paris, Techener*, 1834, in-8 de 16 p.

Tiré à 76 exempl.

FARDOIL. Harangues, discours et lettres de M. Nic. Fardoil, cy-devant President au Parlement de Rouen; *Paris, Seb. Cramoisy*, 1665, in-4.

FARIN (*François*). La Normandie chrestienne, ov l'histoire des archevesqves de Roven qvi sont av catalogve des saints. Contenant vne agréable diuersité des antiquitez de Roüen non encore veuës & plusieurs autres recherches curieuses. Auec vn ample discours du priuilége de sainct Romain, et de plusieurs choses remarquables qui se sont passées dans la pratique de ses cérémonies; *Roüen, Lovys Dv Mesnil*, 1659, in-4 de 724 p. et 10 ff. prélim.

Ouv. dédié au chapitre de l'Eglise de Rouen, duquel Farin reçut, à titre de souscription pour l'impression de son livre, une somme de 200 liv. — Il contient les vies de : S. Nicaise, S. Mellon, S. Victrice, S. Godard, S. Evode, S. Prétextat, S. Romain, S. Ouen, S. Ausbert, S. Hugues, S. Remy, S. Léon.

On trouve des exempl. qui renferment 2 grav.: l'une représente la Vierge portant dans ses bras l'enfant Jésus; l'autre, S. Romain terrassant la Gargouille.

— Histoire de la ville de Rouen, divisée en trois parties. La 1re contient sa fondation, ses accroissemens, ses priviléges, et ce qui s'y est passé de plus remarquable depuis la naissance de notre Seigneur. La 2e, l'origine de ses églises paroissiales & collégiales, chapelles & hopitaux. La 3e, les fondations & antiquitez de ses monastères & autres communautez, avec les sépultures & épitaphes de remarque qui s'y rencontrent. Où sont employez plusieurs noms, armoiries, alliances, généalogies et recherches touchant les anciennes familles de la province; *Roven, Jacqves Heravlt*, 1668, 3 vol. pet. in-12.

Prem. édit. d'un liv. justement estimé et qui a servi de point de départ aux auteurs qui ont écrit sur l'hist. de notre ville. Ce fut la seule édit. qui parut du vivant de Farin. Plusieurs réimpressions anonymes eurent lieu, avec quelq. changements, dans le courant du XVIIIe sc.; mais l'édit. de 1668, que Farin dédia au maire et aux échevins de Rouen, est toujours la plus recherchée.

— Histoire de la ville de Rouen, contenant son antiquité, sa fondation, ses differens accroissemens; l'histoire abregée de ses ducs; ses compagnies, ses juridictions, ses differens corps et son ordre politique et civil; ses privilèges et ses droits, ses édifices publics et un abrégé des évènemens les plus remarquables depuis sa fondation jusqu'à présent. Avec les sépultures et les épitaphes de remarque, les armoiries, alliances et généalogies des plus anciennes familles de la province. Nouv. édit., revue, corrigée et augmentée; *Rouen, Jacq. Amyot* (et *Eustache Hérault*), 1710, 3 vol. in-12.

Réimpression de l'ouv. de Farin, avec les additions, corrections et augmentations de Jean Le Lorrain, chapelain de la cathédrale de Rouen, et de Jacq. Amyot, lib. Le 2e vol. a pour titre : *Histoire de la ville de Rouen, contenant l'histoire de son église cathédrale, de ses droits de métropole et de primatie, le catalogue de ses archevêques et de ses conciles; son ordre ecclésiastique; l'antiquité de ses églises collégiales et paroissiales, ses chapelles et hopitaux, suivant l'ordre chronologique.* Le 3e vol. : *Histoire de la ville de Rouen, contenant la fondation de ses abbayes, de ses prieurez et de ses monastères, et l'établissement de ses autres communautez séculières et régulières.*

Quelq. exempl. de ce livre portent l'adresse de *Bruxelles, François Foppens,* 1734. On ne doit pas cependant conclure de cette indication que l'édit. précitée ait été imp. à Bruxelles en 1734. Un libraire de Rouen, pour écouler le reste de l'édit. de 1710, employant déjà un moyen si souvent usité depuis, a réimp. seulement des titres nouveaux, la flle A (24 p.) du 1er vol. et la table. Le privilége de 1706, accordé à Jacq. Amiot, lib. à Rouen, et resté en tête du 1er vol., ne laisse aucun doute sur ce rajeunissement de bibliopole. — V. *Journ. des Savans*, mai 1710, et P. Lelong, no 35,214.

Le P. Lelong porte, suivant nous, un jugement sévère sur cette édition; il dit que le travail de Farin a été gâté par Le Lorrain.

— Histoire de la ville de Rouen, divisée en six parties. 3e édit. Par un solitaire et revue par plusieurs personnes de mérite; *Rouen, Louis Du Souillet,* 1731, 2 vol. in-4 ou 6 vol. in-12, avec un plan de Rouen.

Le tome 1er (édition in-4) contient les 3 prem. parties: La 1re partie donne sa description, l'état où elle était autrefois, et ce qu'elle est à présent, et les ducs de Normandie; — la 2e, la noblesse, les cours de judicature, les jurisdictions subalternes, et les grands hommes; — la 3e, la cathédrale, les dignitez, et ce qui est arrivé de plus mémorable sous le gouvernement des archevêques.

Le tome 2e contient les 3 dern. parties : La 4e, les conciles, et les églises paroissiales qui sont dans l'enceinte de la ville; — la 5e, les Paroisses des fauxbourgs, les chapelles, les hôpitaux, les abbayes et une partie des prieurez; — la 6e, la suite des prieurez, et autres communautez religieuses.

D'après un avis du libraire, placé en tête du 1er vol., les additions et changements introduits dans cette édit., auraient été faits par lui. Louis Du Souillet a publié en même temps (1731) une édit. de ce livre en 6 part. ou vol. in-12, qu'il indique comme étant absolument semblable aux 2 vol. in-4. Le même plan de Rouen se retrouve en tête du 1er vol. En 1737, Du Souillet céda son privilége et le reste de ses deux éditions in-4 et in-12, à Bonaventure Le Brun, qui, en 1738, réimprima seulement de nouveaux titres (indiquant cette édition comme étant augmentée et corrigée, suivant les mémoires fournis par la noblesse), le second ft. de l'épître dédicatoire et le 2e de la table du 1er vol. où se trouve le privilége, enfin le 1er ft. de la 1re part. de l'hist. de Rouen.

Nonobstant l'opinion du P. Lelong (no 35,216) sur cette édit., qu'il trouve *mal rangée et mal compilée*, il sera bon de la consulter; elle comprend les événements survenus depuis 1668, et renferme un plan de la ville en 1731. L. Du Souillet, pour opérer les changement apportés à cette édition, s'adjoignit Dom Ignace, chartreux de Rouen, retiré alors à Utrecht.

Farin (*François*), titulaire de la chapelle de N.-D. du Val, près de Veules (S.-Inf.), prenait le titre de *prieur* de N.-D. du Val. Ce chétif bénéfice formait son titre d'honneur. On a très peu de renseignements sur la vie de Farin; on sait seulement qu'il était prêtre habitué de St-Godard, de 1640-1675, qu'il y remplissait les fonctions d'organiste et de clerc matriculier. Tout porte à croire qu'il naquit à Rouen, où il mourut le 8 septembre 1675, à l'âge de 70 ans environ. Il fut inhumé dans le cimetière de St-Godard.

La fabrique de cette paroisse possède de Farin un ms. de 45 p. in-f., qui a pour titre : *Proceds du curé et tresoriers de St Godard, contre le curé et tresoriers de St Patrice pour la possession des maisons situés en la place de l'ancien chateau.* Ce mém., qui a pour but d'établir le bon droit de St-Godard sur lesdites propriétés, fournit de curieux renseignements sur le vieux château bâti par Philippe-Auguste (1).

Farin est réellement le premier écrivain qui ait réuni en corps d'ouvrage les annales éparses de notre cité; son Hist. de Rouen nous transmet une foule de documents historiques, qu'il serait presque impossible de retrouver, ailleurs, aujourd'hui.

V. l'abbé Cochet, *Eglises de l'arr. d'Yvetot*, t. II, p. 79; — Guilbert, *Mém. biog.*, t. I.

FARIN. Catalogue des plantes du jardin botanique de Caen; *Caen,* 1781, in-8. (Catalogue de Jussieu, 1857.)

FAROLET (l'abbé), curé de St-Pierre de Lisieux, né à Landes, canton d'Evrecy (Calvados), est mort en 1849, à l'âge de 53 ans.

(1) C'est à l'obligeance de M. l'abbé Lanchon, curé de St-Godard, que nous devons l'indication de cette note.

au moment où il avait été désigné comme un des hommes les plus dignes pour l'épiscopat. Cet ecclésiastique est auteur d'un mém. historique sur son église, mém. dont un extrait a paru dans le *Bullet. monum.* — V. *Ann. norm.*, 1850, p. 536-538.

FAROUL. De la dignité des roys de France et du priuilege que Dieu leur a donné de guarir les escroüelles : ensemble la vie de sainct Marcoul abbé de Nanteuil, au pays de Constantin en Normandie, les sacrez reliques duquel reposent en l'eglise royale & collegiale de N.-D. de Mante, au Diocèse de Chartres; *Paris, Pierre Chavdiere*, 1633, in-8, fig.

V. une Réfutation de cet écrit par *Dom Oudard Bourgeois*. V. aussi St-Marcouf.

Faroul (*Simon*) était doyen et official de Mantes.

FASTI venerandæ Normannorum nationis; *Parisiis, Thiboust*, 1734, in-12. (P. Lelong, n° 44,791.)

Pièce relative à l'Hist. de l'Université.

FATOUVILLE (Nolant, sieur de), auteur dramatique, né à Rouen (ou près de Séez, suivant quelq. biog.), dans la prem. moitié du XVIIe sc., publia de 1682-1692, une suite de comédies qui ont été imprimées dans le Théâtre italien de Gherardi; *Paris*, 1700, 3 vol. in-8; et *Amst.*, 1701, 6 vol. in-12. Il était conseiller au Parlement de Normandie, et mourut vers 1700. — V. Quérard, *France litt.*, t. III.

FAUCHET (l'abbé *Claude*), né à Dorn (Nièvre), le 22 déc. 1744, évêque constitutionnel du dép. du Calvados, le 1er mai 1791, député du même dép. à l'Assemblée législative et à la Convention nat., est mort sur l'échafaud révolutionnaire le 31 oct. 1793. — V. divers écrits de l'abbé *de Valmeron* (pseudonyme de l'abbé Jarry). — *L'aristocratie confondue, ou triomphe de Claude Fauchet, évêque du Calvados*; Bayeux, in-8. — G. S. Trébutien, *Notice biog.*; Caen, 1842, in-8. — Pezet, *Bayeux à la fin du* XVIIIe *sc.*, p. 171-197, avec un portr. de Fauchet. Le portr. de C. Fauchet, peint par F. Bonneville, a été gravé par Girardet.

Ses principaux ouv. sont :

— Panégyrique de S. Louis, prononcé à l'Acad. franç.; 1774, in-8.

— Oraison funèbre de Phélipeaux d'Herbant, archev. de Bourges; 1784, in-8.

— Oraison funèbre de Louis-Philippe d'Orléans; 1786, in-4.

— Oraison funèbre de l'abbé de l'Épée; 1790, in-4.

— Sermon sur l'accord de la religion et de la liberté, prononcé dans la métropole de Paris, le 4 fév. 1791, pour la solennité civique des anciens représentants de la Commune, en mémoire de ce qu'à pareil jour, le roi vint à l'Assemblée nationale reconnaître la souveraineté du peuple; *Paris, Imp. du Cercle social*, s. d. (1791), in-8.

Ce sermon a été réimp. aux frais des Amis de la Constitution de Caen.

— Lettre pastorale de M. l'Evêque du Calvados, et la traduction de sa Lettre de Communion, adressée à N. S. Père le Pape; *Bayeux, Ve Nicolle, imp.* (1791), in-8 de 23 p.

Lettre que Fauchet publia à l'occasion de son élection.

— Discours prononcé à l'autel de la patrie, pendant la cérémonie de la Fédération générale du département, dans la plaine des six Districts, près la ville de Caen, le 14 juillet 1791; *Caen, Chalopin*, in-8.

— Lettre au garde des sceaux (1791), in-4.

Cette lettre et la pétition suiv., impr. aux frais de la Soc. des Amis de la Constitution de Caen, sont relatives à la dénonciation de la municipalité de Bayeux.

— Pétition de Cl. Fauchet, évêque du Calvados, à l'Assemblée nationale; *Caen*, 1791, in-8.

— Lettre pastorale de Cl. Fauchet, évêque du Calvados; *Bayeux*, 1792, in-8.

Cette lettre est relative au mariage des prêtres.

— Cl. Fauchet à trente Jacobins qui s'intitulent : *la Société* (27 sept.); *Paris, Imp. Nat.*, s. d. (1792), in-8.

— Lettre de Cl. Fauchet, évêque du Calvados, aux citoyens d'Orbec (2 janv. 1793), s. l. n. d., in-4.

— Cl. Fauchet au Tribunal révolutionnaire et au public; s. l. n. d. (1793), in-4.

L'abbé Fauchet a fait imprimer à Paris, de 1789-1792, un grand nombre de discours, de motions, de rapports sur divers événements de la révolution, etc. Au mois de janv. 1790, il fonda, avec Bonneville, le journal *la Bouche de fer*, feuille hebdomadaire qui a paru de janv. 1790 à juillet 1791; Paris, Imp. du Cercle-Social, 5 vol. in-8. Trois ans après, il publia un autre journal hebdomadaire intitulé : *Journal des Amis, ouv. destiné à la propagation et à la défense des vrais principes de la liberté*, du 6 janv. au 6 juin 1793. — Ces journaux et la plupart des pièces précitées se trouvent à la Biblioth. Imp. (V. Cat. de cette Bibl., t. III.)

FAUCILLON (*Bernard J. J.*), poète, né à Falaise vers 1793, mort le 1er août 1824, a publié : *Chants élégiaques*; Paris, Ladvocat, 1820, in-8; — *Les Prem. Amours de Napoléon*; Paris, Guien, 1822, in-8.

FAUCON (de), ancienne famille norm. qui a fourni 4 premiers présidents au Parlem. de Norm. : Alexandre, sieur de Ris, en 1608; Charles, sieur de Frainville, en 1628; Jean-Louis, sieur de Ris, en 1647; Charles, sieur de Ris, en 1686. Le nom de *Faucon* a été donné à l'une des rues de Rouen. V. Floquet, *Hist. du Parlem. de Norm.*

FAUCON (*Jacq.-François*). Essai hist. sur la châtellenie de St-Georges d'Aunay (Calvados); *Caen, A. Hardel*, 1845, in-8 de 36 p., avec une carte.

FAUCON (l'abbé). Notice biograph. sur M. l'abbé Dumont, missionnaire apostolique de la congrégation des Missions étrangères, prêtre du dioc. de Bayeux; par l'abbé Faucon, vicaire de St-Vigor-le-Grand; *Bayeux, Delarue*, 1858, in-8 de 54 p.

FAULLAIN (*Jean-Franç.*), colonel du 147e de ligne, officier de la Légion d'honn., etc., naquit à Carentan, le 12 janv. 1772, et mourut dans cette ville, le 27 avril 1831. V. une notice de M. L. de Pontaumont, *Ann. de la Manche*, 1856, p. 87-89.

FAUQUEMBERGUE (*Jean* de), pasteur de Dieppe, fut installé le 31 août 1636; la violence de son caractère attira sur lui non-seulement la haine des catholiques, mais encore l'animadversion d'une grande partie de son propre troupeau. A l'occasion du jubilé de 1653, il publia malgré les décrets des synodes et les ordonnances du roi, un opuscule intitulé : *Le Grand Jubilé évangélique, apportant indulgence plénière à tous péchez*; Leyde et Harlem (Dieppe, Acher, libr.). L'auteur et le libraire furent poursuivis pour cet écrit qui, en 8 jours, eut 2 édit., et qui fut déclaré *hérétique, plein de faussetés, scandaleux et injurieux.* Grâce à l'intervention du duc de Longueville, le Parlement ne donna pas suite à cette affaire, mais Fauquembergue fut contraint de signer une déclaration portant qu'il n'avait eu ni l'intention d'offenser les catholiques, ni celle de troubler leur culte. Il renonça à la polémique pour s'occuper d'un ouv. fort estimé dans le temps, et qu'il mit au jour sous le titre de : *Voyage de Béthel ou devoir de l'âme fidèle en allant au temple, avec les préparations, prières et méditations pour participer dignement à la sainte Cène, par divers auteurs*; Charenton, Lucas, 1665, in-12; Paris, 1670, in-18, etc.

FAUQUET (*Jacq.*), maire de Bolbec, a consacré une somme de 3 à 400,000 fr. à la fondation, dans cette ville, d'un hôpital, d'une biblioth. publique et d'une salle de spectacle; il est mort en 1855. Le buste de M. Fauquet, dû au ciseau de M. Robinet, a été inauguré dans l'hôpital qui porte son nom, le 8 nov. 1857. M. Fauquet a publié 2 opuscules : *Considérations sur le régime des prisons, adressées au conseil gén. de la S.-Inf., dans sa session de* 1839; Rouen, I. S. Lefevre, 1839, in-8 de 45 p.; — *Considérations sur la question des enfants trouvés, lues au conseil gén. de la S.-Inf., dans sa session de* 1839; Rouen, I. S. Lefevre, 1840, in-8 de 32 p. — V. Collen-Castaigne, *Essai sur Bolbec*, p. 166-174.

FAURE (*Pierre-Jos.-Denis-Guill.*), imprimeur, membre de la Convention et magistrat, né au Havre le 17 août 1726, est mort le 7 oct. 1818. On a de lui les ouv. suiv. : — *Réflexions d'un citoyen sur la marine*; Paris, 1779, in-12. — *Parallèle de la France et de l'Angleterre, relativement à leur marine*; Paris, 1779, in-8. — *Consultation sur une question importante, relative à l'art. 1er du rapport du Comité ecclésiastique*; 1790, in-8 de 26 p. Il exerça l'imprimerie au Havre, de 1753-1790, époque où son fils Stanislas lui succéda.

FAURE (*Louis-Jos.*), fils aîné du précédent, membre du Conseil des Cinq-Cents et du Tribunat, conseiller à la Cour de Cassation, etc., né au Havre le 5 mars 1760, est mort à Paris le 13 juin 1837. — V. *Discours prononcé aux obsèques de M. Faure, conseiller à la Cour de Cassation, par M. Cyprien Danjan, son parent, juge au Tribunal de prem. instance de la Seine*; Paris, Imp. de Dezauche (1837), gr. in-8 de 16 p.

FAURE (*Guill.-Stan.*), frère du précédent, né au Havre le 1er mars 1765, est mort le 30 mars 1826. Alternativement sous-préfet, député, courtier, imprimeur, Faure a publié en 2 vol. un ouv. de marine intitulé : *Nouv. Flambeau de la mer, ou description nautique des côtes d'Angleterre, d'Irlande, d'Ecosse et de la France, depuis Calais jusqu'à St-Jean-de-Luz*; Havre, S. Faure, 1822, in-8, avec cartes. — *Nouv. Flambeau de la mer, ou description nautique des côtes d'Espagne et de Portugal et de celles de la Méditerranée et des îles en dépendant (autrement dit Portulan de la Méditerranée)*; Havre, 1824, in-8, et atlas. Il succéda à son père, comme imp., en 1790, et fonda le *Journal du Havre*, qui n'était dans le principe qu'une simple feuille maritime. (V. l'art. *Journaux*.)

FAUTREL (*Georges*), jésuite, né à Rouen en 1633, publia, en 1653 et 1655, des *Odes alcaïques*, et, un peu plus tard, 2 ouv. ascétiques : *Histoire des miracles de la Vierge*, et *Manuel pour la confrairie des Agonisants*. On ignore l'époque de sa mort.

FAUVEL (*Robert*), sieur d'Oudeauville, maître des comptes de la province de Norm., né à Rouen, mort le 17 sept. 1661, a participé à la relation d'un *Voyage d'Italie et du Levant*. — V. Fermanel; V. aussi Guilbert, *Mém. biog.*, t. I.

FAUVEL (l'abbé). Vie et mort du curé Fauvel; *Alençon, Poulet-Malassis*, in-12 de 12 p.

FAUVEL, curé constitutionnel de la Sauvagère (Orne), fut assassiné dans la nuit du 24 au 25 avril 1796.

FAUVEL (*G.-A.*). Guibray au temps de Louis XIII; *Caen*, 1841, in-8.

Explication d'une planche du temps, extrêmement curieuse.

FAUVEL (*Guill.-Amédée*), né le 12 juin 1808, mort le 14 oct. 1842, a fourni des articles à la *Rev. du Calvados* et au *Pilote*, journ. de Caen. Parmi ses essais en prose, on remarque celui qui est intitulé : *l'Abbaye d'Ardennes* et l'opuscule précité. V. Mancel, *Notice biog.*

FAUVEL. Compagnon des chemins de fer, contenant l'hist. des chemins de fer, etc., le tracé du chemin de fer de Rouen au Havre; *Paris, Beaulé*, 1843, in-18 de 48 p., avec 4 cart. et 2 grav.

— Dito, en anglais; *Paris, Beaulé*, 1843, in-18 de 48 p., avec 4 cart. et 2 grav.

FAY (*Ant.* du), botaniste. V. DUFAY.

FAYET (Mgr. *J.-J.*), évêque d'Orléans durant les dern. années de sa vie, avait été, sous l'archiépiscopat de Mgr. de Croï, vicaire-gén., official et archidiacre des arrondiss. du Havre et de Dieppe et doyen du diocèse de Rouen. Né à Mende le 26 juillet 1787, il mourut à Paris le 4 avril 1849. V. Ballin, *Notice biog.*, Acad. de Rouen, 1849.

FAYETTE (Mme de la). V. LA FAYETTE.

FEJACQ (le R. P.). Panégyrique du Roy, prononcé dans l'église des FF. Prêcheurs de Caen, par le R. P. Fejacq, professeur en théologie et prieur du mesme couvent, le 5 de sept. 1685, jour de la naissance du roy, au sujet de la statuë que cette ville a élevée à la gloire de sa majesté; *Caen, J. Cavelier*, 1685, in-4 de 24 p.

— Dito; *Paris, A. Cramoisy*, 1685 (et 1686), in-4 de 20 p.

FELIBIEN DES AVAUX (*André*). Description de l'abbaye de la Trappe; *Paris, Fred. Léonard*, 1671, pet. in-12 de 139 p., avec un plan de l'abbaye.

Cet ouv. a été réimp., *Paris*, 1677, 1682, 1689, 1703, pet. in-12, avec un plan.

Quelq. bibliog. attribuent cet ouv. anonyme au P. Desmares de l'Oratoire, et non à Félibien, sieur des Avaux, historiographe du roi, mort en 1695. V. *Dict. des Anonymes*, t. I, p. 269.

FELICE (*G. D.*). Discours prononcé à l'ouverture de la chapelle évangélique du Havre, précédé de quelq. détails sur l'ouverture de la chapelle; *Havre, Morlent*, 1834, in-8.

M. Felice était pasteur de l'église réformée à Bolbec.

FELINE (le P.). Catéchisme des gens mariés; s. l. n. d., in-12 de 53 p., ayant seulement un faux-titre.

Le P. Feline, missionnaire à Bayeux en 1782, est l'auteur de ce petit livre, dans lequel, parmi quelq. préceptes moraux et religieux, se trouvent les détails les plus obscènes. Son ouv., imprimé à Caen, chez Gilles Le Roy, en 1782, a encouru la juste censure de l'autorité ecclésiastique, et les exempl. en ont été soigneusement supprimés, ce qui les rend aujourd'hui fort rares. (Cat. Pluquet.)

FELIX (*Jules* de St-). Rollon, 1er duc de Norm., né en Norwège vers l'an 840, mort à Rouen en 917; *Plutarque Français*, 2e édit., publiée par Hadot; *Paris, Langlois et Leclercq*, 1844, gr. in-8, t. I, p. 69 à 76, avec un portr. de Rollon, d'après Triqueti.

Dans la 1re édit. du *Plutarque Français*, cette notice forme la 5e liv.; *Paris, Imp. de Crapelet*, in-4 de 12 p.

FELLE (*Guill.*), voyageur, né à Dieppe le 21 sept. 1638, mort à Rome en 1710, appartenait à l'ordre des Dominicains. Plusieurs biographes lui donnent le prénom de Jean et placent sa naissance en 1639 et 1640. Ce religieux dit avoir composé un grand nombre d'ouv.; on n'en retrouve aujourd'hui que quelq.-uns, tous étrangers à notre sujet. V. l'abbé Cochet, *Notice*, dans la *Galerie Dieppoise*.

FER (*Nicolas* de). La nouvelle Thébaïde, ou la carte très particulière et exacte de l'abbaye de la Maison-Dieu N.-D. de la Trappe, de l'étroite observance de Citeaux, située dans la province du Perche, diocèse de Séez; dressée sur les lieux par M. de la Salle, et mise au jour par N. de Fer; *Paris*, 1700, 1/2 flle.

— Plan de la ville et du château de Caen en Norm., dessiné par Auvray et gravé par P. Starckman; 1705, 1/2 flle.

Est placé en tete des *Origines de la ville de Caen*, par Huet, 2e édit. Il a été retouché en 1718.

— Isle, rocher, ville, chateau et abbaye du Mont-St-Michel; *Paris*, 1705, 1/2 flle.

— Plan du Mont-St-Michel, avec une table de renvois; *Paris*, (vers 1710), 1/2 flle.

— Le gouvernement gén. de Norm., divisé en Haute et Basse; *Paris*, 1710, 1 flle, grav. par Starckman.

— Carte du Gouvernement général de la province de Norm.; *Paris*, 1719, 1 f^lle^.

Cette carte est divisée en 3 généralités et en 7 diocèses. Elle est ornée des plans des principales villes de la province, telles que Rouen, Caen, le Havre, Dieppe, etc. V. *Journ. de Verdun*, fév. 1719, p. 89.

— Ibid.; revue par Desnos, 1760, 1 f^lle^.

— Rouen. Ville capitale de Normandie, port de mer sur la rivière de Seine; *Paris*, 1709, 1 f^lle^.

— Dito, avec la date de 1724, et quelq. augment.; *Paris, Danet*, 1 f^lle^.

— Dito, avec la date de 1770 et de nouv. modificat.; *Paris, Desnos*, 1 f^lle^.

— Plan du Havre de Grâce; 1/2 f^lle^, commencem. du XVIIIe sc.

Fer (*Nic.* de), géogr. du roi, à Paris, a publié un grand nombre de plans de villes et de cartes géographiques. Comme vendeur, nous trouvons son nom sur un plan de Rouen, gravé en 1700 par H. Van-Loon.

FÉRARD, poète, né à Eu, professa l'éloquence au collége de cette ville, et fut couronné deux fois, en 1760, aux concours des Palinods de Rouen. V. Guilbert, *Mém. biog.*

FÉRÉ (*Octave*). La Tour de Rouen, épisode lyrique, historique, en un acte, représenté sur le Théâtre-des-Arts de Rouen, le 3 mars 1843, avec musique de M. J. Bovery; *Rouen, François*, 1843, in-8 de 8 p.

— Les Mystères de Rouen; *Rouen, Ch. Haulard*, 1845, 2 vol. gr. in-18, fig. (Imp. de N. Marchand et de A. Surville.)

A été publié en 30 liv.

— Légendes et traditions de la Normandie; *Rouen, Ch. Haulard*, 1845, in-8 de 372 p., avec 8 grav. (Imp. de H. Rivoire, à Rouen.)

— Mosaïque; *Rouen, Imp. de Rivoire*, 1848, in-12 de 291 p.

Contient 16 nouv. (Ext. du journal *le Sylphe*.)

Féré (*Oct.*), né à ~~Falaise~~, a été longtemps attaché à la rédaction du *Mémorial de Rouen*. En 1848, il quitta ce journal pour en créer un autre sous le titre du *Messager*, et, s'associant avec M. Léon Bertran, établit une imprimerie. Depuis lors, M. Féré a quitté Rouen pour aller à Paris, où il a publié plusieurs ouv., et entre autres, avec M. St-Yves, un roman hist. intitulé : *Les Chevaliers errants* (1857), et *Zerbine*, tableau bouffe, avec musique par M. Bovery, 1857.

Rouen en 1815 :

FERET (*Hypolite*). Histoire veritable de l'antiqvité et prééminence dv vicariat de Pontoise, et dv Vexin le françois. Servant de responce à l'histoire supposée de son origine et fondation. Où est mis au jour et refuté l'erreur de quelq. modernes, qui ont voulu rapporter au temps de S. Louys l'institution premiere des vicaires de Pontoise, qui florissoient en grande authorité, dès l'an mil soixante et huict, près de deux cent ans auant cette pretenduë origine du Vicariat. avec une ample declaration des priuileges, franchises, & libertez de la ville de Pontoise, etc.; *Paris, et à Pontoise, J. de la Varenne*, 1637, in-4 de 159 p.

Cet ouv., imp. à Paris par la Ve P. Chevalier, en déc. 1636, a été réimp. (ou a reparu) la même année sous ce titre : *Histoire de l'antiquité et prééminence du vicariat de Pontoise ou du Véxin françois, etc.*; Paris, Ve P. Chevalier, 1637, in-4.

Féret (*Hyp.*), D^r^ en théologie, curé de St-Nicolas-du-Chardonnet, à Paris, etc., né à Pontoise, est mort en 1677. Son portr. a été gravé par Nanteuil, en 1660.

FÉRET (*J.-B.*), paysagiste, né à Evreux en 1664, est mort en 1737.

FERET (*Guill.*). Eminentissimo Francisco de Joyeuse, olim rothomagensi archiepiscopo atque uni è purpuratis Ecclesiæ principibus, quum illius cineres è Sacello Seminarii de Joyeuse, Napoleonis munificentia Rothomagi imperatorio lycœo nuper annexi, pie ac Solemniter in Lycœi templum efferentur, sub auspiciis eminentissimi Stephani Huberti Cambaceres, rothomagensis archiepiscopi, etc., carmen; *Rothomagi, Renault*, 1809, in-8 de 15 p.

Feret (*J.-Fr.-Guill.*), professeur de 3e et de 4e au Lycée de Rouen, né à Pontoise le 14 oct. 1767, est mort le 22 juin 1809. De l'opuscule précité, il a paru une critique en vers, qu'on attribue à M. N. Bignon, et qui a pour titre : *Essai d'une traduction en prose française rimée du panégyrique en vers latins de M. le cardinal de Joyeuse, faite aux Champs-Elysées*.

FERET (*P. J.*). Notice sur Dieppe, Arques et quelq. monum. circonvoisins; *Dieppe, Marais fils aîné*, 1824, in-8 de VII et 202 p., avec 8 pl.

— Recherches sur le camp de César ou cité de Limes, monument voisin de la ville de Dieppe, d'après sa position, son mode de défense et les fouilles qu'on y a pratiquées; *Mém. de la Soc. des Antiq. de Norm.*, 1825, p. 1-101.

— Du Camp de César ou cité de Limes, monument voisin de la ville de Dieppe; *Dieppe, Marais*, 1825, in-8 de 18 p., avec 2 pl.

Ext. des *Mém. de la Soc. d'Emul. de Rouen*, 1825.

— Notice sur Ango, de Dieppe; *Archiv. ann. de la Norm.*, 2e ann. (1826), p. 146-160.

— Dieppe en 1826, ou lettres du vicomte de *** à Milord ***; *Dieppe, Marais fils*, 1826, in-12 de 188 p.

— Société archéolog. de l'arrondissem. de Dieppe; *Rouen, F. Baudry*, 1828, in-8 de 31 p.

Cet opuscule, contenant le rapport fait en 1827, par M. Feret, à la Soc. des Antiq. de Dieppe, renferme un plan de l'oppidum gallo-belge, vulgairement connu sous le nom de *Cité de Limes* ou de *Camp de César*, et qui est situé à 3,000 mèt. nord-est de la ville de Dieppe.

— Histoire navale. Antiquités de Dieppe. Mémorable combat... de 1555, etc.; *Dieppe*, 1834, in-f. V. LE MESGISSIER.

— Promenades autour de Dieppe. Vallée d'Arques, le Bourg, le Château, le Champ de Bataille; *Dieppe, Delevoye-Barrier*, 1838, in-18 de 78 p.

— Dito, 2e édit.; *Dieppe, ve Marais*, 1839, in-18 de 148 p., avec 6 pl

— Renseignements sur la statistique de l'arrondiss. de Dieppe, recueillis par l'Association norm. pendant la session tenue dans cette ville en 1840; *Ann. norm.*, 1841, p. 150-248.

— Lettre adressée à M. de Caumont sur les fouilles pratiquées à Ste-Marguerite, près Dieppe; *Bullet. monum.*, t. IX (1843), p. 92-97, avec une pl.

— Esquisse de la vie de Du Quesne; *Dieppe, Mme ve Marais*, 1844, in-12 de 67 p., avec 4 lithog.

— Notes sur les observations de M. Fallue, concernant les sépultures de la vallée de l'Eaulne; *Rev. de Rouen*, 1851, p. 311-328.

— Histoire des bains de Dieppe, précédée d'une esquisse de l'histoire générale du bain; *Dieppe, E. Delevoye*, 1855, in-8 de 246 p.

FERET (*Pierre-Jacq.*), archéologue, membre de plusieurs soc. sav., a été, pendant bien des années, conserv. de la biblioth. et des archiv. de la ville de Dieppe, sa ville natale.

FERET (*A.*). Costumes anciens et modernes de Dieppe et de ses environs, dess. et lithog. par A. Féret; *Dieppe, Marais* (1828), 2 liv. in-4.

FÉRET (*Léon*). Histoire du Pommier et du cidre; *Caen, Imp. de Delos*, 1855, in-8 de 16 p.

Ext. du journ. *l'Ordre et la Liberté*.

FEREY (le P.). L'arbre royal portant dovze beaux fleurons, dédié au très chrestien roy Louys XIII de ce nom et au peuple françois, par F. P. F., doct. en théologie et confesseur des tres aus'eres filles de S. Claire de Roven; *Roven, Loys du Castel*, 1618, in-8, avec titre gravé et port. de Louis XIII.

FEREY, avocat célèbre, né au Neubourg (Eure), le 2 oct. 1735, est mort à Paris, le 16 juill. 1807. V. son éloge prononcé par M. Bellart.

FERMANEL (*Gilles*), conseiller au parlement de Norm., et voyageur, né à Rouen, est mort en 1672. Ce magistrat eut la plus grande part à la rédaction du voyage suiv. qu'il entreprit, en 1630, avec MM. Fauvel, Baudouin et Stochove :

— Le Voyage d'Italie et dv Levant de MM. Fermanel, conseiller au Parlement de Norm., Favvel, maistre des comptes en ladite province, sieur d'Oudeauville, Bavdovin de Lavnay, et de Stochove, sieur de Ste-Catherine, gentilhõme flamen. Contenant la description des royaumes, etc.; *Roven, Jacq. Heravlt*, 1664, pet. in-12. (Imp. par David Maurry).

Le privilége ayant été accordé à Jean Viret, à Ant. Ferrand et à Jacq. Herault, on trouve des exempl. de ce livre avec l'adresse de chacun des 3 lib. précités. Il faut joindre à cet ouv. un vol. d'*Observ. curieuses sur ledit voyage*; Rouen, Jean Viret, 1668, in-4 de 882 p., plus 2 ff. de fin et 4 ff. prélim. (Imp. de D. Maurry). On trouve aussi des exempl. avec l'adresse de Jacq. Herault et de ve d'Ant. Ferrand, lib., associés au privilége concédé pour cette publication.

FERNEL père. Extrait d'une notice sur les antiquités découvertes en 1832 et 1833, dans l'arrondissement de Neufchâtel; *Mém. de la Soc. des Antiq. de Norm.*, t. XI (1840), p. 173-178.

Le projet qu'avait formé M. Fernel de publier une Histoire complète de Neufchâtel n'a pas été réalisé.

FÉRON (*A.*). Du cidre, de sa préparation et de sa conservation. De ses falsifications et du moyen de les reconnaître; *Paris, Imp. de Thunot*, 1855, in-4 de 44 p.

Thèse présentée et soutenue à l'Ecole supérieure de pharmacie de Paris, par M. A. Féron, né à Ranville (Calvados).

FERRAND (*David*). Réjouissances de la Normandie sur le triomphe de la paix; *Rouen, David Ferrand*, 1616, in-8.

—La Mvse normande, ou Recveil de plvsievrs ovvrages facecievx en langve pvrinique ov gros normand, recueillis de diuers autheurs; *Rouen, David Ferrand*, 1625-1651, pet. in-8 carré. (Biblioth. de Rouen.)

Ouv. divisé en XXVIII part. (1625-1651), ayant chacune une paginat. particulière et des dates différentes. Il paraissait probablement un cahier chaque année. Cette édition, excessivement rare, diffère par son contenu et son format de l'édition de 1655. La Ire et la IIe part. réun. form. 48 p.; — la IIIe part. forme 39 p.; — la IVe, 32 p.; — la Ve, 39 p.; — la VIe, 31 p.; — la VIIe, 40 p.; — la VIIIe, 31 p.; — la IXe, 40 p.; — la Xe, 32 p.; — la XIe, 30 p.; — la XIIe, 40 p.; — la XIIIe, 31 p.; — la XIVe, 30 p.; — la XVe, 24 p.; — la XVIe, 32 p.; — la XVIIe et la XVIIIe, 54 p.; — la XIXe, 40 p.;—la XXe, 48 p.; — la XXIe, 20 p.; — la XXIIe, 40 p.; — la XXIIIe, 48 p.; — la XXIVe, 44 p.; — la XXVe, 40 p.; — la XXVIe (indiquée XXIVe part.), 48 p.; — la XXVIIe, 40 p.; — la XXVIIIe, 28 p. Plusieurs de ces pièces constatent qu'elles ont été présentées aux Palinods; leur publication successive en rend la collection très difficile à réunir.

— Inventaire general de la Mvse Normande, diuisée en XXVIII. parties. où sont descrites plusieurs batailles, assauts, prises de villes, guerres estrangeres, victoires de la France, Histoires comiques, Esmotions populaires, Grabuges, & choses remarquables arriuées à Rouen depuis quarante année; *Roven, chez l'avthevr*, 1655, pet. in-8 de 480 p.

Ce vol. renferme deux paginations distinctes: 1° Titre, Dédicace au duc de Longueville, Table et Epître *O Lvysard*, 16 p; 2° Prem. et seconde, *Mvse Norm.*, et jusques et y compris la 28e part., 484 p., moins toutefois une lacune de 20 p. qui existe p. 433. A cet endroit, la pagination, par une erreur typographique, passe de 433 à 354. Dans quelq. exempl., le second titre porte la date de 1654, et dans d'autres, celle de 1666. Dans les premiers, le *Cant Rial*, *Jansenius au rang des Heretiques*, manque, et on le trouve parfois placé, soit au milieu, soit à la fin du vol. Cette pièce forme 4 p., numérotées 63, 64, 65, 66. Dans les derniers, c'est-à-dire dans les exempl. où se trouvent un second titre de 1666, *Jansenius, etc.*, se trouve p. 58, et non 477, comme l'indique la table, et le *Cant Ryal « mes dix coppins et leur mere coppine,»* ne s'y trouve pas.

P. 44, on trouve *L'ombre de David Ferrand*, au lieu de l'*Esmotion Roüennoise*. Dans quelq. exempl., on trouve parfois le 2e titre (1re, 2e et 3e partie de la *Muse normande*, *etc.*), avec l'adresse de *Jean Oursel*, et on a imprimé au verso de ce titre le *Chant Ryal « Jansenius au rang des Hérétiques, »* paginé 2, 3, 4. Cette partie a l'air d'être une réimpression faite quelq. années après. Comme on le voit par ce qui précède, l'impression de ce livre est très irrégulière, et il faut la considérer plutôt comme un recueil de pièces qui ont paru successivement, que comme une impression suivie. La *Muse normande*, livre populaire s'il en fut, n'en est pas moins un recueil inestimable pour qui veut connaître les mœurs et l'esprit du peuple rouennais, et les événements principaux arrivés à Rouen dans la prem. moitié du XVIIe sc., époque où la France était troublée par des dissentions intestines. Sous le rapport du langage, dont la grossièreté est toujours affectée, elle n'est pas moins curieuse: au milieu du patois normand, appelé langue purinique, on rencontre des mots latins et beaucoup de mots forgés.

Ce livre singulier se retrouve également sous le titre suivant:

— De la mvse normande ov recveil de plvsievrs ovvrages facecieux en langue Purinique ou gros normand; *Roven, chez la vefue de D. Ferrand, et Jean Oursel*, 1668, pet. in-8.

On croit que le titre seul a été réimprimé.

—La I. II. et III. partie de la Mvse normande, ov recveil de plvsievrs ovvrages facecieux en langue Purinique ou gros normand; *Roven, chez la Vefue de D. Ferrand, & Jean Oursel, rue du Bec, près le Palais, à l'Imprimerie*, 1666, pet. in-8.

Ce fragment de la *Muse norm.*, a été réimp. à à *Rouen*, s. d. (XVIIIe sc.), pet. in-8 de 24 p., chez *J.-B. Besoyne*, chez *Guill. Dumesnil* et chez *Jean Oursel*, et *Rouen*, s. d. et s. n. d'imp., pet. in-12, avec une grav. sur bois, p. 7, en tête de la Complainte des habitants de St-Nicaise; et *Rouen*, *Lecrêne-Labbey*, s. d., in-12 de 24 p. faisant partie de la *Biblioth.-Bleue*. — Avec l'adresse de *Cologne*, *P. Marteau*, on retrouve encore la *Muse normande*, in-12 de 28 p.

— Les Estrennes de la Mvse normande sur le déréglement du temps qui court. Dédiées aux habitans des terres nouuellement descouuertes; *Roven, chez l'avthevr*, s. d., pet. in-8 de 24 p.

—Les Entretiens de la Muse normande; *Rouen*, s. d., pet. in-8 de 15 p.

—Les Adieux de la Muse normande aux Palinods; *Rouen*, s. d., pet. in-8 de 31 p.

— Le Congé bvrlesqve de l'armée normande; *Roven, iouxte la copie*, 1649, in-4 de 4 ff. (ou 7 p.) En vers. (Mazar.) Il existe de cette pièce une édit., s. l. n. d., de 4 p. L'épithète de *Burlesque* ne se trouve pas au titre; Cardin Besongne l'a publiée, à son tour, sous le titre de : *Congé de l'armée normande*; Paris, 1649, 7 p.

—Les Evretins de la Mvse normande, ov les discours plaisants et récréatifs tenus ces iours Gras chez vne nouuelle accouchée; *Roven, David Ferrand*, 1657, pet. in-8 de 16 p.

—Retablissement de la Muse normande; *Rouen, D. Ferrand*, 1559, in-8.

Ferrand (*David*), poète et impr.-lib. à Rouen, de 1615-1660, né en cette ville vers la fin du XVIe sc., et mort vers 1660, a été l'un des chefs d'une longue famille d'imprimeurs rouennais, qui ont impr. depuis 1571 jusqu'en 1820. Il a composé plusieurs ouvrages singuliers en patois normand rimé, autrement dit en langage purin, langage du peuple de Rouen. Dans sa dédicace de la *Muse norm.* au duc de Longueville, Ferrand rappelle avoir envoyé durant 40 années des pièces à l'Acad. des Palinods. En 1622, il composa une stance qui obtint *le Soleil* pour prix. En 1651, il figure parmi les juges du concours ouvert par cette compagnie. Il était ami de Jean Auvray, dont il publia les OEuvres poétiques, de 1622-1636. Outre les articles que nous avons mentionnés, on doit à D. Ferrand : *Les larmes et complaintes de la reyne d'Angleterre sur la mort de son espoux, à l'imitation des quatrains du sieur de Pibrac* (en vers) Paris, Michel Mettayer, 1649, pet. in-4 de 8 p. (Mazar.) — *La Mvse saincte ov les divins advantages de la sacrée mère de Dieu. Dédiée aux Pelerins et confreres de la devote confrairie de Nostre Dame de Lavrette*; Roven, David Ferrand, 1659, in-4 de 8 p., avec une grav. sur bois au titre représentant N. D. de Laurette. La *Biog. univ.*, t. XIV, indique encore de lui : *Les Rejouissances de la Normandie sur le triomphe de la paix*; Rouen, 1616, in-8, et *Les figures des Métamorphoses d'Ovide, sommairement décrites en vers*; Rouen, 1641, in-8.—V. Guiot, *Hist. des Palinods de Rouen, Dieppe, etc.*, ms.—*Recueil des Palinods*, n° 5, ft. 117, ms., Biblioth. de l'Acad. de Rouen. — Floquet, *Diaire du chancelier Séguier en Norm.*, p. 117. — Th. Le Breton, *Biog. norm.*, t. II.

FERRAND (*J.-B.-Guill.*), chirurgien en chef de l'Hôtel-Dieu de Paris, né à Bolbec, le 13 août 1733, mort à Paris le 10 fév. 1785, est auteur de plusieurs mém., dont : *Dissertation sur l'encéphalocèle*; il a traduit, avec M. Sue le jeune, les tom. 6 et 7 des *Aphorismes de chirurgie de Boerhaave*. V. *Acad. de Rouen*, t. v, p. 334; et Guilbert, *Mém. biog.*, t. 1er, p. 442.

FERRAND (*Olivier*), auteur dramatique de bas étage, naquit le 25 mai 1747, à St-Paul-sur-Risle, commune contiguë à Pont-Audemer, et mourut à Rouen en 1809. Il s'intitulait artiste du Théâtre-des-Arts de Rouen et de celui du Havre, membre de l'Athénée d'Evreux et écuyer de Franconi, homme de lettres à Rouen, rue St-Vigor. Il est auteur d'un très grand nombre de pièces dramatiq., sortes de parodies qui, quoique ne datant que du commencement de ce siècle, sont devenues d'une excessive rareté. Le *Catal. de Soleinne* et la *France littér.*, n'indiquant qu'une partie du théâtre de Ferrand, nous avons cru devoir en donner ici le detail suivant l'ordre de publication :

— Le Savetier de Péronne, com.-vaudev. en vers et en prose, en 1 act.; *Rouen, Imp. de Berthelot, rue des Faulx*, 73 *et* 25, an IX, in-8 de 22 p.

— Sophie et Dorval, ou la Comtesse trompée, com.-vaudev. en 2 act.; *Rouen, Berthelot*, an IX, in-8 de 24 p.

— La Prise de St-Domingue par les Français et les Espagnols, ou la Défaite générale de Toussaint Louverture et ses partisans, drame en 3 act.; *Rouen, Berthelot*, an X, in-8 de 23 p.

— La Paix générale avec les puissances de l'Europe, com.-vaudev. en 2 act.; *Rouen, Berthelot*, an X, in-8 de 24 p.

— Gilles à St-Gorgon, dans les sables, ou la Double-Fête, divertissement comique en 1 acte; *Rouen, Berthelot*, an X, in-8 de 16 p.

— Gilles bloqué par les eaux et par les glaces dans l'isle de la Lacroix, vaudev. en 1 acte; *Rouen, Berthelot*, an X, in-8 de 16 p.

— L'abbé Maurry, ou la suite du Savetier de Péronne, com.-vaudev. en 1 acte; *Rouen, Berthelot*, an X, in-8 de 16 p.

— Le Poète normand, ou l'auteur sans y penser, impromptu-vaudev. en 1 acte; *Rouen, Berthelot*, an X, in-8 de 16 p.

— Le Meûnier général, ou l'Officier trompé, opéra-comiq. en 2 act., fait histor. arrivé au général Lecourbe, à l'armée du Rhin, près Dollingen; *Rouen, Berthelot*, an X, in-8 de 24 p.

— Le Froc aux orties, ou les Vœux forcés, opéra-vaudev. en 2 act.; *Rouen, Berthelot*, an X, in-8.

— La Revue de l'an XI, par le premier Consul, à Rouen et au Havre, opéra-vaudev. en 2 act.; *Rouen, Berthelot*, an XI, in-8 de 24 p.

— Le Naufrage au Port, ou les Evénements malheureux, mélodr. en 1 acte; fait hist. arrivé au Havre le 4 thermidor, an VII; *Rouen, Berthelot*, an XI, in-8 de 16 p.

— Les Enfants de la Lune, ou Zelli ou Celico, parodie du Soleil, pantomime dialoguée en 2 act.; *Rouen*, *Berthelot*, an XI, in-8 de 23 p.

— La Diligence du Havre à Rouen, ou le Conscrit déserteur, com.-vaudev. en 2 act.; *Rouen*, *Berthelot*, an XI, in-8 de 24 p.

— Le Triomphe de la Vertu, ou l'Innocence opprimée, com.-vaudev. en 2 act.: fait hist. arrivé aux généraux français Bonaparte et Berthier; *Rouen*, *Berthelot*, an XII, in-8 de 20 p.

— La Famille indigente, ou le Savoyard généreux; fait hist. arrivé à Rouen; vaudev.; an XII, in-8.

— Les Vélocifères, ou la Manie du jour, impromptu; an XII, in-8.

— Le Réveil des Cloches, ou le Carillonneur du village, divertiss. comique en 1 acte; *Rouen*, *Berthelot*, an XII, in-8 de 16 p.

— Les Aventures militaires, ou la Magie dévoilée, com.-vaudev, en 1 acte; *Rouen*, *Berthelot*, an XII, in-8 de 15 p.

— Le Barbier de Campagne, ou le Provincial à Paris, débarqué par le coche pour voir l'Empereur, pantom. dialoguée; *Rouen*, *Berthelot*, an XIII, in-8 de 8 p.

— Le Mariage de Colombine, ou Arlequin protégé par la fortune, opéra-comiq. en 2 act.; *Rouen*, *Berthelot*, an XIII, in-8 de 12 p.

— Le Poëte au Manége, ou l'Auteur de Normandie protégé d'Appolon, proverbe nouv. en 1 acte, mêlé de calembourgs et vaudevilles; *Rouen*, *Berthelot*, an XIII, in-8 de 8 p.

— Les Brigands de la Vendée, ou les Malheurs du Calvados, drame en vers et en prose, en 3 act.; fait hist. arrivé à Passy-sur-Eure, près Evreux; *Rouen*, *Berthelot*, an 1er de l'Empire franç. (1804), in-8 de 18 p.

— L'Inconnu généreux, ou les malheurs du Houlme, mélod.; Rouen, 1804, in-8.

— On y tient bien, ou la suite de On n'y tient pas, folie-proverbe à l'occasion du couronnement de notre Empereur, roi d'Italie; *Rouen*, *Berthelot*, an 1er de l'Empire (1804), in-8 de 8 p.

— Le Faux Jardinier, ou les intrigues d'amour, opéra mêlé de vaudev., imité des auteurs Piis et Barré; *Rouen* (1804), an 1er de l'Emp., in-8 de 12 p.

— L'Honnête Auvergnat, ou l'orphelin reconnu, fait hist. en 3 act.; *Rouen* (1805), an II de l'Emp., in-8 de 12 p.

— La Prise de Vienne ou l'écrivain public, impromptu-vaud.; *Rouen*, *Berthelot* (1805), an II de l'Emp., in-8 de 8 p.

— La Bataille d'Austerlitz, ou la Journée mémorable des trois empereurs, scène milit., avec vaudev.; an XI (1805), in-8.

— La Reddition de Gaëte, ou la défaite des Anglais et Napolitains, trag. en 3 act. et en vers, an XI (1805), in-8.

— St-Romain, ou la foire du Pardon, dialogue et divertiss.; *Rouen*, *Berthelot*, an XIV, in-8 de 4 p.

— La Prise de Berlin, ou la défaite des Prussiens, coméd.-vaudev. en 2 act.; *Rouen*, *Berthelot*, 1806, in-8 de 12 p.

— Le Ridicule perdu et retrouvé, ou le bailli amoureux, opéra-comique; *Rouen*, *Berthelot*, 1806, in-8 de 8 p.

— La Paix avec les puissances du Nord, impromptu; *Rouen*, *Berthelot*, 1807, in-8 de 8 p.

— L'Auteur vengé, ou les deux Ecrivains rivaux, com. imitée de Boileau, en 1 acte; *Rouen*, *Berthelot*, 1807, in-8 de 12 p.

— Eloge au mérite et hommage aux talents. A l'occasion des débuts de Mlle Contat à Rouen, impromptu; *Rouen*, *Berthelot*, 1807, in-8 de 4 p.

— La Fausse Malade, ou l'officier médecin, parodie du *Malade imaginaire*, imitée de Molière, com.-vaud. en 1 acte; *Rouen*, *Berthelot*, 1807, in-8 de 12 p.

— Le Mort vivant, ou l'auteur ressuscité, divertissement de Carnaval; *Rouen*, *Berthelot*, 1807, in-8 de 12 p.

— Les Aventures du jour, ou les effets de l'amitié, fait hist. en 1 acte; *Rouen*, *Berthelot*, 1807, in-8 de 8 p.

— La Conquete du Portugal, ou les Français à Lisbonne, fait hist. en 2 act.; *Rouen*, *Berthelot*, 1808, in-8 de 12 p.

— L'Espagne régénérée, fait hist. en 1 acte; *Rouen*, *Berthelot*, 1808, in-8 de 8 p.

— Les Evénements d'Espagne, com.; *Rouen*, 1808, in-8.

— Coco à Paris, ou la Directrice de spectacle, parod. du *Directeur dans l'embarras*, imitée de Molière, com. en 2 actes; *Rouen*, *Berthelot*, 1808, in 8 de 12 p.

— Les Aguignettes à ma tante, ou les Etrennes du jour de l'an, rapsodie; *Rouen*, *Berthelot*, 1808, in-8 de 8 p.

— La Visite du jour de l'an, ou l'arrivée des oranges, divertissement; *Rouen*, 1808, in-8.

— Les Evénements d'Espagne, ou la prise de Madrid par les Français, pièce tragi-comiq., vers et prose; *Rouen*, 1808, in-8.

— La Cocotte, ou la maladie à la mode, impromptu; *Rouen*, *Berthelot*, s. d., in-8 de 4 p.

— La Revue de la Garde nationale et départementale de Rouen, à-propos; *Rouen*, *Berthelot*, s. d., in-8 de 4 p.

— Les Fromages à la crème, ou l'assemblée de Sotteville, impromptu; *Rouen*, *Berthelot*, s. d., in-8 de 4 p.

— La Foire de Bonne-Nouvelle, ou l'ouverture du Grand-Cours, rapsodie et divertiss., *Rouen*, *Berthelot*, s. d., in-8 de 4 p.

— Les Aventures de St-Romain, fait hist. tiré de l'hist. de Rouen, dans son origine, divert.; *Rouen*, *Berthelot*, s. d., in-8 de 4 p.

— La Fête de St-Gorgon, ou les aventures de l'assemblée, divertiss.; *Rouen*, *Berthelot*, s. d., in-8 de 4 p.

— La Fête du château, ou l'anniversaire et les miracles de St-Gorgon, divertiss.; *Rouen*, *Berthelot*, s. d., in-8 de 4 p.

— La Reprise de Vienne par l'Empereur, ou l'Allemagne reconquise par les Français, mélod. hist. en 3 act.; *Rouen, Imp. de Le Borug, rue Martinville*, 118, s. d., in-8 de 16 p.

— Les Aventures de la Suède, ou les revers de Stockholm, impromptu hist. en 1 acte; *Rouen, Berthelot*, s. d., in-8 de 8 p.

— Le Passage du Danube, fait hist. en 2 act.; *Rouen*, s. d., in-8.

— La Reprise de Varsovie par l'Empereur Napoléon, com. en 2 act.; *Rouen*, s. d., in-8.

Les pièces de Ferrand, en l'an IX et X, se vendaient à Rouen, au prix de 10 c. chacune, chez Buhot, lib. sur le port, n° 44, tenant magasin de pièces de théâtre et cabinet littéraire.—Nous indiquerons, comme se rattachant à Oliv. Ferrand, les 2 opuscul. suiv.:

— L'École des Poëtes, com.-vaud. en 1 acte, en vers et en prose, paroles de J. B. Bailly, homme de lettres; *Rouen, Berthelot*, 1807, in-8 de 12 p. Critique dirigée contre Ferrand.

— Les Muses éplorées, ou Gilles, régisseur du Parnasse, pour servir d'apothéose au célèbre Ferrand, par le citoyen Levasseur; *Rouen, Imp. de Pierre Leconte*, an IX, in-8 de 20 p.

Au recto du 2e ft., on voit une mauvaise grav. sur bois représentant le poëte Ferrand, la tête ceinte d'une couronne de laurier, monté sur Pégase et lancé en l'air par l'hypocrène. Au-dessous, on lit ces lignes :

Sept villes de la Grèce ont disputé l'honneur
D'avoir donné la lumière
Au chantre d'Ilion. Et du nouveau Voltaire,
Du célèbre Ferrand, et la Bouille et Honfleur,
Et le Havre et Rouen, veulent être la mère.

MM. Canel et Lebreton ont écrit la vie de ce singulier personnage. La Biblioth. de Rouen possède la majeure partie de ses pièces.

FERRARE (*Charles*), sieur du Tot, conseiller au Parlement de Norm., né à Rouen, et mort en 1694, a publié : *Relation de la Cour de Rome faite l'an* 1661, *au conseil du Pregadi* (Venise), *par Angelo Corraro ; Leyde* (Amst. Elzevier), 1663, in-12. (Il y a une édit. italienne de 1662, pet. in-12.); — *Epicedium piis manibus Pellot senatus Rotomagensis principis. autore D. D. T. F.*; Rotomagi, 1686, in-4.

FERRÉ DES FERRIS, membre du conseil gén. de la Manche, représentant du même dép. à l'assemblée législ. en 1849, né à Passais (Orne), le 30 déc. 1805, se fixa dans son domaine du Teilleul (Manche), où il créa un établissem. industriel fort utile à la contrée. L'agriculture lui doit des améliorations importantes

FERRET (*J.-B.*), peintre, né à Evreux, est mort en 1625.

FERRIER (*Louis*), auteur dramatique, d'origine provençale (vers 1652), mais ayant passé la plus grande partie de sa vie près de Villequier (S.-Inf.), au château de la Martinière, dont il avait hérité et où il mourut en 1721. Il a composé dans cette résidence la tragédie d'*Adraste* (1681) et celle de *Montezuma, dernier roi du Mexique* (1702).

FERRIÈRE (*Hector* de la). Histoire de Flers, etc. V. La Ferrière.

FERRIÈRES (*Raoul* de). Les Chansons de Messire Raoul de Ferrieres tres ancien poète normant (XIIIe sc.), nouuellement imprimées à Caen — Et sont à vendre en la froide rue; in-16 goth. de 23 p., avec une vign.

Au recto du dern. ft., on lit : *Cy finissent les chansons de Messire Raoul de Ferrieres imprimees pour la premiere fois à Caen chez F. Poisson et fils par les soins et aux despens de G. S. Trebutien, du Cinglais. Et fut acheue le vi jour de feurier* M.D.CCC. *et* XLVII. Tiré à 120 exempl.

Raoul de Ferrières, originaire de Norm., était fils de Hugues, seigneur d'Osmonville. En 1209, il combla de bienfaits l'abbaye de la Noë, dans le diocèse d'Évreux. Les chansons que Raoul de Ferrières a composées sont écrites dans le genre érotique. V. Mss. de Cangé, *Bibl. Imp.*, et De la Rue, *Essais sur les Bardes*, t. III, p. 198-201.

M. Louis Lacour a publié, en 1856 : *Les Chansons et Saluts d'Amour de Guill. de Ferrières, dit le Vidame de Chartres* (probablement de la même famille que le précédent); Paris, Aug. Aubry, pet. in-8 de 80 p.

FERRIÈRES (*Ch.-Élie* de). Eloge de Bréquigny; *Mélanges de littér. et de morale;* Poitiers, Catineau, 1798, in-8 de 80 p.

FERRO (*Marcel*). Della natura e qualita de primi Normanni, che se fissarono nel regno nel XI seculo, e dell indispendenza di Ruggiero Bosso primo conte di Calabria e di Sicilia, dissertazione di Marcello Ferro; *Napoli*, 1765, in-4.

FERRY. Notice relative à la construction de la roue hydraulique de Romilly, sur la rivière de l'Andelle (Eure), par Ferry, ing.; *Paris, Carilian*, 1836, in-8, avec pl.

Ext. des *Annales des Ponts et Chaussées*, 1836, 1re série.

FERTÉ (*Emery-Marc* de la). V. La Ferté.

FERY (le R. P.). Mémoire sur les eaux du lieu de santé de Rouen, par le R. P. Fery, minime à Rouen; 1759, in-f. ms. (Bibl. de Rouen.)

FESSIER (le). Je ne m'y attendais pas, ou réponse de M. le Fessier, évêque du dép. de l'Orne, et député à l'Assemblée nationale, à la dénonciation du sieur la Houardière (25 oct.); *Paris, Boulard*, s. d. (1791), in-8.

FESTIN NUPTIAL (le), dressé dans l'Arabie heureuse, au mariage d'Esope, de Phèdre, de Pilpaï, avec trois fées (Esopine, Phedrine et Pilpine), divisé en trois tables, par M. de Palaidor; *A Pirou en Basse-Normandie, chez Florent-à-fable* (J.-B. Liener), *à l'enseigne de la Vérité dévoilée*, 1700, in-12 de 384 p.

Au verso du titre se trouve une prétendue approbation, datée de Cherbourg et signée Appolinaire Fabien. « Ce livre, assez difficile à rencontrer, (dit F. Pluquet, *Curiosités litt.*, p. 24), est une espèce de satyre en mauvais vers, dont le cadre est une traduction ou plutôt un travestissement des principales fables d'Esope, de Phèdre et de Pilpaï. Il est terminé par une table ou clef, qui fait connaître les événements ou les personnes auxquelles ces fables font allusion. Barbier, dans son *Examen critique des Dictionn. hist.*, attribue ce livre à Jean-Chrysostôme Bruslé de Montpleinchamp, chanoine de Ste-Gudule de Bruxelles, et dit qu'il fut impr. dans cette ville. Il faudrait donc supposer que ce chanoine était né dans le Cotentin, ou qu'il y avait longtemps séjourné, car son livre est rempli d'allusions à des personnes ou à des événements de ce pays. » Ch. Nodier (Catal. 1844) qualifie cette singulière composition de chef-d'œuvre du plat, du ridicule et de l'absurde. Bruslé de Montpleinchamp, né à Namur, est auteur d'un grand nombre d'ouv., impr. avant 1700, et dont on trouve la liste dans l'*Examen des Dictionn. hist.* précité. — V. F. Pluquet, *Ann. de la Manche*, 1832.

FÊTE civique célébrée le 30 pluviose an IIe de la républ. dans la commune de Caen pour l'anniversaire de la mort du dernier de nos tirans, et l'inauguration du temple de la raison; *Caen, imprimerie nat. du dép.*, in-4 de 15 p.

FESTE de l'université de Caen. Extraite d'une lettre de M. de C., du 5 déc. 1729; *Mercure*, 1729, p. 3044-3055.

A l'occasion de la naissance du Dauphin.

FESTE donnée (à Caen) par M. de Vastan, intendant de Basse-Normandie; Ext. d'une lettre écrite le 5 oct. par M. D. à M. M.; *Mercure*, 1729, p. 2578-2583.

A l'occasion du même événement. V. VASTAN.

FÊTES des bonnes gens de Canon, etc. V. LEMONNIER.

FESTES données à S. A. S. Madame la duchesse (de Bourbon) au mois d'aoust; *Forges*, 1737, pet. in-8 de 34 p., outre le titre et l'errata.

On y trouve 2 divertissem. dial. en vers: *la Noce de village* et *la Fée Vaporine*.

FESTES (les) du Vieux Palais (de Rouen); *Rouen, Vaultier*, s. d., in-4 de 4 p.

FETIS. Plan de la ville d'Evreux, 1745, dessiné par Fetis, gravé sur pierre par Monnier, lith. par L. Tavernier; *Evreux*, 1847, 1 f[lle].

FEUARDENT (*François*). Histoire de la Fondation de l'eglise & abbaye du Mont Sainct Michel, au péril de la mer, & des miracles, reliques et indulgences données en icelle. Le tout recueilly des archives dudit lieu; *Constances* (Coutances), 1604, pet. in-12; — *Constances, Jean Le Cartel*, 1611, in-24, — et *Constances*, 1616, in-24.

Adrien Pasquier, dans sa *Biog. norm.*, cite des édit. de Constances, 1624, in-12; d'Avranches, Menuet, 1664, in-12. Cette dernière présente une légère différence dans la rédaction du titre : *La fondation de l'église et abbaye du Mont-St-Michel, des miracles, reliques et indulgences*; par le P. Feu-ardent. (V. Beziers, *Hist. de Bayeux*, p. 141.) A la liste des édit. de cet ouv. souvent réimprimé, nous ajouterons les suiv. :

— Histoire abrégée du Mont-St-Michel, pet. in-12, s. d. (probablement imp. à Avranches dans le XVIIe sc.)

Cette édit. contient une liste des reliques conservées au Mont-St-Michel, liste qui ne se trouve pas dans les réimpressions modernes.

— Histoire de la fondation de l'église et abbaye du Mont-St-Michel; *Avranches*, s. d., pet. in-12.

— Dito; *Avranches, Le Court*, 1818, in-18.

— Dito, édit. augmentée d'un avertissement aux dévots pélerins; *Avranches, Aimé Tribouillard*, 1827, in-18.

L'Histoire du Mont-St-Michel par le P. Feuardent a été traduite en italien :

— Historia della fondazione della chiesa e badia del Monte di S. Michele in Francia, detto in tomba, o vero in pericolo del mare, e de miracoli raccolti dagli archivi di detto luogho per Fra Francesco Focoardente, nuovamente tradotta della lingua francese nell' italiana; *In Napoli*, 1620, in-8.

FEUARDENT ou FEU-ARDENT (*François*), D[r] en théologie et religieux des Cordeliers de Bayeux, *homme bien digne de son nom* (Feu-Ardent), dit avec assez de raison le protestant Daillé, naquit à Coutances en 1541, et mourut à Bayeux le 10 janv. 1610. Il se montra l'un des plus fougueux partisans de la

Ligue, qu'il soutint à la fois par ses prédications et par ses écrits. Indépendamment de l'*Hist. du Mont-St-Michel*, Feuardent est auteur d'un grand nombre d'ouv. composés en latin ou en franç., entre autres, de :

— Réponses modestes aux aphorismes et furieuses répliques de Maistre Jehan Brouaut, jadis prieur de St-Eny, et à présent, puisqu'il lui plaist, ministre de Carentan, médecin, peintre, poète, astrologue, philosofe (*sic*), académique, alchimiste, mathématicien, géographe, musicien, organiste, sergent, tabellion, joueur de flute, de viole, de rebec, de tambourin, de harpe, de manicordion, de mandole, et d'autres instruments qu'il scait bien; *Caen, Tite Haran*, 1601, pet. in-12 de 314 p. (V. Brouaut.)

— Entremangeries et guerres ministrales, c'est-à-dire contradictions, injures, condamnations et exécrations mutuelles des ministres et prédicans de ce siècle, par le frère *Fev-Ardent; Caen, par Tite-Haran*, 1601, pet. in-8.

Cette édit. est moins complète que celle de Paris, 1604, dont le titre a été ainsi modifié :

— Entremangeries et guerres ministrales, c'est-à-dire haines, contradictions, accusations, condamnations, malédictions, excommunications, fureurs et furies des ministres de ce siècle, les uns contre les autres, touchant les principaux fondements de la foy et de la religion chrestienne; 3e édit., *Paris, ve Nivelle*, 1604, pet. in-8 de 389 p.

— S. Irenæi, Lugdunensis episcopi, adversus Valentini et similium Gnosticorum hæreses libri V, opera et studio Fr. Feu-Ardentii; *Paris., Nivellius*, 1576, in-f., et réimp. depuis.

Les annotations de Feu-Ardent ont été reconnues assez utiles pour être reproduites en partie dans l'édit. d'Irénée, publiée à Oxford par J. Ernest Grabe, en 1702, in-f., et dans celle des Bénédict., Paris, 1710, in-f.

Niceron et la *Biog. univ.* font naître Feuardent en déc. 1539, et le font mourir à Paris, le 1er janv. 1610. V. *Joannis Roanni panegyricus Fevardentinus, etc.*; Parisiis, 1603, in-4; — Niceron, *Mém.*, t. XXXIX, p. 311-325; — et la notice de M. Pillet, *Ann. de la Manche*, 1844.

FEUARDENT (*F.*). Nouveau Guide du Voyageur à Cherbourg, ouv. rédigé sur un plan tout à fait nouveau et qui permettra aux voyageurs de voir en très peu de temps la ville, le port militaire et tous les environs, depuis Flamanville jusqu'à St-Vaast-la-Hougue; *Cherbourg, Feuardent*, 1854, in-12, avec un plan.

M. Feuardent est, de plus, auteur d'une dissertation intitulée : *Essai d'attribution d'époque à l'émission des pièces d'Hannibalien, neveu et gendre de l'empereur Constantin*; Cherbourg, Coupey, 1857, in-8 de 12 p.

FEUGA (*J.-J.* de). La vie et la mort du B. martyr S. Léon, évêque de Rouen, etc. V. St-Léon.

FEUGÈRE (*Guill.*), ministre protestant, né à Rouen, mort en 1613, a publié des ouv. de controverse.

FEUGERE (*Léon*). Daniel Huet; *Paris, Imp. de Dupont*, 1854, in-8 de 16 p.

Fragment de critique littéraire ext. du *Journ. de l'Instruction publ.*, et destiné à faire partie d'une série d'études sur les anciens écrivains français.

FEUGRAY (*L.* du). Recherches, propositions et considérations sur les nivellements et les fontaines publiques, à exécuter et à établir dans la ville de Caen; *Caen, Imp. de Delos*, 1851, in-8 de 176 p.

On a joint à cet écrit un plan de distribution des eaux sur tous les points de la ville, un projet de fontaine pour la place St-Sauveur et une coupe de terrain géologique de Caen et des environs dans leurs rapports avec les eaux jaillissantes.

V. à ce sujet le Rapport présenté par M. Guernon-Ranville, au nom de la Commission des Fontaines publiques, *Mém. de la Soc. d'Agr. et de Comm. de Caen*, t. v (1852), p. 518-530.

Sous le titre de : *Eaux et Fontaines publiques de la ville de Caen*, M. Du Feugray a publié plusieurs articles dans le journal de Caen intitulé : *l'Ordre et la Liberté*.

— Généalogie de la famille Picquot de Magny; *Caen, Imp. de Buhour*, 1852, in-8 de 116 p.

— Nivellement et distribution des eaux dans la ville de Caen; *Ann. norm.*, 1854, p. 87-92.

— Chemin de fer de Paris à Cherbourg par Chartres, Alençon, Falaise, Caen, Bayeux, etc. Réfutation des discours prononcés dans les séances des 2 et 3 mai dern. (1851), par MM. Passy, de Vatimesnil et Thiers, faite au Conseil d'arrondiss. de Caen; *Caen*, 1851, in-8.

M. du Feugray a publié, de 1845-1854, plusieurs mém., tant sur ce chemin que sur l'établissement d'une station à Caen.

— De la rue de la Boucherie, à l'occasion de la demande d'élargissement formée depuis plusieurs années, par quelques-uns de ses propriétaires et habitants; *Caen*, 1853, in-8.

FEUGRAY (*Nic.-Louis* Pépin du), ancien préfet, membre de l'Acad. de Caen, du Conseil municipal de la même ville, etc., né à Mortain, le 8 juin 1786, est mort à Caen le 18 mars 1855. V. une Notice par M. G. Mancel, *Mém. de l'Acad. de Caen.*

FEUGUERAY (*Guill.*) ou **FEUGUERÉ**, pasteur de Rouen, né dans cette ville, est mort en 1613, dans un âge avancé. En 1565, il desservait l'église d'Esneval, près de Pavilly, et à l'époque de la St-Barthélemy, il était ministre à Longueville, d'où il passa en Angleterre. Après avoir été professeur de théologie à Leyde, où son enseignement attira un grand nombre d'étudiants, il revint à Rouen vers 1583, comme pasteur. On le retrouve en 1590 desservant, avec de Licques, l'église de Dieppe, qu'il ne quitta qu'après la soumission de Rouen à Henri IV. On a de Guill. Feugueray plusieurs ouv. de théologie, écrits en latin, et publiés de 1579-1600. V. *France protest.*, t. V, p. 109.

FEUTRIE (Levacher de la), littérateur et auteur d'ouv. de médecine au XIXe sc., est né à Breteuil (Eure).

FIEFS DE NORMANDIE. Ancien dénombrement des fiefs de Normandie; in-f. ms.; *Bibl. Impér.*, *fonds Colbert*, n° 3,243, (P. Lelong, n° 39,928.)

—Extrait de la Chambre des Comptes de Paris, sur les fiefs de Normandie, hommages et redevances appartenant à la couronne, avec la fondation et noblesse ancienne du Maine; in-f. ms. (P. Lelong, n° 39,929.)

— Extrait de la même Chambre sur les fiefs tenus du Roi en Normandie, Picardie, Champagne, Bourgogne, etc., l'an 1326; in-f. ms. (P. Lelong, n° 39,930.)

FIÉRABRAS DU MOTTÉ (Hervé), chirurgien, né à Alençon, dans le XVIIe sc., a publié : *Méthode de Chirurgie*; Paris, 1683, in-12.

FIERTE. V. *Privilége St-Romain* et *St-Romain.*

FIERVILLE (de). Caco-gynie ou méchanceté des femmes, par le sieur de Fierville, de l'Aigle; *Caen, Michel Yvon*, 1617, pet. in-12.

Cet ouvrage a été réimp. sous le titre : *La Méchanceté des femmes, par le sieur de D. F. D. L.*; Paris, Nic. Roussel, 1618, in-12.

FILHET (*Gilbert* ou *Philibert*), sieur de La Curée, gouverneur de Dieppe, puis lieutenant du roi à Vendôme, se montra, suivant Daval (*Hist. de l'église de Dieppe*), vaillant et équitable. Ce témoignage a été confirmé par l'historien de Thou. Envoyé par Coligny à Dieppe, comme successeur de Gausseville, il y fut remplacé par Sigognes, contre le vœu des catholiques eux-mêmes, qui aimaient son administration sage et modérée. Il mourut assassiné en 1564, dans le Vendomois, où il était lieutenant de Jeanne d'Albret. V. *France protest.*, t. V, p. 110.

FILLASTRE (Dom *Guill.*). Défense de l'exemption et de la jurisdiction de l'abbaye de Fécamp, pour servir de réponse à la requeste et au mémoire de M. l'archevêque de Rouen et de M. l'archev. de Carthage, son coadjuteur; 1695, in-f. de 196 p.

M. de Colbert était alors archev. de Rouen. « Nulle part, dit M. l'abbé Cochet, dans ses *Eglises de l'arrondiss. du Havre*, p. 330, Dom. Guill. Fillastre ne déploya plus de science historique et ecclésiastique que dans cet écrit, qui demeura sans réponse et resta maître du champ de bataille. » V. *Factum.*

— Réponse aux raisons qu'apporte l'archevêque de Rouen contre l'exemption de l'abbaye de Fescan; in-f. (P. Lelong, n° 11,917.)

Fillastre (Dom *Guill.*), né en 1634, à St-Martin-du-Tilleul (près d'Etretat), est mort à Fécamp, le 6 déc. 1706. V. D. Le Cerf, *Biblioth. des auteurs de la Congrégation de St-Maur;* 1726, p. 128. — Notice de l'abbé Cochet.

FILLES (les) mariées dans la ci-devant province de Normandie, à la convention nat.; *Paris, Imp. de Desenne*, 1793, in-8.

Au sujet de la loi des successions.

FILLEUL (*Nicolas*). Les Théâtres de Gaillon (en vers) à la Royne; *Rouen, Georges Loyselet*, 1566, pet. in-4. de 52 ff. Sign. A-Nii.

Ce vol. contient 4 églogues et 2 tragéd. : *Les Naïades ou naissance du Roy; Charlot; Téthys*, et *Francine*, qui furent représentées en l'Isle heureuse, devant le roi et la reine; *la Lucrèce*, trad. en 5 act., et *les Ombres*, com. en 5 act., représ. devant Charles IX, au château de Gaillon, les 26 et 29 sept. 1566.

Filleul (*Nic.*), poète dram., né à Rouen, vers 1530, mort vers 1575, a publié, indépendamment de ce théâtre : *Le dicours de Nic. Filleul, Normant;* Rouen, Martin le Megissier, 1560, in-4. (Recueil de sonnets moraux). — *Achille, tragéd. franç.* (5 act. en vers), *qui a esté jouée publicquement au collége de Harcourt, le 21 déc.* 1563; Paris, Thomas Richard, 1563, in-4 de 32 ff. chiff. — *La Couronne de Henry le Victorieux, roi de Pologne*; Paris, Gabriel Buon, 1573, in-4, etc.— V. *Biblioth. du Théâtre-Franç.*, t. I, p. 175.

FILLEUL DES GUERROTS. V. Le Filleul.

FILLON (*Arthur*), curé de St-Maclou, 1510-1518, chanoine et grand vicaire du cardinal Georges d'Amboise, né à Verneuil, dans le XVe sc., est mort le 26 août 1526. Il passait pour un des meilleurs prédicateurs de son temps. Son éloquence le fit élire, jusqu'à neuf fois, député aux états-généraux; il devint ensuite évêque de Senlis. Ce théologien a composé plusieurs ouv. en français et en latin, dont :

— Speculũm curatorum una cum confessionali ac tractatu de misterio misse; *Impressum Rothomagi, per Radulpho Gaultier*, s. d., pet. in-8, goth.

— Dito.... ; Exaratum rothomagi in officina michaelis et giraldi dictorum angier nec non Jacobi berthelot in parochia S^ti Martini juxta pontem moram tenẽn;— *Imprime a rouen pour Michel et Girard diets anger et Jacques berthelot demourant a Rouen en la grande rue du pont devant St Martin et a Caen à limage St Michel près les cordeliers*; s. d., in-8, goth. (Bibl. de l'abbé De la Rue.) —V. Ouin Lacroix, *Hist. de l'église St-Maclou*, de Rouen, p. 67, 98, 102 et passim.

FINEL (*Jacq.*), l'un des plus zélés collaborateurs du P. Eudes, consacra une partie de sa fortune à la fondation du séminaire de Caen, et écrivit la vie du fondateur des Eudistes dans un ouv. resté ms., et qui est intitulé : *Verba dierum*. Né à Marchesieux (Manche), il mourut à Coutances en 1652, à l'âge de 54 ans. V. Vie du P. Eudes, par le P. de Montigny; *Paris*, 1827, in-12.

FIOT (*A.-H.*). L'amovr fantasqve ou le jvge de soy mesme, com. en 3 act. (en vers); *Roven*, *J. B. Besongne*, 1682, pet. in-12 de 6 ff. et 46 p., avec épître dédicatoire à M. Le Guerchois.

La scène se passe dans une petite ville de Normandie.

FIQUET DU BOCCAGE. V. Boccage.

FISCHLIN. Mémoire sur le tic facial; *Rouen*, *Imp. de Mégard*, 1840, in-8.

L'auteur, anc. chirurgien de l'armée, exerçait la médecine à Sotteville, près Rouen.

FITZ-STEPNEN (*Guill.*), moine de Cantorbery au XIIe sc., est auteur d'une *Vie de S. Thomas de Cantorbery*, archev. et martyr, qui fut assassiné sous ses yeux. Cette biogr. a été impr. à la suite de la *Descript. de Londres, par Stowe*.

FLACHAT (*Stéphane*) fils. Du Canal maritime de Rouen à Paris, et des perfectionnements de la navigation intérieure par rapport à Marseille, Bordeaux, Nantes, le Havre, Metz et Strasbourg; *Paris*, *F. Didot*, 1829, in-8.

FLACHAT (*Stéphane*) et BAYARD DE LA VINGTRIE. Canal maritime de Paris à Rouen. Rédigé par MM. Stéphane Flachat et Bayard de la Vingtrie. Publié par la Compagnie soumissionnaire; *Paris*, *F. Didot*, 1829, 4 part. in-8, avec une carte.

Cette grande entreprise n'a même pas été commencée.

FLAMARE (*M.* de), prêtre, écrivain controversiste, né aux environs de Rouen vers la moitié du XVIIe sc., est mort en 1710. Il abandonna la religion protestante pour embrasser le catholicisme. On lui doit :

— Conformité de la créance de l'Eglise catholique, avec la créance de l'Eglise primitive; et différence de la créance de l'Eglise protestante d'avec l'une et l'autre; *Rouen*, *N. Letourneur et J.-B. Besongne*, 1701, 2 v. in-12.

— Dito; *Rouen*, *Lallemant*, 1755, 2 vol. in-12.

L'abbé de Flamare a inséré dans cet ouv. le traité de Jacq. Basnage, intitulé : *La Communion sainte, ou Traité sur la nécessité et les moyens de communier dignement, etc.*

FLAMBEAU ASTRONOMIQUE (le) ou Calendrier royal pour la connaissance des temps. Par H. R. B.; *Rouen*, *Ph. P. Cabut*, ann. 1712 à 1745, 34 vol. pet. in-12.

Recueil composé par Henry Halley, religieux bénédictin de Grestain, près d'Honfleur, et mort prieur de l'abbaye de Lepay en 1755, âgé de 90 ans. Cette collection d'alm. de Rouen est rare; elle renferme des articles curieux sur la Normandie, et particulièrement sur la ville de Rouen.

FLAMEL (*Nicolas*), écrivain-libraire, juré en l'université de Paris, alchimiste sur le compte duquel les récits les plus extravagants ont été faits pour charmer, dit-on, la folie du roi Charles VI; né à Pontoise, il est mort en 1409. V. Vallet de Viriville, *Des ouvrages alchimiques attribués à Nicolas Flamel*; Paris, Imp. de Lahure, 1856, in-8 de 28 p. (Ext. des *Mém. de la Soc. des Antiq. de France*, t. XXIII.)

FLAMES (les) prins à Cherebourg par les habitans de la ville, etc. V. *Faitz et gestes, etc.*

FLAUBERT (*Achille-Cléophas*), né à Mézières (Aube), le 15 nov. 1784, mort à Rouen, le 15 janv. 1846, fut pendant 32 ans chirurgien en chef de l'Hôtel-Dieu de cette ville. Rouen le compte avec raison parmi ses illustrations les plus nobles et les plus pures. Son buste en marbre a été placé dans l'une des salles de l'Hôtel-Dieu.

M. Flaubert a publié les 2 mém. suiv. : *Observ. sur une nouv. manière de pratiquer chez les femmes la lithotomie*; Acad. de Rouen, 1815. — *Mém. sur plusieurs cas de luxation dans lesquels les efforts pour la réduction ont été suivis d'accidents graves*; Répert. d'anatomie et de physiologie, 1827. — V. *Journ. de Rouen*, 18 janv. 1846; et une Notice biogr. par M. A. Védie; *Rouen*, 1847, in-8.

FLAUBERT (*Achille*), fils aîné du précédent, succéda à son père comme chirurgien en chef de l'Hôtel-Dieu de Rouen. Nous ne connaissons de cet habile praticien qu'un seul écrit: *Quelq. Considérations sur le moment de l'opération de la hernie étranglée* (thèse); Paris, Rignoux, 1839, gr. in-8 de 46 p.

FLAUBERT (*Gustave*), frère du précédent, homme de lettres, né à Rouen, et résidant habituellement à Paris, est auteur de: *Madame Bovary, mœurs de province*; Paris, Michel Lévy, 1857, 1 vol. in-12 en 2 part., formant ensemble 490 p. Quelq. exempl. ont été tirés sur pap. fort et brochés en 1 seul vol. — Dito, nouv. édit.; *Paris, Michel Lévy frères*, 1858, 2 vol. in-18, jésus, de VIII et 490 p.

Cet ouv. a d'abord paru dans la *Rev. de Paris*, 1856, oct., nov. et déc., et reproduit dans le *Nouvelliste de Rouen*, nov. et déc. même année. — La scène se passe dans le dép. de la S.-Inf., principalement à Tôtes et à Yonville-l'Abbaye. — V., parmi les comptes-rendus de cette publication dont la presse s'est beaucoup occupée: Sainte-Beuve, *Moniteur univ.* du 4 mai 1857, — et J. J. Weiss, *Revue contemporaine*, 15 janv. 1858.

FLAUST (*J. B.*). Explication de la Coutume et de la Jurisprudence de Normandie, dans un ordre simple et facile; *Rouen, chez l'auteur*, 1781, 2 vol. in-f.; *Caen*, et *Rouen, Oursel*, 1785, 2 vol. in-f.

Cet ouv., imprimé par Louis Oursel, a été acquis par lui après la mort de l'auteur. C'est alors qu'il a fait tirer de nouv. titres avec la la date de 1785.

FLAUST (*Jean-Baptiste*), avocat au Parlem. de Rouen, syndic perpétuel du collége des avocats en la cour des comptes, aides et finances de Norm., né à Vire en 1709, est mort en sa terre de St-Sever, près Vire, le 21 mai 1783. Ce savant jurisconsulte consacra, dit-on, 40 années au grand travail que nous citons et qui forme, en quelque sorte, le résumé des divers commentaires sur la cout. de Norm. Les ouv. de Basnage et de Flaust sont presque les seuls consultés de nos jours sur l'anc. droit normand.

FLAUST (*Pre Marie J. B.*), fils du précédent, lieut. gén. au bailliage de Vire, membre de l'assemblée et commission intermédiaire provinciale de la généralité de Caen, né à Rouen, le 19 oct. 1762, fut député de Caen à l'assemblée nat. 1789.

FLERS (l'abbé de). Eloge de Fontenelle; 1784, in-8.

FLEURIAU (*Fr.-Pierre*), peintre, et prem. conservateur du musée de Caen, né dans cette ville, en 1765, y est mort le 15 sept. 1810. — V. Notice, par M. G. Mancel, *Catal. du Musée de Caen*, p. 13. — Le portr. de Fleuriau, peint par Robert Lefèvre, se voit au musée de Caen.

FLEVRS (les) de la maison de ville de Roven, etc.; 1674. V. ISLES-LE BAS (les).

FLEURY (le cardinal de). Oraison funèbre de S. E. M. le cardinal de Fleury, prononcée au service fait par ordre de l'Université de Caen, dans l'église des Cordeliers, le 11 juin 1743; *Caen, A. Cavelier*, 1743, in-4.

FLEURY (*André-Hercule* de), cardinal-ministre, né à Lodève en 1653, et mort en 1743, est classé parmi les bienfaiteurs de la Biblioth. de Caen, où figure son portr. Il était abbé commendataire de l'abbaye de St-Etienne de cette ville.

FLEURY (*Franç.-Michel*), curé de Linière-la-Quarelle, près d'Alençon, né à Alençon, vers le milieu du XVIIIe sc., est mort le 19 avril 1781. Ecclésiastique à idées bizarres, il est auteur d'un écrit intitulé: *Réponse de la messe par les femmes, ou Réponse à une lettre anonyme*; Alençon, 1778, in-8. V. DAMOIS, auteur de la lettre dont il s'agit.

FLEURY (*Hipp.*), poète, né à Lisieux, est auteur de: *Les Tartufes politiques, Par un ami du Roi, des Bourbons et de la Charte* (en vers); Paris, Egron, 1820, in-8 de 40 p. — *Deux Jésuitiques*, satyres; Paris, Setier, 1827, in-8. — *Épître à M. Guizot*; Paris, 1840, in-8, et de plusieurs autres opuscules.

FLEURY (Mme *Elisa*). Un coup-d'œil sur le Havre; *Paris, Imp. de Juteau*, 1843, in-32 de 8 p. (en vers).

FLEURY (*Antoine*). Vie de Bernardin de St-Pierre; *Paris, Sagnier et Bray*, 1844, in-12.

FLEURY, médecin en chef de la marine, à Toulon, naquit à Cherbourg. La ville de Toulon, en reconnaissance de services par lui rendus, lui a érigé une statue.

FLEURY (*J.*) et *Hipp.* VALLÉE. Cherbourg et ses environs, nouveau guide du Voyageur à Cherbourg; *Cherbourg, Noblet*, 1839, in-12 de 462 p.

Ouv. divisé en 2 part.: la 1re donne la description de Cherbourg, et la 2e celle des environs de cette ville.

FLEURY (*François*), ancien député, né à Falaise, le 5 fév. 1763, est mort à Villy (Calvados), le 2 nov. 1840. V. Notice, par M. J. Travers; *Ann. norm.*, 1841.

FLEURY (*Victor*), né au Havre, est auteur de : *Les Lointains, poésies*; Ingouville, Imp. de Roquencourt, 1846, in-8 de 256 p.

FLEURY (*Louis-Jacq.*), anc. député de l'Orne, anc. président du tribunal de commerce de Laigle, etc., né dans cette ville le 30 juin 1778, est mort à Anceins le 8 janv. 1853. La probité de M. Fleury était devenue proverbiale dans le pays; il était connu sous le nom de *l'honnête homme*, *l'honnête Fleury*. V. une Notice de M. L. de la Sicotière, *Ann. norm.*, 1857, p. 531-536.

FLEURY (*Jean-Ambroise*), anc. officier de la grande armée, architecte, offic. de la Lég. d'honneur, maire de la ville de Rouen, de sept. 1848-1857, né à St-Denis-le-Thiboult (S.-Inf.), le 8 mai 1789, est mort à Rouen, le 21 déc. 1857. Il fit preuve de zèle et de dévouement, dans le cours d'une administration, où se présentèrent plusieurs fois des circonstances difficiles. On lui doit l'assainissement du quartier Martainville, l'ouverture de la rue Napoléon III, la construct. de la nouv. église de St-Sever, le prolongem. du quai Napoléon, l'élargissement des rues avec trottoirs, la restauration du musée de peinture et plus. autres améliorations qui témoignent de toute sa sollicitude pour les intérêts de la ville de Rouen. Le conseil munic., pour perpétuer le souvenir des services rendus à la cité par M. Fleury, a décidé que ses dépouilles mortelles seraient déposées au Cimet. monum., dans un monum. funèbre érigé aux frais de la ville. — V. Lacaine et Laurent, *Biog. et nécrol. des hommes marquants du XIXe sc.*; Paris, 1847, t. IV, p. 235-238; — Perraud de Toury, *Notice biog.*; Paris, Imp. de Bailly, 1856, in-8 de 8 p. Ext. du *Musée biograph., panthéon universel*; — *Journ. de Rouen* et *Nouvelliste*, du 24 déc. 1857, obsèques de M. Fleury.

FLEURYE, avocat et procureur du roi au bailliage de Montivilliers, né à St-Romain-de-Colbosc, le 22 juillet 1745, fut, en 1789, député du bailliage de Caux à l'ass. nationale. Son portr. se trouve dans la collect. Baratte, Biblioth. de Rouen.

FLOQUET (*Amable*). Réflexions sur un passage de l'histoire de la vie et des ouvrages de P. Corneille, par M. Taschereau; *Rouen, N. Periaux*, 1831, in-8 de 11 p.

Ext. des *Mém. de l'Acad. de Rouen*, 1830.

— Louis XI et la Normandie, anecdote rouennaise du XVe sc.; *Rouen, Baudry*, 1832, in-8 de 17 p.

Opuscule paru pour la prem. fois dans les *Mém. de l'Acad. de Rouen*, 1832.

— L'Aveugle d'Argenteuil, anecd. norm. du XVIe sc.; *Acad. de Rouen*, 1833, p. 190-205.

— Le Procès, anecdote norm.; *Acad. de Rouen*, 1834, p. 126-135.

— Histoire du privilége de St-Romain, en vertu duquel le chapitre de la cathédrale de Rouen délivrait anciennement un meurtrier, tous les ans, le jour de l'Ascension; *Rouen, E. Le Grand*, 1833, 2 vol. in-8, avec fig. et vign. (Imp. de F. Baudry.)

Cet ouv. est orné de 3 pl. dessinées et gravées par Mlle Espér. Langlois, et de vign. et lettres grises grav. sur bois par Brevière, d'après les dessins de E. H. Langlois. Il en a été tiré quelq. exempl. sur gr. pap. vél. jésus, avec vign. et grav. imp. sur pap. de Chine. L'impression de ces exempl. fait le plus grand honneur aux presses de M. Baudry. — Le t. Ier se compose de XX et 568 p., et le t. II, de 655 p. Dans l'appendice de ce dern. vol. se trouvent :

— Remarques sur la Châsse de St-Romain, vulgairement appelée *la Fierte*, par E. H. Langlois, p. 573-587.

— Notice sur la Châsse de St-Romain, par A. Deville, p. 588-595.

— Descript. de la chapelle de St-Romain ou *besle* de la Vieille-Tour, par E. H. Langlois, p. 597-599.

V., sur cette importante publication : *Rev. de Rouen*, 1834, 1er sem., p. 286-297, et p. 369-378; — Berger de Xivrey : *Essais d'appréciations hist.*, t. II, p. 268-302; — et Raynouard, *Journ. des Sav.*, 1834, p. 470-481.

— Document relatif à P. Corneille; *Acad. de Rouen*, 1835, p. 240-243.

Placet inédit de P. Corneille à Colbert, pour demander le payement de sa pension, qui avait été supprimée. Cette pièce a été réimp. dans l'édit. des Œuvres de P. Corneille, publiée par M. Lefèvre en 1855, t. XII, p. 412 et 413.

— Le carosse de Rouen, anecdote normande; *Acad. de Rouen*, 1835, p. 206-217.

Le peintre Jouvenet, arrivant de Paris à Rouen, accompagné de sa sœur, allait assister à l'inauguration du tableau qu'il avait peint de la main gauche, pour orner la Chambre des Enquêtes dans le Palais-de-Justice. Ce tableau, destiné à servir de plafond à ladite salle, a été détruit en 1812.

— Un grand dîner du Chapitre de Rouen, à l'hôtel de Lisieux, à Rouen, en 1425, le jour de la St-Jean; *Acad. de Rouen*, 1835, p. 231-240.

— La Charte aux Normands ou la Hareile de Rouen, anecdote; *Acad. de Rouen*, 1835, p. 218-230.

— Rôle politique de P. Corneille pendant

— Florence of Worcester's chronicle, with the two continuations; comprising annals of English history, from the departure of the Romans to the reign of Edward I. translated with notes, by T. Forester; *London, Bohn*, pet. in-8.

FLORIOT, né à Rouen, a publié un recueil de *Poésies diverses;* Paris, 1664, in-8.

FLORUS (*P.*). Lettre en latin et poème latin en vers hexamètres (233 vers), présenté le 1er mai 1661 par le P. Pierre Florus, Dr en droit et en théologie, à Mgr. François de Medavy, évêque de Séez, lors de son passage par la ville de Caen; *Caen, Jean Cavelier*, 1661, in-4 de 11 p.

FLOTARD (*J.-C.*), né à Vire, est auteur d'un opuscule sur la *Garde nation.;* Paris, 1830, in-8, et de la continuation, depuis 1814, de l'*Hist. de la Révolution française*, par J.-A. Dulaure; *Paris, Librairie hist.*, 1834-35, t. I et II, in-8, fig. Cette continuation devait former 6 vol.

FLOTTES (l'abbé). Etudes sur Daniel Huet, évêque d'Avranches; *Montpellier, F. Séguin; Avignon, Séguin aîné*, 1857, in-8 de v et 326 p.

L'auteur, anc. vic.-gén. de Montpellier, est professeur hon. à la faculté des lettres de cette ville.

FLOURENS (*P.*). Fontenelle ou de la philosophie moderne relativement aux sciences physiques; *Paris, Paulin*, 1847, in-12 de VIII et 242 p.

V. un Rapport fait à l'Acad. de Rouen par M. Bénard; *Mém. de cette Acad.*, 1847, p. 313-326; — les art. de M. F. Pouchet, *Rev. de Rouen*, 1848, p. 433-440; — et celui de M. Sainte-Beuve, *Causeries du Lundi* (27 janv. 1851); Paris, Garnier, 1853, t. III, p. 244-260.

— Hist. de l'Académie par Fontenelle et Eloges des Académiciens par le même; *Eloges hist., etc.; Paris, Garnier*, 1856, in-12, p. 31-84.

— Eloge histor. de Marie-Henri Ducrotay de Blainville; lu dans la séance publ. annuelle du 30 janv. 1854 (Institut de France, Acad. des Sc.); *Paris, F. Didot*, 1854, in-4 de 48 p.

Cet éloge a été réimp. dans: *Eloges hist. lus dans les séances publ. de l'Acad. des Sc.*, 1re série; Paris, Garnier frères, 1856, in-12, p. 285-341.

— Eloge histor. de Jacques-Julien de Labillardière (lu à la séance publ. du 11 sept. 1837); *Eloges histor.* 2e sér.; *Paris, Garnier frères*, 1857, in-12, p. 207-224.

M. Flourens, membre des principales Acad. de l'Europe, est secrét. perpét. de l'Acad. des Sc.

FOACHE. Observations communiquées à la séance de nov. 1838. Quels sont les débouchés pour la vente des chevaux de luxe, élevés en Normandie? Quels sont les encouragements offerts aux éleveurs pour améliorer cette race? Rapport sur les observat. de M. Foache, au nom d'une commission composée de M. Caillieux et de M. Person, rapporteur; *Soc. roy. d'Agricult. et de Comm. de Caen*, cahier de 1840; *Caen, F. Poisson*, in-8 de 27 p.

FOINARD (*Fréd.-Maurice*), savant ecclésiastique, né à Conches (Eure), en 1683, est mort à Paris, le 29 mars 1743 ou 1745, suiv. M. Gadebled (*Dict. du dép. de l'Eure*). L'abbé Foinard est auteur de plusieurs ouv. ascétiques. V. Quérard, *France litt.*, t. III.

FOIRE de Guibray. V. CHAUVEL.

FOLKES (*Martin*). A table of english silver coins from the norman conquest to the present time; *London*, 1745, 1 vol. de texte et atlas de 42 pl. gr. in-4.

Ouv. réimp. en 1763, avec augment., par la Soc. des Antiq. de Londres.

FOLLAIN. Topographie de la ville et de l'hôpital de Granville; par M. Follain, méd. de l'hôpital de cette ville; *Journ. de Médec., Chirurg., etc.*, 1788; *Paris, Croullebois*, t. LXXIV, p. 193-239.

Les réflexions qui suivent le mém. de M. Follain sont attribuées à M. Bacher, éditeur du *Journ. de Médecine*.

FOLLAIN, Mémoire sur le Commerce et l'Industrie de Granville; par M. Follain, Dr méd.; *Ann. norm.*, 1840, p. 158-174.

— Recherches histor. sur Granville; *Mém. de la Soc. archéolog. d'Avranches*, t. Ier (1842), p. 19-42.

FOLLIE (de la). V. LA FOLLIE.

FONCEMAGNE (de). Relation de la découverte d'un tombeau, près de Cherbourg. Observations géographiques et hist. concernant cette ville; 1741; *Acad. des Insc. et B.-Lett.*, in-4, t. XVI, p. 131-140, avec une pl.

Le tombeau dont il s'agit fut trouvé dans la montagne du Roule.

FONDATION du St-Désert des Carmes déchaussés, près Louviers (en Norm.), faite par le roi très chrétien Louis XIV, sous le titre de N.-D. du Secours; in-4. (P. Lelong, nº 13,721.)

FONTAINE (l'abbé *Marie-Pierre*), poète, curé de Vassonville-sur-Scie (S.-Inf.), membre de l'Acad. de Rouen, né en cette ville le 7 fév. 1712, est mort le 24 août 1775. Il publia en 1730, sous le voile de l'anonyme, un recueil de pièces anacréontiques, intitulé : *Muse normande;* il a trad. en vers des odes d'Horace, d'Anacréon et de Pindare. Il fit imprimer, en 1749, un poème intitulé : *Amélie* (dans lequel il personnifie l'Acad. de Rouen); *Rouen, Nic. Besongne,* in-8; — et en 1750 plusieurs petits poèmes, parmi lesquels on distingue une épître sur le goût. V. *Hist. de l'Acad. de Rouen,* t. IV, son éloge par M. de Couronne, 16 août 1776,— et *Rev. de Rouen,* 1848, p. 39-43, une notice par M. l'abbé Cochet.

FONTAINE. Château d'Eu, notice par M. Fontaine, architecte ; *Paris,* in-f., avec 43 pl. grav.

Fontaine (*P.-Fr.-Léonard*), architecte de Louis-Philippe, membre de l'Institut, naquit à Pontoise le 20 sept. 1762, et mourut à Paris, le 10 oct. 1853.

FONTAINE-MALHERBE (*Jean*), poète, auteur dramatique, etc., né près de Coutances vers 1740, est mort à Paris, en 1780. Il a coopéré à la traduct. des OEuvres de Shakespeare, publiée sous le nom de Le Tourneur, et a composé : *Eloge de Ch. Vanloo;* 1767, in-12.— *Eloge historique de Deshayes, peintre;* Paris, 1767, in-12. — Ces éloges sont insérés dans le *Nécrologe des Hommes célèbres de la France.* — V. Quérard, *France litt.,* t. III.

FONTAINES (des), poète dram. et romancier, né à Rouen au commencement du XVIIe sc.; l'époque de sa mort est inconnue. Il est auteur de : *La vraie suite du Cid,* tragi-com. 1638, in-4; de *Belisaire,* tragi-com., 1641, in-4; de *l'Illustre comédien ou le Martyre de St-Genest,* 1645, in-4, et de plusieurs autres pièces, impr. de 1637-1647, in-4. Parmi les romans qu'il a publiés, nous citerons : *Les heureuses infortunes de Céliante et de Marilinde, vefves pucelles ;* Paris, Trabouillet, 1638, in-8, et Ve Trabouillet, 1662, in-8. Cet ouv. présente, sous des noms supposés, l'histoire de quelq. personnages du temps. Les deux *veuves pucelles* sont Mme de Charny et Mme de Marigny; le roi Louis XIII est désigné sous le nom de *Cambises,* et M. le Prince sous celui de *Protosilas.* — *L'Inceste innocent, histoire véritable,* 1638 et 1644, in-4. Roman tiré de l'hist. d'Ecouis. — *L'Illustre Amalazonthe ;* Paris, 1645, 2 vol. in-8.

On attribue à Des Fontaines : *Le Poète chrétien passant du Parnasse au Calvaire;* Caen, 1648, in-8.

FONTAINES (*Pierre-François* Guyot, abbé des), critique et historien, né à Rouen, le 29 juin 1685, mort à Paris, le 16 déc. 1745. Le nombre de ses écrits est considérable. Il a coopéré au *Journ. des Savants,* de 1723-27, et à plusieurs autres recueils périodiques. Il a traduit du latin : Virgile (1743, en prose); de l'angl. : Swift (*Voyages de Gulliver*), Pope (*la Boucle de cheveux enlevée*), et Rob. de Southwell (*Hist. du détrônement d'Alfonse VI, roi de Portugal*). — L'abbé des Fontaines fit imp. clandestinement à Evreux une édit. de la *Henriade,* en 1723, c'est-à-dire très peu de temps après l'édit. qu'avait impr., à Rouen, *Jean Viret,* durant le séjour de Voltaire, dans cette ville, en juin 1723. Ces édit. princeps, composées de 9 chants seulement, parurent avec le titre de : *La Ligue ou Henry-le-Grand.* Ce n'est qu'en 1726 que ce poème, impr. à Londres, prit le titre de *Henriade,* et fut divisé en 10 chants. — V. *Lettre d'un avocat de Rouen à M. V., avocat au Parlem. de Paris, au sujet de feu l'abbé des Fontaines* (par Meunier de Querlon); 1746, in-12; — *L'Esprit de l'abbé des Fontaines,* par l'abbé de La Porte; Paris, Duchesne, 1757, 4 vol. in-12. (Les *Mém. de Trévoux* ont donné un ext. de cet ouv., août 1757); — Quérard, *France litt.,* t. II; — Notice de J. Janin, 16 p., avec port., dans les *Poètes norm.* publiés par Baratte. — Le portrait de G. des Fontaines, peint par Toqué, a été gravé par Pinssio (collect. Odieuvre) et par Schmidt.

FONTANES (de). La Forêt de Navarre, poëme ; *Archiv. ann. de la Norm.,* 1re ann. (1824), p. 216-227.

Ce poème parut, pour la prem. fois, en 1780. La forêt de Navarre est située près d'Evreux.

FONTENAY (*J.-B.* Blain de), peintre de fleurs et de fruits, élève du célèbre Baptiste Monnoyer, son beau-père, naquit à Caen, en 1654, et mourut à Paris, en 1715. Le musée de Caen renferme 2 de ses tableaux, sous les nᵒˢ 175 et 176.

FONTENAY (*Pierre-Nicolas* de), négociant, né à Rouen, le 27 sept. 1743, est mort à Paris, le 11 fév. 1806. De Fontenay, élu député de la ville de Rouen aux états-généraux, en 1789, maire de Rouen en 1791, président de l'administration du dép. de la S.-Inf. en 1792, détenu en 1793, redevint maire de Rouen en 1799. Membre du conseil gén. des manufactures et des communes, en 1802, membre de la Légion d'honneur en 1803, sénateur en 1804, il se montra toujours, dans ces diverses fonctions, administrateur habile et intègre. Son buste en marbre, par Deseine, a été placé au musée de Versailles, galerie nº 81, et son portrait, peint par Doutreleau, se voit à l'hôtel de ville de Rouen. Le nom de Fontenay a été donné à l'une des rues de la ville. V. les notices de MM. Quesney et Guilbert.

FONTENAY (*Alex.* de), frère du précédent, négociant et manufacturier, fondateur du prem. établissement de grande filature établi en France, né à Rouen, le 2 fév. 1748, est mort dans la même ville, le 12 oct. 1833. V. une Notice de M. le comte Beugnot, *Bullet. de la Soc. libre d'Emulat.*, 1834.

FONTENELLE (Abbaye de), et depuis de St-Wandrille, fut fondée en 648. — V. Du Monstier, *Neustria Pia*; — *Gallia Christiana*, t. XI; — E. H. Langlois, *Essai sur St-Wandrille*, et notre art. *Cartulaires*.

FONTENELLE (*Bernard* Le Bovier ou Le Bouyer de), un des savants les plus aimables et les plus spirituels des XVIIe et XVIIIe sc., né à Rouen le 11 fév. 1657, mort à Paris le 9 janv. 1757. Il avait été reçu membre de l'Acad. franç. en 1691, de l'Acad. des Sc. en 1697 (dont il fut secrét. perp.), et de l'Acad. des Insc. et B.-Lett. en 1701. Son père était François Le Bouyer de Fontenelle, écuyer, avocat au Parlement, et sa mère, Marthe Corneille, sœur de P. et de Th. Corneille. Ce dernier fut son parrain. Fontenelle est une des plus grandes illustrations de la ville de Rouen. Son nom a été donné à l'une des rues de cette ville, et un marbre commémoratif a été placé sur la maison où il est né, rue des Bons-Enfants, nº 132.

Parmi les nombreuses éditions des œuvres de cet auteur, nous citerons :

— OEuvres diverses de M. de Fontenelle; *La Haye, Gosse et Neaulme*, 1728-29, 3 vol. in-f. (et 3 vol. in-4), avec fig. de Bern. Picart. Edit. encadrées.

En 1743, on a apporté quelq. modifications aux exempl. invendus du format in-f. : le titre, la préface ont été réimp., et on a ajouté une épître dédicatoire au baron d'Imhof et le portr. de ce personnage; *Amst.*, *Changuion*.

— OEuvres complètes; *Paris*, *B. Brunet*, 1758-66, 11 vol. in-12, port.

— Dito; *Paris, J.-F. Bastien*, 1790-92, 8 vol. in-8.

— Dito; *Paris*, *Belin*, 1818, 3 vol. in-8.

L'édit. donnée par J.-B.-J. Champagnac, *Paris*, *Salmon*, 1825, 5 vol. in-8, ne donne pas les œuvres entières.

— OEuvres choisies de Fontenelle : Etudes sur sa vie et ses œuvres, etc.; *Paris*, *Eug. Didier*, 1852, gr. in-18.

Ouvr. séparés de Fontenelle, dont nous ne citerons que les principales éditions :

— Entretiens sur la pluralité des mondes; *Paris*, *Ve C. Blageart*, 1686, in-12, avec une pl. Edit. originale, sans nom d'auteur.

— Dito; *Dijon*, *P. Causse*, an II, pet. in-8, pap. vél., portr.

— Dito, précédés de l'astronomie des dames, par J. de Lalande; *Paris*, *Janet-Cotelle*, 1820, in-8, fig.

Cet ouv., dont les édit. franç. sont très nombreuses, a été trad. dans presque toutes les langues de l'Europe.

— Histoire des oracles, par l'auteur des Dialogues des Morts; *Amst.*, *P. Mortier* (et *Paris*, *G. de Luyne*), 1687, pet. in-12.

Edit. originale et souvent réimpr.

— Poésies pastorales; *Paris*, *Brunet*, 1688, et 1698, in-12.

— Dialogues des Morts, nouv. édit.; *Paris*, *Mich. Brunet*, 1700, in-12.

La 1re édit. date de 1680.

— Recueil des plus belles pièces des poètes françois, tant anciens que modernes (depuis Villon jusqu'à Benserade), publ. par Fontenelle, avec l'hist. de leur vie (par Mme d'Aulnoy); *Amst.*, et *Paris*, *Cl. Barbin*, 1692, 5 vol. pet. in-12, avec frontisp. gravé.

— Dito; *Paris*, *Prault*, 1752, 6 vol. pet. in-12.

— Thétis et Pelée, trag. en musique (5 act. et prol.); *Paris*, *Christ. Ballard*, 1699, in-4, avec frontisp. gravé.

— Entretiens ou amusements sérieux et comiques; *Amst.*, 1702, pet. in-12, front. gravé.

— Eloges hist. des académiciens morts depuis le renouvellement de l'Acad. des Sc., etc.; *Paris*, *Brunet*, 1719, 3 vol. in-12.

— Dito, nouv. édit. continuée jusqu'en 1740; *Paris*, *Brunet*, 1742 (et 1766), 2 vol. in-12.

— Histoire du Romieu de Provence; *Mercure*, 1751, janv., p. 5-24.

Romieu en provençal veut dire *pèlerin*.

— Lettres facétieuses de Fontenelle, qui n'ont jamais été imp. dans ses œuvres. L'une renferme la *Relation de l'île Bornéo* ou *Histoire de Méro et Egénu*, etc. Recueil amusant, terminé par le *Pot-Pourri de la création*; Bagdad, 1807, in-12. Tiré à 60 exempl.

Fontenelle a écrit la vie de P. Corneille, son oncle; elle se trouve dans l'*Hist. de l'Acad. franç.*, par Pellisson et d'Olivet, et en tête de plusieurs édit. des œuvres de notre grand tragique.

V. sur Fontenelle :

— Discours prononcés à l'Acad. franç., le 5 mai 1691, à la réception de M. de Fontenelle, avec plusieurs pièces de poésie qui y ont été lues le même jour; *Paris*, *Ve J.-B. Coignard*, 1691, in-4.

— Lettre d'un abbé à un académicien, sur le discours de M. de Fontenelle, au sujet de la question de la prééminence entre les anciens et les modernes (par l'abbé Favier); *Paris*, *Coignard*, 1699, in-12; et *Rouen*, *Eustache Hérault*, 1703, in-12.

— L'esprit de Fontenelle ou recueil de pensées tirées de ses ouv., par Le Guay, dit de

Prémontval ; *Paris*, 1743, in-8 ; *La Haye* (*Paris*), 1744, 1753, 1767, in-12.

Sur ce vol., V. une Note intéressante de M. Barbier, dans son *Dictionn. des anon.*, t. t.

— Lettres sur M. de Fontenelle (par Daquin) ; *Paris*, *Brunet*, 1751, in-12.

— Lettre à l'auteur du *Mercure*, en lui envoyant un portrait de M. de Fontenelle. Le 26 juin 1756 ; *Mercure*, 1756, juill., p. 129-141.

— Eloge de M. de Fontenelle (prononcé en 1757) ; *Acad. des Insc. et B.-Lett.*, in-4, t. XXVII, p. 262 à 274.

— Eloge de Fontenelle, par Le Cat ; *Rouen*, *J.-N. Besongne*, 1759, in-12.

A la suite de cet éloge se trouvent les pièces de Fontenelle qui ont été couronnées par l'Acad. des Palinods de Rouen.

— Mémoires pour servir à l'histoire de la vie et des ouvrages de M. de Fontenelle, par l'abbé Trublet ; *Amst.*, *Michel Rey*, 1761, in-12.

—Eloge de Fontenelle, par Garat, 1774, in-8.

— Chas (*J.*). Réflexions sur l'éloge de Fontenelle, par Garat ; *Londres* et *Paris*, *Cailleau*, 1784, in-8.

— Eloge de Bernard le Bovyer de Fontenelle par M. le baron D... (Deslyons), capitaine d'infanterie ; *Liége*, 1783, in-8 de 81 p.

— Eloge de feu M. Bernard de Fontenelle (par M. le comte de Tressan), 1783, in-8 de 87 p.

— Eloge de Fontenelle (par l'abbé de Flers), 1784, in-8. — Ces trois éloges sont indiq. dans le *Dict. des anonym.*, n°s 4,932, 4,933, 4,934.

— Eloge de Fontenelle par Granjean de Fouchy.

— Fontenelle jugé par ses pairs, ou éloge de Fontenelle, en forme de dialogue (par le chevalier de Cubières) ; *Paris*, *Belin*, 1783, in-8 ; et 1784, in-12.

— Esprit, maximes et principes de Fontenelle, par M. Chas, anc. avocat) ; *Paris*, *Briand*, 1788, in-12.

— Testament de Fontenelle ; *Causes célèbres et intéressantes, rédigées par Richer*, t. XXII ; *Amst.*, *Michel Rhey*, 1788, p. 185-254.

Fontenelle, par son testament, avait institué quatre légataires univ., au nombre desquels étaient Mlles de Marsilly et de Martainville, ses cousines. Les appelants étaient : Jean-Fr. Corneille, Marthe Corneille et Marie-Fr. Corneille, également parents de Fontenelle, mais d'un degré plus éloigné. Par arrêt du Parlement de Paris, de juin 1758, le testament précité fut confirmé. V. Dreux du Radier, *Mém. pour Corneille*, 1758, in-4 ; —Ballin, *Maison et généalogie de Corneille*, gr. in-8 ; — Taschereau, *Hist. de Corneille*, in-18, p. 252.

— Fontenelliana, ou recueil de bons mots, réponses ingénieuses, pensées fines et délicates de Fontenelle ; par C. d'Av. (Cousin d'Avalon) ; *Paris*, an IX (1801), in-18, port.

— Eloge de Fontenelle par Duclos ; Œuvres, t. VIII ; *Paris*, *Janet et Cotelle*, 1820-21, 9 vol. in-8.

V. l'art. de M. Walckenaer, *Biog. univ.*, t. XV, p. 218-226 ; — Notices de M. A. Charma, 16 p., avec port. ; *Poètes norm.* publiés par Baratte, et biog. de cet écrivain, par le même ; *Caen*, 1846, in-8 de 96 p. ; — Flourens, *Fontenelle ou de la physiologie moderne, etc.*, et *Eloges historiques*, in-12 ; — Ars. Houssaye, *Galerie du XVIIIe sc.*, 1re série, *les Hommes d'esprit*, Fontenelle ; Paris, Hachette, 1858, in-12, p. 38-66. — Un buste en marbre de Fontenelle se trouve au musée de Versailles, vestibule n° 40, et un autre au musée de Rouen. Le musée de Versailles renferme deux port. de Fontenelle, l'un du XVIIIe sc., collect. de l'Acad. française, salle n° 152, l'autre peint par Greuze, en 1793, salle n° 166. L'Acad. de Rouen possède aussi un portr. de Fontenelle, peinture du XVIIIe sc. Le portr. de Fontenelle a été gravé par P. Duflos, Dossier, N. de Launay, Bacheley et St-Aubin.

FONTENELLE DE VAUDORÉ (de la). V. LA FONTENELLE.

FONTENU (l'abbé de). Dissertation sur quelq. camps connus en France sous le nom de *Camps de César*. 1re part. : Sur le camp qui est près de Dieppe ; 2e part. : Sur le nom que porte le camp de Dieppe, appellé la *Cité de Lime*, et sur le camp de St-Leu d'Esseran ; lu le 27 avril 1731, et le 29 avril 1732 ; *Mém. de l'Acad. des Insc. et B.-Lett.*, in-4, t. X (1736), p. 403-435, avec 2 pl.

—Description de l'aqueduc de Coutances, précédée de recherches histor. sur les anciens aqueducs ; *Acad. des Insc. et B.-Lett.*, t. XVI, p. 110-130, av. 1 pl.

FONTETTE (de). Lettre de M. de Fontette, intendant de Caën, à M. ****. Avec son mémoire pour justifier la construction et l'entretien des grands chemins dans la généralité de Caen (18 août 1760) ; in-12 de 40 p., s. l. n. d.

FONTETTE (*Franç.-Jean* d'Orceau de), Intendant de la généralité de Caen, de 1760-1770, fut élevé à la dignité de chancelier de Mgr. le comte de Provence, en déc. 1770. Durant son administration, il se fit remarquer par son zèle pour le bien public et par la protection particulière qu'il accorda à l'Acad. roy. des B.-Lett. de Caen et aux Beaux-Arts.

FORCOAL (*Jean*). Le Droit du Roi mal entendu, mal expliqué et mal défendu, par M. d'Angennes, pour servir de réponse aux deux pièces intitulées : Le Droit du Roi de pouvoir donner un gouverneur à la ville de Séez, etc., par messire Jean Forcoal, évêque de Séez; in-f.

Après plusieurs années d'une procédure fort vive, le Roi, par arrêt du 17 juillet 1670, déclara que le gouvernement de Séez n'était point attaché au siége épiscopal de l'Eglise de Séez, et néanmoins ordonna au sieur d'Angennes de remettre dans un mois les provisions de ce gouvernement entre les mains du marquis de Châteauneuf, secrétaire d'Etat, voulant d'ailleurs que les termes injurieux des factums de MM. Forcoal et d'Angennes fussent réciproquement supprimés.

Sur cette importante affaire, V. *Mém. de Lenoir*, — *Mémoire de l'abbé des Thuilleries*, — P. Lelong, n° 35,327, — notre art. *Factum*, — et *Extrait dv Procès pendant au Conseil d'Estat du Roy, entre Messire J. Forcoal, évêque de Séez, et Messire Ch. d'Angennes, Seigneur de Fontaineriant, pourvu par le Roy du Gouvernement de la ville de Seez*; (vers 1680), in-4 de 8 p.

FOREST (*Pierre* de la). V. LA FOREST.

FORFAIT (*Pierre-Alex.-Laurent*), ingén. des constructions navales, membre de l'Acad. des Sc., ministre de la marine sous le Consulat, naquit à Rouen en 1752, et y mourut le 8 nov. 1807. On a de lui : *Traité élément. de la mâture des vaisseaux*; Paris, 1788, in-4. — Idem, 2e édit., annotée par Villaumez et Rolland; Paris, 1815, in-4, fig. — *Observations sur l'établissement des milices bourgeoises et de la milice nat. de l'armée*; 1789, in-8. — *Expériences faites, par ordre du Gouvernement, sur la navigat. de la Seine*, an IV; Mém. de l'Institut, Sc. mathém. et physiq., t. 1er, (an VI), in-4, p. 120-168, avec une carte de Rouen à Paris. — *Lettres d'un observateur de la marine*; Paris, an X (1802), in-8. — *Mémoire sur les canaux navigables*, couronné en 1773. — *Mém. sur la marine de Venise*, an XI, in-4, — et un grand nombre de mém. envoyés à l'Acad. des Sc.

V. la Notice de M. Le Carpentier dans les *Mém. de la Soc. d'Emulat. de Rouen*, 1808, et celle de M. P. Levot, 1845, in-8.

Le portr. de Forfait, en pied, est placé dans la grande salle de l'Hôtel-de-Ville de Rouen.

FORGET (*Germain*). Les Paraphrases svr les loix des Républiques anciennes, des Ægyptiens, Atheniens, Lacédemoniens, Locres et Thuriens; naissance et progrez du droict Romain, et Coustumes du pays et duché de Northmandie; *Paris, Guill. Auuray*, 1577, in-8 de 92 ff., plus 10 ff. prélim.

Forget avait promis 3 livres sur cette matière, il n'a donné que le 1er, où il prétend montrer la conformité de nos coutumes avec celles des anciens peuples nommés dans le titre de son traité. (Note de l'abbé Saas.)

— Traité général des Criées, ventes et adjudications par décret des immeubles, suivant l'usage de Normandie; *Paris, Douceur*, 1604, in-8.

FORGET (*Germ.*), jurisconsulte, avocat au bailliage et siége présidial d'Evreux, né audit lieu, est mort dans les prem. années du XVIIe sc. Indépendamment des 2 ouv. mentionnés ci-dessus, Forget est auteur de :

— Traité des personnes, choses ecclésiastiques et décimales, suivi du Traité des droits de Régale et des pensions bénéficiales; *Rouen, Rom. de Beauvais*, 1611, in-8; *Jean Osmont*, 1611, in-8. Ces traités ont été réimp. en 1625, in-8; Rouen, chez J. Osmont, — J. Delamare, — Jean Boulley.

Il a composé des poésies en latin et en français : *Le Panégyric du chant d'allégresse sur la venue de Henri III, en vers français*; Paris, Poupi, 1574, in-8; — *Les Plaisirs et Felicitez de la vie rustique, en vers*; Paris, Ambr. Brouart, 1584, in-4. V. La Croix du Maine et Du Verdier, *Biblioth. franç.*, t. I.

FORMAGE (*Jacq.-Ch.-César*), poète, prof. d'humanités au lycée de Rouen, membre de l'Acad. de cette ville, etc., né à Coupesarte, (ou Coup-Sarte), arr. de Lisieux, le 16 sept. 1749, est mort à Rouen, le 11 sept. 1808. — Outre un Recueil de fables en vers; *Rouen, P. Periaux*, an VIII (1800), 2 vol. in-12, Formage est auteur de *La Constitution de 1793 reconnue par les Dieux*, poème; *Rouen*, 1793, in-8 (V. Louchet), et de plus. opuscules insérés dans les Mém. de l'Acad. des Palinods de Rouen. Parmi ces dern., on remarque un poème latin sur la peste qui a ravagé la ville de Rouen dans le XVIIe sc. : *In pestem, quæ Rothomago incubuit* (Recueil de pièces lues dans les séances publiq. de l'Acad. de l'Immaculée Concept., ann. 1776-1781; *Rouen, Le Boucher*, 1784, in-8, p. 187-190); — Discours sur la réunion de la Norm. à la couronne de France, et la constante fidélité de cette province à ses rois comme à ses ducs. Ce discours a été couronné en 1781. V. la notice de M. Bignon, *Acad. de Rouen*, 1809.

FORMES observées en 1614, pour parvenir à l'assemblée des citoyens du Bailliage de Rouen, à l'effet d'élire leurs députés aux Etats-Généraux de la même année 1614; avril 1789, in-8 de 34 p.; s. n. d'aut., de lieu ni d'imp.

FORMES observées en 1649, et pendant les années suiv., pour l'élection et la députation de certains citoyens du bailliage de Rouen aux Etats-Généraux du royaume, indiqués d'abord à Orléans pour le 15 mars 1649, remis au 15 avril de la même année, puis, etc. Conséquemment, il n'en a pas été tenu depuis 1614 jusqu'à présent, 1789; in-8 de 48 p., s. d. (1789), s. n. d'aut., de lieu, ni d'imp.

FORMEVILLE (*H.* de). Notes sur des découvertes faites à Lisieux; *Soc. des Antiq. de Norm.*, t. VI (1831-33), p. 387-389.

— Etudes d'une Maison en bois du XVIe sc. à Lisieux, dessinées et lithog. par Challamel; *Paris, chez Kœppelin* et *chez J. Janet*, 1834, gr. in-4 de 9 pl. et 7 p. de texte.

— Notice historique sur la manufacture d'étoffes de laine de Lisieux, depuis sa fondation comme corporation en 1435, jusqu'à la suppression des communautés d'arts et métiers en 1791; *Lisieux, Pigeon*, 1837, in-8 de 110 p.

Ext. de l'*Ann. norm.*, 1838.

— Extrait d'une notice sur les Francs-Brements-canonniers de la ville de Caen, lue à la séance de la Soc. des Antiq. de Norm., le 9 nov. 1838; *Caen, A. Le Roy*, 1839, in-8 de 49 p.

Ext. de l'*Ann. norm.*, 1839.

— Notice sur les Francs-Brements-canonniers de la ville de Caen; *Caen, Hardel*, 1840, in-4 de 56 p.

Ext. des *Mém. de la Soc. des Antiq. de Norm.*, t. XI (1840), p. 283-328. Travail beaucoup plus complet que celui de 1839. — *Brement* signifie courtier-commissionnaire.

— Les Huguenots et la St-Barthelemy, à Lisieux, 1562-1572; *Caen, Imp. de Lesaulnier*, 1840, in-8 de 35 p.

Ext. d'une Hist. inédite de Lisieux.

L'auteur établit que l'évêque de Lisieux, Jean le Hennuyer, n'eut point à s'opposer aux ordres émanés de Paris, contre les protestants; qu'à l'époque de la St-Barthélemy, le Hennuyer n'était point à Lisieux; que, par suite des noces de Marguerite de Valois et du roi de Navarre, il était à la cour, comme premier aumônier du roi. M. de Formeville, en terminant sa dissertation, s'exprime ainsi: « Nous pensons, avec les savants chanoines de Lisieux, Fréard et Prévost, avec un savant moderne, l'abbé de la Rue, qu'il n'y a point eu lieu de sauver les protestants de Lisieux, en 1572, parce qu'ils ne se sont pas trouvés en danger d'être massacrés; et nous ajoutons que l'on ne peut en attribuer le mérite à personne, pas plus à le Hennuyer qu'au capitaine Fumichon, gouverneur de la ville. Ce sont les événements généraux seuls et la prudence des officiers municipaux du lieu qui ont tout fait. »

— Essai sur l'état des Corporations industrielles au moyen-âge; *Le Mans, Ch. Richelet*, 1840, in-8 de 32 p.

Ce mém. intéresse l'Hist. de Norm. sans lui être spécial.

— Notice sur les Francs-Porteurs de Sel de la ville de Caen; *Caen, A. Le Roy*, 1840, in-8 de 15 p.

Ext. de l'*Ann. norm.*, 1840, p. 369-381. Ce travail est également inséré dans les *Mém. de la Soc. des Antiq. de Norm.*, t. XI (1840), p. 329-337.

— Introduction à l'Essai histor. sur l'ancien évêché de Lisieux, par M. ***, suivi des Mém. de Noel Deshays, curé de Campigni, sur les évêques de ce diocèse; 1754; *Caen, Le Saulnier*, 1843, in-8 de 14 p.

— Rouleaux des morts. Rapport sur une brochure de M. L. Delisle, élève de l'Ecole des Chartes, ayant pour titre: *Des monuments paléographiques concernant l'usage de prier pour les morts*; *Caen, Hardel*, 1848, in-4 de 64 p., avec fac-sim.

Ext. des *Mém. de la Soc. des Antiq. de Norm.*, t. XVII (1850), p. 221-284, avec une pl. — La plupart des exemples cités dans ce mém. concernent la Norm.

— Notice sur un cimetière gallo-romain découvert en 1846, à St-Jacques de Lisieux; *Caen, Hardel*, 1848, in-4 de 10 p., avec pl.

Ext. des *Mém. de la Soc. des Antiq. de Norm.*, t. XVII (1850), p. 285-294, avec 2 pl.

— Sentences rendues par les commissaires enquêteurs réformateurs envoyés dans la baillie de Caen vers l'an 1300; publiées d'après le ms. original, avec une traduct.; *Caen, Hardel*, 1852, in-4 de 28 p.

Ext. des *Mém. de la Soc. des Antiq. de Norm.*, t. XIX (1852), p. 501-528.

— Les Barons fossiers et les férons de Normandie; *Caen, Hardel*, 1853, in-4 de 30 p.

Ext. des *Mém. de la Soc. des Antiq. de Norm.*, t. XIX (1852), p. 554-583.

Férons ou féronniers, ceux qui manipulaient le fer. Les barons fossiers, généralement les plus notables de la province, avaient des fosses à charbon, à minerai ou à forges qu'ils avaient le droit d'ouvrir sur leurs terres; il étaient chargés de réglementer l'association et de nommer un juge qui connaissait seul des contestations pouvant s'élever entre tous les hommes qui travaillaient le fer dans la Basse-Norm.

— Livre de St-Just et les Registres-Mémoriaux de la Chambre des Comptes de Norm. V. *St-Just* et *Registres-Mémoriaux; Mém. de la Soc. des Antiq. de Norm.*

— Rapport sur les travaux de la Soc. des Antiq. de Norm. pendant l'année acad. 1852-1853; *Caen, A. Hardel,* 1853, in-4 de 12 p.

Formeville (*Henri* de), conseiller à la cour imp. de Caen, membre de l'Acad. de cette ville et de plusieurs soc. savantes, né à Lisieux en juin 1798, a consacré ses loisirs à des recherches pleines d'intérêt sur divers points de l'hist. de la Norm. Ce magistrat s'occupe en ce moment de la publication des *Mémoires de Noël Deshayes sur les évêques de Lisieux, suivis d'une introduct. sur la topographie bénéficiale, la spiritualité et la temporalité du clergé de ce diocèse;* Lisieux, Imp. de Pigeon, 1 vol. in-8; il prépare également un travail historique sur le gouvernement municipal de la ville de Caen.

FORMIGNY (Manche), lieu où fut livrée une bataille célèbre, gagnée sur les Anglais, le 18 avril 1450, par le connétable de Richemont, et dont le résultat fut l'expulsion des Anglais de la Norm. Cette bataille a fourni le sujet d'un tableau, peint par Lafaye, qui se trouve au Musée de Versailles, salle n° IV. V. Ed. Lambert, *Relat. de ladite bataille, etc.*

FORMIGNY DE LA LONDE (*A.* de). V. La Londe.

FORMONT (*J.-B.-Nicolas* de), né à Rouen vers le commencement du XVIIIe sc., vécut dans l'intimité de Voltaire et entretint une correspondance intéressante avec les hommes les plus distingués de son époque. Il a écrit quelq. vers semés dans les œuvres de Voltaire, et des stances sur *la Mort de La Faye,* qui ont été insérées à son insu dans les recueils du temps. Il mourut au mois de nov. 1758, laissant plusieurs épîtres et une trad. en vers du IVe chant de l'Enéide.

M. J. de Blosseville a consacré un article à de Formont dans la *Biog. univ.*, t. LXIV.

FORSTER (*Thomas*), médecin, né à Avranches dans le XVIe sc., a publié un traité intitulé : *Regimen pauperum contra pestilentiam, fluxum ventris dysentaricum, et tenesmum;* Rouen, 1590, in-4. V. *Dictionn. de Moréri.*

FORTIA (le Mis de). Vie de S. Achard, abbé de Jumiéges, ext. des Annales de Hainaut, par Jacq. de Guyse (liv. XI, chap. XXII), et publiée, pour la prem. fois, avec des notes; *Paris, H. Fournier je,* 1830, in-8 de 74 p., avec une lithog.

Cette lithog. représente la façade de l'église abbatiale de Jumiéges, d'après un dessin pris en 1810.

FORTIN DE LA HOGUETTE (*Pierre*), officier distingué, né à Falaise en 1582, et mort en 1670, est auteur des 2 ouv. suiv., qu'il composa pour l'éducation de ses enfants : *Testament ou Conseils fidèles d'un père à un fils,* 1648; — *Eléments de la politique selon les principes de la nature,* 1663.

FORTIN (le Dr). Topographie médicale de la ville d'Evreux; *Recueil de la Soc. d'Agricult., Sc., Arts et B.-Lett. du dép. de l'Eure, etc.,* t. Ier (1830), p. 189-222.

— Notice sur le Bureau de bienfaisance de la ville d'Evreux; *Evreux, Imp. de Ve Costerousse,* 1851, in-8 de 82 p.

— Organisation des Conseils d'Hygiène publique et de salubrité, aperçu sur les attributions de ces conseils appliquées au dép. de l'Eure; *Evreux, Imp. de Canu,* 1853, in-8 de 20 p.

FORTIN (*Bernard*). Etudes sur les travaux maritimes. Ext. concernant l'embouchure de la Seine, puis l'embouchure de la rivière d'Orne; *Paris, Robiquet, et Rouen, Le Brument,* 1846, in-4 de 75 p., avec une carte de l'embouchure de la Seine. (Imp. de A. Hardel, à Caen.)

L'auteur, ingén. des ponts et chaussées, prétend qu'on peut rendre la Seine navigable à toute heure, jusqu'à Rouen, pour les plus forts vaisseaux de ligne, et qu'on peut rendre l'Orne navigable à toute heure, jusqu'à Caen, pour les navires de cabotage.

Il faut joindre à cet ouv. comme complément : — Etudes sur les travaux maritimes. — Embouchure de la Seine (addition). — Etude sur les travaux qu'il conviendrait d'exécuter pour diminuer les inondations de la Loire; *Paris, Robiquet, et Rouen, Le Brument,* 1847, in-4 de 42 p. (p. 77 à 118). (Imp. de Pagny, à Caen.)

La 1re part., sous le titre de « *Lettre au riverain de la Seine, auteur d'un mém. sur l'amélioration de la navigation de la Seine maritime, etc.,* » se compose de 24 p. (p. 77-100).

FORT-MEU (*J.-B.*). Dialogues dramatiques et album de Jean-Bapt. Fort-

Meu ; *Havre, Cercelet*, 1834, in-8, avec pl. lithogr.

Tiré à petit nombre pour les amis de l'auteur. La plupart de ces dialogues : *le Libéralisme au Bureau, l'Acad. au petit pied, les Titres de noblesse, etc.*, sont de petites pièces satyriques d'après nature qui firent, dit-on, scandale au Havre. (Cat. de Soleinne, t. III, p. 320.)

— Notice sur les progrès de la musique vocale au Havre; *Rev. de Rouen*, 1843, 1er sem., p. 213-221.

— Eloges de Bernardin de Saint-Pierre et de Casimir Delavigne; *Havre, Imp. de Lemâle*, 1852, in-8 de 50 p., avec 2 vign.

FOSS (*Edward*). On the lord chancellors and Keepers of the Seal in the reign of King John; *Archaeologia*, t. XXXII (1847), p. 83-95.

Se rattache au règne de Jean-sans-Terre.

FOSSARD (*F.-G.*). L'ancienne fondation de la chapelle de N.-D. de la Délivrande et l'histoire miraculeuse d'une image de Nostre-Dame, trouvée audit lieu, etc.; *Caen, J.-B. Leroux*, s. d. (1642), pet. in-12.

Opuscule réimp. plusieurs fois : *Caen, Dumesnil*, in-16 ; *Caen, Briard*, in-12; *Caen, Chalopin*, s. d., pet. in-12 de 60 p.; *Caen, T. Chalopin*, s. d. (vers 1812), in-18 de 52 p., dans le genre de la Biblioth.-Bleue.

La chapelle de N.-D.-de-la-Délivrande dépend de la commune de Douvres, arr. de Caen.— F.-G. Fossard, était religieux de l'ordre de St-François.

FOSSARD (*Pierre-Nicolas-Joseph*), chanoine archidiacre de l'Eglise métropolitaine de Rouen, abbé de Marcheroux, etc., né à Lillebonne au commencement du XVIIIe sc., est mort à Ste-Marie-au-Bosc, le 26 déc. 1783. Cet ecclésiastique, prédicateur distingué, cultivait la poésie et fut couronné plusieurs fois par l'Acad. des Palinods de Rouen.

Les *Sermons de l'abbé Fossard* ont été publiés en 1786; Rouen, chez Le Boucher jeune (Imp. de Mme Ve L. Dumesnil), 3 vol. in-12.

FOSSÉ (*Pierre-Thomas*, seigneur du), savant et pieux écrivain, né à Rouen le 6 avril (6 août, suiv. Nicéron) 1634, mort à Paris le 4 nov. 1698. Parmi ses princip. ouv., nous citerons :

— Vie de Dom Barthélemy des Martyrs ; *Paris, Le Petit*, 1663, in-8.

— Vie de S. Thomas, archev. de Cantorbery et martyr, tirée des quatre auteurs contemporains qui l'ont écrite, etc.; *Paris, P. Le Petit*, 1674, in-4 et in-12. Ouv. publié sous le nom du sieur de Beaulieu et à la rédaction duquel a coopéré du Cambousl de Pontchasteau.

— Hist. de Tertullien et d'Origène ; *Paris, L. Roulland*, 1675 ; *Lyon, J. Certe*, 1691, in-8. (Publiée sous le nom du sieur De la Motthe.)

— Mémoire du sieur Louis de Pontis, officier des armées du Roy, contenant plusieurs circonstances des guerres et du gouvernement, sous les règnes des roys Henry IV, Louis XIII et Louis XIV, 1596-1652 ; *Paris, Desprez*, 1676, et *Rouen*, même date, 2 vol. in-12 ; *Amst., A. Wolfgang*, 1678, 2 vol. in-12, et *Paris, lib. assoc.*, 1715, 2 vol. in-12.

— Vies des Saints et Saintes, pour tous les jours du mois, tirées des PP. de l'Eglise et des auteurs ecclésiastiques ; *Paris, Le Petit*, 1685-87, 2 vol. in-4. — Il n'a fait paraître que les mois de janv. et fév., obligé d'interrompre ce travail, pour continuer la trad. de la Bible, commencée par Lemaistre de de Sacy, et que la mort du savant solitaire de Port-Royal allait suspendre.

V. Mém. de P.-Th., écuyer, seigneur du Fossé, contenant l'Hist. de sa vie et plusieurs particularités; *Utrecht*, 1739, in-12. — Nicéron, *Mém.*, t. XLI, p. 71-82.

Le portr. du seigneur du Fossé a été gravé par Simonneau (1702) et par Desrochers.

FOSSÉ (*Antoine-Augustin-Thomas* du), parent du précédent, conseiller au Parlement de Norm., et auteur des Remontrances de 1753, à la suite desquelles il fut exilé durant plusieurs années, mourut le 7 déc. 1787, âgé de 75 ans.—V. Floquet, *Hist. du Parlement de Norm.*, t. VI, p. 271, 320, 323-331, 608 et suiv., et t. VII, p. 30.

FOSSÉ (*Augustin-François-Thomas*, baron du), fils aîné du précédent, né à Rouen, le 15 juillet 1750, est mort en 1833. Il a publié : *Correspondance entre deux frères sur des matières de religion;* Londres, 1787, in-8;

— *Epoques des diverses innovations arrivées dans l'église catholique*, in-8; — *Traité des symboles, ou l'invariable et perpétuelle foi et croyance des catholiques romains* ; Genève, 1806. — Son mariage avec Mlle Coquerel, et les persécutions qui en furent la suite, ont donné lieu à la publication suiv. :

— Lettres écrites de France à une amie en Angleterre, pendant l'année 1790, contenant l'hist. des malheurs de M. du F*** (du Fossé), par miss Williams, trad. de l'angl. par M... (de la Montagne); *Paris, Imp. de Garnery*, 1791, in-8.

A la suite d'un exil de 15 années, M. du Fossé revint en France ; en 1789, il demanda aux tribunaux la réformation de l'arrêt qui déclarait l'illégalité de son mariage. A l'appui de cette demande parurent plus. mém. rédigés par l'avocat Du Castel. M. du Fossé a rempli plusieurs fonctions importantes dans l'administ. du dép. de la S.-Inf., et dans le consistoire de l'église réformée.— V. Notices, dans le *Bullet. de la Soc. libre d'Emul. de Rouen*, 1834, p. 66-69, et dans l'*Essai sur le canton de Forges*, par l'abbé Decorde, 1856, p. 135.

FOSSÉ (*Alexis*). La Mort d'Arthur de Bretagne, poëme couronné par l'Acad. de Rouen; *Rouen*, *N. Periaux*, 1827, in-8 de 11 p.

Ext. des Mém. de cette Acad., 1826, et tiré à 30 exempl. Voici quel était le programme : Arthur de Bretagne est assassiné dans la Vieille-Tour de Rouen, par Jean-sans-Terre, son oncle, roi d'Angleterre et duc de Normandie; Constance, mère du jeune prince, sollicite la vengeance de Philippe-Auguste. —M. Fossé, qui était alors capitaine de recrutement à Rouen, a publié un autre poème intitulé : *Voyage du Roi en Alsace, ou la Veillée du Hameau;* Rouen, Edet jeune, 1829, in-8.

FOUCAULT. Découverte de l'ancienne ville des Viducassiens (les Vieux près de Caen); *Acad. des Insc. et B.-Lett.*, t. Ier, in-4 (1736), p. 290-294.

Avec le concours d'Ant. Galland, qui était alors à Caen; 1695.

— Mémoire sur la Généralité de Caen, dressé en 1698 (et 1699); *Bibl. Imp.*, mss. (Fonds Mortemart, n° 95, et *Biblioth. de Rouen*.) (V. *Mém. concernant, etc.*).

FOUCAULT (*Nic.-Jos.* de), conseiller d'Etat, membre de l'Acad. des Insc. et B.-Lett., fut intendant de la généralité de Caen, de 1689-1706. Ce fut sous son administration que fut établie en cette ville, par lettres patentes de 1705, l'*Acad. royale des Belles-Lettres*.— Son chât. de Magny, situé aux portes de Bayeux, renfermant un musée d'antiquités et une riche bibliothèque, était devenu le rendez-vous de tous les savants de la contrée. Galland y traduisit les *Mille et Une Nuits*. Foucault, né à Paris en 1643, mourut en 1721. — Son portr., peint par N. de Largillière, a été gravé par P. Van Schuppen, en 1698.—V. *Mémoires sur la vie de M. Foucault et les principales affaires auxquelles il a eu part, composés par lui-même;* ms. Bibl. Imp.—Le P. Lelong, n° 32,742, dit que ces mém., écrits de la main de l'auteur, ont été déposés à la Biblioth. du Roi, par M. de Boze, à qui il les avait remis.

FOUCHÉ. Service vicinal. Départ. de la S.-Inf. Carte routière dressée sous l'administration de M. Ernest Le Roy, préfet, d'après les documents fournis par les agents-voyers du dép. Dessinée par Ed. Mauduit; *Paris*, *gravée sur pierre par Regnier et Dourdet, lithog. de Gratia*, 1852, (et 2e édit., 1855), 1 flle gr. aigle.

— Sur les Biens communaux (principalement dans la S.-Inf.); *Soc. d'Agric. de la S.-Inf.*, 1854, p. 90-102.

— Tableaux des distances entre tous les chef-lieux de canton du dép. de la S.-Inf.; *Rouen*, 1855, 1 flle lithog.

M. Fouché, agent-voyer en chef du dép., publie en ce moment (en 5 flles) les 5 arrond. de la S.-Inf., à l'échelle de 1 à 80,000, ou de 00125 pour mèt.; *Paris, grav. sur pierre par Regnier et Dourdet, lithog. de Gratia.* Les 3 prem. flles sont parues: *L'arrondissement de Rouen*, 1856. — *L'arrondiss. du Havre*, 1858. — *L'arrondiss. de Dieppe*, 1858. Dans un des angles de chacune de ces cartes, on a placé le plan du chef-lieu.

FOUCHER. Notes sur les antiquités découvertes dans l'arrondiss. de Pont-Audemer; *Soc. lib. de l'Eure*, 1842.

FOUCHER (*E.-Paul*). Richard en Palestine, opéra en 3 act.; *Paris*, *Tresse*, 1844, in-8.

FOUET (*Louis*). Regia in matrimonium potestas duabus orationibus asserta à Lud. Fouet, antecess. primicerio in Academia Cadomensi; *Cadomi*, *Cavelier*, 1696, in-8 (P. Lelong, n° 7,387.)

FOUGAS. Grétry chez Mme Du Boccage, vaudev. en 1 acte; *Paris*, *Martinet*, 1815, in-8.

FOUGÈRE (Mlle *Amanda*), née à Coutances (Manche), peintre, élève de Steuben et de Monvoisin, a exposé au Salon de 1857 plusieurs portraits peints à l'huile.

FOUGY (de). Eloge des eaux de Conches; *Journ. de Verdun*, sept. 1729, p. 184.

FOULONGNE (*Alfred-Charles*), peintre, né à Rouen, élève de Paul Delaroche et de M. Gleyre, a exposé plusieurs tableaux au Salon de 1857, tableaux de genre et paysages.

FOULQUES (le Rév. P. *Ch.*). Oraison funèbre de madame la marquise de Torcy, prononcée dans l'église paroissiale de Chevry-sous-Esgreville, le 9 fév. 1695, en présence du clergé, de la noblesse de la province et des officiers de la baronnie d'Esgreville; *Paris*, *Guill. Desprez* (1695), in-4 de 51 p.

FOUQUE (*Victor*), lib. à Châlon-sur-Saône, né à Bayeux le 17 fév. 1802, est auteur de plusieurs ouv. sur le commerce de la librairie, sur l'Hist. de Châlon-sur-Saône, etc.

FOUQUÉ. Note sur la géologie des environs de Mortain (Manche); *Paris, Imp. de Martinet*, 1858, in-8 de 5 p.

Ext. du *Bullet. de la Soc. géolog. de France*, 2e série, t. XIV.

FOUQUES (*Guill.*), bénédictin du monastère de Lyre (Eure), né à Bernay en 1651, mort à Compiègne le 10 fév. 1702, a traduit en français les *Heures bénédictines à l'usage des frères convers de la Congrégation de St-Maur*. — V. L. Du Bois, *Hist. de Lisieux*, t. II, p. 264.

FOUR (Dom *Louis-Th.* Du). V. DUFOUR.

FOUR (*Ch.*Du), abbé d'Aulnay, etc. V. DUFOUR.

FOURNEAU (*Nicolas*), maître charpentier à Rouen, professeur de l'art du Trait, à l'Ecole des Ponts et Chaussées, à Paris, a publié : *L'Art du Trait de Charpenterie ;* Rouen, L. Dumesnil; Paris, 1767-72, 4 part. in-f., avec pl. La 4e partie, a pour titre : *Essais pratiques de Géométrie et suite de l'Art du Trait*. Cet ouv., que l'on joint ordinairement à la *Descript. des Arts et Métiers*, a été réimp., par Firmin Didot, de 1786-1791 et de 1802-07. Il a obtenu le 6 mars 1766, les suffrages les plus honorables de l'Acad. des Sc., B.-Lett. et Arts de Rouen. L'Acad. roy. d'architecture de Paris a confirmé, en 1773, l'opinion de notre académ. Fourneau est mort vers 1790.

FOURNEAUX (*Richard* de), abbé de Préaux, diocèse de Lisieux, mort le 30 janv. 1131, a écrit des Commentaires sur la Genèse, l'Exode, le Lévitique, les Nombres, et plusieurs autres livres de la Bible.

FOURNIER (*Georges*), jésuite et voyageur-hydrographe, né à Caen en 1595, est mort à la Flèche, le 13 avril 1652. Après avoir professé durant plusieurs années les humanités et les mathématiques, il s'embarqua sur un bâtiment de l'Etat en qualité d'aumônier. Ce fut dans ses voyages qu'il se livra à l'étude de l'hydrographie; il a publié quelq. ouvrages sur cette matière, et a composé également des traités de géographie et de mathématique. — V. Sotvel, *Biblioth. Scriptorum Soc. Jesu*.—Huet, *Orig. de Caen*, p. 370.— Niceron, *Mém*, t. XXXIII, p. 250-253.

FOURNIER (*Esprit* de). Discours des admirables qualités des eaux minérales retrouvées dans le territoire de la ville de Bagnolz (Orne); *Lyon, Odin*, 1636, in-8.

L'auteur était méd. de Louis XIII.

FOURNIER (*Olivier*). Historia Conventuum Sancti-Jacobi Rotomagensis, et Sancti Jacobi Cadomensis; auctore Oliverio Fournier, ord. Prædicatorum. Ms.

Ms. conservé chez les Dominicains de la rue St-Honoré, à Paris. (P. Lelong, no 13,754.)

FOURNIER (Dom *Dominique*). Office de S. Anselme, archevêque de Cantorbery et abbé du Bec; *Rouen, Ve Vaultier*, 1721, in-12.

Ce bénédictin, né en 1656 à St-Jean-le-Vieux, près d'Ambournay, demeurait dans l'abbaye du Bec. V. D. Le Cerf, *Bibl. des aut. de la Cong. de St-Maur*.

FOURNIER (*Thomas*), religieux de l'abbaye St-Victor de Marseille, né à Dieppe en 1675, mort le 18 déc. 1743, a publié : *Dissertation sur l'ancienne bibliothèque de St-Victor*. —*Réflexions sur la situation de Marseille, du temps de César*. — *Catalogue des évêques de Marseille, etc.*

V. son Eloge, par de Chalamont de la Visclèle, secrét. de l'Acad. de Marseille.

FOY (de la). V. LA FOY.

FRAGMENTS d'un ms. celtique, trouvé à Rouen, etc. V. CAIGNARD.

FRAGMENTUM ex antiquo libro monasterii S. Stephani Cadomensis, de Gulielmo conquæstore; Cambden, *Hist. ang., etc.; Francofurti*, 1602, in-f., p. 29.

FRAMERY (*Nicolas-Etienne*), né à Rouen le 25 mars 1745, mort à Paris le 26 nov. 1810, cultiva tout ensemble la musique, la poésie et l'art dramatique. Ce fut lui qui, le premier, imagina de parodier en français quelq. opéras italiens. Il a publié un grand nombre d'ouv., de 1764 à 1810. Ses dernières productions sont un Eloge de Spontini (*Journ. Encyclop.*). — Notice sur Jos. Haydn; 1810, in-8. De société avec Panckoucke, il traduisit en prose la *Jérusalem délivrée;* Paris, 1785, 5 vol. in-18, — et *Roland furieux ;* Paris, 1787, 10 vol. in-12. — V. Quérard, *France litt.*, t. III.

FRANC (*Martin*), secrétaire des papes Félix V et Nicolas V, poète et littérateur, naquit dans les environs d'Aumale, à la fin du XIVe sc. On a de lui 2 poèmes : 1o *Le Champion des Dames;* Paris, 1510, in-8; 2o *L'Estrif de fortune et de vertu;* Paris, 1519, in-4. On présume qu'il mourut à Rouen vers 1450. —V. De la Rue, *Essais sur les Bardes*, t. III, p. 338-340.

FRANCE (la) et l'Angleterre, dialogue à l'occasion du voyage de Louis XVI à Cherbourg, suivi d'un précis historique du voyage du roi et des travaux de Cherbourg; s. l., 1786, in-8.

FRANCE (*Marie* de). V. MARIE DE FRANCE.

FRANCK (*G. F.*). Anselme Von Canterbury; *Tubingen*, 1842, in-8.

FRANÇOIS de Harlay, archev. de Rouen. V. HARLAY.

FRANÇOIS, capucin, né à Domfront dans le XVIIe sc., a publié : *Scientia principis christianissimi*, in-4.

FRANÇOIS, dit d'Argentan (le P. *Louis*), provincial des capucins, et habile prédicateur, né à Argentan, est mort en 1680. Il a composé plus. ouv. de piété, parmi lesquels on distingue *le Chrétien intérieur*, tiré des mss. de Bernières de Louvigny, et auquel il y a ajouté un second vol. en 1676. (V. BERNIÈRES DE LOUVIGNY).—La librairie Gaume, à Paris, a publié, il y a peu d'années, une édition des œuvres complètes du P. François, en 9 vol. in-12.

FRANÇOIS (le P. *Jean*), jésuite, né à Dieppe, a publié : *Traité des Influences célestes, où les Merveilles de Dieu dans les cieux sont déduites, les inventions des astronomes pour les entendre sont expliquées, les propositions des astrologues judiciaires sont démontrées fausses et pernicieuses, etc.*; Rennes, 1660, in-4; — *La Vie de St. Felix de Cantalice, capucin;* Rouen, Jacq. Jos. Le Boullenger, 1714, in-12 de 156 p., plus 12 ff. prél. et une grav. — Sur le titre de ce dern. ouv., le P. J. François est désigné comme capucin.

FRANÇOIS (le P.). Oraison funèbre de très haut, très puissant et excellent prince Mgr. Louis, Dauphin; et de très haute, etc., madame Marie-Adélaïde de Savoye, son épouse. Prononcée au Havre-de-Grace, dans l'église de N.-D., le 17 juin 1712, par le P. François de Caudebec, capucin; *Havre-de-Grace, Imp. de Gruchet*, 1712, in-4 de 25 p.

FRANÇOIS (*Alphonse*). Notice sur la vie et les ouvrages de Casimir Delavigne; lue à la séance publique de la Soc. philotechnique, le 21 déc. 1845; *Paris, Imp. de Malteste*, in-8 de 64 p.

FRANCON, évêque de Rouen, fut chargé par Charles-le-Simple de négocier avec Rollon le traité de St-Clair-sur-Epte. Il baptisa ce chef scandinave dans la cathédrale de Rouen, en 912. V. ROLLON.

FRANCONI le jeune, célèbre écuyer, né à Rouen à la fin du XVIIIe sc., est auteur de plusieurs pantomimes, parmi lesquelles nous citerons: *Robert-le-Diable, ou le criminel repentant*, pantomime en 3 act.; *Paris, Barba*, 1815. 1818, in-8. V. Quérard. *France litt.*, t. III.

FRANC-PARLEUR (le) de la Normandie, alm. instructif et amusant pour l'an 1846; *Evreux, Despierres, dit Lalonde*, in-16.

FRANCS-PÉTEURS (les), poème en quatre chants, précédé d'un aperçu historique sur la Société des Francs-Péteurs, fondée à Caen dans la première moitié du XVIIIe sc., et suivi de notes histor., philosophiques et littéraires; *Caen, Imp. de E. Poisson*, 1853, in-16 de 120 p.

L'auteur, dans une préf. datée d'un hermitage au bord de l'Orne (arr. de Falaise), le 16 mai 1853, dit que ce poème lui a été inspiré par la lecture d'une brochure intitulée: *Zéphir-Artillerie, ou la Société des Francs-Péteurs*, 1743, in-8, brochure qu'il attribue à Gabriel Porée et à M. de la Corsonnière. Nous n'essayerons pas de soulever le voile de l'anonyme qui couvre l'opuscule précité ; nous dirons seulement que ce n'est pas sans surprise qu'on a vu paraître dans le XIXe sc. cette facétieuse composition qui révèle une plume spirituelle et facile, mais dont le sujet n'est plus dans nos mœurs.

FRANK (Mme *Elisa*). Un Berger du Pays-de-Caux; *Rev. de Rouen*, 1843, 1er sem., p. 149-155.

—St-Sauveur-le-Vicomte; *Rev. de Rouen*, 1845, 1er sem., p. 214-219.

— Désastre de Monville et de Malaunay, ode; *Rev. de Rouen*, 1845, p. 153-160.

— Catastrophe de Monville; *Rev. de Rouen*, 1845, 2e sem., p. 120-127.

— Notre-Dame de Bonsecours; *Rouen, Le Brument*, 1846, gr. in-8 de 15 p., avec 2 vues de l'anc. église, (Imp. par A. Péron.)

Ext. de la *Rev. de Rouen*, fév. et mars 1846.

FRANK-CARRÉ (*Paul*), anc. pair de France, succéda en 1841 (ordonn. du 12 oct.) à M. Eude, comme prem. président à la Cour Imp. de Rouen. Il occupe encore aujourd'hui ce poste éminent.

FRAPPAZ (l'abbé). N.-D.-de-Grace, abbaye de l'ordre des Citeaux (primitive Observance), dite la Trappe de Briquebec; *Paris, Vrayet de Surcy*, 1851, in-8 de 32 p. et in-18 de 36 p.

Abbaye fondée en 1824 à Briquebec (Manche), par M. l'abbé Onfroy.

FRÉARD (*Etienne-Ant.*), chanoine de Lisieux, a fourni de bons matériaux aux auteurs du *Gallia Christiana*, t. XI (1759), pour l'art. du diocèse de Lisieux.

FRÉARD DU CASTEL. V. CASTEL.

FRÉAUVILLE (*Nicolas* de), religieux Jacobin, confesseur du roi Philippe le Bel, cardinal du titre de St-Eusèbe, diplomate, né à Fréauville, entre Dieppe et Neufchâtel, vers 1250, mourut à Lyon en 1323. Son portr. fait partie de la Collect. Baratte, Biblioth. de Rouen.

FRÉCULPHE, FRÉCULFE ou **RADULFE**, évêque de Lisieux, né vers la fin du VIIIe sc., est mort en 850. Il a composé une chronique qui s'arrête vers l'année 606 :

— Freculphi episcopi Lexoviensis chronicorum libri duo : quorum prior ab initio mundi usque ad Octaviani Cæsaris tempora, et servatoris nostri christi nativitatem. Posterior de hinc usque ad Francorum et Lungobardorum regna, rerum gestarum historiam continet; *Coloniæ*, *Egenolphi*, 1539, in-f.; *Genevæ*, *H. Commelin*, 1597, in-8; *Heidelbergæ*, *Commelin.*, 1607, in-8.

Ouv. le mieux conçu et le plus savant de tous ceux qui nous restent du IXe sc., et qui aurait, d'après un critique, servi de modèle à l'immortel auteur du Discours sur l'Hist. universelle. — V. *Hist. litt. de la France*, t. V (1740), p. 77-84. — Petit-Radel, *Recherches sur les biblioth. anc.*, p. 73-79. — Du Bois, *Hist. de Lisieux*, t. II, p. 219.

FRÉMERY (*Achille*), avocat à Paris, et né à Rouen, est auteur de plusieurs ouvrages sur le droit commercial, parmi lesquels nous citerons : *Etudes de droit commercial; Paris*, A. Gobelet, 1833, in-8 de XLIV et 562 p.

FREMIN DE BEAUMONT (*Nic.*). V. BEAUMONT.

FREMIN (*A.-R.*). Carte du départem. de l'Eure, rectifiée par E. Grangez; *Paris, Dusillion*, 1841, une f[lle].

— Carte du départem. de la Manche; *Paris*, *Dusillion*, 1841, une f[lle].

FREMONT. Carte particulière du Diocèse de Rouen, dressée sur les lieux par Fremont de Dieppe, sous les yeux et par les ordres de feu Jacq.-Nicolas Colbert, archev. de Rouen; *Paris*, *Jaillot*, 1715, 6 f[lles].

Carte gravée par Berey; elle a été revue et augm. en 1785 par Dézauche, géographe, à *Paris*. Ce dern., étant devenu propriétaire des planches, en a fait en 1805 une *Carte itinéraire et topograph. du dép. de la S.-Inf.*, divisée en préfecture et sous préfectures, avec les chefs-lieux de cantons, les justices de paix et leur arrondissement. Cette carte est sur la même échelle que la grande Carte de France, par Cassini.

FRÈRE (*Éd.*). Recherches sur les premiers temps de l'Imprimerie en Normandie; *Rouen, Imp. de F. Baudry*, 1829, in-8 de 17 p.

Ext. du *Bullet. de la Soc. libre d'Emulat. de Rouen*, 1828, et tiré à 100 exempl.

— Notice sur Th. Licquet; *Rev. de Rouen*, 1833, 2e sem., p. 289-294.

— De la Littérature scandinave, par H. Wheaton, etc.; trad. de l'anglais, avec notes; *Rouen*, *Imp. de N. Periaux*, 1835, gr. in-8 de IV et 46 p.

Ext., à 50 exempl., de la *Rev. de Rouen*, 1834. Cet aperçu de la littérature scandinave est tiré de l'Hist. des Hommes du Nord : *History of the Northmen or Danes and Normans, etc.*; London, Murray, 1831, in-8.

— Voyage historique et pittoresque de Rouen à Paris, sur la Seine, en bateau à vapeur; 3e édit.; *Rouen, A. Le Brument*, 1842, in-18 de 136 p., avec une carte et 5 grav.

La 1re édit., publiée sous le nom de *Un Rouennais*, a paru en 1837; *Rouen, Ed. Frère*, avec une carte et une seule pl. Ce petit ouv. a été trad. en anglais par M. D. C. (Campbell), et reproduit, en changeant le point de départ, sous le titre de : *Voyage histor. et pittor. de Paris à Rouen, etc.*; in-18, fig.

— Voyage historique et pittoresque de Rouen au Havre sur la Seine, en bateau à vapeur; 4e édit.; *Rouen, A. Le Brument*, 1846, in-18 de 146 p., avec une carte et 6 grav.

Cet ouv. a paru, pour la 1re fois, en 1838, sous le nom de *Un Rouennais*.

— Guide de l'étranger dans Rouen, ext. de l'Itinéraire de Th. Licquet; orné d'une vue et d'un plan de Rouen, et accompagné de la Description et de la Carte du Chemin de fer de Rouen à Paris; *Rouen, Le Brument*, 1843, in-18 de VIII et 203 p.

Ce livre a été réimp., avec changem., en 1855. V. LICQUET.

— De l'Imprimerie et de la Librairie à Rouen, dans les XVe et XVIe sc., et de Martin Morin, célèbre imprimeur rouennais; *Rouen, A. Le Brument*, 1843, in-8 carré de 72 p. (Imp. de A. Péron.)

Tiré à 150 exempl., dont 24 pap. extra. La marque de M. Morin, tirée en rouge, figure sur le titre. La nomenclature des imp. et lib. norm. de 1480-1550, accompagnée de notules, occupe les p. 21-46. V. *Biblioth. de l'Ecole des Chartes*, t. Ier, 2e série, p. 88.

— Guide du Voyageur en Normandie ou description historique, pittor., monum. et statist. des principales routes qui traversent cette province, comprenant les départ. de la S.-Inf., de l'Eure, du Calvados, de la Manche et de l'Orne; *Rouen, A. Le Brument*, 1844, in-18 de VII et 364 p., av. 4 grav. et une carte.

De nouv. titres et quelq. cartons ont été imp. en 1851 et 1857.

à la Hogue, en Basse-Norm.; *Mercure*, 1741, juillet, p. 1512 et 1513.

— Description topographique et histor. du pays de Cotentin, etc.; *Mercure*, 1743, fév., p. 279-316; mars, p. 493-509, et juin, p. 1088-1100.

— Extrait d'une lettre de M. F., écrite à M. D. L. R. (De la Roque), le 29 juillet 1743 (au sujet du nom latin de Carentan); *Mercure*, août 1743, p. 1775-1779.

Frigot, poëte et archéologue, né d'une famille établie à Négreville près de Valognes, a traduit en prose une partie de l'*Enéide de Virgile*. M. Couppey, dans une notice sur Frigot, (*Ann. de la Manche*, 1829, p. 289) rapporte un bruit consigné dans plusieurs écrits du temps, et d'après lequel Frigot serait le principal auteur de la traduction de Térence, publiée par l'abbé Le Monnier, en 1771. L'époque de la naissance et celle de la mort de Frigot nous sont inconnus.

FRIGOT. Coutume de Normandie, avec l'extrait des différents commentateurs, contenant les questions proposées par ces mêmes auteurs, et les décisions fondées sur les ordonn., édits, déclarations, arrêts et réglements, relativement à la jurisprud. actuelle; *Coutances, G. Joubert*, 1779, 2 vol. in-4.

Frigot, en 1779, était conseiller honoraire au Bailliage de Valognes.

FRIGOT (*Georges-Félix*), juge de paix, né à St-Saens (S.-Inf.), en 1769, mort dans ce bourg, en déc. 1843, a trad. en vers les livres de *Job, Tobie, Judith, etc.*; Rouen, Le Brument, 1845, in-18. Cette trad. a été publiée par la fille de M. Frigot. V. *Rev. de Rouen*, 1845, art. de M. Félix Lefebvre.

FRIMOT. Mémoire sur l'établissement d'une navigation à grand tirant d'eau, entre Paris et la mer, par la voie fluviale; *Paris, Ponthieu*, 1827, in-8 de 128 p., avec 2 cartes.

Ces 2 cartes sont : Plan de l'embouchure de la Seine; — Plan du barrage régulateur du niveau de la rivière. M. Frimot était alors ingén. des ponts et chaussées.

FRIQVASSEE (la) crotestyllonnee, des antiqves modernes chansons jeux, & menu fretel des petits enfans de Rouen, tant jeunes que vieux, que grands, que longs, que gros gresles de tous estats, & plusieurs autres, mis & remis en beau desordre, par vne grande herchelee des plus memoriaulx & ingenieux cerueaux de nostre annee, lesquelz en ont chacun leur pallee, comme verrez ci derriere si vous n'estes aueugles. (en vers); *Rouen, chez Abraham le Cousturier, lib., pres la porte du Palais, au sacrifice d'Abraham*, 1604, pet in-8 de 16 ff., le dernier est blanc.

Facétie des plus rares et des plus curieuses.

FRISARD (*Ch.*), horloger à Rouen, a publié : *Méthode raisonnée sur la manière de déballer une pendule en l'absence de l'horloger, suspendre le balancier,... la régler et la conduire soi-même*; Rouen, F. Baudry, 1836, in-4 de 19 p., avec une pl. — Avec M. E. Barthélemy, M. Frisard a mis au jour : *Description d'une méridienne mobile, donnant chaque jour, sans réduction, le midi moyen sur une ligne droite*; Rouen, F. Baudry, 1830, in-8 de 12 p., avec une pl.

FRISCHE (Dom *Jacq.* du). V. Du Frische.

FRISSARD (*P.-Fr.*). Théâtre de Dieppe; *Paris, Carillan-Gœury*, s. d. (1827), in-f. de 32 p., avec 20 pl.

Théâtre élevé en 1826.

— Plan de Dieppe et de ses environs; *Paris, Carillan-Gœury*, 1827, in-8 de 54 p., avec 2 pl.

Ces planches sont le plan de Dieppe et une carte des environs de la ville.

— Salle de bals et concerts au Havre; *Havre, Imp. de Alph. Lemâle*, 1827, in-4 de 12 p., avec atlas in-f.

— Navigation fluviale du Havre à Paris. Amélioration de la navigation du Havre à Rouen; *Havre, A. Lemale*, 1832, gr. in-8 de 112 p., avec une carte de la Seine, du Havre à Rouen.

— Premier Mémoire sur les divers projets relatifs à l'extension de la ville du Havre et de son port; *Havre, A. Lemale*, 1834, in-4 de 28 p., avec 4 pl. lithog.

— Deuxième Mém. relatif aux projets d'extension de la ville et du port du Havre; *Havre, A. Lemale*, 1836, in-4 de 28 p.

— Histoire du port du Havre; *Havre, A. Lemâle*, 1837-38, in-4 de LXXI et 405 p., avec atlas in-f. composé de 50 pl.

Ouv. publié en 10 liv. : un cahier de texte et une liv. de pl.

— Plan de la ville et du port du Havre, après l'achèvement des grands travaux et de la nouvelle ville; s. d. (1837), 1 f^lle^ gravée par Adam.

Ext. de l'*Hist. du port du Havre*.

— Chemin de fer de Paris à Rouen, au Havre et à Dieppe, par les plateaux, avec embranchemens sur Louviers et Elbeuf; *Paris Maulde et Renou*, 1838, in-4.

— Notice historique sur la ville et le port de Dieppe; *Paris*, *V. Dalmont*, 1855, in-12 de 168 p., avec 5 vign. et 4 pl.

Frissard (*Pierre-François*), officier de la Légion d'Honneur, inspect. général des Ponts et Chaussées, etc., né à Paris le 27 juillet 1787, mourut dans la même ville le 2 sept. 1854. M. Frissard avait été successivement ingén. en chef des ports de Fécamp, de Dieppe et du Havre; il avait été aussi, durant six mois, ingén. en chef du dép. de la S.-Inf. Indépendamment des ouv. mentionnés ci-dessus, on lui doit: *Résumé des évènements les plus remarquables de l'hist. de France, de 1788 à 1818*; Paris, Anselin et Pochard, 1824, in-8, avec atlas. — *Notes recueillies pendant un voyage en Algérie*; 1851. — *Notice sur Cherbourg*; 1853. — *Notice sur le vieux Havre*; 1853. Ces 3 art. font partie de *l'Investigateur*, journal de l'Institut hist.

V. une Notice par M. le Dr Lecadre; *Havre*, 1855, in-8.

FRO (l'abbé *J.-B.-V.*). Abrégé de l'aventure de la Grand'Louise, avec le très humble et très respectueux remerciement présenté par elle (Anne Mélion, dite Grand'-Louise, de Caudebec en Norm.) à S. A. R. Mme Louise-Elizabeth de France; *Rouen, Jacq.-Nic. Besongne*, 1758, in-4.

L'abbé J.-B. Fro, curé de Fontenailles, près d'Auxerre, né à Rouen au commencement du XVIIIe sc., a été lauréat de l'Acad. des Palinods de Rouen, de 1753-1756.

FROLAND (*Louis*). Mémoires concernans le Comté Pairie d'Eu, et ses usages prétendus locaux. Avec les arrêts du Parlement de Paris qui les ont condamnés; *Paris*, *Ve Charpentier*, 1722, in-4 de XVI et 332 p.; et *Paris*, *Le Mercier père*, 1729, in-4.

Le comté d'Eu, anciennement du ressort de l'Echiquier de Norm., est à présent (dit l'abbé Saas, en 1764) du ressort du Parlement de Paris, mais assujetti à la Coutume de Normandie. Les comtes et habitants d'Eu se sont plusieurs fois soulevés contre cette sujestion, que M. Froland prétend réelle et confirmée par arrêts.— V. le *Journ. des Savans*; juin 1722. — et notre art. *Eu*.

— Mémoire concernant l'observation du Sénatus-Consulte Velléïen, dans le duché de Norm., et diverses questions mixtes qui en dépendent, etc.; *Paris*, *Michel Brunet*, 1722, in-4 de XXIV et 834 p.; et *Paris*, *Le Mercier père*, 1729, in-4.

Le Sénatus-Consulte Velléïen, ainsi nommé du consul *Velléius Tutor*, défendait aux femmes d'intercéder et de s'obliger pour autrui.

— Mémoires concernans la prohibition d'évoquer les décrets d'immeubles situez en Normandie. Avec les chartres, ordonnances, édits, déclarations, lettres patentes, réponses de nos Rois, arrests du Conseil et arrests du Parlement de Paris, qui ont établi et confirmé le privilège de la province; *Paris*, *Michel Brunet*, 1722, in-4; et *Paris*, *Le Mercier père*, 1729, in-4.

— Mémoires concernant la nature et la qualité des statuts réels, personnels et mixtes en Norm.; *Paris*, *Le Mercier père*, 1729, 2 vol. in-4.

Le *Journ. des Savants* (juillet et août 1729) donne une analyse développée de cet ouv.

— Recueil d'arrests de réglement, et autres arrests notables, donnez au Parlement de Norm., sur toutes sortes de matières, civiles, bénéficiales, et criminelles : D'autres arrests rendus au Parlement de Paris, au Grand Conseil, et autres Cours, sur différentes questions mixtes; et de lettres patentes, ordonn., édits, déclarations et arrests du Conseil, concernant particulièrement la Norm.; *Rouen*, *Ve Jore*, 1740, in-4 de LIV et 816 p., plus les tables.

Ce 1er vol., le seul qui ait été publié, n'est pas un recueil d'arrêts tel que le titre semble l'annoncer, mais plutôt une espèce d'introduction hist. et littéraire au recueil projeté, qui devait comprendre 3 vol., et que le grand âge de Froland (il avait alors 84 ans) ne lui a pas permis d'achever. Dans cette introduction, l'auteur résume une grande partie des matériaux contenus dans ses autres ouv., et présente ainsi d'excellents documents sur la province de Norm. : le chap. 1er traite de l'état de la législation depuis les Gaulois, jusqu'en 1204; le chap. II, de l'Echiquier; le chap III, de l'ancien Coutumier, de sa compilation, de son époque, de ses altérations, de sa réformation, de la rédaction de la nouv. Coutume; le chap. VI, de la Clameur de Haro; les chap. VII et VIII, de la Charte au roi Philippe et de la Charte aux Normans; le chap. XIII, des auteurs anglais qui ont fait mention de notre ancien droit, des commentateurs de notre Coutume, de leurs ouv.; le chap. xxv, de la Basoche, ou régence du Palais; le chap. xxvii, de la Vicomté de l'eau, etc., etc. La 3e part. de l'ouv. est consacrée aux Priviléges accordés à la province de Norm.

Les jugements que porte Froland sur plusieurs commentat. de notre Coutume, témoignent une connaissance exacte de ces commentateurs. Toutefois, on peut regretter de ne pas trouver dans ce travail plus d'ordre et de précision; on peut regretter aussi la présence de fautes typog., assez nombreuses, qui n'auraient pas dû échapper à l'imprimeur.—V. *Mercure de France*, oct. 1744, p. 2243-53. — L'abbé Saas, *Cosmographie*, année 1764.

La Biblioth. de Rouen possède de Froland les 2 mss. suiv. :

— Mémoires concernans le comté d'Eu, sa situation, etc.; in-f., xviiie sc.

— Lettres patentes du Roy Henry III pour la rédaction et réformation de la Coutume du Comté d'Eu, etc.; in-f., xviiie sc.

FROLAND (*Louis*), avocat au Parlement de Rouen, puis ancien bâtonnier des avocats du Parlement de Paris, seigneur des Portes, d'Aunay, etc., né à Valognes, est mort en son château des Portes, le 11 fév. 1746, âgé de 90 ans. En outre des ouv. que nous avons cités, il est auteur d'une nouv. édition du mémoire de L. Gréard, son oncle, sur le *Droit de Tiers* et *Danger* qui appartient au Roi et à quelq. seigneurs (surtout en Norm.) sur les bois possédés par les vassaux. La rareté de cet ouv. engagea Froland à le réimp. avec preuves, notes et observations; *Rouen, Ab. Viret et P. Le Boucher le jeune*, 1737, in-4. (V. Gréard.) Froland avait également le projet de publier une *Hist. du Barreau d'Athènes, de Rome et de Paris*, — un *Traité de l'Echiquier de Rouen* — et des *Mém. sur les commentateurs de la Coutume de Norm.*, mais il n'a pu réaliser ces projets.—V. Notice de M. Pillet, *Ann. de la Manche*, 1838.

FROMAGE-CHAPELLE. V. Ste-Chapelle.

FROMAGE DES FEUGRÈS (*Ch.-Michel-François*), professeur à l'Ecole vétérinaire d'Alfort, vétérinaire en chef de la Gendarmerie de la Garde Imp., né à Viette, près de Lisieux, le 31 déc. 1770, a péri en 1812 à Wilna, dans la retraite de Moscou. Il a publié sur l'art vétérinaire et sur l'agriculture un grand nombre d'ouv. et d'excellents art.

FROMANT (l'abbé), chanoine de la Collégiale et principal du collége de Vernon, membre de l'Acad. de Rouen, etc., a publié une *Grammaire générale et raisonnée, suivie de réflexions sur les fondements de l'art de parler;* Paris, Prault, 1768-1769, 2 part. en 1 vol. in-12.

FROMENTIN (*Alex.*). Essai historique sur Yvetot et coup-d'œil jeté sur ses environs, Valmont, St-Wandrille, Caudebec; *Rouen, A. Péron*, 1844, in-8 de 291 p., plus 4 ff. prélim. et 5 grav.

Quelq. exempl. ont été tirés sur pap. extra.

—Elisa Verneuil (de la Com.-Française). Souvenirs de sa vie; *Rouen, A. Péron*, 1847, in-8 de 75 p., avec un portr.

Mlle Verneuil, née à Meaux en 1804, est morte à Rouen, le 24 sept. 1846.

— Eglise N.-D. de Bonsecours. Pèlerinage religieux et artistique; *Rouen, P. Roussel*, 1855, in-12 de 16 p.

— Promenade artistique de Rouen à la Bouille; *Rouen, P. Roussel*, 1855, in-16 de 24 p.

— Promenade artistique de Rouen à Radepont; *Rouen, P. Roussel*, 1856, in-8 de 32 p.

Ext. du *Journ. de Rouen.*

FRONTONE (*R. P. Jean*). Epistola ad illustriss. et religiosiss. D. D. Franç. de Harlay archiepiscopvm rothomagensem, Nevstriæ primatem, abbatem de Jvmiege. In qua de moribus et vita christianorum in primis Ecclesiæ sæculis agitur; *Parisiis, apud Carolum Savreux*, 1660, in-4 de 31 p.

FROTTÉ (*P.-M.-Louis*, comte de), chef des royalistes de la Norm. en 1799, né à Alençon, le 5 août 1766, mourut fusillé à Verneuil, le 18 fév. 1800. Il se fit remarquer par son intrépidité et ses talents militaires. Avant la révolution, il servait dans l'infanterie en qualité d'officier. Son portr. se trouve à la Bibl. de Rouen.

FROUDIÈRE (*L. Fr. Bernard*), avocat au Parlem. de Rouen, est auteur de plusieurs mém., et, entre autres, d'un *Plaidoyer sur la liberté de l'avocat et l'étendue de la défense judiciaire en matière criminelle;* Rouen, P. Seyer, 1789, in-8. Né à Bernay, le 9 déc. 1751, Froudière est mort à Rouen, le 23 mai 1833. V. Lebreton, *Biog. norm.*

FULBERT, archidiacre de Rouen, conseiller de l'archev. Maurille, et *sophiste*, c'est-à-dire, selon le langage du temps, instruit dans les lettres et la philosophie, florissait vers 1056. On lui attribue : 1° *Vie de S. Romain, archev. de Rouen*, dont Nic. Rigault a donné une édit., 1609, in-8; 2° *Vie de S. Remi, archev. de Rouen*, mort en 771; elle a été insérée dans le *Thesaurus anecdotorum* de Martene, t. iii. Il ne faut pas confondre avec ce personnage un autre Fulbert, aussi archidiacre de Rouen, mais en même temps doyen de la cathédrale de cette ville, et qui ne vivait qu'à la fin du xie sc. et au commencement du xiie. Orderic Vital en parle comme d'un ecclésiastique doué d'éminentes qualités. Il fut enterré dans le cloître de St-Ouen.

V. *Hist. litt. de la France*, t. VIII (1747), p. 370-379. — *Ord. Vital*, édit *Le Prevost*, t. III, p. 433.

FULBERT, religieux de St-Ouen, vivait sous la discipline de l'abbé Nicolas. Il a laissé : 1° *Histoire des miracles de St-Ouen*, patron de son monastère ; 2° *Vie de S. Aicadre*, vulgairement appelé S. Achard, abbé de Jumiéges. V. *Hist. litt. de la France*, t. VIII, p. 379-385.

FULLER (*Th.*). History of Waltham abbey in Essex, founded by king Harold; *London*, 1655, in-f. de 22 p., à la suite de *The Church History of Britain*...

FUMÉE (*Adam*), premier médecin des rois Charles VII, Louis XI et Charles VIII, naquit dans le diocèse de Bayeux. Charles VIII lui confia les sceaux en 1492 : il les conserva jusqu'à sa mort, arrivée en nov. 1494.

FUMÉE (*Gilles*), poète, né à Bayeux au commencement du XVIe sc., est auteur d'un poème intitulé : *Le Miroir de Loyauté*; Paris, 1575, in-8. Le sujet de ce poème est emprunté à l'Arioste.

FUMICHON, capitaine et gouverneur de Lisieux, à l'époque de la St-Barthélemy, fit arrêter, de concert avec les conseillers municipaux, ceux des habitants de cette ville qui professaient la religion réformée et les fit mettre en lieu de sûreté, n'exceptant de cette mesure que le chirurgien Robert de la Couyère. Lorsque l'effervescence fut calmée, les prisonniers furent remis en liberté, échappant ainsi au massacre qui avait eu lieu dans plusieurs grandes villes. V. *France protest.*, t. VI, p. 182 ; — Paumier, *la St-Barthelemy en Normandie*, p. 6 ; — les dissertations de MM. L. Du Bois et de Formeville ; — notre art. HENNUYER (le), etc.

FUNDATIO, ruina et restauratio monasterii Gemmetic., carmen. V. *Brief recveil, etc.*

FUNÉRAILLES (les) de la ligue de Normandie, dédiées à Monsieur de Villars, admiral de France ; 1594, in-4 de 8 p. (en vers.) (Bibl. Imp.)

FUNÉRAILLES de M. de Feuguerolles, etc. V. LE ROUX (*Guill.*).

FVREVR (la) des Normans contre les Mazarinistes; *Paris*, *Pierre Variqvet*, 1649, in-4 de 16 p.

A la suite de cette pièce, on doit trouver le *Dialogue du duc de Longueville et de la Normandie*. Le duc de Longueville parle en vers et la Normandie en prose. De cet opuscule, il existe une édit. de Rouen, Jacq. Besongne, 1649, in-4 de 16 p., et une édit. de Paris, 1652, in-4, ayant le même nombre de pages.

FIN DU TOME PREMIER.

Marque de Guillaume LE TALLEUR,

Imprimeur à Rouen, de 1487-1493.

www.ingramcontent.com/pod-product-compliance
Lightning Source LLC
Chambersburg PA
CBHW050551270326
41926CB00012B/2006
* 9 7 8 2 0 1 2 7 4 8 6 5 1 *